タイプ別
2022年の

運気＆ラッキーカラー、ラッキーフード、ラッキースポット

金のイルカ座

○チャレンジの年（1年目）

ラッキーカラー
オレンジ、薄い水色

ラッキーフード
鉄火巻き、アーモンドチョコレート

ラッキースポット
映画館、デパート

金のカメレオン座

×裏運気の年

ラッキーカラー
ネイビー、オレンジ

ラッキーフード
豚肉の生姜焼き、ハチミツ

ラッキースポット
植物園、話題のスポット

金の時計座

▽ブレーキの年

ラッキーカラー
あざやかなブルー、薄ピンク

ラッキーフード
焼肉、ヨーグルト

ラッキースポット
書店、温泉

銀のイルカ座

▲整理の年

ラッキーカラー
濃い赤、紺色

ラッキーフード
カレイの煮付け、りんご

ラッキースポット
遊園地、海

銀のカメレオン座

▼乱気の年

ラッキーカラー
青緑、ブラウン

ラッキーフード
納豆、バナナケーキ

ラッキースポット
大きな公園、花屋

銀の時計座

☆開運の年

ラッキーカラー
朱色、イエロー

ラッキーフード
ニラレバ炒め、いちご

ラッキースポット
喫茶店、テーマパーク

金の鳳凰座

◎幸運の年

ラッキーカラー
ブラック、ワインレッド

ラッキーフード
鮭の塩焼き、チーズケーキ

ラッキースポット
思い出のある場所、親友の家

金のインディアン座

●解放の年

ラッキーカラー
パープル、オレンジ

ラッキーフード
麻婆豆腐、ぶどう

ラッキースポット
ショッピングモール、リゾート地

金の羅針盤座

□健康管理の年

ラッキーカラー
イエロー、アップルグリーン

ラッキーフード
鍋料理、ココア

ラッキースポット
古都、高級ホテル

銀の鳳凰座

△準備の年

ラッキーカラー
ラベンダー、ブラック

ラッキーフード
エビフライ、豆乳ラテ

ラッキースポット
神社仏閣、プール

銀のインディアン座

■リフレッシュの年

ラッキーカラー
モスグリーン、藍色

ラッキーフード
お好み焼き、大学芋

ラッキースポット
ヨガ教室、海の見える温泉

銀の羅針盤座

○チャレンジの年（2年目）

ラッキーカラー
明るいピンク、明るいグリーン

ラッキーフード
鯖の塩焼き、キウイ

ラッキースポット
アウトレット、美術館

この本を手にしたあなたへ

『ゲッターズ飯田の五星三心占い2022完全版』を手にとって頂きありがとうございます。この本は『ゲッターズ飯田の五星三心占い2022』（朝日新聞出版）の全12冊を１冊にまとめたお得な本になっています。ただ、毎年僕の原稿量が増えているために文字が小さくなっている部分があり、やや読みにくいところもあるかと思います。文章も僕の原文に近い編集になっていますが、占いの専門用語を使っていないのでじっくり読んで頂けたら幸いです。

人生は自分の運気だけではどうにもならないときが多くあります。「運気がいいはずなのに」と嘆く前に、この本を使って周囲の人の運気を調べてみてください。特に、関わりの深い人や振り回される可能性が高い人の運気が悪いときは、あなたの運気がよくても流れに乗れない場合があります。逆に、周囲の人の運気のよさに助けられる場合もあるでしょう。占いが全てではないですが、運気の流れを事前に知ることで、「相手に問題が起きないようにアドバイスする」「相手と距離を置くきっかけにする」「運気のいい人に合わせる」といった対応ができるようになります。そうやって、占いという側面から対応すると、本来の運気の流れに乗れるようになるものです。

この本をより有効に使うためにも、運気を上げるためにも、タイミングが大切になります。運気カレンダーの◎や☆の日は、買い物、契約、決断に向いているので、新しい出会いを求めるなど積極的に行動してください。そして、▼や×の日は決断や行動をできるだけ避け、様子を見るようにしましょう。運気の流れに乗れる人、運を味方につけられる人の多くは、タイミングのいい人です。運気のいいタイミングに合わせるようにしてください。毎月の「開運３カ条」を月に一度は見て、運気のいい日と悪い日を意識して過ごすようにしましょう。

この本は自分のためだけに使うのは非常にもったいない本になっています。家族、恋人、片思いの相手、職場の上司や部下など、あなたの人生に関わる人をこっそり占ってみてください。すると、これまで噛み合わなかった部分や疑問に思っていたことの原因が見えてきて、人間関係の悩みや不安が少しはなくなってくると思います。

まずは、自分のタイプのページをじっくり読み、「命数別運勢」も読み忘れないようにしてください。今年から各タイプや命数別の「持っている星」も載っているので、簡単に自分や相手のことがわかるようにもなっています。また、各ページの下には前向きになる「開運のつぶやき」も載せています。読むだけではなく「使う」本だと思って、楽しい一年をお過ごしください。

ゲッターズ飯田

五星三心占いについて

6万人以上を無償で占ってきたゲッターズ飯田が編み出した独自の占い。具体的には、「五星」が中国に昔から伝わる「五行」の「木・火・土・金・水」の5つに陰陽の考えを加えたもので10パターン。「三心」は心の動きを表し、「天・海・地」の3つがあり、これにも陰陽があると考えて6パターン。さらに金銀（表裏）の考えが加わり12パターンとなります。「五星」の数（10パターン）と「三心」の数（12パターン）を掛け合わせ、120タイプで細かく分析したものが「五星三心占い」です。

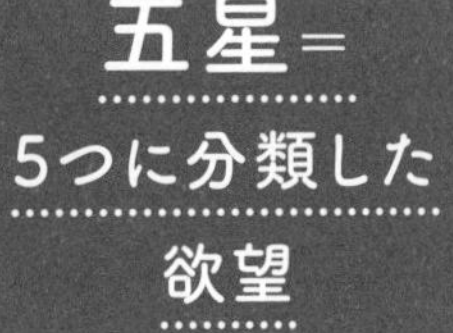

「五星」は五行の考えのほか、人が生まれ持つ5種類の欲望も示しています。命数の下ヒトケタの違いによって、それぞれが生まれ持つ欲望の種類は違ってきます。下ヒトケタ1と2が「自我欲」、3と4が「食欲・性欲」、5と6が「金欲・財欲」、7と8が「権力・支配欲」、9と0が「創作欲」です。また、命数下ヒトケタの奇数が攻めの強い「陽タイプ」、偶数が守りの強い「陰タイプ」となります。

計10パターン

三心＝
3つに分類した
心のリズム

「三心」は、「天・海・地」がそれぞれに持つ心のリズムを示しています。「天」は精神的欲望を、「海」は肉体的欲望、「地」は物質的欲望を求めた心の動きを表します。また、三心をそれぞれ陰陽に分けた段階で、わかりやすく6つのキャラクターを立てています。それぞれのタイプ名は星座に由来しています。また、「金」は攻めの強い「陽タイプ」、「銀」は守りの強い「陰タイプ」となります。

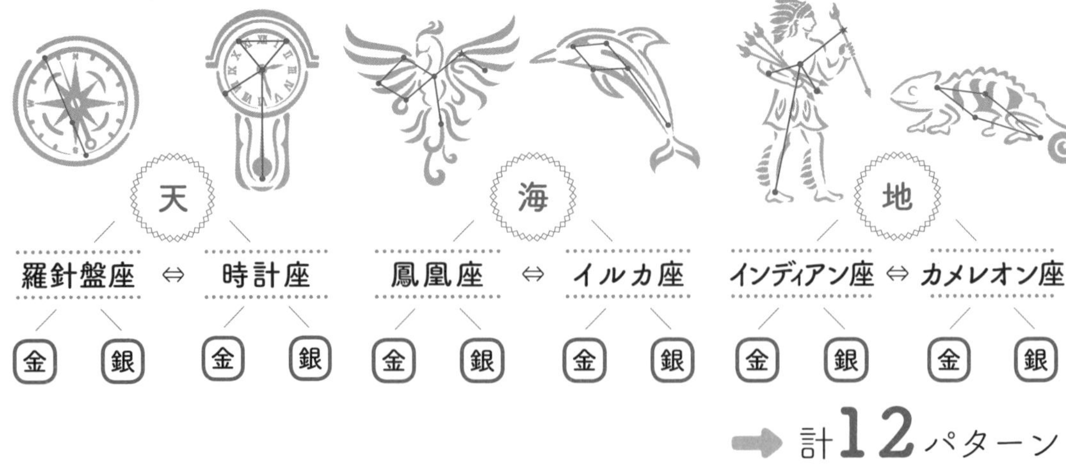

計12パターン

タイプの出し方

STEP 1

命数を調べる

生年月日ごとに【命数】と呼ばれる数字があります。これにより自分の性質や運気を調べることができます。

1. P.10からの「命数早見表」で「自分の生まれた年」を探します。
2. 横軸で「自分の生まれた月」を探します。
3. 縦軸で「自分の生まれた日」を探します。
4. ②と③が交差した位置にある数字が、あなたの【命数】です。

例：1988年10月13日生まれの場合

①1988年生まれの命数ページを見つける。

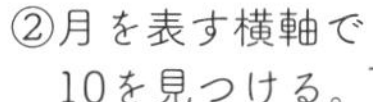

②月を表す横軸で10を見つける。

③日を表す縦軸で13を見つける。

④ ②と③が交差するマス目の数は31。よって、命数は「31」になります。

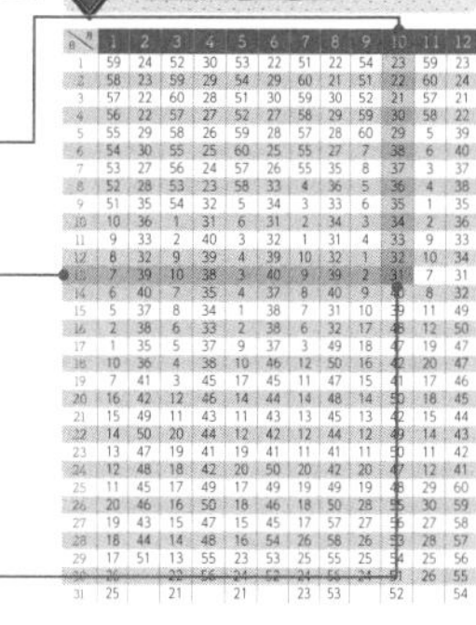

金 1988年 昭和63年生 [満34歳]

日＼月	1	2	3	4	5	6	7	8	9	10	11	12
1	59	24	52	30	53	22	51	22	54	23	59	23
2	58	23	59	29	54	29	60	21	51	22	60	24
3	57	22	60	28	51	30	59	30	52	21	57	21
4	56	22	57	27	52	27	58	29	59	30	58	22
5	55	29	58	26	59	28	57	28	60	29	5	39
6	54	30	55	25	60	25	55	27	7	38	6	40
7	53	27	56	24	57	26	55	35	8	37	3	37
8	52	28	53	23	58	33	4	36	5	36	4	38
9	51	35	54	32	5	34	3	33	6	35	1	35
10	10	36	1	31	6	31	2	34	3	34	2	36
11	9	33	2	40	3	32	1	31	4	33	9	33
12	8	32	9	39	4	39	10	32	1	32	10	34
13	7	39	10	38	3	40	9	39	2	31	7	31
14	6	40	7	35	4	37	8	40	9	40	8	32
15	5	37	8	34	1	38	7	31	10	39	11	49
16	2	38	6	33	2	38	6	32	17	48	12	50
17	1	35	5	37	9	37	3	49	18	47	19	47
18	10	36	4	38	10	46	12	50	16	42	20	47
19	7	41	3	45	17	45	11	47	15	41	17	46
20	16	42	12	46	14	44	14	48	14	50	18	45
21	15	49	11	43	11	43	13	45	13	42	15	44
22	14	50	20	44	12	42	12	44	12	49	14	43
23	13	47	19	41	19	41	11	41	11	50	11	42
24	12	48	18	42	20	50	20	42	20	47	12	41
25	11	45	17	49	17	49	19	49	19	48	29	60
26	20	46	16	50	18	46	18	50	28	55	30	59
27	19	43	15	47	15	45	17	57	27	56	27	58
28	18	44	14	48	16	54	26	58	26	53	28	57
29	17	51	13	55	23	53	25	55	25	54	25	56
30	26		22	56	24	52	24	56	24	51	26	55
31	25		21		21		23	53		52		54

STEP 2

生まれた西暦年が偶数か奇数か調べる

タイプはさらに金と銀に分かれます。生まれた西暦年を確認しましょう。

偶数 金

奇数 銀

※金銀は命数の偶数・奇数ではなく、生まれた西暦年で決まります。偶数は2で割りきれる数字、奇数は割りきれない数字のこと。

STEP 3

【命数】から自分のタイプを調べる

命数によって、大きく6つのタイプに分かれます。下記の一覧から探してください。

命数 1~10 羅針盤座

命数 11~20 インディアン座

命数 21~30 鳳凰座

命数 31~40 時計座

命数 41~50 カメレオン座

命数 51~60 イルカ座

やってみよう！

例：1988年10月13日生まれの場合

STEP1 命数早見表で命数「31」を見つける。

▼

STEP2 生まれ年の1988年は偶数だから「金」。

▼

STEP3 「31」が当てはまるのは「時計座」。

➡ 金の時計座となる

こちらのサイトから入力して診断することもできます

この本の使い方

タイプ別に運気がわかる！

羅針盤座（金／銀）、インディアン座（金／銀）、鳳凰座（金／銀）、時計座（金／銀）、
カメレオン座（金／銀）、イルカ座（金／銀）の運勢がわかります。

基本の総合運&12年周期の運気グラフ

タイプの基本の総合運、恋愛＆結婚運、仕事＆金運がわかります。また、12年をひと区切りにしたグラフも。現在の運気、来年、再来年の運気はどうか、長い目で運気を捉えることができます。

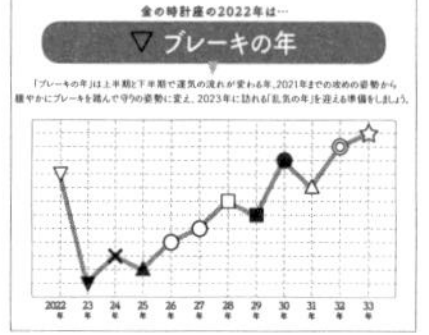

2022年の年間運気

2022年に各タイプに訪れるいろんな出来事を、総合、恋愛、結婚、仕事、お金、健康、家庭の視点から詳しく解説しています。1年の心構えとなるアドバイスが盛りだくさん！

タイプ別相性&年代別アドバイス

各タイプを10代、20代、30代、40代、50代、60代以上と年代別に細かく分けて開運アドバイス。また、12タイプ別の相性がわかるページも。2022年の対人関係を円滑に運ぶために、お役立ちです。

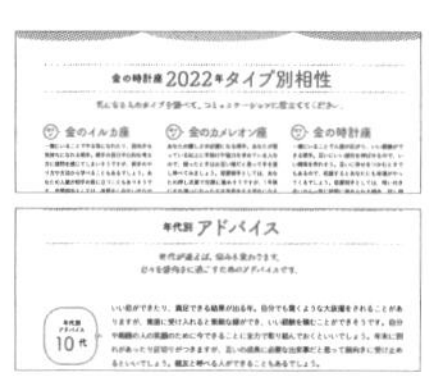

毎月・毎日運気カレンダー

運気グラフから月間開運3カ条、月ごとの運気の解説、毎日の行動の指針となる開運アドバイスが書かれた運気カレンダーまで。2021年11月～2022年12月までの14カ月間の運気を細かく解説しています。

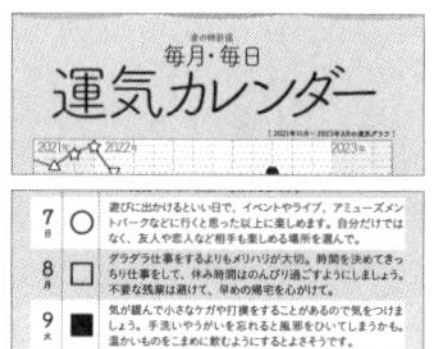

命数別に運気がわかる！

120タイプの命数ごとに、2022年の運気がこと細かくわかります。
※命数とは、「命数早見表」（P.10～）で出た番号です。

あなたの命数をチェック！
P.10～で出た数字が何か確認しましょう。その番号があなたの生まれ持った【命数】となります。

そもそも「どんな人」かがわかる！
120タイプごとに、どんな性格を持った人かを示した「基本性格」。同じ座でも、命数ごとに違う性質を持っています。

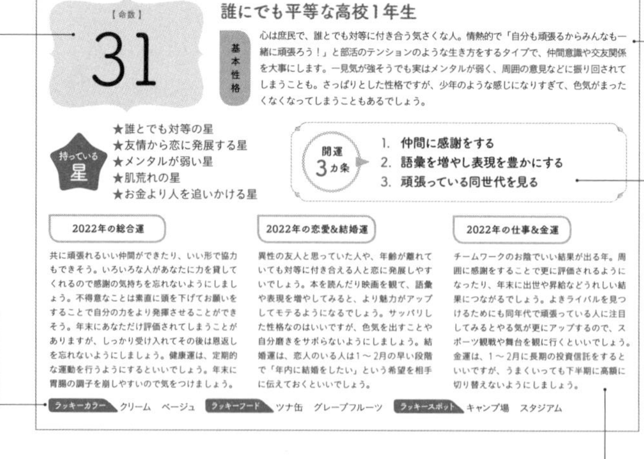

【命数】 31

誰にでも平等な高校1年生

基本性格

心は庶民で、誰とでも対等に付き合う気さくな人。情熱的で「自分も頑張るからみんなも一緒に頑張ろう！」と部活のテンションのような生き方をするタイプで、仲間意識や交友関係を大事にします。一見気が強そうでも実はメンタルが弱く、周囲の意見などに振り回されてしまうことも。さっぱりとした性格ですが、少年のような感じになりすぎて、色気がまったくなくなってしまうこともあるでしょう。

持っている星

★誰とでも対等の星
★友情から恋に発展する星
★メンタルが弱い星
★肌荒れの星
★お金より人を追いかける星

開運3カ条

1. 仲間に感謝をする
2. 語彙を増やし表現を豊かにする
3. 頑張っている同世代を見る

2022年の総合運

共に頑張れるいい仲間ができたり、いい形で協力もできそう。いろいろな人があなたに力を貸してくれるので感謝の気持ちを忘れないようにしましょう。不得意なことは素直に頭を下げてお願いをすることで自分の力をより発揮させることができそう。年末にあなただけ評価されてしまうことがありますが、しっかり受け入れてその後は恩返しを忘れないようにしましょう。健康運は、定期的な運動を行うようにするといいでしょう。年末に胃腸の調子を崩しやすいので気をつけましょう。

2022年の恋愛&結婚運

異性の友人と思っていた人や、年齢が離れていても対等に付き合える人と恋に発展しやすいでしょう。本を読んだり映画を観て、語彙や表現を増やしてみると、より魅力がアップしてモテるようになるでしょう。サッパリした性格なのはいいですが、色気を出すことや自分磨きをサボらないようにしましょう。結婚運は、恋人のいる人は1～2月の早い段階で「年内に結婚をしたい」という希望を相手に伝えておくといいでしょう。

2022年の仕事&金運

チームワークのお陰でいい結果が出る年。周囲に感謝をすることで更に評価されるようになったり、年末に出世や昇給などうれしい結果につながるでしょう。よきライバルを見つけるためにも同年代で頑張っている人に注目してみるとやる気が更にアップするので、スポーツ観戦や舞台を観に行くといいでしょう。金運は、1～2月に長期の投資信託をするといいですが、うまくいっても下半期に高額に切り替えないようにしましょう。

ラッキーカラー クリーム ベージュ　ラッキーフード ツナ缶 グレープフルーツ　ラッキースポット キャンプ場 スタジアム

2022年の開運につながるものがわかる！
2022年にツキのある色、食べ物、場所がわかります。物を買うとき、遊びに行くとき、人に何かをあげるときの参考に。

2022年の「開運3カ条」がわかる！
「開運3カ条」とは1年を過ごすにあたり、心がけるポイント。タイプ別の年間開運3カ条と内容が被る場合は、一層気をつけて。

2022年の運気がわかる！
2022年の総合運、恋愛＆結婚運、仕事＆金運が書かれています。大まかな運気の流れを把握し、日々の生活に役立ててください。

五星三心占いの特徴

裏運気とは

五星と三心が同時に入れ替わる！

運気のリズムが12年で1周すると考えられている「五星三心占い」。その内の10年は表の運気が続き、その後2年は「裏運気」にと、裏の運気に入ります。裏の運気とは具体的に、乱気、裏運気のときを指し、自分の裏側の才能が発揮されたり、裏の才能に目覚めたりする時期です。裏運気とは決して悪い運気ではなく、試練を乗り越え、成長できるときだと捉えてください。ちなみに、裏の運気(乱気、裏運気)は、年、月、日すべてに存在します。

例：「命数33／金の時計座」の人の裏運気の調べ方

下記図のように、タイプ、金銀、下ヒトケタが変わるので
金の時計座➡銀の羅針盤座に変わる
命数の下ヒトケタ「3」➡「4」に変わる
つまり、**裏運気のときには「銀の羅針盤座／命数は4」**となる。
（左下の「裏の命数表」参照）

同じようにみると……
「命数48／銀のカメレオン座」⬌「命数17／金のインディアン座」
「命数59／金のイルカ座」⬌「命数30／銀の鳳凰座」

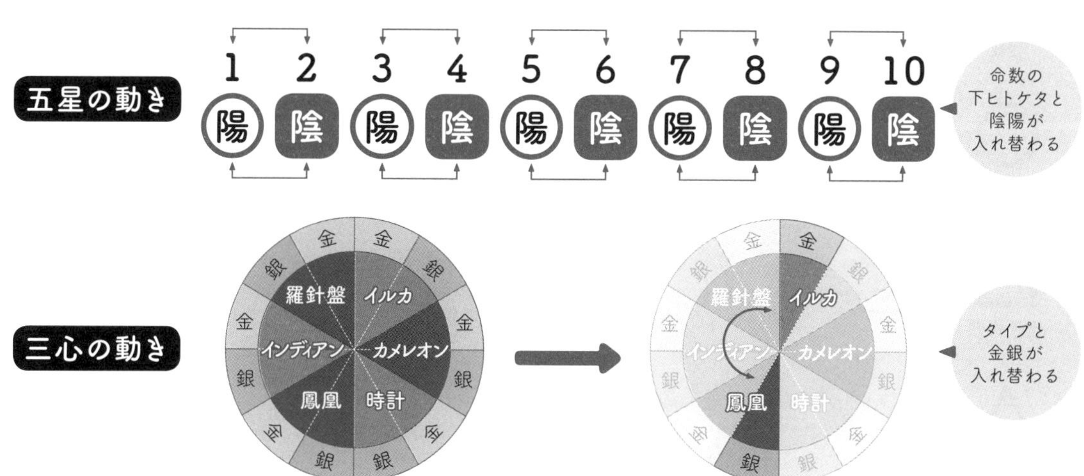

裏の命数を知ると裏運気の時期が過ごしやすくなる

裏の命数のアドバイスが役立つ！

「命数別2022年の運勢」で自分の生まれ持った命数だけでなく、裏の命数の項目も読んでみましょう。自分の裏の欲望を知れ、裏運気の時期(年、月、日)を乗り越える手立てとなります。裏の命数とは、下記の「裏の命数表」で自分の命数が指す矢印の先にある数字のことです。

※自分の生まれ持った命数は、P.10～の「命数早見表」で調べてください。

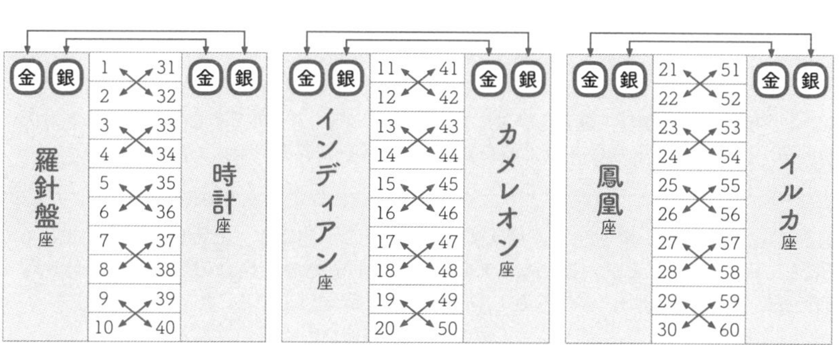

探し方

自分の命数の矢印の先にあたる数字が裏の命数です。

「命数1／金の羅針盤座」の
裏の命数は「32／銀の時計座」

同じようにみると……
「命数18／銀のインディアン座」
➡「命数47／金のカメレオン座」

「命数25／金の鳳凰座」
➡「命数56／銀のイルカ座」

五星三心占い ＊ 運気記号の説明

「12年周期の運気グラフ」に出てくる、運気の記号の意味を解説します。

 開運	開運の年	五星三心占いの中で、最も運気のいい年。世界はあなた中心に動いていると思えるほど、よい流れになります。過去の努力や積み重ねが高く評価される最高の1年。積極的な行動が大事で、新たな目標を決めてスタートを切ると幸運が続くでしょう。
 幸運	幸運の年	前半は、忙しくも充実した時間が増え、経験を活かすことで幸運をつかむことができる年。後半は新たな挑戦が必要です。これまでの経験や学んできたこと、築いてきた人脈が活かされ、周囲から注目されて求められる機会が増える1年になるでしょう。
 解放	解放の年	プレッシャーや嫌なこと、相性の悪いものから解放されて気が楽になり、才能や魅力が輝きはじめる年。長年希望していた方向に進め、運命的な出会いや人生を大きく変える出来事が起こりやすく、思いきった判断や決断をするのにも最適な年です。
 チャレンジ	チャレンジの年	「新しい」と感じることになんでも挑戦して、体験や経験を増やすことが大事な年。過去に縛られず、積極的に行動し、行動範囲を広げていきましょう。少しでも気になったことには飛び込んでみて、失敗してもそこから学んでおくことが大切です。
 健康管理	健康管理の年	前半は、覚悟を決めて行動をとり、今後の目標を定める必要がある年。後半は、健康診断や人間ドックに行くことが大切になります。求められることが増え、自分でもやりたいことを見つけられる時期になるため多忙になりますが、体のメンテナンスを忘れないように。
 準備	準備の年	遊ぶことで運気の流れがよくなる年。「しっかり仕事をして、しっかり遊ぶ」を目標にすると、思った以上にいい1年になるでしょう。些細なミスが増える時期なので、何事も準備や確認を怠らないことが大事になります。ケガや事故にも気をつけて。
 ブレーキ	ブレーキの年	「前半は攻め、後半は守り」と運気が上半期と下半期で入れ替わる年。前半は行動力と決断力が大事。夢や希望に向けて突き進んでみるといいでしょう。後半は貯金と現状維持が大切で、次に学ばなければならないことが出てきたりします。
 リフレッシュ	リフレッシュの年	求められることが増えて慌ただしくなる年。運気が大きく沈むというより、これまで全力で走りすぎてきたことから息切れをしてしまうような時期です。体を休ませたり、ゆっくりしたりする日や時間をしっかり作ることが大事でしょう。
 整理	整理の年	前半は、不要なものの整理が必要。物だけでなく人間関係の整理も必要となり、不要な縁が断ち切られる場合も多いです。後半は、次の目標を見つけ、チャレンジして人脈を広げることが大事になります。過去に執着しなければ大きく成長できる1年に。
 裏運気	裏運気の年	自分の思い（欲望）が真逆に出る年。本来なら興味のない物事が気になり、これまでならしないような判断をしたり、進まないような方向に行ってしまったりすることが。予想外のことが多いですが、自分の弱点や欠点を知り大きく成長できるきっかけがあるでしょう。
 乱気	乱気の年	五星三心占いの中で、最も注意が必要な年。決断に不向きで、上手に流され、求められることに応えていくことが大事になります。学ぶ時期と思い、自分の至らない部分を認めて成長につなげましょう。体調を崩しやすいため、無理は避けること。

五星三心占い ＊ 運気記号の説明

「毎月・毎日運気カレンダー」に出てくる、運気の記号の意味を解説します。

 開運	開運の月	運気のよさを感じられて、能力や魅力を評価される月。今後のことを考えた決断をするにも最適です。運命的な出会いがある可能性も高いので、人との出会いを大切にしましょう。幸運を感じられない場合は、環境を変えてみることです。
 幸運	幸運の月	努力を続けてきたことがいいかたちとなって表れる月。遠慮せずにアピールし、実力を全力で出しきるといい流れに乗れるでしょう。また、頑張りを見ていた人から協力を得られることもあり、チャンスに恵まれる可能性も高くなります。
 解放	解放の月	よくも悪くも目立つ機会が増え、気持ちが楽になる出来事がある月。運気が微妙なときに決断したことから離れたり、相性が悪い人との縁が切れたりすることもあるでしょう。この時期は積極性が大事で、遠慮していると運気の流れも引いてしまいます。
 チャレンジ	チャレンジの月	新しい環境に身を置くことや変化が多くなる月。不慣れなことも増えて苦労を感じる場合も多いですが、自分を鍛える時期だと受け止め、至らない部分を強化するように努めましょう。新しい出会いも増えて、長い付き合いになったり、いい経験ができたりしそうです。
 健康管理	健康管理の月	求められることが増え、疲れがどんどんたまってしまう月。公私ともに予定がいっぱいになるので、計画をしっかり立てて健康的な生活リズムを心がける必要があるでしょう。特に、下旬から体調を崩してしまうことがあるので、無理はしないように。
 準備	準備の月	準備や情報の不足、確認ミスなどを自分でも実感してしまう月。次の日の準備やスケジュールの確認を忘れずに。ただ、この月は「しっかり仕事をして計画的に遊ぶ」ことも大切なので、しっかり遊ぶことで運気がよくなるでしょう。
 ブレーキ	ブレーキの月	中旬までは積極的に行動し、前月にやり残したことを終えておくといい月。契約などの決断は中旬までに。それ以降に延長される場合は縁がないと思って見切りをつけるといいでしょう。中旬以降は、現状を守るための判断が必要となります。
 リフレッシュ	リフレッシュの月	体力的な無理は避けたほうがいい月。「しっかり仕事をしてしっかり休む」ことが大事です。限界を感じる前に休み、スパやマッサージなどで癒やされることも必要。下旬になるとチャンスに恵まれるので、体調を万全にしておいていい流れに乗りましょう。
 整理	整理の月	裏運気から表の運気に戻ってくる月。本来の自分らしくなることで、不要なものが目について片づけたくなります。どんどん捨てると運気の流れがよくなるでしょう。下旬になると出会いが増え、前向きに捉えられるようになります。
 裏運気	裏運気の月	裏目に出ることが多い月。体調を崩したり、今の生活を変えたくなったりします。自分の裏側の才能が出る時期でもあり、これまでと違う興味や関係を持つことも。不慣れなことや苦手なことを知ることはいい勉強になるので、しっかり受け止め、自分に課題が出たと思うようにしましょう。
 乱気	乱気の月	五星三心占いで最も注意が必要な月。人間関係や心の乱れ、判断ミスが起きやすく、現状を変える決断は避けるべきです。ここでの決断は、幸運、開運の時期にいい結果に結びつかない可能性が高くなります。新しい出会いには特に注意。運命を狂わせる相手になるでしょう。

五星三心占い ＊ 運気記号の説明

「毎月・毎日運気カレンダー」に出てくる、運気の記号の意味を解説します。

☆ 開運	開運の日	運を味方にできる最高の日。積極的に行動することで自分の思い通りに物事が運びます。告白、プロポーズ、入籍、決断、覚悟、買い物、引っ越し、契約などをするには最高の日で、ここで決めたことは簡単に変えないことが大事です。
◎ 幸運	幸運の日	秘めていた力を発揮することができる日。勇気を出した行動でこれまで頑張ってきたことが評価され、幸運をつかめるでしょう。恋愛面では相性がいい人と結ばれたり、すでに知り合っている人と縁が強くなったりするので、好意を伝えるといい関係に進みそう。
● 解放	解放の日	面倒なことやプレッシャーから解放される日。相性が悪い人と縁が切れて気持ちが楽になったり、あなたの魅力が輝いて、才能や努力が注目されたりすることがあるでしょう。恋愛面では答えが出る日。夜のデートはうまくいく可能性が高いでしょう。
○ チャレンジ	チャレンジの日	新しいことに積極的に挑戦することが大事な日。ここでの失敗からは学べることがあるので、まずはチャレンジすることが大事。新しい出会いも増えるので、知り合いや友人の集まりに参加したり、自ら人を集めたりすると運気が上がるでしょう。
□ 健康管理	健康管理の日	計画的に行動することが大事な日。予定にないことをすると夕方以降に体調を崩してしまうことがあるでしょう。日中は、何事にも積極的に取り組むことが大事ですが、慎重に細部までこだわって。挨拶や礼儀などをしっかりしておくことも大切。
△ 準備	準備の日	何事にも準備と確認作業をしっかりすることが大事な日。うっかりミスが多いので、1日の予定を確認しましょう。この日は遊び心も大切なので、自分も周囲も楽しませて、なんでもゲーム感覚で楽しんでみると魅力が輝くこともあるでしょう。
▽ ブレーキ	ブレーキの日	日中は積極的に行動することでいい結果に結びつきますが、夕方あたりから判断ミスをするなど裏運気の影響がジワジワ出てくる日。大事なことは早めに終わらせて、夜はゆっくり音楽を聴いたり本を読んだり、のんびりするといいでしょう。
■ リフレッシュ	リフレッシュの日	心身ともに無理は避け、リフレッシュを心がけることで運気の流れがよくなる日。特に日中は疲れやすくなるため、体を休ませる時間をしっかりとり、集中力の低下や仕事の効率の悪化を避けるようにしましょう。夜にはうれしい誘いがありそう。
▲ 整理	整理の日	裏運気から本来の自分である表の運気に戻る日。日中は運気が乱れやすく判断ミスが多いため、身の回りの整理整頓や掃除をしっかりすることが大事。行動的になるのは夕方以降がいいでしょう。恋愛面では失恋しやすいですが、覚悟を決めるきっかけもありそうです。
× 裏運気	裏運気の日	自分の裏の才能や個性が出る日。「運が悪い」のではなく、普段鍛えられない部分を強化する日で、自分でも気がつかなかった能力に目覚めることもあります。何をすれば自分を大きく成長させられるのかを考えて行動するといいでしょう。
▼ 乱気	乱気の日	五星三心占いで最も注意が必要な日。判断ミスをしやすいので、新たなことへの挑戦や決断は避けることが大事。今日の出来事は何事も勉強だと受け止め、不運に感じることは「このくらいですんでよかった」と考えましょう。

＝ 運気の影響がない日…よくも悪くも運気に左右されない日。

五星三心占い

命数早見表

- 命数 1 ~ 10 羅針盤座
- 命数 11 ~ 20 インディアン座
- 命数 21 ~ 30 鳳凰座
- 命数 31 ~ 40 時計座
- 命数 41 ~ 50 カメレオン座
- 命数 51 ~ 60 イルカ座

命数とは

五星三心占いでは、生年月日ごとに割りあてられた【命数】と呼ばれる数字によって、タイプが振りわけられます。次のページ以降で、「生まれた年」を探してください。その年の表の横軸の「生まれた月」と縦軸の「生まれた日」が交差するところの数字が、あなたの【命数】です。続いて「金」「銀」の分類を調べます。生まれた西暦年の数字が偶数なら「金」、奇数なら「銀」となります。最後に【命数】が6つのどのタイプにあてはまるか確認しましょう。

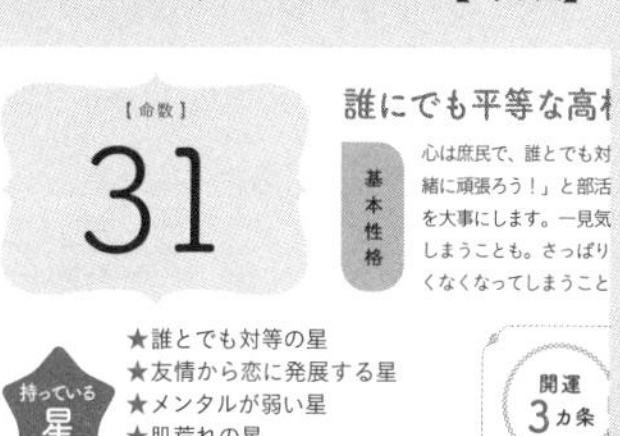

命数ごとの運気は、各タイプ内の【命数別2022年の運勢】ページでチェックしてください。

1936年 昭和11年生［満86歳］

日＼月	1	2	3	4	5	6	7	8	9	10	11	12
1	12	47	13	43	18	53	24	55	25	56	24	58
2	11	56	14	52	25	54	23	54	26	55	21	55
3	30	55	21	51	26	51	22	53	23	54	22	56
4	29	54	22	60	23	52	21	52	24	53	29	53
5	28	54	23	59	24	59	30	51	21	52	30	54
6	27	51	30	58	21	60	29	60	22	51	27	51
7	26	52	27	57	22	57	28	59	29	60	28	52
8	25	59	28	56	29	58	27	57	30	59	35	9
9	24	60	25	55	30	55	26	58	37	8	36	10
10	23	57	26	54	27	56	25	5	38	7	33	7
11	22	58	23	53	28	3	34	6	35	6	34	8
12	21	5	24	2	35	4	33	3	36	5	31	5
13	40	4	31	1	36	1	32	4	33	4	32	6
14	39	1	32	10	35	2	31	1	34	3	39	3
15	38	2	39	7	36	9	40	2	31	2	36	4
16	35	9	40	6	33	10	39	3	32	1	33	1
17	34	10	38	5	34	10	36	4	39	10	34	2
18	33	7	37	9	31	9	35	1	40	5	41	20
19	40	8	36	10	32	8	34	2	48	14	42	19
20	39	3	35	7	39	7	37	19	47	13	49	18
21	38	4	34	8	36	16	46	20	46	13	50	17
22	37	11	33	15	43	15	45	17	45	14	45	16
23	46	12	42	16	44	14	44	16	44	11	46	15
24	45	19	41	13	41	13	43	13	43	12	43	14
25	44	20	50	14	42	12	42	14	42	19	44	13
26	43	17	49	11	49	11	41	11	41	20	41	12
27	42	18	48	12	50	18	50	12	50	17	42	11
28	41	15	47	19	47	17	49	19	49	18	59	30
29	50	16	46	20	48	16	48	20	58	25	60	29
30	49		45	17	45	15	47	27	57	26	57	28
31	48		44		46		56	28		23		27

1937年 昭和12年生［満85歳］

日＼月	1	2	3	4	5	6	7	8	9	10	11	12
1	26	51	30	58	21	60	29	60	22	51	27	51
2	25	60	27	57	22	57	28	59	29	60	28	52
3	24	59	28	56	29	58	27	58	30	59	35	9
4	23	57	25	55	30	55	26	57	37	8	36	10
5	22	58	30	54	27	56	25	6	38	7	33	7
6	21	5	23	53	28	3	34	5	35	6	34	8
7	40	6	24	2	35	4	33	2	36	5	31	5
8	39	3	31	1	36	1	32	4	33	3	32	6
9	38	4	32	10	33	2	31	1	34	3	39	3
10	37	1	39	9	34	9	40	2	31	2	40	4
11	36	2	40	8	31	10	39	9	32	1	37	1
12	35	7	37	7	32	7	38	10	39	10	38	2
13	34	8	38	6	39	8	37	7	40	9	45	19
14	33	5	35	5	32	5	36	8	47	18	46	20
15	32	6	36	2	39	6	35	15	48	17	43	17
16	39	13	33	1	40	13	44	20	45	16	50	18
17	48	14	33	20	47	15	41	17	46	15	47	15
18	47	11	42	16	48	14	50	18	43	14	48	15
19	44	20	41	13	45	13	49	15	43	19	45	14
20	43	17	50	14	46	12	42	16	42	18	46	13
21	42	18	49	11	49	11	41	13	41	17	43	12
22	41	15	48	12	50	20	50	14	50	17	44	11
23	50	16	47	19	47	19	49	19	49	18	59	30
24	49	13	46	20	48	18	48	20	58	25	60	29
25	48	14	45	17	45	17	47	27	57	26	57	28
26	47	21	44	18	46	26	56	28	56	23	58	27
27	56	22	43	25	53	23	55	25	55	24	55	26
28	55	29	52	26	54	22	54	26	54	21	56	25
29	54		51	23	51	21	53	23	53	22	53	24
30	53		60	24	52	30	52	24	52	29	54	23
31	52		59		59		51	21		30		22

1938年 昭和13年生［満84歳］

日＼月	1	2	3	4	5	6	7	8	9	10	11	12
1	21	6	23	53	28	3	34	5	35	6	34	8
2	40	5	24	2	35	4	33	4	36	5	31	5
3	39	4	31	1	36	1	32	3	33	4	32	6
4	38	4	36	10	33	2	31	2	34	3	39	3
5	37	1	33	9	39	9	40	1	31	2	40	4
6	36	2	40	8	31	10	40	10	32	1	37	1
7	35	9	37	7	32	7	37	9	39	10	38	2
8	34	10	38	6	39	8	37	7	40	9	45	19
9	33	7	35	5	40	5	36	8	47	18	46	20
10	32	8	36	4	37	6	35	15	48	17	43	17
11	31	15	33	3	38	13	44	16	45	16	44	18
12	50	14	34	12	45	14	43	13	46	15	41	15
13	49	11	41	11	46	11	42	14	43	14	42	16
14	48	12	42	20	45	12	41	11	44	13	49	13
15	47	19	49	17	46	19	50	12	41	12	50	14
16	44	20	50	16	43	20	49	13	41	11	43	11
17	43	17	48	15	44	20	48	14	49	20	44	12
18	42	18	47	19	41	19	45	11	50	19	51	29
19	49	13	46	20	42	18	44	12	58	24	52	29
20	48	14	45	17	49	17	43	29	57	23	59	28
21	47	21	44	18	46	26	56	30	56	22	60	27
22	56	22	43	25	53	25	55	27	55	24	57	26
23	55	29	52	26	54	24	54	26	54	21	56	25
24	54	30	51	23	51	23	53	23	53	22	53	24
25	53	27	60	24	52	22	52	24	52	29	54	23
26	52	28	59	21	59	21	51	21	51	30	51	22
27	51	25	58	22	60	28	60	22	60	27	52	21
28	58	26	57	29	57	27	59	29	59	28	9	40
29	59		56	30	58	26	58	28	8	35	10	39
30	58		55	27	55	25	57	37	7	36	7	38
31	57		54		56		6	38		33		37

1939年 昭和14年生［満83歳］

日＼月	1	2	3	4	5	6	7	8	9	10	11	12
1	36	1	40	8	31	10	39	10	32	1	37	1
2	35	10	37	7	32	7	38	9	39	10	38	2
3	34	9	38	6	39	8	37	8	40	9	45	19
4	33	8	35	5	40	5	36	7	47	18	46	20
5	32	8	36	4	37	6	35	16	48	17	43	17
6	31	15	33	3	37	13	44	15	45	16	43	18
7	50	16	34	12	45	14	43	14	46	15	41	15
8	49	13	41	11	46	11	42	14	43	14	42	16
9	48	14	42	20	43	12	41	11	44	13	49	13
10	47	11	49	19	44	19	50	12	41	12	50	14
11	46	12	50	18	41	20	49	19	42	11	47	11
12	45	19	47	17	42	17	48	20	49	20	48	12
13	44	18	48	16	49	18	47	17	50	19	55	29
14	43	15	45	15	42	15	46	18	57	28	56	30
15	42	16	46	14	49	16	45	25	58	27	53	24
16	49	23	43	11	50	23	54	30	55	26	60	28
17	58	24	43	30	57	25	53	27	56	25	57	25
18	57	21	52	29	58	24	60	28	53	24	58	26
19	54	30	51	23	55	23	59	25	53	29	55	24
20	53	27	60	24	56	22	58	26	52	28	56	23
21	52	28	59	21	59	21	51	23	51	24	53	22
22	51	25	58	22	60	30	60	24	59	27	54	21
23	60	26	57	29	57	29	59	29	59	28	9	40
24	59	23	56	30	58	28	58	30	8	35	10	39
25	58	24	55	27	55	27	57	37	7	36	7	38
26	57	31	54	28	56	36	6	38	6	33	8	37
27	6	32	53	35	3	33	5	35	5	34	5	36
28	5	39	2	36	4	32	4	36	4	31	6	35
29	4		1	33	1	31	3	33	3	32	3	34
30	3		10	34	2	40	2	34	2	39	4	33
31	2		9		9		1	31		40		32

金 1940年 昭和15年生 〔満82歳〕

日＼月	1	2	3	4	5	6	7	8	9	10	11	12
1	31	16	34	12	45	14	43	14	46	15	41	15
2	48	15	41	11	46	11	42	13	43	14	42	16
3	49	14	42	20	43	12	41	12	44	13	49	13
4	48	13	49	19	44	19	50	11	41	12	50	14
5	47	11	50	18	41	20	49	20	42	11	47	11
6	46	12	47	17	42	17	48	19	49	20	48	12
7	45	19	48	16	49	18	47	18	50	19	55	29
8	44	20	45	15	50	15	46	18	57	28	56	30
9	43	17	46	14	47	16	45	25	58	27	53	27
10	42	18	43	13	48	23	54	26	55	26	54	30
11	41	25	44	22	55	24	53	23	56	25	51	25
12	60	26	51	21	56	21	52	24	53	24	52	26
13	59	21	52	30	53	22	51	21	54	23	59	23
14	58	22	59	29	56	29	60	22	51	22	60	24
15	57	29	60	26	53	30	59	29	52	21	53	21
16	57	30	57	25	54	27	58	24	59	30	54	22
17	53	27	57	24	51	29	55	21	60	29	1	39
18	52	28	56	30	52	28	54	22	7	34	2	39
19	59	25	55	27	59	27	53	39	7	33	9	38
20	58	24	54	28	60	36	6	40	6	32	10	37
21	57	31	53	35	3	35	5	37	5	34	7	36
22	6	32	2	36	4	34	4	38	4	31	6	35
23	5	39	1	33	1	33	3	33	3	32	3	34
24	4	40	10	34	2	32	2	34	2	39	4	33
25	3	37	9	31	9	31	1	31	1	40	1	32
26	2	38	8	32	10	38	10	32	10	37	2	31
27	1	35	7	39	7	37	9	39	9	38	19	50
28	10	36	6	40	8	36	8	40	18	45	20	49
29	9	33	5	37	5	35	7	47	17	46	17	48
30	8		4	38	6	44	16	48	16	43	18	47
31	7		3		13		15	45		44		46

銀 1941年 昭和16年生 〔満81歳〕

日＼月	1	2	3	4	5	6	7	8	9	10	11	12
1	45	20	47	17	42	17	48	19	49	20	48	12
2	44	19	48	16	49	18	47	18	50	19	55	29
3	43	18	45	15	50	15	46	17	57	28	56	30
4	42	18	50	14	47	16	45	26	58	27	53	27
5	41	25	47	13	43	23	54	25	55	26	54	28
6	60	26	44	22	52	24	53	24	56	25	51	25
7	59	23	56	21	56	21	52	21	53	24	52	26
8	58	24	52	30	53	22	51	21	54	24	59	23
9	57	21	59	29	54	29	60	22	51	22	60	24
10	56	22	60	28	51	30	59	29	52	21	57	21
11	55	29	57	27	52	27	58	30	59	30	58	22
12	54	21	58	26	59	28	57	27	60	29	5	39
13	53	25	55	25	60	25	56	28	7	38	6	40
14	52	26	56	24	59	26	55	35	8	37	3	37
15	51	33	53	21	60	33	4	36	5	36	4	38
16	8	34	54	40	7	34	3	37	6	35	7	35
17	7	31	2	39	8	34	10	38	3	34	8	36
18	6	32	1	33	5	33	9	35	4	33	5	34
19	3	37	10	34	6	32	8	36	2	38	6	33
20	2	38	9	31	3	31	1	33	1	37	3	32
21	1	35	8	32	10	40	10	34	10	36	4	31
22	10	36	7	39	7	39	9	31	9	38	11	50
23	9	33	6	40	8	38	8	40	18	45	20	49
24	8	34	5	37	5	37	7	47	17	46	17	48
25	7	41	4	38	6	46	16	48	16	43	18	47
26	17	42	3	45	13	45	15	45	15	44	15	46
27	15	49	12	46	14	42	14	46	14	41	16	45
28	14	50	11	43	11	41	13	43	13	42	13	44
29	13		20	44	12	50	12	44	12	49	14	43
30	12		19	41	19	50	11	41	11	50	11	42
31	11		18		20		20	42		47		41

金 1942年 昭和17年生 〔満80歳〕

日＼月	1	2	3	4	5	6	7	8	9	10	11	12
1	60	25	44	22	55	24	53	24	56	25	51	25
2	59	24	51	21	56	21	52	23	53	24	52	26
3	58	23	52	30	53	22	51	22	54	23	59	23
4	57	21	59	29	54	29	60	21	51	22	60	24
5	56	22	60	28	51	30	59	30	52	21	57	21
6	55	29	57	27	52	27	58	29	59	28	58	22
7	54	30	58	26	59	28	57	28	60	29	5	39
8	53	27	55	25	60	25	56	28	7	38	6	40
9	52	28	56	24	57	26	55	35	8	37	3	37
10	51	35	53	23	58	33	4	36	5	36	4	38
11	10	36	54	32	5	34	3	33	6	35	1	35
12	9	31	1	31	6	31	2	34	2	34	2	36
13	8	32	2	40	3	32	1	31	4	33	9	33
14	7	39	9	39	6	39	10	32	1	32	10	34
15	6	40	10	36	3	40	9	39	2	31	7	31
16	3	37	7	35	4	37	8	34	9	40	4	32
17	2	38	7	34	1	39	7	31	10	39	11	49
18	1	35	6	40	2	38	4	32	17	48	12	50
19	8	34	5	37	9	37	3	49	17	43	19	48
20	7	41	4	38	10	46	12	50	16	42	20	47
21	16	42	3	45	13	45	15	47	15	41	17	46
22	15	49	12	46	14	44	14	48	14	41	18	45
23	14	50	11	43	11	43	13	43	13	42	13	44
24	13	47	20	44	12	42	12	44	12	49	14	43
25	12	48	19	41	19	41	11	41	11	50	11	42
26	11	45	18	42	20	50	20	42	20	47	12	41
27	20	46	17	49	17	47	19	49	19	48	29	60
28	19	43	16	50	18	46	18	50	28	55	30	59
29	18		15	47	15	45	17	57	27	56	27	58
30	17		14	48	16	54	26	58	26	53	28	57
31	26		13		23		25	55		54		56

銀 1943年 昭和18年生 〔満79歳〕

日＼月	1	2	3	4	5	6	7	8	9	10	11	12
1	55	30	57	27	52	27	58	29	59	30	58	22
2	54	29	58	26	59	28	57	28	60	29	5	39
3	53	28	55	25	60	25	56	27	7	38	6	40
4	51	27	56	24	57	26	55	36	8	37	3	37
5	51	35	53	23	58	33	4	35	5	36	4	38
6	10	36	54	32	3	34	3	34	6	35	1	35
7	9	33	1	31	6	31	2	33	3	37	2	36
8	8	34	2	40	3	32	1	31	4	33	9	33
9	7	31	9	39	4	39	10	32	1	32	10	34
10	6	32	10	38	1	40	9	39	2	31	7	31
11	5	39	7	37	2	37	8	40	9	40	8	32
12	4	40	8	36	9	38	7	37	10	39	15	49
13	3	35	5	35	10	35	6	38	17	48	16	50
14	2	36	6	34	1	36	5	45	18	47	13	47
15	1	43	3	33	2	43	14	46	15	46	14	48
16	18	44	4	50	17	44	13	47	16	45	17	45
17	17	41	12	49	18	44	12	48	13	44	18	46
18	16	42	11	48	15	43	19	45	14	43	17	45
19	13	49	20	44	16	42	18	46	12	48	16	46
20	12	48	19	41	13	41	17	43	11	47	13	43
21	11	45	18	42	20	50	20	44	20	46	14	44
22	20	46	17	49	17	49	19	41	19	48	21	51
23	19	43	16	50	18	48	18	50	28	55	30	60
24	18	44	15	47	15	47	17	57	27	56	27	57
25	17	51	14	48	16	56	26	58	26	53	28	58
26	26	52	13	55	23	55	25	55	25	54	25	55
27	25	59	22	56	24	52	24	56	24	51	26	55
28	24	60	21	53	21	51	23	53	23	52	23	54
29	23		30	54	22	60	22	54	22	59	24	53
30	22		29	51	29	59	21	51	21	60	21	52
31	25		28		30		30	52		57		51

1944年 昭和19年生［満78歳］

日＼月	1	2	3	4	5	6	7	8	9	10	11	12
1	10	35	1	31	6	31	2	33	3	34	2	36
2	9	34	2	38	3	32	1	32	4	33	9	33
3	8	33	9	39	4	39	10	31	1	32	10	34
4	7	32	10	38	1	40	9	40	2	31	7	31
5	6	32	7	37	2	37	8	39	9	40	8	32
6	5	39	8	36	9	38	8	38	10	39	15	49
7	4	40	5	35	10	35	6	35	17	48	16	50
8	3	37	6	34	7	36	5	45	18	47	13	47
9	2	38	3	33	8	43	14	46	15	46	14	48
10	2	45	4	42	15	44	13	43	16	45	11	45
11	19	46	11	41	16	41	12	44	13	44	12	46
12	19	43	12	50	13	42	11	41	14	43	19	43
13	18	42	19	49	14	49	20	42	11	42	20	44
14	17	49	20	48	13	50	19	49	12	41	17	41
15	16	50	17	45	14	47	18	50	19	50	14	42
16	13	47	18	44	11	48	17	41	20	49	21	59
17	15	48	16	43	12	48	14	42	27	58	22	60
18	11	45	15	47	19	47	13	59	28	53	29	58
19	18	46	14	45	19	56	22	60	26	52	30	57
20	17	51	13	55	27	55	25	57	25	51	27	56
21	26	52	22	56	24	54	24	58	27	51	28	55
22	25	59	21	53	21	53	23	55	23	52	23	54
23	24	60	28	54	22	52	22	54	22	59	24	53
24	23	57	29	51	29	51	21	51	21	60	21	52
25	22	58	28	52	30	60	30	52	30	57	22	51
26	21	55	27	59	27	59	29	59	29	58	39	10
27	30	56	26	60	28	56	28	60	38	5	40	9
28	29	53	25	57	25	55	27	7	37	6	37	8
29	28	54	24	58	26	4	36	8	36	3	38	7
30	27		23	5	33	3	35	5	35	4	35	6
31	36		32		34		34	6		1		5

銀

1945年 昭和20年生［満77歳］

日＼月	1	2	3	4	5	6	7	8	9	10	11	12
1	4	39	8	36	9	38	7	38	10	39	15	49
2	3	38	5	35	10	35	6	37	17	48	16	50
3	2	37	6	34	7	36	5	46	18	47	13	47
4	1	45	3	33	8	43	14	45	15	46	14	48
5	20	46	8	42	15	44	13	44	16	45	11	45
6	19	43	11	41	16	41	12	43	13	44	12	46
7	18	44	12	50	13	42	11	42	14	43	19	43
8	17	41	19	49	14	49	20	42	11	42	20	44
9	16	42	20	48	11	50	19	49	12	41	17	41
10	15	49	17	47	12	47	18	50	19	50	18	42
11	14	50	18	46	19	48	17	47	20	49	25	59
12	13	45	15	45	20	45	16	48	27	58	26	60
13	12	46	16	44	17	46	15	55	28	57	23	57
14	11	53	13	43	20	53	24	56	25	56	24	58
15	30	54	14	60	27	54	23	53	26	55	21	55
16	27	51	21	59	28	51	22	58	23	54	28	56
17	26	52	21	58	25	53	29	55	24	53	25	53
18	25	59	30	54	26	52	28	56	21	52	26	53
19	22	58	29	51	23	51	27	53	21	57	23	52
20	21	55	28	52	24	60	30	54	30	56	24	51
21	30	56	27	59	27	59	29	51	29	55	31	10
22	29	53	26	60	28	58	28	52	38	5	32	9
23	28	54	25	57	25	57	27	7	37	6	37	8
24	27	1	24	58	26	6	36	8	36	3	38	7
25	36	2	23	5	33	5	35	5	35	4	35	6
26	35	9	32	6	34	4	34	6	34	1	36	5
27	34	10	31	3	31	1	33	3	33	2	33	4
28	33	7	40	4	32	10	32	4	32	9	34	3
29	32		39	1	39	9	31	1	31	10	31	2
30	31		38	2	40	8	40	2	40	7	32	1
31	40		37		37		39	9		8		20

1946年 昭和21年生［満76歳］

日＼月	1	2	3	4	5	6	7	8	9	10	11	12
1	19	44	11	41	16	41	12	43	13	44	12	46
2	18	43	12	50	13	42	11	42	14	43	19	43
3	17	42	19	49	14	49	20	41	11	42	20	44
4	16	42	20	48	11	50	19	50	12	41	17	41
5	15	49	11	47	12	47	18	49	19	50	18	42
6	14	50	18	46	19	48	17	48	20	49	25	59
7	13	47	15	45	20	45	15	47	27	58	26	60
8	12	48	16	44	17	46	15	55	28	57	23	57
9	11	55	13	43	18	53	24	56	25	56	24	58
10	30	56	14	52	25	54	23	53	26	55	21	55
11	29	53	21	51	26	51	22	54	23	54	22	56
12	28	52	22	60	23	52	21	51	24	53	29	53
13	27	59	29	59	24	59	30	52	21	52	30	54
14	26	60	30	58	23	60	29	59	22	51	27	51
15	25	57	27	55	24	57	28	60	29	60	28	52
16	22	58	28	54	21	58	27	51	30	59	31	9
17	21	55	26	53	22	58	26	52	37	8	32	10
18	30	56	25	57	29	57	23	9	38	7	39	7
19	27	1	24	58	30	6	32	10	36	2	40	7
20	36	2	23	5	37	5	31	7	35	1	37	6
21	35	9	32	6	34	4	34	8	34	10	38	5
22	34	10	31	3	31	3	33	5	33	2	35	4
23	33	7	40	4	32	2	32	4	32	9	34	3
24	32	8	39	1	39	1	31	1	31	10	31	2
25	31	5	38	2	40	10	40	2	40	7	32	1
26	40	6	37	9	37	9	39	9	39	8	49	20
27	39	3	36	10	38	6	38	10	48	15	50	19
28	38	4	35	7	35	5	37	17	47	16	47	18
29	37		34	8	36	14	46	18	46	13	48	17
30	46		33	15	43	13	45	15	45	14	45	16
31	45		42		44		44	16		11		15

1947年 昭和22年生［満75歳］

日＼月	1	2	3	4	5	6	7	8	9	10	11	12
1	14	49	18	46	19	48	17	48	20	49	25	59
2	13	48	15	45	20	45	16	47	27	58	26	60
3	12	47	16	44	17	46	15	56	28	57	23	57
4	11	56	13	43	18	53	24	55	25	56	24	58
5	30	56	14	52	25	54	23	54	26	55	21	55
6	29	53	21	51	26	51	22	53	23	54	22	56
7	28	54	22	60	23	52	21	52	24	53	29	53
8	27	51	29	59	24	59	30	52	21	52	30	54
9	26	52	30	58	21	60	29	59	22	51	27	51
10	25	59	27	57	22	57	28	60	29	60	28	52
11	24	60	28	56	29	58	27	57	30	59	35	9
12	23	57	25	55	30	55	26	58	37	8	36	10
13	22	56	26	54	27	56	25	5	38	7	33	7
14	21	3	23	53	30	3	34	6	35	6	34	8
15	40	4	24	2	37	4	33	3	36	5	31	5
16	37	1	31	9	38	1	32	8	33	4	38	6
17	36	2	31	8	35	3	31	5	34	3	35	3
18	35	9	40	7	36	2	38	6	31	2	36	4
19	32	10	39	1	33	1	37	3	31	7	33	2
20	31	5	38	2	34	10	36	4	40	6	34	1
21	40	6	37	9	37	9	39	1	39	5	41	20
22	39	3	36	10	38	8	38	2	48	15	42	19
23	38	4	35	7	35	7	37	17	47	16	47	18
24	37	11	34	8	36	16	46	18	46	13	48	17
25	46	12	33	15	43	15	45	15	45	14	45	16
26	45	19	42	16	44	14	44	16	44	11	46	15
27	44	20	41	13	41	11	43	13	43	12	43	14
28	43	17	50	14	42	20	42	14	42	19	44	13
29	42		49	11	49	19	41	11	41	20	41	12
30	41		48	12	50	18	50	12	50	17	42	11
31	50		47		47		49	19		18		30

命数 ▶ 1-10 羅針盤座　11-20 インディアン座　21-30 鳳凰座　31-40 時計座　41-50 カメレオン座　51-60 イルカ座

1948年 昭和23年生〔満74歳〕

日＼月	1	2	3	4	5	6	7	8	9	10	11	12
1	29	54	22	60	23	52	21	52	24	53	29	53
2	28	53	29	59	24	59	30	51	21	52	30	54
3	27	52	30	58	21	60	29	60	22	51	27	51
4	26	51	27	57	22	57	28	59	29	60	28	52
5	25	59	28	56	29	58	27	58	30	59	35	9
6	24	60	25	55	30	55	26	57	37	8	36	10
7	23	57	26	54	27	56	25	6	38	7	33	7
8	22	58	23	53	28	3	34	6	35	6	34	8
9	21	5	24	2	35	4	33	3	36	5	31	5
10	40	6	31	1	36	1	32	4	33	4	32	6
11	39	3	32	10	33	2	31	1	34	3	39	3
12	38	4	39	9	34	9	40	2	31	2	40	4
13	37	9	40	8	33	10	39	9	32	1	37	1
14	36	10	37	7	34	7	38	10	39	10	38	2
15	35	7	38	4	31	8	37	7	40	9	41	19
16	32	8	35	3	32	5	36	2	47	18	42	20
17	31	5	35	2	39	7	33	19	48	17	49	17
18	40	6	34	8	40	16	42	20	45	12	50	17
19	37	13	33	15	47	15	41	17	45	11	47	16
20	46	12	42	16	44	14	44	18	44	20	48	15
21	45	19	41	13	41	13	43	15	43	12	45	14
22	44	20	50	14	42	12	42	16	42	19	44	13
23	43	17	49	11	49	11	41	11	41	20	41	12
24	42	18	48	12	50	20	50	12	50	17	42	11
25	41	15	47	19	47	19	49	19	49	18	59	30
26	50	16	46	20	48	18	48	20	58	25	60	29
27	49	13	45	17	45	15	47	27	57	26	57	28
28	48	14	44	18	46	24	56	28	56	23	58	27
29	47	21	43	25	55	23	55	26	55	24	55	26
30	56		52	26	53	22	54	25	54	21	56	25
31	55		51		54		53	23		22		24

1949年 昭和24年生〔満73歳〕

日＼月	1	2	3	4	5	6	7	8	9	10	11	12
1	23	58	25	55	30	55	26	57	37	8	36	10
2	22	57	26	54	27	56	25	6	38	7	33	7
3	21	6	23	53	28	3	34	5	35	6	34	8
4	40	6	24	2	35	4	33	4	36	5	31	5
5	39	3	31	1	36	1	32	3	33	4	32	6
6	38	4	32	10	33	2	31	2	34	3	39	3
7	37	1	39	9	34	9	40	1	31	2	40	4
8	36	2	40	8	31	10	39	9	32	1	37	1
9	35	9	37	7	32	7	38	10	39	10	38	2
10	34	10	38	6	39	8	37	7	40	9	45	19
11	33	7	35	5	40	5	36	8	47	18	46	20
12	32	6	36	4	37	6	35	15	48	17	43	17
13	31	13	33	3	38	13	44	16	45	16	44	18
14	50	14	34	12	47	14	43	13	46	15	41	15
15	49	11	41	19	48	11	42	14	43	14	42	16
16	46	12	42	18	45	12	41	15	44	13	45	13
17	45	19	50	17	46	12	48	16	41	12	46	14
18	44	20	49	11	43	11	47	13	42	11	43	12
19	41	15	48	12	44	20	46	14	50	16	44	11
20	50	16	47	19	41	19	49	11	49	15	51	30
21	49	13	46	20	48	18	48	12	58	24	52	29
22	48	14	45	17	45	17	47	29	57	26	59	28
23	47	21	44	18	46	26	56	28	56	23	58	27
24	56	22	43	25	53	25	55	25	55	24	55	26
25	55	29	52	26	54	24	54	26	54	21	56	25
26	54	30	51	23	51	21	53	23	53	22	53	24
27	53	27	60	24	52	30	52	24	52	29	54	23
28	52	28	59	21	59	29	51	21	51	30	51	22
29	51		58	22	60	28	60	22	60	27	52	21
30	60		57	29	57	27	59	29	59	28	9	40
31	59		56		58		58	30		35		39

1950年 昭和25年生〔満72歳〕

日＼月	1	2	3	4	5	6	7	8	9	10	11	12
1	38	3	32	10	33	2	31	2	34	3	39	3
2	37	2	39	9	34	9	40	1	31	2	40	4
3	36	1	40	8	31	10	39	10	32	1	37	1
4	35	9	37	7	32	7	38	9	39	10	38	2
5	34	10	38	6	39	8	37	8	40	9	45	19
6	33	7	35	5	40	5	36	7	47	18	46	20
7	32	8	36	4	37	6	35	16	48	17	43	17
8	31	15	33	3	38	13	44	16	45	16	44	18
9	50	16	34	12	45	14	43	13	46	15	41	15
10	49	13	41	11	46	11	42	14	43	14	42	16
11	48	14	42	20	43	12	41	11	44	13	49	13
12	47	19	49	19	44	19	50	12	41	12	50	14
13	46	20	50	18	41	20	49	19	42	11	47	11
14	45	17	47	17	44	17	48	20	49	20	48	12
15	44	18	48	14	41	18	47	17	50	19	55	29
16	41	15	45	13	42	15	46	12	57	28	52	30
17	50	16	45	12	49	17	45	29	58	27	59	27
18	49	23	44	18	50	26	52	30	55	26	60	28
19	56	22	43	25	57	25	51	27	55	21	57	26
20	55	29	52	26	58	24	60	28	54	30	58	25
21	54	30	51	23	51	23	53	25	53	29	55	24
22	53	27	60	24	52	22	52	26	52	29	56	23
23	52	28	59	21	59	21	51	21	51	30	51	22
24	51	25	58	22	60	30	60	22	60	27	52	21
25	60	26	57	29	57	29	59	29	59	28	9	40
26	59	23	56	30	58	28	58	30	8	35	10	39
27	58	24	55	27	55	25	57	37	7	36	7	38
28	57	31	54	28	56	34	6	38	6	33	8	37
29	6		53	35	3	33	5	35	5	34	5	36
30	5		2	36	4	32	4	36	4	31	6	35
31	4		1		1		3	33		32		34

1951年 昭和26年生〔満71歳〕

日＼月	1	2	3	4	5	6	7	8	9	10	11	12
1	33	8	35	5	40	5	36	7	47	18	46	20
2	32	7	36	4	37	6	35	16	48	17	43	17
3	31	16	33	3	38	13	44	15	45	16	44	18
4	50	15	34	12	45	14	43	14	46	15	41	15
5	49	13	41	11	46	11	42	13	43	14	42	16
6	48	14	42	20	43	12	41	12	44	13	49	13
7	47	11	49	19	44	19	50	11	41	12	50	14
8	46	12	50	18	41	20	49	19	42	11	47	11
9	45	19	47	17	42	17	48	20	49	20	48	12
10	44	20	48	16	49	18	47	17	50	19	55	29
11	43	17	45	15	50	15	46	18	57	28	56	30
12	42	18	46	14	47	16	45	25	58	27	53	27
13	41	23	43	13	48	23	54	26	55	26	54	28
14	60	24	44	22	57	24	53	23	56	25	51	25
15	59	21	51	21	58	21	52	24	53	24	52	26
16	56	22	52	28	55	22	51	25	54	23	55	23
17	55	29	60	27	56	22	60	26	51	22	56	24
18	54	30	59	26	53	21	57	23	52	21	53	21
19	51	27	58	22	54	30	56	24	60	26	54	21
20	60	26	57	29	51	29	55	21	59	25	1	40
21	59	23	56	30	58	28	58	22	8	34	2	39
22	58	24	55	27	55	27	57	39	7	36	9	38
23	57	31	54	28	56	36	6	38	6	33	8	37
24	6	32	53	35	3	35	5	35	5	34	5	36
25	5	39	2	36	4	34	4	36	4	31	6	35
26	4	40	1	33	1	33	3	33	3	32	3	34
27	3	37	10	34	2	40	2	34	2	39	4	33
28	2	38	9	31	9	39	1	31	1	40	1	32
29	1		8	32	10	38	10	32	10	37	2	31
30	10		7	39	7	37	9	39	9	38	19	50
31	9		6		8		8	40		45		49

命数 ▶ 1-10 羅針盤座　11-20 インディアン座　21-30 鳳凰座　31-40 時計座　41-50 カメレオン座　51-60 イルカ座

1952年 昭和27年生〔満70歳〕

日＼月	1	2	3	4	5	6	7	8	9	10	11	12
1	48	13	49	19	44	19	50	11	41	12	50	14
2	47	12	50	18	41	20	49	20	42	11	47	11
3	46	11	47	17	42	17	48	19	49	20	48	12
4	45	20	48	16	49	18	47	18	50	19	55	29
5	44	20	45	15	50	15	46	17	57	28	56	30
6	43	17	46	14	47	16	45	26	58	27	53	27
7	42	18	43	13	48	23	54	26	55	26	54	28
8	41	25	44	22	55	24	53	23	56	25	51	25
9	60	26	51	21	56	21	52	24	53	24	52	26
10	59	23	52	30	53	22	51	21	54	23	59	23
11	58	24	59	29	54	29	60	22	51	22	60	24
12	57	21	60	28	51	30	59	29	52	21	57	21
13	56	30	57	27	54	27	58	30	59	30	58	22
14	55	27	58	26	51	28	57	27	60	29	5	39
15	54	28	55	23	52	25	56	22	7	38	2	40
16	51	25	56	22	59	26	55	39	8	37	9	37
17	60	26	54	21	60	36	2	40	5	36	10	38
18	59	33	53	35	7	35	1	37	6	31	7	36
19	6	34	2	36	8	34	10	38	4	40	8	35
20	5	39	1	33	1	33	3	35	3	39	5	34
21	4	40	10	34	2	32	2	36	2	39	6	33
22	3	37	9	31	9	31	1	31	1	40	1	32
23	2	38	8	32	10	40	10	32	10	37	2	31
24	1	35	7	39	7	39	9	39	9	38	19	50
25	10	36	6	40	8	38	8	40	18	45	20	49
26	9	33	5	37	5	37	7	47	17	46	17	48
27	8	34	4	38	6	44	16	48	16	43	18	47
28	7	41	3	45	13	43	15	45	15	44	15	46
29	16	42	12	46	14	42	14	46	14	41	16	45
30	15		11	43	11	41	13	43	13	42	13	44
31	14		20		12		12	44		49		43

1953年 昭和28年生〔満69歳〕

日＼月	1	2	3	4	5	6	7	8	9	10	11	12
1	42	17	46	14	47	16	45	26	58	27	53	27
2	41	26	43	13	48	23	54	25	55	26	54	28
3	60	25	44	22	55	24	53	24	56	25	51	25
4	59	23	51	21	56	21	52	23	53	24	52	26
5	58	24	52	30	53	22	51	22	54	23	59	23
6	57	21	59	29	54	29	60	21	51	22	60	24
7	56	22	60	28	51	30	59	30	52	21	57	21
8	55	29	57	27	52	27	58	30	59	30	58	22
9	54	30	58	26	59	28	57	27	60	29	5	39
10	53	27	55	25	60	25	56	28	7	38	6	40
11	52	28	56	24	57	26	55	35	8	37	3	37
12	51	33	53	23	58	33	4	36	5	36	4	38
13	10	34	54	32	5	34	3	33	6	35	1	35
14	9	31	1	31	8	31	2	34	3	34	2	36
15	8	32	2	38	5	32	1	31	4	33	9	33
16	5	39	9	37	6	39	10	36	1	32	6	34
17	4	40	9	36	3	31	7	33	2	31	3	31
18	3	37	8	32	4	40	6	34	9	36	4	31
19	10	36	7	39	1	39	5	31	9	35	11	50
20	9	33	6	40	2	38	8	32	18	44	12	49
21	8	34	5	37	5	37	7	49	17	46	19	48
22	7	41	4	38	6	46	16	50	16	43	20	47
23	16	42	3	45	13	45	15	45	15	44	15	46
24	15	49	12	46	14	44	14	46	14	41	16	45
25	14	50	11	43	11	43	13	43	13	42	13	44
26	13	47	20	44	12	42	12	44	12	49	14	43
27	12	48	19	41	19	49	11	41	11	50	11	42
28	11	45	18	42	20	48	20	42	20	47	12	41
29	20		17	49	17	47	19	49	19	48	29	60
30	19		16	50	18	46	18	50	28	55	30	59
31	18		15		15		17	57		56		58

1954年 昭和29年生〔満68歳〕

日＼月	1	2	3	4	5	6	7	8	9	10	11	12
1	57	22	59	29	54	29	60	21	51	22	60	24
2	56	21	60	28	51	30	59	30	52	21	57	21
3	55	30	57	27	52	27	58	29	59	30	58	22
4	54	30	58	26	59	28	57	28	60	29	5	39
5	53	27	55	25	60	25	56	27	7	38	6	40
6	52	28	56	24	57	26	57	36	8	37	3	37
7	51	35	53	23	58	33	4	35	5	36	4	38
8	10	36	54	32	5	34	3	33	6	35	1	35
9	9	33	1	31	6	31	2	34	3	34	2	36
10	8	34	2	40	3	32	1	31	4	33	9	33
11	7	31	9	39	4	39	10	32	1	32	10	34
12	6	40	10	38	1	40	9	39	2	31	7	31
13	5	37	7	37	2	37	8	40	9	40	8	32
14	4	38	8	36	1	38	7	37	10	39	15	49
15	3	35	5	33	2	35	6	38	17	48	16	50
16	10	36	6	32	9	36	5	49	18	47	19	47
17	9	43	4	31	10	46	14	50	15	46	20	48
18	18	44	3	45	17	45	11	47	16	45	17	45
19	15	49	12	46	18	44	20	48	14	50	18	45
20	14	50	11	43	15	43	19	45	13	49	15	44
21	13	47	20	44	12	42	12	46	12	48	16	43
22	12	48	19	41	19	41	11	43	11	50	13	42
23	11	45	18	42	20	50	20	42	20	47	12	41
24	20	46	17	49	17	49	19	49	19	48	29	60
25	19	43	16	50	18	48	18	50	28	55	30	59
26	18	44	15	47	15	47	17	57	27	56	27	58
27	17	51	14	48	16	54	26	58	26	53	28	57
28	26	52	13	55	23	53	25	55	25	54	25	56
29	25		22	56	24	52	24	56	24	51	26	55
30	24		21	53	21	51	23	53	23	52	23	54
31	23		30		22		22	54		59		53

1955年 昭和30年生〔満67歳〕

日＼月	1	2	3	4	5	6	7	8	9	10	11	12
1	52	27	56	24	57	26	55	36	8	37	3	37
2	51	36	53	23	58	33	4	35	5	36	4	38
3	10	35	54	32	5	34	3	34	6	35	1	35
4	9	33	1	31	6	31	2	33	3	34	2	36
5	8	34	2	40	3	32	1	32	4	33	9	33
6	7	31	9	39	4	39	10	31	1	32	10	34
7	6	32	10	38	1	40	9	40	2	31	7	31
8	5	39	7	37	2	37	8	40	9	40	8	32
9	4	40	8	36	9	38	7	37	10	39	15	49
10	3	37	5	35	10	35	6	38	17	48	16	50
11	2	38	6	34	7	36	5	45	18	47	13	47
12	1	43	3	33	8	43	14	46	15	46	14	48
13	20	44	4	42	15	44	13	43	16	45	11	45
14	19	41	11	41	18	41	12	44	13	44	12	46
15	18	42	12	48	15	42	11	41	14	43	19	43
16	15	49	19	47	16	49	20	46	11	42	16	44
17	14	50	19	46	13	41	19	43	12	41	13	41
18	13	47	18	42	14	50	16	44	19	50	14	42
19	20	46	17	49	11	49	15	41	19	45	21	60
20	19	43	16	50	12	48	14	42	28	54	22	59
21	18	44	15	47	15	47	17	59	27	53	29	58
22	17	51	14	48	16	56	26	60	26	53	30	57
23	26	52	13	55	23	55	25	55	25	54	25	56
24	25	59	22	56	24	54	24	56	24	51	26	55
25	24	60	21	53	21	53	23	53	23	52	23	54
26	23	57	30	54	22	52	22	54	22	59	24	53
27	22	58	29	51	29	59	21	51	21	60	21	52
28	21	55	28	52	30	58	30	52	30	57	22	51
29	30		27	59	27	57	29	59	29	58	39	10
30	29		26	60	28	56	28	60	38	5	40	9
31	28		25		25		27	7		6		8

命数 ▶ 1-10 羅針盤座　11-20 インディアン座　21-30 鳳凰座　31-40 時計座　41-50 カメレオン座　51-60 イルカ座

1956年 昭和31年生［満66歳］

日＼月	1	2	3	4	5	6	7	8	9	10	11	12
1	7	32	10	38	1	40	9	40	2	31	7	31
2	6	31	7	37	2	37	8	39	9	40	8	32
3	5	40	8	36	9	38	7	38	10	39	15	49
4	4	39	5	35	10	35	6	37	17	48	16	50
5	3	37	6	34	7	36	5	46	18	47	13	47
6	2	38	3	33	8	43	14	45	15	46	14	48
7	1	45	4	42	15	44	13	43	16	45	11	45
8	20	46	11	41	16	41	12	44	13	44	12	46
9	19	43	12	50	13	42	11	41	14	43	19	43
10	18	44	19	49	14	49	20	42	11	42	20	44
11	17	41	20	48	11	50	19	49	12	41	17	41
12	16	42	17	47	12	47	18	50	19	50	18	42
13	15	47	18	46	11	48	17	47	20	49	25	59
14	14	48	15	45	12	45	16	48	27	58	26	60
15	13	45	16	42	19	46	15	59	28	57	29	57
16	20	46	14	41	20	53	24	60	25	56	30	58
17	19	53	13	60	27	55	21	57	26	55	27	55
18	28	54	22	56	28	54	30	58	23	60	28	55
19	25	51	21	53	25	53	29	55	23	59	25	54
20	24	60	30	54	22	52	22	56	22	58	26	53
21	23	57	29	51	29	51	21	53	21	60	23	52
22	22	58	28	52	30	60	30	52	30	57	22	51
23	21	55	27	59	27	59	30	59	29	58	39	10
24	30	56	26	60	28	58	28	60	38	5	40	9
25	29	53	25	57	25	57	27	7	37	6	37	8
26	28	54	24	58	26	6	36	8	36	3	38	7
27	27	1	23	5	33	3	35	5	35	4	35	6
28	36	2	32	6	34	2	34	6	34	1	36	5
29	35	9	31	3	31	1	33	3	33	2	33	4
30	34		40	4	32	10	32	4	32	9	34	3
31	33		39		39		31	1		10		2

1957年 昭和32年生［満65歳］

日＼月	1	2	3	4	5	6	7	8	9	10	11	12
1	1	46	3	33	8	43	14	45	15	46	14	48
2	20	45	4	42	15	44	13	44	16	45	11	45
3	19	44	11	41	16	41	12	43	13	44	12	46
4	18	44	12	50	13	42	11	42	14	43	19	43
5	17	41	19	49	14	49	20	41	11	42	20	44
6	16	42	20	48	11	50	19	50	12	41	17	41
7	15	49	17	47	12	47	18	49	19	50	18	42
8	14	50	18	46	19	48	17	47	20	49	25	59
9	13	47	15	45	20	45	16	48	27	58	26	60
10	12	48	16	44	17	46	15	55	28	57	23	57
11	11	55	13	43	18	53	24	56	25	56	24	58
12	30	54	14	52	25	54	23	53	26	55	21	55
13	29	51	21	51	26	51	22	54	23	54	22	56
14	28	52	22	60	25	52	21	51	24	53	29	53
15	25	59	29	57	26	59	30	52	21	52	30	54
16	24	60	30	56	23	60	29	53	22	51	23	51
17	23	57	28	55	24	60	26	54	29	60	24	52
18	30	58	27	59	21	59	25	51	30	55	31	10
19	29	53	26	60	22	58	24	52	38	4	32	9
20	28	54	25	57	29	57	27	9	37	3	39	8
21	27	1	24	58	26	6	36	10	36	3	40	7
22	36	2	23	5	33	5	35	7	35	4	37	6
23	35	9	32	6	34	4	34	6	34	1	36	5
24	34	10	31	3	31	3	33	3	33	2	33	4
25	33	7	40	4	32	2	32	4	32	9	34	3
26	32	8	39	1	39	1	31	1	31	10	31	2
27	31	5	38	2	40	8	40	2	40	7	32	1
28	40	6	37	9	37	7	39	9	39	8	49	20
29	39		36	10	38	6	38	10	48	15	50	19
30	38		35	7	35	5	37	17	47	16	47	18
31	37		34		36		46	18		13		17

1958年 昭和33年生［満64歳］

日＼月	1	2	3	4	5	6	7	8	9	10	11	12
1	16	41	20	48	11	50	19	50	12	41	17	41
2	15	50	17	47	12	47	18	49	19	50	18	42
3	14	49	18	46	19	48	17	48	20	49	25	59
4	13	47	15	45	20	45	16	47	27	58	26	60
5	12	48	16	44	17	46	15	56	28	57	23	57
6	11	55	13	43	18	53	24	55	25	56	24	58
7	30	56	14	52	25	54	23	54	26	55	21	55
8	29	53	21	51	26	51	22	54	23	54	22	56
9	28	54	22	60	23	52	21	51	24	53	29	53
10	27	51	29	59	24	59	30	52	21	52	30	54
11	26	52	30	58	21	60	29	59	22	51	27	51
12	25	57	27	57	22	57	28	60	29	60	28	52
13	24	58	28	56	29	58	27	57	30	59	35	9
14	23	55	25	55	22	55	26	58	37	8	36	10
15	22	56	26	52	29	56	25	5	38	7	33	7
16	29	3	23	51	30	3	34	10	35	6	40	8
17	38	4	23	10	37	5	33	7	36	5	37	5
18	37	1	32	6	38	4	40	8	33	4	38	5
19	34	10	31	3	35	3	39	5	33	9	35	4
20	33	7	40	4	36	2	38	6	32	8	36	3
21	32	8	39	1	39	1	31	3	31	7	33	2
22	31	5	38	2	40	10	40	4	40	7	34	1
23	40	6	37	9	37	9	39	9	39	8	49	20
24	39	3	36	10	38	8	38	10	48	15	50	19
25	38	4	35	7	35	7	37	17	47	16	47	18
26	37	11	34	8	36	16	46	18	46	13	48	17
27	46	12	33	15	43	13	45	15	45	14	45	16
28	45	19	42	16	44	12	44	16	44	11	46	15
29	44		41	13	41	11	43	13	43	12	43	14
30	43		50	14	42	20	42	14	42	19	44	13
31	42		49		49		41	11		20		12

1959年 昭和34年生［満63歳］

日＼月	1	2	3	4	5	6	7	8	9	10	11	12
1	11	56	13	43	18	53	24	55	25	56	24	58
2	30	55	14	52	25	54	23	54	26	55	21	55
3	29	54	21	51	26	51	22	53	23	54	22	56
4	28	54	22	60	23	52	21	52	24	53	29	53
5	27	51	29	59	24	59	30	51	21	52	30	54
6	26	52	30	58	21	60	29	60	22	51	27	51
7	25	59	27	57	22	57	28	59	29	60	28	52
8	24	60	28	56	29	58	27	57	30	59	35	9
9	23	57	25	55	30	55	26	58	37	8	36	10
10	22	58	26	54	27	56	25	5	38	7	33	7
11	21	5	23	53	28	3	34	6	35	6	34	8
12	40	4	24	2	35	4	33	3	36	5	31	5
13	39	1	31	1	36	1	32	4	33	4	32	6
14	38	2	32	10	35	2	31	1	34	3	39	3
15	37	9	39	7	36	9	40	2	31	2	40	4
16	34	10	40	6	33	10	39	3	32	1	33	1
17	33	7	38	5	34	10	38	4	39	10	34	2
18	32	8	37	9	31	9	35	1	40	9	41	19
19	39	3	36	10	32	8	34	2	48	14	42	19
20	38	4	35	7	39	7	33	19	47	13	49	18
21	37	11	34	8	36	16	46	20	46	12	50	17
22	46	12	33	15	43	15	45	17	45	14	47	16
23	45	19	42	16	44	14	44	16	44	11	46	15
24	44	20	41	13	41	13	43	13	43	12	43	14
25	43	17	50	14	42	12	42	14	42	19	44	13
26	42	18	49	11	49	11	41	11	41	20	41	12
27	41	15	48	12	50	18	50	12	50	17	42	11
28	50	16	47	19	47	17	49	19	49	18	59	30
29	49		46	20	48	16	48	20	58	25	60	29
30	48		45	17	45	15	47	27	57	26	57	28
31	47		44		46		56	28		23		27

命数 ▶ 1-10 羅針盤座　11-20 インディアン座　21-30 鳳凰座　31-40 時計座　41-50 カメレオン座　51-60 イルカ座

金 1960年 昭和35年生〔満62歳〕

日＼月	1	2	3	4	5	6	7	8	9	10	11	12
1	26	51	27	57	22	57	28	59	29	60	28	52
2	25	60	28	56	29	58	27	58	30	59	35	9
3	24	59	25	55	30	55	26	57	37	8	36	10
4	23	58	26	54	27	56	25	6	38	7	33	7
5	22	58	23	53	28	3	34	5	35	6	34	8
6	21	5	24	2	35	4	33	4	36	5	31	5
7	40	6	31	1	36	1	32	4	33	4	32	6
8	39	3	32	10	33	2	31	1	34	3	39	3
9	38	4	39	9	34	9	40	2	31	2	40	4
10	37	1	40	8	31	10	39	9	32	1	37	1
11	36	2	37	7	32	7	38	10	39	10	38	2
12	35	9	38	6	39	8	37	7	40	9	45	19
13	34	8	35	5	32	5	36	8	47	18	46	20
14	33	5	36	4	39	6	35	15	48	17	43	17
15	32	6	33	1	40	13	44	20	45	16	50	18
16	39	13	33	20	47	14	43	17	46	15	47	15
17	48	14	42	19	48	14	50	18	43	14	48	16
18	47	11	41	13	45	13	49	15	44	19	45	14
19	44	12	50	14	46	12	48	16	42	18	46	13
20	43	17	49	11	49	11	41	13	41	17	43	12
21	42	18	48	12	50	20	50	14	50	17	44	11
22	41	15	47	19	47	19	49	19	49	18	59	30
23	50	16	46	20	48	18	48	20	58	25	60	29
24	49	13	45	17	45	17	47	27	57	26	57	28
25	48	14	44	18	46	26	56	28	56	23	58	27
26	47	21	43	25	53	25	55	25	55	24	55	26
27	56	22	52	26	54	22	54	26	54	21	56	25
28	55	29	51	23	51	21	53	23	53	22	53	24
29	54	30	60	24	52	30	52	24	52	29	54	23
30	53		59	21	59	29	51	21	51	30	51	22
31	52		58		60		60	22		27		21

銀 1961年 昭和36年生〔満61歳〕

日＼月	1	2	3	4	5	6	7	8	9	10	11	12
1	40	5	24	2	35	4	33	4	36	5	31	5
2	39	4	31	1	36	1	32	3	33	4	32	6
3	38	3	32	10	33	2	31	2	34	3	39	3
4	37	1	39	9	34	9	40	1	31	2	40	4
5	36	2	34	8	31	10	39	10	32	1	37	1
6	35	9	37	7	32	7	38	9	39	10	38	2
7	34	10	38	6	39	8	37	8	40	9	45	19
8	33	7	35	5	40	5	36	8	47	18	46	20
9	32	8	36	4	37	6	35	15	48	17	43	17
10	31	15	33	3	38	13	44	16	45	16	44	18
11	50	16	34	12	45	14	43	13	46	15	41	15
12	49	11	41	11	46	11	42	14	43	14	42	16
13	48	12	42	20	43	12	41	11	44	13	49	13
14	47	19	49	19	46	19	50	12	41	12	50	14
15	44	20	50	16	43	20	49	19	42	11	47	11
16	43	17	47	15	44	17	48	14	49	20	44	12
17	42	18	47	14	41	19	45	11	50	19	51	29
18	49	15	46	20	42	18	44	12	57	24	52	29
19	48	14	45	17	49	17	43	29	57	23	59	28
20	47	21	44	18	50	26	56	30	56	22	60	27
21	56	22	43	25	53	25	55	27	55	24	57	26
22	55	29	52	26	54	24	54	28	54	21	58	25
23	54	30	51	23	51	23	53	23	53	22	53	24
24	53	27	60	24	52	22	52	24	52	29	54	23
25	52	28	59	21	59	21	51	21	51	30	51	22
26	51	25	58	22	60	30	60	22	60	27	52	21
27	60	26	57	29	57	27	59	29	59	28	9	40
28	59	23	56	30	58	26	58	30	8	35	10	39
29	58		55	27	55	25	57	37	7	36	7	38
30	57		54	28	56	34	6	38	6	33	8	37
31	6		53		3		5	35		34		36

金 1962年 昭和37年生〔満60歳〕

日＼月	1	2	3	4	5	6	7	8	9	10	11	12
1	35	10	37	7	32	7	38	9	39	10	38	2
2	34	9	38	6	39	8	37	8	40	9	45	19
3	33	8	35	5	40	5	36	7	47	18	46	20
4	32	8	36	4	37	6	35	16	48	17	43	17
5	31	15	33	3	38	13	44	15	45	16	44	18
6	50	16	34	12	45	14	43	14	46	15	41	15
7	49	13	41	11	46	11	42	13	43	14	42	16
8	48	14	42	20	43	12	41	11	44	13	49	13
9	47	11	49	19	44	19	50	12	41	12	50	14
10	46	12	50	18	41	20	49	19	42	11	47	11
11	45	19	47	17	42	17	48	20	49	20	48	12
12	44	18	48	16	49	18	47	17	50	19	55	29
13	43	15	45	15	50	15	46	18	57	28	56	30
14	42	16	46	14	49	16	45	25	58	27	53	27
15	41	23	43	11	50	23	54	26	55	26	54	28
16	58	24	44	30	57	24	53	27	56	25	57	25
17	57	21	52	29	58	24	60	28	53	24	58	26
18	56	22	51	23	55	23	59	25	54	23	55	24
19	53	27	60	24	56	22	58	26	52	28	56	23
20	52	28	59	21	53	21	51	23	51	27	53	22
21	51	25	58	22	60	30	60	24	60	26	54	21
22	60	26	57	29	57	29	59	21	59	28	1	40
23	59	23	56	30	58	28	58	30	8	35	10	39
24	58	24	55	27	55	27	57	37	7	36	7	38
25	57	31	54	28	56	36	6	38	6	33	8	37
26	6	32	53	35	3	35	5	35	5	34	5	36
27	5	39	2	36	4	32	4	36	4	31	6	35
28	4	40	1	33	1	31	3	33	3	32	3	34
29	3		10	34	2	40	2	34	2	39	4	33
30	2		9	31	9	39	1	31	1	40	1	32
31	1		8		10		10	32		37		31

銀 1963年 昭和38年生〔満59歳〕

日＼月	1	2	3	4	5	6	7	8	9	10	11	12
1	50	15	34	12	45	14	43	14	46	15	41	15
2	49	14	41	11	46	11	42	13	43	14	42	16
3	48	13	42	20	43	12	41	12	44	13	49	13
4	47	11	49	19	44	19	50	11	41	12	50	14
5	46	12	50	18	41	20	49	20	42	11	47	11
6	45	19	47	17	42	17	48	19	49	20	48	12
7	44	20	48	16	49	18	47	18	50	19	55	29
8	43	17	45	15	50	15	46	18	57	28	56	30
9	42	18	46	14	47	16	45	25	58	27	53	27
10	41	25	43	13	48	23	54	26	55	26	54	28
11	60	26	44	22	55	24	53	23	56	25	51	25
12	59	21	51	21	56	21	52	24	53	24	52	26
13	58	22	52	30	53	22	51	21	54	23	59	23
14	57	29	59	29	56	29	60	22	51	22	60	24
15	56	30	60	26	53	30	59	29	52	21	57	21
16	53	27	57	25	54	27	58	24	59	30	54	22
17	52	28	57	24	51	29	57	21	60	29	1	39
18	51	25	56	30	52	28	54	22	7	38	2	40
19	58	24	55	27	59	27	53	39	7	33	9	38
20	57	31	54	28	60	36	2	40	6	32	10	37
21	6	32	53	35	3	35	5	37	5	31	7	36
22	5	39	2	36	4	34	4	38	4	31	8	35
23	4	40	1	33	1	33	3	33	3	32	3	34
24	3	37	10	34	2	32	2	34	2	39	4	33
25	2	38	9	31	9	31	1	31	1	40	1	32
26	1	35	8	32	10	40	10	32	10	37	2	31
27	10	36	7	39	7	37	9	39	9	38	19	50
28	9	33	6	40	8	36	8	40	18	45	20	49
29	8		5	37	5	35	7	47	17	46	17	48
30	7		4	38	6	44	16	48	16	43	18	47
31	16		3		13		15	45		44		46

命数▶ 1-10 羅針盤座　11-20 インディアン座　21-30 鳳凰座　31-40 時計座　41-50 カメレオン座　51-60 イルカ座

1964年 昭和39年生 ［満58歳］

日＼月	1	2	3	4	5	6	7	8	9	10	11	12
1	45	20	48	16	49	18	47	18	50	19	55	29
2	44	19	45	15	50	15	46	17	57	28	56	30
3	43	18	46	14	47	16	45	26	58	27	53	27
4	42	17	43	13	48	23	54	25	55	26	54	28
5	41	25	44	22	55	24	53	24	56	25	51	25
6	60	26	51	21	56	21	52	23	53	24	52	26
7	59	23	52	30	53	22	51	21	54	23	59	23
8	58	24	59	29	54	29	60	22	51	22	60	24
9	57	21	60	28	51	30	59	29	52	21	57	21
10	56	22	57	27	52	27	58	30	59	30	58	22
11	55	29	58	26	59	28	57	27	60	29	5	39
12	54	30	55	25	60	25	56	28	7	38	6	40
13	53	25	56	24	59	26	55	35	8	37	3	37
14	52	26	53	23	60	33	4	36	5	36	4	38
15	51	33	54	40	7	34	3	37	6	35	7	35
16	8	34	2	39	8	31	2	38	3	34	8	36
17	7	31	1	38	5	33	9	35	4	33	5	33
18	6	32	10	34	6	32	8	36	2	38	6	33
19	3	39	9	31	3	31	7	33	1	37	3	32
20	2	38	8	32	10	40	10	34	10	36	4	31
21	1	35	7	39	7	39	9	31	9	38	11	50
22	10	36	6	40	8	38	8	40	18	45	20	49
23	9	33	5	37	5	37	7	47	17	46	17	48
24	8	34	4	38	6	46	16	48	16	43	18	47
25	7	41	3	45	13	45	15	45	15	44	15	46
26	16	42	12	46	14	44	14	46	14	41	16	45
27	15	49	11	43	11	41	13	43	13	42	13	44
28	14	50	20	44	12	50	12	44	12	49	14	43
29	13	47	19	41	19	49	11	41	11	50	11	42
30	12		18	42	20	48	20	42	20	47	12	41
31	11		17		17		19	49		48		60

銀

1965年 昭和40年生 ［満57歳］

日＼月	1	2	3	4	5	6	7	8	9	10	11	12
1	59	24	51	21	56	21	52	23	53	24	52	26
2	58	23	52	30	53	22	51	22	54	23	59	23
3	57	22	59	29	54	29	60	21	51	22	60	24
4	56	22	60	28	51	30	59	30	52	21	57	21
5	55	29	57	27	52	27	58	29	59	30	58	22
6	54	30	58	26	59	28	57	28	60	29	5	39
7	53	27	55	25	60	25	56	27	7	38	6	40
8	52	28	56	24	57	26	55	35	8	37	3	37
9	51	35	53	23	58	33	4	36	5	36	4	38
10	10	36	54	32	5	34	3	33	6	35	1	35
11	9	33	1	31	6	31	2	34	3	34	2	36
12	8	32	2	40	3	32	1	31	4	33	9	33
13	7	39	9	39	4	39	10	32	1	32	10	34
14	6	40	10	38	3	40	9	39	2	31	7	31
15	3	37	7	35	4	37	8	40	9	40	4	32
16	2	38	8	34	1	38	7	31	10	39	11	49
17	1	35	6	33	2	38	4	32	17	48	12	50
18	8	36	5	37	9	37	3	49	18	43	19	48
19	7	41	4	38	10	46	12	50	16	42	20	47
20	16	42	3	45	17	45	15	47	15	41	17	46
21	15	49	12	46	14	44	14	48	14	41	18	45
22	14	50	11	43	11	43	13	45	13	42	15	44
23	13	47	20	44	12	42	12	44	12	49	14	43
24	12	48	19	41	19	41	11	41	11	50	11	42
25	11	45	18	42	20	50	20	42	20	47	12	41
26	20	46	17	49	17	49	19	49	19	48	29	60
27	19	43	16	50	18	46	18	50	28	55	30	59
28	18	44	15	47	15	45	17	57	27	56	27	58
29	17		14	48	16	54	26	58	26	53	28	57
30	26		13	55	23	53	25	55	25	54	25	56
31	25		22		24		24	56		51		55

1966年 昭和41年生 ［満56歳］

日＼月	1	2	3	4	5	6	7	8	9	10	11	12
1	54	29	58	26	59	28	57	28	60	29	5	39
2	53	28	55	25	60	25	56	27	7	38	6	40
3	52	27	56	24	57	26	55	36	8	37	3	37
4	51	35	53	23	58	33	4	35	5	36	4	38
5	10	36	54	32	5	34	3	34	6	35	1	35
6	9	33	1	31	6	31	2	33	3	34	2	36
7	8	34	2	40	3	32	1	32	4	33	9	33
8	7	31	9	39	4	39	10	32	1	32	10	34
9	6	32	10	38	1	40	9	39	2	31	7	31
10	5	39	7	37	2	37	8	40	9	40	8	32
11	4	40	8	36	9	38	7	37	10	39	15	49
12	3	35	5	35	10	35	6	38	17	48	16	50
13	2	36	6	34	7	36	5	45	18	47	13	47
14	1	43	3	33	10	43	14	46	15	46	14	48
15	20	44	4	50	17	44	13	43	16	45	11	45
16	17	41	11	49	18	41	12	48	13	44	18	46
17	16	42	11	48	15	43	19	45	14	43	15	43
18	15	49	20	44	16	42	18	46	11	42	16	43
19	12	48	19	41	13	41	17	43	11	47	13	42
20	11	45	18	42	14	50	20	44	20	46	14	41
21	20	46	17	49	17	49	19	41	19	45	21	60
22	19	43	16	50	18	48	18	42	28	55	22	59
23	18	44	15	47	15	47	17	57	27	56	27	58
24	17	51	14	48	16	56	26	58	26	53	28	57
25	26	52	13	55	23	55	25	55	25	54	25	56
26	25	59	22	56	24	54	24	56	24	51	26	55
27	24	60	21	53	21	51	23	53	23	52	23	54
28	23	57	30	54	22	60	22	54	22	59	24	53
29	22		29	51	29	59	21	51	21	60	21	52
30	21		28	52	30	58	30	52	30	57	22	51
31	30		27		27		29	59		58		10

銀

1967年 昭和42年生 ［満55歳］

日＼月	1	2	3	4	5	6	7	8	9	10	11	12
1	9	34	1	31	6	31	2	33	3	34	2	36
2	8	33	2	40	3	32	1	32	4	33	9	33
3	7	32	9	39	4	39	10	31	1	32	10	34
4	6	32	10	38	1	40	9	40	2	31	7	31
5	5	39	7	37	2	37	8	39	9	40	8	32
6	4	40	8	36	9	38	7	38	10	39	15	49
7	3	37	5	35	10	35	6	37	17	48	16	50
8	2	38	6	34	7	36	5	45	18	47	13	47
9	1	45	3	33	8	43	14	46	15	46	14	48
10	20	46	4	42	15	44	13	43	16	45	11	45
11	19	43	11	41	16	41	12	44	13	44	12	46
12	18	42	12	50	13	42	11	41	14	43	19	43
13	17	49	19	49	14	49	20	42	11	42	20	44
14	16	50	20	48	13	50	19	49	12	41	17	41
15	15	47	17	45	14	47	18	50	19	50	18	42
16	12	48	18	44	11	48	17	41	20	49	21	59
17	11	45	16	43	12	48	16	42	27	58	22	60
18	20	46	15	47	19	47	13	59	28	57	29	57
19	17	51	14	48	20	56	22	60	26	52	30	57
20	26	52	13	55	27	55	21	57	25	51	27	56
21	25	59	22	56	24	54	24	58	24	60	28	55
22	24	60	21	53	21	53	23	55	23	52	25	54
23	23	57	30	54	22	52	22	54	22	59	24	53
24	22	58	29	51	29	51	21	51	21	60	21	52
25	21	55	28	52	30	60	30	52	30	57	22	51
26	30	56	27	59	27	57	29	59	29	58	39	10
27	29	53	26	60	28	56	28	60	38	5	40	9
28	28	54	25	57	25	55	27	7	37	6	37	8
29	27		24	58	26	4	36	8	36	3	38	7
30	36		23	5	33	3	35	5	35	4	35	6
31	35		32		34		34	6		1		5

金 1968年 昭和43年生［満54歳］

日＼月	1	2	3	4	5	6	7	8	9	10	11	12
1	4	39	5	35	10	35	6	37	17	48	16	50
2	3	38	6	34	7	36	5	46	18	47	13	47
3	2	37	3	33	8	43	14	45	15	46	14	48
4	1	46	4	42	15	44	13	44	16	45	11	45
5	20	46	11	41	16	41	12	43	13	44	12	46
6	19	43	12	50	13	42	11	42	14	43	19	43
7	18	44	19	49	14	49	20	42	11	42	20	44
8	17	41	20	48	11	50	19	49	12	41	17	41
9	16	42	17	47	12	47	18	50	19	50	18	42
10	15	49	18	46	19	48	17	47	20	49	25	59
11	14	50	15	45	20	45	16	48	27	58	26	60
12	13	47	16	44	17	46	15	55	28	57	23	57
13	12	46	13	43	20	53	24	56	25	56	24	58
14	11	53	14	52	27	54	23	53	26	55	21	55
15	30	54	21	59	28	51	22	58	23	54	28	56
16	27	51	21	58	25	52	21	55	24	53	25	53
17	26	52	30	57	26	52	28	56	21	52	26	54
18	25	59	29	51	23	51	27	53	21	57	23	52
19	22	60	28	52	24	60	26	54	30	56	24	51
20	21	55	27	59	27	59	29	51	29	55	31	10
21	30	56	26	60	28	58	28	52	38	5	32	9
22	29	53	25	57	25	57	27	7	37	6	37	8
23	28	54	24	58	26	6	36	8	36	3	38	7
24	27	1	23	5	33	5	35	5	35	4	35	6
25	36	2	32	6	34	4	34	6	34	1	36	5
26	35	9	31	3	31	3	33	3	33	2	33	4
27	34	10	40	4	32	10	32	4	32	9	34	3
28	33	7	39	1	39	9	31	1	31	10	31	2
29	32	8	38	2	40	8	40	2	40	7	32	1
30	31		37	9	37	7	39	9	39	8	49	20
31	40		36		38		38	10		15		19

銀 1969年 昭和44年生［満53歳］

日＼月	1	2	3	4	5	6	7	8	9	10	11	12
1	18	43	12	50	13	42	11	42	14	43	19	43
2	17	42	19	49	14	49	20	41	11	42	20	44
3	16	41	20	48	11	50	19	50	12	41	17	41
4	15	49	17	47	12	47	18	49	19	50	18	42
5	14	50	18	46	19	48	17	48	20	49	25	59
6	13	47	15	45	20	45	16	47	27	58	26	60
7	12	48	16	44	17	46	15	56	28	57	23	57
8	11	55	13	43	18	53	24	56	25	56	24	58
9	30	56	14	52	25	54	23	53	26	55	21	55
10	29	53	21	51	26	51	22	54	23	54	22	56
11	28	54	22	60	23	52	21	51	24	53	29	53
12	27	59	29	59	24	59	30	52	21	52	30	54
13	26	60	30	58	21	60	29	59	22	51	27	51
14	25	57	27	57	24	57	28	60	29	60	28	52
15	22	58	28	54	21	58	27	57	30	59	31	9
16	21	55	25	53	22	55	26	52	37	8	32	10
17	30	56	25	52	29	57	23	9	38	7	39	7
18	27	3	24	58	30	6	32	10	35	2	40	7
19	36	2	23	5	37	5	31	7	35	1	37	6
20	35	9	32	6	38	4	34	8	34	10	38	5
21	34	10	31	3	31	3	33	5	33	2	35	4
22	33	7	40	4	32	2	32	6	32	9	34	3
23	32	8	39	1	39	1	31	1	31	10	31	2
24	31	5	38	2	40	10	40	2	40	7	32	1
25	40	6	37	9	37	9	39	9	39	8	49	20
26	39	3	36	10	38	8	38	10	48	15	50	19
27	38	4	35	7	35	5	37	17	47	16	47	18
28	37	11	34	8	36	14	46	18	46	13	48	17
29	46		33	15	43	13	45	15	45	14	45	16
30	45		42	16	44	12	44	16	44	11	46	15
31	44		41		41		43	13		12		14

金 1970年 昭和45年生［満52歳］

日＼月	1	2	3	4	5	6	7	8	9	10	11	12
1	13	48	15	45	20	45	16	47	27	58	26	60
2	12	47	16	44	17	46	15	56	28	57	23	57
3	11	56	13	43	18	53	24	55	25	56	24	58
4	30	56	14	52	25	54	23	54	26	55	21	55
5	29	53	21	51	28	51	22	53	23	54	22	56
6	28	54	22	60	23	52	21	52	24	53	29	53
7	27	51	29	59	24	59	30	51	21	52	30	54
8	26	52	30	58	21	60	29	59	22	51	27	51
9	25	59	27	57	22	57	28	60	29	60	28	52
10	24	60	28	56	29	58	27	57	30	59	35	9
11	23	57	25	55	30	55	26	58	37	8	36	10
12	22	56	26	54	27	56	25	5	38	7	33	7
13	21	3	23	53	28	3	34	6	35	6	34	8
14	40	4	24	2	37	4	33	3	36	5	31	5
15	39	1	31	9	38	1	32	4	33	4	32	6
16	36	2	32	8	35	2	31	5	34	3	35	3
17	35	9	40	7	36	2	38	6	31	2	36	4
18	34	10	39	1	33	1	37	3	32	1	33	2
19	31	5	38	2	34	10	36	4	40	6	34	1
20	40	6	37	9	31	9	39	1	39	5	41	20
21	39	3	36	10	38	8	38	2	48	14	42	19
22	38	4	35	7	35	7	37	19	47	16	49	18
23	37	11	34	8	36	16	46	18	46	13	48	17
24	46	12	33	15	43	15	45	15	45	14	45	16
25	45	19	42	16	44	14	44	16	44	11	46	15
26	44	20	41	13	41	13	43	13	43	12	43	14
27	43	17	50	14	42	20	42	14	42	19	44	13
28	42	18	49	11	49	19	41	11	41	20	41	12
29	41		48	12	50	18	50	12	50	17	42	11
30	50		47	19	47	17	49	19	49	18	59	30
31	49		46		48		48	20		25		29

銀 1971年 昭和46年生［満51歳］

日＼月	1	2	3	4	5	6	7	8	9	10	11	12
1	28	53	22	60	23	52	21	52	24	53	29	53
2	27	52	29	59	24	59	30	51	21	52	30	54
3	26	51	30	58	21	60	29	60	22	51	27	51
4	25	59	27	57	22	57	28	59	29	60	28	52
5	24	60	28	56	29	58	27	58	30	59	35	9
6	23	57	25	55	30	55	26	57	37	8	36	10
7	22	58	26	54	27	56	25	6	38	7	33	7
8	21	5	23	53	28	3	34	6	35	6	34	8
9	40	6	24	2	35	4	33	3	36	5	31	5
10	39	3	31	1	36	1	32	4	33	4	32	6
11	38	4	32	10	33	2	31	1	34	3	39	3
12	37	9	39	9	34	9	40	2	31	2	40	4
13	36	10	40	8	31	10	39	9	32	1	37	1
14	35	7	37	7	34	7	38	10	39	10	38	2
15	34	8	38	4	31	8	37	7	40	9	45	19
16	31	5	35	3	32	5	36	2	47	18	42	20
17	40	6	35	2	39	7	35	19	48	17	49	17
18	39	13	34	8	40	16	42	20	45	16	50	18
19	46	12	33	15	47	15	41	17	45	11	47	16
20	45	19	42	16	48	14	50	18	44	20	48	15
21	44	20	41	13	41	13	43	15	43	19	45	14
22	43	17	50	14	42	12	42	16	42	19	46	13
23	42	18	49	11	49	11	41	11	41	20	41	12
24	41	15	48	12	50	20	50	12	50	17	42	11
25	50	16	47	19	47	19	49	19	49	18	59	30
26	49	13	46	20	48	18	48	20	58	25	60	29
27	48	14	45	17	45	15	47	27	57	26	57	28
28	47	21	44	18	46	24	56	28	56	23	58	27
29	56		43	25	53	23	55	25	55	24	55	26
30	55		52	26	54	22	54	26	54	21	56	25
31	54		51		51		53	23		22		24

金 1972年 昭和47年生［満50歳］

日＼月	1	2	3	4	5	6	7	8	9	10	11	12
1	23	58	26	54	27	56	25	6	38	7	33	7
2	22	57	23	53	28	3	34	5	35	6	34	8
3	21	6	24	2	35	4	33	4	36	5	31	5
4	40	5	31	1	36	1	32	3	33	4	32	6
5	39	3	32	10	33	2	31	2	34	3	39	3
6	38	4	39	9	34	9	40	1	31	2	33	4
7	37	1	40	8	31	10	39	9	32	1	37	1
8	36	2	37	7	32	7	38	10	39	10	38	2
9	35	9	38	6	39	8	37	7	40	9	45	19
10	34	10	35	5	40	5	36	8	47	18	46	20
11	33	7	36	4	37	6	35	15	48	17	43	17
12	32	8	33	3	38	13	44	16	45	16	44	18
13	31	13	34	12	47	14	43	13	46	15	41	15
14	50	14	41	11	48	11	42	14	43	14	42	16
15	49	11	42	18	45	12	41	15	44	13	45	13
16	46	12	50	17	46	12	50	16	41	12	46	14
17	45	19	49	16	43	11	47	13	42	11	43	11
18	44	20	48	12	44	20	46	14	50	16	44	11
19	41	17	47	19	41	19	45	11	49	15	51	30
20	50	16	46	20	48	18	48	12	58	24	52	29
21	49	13	45	17	45	17	47	29	57	26	59	28
22	48	14	44	18	46	26	56	28	56	23	58	27
23	47	21	43	25	53	25	55	25	55	24	55	26
24	56	22	52	26	54	24	54	26	54	21	56	25
25	55	29	51	23	51	23	53	23	53	22	53	24
26	54	30	60	24	52	30	52	24	52	29	54	23
27	53	27	59	21	59	29	51	21	51	30	51	22
28	52	28	58	22	60	28	60	22	60	27	52	21
29	51	25	57	29	57	27	59	29	59	28	9	40
30	60		56	30	58	26	58	30	8	35	10	39
31	59		55		55		57	37		36		38

銀 1973年 昭和48年生［満49歳］

日＼月	1	2	3	4	5	6	7	8	9	10	11	12
1	37	2	39	9	34	9	40	1	31	2	40	4
2	36	1	40	8	31	10	39	10	32	1	37	1
3	35	10	37	7	32	7	38	9	39	10	38	2
4	34	10	38	6	39	8	37	8	40	9	45	19
5	33	7	35	5	40	5	36	7	47	18	46	20
6	32	8	36	4	37	6	35	16	48	17	43	17
7	31	15	33	3	38	13	44	15	45	16	44	18
8	50	16	34	12	45	14	43	13	46	15	41	15
9	49	13	41	11	46	11	42	14	43	14	42	16
10	48	14	42	20	43	12	41	11	44	13	49	13
11	47	11	49	19	44	19	50	12	41	12	50	14
12	46	20	50	18	41	20	49	19	42	11	47	11
13	45	17	47	17	42	17	48	20	49	20	48	12
14	44	18	48	16	41	18	47	17	50	19	55	29
15	41	15	45	13	42	15	46	18	57	28	52	30
16	50	16	46	12	49	16	45	29	58	27	59	27
17	49	23	44	11	50	26	52	30	55	26	60	28
18	56	24	43	25	57	25	51	27	56	21	57	26
19	55	29	52	26	58	24	60	28	54	30	58	25
20	54	30	51	23	55	23	53	25	53	29	55	24
21	53	27	60	24	52	22	52	26	52	29	56	23
22	52	28	59	21	59	21	51	23	51	30	51	22
23	51	25	58	22	60	30	60	22	60	27	52	21
24	60	26	57	29	57	29	59	29	59	28	9	40
25	59	23	56	30	58	28	58	30	8	35	10	39
26	58	24	55	27	55	25	57	37	7	36	7	38
27	57	31	54	28	56	34	6	38	6	33	8	37
28	6	32	53	35	3	33	5	35	5	34	5	36
29	5		2	36	4	32	4	36	4	31	6	35
30	4		1	33	1	31	3	33	3	32	3	34
31	3		10		2		2	34		39		33

金 1974年 昭和49年生［満48歳］

日＼月	1	2	3	4	5	6	7	8	9	10	11	12
1	32	7	36	4	37	6	35	16	48	17	43	17
2	31	16	33	3	38	13	44	15	45	16	44	18
3	50	15	34	12	45	14	43	14	46	15	41	15
4	49	13	41	11	46	11	42	13	43	14	42	16
5	48	14	42	20	43	12	41	12	44	13	49	13
6	47	11	49	19	44	19	50	11	41	12	50	14
7	46	12	50	18	41	20	49	20	42	11	47	11
8	45	19	47	17	42	17	48	20	49	20	48	12
9	44	20	48	16	49	18	47	17	50	19	55	29
10	43	17	45	15	50	15	46	18	57	28	56	30
11	42	18	46	14	47	16	45	25	58	27	53	27
12	41	23	43	13	48	23	54	26	55	26	54	28
13	60	24	44	22	55	24	53	23	56	25	51	25
14	59	21	51	21	58	21	52	24	53	24	52	26
15	58	22	52	28	55	22	51	21	54	23	59	23
16	55	29	59	27	56	29	60	26	51	22	56	24
17	54	30	59	26	53	21	57	23	52	21	53	21
18	53	27	58	22	54	30	56	24	59	30	54	21
19	60	26	57	29	51	29	55	21	59	25	1	40
20	59	23	56	30	52	28	58	22	8	34	2	39
21	58	24	55	27	55	27	57	39	7	33	9	38
22	57	31	54	28	56	36	6	40	6	33	10	37
23	6	32	53	35	3	35	5	35	5	34	5	36
24	5	39	2	36	4	34	4	36	4	31	6	35
25	4	40	1	33	1	33	3	33	3	32	3	34
26	3	37	10	34	2	32	2	34	2	39	4	33
27	2	38	9	31	9	39	1	31	1	40	1	32
28	1	35	8	32	10	38	10	32	10	37	2	31
29	10		7	39	7	37	9	39	9	38	19	50
30	9		6	40	8	36	8	40	18	45	20	49
31	8		5		5		7	47		46		48

銀 1975年 昭和50年生［満47歳］

日＼月	1	2	3	4	5	6	7	8	9	10	11	12
1	47	12	49	19	44	19	50	11	41	12	50	14
2	46	11	50	18	41	20	49	20	42	11	47	11
3	45	20	47	17	42	17	48	19	49	20	48	12
4	44	20	48	16	49	18	47	18	50	19	55	29
5	43	17	45	15	50	15	46	17	57	28	56	30
6	42	18	46	14	47	16	45	26	58	27	53	27
7	41	25	43	13	48	23	54	25	55	26	54	28
8	60	26	44	22	55	24	53	23	56	25	51	25
9	59	23	51	21	56	21	52	24	53	24	52	26
10	58	24	52	30	53	22	51	21	54	23	59	23
11	57	21	59	29	54	29	60	22	51	22	60	24
12	56	30	60	28	51	30	59	29	52	21	57	21
13	55	27	57	27	52	27	58	30	59	30	58	22
14	54	28	58	26	51	28	57	27	60	29	5	39
15	53	25	55	23	52	25	56	28	7	38	6	40
16	60	26	56	22	59	26	55	39	8	37	9	37
17	59	33	54	21	60	36	4	40	5	36	10	38
18	8	34	53	35	7	35	1	37	6	35	7	35
19	5	39	2	36	8	34	10	38	4	40	8	35
20	4	40	1	33	5	33	9	35	3	39	5	34
21	3	37	10	34	2	32	2	36	2	38	6	33
22	2	38	9	31	9	31	1	33	1	40	3	32
23	1	35	8	32	10	40	10	32	10	37	2	31
24	10	36	7	39	7	39	9	39	9	38	19	50
25	9	33	6	40	8	38	8	40	18	45	20	49
26	8	34	5	37	5	37	7	47	17	46	17	48
27	7	41	4	38	6	44	16	48	16	43	18	47
28	16	42	3	45	13	43	15	45	15	44	15	46
29	15		12	46	14	42	14	46	14	41	16	45
30	14		11	43	11	41	13	43	13	42	13	44
31	13		20		12		12	44		49		43

命数 ▶ 1-10 羅針盤座　11-20 インディアン座　21-30 鳳凰座　31-40 時計座　41-50 カメレオン座　51-60 イルカ座

金 1976年 昭和51年生 ［満46歳］

日＼月	1	2	3	4	5	6	7	8	9	10	11	12
1	42	17	43	13	48	23	54	25	55	26	54	28
2	41	26	44	22	55	24	53	24	56	25	51	25
3	60	25	51	21	56	21	52	23	53	24	52	26
4	59	24	52	30	53	22	51	22	54	23	59	23
5	58	24	59	29	54	29	60	21	51	22	60	24
6	57	21	60	28	51	30	59	30	52	21	57	21
7	56	22	57	27	52	27	58	30	59	30	58	22
8	55	29	58	26	59	28	57	27	60	29	5	39
9	54	30	55	25	60	25	56	28	7	38	6	40
10	53	27	56	24	57	26	55	35	8	37	3	37
11	52	28	53	23	58	33	4	36	5	36	4	38
12	51	35	54	32	5	34	3	33	6	35	1	35
13	10	34	1	31	8	31	2	34	3	34	2	36
14	9	31	2	40	5	32	1	31	4	33	9	33
15	8	32	9	37	6	39	10	36	1	32	6	34
16	5	39	9	36	3	31	9	33	2	31	3	31
17	4	40	8	35	4	40	6	34	9	40	4	32
18	3	37	7	39	1	39	5	31	9	35	11	50
19	10	38	6	40	2	38	4	32	18	44	12	49
20	9	33	5	37	5	37	7	49	17	43	19	48
21	8	34	4	38	6	46	16	50	16	43	20	47
22	7	41	3	45	13	45	15	45	15	44	15	46
23	16	42	12	46	14	44	14	46	14	41	16	45
24	15	49	11	43	11	43	13	43	13	42	13	44
25	14	50	20	44	12	42	12	44	12	49	14	43
26	13	47	19	41	19	49	11	41	11	50	11	42
27	12	48	18	42	20	48	20	42	20	47	12	41
28	11	45	17	49	17	47	19	49	19	48	29	60
29	20	46	16	50	18	46	18	50	28	55	30	59
30	19		15	47	15	45	17	57	27	56	27	58
31	18		14		16		26	58		53		57

銀 1977年 昭和52年生 ［満45歳］

日＼月	1	2	3	4	5	6	7	8	9	10	11	12
1	56	21	60	28	51	30	59	30	52	21	57	21
2	55	30	57	27	52	27	58	29	59	30	58	22
3	54	29	58	26	59	28	57	28	60	29	5	39
4	53	27	55	25	60	25	56	27	7	38	6	40
5	52	28	56	24	57	26	55	36	8	37	3	37
6	51	35	53	23	58	33	4	35	5	36	4	38
7	10	36	54	32	5	34	3	34	6	35	1	35
8	9	33	1	31	6	31	2	34	3	34	2	36
9	8	34	2	40	3	32	1	31	4	33	9	33
10	7	31	9	39	4	39	10	32	1	32	10	34
11	6	32	10	38	1	40	9	39	2	31	7	31
12	5	37	7	37	2	37	8	40	9	40	8	32
13	4	38	8	36	9	38	7	37	10	39	15	49
14	3	35	5	35	2	35	6	38	17	48	16	50
15	10	36	6	32	9	36	5	45	18	47	19	47
16	9	43	3	31	10	43	14	50	15	46	20	48
17	18	44	3	50	17	45	11	47	16	45	17	45
18	15	41	12	46	18	44	20	48	13	50	18	45
19	14	50	11	43	15	43	19	45	13	49	15	44
20	13	47	20	44	16	42	12	46	12	48	16	43
21	12	48	19	41	19	41	11	43	11	50	13	42
22	11	45	18	42	20	50	20	44	20	47	12	41
23	20	46	17	49	17	49	19	49	19	48	29	60
24	19	43	16	50	18	48	18	50	28	55	30	59
25	18	44	15	47	15	47	17	57	27	56	27	58
26	17	51	14	48	16	56	26	58	26	53	28	57
27	26	52	13	55	23	53	25	55	25	54	25	56
28	25	59	22	56	24	52	24	56	24	51	26	55
29	24		21	53	21	51	23	53	23	52	23	54
30	23		30	54	22	60	22	54	22	59	24	53
31	22		29		29		21	51		60		52

金 1978年 昭和53年生 ［満44歳］

日＼月	1	2	3	4	5	6	7	8	9	10	11	12
1	51	36	53	23	58	33	4	35	5	36	4	38
2	10	35	54	32	5	34	3	34	6	35	1	35
3	9	34	1	31	6	31	2	33	3	34	2	36
4	8	34	2	40	3	32	1	32	4	33	9	33
5	7	31	9	39	4	39	10	31	1	32	10	34
6	6	32	10	38	1	40	9	40	2	31	7	31
7	5	39	7	37	2	37	8	39	9	40	8	32
8	4	40	8	36	9	38	7	37	10	39	15	49
9	3	37	5	35	10	35	6	38	17	48	16	50
10	2	38	6	34	7	36	5	45	18	47	13	47
11	1	45	3	33	8	43	14	46	15	46	14	48
12	20	44	4	42	15	44	13	43	16	45	11	45
13	19	41	11	41	16	41	12	44	13	44	12	46
14	18	42	12	50	15	42	11	41	14	43	19	43
15	17	49	19	47	16	49	20	42	11	42	20	44
16	14	50	20	46	13	50	19	43	12	41	13	41
17	13	47	18	45	14	50	16	44	19	50	14	42
18	12	48	17	49	11	49	15	41	20	49	21	60
19	19	43	16	50	12	48	14	42	28	54	22	59
20	18	44	15	47	19	47	17	59	27	53	29	58
21	17	51	14	48	16	56	26	60	26	52	30	57
22	26	52	13	55	23	55	25	57	25	54	27	56
23	25	59	22	56	24	54	24	56	24	51	26	55
24	24	60	21	53	21	53	23	53	23	52	23	54
25	23	57	30	54	22	52	22	54	22	59	24	53
26	22	58	29	51	29	51	21	51	21	60	21	52
27	21	55	28	52	30	58	30	52	30	57	22	51
28	30	56	27	59	27	57	29	59	29	58	39	10
29	29		26	60	28	56	28	60	38	5	40	9
30	28		25	57	25	55	27	7	37	6	37	8
31	27		24		26		36	8		3		7

銀 1979年 昭和54年生 ［満43歳］

日＼月	1	2	3	4	5	6	7	8	9	10	11	12
1	6	31	10	38	1	40	9	40	2	31	7	31
2	5	40	7	37	2	37	8	39	9	40	8	32
3	4	39	8	36	9	38	7	38	10	39	15	49
4	3	37	5	35	10	35	6	37	17	48	16	50
5	2	38	6	34	7	36	5	46	18	47	13	47
6	1	45	3	33	8	43	14	45	15	46	14	48
7	20	46	4	42	15	44	13	44	16	45	11	45
8	19	43	11	41	16	41	12	44	13	44	12	46
9	18	44	12	50	13	42	11	41	14	43	19	43
10	17	41	19	49	14	49	20	42	11	42	20	44
11	16	42	20	48	11	50	19	49	12	41	17	41
12	15	47	17	47	12	47	18	50	19	50	18	42
13	14	48	18	46	19	48	17	47	20	49	25	59
14	13	45	15	45	12	45	16	48	27	58	26	60
15	12	46	16	42	19	46	15	55	28	57	23	57
16	19	53	13	41	20	53	24	60	25	56	30	58
17	28	54	13	60	27	55	23	57	26	55	27	55
18	27	51	22	56	28	54	30	58	23	54	28	56
19	24	60	21	53	25	53	29	55	23	59	25	54
20	23	57	30	54	26	52	28	56	22	58	26	53
21	22	58	29	51	29	51	21	53	21	57	23	52
22	21	55	28	52	30	60	30	54	30	57	24	51
23	30	56	27	59	27	59	29	59	29	58	39	10
24	29	53	26	60	28	58	28	60	38	5	40	9
25	28	54	25	57	25	57	27	7	37	6	37	8
26	27	1	24	58	26	6	36	8	36	3	38	7
27	36	2	23	5	33	3	35	5	35	4	35	6
28	35	9	32	6	34	2	34	6	34	1	36	5
29	34		31	3	31	1	33	3	33	2	33	4
30	33		40	4	32	10	32	4	32	9	34	3
31	32		39		39		31	1		10		2

命数 ▶ 1-10 羅針盤座　11-20 インディアン座　21-30 鳳凰座　31-40 時計座　41-50 カメレオン座　51-60 イルカ座

1980年 昭和55年生 〔満42歳〕

日＼月	1	2	3	4	5	6	7	8	9	10	11	12
1	1	46	4	42	15	44	13	44	16	45	11	45
2	20	45	11	41	16	41	12	43	13	44	12	46
3	19	44	12	50	13	42	11	42	14	43	19	43
4	18	43	19	49	14	49	20	41	11	42	20	44
5	17	41	20	48	11	50	19	50	12	41	17	41
6	16	42	17	47	12	47	17	49	19	50	18	42
7	15	49	18	46	19	48	17	47	20	49	25	59
8	14	50	15	45	20	45	16	48	27	58	26	60
9	13	47	16	44	17	46	15	55	28	57	23	57
10	12	48	13	43	18	53	24	56	25	56	24	58
11	11	55	14	52	25	54	23	53	26	55	21	55
12	30	56	21	51	26	51	22	54	23	54	22	56
13	29	51	22	60	25	52	21	51	24	53	29	53
14	28	52	29	57	26	59	30	52	21	52	30	54
15	27	59	30	56	23	60	29	53	22	51	23	51
16	24	60	28	55	24	60	28	54	29	60	24	52
17	23	57	27	59	21	59	25	51	30	59	31	9
18	22	58	26	60	22	58	24	52	38	4	32	9
19	29	55	25	57	29	57	23	9	37	3	39	8
20	28	54	24	58	26	6	36	10	36	2	40	7
21	27	1	23	5	33	5	35	7	35	4	37	6
22	36	2	32	6	34	4	34	6	34	1	36	5
23	35	9	31	3	31	3	33	3	33	2	33	4
24	34	10	40	4	32	2	32	4	32	9	34	3
25	33	7	39	1	39	1	31	1	31	10	31	2
26	32	8	38	2	40	8	40	2	40	7	32	1
27	31	5	37	9	37	7	39	9	39	8	49	20
28	40	6	36	10	38	6	38	10	48	15	50	19
29	39	3	35	7	35	5	37	17	47	16	47	18
30	38		34	8	36	14	46	18	46	13	48	17
31	37		33		43		45	15		14		16

銀 1981年 昭和56年生 〔満41歳〕

日＼月	1	2	3	4	5	6	7	8	9	10	11	12
1	15	50	17	47	12	47	18	49	19	50	18	42
2	14	49	18	46	19	48	17	48	20	49	25	59
3	13	48	15	45	20	45	16	47	27	58	26	60
4	12	48	16	44	17	46	15	56	28	57	23	57
5	11	55	17	43	18	53	24	55	25	56	24	58
6	30	56	14	52	25	54	23	54	26	55	21	55
7	29	53	21	51	26	51	22	54	23	54	22	56
8	28	54	22	60	23	52	21	51	24	53	29	53
9	27	51	29	59	24	59	30	52	21	52	30	54
10	26	52	30	58	21	60	29	59	22	51	27	51
11	25	59	27	57	22	57	28	60	29	60	28	52
12	24	58	28	56	29	58	27	57	30	59	35	9
13	23	55	25	55	22	55	26	58	37	8	36	10
14	22	56	26	54	29	56	25	5	38	7	33	7
15	21	3	23	51	30	3	34	10	35	6	40	8
16	38	4	24	10	37	4	33	7	36	5	37	5
17	37	1	32	9	38	4	40	8	33	4	38	6
18	36	2	31	3	35	3	39	5	34	9	35	4
19	33	7	40	4	36	2	38	6	32	8	36	3
20	32	8	39	1	39	1	31	3	31	7	33	2
21	31	5	38	2	40	10	40	4	40	7	34	1
22	40	6	37	9	37	9	39	9	39	8	49	20
23	39	3	36	10	38	8	38	10	48	15	50	19
24	38	4	35	7	35	7	37	17	47	16	47	18
25	37	11	34	8	36	16	46	18	46	13	48	17
26	46	12	33	15	43	15	45	15	45	14	45	16
27	45	19	42	16	44	12	44	16	44	11	46	15
28	44	20	41	13	41	11	43	13	43	12	43	14
29	43		50	14	42	20	42	14	42	19	44	13
30	42		49	11	49	19	41	11	41	20	41	12
31	41		48		50		50	12		17		11

金 1982年 昭和57年生 〔満40歳〕

日＼月	1	2	3	4	5	6	7	8	9	10	11	12
1	30	55	14	52	25	54	23	54	26	55	21	55
2	29	54	21	51	26	51	22	53	23	54	22	56
3	28	53	22	60	23	52	21	52	24	53	29	53
4	27	51	29	59	24	59	30	51	21	52	30	54
5	26	52	24	58	21	60	29	60	22	51	27	51
6	25	59	27	57	22	57	28	59	29	60	28	52
7	24	60	28	56	29	58	27	58	30	59	35	9
8	23	57	25	55	30	55	26	58	37	8	36	10
9	22	58	26	54	27	56	25	5	38	7	33	7
10	21	5	23	53	28	3	34	6	35	6	34	8
11	40	6	24	2	35	4	33	3	36	5	31	5
12	39	1	31	1	36	1	32	4	33	4	32	6
13	38	2	32	10	33	2	31	1	34	3	39	3
14	37	9	39	9	36	9	40	2	31	2	40	4
15	36	10	40	6	33	10	39	9	32	1	37	1
16	33	7	37	5	34	7	38	4	39	10	34	2
17	32	8	37	4	31	9	35	1	40	9	41	19
18	31	5	36	10	32	8	34	2	47	14	42	19
19	38	4	35	7	39	7	33	19	47	13	49	18
20	37	11	34	8	40	16	46	20	46	12	50	17
21	46	12	33	15	43	15	45	17	45	14	47	16
22	45	19	42	16	44	14	44	18	44	11	48	15
23	44	20	41	13	41	13	43	13	43	12	43	14
24	43	17	50	14	42	12	42	14	42	19	44	13
25	42	18	49	11	49	11	41	11	41	20	41	12
26	41	15	48	12	50	20	50	12	50	17	42	11
27	50	16	47	19	47	17	49	19	49	18	59	30
28	49	13	46	20	48	16	48	20	58	25	60	29
29	48		45	17	45	15	47	27	57	26	57	28
30	47		44	18	46	24	56	28	56	23	58	27
31	56		43		53		55	25		24		26

銀 1983年 昭和58年生 〔満39歳〕

日＼月	1	2	3	4	5	6	7	8	9	10	11	12
1	25	60	27	57	22	57	28	59	29	60	28	52
2	24	59	28	56	29	58	27	58	30	59	35	9
3	23	58	25	55	30	55	26	57	37	8	36	10
4	22	58	26	54	27	56	25	6	38	7	33	7
5	21	5	23	53	28	3	34	5	35	6	34	8
6	40	6	24	2	35	4	33	4	36	5	31	5
7	39	3	31	1	36	1	31	3	33	4	32	6
8	38	4	32	10	33	2	31	1	34	3	39	3
9	37	1	39	9	34	9	40	2	31	2	40	4
10	36	2	40	8	31	10	39	9	32	1	37	1
11	35	9	37	7	32	7	38	10	39	10	38	2
12	34	8	38	6	39	8	37	7	40	9	45	19
13	33	5	35	5	40	5	36	8	47	18	46	20
14	32	6	36	4	39	6	35	15	48	17	43	17
15	31	13	33	1	40	13	44	16	45	16	44	18
16	48	14	34	20	47	14	43	17	46	15	47	15
17	47	11	42	19	48	14	42	18	43	14	48	16
18	46	12	41	13	45	13	49	15	44	13	45	13
19	43	17	50	14	46	12	48	16	42	18	46	13
20	42	18	49	11	43	11	47	13	41	17	43	12
21	41	15	48	12	50	20	50	14	50	16	44	11
22	50	16	47	19	47	19	49	11	49	18	51	30
23	49	13	46	20	48	18	48	20	58	25	60	29
24	48	14	45	17	45	17	47	27	57	26	57	28
25	47	21	44	18	46	26	56	28	56	23	58	27
26	56	22	43	25	53	25	55	25	55	24	55	26
27	55	29	52	26	54	22	54	26	54	21	56	25
28	54	30	51	23	51	21	53	23	53	22	53	24
29	53		60	24	52	30	52	24	52	29	54	23
30	52		59	21	59	29	51	21	51	30	51	22
31	51		58		60		60	22		27		21

1984年 昭和59年生 ［満38歳］

日＼月	1	2	3	4	5	6	7	8	9	10	11	12
1	40	5	31	1	36	1	32	3	33	4	32	6
2	39	4	32	10	33	2	31	2	34	3	39	3
3	38	3	39	9	34	9	40	1	31	2	40	4
4	37	2	40	8	31	10	39	10	32	1	37	1
5	36	2	37	7	32	7	38	9	39	10	38	2
6	35	9	38	6	39	8	38	8	40	9	45	19
7	34	10	35	5	40	5	36	8	47	18	46	20
8	33	7	36	4	37	6	35	15	48	17	43	17
9	32	8	33	3	38	13	44	16	45	16	44	18
10	31	15	34	12	45	14	43	13	46	15	41	15
11	50	16	41	11	46	11	42	14	43	14	42	16
12	49	13	42	20	43	12	41	11	44	13	49	13
13	48	12	49	19	46	19	50	12	41	12	50	14
14	47	19	50	16	43	20	49	19	42	11	47	11
15	46	20	47	15	44	17	48	14	49	20	44	12
16	43	17	47	14	41	19	47	11	50	19	51	29
17	42	18	46	20	42	18	44	12	57	28	52	30
18	41	15	45	17	49	17	43	29	57	23	59	28
19	48	16	44	18	50	26	52	30	56	22	60	27
20	47	21	43	25	53	25	55	27	55	21	57	26
21	56	22	52	26	54	24	54	28	54	21	58	25
22	55	29	51	23	51	23	53	23	53	22	53	24
23	54	30	60	24	52	22	52	24	52	29	54	23
24	53	27	59	21	59	21	51	21	51	30	51	22
25	52	28	58	22	60	30	60	22	60	27	52	21
26	51	25	57	29	57	27	59	29	59	28	9	40
27	60	26	56	30	58	26	58	30	8	35	10	39
28	59	23	55	27	55	25	57	37	7	36	7	38
29	58	24	54	28	56	34	6	38	6	33	8	37
30	57		53	35	3	33	5	35	5	34	5	36
31	6		2		4		4	36		31		35

銀 1985年 昭和60年生 ［満37歳］

日＼月	1	2	3	4	5	6	7	8	9	10	11	12
1	34	9	38	6	39	8	37	8	40	9	45	19
2	33	8	35	5	40	5	36	7	47	18	46	20
3	32	7	36	4	37	6	35	16	48	17	43	17
4	31	15	33	3	38	13	44	15	45	16	44	18
5	50	16	38	12	45	14	43	14	46	15	41	15
6	49	13	41	11	46	11	42	13	43	14	42	16
7	48	14	42	20	43	12	41	11	44	13	49	13
8	47	11	49	19	44	19	50	12	41	12	50	14
9	46	12	50	18	41	20	49	19	42	11	47	11
10	45	19	47	17	42	17	48	20	49	20	48	12
11	44	20	48	16	49	18	47	17	50	19	55	29
12	43	15	45	15	50	15	46	18	57	28	56	30
13	42	16	46	14	49	16	45	25	58	27	53	27
14	41	23	43	13	50	23	54	26	55	26	54	28
15	58	24	44	30	57	24	53	27	56	25	57	25
16	57	21	51	29	58	21	52	28	53	24	58	26
17	56	22	51	28	55	23	59	25	54	23	55	23
18	53	29	60	24	56	22	58	26	51	28	56	23
19	52	28	59	21	53	21	57	23	51	27	53	22
20	51	25	58	22	60	30	60	24	60	26	54	21
21	60	26	57	29	57	29	59	21	59	28	1	40
22	59	23	56	30	58	28	58	30	8	35	10	39
23	58	24	55	27	55	27	57	37	7	36	7	38
24	57	31	54	28	56	36	6	38	6	33	8	37
25	6	32	53	35	3	35	5	35	5	34	5	36
26	5	39	2	36	4	32	4	36	4	31	6	35
27	4	40	1	33	1	31	3	33	3	32	3	34
28	3	37	10	34	2	40	2	34	2	39	4	33
29	2		9	31	9	39	1	31	1	40	1	32
30	1		8	32	10	38	10	32	10	37	2	31
31	10		7		7		9	39		38		50

金 1986年 昭和61年生 ［満36歳］

日＼月	1	2	3	4	5	6	7	8	9	10	11	12
1	49	14	41	11	46	11	42	13	43	14	42	16
2	48	13	42	20	43	12	41	12	44	13	49	13
3	47	12	49	19	44	19	50	11	41	12	50	14
4	46	12	50	18	41	20	49	20	42	11	47	11
5	45	19	41	17	42	17	48	19	49	20	48	12
6	44	20	48	16	49	18	47	18	50	19	55	29
7	43	17	45	15	50	15	46	17	57	28	56	30
8	42	18	46	14	47	16	45	25	58	27	53	27
9	41	25	43	13	48	23	54	26	55	26	54	28
10	60	26	44	22	55	24	53	23	56	25	51	25
11	59	23	51	21	56	21	52	24	53	24	52	26
12	58	22	52	30	53	22	51	21	54	23	59	23
13	57	29	59	29	54	29	60	22	51	22	60	24
14	56	30	60	28	53	30	59	29	52	21	57	21
15	55	27	57	25	54	27	58	30	59	30	58	22
16	52	28	58	24	51	28	57	21	60	29	1	39
17	51	25	56	23	52	28	54	22	7	38	2	40
18	60	26	55	27	59	27	53	39	8	33	9	38
19	57	31	54	28	60	36	2	40	6	32	10	37
20	6	32	53	35	7	35	5	37	5	31	7	36
21	5	39	2	36	4	34	4	38	4	31	8	35
22	4	40	1	33	1	33	3	35	3	32	5	34
23	3	37	10	34	2	32	2	34	2	39	4	33
24	2	38	9	31	9	31	1	31	1	40	1	32
25	1	35	8	32	10	40	10	32	10	37	2	31
26	10	36	7	39	7	39	9	39	9	38	19	50
27	9	33	6	40	8	36	8	40	18	45	20	49
28	8	34	5	37	5	35	7	47	17	46	17	48
29	7		4	38	6	44	16	48	16	43	18	47
30	16		3	45	13	43	15	45	15	44	15	46
31	15		12		14		14	46		41		45

銀 1987年 昭和62年生 ［満35歳］

日＼月	1	2	3	4	5	6	7	8	9	10	11	12
1	44	19	48	16	49	18	47	18	50	19	55	29
2	43	18	45	15	50	15	46	17	57	28	56	30
3	42	17	46	14	47	16	45	26	58	27	53	27
4	41	25	43	13	48	23	54	25	55	26	54	28
5	60	26	48	22	55	24	53	24	56	25	51	25
6	59	23	51	21	56	21	52	23	53	24	52	26
7	58	24	52	30	53	22	52	22	54	23	59	23
8	57	21	59	29	54	29	60	22	51	22	60	24
9	56	22	60	28	51	30	59	29	52	21	57	21
10	55	29	57	27	52	27	58	30	59	30	58	22
11	54	30	58	26	59	28	57	27	60	29	5	39
12	53	25	55	25	60	25	56	28	7	38	6	40
13	52	26	56	24	57	26	55	35	8	37	3	37
14	51	33	53	23	60	33	4	36	5	36	4	38
15	10	34	54	40	7	34	3	33	6	35	1	35
16	7	31	1	39	8	31	2	38	3	34	8	36
17	6	32	1	38	5	33	1	35	4	33	5	33
18	5	39	10	34	6	32	8	36	1	32	6	34
19	2	38	9	31	3	31	7	33	1	37	3	32
20	1	35	8	32	4	40	6	34	10	36	4	31
21	10	36	7	39	7	39	9	31	9	35	11	50
22	9	33	6	40	8	38	8	32	18	45	12	49
23	8	34	5	37	5	37	7	47	17	46	17	48
24	7	41	4	38	6	46	16	48	16	43	18	47
25	16	42	3	45	13	45	15	45	15	44	15	46
26	15	49	12	46	14	44	14	46	14	41	16	45
27	14	50	11	43	11	41	13	43	13	42	13	44
28	13	47	20	44	12	50	12	44	12	49	14	43
29	12		19	41	19	49	11	41	11	50	11	42
30	11		18	42	20	48	20	42	20	47	12	41
31	20		17		17		19	49		48		60

命数 ▶ 1-10 羅針盤座 11-20 インディアン座 21-30 鳳凰座 31-40 時計座 41-50 カメレオン座 51-60 イルカ座

金 1988年 昭和63年生 〔満34歳〕

日＼月	1	2	3	4	5	6	7	8	9	10	11	12
1	59	24	52	30	53	22	51	22	54	23	59	23
2	58	23	59	29	54	29	60	21	51	22	60	24
3	57	22	60	28	51	30	59	30	52	21	57	21
4	56	22	57	27	52	27	58	29	59	30	58	22
5	55	29	58	26	59	28	57	28	60	29	5	39
6	54	30	55	25	60	25	55	27	7	38	6	40
7	53	27	56	24	57	26	55	35	8	37	3	37
8	52	28	53	23	58	33	4	36	5	36	4	38
9	51	35	54	32	5	34	3	33	6	35	1	35
10	10	36	1	31	6	31	2	34	3	34	2	36
11	9	33	2	40	3	32	1	31	4	33	9	33
12	8	32	9	39	4	39	10	32	1	32	10	34
13	7	39	10	38	3	40	9	39	2	31	7	31
14	6	40	7	35	4	37	8	40	9	40	8	32
15	5	37	8	34	1	38	7	31	10	39	11	49
16	2	38	6	33	2	38	6	32	17	48	12	50
17	1	35	5	37	9	37	3	49	18	47	19	47
18	10	36	4	38	10	46	12	50	16	42	20	47
19	7	41	3	45	17	45	11	47	15	41	17	46
20	16	42	12	46	14	44	14	48	14	50	18	45
21	15	49	11	43	11	43	13	45	13	42	15	44
22	14	50	20	44	12	42	12	44	12	49	14	43
23	13	47	19	41	19	41	11	41	11	50	11	42
24	12	48	18	42	20	50	20	42	20	47	12	41
25	11	45	17	49	17	49	19	49	19	48	29	60
26	20	46	16	50	18	46	18	50	28	55	30	59
27	19	43	15	47	15	45	17	57	27	56	27	58
28	18	44	14	48	16	54	26	58	26	53	28	57
29	17	51	13	55	23	53	25	55	25	54	25	56
30	26		22	56	24	52	24	56	24	51	26	55
31	25		21		21		23	53		52		54

銀 1989年 昭和64年生 平成元年生 〔満33歳〕

日＼月	1	2	3	4	5	6	7	8	9	10	11	12
1	53	28	55	25	60	25	56	27	7	38	6	40
2	52	27	56	24	57	26	55	36	8	37	3	37
3	51	36	53	23	58	33	4	35	5	36	4	38
4	10	36	54	32	5	34	3	34	6	35	1	35
5	9	33	1	31	6	31	2	33	3	34	2	36
6	8	34	2	40	3	32	1	32	4	33	9	33
7	7	31	9	39	4	39	10	32	1	32	10	34
8	6	32	10	38	1	40	9	39	2	31	7	31
9	5	39	7	37	2	37	8	40	9	40	8	32
10	4	40	8	36	9	38	7	37	10	39	15	49
11	3	37	5	35	10	35	6	38	17	48	16	50
12	2	36	6	34	7	36	5	45	18	47	13	47
13	1	43	3	33	10	43	14	46	15	46	14	48
14	20	44	4	42	17	44	13	43	16	45	11	45
15	17	41	11	49	18	41	12	48	13	44	18	46
16	16	42	11	48	15	42	11	45	14	43	15	43
17	15	49	20	47	16	42	18	46	11	42	16	44
18	12	50	19	41	13	41	17	43	12	47	13	42
19	11	45	18	42	14	50	16	44	20	46	14	41
20	20	46	17	49	17	49	19	41	19	45	21	60
21	19	43	16	50	18	48	18	42	28	55	22	59
22	18	44	15	47	15	47	17	57	27	56	27	58
23	17	51	14	48	16	56	26	58	26	53	28	57
24	26	52	13	55	23	55	25	55	25	54	25	56
25	25	59	22	56	24	54	24	56	24	51	26	55
26	24	60	21	53	21	53	23	53	23	52	23	54
27	23	57	30	54	22	60	22	54	22	59	24	53
28	22	58	29	51	29	59	21	51	21	60	21	52
29	21		28	52	30	58	30	52	30	57	22	51
30	30		27	59	27	57	29	59	29	58	39	10
31	29		26		28		28	60		5		9

金 1990年 平成2年生 〔満32歳〕

日＼月	1	2	3	4	5	6	7	8	9	10	11	12
1	8	33	2	40	3	32	1	32	4	33	9	33
2	7	32	9	39	4	39	10	31	1	32	10	34
3	6	31	10	38	1	40	9	40	2	31	7	31
4	5	39	7	37	2	37	8	39	9	40	8	32
5	4	40	2	36	9	38	7	38	10	39	15	49
6	3	37	5	35	10	35	6	37	17	48	16	50
7	2	38	6	34	7	36	5	46	18	47	13	47
8	1	45	3	33	8	43	14	46	15	46	14	48
9	20	46	4	42	15	44	13	43	16	45	11	45
10	19	43	11	41	16	41	12	44	13	44	12	46
11	18	44	12	50	13	42	11	41	14	43	19	43
12	17	49	19	49	14	49	20	42	11	42	20	44
13	16	50	20	48	11	50	19	49	12	41	17	41
14	15	47	17	47	14	47	18	50	19	50	18	42
15	12	48	18	44	11	48	17	47	20	49	25	59
16	11	45	15	43	12	45	16	42	27	58	22	60
17	20	46	15	42	19	47	13	59	28	57	29	57
18	17	53	14	48	20	56	22	60	25	52	30	57
19	26	52	13	55	27	55	21	57	25	51	27	56
20	25	59	22	56	28	54	24	58	24	60	28	55
21	24	60	21	53	21	53	23	55	23	52	25	54
22	23	57	30	54	22	52	22	56	22	59	26	53
23	22	58	29	51	29	51	21	51	21	60	21	52
24	21	55	28	52	30	60	30	52	30	57	22	51
25	30	56	27	59	27	59	29	59	29	58	39	10
26	29	53	26	60	28	58	28	60	38	5	40	9
27	28	54	25	57	25	55	27	7	37	6	37	8
28	27	1	24	58	26	4	36	8	36	3	38	7
29	36		23	5	33	3	35	5	35	4	35	6
30	35		32	6	34	2	34	6	34	1	36	5
31	34		31		31		33	3		2		4

銀 1991年 平成3年生 〔満31歳〕

日＼月	1	2	3	4	5	6	7	8	9	10	11	12
1	3	38	5	35	10	35	6	37	17	48	16	50
2	2	37	6	34	7	36	5	46	18	47	13	47
3	1	46	3	33	8	43	14	45	15	46	14	48
4	20	46	4	42	15	44	13	44	16	45	11	45
5	19	43	15	41	16	41	12	43	13	44	12	46
6	18	44	12	50	13	42	11	42	14	43	19	43
7	17	41	19	49	14	49	20	41	11	42	20	44
8	16	42	20	48	11	50	19	49	12	41	17	41
9	15	49	17	47	12	47	18	50	19	50	18	42
10	14	50	18	46	19	48	17	47	20	49	25	59
11	13	47	15	45	20	45	16	48	27	58	26	60
12	12	46	16	44	17	46	15	55	28	57	23	57
13	11	53	13	43	18	53	24	56	25	56	24	58
14	30	54	14	52	27	54	23	53	26	55	21	55
15	29	51	21	59	28	51	22	54	23	54	22	56
16	26	52	22	58	25	52	21	55	24	53	25	53
17	25	59	30	57	26	52	28	56	21	52	26	54
18	24	60	29	51	23	51	27	53	22	51	23	51
19	21	55	28	52	24	60	26	54	30	56	24	51
20	30	56	27	59	21	59	29	51	29	55	31	10
21	29	53	26	60	28	58	28	52	38	4	32	9
22	28	54	25	57	25	57	27	9	37	6	39	8
23	27	1	24	58	26	6	36	8	36	3	38	7
24	36	2	23	5	33	5	35	5	35	4	35	6
25	35	9	32	6	34	4	34	6	34	1	36	5
26	34	10	31	3	31	1	33	3	33	2	33	4
27	33	7	40	4	32	10	32	4	32	9	34	3
28	32	8	39	1	39	9	31	1	31	10	31	2
29	31		38	2	40	8	40	2	40	7	32	1
30	40		37	9	37	7	39	9	39	8	49	20
31	39		36		38		38	10		15		19

命数 ▶ 1-10 羅針盤座 11-20 インディアン座 21-30 鳳凰座 31-40 時計座 41-50 カメレオン座 51-60 イルカ座

金 1992年 平成4年生［満30歳］

日＼月	1	2	3	4	5	6	7	8	9	10	11	12
1	18	43	19	49	14	49	20	41	11	42	20	44
2	17	42	20	48	11	50	19	50	12	41	17	41
3	16	41	17	47	12	47	18	49	19	50	18	42
4	15	49	18	46	19	48	17	48	20	49	25	59
5	14	50	15	45	20	45	16	47	27	58	26	60
6	13	47	16	44	17	46	16	56	28	57	23	57
7	12	48	13	43	18	53	24	56	25	56	24	58
8	11	55	14	52	25	54	23	53	26	55	21	55
9	30	56	21	51	26	51	22	54	23	54	22	56
10	29	53	22	60	23	52	21	51	24	53	29	53
11	28	54	29	59	24	59	30	52	21	52	30	54
12	27	59	30	58	21	60	29	59	22	51	27	51
13	26	60	27	57	24	57	28	60	29	60	28	52
14	25	57	28	54	21	58	27	57	30	59	35	9
15	24	58	25	53	22	55	26	52	37	8	32	10
16	21	55	25	52	29	57	25	9	38	7	39	7
17	30	56	24	58	30	6	32	10	35	6	40	8
18	29	3	23	5	37	5	31	7	35	1	37	6
19	36	2	32	6	38	4	40	8	34	10	38	5
20	35	9	31	3	31	3	33	5	33	9	35	4
21	34	10	40	4	32	2	32	6	32	9	36	3
22	33	7	39	1	39	1	31	1	31	10	31	2
23	32	8	38	2	40	10	40	2	40	7	32	1
24	31	5	37	9	37	9	39	9	39	8	49	20
25	40	6	36	10	38	8	38	10	48	15	50	19
26	39	3	35	7	35	5	37	17	47	16	47	18
27	38	4	34	8	36	14	46	18	46	13	48	17
28	37	11	33	15	43	13	45	15	45	14	45	16
29	46	12	42	16	44	12	44	16	44	11	46	15
30	45		41	13	41	11	43	13	43	12	43	14
31	44		50		42		42	14		19		13

銀 1993年 平成5年生［満29歳］

日＼月	1	2	3	4	5	6	7	8	9	10	11	12
1	12	47	16	44	17	46	15	56	28	57	23	57
2	11	56	13	43	18	53	24	55	25	56	24	58
3	30	55	14	52	25	54	23	54	26	55	21	55
4	29	53	21	51	26	51	22	53	23	54	22	56
5	28	54	22	60	23	52	21	52	24	53	29	53
6	27	51	29	59	24	59	30	51	21	52	30	54
7	26	52	30	58	21	60	30	59	22	51	27	51
8	25	59	27	57	22	57	28	60	29	60	28	52
9	24	60	28	56	29	58	27	57	30	59	35	9
10	23	57	25	55	30	55	26	58	37	8	36	10
11	22	58	26	54	27	56	25	5	38	7	33	7
12	21	3	23	53	28	3	34	6	35	6	34	8
13	40	4	24	2	37	4	33	3	36	5	31	5
14	39	1	31	1	38	1	32	4	33	4	32	6
15	36	2	32	8	35	2	31	5	34	3	35	3
16	35	9	40	7	36	9	40	6	31	2	36	4
17	34	10	39	6	33	1	39	3	32	1	33	1
18	31	7	38	2	34	10	36	4	39	6	34	1
19	40	6	37	9	31	9	35	1	39	5	41	20
20	39	3	36	10	38	8	34	2	48	14	42	19
21	38	4	35	7	35	7	37	19	47	16	49	18
22	37	11	34	8	36	16	46	18	46	13	48	17
23	46	12	33	15	43	15	45	15	45	14	45	16
24	45	19	42	16	44	14	44	16	44	11	46	15
25	44	20	41	13	41	13	43	13	43	12	43	14
26	43	17	50	14	42	12	42	14	42	19	44	13
27	42	18	49	11	49	19	41	11	41	20	41	12
28	41	15	48	12	50	18	50	12	50	17	42	11
29	50		47	19	47	17	49	19	49	18	59	30
30	49		46	20	48	16	48	20	58	25	60	29
31	48		45		45		47	27		26		28

金 1994年 平成6年生［満28歳］

日＼月	1	2	3	4	5	6	7	8	9	10	11	12
1	27	52	29	59	24	59	30	51	21	52	30	54
2	26	51	30	58	21	60	29	60	22	51	27	51
3	25	60	27	57	22	57	28	59	29	60	28	52
4	24	60	28	56	29	58	27	58	30	59	35	9
5	23	57	29	55	30	55	26	57	37	8	36	10
6	22	58	26	54	27	56	25	6	38	7	33	7
7	21	5	23	53	28	3	34	5	35	6	34	8
8	40	6	24	2	35	4	33	3	36	5	31	5
9	39	3	31	1	36	1	32	4	33	4	32	6
10	38	4	32	10	33	2	31	1	34	3	39	3
11	37	1	39	9	34	9	40	2	31	2	40	4
12	36	10	40	8	31	10	39	9	32	1	37	1
13	35	7	37	7	32	7	38	10	39	10	38	2
14	34	8	38	6	31	8	37	7	40	9	45	19
15	31	5	35	3	32	5	36	8	47	18	46	20
16	40	6	36	2	39	6	35	19	48	17	49	17
17	39	13	34	1	40	16	42	20	45	16	50	18
18	46	14	33	15	47	15	41	17	46	11	47	16
19	45	19	42	16	48	14	50	18	44	20	48	15
20	44	20	41	13	45	13	43	15	43	19	45	14
21	43	17	50	14	42	12	42	16	42	19	46	13
22	42	18	49	11	49	11	41	13	41	20	43	12
23	41	15	48	12	50	20	50	12	50	17	42	11
24	50	16	47	19	47	19	49	19	49	18	59	30
25	49	13	46	20	48	18	48	20	58	25	60	29
26	48	14	45	17	45	17	47	27	57	26	57	28
27	47	21	44	18	46	24	56	28	56	23	58	27
28	56	22	43	25	53	23	55	25	55	24	55	26
29	55		52	26	54	22	54	26	54	21	56	25
30	54		51	23	51	21	53	23	53	22	53	24
31	53		60		52		52	24		29		23

銀 1995年 平成7年生［満27歳］

日＼月	1	2	3	4	5	6	7	8	9	10	11	12
1	22	57	26	54	27	56	25	6	38	7	33	7
2	21	6	23	53	28	3	34	5	35	6	34	8
3	40	5	24	2	35	4	33	4	36	5	31	5
4	39	3	31	1	36	1	32	3	33	4	32	6
5	38	4	32	10	33	2	31	2	34	3	39	3
6	37	1	39	9	34	9	40	1	31	2	40	4
7	36	2	40	8	31	10	39	10	32	1	37	1
8	35	9	37	7	32	7	38	10	39	10	38	2
9	34	10	38	6	39	8	37	7	40	9	45	19
10	33	7	35	5	40	5	36	8	47	18	46	20
11	32	8	36	4	37	6	35	15	48	17	43	17
12	31	13	33	3	38	13	44	16	45	16	44	18
13	50	14	34	12	45	14	43	13	46	15	41	15
14	49	11	41	11	48	11	42	14	43	14	42	16
15	48	12	42	18	45	12	41	11	44	13	49	13
16	45	19	49	17	46	19	50	16	41	12	46	14
17	44	20	49	16	43	11	47	13	42	11	43	11
18	43	17	48	12	44	20	46	14	49	20	44	11
19	50	16	47	19	41	19	45	11	49	15	51	30
20	49	13	46	20	42	18	48	12	58	24	52	29
21	48	14	45	17	45	17	47	29	57	23	59	28
22	47	21	44	18	46	26	56	30	56	23	60	27
23	56	22	43	25	53	25	55	25	55	24	55	26
24	55	29	52	26	54	24	54	26	54	21	56	25
25	54	30	51	23	51	23	53	23	53	22	53	24
26	53	27	60	24	52	22	52	24	52	29	54	23
27	52	28	59	21	59	29	51	21	51	30	51	22
28	51	25	58	22	60	28	60	22	60	27	52	21
29	60		57	29	57	27	59	29	59	28	9	40
30	59		56	30	58	26	58	30	8	35	10	39
31	58		55		55		57	37		36		38

命数 ▶ 1-10 羅針盤座　11-20 インディアン座　21-30 鳳凰座　31-40 時計座　41-50 カメレオン座　51-60 イルカ座

1996年 平成8年生〔満26歳〕

日＼月	1	2	3	4	5	6	7	8	9	10	11	12
1	37	2	40	8	31	10	39	10	32	1	37	1
2	36	1	37	7	32	7	38	9	39	10	38	2
3	35	10	38	6	39	8	37	8	40	9	45	19
4	34	10	35	5	40	5	36	7	47	18	46	20
5	33	7	36	4	37	6	35	16	48	17	43	17
6	32	8	33	3	38	13	43	15	45	16	44	18
7	31	15	34	12	45	14	43	13	46	15	41	15
8	50	16	41	11	46	11	42	14	43	14	42	16
9	49	13	42	20	43	12	41	11	44	13	49	13
10	48	14	49	19	44	19	50	12	41	12	50	14
11	47	11	50	18	41	20	49	19	42	11	47	11
12	46	20	47	17	42	17	48	20	49	20	48	12
13	45	17	48	16	41	18	47	17	50	19	55	29
14	44	18	45	13	42	15	46	18	57	28	56	30
15	43	15	46	12	49	16	45	29	58	27	59	27
16	50	16	44	11	50	26	54	30	55	26	60	28
17	49	23	43	25	57	25	51	27	56	25	57	25
18	58	24	52	26	58	24	60	28	54	30	58	25
19	55	29	51	23	55	23	59	25	53	29	55	24
20	54	30	60	24	52	22	52	26	52	28	56	23
21	53	27	59	21	59	21	51	23	51	30	53	22
22	52	28	58	22	60	30	60	22	60	27	52	21
23	51	25	57	29	57	29	59	29	59	28	9	40
24	60	26	56	30	58	28	58	30	8	35	10	39
25	59	23	55	27	55	27	57	37	7	36	7	38
26	58	24	54	28	56	34	6	38	6	33	8	37
27	57	31	53	35	3	33	5	35	5	34	5	36
28	6	32	2	36	4	32	4	36	4	31	6	35
29	5	39	1	33	1	31	3	33	3	32	3	34
30	4		10	34	2	40	2	34	2	39	4	33
31	3		9		9		1	31		40		32

1997年 平成9年生〔満25歳〕

日＼月	1	2	3	4	5	6	7	8	9	10	11	12
1	31	16	33	3	38	13	44	15	45	16	44	18
2	50	15	34	12	45	14	43	14	46	15	41	15
3	49	14	41	11	46	11	42	13	43	14	42	16
4	48	14	42	20	43	12	41	12	44	13	49	13
5	47	11	49	19	44	19	50	11	41	12	50	14
6	46	12	50	18	41	20	49	20	42	11	47	11
7	45	19	47	17	42	17	48	20	49	20	48	12
8	44	20	48	16	49	18	47	17	50	19	55	29
9	43	17	45	15	50	15	46	18	57	28	56	30
10	42	18	46	14	47	16	45	25	58	27	53	27
11	41	25	43	13	48	23	54	26	55	26	54	28
12	60	24	44	22	55	24	53	23	56	25	51	25
13	59	21	51	21	58	21	52	24	53	24	52	26
14	58	22	52	30	55	22	51	21	54	23	59	23
15	55	29	59	27	56	29	60	26	51	22	56	24
16	54	30	59	26	53	30	59	23	52	21	53	21
17	53	27	58	25	54	30	56	24	59	30	54	22
18	60	28	57	29	51	29	55	21	59	25	1	40
19	59	23	56	30	52	28	54	22	8	34	2	39
20	58	24	55	27	55	27	57	39	7	33	9	38
21	57	31	54	28	56	36	6	40	6	33	10	37
22	6	32	53	35	3	35	5	35	5	34	5	36
23	5	39	2	36	4	34	4	36	4	31	6	35
24	4	40	1	33	1	33	3	33	3	32	3	34
25	3	37	10	34	2	32	2	34	2	39	4	33
26	2	38	9	31	9	39	1	31	1	40	1	32
27	1	35	8	32	10	38	10	32	10	37	2	31
28	10	36	7	39	7	37	9	39	9	38	19	50
29	9		6	40	8	36	8	40	18	45	20	49
30	8		5	37	5	35	7	47	17	46	17	48
31	7		4		6		16	48		43		47

1998年 平成10年生〔満24歳〕

日＼月	1	2	3	4	5	6	7	8	9	10	11	12
1	46	11	50	18	41	20	49	20	42	11	47	11
2	45	20	47	17	42	17	48	19	49	20	48	12
3	44	19	48	16	49	18	47	18	50	19	55	29
4	43	17	45	15	50	15	46	17	57	28	56	30
5	42	18	50	14	47	16	45	26	58	27	53	27
6	41	25	43	13	48	23	54	25	55	26	54	28
7	60	26	44	22	55	24	53	24	56	25	51	25
8	59	23	51	21	56	21	52	24	53	24	52	26
9	58	24	52	30	53	22	51	21	54	23	59	23
10	57	21	59	29	54	29	60	22	51	22	60	24
11	56	22	60	28	51	30	59	29	52	21	57	21
12	55	27	57	27	52	27	58	30	59	30	58	22
13	54	28	58	26	59	28	57	27	60	29	5	39
14	53	25	55	25	52	25	56	28	7	38	6	40
15	60	26	56	22	59	26	55	35	8	37	3	37
16	59	33	53	21	60	33	4	40	5	36	10	38
17	8	34	53	40	7	35	1	37	6	35	7	35
18	5	31	2	36	8	34	10	38	3	40	8	35
19	4	40	1	33	5	33	9	35	3	39	5	34
20	3	37	10	34	6	32	2	36	2	38	6	33
21	2	38	9	31	9	31	1	33	1	40	3	32
22	1	35	8	32	10	40	10	34	10	37	4	31
23	10	36	7	39	7	39	9	39	9	38	19	50
24	9	33	6	40	8	38	8	40	18	45	20	49
25	8	34	5	37	5	37	7	47	17	46	17	48
26	7	41	4	38	6	46	16	48	16	43	18	47
27	16	42	3	45	13	43	15	45	15	44	15	46
28	15	49	12	46	14	42	14	46	14	41	16	45
29	14		11	43	11	41	13	43	13	42	13	44
30	13		20	44	12	50	12	44	12	49	14	43
31	12		19		19		11	41		50		42

1999年 平成11年生〔満23歳〕

日＼月	1	2	3	4	5	6	7	8	9	10	11	12
1	41	26	43	13	48	23	54	25	55	26	54	28
2	60	25	44	22	55	24	53	24	56	25	51	25
3	59	24	51	21	56	21	52	23	53	24	52	26
4	58	24	52	30	53	22	51	22	54	23	59	23
5	57	21	53	29	54	29	60	21	51	22	60	24
6	56	22	60	28	51	30	59	30	52	21	57	21
7	55	29	57	27	52	27	58	29	59	30	58	22
8	54	30	58	26	59	28	57	27	60	29	5	39
9	53	27	55	25	60	25	56	28	7	38	6	40
10	52	28	56	24	57	26	55	35	8	37	3	37
11	51	35	53	23	58	33	4	36	5	36	4	38
12	10	34	54	32	5	34	3	33	6	35	1	35
13	9	31	1	31	6	31	2	34	3	34	2	36
14	8	32	2	40	5	32	1	31	4	33	9	33
15	7	39	9	37	6	39	10	32	1	32	10	34
16	4	40	10	36	3	40	9	33	2	31	3	31
17	3	37	8	35	4	40	6	34	9	40	4	32
18	2	38	7	39	1	39	5	31	10	39	11	50
19	9	33	6	40	2	38	4	32	18	44	12	49
20	8	34	5	37	9	37	7	49	17	43	19	48
21	7	41	4	38	6	46	16	50	16	42	20	47
22	16	42	3	45	13	45	15	47	15	44	17	46
23	15	49	12	46	14	44	14	46	14	41	16	45
24	14	50	11	43	11	43	13	43	13	42	13	44
25	13	47	20	44	12	42	12	44	12	49	14	43
26	12	48	19	41	19	41	11	41	11	50	11	42
27	11	45	18	42	20	48	20	42	20	47	12	41
28	20	46	17	49	17	47	19	49	19	48	29	60
29	19		16	50	18	46	18	50	28	55	30	59
30	18		15	47	15	45	17	57	27	56	27	58
31	17		14		16		26	58		53		57

命数 ▶ 1-10 羅針盤座　11-20 インディアン座　21-30 鳳凰座　31-40 時計座　41-50 カメレオン座　51-60 イルカ座

金 2000年 平成12年生〔満22歳〕

日＼月	1	2	3	4	5	6	7	8	9	10	11	12
1	56	21	57	27	52	27	58	29	59	30	58	22
2	55	30	58	26	59	28	57	28	60	29	5	39
3	54	29	55	25	60	25	56	27	7	38	6	40
4	53	27	56	24	57	26	55	36	8	37	3	37
5	52	28	53	23	58	33	4	35	5	36	4	38
6	51	35	54	32	5	34	4	34	6	35	1	35
7	10	36	1	31	6	31	2	34	3	34	2	36
8	9	33	2	40	3	32	1	31	4	33	9	33
9	8	34	9	39	4	39	10	32	1	32	10	34
10	7	31	10	38	1	40	9	39	2	31	7	31
11	6	32	7	37	2	37	8	40	9	40	8	32
12	5	37	8	36	9	38	7	37	10	39	15	49
13	4	38	5	35	2	35	6	38	17	48	16	50
14	3	35	6	32	9	36	5	45	18	47	13	47
15	2	36	3	31	10	43	14	50	15	46	20	48
16	9	43	3	50	17	45	13	47	16	45	17	45
17	18	44	12	46	18	44	20	48	13	44	18	46
18	17	41	11	43	15	43	19	45	13	49	15	44
19	14	50	20	44	16	42	18	46	12	48	16	43
20	13	47	19	41	19	41	11	43	11	47	13	42
21	12	48	18	42	20	50	20	44	20	47	14	41
22	11	45	17	49	17	49	19	49	19	48	29	60
23	20	46	16	50	18	48	18	50	28	55	30	59
24	19	43	15	47	15	47	17	57	27	56	27	58
25	18	44	14	48	16	56	26	58	26	53	28	57
26	17	51	13	55	23	53	25	55	25	54	25	56
27	26	52	22	56	24	52	24	56	24	51	26	55
28	25	59	21	53	21	51	23	53	23	52	23	54
29	24	60	30	54	22	60	22	54	22	59	24	53
30	23		29	51	29	59	21	51	21	60	21	52
31	22		28		30		30	52		57		51

銀 2001年 平成13年生〔満21歳〕

日＼月	1	2	3	4	5	6	7	8	9	10	11	12
1	10	35	54	32	5	34	3	34	6	35	1	35
2	9	34	1	31	6	31	2	33	3	34	2	36
3	8	33	2	40	3	32	1	32	4	33	9	33
4	7	31	9	39	4	39	10	31	1	32	10	34
5	6	32	10	38	1	40	9	40	2	31	7	31
6	5	39	7	37	2	37	7	39	9	40	8	32
7	4	40	8	36	9	38	7	37	10	39	15	49
8	3	37	5	35	10	35	6	38	17	48	16	50
9	2	38	6	34	7	36	5	45	18	47	13	47
10	1	45	3	33	8	43	14	46	15	46	14	48
11	20	46	4	42	15	44	13	43	16	45	11	45
12	19	41	11	41	16	41	12	44	13	44	12	46
13	18	42	12	50	15	42	11	41	14	43	19	43
14	17	49	19	49	16	49	20	42	11	42	20	44
15	14	50	20	46	13	50	19	43	12	41	13	41
16	13	47	18	45	14	50	18	44	19	50	14	42
17	12	48	17	44	11	49	15	41	20	49	21	59
18	19	45	16	50	12	48	14	42	28	54	22	59
19	18	44	15	47	19	47	13	59	27	53	29	58
20	17	51	14	48	16	56	26	60	26	52	30	57
21	26	52	13	55	23	55	25	57	25	54	27	56
22	25	59	22	56	24	54	24	56	24	51	26	55
23	24	60	21	53	21	53	23	53	23	52	23	54
24	23	57	30	54	22	52	22	54	22	59	24	53
25	22	58	29	51	29	51	21	51	21	60	21	52
26	21	55	28	52	30	58	30	52	30	57	22	51
27	30	56	27	59	27	57	29	59	29	58	39	10
28	29	53	26	60	28	56	28	60	38	5	40	9
29	28		25	57	25	55	27	7	37	6	37	8
30	27		24	58	26	4	36	8	36	3	38	7
31	36		23		33		35	5		4		6

金 2002年 平成14年生〔満20歳〕

日＼月	1	2	3	4	5	6	7	8	9	10	11	12
1	5	40	7	37	2	37	8	39	9	40	8	32
2	4	39	8	36	9	38	7	38	10	39	15	49
3	3	38	5	35	10	35	6	37	17	48	16	50
4	2	38	6	34	7	36	5	46	18	47	13	47
5	1	45	7	33	8	43	14	45	15	46	14	48
6	20	46	4	42	15	44	13	44	16	45	11	45
7	19	43	11	41	16	41	12	43	13	44	12	46
8	18	44	12	50	13	42	11	41	14	43	19	43
9	17	41	19	49	14	49	20	42	11	42	20	44
10	16	42	20	48	11	50	19	49	12	41	17	41
11	15	49	17	47	12	47	18	50	19	50	18	42
12	14	48	18	46	19	48	17	47	20	49	25	59
13	13	45	15	45	20	45	16	48	27	58	26	60
14	12	46	16	44	19	46	15	55	28	57	23	57
15	19	53	13	41	20	53	24	56	25	56	30	58
16	28	54	14	60	27	54	23	57	26	55	27	55
17	27	51	22	59	28	54	30	58	23	54	28	56
18	24	52	21	53	25	53	29	55	24	59	25	54
19	23	57	30	54	26	52	28	56	22	58	26	53
20	22	58	29	51	23	51	21	53	21	57	23	52
21	21	55	28	52	30	60	30	54	30	57	24	51
22	30	56	27	59	27	59	29	51	29	58	39	10
23	29	53	26	60	28	58	28	60	38	5	40	9
24	28	54	25	57	25	57	27	7	37	6	37	8
25	27	1	24	58	26	6	36	8	36	3	38	7
26	36	2	23	5	33	5	35	5	35	4	35	6
27	35	9	32	6	34	2	34	6	34	1	36	5
28	34	10	31	3	31	1	33	3	33	2	33	4
29	33		40	4	32	10	32	4	32	9	34	3
30	32		39	1	39	9	31	1	31	10	31	2
31	31		38		40		40	2		7		1

銀 2003年 平成15年生〔満19歳〕

日＼月	1	2	3	4	5	6	7	8	9	10	11	12
1	20	45	4	42	15	44	13	44	16	45	11	45
2	19	44	11	41	16	41	12	43	13	44	12	46
3	18	43	12	50	13	42	11	42	14	43	19	43
4	17	41	19	49	14	49	20	41	11	42	20	44
5	16	42	14	48	11	50	19	50	12	41	17	41
6	15	49	17	47	12	47	18	49	19	50	18	42
7	14	50	18	46	19	48	17	48	20	49	25	59
8	13	47	15	45	20	45	16	48	27	58	26	60
9	12	48	16	44	17	46	15	55	28	57	23	57
10	11	55	13	43	18	53	24	56	25	56	24	58
11	30	56	14	52	25	54	23	53	26	55	21	55
12	29	51	21	51	26	51	22	54	23	54	22	56
13	28	52	22	60	23	52	21	51	24	53	29	53
14	27	59	29	59	26	59	30	52	21	52	30	54
15	26	60	30	56	23	60	29	59	22	51	27	51
16	23	57	27	55	24	57	28	54	29	60	24	52
17	22	58	27	54	21	59	25	51	30	59	31	9
18	21	55	26	60	22	58	24	52	37	8	32	9
19	28	54	25	57	29	57	23	9	37	3	39	8
20	27	1	24	58	30	6	36	10	36	2	40	7
21	36	2	23	5	33	5	35	7	35	1	37	6
22	35	9	32	6	34	4	34	8	34	1	38	5
23	34	10	31	3	31	3	33	3	33	2	33	4
24	33	7	40	4	32	2	32	4	32	9	34	3
25	32	8	39	1	39	1	31	1	31	10	31	2
26	31	5	38	2	40	10	40	2	40	7	32	1
27	40	6	37	9	37	7	39	9	39	8	49	20
28	39	3	36	10	38	6	38	10	48	15	50	19
29	38		35	7	35	5	37	17	47	16	47	18
30	37		34	8	36	14	46	18	46	13	48	17
31	46		33		43		45	15		14		16

日＼月	1	2	3	4	5	6	7	8	9	10	11	12
1	15	50	18	46	19	48	17	48	20	49	25	59
2	14	49	15	45	20	45	16	47	27	58	26	60
3	13	48	16	44	17	46	15	56	28	57	23	57
4	12	48	13	43	18	53	24	55	25	56	24	58
5	11	55	14	52	25	54	23	54	26	55	21	55
6	30	56	21	51	26	51	21	53	23	54	22	56
7	29	53	22	60	23	52	21	51	24	53	29	53
8	28	54	29	59	24	59	30	52	21	52	30	54
9	27	51	30	58	21	60	29	59	22	51	27	51
10	26	52	27	57	22	57	28	60	29	60	28	52
11	25	59	28	56	29	58	27	57	30	59	35	9
12	24	58	25	55	30	55	26	58	37	8	36	10
13	23	55	26	54	29	56	25	5	38	7	33	7
14	22	56	23	51	30	3	34	6	35	6	34	8
15	21	3	24	10	37	4	33	7	36	5	37	5
16	38	4	32	9	38	4	32	8	33	4	38	6
17	37	1	31	3	35	3	39	5	34	3	35	3
18	36	2	40	4	36	2	38	6	32	8	36	3
19	33	7	39	1	33	1	37	3	31	7	33	2
20	32	8	38	2	40	10	40	4	40	6	34	1
21	31	5	37	9	37	9	39	1	39	8	41	20
22	40	6	36	10	38	8	38	10	48	15	50	19
23	39	3	35	7	35	7	37	17	47	16	47	18
24	38	4	34	8	36	16	46	18	46	13	48	17
25	37	11	33	15	43	15	45	15	45	14	45	16
26	46	12	42	16	44	12	44	16	44	11	46	15
27	45	19	41	13	41	11	43	13	43	12	43	14
28	44	20	50	14	42	20	42	14	42	19	44	13
29	43	17	49	11	49	19	41	11	41	20	41	12
30	42		48	12	50	18	50	12	50	17	42	11
31	41		47		47		49	19		18		30

銀 2005年 平成17年生 〔満17歳〕

日＼月	1	2	3	4	5	6	7	8	9	10	11	12
1	29	54	21	51	26	51	22	53	23	54	22	56
2	28	53	22	60	23	52	21	52	24	53	29	53
3	27	52	29	59	24	59	30	51	21	52	30	54
4	26	52	30	58	21	60	29	60	22	51	27	51
5	25	59	27	57	22	57	28	59	29	60	28	52
6	24	60	28	56	29	58	28	58	30	59	35	9
7	23	57	25	55	30	55	26	58	37	8	36	10
8	22	58	26	54	27	56	25	5	38	7	33	7
9	21	5	23	53	28	3	34	6	35	6	34	8
10	40	6	24	2	35	4	33	3	36	5	31	5
11	39	3	31	1	36	1	32	4	33	4	32	6
12	38	2	32	10	33	2	31	1	34	3	39	3
13	37	9	39	9	36	9	40	2	31	2	40	4
14	36	10	40	8	33	10	39	9	32	1	37	1
15	33	7	37	5	34	7	38	4	39	10	34	2
16	32	8	37	4	31	9	37	1	40	9	41	19
17	31	5	36	3	32	8	34	2	47	18	42	20
18	38	6	35	7	39	7	33	19	47	13	49	18
19	37	11	34	8	40	16	42	20	46	12	50	17
20	46	12	33	15	43	15	45	17	45	11	47	16
21	45	19	42	16	44	14	44	18	44	11	48	15
22	44	20	41	13	41	13	43	13	43	12	43	14
23	43	17	50	14	42	12	42	14	42	19	44	13
24	42	18	49	11	49	11	41	11	41	20	41	12
25	41	15	48	12	50	20	50	12	50	17	42	11
26	50	16	47	19	47	17	49	19	49	18	59	30
27	49	13	46	20	48	16	48	20	58	25	60	29
28	48	14	45	17	45	15	47	27	57	26	57	28
29	47		44	18	46	24	56	28	56	23	58	27
30	56		43	25	53	23	55	25	55	24	55	26
31	55		52		54		54	26		21		25

金 2006年 平成18年生 〔満16歳〕

日＼月	1	2	3	4	5	6	7	8	9	10	11	12
1	24	59	28	56	29	58	27	58	30	59	35	9
2	23	58	25	55	30	55	26	57	37	8	36	10
3	22	57	26	54	27	56	25	6	38	7	33	7
4	21	5	23	53	28	3	34	5	35	6	34	8
5	40	6	28	2	35	4	33	4	36	5	31	5
6	39	3	31	1	36	1	32	3	33	4	32	6
7	38	4	32	10	33	2	31	2	34	3	39	3
8	37	1	39	9	34	9	40	2	31	2	40	4
9	36	2	40	8	31	10	39	9	32	1	37	1
10	35	9	37	7	32	7	38	10	39	10	38	2
11	34	10	38	6	39	8	37	7	40	9	45	19
12	33	5	35	5	40	5	36	8	47	18	46	20
13	32	6	36	4	37	6	35	15	48	17	43	17
14	31	13	33	3	40	13	44	16	45	16	44	18
15	48	14	34	20	47	14	43	13	46	15	47	15
16	47	11	41	19	48	11	42	18	43	14	48	16
17	46	12	41	18	45	13	49	15	44	13	45	13
18	43	19	50	14	46	12	48	16	41	18	46	13
19	42	18	49	11	43	11	47	13	41	17	43	12
20	41	15	48	12	44	20	50	14	50	16	44	11
21	50	16	47	19	47	19	49	11	49	18	51	30
22	49	13	46	20	48	18	48	12	58	25	60	29
23	48	14	45	17	45	17	47	27	57	26	57	28
24	47	21	44	18	46	26	56	28	56	23	58	27
25	56	22	43	25	53	25	55	25	55	24	55	26
26	55	29	52	26	54	24	54	26	54	21	56	25
27	54	30	51	23	51	21	53	23	53	22	53	24
28	53	27	60	24	52	30	52	24	52	29	54	23
29	52		59	21	59	29	51	21	51	30	51	22
30	51		58	22	60	28	60	22	60	27	52	21
31	60		57		57		59	29		28		40

銀 2007年 平成19年生 〔満15歳〕

日＼月	1	2	3	4	5	6	7	8	9	10	11	12
1	39	4	31	1	36	1	32	3	33	4	32	6
2	38	3	32	10	33	2	31	2	34	3	39	3
3	37	2	39	9	34	9	40	1	31	2	40	4
4	36	2	40	8	31	10	39	10	32	1	37	1
5	35	9	37	7	32	7	38	9	39	10	38	2
6	34	10	38	6	39	8	37	8	40	9	45	19
7	33	7	35	5	40	5	36	7	47	18	46	20
8	32	8	36	4	37	6	35	15	48	17	43	17
9	31	15	33	3	38	13	44	16	45	16	44	18
10	50	16	34	12	45	14	43	13	46	15	41	15
11	49	13	41	11	46	11	42	14	43	14	42	16
12	48	12	42	20	43	12	41	11	44	13	49	13
13	47	19	49	19	44	19	50	12	41	12	50	14
14	46	20	50	18	43	20	49	19	42	11	47	11
15	45	17	47	15	44	17	48	20	49	20	48	12
16	42	18	48	14	41	18	47	11	50	19	51	29
17	41	15	46	13	42	18	44	12	57	28	52	30
18	50	16	45	17	49	17	43	29	58	27	59	28
19	47	21	44	18	50	26	52	30	56	22	60	27
20	56	22	43	25	57	25	55	27	55	21	57	26
21	55	29	52	26	54	24	54	28	54	30	58	25
22	54	30	51	23	51	23	53	25	53	22	55	24
23	53	27	60	24	52	22	52	24	52	29	54	23
24	52	28	59	21	59	21	51	21	51	30	51	22
25	51	25	58	22	60	30	60	22	60	27	52	21
26	60	26	57	29	57	29	59	29	59	28	9	40
27	59	23	56	30	58	26	58	30	8	35	10	39
28	58	24	55	27	55	25	57	37	7	36	7	38
29	57		54	28	56	34	6	38	6	33	8	37
30	6		53	35	3	33	5	35	5	34	5	36
31	5		2		4		4	36		31		35

命数 ▶ 1-10 羅針盤座　11-20 インディアン座　21-30 鳳凰座　31-40 時計座　41-50 カメレオン座　51-60 イルカ座

金 2008年 平成20年生〔満14歳〕

日＼月	1	2	3	4	5	6	7	8	9	10	11	12
1	34	9	35	5	40	5	36	7	47	18	46	20
2	33	8	36	4	37	6	35	16	48	17	43	17
3	32	7	33	3	38	13	44	15	45	16	44	18
4	31	15	34	12	45	14	43	14	46	15	41	15
5	50	16	41	11	46	11	42	13	43	14	42	16
6	49	13	42	20	43	12	42	12	44	13	49	13
7	48	14	49	19	44	19	50	12	41	12	50	14
8	47	11	50	18	41	20	49	19	42	11	47	11
9	46	12	47	17	42	17	48	20	49	20	48	12
10	45	19	48	16	49	18	47	17	50	19	55	29
11	44	20	45	15	50	15	46	18	57	28	56	30
12	43	15	46	14	47	16	45	25	58	27	53	27
13	42	16	43	13	50	23	54	26	55	26	54	28
14	41	23	44	30	57	24	53	23	56	25	51	25
15	60	24	51	29	58	21	52	28	53	24	58	26
16	57	21	51	28	55	23	51	25	54	23	55	23
17	56	22	60	24	56	22	58	26	51	22	56	24
18	55	29	59	21	53	21	57	23	51	27	53	22
19	52	28	58	22	54	30	56	24	60	26	54	21
20	51	25	57	29	57	29	59	21	59	25	1	40
21	60	26	56	30	58	28	58	22	8	35	2	39
22	59	23	55	27	55	27	57	37	7	36	7	38
23	58	24	54	28	56	36	6	38	6	33	8	37
24	57	31	53	35	3	35	5	35	5	34	5	36
25	6	32	2	36	4	34	4	36	4	31	6	35
26	5	39	1	33	1	31	3	33	3	32	3	34
27	4	40	10	34	2	40	2	34	2	39	4	33
28	3	37	9	31	9	39	1	31	1	40	1	32
29	2	38	8	32	10	38	10	32	10	37	2	31
30	1		7	39	7	37	9	39	9	38	19	50
31	10		6		8		8	40		45		49

銀 2009年 平成21年生〔満13歳〕

日＼月	1	2	3	4	5	6	7	8	9	10	11	12
1	48	13	42	20	43	12	41	12	44	13	49	13
2	47	12	49	19	44	19	50	11	41	12	50	14
3	46	11	50	18	41	20	49	20	42	11	47	11
4	45	19	47	17	42	17	48	19	49	20	48	12
5	44	20	48	16	49	18	47	18	50	19	55	29
6	43	17	45	15	50	15	46	17	57	28	56	30
7	42	18	46	14	47	16	45	25	58	27	53	27
8	41	25	43	13	48	23	54	26	55	26	54	28
9	60	26	44	22	55	24	53	23	56	25	51	25
10	59	23	51	21	56	21	52	24	53	24	52	26
11	58	24	52	30	53	22	51	21	54	23	59	23
12	57	29	59	29	54	29	60	22	51	22	60	24
13	56	30	60	28	53	30	59	29	52	21	57	21
14	55	27	57	27	54	27	58	30	59	30	58	22
15	52	28	58	24	51	28	57	21	60	29	1	39
16	51	25	56	23	52	28	56	22	7	38	2	40
17	60	26	55	22	59	27	53	39	8	37	9	37
18	57	33	54	28	60	36	2	40	6	32	10	37
19	6	32	53	35	7	35	1	37	5	31	7	36
20	5	39	2	36	4	34	4	38	4	40	8	35
21	4	40	1	33	1	33	3	35	3	32	5	34
22	3	37	10	34	2	32	2	34	2	39	4	33
23	2	38	9	31	9	31	1	31	1	40	1	32
24	1	35	8	32	10	40	10	32	10	37	2	31
25	10	36	7	39	7	39	9	39	9	38	19	50
26	9	33	6	40	8	36	8	40	18	45	20	49
27	8	34	5	37	5	35	7	47	17	46	17	48
28	7	41	4	38	6	44	16	48	16	43	18	47
29	16		3	45	13	43	15	45	15	44	15	46
30	15		12	46	14	42	14	46	14	41	16	45
31	14		11		11		13	43		42		44

金 2010年 平成22年生〔満12歳〕

日＼月	1	2	3	4	5	6	7	8	9	10	11	12
1	43	18	45	15	50	15	46	17	57	28	56	30
2	42	17	46	14	47	16	45	26	58	27	53	27
3	41	26	43	13	48	23	54	25	55	26	54	28
4	60	26	44	22	55	24	53	24	56	25	51	25
5	59	23	55	21	56	21	52	23	53	24	52	26
6	58	24	52	30	53	22	51	22	54	23	59	23
7	57	21	59	29	54	29	60	22	51	22	60	24
8	56	22	60	28	51	30	59	29	52	21	57	21
9	55	29	57	27	52	27	58	30	59	30	58	22
10	54	30	58	26	59	28	57	27	60	29	5	39
11	53	27	55	25	60	25	56	28	7	38	6	40
12	52	26	56	24	57	26	55	35	8	37	3	37
13	51	33	53	23	60	33	4	36	5	36	4	38
14	10	34	54	32	7	34	3	33	6	35	1	35
15	7	31	1	39	8	31	2	38	3	34	8	36
16	6	32	2	38	5	32	1	35	4	33	5	33
17	5	39	10	37	6	32	8	36	1	32	6	34
18	2	40	9	31	3	31	7	33	2	37	3	32
19	1	35	8	32	4	40	6	34	10	36	4	31
20	10	36	7	39	7	39	9	31	9	35	11	50
21	9	33	6	40	8	38	8	32	18	45	12	49
22	8	34	5	37	5	37	7	47	17	46	17	48
23	7	41	4	38	6	46	16	48	16	43	18	47
24	16	42	3	45	13	45	15	45	15	44	15	46
25	15	49	12	46	14	44	14	46	14	41	16	45
26	14	50	11	43	11	43	13	43	13	42	13	44
27	13	47	20	44	12	50	12	44	12	49	14	43
28	12	48	19	41	19	49	11	41	11	50	11	42
29	11		18	42	20	48	20	42	20	47	12	41
30	20		17	49	17	47	19	49	19	48	29	60
31	19		16		18		18	50		55		59

銀 2011年 平成23年生〔満11歳〕

日＼月	1	2	3	4	5	6	7	8	9	10	11	12
1	58	23	52	30	53	22	51	22	54	23	59	23
2	57	22	59	29	54	29	60	21	51	22	60	24
3	56	21	60	28	51	30	59	30	52	21	57	21
4	55	29	57	27	52	27	58	29	59	30	58	22
5	54	30	52	26	59	28	57	28	60	29	5	39
6	53	27	55	25	60	25	56	27	7	38	6	40
7	52	28	56	24	57	26	55	36	8	37	3	37
8	51	35	53	23	58	33	4	36	5	36	4	38
9	10	36	54	32	5	34	3	33	6	35	1	35
10	9	33	1	31	6	31	2	34	3	34	2	36
11	8	34	2	40	3	32	1	31	4	33	9	33
12	7	39	9	39	4	39	10	32	1	32	10	34
13	6	40	10	38	1	40	9	39	2	31	7	31
14	5	37	7	37	4	37	8	40	9	40	8	32
15	4	38	8	34	1	38	7	37	10	39	15	49
16	1	35	5	33	2	35	6	32	17	48	12	50
17	10	36	5	32	9	37	3	49	18	47	19	47
18	9	43	4	38	10	46	12	50	15	46	20	47
19	16	42	3	45	17	45	11	47	15	41	17	46
20	15	49	12	46	18	44	14	48	14	50	18	45
21	14	50	11	43	11	43	13	45	13	49	15	44
22	13	47	20	44	12	42	12	46	12	49	16	43
23	12	48	19	41	19	41	11	41	11	50	11	42
24	11	45	18	42	20	50	20	42	20	47	12	41
25	20	46	17	49	17	49	19	49	19	48	29	60
26	19	43	16	50	18	48	18	50	28	55	30	59
27	18	44	15	47	15	45	17	57	27	56	27	58
28	17	51	14	48	16	54	26	58	26	53	28	57
29	26		13	55	23	53	25	55	25	54	25	56
30	25		22	56	24	52	24	56	24	51	26	55
31	24		21		21		23	53		52		54

命数 ▶ 1-10 羅針盤座　11-20 インディアン座　21-30 鳳凰座　31-40 時計座　41-50 カメレオン座　51-60 イルカ座

金 2012年 平成24年生〔満10歳〕

日＼月	1	2	3	4	5	6	7	8	9	10	11	12
1	53	28	56	24	57	26	55	36	8	37	3	37
2	52	27	53	23	58	33	4	35	5	36	4	38
3	51	36	54	32	5	34	3	34	6	35	1	35
4	10	36	1	31	6	31	2	33	3	34	2	36
5	9	33	2	40	3	32	1	32	4	33	9	33
6	8	34	9	39	4	39	9	31	1	32	10	34
7	7	31	10	38	1	40	9	39	2	31	7	31
8	6	32	7	37	2	37	8	40	9	40	8	32
9	5	39	8	36	9	38	7	37	10	39	15	49
10	4	40	5	35	10	35	6	38	17	48	16	50
11	3	37	6	34	7	36	5	45	18	47	13	47
12	2	36	3	33	8	43	14	46	15	46	14	48
13	1	43	4	42	17	44	13	43	16	45	11	45
14	20	44	11	49	18	41	12	44	13	44	12	46
15	19	41	12	48	15	42	11	45	14	43	15	43
16	16	42	20	47	16	42	20	46	11	42	16	44
17	15	49	19	41	13	41	17	43	12	41	13	41
18	14	50	18	42	14	50	16	44	20	46	14	41
19	11	45	17	49	11	49	15	41	19	45	21	60
20	20	46	16	50	18	48	18	42	28	54	22	59
21	19	43	15	47	15	47	17	59	27	56	29	58
22	18	44	14	48	16	56	26	58	26	53	28	57
23	17	51	13	55	23	55	25	55	25	54	25	56
24	26	52	22	56	24	54	24	56	24	51	26	55
25	25	59	21	53	21	53	23	53	23	52	23	54
26	24	60	30	54	22	60	22	54	22	59	24	53
27	23	57	29	51	29	59	21	51	21	60	21	52
28	22	58	28	52	30	58	30	52	30	57	22	51
29	21	55	27	59	27	57	29	59	29	58	39	10
30	30		26	60	28	56	28	60	38	5	40	9
31	29		25		25		27	7		6		8

銀 2013年 平成25年生〔満9歳〕

日＼月	1	2	3	4	5	6	7	8	9	10	11	12
1	7	32	9	39	4	39	10	31	1	32	10	34
2	6	31	10	38	1	40	9	40	2	31	7	31
3	5	40	7	37	2	37	8	39	9	40	8	32
4	4	40	8	36	9	38	7	38	10	39	15	49
5	3	37	5	35	10	35	6	37	17	48	16	50
6	2	38	6	34	7	36	6	46	18	47	13	47
7	1	45	3	33	8	43	14	46	15	46	14	48
8	20	46	4	42	15	44	13	43	16	45	11	45
9	19	43	11	41	16	41	12	44	13	44	12	46
10	18	44	12	50	13	42	11	41	14	43	19	43
11	17	41	19	49	14	49	20	42	11	42	20	44
12	16	50	20	48	11	50	19	49	12	41	17	41
13	15	47	17	47	14	47	18	50	19	50	18	42
14	14	48	18	46	11	48	17	47	20	49	25	59
15	11	45	15	43	12	45	16	42	27	58	22	60
16	20	46	15	42	19	47	15	59	28	57	29	57
17	19	53	14	41	20	56	22	60	25	56	30	58
18	26	54	13	55	27	55	21	57	25	51	27	56
19	25	59	22	56	28	54	30	58	24	60	28	55
20	24	60	21	53	21	53	23	55	23	59	25	54
21	23	57	30	54	22	52	22	56	22	59	26	53
22	22	58	29	51	29	51	21	51	21	60	21	52
23	21	55	28	52	30	60	30	52	30	57	22	51
24	30	56	27	59	27	59	29	59	29	58	39	10
25	29	53	26	60	28	58	28	60	38	5	40	9
26	28	54	25	57	25	55	27	7	37	6	37	8
27	27	1	24	58	26	4	36	8	36	3	38	7
28	36	2	23	5	33	3	35	5	35	4	35	6
29	35		32	6	34	2	34	6	34	1	36	5
30	34		31	3	31	1	33	3	33	2	33	4
31	33		40		32		32	4		9		3

金 2014年 平成26年生〔満8歳〕

日＼月	1	2	3	4	5	6	7	8	9	10	11	12
1	2	37	6	34	7	36	5	46	18	47	13	47
2	1	46	3	33	8	43	14	45	15	46	14	48
3	20	45	4	42	15	44	13	44	16	45	11	45
4	19	43	11	41	16	41	12	43	13	44	12	46
5	18	44	12	50	13	42	11	42	14	43	19	43
6	17	41	19	49	14	49	20	41	11	42	20	44
7	16	42	20	48	11	50	19	49	12	41	17	41
8	15	49	17	47	12	47	18	50	19	50	18	42
9	14	50	18	46	19	48	17	47	20	49	25	59
10	13	47	15	45	20	45	16	48	27	58	26	60
11	12	48	16	44	17	46	15	55	28	57	23	57
12	11	53	13	43	18	53	24	56	25	56	24	58
13	30	54	14	52	27	54	23	53	26	55	21	55
14	29	51	21	51	28	51	22	54	23	54	22	56
15	26	52	22	58	25	52	21	55	24	53	25	53
16	25	59	29	57	26	59	30	56	21	52	26	54
17	24	60	29	56	23	51	27	53	22	51	23	51
18	21	57	28	52	24	60	26	54	29	56	24	51
19	30	56	27	59	21	59	25	51	29	55	31	10
20	29	53	26	60	28	58	28	52	38	4	32	9
21	28	54	25	57	25	57	27	9	37	6	39	8
22	27	1	24	58	26	6	36	8	36	3	38	7
23	36	2	23	5	33	5	35	5	35	4	35	6
24	35	9	32	6	34	4	34	6	34	1	36	5
25	34	10	31	3	31	3	33	3	33	2	33	4
26	33	7	40	4	32	2	32	4	32	9	34	3
27	32	8	39	1	39	9	31	1	31	10	31	2
28	31	5	38	2	40	8	40	2	40	7	32	1
29	40		37	9	37	7	39	9	39	8	49	20
30	39		36	10	38	6	38	10	48	15	50	19
31	38		35		35		37	17		16		18

銀 2015年 平成27年生〔満7歳〕

日＼月	1	2	3	4	5	6	7	8	9	10	11	12
1	17	42	19	49	14	49	20	41	11	42	20	44
2	16	41	20	48	11	50	19	50	12	41	17	41
3	15	50	17	47	12	47	18	49	19	50	18	42
4	14	50	18	46	19	48	17	48	20	49	25	59
5	13	47	15	45	20	45	16	47	27	58	26	60
6	12	48	16	44	17	46	15	56	28	57	23	57
7	11	55	13	43	18	53	24	55	25	56	24	58
8	30	56	14	52	25	54	23	53	26	55	21	55
9	29	53	21	51	26	51	22	54	23	54	22	56
10	28	54	22	60	23	52	21	51	24	53	29	53
11	27	51	29	59	24	59	30	52	21	52	30	54
12	26	60	30	58	21	60	29	59	22	51	27	51
13	25	57	27	57	22	57	28	60	29	60	28	52
14	24	58	28	56	21	58	27	57	30	59	35	9
15	23	55	25	53	22	55	26	58	37	8	36	10
16	30	56	26	52	29	56	25	9	38	7	39	7
17	29	3	24	51	30	6	32	10	35	6	40	8
18	38	4	23	5	37	5	31	7	36	1	37	6
19	35	9	32	6	38	4	40	8	34	10	38	5
20	34	10	31	3	35	3	33	5	33	9	35	4
21	33	7	40	4	32	2	32	6	32	9	36	3
22	32	8	39	1	39	1	31	3	31	10	33	2
23	31	5	38	2	40	10	40	2	40	7	32	1
24	40	6	37	9	37	9	39	9	39	8	49	20
25	39	3	36	10	38	8	38	10	48	15	50	19
26	38	4	35	7	35	7	37	17	47	16	47	18
27	37	11	34	8	36	14	46	18	46	13	48	17
28	46	12	33	15	43	13	45	15	45	14	45	16
29	45		42	16	44	12	44	16	44	11	46	15
30	44		41	13	41	11	43	13	43	12	43	14
31	43		50		42		42	14		19		13

命数 ▶ 1-10 羅針盤座　11-20 インディアン座　21-30 鳳凰座　31-40 時計座　41-50 カメレオン座　51-60 イルカ座

金 2016年 平成28年生［満6歳］

日＼月	1	2	3	4	5	6	7	8	9	10	11	12
1	12	47	13	43	18	53	24	55	25	56	24	58
2	11	56	14	52	25	54	23	54	26	55	21	55
3	30	55	21	51	26	51	22	53	23	54	22	56
4	29	53	22	60	23	52	21	52	24	53	29	53
5	28	54	29	59	24	59	30	51	21	52	30	54
6	27	51	30	58	21	60	30	60	22	51	27	51
7	26	52	27	57	22	57	28	60	29	60	28	52
8	25	59	28	56	29	58	27	57	30	59	35	9
9	24	60	25	55	30	55	26	58	37	8	36	10
10	23	57	26	54	27	56	25	5	38	7	33	7
11	22	58	23	53	28	3	34	6	35	6	34	8
12	21	3	24	2	35	4	33	3	36	5	31	5
13	40	4	31	1	38	1	32	4	33	4	32	6
14	39	1	32	8	35	2	31	1	34	3	39	3
15	38	2	39	7	36	9	40	6	31	2	36	4
16	35	9	39	6	33	1	39	3	32	1	33	1
17	34	10	38	2	34	10	36	4	39	10	34	2
18	33	7	37	9	31	9	35	1	39	5	41	20
19	40	6	36	10	32	8	34	2	48	14	42	19
20	39	3	35	7	35	7	37	19	47	13	49	18
21	38	4	34	8	36	16	46	20	46	13	50	17
22	37	11	33	15	43	15	45	15	45	14	45	16
23	46	12	42	16	44	14	44	16	44	11	46	15
24	45	19	41	13	41	13	43	13	43	12	43	14
25	44	20	50	14	42	12	42	14	42	19	44	13
26	43	17	49	11	49	19	41	11	41	20	41	12
27	42	18	48	12	50	18	50	12	50	17	42	11
28	41	15	47	19	47	17	49	19	49	18	59	30
29	50	16	46	20	48	16	48	20	58	25	60	29
30	49		45	17	45	15	47	27	57	26	57	28
31	48		44		46		56	28		23		27

銀 2017年 平成29年生［満5歳］

日＼月	1	2	3	4	5	6	7	8	9	10	11	12
1	26	51	30	58	21	60	29	60	22	51	27	51
2	25	60	27	57	22	57	28	59	29	60	28	52
3	24	59	28	56	29	58	27	58	30	59	35	9
4	23	57	25	55	30	55	26	57	37	8	36	10
5	22	58	26	54	27	56	25	6	38	7	33	7
6	21	5	23	53	28	3	33	5	35	6	34	8
7	40	6	24	2	35	4	33	3	36	5	31	5
8	39	3	31	1	36	1	32	4	33	4	32	6
9	38	4	32	10	33	2	31	1	34	3	39	3
10	37	1	39	9	34	9	40	2	31	2	40	4
11	36	2	40	8	31	10	39	9	32	1	37	1
12	35	7	37	7	32	7	38	10	39	10	38	2
13	34	8	38	6	31	8	37	7	40	9	45	19
14	33	5	35	3	32	5	36	8	47	18	46	20
15	40	6	36	2	39	6	35	19	48	17	49	17
16	39	13	34	1	40	16	44	20	45	16	50	18
17	48	14	33	15	47	15	41	17	46	15	47	15
18	45	11	42	16	48	14	50	18	44	20	48	15
19	44	20	41	13	45	13	49	15	43	19	45	14
20	43	17	50	14	42	12	42	16	42	18	46	13
21	42	18	49	11	49	11	41	13	41	20	43	12
22	41	15	48	12	50	20	50	12	50	17	42	11
23	50	16	47	19	47	19	49	19	49	18	59	30
24	49	13	46	20	48	18	48	20	58	25	60	29
25	48	14	45	17	45	17	47	27	57	26	57	28
26	47	21	44	18	46	24	56	28	56	23	58	27
27	56	22	43	25	53	23	55	25	55	24	55	26
28	55	29	52	26	54	22	54	26	54	21	56	25
29	54		51	23	51	21	53	23	53	22	53	24
30	53		60	24	52	30	52	24	52	29	54	23
31	52		59		59		51	21		30		22

金 2018年 平成30年生［満4歳］

日＼月	1	2	3	4	5	6	7	8	9	10	11	12
1	21	6	23	53	28	3	34	5	35	6	34	8
2	40	5	24	2	35	4	33	4	36	5	31	5
3	39	4	31	1	36	1	32	3	33	4	32	6
4	38	4	32	10	33	2	31	2	34	3	39	3
5	37	1	33	9	34	9	40	1	31	2	40	4
6	36	2	40	8	31	10	39	10	32	1	37	1
7	35	9	37	7	32	7	38	10	39	10	38	2
8	34	10	38	6	39	8	37	7	40	9	45	19
9	33	7	35	5	40	5	36	8	47	18	46	20
10	32	8	36	4	37	6	35	15	48	17	43	17
11	31	15	33	3	38	13	44	16	45	16	44	18
12	50	14	34	12	45	14	43	13	46	15	41	15
13	49	11	41	11	48	11	42	14	43	14	42	16
14	48	12	42	20	45	12	41	11	44	13	49	13
15	45	19	49	17	46	19	50	16	41	12	46	14
16	44	20	50	16	43	20	49	13	42	11	43	11
17	43	17	48	15	44	20	46	14	49	20	44	12
18	50	18	47	19	41	19	45	11	50	15	51	30
19	49	13	46	20	42	18	44	12	58	24	52	29
20	48	14	45	17	45	17	47	29	57	23	59	28
21	47	21	44	18	46	26	56	30	56	23	60	27
22	56	22	43	25	53	25	55	25	55	24	55	26
23	55	29	52	26	54	24	54	26	54	21	56	25
24	54	30	51	23	51	23	53	23	53	22	53	24
25	53	27	60	24	52	22	52	24	52	29	54	23
26	52	28	59	21	59	21	51	21	51	30	51	22
27	51	25	58	22	60	28	60	22	60	27	52	21
28	60	26	57	29	57	27	59	29	59	28	9	40
29	59		56	30	58	26	58	30	8	35	10	39
30	58		55	27	55	25	57	37	7	36	7	38
31	57		54		56		6	38		33		37

銀 2019年 平成31年生 令和元年生［満3歳］

日＼月	1	2	3	4	5	6	7	8	9	10	11	12
1	36	1	40	8	31	10	39	10	32	1	37	1
2	35	10	37	7	32	7	38	9	39	10	38	2
3	34	9	38	6	39	8	37	8	40	9	45	19
4	33	7	35	5	40	5	36	7	47	18	46	20
5	32	8	40	4	37	6	35	16	48	17	43	17
6	31	15	33	3	38	13	44	15	45	16	44	18
7	50	16	34	12	45	14	43	14	46	15	41	15
8	49	13	41	11	46	11	42	14	43	14	42	16
9	48	14	42	20	43	12	41	11	44	13	49	13
10	47	11	49	19	44	19	50	12	41	12	50	14
11	46	12	50	18	41	20	49	19	42	11	47	11
12	45	17	47	17	42	17	48	20	49	20	48	12
13	44	18	48	16	49	18	47	17	50	19	55	29
14	43	15	45	15	42	15	46	18	57	28	56	30
15	42	16	46	12	49	16	45	25	58	27	53	27
16	49	23	43	11	50	23	54	30	55	26	60	28
17	58	24	43	30	57	25	51	27	56	25	57	25
18	57	21	52	26	58	24	60	28	53	30	58	25
19	54	30	51	23	55	23	59	25	53	29	55	24
20	53	27	60	24	56	22	52	26	52	28	56	23
21	52	28	59	21	59	21	51	23	51	30	53	22
22	51	25	58	22	60	30	60	24	60	27	54	21
23	60	26	57	29	57	29	59	29	59	28	9	40
24	59	23	56	30	58	28	58	30	8	35	10	39
25	58	24	55	27	55	27	57	37	7	36	7	38
26	57	31	54	28	56	36	6	38	6	33	8	37
27	6	32	53	35	3	33	5	35	5	34	5	36
28	5	39	2	36	4	32	4	36	4	31	6	35
29	4		1	33	1	31	3	33	3	32	3	34
30	3		10	34	2	40	2	34	2	39	4	33
31	2		9		9		1	31		40		32

命数▶ 1-10 羅針盤座　11-20 インディアン座　21-30 鳳凰座　31-40 時計座　41-50 カメレオン座　51-60 イルカ座

金 2020年 令和2年生［満2歳］

日＼月	1	2	3	4	5	6	7	8	9	10	11	12
1	31	16	34	12	45	14	43	14	46	15	41	15
2	50	15	41	11	46	11	42	13	43	14	42	16
3	49	14	42	20	43	12	41	12	44	13	49	13
4	48	14	49	19	44	19	50	11	41	12	50	14
5	47	11	50	18	41	20	49	20	42	11	47	11
6	46	12	47	17	42	17	47	19	49	20	48	12
7	45	19	48	16	49	18	47	17	50	19	55	29
8	44	20	45	15	50	15	46	18	57	28	56	30
9	43	17	46	14	47	16	45	25	58	27	53	27
10	42	18	43	13	48	23	54	26	55	26	54	28
11	41	25	44	22	55	24	53	23	56	25	51	25
12	60	24	51	21	56	21	52	24	53	24	52	26
13	59	21	52	30	55	22	51	21	54	23	59	23
14	58	22	59	27	56	29	60	22	51	22	60	24
15	57	29	60	26	53	30	59	23	52	21	53	21
16	54	30	58	25	54	30	58	24	59	30	54	22
17	53	27	57	29	51	29	55	21	60	29	1	39
18	52	28	56	30	52	28	54	22	8	34	2	39
19	59	23	55	27	59	27	53	39	7	33	9	38
20	58	24	54	28	56	36	6	40	6	32	10	37
21	57	31	53	35	3	35	5	37	5	34	7	36
22	6	32	2	36	4	34	4	36	4	31	6	35
23	5	39	1	33	1	33	3	33	3	32	3	34
24	4	40	10	34	2	32	2	34	2	39	4	33
25	3	37	9	31	9	31	1	31	1	40	1	32
26	2	38	8	32	10	38	10	32	10	37	2	31
27	1	35	7	39	7	37	9	39	9	38	19	50
28	10	36	6	40	8	36	8	40	18	45	20	49
29	9	33	5	37	5	35	7	47	17	46	17	48
30	8		4	38	6	44	16	48	16	43	18	47
31	7		3		13		15	45		44		46

銀 2021年 令和3年生［満1歳］

日＼月	1	2	3	4	5	6	7	8	9	10	11	12
1	45	20	47	17	42	17	48	19	49	20	48	12
2	44	19	48	16	49	18	47	18	50	19	55	29
3	43	17	45	15	50	15	46	17	57	28	56	30
4	42	18	46	14	47	16	45	26	58	27	53	27
5	41	25	43	13	48	23	54	25	55	26	54	28
6	60	26	44	22	55	24	53	24	56	25	51	25
7	59	23	51	21	56	21	52	24	53	24	52	26
8	58	24	52	30	53	22	51	21	54	23	59	23
9	57	21	59	29	54	29	60	22	51	22	60	24
10	56	22	60	28	51	30	59	29	52	21	57	21
11	55	27	57	27	52	27	58	30	59	30	58	22
12	54	28	58	26	59	28	57	27	60	29	5	39
13	53	25	55	25	52	25	56	28	7	38	6	40
14	52	26	56	22	59	26	55	35	8	37	3	37
15	59	33	53	21	60	33	4	40	5	36	10	38
16	8	34	53	40	7	35	3	37	6	35	7	35
17	7	31	2	36	8	34	10	38	3	34	8	36
18	4	40	1	33	5	33	9	35	3	39	5	34
19	3	37	10	34	6	32	8	36	2	38	6	33
20	2	38	9	31	9	31	1	33	1	37	3	32
21	1	35	8	32	10	40	10	34	10	37	4	31
22	10	36	7	39	7	39	9	39	9	38	19	50
23	9	33	6	40	8	38	8	40	18	45	20	49
24	8	34	5	37	5	37	7	47	17	46	17	48
25	7	41	4	38	6	44	16	48	16	43	18	47
26	16	42	3	45	13	43	15	45	15	44	15	46
27	15	49	12	46	14	42	14	46	14	41	16	45
28	14	50	11	43	11	41	13	43	13	42	13	44
29	13		20	44	12	50	12	44	12	49	14	43
30	12		19	41	19	49	11	41	11	50	11	42
31	11		18		20		20	42		47		41

金 2022年 令和4年生［満0歳］

日＼月	1	2	3	4	5	6	7	8	9	10	11	12
1	60	25	44	22	55	24	53	24	56	25	51	25
2	59	24	51	21	56	21	52	23	53	24	52	26
3	58	23	52	30	53	22	51	22	54	23	59	23
4	57	21	59	29	54	29	60	21	51	22	60	24
5	56	22	60	28	51	30	59	30	52	21	57	21
6	55	29	57	27	52	27	58	29	59	30	58	22
7	54	30	58	26	59	28	57	27	60	29	5	39
8	53	27	55	25	60	25	56	28	7	38	6	40
9	52	28	56	24	57	26	55	35	8	37	3	37
10	51	35	53	23	58	33	4	36	5	36	4	38
11	10	36	54	32	5	34	3	33	6	35	1	35
12	9	31	1	31	6	31	2	34	3	34	2	36
13	8	32	2	40	5	32	1	31	4	33	9	33
14	7	39	9	39	6	39	10	32	1	32	10	34
15	4	40	10	36	3	40	9	33	2	31	3	31
16	3	37	8	35	4	37	8	34	9	40	4	32
17	2	38	7	34	1	39	5	31	10	39	11	49
18	9	35	6	40	2	38	4	32	17	44	12	49
19	8	34	5	37	9	37	3	49	17	43	19	48
20	7	41	4	38	6	46	16	50	16	42	20	47
21	16	42	3	45	13	45	15	47	15	44	17	46
22	15	49	12	46	14	44	14	46	14	41	16	45
23	14	50	11	43	11	43	13	43	13	42	13	44
24	13	47	20	44	12	42	12	44	12	49	14	43
25	12	48	19	41	19	41	11	41	11	50	11	42
26	11	45	18	42	20	48	20	42	20	47	12	41
27	20	46	17	49	17	47	19	49	19	48	29	60
28	19	43	16	50	18	46	18	50	28	55	30	59
29	18		15	47	15	45	17	57	27	56	27	58
30	17		14	48	16	54	26	58	26	53	28	57
31	26		13		23		25	55		54		56

命数 ▶ 1-10 羅針盤座　11-20 インディアン座　21-30 鳳凰座　31-40 時計座　41-50 カメレオン座　51-60 イルカ座

12タイプ別

2022年の年間運勢

銀

金の羅針盤座

礼儀正しい星　品格のある星　被害妄想しがちな星　真面目な星　プライドが高い星　人は苦手な星　発想力がある星　ネガティブな星

12年周期の運気グラフ

金の羅針盤座の2022年は…

□ 健康管理の年

12年周期で見ると運気は中盤にあたる「健康管理の年」。上半期と下半期で運気の流れが変わり、上半期は今後の道を決めることになる重要な時期。下半期は生活習慣の改善が必要となる時期です。

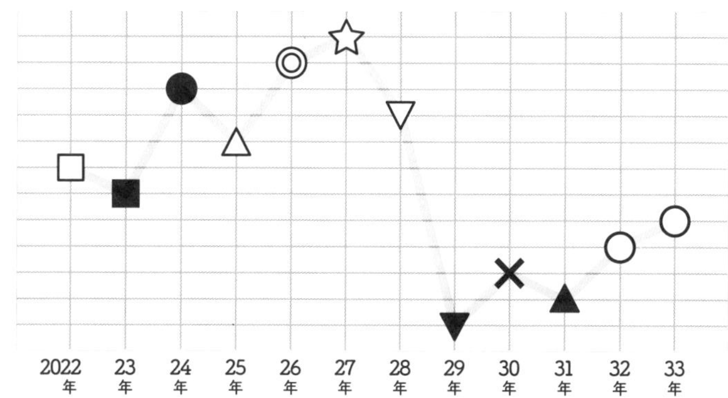

☆ 開運の年　◎ 幸運の年　● 解放の年　○ チャレンジの年　□ 健康管理の年　△ 準備の年
▽ ブレーキの年　■ リフレッシュの年　▲ 整理の年　✕ 裏運気の年　▼ 乱気の年

金の羅針盤座はこんな人

基本の総合運

手のひらの上で北を指し示す羅針盤座。その羅針盤を持つ人によって運命が大きく変わってしまいます。親、先輩、上司など指導者が優秀ならば自然といい道に進めますが、間違えた指示を受けてしまうと道に迷うことがあるでしょう。そもそも上品で真面目、言われたことを守れるタイプ。プライドも高くしっかり者ですが、マイナスに物事を考えすぎてしまう傾向も。やさしい人ですが、本音ではどこか人が苦手なところがあるでしょう。ポジティブな発言をして前向きに行動するだけで、持ち前の真面目さを活かせるでしょう。

基本の恋愛＆結婚運

品のある頭のいい人ですが、相手にも真面目さや気品を求めすぎてしまうところがあるタイプ。完璧は望んでいないと言いながらも理想が自然と高くなってしまいます。自分から積極的に行動することも少なく、相手の告白を延々と待つことも。そもそも恋に臆病なので、なかなか心を開けなかったり、恥ずかしがってチャンスを逃しがち。結婚願望はありますが、仕事に火がつくとチャンスを逃すことが多く、なんでもひとりで頑張りすぎるところも。女性の場合、結婚後も仕事を続けてOKな相手とならうまくいくでしょう。

基本の仕事＆金運

どんな仕事もきっちり丁寧にできるタイプ。特に上司や先輩から的確な指示を受けた仕事では活躍することができるので、若いころにどれだけ仕事を受けるかが重要。真面目な性格ですが「好きな仕事以外はやりたくない」などと、雑用を避けたりしてしまうと、いつまでもチャンスに巡り合えず、苦労が絶えなくなります。サポート的な仕事やもの作りの仕事で才能を開花させられるでしょう。金運は、見栄での出費や独特な感性での買い物をしがちですが、体験や経験をすることに惜しみなく使う場合もあるでしょう。

2022年の運気

□ 健康管理の年

2022年開運 3カ条

1. 新しい友達をつくる
2. 定期的な運動をする
3. 環境や生活リズムを変える

ラッキーカラー イエロー アップルグリーン　ラッキーフード 鍋料理 ココア　ラッキースポット 古都 高級ホテル

総合運

自分の人生を自分で納得して決める年
上半期は思いきった勝負に出て

今後の人生を大きく左右する「健康管理の年」。文字通り健康管理をしっかりして欲しい年ですが、「チャレンジの年」の2年間（2020～2021年）で自分の進むべき道を見つけている人は、さらなるステップアップを狙うタイミングでもあり、上半期は思いきった勝負に出る必要もあるでしょう。下半期は頑張ってきた人ほど体調に異変が出るので早めに病院に行って、無理をしないようにしましょう。

3～4年前からそれまでと違う環境や不慣れなことに挑戦をしていて、不満や疑問を感じているなら今年は軌道修正する運気。自分に向いた仕事や、やりたいことに挑戦してみるといいでしょう。引っ越しや転職にもいい時期で、そこまでの大きな変化を望まない人でも、イメチェンしたり生活リズムを変えるのにいいタイミング。特に不健康な生活習慣を改善したり、定期的な運動、長期的なダイエットや筋トレなどを始めるにもいい年です。

不満があるのに現状維持でぬるま湯に浸かっているとゆでガエル現象になってしまい、ストレスがたまったり体調を崩す原因になります。「チャレンジの年」で経験した中で不向きと思えることから思いきって離れたり、ときには身内でも縁を切って環境を変える勇気が必要です。変化と挑戦を避けないようにしましょう。

昨年以上に忙しくなる年ですが、今後の道を定め直さなければならない時期でもあります。既に道が決まっている人は覚悟することが大切。まだ自分の才能や好きなことがわかっていない人は、好奇心の赴くままに行動したり、2021年辺りから仲よくなった人のアドバイスを聞きましょう。言われるまでなかなか動けないという人ほど、今年は自分の判断で行動すること。特に2、4、5年後に結果が出そうなことに挑戦する価値があります。習得に時間がかかることを始めるなら今年がいいスタートになるので、資格取得やスキルアップを目指しましょう。上半期に始めるといい先生や師匠、付き合いの長くなる人と出会えそうです。

今年は自分の人生を自分で納得して決める年です。「金の羅針盤座」は指示された通りに動く非常に真面目なタイプではありますが、指示する人が間違っている場合もあります。今年は軌道修正できる大切な年で、特に5年前の「乱気の年」や4年前の「裏運気の年」に転職や引っ越し、結婚などで環境を変えてしまった人ほど、改めて環境を変えるのに最適な年です。結婚している人は、主導権を取ったり自分の希望を伝えるなど、これまでと違う感じになるように努めましょう。

特に上半期の4月、6～7月は決断や実行に非常にいいタイミングで、1～2月の間に自分の人生の行き先を決められていない人はいろいろなことを試すことが大切。受け身で待たないで、自分の感覚を信じて新しいことに挑戦しましょう。人付き合いが苦手でもこの期間は人脈を広げたり、これまでとは違う人間関係を作る努力をしましょう。また、この期間は今後の人生の覚悟を決める必要がある時期です。2027年に結果を出せるようなことに挑戦するといいでしょう。万が一不向きなことに飛び込んでしまっても、今年は新たなスタートの年なので軌道修正ができます。資格取得や家の購入を考えている人、夢を追いかけている人は、ここが区切りのタイミングだと覚えておきましょう。

下半期の9～10月は「乱気の月」「裏運気の月」になるので、この辺りから体調を崩しそう。8月か、遅くても12月には人間ドックに行くなどして、異変を感じたところを検査してもらいましょう。また、8月になってからは不摂生をやめて、睡眠時間を増やしたり湯船にしっかり浸かるようにしましょう。頑張りすぎて体調を崩してしまっては元も子もなくなってしまうので気をつけましょう。

今年は、何事もポジティブに捉えたり、不慣れや苦手を克服する努力が大切です。特に人間関係は意識して変えること。自分の考えだけが正しいと思い込まないで、他人の考え方や生き方を認めたり、許す気持ちを持つようにしましょう。何事も「まあいいか」と言える癖を身に付けると人生が大きく変わってきます。不運があっても「このくらいで済んでよかった」と言えるようになると、周囲からの見方も変わって、いい協力者が集まったり、チャンスを作ってくれることがあるでしょう。

ここ1～2年で経験した中で、自信が少しでもあることには全力で取り組むことが大切。求められることが増えて忙しい期間に入り、頼りにされる喜びを得られそう。言われたこと以上の結果を出せるように努めたり、工夫を忘れないようにしましょう。積み重ねの多い人は今年からいい流れに乗れますが、本領発揮はこれからなので簡単に満足しないようにしましょう。「健康管理の年」で最も注意すべきことは、不健全なことや悪習慣をスタートさせてしまうことです。悪い種を蒔くのと同じで、苦労や不運の原因になってしまいます。例えば今年、サボり癖が付いてしまうと実力を身に付けられなくなって周囲との差が開く一方になります。また、体に悪い生活を始めると病気の原因にもなります。上半期までは多少の無理をしてもいいですが、下半期からは体のことを考えてうまくコントロールしてください。

上司や先輩など、あなたに指示をする人にも注意が必要。先生や親も含めて、アドバイスや指示が間違っている場合があります。その方向に進んでもあなたに不向きな可能性が十分あり、その判断をするためにもここ1～2年の「チャレンジの年」での経験が生きるでしょう。言われたからやっていることがあるなら今年は継続しないで、自分が本当にやりたいことや幸せだと思えることに挑戦してください。

また「自分が正しい」と思い込んでしまうと、他人の考えを受け入れられなくなり、トラブルの原因になります。今年は「自分も正しいなら、相手も正しい」と思って歩み寄り、着地点を見つける努力をしましょう。他には、自分のプライドを守って素直に頭を下げられないことがあり、成長できるきっかけを失ってしまうことがあります。他人を尊重することを忘れず、教えてもらえることをいろいろ学んでおきましょう。

10～11月に体調に異変を感じた場合は、早めに病院に行って検査を受けるようにしてください。9～12月は車や自転車、バイクなどにも注意が必要なので、運転に慣れている人ほど気をつけましょう。よくも悪くも「自分が正しい」と思い込んでしまうところがあり、運転と同様に行動が雑になってしまう場合も。9月辺りから異変や前兆があるので、ケガをしたり体調を崩したときは気をつけましょう。

「健康管理の年」は、仕事量が増えてやや無理をすることになりそうな年なので、体を休ませる日をしっかり作りましょう。真面目に仕事してはいますが、本音を言えば好きな仕事以外は他人にまかせたいタイプなので、甘えられるところは協力してもらえるようにしましょう。

今年は、これまでの経験を踏まえて新たな積み重ねをスタートする年であり、既に満足できる人生なら今後を覚悟する年でもあります。まだ自分が何をするのか見つけられていない人は、周囲からオススメされていることに挑戦してみると、自分のやりたいことを見つけられそう。また、今年は食わず嫌いを克服する努力も大切。流行にあえて合わせてみたり、苦手だと思い込んでいたことに再度挑戦してみると、思っていたことと違う場合があるでしょう。特に人間関係で「初対面が苦手」という人は「自分が初対面なら相手も初対面」と思って、相手に望むことをあなたが先にやってみるようにしましょう。そうするといい人間関係ができたり、これまでの悩みが解消されるでしょう。

人生を登山にたとえるなら、今は山の中腹に着いたところ。頂上が近づいてきましたが、本当に目指す頂上はそこで合っているのか、違うルートや違う山はないのか、改めて考え直す年です。1～2年坂道を上り、2022年の年末にはその疲れも出てくるので、この先どう進むのかペースも考えなければならない時期でもあります。周囲からのアドバイスに耳を貸すのはいいですが、話を聞く相手だけは間違えないように。憧れる人や尊敬できる人の言葉はしっかり受け止めればいいですが、「金の羅針盤座」は憧れていない人の言葉にも影響されやすいので、ネガティブな言葉を使う人、下品な言葉を発する人とは距離を置くことも大切。人間関係を整理する必要もありますが、大切な人とまで距離を置かないように。厳しいことを言ってくれるやさしさを忘れないようにしましょう。

ここ数年は苦労が多かった分、自分でも思っている以上に実力がアップしています。失敗してもいい経験として前向きに捉えること。今年はあなたの前向きな挑戦からいい人脈ができたり、運命的な人との出会いもあります。はじめて会う人を増やすことで人生観や考え方を変えられるので、人との出会いに臆病にならないようにしましょう。ときには一歩踏み込んでみたり図々しくなってみることも大切です。今年スタートしたことが14年後に人生を大きく変える可能性があるので、技術や知識、投資、芸事など、長い時間をかけて身につけることにゆっくり取り組んでおきましょう。まだ若い人の場合は14年後に結婚をするくらいの気持ちで相手を見てみて。あるいは起業や独立を考える人ならそのくらいを目標にしてみると、やるべきことをいろいろ見つけられるでしょう。

今年は楽ができる年ではなく、まだまだ体を鍛えているような時期です。辛いこともあると思いますが、楽しいことやおもしろいことはこの時期が最も多いもの。「マイナスがあればプラスもある」と思って、どんな人でもいい部分はあるものだと目線を変えてみると人生がよりよくなって前に進むようになるでしょう。

恋愛運

今年の行動が後の恋愛運を変えることに 食事やデートは自分から誘ってみて

片思いの相手に思いを寄せても自ら告白をすることが少ないのが「金の羅針盤座」。突然積極的になれたとしても、いつの間にか相手まかせになってしまっていたり、中途半端な距離感のまま終わってしまうということがよくあるでしょう。「相手からの出方を待つ」ということが多いと思いますが、今年から恋愛観を思いきって変えるつもりで行動してみると、運命や恋愛が大きく変わってくるでしょう。すぐに恋人ができなくても、今年の勇気や行動が後の恋愛運や結婚運を変えることになるので待ちの姿勢でいないようにしましょう。

既に気になる人がいる場合は、上半期はチャンスが多いので6～7月までに気持ちを伝えておくといいでしょう。「金の羅針盤座」は遠回しに告白しても相手に伝わりにくいタイプなので、ハッキリ気持ちを伝えたほうがいいですが、その前に一緒にいる時間を楽しむことを忘れないように。デートが始まる前だったり、まだ互いに相手のことをよく知らない段階で告白されても相手も困ってしまうだけです。まずはデートや会話を盛り上げたり、一緒にいる時間を笑いが絶えない楽しい感じにする努力が大切。そのためにも、エンタメやアミューズメントパーク、話題の場所、話のネタになるような場所を探してみるといいでしょう。相手の趣味に合わせすぎてしまうと気まずい空気が流れてしまう場合があるので気をつけましょう。

新しい出会い運もいい年で、6、7、8月中旬まではフットワークを軽くすると素敵な出会いがあるでしょう。美容室に行って髪型などを整えたり、少しカジュアルな服を選ぶようにすると親しみやすくなっていい関係が作れるようになりそうです。真面目な会話を意識するよりも、相手の話を楽しく聞くようにして、質問上手になってみるといいでしょう。少しでも気になる人がいたら、後日の食事やデートは自分から誘うようにすること。プライドを守ってばかりいないようにしましょう。

いつまでも進展のない片思いの相手とは区切りをつけるようにしましょう。できれば早い段階で諦めるか、諦めきれないなら気持ちを伝えておくといいでしょう。恋人や好きな人がいる相手、既婚者などはすぐに諦めて気持ちを切り替えましょう。不倫やセフレなど、もてあそばれていても運命が悪くなるだけです。1～2月に自ら別れを告げて、自分の幸せのために動き出しましょう。「金の羅針盤座」は人の言葉に振り回されやすく、特に信頼している人の言葉を信じすぎてしまうタイプですが、雑に扱われていたり、幸せと思えない関係なら自ら縁を切らないと一生後悔することになるでしょう。

恋愛が苦手と思っているなら、今年から恋愛が少しでもうまく進められるように工夫や勉強をしましょう。今年は、人脈が広がりやるべきことが増える忙しい時期ですが、恋を後回しにしているとどんどん恋愛下手になってしまうだけ。異性と楽しく会話をしたり、異性の友人を作ってみるなど、リサーチを兼ねて楽しい時間を過ごしてみましょう。人見知りをしてしまうかもしれませんが、相手も同じ人なので、楽しんだり、相手のいい部分を見るようにするといい関係ができそう。今年は、運命の相手を後に紹介してくれる人と出会ったり、仲よくなれる年でもあるので、恋にすぐに発展しなくても交友関係を楽しんでおきましょう。

結婚運

結婚を決めるには最高のタイミング
ここで結婚すると幸せになれそう

「結婚を決める」には最高にいい年ですが、「結婚ができる」運気とは違うので、正確には「結婚を決断するには問題のない年」と言える時期。運気の流れは中腹にあり、ここでの結婚は4～5年後につながり、大きな幸せを手に入れられる可能性が高いでしょう。2020～2021年の「チャレンジの年」からお付き合いしている相手なら、今年は結婚するかどうかのいい判断ができそう。

ただ、「健康管理の年」は仕事運が上昇している時期でもあるので、「仕事でもっと結果を出したい」「出世したり狙ったポジションにつきたい」「やってみたい仕事がある」など、仕事に意欲を燃やしているタイプは簡単に結婚を逃してしまいそう。結婚を本気でしたいと思う場合は、仕事はホドホドにして恋や結婚と真剣に向き合うといいですが、根が真面目でまっすぐな分、相手からは窮屈な感じに見えてしまう場合があるかも。一緒にいる時間を楽しんだり、明るい未来が見えるような話をするようにしましょう。

「今は恋人がいないけど年内に結婚をしたい」という場合は、お見合いがいいタイプ。自分で探してしまうと視野が狭くなり、さらに受け身で待ってしまうところがあるので、会社の人や親友など信頼できる人からの紹介や結婚相談所などがオススメです。ただ、「タイプじゃない」「もっと他の人がいい」などと選びはじめてしまうと年内の結婚は難しくなるので、1月、2月、4月、7月に出会った人と交際を始めてみると結婚に話が進みやすくなるでしょう。特に「金・銀の時計座」に出会った場合は、急展開で結婚まで話が進むので怯まないようにしましょう。

今すぐではなくても「今の恋人といずれ結婚する」と考えている人は、今年は婚約をするといい時期。しっかりとした婚約でなくてもいいので、2024年に結婚する計画を立てるといいでしょう。お金のことや住む場所など、ふたりで目標を決めてみると順調に進みはじめるでしょう。また、結婚を前提にした同棲を始めるにもいいタイミング。上半期にふたりで住む場所を見つけたり、どちらかがひとり暮らしをして半同棲生活をするなど、結婚への準備をしてみるといいでしょう。

結婚を全く望んでいない相手と交際している場合は、早い段階で縁を切って年内に新しい出会いを求めることが大切。言葉に非常に振り回されやすいタイプなので、「結婚するつもりはない」「子供はいらない」という相手の言葉に、あなたの本心ではなくても合わせてしまうところがあるでしょう。自分の幸せを考えて「違う」と思うなら、別れを告げて他の人に切り替えるようにしましょう。

また、年末になると体調の変化がありますが、ここは妊娠の発覚がある運気でもあります。結婚を考えていなかった人とも妊娠から話が進むことがあるので、相手の生活力などよく考えて、成り行きまかせの恋や危険な恋、周囲に言えないような人との関係には気をつけましょう。

結婚を決めるには非常にオススメなタイミングであり、婚約するにもいい年です。自分の幸せを考えて、ともに苦労できる相手は誰なのかをしっかり選んで、プロポーズして欲しい時期などを決めてみるのもいいでしょう。

開運のつぶやき　もっと相手のことを考えて言葉を選ぶといい

仕事運

仕事への手応えを感じられる年
今の仕事が不向きだと感じるなら転職を

自分の好きな仕事や得意な仕事を見つけられている人は全力で仕事に取り組むことができ、大きな結果が出るというよりも、仕事への手応えを感じられる年。まだまだやるべきことや経験不足なところは見えてきますが、やる気が増したり、いい人脈が作れそうです。長く仕事をする人とも出会えるので、今年は前向きに挑戦を続けてみることが大切。また、今年は軌道修正の運気でもあるので、手応えがない仕事や自分でも不向きだと感じる仕事をしていたり、周囲から「違う仕事のほうが向いているのでは？」など言われた場合は、思いきって転職をするにもいい時期です。できれば早い段階で切り替えるといいので、4月に判断をして、6～8月には次の仕事をスタートしているくらいがいいでしょう。

特に、サービス業や直接人と関わったり間に入るような仕事は、不向きなのでストレスがたまってしまいそう。すぐに転職ができない場合は、手に職を付けたり技術を身に付けるといいので、デザインやプログラミング、PC関連、機械操作、企画やアイデアを出す仕事などに就けるように資格や免許を取るための勉強をはじめるといいでしょう。「チャレンジの年」にはじめて会った人か影響を受けたものが特にいいので、「自分もできるかも」と思えたり興味が湧いたものがあったら挑戦してみてください。

今年は今後を左右する大事な運気でもあるので、最も注意すべきことはサボり癖を身に付けてしまうことです。今年サボり癖がついてしまうと仕事をどんどんサボるようになってしまい、実力が身につかず、それが原因で左遷や解雇につながってしまうことがあるので気をつけましょう。特に、「金の羅針盤座」はまっすぐな人なので、一度甘えてしまうとどんどん甘えてしまうことがあります。また、正義感が強いのはいいのですが、周囲の雑な仕事や小さなズルがイライラの原因になってしまうかも。やる気をなくす原因にもなりますが、他人のことを言い訳にして仕事をサボっているだけなので、自分に与えられた仕事にもっとこだわって取り組むようにしましょう。

できれば大きな目標と小さな目標を両方掲げてみるといいでしょう。たとえば独立や起業を目標にして仕事をすると、経営者としての目線で儲け、経費、費用などいろいろなことを考えて仕事ができるので、これまでの自分の仕事のやり方を変えるきっかけにもなるでしょう。「起業なんて……」と現実的に考えていなくても、社長や経営者になるつもりで仕事をするだけで大きく成長ができたり、やる気になることもあるでしょう。

「金の羅針盤座」は好きなことを仕事にすると自分でも驚くような才能や能力を発揮するタイプであり、今年はスタートをするには最高の年でもあります。夢に向かって行動したいと思っている場合は、勇気を出して始めてみましょう。最短でも4～5年はかかりますが、もしうまくいかなくても「開運の年」に道を切り替えればいいので、「4～5年後にお店を持ちたい」「会社を作りたい」など、なんでもいいのでまずは行動してみるといいでしょう。

また、今年は師匠や先生に出会えたり、運命を変える上司や先輩から大事な言葉やアドバイスをもらえる年でもあるので、前向きに受け止めてパワーにできるようにしてください。

買い物・金運

家やマンションなどの購入にいい年
資産運用も本格的にスタートしてみて

長く使えるものを購入するには最適な年。家を建てるための土地、家、マンションの購入などを考えている人は上半期中に契約したり購入するといいので、気になる場所を探してみるといいでしょう。そこまで大きな買い物を考えていない人は、家電や家具の買い換えをするといいでしょう。長く使っているものや買い換えを考えているものがあるなら、思いきって買い換えてみるといいでしょう。できれば仕事に使うものを優先するといいので、スーツや靴も含めて、仕事道具などの必要なものを買い換えると仕事運や金運アップにもつながるでしょう。

また、今年から本格的に投資などの資産運用をスタートしてみるといいでしょう。既に始めている人は投資額を増やしてみたり、挑戦と思えるようなことにも思いきってチャレンジしてみるといいでしょう。5～6年以上先のことを考えた長期的な投資も視野に入れるようにしましょう。「まだ投資などをしたことがない」という人は、NISAやiDeCo、ネットの少額のファンドなどを毎月3000円ずつくらいでもいいので始めてみると、後に役立つお金になるでしょう。多少のリスクはありますが、銀行に預けているだけではお金は活きないのでまずは勉強してみましょう。

歯の矯正や脱毛やエステなど、やや時間もお金もかかるようなことを始めるにもいい時期です。ただ、ローンで苦しくならないように、しっかり計算して計画を立てるようにしましょう。年末辺りから体調を崩したり疲れやすくなるので、上半期中にスポーツジムに通いはじめましょう。習い事をスタートするにもいい時期です。

既に浪費癖が身に付いてしまっている人は注意してください。不要なサブスクやネットでの課金など、冷静に考えたら無駄遣いになっているものへの出費は今年で終えるようにしましょう。不要なアプリもどんどん消すように。趣味でも、ダラダラ続けてしまって出費がかさんでいるものは処分したり解約するといい時期。逆に、今年から浪費が癖になってしまうとどんどん金運が悪くなってしまうので、本当に必要な出費なのか考えてみましょう。家計簿やお小遣い帳などをつけて出費を抑えたり、お金の流れを知っておくといいでしょう。不得意な場合はフィナンシャルプランナーに相談をしてみると、お金のことを学べたり人生設計ができていいでしょう。

また、引っ越しをするにもいいタイミングで、4月、6～7月に思いきって引っ越しをすると人生観や運命が大きく変わる可能性があります。長い間幸せを感じられていない人やうまくいかないことが多い人は、住んでいる部屋や場所が悪い可能性があるので引っ越しをしてみましょう。既に家を購入している場合は、部屋の模様替えをしたり、家族で部屋の交換などをするといいでしょう。

お金の使い方や運用など、学びが非常に大切になる年です。自分のためだけではなく後輩や部下のためにお金を使ってみるといいですが、見栄を張りすぎないようにしましょう。また、お金持ちやお金の運用がうまい人の話を聞いてみたり、実際に行動に起こしてみることも大切です。マイナスなことばかり気にしているといつまでも金運アップにつながらないので、今年は一歩踏み込んでみるといいでしょう。

開運のつぶやき　時間が足りないのではなく、時間の使い方が下手なだけ

美容・健康運

下半期は無理をしないように 異変を感じたら早めに病院へ

「健康管理の年」と名付けるくらいなので、今年から生活習慣を見直したり、健康的な生活を意識することが大切です。年齢にあわせて軽い運動をしたり食事のバランスを整えるようにしましょう。飲酒や喫煙なども今後のことを考えて少し控えるようにしたほうがよさそうですが、運気的にもまだまだ登り調子で忙しい時期なので、体のことを考えている暇がなかったり、予定を詰め込んでしまうことが多くなってしまいそう。上半期は全力で走りきっても大丈夫ですが、下半期、特に年末は無理をしないようにして、体調に異変を感じた場合は早めに病院に行って検査を受けてみましょう。8～12月には人間ドックに行ってみるといいでしょう。

下半期は、大きな病気になるというよりも疲れを感じてしまいそうなので、温泉やスパに行ったり、マッサージやストレッチを行っておくといいでしょう。肩こりが酷くなってしまうこともあるので、首や肩を動かしたり回すようにするといいでしょう。朝や寝る前に軽いストレッチを行う癖を身に付けておくとよさそうです。秋以降は鼻炎に悩んだり蓄膿症になってしまうこともあるので、異変を感じたら早めに耳鼻科に行くこと。胃の調子も悪くなりやすいので、刺激が強いものや辛すぎるものなどは避けておきましょう。

注意すべきことは、今年から悪習慣を始めてしまうことです。夜更かし、食事のバランスを悪くする、暴飲暴食、急な体重増加、運動不足など、わかりやすく不健康と思えるような癖が身に付いてしまうと、後の「幸運の年」や「開運の年」に大きな病気になってしまう可能性があるので気をつけましょう。仕事が楽しくなりはじめる時期でもあるので頑張るのはいいですが、体調を崩すほど頑張りすぎないようにしましょう。

できれば美意識を高めることも大切。こまめに体重を測ってみたり、マメに水を飲むようにしたりしましょう。ダイエットを考えている場合は2年後か4年後を目標にしてゆっくり体重を落とすようにしたり、筋トレを定期的に行って代謝を上げるようにするといいでしょう。睡眠時間も1時間でもいいのでこれまでよりも長く取れるようにするなど、スケジュールを調整してみるといいでしょう。

ゆとりがあればパーソナルトレーナーなどをつけてみましょう。しっかり指示してくれる人がいると「金の羅針盤座」はいい結果を出すことができます。特に今年はいい先生に出会える可能性が高いので、周囲から紹介してもらったり、評判のいいところに行ってみるといいでしょう。目標体重や理想のスタイルに向けて今年から前向きに挑戦してみると、健康を維持しながら美しい体を作ることができるので、4月から思いきって挑戦してみるといい結果につながる可能性が高いでしょう。

今年は忙しい年ですが、今後の健康のことを考えておきましょう。生活習慣や食事のバランス、運動をすることなど、これまで気にしていなかった人でも今年から意識するように。今年から年に一度は人間ドックで検査を受けるようにして、毎年の恒例にするといいでしょう。漢方薬で未病を防ぐようにするにもいい時期なので、自分の体調に少しでも異変を感じたらそのままにしないようにして、周囲からの指摘にもしっかり耳を貸すようにしましょう。

親子・家族運

子どもに自分の正しさを押しつけないで 家族の恒例イベントを作るとよさそう

忙しい1年になるので、油断をしていると家族との距離が空いてしまうでしょう。自分の生活リズムや考えだけが正しいと思い込んでいると、溝ができてしまったり、空気を読めない発言が出てしまうので気をつけましょう。よくも悪くも家族に甘えすぎてしまっているのに、「自分はこんなに頑張っているのに」と逆に不満をためてしまうことがありそう。どんな状況でも家族みんなの協力があってこそなので、互いに支え合っていることや感謝の気持ちを忘れないようにしましょう。

夫婦関係は、忙しいながらも良好な関係でいられそう。ただ、相手の言葉を真面目に受け止めすぎてしまうと、ケンカになったりすれ違いの原因になってしまいます。冗談を含んで言っている言葉もあるので上手に聞き流すようにしたり、ときには突っ込んで笑いに変えるくらいのゆとりを持っておくといいでしょう。新婚の場合は、年末に妊娠が発覚することもあるので、今年の夏から秋は夫婦の時間を大事にするといいでしょう。

子どもとの関係は、ルールを作るのはいいですが、自分の正しさや正義を押しつけてしまうと、子どもの個性や才能を活かせなくなってしまう場合があるでしょう。周囲の人や先生の意見、他の人の考え方もしっかり学んでおくことが大切でしょう。親子でも違う人間だということを忘れてしまうと縛りすぎてしまう可能性があるので気をつけましょう。

両親との関係は、問題がある時期ではないですが、関係性がよくないと思うなら今年から変える努力をしてみることが大事です。お祝いや記念日を大切にしてみるのはいいですが、両親の希望をしっかり聞いてからのほうがいいでしょう。自分の思いを通しすぎてしまうと気まずい関係になってしまうことがあるので、あなたがよかれと思ってしたことでも相手からは微妙な場合もあると思って気をつけるようにしましょう。

あなたの中にある「家族とはこういうもの」「家庭とはこういうもの」という決めつけにはいい面もあれば悪い面もあります。それに合わせなくてはならない家族の思いも忘れないようにしましょう。自分だけが正しいと思い込んでいると、後の不運や家族との関係を悪くする原因になってしまいます。「自分は間違っていない。自分が正しい」と思うときほど、立ち止まって「どこか勘違いをしているのでは？」と考えるようにしてみたり、相手の立場や状況をもっと想像してみるといいでしょう。

家族だから甘えてしまったり、雑になってしまっている部分もあると思いますが、言い方や伝え方を少し変えてみるだけで大きく変化します。特に、「金の羅針盤座」のあなたがポジティブ変換できるようになると、明るく楽しい家庭を作ることができるでしょう。些細なことでイライラしたり、善悪や白黒をはっきりさせようとしないで、中間やグレーゾーンを楽しむようにしましょう。今年から家族の恒例イベントを始めるのもいいので、些細なことでも毎年できそうなことを始めてみると家族のいい思い出にすることができるでしょう。「誕生日にみんなで外食する」「手作りケーキをみんなで作る」「夏はみんなで海に行く」など、毎年できそうなことを計画してその日に向かって準備してみましょう。

金の羅針盤座 2022年 タイプ別相性

気になる人のタイプを調べて、コミュニケーションに役立ててください。

相手が 金のイルカ座

相手の前向きな精神や自己中心的な部分を見習って、自分の進むべき道に進む勇気が出そう。相手に合わせると振り回されてしまうので、ハッキリ断ることや自分のペースを守ることも大事。多少嫌われても気にしない練習もできそう。恋愛相手としては、相手に押しきられると弱いので、合わせすぎないようにしましょう。相手がワガママならあなたも同じ条件でワガママになりましょう。仕事相手としては、互いに前に進み忙しい年になるので、体験や経験を優先しましょう。今年初めて会う人の場合は、苦手な人でも思ったより長い縁になりそうです。

相手が 金のカメレオン座

覚悟を決めるあなたと道に迷っているような感じのこの相手では、目的が全く違うため誤解やすれ違いがありそう。強い気持ちを出す時期のあなたを見て、相手が優柔不断な態度を改めようと思うきっかけになるかも。恋愛相手としては、2年後に縁がつながる可能性があるので優しく接しておきましょう。仕事相手としては、振り回されてしまったり、相手の判断ミスに巻き込まれてしまうことがありそうですが、裏目に出る時期だと思って許しましょう。今年初めて会う人の場合は、マイナス部分をプラスに変換するといい付き合いができそうです。

相手が 金の時計座

あなたのコンパスになるような相手なので話をしっかり聞いて、集まりには参加するようにしましょう。そのままでも受け入れてくれますが、夢や前向きな話をすると協力や助言をしてくれるでしょう。恋愛相手としては、フレンドリーにしているといい関係に進めそうですが、あなたの不要なプライドを捨てたほうが交際まで進めそう。相手に愛されるような言葉遣いを心がけましょう。仕事相手としては、目標にするといい人。相談をすると方法や考え方を教えてくれそう。今年初めて会う人の場合は、あなたからは縁が強くなるので感謝を忘れないように。

相手が 銀のイルカ座

今年はあなたが相手に影響を与えたり、あなたの行動力が刺激を与える年。背中を押すことで縁が切れてしまうこともありますが、離れることで互いにプラスの方向に進むでしょう。恋愛相手としては、失恋しやすい年になるので、あなたが別れを告げてしまいそうですが、気持ちが冷めているなら互いのためにハッキリ言うことも大事。仕事相手としては、あなたのやる気と相手のやる気のない感じが噛み合わないですが、ときには仕事をサボる面白さを教えてもらえそう。今年初めて会う人の場合は、縁が薄いですが華やかな感じや遊び心は学べそうです。

相手が 銀のカメレオン座

状況の変化が多く、これまでとは違って絡みにくくなりそうな相手。話を聞くのはいいですが、あなたの真面目な答えはネガティブに聞こえて相手がヘコんでしまったりやる気を失ってしまうので、ウソでも前向きな話をするといいでしょう。恋愛相手としては、魅力だと思っていたところがわからなくなってしまいそう。好きな人なら相手を笑わせようと務めるといい関係になれそう。仕事相手としては、相手は仕事に不満がたまってしまう年なので巻き込まれないように。今年初めて会う人の場合は、縁がないのでサッパリと付き合うといいでしょう。

相手が 銀の時計座

あなたの人生に大きな影響を与える人。仕事や人を紹介してもらえたり、夢に向かって背中を押してもらえることもあるでしょう。相手のアドバイスを素直に行動に移すことが大切ですが、経済感覚だけは違うので冷静に判断しましょう。恋愛相手としては、好意を伝えておくといい関係に進めそうですが、相手はモテる年なのでライバルに先を越される可能性は高いでしょう。仕事相手としては、最高のパートナーになるでしょう。学べることも多そう。今年初めて会う人の場合は、運命の相手といえるので大切にすることで長く深い縁になりそうです。

相手が 金の鳳凰座

長く辛抱してきたことで日の目を見る姿を見せてくれる相手。時間をかける意味や辛抱することの大切さがどれほどのものか実体験で教えてくれるでしょう。あなたにいい影響を与えて、頑張ろうと思えるようになるはず。伝えベタなので、アドバイスをマイナスに受けとめないように。恋愛相手としては、2～4年前からの知り合いや異性の友人のようになっているなら進展があるかも。相手の頑張りを認めるとよさそう。仕事相手としては一緒にいるといい結果につながりそう。今年初めて会う人の場合は、相手の頑固さを早めに理解するといいでしょう。

相手が 金のインディアン座

一緒にいると明るく前向きになれる相手。楽観的な考え方や面白い妄想話を聞くことで気持ちが楽になりそう。ノリや勢いで遊びに誘ってみましょう。あなたの人生観を大きく変えることになる出来事もありそうです。恋愛相手としては、相手のマイペースに振り回されてしまいそう。本気で好きなら明るく陽気にして、マメに連絡してマメに会いましょう。仕事相手としては、前向きな姿勢や結果オーライの仕事ぶりを学びましょう。今年初めて会う人の場合は、長い縁にしたくなりますが相手には執着がないので距離感をさみしがらないようにしましょう。

相手が 金の羅針盤座

互いに今後の道を決めたり、健康についてチェックするといい二人。体調に異変が見えるときは伝えるようにしましょう。いいサプリやいい病院の情報も交換しておくといいでしょう。相手が進む道を変えるときは背中を押してあげましょう。恋愛相手としては、互いに様子を窺ってしまうのであなたから積極的になることが大切。恋愛感覚は似ているので品とマナーを守りましょう。仕事相手としては、求められることが増えて忙しくなるので、よきライバルだと思って成長しましょう。今年初めて会う人の場合は、観察や情報交換をするにはいい相手でしょう。

相手が 銀の鳳凰座

現状に不満があってなかなか決断できない相手と、勇気がなくて決断できないあなたは似た感じの運気になりそう。ただ、相手は環境に恵まれている中での不満なので同じレベルで不満をためないように。あなたの趣味に誘ったり、舞台や美術館に行くといい関係になれそう。恋愛相手としては、背伸びをしたデートや相手に縁がなさそうな場所に誘うといいでしょう。未経験を楽しんでもらうといい関係になれそう。仕事相手としては、小さなミスが多いのでフォローしてあげましょう。今年初めて会う人の場合は、冗談や面白い話をするといいでしょう。

相手が 銀のインディアン座

忙しく疲れをためている人なので、こっそりサポートしたり優しく接してあげましょう。少しの親切が相手には沁みるでしょう。話の聞き役になって上手に質問するといいでしょう。恋愛相手としては、相手は忙しくて恋のスイッチが入りませんが、年末にゆとりができるのでマメに連絡をするといい関係に進めそう。仕事相手としては仕事を詰め込みすぎる人なので邪魔をしないようにして、ときには一緒にサボるといいでしょう。今年初めて会う人の場合は、あなたの真面目な感じが窮屈に思われるので楽しい空気を出すことを忘れないようにしましょう。

相手が 銀の羅針盤座

昨年のあなたの運気に似ているので、やらないままで終えないようにアドバイスしてあげましょう。やらない後悔はやった後悔より長く引きずるでしょう。新しい体験が必要なタイプなので珍しい遊びに誘いましょう。恋愛相手としては、言われるまで動かない人なのであなたから誘うといいですが、相手が引いても強引に押しきるようにしましょう。仕事相手としては、雑な部分やまだまだなところが目に付きそうですが、今できているところを認めて伸ばしましょう。今年初めて会う人の場合は、新しいことに挑戦を続けるきっかけを与えてくれそうです。

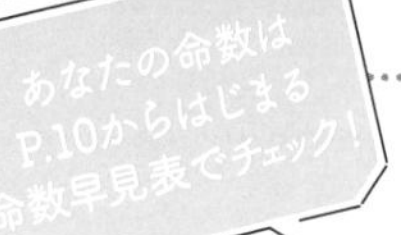

命数別2022年の運勢

【命数】

1 ネガティブな頑張り屋

基本性格

負けず嫌いな頑張り屋。人と仲よくなることが得意ですが、本当は人が苦手。誰とでも対等に付き合いたいと思うところはありますが、真面目で意地っ張りで融通の利かないところがあり、人と波長を合わせられないタイプ。生意気な部分が出てしまい、他人とぶつかることも多いでしょう。心が高校1年生から成長しておらず、さっぱりとした性格ですが、ネガティブなことをすぐに考えてしまうところがあるでしょう。

- ★負けを認められない星
- ★空気が読めない星
- ★頑張りすぎる星
- ★スポーツをするといい星
- ★友達の延長の恋の星

開運3カ条

1. 結果を出している人を認める
2. すべての人を尊敬する
3. スポーツを始める

2022年の総合運

目標となる人や憧れの人、自分も同じようになりたいと思える人を見つけるにはいい年。同年代で結果を出している人からいい影響を受けられるので、スポーツや舞台などを観に行くといいパワーをもらえることがあるでしょう。4～5年後に自分も輝けるように目標を決めて頑張ってみるといいでしょう。健康運は、上半期はスポーツを始めて体を鍛えるとストレスも発散できそう。ただ、下半期は胃腸の調子を崩しやすいので気をつけましょう。

2022年の恋愛&結婚運

相手のことを少しでも理解してからだったり、友人になってから恋愛に進展するほうがいいタイプ。ただ、相手からしてみると、興味が薄れたころに好意を寄せられてもタイミングが悪いだけでしょう。今年から恋愛観を変えるためにも、少しでも気になった相手ならデートや食事に誘って早めに好意を伝えてみるといい関係に進みやすくなるでしょう。結婚運は、親友のようになっているなら同棲や入籍を決めるにはいい年です。

2022年の仕事&金運

目標となる人を見つけたり、目指すポジションや取り組みたい仕事を見つけられる年。頑張っている人ではなく、結果を出している人をしっかり観察してマネしましょう。相手の能力を認めることで学べるようにもなるでしょう。チームワークも大切になるので、相手のことを尊敬して。実力のある人とは対等ではないことを知っておきましょう。金運は、仕事に役立つものを優先して購入すること。自己投資にお金を使っておきましょう。

ラッキーカラー　ピンク　イエロー　ラッキーフード　グリーンカレー　カシューナッツ　ラッキースポット　リゾート地　公園

【命数】

2 チームワークが苦手な野心家

基本性格

頭の回転が速く、何事も合理的に進めることが好きなタイプ。表面的な人間関係は築けますが、団体行動は苦手で好き嫌いが激しく出てしまう人です。突然、大胆な行動に走ってしまうことで周囲を驚かせたり、危険なことに飛び込んでしまったりすることもあるでしょう。ひとりでの旅行やライブが好きで、ほかの人が見ないような世界を知ることも多いはず。他人の話を最後まで聞かないところがあるので、しっかり聞くことが大事です。

- ★合理主義の星
- ★追いかける星
- ★派手な星
- ★内弁慶の星
- ★話を最後まで聞かない星

開運3カ条

1. 好きなことや得意なことを極める覚悟をする
2. 周囲の魅力や能力を認める
3. 格闘技を始める

2022年の総合運

周囲と協力することの大切さを学んでおきましょう。合理的に進めることが苦手な人でも自分とは違う能力や才能があることを忘れないようにしましょう。早い人もいればゆっくりの人もいるからいいバランスが取れていると思うことが大切。自分の得意なことで感謝されるように生活するといいでしょう。2年後に達成できそうなことを見つけるとよさそう。健康運は、甘く考えていると年末に体調を崩しやすいので、独自の健康法だけを信用しないようにしましょう。

2022年の恋愛&結婚運

上半期は好きな人を見つけることができそうですが、刺激ばかり求めてしまうと素敵な人を見落としてしまうかも。周囲から評判のいい人を受け入れてみたり、これまでとは違う落ち着いた人や平凡な人にも目を向けるようにしましょう。刺激や変化は趣味や仕事で補うといい恋ができるようになるでしょう。結婚運は、仕事で思い通りに進まないと結婚したくなったり、現状から逃げて結婚に進む場合がありますが、自棄で結婚しないように。

2022年の仕事&金運

上半期はいい勢いで仕事ができそう。今年からチームワークを大切にしたり、苦手な仕事にも前向きに取り組んでみるとこれまでと違う発見やいい経験ができそうです。好きなことや得意なことで目標を決めて極めはじめるにもいいタイミングなので、「これだ！」と決めた仕事や技術を見つけたら全力で取り組んで5年後を目標にするといいでしょう。金運は、一攫千金を狙うなら投資信託を学んで長期的なプランを立ててみましょう。

ラッキーカラー　カーキ　ホワイト　ラッキーフード　グラタン　大福　ラッキースポット　美術館　リゾート地

ラッキーカラー、フード、スポットはプレゼントやデート、遊ぶときの口実に使ってみて

さらに細かく自分と相手が理解できる！
生まれ持った命数別に2022年の運気を解説します。

【命数】

3

上品でもわがまま

基本性格

陽気で明るく、サービス精神が旺盛。常に楽しく生きられ、上品な感じを持っている人です。人の集まりが好きですが、本音は人が苦手。ポジティブなのにネガティブと、矛盾した心を持っています。真面目に物事を考えるより楽観的な面を前面に出したほうが人生がスムーズにいくことが多く、不思議と運を味方につけられるでしょう。自分も周囲も楽しませるアイデアが豊富ですが、空腹になると何も考えられなくなりがちです。

- ★気分屋の星
- ★エロい星
- ★サービス精神の星
- ★ダンスをするといい星
- ★スキンシップが多い星

開運3カ条

1. 周りから勧められたことに挑戦する
2. 話の聞き役になる
3. 上品な言葉を使う

2022年の総合運

自分がおもしろいと思うことだけを優先するのではなく、周囲から勧められたことにチャレンジしてみると考え方が変わりそう。自分が好きなことや取り組んでみたいことを見つけられる可能性があるでしょう。特に上半期は新しい人にたくさん会って話を聞いてみるといいので、誘いはできるだけOKするようにしましょう。健康運は、気管の調子が悪くなったり風邪を引きやすくなるので、年末はしっかり予防をしましょう。ダンスをしたり楽しい運動を行うのもいいでしょう。

2022年の恋愛&結婚運

自分の話をするよりも相手の話を楽しく笑顔で聞くようにするだけでモテるようになるでしょう。今年はこれまでとは違う方法を試してみるといい時期で、プライドを守ってキャラを変えられないままでいると交際のチャンスを逃してしまうかも。わがままや気分での発言を抑えて少し控えめな感じでいるとよさそうですが、元気な感じは失わないように。結婚運は、年末に妊娠しやすい運気があるので、突然の授かり婚があるかも。

2022年の仕事&金運

上半期は丁寧に仕事をして、細部にまでこだわってみると自分でも驚くような評価や結果につながるでしょう。気分で仕事をしないで、しっかり目標を決めて気持ちを込めて仕事に取り組みましょう。自分だけではなく、周囲も笑顔になれるように仕事をするといいでしょう。仕事関係者とプライベートで遊んでみたり食事に行くと更に仕事がやりやすくなるでしょう。金運は、気分で買い物するよりも少額のファンドを始めてみましょう。

ラッキーカラー　ピンク　ゴールド
ラッキーフード　酢豚　レモンの飴
ラッキースポット　レストラン　結婚式二次会

【命数】

4

余計なひと言が多い真面目な人

基本性格

何事も素早く判断できる頭の回転が速い人。短気なところもありますが、おしゃべりが好きで勘が非常に鋭いタイプ。人情家で情にとてももろい人ですが、人間関係を作るのがやや下手なところがあり、恩着せがましい面や自分が正しいと思った意見を押しつけすぎてしまうクセがあるでしょう。感性が豊かで芸術系の才能を持ち、新しいアイデアを生み出す力もあります。寝不足や空腹で、簡単に不機嫌になってしまうでしょう。

- ★情にもろい星
- ★情から恋に発展する星
- ★センスがいい星
- ★勘で買う星
- ★恩着せがましい星

開運3カ条

1. 有言実行する
2. スタミナを付ける
3. スキルアップを目指す

2022年の総合運

ここ1～2年の「チャレンジの年」の経験を踏まえて、思いきった行動や決断をするといい年。先行きが不安だったり現状に不満がたまっている人ほど、上半期は行動するといいでしょう。自分の勘を信じて違う道に進んでみたり、思いきったイメチェンや引っ越しをするなどして、環境を変えてみるといいでしょう。頭の中だけではなく今年は行動が大事になることを忘れないように。健康運は、目標を決めて筋トレやスタミナアップの運動などを定期的にやるようにしましょう。

2022年の恋愛&結婚運

上半期は一目惚れするような人に出会える可能性が高いので、人の集まりに参加してみるといいでしょう。プライドを守って相手からの連絡待ちをしないで、今年は自分から誘ってみるようにしましょう。デートでは喋りすぎないで、相手の話をできるだけ聞いて肯定的に話してみると驚くほどモテるようになるでしょう。結婚運は、上半期なら勢いで入籍を決めてもいいでしょう。嫌な予感がするときは婚約破棄をしましょう。

2022年の仕事&金運

スキルアップの勉強をしたり、今後を考えて役立ちそうなことを習いに行ったり、免許や資格取得を始めてみるといい年。2～5年かけて習得することのほうがいいので、思いきって勝負してみましょう。現在の仕事に愚痴や不満を言う前に、自分が今やれることに全力で取り組んでみるといいアイデアや違う方法を見つけることができそう。金運は、浪費しているお金を少額の投資信託や積み立てNISAに回すようにするといいでしょう。

ラッキーカラー　ホワイト　シルバー
ラッキーフード　ステーキ　チョコクッキー
ラッキースポット　神社仏閣　空港

ラッキーカラー、フード、スポットはプレゼントやデート、遊ぶときの口実に使ってみて

【命数】

5

ネガティブな情報屋

基本性格

多趣味・多才でいろいろなことに詳しく、視野が広い人。根は真面目で言われたことを忠実に守りますが、お調子者のところがあり、適当なトークをすることがあります。一方で、不思議とネガティブな面もある人。おもしろそうなアイデアを出したり、情報を伝えたりすることは上手です。好きなことが見つかると没頭しますが、すぐに飽きてしまうところも。部屋に無駄なものが集まりやすいので、こまめに片づけたほうがいいでしょう。

★商売人の星
★都会的な人が好きな星
★計画を立てる星
★お酒に注意の星
★多才な星

開運3カ条

1. 損得よりもまず行動する
2. 交友関係を広げる
3. お金の運用を学ぶ

2022年の総合運

上半期はこれまで以上に忙しくなり、フットワークを軽くすることで今後の運命を変えるような出会いや情報を入手することができるでしょう。損得を考えたりプライドを守っていないで、行動を優先して何事も試してみるといいでしょう。少しの勇気が人生を好転させると思っておきましょう。年末は、お酒の飲みすぎと予定の詰め込みすぎには気をつけておきましょう。健康運は、上半期は全力を出しきって、下半期からは無理をしないで休むようにしましょう。

2022年の恋愛&結婚運

素敵な出会いがあっても、忙しくなりすぎて逃してしまう可能性がありそう。上半期は時間の融通をきかせて、気になる人とは少しの時間だけでも会うようにするといい関係になれそう。下半期は、疲れからイライラや不愉快が伝わってしまうと関係が壊れてしまうでしょう。お酒を飲んで大失敗もしやすいので気をつけましょう。結婚運は、仕事に集中したいなら先に結婚をしたほうが余計なことを考えなくていいでしょう。

2022年の仕事&金運

想像以上に忙しくなる年ですが、情報をしっかり集めれば、無駄な仕事を削れたり計画的に仕事ができるようになるでしょう。仕事関係者との交友を楽しむと仕事もおもしろくなってくるので、気になった人をプライベートで遊びに誘ってみたり、仕事終わりに食事に誘ってみるといいでしょう。金運は、資産運用と投資信託の勉強をして、少額でもいいので始めてみるといいでしょう。資格や免許を取ると後の金運アップにつながるでしょう。

ラッキーカラー　ピンク　パープル　ラッキーフード　アスパラベーコン　スイカ　ラッキースポット　温泉　水族館

【命数】

6

謙虚な優等生

基本性格

真面目でおとなしく、出しゃばらない人。やや地味なところはありますが、清潔感や品格を持ち、現実的に物事を考えられて、謙虚な心で常に1歩引いているようなタイプ。他人からのお願いが断れなくて便利屋にされてしまう場合もあるので、ハッキリ断ることも必要です。自分に自信がないのですが、ゆっくりじっくり実力をつけることができれば、次第に信頼、信用されるでしょう。臆病が原因で、交友関係は狭くなりそうです。

★真面目でまっすぐな星
★押されたらすぐ落ちる星
★ネガティブな星
★小銭が好きな星
★自信がない星

開運3カ条

1. 自分の気持ちを言葉に出す
2. 勇気を出して行動する
3. 自分磨きをサボらない

2022年の総合運

自分で不向きと気づいていることでも我慢して続けてしまうタイプですが、今年は勇気を出して行動や発言をすることが大事な年。嫌われないように気を遣って生きてもつまらないので、自分の好きなことや挑戦してみたいことを素直に行動してみるといいでしょう。何事も時間をかければ手にすることができるので、5年後に笑えるように今年から新たな積み重ねを始めてみましょう。健康運は、冷えには注意。ゆっくりお風呂に入る習慣を身につけましょう。

2022年の恋愛&結婚運

臆病さとプライドの高さから恋が苦手になってしまったり、自ら積極的に動けないタイプですが、上半期は押しが大切。勇気を出して気になる人に連絡してみたり、遠慮しないで自分の気持ちを言ってみましょう。天然と思われるくらいのほうが気持ちが楽になって、いい恋もできそう。自分磨きもサボらないで年齢と流行に合うファッションや髪型をしましょう。結婚運は、入籍をするにはいい年。恋人にプロポーズの予約をしましょう。

2022年の仕事&金運

言われた以上の結果を出すようにすることが大切な年。割に合わないと思ったり、自分ばかり損をしていると思わないで、苦労した分は実力がアップしていると前向きに受けとめましょう。失敗を避けて挑戦をしないタイプですが、今年は自分のやり方や才能を試してみるといいでしょう。失敗をしても取り返せるので臆病にならないようにしましょう。金運は、小さな貯金をするよりも少額の投資信託や積み立てNISAを始めましょう。

ラッキーカラー　ピンク　シルバー　ラッキーフード　春巻き　クッキー　ラッキースポット　美術館　図書館

ラッキーカラー、フード、スポットはプレゼントやデート、遊ぶときの口実に使ってみて

【命数】

7

おだてに弱い正義の味方

基本性格

自分が正しいと思ったことを貫き通す正義の味方のような人です。人にやさしく面倒見がいいのですが、人との距離をあけてしまうところがあります。正しい考えにとらわれすぎてネガティブになってしまうことも。行動力と実行力はありますが、おだてに弱く、褒められたらなんでもやってしまうところもあります。基本的に雑でドジなところがあるので、先走ってしまうことも多いでしょう。

- 正義の味方の星
- 恋で空回りする星
- 行動が雑な星
- 褒められたらなんでもやる星
- 細かな計算をせず買い物する星

開運3カ条

1. 「自分が正しい」と思ったときは考え直す
2. 柔軟な発想と対応力を身に付ける
3. 若い人からの意見も素直に聞く

2022年の総合運

自分の進むべき道を改めるには最高の年。自分が正しいと思うと視野が狭くなってしまうタイプでもあるので、もっといろいろな人の考え方や生き方を学んでみたり、前向きな言葉を吸収して自分でも発するようにしてみるといいでしょう。「正しい」も立場や状況で大きく変わることを知っておくと楽になりそうです。健康運は、慌てて行動すると足のケガや打撲などがありそうなので注意してください。特に年末はケガやギックリ腰になりやすいので気をつけましょう。

2022年の恋愛&結婚運

上半期は押しきるといい交際ができる運気ですが、忙しくて相手との関係が雑になってしまったり、中途半端で終えてしまいそう。勝手に諦めないで、もう一歩踏み込んだり粘ってみるといいでしょう。ターゲットの年齢の幅を広げてみると、素敵な人に気づけることがあるでしょう。結婚運は、上半期は忙しい時期ですが、忙しいからこそ入籍することで更にいい流れになるでしょう。相手が決めないならあなたから押しきってみましょう。

2022年の仕事&金運

期待されたり周囲から頼りにされて、気持ちは満足できそうですが、結果を残すためには違う方法や柔軟な発想や対応力を身につける必要があるでしょう。壁を感じたときに「自分のやり方が正しい」と思っていると苦しくなるだけ。後輩や部下からの言葉や周囲の助言を素直に聞き入れて試してみると流れを大きく変えられそうです。独立や起業するにもいい年です。金運は、長期的に考えて必要なものや資格を手に入れてみましょう。

ラッキーカラー　ピンク　グリーン　ラッキーフード　ペスカトーレ　レアチーズケーキ　ラッキースポット　動物園　リゾート地

【命数】

8

上品で臆病な人

基本性格

真面目で上品、挨拶やお礼などの常識をしっかり守る人。ルールやマナーにもうるさく、できない人を見るとガッカリしてしまうことも。繊細な性格でネガティブな考えが強く、勝手にマイナスに考えてしまうところもあります。その点は、あえてポジティブな発言をすることで人生を好転させられるでしょう。臆病で人間関係は苦手。特に、初対面の人と打ち解けるまでに時間がかかることが多いでしょう。

- 上品な星
- 品のある人が好きな星
- マイナス思考な星
- 肌と精神が弱い星
- 人が苦手な星

開運3カ条

1. ポジティブな発言をする
2. 恥ずかしがらないで笑顔で話す
3. 他人の雑さは気にしない

2022年の総合運

今の自分に何が足りなくて、今後何が必要になるのかをしっかり考えて行動することが大切な年。真面目に取り組む姿勢はいいですが、今年は許す気持ちを持って、何事もホドホドがいいことを学んでおくといいでしょう。少しでも楽観的な考え方やポジティブシンキングになれるように努めておくと後の人生も楽になるでしょう。健康運は、上半期は基礎体力作りを行っておくといい時期です。年末は、ストレスが肌に出て蕁麻疹や湿疹で悩みそう。

2022年の恋愛&結婚運

恥ずかしがっているといつまでも進展は望めないので、今年から勇気を出して恋に積極的になってみるとよさそう。些細なことを気にしないようにしましょう。あなたが思っている以上に異性からは隙がないように見えるので、距離を縮めて話してみたり、笑顔や楽しい雰囲気をもっと出すようにするといいでしょう。結婚運は、入籍や婚約をするにはいい年。上半期に両親と顔を合わせてみたり、自ら計画を立てて進めてみるといいでしょう。

2022年の仕事&金運

丁寧に仕事を行うことや、規則やルールやマナーを守るところはいいですが、結果を出すためにはあなたの考えとは違うやり方もあります。それを受け入れてみたり、認めてみるといいでしょう。考え方を少し変えてみることで仕事への向き合い方が変わり、職場の人ともっと楽しく仕事ができるようにもなるでしょう。金運は、少額の投資信託を始めてみるといい時期です。一度しっかり勉強をすると、安心してできるでしょう。

ラッキーカラー　ピンク　ターコイズブルー　ラッキーフード　しゃぶしゃぶ　チェリーパイ　ラッキースポット　エステ　果物狩り

【命数】

9

上品な変わり者

基本性格

ほかの人とは違う生き方を自然としてしまう人。周囲から「変わっている」と言われることがありますが、自分では真面目に過ごしていると思っています。理論と理屈が好きですが、屁理屈や言い訳が多くなってしまうタイプ。芸術系の才能や新たなことを生み出す才能を持っているため、天才的な能力を発揮することも。頭はいいですが熱しやすく冷めやすいため、自分の好きなことがわからずにさまよってしまうことがあるでしょう。

★発想力がある星
★恋は素直になれない星
★海外の星
★束縛から逃げる星
★時代を変える星

開運3カ条

1. 覚悟を決める
2. 引っ越ししたり生活リズムを変える
3. 最終的な目的を決める

2022年の総合運

自分の才能や興味のあることを既に見つけているなら、今年は思いきって挑戦してみたり、これまでとは違う道に進んでみるといい運気。飽きっぽい性格でもあるので、今年は覚悟が必要になるでしょう。曖昧な感じで進まないようにして、ゴールが何かをしっかり決めて、そのためにどんな努力や勉強が必要なのか調べておいたり、行動を優先するといいでしょう。健康運は、肩こりや目の疲れが出やすいので、マッサージや軽い運動は定期的に行っておきましょう。

2022年の恋愛&結婚運

好きな人の前で素直になれないのは昨年までにして、今年から好きな人には素直になりましょう。恥ずかしがらないで好意を伝えてみたり、自ら遊びや食事に誘ってみるといいでしょう。デートはみんなが楽しんでいるベタなことを選んでみると、思ったよりも楽しめたり、いい空気にもなりそう。屁理屈を言わないようにするといいでしょう。結婚運は、結婚願望が薄いタイプですが、今年は結婚するには最高にいいタイミングです。

2022年の仕事&金運

仕事に飽きを感じる前に、やるべきことを見つけましょう。既に違う仕事に興味が湧いているなら、上半期に転職に向けて動くといいでしょう。転職を考えない場合は、引っ越しをしたり生活リズムを変えてみると仕事へのやる気が増すでしょう。数字や時間、データにもっとこだわると前向きに仕事に取り組めそうです。金運は、海外の会社への投資や投資信託などをするといいので、一度専門家や銀行で話を聞いて始めてみましょう。

ラッキーカラー　ピンク　ホワイト
ラッキーフード　サーモンのカルパッチョ　きなこ餅
ラッキースポット　映画館　書店

【命数】

10

真面目な完璧主義者

基本性格

常に冷静に物事を判断できる、落ち着いた大人っぽい人。歴史や芸術が好きで、若いころから渋いものにハマるでしょう。他人に興味がなく、距離をあけてしまったり、上から目線の言葉が自然と出たりするところも。ひとつのことを極めることができ、職人として最高の能力を持っているので、好きなことを見つけたらとことん突き進んでみるといいでしょう。ネガティブな発想になりすぎてしまうのはほどほどに。

★プライドが邪魔する星
★専門職の星
★知的好奇心の星
★年上に好かれる星
★教える星

開運3カ条

1. 尊敬できる人を見つける
2. 人脈を広げる
3. 極めてみたいことを見つける

2022年の総合運

探求や追求をしたいことを見つけることで人生が楽しくなる年。忙しい中でも極めてみたいことを見つけてみると、自分でも驚くほどパワーや能力を発揮することができるでしょう。自分に何が足りないのかも見えてきそう。尊敬できる人を見つけることもできるので、人との出会いを増やすように努めておくといいでしょう。いろいろな人を尊敬してみると視野が広がりそうです。健康運は、年末に肩こりや目の疲れ、偏頭痛で悩みそう。軽い運動を定期的に行っておきましょう。

2022年の恋愛&結婚運

運命的な出会いがある年。他人や異性にもっと興味を示したり、尊敬できる部分を見つける癖を身に付けると、素敵な人に出会えそうです。プライドが高く自ら動かない人ほど、今年は恋愛観を壊すつもりで自分から相手をデートや食事に誘ってみるといいでしょう。相手の話を楽しそうに聞いたり、相手の癖などを覚えておくといいでしょう。結婚運は、相手の出方を待っていないで具体的な話を明るくするといいでしょう。

2022年の仕事&金運

今年の仕事への取り組み方が後の人生を大きく変えることになる運気。手に職を付けるために行動しましょう。道具を使う仕事、もしくはこれまでの経験を伝える仕事や教育関係の仕事に就くことが大切。極めたい仕事を見つけられることもあるので、気になったことには素直に挑戦してみたり、教えてくれる人を見つけてみましょう。金運は、自己投資になることにお金を使ってみましょう。投資を始めるための勉強をするにもいい年です。

ラッキーカラー　ピンク　パープル
ラッキーフード　ジンギスカン　コーヒーゼリー
ラッキースポット　博物館　学校

ラッキーカラー、フード、スポットはプレゼントやデート、遊ぶときの口実に使ってみて

年代別アドバイス

世代が違えば、悩みも変わります。
日々を前向きに過ごすためのアドバイスです。

年代別アドバイス 10代

交友関係の整理をしたり、自分の目標をしっかり定めるには最高の年。目先に左右されないで2年後、4～5年後の幸せを考えて、今から学べることや自分の好きなことに素直に行動してみるといいでしょう。いい先生や影響を受ける人にも会えるので、人脈を広げたり、憧れの人や尊敬できる人と一緒にいる時間を増やすといいでしょう。年齢よりも少し上に見えるような上品な感じにイメチェンすると運気の流れも人脈もよくなるでしょう。

年代別アドバイス 20代

運命を変えることになる大事な年。自分の好きなことや得意と思えることを極める努力をしたり、進むべき道を決めて覚悟する必要があるでしょう。自分の才能がわからないときは周囲に素直に聞いてみると、向き不向きが簡単にわかることもあるでしょう。2年後、5年後に結婚する運気になるので、今から意識することでいい人と結婚ができるようになるでしょう。自分磨きを含めてこれからできることを見つけてみましょう。

年代別アドバイス 30代

今後の人生を決めることになる大切な出会いがあり、経験ができる年。結婚を望んでいるのにまだの人は2年後のために自分磨きをしたり生活リズムを変えて、大幅なイメチェンなどをしておくといいでしょう。これまでの仕事を活かして独立や起業をするにもいいタイミング。経験を活かせるようなことに挑戦するといいでしょう。新しい趣味を見つけてみたり、新たな交友関係を作ってみると人生が急激に楽しくなるでしょう。

年代別アドバイス 40代

上半期は大きな買い物や引っ越しをするのにいい運気。家やマンションの購入などを考えている場合は思いきって実行するか、2024年を目標にしてお金を貯めるようにするといいでしょう。上半期は今後の人生を決めるほど大きく流れが変わるタイミングなので、自分の能力や才能などを冷静に分析して行動するといいでしょう。ポジティブな発言をして何事も試す勇気を持ってみると、いい出会いやよき体験もできるようになるでしょう。

年代別アドバイス 50代

上半期は、体力作りや運動を定期的に行ってみるなど美意識をこれまで以上に高めてみるといい時期。エステやスポーツジムに通いはじめてみると健康的な生活を送れるようになり、そこでいい出会いもありそうです。年齢に見合った髪型や服装に思いきって変えてみると気持ちも楽になりそうです。年末は予定を詰め込みすぎないで、体調に少しでも異変を感じるときは早めに病院に行って検査を受けるようにしましょう。

年代別アドバイス 60代以上

生活習慣の見直しをしながらも長くできそうな趣味を見つけてみるといい年。少しでも気になることを見つけた場合はチャレンジしてみるといいでしょう。散歩やウォーキング、軽い筋トレやストレッチなどを定期的に行うようにして基礎体力作りをしておきましょう。下半期は、人間ドックを受けるなどしていろいろ調べておくと大きな病気を避けられたり、事前に病気を避けることができそうです。

金の羅針盤座

毎月・毎日 運気カレンダー

［ 2021年11月～2023年3月の運気グラフ ］

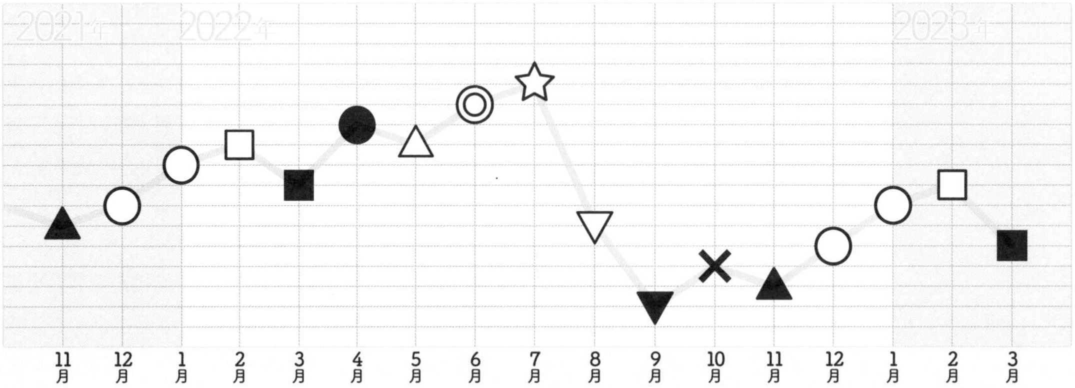

年	2021年		2022年												2023年		
月	11月	12月	1月	2月	3月	4月	5月	6月	7月	8月	9月	10月	11月	12月	1月	2月	3月
運気	▲	○	○	□	■	●	△	◎	☆	▽	▼	×	▲	○	○	□	■

金の羅針盤座の2022年は

□ 健康管理の年

次の目標を決める時期

この本で「占いを道具として使う」には、「毎日の運気カレンダー」（P.51 ～）を活用して1年の計画を立てることが重要です。まずは「12年周期の運気グラフ」（P.33）で2022年の運気の状態を把握し、そのうえで上の「毎月の運気グラフ」で、毎月の運気の流れを確認してください。

「金の羅針盤座」の2022年は、「健康管理の年」。山登りでいうと中腹にさしかかったあたり。2020 ～ 2021年で増やした経験と人脈を手に、次の目標を決める時期です。2023年までは求められることが増えますが、下半期は疲れもたまるので健康を保ち、休息をとることも重要。2024年には、いったん努力の結果が出ます。それを受けてさらなる決断をして登り続けると、2025 ～ 2026年は仕事も遊びも充実し、2027年に運気は山頂へ。

☆ 開運の月　◎ 幸運の月　● 解放の月　○ チャレンジの月
□ 健康管理の月　△ 準備の月　▽ ブレーキの月　■ リフレッシュの月
▲ 整理の月　× 裏運気の月　▼ 乱気の月

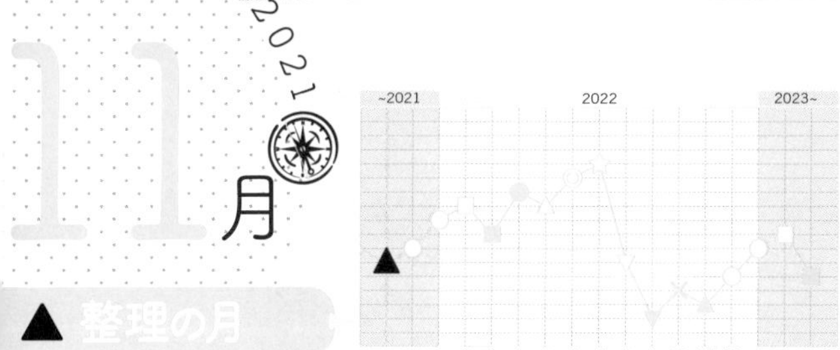

開運3カ条

1. 不要なものは処分する
2. 人間関係の整理をする
3. ムダな時間を減らす

総合運

必要なものと不要なものを分けることが大事な時期。年齢に見合わないものは思いきって処分して。人間関係でも足を引っ張っている人や重荷になる人から離れましょう。「執着」が不運の原因だと思って勇気を出して手放してみるといいでしょう。ただ、現状の不満から逃げるだけでは問題解決にならないので、目標を見つけてから手放して。健康運は、悪習慣と感じることはやめて健康的な生活リズムを取り戻しましょう。

恋愛&結婚運

交際相手と縁が切れてしまったり、別れ話になったりする時期。「こんなに頑張ったのに！」と自分だけが尽くしたと思っていると溝は深まるだけ。相手が求めていることをもっと理解するように努めて。ケンカしたり、気持ちを伝えることで相手の気持ちがハッキリわかることもあるでしょう。新しい出会いは月末に少しありそうですが、期待は薄そうです。結婚運は、覚悟を決めれば話が進みますが、決め手に欠けてしまいそう。

仕事&金運

仕事を辞めたくなる気持ちが高まってしまいそうな時期。自分の至らない点を克服せず成長しないままで転職や部署異動しても、結局同じことを繰り返すだけ。まずは、無駄な時間を削り、役割をしっかり果たすようにしましょう。仕事をもっと合理的に進めたり、結果や数字にこだわってみるとやるべきことがハッキリしそう。自分で先が見えないときは指示に素直に従ってみて。金運は、不要なものをネットオークションに出してみましょう。

日	曜	運気	内容
1	月	＝	何か新しいことや、やってみたいことをはじめるにはいいタイミング。本を購入して資格やスキルアップの勉強をスタートさせるのもいいでしょう。気になる場所にも行ってみて。
2	火	□	尊敬できる人や頼りになる人の話をしっかり聞くようにしてみて。情報を入れすぎたり鵜呑みにしていると、振り回されて向かうべき道が見えなくなってしまうでしょう。
3	水	■	寝不足や疲れを感じる日。今日は無理をしないで、早く帰ってのんびり家で過ごすようにしましょう。ゆっくり湯船に浸かって、普段よりも早く就寝するようにしてみて。
4	木	●	人間関係の悩みや不安など、マイナス面ばかり見ていても解決しません。味方や協力者の存在を忘れないようにして。やさしくしてくれた人にはやさしく接しましょう。
5	金	△	小さなミスから信用を失いやすい日です。約束の時間に遅れたり、打ち合わせや会議の資料を忘れてしまうかも。深呼吸をして落ち着いてから、目の前の課題に取り組みましょう。
6	土	○	頑張っている友人や同期と話してみるといいでしょう。背中を押すひと言がもらえたり、気持ちの切り替えができそう。髪を切って気分転換もいいですが、年齢に見合った髪型を。
7	日	○	購入して着ていない服や、ほとんど使ったことのない家具や小物などをフリマアプリで出品してみて。意外にも高値がつくかも。身の回りがスッキリして気分もよくなります。
8	月	▽	協力の大切さを知る日。ひとりで悩むのではなく、相談したり教えてもらったりと実際に力を貸してもらうことが大事。夕方以降はあなたが誰かの手助けをするようにしましょう。
9	火	▼	人間関係が面倒に感じられたり、トラブルに巻き込まれそう。意見が合わずイライラしたり、考えの違う人と一緒にいる時間が増えるかも。多様な考え方があることを受け入れて。
10	水	×	上司や先輩、取引先に振り回されてしまうかも。いいと思ったアイデアにも突っ込まれ、やる気を削がれてしまいそう。言い訳しないで、結果を出すために何ができるか考えて。
11	木	▲	使っていないアプリや不要な写真、動画を消去して画面をスッキリさせてみて。アドレス帳も整理するといいので、連絡をとることのない人の情報は消去しておきましょう。
12	金	＝	新しいことに目がいく日。新商品のお菓子などを購入して、どんなものか体験してみるといいでしょう。話のネタにするくらいの気持ちでチャレンジしてみて。
13	土	＝	お気に入りのお店はスルーして、はじめてのお店に行ってみるといいでしょう。気になっているお店や値段が高そうなお店に足を踏み入れてみると思った以上にいい体験ができそう。
14	日	□	定期的な運動をはじめるにはいい日。目標体重を決めて、基礎代謝を上げるように頑張ってみましょう。いきなりハードなことは続かないので、長期的にできる運動を選んで。
15	月	■	体調を少し崩してしまうかも。風邪っぽいときは早めに病院に行くか、無理をしないようにして。温かいものを飲んだり、おいしいものを食べてゆっくり休むようにしましょう。
16	火	●	笑顔と愛嬌で人の心をつかめそう。何事もポジティブに変換すると、人から注目されたり素敵な人を紹介される流れができます。相手を笑わせるくらいのサービス精神を見せてみて。
17	水	△	ドジな1日になりそう。階段や段差でつまずいてしまったり、柱の角に足の小指をぶつけてしまうかもしれません。スマホを落として画面を割ってしまうこともあるので注意して。
18	木	○	最近着ていなかった服を着たり、しばらく行っていなかったお店に食事をしに行くとおもしろい出会いや経験ができそう。以前に少し学んだことが役立つこともあるでしょう。
19	金	○	何事も最後まで真剣に取り組むといい日。結果につながらなくても、本気を出すことで自分のやるべきことが見えてきます。手抜きは自分のためにならないことを覚えておいて。
20	土	▽	余裕を持って行動することや、心のゆとりが大事です。時間に余裕があれば、困っている人を助けられるでしょう。時間に追われるようなことがないよう1日を過ごしてみて。
21	日	▼	自分のことだけを考えると、悩みや不安は深くなるだけ。困ったときこそ、自分よりも困っている人のために何ができるか考え、行動を。素敵な大人の生き方を目指してみて。
22	月	×	自分のことよりも、相手のためになることを考えて行動してみるといい日。他人の喜ぶ顔をどうしたら見られるのか、自分ならどんな言葉が欲しいのかを考えてみるといいでしょう。
23	火	▲	今日は身の回りにある不要なものの処分を。デスク回りを整えたり、冷蔵庫の中をきれいにしてみて。賞味期限が迫っている食品で料理をして、使わない調味料は処分しましょう。
24	水	＝	言われるまで待っていても何も変わりません。失敗から学んで経験として活かすためにも、まずは行動することが大事です。よかれと思ってしたことは周囲も認めてくれるでしょう。
25	木	＝	職場で接点がなかった人や、気になっている人に声をかけてみましょう。意外な話題で会話が盛り上がるかもしれません。遠慮はせずに、自分の聞きたいことを聞いてみて。
26	金	□	誰かからの誘いを待っているなら、「相手も誰かからのお誘いを待っているかも」と思って連絡してみるといい縁につながるでしょう。小さな勇気が人生を大きく変えます。
27	土	■	心身ともに疲れがたまっています。今日はしっかり休むといいので、カフェでボーッとしてみたり、漫画を一気読みしてみるといいでしょう。昼寝をする時間を作るのもオススメ。
28	日	●	口約束だけになっている人を思い出して連絡してみましょう。「今度ごはんでも」の「今度」を今日の昼や夜にしてみるといいかも。気になる人の場合は楽しいデートができそう。
29	月	△	「まぁいいか」と言葉に出して、何事も前向きに捉えることが大事。ウソでもいいのでプラスの言葉を発することで、自分も周囲の気持ちも楽になることを覚えておきましょう。
30	火	○	付き合いが長い人からのアドバイスが身に染みそう。ハッキリ言ってくれた言葉をしっかり受け止め、前に進むきっかけにしましょう。友人から紹介の話もあるかもしれません。

○ チャレンジの月

開運 3 カ条

1. 考えるより前にすぐに取り組む
2. 新しい出会いを求めて行動する
3. 未体験のお店やスポットに行く

総合運

何事もまずは行動することから始めるといい時期。周囲の流れや相手の出方を待っていないで取りかかると、自然と流れができるようになり、新しい出会いが増えそう。指示を待っているだけではいつまでも変わりません。勇気を出してみると人生観も変わってくるので、好きなことや興味のあることに素直に挑戦してみましょう。今月の体験や経験は、後の目標や幸福につながることがあるでしょう。健康運は、体力作りを忘れずに。

恋愛&結婚運

片思いの相手とは進展する流れができそうな月。相手からの告白を待っていないで好意を伝えておくと、後に交際できる可能性があるでしょう。新しい出会い運は、初めて行く場所で素敵な出会いがありそう。ふだんなら行かないような習い事や飲み会などに積極的に参加してみましょう。できればイメチェンをしてこれまでとは違った雰囲気で行くといいでしょう。結婚運は、ふだんとは違うデートプランを楽しむことが大事。

仕事&金運

積極的に仕事に取り組むことで流れを引き寄せられる時期。失敗を恐れて何もしないよりも、失敗から学んで成長するつもりで飛び込んでみることが大事。尊敬できる人からの教えを守ることや、アドバイスされた言葉を素直に行動に移すことも必要。サボってしまうとこれまでの苦労がムダになってしまうので気をつけましょう。金運は、新しいものに買い替えたり、これまで行ったことのないお店で買い物をするといいでしょう。

1 水	◎	大きな結果を求めるより、小さくてもいいので頑張ってみると達成感を得られそう。小さな成功の積み重ねが大きな自信につながり、流れを変えることになることを覚えておいて。
2 木	▽	日中は勢いまかせで行動してみることが大事。いい経験をすることができそうです。夕方からは我慢することが必要になりそう。辛抱強くなるための試練だと思って受け止めて。
3 金	▼	過剰な期待はガッカリする原因です。自分も他人も完璧になることはないので、ほどほどの期待をするように。あなたも相手をガッカリさせることがあると思って気を引き締めて。
4 土	×	人間関係が崩れやすい日。恋人とケンカになったり、身近な人のお節介にイライラしそう。相手の気持ちになって行動してみたり、もっと理解しようと努めてみることが大事です。
5 日	▲	身の回りにある不要なものを処分しておくと、大掃除で楽ができるでしょう。置きっぱなしで手をつけることのないものは処分を。使わないアプリも消去しておきましょう。
6 月	○	生活リズムを変えることでやる気が出そう。好奇心の赴くままに行動してみるといい経験ができます。小さな勇気も必要なので、気になる人には話しかけてみることも大事。
7 火	○	はじめて会う人にはしっかり挨拶をすることが大事です。相手よりも先に挨拶ができると、運気が上がると思ってみるといいでしょう。少しゲーム感覚でやってみて。
8 水	□	結果を気にすると焦ってしまうので、過程をどれだけ楽しむかに重点を置いてみましょう。たとえ目標を達成できたとしても、それもひとつの通過点でしかないことを忘れないように。
9 木	■	油断をすると体調を崩しやすい日。異変を感じるときは我慢せず、早退することも考えましょう。夜は突然遊びに誘われることがありますが、無理はしないように。
10 金	●	気持ちが前向きになり、やる気が出る日です。勢いで行動してみるといい流れに乗れそう。勘で判断してもいい方向に進めます。素敵な出会いもあるので人との関わりを楽しんで。
11 土	△	遊びに行くのはいいですが、調子に乗ってケガをすることがあるので気をつけて。小さなミスもしやすく、スマホを落として画面を割ってしまったり、食器を割ってしまうかも。
12 日	◎	親友と語ると気持ちが楽になります。親友に連絡して食事やお茶をしてみて。近況報告をしながらいろいろ話すと、気持ちがスッキリするかも。相手の話もしっかり聞きましょう。
13 月	☆	何事も前向きに捉えてポジティブに変換すると、運気の流れがよくなる日。何事も行動してみることでいい経験ができます。大事な出会いもあるので、人の集まりに参加してみて。
14 火	▽	日中は周囲の協力が得られてスムーズに仕事を進められます。大事なアドバイスがもらえることも。夕方以降は周囲に振り回されますが、構えすぎずに変化を楽しんでみて。
15 水	▼	一生懸命取り組んでも結果がなかなか出ない日。後ろ向きになってしまったりやる気を失いそうですが、「ここから何が学べるか」と、少しでも学ぼうとすると成長できそうです。
16 木	×	苦手な人や面倒な人と一緒にいる時間が増えるかも。お節介と言われてもいいので、正しいと思うことを貫き通してみて。善意があればあなたへの扱いは自然とよくなります。
17 金	▲	行動が雑になってものをなくしてしまいそう。時間を間違えて焦ってしまうことも。いつも以上にキッチリ過ごすよう気を引き締め、身の回りをきれいに片づけておきましょう。
18 土	○	新しいことをはじめるにはいい日。いつもと違う美容室でイメチェンをしてみて。旅行に出かけるといい刺激を受けたり、うれしい出会いがあるかも。少しの勇気が人生を変えます。
19 日	○	遊びの誘いやイベントなどの集まりに積極的に参加しましょう。初対面の人との出会いを増やすと、いい人脈が広がりそう。普段なら遊ばないような人の集まりに参加してみて。
20 月	□	自分の役割を果たすことが大事。なんとなく仕事をしないで、なんのために仕事をしているのか考えること。自分の仕事がいろいろな人の役に立っていることを想像してみて。
21 火	■	疲れやストレスをためてしまいそう。深呼吸や瞑想をすると、気持ちを落ち着かせることができるでしょう。休憩中は10分でもいいので昼寝をすると、体も頭もスッキリします。
22 水	●	あなたのセンスが輝く日。仕事で意見やアイデアがあれば、積極的に発言してみて。1歩引いていると、いつまでもチャンスはやってきません。責任を持って挑戦しましょう。
23 木	△	やる気をなくしてしまったり、つまらないミスをしやすいかも。サボり癖が出やすいので気を引き締めて。やる気が出ないときほど、取り組みはじめると自然と動けるようになります。
24 金	◎	経験を活かすことができる日です。実力アップや成長を実感できるかもしれません。少しでもいいので強気になってみると、運を味方につけることができるでしょう。
25 土	☆	思い出に残るクリスマスになりそう。期待以上にプレゼントや食事を楽しめそうです。今日出会った人を笑顔にできるように工夫すると、大きな幸運となって戻ってくるでしょう。
26 日	▽	年賀状の作成や大事な用事は午前中に終わらせておくといいでしょう。先延ばしにすると面倒になったり、雑になりそう。夜は予定を乱されてムダな時間を過ごすことになるかも。
27 月	▼	予定通りに物事が進まない日です。家族や身近な人に振り回されてしまったり、大事なことを忘れて大慌てすることもありそう。時間に余裕を持って冷静に行動しましょう。
28 火	×	よかれと思って行ったことが裏目に出てしまうかも。余計なことをしないように注意し、手伝いも邪魔にならないように気をつけましょう。相手の気持ちを考えて行動を。
29 水	▲	年末の大掃除には最適の日。汚れているところや普段掃除できないところはもちろん、パソコンやスマホのデータなどデジタル関連の整理もやっておくといいでしょう。
30 木	○	年末年始の買い出しは、はじめて行くお店だとお得な買い物ができそう。最近できたお店に行くとおもしろい出会いや経験も。買い替えを考えているものを購入するにもいい日です。
31 金	○	例年ならやらないような正月の準備をしてみるといいでしょう。おせちを作ったり、お餅をついてみたり、門松の用意をしてみたりすると、これまでとは違う年越しになりそう。

☆開運の日 ◎幸運の日 ●解放の日 ○チャレンジの日
□健康管理の日 △準備の日 ▽ブレーキの日 ■リフレッシュの日
▲整理の日 ×裏運気の日 ▼乱気の日 ＝運気の影響がない日

2022 1月

チャレンジの月

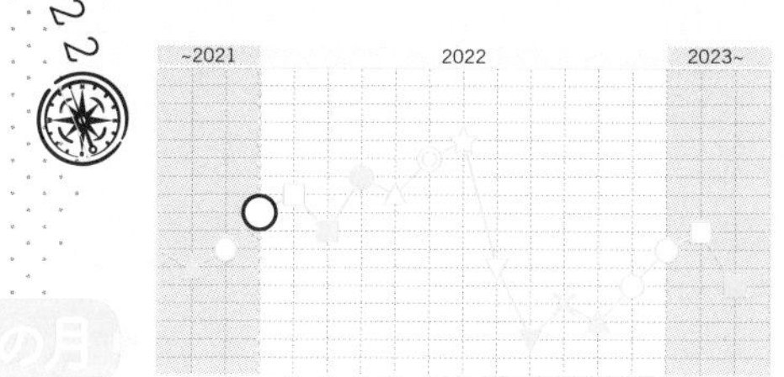

開運3カ条

1. 気になることはまずやってみる
2. 人との接点を増やす
3. 新しい店に買い物に行く

総合運

勉強になる出来事や出会いが多くなる時期。興味あることが増えてフットワークも軽くなるでしょう。積極的に誘ってくれる人に振り回されてしまう部分もありますが、結果的に視野を広げられたり前向きになれるきっかけをつかめるでしょう。交友関係も広げられるので、習い事をスタートさせるにもいいタイミングです。健康運は、健康的な食事を少し意識しておくことや不摂生と思われることは避ける意識が大切になるでしょう。

恋愛&結婚運

出会いが多くなる運気。少しでも興味あること、周囲からオススメされたことを体験してみましょう。友人がオススメする映画やTV番組で話のネタが増えて異性との会話が盛り上がることもあるので、いろいろな話に興味を示しておきましょう。今月出会った人と交際に発展したり、素敵な人を紹介してくれる可能性があります。結婚運は相手のいい部分を見るようにすると前向きになれそう。

仕事&金運

目標を設定することでやる気が出る時期。高い目標と、1日や1週間で達成できる目標をいくつか掲げてみましょう。アドバイスを聞くのはいいですが、聞きすぎると混乱の原因になるので、感謝しつつも自分のできることに全力で取り組みましょう。いい影響を与えてくれる人に会えたりいい話を聞けるので、逃さないように。金運は、買い替えにはいい時期。古くなったものを処分しましょう。

日	曜	運気	内容
1	土	□	1日の計画をしっかり立てて、行き当たりばったりな行動にならないようにしましょう。帰りの時間をしっかり決めておかないと、だらだらして疲れが一気にたまってしまいそうです。
2	日	■	寝不足を感じたり体調を崩しやすいので気をつけましょう。油断して薄着でいると風邪を引いてしまうことがあります。うがいや手洗いはしっかりやるようにしましょう。
3	月	●	自信が湧いてくる日。何事も弱気にならないで自信を持って強気で取り組んでみると、運を味方につけられるでしょう。気になる相手をデートに誘ってみるといい返事が聞けるでしょう。
4	火	△	約束をうっかり忘れていることや、大切な人に新年の挨拶や年賀状の返事をし忘れていることに気がつきそう。ヘコんでいないで、すぐに連絡や返信をするようにしましょう。
5	水	◎	久しぶりに会う人や友人の話をできるだけ肯定することが大切な日。自然とマイナスな話をする癖を直すようにするだけで、運気の流れをいい方向に変えられるでしょう。
6	木	☆	考えすぎずに勘で買い物をするといい日。今日買ったものはあなたのラッキーアイテムになるでしょう。時間を見つけて買い物に行ったり、ネットで探してみるといいでしょう。
7	金	▽	日中は順調に物事が進みやすい日。何事も積極的に行動するといいですが、夕方以降はマイナスの言葉に振り回されてしまったり、否定的な人に会ってヘコんでしまいそう。
8	土	▼	恩着せがましくなってしまったり見返りを求めてしまうと苦しくなる日。受けた愛や恩には感謝をして、他の人に渡すようにするといいと覚えておきましょう。
9	日	×	予想外の人に振り回されたり、予定通りに進まなくなってしまう日。些細なことでもいいので楽しめることや笑えることを見つけるようにするといいでしょう。
10	月	▲	ムダな動きを減らすためにも、身の回りにある不要なものは処分しておきましょう。特に集中力が欠けてしまうようなものは目に見える場所に置かないようにしましょう。
11	火	○	自分にも他人にも伸びしろがあることを楽しんでみるといい日。どんな人でも必ず伸びると信じて、不慣れなことや苦手なことに挑戦してみるといい勉強になることがあるでしょう。
12	水	○	何か大きな変化を求めるよりも、平凡で何もない1日がどれだけ幸せなのか忘れないようにしましょう。無事な1日ほどいい1日はないことを忘れないようにしましょう。
13	木	□	計画を立てて行動することが大事な日。今日中に達成できそうな目標が自然とやる気を出させてくれるでしょう。仕事だけでなく趣味での目標も大切になりそうです。
14	金	■	スタミナ不足や疲れを感じやすい日。今日は無理をしないで、マメに休んで頑張り過ぎないようにしましょう。朝からストレッチをすると体が軽く感じられそうです。
15	土	●	清潔感を心掛けることで異性から注目される日。人の集まりに参加してみるといい出会いもありそうです。デートをするにもいい日なので気になる人を誘ってみるのもいいでしょう。
16	日	△	リズムの悪さや噛み合わない感じがある日ですが、運気は思ったより悪くないので、マイナスに考えすぎないように。「このくらいで済んでよかった」と思っておきましょう。
17	月	◎	付き合いの長い人から学べたり、変化する必要があることを見つけられる日。仲がいい人と話せる時間を作ってみましょう。偶然出会った人とも短時間でも話してみましょう。
18	火	☆	仕事を楽しむことが大切な日。自分も周囲も楽しめるように仕事に取り組むといいでしょう。自分の仕事の先で笑顔になっている人のことを思い浮かべるのもいいでしょう。
19	水	▽	日中は、できることから始めてみるといい日。できないことを無理してやると挫折してヘコんでしまうだけ。自分の好きなことや得意なことをもっと極めてみるといいでしょう。
20	木	▼	真面目に物事を考えすぎてしまうと前に進めなくなってしまうだけ。考えるのはいいですが、もっと図々しく、図太く生きられるようにするといいでしょう。
21	金	×	あなたの気持ちを乱す人と一緒になってしまいそうな日。振り回されることを楽しんでみたり、「なぜこんな気持ちになるのか」を分析して原因を探ってみるといいでしょう。
22	土	▲	自分にないものに目を向けるよりも、今の自分にあるものや与えられているものを大切にするといい日。いい意味で「ないものはない」と開き直ってみるといいでしょう。
23	日	○	新しいことに挑戦するといい日。苦手なことや嫌いな部分を見つけて挑戦を避けるよりも、「少しくらいはそんな部分があるかな」と思って前向きにチャレンジするといいでしょう。
24	月	○	やる気が出ずいい結果に繋がっていない人も「今日からやり直せる」と思ってみることが大切な日。今の自分にできることに全力で取り組んでみると楽しくなるでしょう。
25	火	□	「今日からやり直そう」と思えば流れを変えられる日。今年の目標を変えてもいいので、生活リズムなどの些細なことから変化を持たせてみるといいでしょう。
26	水	■	疲れがたまりやすい日。昼寝をしたり、少しでもいいので目を閉じてゆっくりする時間を作っておくといいでしょう。夜は急な誘いがあるので体力を温存しておきましょう。
27	木	●	コンプレックスを忘れることができて気持ちが楽になる日。いい意味で開き直れたり、あなたの個性や才能を認めてもらえることがあるでしょう。
28	金	△	忘れ物に注意が必要な日。家や出先で財布やスマホなどを忘れて焦ってしまうことがありそう。些細なことでもしっかり確認作業を忘れないようにしましょう。
29	土	◎	自分の癖やパターンを理解しておくといいでしょう。子供のころから親や交際した恋人に言われてきた悪い癖は直すようにしましょう。短所を長所と捉えることも大切でしょう。
30	日	☆	勉強するにはいい日。習い事や気になることを勉強するために本を買うといいでしょう。体験教室やイベントに参加してみるのもいいでしょう。買い物するにもいい日です。
31	月	▽	小さな願いが叶いやすい日。小さな喜びを忘れないようにすることや、小さな幸運を見逃さないようにすることが大切です。夜は、人に振り回されてしまいそう。

開運のつぶやき　人生で最も恐ろしいのは、やろうとしないこと

2022 2月

□ 健康管理の月

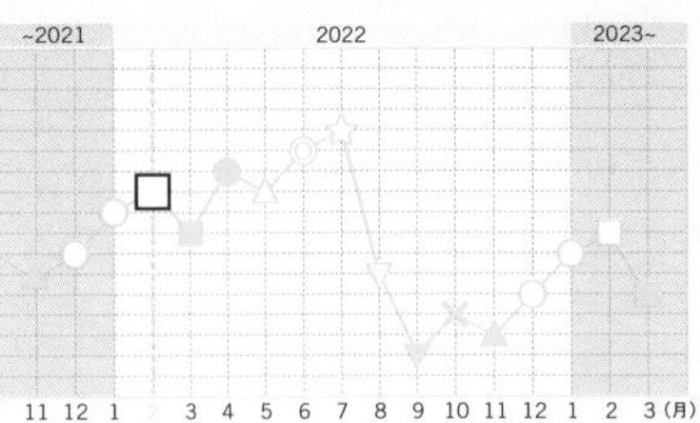

開運3カ条

1. 生活習慣を見直す
2. 少し面倒でも出会いの場所に行く
3. 基礎体力作りをする

総合運

生活習慣を整えたり、思いきって環境を変えるにはいい時期。不摂生と思えることがあるなら今月から整えるようにしましょう。今が悪い環境だと思えるなら、思いきって引っ越してみるのもいいでしょう。スポーツジムに通うなど定期的な運動を始めるにもいいタイミング。ダイエットや肉体改造をスタートしてみましょう。健康運は、基礎体力を付けるために運動を始めるには最高の時期。目標を決めてスタートしてみましょう。

恋愛&結婚運

これまでの恋愛を振り返って、恋に振り回されていたり思い通りになっていない場合は、考え方やターゲットや異性との関わり方を変えてみるといい時期。友人や知人から紹介してもらえるように自分を成長させたり一緒に遊ぶ相手を変えることも大切でしょう。結婚運は、交際期間が1～2年の場合は入籍に向けて具体的な話をするといいでしょう。相手からの言葉を待たないようにしましょう。

仕事&金運

今持っている力を最大限に発揮する方法を試したり、与えられた仕事にこれまで以上に真剣に取り組むと、流れを大きく変えられる時期。違う仕事に心が動いているなら転職するタイミングですが、多少の苦労は覚悟しましょう。目標をしっかり立てて、どんな努力が必要か、今の自分に何が足りないかを真剣に考えて行動しましょう。金運は長く使う物、仕事に使う物などを買うといいでしょう。

1 火	▼	指示されたことだけやると不満がたまるだけ。失敗してもいいので、自分のやり方で挑戦してみるといい勉強になるでしょう。今日は成功しないものだと思って挑戦することが大切。
2 水	×	思い通りに進まないことを悲しまないで、そんなことは当然だと思っておくとダメージは少ないでしょう。人生は意外性が楽しいと思っておくといいでしょう。
3 木	▲	不要なものや使わないものを処分することが大切な日。仕事の集中を妨げるようなものは目の前に置かないで、ムダな時間を使うアプリなどは消去するようにしましょう。
4 金	○	新しい経験ができる日。急な誘いがあったり、お願いをされることもありますが、受け入れてみるといい経験ができそうです。おもしろい出会いもありそうです。
5 土	○	気になる習い事を始めてみたり、これまで体験したことのないものにチャレンジしてみるといいでしょう。スポーツやダイエットを始めてみるといいでしょう。
6 日	□	休みの日でも計画をしっかり立てて行動してみるといい日。お店を予約してみたり、帰りの時間を決めておくといいでしょう。夜は明日の準備をしてから寝るといいでしょう。
7 月	■	起きるタイミングが悪く、体がだるく感じたり首や肩が痛くなってしまいそうな日。ストレッチなどで軽く体を動かしてから外出するとすっきりするでしょう。
8 火	●	周囲も運も味方につけられる日。アドバイスを素直に受け入れて行動してみたり、流れに身を任せてみると、いい結果や素敵な出会いにつながりそうです。
9 水	△	確認ミスや置き忘れなどをしやすい日。その場を離れるときは、確認をしっかりしましょう。大事なものを入れ忘れていないかも確認しましょう。
10 木	◎	1度や2度でうまくいかなくても、3度目にはうまくいきそうな日。恋愛も仕事も粘ってみるといいので、簡単に諦めないようにしましょう。
11 金	☆	見返りを求めないで仕事することで、後に大きな幸福になって戻ってくる日。相手が喜ぶことや求められたことには、できるだけ素直に応えてみるといいでしょう。
12 土	▽	午前中から活動的になってみるといい日。必要なものはまとめ買いしたり、衝動買いするにもいい運気。夕方以降は、急な誘いに振り回されてしまいそうです。
13 日	▼	冗談を真に受けて変な空気になってしまいそうな日。何事もプラスに変換するくらいの気持ちが大切でしょう。相手の冗談で怒ってしまわないように気をつけましょう。
14 月	×	チョコレートを渡すタイミングが分からないまま、自分で食べることになってしまいそうな日。気になる人にはダメ元でもいいので、とりあえず渡しておくといいでしょう。
15 火	▲	少し先のことを想像して、ずっと持っている訳がないと思えるものはどんどん処分しましょう。捨てるのがもったいないと思うなら、見えないところにしまっておくといいでしょう。
16 水	○	少しでもいいので生活リズムを変えてみるといい日。朝起きる時間や出社する時間などを変化させてみましょう。いつもと違う感覚で世の中を見られるようになりそうです。
17 木	○	気になったことはメモしておくといいでしょう。思い出したときに挑戦してみるといいので、気になることを探してみたり、周囲の話をしっかり聞いておくといいでしょう。
18 金	□	白黒はっきりさせることは大切ですが、人間関係はグレーゾーンを楽しむことも大切。曖昧やいい加減だからいい場合もあると覚えておきましょう。
19 土	■	休みの日にのんびりするのはいいですが、だらだらすると逆に疲れるだけ。有意義な休みがとれるように計画を立てたり、軽い運動などをするといいでしょう。
20 日	●	急に遊びやデートに誘われることがある日。面倒だと思ってもOKしてみると、思った以上に楽しい時間を過ごせそう。勢いで交際をスタートさせることもできそうです。
21 月	△	寝坊や遅刻など、小さなミスをしやすい日。確認をしっかりすれば問題は避けられそうです。やる気が出ないことを突っ込まれやすいので、元気に挨拶をしておくといいでしょう。
22 火	◎	親友からの一言で気が引き締まったり、付き合いの長い人からのアドバイスが心に響きそうです。腹を割って話せる人に連絡をしていろいろ語ってみるといいでしょう。
23 水	☆	目標を達成できるか、もしくはその流れに乗れる日。いい契約や商談をまとめられるなど、交渉がうまくいきそう。相手にもお得な感じを伝えられるようにするといいでしょう。
24 木	▽	日中はいい判断ができて、満足できる時間を過ごせそう。夕方以降は年下に振り回されたり、周囲の人の機嫌でムダな時間を過ごしそう。大事な用事は早めに片付けておきましょう。
25 金	▼	考えすぎには注意が必要な日。余計なことを考えてしまうと前に進めなくなってしまったり、言い訳や理由を探しすぎてしまいそうです。
26 土	×	「いつかやろう」と思って今日まで放っておいていることや、やらないで終わっていることを始めるにはいい日。裏運気の日だからこそ実行できることもあるでしょう。
27 日	▲	大掃除するといい日。使わないものや古くなったもの、年齢に合わないもの、何に使うか分からないものを処分しましょう。思いきって部屋を模様替えするくらいの勢いが必要。
28 月	＝	やる気が出て行動的になれる日。気になることは何でもとりあえずやってみるといいでしょう。向き不向きを知るくらいの感覚が大切でしょう。

☆ 開運の日 ◎ 幸運の日 ● 解放の日 ○ チャレンジの日
□ 健康管理の日 △ 準備の日 ▽ ブレーキの日 ■ リフレッシュの日
▲ 整理の日 × 裏運気の日 ▼ 乱気の日 ＝ 運気の影響がない日

2022 3月

リフレッシュの月

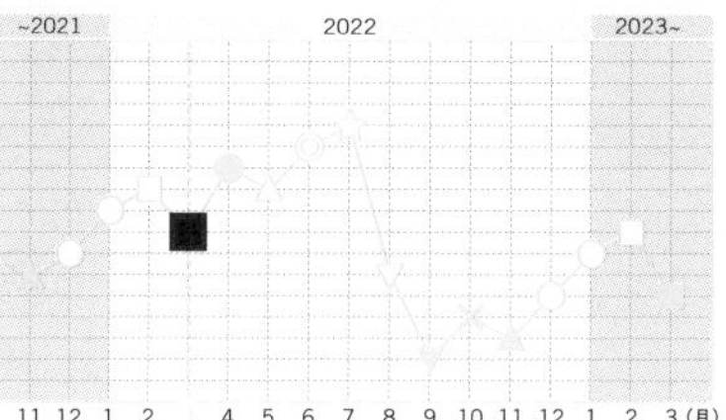

開運3カ条

1. 睡眠時間を8時間以上にする
2. 計画的に過ごす
3. 好きな音楽を聴く時間を作る

総合運

心身ともに疲れを感じやすい月。計画的に過ごしてムダを削るようにするといいですが、思った以上に仕事もプライベートも忙しくなってしまいそう。予定を詰め込みすぎないでゆとりを持って行動し、空き時間をうまく作るようにするといいでしょう。お酒に酔って大失敗やケガもしやすいので気をつけましょう。健康運は、風邪をひいたり疲れで体調を崩しやすいので要注意。しっかり休む日を作って睡眠時間は長めにとりましょう。

恋愛&結婚運

デートや出会いがありそうな前日はしっかり休んで、睡眠時間を8時間以上にしておきましょう。疲れた顔や眠たい感じでは盛り上がりに欠けてしまい、チャンスを逃してしまいそう。今月は仲良くなる程度にして、交際する決断は来月にしたほうがよさそう。相手に期待を持たせる言葉をかけてみるのもいいでしょう。結婚運は、二人で運動などの健康的なデートをしてみるといいでしょう。

仕事&金運

予想外の仕事が舞い込んできたり、時間に追われてしまう時期。ゆとりを持って仕事するのはいいですが、とりかかりを早くして作業時間の短縮などをしておかないと、急な仕事に対応できなくなってしまいそう。不要な残業で疲れもたまってしまうので気をつけましょう。限界を感じる前に助けを求めたり知恵を借りるようにしましょう。金運は、大金を動かす時期ではないので、貯めておくといいでしょう。

日	曜	運気	
1	火	＝	考えてばかりでは前に進めないので、まずは簡単なことでもいいから始めてみるといい日。なんでもいいので行動することで、やる気も自然と湧いてくるでしょう。
2	水	■	頑張りすぎに注意が必要な日。思った以上に疲れがたまって、精神的にも疲れてしまいそう。夜はストレスを発散させて、湯船にゆっくり浸かって早めに寝ましょう。
3	木	■	気が緩んで体調を崩したり疲れを感じやすい日。自分では感じていなくても疲れが蓄積していることがあるので、マメに休んだり健康的な食事を心がけておきましょう。
4	金	●	運を味方につけられる日。頑張ってきたことに運が表れるので、自分が何に力を注いできたのか見えてくるでしょう。いい出会いもあるので人とのつながりを大切にしましょう。
5	土	△	しっかり遊ぶことでストレスが発散されて運気もよくなる日。少し贅沢な食事をしたり、美術館や舞台を見に行くといいでしょう。友人と前向きな話をするのもいいでしょう。
6	日	○	人との縁を感じられる日。不思議と出会う人がいたり、懐かしい人から連絡がありそう。「これも何かの縁」と思ったら、食事に誘ってみるといいでしょう。
7	月	○	目の前の仕事に集中することが大切な日。だらだら行って時間を延ばすよりも、一気に終わらせて空き時間を作ったほうがいいでしょう。空いた時間に確認や見直しもできそうです。
8	火	▽	言われたことをしっかり行うのはいいですが、相手の求めている以上の結果を出そうとする気持ちが大切。夕方以降に予定が乱れて疲れてしまうので、早めに切り上げましょう。
9	水	▼	相手まかせにしたことにミスが多く、二度手間ややり直しになることがあり、がっかりしたりイライラしそう。伝え方や教え方が悪かったと思って、相手の成長に期待しましょう。
10	木	×	不機嫌な人に心を乱されて疲れてしまいそうな日。相手の責任にしないで、あなたは上機嫌でいられるようにしましょう。笑顔や挨拶やお礼はきっちりしておきましょう。
11	金	▲	実力以上の仕事をまかされるなど、やることが増えて混乱しそう。まずは簡単なことから終わらせるといいので、どんどん手をつけて。ムダな時間を減らすよう心がけましょう。
12	土	＝	周囲からオススメされた映画を観たり、本を読んでみるといい日。自分では気づけなかったよさを知ることができ、大切なことを学べそうです。
13	日	＝	些細な勇気が人生をゆっくり変えていくと思うといい日。180度違うことを行うよりも、小さな変化で1～2度角度を変えるだけで先の人生が変わると覚えておきましょう。
14	月	■	日中は、集中力が続き順調に進められそうですが、夕方以降は体調の変化や疲れを感じてしまいそう。ペース配分を間違えないように仕事に取り組むといいでしょう。
15	火	■	謎の肌荒れや胃腸の不調、肩こりなどが出やすい日。イライラしやすくもなるので、今日は無理をしないように。早めに帰宅して、家でのんびりする時間を作るといいでしょう。
16	水	●	仕事に一生懸命になるのはいいですが、恋のチャンスにも恵まれる日。気になる人に連絡してみるといい流れになりそう。空いている日を聞いてみるとデートができそうです。
17	木	△	集中力が欠けやすく、寝坊や忘れ物、確認忘れなどのミスもしやすいので気をつけましょう。話を最後まで聞かないと大きなトラブルになるのでしっかり聞くようにしましょう。
18	金	○	不慣れや苦手をそのままにしてきた人にしわ寄せがきそうな日。自分でも気づかなかったことを突っ込まれてしまうことがありますが、しっかり受け止めて成長しましょう。
19	土	○	部屋の片づけをして不要なものをネットで売ってみると、思わぬ高値になることがありそう。お得な買い物もできるので気になるお店に行ってみるといいでしょう。
20	日	▽	前向きな言葉やいい言葉を選んで発することで楽しい一日を送れそうな日。愚痴や不満を発しても心が荒んでストレスになってしまうだけなので気をつけましょう。
21	月	▼	思い通りに進まないことを不満に思う前に、世の中は誰もが思い通りになっていないことを忘れないようにしましょう。当たり前のことや些細な幸せへの感謝も忘れないように。
22	火	×	支えてくれている人や、恩のある人の存在を忘れないようにしましょう。お礼を伝え忘れている人や約束をしてそのままにしている人に連絡をしておくといいでしょう。
23	水	▲	油断していると信用を失ってしまう日。気が緩んで遅刻や寝坊、時間の間違い、忘れ物などをしてしまうことがあるので気をつけましょう。事前に確認をしっかりしましょう。
24	木	＝	何事も丁寧に行動することが大切な日。日常から丁寧を意識することできっちり仕事もできるようになるでしょう。恋愛でも異性からの評価が上がりそうです。
25	金	＝	生活リズムを少し変えてみるといい日。朝から軽いストレッチや運動の時間を入れてみたり、職場に行く時間を10分早めるなどしてみると、気分が変わってやる気になれそうです。
26	土	■	今日と明日はしっかり体を休ませて、無理のないようにスケジュールを組んでおくといいでしょう。温泉やスパやマッサージなどに行ってのんびりするといいでしょう。
27	日	■	今日は昼寝をしたり軽い運動をするなど、健康を意識した一日にしましょう。胃腸に優しい食べ物を選んで、不健康と思われることは避けるようにしましょう。
28	月	●	あなたの能力や魅力に人が集まってくる日。出し惜しみしないで教えられることは全て伝えてみるといいでしょう。人のよさや親切心にも敏感になれそうです。
29	火	△	余計なことを考えすぎてミスをしやすい日。慎重に行動するのはいいですが、確認と事前準備をしっかりすれば問題は何もないので、気にしないようにしましょう。
30	水	○	自分のためよりもお世話になった人のために動いてみると、いい仕事やいい結果につながる日。いろいろな人の顔を思い浮かべてみるといいでしょう。
31	木	○	時間と数字にこだわって仕事するといい日。ムダな時間を削ってみたり、早めに仕事を終わらせるなどもいいですが、目標の時間ぴったりに終わらせることも大切でしょう。

開運のつぶやき 「ありがとう」を口癖にするといい

2022

4月

● 解放の月

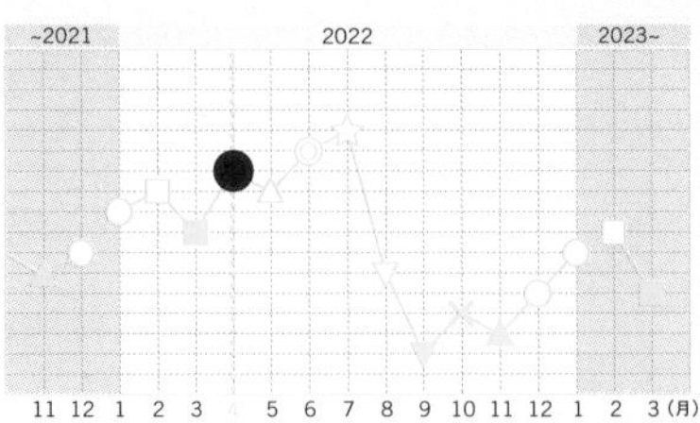

開運 3 カ条

1. たくさんの人に会う
2. 好きな人を意識した服装を心がける
3. 協力を楽しむ

総合運

素直に行動することで道が開ける時期。あなたの魅力や才能に周囲が気づいてくれたり、大切な助言が聞けるでしょう。抵抗があることでも取りかかってみると思った以上の手応えやいい結果につながったり、楽しさを見つけられるでしょう。出会い運もいいので、仕事関係者や友人とのつながりの縁を大切にすると、長い付き合いになる人や影響を受ける人に出会えそうです。健康運は、健康的な生活リズムを心がけるといいでしょう。

恋愛&結婚運

一目惚れするような人に出会えたり、あなたが一目惚れされる可能性が高い時期。外出するときは品や清潔感を忘れないようにして、流行や年齢に合う服を選びましょう。わからないときは雑誌を参考にしたり、オシャレな友人に相談しましょう。気になる相手には具体的な日程を送って食事に誘いましょう。結婚運は、恋人の未来の話を前向きに受け止めて盛り上げると一気に進むことがあるでしょう。

仕事&金運

やるべき仕事が増えて忙しくなりますが、マイナスな方向に捉えないで「頼られている」と受け止めるとやる気になるでしょう。周囲の期待に応えられるよう努めてみると魅力も能力もアップします。協力してくれる人や支えてくれる人の存在も忘れないように。金運は、仕事に役立つものを買い替えるといい時期。長く使えるものを買うにもいい時期なので、家電や家具を買うといいでしょう。

日	運気	内容
1 金	▽	自分のやるべき仕事があることに感謝すると、仕事運は自然とよくなるでしょう。夕方以降は気持ちが不安定になりそうですが、現状を楽しむことを忘れないようにしましょう。
2 土	▼	気持ちが不安定になったり、マイナスな考えが強くなったときは、掃除をして目の前をきれいにしましょう。磨けるものはなんでもピカピカにしてみると気分がスッキリするでしょう。
3 日	×	少しでも学べることに目を向けるといい日になるでしょう。サービス業や自分とは違う仕事に一生懸命取り組んでいる人を見習うことを忘れないようにしましょう。
4 月	▲	朝から少し部屋の片づけをすることでやる気になれる日。職場も少し片づけたほうがいい感じで仕事ができそうです。習慣にするつもりでやってみるといいでしょう。
5 火	○	一度怠けてしまうとだらだらしてしまう日。得意なことや簡単なことから手をつけてみるとどんどん仕事がはかどるでしょう。目標の時間なども決めてみるといいでしょう。
6 水	○	どんな人生でも辛抱が必要になるときがあることを忘れないようにしましょう。難しい問題や自分の至らなさを感じたときは、学ぶことの大切さや成長を忘れないようにしましょう。
7 木	□	自分の仕事にしっかり責任を持つことが大切な日。なんとなく仕事をしていると、運気もなんとなくしかやってこないでしょう。気を引き締めて仕事に取り組むといいでしょう。
8 金	■	体を休ませることも仕事のひとつだと思って、休憩時間は仮眠したり少しゆっくりできる時間を作りましょう。頑張りすぎると夜まで体力や集中力がもたないでしょう。
9 土	●	素敵な出会いや縁がつながる日。友人や知人の集まりに参加したり、自ら連絡して人を集めるといいでしょう。面倒だからと何もしなければ出会いのチャンスを失うと思っておきましょう。
10 日	△	自分も周囲も楽しめるアイデアを出すといい日。失敗してもいいので、よいと思うことをいろいろやってみましょう。小さな失敗は気にしないように前向きに捉えましょう。
11 月	◎	時間をかけて取り組んだことは必ず身についているもので、うまく活かせないのは自分がまだまだなだけ。今日は、自分の力量が見える出来事が起きそうです。
12 火	☆	全力で仕事に取り組んで、へとへとになるほど頑張ってみることが大切な日。今日の頑張りが、未来のあなたの笑顔につながるでしょう。長い目で見ることを忘れないように。
13 水	▽	自分の幸せを考え、どんな種を蒔くことが大切か考えて行動するといい日。未来のために行動する姿を笑う人とは距離を置きましょう。その人は未来を見ようとしていないから。
14 木	▼	頑張りが続かない日ですが、少しくらい気を抜いたりゆっくり仕事する日もあっていいと思いましょう。サボっていると思われないようにやる気のある姿勢を見せておきましょう。
15 金	×	やる気のない人に振り回されたり、面倒な人と一緒になる時間が増えてしまいそうな日。イライラしないで流れに身をまかせながら、他人に過剰な期待をしないようにしましょう。
16 土	▲	部屋の大掃除をするといい日。普段忙しくて片づけられないところをきれいにしましょう。夜は、はじめて行くお店で楽しい時間を過ごせそう。知り合いを誘ってみましょう。
17 日	○	新しい出会いに期待ができる日。髪を切って雰囲気を変えてみたり、服装も流行に合わせてみるとモテるようになるでしょう。知り合いに連絡をして集まる場を作ってみましょう。
18 月	○	やる気をなくしたら失敗で、やる気があるうちは経験だと思うことが大切な日。チャレンジに失敗はつきものです。すべては経験だと思うといいでしょう。
19 火	□	周囲のマイナスな声が耳に入ってしまいそうな日。「無理、難しい」と単純なことしか言っていないことに気づきましょう。あなたもつられてマイナスの言葉を発しないようにしましょう。
20 水	■	疲れがたまりやすい日。無理は禁物ですが、情熱だけは冷まさないようにしましょう。今できる最善を尽くすようにすることで、疲れを吹っ飛ばすこともできそうです。
21 木	●	楽しむことで運を味方につけられる日。仕事でもプライベートでも出来事を前向きに捉えて楽しんでみると自然と道が見えてくるでしょう。文句や否定をしないで受け入れてみましょう。
22 金	△	ムダな時間を過ごしてしまいそうな日。計算外や予定とは違う流れになっても仕方がないと思っておきましょう。自分のミスで時間が空くこともあるので気をつけましょう。
23 土	◎	友人や付き合いの長い人と遊ぶことでいい縁がつながる日。素敵な人を紹介してもらえることがあるので連絡してみましょう。周囲から見た自分を冷静に受け入れることも大切。
24 日	☆	買い物に出かけるにはいい日。家具や家電の購入や、服やカバンなど気になるものを探しに行くといいでしょう。引っ越しを考えている場合は、物件を探しに行くにもいい日です。
25 月	▽	午前中は集中力が高まっているので、大事な仕事や面倒な仕事を終わらせておきましょう。夕方辺りから他人のトラブルに巻き込まれたり、急な仕事をまかされてしまいそう。
26 火	▼	行き当たりばったりは不運や苦労を招くだけ。急に方向性ややり方を変えないようにしましょう。当たり前と思えることへの感謝を忘れないようにしましょう。
27 水	×	不満や文句がたまってしまう日。原因をしっかり探って、自分に問題があることを受け止めましょう。他人や周囲の責任にし、言い訳をしていると大切なことを学べなくなるでしょう。
28 木	▲	ムダな動きを減らすよう心がけるだけで、気持ちも体も楽になる日。ムダなものがカバンや財布に入っていないかチェックして、不必要にスマホをいじらないようにしましょう。
29 金	○	ボーッとしていると時間はどんどん過ぎてしまうだけ。どんどん動いて予定を追いかけるような気持ちで過ごしてみましょう。少し慌ただしいくらいのほうが満足できそうです。
30 土	○	はじめて行くお店で楽しい出来事や素敵な出会いがありそう。気になる場所やイベントに出かけてみるといいでしょう。少し遠出をするにもいい日です。

☆ 開運の日 ◎ 幸運の日 ● 解放の日 ○ チャレンジの日
□ 健康管理の日 △ 準備の日 ▽ ブレーキの日 ■ リフレッシュの日
▲ 整理の日 × 裏運気の日 ▼ 乱気の日 ＝ 運気の影響がない日

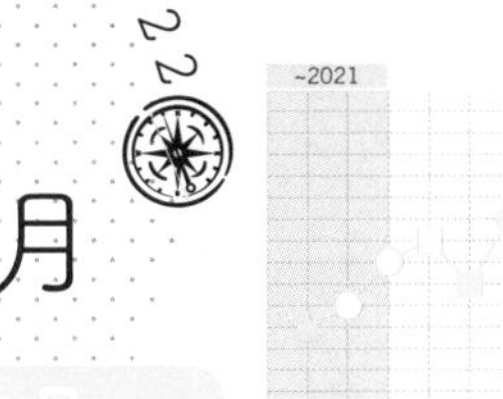

△ 準備の月

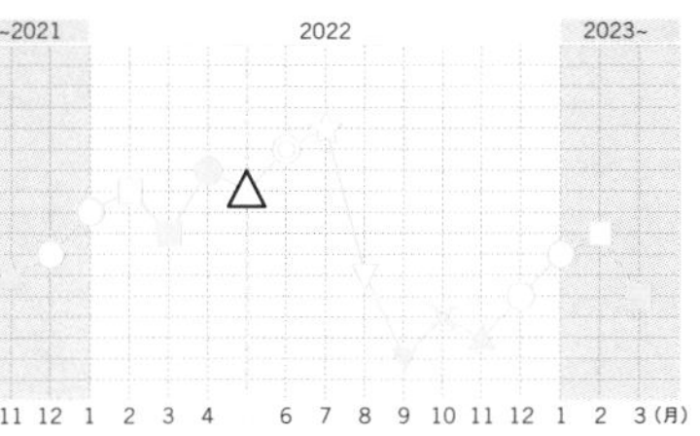

開運 3 カ条

1. 事前準備と確認をする
2. 遊びの計画を先に立てる
3. 遊園地に行く

総合運

珍しい失敗が多い月。些細なミスから、ときには大失敗する可能性もあるので、何事も事前準備や確認作業をしっかりしましょう。精神的な疲れも感じやすいので、メリハリのある生活を心がけましょう。しっかり仕事をしてしっかり遊ぶといいので休みの計画を先に立てておくとやる気や集中力が続きそう。甘い話や誘惑に乗りやすいので軽はずみな行動は控えましょう。健康運は、ドジなケガに注意。急ぐときほど慎重に行動しましょう。

恋愛&結婚運

異性との関わりや出会いが増える時期。ノリのいい人に会えそうですが、軽い感じに惹かれないこともありそう。今月の出会いは異性の友人くらいに思いましょう。気になる人を誘うならテーマパークや絶叫系アトラクションなど、自然とテンションが上がる場所がオススメ。デートでの遅刻や忘れ物には気をつけて。結婚運は、話が固まる時期ではないので、ふたりの楽しい時間を優先しましょう。

仕事&金運

遅刻や寝坊、計算ミスや操作ミスなど珍しいミスで叱られることがある時期。何事も慎重に仕事をして、確認作業を忘れないように。注意深く仕事をすれば問題は避けられます。ストレスがたまりやすい時期でもあるので、仕事終わりは趣味の時間や好きな人と一緒にいる時間を作って、気持ちを切り替えましょう。金運は、楽しい思い出作りにお金を使いましょう。契約や大きな買い物は避けるように。

日	運気	
1 日	□	無計画に行動すると疲れてしまうだけ。1日のスケジュールをしっかり決めて行動するといいですが、詰め込まないようにゆとりを持った計画にするといいでしょう。
2 月	■	日ごろの疲れが出てしまう日。今日は無理をしないでのんびりしたり、胃腸に優しそうなものを選んで食べるといいでしょう。好きな音楽を聴いてゆっくりする時間も作りましょう。
3 火	●	異性との関係を進めるにはいい日。気になる人に連絡して遊びに出かけてみましょう。相手からの連絡をいつまでも待たないように。映画やライブを見に行くにもいい日です。
4 水	△	自分でも驚くようなミスを連発しやすい日。忘れ物や失言、食べこぼしなど残念な失敗をしそう。今日はいつも以上に品よく丁寧に行動するように心がけて生活しましょう。
5 木	○	休日を楽しむ心が大切。少しでも気になったことがあるならチャレンジしてみるといい体験ができそう。旅行に出かけてみたり、見知らぬ土地を散策してみるといいでしょう。
6 金	◎	出費が増えてしまいそうな日。余計な買い物や食費がかかってしまうことがありますが、楽しんでストレス発散をするといいでしょう。けちけちしないようにしましょう。
7 土	▽	午前中から行動することで楽しい1日を過ごせそう。のんびりするのもいいですが、気になる場所にどんどん行ってみましょう。夜は人に振り回されやすいので気をつけましょう。
8 日	▼	連休最後の日は無理をせず、早めに帰宅してゆっくり時間を過ごすといいでしょう。渋滞や人混みにへとへとになってしまうこともありそうです。
9 月	×	仕事にやる気が出なかったり、不機嫌な人に心を乱されてしまいそう。挨拶や笑顔を心がけて、前向きに仕事に取り組みましょう。憧れない人に影響されないように気をつけましょう。
10 火	▲	大事なものを隙間に落としてしまったり、なくしてしまう可能性がある日。身の回りを整理整頓しておけば避けられるので、気になった場所はマメにきれいにしておきましょう。
11 水	=	1つのやり方にこだわってしまうと大切なことを見落としてしまいそう。いろいろなやり方や考え方があることを知っておきましょう。試すことを楽しんでみるのもいいでしょう。
12 木	=	知っているつもりで知らないことや知ったかぶりは不運の原因になってしまうだけ。分からないことは素直に聞いたり、頭を下げて教えてもらうようにするといいでしょう。
13 金	□	流れに無理に逆らうよりも流れに乗るようにするといい日。目的とは違う方向に進んでしまうことがありますが、遠回りすることで目的を達成できる場合もあるでしょう。
14 土	■	休みの日だからと思って調子に乗りすぎると、ケガをしたり暴飲暴食で胃腸の調子が悪くなることがあります。自分が不機嫌だと思ったときは、ひとりの時間を楽しみましょう。
15 日	●	突然遊びに誘われたり、予定が変更になりそうな日。人に会ってみると思った以上に楽しい時間を過ごせたりチヤホヤされることがありそう。自ら人を集めてみるのもいいでしょう。
16 月	△	寝坊や遅刻、時間や数字を間違えてしまうことがあるので注意が必要な日。自分でも「やってしまった」と思うような失敗があるでしょう。いつも以上に丁寧な行動を心がけましょう。
17 火	○	付き合いの長い人からのアドバイスが大切な日。相手の言葉を素直に受け止めて行動してみると、道が見えてくるでしょう。ひねくれたり不要な反発はしないようにしましょう。
18 水	○	現状に満足したり素直に喜ぶことで、運気の流れや人間関係がよくなる日。マイナスな言葉や考えは避けるように。うれしいことがあったら記念に買い物するのもいいでしょう。
19 木	▽	日中は物事が順調に進む運気。遠慮せず積極的に行動しましょう。夕方以降は後輩や部下の面倒を見ることでムダな時間が増えそう。教えられることはできるだけ伝えましょう。
20 金	▼	心を乱す人や、頑張りに水を差すようなことを言ってくる人に会いそうな日。ヘコんでいないで「同じことをしないように」と反面教師にしてプラスに変換しましょう。
21 土	×	予定が急にキャンセルになったり、断りにくい人から誘われることがありそうな日。愚痴や不満や悪口を聞くことになり時間のムダなので、ウソをついてでも離れましょう。
22 日	▲	部屋の片づけや大掃除をするにはいい日。不要なものや使わないと思われるものはどんどん処分しましょう。普段片づけないような場所もきれいにして整えましょう。
23 月	=	生活習慣を変えるといい日。悪習慣だと思うことを断ち切ってみたり、健康的な生活を意識してみるといいでしょう。起きる時間や出社する時間なども変えてみましょう。
24 火	=	学ぶ気持ちが前に進ませてくれる日。気になったことがあるなら調べてみたり、素直に聞いてみるといいでしょう。書店で本を買って詳しく学んでみるのもいいでしょう。
25 水	□	時間や数字にこだわって仕事するといい日。自分の中で満足できる結果を出せるように最善を尽くしましょう。至らない点も素直に認めて成長するようにしましょう。
26 木	■	少し疲れを感じたりスタミナ不足を感じそうな日。無理をしないでマメに休んだり、早めに帰宅するようにしましょう。魚料理を選んで食べるといいでしょう。
27 金	●	魅力や才能を認められる日ですが、新たな仕事をまかされてしまいそう。「押しつけられた」と思わないで「頼りにされている」と前向きに受け止めるといいでしょう。
28 土	△	遊びに出かけるといい日。イベントやライブ、スポーツ観戦や遊園地などで楽しむと、運気がよくなりストレスも発散できるでしょう。忘れ物や失敗をしやすいので気をつけましょう。
29 日	○	友人と縁がある日。急に思い出した人がいるなら連絡してみるといいでしょう。お茶やご飯をしながら近況報告をしてみましょう。いい話や素敵な人を紹介してもらえるかも。
30 月	○	自分の目的のために何が必要なのか冷静に判断して、憧れの人や尊敬できる人に話を聞いてみるといいでしょう。迷っている人に相談すると、一緒に迷ってしまうでしょう。
31 火	▽	自分の雑な部分が見える日。ダメだと思わず今後の課題だと思いましょう。雑談からいいヒントをもらえたり前向きになれることもあるので、いろいろ話してみましょう。

開運のつぶやき 自分の輝ける場所で輝けばいい

2022

6月

◎ 幸運の月

開運3カ条

1. 得意なことや好きなことに集中する
2. 親友に会う
3. 行きつけのお店に行く

総合運

自分の好きなことや得意なことに時間をかけるといい流れを作れる時期。何が好きかわからない人は、気になることにチャレンジをしてみるといいでしょう。人の集まりに参加したり前向きな話をすると、いい縁がつながったりいい人を紹介してもらえる可能性もあるでしょう。生活習慣を整える時期でもあるので、不摂生をやめて健康的な習慣を身に付けましょう。健康運は、筋トレや運動を定期的に行うようにするといいでしょう。

恋愛&結婚運

片思いの恋に進展がある時期。思いを寄せるだけでは何も変わらないので、今月にアクションを起こしてみることが大切。「今度お時間があるときにご飯に行きませんか？」と軽い感じで連絡してみるといい返事が聞けそう。きっかけ作りを楽しみながら行ってみましょう。新しい出会い運は、親友の紹介なら縁がありそう。結婚運は、結婚話が突然出たときに勢いで入籍するにはいい時期です。

仕事&金運

自分の得意な仕事をより極めることが大切な時期。求められた以上の結果やスピードを出せるように努めたり、これまでの経験を活かせるように心がけると、いい流れに乗れるようになるでしょう。付き合いの長い人から仕事を頂いたり、大切な仕事をまかせてもらえることもありそうです。金運は、長年欲しいと思っていたものを、自分へのご褒美として購入するといいでしょう。

日	曜	運気	
1	水	▼	周囲の人の気分に振り回されてしまったり、急な仕事を押しつけられてしまいそうな日。流れに逆らわないで受け止めて、学べることを探すようにするといいでしょう。
2	木	✕	他人の嫌な部分が目につく日。どんな人にもいい部分があるので見つけるようにしましょう。後輩や部下に振り回されることもありますが、自分の成長のためだと思いましょう。
3	金	▲	いい意味で諦めも肝心な日。執着していると前に進めなくなるので、不要なものやプライドはどんどん手放すといいでしょう。身の回りにある要らないものも処分しましょう。
4	土	○	親友から素敵な人を紹介してもらえたり、おもしろい情報を入手できそう。オススメされた映画やドラマを観ると、思った以上にハマってしまうことなどもありそうです。
5	日	○	久しぶりに行くお店で素敵な出会いやいい発見がありそうな日。新メニューを頼んでみると話のネタにもなりそうです。ふと思い出したお店があるなら友人と行ってみましょう。
6	月	□	仕事は細部までこだわって行うことが大切。雑になっているといつまでも評価されないでしょう。相手のことをもっと想像して、どうすると喜ばれるのか考えて行動しましょう。
7	火	■	疲れを感じたらマメに休憩しましょう。体調に異変を感じる場合は、早めに病院に行って検査を受けましょう。不摂生をやめて、今日は早めに寝て睡眠時間を長くしましょう。
8	水	●	小さな幸せを見つける癖を持ち、現状の幸せを見逃さないように。些細なことを喜ぶことで笑顔につながるでしょう。当たり前と思えることに感謝を忘れないようにしましょう。
9	木	△	忘れ物やミスをしやすい日。何事も少し早めに準備して早めに終わらせ、確認の時間をとるようにしましょう。確認を怠ると面倒なことになったり、叱られる原因になるでしょう。
10	金	◎	良くも悪くも、これまでの自分の行いや生活習慣を見直すといい日。悪習慣やなんとなく続けていることをきっぱりやめて、新たな生活リズムに切り替えるといいでしょう。
11	土	☆	買い物に出かけるにはいい日。年齢に合う服装や、流行や季節に合うものを選んでみましょう。普段なら入らない感じのお店に行ってみるとお得なものを見つけられそうです。
12	日	▽	片思いの相手や気になる人に、午前中に連絡してみるといい日。ランチデートやお茶をすることができそう。共通の話題や相手が話しやすい話を振ってみるといいでしょう。
13	月	▼	自分以外の人のミスで仕事が遅れたり、巻き込まれて謝罪することになりそうな日。思い通りにならないことでヘコんだりイライラしないように、平常心を心がけましょう。
14	火	✕	自分の考え方や生き方だけが正しいわけではないので、いろいろな正義があることを忘れないように。互いの考えの落としどころを見つけることが楽しいと思うといいでしょう。
15	水	▲	使わない資料や不要なデータを消去しておいたり、身の回りをきれいにしておくといいでしょう。散らかったままでは不運の原因になってしまうので、整理整頓を心がけましょう。
16	木	○	慣れた仕事だからとなんとなくやるよりも、学べることや新たな発見があると思って見方を変えてみるといい日。これまで気づかなかった方法を見つけることもできそうです。
17	金	○	新しいアイデアが浮かんだり、前向きなことを想像できる日。明るい未来をいろいろ想像してニヤニヤする時間を作ると運気の流れがよくなるでしょう。周囲にも前向きな話をしてみて。
18	土	□	今日と明日は、ゆとりを持って行動しましょう。日頃の疲れをとるために一泊旅行や温泉やスパに行くのもいいでしょう。家でゆっくりするときは好きな音楽をじっくり聴きましょう。
19	日	■	疲れがたまりやすい日。予定をいっぱいにせず、ゆとりを持って行動しましょう。慌てると段差で転んだり、忘れ物をするので気をつけましょう。夕方以降に急な予定変更もありそう。
20	月	●	あなたの魅力や能力を発揮できる日。些細なことでも一生懸命取り組んでみるといいでしょう。その姿に惚れる人が現れたり、魅力アップにつながるでしょう。
21	火	△	約束を忘れそうになって焦ってしまいそうな日。時間もギリギリになったり、確認ミスもしやすいので気をつけましょう。思った以上に気が緩む日だと思っておきましょう。
22	水	◎	自分がやる気になるパターンにはめるといい日。いいリズムで仕事や生活ができるので、ダラダラしてムダな時間を作らないように。計画を立て、先のことを考えて行動しましょう。
23	木	☆	満足できる結果やいい手応えを感じられる日。会議や話し合いでも意見が通りやすいので、丁寧に伝えてみましょう。反対意見のよさも忘れず、そこから学んでおきましょう。
24	金	▽	日中はいい流れで仕事ができそう。人とのつながりに感謝できる出来事もあるでしょう。夕方以降は周囲のミスや不機嫌に振り回されそう。自分の用事は早めに片づけましょう。
25	土	▼	友人や知人に振り回されて疲れそうな日。愚痴や不満を聞くことになったり、ムダな時間も増えそう。マイナス思考で落ち込むときほどプラス面を探すようにしましょう。
26	日	✕	失恋したり、恋人と気まずい空気になってしまいそうな日。わがままや気分で判断しないようにしましょう。気が乗らないときはひとりの時間を楽しんだほうがいいでしょう。
27	月	▲	不要なものを持ち歩いていないか、カバンや財布の中を確認して出かけましょう。職場でも置きっぱなしのものや使わないものを処分して、すっきりさせておきましょう。
28	火	○	人に会って話すことで学べることが多い日。初めて話す人と盛り上がることもあるので、思いきって話しかけてみるといいでしょう。最初は苦手でも慣れると楽しくなるでしょう。
29	水	○	新しいことに敏感になってみると、人生が楽しくなる日。周囲を見渡してみると変化していることがたくさんあるので、じっくり観察してみるといいでしょう。
30	木	□	お礼や挨拶など品のいい言葉を選んでしっかりすることが大切な日。今日の丁寧な仕事ぶりや態度が、後の人生を大きく変えることになりそう。笑顔や愛嬌も忘れないようにしましょう。

☆ 開運の日　◎ 幸運の日　● 解放の日　○ チャレンジの日
□ 健康管理の日　△ 準備の日　▽ ブレーキの日　■ リフレッシュの日
▲ 整理の日　✕ 裏運気の日　▼ 乱気の日　═ 運気の影響がない日

7月 2022

☆ 開運の月

開運 3 カ条

1. 未体験、未経験のことに挑戦する
2. 新しい出会いを増やす
3. 現実的で具体的な目標を掲げる

総合運

人生を左右すると言ってもいいぐらい重要な月。今月の決断や出会い、何をスタートするかで運命を変えられるでしょう。現状に満足できないなら環境を変える決断と行動が大切。引っ越しや転職、イメチェン、人との出会いの場所に行くなどして、未経験なことに積極的に挑戦するといいでしょう。健康運は、生活習慣を整えたりダイエット、筋トレを始めるには最高のタイミング。未来の自分のために体のことを真剣に考えましょう。

恋愛&結婚運

運命的な出会いのある月。人の集まりに参加したり、知り合いや友人からの紹介を大切にしましょう。異性の友人を作ると素敵な人につないでくれる可能性もあるので、好みでなくても友人になるようにしましょう。既に気になる相手がいる場合、今月は押しが大切。連絡するだけでなく日時を指定して食事や遊びに誘いましょう。結婚運は、未来の話ができる月。勢いで入籍をしてもいいでしょう。

仕事&金運

今月はこれまで以上に本気で取り組む姿勢が大切。些細なことでも完璧に行って、求められた以上の結果を出せるように努めましょう。困っている仲間に協力する必要もあるので、自分のことでいっぱいにならないように。新しい目標を掲げるにもいいタイミングなので、明るい未来のためにどうするか考えましょう。金運は、高価な買い物、引っ越し、契約、投資をするにはいい時期です。

日	曜	運気	内容
1	金	■	胃腸に優しいものを食べたり、乳製品をとるといい日。冷たいものやお酒の飲みすぎには気をつけて。疲れを感じるときはゆっくり湯船に浸かってから寝るようにしましょう。
2	土	●	突然遊びやデートに誘われそうな日。気になる相手を誘うにもいい運気なので、服装や髪型は気合いを入れましょう。勢いで交際をスタートする場合もありそうです。
3	日	△	遊びに出るといい日。夏らしい遊びがいいので、友人や知人を誘ってBBQや花火やビアガーデンなどに行きましょう。調子に乗りすぎてドジなことも起きるので気をつけましょう。
4	月	◎	実力を評価してもらえたり、チャンスを作ってもらえそうな日。最善を尽くすといい結果にもつながるので、手抜きや加減をしないで全力で取り組んでみましょう。
5	火	☆	求められた以上の結果を出せたり、あなたの魅力と才能が開花する日。遠慮しないで力を出しきってみましょう。相手の立場をもっと考えて仕事するといいでしょう。
6	水	▽	午前中から頭の回転やキレがいいことを実感できそう。重要なことから取り組んで終わらせるといいでしょう。夕方以降は、周囲の人の機嫌に振り回されてしまいそうです。
7	木	▼	真面目に考えるのはいいですが、自分だけが正しいと思い込んでいると苦しくなるだけ。相手も正しいと思っておくことやダメな部分があるのはお互い様だと思いましょう。
8	金	×	責任を背負っているのではなく、まかせてもらえるぐらい実力を買われていると思いましょう。今日感じる面倒なことは、何事もプラスに変化させる訓練だと思いましょう。
9	土	▲	季節に合わないものは片づけたり、使わないものや置きっぱなしのものは思いきって処分しましょう。普段掃除しない場所もできるだけきれいにすると気分もすっきりします。
10	日	○	髪を切って雰囲気を変えたり、服装のイメージを変えてみるといい日。雑誌やネットの情報をうまく使いましょう。はじめて行くお店で素敵な出会いやいい体験もできそう。
11	月	◎	いいアイデアが湧いて、仕事ができる日。些細な仕事でも積極的に取り組みましょう。自分や周囲に何が足りないのか見えてきそう。足りない部分は「成長できる幅」だと思っておきましょう。
12	火	□	自分の限界を自分で決めないで力を出しきってみたり、もっと前向きなことを考えてみるといいでしょう。いろいろな角度から相手の立場を考えるなど、視野を広げてみましょう。
13	水	■	今月頑張りすぎた人には休憩が必要な日。少しペースを落としたり、疲れをためない工夫をする、気温を考えて服を選ぶなど体調のことを考えて生活を送りましょう。
14	木	●	職場で目立つ存在になったり求められることが増える日。できることをできるだけやってみるといい結果やいい人脈もできます。恋のチャンスもあるので遠慮しないようにしましょう。
15	金	△	忘れ物や連絡忘れなど、ついつい忘れてしまうことがある日。大事なことはメモしたりチェック用紙を作っておくといいでしょう。食べこぼしで服を汚してしまうこともあるかも。
16	土	◎	親友や付き合いの長い人と遊んだり、片思いの相手とデートができそうな日。しっかり楽しむことで関係がよくなりストレス発散もできそうです。異性の友人から告白されることも。
17	日	☆	買い物や契約、引っ越しを決めるにはいい日。今日手に入れたものはラッキーアイテムになるでしょう。財布を買うと金運もアップするので買い換えてみるといいでしょう。
18	月	▽	午前中は運を味方につけられたり、あなたの能力や魅力が輝くでしょう。自分の勘を信じて判断して、何よりも行動するように。夕方以降は若い人の面倒をみることになりそうです。
19	火	▼	ネガティブな情報に心を振り回されそうですが、学ぶ気持ちがあれば前向きに変換できるでしょう。ウソや噂話に流されないように冷静に判断するようにしましょう。
20	水	×	思い通りに進まないことが増えますが、思い通りにならないほうが普通です。順調に進まないときは自分の至らない点を認めて、周囲に感謝するタイミングだと思いましょう。
21	木	▲	苦手な仕事や事務作業や後回しにしたいことは先に終わらせるようにしましょう。身の回りで散らかっている場所をきれいに整えたり掃除するにもいい日です。
22	金	◎	遠慮しないでまずは行動するといい日。新しいと感じることがあるなら挑戦をしたり、新商品を購入するといいでしょう。変化を楽しんでみると自然と前向きになれるでしょう。
23	土	◎	はじめて行く場所でいい思い出や素敵な出会いがありそう。気になるイベントやライブに行ってみるといいでしょう。気になる人を誘ってみるといい初デートになりそうです。
24	日	□	自分の気持ちに素直に行動するといい日。待っていても何も変わらないので、行動的になったり、知り合いを集めるといいでしょう。前向きな話や夢を語ってみるといいでしょう。
25	月	■	エアコンを効かせすぎて朝から体調が悪かったり、暑さでバテてしまいそう。消化がよさそうなものを食べたり、冷たいものの飲みすぎに気をつけるようにしましょう。
26	火	●	実力を発揮できたり、大事なことをまかされそうな日。一瞬面倒だと感じても一生懸命取り組むと評価が上がったり、いい結果につながりそう。自分の実力も確認できそうです。
27	水	△	小さな失敗をしやすい日。遅刻やチェック漏れ、数字の間違いなどをしやすいので、確認を忘れないようにしましょう。時間にゆとりを持って行動しましょう。
28	木	◎	付き合いの長い人から連絡が来たときは、幸運の知らせだったり素敵な縁がつながる前兆。しばらく連絡していない人に自らメールを送るのもいいでしょう。町で偶然会えることも。
29	金	☆	本気で仕事に取り組むことで運を味方につけられる日。実力以上の結果やうれしい流れに乗れそう。頑張ったと自分を褒められるときはご褒美に買い物をするといいでしょう。
30	土	▽	午前中から遊びに出かけたり、夏を楽しみましょう。プールや海に行って思い出作りをしましょう。夜は疲れが出やすいので早めに帰宅して、旬の野菜を食べてゆっくりしましょう。
31	日	▼	強引な友人に振り回されてしまいそう。合わせることで新しい発見やおもしろい話を聞けそう。愚痴や不満を聞くことがあっても、釣られてあなたまで言わないようにしましょう。

開運のつぶやき 前に進むということは、良いことも悪いことも受け入れるということ

2022

8月

▽ ブレーキの月

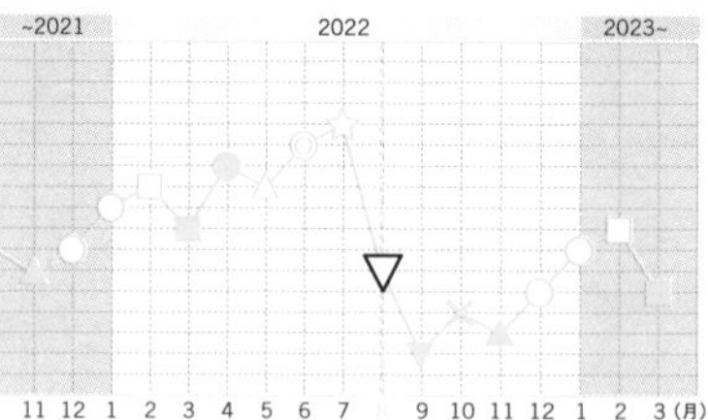

開運3カ条

1. 中旬までは何事も積極的に行動する
2. 好きな人に素直に気持ちを伝える
3. 下旬は流れにまかせて逆らわない

総合運

多少無理だと思っても中旬までは積極的に行動したり、思いきった挑戦がいい流れや結果につながるでしょう。いい人脈や体験もできるので、できるだけフットワークを軽くしたり、未体験なことにチャレンジしてみるといいでしょう。下旬になると周囲の人の意見に振り回されてしまいそうですが、自分以外の人の感覚を楽しんでみるといいでしょう。健康運は、下旬になると夏バテやエアコンで体調を崩しやすいので気をつけましょう。

恋愛&結婚運

好きな人に気持ちを伝えるなら中旬までがいいでしょう。ここで伝えないと後悔するので勇気を出しましょう。「このまま友人で」と思っても数年後には縁が切れている可能性が高いので、ダメ元でも気持ちは伝えること。新しい出会い運も中旬まで期待できますが、気になったら早めにデートに誘いましょう。結婚運も、中旬までなら勢いで入籍できそう。下旬はタイミングが悪くなりそうです。

仕事&金運

いい仕事ができていると自分でも思えるのは中旬まで。それ以降は周囲の人に振り回されたり、マイナス点や不満を見つけてしまいそう。仕事があることへの感謝を忘れないで、自分の役割を意識するといいでしょう。下旬は、人間関係がゴチャゴチャしやすいので、上手に受け流したり後輩の面倒をみるといいでしょう。金運は、買い物は中旬までがオススメ。下旬は不要な出費が多くなりそうです。

1 月	×	ムダな時間が疲れる原因になるので、不要なことに時間を使わないように。意見や考え方の違う人から学ぶ気持ちは大切ですが、考えを同じにしようと思わないようにしましょう。
2 火	▲	批判や否定的な言葉でヘコんでいないで、バネやパワーに変化させようと思うといい日。マイナスな考えばかりにとらわれないで、自分の糧とする生き方をするといいでしょう。
3 水	○	自分の成長を望んで努力することとないものねだりは大きく違うもの。自分の得意なことを伸ばす努力をして、できないものはできないと割りきって得意な人に頼みましょう。
4 木	○	まずは行動を優先することが大切な日。余計なことを考えたり指示を待っていないで、目の前のことに集中したり、やるべきことを見つけてどんどん動き出してみましょう。
5 金	□	何事も順序よく進めることが大切な日。基本的なやり方を忘れないようにしましょう。終わりをしっかり考えることで何をやらなくてはならないか見えてくるでしょう。
6 土	■	夏の疲れを感じてしまうか、遊びに行った先で体調を崩したり、張り切りすぎて疲れをためてしまいそうな日。予定を詰め込みすぎないでゆっくり過ごすようにしましょう。
7 日	●	気になる異性がいるなら積極的になる価値がある日。遠慮すると恋のライバルに先を越されてしまうでしょう。異性の友人関係が延々と続くことはないと思ってダメ元で告白しましょう。
8 月	△	判断ミスやうっかりミスをしやすい日。ノリや勢いで決めないで慎重に判断するように心がけましょう。褒められたときに喜ぶのはいいですが、隙もできやすいので気をつけましょう。
9 火	◎	話しやすい人や友人と話をする時間を作りましょう。特にポジティブな発言の多い人や笑わせてくれる人と話をするといいでしょう。見習えるところはマネしてみましょう。
10 水	☆	自信を持って行動することが大切な日。何事も堂々と挑戦してみることで運を味方につけられるでしょう。恋愛でも押しきったり、好意を伝えてみるといい関係に進めそうです。
11 木	▽	日中は、自分の都合よく時間を使えたり、スムーズに進められそうです。夕方以降は、のんびりするのはいいですが、ボーッとしていると時間をムダに過ごしてしまいそう。
12 金	▼	真面目な部分は融通が利かないと判断されたり、慎重な性格は臆病と思われそう。よさがうまく発揮できないことがあるので、あなたも相手をマイナスに評価しないようにしましょう。
13 土	×	もやっとした気持ちになりそうな日。友人や知人の態度や言葉遣いひとつで不愉快な気持ちになりそう。反面教師だと思って自分も同じことをしないように気をつけましょう。
14 日	▲	やる気が出ないときほど身の回りを掃除しましょう。整理整頓すると余計なことを考えなくなり気持ちが楽になりそうです。マイナスなイメージのあるものも処分しましょう。
15 月	○	分からないことはそのままにしないで詳しい人に教えてもらいましょう。ただ、どうしたら相手が気分よく教えてくれるのか考えて、言葉を選びタイミングを計るようにしましょう。
16 火	○	知っていても、やったことがないなら知らないと同じようなもの。実際に体験すると、知っていることとは違う場合もあるでしょう。人間関係も同じだと思っておきましょう。
17 水	□	叱られたり怒られることは大切で、間違った方向に進まなくてよかったと感謝しましょう。そのことに気づくためにも思いきった行動や新しいことを試してみるといいでしょう。
18 木	■	思ったよりも夏の疲れがたまっていたり、エアコンの寒さで体調を崩してしまいそうな日。今日は無理をしないで、深呼吸して落ち着いて行動するようにしましょう。
19 金	●	意外なチャンスや幸運がやってくる日。チャンスだと少しでも感じたら思いきって挑戦してみると、いい結果が出たり行動に移してよかったと思えるでしょう。
20 土	△	ひとりの時間を楽しむのもいいですが、周囲にオススメされたことに挑戦してみると新しい発見やうれしい出来事があるでしょう。人生は遊びだと思って楽しんで取り組みましょう。
21 日	◎	異性の友人や知り合いから告白されたり、好意を寄せられそう。素敵な人なら勢いで交際してもいいでしょう。いい思い出のあるお店に行くとうれしい出来事が起きそう。
22 月	☆	現状維持を願うと苦労や困難につながりそう。同じ苦労をするなら自分のレベルを上げるために挑戦したほうがいいでしょう。今日は頑張った自分へのご褒美に買い物をしましょう。
23 火	▽	日中は、行動することで運を引き寄せられる日。遠慮しないで積極的に行動すると仕事でいい結果を出せそうです。夜は、後輩や部下に振り回されてしまうことがありそう。
24 水	▼	よかれと思ってした行動が空回りや余計なお節介になってしまいそうな日。自分の正義を押し付けないようにしましょう。相手の気持ちをもっと考えて行動してみましょう。
25 木	×	謙虚な気持ちが大切な日ですが、謙虚な態度は不要なので気をつけましょう。自分を過小評価することで周囲が褒めにくい空気を作らないように。褒められたら素直に喜びましょう。
26 金	▲	欲張らないで不要なものを手放すといい日。使わないものや置きっぱなしになっているものは必要な人にあげましょう。時間を使いすぎてしまうアプリなどは消去しましょう。
27 土	○	新しい出会いやいい体験ができる日。知り合いの集まりに顔を出したり、新しいことに挑戦してみるといいでしょう。新しい習い事を始めるにもいいタイミングです。
28 日	○	友人の集まる場所に顔を出したり、自ら連絡してみんなを集めてみるといい日。少しイメチェンしたり、髪を切るにもいい日なので変化を楽しんでみるといいでしょう。
29 月	□	地道な作戦が最も大切な日。時間がかかってしまうこともありますが、じっくり丁寧に取り組みましょう。人間関係も今は気まずくても、いつか理解してもらえる日が来ることを楽しみに。
30 火	■	体力的な無理が続かない日。胃腸や肌の調子が悪くなりそう。ストレス発散に時間を使ったり、自分の本音や言いたいことを仲間に話してみるといいでしょう。
31 水	●	今月最後にうれしい出来事があったり、うれしい知らせが入りそう。勝手にマイナスに変換しないで、素直に喜びましょう。魅力もアップするので素敵な出会いにもつながるかも。

☆開運の日 ◎幸運の日 ●解放の日 ○チャレンジの日
□健康管理の日 △準備の日 ▽ブレーキの日 ■リフレッシュの日
▲整理の日 ×裏運気の日 ▼乱気の日 ＝運気の影響がない日

2022

9月

▼ 乱気の月

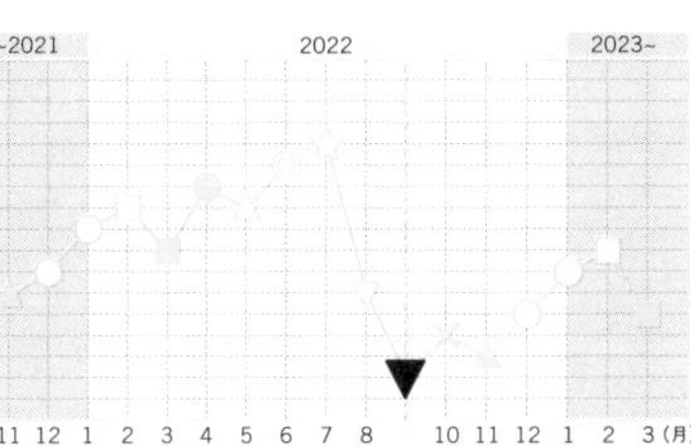

開運 3 カ条

1. 情報に振り回されない
2. 苦手を克服する努力や勉強をする
3. 肉体改造やボディメイクをする

総合運

現状に不安や不満を感じ始めたり、気持ちを揺さぶられる情報や話を入手してしまいそうな時期。勉強やスキルアップを目指すには問題ないですが、誘惑や楽なほうに流されてしまうとこれまでの頑張りがムダになってしまいそう。遊ぶときはしっかり遊んだり、力加減を変えるタイミングを見極めるようにして、無責任な言葉に振り回されないように。健康運は、ストレスがたまりやすい時期。ストレス発散をマメにしましょう。

恋愛&結婚運

好みでない人から言い寄られたり、好きな人と距離が空いてしまいそうな時期。無理に関係を進めたり、過度に期待するとがっかりするだけ。連絡をするのはいいですが、深追いしないようにしましょう。新しい出会い運は期待がかなり薄いので、自分磨きをする時期だと思って肉体改造や会話のネタ探しをしましょう。結婚運は、この時期に進展する可能性は低く、進む場合は相性が微妙な人かも。

仕事&金運

仕事で空回りしたり思わぬ人に振り回されることが多く、挫折や失敗を感じて仕事のやる気をなくしてしまう時期。真面目に取り組む姿勢を変えなければ問題はないですが、サボったり目の前のことに集中できないと、評価を落としたり信頼を失うので気をつけましょう。苦手を克服する努力も忘れないように。金運は、予想外の出費やムダ遣いをしそう。安易な儲け話は大損するので気をつけて。

1 木 △ 判断ミスをしやすい日。軽はずみに判断しないようにしましょう。書類をしっかり読んだり人の話を最後まで聞いて、疑問に思うことは質問して理解できるまで決断を避けましょう。

2 金 ○ 悪友や面倒な人と関わる時間が増えそうな日。相手の望みが何なのか考えることが大切。言われたことをそのまま受けとらないで、損得で冷静に判断するといいでしょう。

3 土 ○ 出費が増えそうな日。経験にお金を使うといいですが、契約や大金を動かすと大損したりムダ遣いになってしまうので、財布のヒモはしっかり締めておきましょう。

4 日 ▽ 日中は、突然遊びの誘いや連絡がありそう。帰りの時間を決めて遊びに行くのはいいですが、長時間は避けましょう。夜は、明日のために早めに寝て疲れをしっかりとりましょう。

5 月 ▼ 直感が外れやすいですが、外れから学べることもあるので、思ったことに挑戦してみましょう。失敗したときは、同じことを繰り返さないように、なぜ失敗をしたか考えましょう。

6 火 × ボーッとする時間が増えたり、集中力が途切れそうな日。普段なら気づけることなのに、それができないでチャンスを逃すかも。会話が噛み合わない感じになることもありそう。

7 水 ▲ 何事にも謙虚な気持ちや感謝の心を忘れないようにしましょう。その気持ちがあると大切なことを見逃さないでいられたり、相手のことや先のことも見えるようになるでしょう。

8 木 = 目の前の仕事に真剣に取り組むことが大切な日。余計なことや先のことを考えるよりも、まずは目の前のことを完璧に行い、求められた以上の結果を出せるように努めましょう。

9 金 = 人の意見に振り回されてしまいそうな日ですが、違っていると感じるならはっきり伝えてみるといいでしょう。伝えないままでいると苦労する原因になってしまうでしょう。

10 土 ■ しっかり体を休めたり、ストレス発散に時間を使うといい日。軽く運動したりストレッチする時間を作りましょう。夜更かしは避けて湯船にしっかり浸かってから寝るように。

11 日 ■ 体を休ませたほうがいい日。昼寝をしたり、睡眠時間を普段より長めにして、マッサージなどに行ってみるのもいいでしょう。少し贅沢な1日を過ごしてみましょう。

12 月 ● 自分に「ない」ものにではなく、「今ある」ことに目を向けるとやるべきことが見えてきます。周囲で同じように考えている人にも会えそう。

13 火 △ 軽い気持ちで判断したことが面倒を生み出してしまいそうな日。少し先のことや損得で判断するといいでしょう。何も考えないで話したり判断しないようにしましょう。

14 水 = 長く使っていたものが故障したり、不具合が出そうな日。買い替えたり修理することで出費がかさんでしまいそう。詳しい人に話を聞くと学べることもあるでしょう。

15 木 = 真面目に取り組むのはいいですが、臨機応変な対応を心がけましょう。自分の立場だけでなく相手や全体のことを考えて判断をするといいでしょう。

16 金 ▽ いろいろな考え方ややり方、工夫の仕方が無数にあることを忘れないようにしましょう。物事の見方もいろいろあるので、想像力を膨らませると楽しく学べそうです。

17 土 ▼ 表面的にいい顔をする人に注意が必要な日。うっかり騙されたり、もてあそばれてしまうことがありそう。ムダな時間とお金を使うハメになってしまうことがあるでしょう。

18 日 × あなたに善意があっても、相手に悪意があると意味がなくなってしまう日。新しく出会った人や浅い付き合いの人とは距離を空けるように。きっぱり断ることも大切でしょう。

19 月 ▲ 期待外れな人に会ってがっかりしそうな日。相手の成長を願って距離をとったり、言葉を選んで教えてあげるといいでしょう。ときには離れる判断も必要でしょう。

20 火 = 何事もポジティブに変換して受け止めることが大切な日。勝手にネガティブに受け止めないようにして、周囲を笑わせるくらいプラスに考えてみましょう。

21 水 = まずは行動するといい日。何事にもチャレンジ精神を持つといいでしょう。気になる新商品のドリンクやお菓子を購入してみるのもいいでしょう。

22 木 ■ 言われるまで待っているといつまでも何も変化しないので、些細なことでもいいからよいと思ったことを行動してみましょう。夜は気遣いで疲れてしまうので早めに帰宅を。

23 金 ■ 小さなケガをしたり、体調に異変を感じやすい日。特に仕事で使うところは疲労している可能性が高いので、しっかり休ませましょう。目は目薬を使うといいでしょう。

24 土 ● 遊びに誘われたり急に予定が変わってしまう日。楽しい時間を過ごせそうですが、自分の時間が減ったり、不要な出費が増えそう。マイナスを見ないでプラス面を見るように。

25 日 △ 小さな失敗が重なりそうな日。忘れ物や約束を忘れてしまうなど、自分でも「あれ?」と思うことをやってしまいそう。確認を忘れないようにしましょう。

26 月 = 苦手と思っていた人に会ってしまいそうな日ですが、相手のいい部分や頑張っているところを見つけるようにするといいでしょう。認めて許す気持ちで接すると楽になるでしょう。

27 火 = 仕事をしながら学ばせてもらっていると思うといい日。給料をもらいながら人生経験を得たりスキルアップさせてもらっていることを忘れないようにすると、やるべきことが見えてきます。

28 水 ▽ 日中は、いい感じで仕事が進められそうですが、夕方辺りから思った以上に苦労したりうまく進まなくなってしまいそう。ゆっくり時間をかけて進めるようにしましょう。

29 木 ▼ 期待した通りに進まなかったり、ライバルに負けてしまいそうな日。自分のことばかり考えないで、相手や取引先のことをもっと考えると問題はうまく避けられるでしょう。

30 金 × 甘い話や誘惑に要注意。隙を突かれてしまいそうな日。不運で片づけないで、自分の欠点や弱点を知れてよかったと前向きに捉えて今後は気をつけるようにしましょう。

✕ 裏運気の月

開運 3 カ条

1. 無理な時ははっきり断る
2. 睡眠時間を増やす
3. 人の話は最後まで聞く

総合運

体調が大きく崩れると言うより、生活リズムが乱れたりストレスがたまるようなことが始まる時期。悪習慣をやめて無理を避けるように。特にあなたを振り回す人や面倒な人との関わりが増えるので、嫌なときははっきり断って、先のことを考えて判断しましょう。言われるがまま受けないように。健康運は、体調に異変を感じやすい時期なので、少しでも異変があるときは病院に行ったり健康的な食事や生活リズムを意識しましょう。

恋愛&結婚運

予想外の異性から好意を寄せられて、好みの人とは距離が空いてしまいそうな時期。焦ると空回りしやすくなるので周囲に相談して、アドバイスを信じて行動するといい流れに変えられそう。自分ではやらない方法ほど効果がありそうです。新しい出会いは、一瞬は盛り上がっても急に冷めたりうまくいかなくなるので、過度な期待はしないほうがよさそう。結婚運も、様子を窺うくらいにしましょう。

仕事&金運

仕事の悩みや問題よりも、人間関係がゴチャゴチャすることが増えそうな時期。よかれと思った行動が裏目に出やすいので、冷静に判断して。正しいと思ってもタイミングが悪いと評価につながらないので、慎重に行動するように。苦労することもありますが、自分が成長できる時期だと思って前向きに受け止めましょう。金運は、交際費など予想外に出費が増えそう。計画的に使うように心がけて。

日	運気	
1 土	▲	身の回りを片づけるといい日。他の人から見て幼稚と思われたり年齢に合っていないと思われるものがないか冷静に判断して、当てはまるものから片づけるといいでしょう。
2 日	＝	あなたを支えてくれている家族や友人の存在を忘れないように。ひとりでは生きてこられなかったことを思い出して、感謝の気持ちを表すといい日になるでしょう。
3 月	＝	水を差すような言葉やヤボなことを言わないようにしましょう。はっきり否定しなくてもうっすら否定的なことを発している自分に気づいて、肯定的な言葉や認める言葉を選びましょう。
4 火	□	ポジティブ変換を楽しむといい日。思い通りに進まないときほどプラスの発想をしたり、考え方を変えるといいでしょう。周囲がクスッと笑ってしまうくらいの発想をしてみましょう。
5 水	■	イライラするときは疲れがたまっている証拠。しっかり休憩して体を休ませたり、気分転換しましょう。不機嫌でいると更に不機嫌になることが起きることを忘れないようにしましょう。
6 木	●	気づいたことは積極的に行動するようにしましょう。ゴミを拾ったり、汚れている場所をきれいにしたり、「誰かがやる」と思ったらその「誰か」に自分がなりましょう。
7 金	△	真面目に取り組むのはいいですが、少しでもいいので遊び心やいたずら心を持って仕事や日々の生活に取り込むといい日。笑える人生を送れるように工夫を忘れないように。
8 土	○	友人や知り合って長い人と会うといい運気。厳しいことをはっきり言われてしまうこともありますが、相手がよかれと思って発した言葉をしっかり受け止めるようにしましょう。
9 日	○	日用品や消耗品を買いに行くにはいい日ですが、安いからと類似品を買ってしまったり、余計なものにまで手を出してしまいそうなので、メモをとってから行きましょう。
10 月	▽	相手に恥をかかせないような言葉を選んでみるといい日。自分基準ではなく、相手の立場や状況や思いをもっと考えて言葉を選んでみましょう。
11 火	▼	優先順位を間違えたり、判断ミスをしやすい日。あちらを立てればこちらが立たない感じになってしまいそう。本当に大切にしなければならないのはどちらなのか真剣に考えるように。
12 水	✕	幸せの欠片は小さくて見つけにくいもの。些細なことでも、幸せや感謝できることを見つけるといいでしょう。不満やマイナス面ばかりに目を向けないようにしましょう。
13 木	▲	小さなミスをしたり、確認を忘れてしまうことがある日。大事な要件を伝え忘れてしまうことがあるのでしっかりチェックするようにしましょう。失敗は早く謝るようにしましょう。
14 金	＝	簡単にわかってしまうことよりも、体験をすることのほうが価値があるもの。何でもネットで調べないで自分でどうするか考えてみるといいでしょう。
15 土	＝	些細なことでもいいので、いいことをしましょう。すぐに何か変化が表れなくても、その積み重ねが人生をいい方向に導いてくれます。どこかで誰かが必ず見ていてくれるでしょう。
16 日	□	恥ずかしい思いを避けるよりも、ときには思いきって恥をかいてみると度胸がつくもの。失敗談を話してみんなを笑わせたり、失敗を覚悟で飛び込んでみるといいでしょう。
17 月	■	ポジティブな発言が多い人ほど実年齢よりも若く見えるものだと思って、ポジティブな発言を意識するといい日。ネガティブ発言は老いるだけなので避けましょう。
18 火	●	意見の違う人の話を聞くからいいアイデアが生まれたり、発想や視野が変わっていくもの。意見が合う人の話ばかりでは大切なことを見落としてしまうことがあるでしょう。
19 水	△	自分が素直に楽しめることや夢中になれることにいいヒントがあるでしょう。自由な時間に自分がやっていることを仕事に活かせるようにするといいでしょう。
20 木	○	誠実な気持ちで仕事に取り組むことが大切な日。サボったり、手を抜いたり、相手のことを考えないで仕事をすると苦しくなるだけ。できるだけ誠実に仕事に取り組みましょう。
21 金	○	目の前の仕事に全力で取り組むといい日。やりきったと思えるくらい一生懸命になってみると、他人を認めたり、もっと頑張っている人を見つけられるようになるでしょう。
22 土	▽	午前中はのんびりしないで部屋の片づけや買い物を終えておくといいでしょう。午後からはゆっくりして日頃の疲れをとったりのんびりする時間を作っておきましょう。
23 日	▼	予想外の出費があったり、意外な人から誘われて予定通りに進まなくなりそうな日。今日は、流れに逆らわないで合わせてみましょう。面倒の先におもしろい発見や経験がありそうです。
24 月	✕	周囲の緊張を解くような言葉を発したり、ほっこりするような話をするといい日。笑い話でもいいですが、前向きになる言葉を選んでみるといい日になるでしょう。
25 火	▲	身の回りを片づけると仕事に集中できるようになるでしょう。拭き掃除をして身近なものをピカピカにしておくといいでしょう。普段片づけない場所もきれいにしてみましょう。
26 水	＝	周囲の人と会話を楽しむのはいいですが、相手の感動した話に共感してみるといいでしょう。「へー」と聞き流していると、いつまでもいい人間関係ができないでしょう。
27 木	＝	どんな人でも失敗や思い通りにならないときがあるもの。そこから学んで成長したり、実力をつけられる部分を知れてラッキーだと思ってみるといいでしょう。
28 金	□	周囲にいる愛嬌のある人から学んで、あなたも愛想よく生きられるように訓練してみましょう。すぐにできなくても笑顔や元気で明るく振る舞う練習をするといいでしょう。
29 土	■	疲れがたまりやすい日なので、無理をしないでゆっくりしたり、温泉やスパ、マッサージなどに行く時間を作りましょう。慌てて行動して転んだりしないようにしましょう。
30 日	●	急に遊びに誘われたり、友人が家に遊びに来ることがありそう。異性からの連絡もありそうなので心の準備をしておきましょう。意外な人のほうが楽しい時間を過ごせそう。
31 月	△	ゆっくりでいいので丁寧に仕事をしたり、自分のペースを守るようにしましょう。急ぐことでミスが増えてしまいそう。最後までしっかり確認を怠らないようにしましょう。

☆ 開運の日 ◎ 幸運の日 ● 解放の日 ○ チャレンジの日
□ 健康管理の日 △ 準備の日 ▽ ブレーキの日 ■ リフレッシュの日
▲ 整理の日 ✕ 裏運気の日 ▼ 乱気の日 ＝ 運気の影響がない日

2022 11月

▲ 整理の月

開運3カ条

1. 不要なものを手放す
2. 人との別れに臆病にならない
3. 「諦めも肝心」を忘れない

総合運

区切りをつけるにはいい時期。いい意味で諦めたり手放すことで軌道修正しやすくなるので、執着をやめて自分の得意なことや求められることに力を入れましょう。身近にある不要なものや時間をムダにしてしまう趣味からは思いきって離れること。人間関係の整理もするといいので、悪友やあなたを振り回す人から離れましょう。健康運は、ダイエットを始めるために食事のバランスを整えたり、間食をやめるなどするといい時期です。

恋愛&結婚運

失恋しやすい時期。あなたから別れを告げることもあるでしょう。思い切って縁を切ったり、中途半端な関係の相手とは白黒はっきりさせましょう。相手まかせでは幸せが遠のいてしまうでしょう。片思いで進展がない人も、諦めて月末から新たな人を見るともっと素敵な人に会えるでしょう。結婚運は、話を固めるときではないですが、独身を終わらせるという前向きな考えがある人は入籍できそう。

仕事&金運

仕事を辞めたくなったり、頑張りを否定されてしまう時期。人間関係が面倒になりそうですが、何事もプラス面を探して、合わない人とは距離を置くようにしましょう。合理的に仕事ができるように知恵を絞ったり、情報を仕入れましょう。金運は、出費が増える時期。気づいたらお金がないということもあるので家計簿を付けましょう。投資や大きなお金の動きはマイナスになりやすいので気をつけましょう。

日	運気	内容
1 火	○	経験をうまく活かせる日。今日は攻めることよりも引き際を見極めることが大切。うまくいかないときは付き合いの長い人に相談してみると解決策を教えてもらえそう。
2 水	○	これまで真面目に取り組んで頑張ってきた人ほど「自分は頑張っているのに」と言葉に出さないように。「頑張っている」と言わない人に次のチャンスがやってくるでしょう。
3 木	▽	午前中は、ゆっくりでも丁寧に仕事に取り組むことでいい結果につながりそう。午後から思わぬトラブルに巻き込まれてしまうかも。イライラしないで協力するときだと思いましょう。
4 金	▼	元気を失ったり、テンションが下がってしまいそうな日。疲れもありますが、頑張りすぎには注意が必要。頑張ることを目標にしないで、結果を出すことを目標にしましょう。
5 土	×	急な誘いがあったり、予定が乱れてしまいそうな日。無理なときははっきり断って家でのんびりしたり、コメディ映画やお笑いの動画などを見て笑うと気分がすっきりするでしょう。
6 日	▲	大掃除に最高の日。年齢に合わないものや使わないもの、着ない服や履かない靴は一気に処分しましょう。もったいないと思わないで、目の前からなくなると気分もよくなるでしょう。
7 月	=	与えられた仕事だけをしないように。工夫して違う仕事を作ったり、効率よく仕事できるように努めましょう。言われたことだけをやっているといつまでも前向きになれないでしょう。
8 火	=	結果を出している人をしっかり観察して、少しでもいいのでマネをしてみましょう。同じことができなくても、マネをすることで得られることが必ずあるでしょう。
9 水	□	自分が何をしたいのか考えるといい日。しっかりとした目標ではなくても「何がしたいのか」を考えてみると、自分のやるべきことややりたいことが見えてくるでしょう。
10 木	■	集中力が途切れたり、疲れを感じやすい日。今日は短時間に集中してマメに休むようにしましょう。頭の回転が悪いときは目の疲れなので、目を閉じて周りをマッサージしましょう。
11 金	●	楽しいことを見つけられる日。仕事の楽しさを見つけられたり、人とのふれあいを楽しめそう。過剰に求めないで些細な幸せを見つけられるようにするといいでしょう。
12 土	△	遊びに出かけるといい日。小さな勇気でいい経験ができたり、楽しい時間を過ごせそう。ドジなケガや失敗もありますが、笑い話のネタだと思って前向きに受け止めましょう。
13 日	○	友人や知人と語るといい日。久しぶりに話すと前向きな気持ちになれそう。自分の頑張りをアピールせず、相手が頑張っていることを認めるとあなたの頑張りや才能も認められそう。
14 月	○	人を幸せにしたり、人様のお役に立てるように過ごすといい日。自分のことよりもみんなが笑顔になるために何をするといいのか考えて行動してみるといいでしょう。
15 火	▽	午前中は、やる気になれたり前向きに行動できそう。午後は、余計なことを言われて立ち止まってしまいそうですが、いろいろな人の考え方があると思っておきましょう。
16 水	▼	今日は、予定通りに進まないことが当然だと思ったり、残念な結果が来ると心構えしておきましょう。覚悟をしておけば多少の出来事は受け止められるでしょう。
17 木	×	運まかせで行動すると痛い目に遭うので、経験を活かすように行動しましょう。今日は運が味方してくれないので実力で乗りきる日だと思っておきましょう。
18 金	▲	消去法を使ってみるといい日。何を今やるべきで、何を選択しないほうがいいのか、判断するといいでしょう。ムダな時間も減っていい判断ができそうです。
19 土	○	フットワークを軽くすることでおもしろい体験ができる日。じっとしていないで行動することを優先しましょう。新しいことにも少しでもいいので挑戦してみましょう。
20 日	○	遊びほど真剣に取り組むようにしましょう。約束があるなら10分前行動をして気合いを入れておきましょう。遊びに一番一生懸命になれれば人生は楽しくなるでしょう。
21 月	□	仕事に誠実になることが大切な日。お客さんや取引先の損にならないように、素直に伝えましょう。結果は出なくても信頼を得られるようになって、後にプラスになるでしょう。
22 火	■	胃腸の調子が悪くなったり、座りっぱなしの人は腰痛や首の疲れを感じそう。今日は、無理せずしっかり休憩を取るように。早めに帰宅して睡眠時間を長めにとりましょう。
23 水	●	頼られることが増える日。今の自分ができることに最善を尽くすと評価が上がったり、満足できる1日を送れそう。いい結果を残すこともできそうです。
24 木	△	集中して仕事しているときに限って、邪魔が入ったり、余計なことを押しつけられてしまいそう。結果的にミスをしやすいので確認作業を怠らないようにしましょう。
25 金	○	自分の目標の邪魔になることは避けましょう。時間泥棒になっているアプリやSNSは思いきってやめるといいでしょう。悪友や振り回す人とも距離を置くといいでしょう。
26 土	○	買い物をするのにいい日。長く使うものよりも消耗品を優先するといいでしょう。他には経験にお金を使うといいので、映画や美術館に行くといいでしょう。
27 日	▽	午前中は気分よく過ごせそう。大切な用事は早めに済ませましょう。午後からは予定が変更になったり、ムダな時間を過ごしそう。予想外の渋滞などに巻き込まれてしまうかも。
28 月	▼	空回りしやすい日。頑張り方を変えるためにも一度立ち止まって冷静に判断しましょう。指示する上司や先輩の考えが間違っている場合もあるので、しっかり話を聞きましょう。
29 火	×	大事なものを壊したり、操作ミスで迷惑をかけてしまいそう。今日は、いつも以上に慎重に行動したり、時間にゆとりを持っておくといいでしょう。
30 水	▲	今月を振り返って、何が大切で何が不要だったか判断してみましょう。時間をムダに使っていると思うことや問題があると感じる人とは距離を置くようにしましょう。

開運のつぶやき　時間に余裕があるように見せられる人には幸運がやってくる

2022 12月

○ チャレンジの月

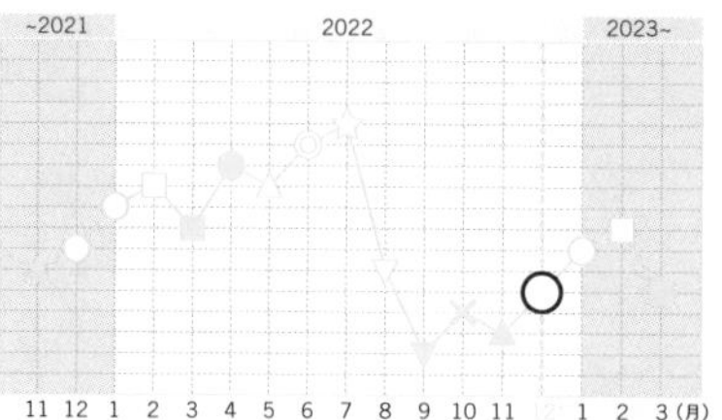

開運 3 カ条

1. イメチェンをする
2. 生活リズムを変える
3. 新しい出会いを増やす

総合運

視野が広がり、興味あることが増える時期。おもしろい話を聞けたり人脈が広がって、前向きに物事を捉えられるようになるでしょう。勉強したいことに飛び込むといい結果につながったり、大きく成長できるでしょう。イメチェンしたり環境を変えるにもいい時期なので、いろいろ調べてみましょう。健康運は、ストレス発散のために家でもいいので定期的に運動するといいでしょう。健康にいいものやサプリを試すのもいいでしょう。

恋愛&結婚運

これまで気にならなかった異性のよさに気づけそうな時期。いい噂を聞いて興味が湧いたり、相手があなたのことを好きという情報が入ってくるかも。恋から遠のいている人は、異性を意識したイメチェンをしましょう。年齢と流行に合う感じにしてみるといいでしょう。結婚運は、大きな進展を期待するよりも、自分の時間を楽しんで、恋人と一緒にいるときも楽しめるようにするとよさそう。

仕事&金運

仕事を前向きに捉えられて、やる気になれる時期。職場や環境にも変化があり、あなたの考え方や見方が変化するでしょう。仕事に役立つことを学び始めるにもいい時期なので挑戦してみましょう。職場の人とも進んで交流するといいので、先輩や上司を飲みや食事に誘いましょう。金運は、自分のイメージが変わる感じの買い物をしましょう。イメチェンや成長のための勉強に出費してみましょう。

1 木	○	いい話や前向きなことを聞いたときは、まず実行しましょう。「また今度」と言っていると、いつまでも何も変わらないでしょう。まずは行動して、違ったら後で軌道修正しましょう。
2 金	○	気になることを調べたり、違う方法を試すといい日。行動範囲が広がったり、フットワークを軽くすることでいい勉強や素敵な出会いがあるでしょう。何事も前向きに挑戦しましょう。
3 土	□	些細なことでもいいので、周りの人やお世話になった人が喜ぶことをするといい日。贈りものをしたり、ごちそうをしたり、何もできないなら感謝のメッセージを送りましょう。
4 日	■	腰痛や肩こり、目の疲れを感じやすい日。無理しないでしっかり体を休ませたり、のんびりできる場所に行くといいでしょう。好きな音楽を聴くのもいいでしょう。
5 月	●	あなたの魅力や能力を認めてもらえそうな日。マイナスに受け止めないで、何事もプラスに捉えてみるといいでしょう。異性からも注目されるようになりそうです。
6 火	△	なんとなく判断したり、深く考えずにした決断がトラブルの原因になってしまいそう。何か決めるときは少し先を考え、会話では言葉をしっかり選ぶように心がけましょう。
7 水	◎	よくも悪くも付き合いの長い人との縁を感じる日。悪友やマイナスに感じる人とは距離を置きましょう。親切にしてくれる人なら相手の話をしっかり聞くようにしましょう。
8 木	☆	今日はどんな仕事もこれまで以上に真剣に取り組むといい日。急な仕事や雑用でもしっかり丁寧に行うことで、今後のあなたの扱いが大きく変わることになるでしょう。
9 金	▽	午前中はいい判断ができて、仕事に集中できそう。仲間や周囲との関係も問題はなさそうです。夕方辺りから気持ちを揺さぶられたり、判断ミスをしやすいので気をつけましょう。
10 土	▼	予定が急に変更になったり、体調を崩してキャンセルすることになりそう。思い通りに進まない運気ですが、期待をしないで流れに身をまかせておくといいでしょう。
11 日	×	操作ミスや間違って他の人にメッセージを送ってしまうなど、珍しいミスをして恥ずかしい思いをしそうな日。思った以上に行動が雑になりやすいので気をつけましょう。
12 月	▲	不要なデータを消去するにはいい日ですが、確認をしっかりしないと大事なものを消してしまうので注意しましょう。長年置きっぱなしのものは処分しましょう。
13 火	○	新しいことに目を向けると、おもしろいものを見つけられたり、興味が湧いてきそう。少しでもいいので調べたり挑戦したりしましょう。仕事でもアプローチを変えてみるといいでしょう。
14 水	○	変化を楽しむことが大切な日。なんとなく避けていたことや苦手なことに、少しでもいいので挑戦してみるといいでしょう。手応えやいいヒントにつながりそうです。
15 木	□	大きく明確な目標を決めるのではなく、なんとなく数年後に自分がどんな風になっていたいか想像するといい日。そこに近づくために今すぐにできることを見つけて行動しましょう。
16 金	■	体を休ませたり、疲れをためないようにコントロールすることも仕事の一部だと思いましょう。ミスが増えたりイライラするときは、疲れがたまっている証拠だと思っておきましょう。
17 土	●	素敵な新しい出会いがある日。知り合いや友人の集まりに参加したり、気になる人に連絡してみましょう。髪を切るといい日でもあるのでイメチェンするといいでしょう。
18 日	△	ボーッとして話を聞き逃したり、ミスをしやすい日。食事に行こうと思ってお店に行くのはいいですが、日曜日は休みだったりするので事前に調べてからにしましょう。
19 月	◎	温めていた企画を改めて考えたり、以前に挑戦しようと思って中途半端になっていたことに思い切って挑戦するといいでしょう。苦手を克服することもできそうです。
20 火	☆	仕事を遊びだと思って楽しんでみると、本当に楽しく仕事に取り組めそう。真面目に頑張るのもいいですが、自分の仕事の先で笑顔になったり感謝している人を想像してみましょう。
21 水	▽	午前中はいい判断ができる日。モタモタしないで気になったことはどんどん挑戦しましょう。夕方以降は予定を乱されそうなので流れに身をまかせておきましょう。
22 木	▼	予定を乱されたり、疲れがたまりやすい日。小馬鹿にしてくる人や苦手な人と一緒になる時間もあるので、人との距離感を大切にするといいでしょう。
23 金	×	不慣れや苦手なことに挑戦することになりそうですが、失敗から学んでみるといいでしょう。失敗を避けているといつまでも成長できなくなってしまいそうです。
24 土	▲	クリスマスイブですが、掃除したり身の回りを片づけるといい日。散らかったままの部屋では恋愛運がよくならないので、きれいに整えてから出かけるようにしましょう。
25 日	○	これまでとは違うクリスマスを楽しめそうな日。自分が喜ぶよりも、恋人や家族に喜んでもらえることを考えましょう。みんなが笑顔になる企画やプレゼントができそうです。
26 月	○	はじめて会う人から大切なことを学べたり、いい話が聞けそう。人の集まりや忘年会には顔を出しましょう。相手の話をしっかり聞いていい言葉を見つけましょう。
27 火	□	大掃除するといい日。不要なものを捨てるいい決断ができそうです。「もったいない」と思っているといつまでも片づかないので、使わないものはどんどん処分しましょう。
28 水	■	疲れが出てしまいそうな日。今日は無理しないでゆっくりしましょう。暴飲暴食を避けて、健康的な食事を意識しましょう。軽い運動やストレッチをするといいでしょう。
29 木	●	気になる人に連絡するといい日。いい返事を期待しなくてもメッセージを送っておくと、後でいい縁になりそうです。年始の予定を聞いてみるのもいいでしょう。
30 金	△	買い物に出かけるのはいいですが、間違ったものを購入したり、買い忘れをしそう。しっかりメモをとったり、写真を撮って同じものを買いに行くといいでしょう。
31 土	◎	友人や付き合いの長い人と大晦日を過ごすことになるかも。恒例のお店や場所に行くなどするといい思い出ができそう。気になる人に連絡をしてみるとノリで行動できそうです。

☆開運の日 ◎幸運の日 ●解放の日 ○チャレンジの日
□健康管理の日 △準備の日 ▽ブレーキの日 ■リフレッシュの日
▲整理の日 ×裏運気の日 ▼乱気の日 ＝運気の影響がない日

銀の羅針盤座

★真面目な星　★他人任せな星　★プライドが高い星
★サプライズ下手な星　★品のある星　★マイナス思考の星
★几帳面な星　★好きなことがみつかると才能を発揮する星

12年周期の運気グラフ

銀の羅針盤座の2022年は…

○ チャレンジの年（2年目）

2021年に引き続き、「チャレンジの年」が到来。2年目となる2022年は、1年目よりも体験・経験が増えて今後の人生を大きく左右するような人脈も作れそうです。変化を恐れず積極的な行動を。

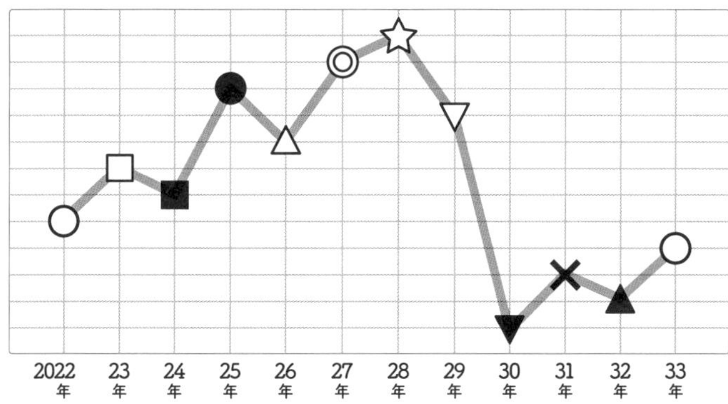

☆開運の年　◎幸運の年　●解放の年　○チャレンジの年　□健康管理の年　△準備の年
▽ブレーキの年　■リフレッシュの年　▲整理の年　✕裏運気の年　▼乱気の年

銀の羅針盤座はこんな人

基本の総合運

人の手の上に乗り、方向を指し示す「銀の羅針盤」。「金の羅針盤座」と同様、持つ人によって人生が大きく変わるため、親や上司などよき指導者に巡り合うことで運命を好転させられるタイプ。非常に真面目ですが、実はサボり魔で、他人に深入りしたくないのが本音。よく言えば控え目な人ですが、後ろ向きでマイナス思考の持ち主。発言もマイナス気味で、受け取り方も不要にネガティブになることが多いでしょう。ウソでもいいので、ポジティブな発言を繰り返してみてください。それだけで運を味方につけられるでしょう。

基本の恋愛&結婚運

しっかり者に見えますが、恋には非常に不器用で、相手の些細な言動をマイナスに捉えすぎたり、よかれと思ったサプライズやプレゼントが少しズレてしまったりすることが多いタイプ。甘えん坊で相手まかせのことが多いので、パワフルで積極的にリードしてくれる人を選び、相手の好みに合わせるとうまくいくでしょう。結婚願望はありますが、そこも相手まかせになりすぎてなかなか進まず、ネガティブな情報に振り回されやすいので気をつけて。真面目に悩むより、自分も相手も楽しませることを考えて過ごしましょう。

基本の仕事&金運

真面目で丁寧に仕事をするため、職場での評判はいいのですが、決められたこと以上のことをするタイプではないので、自主的に動かなくてはならない仕事よりも、マニュアルがある職種や規則正しい仕事に就くといいでしょう。また、知的でアイデアが豊富にあり、慎重に計画を練ることができるので、企画やイベントの仕事でも能力を活かすことができます。金運は、上品なことに出費が増えるタイプ。些細な見栄での出費も多いので、本当に必要なものなのか、価値のあるものなのかを考えてお金を使うといいでしょう。

2022年の運気

○ チャレンジの年（2年目）

2022年開運 3カ条

1. 何事も試しに挑戦してみる
2. 年齢の離れた友人を作る
3. 考えすぎる前に行動する

ラッキーカラー 明るいピンク　明るいグリーン　ラッキーフード 鯖の塩焼き　キウイ　ラッキースポット アウトレット　美術館

総合運

気になることがあったら積極的に挑戦して
1～3月はいろいろな人に会うように

2021年から視野が広がり、興味のあることが増えたり人脈が変わり始めるなど、新しい流れを感じたと思います。今年はその経験を踏まえてどれだけ行動するかが重要な「チャレンジの年」の2年目。そもそも根が真面目で几帳面なタイプですが、どこかサボり癖があって、言われないと動かない人でもあるので、「行動することが大切」と言われてもなかなか動き出さないでしょう。人の指示を大事にするのはいいですが、その分向上心や野心が欠けたり、積極性が少なくなってしまうので、今年は気になることがあったらなんでも挑戦してみましょう。

昨年同様、新しいことに敏感になるといいですが、「銀の羅針盤座」は伝統や文化に携わるといいタイプでもあります。華道や茶道、武道などに興味はあってもこれまではなかなか踏み込めていなかったなら、今年から始めてみるといい先生や師匠に会えるでしょう。2022年の出会いは今後の運命に大きく影響する可能性があるので、人脈を広げることが大切。「銀の羅針盤座」は人見知りで、最初は問題なくても2、3度目くらいから距離が空いてしまうことが多いので、少し図々しくなるくらいの気持ちで人との関係性を変える努力が必要です。「チャレンジの年」に挑戦しないで現状維持をしていると、後の人生が苦しくなる原因になります。今年は畑を耕して種を蒔くような時期であり、何もしないのは種を蒔かずに植物を育てようとしているのと同じ。「幸運の年」「開運の年」になったときに「運気がいいのに何もいいことがない！」と嘆く人は、この年に種を蒔いていないだけです。もちろん悪い種もありますが、2023年になってからでも軌道修正できるので今年は安心して挑戦してください。

極端に難しいことに挑戦する必要はなく、イメチェンや習い事、資格取得、普段誘わないような人と遊ぶなど些細なことで大丈夫です。特に周囲から勧められたことは、「まずはやってみようかな」くらいの軽い気持ちで行動してみましょう。少しくらいの失敗は楽しむようにして、何がいけないのかを学んで成長するきっかけにしましょう。

1～3月はフットワークを軽くしていろいろな人に会うようにしてください。仕事関係者や友人、知り合いの集まりなど、急な誘いでも顔を出したり挨拶をするようにしましょう。慎重

開運のつぶやき　行動しながら考えると一番良い答えが出る

になりすぎると距離が空いてしまっていい縁にならない場合があるので、社交辞令でも次回に会う約束をしてみましょう。できればこの時期にイメチェンや引っ越しをしたり、習い事を始めてみるといいでしょう。ただ、2021年に既に引っ越した人は2023年の引っ越しがいいので、新しい美容室に行ったり服のイメージを大きく変えてみましょう。5月からは忙しくなってしまいそうで、仕事だけで終わってしまうこともあるので、仕事は生活のためと割りきっている人は7～9月中に定期的に行く場所を作ったり、趣味や習い事を始めるといいでしょう。

今年はできれば年上の知り合いを作るとよく、新しい情報を集めたり、考え方の違う人の話を聞くことが大切になるでしょう。勝手にマイナス変換していることも多いので、ポジティブ変換のうまい人を見習いましょう。どんなことでもプラス面とマイナス面があるので、ネガティブな発言をしないようにしましょう。

忙しい年ですが、行動することを意識するだけで大きく変われる年でもあります。ただ、例年と同じように、10～12月は心が乱れたり人に振り回されることがあるので、この期間は積極的な行動は控えましょう。特にこの期間は情にもろくなるので、夢を追いかけている人にハマったり、涙を流されてつい面倒を見すぎたり、お金を貸して騙されてしまうことがあるので気をつけましょう。少しでも疑問に感じたら、友人や家族に相談すると冷静に判断できるでしょう。この期間には年下と仲よくなりやすいので、流行や効率のいい仕事のやり方を教えてもらうといいでしょう。

「銀の羅針盤座」は好きなことを見つけたときに驚くほどパワーが出るタイプです。2021年くらいから気になることや好きなことを見つけているなら、7～8月に一歩踏み込むといいでしょう。この時期に体験したことが後の人生を変えるので、これまでの人脈や家族との縁を切ってでも挑戦してみる価値があります。長期的な計画で行動するのもいいでしょう。特に勉強や研究、修業になるようなことで、1～2年で結果が出なくても10年後に笑っていられるようなことがあるなら飛び込んでみましょう。

また今年は、2018年の「乱気の年」や2019年の「裏運気の年」に見つけた課題をクリアするためにしっかり力を付ける年でもあります。人間関係が苦手だからといってそのままにしたり、「嫌われてもいい」と思って生きないように。「すべての人に好かれる努力をしても、好きになってくれない人はいるもの」と「嫌われてもいい」は違うので、どんな人にでも好かれるように努めて、相手のことをもっと想像してみるといいでしょう。

真面目なところは職場でも評価されますが、臆病なままだとあなたの魅力に気づいてもらう前に「変な人」と距離を置かれてしまうだけ。今年はいい意味での鈍感力を身に付けて、相手の冗談半分の会話でヘコんだり、悪い受け取り方をしないようにしましょう。嫌味を言う人もいますが、「厳しいやさしさもある」と前向きに捉えたり、「今日は機嫌が悪いのかな」くらいに思うといいでしょう。図太くなれる年でもあるので、不要なプライドを守りすぎたり、臆病に生きすぎないようにしましょう。

また、2018～2019年にはじめて会った人に執着していると運気がよくならないので、距離を空けたり、一度縁を切ってしまうといいでしょう。「銀の羅針盤座」は、仲よくなるとべったりしてしまったり、言葉の強い相手に振り回されて運気が乱れてしまうことがあります。仲がいいと思っている人との関係に違和感があるなら、一度離れてみる勇気が大切。相手もあなたと波長が合っていないことに気がついているか、もしくは、あなたをうまく利用しようと思っている可能性もあるので、いい意味での別れに躊躇しないようにしましょう。

今年は簡単な儲け話にも注意してください。急激な金運アップは望めない時期なので、「簡単に儲かる」と言われて真に受けると大損したり、騙されてしまう可能性があります。投資や資産運用を考えるなら、勉強として少額からスタートすること。少し儲かっても調子に乗りすぎないようにしましょう。

また、前進する年でもあるので、昔からの友人よりも新しく会った人と遊ぶようにしましょう。もし誘いが重なってしまったときは、みんなで一緒に遊んでみるとこれまでと違うノリになって楽しめるでしょう。

4月、6月、年末は車の運転に要注意。大きな事故ではありませんが、ぶつけたり擦ってしまって不要な出費をする場合があるので気をつけましょう。スピード違反や駐車違反にも注意してください。

「チャレンジの年」の2年目は、昨年以上にどれだけ試せるか、実験の1年だと思って行動してください。知識や情報はあっても実際の経験を避けて頭でっかちになっていると、本来の能力や才能を発揮できないままになってしまいます。今年はわざと恥をかいて図太くなるくらいの気持ちでいることが大切。幸せをつかむためには度胸や勇気が必要なことを忘れないようにしましょう。また、一度サボると指示がないと動かないところや、指示通りにはできてもそれ以上の結果を出さないなどサービス精神に欠けているところがあるタイプなので、「真面目に取り組むだけでは0点」だと思っておきましょう。相手がどうしたら喜ぶのか、周囲の人の笑顔のために何をするべきか考えて、仕事や日々の生活を楽しんで過ごすといいでしょう。

今年の出会いは非常に大事になります。親友と呼べる人や縁が長くなる人と出会えるので、人の集まりには積極的に参加すること。自ら友人や知人を集めてホームパーティーなどを開いてみるのもいいでしょう。最も苦手なことと思うかもしれませんが、先輩や年上の人をあなたから誘うと思った以上に喜んでもらえるでしょう。お客さんを招いて喜ばせようと思うことで前向きな考え方ができるようになるので、今年は何度か挑戦してみましょう。

不慣れや苦手なことをそのままにしないようにもしてください。言い訳したり逃げていると、いつまでも苦しいだけ。思いきって乗り越えてしまえば、大きく成長できて、周囲も認めてくれるでしょう。避けていたジャンルの映画を観たり、読んでいなかった本を読むなど、些細なことでもいいので挑戦してみましょう。ライブや舞台、敷居が高いと思う歌舞伎、宝塚などを観に行ってみると、いい趣味を見つけるきっかけにもなるでしょう。

チャレンジすることを面倒と思わないで、変化や新しい流れを楽しんでください。好奇心に素直になることで人生はどんどん楽しくなります。恐怖心に負けないで、他の人ができていることなら自分にもできると思うことが大切。生活リズムを変えてみるのもいいので、起きる時間や寝る時間を変えてみたり、スマホを触る時間を10分減らしてその分本を読んでみたり、1週間に1本は映画を観るなど、今年はこれまでとは少し違う習慣を楽しんでみましょう。

坂道を駆け上がるような時期でもあるので、正直大変なときでもありますが、いい筋力を付けていると思ってみましょう。あえて負荷をかけて自分を鍛えておくことで後の人生が楽にもなるので、苦労すると思えることに挑戦してみたり、周囲から「バカだね」と言われることに挑戦してみてください。人は成長する過程では必ずバカにされるものだということを忘れないようにしておきましょう。

恋愛運

おでこを出した明るい感じに髪型を変えて気になる人は素直に褒めるように

2022年は何事も積極的に行動することが幸せにつながり、人生を変えていく年。恋愛でも同様に積極的に行動することが大事になるでしょう。「銀の羅針盤座」は恋では受け身になりやすく、臆病でプライドも高く、失恋したり振られてしまうことばかり考えて前に進めないでいるタイプです。ただ、好きになった人にじっと思いを寄せているだけでは、進展は望めないでしょう。今年は、まずは自分の魅力を最大限に高めるためにもイメチェンをするといい運気なので、髪型をいろいろ変えてみることが大切です。異性を意識するのもいいですが、何よりもまず明るく見えるようにカットしてもらいましょう。上品を意識してガードが堅い感じになってしまうと暗い印象になってしまう場合があるので、おでこをしっかり出した髪型にしてみましょう。

人との出会いも増える運気ですが、待っていても増えるわけがないので、意識的に人に会うようにしましょう。今年は仕事が忙しくなる時期でもあり、言い訳をしていると縁を自ら逃してしまいます。誘われるまで待っていないで周囲の人に自分の知り合いを紹介してみると、お返しとして誰か紹介してくれる可能性があるでしょう。そうやって異性の友人を作る努力を怠らないようにしましょう。また、習い事やスキルアップを行うといい年でもあります。素敵な人に出会える可能性もあるので、気になるスクールに行くようにするといいでしょう。

異性からの誘いや数名での集まりがあったら素直に参加するようにしましょう。恥ずかしがって思いとは逆のことを言ってしまうなど、自分に素直になれずチャンスを逃すことも多いタイプなので、誘ってくれた人の気持ちを考えたり、感謝の気持ちを忘れないようにしましょう。また、過去に好きだった人、初恋の人、元恋人をいつまでも思い続けたり、他の人と比べる癖も今年からやめるようにしましょう。「男とは」「女とは」などとすべての人を一緒に考えないようにもしましょう。嫌な思いをしたことがあるかもしれませんが、それは「その人」に問題があるだけで、他の人は違う考え方や生き方をしているということを忘れないようにしましょう。

「銀の羅針盤座」は真面目に恋をするタイプですが、ネガティブに考えすぎてしまうところもあります。まだ何も進展していないのに余計なことを考えたり、相手の言葉をマイナスに受け止めすぎてしまわないようにしましょう。少しでもいいのでポジティブに変換したり前向きな言葉を発するようにすると、素敵な人との出会いやいい恋につながってくるでしょう。

押しに非常に弱いタイプでもあるので、相手に押されるような工夫も大事。気になる異性を素直に褒めればいいですが、プライドが邪魔して相手を喜ばせる言葉が出なかったり、逆に嫌味に聞こえるような言い方をして恋を壊してしまうことがあるので、今年からは出会った異性を素直に褒めるようにしてください。どんな人でも必ずいい部分があるので、気になった人や親切だと思える人には「やさしいですね」と笑顔で伝えてみるといいでしょう。相手も振られたくはないので安心して告白できるように、あなたも協力するくらいのつもりでいると、今年からの恋はこれまでよりもうまくいくようになるでしょう。

開運のつぶやき ▸ 他人のアラ探しをしても幸せにならない

結婚運

昨年から付き合ってる人と結婚できるかも
恋人がいない人は1～3月、5月にイメチェンして

「チャレンジの年」の2年目は、予想よりも忙しくなることが多く、結婚に話を進めたくてもなかなかうまくいかないことが多い年。とは言っても、結婚に不向きだったり結婚に悪い年ではありません。積極的に行動することが幸せにつながる運気なので、婚約や入籍、同棲や半同棲などをするには非常にいい年でしょう。特に2021年から付き合いはじめた人と勢いで結婚ができる可能性があるので、相手が「金・銀の時計座」「金の鳳凰座」「金のインディアン座」など運気がいいタイプなら思いきって結婚に話を進めてみるといいでしょう。ただ、プロポーズや結婚の話が出たときに、「でも」とか「タイミングが」などと言って素直に話に乗れないでいるとチャンスを逃してしまうので、「結婚もチャレンジだ！」と割りきって進めてみるといいでしょう。実際の入籍は2023年の7～8月になってもいいので、話を盛り上げておくといいでしょう。

また、2018年の「乱気の年」や2019年の「裏運気の年」を乗り越えて交際期間が5～6年を超えているカップルは、今年話を進めないとこのままズルズルするだけで入籍する空気がなくなってしまうので、今年の上半期中に前向きな将来の話やプロポーズの予約をしておくといいでしょう。3、5、7、8月が入籍や婚約にはいいタイミングなので区切りにして、記念日に気持ちを素直に伝えておくといいでしょう。「今は恋人がいないけれど結婚を望んでいる」という人は、1～3月、5月にイメチェンしたり人との出会いを増やすようにしましょう。言い訳をして異性を避けているといつまでも結婚できないので、できれば2021年になって仲よくなった人やはじめて会った人から知り合いや友人を紹介してもらうといいでしょう。5月は運命的な出会いもあるので、笑顔で相手の話を聞いたり些細なことでもよく笑うようにするといい恋をつかめそうです。「金・銀の時計座」は結婚まで一気に進むタイプなのでオススメですが、「時計座」の人の前では偉そうな口調や差別的な言い方をしないようにして、人好きをアピールしておきましょう。また6～7年前に出会った人や、仲よくなっていたけれどその後は疎遠になっている人に、1月か7月に偶然出会うか連絡をするといい縁になったり大切な人を紹介してくれる可能性もあります。

今年は仕事もプライベートも忙しくなり、人脈や視野が広がる年でもあります。まだまだやるべきことや興味のあることが増えてしまう時期なので落ち着いて結婚を考えられないことがあると思いますが、2023年、2025年に結婚するような流れの運気になるので、そこまでに結婚の意思を固めてみたり、相手選びをしておきましょう。「年齢的にそろそろ」という人は、これまでの生活や考え方を変えて、普段なら行かないような場所にもフットワーク軽く参加してみたり、面倒と思ったことでも行動するようにすると、早ければ夏にでも入籍できる流れを作ることができます。結婚するまではネガティブな発言やマイナス思考をしないように、何事も楽観的に考えたり、多少の失敗や恋の空回りも楽しむくらいになって、強く図太い自分に生まれ変わってみるといいでしょう。結婚に焦っていない人でも、今年は自分を変えることで結婚に前向きになれたり、いい相手を見つけられるようになると思っておきましょう。

仕事運

今年の頑張りが後の評価につながりそう
不向きな仕事で苦労しているなら転職を

やるべきことや求められることが増えて忙しくなる年。実力をアップさせる時期でもあり、それなりの苦労があることは覚悟しておきましょう。「お金をもらって鍛えられてラッキー」くらいの前向きな気持ちを持って、給料は感謝された対価だと思うようにするといいでしょう。「自分の時間を売っている」「我慢をした分が給料になっている」と間違った考え方をしていると、いつまでも仕事が楽しくならないでしょう。今年から仕事への考え方や受け止め方を変えてみるとやる気になれるでしょう。

2021年から少しやる気が出て、前に進んでいる感じがあると思いますが、まだ半歩前に進んだくらいです。今年はやらなくてはならないことが増えて、さらに一歩、二歩前に進めるようになるでしょう。2～3年前には人に振り回されて無駄な苦労をすることが多かったと思いますが、今年は自分が成長するためにやるべきことがやってくるでしょう。言われたことだけをやるのではなく、求められている以上の結果を出せるように努めるといいでしょう。すぐに大きな結果が出なくても、今年の頑張りは後の評価につながります。頑張りを見てくれている人が必ずいるので、腐らないでじっくりゆっくり取り組んでおきましょう。

ただ、2018年の「乱気の年」や2019年の「裏運気の年」に現在の仕事に就いた人の中で、サービス業、人と人の間に入る仕事、仲介業、福祉関係の仕事などで働いていて苦労が絶えないという人は、今年は転職するといいでしょう。周囲から「不向きだと思う」というようなことを言われている人も転職を考えてみてください。真面目なのはいいですが、不向きなことを頑張り続けるよりも、ものづくりの仕事や技術者、デザイン関係、アイデアや企画を出す仕事、もしくはそこに関わる仕事に就けるように今年から専門学校などに通ってスキルを身に付けるといいでしょう。

「チャレンジの年」の2年目の今年は、現状維持で何も変わらないままでいると、後の「幸運の年」「開運の年」にいい結果が出なくなってしまいます。苦労と思っても自分や周囲のために受け入れてみたり、自分のレベルをもっと上げられるように努めてみましょう。真面目に仕事に取り組むタイプですが、本音では「人まかせにしたい」「サボりたい」と思っている人でもあります。今年は力を抜く年ではないので、力を付けるために負荷をかけるという気持ちで、大変と思える仕事を自ら志願して受けてみるのもいいでしょう。

既に好きな仕事に就いている人には、いい結果が出たり、大きく流れを変えられる大事な年になります。いい人脈もできるので、年上や年配の人に自分の気持ちや考えを素直に伝えてみると、紹介やいいアドバイスをしてもらえることがあるでしょう。自分がどの道に進むのか決めかねている人は、今年は試すことが大切になるので、気になった仕事がどんなものか調べてみたり、体験できそうなことはやってみるといいでしょう。リスクやマイナスばかり考えないで、未来の自分が笑顔になれることを見つけるために行動しましょう。課題が多い年でもありますが、ゆっくりでいいので不慣れや苦手なことを克服できるようにすること。多少の失敗に臆病にならないで、恥ずかしい思いをすると強くなれると思っておきましょう。

買い物・金運

好きな仕事を見つけると金運アップ
自己投資にお金を使うようにして

「チャレンジの年」の2年目は、急激な収入アップは期待が薄いですが、昨年辺りから自分の才能を活かせる仕事に就けて能力を発揮しはじめているという人は、流れが大きく変わるでしょう。基本的には今年は実力をアップさせる時期であり、勉強やスキルアップ、資格取得など、自己投資にお金を使うようにするといいですが、その努力は後に回収できるでしょう。将来のために活きるお金の使い方なのか考えて出費するようにして、できるだけ浪費は控えるようにしてください。遊びでお金を使うのはいいですが少額にしておきましょう。不要なサブスクや課金などで無駄遣いをしないようにして、見栄での出費や食べすぎや飲みすぎにも気をつけておきましょう。

人との交流のためにお金を使うのもいいですが、いつもと同じメンバーで集まるのではなく、成功している人や人脈のある人、常に明るく前向きな人、感謝の気持ちがある人などに会うためにお金を使ってみるといいでしょう。言葉に影響されやすいので、自分がどんな人に憧れているのか考えて会うことが大切。前向きなことを言われたときは、即行動することも大切でしょう。また、お金の運用や投資、投資信託などに詳しい人に話を聞いてみて実際に少額で始めてみるのもいいですが、「チャレンジの年」だからといって高額の投資をしないようにしましょう。少しうまくいったからといって調子に乗りすぎないように気をつけましょう。

環境を変えるためにお金を使うのはいいので、しばらく引っ越しをしていない人は、今年はお金を貯めて、できれば早いうちに引っ越しをするといいでしょう。7～8月を目標にしてみるとよさそう。ここに間に合わないという人の場合は、2023年になってから引っ越しをするといいでしょう。家や土地、マンションを購入するのにもいい年なので計画を立ててお金を貯めはじめてみましょう。2023年の夏にどのくらい貯まっていて、その先をどうしていくのか考えるようにするといいでしょう。

買い替えを考えるものがあるなら、☆（開運の月／日）、◎（幸運の月／日）のタイミングで購入する習慣を身に付けることが大切。どうしても今すぐに必要なもの以外は、この日以外に欲しいと思っても保留にするだけでお金はどんどん貯まっていくようになるでしょう。お金を使うリズムを今年から体に染みこませるためにも、カレンダーや手帳、スマホに「買い物をする日」を書き込んでおくといいでしょう。

お金の勉強をするにもいい年なので、本を読んでみたり、評判のいいセミナーなどに行くようにするといいでしょう。欲がそこまで強くないのはいいですが、なんとなく信用できそうだからといって他人にお金のことをまかせっきりにしないで、常に自分でも経済やお金について学んでおくようにしましょう。何よりも好きな仕事を見つけることで金運が一気に上がる可能性が最も高いタイプなので、自分の好きなことや最も集中できることを仕事にできるように頑張ってみるといいでしょう。

後にあなたがお金持ちになれるための人脈もできる年でもあるので、人付き合いをこれまで以上に大切にしたり、新しい人脈を作る努力を怠らないようにしましょう。ポジティブな発言や前向きな言葉や積極的に行動する癖を身に付けるようにしましょう。

開運のつぶやき　自分が初対面なら、相手も初対面

美容・健康運

予定がいっぱいで疲れがたまりそう しっかり体を休ませる日を作って

体調を崩す運気ではないですが、「チャレンジの年」の2年目は、予想外に忙しくなる運気でもあるので、予定を詰め込みすぎてしまって疲れをためてしまうことがありそう。マメに休むようにしたり、しっかりと体を休ませる日を作るようにするといいでしょう。ただ、根が真面目な分、一度休むことに慣れてしまうと今度はサボり癖が身に付いてしまう場合があります。「休むこと」と「サボること」は大きく違うので、体を労る時間や日をしっかりと決めておくようにしましょう。また、今年は忙しくても軽い運動や柔軟体操などもするようにしておきましょう。周囲から誘われたスポーツがあるなら、面倒だと思っても参加してみるといい経験になりそうです。苦手だと思っても参加してみると思った以上に楽しい思い出ができたり、面倒だと思っていた人間関係がクリアできる可能性もあるでしょう。

美意識を高めるにもいい時期です。「銀の羅針盤座」は品を忘れると運気が急激に悪くなるタイプですが、マナー教室に通ってみたり、華道や茶道などを習ってみると、姿勢や所作がきれいになって魅力も運気もアップするでしょう。体験教室でもいいので、気になったものがあるなら一度挑戦してみましょう。古武道、合気道、弓道なども目にとまったら試しに見に行ってみるといいでしょう。また、日舞や伝統芸能を学んでみるのも美意識を高められるので、時間が空いたときには調べて思いきって参加してみましょう。

3月末から4月は、油断から風邪を引いてしまったり体調を崩しやすいので、ゆっくりお風呂に入って早めに寝るなど健康的な生活リズムを作るようにしましょう。おもしろい動画などを見て、たくさん笑って免疫を上げるようにするのもいいでしょう。4、6月は、腰や背中や膝などを痛めやすいので、急に重たいものを持ったり、激しい運動をするのは避けるようにしましょう。段差でつまずいたり、床で転んでケガをする場合もあるので、滑りやすい場所や歩きにくい靴は避けておきましょう。「乱気の月」の10月や「裏運気の月」の11月は、毎年どちらかの月で体調を崩してしまうことがあるので気をつけるようにしましょう。肌荒れや湿疹に悩むこともあるので、スキンケアなどをしっかりしたり、季節のフルーツや野菜を多めに摂取するといいでしょう。

多少の無理や不健康な生活習慣が続いても大きな問題は少ない時期ですが、悪習慣をそのままにしていい訳はないので、年齢に見合った健康法や食事バランスを意識して、体を動かす習慣も身に付けるようにしましょう。ネガティブに考えるだけで実際に健康的な生活を送ろうとせず、運動不足な生活を送りやすいタイプでもあるので、1日10分でもいいので歩く時間を増やすようにしてみましょう。

また、上品な服を先に購入して、それを着ることを目的としたダイエットをしたり、露出の多めな服を着るようにすると体が自然と引き締まってくるでしょう。恥ずかしがってスタイルを隠していると不要なお肉が付きやすくなるだけなので、少し大胆な服を着たり、目立つポジションになってみるのもよさそう。ストレス発散には、ウォーキングをしながら好きな音楽を聴いたり、カラオケで好きな歌を思いっきり歌ってみるといいでしょう。

親子・家族運

家族に期待しすぎるとイライラの原因に
みんなで何かに挑戦することを楽しんで

やることが多く忙しい1年ですが、家族関係が大きく乱れるようなことはない運気です。家庭も仕事もキッチリしたいのが「銀の羅針盤座」なので、家のこともしっかりやるのはいいですが、今年は予想外に忙しくなる運気でもあるので、少しは手を抜いたり、家族の協力を得るようにするといいでしょう。また、家族にもルールを守ることやキッチリした生活を望みすぎてしまってイライラの原因になってしまうことがあるので、過度に期待をしないようにしておきましょう。言い方を変えるなどの工夫をしていろいろ手伝ってもらえるようにするといいでしょう。

夫婦関係は、2019～2020年辺りに大ゲンカをしたり、距離が空いてしまったというようなことがない夫婦なら問題はないでしょう。もしその辺りで溝が深まってしまったと感じているなら、今年は修復するように努めたり、距離の取り方を変えてみることが大切です。特に「銀の羅針盤座」は真面目でキッチリしていることをパートナーにも求めてしまったり、「自分だけ頑張っている」と思ってしまうようなところがあります。「家のことは自分がやりたくてやっている」と思うようにしたり、あなたの気がつかないことを相手がやってくれているということを忘れないようにしましょう。今年は新しい出会い運があるので、相手の運気がいい場合はお子さんも望めるでしょう。前向きな気持ちや明るい家庭を目指してみるといいでしょう。

お子さんとの関係は、昨年辺りからリズムや距離感が変わってきたと思います。今年は、あなたが忙しくなることで子どもとの距離が空いてしまい、寂しい思いをさせてしまうことがあるので気をつけましょう。あなたがよかれと思って子どもに伝えた言葉がマイナスの印象を与えたり、否定されているように聞こえてしまう場合があります。言葉選びや言い方は常に考えるようにしておくといいでしょう。

両親との関係は、忙しい1年になるので会う回数や連絡する機会が減ってしまいそうですが、誕生日や記念日には些細なものでもいいのでプレゼントをしたり、連絡をするようにしておきましょう。贈り物は見栄を張らないで、食べ物や飲み物などがよさそうです。旬のフルーツなども喜ばれるでしょう。また、一緒に旅行に行けるようだったら、これまで行ったことのない場所に行くと互いにとって楽しい思い出ができそうです。

「チャレンジの年」の2年目なので、家族と一緒に運動をしたり、ダイエットや資格取得の勉強をするなど、みんなで楽しみながら何かに挑戦してみるのもいいでしょう。あなたが間食を我慢するなら、パートナーは禁煙をする、子どもはテストで100点を取る、などみんなで「この1年でできそうな目標」を掲げてゲーム感覚でチャレンジしてみると楽しい家族になれるでしょう。みんなで節約をして夏休みや大型連休に遊ぶお金や旅費を貯めてみるというのもよさそうです。そのときには、あなたが真面目になりすぎてカリカリすることがあるので、あくまでも「みんなで楽しみながらやる目標」くらいの軽い気持ちでいるといいでしょう。余裕があれば家族でスポーツやハイキング、ウォーキングなどをすると思った以上に頑張れるのでいいでしょう。

銀の羅針盤座 2022年タイプ別相性

気になる人のタイプを調べて、コミュニケーションに役立ててください。

相手が 金のイルカ座

一緒にいることで新しいことに挑戦ができたり、新たな世界を見ることができる相手。相手からの誘いや提案に合わせてばかりいないで、自分のワガママや本音も話してみるといいでしょう。互いに環境を変えることで出会える人でもあるので、新しい友人にもなれそう。恋愛相手としては、互いに前に進むときなので、変化やチャレンジを一緒に楽しむことができるといい関係に進めそう。未経験に臆病にならないようにしましょう。仕事相手としては、お互い成長している時期なので、雑な部分や至らない点は成長できる部分と思うようにしましょう。

相手が 金のカメレオン座

前進するあなたと次をどうするか考えている相手では、考えていることが大きく違いますが、あなたから面白そうなことを提案してみるといいでしょう。ポジティブな話をして励ましてみると自分も元気になるでしょう。恋愛相手としては、相手から「予想外の人」と思われているならチャンスがありそう。相手の言葉をプラスに受けとめるように心がけましょう。仕事相手としては、指示が不安定になるため、あなたも振り回されてしまいそう。今年初めて会う人の場合は、縁は薄いですが、数年後に再会したときに印象が大きく変わる人でしょう。

相手が 金の時計座

あなたの面倒を見てくれたり、引き上げてくれる人。求められるレベルが高く困惑することがありますが、自分の成長のために必要な経験だと思いましょう。相手からの遊びの誘いにはできるだけ応じましょう。恋愛相手としては、高嶺の花のような相手ですが「自分なんて無理」と思わないで、将来の夢や頑張っていることを一生懸命話してみると縁が繋がりそう。仕事相手としては、大きな結果を出したり仕事を教えてくれる人なので、仲よくしておきましょう。今年初めて会う人の場合は、目標にして人間関係の作り方をマネしてみましょう。

相手が 銀のイルカ座

あなたが前に進むためにも離れる必要がある相手。縁が切れるというよりも、相手も次に進む準備をする年なので、あなたの慎重な言葉や行動がブレーキになってしまうかも。目標や明るい未来の話をしてみるといいでしょう。恋愛相手としては、気持ちが離れてしまう感じがあったり、別れてしまう可能性がある年。自分の時間を楽しむようにして、相手に振り回されないようにしましょう。仕事相手としては、仕事を辞めてしまったりやる気がない感じがある人ですが、あなたが影響を受けているようで、あなたが影響を与えていることがあるでしょう。

相手が 銀のカメレオン座

あなたの気持ちを考えてくれる余裕がない時期なので、過度な期待をしたり、見返りを求めないほうがいい相手。不慣れな環境や計画通りに進まないことで苛立っていることがあるので、優しく接して悩みを聞いてあげるといいでしょう。恋愛相手としては、タイミングが悪いので進展に時間がかかりそう。結論を焦らないようにしましょう。仕事相手としては、やる気を失ったり困っていることがあるので、手伝ってあげたりアドバイスしてあげましょう。今年初めて会う人の場合は、縁がかなり薄いので、知り合いくらいの気持ちでいるといいでしょう。

相手が 銀の時計座

一緒にいると新たな体験をさせてくれる人。新たな人脈ができるきっかけを作ってくれるので、遊びに誘われたときは必ず顔を出しましょう。話の聞き役になるのもいいですが、山もオチもある話を自らするとよさそう。恋愛相手としては、相手に主導権がある年ですが、お互いに甘えん坊なので上品に接して優しくするといいでしょう。仕事相手としては、仕事を任されることが増えて成長できますが、「押しつけられた」と思わないで前向きに捉えましょう。今年初めて会う人の場合は、大切にするとあなたの人生を大きく変える人になるでしょう。

相手が 金の鳳凰座

新しいことに挑戦したいあなたと時間をかけて積み重ねたことが評価される相手では考え方が違いますが、結果を出すためには辛抱や時間が必要であることを教えてくれる人。恋愛相手としては、学生時代の友人や付き合いが5～6年以上ある人なら突然恋に火がつくことがありそう。相手の趣味に合わせたり、思い出話を聞くといいきっかけになりそうです。仕事相手としては、時間をかけて手に職を付けることの大切さを教えてくれるでしょう。今年初めて会った人の場合は、打ち解けるまで時間はかかりそうですが、年末くらいから仲よくなれそう。

相手が 金のインディアン座

あなたをやる気にさせたり、尊敬できるところがある人。陽気な感じと勢いで突き進む感じをマネするといいでしょう。妄想話を語ってみるといいので、突然でも遊びに誘ってみましょう。恋愛相手としては、慎重に進めようとするとタイミングが合わなくなるので、勢いで気持ちを伝えたり、突然連絡するくらいがいいでしょう。仕事相手としては、評価されたり実力を発揮する人なので近くにいると巻き込まれますが、学べて成長できそう。今年初めて会う人の場合は、不思議と縁が長くなりますが、執着しないで気楽な距離感を保つといいでしょう。

相手が 金の羅針盤座

一緒に前に進めることができる相手ですが、互いに慎重でなかなか行動しないところがあるので、まずは行動するようにしましょう。真面目に考えすぎるところがあるので、二人でもっとふざけてみたり、面白いことに挑戦してみましょう。恋愛相手としては、望んでいるところは似ていますが、プライドが互いに高く、なかなか告白してこないのであなたから気持ちを伝えるようにしましょう。仕事相手としては、お互いに未経験な出来事が多いので、励まし合って成長しましょう。今年初めて会う人の場合は、いい友達や理解し合える関係になれそう。

相手が 銀の鳳凰座

新しい環境や不慣れなことが多いときにこの相手に会うと、やる気のない感じがマイナスに見えてしまいそう。相手は気持ちが落ち着かない年なので温かい目で見守りましょう。一緒に新しい遊びに挑戦して楽しむ時間を作るとよさそう。恋愛相手としては、異性の友人として相談を受けるくらいにするといいでしょう。模擬デートをする相手だと思うくらいがよさそうです。仕事相手としては、ミスが目立ちますが、あなたも成長段階なので同じような失敗に気をつけて。今年初めて会う人の場合は、遊び友達や趣味が一致すれば長い付き合いになりそう。

相手が 銀のインディアン座

新しいことに挑戦するときに相談をするといい相手。慎重に考えているところを気楽な考えに変えてくれたり、フラットに話を聞いてくれるでしょう。相手のマイペースが素敵に見えそうですが、思っている以上に忙しく疲れているので気遣いを忘れないように。恋愛相手としては、互いにバタバタするので年末や来年に進展できるように話しやすい人を演じましょう。仕事相手としては、仕事に追われているので邪魔しないで、あなたができる最大限のサポートをしましょう。今年初めて会う人の場合は、妄想話を楽しく聞く人になるといい縁になりそう。

相手が 銀の羅針盤座

同じ運気の二人なので、チャレンジしたことを話してみるといいでしょう。真面目な部分や相手まかせにするところ、サボる癖も似ているので、じっくり観察して気をつけるようにしましょう。ポジティブな話をすると二人とも運気がよくなるでしょう。恋愛相手としては、なかなか進展しない相手なので、人生を変えるつもりで積極的になってみましょう。仕事相手としては、互いに課題をクリアしてレベルアップするタイミングだと思っておきましょう。今年初めて会う人の場合は、情報交換をして未体験を一緒に楽しむといい関係になれるでしょう。

開運のつぶやき 言葉選びやタイミングを変えてみると、伝わることもある

命数別2022年の運勢

【命数】
1

礼儀正しい頑張り屋

基本性格

粘り強く真面目な頑張り屋。一度自分が「これだ」と見つけたことに最後まで一生懸命取り組みます。仲間意識が強く、友情を大切にしますが、友人に振り回されてしまうことも。心は高校１年生、青春時代のままで生きているような人。友人は多くなく、付き合いは狭くて深いタイプ。反発心があり、「でも」「だって」が多く、若いころは生意気だと思われてしまうことも。他人からの言葉をネガティブに捉えることも多いでしょう。

★友人に影響を受ける星
★胃が弱い星
★テンションが高校生の星
★体力がある星
★少年っぽい人が好きな星

開運3カ条

1. 交友関係を広げる
2. 色気を出す努力をする
3. 目標となるライバルを見つける

2022年の総合運

共に頑張れる友人や知り合いに出会える年。後に親友と言えるような人に会える可能性があるので、習い事や学校、定期的に集まる会に参加してみるといいでしょう。年の離れた人とフレンドリーに話すのはいいですが、礼儀や挨拶はこれまで以上にしっかりするようにしましょう。無駄な反発をやめて素直になったり、負けも認められるようになりましょう。健康運は、筋トレや肉体改造をするにはいい年。汗を流す習慣を身に付けるとストレス発散になるでしょう。

2022年の恋愛&結婚運

異性の友人や知り合いを作るくらいの気持ちで交流を深めてみると素敵な出会いがありそう。色気がない感じだったり段取りが悪いといい雰囲気になっても機会を逃しやすいので、自分磨きを忘れないで、ときには勢いで押しきるくらいの気持ちを忘れないようにしましょう。しばらく恋人がいない人ほど習い事やスポーツを始めるといいでしょう。結婚運は、ネガティブな発言や不要な反発を避けると話が進みやすくなるでしょう。

2022年の仕事&金運

自分ひとりで頑張っていると思わないで、チームワークを大切にしたり、新たなライバルを見つけてみるとやる気になる年。予想外に忙しくなったり、すぐに結果が出ない場合がありますが、焦らず実力を身に付ける年だと思って目標をしっかり決めておくといいでしょう。仕事があることに感謝を忘れないように。金運は、資産価値があるものや自己投資になることに出費をするようにしましょう。周りに釣られて出費しないように。

ラッキーカラー　イエロー　オレンジ　ラッキーフード　ひじきの煮物　マスカット　ラッキースポット　書店　スポーツジム

【命数】
2

地道なことが好きな無駄嫌い

基本性格

上品で控えめに見えて、根は無駄なことや雑用が大嫌い。合理的に生きる男の子のようなタイプ。団体行動や人付き合いは苦手ですが、表面的な人間関係は上手なので、外側と中身が大きく違う人。頭の回転は速いですが、話の前半しか聞かずに先走ることが多いでしょう。自分に都合が悪いことを聞かない割に、ネガティブな情報に振り回されてしまうことも。危険なひとり旅など、無謀と思われるような大胆な行動に走るでしょう。

★無駄が嫌いな星
★玉の輿に乗る星
★結論だけ聞く星
★一攫千金の星
★上手にサボる星

開運3カ条

1. 団体やグループ行動を大切にする
2. 理由もなく避けていたことに挑戦する
3. 目立つものを身に着ける

2022年の総合運

「銀の羅針盤座」の中では最も向上心と野心があるタイプのため、今年はやる気や興味があることや目指すことを見つけられるでしょう。やる気を見せつけるタイプではないので、内側で燃えているでしょう。団体行動が更に苦手になりそうですが、新しい出会いが大切な年なので、面倒でも輪の中に飛び込んでみるといいでしょう。健康運は、いろいろ試してみるといい年なので「これだけで健康になる」と思わないようにしましょう。

2022年の恋愛&結婚運

出会いは多くなるので気になる人は現れやすいですが、変化が多い年でもあるので目移りしているとチャンスを逃してしまいそう。これまでとは違う方法でアプローチしてみたり、デートも変わった感じにするとうまくいきそう。交際が始まってしまうと突然冷めてしまったり、恋人に雑になる癖はやめるようにしましょう。結婚運は、慌ただしくしているとチャンスを逃しそう。恋人と結婚生活の話を楽しくできるといい流れができそう。

2022年の仕事&金運

実力と思いが一致しないことにイライラしそうな年。求められることが増えて「押しつけられている」と感じてしまいそうですが、実力を身に付けるために必要な経験だと前向きに捉えましょう。どんな仕事も大切な仕事だと思って効率よく進めるか、極めてみると高く評価されるようになるでしょう。金運は、宝石や腕時計など、派手なものでも長く使えるものを手に入れるといいでしょう。自慢できるブランド品もよさそうです。

ラッキーカラー　ホワイト　グリーン　ラッキーフード　シジミの味噌汁　イチゴタルト　ラッキースポット　劇場　ホテル

ラッキーカラー、フード、スポットはプレゼントやデート、遊ぶときの口実に使ってみて

さらに細かく自分と相手が理解できる！
生まれ持った命数別に2022年の運気を解説します。

【命数】3

明るいマイナス思考

基本性格 サービス精神が豊富で明るく、品のある人。自然と人が周りに集まってきますが、人が苦手という不思議な星の持ち主。自ら他人に振り回されにいきながらも、自分も周囲を自然と振り回すところがあります。おしゃべりでわがままな面がありますが、人気を集めるタイプです。超ポジティブですが、空腹になるとネガティブな発言が多くなり、不機嫌がすぐに顔に出るでしょう。笑顔が幸運を引き寄せます。

★ワガママな星
★甘え上手な星
★愚痴と不満が多い星
★油断すると太る星
★おもしろい人を好きになる星

開運3カ条

1. 人脈を広げる
2. 異性をしっかり観察する
3. 気分で判断しない

2022年の総合運

本音では人が苦手な「銀の羅針盤座」の中で最も明るく人と仲よくなれるタイプ。今年は人脈がうまく広がったり、いい縁をつなぐことができて、素敵な出会いも増えるでしょう。ポジティブな会話を心がけて、愚痴や不満などは言わないようにすると自然と周囲に人が集まってきたり、あなたの頑張りを認めてくれる人に出会えそうです。健康運は、忙しくなる時期ですが、食べすぎて太ってしまうので、軽い運動をするのを忘れないようにしましょう。

2022年の恋愛&結婚運

一緒にいると楽しむことのできる人を見つけられそうですが、遊び人に引っかかることもあるので周囲の評判などは聞いておきましょう。異性を見る目を養う時期だと思っておくといい勉強にはなりそうです。華やかさと明るさをアピールできるようになると異性の気持ちをつかめそうですが、気分が顔に出やすいので気をつけるようにしましょう。結婚運は、計画的に進められる時期ではないので、恋人との時間を楽しむといいでしょう。

2022年の仕事&金運

気分で仕事をしないで、どんな仕事も気持ちを込めてやることが大切。今年は求められることが増えて、不慣れや苦手な仕事もまかされてしまうことがあり、不満がたまりそう。人まかせにしたり逃げてしまうといつまでも成長できないので、もう一踏ん張りしてみましょう。ポジティブな発言でいい空気を作れる人になってみると仕事が楽しくなるでしょう。金運は、気分で買い物をしないで、必要なものかしっかり考えるようにしましょう。

ラッキーカラー ゴールド　グリーン　**ラッキーフード** 豆腐ステーキ　プリン　**ラッキースポット** カフェ　ホームパーティー

【命数】4

繊細でおしゃべりな人

基本性格 好きなことをとことん突き詰められる情熱家。頭の回転が速く、なんでも勘で決める人。温和で上品に見えますが、根は短気でやや恩着せがましいところも。芸術的な感性が豊かで表現力もありますが、おしゃべりでひと言多いタイプです。粘り強さはありますが基礎体力がなく、イライラが表面に出がち。寝不足や空腹になると機嫌が悪くなり、マイナス思考や不要な発言が多くなってしまうでしょう。

★専門家になる星
★ストレスをためやすい星
★しゃべりすぎる星
★基礎体力づくりが必要な星
★サプライズに弱い星

開運3カ条

1. 人の話を最後までしっかり聞く
2. 有言実行を目指す
3. 体力作りも仕事だと思う

2022年の総合運

あなたに必要な体験や経験がたくさんできる年。勘を信じて行動するのはいいですが、嫌な予感を避けすぎるよりも思いきって飛び込んでみるほうが学べることが多い場合があるでしょう。人との出会いも多く、振り回されてしまったり、短気を起こしてしまうこともありますが、どうしたら自分がイライラしないのか試してみるのもいいでしょう。健康運は、ストレス発散を兼ねて運動をすることで体力を付けるといいでしょう。

2022年の恋愛&結婚運

出会いが多い年なので、ひと目惚れする人に会えそうです。自分のプライドを守ってしまったり恥ずかしがっていると進展は望めないので、口ばっかりにならないでデートの日程やプランを自分で決めて、積極的に相手を誘ってみるといいでしょう。喋りすぎには気をつけて相手の話にもっと興味を示してみるといい恋ができそうです。結婚運は、勢いだけでは進まないのでお金のことを考えたり、今後の計画をしっかり立てるといいでしょう。

2022年の仕事&金運

急な仕事ややることが増えてヘトヘトになる日が多くなる年。スタミナ不足が原因で集中力が低下して疲れがたまる可能性があるので、睡眠時間をしっかり取って、体力作りも仕事だと思いましょう。はじめての仕事であなたの頭の回転の速さやアイデアが活かされる可能性があるので、意見は頭で整理してから言葉を選んで伝えましょう。金運は、勘で買い替えをするといいものを手に入れられそう。投資も勘が働くならオススメです。

ラッキーカラー ゴールド　ブラック　**ラッキーフード** 寿司　カボチャプリン　**ラッキースポット** 劇場　ショッピングモール

【命数】
5

品のある器用貧乏

基本性格

損得勘定が好きで、段取りと情報収集が得意。幅広く物事を知っている、上品でオシャレな人。好きなことにはじっくり長くハマりますが、視野が広いだけに自分は何が好きなのか見つけられず、ふらふらすることもあるでしょう。多趣味なのはいいですが、部屋に無駄なものがたまりすぎてしまうことも。お調子者ですが、ややネガティブな情報に振り回されてしまうところと、人付き合いはうまいのに本音では人が苦手なところがあります。

持っている星

★お金も人も出入りが激しい星
★多趣味・多才な星
★お金持ちが好きな星
★散財する星
★好きなことが見つけられない星

開運3カ条

1. 計画を立てて行動する
2. みんなが得することを考える
3. プラスとマイナスの情報を両方集める

2022年の総合運

興味のあることが増えて視野が広がり、慌ただしい1年になるでしょう。人の集まりやつながりを大切にするのはいいですが、損得で考えないで今を楽しんでみたり、マイナスは気にしないでプラス面に目を向けるようにするといいでしょう。忙しいことで充実した日々を送れそうですが、連日の飲み会や夜更かしは避けるようにしましょう。健康運は、お酒の飲みすぎに注意。忙しい日が続くと膀胱炎になりやすいので気をつけましょう。

2022年の恋愛&結婚運

忙しい年だからこそ同じように忙しい人に出会う可能性がありますが、後日に会うタイミングがなかなか合わないでチャンスを逃してしまいそう。相手からの誘いを待っていないで、具体的な日程をいくつか出して連絡してみるといい感じに進められそう。ただ、そもそも遊び人のような人を好きになりやすいので、相手選びは周囲からの紹介がいいでしょう。結婚運は、目移りしやすい年なので進みにくいですが、相手の押しで進められそう。

2022年の仕事&金運

忙しくなる年だからこそ計画や段取りをしっかり考えて仕事をするようにしましょう。自分も周囲も得する方法を考えられるようになると大きく成長できるので、自分だけプラスになるようなことを考えないようにしましょう。職場の人や仕事関係者との付き合いも大切にしてみると仕事の流れが大きく変わってくるでしょう。金運は、副業や趣味や得意なことを活かしてみるといいでしょう。情報と人脈がお金に変わることもあるでしょう。

ラッキーカラー ホワイト　パープル　**ラッキーフード** チキンカレー　ライチ　**ラッキースポット** 映画館　海

【命数】
6

受け身で誠実な人

基本性格

真面目でやさしく、じっくりゆっくり物事を進めるタイプ。品はありますが、やや地味になってしまうところもあります。言われたことは完璧にこなせるでしょう。現実的に物事を考えるのはいいですが、臆病になりすぎたり、マイナス情報に振り回されてしまったりと、石橋を叩きすぎてしまうこともあるタイプ。初対面の人や人間関係を広げることが苦手で、常に1歩引いてしまうところがあるでしょう。

持っている星

★サポート上手な星
★一途な恋の星
★尿路結石の星
★根はMの星
★地味な星

開運3カ条

1. 勇気を出して行動し、発言する
2. 好きな人は自分から誘う
3. 習得に時間がかかっても焦らない

2022年の総合運

石橋を叩いて渡るタイプですが、今年は勇気を出して行動を優先してみたり、自分の気持ちを素直に発言してみることが大切。「相手からどう思われるのか」など余計なことを考えないで、好き嫌いは相手の問題だと思って開き直ってみるといいでしょう。みんなが盛り上がるような話をしたり、話し上手を目指してみるといいでしょう。健康運は、数回でいいのでスクワットや腹筋、腕立て伏せをしてみるといいでしょう。

2022年の恋愛&結婚運

気になる人が現れても片思いのまま終わってしまいそう。相手からの誘いや出方を待っているだけでは何も変わらないので、好意を伝えてみたり、遊びに誘ってみましょう。自分磨きのためにも思いきったイメチェンをするといいので、上品なイメージにしてみると異性から注目されるでしょう。笑顔の練習も忘れないように。結婚運は、結婚を意識するならひとりの時間を楽しめるようになって、恋人に執着や依存をしないようにしましょう。

2022年の仕事&金運

やるべき仕事が増える年。実力が足りなくて周囲に迷惑をかけてしまったり、時間がかかってしまいそう。非効率でも自分でコツをつかめるように努力することが大切。人一倍頑張る1年ですが、その頑張りが後の人生を楽にさせてくれたり、出世や昇給につながってくるでしょう。コミュニケーションも大切なので仕事関係者と楽しく話してみましょう。金運は、貯金と少額投資に分けておくといい年。多少のリスクに臆病にならないように。

ラッキーカラー イエロー　藤色　**ラッキーフード** イワシのマリネ　ピーナッツ　**ラッキースポット** 水族館　図書館

ラッキーカラー、フード、スポットはプレゼントやデート、遊ぶときの口実に使ってみて

【命数】

7

ネガティブで正義感が強い人

基本性格

自分が正しいと思ったときの突っ走る力が強く、せっかちで行動力はありますが、やや雑。好きなことが見つかると粘り強さを発揮します。正義感があり、面倒見は非常にいいのに、不思議と人が苦手で人間関係を作るのに不器用な面があるでしょう。おだてに極端に弱く、褒められたらなんでもやってしまうところも。年上の人から好かれることが多く、その人次第で人生が大きく変わってしまうところがあるでしょう。

★無謀な行動に走る星
★押しに弱い星
★人任せな星
★下半身が太りやすい星
★仕切りたがる星

開運3カ条

1. 年齢の離れた友人を作る
2. 自分の正義感を出しすぎない
3. 経営者になるつもりで仕事をする

2022年の総合運

行動範囲と視野が広がり、人脈も大きく変わってくる年。関わる人の年齢の幅も広がってくるので、年齢の離れた友人を作ってみるといいでしょう。自分だけが正しいと思っていると前に進めなくなってしまうので、世の中にはいろいろな方法や自分と違った正義があることを知るようにしましょう。失敗はいいですが、雑な行動には気をつけましょう。健康運は、筋トレをしたり、体を鍛えておきましょう。バランス感覚も鍛えておくといいでしょう。

2022年の恋愛&結婚運

自分の気持ちに素直になるのはいいですが、タイミングや駆け引きを少し覚えておいたり、自分磨きも相手に合わせて変えてみるといいでしょう。年上の人には、相手に見合う感じにするなど工夫するといいですが、相手が積極的ではないからといって勝手に諦めないようにしましょう。好きな人を素直に褒めてみるといい関係に進みそうです。結婚運は、押しきる前にお金や仕事など現実的なところをしっかりするようにしましょう。

2022年の仕事&金運

目の前の仕事に一生懸命になるのはいいですが、いずれ自分が社長になると思ってみると仕事に対する考え方が大きく変わってくるでしょう。仕事の幅が広がり、やる気も自然に湧いてくるので、後輩や部下の面倒を見ることも大切。頑張っているところを褒めるといいチームワークができそうです。仕事の締めくくりが雑にならないように気をつけて。金運は、見栄での出費が増えそうですがコミュニケーションにお金を使うといいでしょう。

ラッキーカラー イエロー　エメラルドグリーン　**ラッキーフード** ニシンそば　カップケーキ　**ラッキースポット** 海　温泉街

【命数】

8

常識を守る高貴な人

基本性格

礼儀正しく上品で、何事にも几帳面で丁寧なタイプ。臆病で人間関係を作るのが苦手ですが、上司や先輩、お金持ちから自然と好かれる人。やさしく真面目ですが、ネガティブに物事を捉えすぎるクセがあり、マイナスな発言が多くなりがち。言われたことを完璧にできる一方で、言われないとなかなかやらないところもあります。見栄っ張りなところもあり、不要な出費も多くなりそうです。

★気品のある星
★人間関係が苦手な星
★約束やルールを守る星
★スキンケアが大事な星
★精神的に頼れる人が好きな星

開運3カ条

1. 何事も試す勇気を持つ
2. 年上の人を大切にする
3. 目立つアクセサリーを購入する

2022年の総合運

常識や順序を守るのはいいですが、今年は積極的に行動するように意識しておきましょう。失敗を恐れて様子を窺いすぎるタイプですが、失敗ではなく体験や経験をしただけで、いい実験だったと思うようにしましょう。人生では勇気を出して試したことから学んで成長することが大切だということを忘れないようにしましょう。健康運は、疲れやストレスが肌に出やすいので、スキンケアをしっかりして、入浴剤を入れて湯船に浸かるようにしましょう。

2022年の恋愛&結婚運

忙しいながらも出会いは多いですが、相手からの誘いを待っているとメールだけになってしまって相手が冷めてしまうので、勇気を出して誘ってみたり、距離を一気に縮めてみる度胸が大切。相手の話によく笑うようにするといい印象を与えることができるでしょう。相手のちょっとした言葉をマイナスに受け止めすぎないようにもしましょう。結婚運は、精神的に成長して、図太いと思われるくらいになれると話が進められそうです。

2022年の仕事&金運

実力以上の仕事をまかされてしまったり、予想外に忙しくなる年。信頼してもらえるのはいいですが、要領よく仕事をする方法を考えて工夫するようにしましょう。不正やズルい人にハッキリ言うのはいいですが、その後に面倒なことになる場合もあるので、言葉やタイミングは選びましょう。年上の人から評価されるのでうまくサポートできるように努めておきましょう。金運は、自分へのごほうびを購入するとやる気になれそうです。

ラッキーカラー イエロー　オレンジ　**ラッキーフード** カツサンド　ドーナツ　**ラッキースポット** リゾート地　庭園

【命数】

9

斬新な生き方をする臆病な人

基本性格

上品で丁寧ですが、自由を求める変わり者。芸術面で周囲とは違った才能を持っています。企画やアイデアを出すことでひとつの時代を作れるくらい、不思議な生き方をします。表面的な人付き合いはできますが、本音は人が苦手で束縛や支配から逃げてしまうところも。一族の中でも変わった生き方をし、突然、これまでとはまったく違った世界に飛び込んでしまう場合も。熱しやすく冷めやすい人でしょう。

★革命を起こす星
★長い恋が苦手な星
★超変態な星
★飽きっぽい星
★自由に生きる星

開運3カ条

1. 新しいことに敏感になる
2. 好きな人の前では素直になる
3. 他人の才能を認める

2022年の総合運

新しいことに挑戦したい気持ちが高まってしまう年。突然行動するのはいいですが、もっと先のことや現実的な部分をしっかり考えてから行動するようにしましょう。気になることを見つけたときは素直に教えてもらったり、頭を下げるようにしましょう。恥ずかしがっていると学ぶチャンスを失ってしまいそう。芸術や美術の世界を学んでみたり、体験してみるといいでしょう。健康運は、肩こりと目の疲れが出やすいのでストレッチや軽い運動を習慣にしましょう。

2022年の恋愛&結婚運

プライドを守ったり、恥ずかしがってアマノジャクな言動をしてしまうことを今年でやめるようにすると、今後の恋愛がうまくいくようになるでしょう。そのためにもまずは気になる人の前で素直になったり、言い訳をしないようにしましょう。相手の才能や個性を褒めてみるといい関係に進むことができるでしょう。結婚運は、結婚願望が薄いほうですが、恋愛体質でもないので今年は勢いで入籍をするにはいい年です。

2022年の仕事&金運

新しい部署に異動したり、これまでとは違うリズムで仕事が来る年。変化が楽しくなるので自然とやる気もアップするでしょう。これまでと同じ仕事だと飽きてしまい投げ出したくなってしまうので、丁寧に仕事をするように。好きな仕事に既についている場合は、その仕事を極めてみるといいでしょう。金運は、お金に執着がなく浪費をしやすいので、少額の投資などを始めるといいでしょう。幼稚なもので浪費しないようにしましょう。

ラッキーカラー ホワイト　青紫　**ラッキーフード** ミネストローネ　紅茶　**ラッキースポット** 劇場　書店

【命数】

10

マイナス思考の研究家

基本性格

常に冷静に物事を判断し、好きではじめたことは最後まで貫き通して完璧になるまで突き詰めることができる人。人に心をなかなか開きませんが、尊敬すると一気に仲よくなって極端な人間関係を作る場合も多いタイプ。ただ、基本的には人間関係は苦手です。考え方が古いので、年上や上司から好かれることも多いでしょう。偏食で好きなものができると飽きるまで食べすぎてしまうところも。疑い深く、ネガティブにもなりやすいでしょう。

★年上から好かれる星
★理屈と理論の星
★完璧主義の星
★言い訳が多い星
★尊敬できないと恋できない星

開運3カ条

1. 尊敬できる人を見つける
2. 実験を楽しんでみる
3. 教えられることはできるだけ伝える

2022年の総合運

学ぶことや興味のあることが増える年。勉強や追求や研究をするといい体験ができるので、気になったことはなんでも試してみるといいでしょう。どの世界でも結果を出している人は知恵を絞って工夫や努力をしていると認めると、自分が何をすべきか見えてくるでしょう。また、年齢に関係なく自分が体験したり学んできたことで教えられることがある場合は伝えておきましょう。健康運は、目の疲れと肩こりになりやすいのでストレッチをマメにしましょう。

2022年の恋愛&結婚運

尊敬できる人を見つけることができても、忙しく過ごしていると仲よくなれるチャンスを逃してしまいそう。気になる人には自分から話しかけてみたり、尊敬していることを伝えてみるといいでしょう。自分のプライドを守っているといつまでも恋が進展しないので、失恋をして不要なプライドを砕いてみると、これからの恋愛が大きく変わるでしょう。結婚運は、相手に完璧を求めると話がいつまでも進まないので気をつけましょう。

2022年の仕事&金運

じっくり仕事を進めて実力をアップさせるにはいい年。実力以上の仕事をまかされてしまうことがありますが、求められた以上の結果を出す努力をすると大きな壁を乗り越えられたり、技術を身に付けられそう。苦しくてももう一踏ん張りして、研究や実験を続けてみるといいでしょう。若い人に教えるのはいいですが、相手に合う言葉を選ぶようにしましょう。金運は、勉強になることにお金を使うとよく、投資の勉強をするにもいい年です。

ラッキーカラー パープル　ホワイト　**ラッキーフード** アサリの酒蒸し　干し芋　**ラッキースポット** 書店　展示会

ラッキーカラー、フード、スポットはプレゼントやデート、遊ぶときの口実に使ってみて

年代別 アドバイス

世代が違えば、悩みも変わります。
日々を前向きに過ごすためのアドバイスです。

年代別アドバイス 10代

今年は新しい友達を作ったり、知り合いの輪を広げてみましょう。気になることがあったら素直に挑戦して、自分の好きなことや得意なことが何かを知るようにしましょう。失敗を恥ずかしがって避けてしまうと、恋のチャンスを逃したり、自分の才能や能力に気づけないままになってしまう可能性もあります。勇気を出して行動して、未体験と思えることがあるなら思いきって挑戦してみましょう。

年代別アドバイス 20代

運命を変える人に出会える年であり、これまでと違う人脈を作る努力が大切な年。特に年上の知り合いや友人を作ることが大切になるので、習い事を始めてみたり、定期的に行く場所や行きつけのお店を作って、知り合った人と仲よくなれるように頑張ってみましょう。若さよりも品のよさや大人っぽさが出るようにイメチェンするのにいいタイミングでもあるので、少し背伸びをするくらいの感じにしてみるといいでしょう。

年代別アドバイス 30代

不慣れや苦手なことを少しでもいいので克服する努力をしましょう。人との距離の取り方や仲よくする方法も変えてみて。誘われるまで待っていないで、友人や知人を集めてホームパーティーをするなどして人とのつながりを楽しむといいでしょう。スキルアップや技術を身に付けるにもいい年なので、「もう遅い」と思っても好きなことや気になることを見つけた場合は挑戦するように。年齢に見合ったイメチェンも大切です。

年代別アドバイス 40代

年下の友人や知り合いを増やす努力をするといい年。年上の人も大切ですが、40代になったら若い人から教えてもらえることを増やすようにしましょう。教えることも多いですが、その分流行や若い人の考え方を教えてもらうといいでしょう。趣味の習い事や長く続けられそうなことを始めてみると人生が楽しくなります。大人な趣味をスタートしてみるといいので、ジャズやBAR通いやゴルフなどを始めてみるといいかも。

年代別アドバイス 50代

今年から基礎体力作りや筋トレ、定期的な運動を行うようにしましょう。少しでもいいのでスタミナを付けてみることが大切です。ウォーキングやランニングなどを行うようにするといいでしょう。今年からでもいいので気になる習い事を始めてみるのもいいでしょう。若い人の中に入ってみると気持ちも見た目も若くなりそうです。マイナスに考えすぎないで、プラス面を考えて行動してみるといいでしょう。

年代別アドバイス 60代以上

不慣れや苦手をそのままにしないようにしましょう。「もうこの歳だから」と言い訳をしないで、新たな人間関係を作ってみましょう。体力作りのために運動を始めるなら、若い人から教わってみるなど、交友関係を増やせる場所に行くとよさそうです。本を読んだり、勉強する時間を増やしてみるのもいいでしょう。好きなことを見つけられると、パワーが強くなることを実感できるので、素直に行動してみましょう。

銀の羅針盤座

毎月・毎日 運気カレンダー

［2021年11月～2023年3月の運気グラフ］

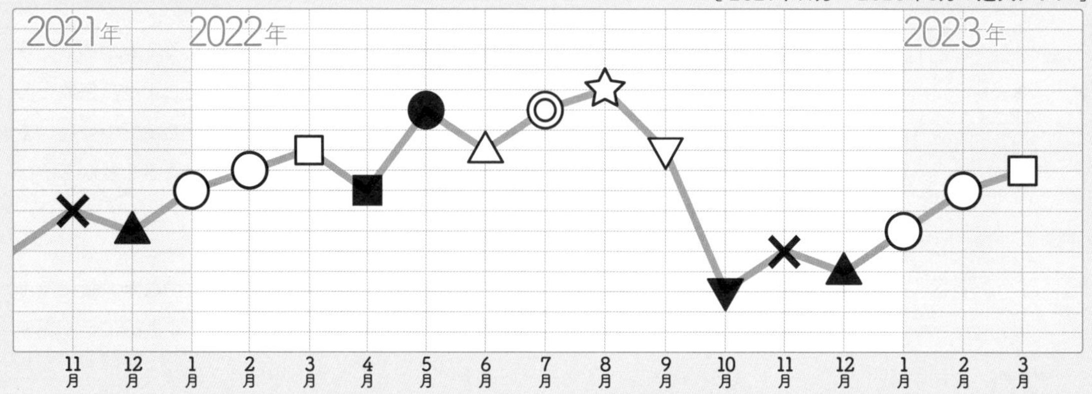

銀の羅針盤座の2022年は

○ チャレンジの年（2年目）

失敗を恐れず、新しいことに挑戦を

この本で「占いを道具として使う」には、「毎日の運気カレンダー」（P.83～）を活用して1年の計画を立てることが重要です。まずは「12年周期の運気グラフ」（P.65）で2022年の運気の状態を把握し、そのうえで上の「毎月の運気グラフ」で、毎月の運気の流れを確認してください。

「銀の羅針盤座」の2022年は、「チャレンジの年（2年目）」。山登りでいうなら前半戦です。新しいことへの挑戦と人脈を広げることが重要になる年。失敗を恐れず行動し、新しい体験をするほど2023年以降の方向性の選択肢が広がります。2025年に山の中腹を越え、ここで努力の結果が出ます。それを受けてさらなる決断をし、2026～2027年は仕事も遊びも充実。美しい山の景色を楽しみながら、2028年に山頂へ。

☆ 開運の月　◎ 幸運の月　● 解放の月　○ チャレンジの月
□ 健康管理の月　△ 準備の月　▽ ブレーキの月　■ リフレッシュの月
▲ 整理の月　✕ 裏運気の月　▼ 乱気の月

2021 11月

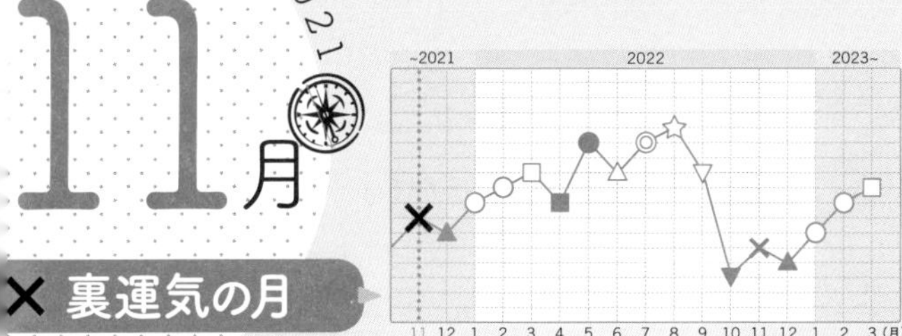

× 裏運気の月

開運 3カ条

1. 振り回されることを楽しむ
2. 相手のいい部分を見つける
3. 結果ではなく過程を大切にする

総合運

人に振り回されながらも鍛えられる時期。無理難題だと思うことは自分のレベルが低いだけか、思った以上に期待されている場合もあります。マイナスに受け止めないで今の自分がやれることをいろいろ試してみるといいでしょう。失敗したり恥ずかしい思いをすることもありますが、それを糧にすることで新たな道が切り開かれていきます。健康運は、疲れから体調を崩しやすいので睡眠時間を多めにとりましょう。

恋愛&結婚運

これまでとは違った感じの異性やまったく興味のない人から好意を寄せられるなど、意外な展開が多くなる時期。うまくいくと思っていた相手とは距離が空き、他の人に先を越されてしまうこともあるでしょう。年齢の離れている人と急展開することもありますが、この時期進展しやすい相手には予想以上に振り回されるので、周囲の評判などをしっかり聞くようにしましょう。結婚運は、相手のいい部分を忘れないように。

仕事&金運

頑張ってもなかなか結果が出ませんが、今は挑戦をしながら実力を身につける時期だと思っておきましょう。理不尽なことを言われることもありますが、乗り越えられる壁だと思って知恵を絞り、実力不足のところは学んで成長するようにしましょう。課題が見つかることは不運ではないので、目標が見つかってよかったとプラスに受け止めて。金運は、何か買う際は本当に必要なものなのか冷静に判断してから購入しましょう。

日	運気	内容
1 月	=	困難なのか自分の実力が足りないのか、しっかり分析することが大事。落ち込んでも下を向かず、頑張って前を向いて。ネガティブな出来事はいずれポジティブな経験に変わります。
2 火	=	地道な努力が大事。目標が定まっていなくても、やるべきことはあるものです。不慣れなことや苦手なことを少しでも克服し、目の前の仕事を少しでも効率よく進めてみるといいでしょう。
3 水	□	コンディションをしっかり整えて。上機嫌でいるためにはどうするといいのか考え、気力が低下することは避けるように。軽い運動をすると頭がスッキリするでしょう。
4 木	■	疲れを感じやすい日。気分がすぐれないときは無理をせず、気分転換するといいでしょう。調子が悪いままでは周囲に迷惑をかけるかも。具合が悪いときは正直に伝えましょう。
5 金	●	感じたことを素直に言葉に出すのはいいですが、上品な言葉や相手を思いやる表現をうまく使って。一瞬考えて言葉を発すると、魅力が増して異性からも注目されそう。
6 土	△	出先で忘れ物やミスをしやすいでしょう。小さなケガをしたり、車を少し擦ってしまう、うっかりスマホを落として傷つけるなど、ガッカリすることも起きやすいので気をつけて。
7 日	○	最近疎遠になっていた人へメッセージを送ってみて。忘れていたことや懐かしいエピソードを思い出し、楽しい時間を過ごせるかもしれません。出先で偶然出会うこともあるかも。
8 月	○	お金の流れを考えるといい日。仕事の儲けや経費など、会社や世の中のことをもっと考えてみて。経営やマネーの勉強になる本を読んでみるのもいいでしょう。
9 火	▽	日中は問題なく進められても、夕方からは予定通りいかないことが増えそう。些細なことをいちいち気にせず、「起きてしまったことは仕方がない」と受け止め、対応して。
10 水	▼	「親しき仲にも礼儀あり」を忘れないように。仲がいいと思って雑な言葉遣いをすると、気まずくなったり人間関係が面倒になったりするかも。丁寧さを心がけておきましょう。
11 木	×	よかれと思ってやったことが、なぜか裏目に出てしまいそう。空回りしても、善意の気持ちがあれば後に理解してもらえるでしょう。今日はグッと我慢が必要になりそうです。
12 金	▲	余計なことを思い出して恥ずかしくなったり、ギョッとしたりしてしまいそう。考えても時間のムダなので過ぎたことは気にせず、同じ失敗をしないように生活しましょう。
13 土	=	相手からの誘いを待っていても何も変わらないので、気になる人にダメ元でメッセージを送ってみるといいでしょう。まずは行動することから人生や運命が変わると心得て。
14 日	=	普段は興味の薄いことに目がいきそう。気になることをいろいろ調べると、おもしろい発見や学べることがあるでしょう。本を購入して読んだり、詳しい人に教わってみて。
15 月	□	「どうせ変わらないから」と何もやらない人と、やってみた人では人生に大きく差がつくもの。少しでもいいので体験や経験を増やして。期待や希望を簡単に捨てないように。
16 火	■	寝不足や体調がすぐれないことを感じそう。無理をすると、明日以降に響きます。今日は体調と相談し、体にいい食べ物を選んだり、リラックスする時間を作ったりしましょう。
17 水	●	自分の気持ちに素直になることで、いい流れを作れるでしょう。自分が正しいと思うなら、言葉に出してみて。立場や状況から言えないときはメモをして、後日伝えるように。
18 木	△	今日は何事も慎重に行動することが大事。恥ずかしいミスや忘れ物などをしそうです。スケジュールをしっかり確認し、時間のチェックを忘れないようにしましょう。
19 金	○	最近行っていないライブやイベント、芝居、映画などの鑑賞や、チケット予約をするといいでしょう。楽しみを見つけられれば、自然とやる気も湧いてくるはずです。
20 土	○	髪を切ったりおいしいものを食べに行くといい日。体験や経験になることにお金を使いましょう。ホテルランチや高級店に行ってみると、いい勉強になりそうです。
21 日	▽	自分が言われてうれしいことは相手も同じ。身近な人に感謝の気持ちを伝えてみて。夕方以降は、思い通りにいかないことがあるでしょう。予定変更があってもイライラしないで。
22 月	▼	自分中心に物事を考えず、今日は誰かのサポートをすることが大事です。感謝されるような生き方ができれば、人生が楽しくなるでしょう。学ぶべきことを見つけてみて。
23 火	×	ネットで見た情報を鵜呑みにすると、恥をかくことに。軽い気持ちでSNSで拡散すると、間違いを指摘されてしまうかも。情報は多方面から入手し、冷静に判断して。
24 水	▲	季節に見合わないものはしまい、不要なものは片づけて。散らかったままの部屋では、運気はいつまでもよくならないでしょう。仕事で使うものもきれいにしておいて。
25 木	=	これまでとは違う方法に挑戦してみるといいでしょう。手応えがなくても何度か試してみることが大切。先輩や上司に相談したり、経験者の手法をマネしたりするのもオススメです。
26 金	=	どんな仕事も最後までしっかり丁寧にやることが大事。詰めの甘さは、面倒を引き寄せてしまうだけ。不運ではなく、自分の考え方や仕事への取り組みの甘さを認めて精進して。
27 土	□	計画的に過ごすことで、不要な疲れをためないようにしましょう。行き当たりばったりの行動はムダな動きが増え、疲れてしまうだけ。目的を決め、ほかには目を向けないように。
28 日	■	日ごろの疲れをしっかりとるといいでしょう。スマホやパソコンの電源を切って、時間を気にせず心置きなく休みましょう。好きな映画を観たり、本を読んで過ごすのもオススメ。
29 月	●	求められることが増えるでしょう。急に忙しくなったり、これまでとは違う仕事や新しいメンバーとの仕事が出てきそう。誰が何を求めているのかを考えて話すようにして。
30 火	△	遊び心が大事な日。冗談で笑わせたり、ちょっと驚かせるくらいのことをやったりすると楽しい職場になりそう。相手の話も楽しそうに聞き、たくさん笑うように心がけて。

2021

12月

▲ 整理の月

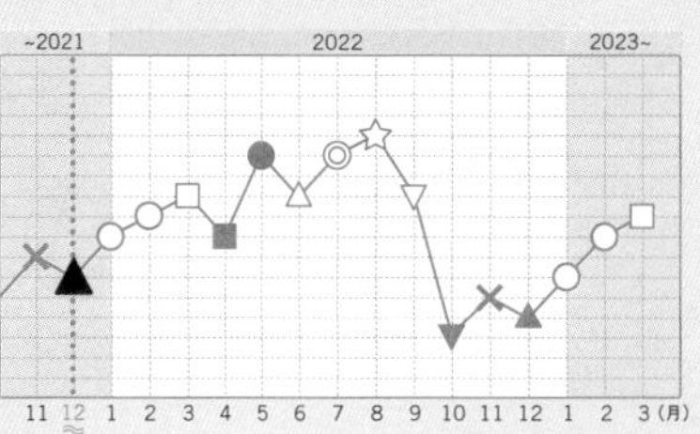

開運 3 カ条

1. 不要なものはどんどん捨てる
2. 別れを覚悟する
3. 言われる前に動く

総合運

気持ちの切り替えや前に進むための理由が必要な時期。過去にこだわっているといつまでも何も変わらないままになってしまうので、ここ1～2カ月で辛い思いをした人は人間関係を整理したり、自分の至らなさを素直に認めて、ムダな時間から離れる決断が大事。逆にあなたが切られてしまったり疎遠になってしまうこともあるので、引きずらないようにしましょう。健康運は、運動する時間を作るといいでしょう。

恋愛＆結婚運

ひとつの恋に区切りがついたり失恋する可能性が高い時期。すでに微妙な感じがするカップルはここで終わりになることもあるでしょう。片思いの恋も進展が厳しそうだと思えるなら、キッパリ諦めたほうが月末以降の素敵な出会いにつながるでしょう。新しい出会いは周囲からのオススメに素直になってみて。結婚運は、不機嫌な態度が出すぎると破談になるので要注意。相手のいい部分を見るようにしましょう。

仕事＆金運

仕事を辞めたい気持ちが高まる月ですが、言われたことだけをやっていては不満がたまるだけ。先のことを考えて自分がやるべきことに積極的に取り組んでみるといいでしょう。失敗や挫折もありますが、不要なプライドを捨てることができます。恥をかくことの大切さを忘れないようにしましょう。ムダな時間を使わないようにすることも大事。金運は、不要なものを処分するといい時期。ネットなどで売ると小銭が手に入りそうです。

日	曜	運気	内容
1	水	○	付き合いの長い人に助けてもらえそう。助言を受け止め、善意のある言葉だと忘れないように。都合が悪いからと無視すると、後悔することになるでしょう。
2	木	◎	少しでもいいので、先のことを考えて行動することが大事。相手の気持ちも含めて想像できるといいですが、ネガティブに考えないように。ポジティブな考え方が大切です。
3	金	▽	午前中は問題が少なく、仕事も順調に進みそう。午後以降は、なんとなく調子もすぐれず、気持ちが乗らない感じになりそう。無理せず、自分のペースで進めるようにしましょう。
4	土	▼	人との縁が切れたり、人間関係がこじれたりしそう。相性の合わない人とは縁が切れると思っておきましょう。物も壊れやすいので、雑に扱わないように気をつけて。
5	日	×	楽しみにしていたイベントや、決まっていたはずのスケジュールがキャンセルになってしまうかも。ガッカリしないで空いた時間に本を読んでみると、いい勉強ができそうです。
6	月	▲	少しでもいいので、身近にある不要なものを片づけておきましょう。使わない資料や道具はしまって。処分するときは、大事なものが混在していないかしっかり確認を。
7	火	＝	失敗を恐れて何もしないより、「失敗して当然」と思って新しいことに挑戦してみましょう。うまくいかなかった原因や自分に足りない点を冷静に分析し、次につなげて。
8	水	＝	自分の考え方や生き方だけが正しいと思ってしまうと、視野が狭くなるだけ。いろいろな生き方や考え方を認め、肯定することで、1歩成長できたり対応力がアップしたりしそう。
9	木	□	マイナスなところに目を向けても前に進めないので、プラスの部分や幸せを見つけることが大切。楽観的な人と話すとやる気になれるので、思い浮かぶ人に連絡を。
10	金	■	疲れがたまっていることを感じそう。肩こりや目の疲れ、肌の調子も悪くなってしまいそう。休憩をしっかりとり、仕事終わりにストレス発散のための運動をするといいでしょう。
11	土	●	少しですが気持ちが楽になり、気分よく過ごせる日。近所を散歩したり、部屋に花を飾ったりするといいでしょう。好きな音楽を聴くことでリラックスできそうです。
12	日	△	油断すると1日をムダにするくらい、ダラダラしてしまいそう。「時間は命」だと思って、自分の好きなことに時間を使って楽しみましょう。ただし、ドジな失敗には注意して。
13	月	○	付き合いの長い人と、懐かしい話や趣味の話で盛り上がりそう。仕事関係者で意気投合できる人を見つけられるかも。遠慮しないでいろいろな人と話してみるといいでしょう。
14	火	◎	思った以上に順調に物事が進むのはいいですが、周囲の人のサポートのおかげだと忘れないように。感謝の気持ちを伝えると、いい人間関係を作ることができそうです。
15	水	▽	午前中はテンポよく仕事ができ、気分がよくなりそう。午後からはやることが増え、時間に追われることになるかも。急な仕事で慌てないで、できるだけ対応するようにしましょう。
16	木	▼	仕事に集中できない日。つまらないミスをして叱られたり、仕事を辞めたい気持ちが高まったりしそう。問題を他人の責任にしないで、やるべきことをしっかり果たしましょう。
17	金	×	よかれと思って言ったことが相手を不快にさせてしまいそう。会話の先をもっと読んだり、相手が話しやすいように聞き役になったりするといいでしょう。相づち上手を目指して。
18	土	▲	大掃除をするには最適な日。「人生で最も処分した」と言えるくらい、使わないものや着ない服を捨てるといいでしょう。読まない本や聴かないCDも一気に捨てて。
19	日	＝	普段なら注文しないようなものを頼んだり、買ったことのない雑誌を購入したりするといいでしょう。小さなチャレンジが人生を楽しくし、新しいことに興味が湧いてくるでしょう。
20	月	○	はじめて会う人の短所に目を向けず、長所を探すようにして。仕事や物にもいい部分を見つけるように心がけておくと、自然とあらゆることに感謝できるようになるでしょう。
21	火	□	スマホやネットを見る時間を削り、もっと大事なことに費やすように。やることがないと嘆く人は、本を買って読むといい勉強になり、素敵な言葉を見つけられるでしょう。
22	水	■	体がスッキリしない日。今月の疲れが出てしまったり、寝不足を感じたりしそう。ダラダラするとさらに疲れるので、メリハリをつけて。昼食は軽めにし、消化のいいものを選んで。
23	木	●	うれしい出来事があり、これまでの頑張りを認めてもらえそう。やさしくしてくれた人に恩返しの気持ちを忘れないように。異性から突然、クリスマスの予定を聞かれることがあるかも。
24	金	△	小さなミスが重なったり、恥ずかしい思いをしたりしそう。珍しい失敗をすることもあるので、慎重に丁寧に行動して。クリスマスイブは思い出のあるお店に行くといいでしょう。
25	土	◎	思い出に残るクリスマスになりそう。特に予定がない人は、友人に連絡してみんなで楽しんでみるといいでしょう。みんなで明るい未来の話をすれば、運気がよくなりそうです。
26	日	◎	買い替えをするにはいい日。古くなったものは処分して最新のものを購入してみましょう。1年のごほうびにおいしいものを食べたり、少し高い化粧品を購入するのがオススメ。
27	月	▽	午前中に大事な用事は済ませて。年賀状を書き忘れていたら、急いで書いて送りましょう。夕方以降は、強引な人に予定を乱されてしまうことがあるかも。
28	火	▼	上機嫌でいられないときは、人に会わないようにすることが大事。不機嫌が原因でケンカや不仲になってしまいそう。自分の気持ちを上手にコントロールできるよう訓練を。
29	水	×	過度な期待はしないほうがいいでしょう。買い物や出先でガッカリする出来事がありそう。引きずらずに、ほかに楽しいことやおもしろいことを見つけるようにしましょう。
30	木	▲	年齢に見合わないものやマイナスのイメージがあるものを処分して。部屋をシンプルにすることで、気分がよくなるでしょう。着ることがない服は一気に処分しましょう。
31	金	○	例年とは違う大晦日になりそう。カウントダウンライブに行ったり、友人の家で過ごしたりするといい思い出に。近くのお店に飲みに行くとおもしろい出会いがあるかも。

☆ 開運の日　◎ 幸運の日　● 解放の日　○ チャレンジの日
□ 健康管理の日　△ 準備の日　▽ ブレーキの日　■ リフレッシュの日
▲ 整理の日　× 裏運気の日　▼ 乱気の日　＝ 運気の影響がない日

○ チャレンジの月

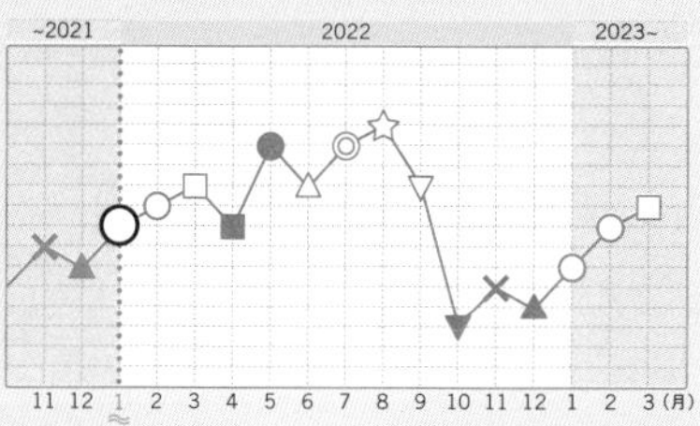

開運 3 カ条

1. 新しい生活リズムにする
2. 新しい出会いを求めて行動する
3. 新しいものに買い替える

総合運

新しい出会いや視野が広がるきっかけをつかめる月。少し不慣れや苦手だと思っても、「新しい」と感じることには思いきって挑戦してみるといいでしょう。環境を変えてみたり、生活リズムや生活習慣を変えてみるにもいいタイミング。環境に飽きを感じた人ほど変化を楽しんでみるといいでしょう。これまで遊んだことのない人とのつながりも出来そうです。健康運は、生活習慣を変えて健康的な生活を意識するといいでしょう。

恋愛＆結婚運

新しい出会いがあったり、好みのタイプに変化が現れる時期。これまで気にならなかった人が素敵に見えたり、いい部分を見つけられそう。周囲がオススメする異性を観察するといいですが、マイナス面を無理に探さないように。気になる相手は話題のスポットや新作映画に誘うといい関係に進めそう。行ったことのないお店で食事をしましょう。結婚運は、これまでとは違うアプローチが必要でしょう。

仕事＆金運

新たな課題や、やらなくてはならない仕事が増える時期。これまでと同じ感覚で取り組むと苦しく感じる場合があるので、気を引き締めて仕事に打ち込んだり、不慣れや苦手なことを克服する努力を始める必要があるでしょう。新たな人と一緒に仕事をする場合は、挨拶やお礼は自らしましょう。金運は、買い替えをするにはいいタイミング。新規オープンのお店に行くといい物を見つけられそうです。

日	運気	内容
1 土	○	例年と違う神社や寺に初詣に行くといい日。素敵な出会いやおもしろい発見があるかも。新しい服や靴を選んで外出するのもいいので、買い物に行ってすぐに使ってみましょう。
2 日	□	今年の目標を具体的に立てるといい日。現実的に考えて、1年後に達成できそうなことをいろいろ考えてみましょう。気になる相手に連絡すると後に進展しやすくなりそうです。
3 月	■	正月休みで体調を崩してしまったり、胃腸の調子が悪くなりそう。今日は、暴飲暴食を避けて胃を休ませるくらいがいいでしょう。軽く運動をしておくのもいいでしょう。
4 火	●	自分で思っている以上に魅力が輝く日。遠慮せず気になる相手に連絡をしておくといい関係になれそう。新しい出会い運もあるので、仲間の新年会に顔を出してみましょう。
5 水	△	カバンの中に入っていると思っていたものを、家やお店に置き忘れていることがあるので気をつけましょう。些細なことでも確認するとムダな時間を避けられるでしょう。
6 木	◎	本気で取り組むことで運が味方する日。仕事の場合は今年の目標を掲げて一生懸命取り組んでみましょう。やる気になれる音楽を聴くと運気も気分も上がっていいでしょう。
7 金	☆	買い物するにはいい日。時間がないときはネットで購入してもいいですが、できればはじめて行くお店で購入するといいでしょう。服を購入すると恋愛運も金運もアップするでしょう。
8 土	▽	日中は運気がいいので、デートや習い事を始めるにはいい日。気になる場所に出かけてみるといいでしょう。夜は寒さで体調を崩してしまうことがあるので気をつけましょう。
9 日	▼	マイナスに考えすぎてしまう日。相手の言葉を深く考えすぎないで、うまく流せるようにするといいでしょう。些細なことでヘコんでしまうこともありそうです。
10 月	×	一度嫌なことに目がいくと、なかなか切り替えができなくなってしまいそうな日。今の状況に感謝したり、周囲の人を尊敬すると気持ちが楽になるでしょう。
11 火	▲	目の前が散らかったままでは集中できなくなってしまうだけ。整理整頓してすっきりさせることで仕事に集中できます。不要な資料や使わないものはどんどん処分しましょう。
12 水	○	悩んだり不安になるほど余計なことを考えず、些細なことを楽しんだり喜んでみるといい日。笑える話をしてくれる人や笑わせようとする人と一緒にいるのもいいでしょう。
13 木	○	視野を広げることが大事な日。自分の考えだけが正しいと思ったり、真面目に考えすぎると大切なことを見落としそう。いろいろな考え方や生き方を受け入れましょう。
14 金	□	自分の機嫌は自分でよくしておくことが大切な日。外出する前に鏡の前で笑顔の練習をしておくといいでしょう。元気に明るくしていると運気も自然とよくなるでしょう。
15 土	■	睡眠時間を増やすといい日。思った以上に疲れがたまっている可能性があるので、今日はゆっくりしましょう。予定が入っている場合は、ゆとりを持って行動しましょう。
16 日	●	イメチェンすることで異性からモテるようになる日。年齢と流行に合った服を購入するにもいい日です。気になる人を突然食事に誘ってみるといい返事が聞けそうです。
17 月	△	タイミングが悪くなりそうな日。機嫌の悪いときに上司に話しかけてしまったり、空気の読めない発言をしてしまいそう。今日は観察をしっかりしてから行動しましょう。
18 火	◎	やる気は待っていてもやってこないので、まずは行動してみると自然とやる気も出てくるでしょう。些細な勇気が人生を変えると思って、不慣れなことでも挑戦しましょう。
19 水	☆	大事な経験ができる日。結果を求めることもできますが、今日は今後に役立つ経験や大事な話が聞けそう。運命を変えるような出会いもあるので、人との出会いも大切にしましょう。
20 木	▽	日中は運を味方につけられるので積極的に行動しておくといいでしょう。夕方以降は、気持ちが不安定になってしまいそう。スケジュールにはゆとりを持っておきましょう。
21 金	▼	嫌な予感がする場所には近づかないように。予想外に振り回されたり、他人のトラブルに巻き込まれそう。不運を感じたときは「このくらいでよかった」と思いましょう。
22 土	×	友人と一緒にいるのはいいですが、愚痴や不満を聞く時間が長くなってしまったり、ガッカリするような出来事にあいそう。今日は、家でゆっくりする時間を増やしましょう。
23 日	▲	小さな失敗をしやすい日。失敗にヘコんでいないで、笑ってしまうといいでしょう。ただ、周囲の失敗を笑うのはやめるようにしましょう。
24 月	○	すべての意見を通そうとしないで、1〜2割通ればいいと思って話してみるといいでしょう。遠慮するところと図太くなるところを使い分けられるようにしましょう。
25 火	○	おもしろいアイデアや企画を考えられそうな日。メモしておくと後で役立ったり、別のことで役立たせられることがありそう。デートプランなども考えてみるといいでしょう。
26 水	□	周囲にいる素敵な人や憧れの人をしっかり確認して見習うようにしましょう。言葉遣いや所作などを観察してみるといいでしょう。小さなことからマネしてみましょう。
27 木	■	疲れがたまると些細なことでイライラしやすくなるでしょう。お茶を飲んでゆっくりする時間をとったり、深呼吸するといいでしょう。体調も崩しやすいので気をつけましょう。
28 金	●	自分の役割をうまく果たせる日。遠慮していないで積極的に仕事に取り組んだり、恋愛で気になる人に自ら連絡をするようにしましょう。明るい服を着るとモテるでしょう。
29 土	△	片づけをするときは、大事なものを先によけておきましょう。誤って処分したり、しまった場所をうっかり忘れてしまうことがあるかも。小さなドジに気をつけましょう。
30 日	◎	昨日なくしたものが出てきたり、他にも忘れていたものが見つかりそう。しばらく行っていなかったお店に行くといいことがありそう。いい縁がつながって楽しい時間を過ごせそうです。
31 月	☆	仕事運がいい日。一生懸命仕事に取り組んでみると、仕事のおもしろさや楽しさに気づけそう。テキパキ仕事をすることでやる気も出てくるでしょう。

開運のつぶやき 「できない」のではなく、本気でやろうとしていないだけ

2022

2月

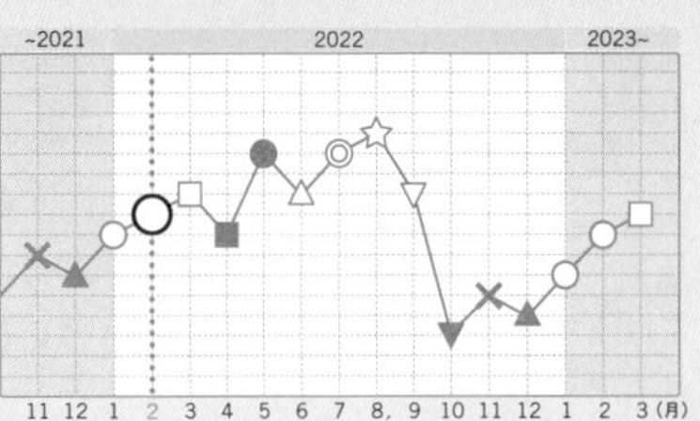

○ チャレンジの月

開運 3 カ条

1. 行動範囲を広げる
2. 新しい人との出会いを求めて行動する
3. ドンドン動き「挑戦の数」を増やす

総合運

行動範囲や視野が広がる月。気になることは何でもチャレンジしてみたり、自ら行動するようにすると楽しくなり始めるでしょう。受け身で待っていることや指示待ちは人生をつまらなくするだけなので、未経験のことに敏感になってみるといいでしょう。新しい出会いも増えるので、人の集まる場所に行ったり習い事を始めてみるといい縁がつながるでしょう。健康運は、体力作りや肉体改造を始めると目標を達成しやすいでしょう。

恋愛&結婚運

恋に積極的に行動することで進展がある時期。相手の顔や才能をほめるといいのでいろいろな言い回しを試しましょう。新しい出会い運もよく、普段は参加しない飲み会、オンラインの集まりなどで素敵な出会いがありそう。しばらく恋人がいない人は、新しい美容室で思いきってイメチェンしてみましょう。結婚運は、進展しやすい時期。相手からの言葉を待たず、今後のプランを話しましょう。

仕事&金運

仕事のやり方や考え方が変化する時期。部署や新しい仕事をまかせてもらえることもありますが、その分の苦労を前向きに捉えられるといいでしょう。付き合いが長くなる人や、本気で取り組みたい仕事を見つけられる場合もあります。自ら希望して新しい仕事に挑戦したり、アイデアを出すのもいいでしょう。金運は、買い替えには最高のタイミング。最新家電や流行の服などを買いましょう。

日	運気	内容
1 火	▽	前向きな言葉やポジティブな表現を意識することでいい1日になるでしょう。マイナス面に目がいってしまっても、考え方を変えてプラスに捉えたりいい面を探してみましょう。
2 水	▼	愚痴や不満を言う人にムダな時間をとられそうな日。つられてあなたも余計なことを言わないようにして、ウソをついてでもこのタイプとは距離を置くようにしましょう。
3 木	×	自分のことだけ考えていると前に進めなくなってしまいます。同じ悩みや不安を抱えている人に今の自分ができることは何かを考えて行動すると、気持ちが晴れるでしょう。
4 金	▲	なんとなく続けていることを終わらせることが大事な日。おもしろくないのに続けているアプリやゲームを消去しましょう。悪友と思われる人との縁も切っていいでしょう。
5 土	○	新しいことに自然と目がいってしまう日。気になることには思いきって挑戦してみるといいでしょう。おもしろい縁や素敵な人に出会える可能性もあるでしょう。
6 日	○	行動力が増す日。普段なら参加しない集まりに顔を出したり、出会いの場所に興味が湧いてくるでしょう。思いきってイメチェンするなど、少しの勇気が人生を変えていきます。
7 月	□	どんな人生でもすべて自分で選択して今の場所にいると気づきましょう。今後も自分で選んで決めていくと覚悟しましょう。他人の責任にしたり、流されたと思わないようにしましょう。
8 火	■	ストレスがたまる出来事やムッとするようなことが起きそうですが、深呼吸したり楽しかったことを少し思い出してみると、上手に流せるようになりそうです。
9 水	●	明るく笑顔を心がけると異性からモテたり、仕事も評価されるなど、うれしい出来事が起きそうな日。うれしいときは素直に喜ぶと更にうれしい出来事が起きるでしょう。
10 木	△	話を聞きそびれてしまったり、忘れてしまうことがある日。どんな話でも最後までしっかり聞いて、大事なことはメモをとるようにしましょう。
11 金	◎	何事も粘りが肝心な日。諦めようと思ったときほど1～2回は挑戦してみると、流れを変えられたり、いい結果につながるでしょう。異性を誘って断られたら別の日を聞いてみましょう。
12 土	☆	買い物や髪を切りに行くにはいい日。気になるお店に入ってみるとお得なものや気に入るものを見つけられそう。新しい出会い運もあるので人の集まる場所に参加してみましょう。
13 日	▽	ランチデートや遊びに出かけるにはいい日。少し贅沢なランチを食べたり、普段なら行かないような場所に遊びに行ってみましょう。夜は疲れやすいので無理はしないように。
14 月	▼	嫌なことや悲しいことに目がいってしまうのはいいですが、長く引きずる必要はないので、気持ちの切り替えをしましょう。過ぎたことをグチグチ考えないようにしましょう。
15 火	×	ライバルに負けたり、結果が思った以上に出ない日。「こんな日もある」と気楽に考えながらも、原因をしっかり調べて、同じことを起こさないようにする方法も考えましょう。
16 水	▲	見栄を張ることで失うことがある日。恥を忍んで助けを求めたり、知らないことは素直に聞いてみるといいでしょう。知ったかぶりは後に大きな恥になってしまいそう。
17 木	○	少しでも幸運と思えることを見つけられると、どんどんいいことが舞い込んでくるでしょう。考え方や視点を変えて、新しい目で世の中を見てみましょう。
18 金	○	気持ちの切り替えが大切な日。「今日は何かいいことがあるかな」と期待して過ごしてみると、不思議といい流れに乗ったり素敵な出会いがありそうです。
19 土	□	決断を素早くする練習をすることで楽しい1日になる日。些細なことでいいので3秒以内に決断するようにしましょう。ご飯やドリンクで悩んだりモタモタしないようにしましょう。
20 日	■	今日はしっかり体を休ませたり温泉でゆっくりするといい日。近くにあるマッサージに行ってみるのもいいでしょう。予定が入っている人はゆとりを持って行動しましょう。
21 月	●	目の合う異性が増えたり視線を感じそうな日。今日は注目される運気なので、仕事も恋も積極的になるといいでしょう。遠慮したり臆病になっているとチャンスを逃しそう。
22 火	△	叱ってくれる人から逃げると大きな失敗につながってしまうでしょう。注意や軌道修正してくれる人の温かい気持ちを勝手にマイナスに受け止めないようにしましょう。
23 水	◎	一番自分が輝いていたときのことを思い出したり、そのときの写真を見るといい日。やる気になれたり前向きに取り組めそう。いい思い出のある音楽を聴くのもいいでしょう。
24 木	☆	機嫌よくしているだけで運を味方につけられる日。元気なフリでもいいので演じてみましょう。上機嫌な感じでいると素敵な出会いがあり、評価もアップするでしょう。
25 金	▽	何事にもよさがあることに気づける日。身の回りのものや周囲の人のいい部分を見つけてみるといいでしょう。夜は急に誘われたり、予定が変更になりそうです。
26 土	▼	耳の痛いことを言われたり、厳しい言葉から逃げてしまうことがありそうな日。「そうだな」としっかり受け止められるようになると成長できるでしょう。
27 日	×	自分のことで悩んでいると前に進めなくなるので、周囲の人の悩みや不安を聞くといい日。今の自分ができるアドバイスをすると、自分の気持ちにも整理がつきそうです。
28 月	▲	難しい言葉を使って自分を立派に見せるより、自分の言葉で伝わるように話しましょう。幼稚で恥ずかしいと思うなら、本を読んで語彙を増やすきっかけだと思いましょう。

☆ 開運の日 ◎ 幸運の日 ● 解放の日 ○ チャレンジの日
□ 健康管理の日 △ 準備の日 ▽ ブレーキの日 ■ リフレッシュの日
▲ 整理の日 × 裏運気の日 ▼ 乱気の日 ＝ 運気の影響がない日

2022 3月

健康管理の月

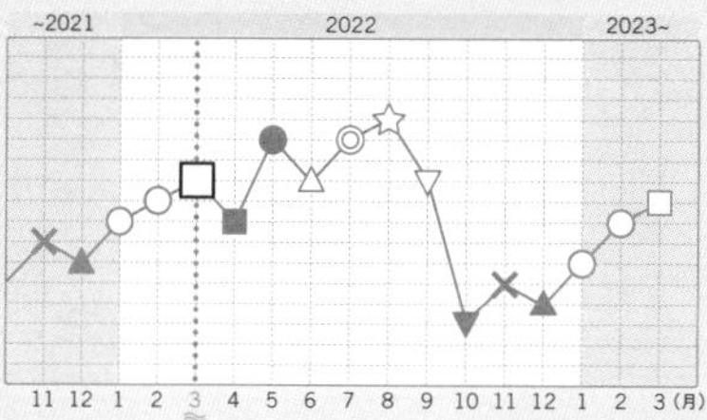

開運 3カ条

1. 気になることに挑戦する
2. 友人や知人を遊びに誘う
3. 時間や数字にこだわって仕事をする

総合運

自分の好きなことがなかなか見つからないタイプですが、少しでも気になったことにチャレンジをしてみたり、不慣れや苦手と思い込んでいることに挑戦をしてみるといい時期。人との出会いも増えるので、フットワークを軽くしてみることで更に素敵な人に会える可能性もあるでしょう。自ら積極的に行動するように意識して過ごしてみましょう。健康運は、問題は少ない時期なので、ダイエットや軽い運動をしておくといいでしょう。

恋愛＆結婚運

気になる人からの連絡を待っていても進展はないので、話題の映画やおもしろそうなイベントを見つけて遊びに誘ってみましょう。新しい出会い運もいいので期待できますが、服やイメージをこれまでと少し変えてから会うといい関係に進みやすくなりそう。新たなキャラを試してみるのもいいかも。結婚運は、相手まかせになりやすいので、明るい未来の話をして楽しんでみるといいでしょう。

仕事＆金運

自分のやるべきことをしっかり決めて仕事に取り組むことが大切。数字や時間にこだわったり、ムダを削って結果を出せるように努めましょう。仕事に役立ちそうな本を読んだり、数年後に必要となると思われることを学んでみることも大切でしょう。仕事関係者との交友も大切になるので食事や飲みに誘うと、思った以上に楽しめそうです。金運は、勉強になることにお金を使いましょう。

日	運気	内容
1 火	○	期待に応えられるように意識して過ごすといい日。不慣れや新しい出来事が起きやすい日ですが、周囲の期待に応えられるように努めましょう。いい出会いや縁もつながりそうです。
2 水	○	人の話を否定から入らないようにすることが大切な日。すべてを肯定しなくてもいいので、前向きに話を聞いたり、学べることを見つけるように聞くといいでしょう。
3 木	□	1日の目標を決めて行動するといい日。自分の中だけの目標やルールでもいいので、挑戦してみるといいでしょう。いくつ達成できたか1日の終わりに確認してみましょう。
4 金	■	丁寧に仕事したりきっちりすることでムダな動きが減り、心身ともに楽になるでしょう。雑になってしまうことが自分を辛くさせてしまうことがあるので気をつけましょう。
5 土	●	異性との関係を進められたり、いい出会いがある日。自分で思っている以上に魅力がアップする日なので、服や髪も整えて外出しましょう。髪を切りに行くにもいい運気です。
6 日	△	時間にルーズになってしまいそうな日。遅刻して相手を待たせてしまったり、ムダな時間を過ごすことになりそう。時間は命だと思ってしっかり守るように心がけましょう。
7 月	◎	付き合いの長い人や親友など、見栄を張らなくてもいい人と話をすることで気持ちが楽になる日。指摘を受けたときは素直に受け止めて感謝を忘れないようにしましょう。
8 火	☆	相手を信用することであなたも信用される日。疑うと疑われるので、素直に接するように心がけましょう。仕事運もいい日なので、目の前のことに真剣に取り組みましょう。
9 水	▽	日中は、問題なくスムーズに進められる日。周りからのサポートも受けられるので感謝を忘れないように。夕方以降は、不機嫌な人に心を乱されてしまいそう。
10 木	▼	いつもと同じような行動でも叱られたり、悪くとられてしまいそうな日。雑な部分を見られてしまうので、些細なことでも丁寧に取り組むようにしましょう。
11 金	×	相手の話を雑に聞いてしまいそうな日。知っている話でも最後までしっかり聞いたり、相手の得意な話を上手に振ってあげることが大切だと思いましょう。
12 土	▲	身の回りにある不要なものを処分するといい日。読みかけの本や買ったまま置きっぱなしの本を読んで、不要か判断するといいでしょう。読まない本は処分しましょう。
13 日	○	小旅行に出かけるにはいい日。温泉や神社仏閣、気になる場所に行ったり、その場所でしか食べられないものを食べましょう。友人や知り合いを突然誘うのもいいでしょう。
14 月	○	余裕を持って行動することや、人の失敗に寛容になることが大切な日。焦ってしまうと自ら苦労や困難を作ってしまうことになるので気をつけましょう。
15 火	□	素直に正直に生きてみるといい日。自分を守る小さなウソは道を間違える原因になってしまいそう。素直に生きて指摘を受けたら、素直に改める気持ちが大切。
16 水	■	だらだら仕事をすると疲れてしまう日。短時間に集中して丁寧に仕事をすることが大切。集中力が途切れたときは、軽くストレッチをすると頭がすっきりするでしょう。
17 木	●	頑張れる理由を見つけられたり、やる気になれるきっかけをつかめる日。日頃の頑張りを認めてくれる人や応援してくれる人の存在に気がつくことができそうです。
18 金	△	小さなミスをしやすい日。忘れ物やうっかりミスをしやすいので気をつけましょう。確認をしっかりして、事前準備を怠らなければ問題は上手に避けられるでしょう。
19 土	◎	友人とじっくり話してみるといい日。頑張っている友人から前向きな気持ちやパワーをもらえることもあるでしょう。本音を話してみると頭の中がうまく整理できそうです。
20 日	☆	買い物に出かけるのにいい日。年齢や流行に合った服を購入するといいでしょう。時間を作って書店に行ってみると、あなたに必要な書籍を見つけることができるでしょう。
21 月	▽	日中は流れにまかせながらいい仕事ができそうですが、夕方あたりからは自主的に仕事に取り組まないとつまらなくなりそう。後輩や部下のトラブルにも巻き込まれそう。
22 火	▼	学生気分からしっかり卒業するのと同じように、若さからの卒業も大事な日。年齢に見合うように生きないと、残念な大人になってしまうので気をつけましょう。
23 水	×	準備不足や勉強不足を感じてしまう日。自分に何が足りなかったのか冷静に考えてみるといいでしょう。何事も事前の準備が重要なことを忘れないようにしましょう。
24 木	▲	人生は、引き返す勇気や諦める判断が必要なときがあると覚えておきましょう。今ならまだ引き返せると思うなら、きっぱり諦めて違うことに目を向けましょう。
25 金	○	新しいことに目を向けることで楽しくなる日。コンビニで新商品を探したり、周囲を見回して変化を見つけましょう。あなたが知らないだけで世界はどんどん変わっているでしょう。
26 土	○	デートをするにはいい日。気になる人を誘ってみるといいですが、はじめて行くお店を選んでみるといいでしょう。日頃遊びに誘ってくれる人を誘ってみるのもいいでしょう。
27 日	□	1日の計画をしっかり立てて行動するといい日。夜は遅くならないようにしたり、疲れがたまりそうなことは避けておきましょう。ゆとりを持って行動するようにしましょう。
28 月	■	肌荒れが出てしまったり、寝不足から体調が悪くなりそうな日。家を出る前にストレッチや屈伸をして、体を少しほぐしてから出かけるようにするといいでしょう。
29 火	●	自分の得意なことや求められることをもっと好きになれるように努めてみるといい日。自分の能力でたくさんの人を笑顔にすることが大きな幸せだと忘れないようにしましょう。
30 水	△	人の話を聞き逃してしまったり、小さなミスをしやすい日。気が緩みやすいので気を引き締めて油断しないようにしましょう。確認作業をしっかりしましょう。
31 木	◎	自分で考える力を鍛えるようにしましょう。言われたことを素直に行うことは大切ですが、何をどうするとよりよくなるのか考えて工夫するようにしましょう。

開運のつぶやき　後悔しない人は、何を選んでも後悔しない

2022

4月

■ リフレッシュの月

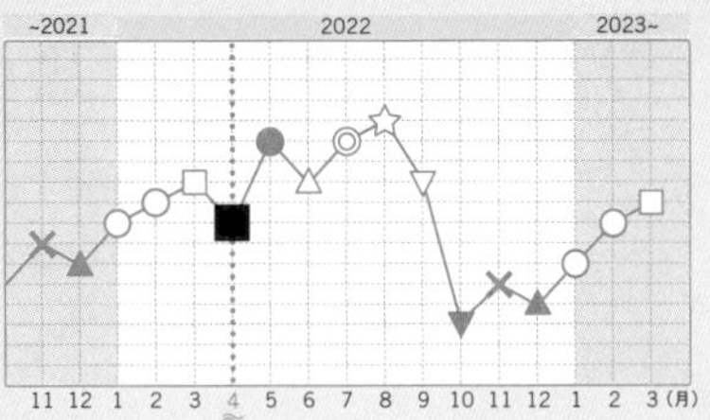

開運 3 カ条

1. しっかり休んでしっかり仕事をする
2. 人付き合いを楽しんでみる
3. 睡眠時間を長めにとる

総合運

新年度の始まりや環境の変化による緊張や張り切りすぎで心身ともに疲れてしまうことがありそうな時期。特に人間関係の気遣いや距離のとり方に苦労したり、付き合いが増えてしまいそう。不慣れなタイプにも会いやすいですが、月末以降はいい感じで付き合うことができたり、互いにキャラをわかり合えそうです。健康運は、無理をするとヘトヘトになるのでしっかり休んだり、睡眠時間を長めにとるようにしましょう。

恋愛&結婚運

出会いが増える時期。異性の集まりそうな場所に出かけるといいですが、疲れたときや眠たいときは無理をしないように。機嫌の悪さが第一印象になって、その後の恋愛がうまくいかなくなってしまいます。気になる相手を誘うときはしっかり疲れをとった翌日に会うようにして、映画や家デートなどゆっくりした感じにしましょう。結婚運は、疲れからイライラしてケンカするのは避けましょう。

仕事&金運

仕事の流れや環境に変化があり、思わぬ仕事をまかされたり、急に忙しくなることがあるでしょう。不慣れなことをまかされて疲れたり、ムダな時間を使って迷惑をかけてしまう場合もあるので、早めに協力してもらいましょう。仕事後の付き合いも大切ですが、お酒は控えてソフトドリンクを選びましょう。金運は、マッサージや温泉に行くなど、のんびりするためにお金を使うといいでしょう。

日	運気	内容
1 金	◎	長く続けている仕事なら、いい結果が出たり周囲からの応援や評価を頂ける日。至らない点も見えてくるので、しっかり受け止めて課題をクリアするように努めましょう。
2 土	▽	午前中から活動的になるといい日。ランチのホームパーティーに参加したり主催するといいので、友人や仲間に連絡をしてみましょう。夜は調子に乗りすぎないよう気をつけましょう。
3 日	▼	がっかりするような出来事がある日。過度に期待しないようにしましょう。今日は疲れをためないで、のんびりゆっくりする日にするといいでしょう。
4 月	×	先を越されてしまったり、タイミングの悪さが重なってしまいそうな日。深く考えないで「こんな日もある」と思って気持ちを前向きに切り替えるといいでしょう。
5 火	▲	集中力が途切れてしまったりやる気を失いやすい日ですが、身の回りを掃除したり整えることで前向きになれそう。まずは取りかかることの大切さを掃除から学べるでしょう。
6 水	＝	考える前に実行することが大切な日。失敗する可能性も高いですが、何がよくなかったのか原因を探って同じ失敗を繰り返さないようにしましょう。自分なりのやり方を模索しましょう。
7 木	＝	自分の勘を信じる前に、経験がどのくらいあっての勘なのか冷静に判断する必要があるでしょう。経験のない勘はただ感情的になった目先の判断に過ぎない場合があるでしょう。
8 金	■	真面目に仕事に取り組むのはいいですが、ムダな動きややり方を間違っていることがあるでしょう。周囲から言われることを素直に受け止めて、自分の成長を楽しんでみましょう。
9 土	■	今日はしっかり体を休ませて、完全回復するようにしましょう。既に予定がある場合は、無理せずマメに休むようにしましょう。マッサージや温泉でのんびりするといいでしょう。
10 日	●	前向きな発言やいい話をすると、気分もよくなりストレス発散になるでしょう。明るい未来の話や笑い話をたくさんできる友人や知人に連絡をしてみるといい日になるでしょう。
11 月	△	慣れた仕事や大丈夫だと思い込んでいる仕事でミスが見つかりやすい日。時間や数字、金額など最終チェックを甘くしないように。事前の準備も怠らないようにしましょう。
12 火	○	周囲の言葉をプラスに受け止めることが大切な日。言葉選びが下手な人もいるので、自らプラスに変換して、いい方向に受け止めると前進できるようになるでしょう。
13 水	○	己の長所も短所も受け止めるところから前に進める日。褒められないとやる気が起きないなどとつまらない言い訳をしないで、目の前のことに最善を尽くしましょう。
14 木	▽	他人と比較すると気持ちが落ちてしまうだけ。相手にいい部分があればあなたにも違うよさがあるだけ。夕方以降は、疲れからミスが増えるので気をつけましょう。
15 金	▼	日中は自分の能力をうまく活かしたり、役に立つことができそう。夕方辺りから周囲の人に振り回されてしまったり、予定が乱れて疲れてしまいそう。早めに帰宅しましょう。
16 土	×	迷ってしまうことがある日。どちらにも決めにくいときは後日に判断したほうがいいでしょう。複数の人に誘われたときは、みんなを集めて紹介する会にするのもいいかも。
17 日	▲	自分の意見や考えだけが正しいと思っていると苦しむ日。世の中いろいろな考えがあるから前に進んでいると思いましょう。自分とは違う考えを受け入れる必要もあるでしょう。
18 月	＝	自分のことだけで手一杯にならないように。周囲の手伝いをしたり、協力する余裕を持ちましょう。些細なことでもいいので、自分のできることを率先して行ってみましょう。
19 火	＝	今に満足することが大切な日。不満に目を向けてしまうとどんどん嫌なことを見つけてしまうでしょう。今に満足するところから始めてみると前に進めるようになるでしょう。
20 水	□	周囲の流れについていけないことに焦るよりも、自分のペースを大切にするといい日。ゆっくりでもいいので前向きに取り組む姿勢を忘れないようにしましょう。
21 木	■	油断していると体調を崩してしまったり、疲れが一気に出てしまいそうな日。休憩時間はしっかり体を休ませたり、仮眠をとってゆっくりするようにしましょう。
22 金	●	相手を信頼することも大切ですが、まずは自分を信頼するとやるべきことが見えてくるでしょう。余計な自我を捨てると、上手に自分をコントロールできるようになります。
23 土	△	「楽しむ」ことをテーマにして過ごすといい日。人との出会いやはじめて行く場所、はじめての体験を楽しみましょう。考え方を変えて楽しむ方法も編み出すといいでしょう。
24 日	○	親友から大切な話を聞けたり、やる気になれる話が聞けそう。しばらく会っていない部活の友人や学生時代の友人に連絡をしてみるといいでしょう。
25 月	○	自分の頑張りの対価を冷静に考えてみるといい日。見積もりが甘いと不満や文句も出てくるでしょう。給料の2〜3倍仕事をしてはじめて給料が上がることを忘れないようにしましょう。
26 火	▽	自分のどこに問題があるか考えて、短所を長所に変えることができる生き方をすることが大切。自己分析不足では、ムダな苦労や不安や心配事が出てきてしまいそう。
27 水	▼	見栄を張ってしまうと苦しいだけ。プライドを捨てて恥ずかしい思いをする必要もあるでしょう。要らない見栄は張らないようにする日だと思って1日を過ごしてみましょう。
28 木	×	「お陰様です」と自然に言えるようにするといい日。恩着せがましくなったり、マイナスに考える癖をやめましょう。「生きているだけでラッキー」と思うくらいにしましょう。
29 金	▲	ムダなことに時間を使わないように意識するといい日。「SNSやスマホのアプリは本当に自分の人生に必要なのか？」と真剣に考えて、時間の使い方を変えてみましょう。
30 土	＝	清潔感を保ったり、品を意識するといい日。挨拶やお礼をきっちりしたり、鏡の前に立ち、他人から見た自分を意識しましょう。笑顔の練習もしておきましょう。

☆開運の日　◎幸運の日　●解放の日　○チャレンジの日
□健康管理の日　△準備の日　▽ブレーキの日　■リフレッシュの日
▲整理の日　×裏運気の日　▼乱気の日　＝運気の影響がない日

5月 2022

● 解放の月

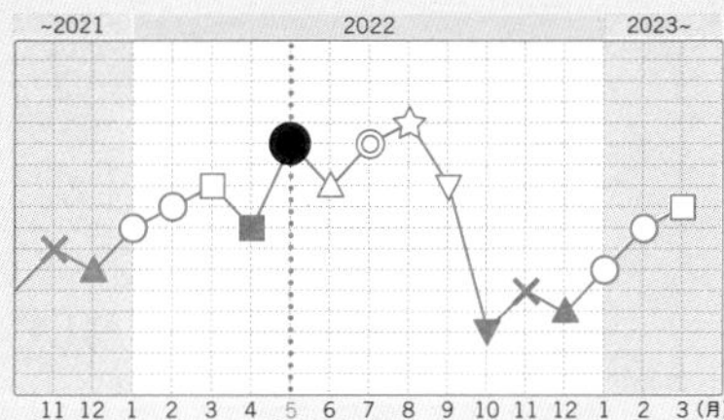

開運 3 カ条

1. 新しい出会いを大切にする
2. 積極的に行動をする
3. 生活習慣を変える

総合運

気持ちが楽になり、のびのびできる時間やうれしい出来事の多い月。周囲から遊びに誘われたり、いい味方も集まるでしょう。あなたの魅力や能力を認めてくれる人が現れたり、いい人脈ができる時期なので、人との出会いはできるだけ増やしてみるといいでしょう。イメチェンや部屋の模様替えなどをすると運気の流れもよくなるので、生活習慣を変えてみましょう。健康運は、ダイエットや筋トレなどの運動を始めるといい時期です。

恋愛＆結婚運

素敵な出会いが増える時期。友人や知人の誘いは断わらず、少しの時間でも顔を出しましょう。習い事を始めるといい縁がつながりそうです。しばらく恋人のいない人は、イメチェンしたり年齢に合う服装を選んで、ポジティブな発言を意識しましょう。既に気になる人がいたら、受け身では何も変わらないので連絡してデートの約束をしましょう。結婚運は、勢いで入籍してもいい時期でしょう。

仕事＆金運

求められることが増えて忙しくなる時期ですが、嫌なプレッシャーから解放されて力を発揮できそう。機転を利かせて仕事に取り組んだり、今の仕事を本気で好きになってみると、やれることを見つけられるでしょう。職場の人間関係がよくなる時期なので、上司や取引先との付き合いも大切に。金運は、服やアクセサリーなどを買うといい時期。少額の投資を始めるにもいいタイミングです。

日	運気	内容
1 日	＝	気になる場所に足を運んでみるといい日。待っていても幸運は天から降ってはこないので、人に会い視野を広げることを楽しんでみましょう。少しの勇気が人生を変えるでしょう。
2 月	□	1日の予定を決めて行動するといい日。時間を意識して、だらだら過ごさないように心がけましょう。夜は飲酒を避けて早めに寝るようにしましょう。
3 火	■	のんびりとした1日を過ごすといい日。予定を詰め込むと疲れて夕方まで体がもたないことがありそう。マメに休憩をしたりゆっくりする時間を作るようにしましょう。
4 水	●	異性との関係が進展しそうな日。急に連絡が来ることがあるので、勢いで会う約束をしてみましょう。新しい出会い運もいいので、友人や知人の集まりには顔を出しましょう。
5 木	△	判断ミスをしやすい日。「無料」だからと思って飛びつくと逆に高くついてしまうことがありそう。「タダより高いものはない」を忘れないようにしましょう。
6 金	◎	「こんなところで出会います?」というような場所で偶然の出会いがありそうな日。縁がある人や相性のいい人の可能性があるので、お茶や食事に誘ってみるといいでしょう。
7 土	☆	買い物するにはいい日。気になるお店に行くといいものを見つけられそう。家電や家具など長く使うものを選ぶのもいいでしょう。髪を切ってイメチェンするにも最高の運気でしょう。
8 日	▽	気分にゆとりを持つことでいい1日を過ごせる日。些細なことでイライラしたり、心配事や不安なことを考えないようにしましょう。夜は早めに寝て次の日に備えましょう。
9 月	▼	周囲の人の機嫌に振り回されてしまったり、他人のトラブルに巻き込まれてしまいそうな日。予想外のことが多いですが平常心を忘れず、マイナスに受け止めすぎないようにしましょう。
10 火	×	ないものねだりをすると苦しくなるだけ、現状が最高だと満足することが大切。考え方を変えられるヒントやいい話が聞けるので、しっかり人の話を聞くようにしましょう。
11 水	▲	身の回りにあるものを改めて見直してみると、価値のあるものを見つけられそう。雑誌や本や資料の中に大切な言葉やヒントがあるでしょう。見落とさないようにしましょう。
12 木	○	新たな目標を掲げるなら、実現不可能と思えるくらい大きな夢を描いてみるといいでしょう。明るい未来の自分を想像することで、今日は1歩前に進めるようになるでしょう。
13 金	○	生活習慣を改善するにはいい日。自分でもダメだと思っている習慣を断ち切る勇気が大切。時間をムダに使っているアプリやSNSを消去すると、すっきりするでしょう。
14 土	□	今日と明日は日頃の疲れをしっかりとるといい日。温泉やスパ、マッサージに行ってのんびりするといいでしょう。夜は、健康的な食事を選んで腹六分目くらいにしましょう。
15 日	■	無理すると疲れたり体調を崩しやすい日。ゆとりを持って行動し、不健康なことを避けて軽く体を動かして汗を流すといいでしょう。運動のときはケガに気をつけて。
16 月	●	自分のことよりも周囲や相手に喜んでもらえるように行動するといい日。今日の行いは後に幸運になって戻ってくるでしょう。気になる人に連絡しておくといい返事が聞けそう。
17 火	△	小さなミスをしやすい日。確認作業をしっかりするようにしましょう。真面目に取り組んでいても、ミスすると手を抜いていると思われて評価を落とす場合がありそうです。
18 水	◎	結果を出している人の話を聞くことが大切な日。迷っている人の話を聞くと振り回されてしまうので気をつけましょう。頑張って結果を出している同級生や友人に連絡してみましょう。
19 木	☆	お得な情報を入手できそうな日。周囲の話に耳を傾けてみたり、情報を集めてみるといいでしょう。仕事運もいい日なので、本気で取り組んでみるといい結果につながりそうです。
20 金	▽	日中は、思った以上に順調に過ごせそう。勢いで決断したり、周囲からの協力も得られそう。夕方以降は心を乱されたり、ネガティブに考えすぎてしまうことがありそうです。
21 土	▼	予定が急にキャンセルになったり、暇な時間が増えてしまいそう。余計なことを考える前に身の回りを掃除して、年齢に合わないものや流行遅れのものを処分しましょう。
22 日	×	よかれと思ってしたことが裏目に出てしまったり、空気の読めない発言をしてしまいそう。今日は慎重に行動して、自己アピールはできるだけ控えたほうがいいでしょう。
23 月	▲	身の回りを整理整頓してきれいにすることで、やる気がアップする日。やる気が出ないときほど掃除から始めてみましょう。磨けるものはできるだけピカピカにしましょう。
24 火	○	不慣れや苦手なことをそのままにしないで、試しに挑戦してみるといい勉強になる日。1日10分でもいいので取り組んでみましょう。時間をかけて克服しましょう。
25 水	○	新しい仕事をまかされたり、今まで関わりが薄かった人と一緒になる時間が増える日。新たな経験を積むことで勉強になり発見も多くなります。臆病にならず1歩踏み込んでみましょう。
26 木	□	マイナス面を見るのではなく、現状のプラス面を探すようにしましょう。苦しいことに目がいくと、どんどん苦しくなるだけ。些細なことでも楽しめるようにしましょう。
27 金	■	ストレスがたまったり、プレッシャーを感じて疲れてしまいそうな日。平常心を心がけて他人に過剰な期待をしないように。威圧的な人とはぶつからず、うまく流しましょう。
28 土	●	数人から遊びに誘われたり、連絡がある日。誘われることに感謝してできるだけ顔を出したり、まとめてみんなで遊ぶといいでしょう。いい仲間ができる可能性もあるでしょう。
29 日	△	冗談を言いながらも本音を伝えられそうな日。相手の笑い話の中に真実があることを忘れないように。相手に言われたことが真実である場合もあるのでしっかり受け止めましょう。
30 月	○	相手を信用することで、自分も信用されるでしょう。相手を疑ったままでは、いい関係は作れません。何事もまずは己からということを忘れないようにしましょう。
31 火	◎	仕事でいい結果を残せる日。どんな仕事も手を抜かないで本気で取り組んでおきましょう。数字やお金、時間にもっとこだわってみることも忘れないようにしましょう。

開運のつぶやき ▶ 人を笑顔にできる人に、運は味方するもの

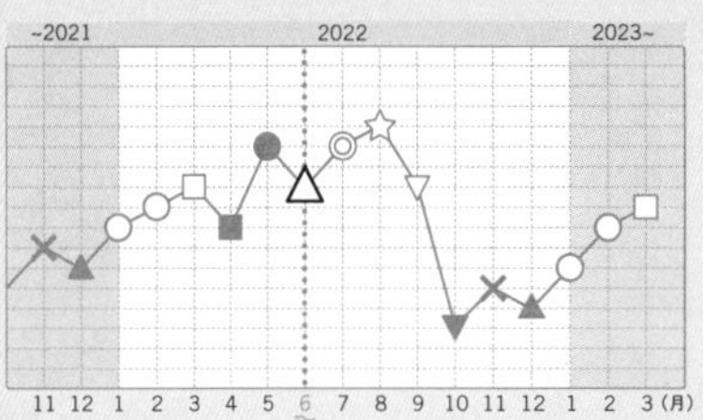

△ 準備の月

開運 3 カ条

1. 遊び心を大切にする
2. うっかりミスに注意して過ごす
3. ゆとりを持って行動して確認作業を忘れない

総合運

新しいことにチャレンジする気持ちや前向きな姿勢はいいですが、ドジなミスや勢いまかせの行動をしてしまいそうな時期。目標やゴールをしっかり定めて計画的に行動すると、問題を避けられそうです。新しい趣味や遊びに挑戦するにもいい時期なので、周囲から誘われたときは楽しんでみましょう。いい趣味を見つけられたり、いい仲間を作ることもできそうです。健康運は、ドジなケガに要注意。段差や階段は特に気をつけましょう。

恋愛&結婚運

異性と遊ぶ機会や出会いのチャンスが多くなる時期。素直に楽しむといい縁がつながりますが、真面目に考えすぎると進展に時間がかかりそう。挨拶やお礼をしっかりしつつ、ノリが悪い感じにならないように。気になる相手はイベントなどに誘うといい関係に進めそう。告白されても交際は来月からのほうが縁も深くなります。結婚運は、一緒にいる時間を楽しむと話が進みやすくなるでしょう。

仕事&金運

やる気があってもミスが増えてしまう時期。結果をしっかり出せるように、数字や金額、時間にこだわって仕事をしましょう。遊び心を膨らませるといいアイデアが浮かんだり、これまでとは違う方法を編み出せるかも。職場の人と仲良くなれる飲み会や食事会もあるので、参加すると仕事がしやすくなるでしょう。金運は、遊びや交際の費用が増えますが、今月はケチらないほうがいいでしょう。

日	運気	内容
1 水	▽	日中は順調に物事が進みやすく、評価もされやすい日。積極的に仕事に取り組みましょう。夕方から周囲に振り回されてしまったり、予定が乱れてしまいそう。
2 木	▼	他人のマイナス面に目を向けたり、行動に否定的になってしまいそうな日。自分のやる気もなくなってしまうので、相手のいい部分やプラス面を見つけるように努めましょう。
3 金	×	日頃とは違う方向に進んでしまう日。判断ミスではなく、新たな経験をして成長するためだと考えましょう。苦労ではなく経験だと思えば前に進めるでしょう。
4 土	▲	部屋の大掃除をして、しばらく使っていないものや着ていない服を処分しましょう。散らかったままのものや置きっぱなしのものも思いきって片づけるといいでしょう。
5 日	＝	不慣れや苦手なことを避けるよりも、今日は少しチャレンジしてみるといい日。普段なら避けて入らないようなお店で、注文したことのないものを食べてみましょう。
6 月	＝	目標を忘れないように、何のために仕事をしているのか、自分の明るい未来を想像して今やるべきことに集中しましょう。現状に感謝することも忘れないようにしましょう。
7 火	□	何事も簡単だと思って取り組むと簡単になり、複雑で難しいと思うと複雑で難しくなるもの。周囲にもこの考え方を伝えてみるといい流れに進むでしょう。
8 水	■	疲れからイライラしたり気分が不安定になりそうな日。気分転換したりマメに休むようにするといいでしょう。軽いストレッチをしたり体を動かしておくのもいいでしょう。
9 木	●	小さなことでも挑戦すると前に進める日。失敗やマイナスを考えるよりも、試してみる気持ちを優先しましょう。いい出会いもある運気なので挨拶は自らするようにしましょう。
10 金	△	相手の気持ちを考えることや礼儀など、大切なことを忘れてしまいそうな日。自分中心に考えないで、相手のことを考えた発言や行動を意識すると、いい1日になるでしょう。
11 土	○	親友に会って語ることで、気持ちが楽になる日。近況報告や雑談をするといいので連絡してみましょう。外出先で偶然の出会いがありそうなので、周囲を観察してみましょう。
12 日	○	遊びやデートをするには最適な日。ケチケチしないでパーッと遊んでみると気持ちが晴れますが、出費が激しくなりすぎてしまうことがあるので金額を決めて楽しみましょう。
13 月	▽	日中は、積極的に行動することが大切な日。困っている人に手を差し伸べることも忘れないように。夕方は、余計なことを考えてしまったり、心配事が増えてしまいそう。
14 火	▼	水を差すようなことを言われてやる気を失ったり、動揺しそうな出来事があるでしょう。相手の気分に振り回されないで、自分のやるべきことに集中するようにしましょう。
15 水	×	大事なこととそうでないことをごちゃ混ぜにしないようにしましょう。どうでもいいことで悩んだり不安になっていると前に進めなくなります。今やるべきことを見失わないように。
16 木	▲	謙虚な気持ちを忘れないように。謙虚と卑屈は違うので、自分を過小評価したりマイナスに考えないようにしましょう。謙虚とは他人から学ぶ姿勢だと思いましょう。
17 金	＝	些細なことでも喜べることを見つける癖を身につけるといい日。感謝の気持ちを忘れず、周囲の人のおかげだと思うと、人生はどんどん楽しくなるということに気づけるでしょう。
18 土	＝	新たな体験を楽しむといい日。普段なんとなく避けていたことでも思いきって挑戦してみたり、小旅行に出かけてみるといいでしょう。素敵な出会いと経験があるでしょう。
19 日	□	美術館やアート展などを見に行くといい日。美を学んでみることで、世界が変わって見えるようになるでしょう。自分の美意識を高めるきっかけにしましょう。
20 月	■	起きるタイミングが悪く、疲れがとりきれずすっきりしない目覚めになりそうな日。柔軟体操をしたり、体を少し動かしてみましょう。ドジなケガもしやすいので気をつけて。
21 火	●	すべての経験に価値があることを忘れないように。今日の経験は今日しかできない偶然の体験だと思いましょう。いい縁がつながり素敵な人にも会えるので積極的に行動しましょう。
22 水	△	気持ちがぶれてしまいそうな日。現状に満足すれば問題はないですが、不満や不安になる出来事がありそう。今に感謝してもっと楽しいことを見つけるように意識しましょう。
23 木	○	思い通りにならなかった過去があるから、今を頑張れて、少しでも思い通りになるように努力できるもの。過去のせいにして、今努力をしないことの言い訳にしないように。
24 金	○	自信を持って行動するといいですが、自分中心に考えすぎないで。相手のことを想像して仕事すると、やるべきことに気づけそう。いいヒントやアイデアも浮かびそうです。
25 土	▽	午前中に買い物や片づけなどの用事を済ませておいたほうがいい日。午後は予想外の出来事があったり、身近な人に振り回されそう。時間をムダに過ごしてしまう流れになるかも。
26 日	▼	休みだからといってだらだらすると、1日をムダに過ごしてしまうだけ。掃除や本を読むなど、遊びに時間を使う以外にやることを見つけて、てきぱき動くようにしましょう。
27 月	×	苦痛や恐怖に目を向けないで、ポジティブに生きる人を見て、自分も楽しく生きるようにするといい日。憧れの人や尊敬する人に少しでも近づけるように努力しましょう。
28 火	▲	鏡や窓硝子を拭いたり、光るものをピカピカにしましょう。どんなものでも磨いたら輝いて美しくなるもの。それはあなたの外見や心も同じで、磨き忘れをしないようにしましょう。
29 水	＝	気になったことや新しい方法に挑戦してみるといい日。何事も試しにやってみることは大切。失敗をしてもそこから学んで次に活かせるようにするといいでしょう。
30 木	＝	自分の人生を疑うよりも、今が最高で幸福だと思うと、幸運はやってきます。考えすぎず、自分と周囲を信じて、人生をもっと楽しめるように努めましょう。

☆ 開運の日 ◎ 幸運の日 ● 解放の日 ○ チャレンジの日
□ 健康管理の日 △ 準備の日 ▽ ブレーキの日 ■ リフレッシュの日
▲ 整理の日 × 裏運気の日 ▼ 乱気の日 ＝ 運気の影響がない日

2022 7月

◎ 幸運の月

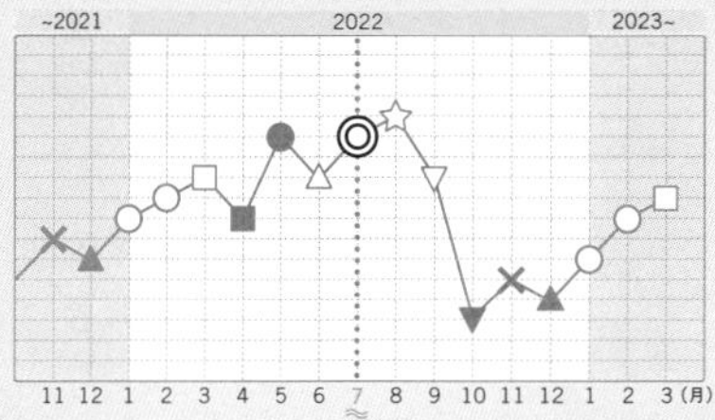

開運 3 カ条

1. 得意なことに全力で取り組む
2. 片思いの恋は押しが肝心
3. 親友や付き合いの長い人と語る

総合運

経験や苦労を重ねたことが役立つ時期。人との縁もつながり、協力者やチャンスができたり大切な人を紹介してもらえる機会がありそうです。付き合いの長い人や親友と語ると、自分の進むべき道が見えたり才能を認めてもらえそうです。自分の好きなことや得意なことが何かの再確認もできるでしょう。健康運は、この時期はケガや体調を崩すことがありますが、予防をしっかりすると簡単に避けられるでしょう。

恋愛＆結婚運

既に出会っている異性からアプローチを受けそう。友人だと思っていた人から突然告白されたりデートに誘われて驚きそうですが、前向きに異性として見直したり、周囲の評判を聞いてみると1歩前に進めそう。片思いの相手がいるなら、今月は押しが大事。具体的な日にちを出して誘いましょう。結婚運は、付き合いが長いほど話を進めやすいので、相手まかせにしないで自分から切り出すこと。

仕事＆金運

同じ仕事を長く続けていた人ほど、いい結果や流れに乗れる時期。得意な仕事ほど本気で取り組むといいでしょう。長く時間をかけてきた仕事に流れがくるので、好き嫌いで判断しないで身をまかせることも大切。しばらく連絡を取っていなかった昔の同僚や過去の上司から連絡が来て、仕事につながる場合もありそう。金運は、行きつけのお店に行くと欲しいと思っていたものをお得に買えそう。

日	曜	運気	
1	金	□	自分で自分の限界を決めたり、行動しないことの言い訳を探さないように。まずはやってみたり、取り組む方向で進めてみると、自然とやる気が出たり能力がアップするでしょう。
2	土	■	季節の変化に体調を少し崩してしまったり、疲れを感じそうな日。しっかり体を休ませるのはいいですが、軽い運動やストレッチをする時間を作ることも大切でしょう。
3	日	●	友人や知り合いに急に遊びに誘われることがある日。面倒だと思って断らないように。フットワークを軽くすることで運命的な出会いや素敵な恋につながる可能性があるでしょう。
4	月	△	珍しいミスをしやすい日。二度寝をして遅刻したり、忘れ物を取りに帰ることになりそう。大事な書類をしまい忘れてしまうことなどがあるので気をつけて過ごしましょう。
5	火	◎	あなたに注目が集まる日。特に長年期待していた人ほど、あなたを見ている日になるので、目の前の仕事に集中しましょう。指示された以上のスピードや結果を出してみましょう。
6	水	☆	思った以上に結果が出る日。本気で取り組むことで運を味方につけられるので、今日の出来事はポジティブに捉えましょう。プラスの発言がいい味方を集めることにもなりそう。
7	木	▽	午前中は、仕事運に恵まれるので期待以上の結果を残せそう。失敗をしてもいい経験として役立ちそうです。夕方以降は、難しい課題に直面することになりそうです。
8	金	▼	周囲の人の気分に振り回されたり、よかれと思ってした行動が裏目に出て、疲れやストレスがたまってしまいそう。平常心を保つ訓練だと思って我慢しましょう。
9	土	×	乗り気でない集まりに参加すると出費も増えますが、学べたり、自分とは違う考えの人の話を聞けそう。ネガティブ発言は避けて、ポジティブに受け止めるようにしましょう。
10	日	▲	マイナスなイメージのあるものや置きっぱなしで使わないものは処分しましょう。品のあるものがあなたのラッキーアイテムなので、品を感じられないものは捨てましょう。
11	月	○	興味のあることを調べることで前向きになれる日。知らないことを知る楽しさを改めて感じられそう。生活リズムを少し変えると見逃していたことにも気づけそうです。
12	火	○	生活面での自立が大切ですが、精神的な自立もするように。甘えてばかりだといつまでも同じ悩みや不安にぶつかってしまいます。年齢に見合う大人に成長できるようになりましょう。
13	水	□	現状維持を目指すと後退するだけ。少しでも前に進むことを目指しましょう。自分の成長や実力アップを少しでも意識することが大切。挑戦する前に諦めるのはやめましょう。
14	木	■	疲れがたまっていると、いつもなら気にならないことにムッとしたり、イライラする時間が増えてしまいそう。休憩時間はしっかり体を休めて、明日から基礎体力作りを始めましょう。
15	金	●	協力してくれる人や支えてくれる人の存在を忘れないようにしましょう。感謝できることを見つけると幸せが何か理解できます。異性の友人からの連絡は早く返すようにしましょう。
16	土	△	約束の時間を間違えたり、恥ずかしい失敗をしやすい日。しっかり確認しないで買い物をすると値段にびっくりしそう。笑い話になったらラッキーと思いましょう。
17	日	◎	親友と語る時間を作ると気持ちが楽になる日。しばらく連絡していなかった人にメールを送ってみましょう。思い出のある場所にも縁があるので誘われて行くことになるかも。
18	月	☆	仕事に本気で取り組むと運気がアップする日。どんな仕事でも与えられていることに感謝して一生懸命になってみましょう。今日の取り組む姿勢が流れを変えるでしょう。
19	火	▽	午前中は集中力が高まっているので、大事な仕事や面倒なことには先に手をつけましょう。夕方ぐらいから周囲の人に不満を感じそう。過度な期待をしないようにしましょう。
20	水	▼	細かなことでショックを受けたり、一喜一憂しないようにしましょう。心を乱す原因は周囲ではなく、自分の気持ちや考え方にあります。世の中いろいろな人がいると思いましょう。
21	木	×	うまくいかないことや不運と思えることには、必ず原因があることを忘れないようにしましょう。どうして悩んだり不安になるのか、原因を見つけるために苦労があると思いましょう。
22	金	▲	いい意味で諦めが肝心な日。なんとなく続けているアプリやゲーム、悪習慣と思えることに区切りをつけましょう。負けを素直に認めることも大切でしょう。
23	土	○	変化を楽しむといい日。友人や知人に誘われてライブやイベント、話題のお店やスポットに行ってみると楽しめそう。自分基準以外のおもしろさを学べそうです。
24	日	○	フットワークを軽くすることで素敵な経験ができる日。小旅行に出かけたり、行ったことのないお店を予約して行きましょう。友人や異性の知り合いを誘って出かけましょう。
25	月	□	今日中に達成できる目標を掲げるといい日。些細なことでいいので、達成できる喜びで自信をつけられるでしょう。間食を避けたり、スマホを見る時間を減らしてみましょう。
26	火	■	暑さで体調を崩しそう。水分補給するのはいいですが、清涼飲料水ばかり飲まないようにしましょう。エアコンの効きすぎた場所で風邪を引いてしまうこともあるので気をつけましょう。
27	水	●	急な仕事をまかされてしまう日。実力があると思われているので、テキパキやると期待に応えられるでしょう。勝手に無理と決めないで、簡単と思って取り組んでみましょう。
28	木	△	大事なものをなくしたり、落として壊したり傷つけてしまいそう。慌てないようにして、丁寧に行動するようにしましょう。失言や空気の読めない発言にも気をつけましょう。
29	金	◎	あなたの個性や才能を理解してくれる人の存在を忘れないように。甘えていないつもりで、まかせっぱなしなことがあるでしょう。気づいて感謝の気持ちを伝えておきましょう。
30	土	☆	買い物に出かけるにはいい日。買い替えを考えているものがあるなら、午前中から出かけましょう。長く使えるものを選ぶことが大切なので、安いから、と簡単に購入しないように。
31	日	▽	午前中から活動的になるといい日。気になる人をランチデートに誘ったり、昼の映画や美術館に行くといい関係になれそう。夜は疲れがたまりやすいので早めに帰宅しましょう。

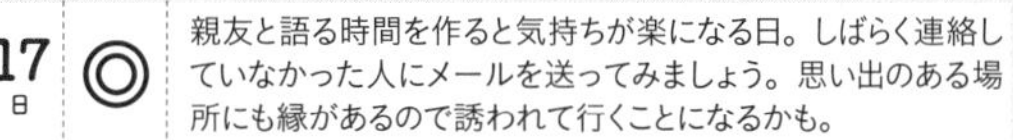

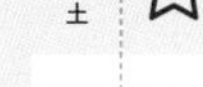

開運のつぶやき　人は環境に依存してしまうから、環境を変えれば人生が変わる

2022

8月

☆ 開運の月

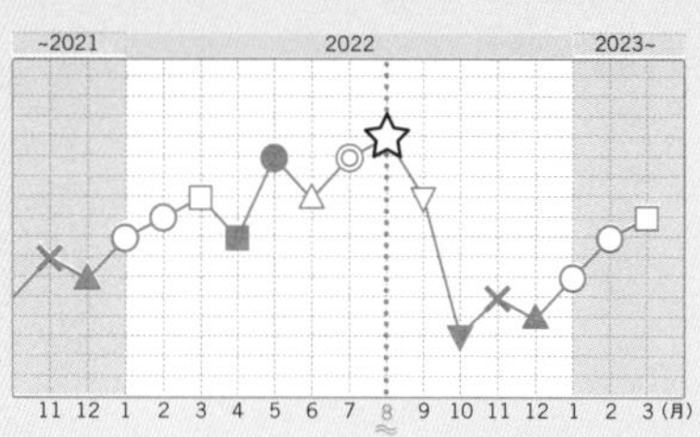

開運 3 カ条

1. まずは行動する
2. 好きな人には具体的な日程を送ってみる
3. 会話を楽しんでみる

総合運

積極的に行動することで幸運をつかんだり、今後の人生を変えられる月。受け身で待っていたり、考えてばかりではなく、まずは行動するようにしましょう。気になったことはすべて取り組んでみる、気になる場所には行ってみる、人の集まりには参加するなど、これまで避けていたことに飛び込んでみましょう。新しい人脈や経験がいい方向に進めてくれるでしょう。健康運は、体力作りや健康的な生活習慣を始めるにはいい時期です。

恋愛&結婚運

好きな人に積極的になることで、相手の気持ちをつかめる時期。相手の出方を窺うよりも、まずは自分の空いている日を見つけて連絡してみましょう。新しい出会い運もいいので、知人からの紹介や飲み会や集まりには積極的に参加すること。第一印象が大切なので笑顔で挨拶しましょう。服装も異性を意識して、上旬に髪を切りに行くといいでしょう。結婚運は、入籍を決めるにはいい月です。

仕事&金運

重要な仕事をまかされたり、いい結果につながる時期。手応えを感じられるので、気になる仕事は積極的に取り組みましょう。一生懸命になることで仕事を好きになれて、能力や効率を上げられそう。職場の人や取引先の人との会話からいいヒントやアイデアが浮かぶかも。金運は、買い物にいい時期。長く使えるものや価値のあるものを買いましょう。引っ越しや家具の買い替えにもいい時期です。

日	運気	内容
1 月	▼	自分の役割を意識することが大切。仕事に悩んだり不安になる前に、自分は役職を果たしているか考えましょう。余計なことを考えないで目の前のことに集中してみましょう。
2 火	×	甘やかしてもらうことばかり考えていると、「愛のムチ」を理解できないままになるでしょう。苦労をなくすことばかりが優しさや愛ではないことを忘れないようにしましょう。
3 水	▲	ムダな動きを減らして合理的に仕事するといい日。いつも以上にきっちり過ごすと評価が上がったり、いい流れに乗れるでしょう。挨拶やお礼も必要以上にしっかりしましょう。
4 木	○	新しい方法や情報が入る日。視野を広げられたり、いい人脈を作れるようになるでしょう。少しの勇気や行動力が人生を変えていくので、前向きに挑戦してみましょう。
5 金	○	学べたり、いい体験ができる日。些細なことでもプラスだと思って受け止めると、よりいい流れになるでしょう。はじめて会う人には自ら挨拶したり話しかけてみましょう。
6 土	□	謙虚に学ぶ気持ちが大切な日。本を読んだり、詳しい人に話を聞いてみましょう。夜は疲れやすくなるので、予定を詰め込みすぎないで、早めに帰宅するようにしましょう。
7 日	■	外の暑さと室内の寒さで体調を崩してしまいそうな日。今日は健康的な食事をし、生活リズムを整えるといいでしょう。涼しい場所でストレッチや筋トレをするといいでしょう。
8 月	●	品格と美意識が幸運を引き寄せる日。荒い言葉や下品な言葉は避けて、丁寧に過ごしてみましょう。感情的にならないでいい言葉を選ぶと、運が味方してくれるでしょう。
9 火	△	遊び心や楽しむ気持ちが大切な日。真面目に取り組んだり経済的なことは大切ですが、ムダな時間が心のゆとりやストレス発散になることを忘れないようにしましょう。
10 水	◎	親友や付き合いの長い人に連絡してみるといい日。偶然出会うこともあり、縁の大切さを感じられそうです。雑談や笑い話が気持ちを楽にさせてくれそうです。
11 木	☆	契約や買い物、引っ越しなどを決めるにはいい日。大きな決断をすることでいい流れを作れるでしょう。新しい出会い運もいいので、人の集まる場所に顔を出すようにしましょう。
12 金	▽	些細なことを見逃さないようにするといい日になるでしょう。雑な行動や見て見ぬふりをしないで、気づいたことは言われる前にやりましょう。夜は、強引な人に振り回されそう。
13 土	▼	愚痴や不満や文句などマイナスに引きずられる日。何事もいい部分があるので見つけられるように努めてみましょう。褒めることで褒められるようになるでしょう。
14 日	×	これまで支えてくれた人や救ってくれた人の存在を忘れないようにしましょう。自分のことばかり考えていると前に進めなくなりそう。感謝の気持ちが前向きにさせてくれます。
15 月	▲	手放すことで気持ちが楽になる日。なんでも背負い込まないで、まかせられることは他の人にお願いしましょう。いい意味で甘えられるようになるといいでしょう。
16 火	○	忙しくすることで満足できる日。サボったり手抜きをするほうが疲れてしまったり、やる気が起きないでしょう。今を一生懸命に生きてみるといい流れに乗れるでしょう。
17 水	○	体験を優先してみると後に役立たせることができるでしょう。失敗を恐れて何もしないよりも、失敗をしてでも挑戦することが大切だと思っておきましょう。
18 木	□	真面目に生活するのはいいですが、正しいことに縛られないで、楽しむように生活しましょう。どうしたら自分も周囲も楽しくなるのか、もっと考えてみるといいでしょう。
19 金	■	夏の疲れが出てしまいそうな日。今日は無理しないで少しペースを落としたり、仮眠を10分でもとってみましょう。目の周りをマッサージすると頭がすっきりしそうです。
20 土	●	異性から突然誘われたり、告白される可能性がある日。勢いで交際をスタートするのもいいでしょう。新しい出会いもあるので、一目惚れから恋が始まることもあるかも。
21 日	△	楽しい時間を過ごせる日。友人や知り合いに連絡するといい1日を過ごせそう。気になる人ともいい関係になれそうなので、話題の映画やスポットに誘ってみましょう。
22 月	◎	今があるのは過去の自分の頑張りのおかげだと思うことが大切な日。不満に思うよりも満足して自分を褒めたり、これまで関わってくれた人に感謝するといいでしょう。
23 火	☆	決断と行動をするにはいい日。具体的で現実的な目標を掲げて、些細なことでもいいので行動してみましょう。スタートすることで運気の流れを変えることができるでしょう。
24 水	▽	日中は思い通りの仕事や自由な発想ができそう。夕方辺りからは指示通りに行うだけになって苦しくなりそう。言われたこと以上の仕事を行うように努めましょう。
25 木	▼	普通に仕事しているだけではつまらなくなってしまうでしょう。求められた以上の結果や給料以上の仕事をすることが、楽しく仕事をするコツだと覚えておきましょう。
26 金	×	他人を認めて褒めることが大切な日。後輩や部下の頑張りを素直に認めたり、いい部分を見つけるようにしましょう。タイミングが悪く褒めそびれてしまったときは後日伝えましょう。
27 土	▲	部屋や身の回りにある不要なものを処分しましょう。特にこの夏に着なかった服や使わなかったものは処分すること。スマホの要らないアプリも消すとすっきりするでしょう。
28 日	○	素敵な出会いがある日。知り合いの紹介があるので、集まりに顔を出しましょう。髪を切るにもいい日なので、恋愛から遠のいていると感じる人ほどイメチェンしましょう。
29 月	○	起きる時間を少し変えたり、生活リズムや生活習慣を変えるといい日。新しい感じを自ら作ってみるとおもしろい発見やいい経験につながりそう。いい人脈も広がりそうです。
30 火	□	自分の明るい未来のために何をすべきか真剣に考えて行動するといい日。10年後の自分が「やめておけ」と思うことは避けて、喜ぶことをやっておくといいでしょう。
31 水	■	疲れを感じそうな日。夏バテで食欲が落ちてしまったときは、胃腸に優しそうなものや、温かいものを食べましょう。冷たいものの摂りすぎには注意しましょう。

☆開運の日　◎幸運の日　●解放の日　○チャレンジの日
□健康管理の日　△準備の日　▽ブレーキの日　■リフレッシュの日
▲整理の日　×裏運気の日　▼乱気の日　＝運気の影響がない日

2022

9月

7 ブレーキの月

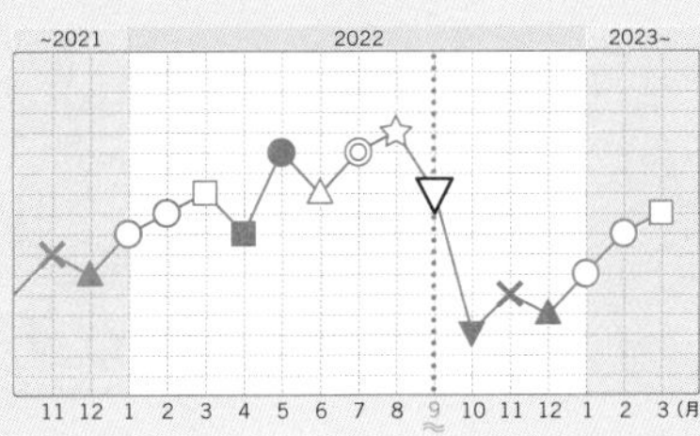

開運3カ条

1. 指示を待たずに、自ら仰ぐ
2. 中旬までは何事も積極的に行動する
3. 失敗を恐れずにチャレンジをする

総合運

中旬までは積極的に行動することでいい人脈や経験ができる時期。遠慮や指示待ちをしているとチャンスを逃してしまうので、気になることは失敗を恐れないで挑戦することが大切。下旬になるとあなたを振り回す人や間違った方向に導く人に会ったり、やる気を失ってしまうような出来事が起きそう。下旬は、慎重に冷静に行動するよう心がけましょう。健康運は、下旬に疲れが出やすく体調を崩しやすいので気をつけましょう。

恋愛＆結婚運

気になる相手との関係を進めたいなら中旬までにマメに会うことが大切。ここでモタモタすると好きな人が他の人と交際したり、縁が薄くなる可能性があります。勇気を出してデートに誘ったり告白しましょう。下旬になると空回りして興味のない異性との関わりが増えたり、苦手な人から告白されることも。結婚運は、上旬に話をまとめるといいですが、ここで決まらないと来年以降になるかも。

仕事＆金運

自分の能力を最大限に発揮することができる時期。指示が的確なら成果を出せるので、受け身で待たないで指示を仰ぐように自ら動くことも大切。下旬になると職場の付き合いや人間関係で振り回されることがありますが、経験してきたことから教えられることをできるだけ伝えるといいでしょう。金運は、買い物をするなら中旬までがオススメ、下旬は付き合いや不要なことで出費が増えそうです。

日	運気	
1 木	●	自分の意見を伝えることで周囲が変わる日。受け身でいたり、流れにまかせすぎないで、自分で考えて自分から行動しましょう。日頃の疑問を投げかけてみるといいでしょう。
2 金	△	大きな勘違いや聞き間違いをしやすい日。恥ずかしい思いをするので、しっかり確認して鵜呑みにしないように気をつけましょう。些細なことでも確認すると避けられるでしょう。
3 土	◎	前向きな友人や調子のよさそうな知り合いに連絡して会うといい日。元気やパワーをもらえそう。片思いの相手に連絡をしてみると今日か明日に会うことができるかも。
4 日	☆	買い物や髪を切りに行くにはいい日。気になるお店でいいものを見つけられたり、お得な買い物ができそう。髪を切ると異性から人気を集められて、仕事のやる気も出るでしょう。
5 月	▽	仕事が順調に進んだときほど、周囲に感謝することを忘れないようにしましょう。困難や壁にぶつかったときは自分への課題が出たと思って、前向きに受け止めるようにしましょう。
6 火	▼	周囲の意見に振り回されたり、邪魔が多くなる日。自分のやるべきことに集中できなかったり、イライラしてしまいそう。今日は予定や心が乱れると覚悟しておきましょう。
7 水	×	裏目に出る日ですが、心構えをして取り組むと問題を避けられそう。後輩や部下の失敗のしわ寄せが来ることもありますが、うまくフォローすることもできそうです。
8 木	▲	ネガティブに物事を考えすぎてしまうとやる気がなくなってしまいそう。現状の幸せを見逃さないようにしましょう。身の回りをきれいに掃除すると気持ちが楽になりそうです。
9 金	○	積極的に取り組むことでやる気も湧いてきそう。だらだらやっても変化がないので、テキパキ素早く行いましょう。いいスピードで仕事を進められて気持ちも楽になりそうです。
10 土	○	はじめて行く場所でおもしろい発見や学べることを見つけられそう。友人からパワーをもらえたり、好きな人と遊べてテンションが上がることも。1日を前向きに楽しみましょう。
11 日	□	今日は、何事もポジティブに変換して言葉に出すように意識するといい日。考え方や視野を変える訓練をすることで楽しい時間を作れそう。友人と遊びながらやってみましょう。
12 月	■	寝起きから疲れを感じたり、肌荒れでテンションが下がりそうな日。小さなことを気にしないで、家で軽い運動やストレッチをしてから出かけてみるといいでしょう。
13 火	●	ひとりで考えても前に進めないので、周囲に協力してもらったり、違う方法を教えてもらいましょう。教えてもらったことを素直に行動に移すといい人間関係を作れるでしょう。
14 水	△	些細なことでも笑うといい日。あなたの笑顔で周囲が救われたり、いい関係を作ることもできそうです。失敗やドジをした話をして周囲を和ませることも大切でしょう。
15 木	◎	お気に入りの服を着ることでやる気になれたり、異性から好意を寄せられそうな日。自分で思っている以上に魅力輝く運気なので、少し目立つくらいの気持ちでいましょう。
16 金	☆	重要な仕事をまかせてもらったり、これまでの頑張りが評価されそう。面倒に感じないで評価されていると前向きに受け止めましょう。重要な決断にもいい運気です。
17 土	▽	日中は運気がよく、ランチデートや遊びに出かけるといいことが起きそう。ゆっくりしたいなら夕方から。夜は疲れがたまりやすいので、長めに湯船に浸かって早めに寝るように。
18 日	▼	空回りしたり思い通りに進まない出来事が多い日ですが、今日は流れに逆らわないで「こんな日もある」と思っておきましょう。あらがうと面倒なことが起きたり苦しくなりそう。
19 月	×	やる気が出なかったりテンションの下がることを言われてしまいそう。言い訳を見つけようとしないで、目の前の仕事に集中するように。好きな音楽を聴くと気持ちが楽になりそうです。
20 火	▲	間違ってデータを消したり、書類をなくしてしまいそうな日。確認作業や行動が雑にならないように気をつけましょう。処分する前はしっかり確認しましょう。
21 水	○	計画的に行動することが大切な日。最終的にどうなることが自分の幸せなのか考えてみましょう。結果を出している先輩や上司、周囲の人の話を聞いてみるといいでしょう。
22 木	○	小さなことでしっかり喜べると前向きに生きられるようになる日。大きなことを望まないで些細な幸せを大切にできるようにしましょう。
23 金	□	不慣れや苦手にチャレンジするといい日。自分の成長をもっと期待しましょう。うまくいかない原因をしっかり考えて、自分の課題を見つけるようにしましょう。
24 土	■	疲れから集中力が途切れてしまいそうな日。今日は無理をしないで家でのんびりしたり、ゆっくりする時間を作りましょう。予定が入っている人はマメに休むようにしましょう。
25 日	●	気になる人に気持ちを伝えるなら、2022年はここがラストチャンスでしょう。ここを逃すとタイミングが合わないかも。新しい出会いもあるので人の集まりに参加してみましょう。
26 月	△	忘れ物や判断ミスをしやすい日。「あ！」と思ったときには手遅れなので、事前準備と確認を忘れないようにしましょう。段差で転んでしまうこともあるので気をつけましょう。
27 火	○	今月やり残したことや手をつけないままで放置していることに取り組むといい日。読んでいない本を読んでみたり、購入したままで使っていないものを使い始めてみましょう。
28 水	◎	お世話になっている人や後輩、部下に些細なものでもいいのでプレゼントやごちそうをするといい日。自分のためよりも相手が喜ぶことにお金を使ってみるといいでしょう。
29 木	▽	午前中は頭の回転が速くいい判断ができるので、強気で仕事するといいでしょう。午後からペースが落ちたり、周囲に振り回されそう。わがままな人に気をつけましょう。
30 金	▼	気分で判断すると悪い方向に進みそう。気持ちでしっかり判断して、自分も周りも得する方法を考えてみましょう。自分のことだけ考えていると苦しくなるでしょう。

開運のつぶやき　努力とは自分のためにするものではなく、恩返しのためにするもの

2022 10月

▼乱気の月

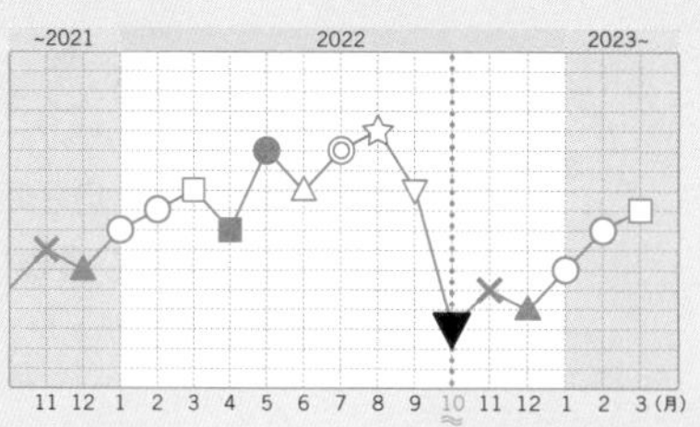

開運 3 カ条

1. プラス面を探す
2. 感謝の気持ちを伝える
3. 相手の立場を考えて言葉を選ぶ

総合運

やる気スイッチがオフになってしまいそうな月。先月までの勢いが止まってしまい、人に振り回されてヘコんだり、面倒な人との関わりが増えてしまいそう。曖昧な指示が原因で苦労しそうですが、他人の責任にしないで自分でしっかり判断するようにしましょう。失敗が続くこともありますが、そこからしっかり学んで成長するように心がけましょう。健康運は、思わぬケガや肌荒れ、体調を崩しやすいので無理をしないように。

恋愛＆結婚運

気になる相手とのチャンスを逃した感じがしたり、距離感が変わってしまいそうな時期。今月は、仲良くなれたらラッキーと思うぐらいがいいでしょう。新しい出会いも期待が薄いので、異性の知り合い程度に考えましょう。この時期は自分磨きをして、異性との会話で困らないように本を読んだり情報を集める時間を増やしましょう。結婚運は、焦らず期待しないで結婚するために必要なことを磨きましょう。

仕事＆金運

不慣れな仕事や職場の状況の変化、上司の気分に振り回されるなど、やる気を削がれる出来事が起きやすい時期。結果の出ない状況やミスも増えるので、ゆっくりでもいいので目の前の仕事に誠意を持って取り組みましょう。自分中心に考えていると道が閉ざされて見えなくなるので、相手や他の人のために仕事をしましょう。金運は、出費が激しくなったり、余計な買い物が増えるので気をつけて。

日		
1 土	×	ユーモアセンスを忘れないことでいい日になるでしょう。他人にがっかりしないで「ボケている」と思うぐらいの心の余裕を持ちましょう。小馬鹿にしないで笑うほうに変換しましょう。
2 日	▲	部屋の片づけをするのはいいですが、間違って大事なものを落として壊したり、食器やコップを割ってしまいそう。今日は丁寧に行動するように心がけましょう。
3 月	＝	まとめていろいろやろうとするよりも、一つひとつを丁寧に進めるようにしましょう。言葉を選ぶときも、品や相手にどう思われるかなどいろいろ考えるといい勉強にもなるでしょう。
4 火	＝	面倒の先にはいい思い出や自分の成長があるもの。今日は壁にぶつかる日ですが、今は乗り越えられなくても成長すれば乗り越えられると思って、自分の成長に期待しましょう。
5 水	□	ウソでもいいので前向きな言葉や周囲が喜ぶ言葉を発しましょう。本当のことだからといって愚痴や不満を言っている間は、いつまでもその場にとどまっているだけでしょう。
6 木	■	疲れを感じたり体調を崩しそうな日。肌荒れや口内炎など些細な異変が気になってしまいそう。今日は健康的な食事を意識して軽い運動をするといいでしょう。
7 金	●	お礼や感謝の気持ちは伝えられるときに言葉に出しましょう。いつでも伝えられると思っていると、タイミングを逃してしまうかも。感謝の言葉ひとつで人生が変わるでしょう。
8 土	△	うっかりミス、約束を忘れてしまう、時間を勘違いして間違えてしまうなどがありそう。不注意で迷惑をかけてしまうことがあるので、事前確認をしっかりしておきましょう。
9 日	＝	普段なんとなく避けているジャンルの映画を観たり、本を読んでみるといい日。思った以上にいい話やいい言葉を見つけることができそう。
10 月	＝	自分の都合ばかり考えないで、まずは相手の都合を聞くことが大切な日。勝手な判断は苦労や面倒なことを招いてしまう原因になると覚えておきましょう。
11 火	▽	何事にも全力で取り組んでみると、後悔がなく満足できる1日になるでしょう。手を抜いたりサボってしまうと、後悔したり余計なことを考えてしまうでしょう。
12 水	▼	嫌な噂やマイナスな情報に振り回されてしまいそうな日。人間関係が面倒になってしまったときは、嫌いな人に注目しないでやさしい人に注目するといいでしょう。
13 木	×	考え方の違う人や意見が合わない人と一緒になる時間が増えそうですが、違うから学べたり考え方や視野が変わるものだと思って、プラスに受け止めるといいでしょう。
14 金	▲	冷静に判断することが大切な日。慌てると大事なものを壊したりなくしてしまうことがあるので気をつけましょう。身の回りを整えてなくしものがないようにしましょう。
15 土	＝	イベントやライブなどに行くといい日ですが、友人や知人がオススメするものを観に行ってみるといいでしょう。自分では選択しないものほど学べることがあるでしょう。
16 日	＝	前向きになる本を読んだりコメディ映画などを観て楽しい時間を過ごすといいでしょう。自分の時間を大切にして、好きな音楽を聴いてのんびりするといいでしょう。
17 月	□	流れに身をまかせて、大きな決断を避けるようにしましょう。悩んだときは周囲に相談をするといいでしょう。考えを否定されてもしっかり受け止めるようにしましょう。
18 火	■	疲れを感じたり、朝から不機嫌になってしまいそうな出来事が起きる日。プラスに考えるようにしたり、お茶を飲んでほっと息をつく時間を作るようにしましょう。
19 水	●	急な仕事を押しつけられたり、求められることが増える日ですが、マイナスに受け止めないで。「期待されている!」と思って一生懸命取り組むといいでしょう。
20 木	△	判断ミスをしやすい日。自分のことを考えるよりも相手や他の人のことを先に考えて判断するといいでしょう。甘い誘惑や儲け話には裏があるので気をつけましょう。
21 金	＝	「友達でしょ」と言ってくる人ほど信用しないようにしましょう。友人とは困ったときに何も言わないで手を貸してくれる人だと忘れないようにしましょう。
22 土	＝	ムダなお金を使ってしまいそうな日。安いから、と簡単に買わないようにしましょう。どうしても今必要なものだけを購入するようにしておきましょう。
23 日	▽	午前中は順調に物事が進みやすいので、大事な用事は先に終わらせたり、掃除をするといいでしょう。午後は無理をしないでゆっくりしたり昼寝をしたりのんびり過ごしましょう。
24 月	▼	厳しいことを言われたり、叱られることがありそうな日。すべてはあなたの問題なので、他人の責任にしないように。原因をしっかり探って成長するようにしましょう。
25 火	×	愚痴や不満を言っていると、愚痴や不満を聞くことになって、更に愚痴や不満が増えてしまうもの。余計なことを言わないで、自分を成長させ、他人を認めるようにしましょう。
26 水	▲	人と縁が切れたり、人間関係に区切りがつきそうな日。仕事関係者と距離が空いたり、気まずい関係になってしまうことも。ここで切れる縁は仕方がないと諦めることも肝心でしょう。
27 木	＝	自ら進んで仕事に取り組むことで、楽しく仕事できるようになるでしょう。失敗したりうまくいかなくても、自分で選んだことは身になるでしょう。
28 金	＝	くよくよしたり余計なことを考える暇があるなら、行動範囲を広げたり、思いきって新しいことに挑戦してみましょう。体験から大切なことを学べるでしょう。
29 土	□	いろいろな人の意見を聞くといい日。話は最後までしっかり聞くようにするといいでしょう。分からないときはしっかり質問しておきましょう。
30 日	■	今日はしっかり体を休ませるといい日。無理に予定を詰め込んだり、無茶はしないようにしましょう。ケガや不注意の事故もしやすいので気をつけましょう。
31 月	●	小さな幸せを見つけるようにするといい日。大きな幸せを望んだり他人に期待するよりも、自分で見つけられる幸せや、自ら作れる幸せのために行動するといいでしょう。

☆開運の日 ◎幸運の日 ●解放の日 ○チャレンジの日
□健康管理の日 △準備の日 ▽ブレーキの日 ■リフレッシュの日
▲整理の日 ×裏運気の日 ▼乱気の日 ＝運気の影響がない日

11月 2022

× 裏運気の月

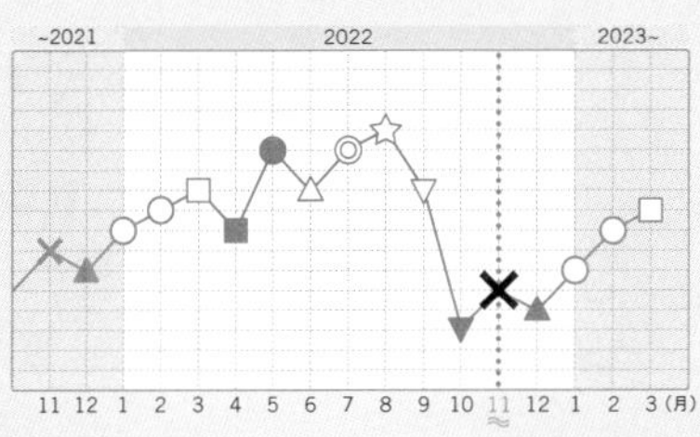

開運3カ条

1. 他人に過剰な期待をしない
2. 自分磨きや勉強をする
3. 頼れる人に相談をする

総合運

予想外に人に振り回されたり、裏切られたり陰口を言われていることを知ってしまいそう。心を乱されるような出来事が起きても気にしないで、「これでメンタルを鍛えられる」と前向きに思うことが大切。すべての人に好かれなくて当然なので、やさしくしてくれる人や親切な人に注目しましょう。健康運は、体調を崩しやすい時期なので、無理はしないで睡眠時間を増やしたり、健康的な生活リズムを意識して過ごしましょう。

恋愛&結婚運

強引に進めると失恋するかも。今月は自分磨きをしたり、異性との会話に困らないように話のネタを増やすための行動をしましょう。裏運気の月は予想外の異性から好かれることがあります。外見が好みでない場合は、性格など相手のいい部分を探すと好きになれるかも。新しい出会いは縁が薄いですが、紹介の場合は素敵な人の可能性があります。結婚運は、期待が薄いので焦らないようにしましょう。

仕事&金運

実力以上の仕事やノルマが増えて、予想以上に忙しくなる時期。職場の人間関係が嫌になったり、やる気の出ない時間も増えそう。後輩や部下に振り回されやすいので、コミュニケーションをしっかり取りましょう。苦しいときは先輩や上司に相談しましょう。金運は、儲け話は大損したり面倒なことになるので気をつけて。買い物は、不要なものを買ってしまうので、よく考えてからにしましょう。

日	運気	内容
1 火	△	取捨選択を間違えそうな日。困ったときは、今必要でないと思われることから消去していくとやるべきことが判断できそう。困ったときは頼れる人に相談しましょう。
2 水	＝	付き合いの長い人や頼りになる人と話すことで、自分のやるべきことや得意なことが明確になりそうな日。雑談でもいいので休憩時間に話してみるといいでしょう。
3 木	○	いい結果を出す運気ではないですが、今日の頑張りや仕事の取り組み方次第で信頼を得られるので、誠実に取り組むようにしましょう。自分よりも相手の得を考えて判断しましょう。
4 金	▽	日中は、評価を気にするよりも、自分で満足できる仕事をしましょう。手を抜いていると自分で思わないように。夕方からは強引な人に振り回されそうですが、そのおかげで学べることも。
5 土	▼	つまらないと思っているとつまらなく見えてしまうもの。何事もおもしろいと思うようにしましょう。自分の感覚をいつまでもつまらないままにしないようにしましょう。
6 日	×	予定が変更されたり、振り回されやすい日。思い通りに進むことばかりが楽しいわけではないので、予想外のことを楽しんだり、自分と違う考えや発想をおもしろがってみましょう。
7 月	▲	合理的に仕事を進めるといい日。余計なことをしないようにしましょう。サボろうとする気持ちがあると辛くなるだけ。一生懸命取り組むと仕事が楽しくなるでしょう。
8 火	＝	「やらされている」「命令されている」と思うと苦しくなるので、自ら工夫したり、考え方を変えるといいでしょう。前向きに仕事をしている人から学びましょう。
9 水	＝	これまで興味のなかった世界を体験するにはいい日。若い人の間で流行っていることを教えてもらったり、これまで聴かないでいたジャンルの歌を聴いてみるといいでしょう。
10 木	□	指示を待っていると仕事がどんどんつまらなくなるだけ。相手や会社のことを考えて進んで仕事しましょう。失敗しても学ぶ気持ちを忘れないようにしましょう。
11 金	■	寝不足を感じたり、集中力が途切れやすい日。マメに休んだり温かいお茶を飲んで、休憩時間はのんびりしましょう。胃腸によさそうなものを食べるのもいいでしょう。
12 土	●	アップダウンの激しい日。うれしい出来事に浮かれていると、突っ込まれたり水を差すようなことを言われてしまいそう。うれしいときほど気を引き締めるようにしましょう。
13 日	△	うっかりミスや確認忘れをしやすい日。間違えて同じものを買ったり、ドジなケガをしやすいので気をつけましょう。決断するときほどしっかり確認するように心がけましょう。
14 月	○	経験を活かせる日ですが、情熱と誠意がなければせっかくの運気も台無しになってしまいそう。与えられた仕事で期待以上の結果が出せるように一生懸命取り組みましょう。
15 火	○	頑張っている人を認めることであなたも認められるでしょう。周囲の人の個性や才能も認めると、いい人間関係を作れるようになったり、あなたも認められるようになるでしょう。
16 水	▽	日中はゆとりを持って行動するといい日になるでしょう。いつもより少し早めに出社したり、早めに仕事に取りかかりましょう。夕方は忙しくなって丁度よくなりそうです。
17 木	▼	空回りすることが多く、せっかく進めていたことがムダになったり、がっかりする結果になりそう。マイナスに考えるだけではなく、確認やチェックをしっかりしましょう。
18 金	×	よかれと思ってしたことが裏目に出てしまいそうな日。会話のタイミングが悪いこともあるので、無理に輪の中に入ろうとしなくていいでしょう。今日は様子を窺うようにしましょう。
19 土	▲	大掃除をするにはいい日ですが、不要だからと思って処分したものが後で必要になることがあります。身の回りの整理整頓をして、分からないものは後で判断するようにしましょう。
20 日	＝	小さな幸せを見つけることが大切な日。現状への不満や不安を考えるよりも、満足してみるといいでしょう。考え方を変えてみると感謝できることが身の回りにいっぱいあるでしょう。
21 月	＝	同じ方法やルーティンの生活だと飽きてしまうだけ。自分で変化を楽しんでみたり、新しいことに挑戦してみましょう。失敗や手応えのないところから学ぶようにしましょう。
22 火	□	時間や数字にもっとこだわって仕事するといい日。自分で時間を決めて仕事をきっちり終わらせてみるといいでしょう。不要な経費を使わないように意識するのも大切。
23 水	■	ストレスがたまったり疲れやすい日。苦手な上司や不得意な人と一緒にいる時間が増えてしまいそう。仕事終わりは、ストレス発散になることに時間を使うといいでしょう。
24 木	●	周囲にいるやさしい人の存在や、これまでお世話になった人のことを忘れないように。少しでも恩返しや喜んでもらえる報告ができるように努めるといい日になるでしょう。
25 金	△	集中力が途切れやすく、簡単なことをミスしやすいので気をつけましょう。誤字脱字や入力ミスなどでムダな時間を使いそう。丁寧に仕事を進めるように意識しましょう。
26 土	○	友人や知人からの誘いを待っていないで、自ら連絡しましょう。相手もあなたからの連絡を待っている可能性があります。近況報告や雑談を楽しむと気持ちが楽になるでしょう。
27 日	○	買い物に出かけるにはいいですが、消耗品や長く使わないものを買いましょう。映画や芝居、美術館など、経験することにお金を使うといい勉強や話のネタになるでしょう。
28 月	▽	何事にも遊び心が大切なことを忘れないように。楽しく会話する中でボケたり突っ込んだりして、いつも以上に明るく話せそう。冗談を楽しむと運気もよくなるでしょう。
29 火	▼	意見が通らず、批判や反発をされてしまいそう。今日は流れに身をまかせて、周囲の様子をしっかり窺うようにしましょう。変な反論は避けたほうがよさそうです。
30 水	×	これまでサボっていた部分を突っ込まれたり、自分の弱点や欠点が明るみに出てしまいそう。至らない点はしっかり認めて成長できるように努めましょう。

開運のつぶやき ヘラヘラは不運を呼び、ニコニコは幸運を呼ぶ

2022 12月

▲ 整理の月

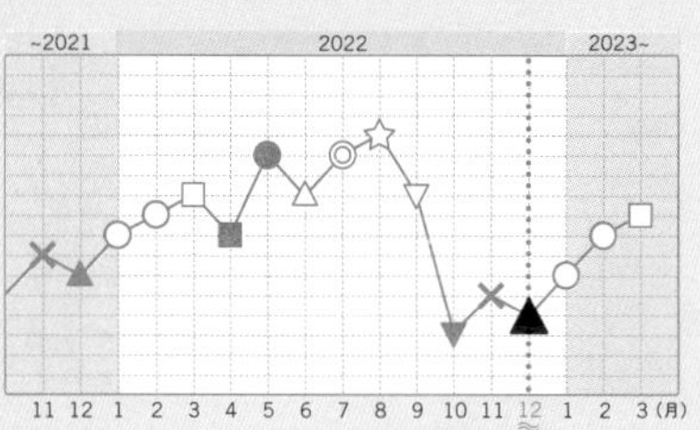

開運 3 カ条

1. 不要なものを捨て、執着しない
2. 本当に嫌なことは断る
3. 人との距離を置く

総合運

現状の生活に飽きたり、モヤモヤした感情になりそう。何もかも投げ出したくなる場合もありますが、ヤケを起こさず冷静に判断しましょう。「嫌なことは嫌」とはっきり言うことは大切なので、我慢しすぎているなら伝えること。身の回りにある不要なものを一気に断捨離すると気持ちが晴れるでしょう。健康運は、美意識を高めるために美容によくない習慣をやめて、食事のバランスを整えたり、軽い運動を始めましょう。

恋愛&結婚運

恋を諦めて勝手に失恋したり、実際に好きな人に恋人ができてがっかりしそうな時期。ここで縁が切れる人とは「そもそも相性がよくない」と割り切りましょう。恋人ともケンカしたり、突然気持ちが冷めることもあるので、相手の言葉や態度をマイナスに受け止めすぎないように。新しい出会いは月末に少しありそう。結婚運は、話を進めるには難しい時期。相手の機嫌を損ねないように。

仕事&金運

突然仕事を辞めたくなったり、現状から逃げたくなりますが、中旬以降にその気持ちは落ち着いてくるでしょう。目標を達成できなくても深く考えず、後で追いつけばいいと思いましょう。スマホを目につかない場所に置くなど、怠け癖に火をつけるものからは離れましょう。金運は、買い物を最小限に控えたほうがいい時期。思わぬ浪費になる場合もあるので不用意な契約もしないように。

日	運気	内容
1 木	▲	大切にしていたものをなくしたり、必要なデータを消してしまいそうな日。不注意なだけなので確認をしっかりして、分からない操作を行わないようにしましょう。
2 金	＝	待っていると余計な仕事をまかされてしまいそうな日。自ら進んで仕事を行えば、嫌な気持ちにならないでしょう。どんな仕事もいい経験で、今の自分に大切だと思って受け止めましょう。
3 土	＝	ボーッとする時間に好きな音楽を聴いたり、好きな漫画を読んでみるといい日。いい意味でムダな時間を作りましょう。リラックスできる友人と話をするのもいいでしょう。
4 日	□	バランスを整えるといい日。食事も人間関係もバランスが大切。頑張りすぎないように、関心を持ちすぎないようにするといいでしょう。
5 月	■	寝不足や疲れを感じやすい日。油断していると段差でつまずいたり、ケガの原因になるので気をつけて。目の周辺をマッサージしたり、軽くストレッチするといいでしょう。
6 火	●	些細なことでもいいので感謝することを見つけると気持ちが楽になる日。感謝の気持ちが足りないと、どんな幸福なことが起きても不満に変わってしまうでしょう。
7 水	△	ネットでの買い物に要注意。不要なものを買ったり、ゲームなどにムダな課金をしそう。判断ミスが続いてしまうので、先のことをもっと考えてから決断しましょう。
8 木	○	難しく感じる仕事でも、経験をうまく活かすことで問題を乗り切れたり、簡単にできそう。自分の実力がアップしていることに気づけるので、挑戦してみましょう。
9 金	○	頑張るのはいいですが、欲張らないようにしましょう。何事もほどほどのところで満足すると幸せに変わりますが、欲張ると不満に変わってしまうでしょう。
10 土	▽	午前中は、身の回りをどんどん片づけるといいので、勘を信じて不要なものと必要なものを分けましょう。夕方以降は、後輩や部下などに誘われて思っていた予定と変わりそうです。
11 日	▼	失敗しやすいですが、最初からうまくはいかないと思って挑戦するといいでしょう。成功すると思って失敗するよりも、失敗すると思って失敗して学ぶようにしましょう。
12 月	×	不得意な人と一緒になったり、順調に進んでいた仕事にブレーキがかかってしまいそうな日。焦らないで今できる最善のことを考えてやってみるといいでしょう。
13 火	▲	失ってはじめて、その価値や大切さに気がつける日。大事なものをなくしてしまったり、人との縁が切れてしまいそう。悲しむよりもそこから学ぶようにするといいでしょう。
14 水	＝	「自分の好きなこと、得意なこと、興味のあること」に素直に目を向け、行動するといい日。新しく気になることを見つけられそうなので視野を広げてみるといいでしょう。
15 木	＝	新しい出会いに期待するといい日。仕事関係者や知り合いの紹介でいろいろつながってくるでしょう。流行のSNSで思わぬ人とつながれることもあるでしょう。
16 金	□	情報の整理が必要な日。プラスの情報を集めているならマイナスの情報も集めてみましょう。どんなことでもいい面と悪い面があることを忘れないようにしましょう。
17 土	■	今日は疲れをしっかりとる日だと思って、マッサージや整体、タイ古式マッサージなどに行ってみましょう。家ではスマホをしまってボーッとする時間を作るのもいいでしょう。
18 日	●	急に友人から遊びの誘いがありそうな日。面倒だと思っても断らないで会いに行くと、いい出会いやお得な話を聞けそうです。好きな人に連絡を入れてみるにもいい運気です。
19 月	△	カバンに入れたつもりのものがなかったり、大事なものをしまった場所を忘れるなど、うっかりミスやド忘れをしやすいので気をつけて。メモをとったり写真を撮っておきましょう。
20 火	○	懐かしい曲を聴くとやる気になれる日。家を出る前に1～2曲、自分が頑張っていたころに流行っていた音楽を聴いてみるといいでしょう。職場では実力をうまく発揮できそう。
21 水	○	お金や数字や時間にもっとこだわって仕事すると、いい結果につながったり、評価されるようになるでしょう。効率を考えて仕事することで満足できる結果も出せそうです。
22 木	▽	午前中は、勢いや勘まかせで行動してもいい日。遠慮したり指示を待っているとつまらなくなってしまいそう。午後は、上司や先輩の言葉に振り回されてしまいそう。
23 金	▼	勘違いや思い違いで恥ずかしい思いをしそうな日。ソリの合わない人は笑顔でかわしておきましょう。よかれと思っても空気を読んでから発言するようにしましょう。
24 土	×	過度に期待しなければ楽しいクリスマスになりそう。派手さはなくても楽しめる工夫をするといいでしょう。プレゼントはどんなものでも思いっきり喜んでおきましょう。
25 日	▲	大掃除にいい日なので、何年も使っていないものや置きっぱなしのものはどんどん処分するといいでしょう。着ない服やしばらく履いていない靴も処分しておきましょう。
26 月	○	髪を切ったりイメチェンをするといいですが、派手な感じではなく「シンプル」をテーマにするといいでしょう。模様替えもシンプルにするといいでしょう。
27 火	○	はじめて行くお店でいい買い物やお得なものを見つけられそうです。恒例のお店もいいですが、普段行かない場所やお店に行ってみるといいでしょう。
28 水	□	1日の計画を立ててから行動しましょう。1日の最後にどのくらい計画通りに進められたのか確認してみましょう。計算の甘さを知っておくといいでしょう。
29 木	■	薄着で過ごすと風邪をひいたり、疲れがたまってしまいそうな日。今日はゆっくり湯船に浸かって、早めに寝るようにしましょう。無理をすると次の日に響きそうです。
30 金	●	異性との出会いがある日。知り合いとの忘年会に顔を出したり、仲間に連絡してみんなを集めてみるといいでしょう。思わぬ人に好意を寄せられることもありそうです。
31 土	△	遊びに出かけるのはいいですが、ドジな大晦日になってしまいそう。笑いのネタにするくらいの前向きな気持ちでいるといいでしょう。忘れ物には気をつけましょう。

☆ 開運の日　◎ 幸運の日　● 解放の日　○ チャレンジの日
□ 健康管理の日　△ 準備の日　▽ ブレーキの日　■ リフレッシュの日
▲ 整理の日　× 裏運気の日　▼ 乱気の日　＝ 運気の影響がない日

金のインディアン座

★陽気な星　★マイペースの星　★好奇心旺盛な星
★情報通の星　★図々しい星　★心は中学生の星
★繊細さに欠ける星　★空想・妄想好きな星

12年周期の運気グラフ

金のインディアン座の2022年は…

● 解放の年

7年の闇から抜けて、ため込んできた本来のパワーが放たれる年です。「運気はいい」と思い込むことで本領発揮できるでしょう。この先、2024年、2025年に始まる幸運期に向けて運気はどんどん上昇。

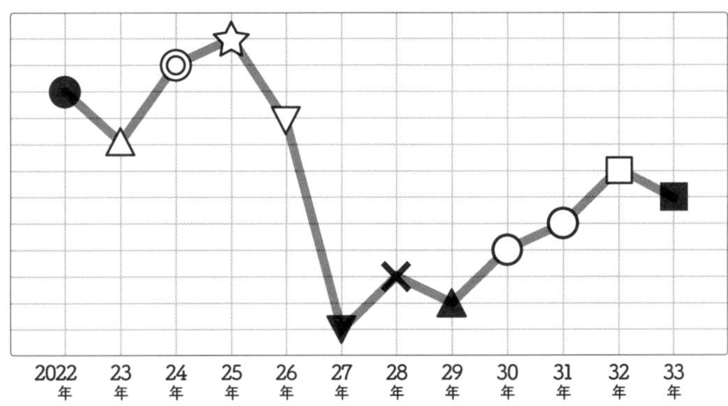

☆ 開運の年　◎ 幸運の年　● 解放の年　○ チャレンジの年　□ 健康管理の年　△ 準備の年
▽ ブレーキの年　■ リフレッシュの年　▲ 整理の年　✕ 裏運気の年　▼ 乱気の年

金のインディアン座はこんな人

基本の総合運

五星三心占いで唯一、人を表す「インディアン座」ですが、大人ではなく、好奇心旺盛で心は中学生のままの人です。幅広く情報を集めるため、周囲から「何でそんなこと知ってるの？」と言われるような新しいことを知っていたり、流行のさらに先を読むことができたりする人でもあるでしょう。妄想や空想が好きで、常にいろいろなことに興味を示しますが、飽きっぽいため、計画的に行動することが苦手です。人懐っこく、知り合いが多くなることで幸運をつかむことができるので、友人に執着しないほうがいいでしょう。

基本の恋愛＆結婚運

恋は恋、仕事は仕事、趣味は趣味と、すべてを同率にするため、若いころは恋にどっぷりハマることがあっても、社会に出るとそこまでの深い恋をする感じではなくなります。「恋も楽しいし仕事も頑張る、趣味の時間も欲しい」というタイプに。そのため恋人に寂しい思いをさせてしまい、相手が浮気する隙を作ってしまうことも。結婚願望は強くはないのですが、家族を大事にします。結婚後は、相手も自分の家族も大事にしますが、ほどよい距離感を大事にしようとする面も出てくるでしょう。

基本の仕事＆金運

フットワークの軽さを活かした仕事に就けると活躍できるので、販売や商社、営業に強いタイプ。営業先の偉い人と仲よくなり、お酒の席で大事な仕事をとることができるなど、学生時代よりも社会に出てからのほうが能力を発揮することができるでしょう。転職することで複数の技術を習得でき、人脈を広げて仕事に活かすこともできそうです。金運は、中学生のようなお金の使い方をするので、できれば定期的にお金を貯めることが大事。複数の銀行にお金を分けて預けておくと、自然と貯まるようになるでしょう。

2022年の運気

● 解放の年

2022年開運 3カ条

1. 人脈を広げる努力をする
2. いい流れには素直に乗る
3. 欲張る

ラッキーカラー パープル　オレンジ　ラッキーフード 麻婆豆腐　ぶどう　ラッキースポット ショッピングモール　リゾート地

総合運

あなたの力を発揮する時期
人生で最も欲張る1年にして

　五星三心占いでは1、2番目に運気のいい「解放の年」。マイペースで自由人な「金のインディアン座」にとっては、嫌なことから解放されて、翼が生えて飛んでしまうくらい楽しくなる運気の始まり。今年をきっかけに、長ければ5年ほど自分の思い通りに近い流れに乗れますが、そもそもマイペースなタイプなので、自分のペースを変えずにチャンスを逃すことも。これまでにないほどいい人脈やチャンスに恵まれるので、思いきって挑戦してみましょう。

　特にここ2～3年苦労を感じた人ほど、気持ちが楽になったり嫌なプレッシャーから解放される出来事があるでしょう。苦手な上司や先輩が異動になったり、あなた自身が異動するなど環境の変化がありそう。頑張っていたことを認めてくれる人が流れを大きく変えてくれるので、今年は知り合いの輪を広げること。フットワークをこれまで以上に軽くしたり、一緒に遊ぶ人や仲よくなる人の年齢の幅を広げることが大切です。特に後輩や部下、その友達など、年下の友人を作ることで人生が大きく変わる可能性があります。

　あなたとの相性や出会ったタイミングが悪いなど、つながりが弱い人と縁が切れてしまう可能性もありますが、「運気がいいから別れがある」と思って気持ちを切り替えるといいでしょう。本当に縁のある人は数年後にまたつながりが強くなります。身の回りのものでも、壊れてしまう家電などが出てくるでしょう。

　2022年はあなたの才能や能力が開花する年でもあり、自分の実力がどのくらいあるかわかっていない人でも、思いきった行動に移す必要があるでしょう。特にこれまでの経験を活かせる仕事や環境なら思いきって挑戦すること。恋愛面でも突然モテはじめる可能性があります。複数の人から好意を寄せられて、選べずにチャンスを逃してしまうことがあるので、思いきった決断が大切。そもそも計画的に物事を進めるタイプではなく、流れに逆らわないだけでもいい方向に進むことがあるので、求められたら素直に応えるようにするといいでしょう。今年は実力を発揮する年だと思って何事にも前向きに挑戦を続けてみましょう。

　1月に体調を整えて疲れをためないようにしておくことで、2月の「解放の月」から絶好調を感じられるようになるでしょう。ここから

「運を味方に付けられている」と信じて行動することが大切。4～5月はこれまで頑張ってきたことに大きな結果が出たり、チャンスを作ってくれる人が現れるでしょう。この期間に前向きな話がきたときは、乗り気でなくても挑戦することが大事です。すぐに結果につながらなくても、この期間に出会った人やスタートしたことが、後の人生を大きく変えるでしょう。恋愛でも、この時期に交際を始めた人と結婚に進む場合があるでしょう。10～12月も新たなことに目が向くようになり、意外なチャンスや出会いに恵まれそう。上半期に手応えがないなら、この期間に引っ越しなどで環境を変えると、2024年、2025年の幸せにつながるでしょう。引っ越しが難しい場合は、イメチェンや生活習慣の変化などを試してみましょう。「解放の年」は運気がいい年ですが、例年通り7～8月の「乱気の月」「裏運気の月」は現実を突きつけられたり、不安や心配が増えそうです。困ったときは素直に助けを求めればいいのですが、自分のことは自分で処理しようとして苦しくなるかも。頼りになる人に話を聞いてもらったり、協力してもらえそうな人に相談をするようにしましょう。あなたの欠点や弱点をサポートしてくれる人への感謝も忘れないように。

何よりも、「金のインディアン座」はできるだけ欲張ってください。他のタイプなら一つひとつ欲しいものをつかむようにアドバイスしますが、飽きっぽい「インディアン座」はまとめて取りにいくことですべてを手に入れる人です。恋も仕事もお金も名誉も、なんでも欲しいものを取りにいく姿勢と行動が大切。人生で最も欲張る1年にしてみてください。

日頃の妄想もできるだけポジティブに。あらゆることに善意を持って前向きに考えると、仕事や会話で役立ちそう。裏表なく語ることであなたのよさが伝わり、いい仲間も集まってくるので、今年はいろいろな人と話をする機会を作りましょう。また、妄想を形にするために小説やコラムを書いてみると、ネットやコンクールで評価されそう。独特な絵を描くのもいいですが、細かい作業は雑になりやすいので、小さいものよりも大きなものを作るといいでしょう。時代に合わせてネット動画を作成してみると予想外の反響を得られそうですが、突然飽きてやめてしまうかも。

「解放の年」は運気の流れがいい年ですが、これまでの積み重ねの結果も出る年。積み重ねが少ない人や間違った努力をしてきた人には、厳しい結果が出てしまう場合があります。「解放の年」だから気づけることもあるので、不運と捉えないで、軌道修正するチャンスだと思うこと。相性の悪い人との縁も切れる年なので、執着をしないように。「乱気の年」や「裏運気の年」に出会った人や仲よくなった人とは、突然縁が切れてしまうこともあるでしょう。

また、運気がいい分、わがままに自由に生きるようになり、あらゆることを手放したくなってしまって、これまで積み重ねてきたことまで投げ捨ててしまう場合がありそう。飽きたからといって簡単に手放さないように。特に夏に現状を変えたくなりますが、年末までは現状を維持するといいでしょう。転職や離職をしたくなるかもしれませんが、独立や起業など前向きな予定ではない場合はできるだけ踏み止まること。

運気が非常にいい年ですが、全く経験のない世界に飛び込むのは待ちましょう。ここ2～3年努力してきたことを活かせることならいいですが、急に「カフェを経営したい」とお店を始めてもそもそもコーヒーが好きでなかったり、喫茶店経営の方法やリスクを考えないまま始めても運気のよさを活かせないままです。「挑戦するといい年」といっても、これまでの経験を活かした挑戦をしましょう。

最もよくないのは、「解放の年」に行動しないこと。遠慮することで運の流れを止めてしまうでしょう。高速道路でも、ブレーキを踏んでダラダラしていてはせっかくの道を活かせません。安全運転は大事ですが、アクセル全開で突っ走るイメージでこの1年を過ごすようにしましょう。

もうひとつの問題は、手に入れたものを手放すスピードが速く、注目を浴びたり評価された途端に投げ捨ててしまうこと。他のタイプならしっかりつかんで守ることができますが、「金のインディアン座」は守ることが苦手です。周囲から評価されたときには別のことに目を向けて動き出しているので、手放す前に少し様子を見ることを忘れないでください。手放したり離れることで楽にはなりますが、手放しすぎてしまうことがあります。すべてを思い通りにすると考えるよりも、思い通りにならないことを楽しむ気持ちを忘れないでください。

他人と比べたり、他人のものを奪おうとすると、運命が狂ってしまうこともあります。「他人は他人、自分は自分」と気にしないで、他人は感謝の対象と考えてください。比べたりしないで、自分の価値観や生き方を通すことが大切。あなたをコントロールしようとする人がいるなら、勇気を出して離れましょう。

2022年は約7年間の闇が終わり解放される年です。「闇だったの？」と思う人もいるかもしれませんが、困難を前向きに捉えたり、しっかり実力をアップさせてきた人でもあるので、今年は刺激が少なく、あまり成長していないと感じることも。2021年までは力を付ける7年間、2022年からはその力を発揮する時期だと思ってください。「どうしたら今の自分の力をうまく使えるのか」「どうしたらこれまでの経験を活かせるのか」と知恵を絞りましょう。

何よりも、今年は協力者が集まります。集団や責任、深い人間関係を避けてしまうところがありますが、自分ひとりでは限界があります。自分の力を最大限に発揮するためにも、得意分野がある人にまかせたり、頭を下げて教えてもらうことも大切。あなたは自分の得意なことで役立てるように意識して、なんでも自分ひとりで抱え込まないようにしましょう。忙しいほうが心も安定するタイプではありますが、今年からは他人にまかせたり信頼して、相手の成長に何が必要なのか考えることも大事です。

特に仕事運のよさを感じられる年ですが、恋愛運もアップしているので、恋のチャンスを見逃さないように。忙しいあなたのことを素敵だと思ってくれる人が現れる年なので、自分磨きを後回しにしないで、恋も仕事も楽しんでください。一気に結婚したほうが余計なことを考えずにすむタイプで、仕事に集中したいなら先に結婚したほうがよく、2022年はその決断に最高の年でもあります。

あなたらしく生きられる1年です。自分を抑え込んでいた人ほど、蓋が開いたように人生が変わりはじめて、いい意味で開き直れるようにもなります。あなたが思っている以上に、周囲はあなたに感謝していたり、一緒に遊びたい、話をしたいと思っています。飲み会や食事会、ホームパーティーなど、あなたから誘うと予想外に喜んでもらえるので、年内に数回主催してみると人とのつながりを楽しめるでしょう。今年は思いきった行動や勇気が人生を大きく変えます。好奇心旺盛なタイプなので、少しでも気になったことに挑戦したり、気になる場所に出かけることで、話のネタもどんどんでき、自分らしさや人生の楽しみ方を見つけられるでしょう。今年の流れに無理に逆らわずにうまく乗って、周囲も巻き込んで楽しく過ごせるように工夫してください。

開運のつぶやき　世の中はあなたを楽しませてくれることで溢れている

恋愛運

今年はモテ期と信じて 5～6月中旬はあなたからの告白が効果的

「解放の年」に入ると異性との関わりが増えて自然と出会いも多くなり、モテを感じることもあるでしょう。複数の人から好意を寄せられたり告白されることもありそう。誰を選んでいいのか悩んでいるとチャンスを逃してしまうことがあるので、基準を決めるか、一緒にいて楽な人や周囲からの評判がいい人と交際をスタートさせてみるといいでしょう。相性のよくない人とは短期間で別れてしまう場合もありますが、その後すぐに恋人ができる可能性が高いので、気持ちの切り替えも大切になりそうです。

新しい出会いが期待できるので、知り合いの集まりにはできるだけ顔を出しておきましょう。友人や知り合いの紹介もいい縁になりそうなので、飲み会や食事会に突然誘われたらできるだけ参加してみるといいでしょう。1～2年以上恋人がいないという人は、2月に異性を意識したイメチェンをしたり、明るい雰囲気に変えてみるといいでしょう。

「金のインディアン座」は若く見える人が多いですが、悪く言えば幼稚に見えてしまう場合もあるので、年齢に見合う感じを心がけるといいでしょう。特に髪型を変えてみるといいので、これまでとは違う美容室に行ってみてください。また、服装も今年から今までと雰囲気をがらりと変えてみて、メイクも含めて年相応になるようにバランスよくしてみましょう。2022年はモテ期だと信じて自信を持って異性に話しかけたり、少し図々しくなってみるくらいが丁度よさそうです。

複数の人から好かれてしまったときに、選びきれないまま夏に突入すると不思議と誰の気持ちもつかめないままチャンスを逃してしまうかも。欲を出してこっそり数人と交際を始めてしまうと、後にバレて大きな問題になってしまうことがあるので気をつけましょう。また、妄想恋愛だけで終えてしまうことも多く、相手との進展を望む妄想だけで何もしないまま終わることがないようにしましょう。仲よくなっている空気が少しでもあるなら好意を伝える価値がある時期であり、すぐに交際に発展しなくても今年の告白が後のいいきっかけになる場合もあるでしょう。

長い人では8～9年ぶりくらいのモテ期、中には人生初のモテ期を感じる人もいますが、「金のインディアン座」は恋愛にどっぷりハマることが少なく、仕事も趣味も恋も友人との遊びも、どれに対しても執着することがあまりありません。うっすらと相手の気持ちがわかっているものの、好みではなかったり高望みしたりして、「自分の妄想恋愛を超えない相手とは簡単に付き合わない！」と思うかもしれませんが、最終的にはマメな異性とすんなり交際へと話を進めていそう。5～6月中旬辺りはあなたからの告白が効果的。10～12月は新しい出会いがあるので、気になる相手にはマメに会っておくと相手の気持ちをつかむことができそうです。遠慮しないで少し図々しいと思われるくらいのほうがいいことを覚えておきましょう。最終的には外見よりも一緒にいて楽な人と交際をしたり、身近なところで落ち着くタイプなので、執着したりべったりする感じがない人なら付き合ってもよさそう。今年からの交際が結婚につながる可能性もあるので、将来の妄想話をしたり、明るい未来の話をいろいろしておくと相手も先のことを考えてくれそうです。

開運のつぶやき ▶ 出会った人を前向きな気持ちにさせられる人が幸運をつかむ

結婚運

2022年の入籍は幸せ保証のタイミング 現実的に結婚のことを考えてみて

結婚を決めるには最高の年。交際期間の長さは関係なく、2022年の入籍はその後のあなたの幸せを保証してくれるようなタイミングです。特に4～5月の入籍がオススメなので、昨年末辺りから「2022年に結婚する」という話が出ているカップルは、2月に具体的なことを話してこの辺りで結婚したり正式な婚約をすることをオススメします。上半期にタイミングを逃してしまった場合は11～12月も入籍をするにはいい運気なので、互いの運気のタイミングを合わせてみるといいでしょう。

日々仕事を頑張っていて結婚のことが二の次になっている人ほど、今年は結婚話が急浮上する運気です。交際が始まっていない段階でも、「結婚を前提に」と言われて告白とプロポーズが同時に来る場合もあるので、悪い人ではないならそのまま0日交際結婚でもOKでしょう。「数年間付き合ってじっくり相手のことを知って」などと考えていると、その頃には恋人に飽きてしまうのが自分だと覚えておきましょう。飽きる前に勢いで結婚をすることが「金のインディアン座」には必要でしょう。

また、「今は恋人がいないけど年内に結婚をしたい」と思う人は、上半期は恋人ができる可能性が非常に高くモテる運気なので、2月から自分磨きとイメチェンをしましょう。美容室を替えて、明るい服装を心がけるようにしてみて。言い訳をしないで、知り合いの集まりに参加、もしくは自分が主催で人の集いを作ってみましょう。

異文化交流など知り合いを作る場所にどんどん飛び込んでみると、4～6月にはいい関係になれる異性が出現するでしょう。ここで逃した場合は、下半期の10～12月に知り合いを増やす努力をしておくと、気楽に話せる異性が出現するでしょう。気になった人にはマメに連絡したりマメに会うようにするだけで、トントン拍子で話が進むようになります。度胸と勇気を忘れないようにしましょう。

年下の友人からの紹介、もしくはその年下の友人との結婚があなたに幸せを運んでくれる可能性があるので、ゆとりがあれば少し年齢が離れた人を意識してみるといいでしょう。そのためにも、今年は年下の友人や知り合い、部下や後輩と遊ぶ機会を増やしてみるといいでしょう。仕事の取引先で若い人との絡みを増やすのもいいでしょう。

問題は、結婚への勝手なマイナス妄想です。「結婚後は縛られる」「家庭のことをしないといけない」「相手の両親や親戚との付き合いがある」など、まだ結婚もしていないのにブレーキを踏んでしまうことがあるので、「今年は運気が最高にいい」と信じてマイナスの妄想をやめましょう。勢いまかせに結婚を決めてよさそうですが、お金にルーズなところを相手にチェックされてしまうことがありそう。2022年に入ってからでもいいので、結婚資金を少しでも貯めるように意識しておきましょう。

2022年は、結婚を決めたり婚約をするには最高の年です。今年を逃した場合、2～3年後にまた大きな波が来ますが、今は結婚願望がなくても結婚のことを真剣に考えてみて。結婚相手として異性を見るようにしたり、日々の生活やお金、出産のことなど、なんとなくの妄想ではなく現実的に結婚のことを考えることが大切な年だと思っておきましょう。

仕事運

今年から約5年間は運を味方に付けられそう 楽しんで仕事して、今ある力を出しきって

実力が評価され、思った以上の結果を出せる最高な年。「何よりも仕事が好きで、仕事が趣味、仕事が遊び」と仕事にどっぷりハマっているタイプほど、大きなチャンスをつかめるでしょう。また、ここ数年苦労していた人ほど、やっとうれしい流れになるでしょう。いい感じで肩の力が抜け、環境や職場の雰囲気、仕事のやり方に慣れる年。更に、プレッシャーからも解放されるので、苦手と思っていた仕事を克服できたり、得意な仕事を見つけることができそう。コツをつかんで前向きに仕事ができるようにもなるでしょう。嫌いな上司や苦手な先輩などと距離が空いて、仕事が楽しくなることもありそうです。

「金のインディアン座」にとって、2022年は6～7年の積み重ねが終わる時期です。2～3年前から想像以上に忙しくなり、その分仕事が楽しくなってきたり求められることが増えてきたという人にとって、今年は仕事に楽しく取り組める1年になるでしょう。ただ、積み重ねと苦労が結果に結び付かなかった人は、不満がたまっているかも。2022年になってすぐに転職や離職に走ってしまう場合がありますが、その行動だけは避けてください。できれば上半期は今の職場で頑張ってみると、会社の体制やあなたへの評価が変わってくるので、ここは最後の辛抱だと思ってください。もし、状況が6月までにまったく変わらないなら、10～12月くらいから新しい仕事に移れるように準備をしてください。ここでの転職は2～3年前から経験をしている仕事と同じような仕事がオススメ。あまりに違う仕事に就く場合は、3～4年は苦労や勉強期間が必要になると思ってください。

また、これまでの経験や実績を活かして独立したり起業をするにもいいタイミングです。周囲から「独立したら？」「会社作りなよ」などと言われている場合は、2月、4～5月に起業をしてみるのもいいでしょう。下半期なら10～11月も運気がいいですが、できれば上半期の勢いがいいときに一気に進めてみるといいでしょう。もし、独立や起業をする場合は、少しでも付き合いのある人に連絡をしてみたり挨拶に行ってみてください。仕事をもらえたり、協力してもらえる可能性があるので、過度な期待はせず、しかし連絡だけは怠らないようにしましょう。

大きなチャンスに怯んでしまうこともありそうですが、ここで引いてしまったり仕事をサボってしまうと苦しい状況が続いてしまうでしょう。急な部署異動もありますが、ここでの異動は超ラッキーで、あなたの力を最大限に発揮できます。営業職など人との関わりが増える部署に異動できるといいでしょう。または、妄想を活かせる仕事やアイデアを出す部署などで仕事ができると、自分が思っていた以上の力を発揮できそうです。

「解放の年」からがいよいよ本領発揮です。今年から約5年間は運を味方に付けられると信じて仕事を楽しんでみましょう。力を身に付けるよりも、今ある力を出しきってみることが大切。特に2022年は出し惜しみをしないようにすることで、流れを大きく変えられたり、今の仕事をやっていてよかったと思えるようなことがたくさん起きるでしょう。仕事仲間やサポートしてくれる人に感謝を忘れないで、みんなで笑顔になるために仕事に取り組むといいでしょう。

開運のつぶやき ▶ 努力する楽しさと最後までやり抜く面白さを忘れない人が運をつかむ

買い物・金運

家や土地、マンションの購入にいい年 収入の1割くらいをNISAなどに回して

「解放の年」は運気はいいのですが、金運が急激にアップする流れではありません。2～3年後に役立つことを学んでみたり、経験や体験を増やすためにお金を使っておくといいでしょう。異文化交流などのイベントに参加して人とのつながりを増やしたり、資格取得やスキルアップの勉強を始めてみるのもいいでしょう。自分を輝かせるためにメイク教室などに通うのもオススメ。趣味の延長で資格を取ってみるのもよさそうです。他には本を読んだり映画を観るなど、幅広く知識や教養を増やしてみるといいでしょう。実際に役立たなかったとしても、話のネタになればお金以上の価値を見出すことができそうです。

しばらく同じ場所に住んでいるという人は、引っ越しをするにはいいタイミング。2月、4～6月、10～12月に引っ越しが完了できるように動いてみるといいでしょう。引っ越しができない場合は、家具や家電の買い替えをして、部屋の雰囲気を思いきって変えると気持ちも大きく変化するでしょう。

投資信託や株、暗号資産などを少額でもいいのでスタートするのにもいい年。4～5月に少し始めておくのがよさそう。自分の勘を信じてみると、銀行に置きっぱなしのお金を活かせそうです。

また、家や土地、マンションの購入にもいい年。引っ越しにオススメの月に物件を調べてみたり、契約や購入をするといいでしょう。年内に引っ越しが完了できずに2023年になったとしても、2022年のうちに決断したことで運気の流れはよくなるので安心してください。年内に決断していれば、引っ越しが2024年にのびてしまっても問題はないでしょう。

心が中学生のようなタイプで、気がつくとお金をどんどん使ってしまうところがあるので注意が必要です。今年は急激な収入アップは望めなくても、ボーナスや臨時収入があったり、少し収入が上がる可能性があるので、その分出費が多くなってしまいそう。買い物をするのはいいのですが、欲望まかせにならないように気をつけておくこと。4～5月に新しく口座を開いたり、投資信託や証券会社に行って詳しく話を聞いてみるといい勉強になりますが、少しうまくいくと調子に乗って大失敗をする可能性もあるので気をつけましょう。

お金の使い方を改めるにもいい年です。「目新しいものを見つけて、勢いで購入したけれど結局は使わない」「買ったことで満足してしまい食べきれない」など、ゆとりがあればあるほど散財しやすいタイプなので、今年からお金を分散するクセをつけましょう。給料はひとつの銀行に入れないで、3つ以上の銀行にわけるようにしてみるのがオススメ。できれば収入の1割くらいを、NISAや投資信託や暗号資産などに回すようにしてみてください。今年はお金の勉強をして、お金の活かし方を学びましょう。ネットで情報を集めて、ポイントをどんどんためるポイ活を楽しんでみるのもいいでしょう。また、その情報を周囲に教えてみると更にお得な情報を教えてもらえることもあるので、ケチケチしないで伝えてみるといいでしょう。年下との縁が大切になる年でもあります。後輩や部下にごちそうをしたり、一緒に遊ぶためにお金を使ってみると、あなたの人生のプラスになるので少し意識して過ごしてみるといいでしょう。

 開運のつぶやき 自分の成長につながらないお金の使い方が無駄遣い

美容・健康運

思いきって明るくイメチェンして定期的な運動を始めてみよう

最もパワフルに行動できる最高に健康な年。自分でも数歳若返ったのではないかと思うほど身が軽くなったり、絶好調だと感じる日が多くなるでしょう。忙しいほうが充実するタイプでもあるので、予定がなくボーッとしているほうが逆に疲れてしまいます。気になることにはどんどんチャレンジしてみると、いいストレス発散になって、楽しく元気に過ごせるでしょう。美意識を高めるためにも今年から定期的な運動を始めてみたり、健康を意識した食事を始めてみるといいでしょう。ですが、「金のインディアン座」は、道具をそろえて、準備をして、サプリや健康食品も購入したけれど、どれも中途半端で終わってしまうということがあります。今年は目標を決めて、何事も「1年を通してなんとなく続けている感じ」にすると思った以上に効果がありそうです。

新しい美容室に行って思いきってイメチェンをするのもいいでしょう。そもそも楽観的な明るい星を持っているので、明るい感じにすると思った以上に評判がよくなったり、異性ウケもよくなりそう。妄想癖が強いので、「自分は明るくない」と思い込んでしまう場合がありますが、「金のインディアン座」は何事も前向きに考えたり、都合の悪いことを忘れているタイプだと覚えておきましょう。美意識を高めるために、ダイエットや筋トレをスタートするにもいい運気。目標を決めて一気に行うよりも、健康法と同じように1年を通してなんとなくダイエットをしている感じがいいでしょう。筋トレも毎日ではなく、週に2、3回程度でいいでしょう。1～2週間サボって気が向いたらやるくらいでいいので、諦めたり勝手にやめないことが大切です。

基本的には健康的な1年ですが、2020年下半期～2021年に体調に異変を感じながらも、我慢したり、気のせいだと思って病院に行っていない人は、健康診断や人間ドックに行きましょう。一度しっかり検査をして、毎年恒例にすることが大切です。ここで問題が発覚したとしても、早期発見だったり、うまく病気の予防ができる可能性が高いので、心当たりのある人は検査を受けることを忘れないようにしましょう。また、「解放の年」は人との付き合いも増えるので、お酒を飲む機会が増えてしまいそう。連日連夜にならないように気をつけましょう。調子に乗って飲みすぎてしまうことがあるので、二日酔いで苦しまないためにセーブするように。お酒が好きというよりも語ることが好きで、結果的に長い時間お酒を飲んでしまう場合があるので気をつけましょう。1月と3月はドジなケガ、指や手のケガに注意して。7～8月の「乱気の月」「裏運気の月」は、ギックリ腰になったり扁桃腺を腫らしてしまうことがあるかも。急に重たいものを持たないようにして、うがいをマメに行うようにしましょう。

あなたが思っている以上に注目される1年になるので、今年は例年よりもマメに髪を切ったり、髪の毛のメンテナンスをしっかり行うようにしたり、美容エステで肌をきれいにするようにしましょう。脱毛や歯の矯正、歯のホワイトニング、顔など気になる場所にあるホクロ除去などを思いきって行ってみるのもいいでしょう。ただ、お金をかけすぎてローンで苦しまないように、身の丈にあった美容法をいろいろ試してみるといいでしょう。

親子・家族運

記念日や誕生日はお祝いをしっかりして子どもへの言葉選びは慎重に

自由に動ける年だけに、家族を無視して遊びや仕事で大忙しになってしまいそう。基本的にマイペースなタイプなので、家族はそのことを理解していると思いますが、仕事に集中できるのも、楽しく過ごせるのも、それを支えてくれる家族がいるからだと忘れないように。感謝の気持ちをしっかり表したり、記念日や誕生日のお祝いをしっかりするようにしましょう。

夫婦関係は、あなた中心に動くようになったり、わがままが通りやすくなっていますが、マイペースなあなたに合わせている相手の気持ちを思いやるようにしましょう。ときには相手に合わせてみることが大切です。子どもが欲しいと願っていた夫婦は、2022年は運気がいいので、妊娠もしくは2023年に出産という流れになりそう。仕事を頑張るのもいいですが、今年はひと区切りつく時期でもあるので夫婦関係を見直したり、仲よくなれるように工夫するといいでしょう。

夫婦関係で問題があるとすると、「解放の年」は離婚率が高いことです。特に「乱気の年」「裏運気の年」に出会ったり結婚をした夫婦は要注意。既に夫婦関係が終わっているような感じがあったり、冷めてしまっている感じがある人ほど縁が切れてしまいそうです。安定している夫婦でも、相手の浮気が発覚してしまうかも。あなたも後ろめたいことがある場合は、今年はそのことが相手にバレて離婚になってしまうこともあるでしょう。我慢の限界と思われる場合は縁を切ったほうが結果的に楽になり、2～3年後に再婚したりもっと素敵な出会いもあったりするので、思いきった決断をするといいでしょう。

子どもとの関係は、あなたの言葉にお子さんが振り回されてしまうことがあります。特に、言ったことを忘れてしまったり、適当な会話を楽しむまではいいのですが、約束を忘れてしまうと思った以上にガッカリされてしまうでしょう。「解放の年」は言葉の力も強くなるので、言葉選びは慎重にして、言ったことは忘れないようにメモをとったり、カレンダーに予定を書き込むようにするといいでしょう。

両親との関係は、しばらく縁が薄かった人でもつながりが強くなったり、いい距離感を保てるようになりそう。独身で実家暮らしの場合は、いつまでも甘えているとあなたのためにならないので、節約してでもひとり暮らしをするようにしましょう。そうすると、両親との関係が更によくなったり、親に対する本当の感謝の気持ちを抱けるようになるでしょう。両親の誕生日プレゼントにこれまでよりもインパクトがあるものを買ったり、豪華な食事をごちそうするなど、大人になったあなたを見せることが何よりも親孝行になりそうです。

今年は、基本的には問題が起きるような年ではないので楽しく過ごせるでしょう。そもそも家族に執着をすることがないタイプなので、ややドライな関係だったり過保護にならないほうが、あなたらしくいい家庭を作れます。家族といっても一人ひとりが求めていることは違うので、自分の考えや生き方ばかりを通さないで、あなた以外の家族の生き方も認めましょう。仕事をしないで家にいつまでもいるとイライラの原因になってしまうので、子どもから手が離れている場合は、今年から短時間でもいいので仕事を始めてみるといいでしょう。

開運のつぶやき ▶ 思いやりのある人には、思いやりのある人が集まる

金のインディアン座 2022年タイプ別相性

気になる人のタイプを調べて、コミュニケーションに役立ててください。

相手が 金のイルカ座

一緒に新しいことに挑戦するにはいい相手。相手の変化や行動力があなたにとってもいい発見になり、好奇心をくすぐられそうです。相手に無理に合わせる必要はないので、自分のペースを守るといいでしょう。恋愛相手としては、互いに振り回しそうですが、今年はあなたの運気がいいのでマメに会えるといい関係に進めそう。仕事相手としては、相手の得意な仕事をまかせてみることであなたが楽になりそうです。今年初めて会う人の場合は、いい仲間になれたり、いい距離感でいられそう。執着されないように最初に自分のペースを見せておきましょう。

相手が 金のカメレオン座

不運を感じている相手なので、些細な幸せや現状の幸せを教えてあげるといいでしょう。あなたの明るくマイペースな姿に影響を受けて、尊敬してくれることもあるでしょう。恋愛相手としては、相手の状況が安定していないので進展が難しく、いい関係になれても相手から離れてしまいそう。知り合いになっておいて、2年後に期待しましょう。仕事相手としては、あなたのペースが相手には苦しく感じられるので、自分に合わせる必要はないことを伝えましょう。今年初めて会う人の場合は、あなたの生き方や考え方によくも悪くも影響を受けるでしょう。

相手が 金の時計座

一緒にいることで相手が目標達成できたり、満足できる結果につながりそう。あなたのアイデアで相手がいいヒントを見つけることがあるかも。互いに魅力と才能をアップさせることができるので、相手の助言は素直に聞きましょう。恋愛相手としては、あなたが自分のペースを守りすぎなければ、勢いで交際してその流れで入籍もあるかも。仕事相手としては最高な相手。互いの人脈を活かせそう。チャンスを作ってくれることもあるので素直になりましょう。今年初めて会う人の場合、不思議と縁が長くなるので、時々連絡をするようにしましょう。

相手が 銀のイルカ座

マイペースなあなたに影響を受けて、環境を変えるきっかけを作ることになりそうな相手。相手のいい部分もダメな部分も認めて、人生をどう楽しむか話してみるといいでしょう。縁が切れても相手のためにはいい流れになるでしょう。恋愛相手としては、あなたの元を去っていく運気なので、気にしないで自由にさせるのがよさそう。仕事相手としては、あなたほどの結果を出せない人なので、仕事の楽しみ方や面白く考える方法を伝えてみるといいでしょう。今年初めて会う人の場合は、不要になった物をもらえることがあるので、感謝を忘れないように。

相手が 銀のカメレオン座

あなたの助けを求めている人ですが、素直に負けを認めたり協力を求めてこないので、タイミングを見て手助けしましょう。立場や状況が変わる人ですが、それを気にしないで接することでいい関係になれそう。相手の決断はミスしやすいので慎重に判断して。恋愛相手としては、魅力を感じられなくなりそうなので、友達になっておくくらいの距離感がよさそう。仕事相手としては、仕事で悩んだり困っている人なので、無理なお願いをしないように。今年初めて会う人の場合は、縁が薄いですが、マイペースな生き方のよさを伝えておきましょう。

相手が 銀の時計座

あなたの能力や魅力を最大限に引き出してくれる人。チャンスを作ってもらえたり流れを変えてくれるので、夢や明るい未来を語ってみるといいでしょう。図々しいと思われるくらいマメに連絡をして、食事や飲みに誘ってみて。恋愛相手としては、相手からあなたに興味を示してくるので、勢いで交際してみるといいでしょう。一気にゴールインもあるかも。仕事相手としても最高の相手。いい結果が出たり効率よく仕事ができる上に、楽しく仕事ができそう。今年初めて会う人の場合は、運命の人だと思って男女関係なく仲よくしておきましょう。

相手が 金の鳳凰座

昔からの知り合いならいい縁がつながり、一緒にいることで幸運を引き寄せられる人。しばらく連絡をしていないならメッセージを送るといい縁がつながって、あなたに必要な情報が入手できたり、いい人脈につながりそう。恋愛相手としては、異性の友人のような関係になっているなら進展しやすい年。相手のゆったりとしたペースを楽しむといいでしょう。仕事相手としては、互いにやっと実力を評価されそう。全力で取り組めるようにうまくサポートするといいでしょう。今年初めて会う人の場合は、年末からタイミングが合うようになりそう。

相手が 金のインディアン座

急激に仲よくなりますが、互いのペースを守っていい距離感でいられる相手。明るく前向きな話をするといいでしょう。マメに連絡したり突然遊びに誘うといい関係が続きそうです。恋愛相手としては、オススメですが、自分のペースを守りすぎて進展に時間がかかりそう。自分の気持ちが高まっているときは相手も同じ場合があるので一押ししてみましょう。仕事相手としては、互いに本来の能力や魅力を発揮できる年。相手のいい部分を見習って本気で仕事に取り組んでみましょう。今年初めて会う人の場合、人生に大きな影響を与え合う相手になりそう。

相手が 金の羅針盤座

あなたと一緒にいることで運命が大きく変わることになる相手。ネガティブなことを言ってくることもありますが、ポジティブに返したり、たくさん笑わせておくといい関係が続くでしょう。恋愛相手としては、あなたのマイペースな姿と陽気さに惹かれるタイプ。相手のそのままを褒めて認めるようにすると、いい関係になれそうです。仕事相手としては、仕事をもっと楽しむ方法を教えてみるといいでしょう。今年初めて会う人の場合は、相手から大きく影響を受けることになるので、長い縁になりそうです。いつでも明るい未来の話をするといいでしょう。

相手が 銀の鳳凰座

自分とは違う考え方を教えてくれる相手。あなたと一緒にいることで相手の個性や魅力が周囲に伝わることもあるでしょう。遊んでみたり、少しふざけたことをするといい関係になりそう。恋愛相手としては、第一印象で決める人なので、初見の印象が悪いと希望が薄いでしょう。最初の印象を聞いて、よさそうなら押し切ってみて。仕事相手としては、仕事以外で仲よくなるといい仕事ができそうです。些細なミスは見て見ぬふりをするか、あなたが補うようにしましょう。今年初めて会う人の場合は、時間をかけてあなたのよさを見せていきましょう。

相手が 銀のインディアン座

実力以上の仕事をしていたり、予定を詰め込んでいる人なので、頑張りすぎないようにしてあげましょう。昨年のあなたと同様に、調子が悪くなったり疲れやすくなっているので、気になったときには伝えてみて。恋愛相手としては、優しく接することがいいきっかけになりそう。年末にマメに会うといいでしょう。仕事相手としては、頑張りすぎてしまうタイプなので、ほどよく力を抜くようにアドバイスをしたり手伝ってあげるといいでしょう。今年初めて会う人の場合は、何となく長く続く人ですが、ストレス発散のためにも語り合うといいでしょう。

相手が 銀の羅針盤座

受け身で待っているタイプなので、少し強引でも遊びに誘ってみるといいでしょう。ネガティブなことを言ってきますが、気にしないで積極的に誘ってみて。笑い話や明るい話をするといい縁になるでしょう。恋愛相手としては、相手からは動いてこないので、気になったら丁寧に接するといい関係に進むでしょう。仕事相手としては、あなたの指示がブレると相手もブレてしまうので、的確で具体的な指示を出すようにしましょう。今年初めて会う人の場合は、あなたに憧れる人なので、遊んであげたり、話を聞く機会を作っておきましょう。

命数別2022年の運勢

【命数】
11

好奇心旺盛な心は中学3年生

基本性格

負けず嫌いの頑張り屋。さっぱりとした性格で、女性の場合は色気がまったく出ない人が多く、男性はいつまでも少年のような印象を与えるでしょう。心が中学3年生くらいからまったく成長しておらず、無邪気で好奇心も旺盛です。やや反発心を持っているため、若いころは生意気な部分がありますが、裏表の少ない性格で誰にでもフレンドリーなところから、幅広く知り合いができるでしょう。妄想が激しくなりすぎるのはほどほどに。

★裏表がない星
★マメな人に弱い星
★色気がない星
★胃腸が弱い星
★浪費癖の星

開運3カ条

1. 異性の友人と遊ぶ
2. 負けを認めて得意なことを頑張る
3. 定期的な運動をする

2022年の総合運

これまでの頑張りがしっかり評価される年。マイペースな頑張り屋なのでなかなか評価されない人も多いですが、今年から結果が出てくるので満足できる1年になりそうです。周囲との協力も忘れないようにしましょう。負けを素直に認めてみると手助けしてくれる人を集めることもできそう。今年からスポーツを定期的に行ってみましょう。健康運は、問題は少ないですが胃腸のことを考えて食事を選ぶといいでしょう。

2022年の恋愛&結婚運

異性の友人や既に知り合っている人、身近な人との交際が始まる運気。妄想恋愛で盛り上がってばかりいないで、対等に付き合える気楽な異性のほうが自分に合っていることに気づきましょう。好きになった人がいるなら、友達のつもりで仲よくなってみると相手の心をしっかりつかめる可能性もあります。今年はマメに遊べるように連絡してみましょう。結婚運は、親友のようなカップルは今年結婚に話を進めるといいでしょう。

2022年の仕事&金運

自分のペースで仕事ができて、いい結果も残せる年。少しくらいハードでも今年は乗り越えられそうです。ダラダラ仕事をしないで、些細な仕事でもテキパキやると評価も上がりそう。同期やライバルに追いついたり、ときには一気に追い抜くこともできるので、これまでの経験をうまく活かせるように工夫してみて。金運は、買い物をするにはいい年ですが、投資や資産運用が上手な友人の話を聞いて、試しに始めてみるといいでしょう。

ラッキーカラー ブルー　オレンジ　ラッキーフード ぶり大根　みかん　ラッキースポット 温泉街　キャンプ場

【命数】
12

冒険が好きな楽観主義者

基本性格

刺激と変化を求める無邪気な人。心は高校1、2年生で止まったままの好奇心旺盛なタイプ。やや落ち着きがなく、無計画な行動へと突っ走ってしまうこともありますが、新しいことや時代の流れに素早く乗ることができ、ときに時代を作れる人です。誰も知らない情報をいち早く知っていたり、流行のさらに1歩先に進んでいることもあるでしょう。団体行動が苦手で、少人数や単独行動のほうが気楽でいいでしょう。

★単独行動の星
★努力を見せない星
★一発逆転をねらう星
★独自の健康法にハマる星
★逃げると追いかけたくなる星

開運3カ条

1. 計画を立てて行動する
2. 自分とペースが合わない人の存在を認める
3. 手に入っても簡単に飽きない

2022年の総合運

思いきった行動に走りやすい年。現状を一気に変えたくなったり、無謀と思えるような行動をとってしまいそう。転職や離職、独立や起業などに進んでもいいですが、その前にきちんと計画を立てたり、最終的なゴールがどこかを決めるようにしましょう。スタートダッシュはできそうですが、それだけにならないようにしましょう。健康運は、絶好調と感じられそう。筋トレや肉体改造をするにはいい時期。スポーツや格闘技を始めるのもいいでしょう。

2022年の恋愛&結婚運

好きな人を落とすことができる年。向上心や野心があり、華やかな人を好むタイプですが、今年は狙った人の気持ちをつかめたり、強引に押し進められるので、遠慮しないで積極的になるといいでしょう。ただ、危険な恋にもハマりやすいので、不倫や三角関係には注意が必要でしょう。自分でも予想しなかった意外な場所で素敵な出会いもありそうです。結婚運は、勢いで結婚に話を進めるにはいい年。ノリを大切にすると入籍できそう。

2022年の仕事&金運

自分の狙った以上の結果が残せたり、最小限で最大の結果を出せる年。ムダが減り、合理的に進められて満足できそうですが、あなたのスピードに周囲が付いていけなくなってしまうかもしれません。判断の速さが飽きっぽいと思われてしまうこともありそう。今年は少しくらい強引でも、自分が正しいと思えるやり方や方法を試してみるといいでしょう。金運は、投資で成功する可能性が高いのでしっかり情報を集めてみましょう。

ラッキーカラー ネイビー　ホワイト　ラッキーフード オムライス　あんみつ　ラッキースポット テーマパーク　ホテル

ラッキーカラー、フード、スポットはプレゼントやデート、遊ぶときの口実に使ってみて

さらに細かく自分と相手が理解できる!
生まれ持った命数別に2022年の運気を解説します。

【命数】13

一生陽気な中学生

基本性格

明るく陽気でおしゃべり、無邪気で楽観主義者。見た目も心も若く、中学2、3年生からまったく成長していないような人。楽しいことが好きで情報を集めたり、気になることに首を突っ込んだりすることが多いぶん、飽きっぽく落ち着きのない部分もあるでしょう。わがままなところもありますが、陽気な性格がいろいろな人を引きつけるので、不思議な知り合いができ、交友関係も自然と広くなるでしょう。空腹になると機嫌が悪くなる点には要注意。

持っている星

★無邪気な星
★夜の相性が大事な星
★言ったことを忘れる星
★扁桃腺が弱い星
★助けられる星

開運3カ条

1. 明るい服装を心がける
2. 愚痴や不満を言わないようにする
3. 時間や数字にこだわって生活を送る

2022年の総合運

あなたの周りに人が集まって楽しく過ごせる1年。突然人気者になったり、注目を浴びることもありそうです。話の中心になる機会も増えるので、周囲を楽しませてみるとうれしい出来事につながってくるでしょう。妄想話で楽しませてみたり、何事も遊びだと思って挑戦してみると、いい結果がついてくるでしょう。健康運は、飲み会や食事会が増えてしまうので、しっかり運動をするように心がけましょう。ダンスを始めてみるといいでしょう。

2022年の恋愛&結婚運

相性のいい人を見つけられたり、一緒に楽しい時間を過ごせる異性に会える年。サービス精神豊富なのですぐに相手の気持ちをつかめそうですが、余計な一言や空腹での不機嫌が出てしまうと、気まずい関係になる場合があるので気をつけましょう。マメに連絡をしたり明るい服を着てみると、すぐにいい関係に進めそうです。結婚運は、勢いまかせでもいいですが、お金や生活のことを具体的に話してみることも忘れないようにしましょう。

2022年の仕事&金運

楽しく仕事ができそう。苦手な人と離れたり、あなたの実力を評価してくれる人にも会えそうです。詰めの甘いところに気をつけたり、愚痴や不満を簡単に口に出さないようにするなど、成長を見せるといいでしょう。時間や数字にもっとこだわって仕事に取り組んでみるといいでしょう。金運は、ごちそうしてもらえる機会が増えたり、ラッキーな臨時収入がありそう。気分で投資を始めてみると大儲けすることもありそうです。

ラッキーカラー ラベンダー　レッド　ラッキーフード うな重　野菜ジュース　ラッキースポット ファミレス　動物園

【命数】14

瞬発力だけで生きる中学生

基本性格

何事も直感で決め、瞬発力だけで生きている人。独特の感性をもち、周囲が驚くような発想をすることもあるでしょう。空腹になると短気になります。生まれつきのおしゃべりで、何度も同じようなことを深く語りますが、根っから無邪気で心は中学生のまま。気になることにどんどんチャレンジするのはいいですが、粘り強さがなく、諦めが早すぎることもあるでしょう。人情家ですが、執着されることを自然と避けてしまうでしょう。

持っている星

★語りたがる星
★勘で買い物する星
★頭の回転が速い星
★短気な星
★センスのいい人が好きな星

開運3カ条

1. 上品で前向きな言葉を使う
2. 短気は起こさない
3. スタミナを付ける運動をする

2022年の総合運

自分でも驚くほど勘が冴える1年。先が読めていると錯覚するくらい思い通りに進みそうですが、行動力が伴わないとせっかくのチャンスを逃す場合があるので、行動するように心がけておきましょう。話も盛り上がりやすくなりますが、影響力も強くなるので、余計な一言には十分気をつけておきましょう。健康運は、今年からマラソンやスクワット、基礎体力が高まるような運動を定期的に行うようにして、スタミナを付けるようにするといいでしょう。

2022年の恋愛&結婚運

異性の気持ちを見透かせるくらい相手の気持ちがわかりそうな年。自分に惚れている人を簡単に見つけることができるので、後はあなたが素直になったり、ちょっとしたきっかけを作ってみるといいでしょう。好みではない人から好かれてしまうことも増えますが、異性の友人だと思っておくと、後に好きになれることもありそうです。結婚運は、突然結婚をしたいと思ったときは入籍に踏み切ってみるといいでしょう。

2022年の仕事&金運

頭の回転が速くなり、臨機応変な対応やいいアイデアを生み出すことができそうな年。判断の速さが評価されて出世したり、大事な仕事をまかされることもありそう。企画やデザインなどこれまでの経験を活かせる部署に異動になったり、ストレスを感じる人から離れて仕事することができるようになったりしそう。金運は、浪費をしやすいですが、勘を信じて投資やNISAを始めてみるとうまくいきそう。勉強する価値があるでしょう。

ラッキーカラー スカイブルー　イエロー　ラッキーフード カレー　カステラ　ラッキースポット イベント会場　ショッピングモール

ラッキーカラー、フード、スポットはプレゼントやデート、遊ぶときの口実に使ってみて

【命数】
15

情報収集が得意な中学生

基本性格

あらゆる情報を入手することに長けた、多趣味多才な情報屋のような人。段取りと計算が得意でフットワークも軽く、いろいろな体験や経験をするでしょう。お調子者でその場に合わせたトークもうまいので、人脈は広がりますが、知り合いどまりくらいの人間関係を好むタイプです。家に無駄なものやガラクタ、昔の趣味のもの、服などが多くなりがちなので、こまめに片づけるようにして。損得勘定だけで判断するところもあるので、ほどほどに。

★視野が広い星
★おしゃれな人を好きな星
★親友は少ない星
★流行の先を行く星
★脂肪肝の星

開運3カ条

1. 計画を行動に移す
2. 恋の駆け引きを楽しんでみる
3. 仕事関係者と遊ぶ

2022年の総合運

計算通りに物事が進み、あなたの情報や経験を役立たせることができそうな年。いい人脈も集まるのでこれまで以上にフットワークを軽くしてみたり、人とのつながりを楽しんでみるといいでしょう。最新家電や流行しそうなアプリなど、みんなが知る前に先に始めてみると、話題の中心になったり注目されるようになりそうです。健康運は、お酒の飲みすぎや予定の詰め込みすぎには気をつけて。家でできる軽い運動をするようにしましょう。

2022年の恋愛&結婚運

恋の駆け引きが上手にできたり、狙った異性をうまくコントロールできる運気。ノリや勢いも大切になりますが、おしゃれな恋人ができる可能性が高いので、自分磨きに手を抜かないようにして。飲み会で出会った人よりも、そこから広がった知り合いの輪からいい縁がつながるので、いろいろな人と仲よくなっておきましょう。結婚運は、お得な相手と思えるのなら上半期に話を進めてみて。家庭的な部分も見せるといいでしょう。

2022年の仕事&金運

情報やデータ、商業的な仕事で大成功をしやすい年。無駄なく計画的に仕事を進められたり、売り上げにも大きく貢献できそうです。趣味を活かした副業で成功したり、難しいと感じていた目標を達成できるなど、満足できる結果を出せそう。職場や仕事関係者との付き合いを大切にすると、更にいい仕事につながりそうです。金運は、買い物が多くなりそうですが、仕事に役立ちそうなものを選んでおくと更によくなるでしょう。

ラッキーカラー ブラック　水色　**ラッキーフード** たこの唐揚げ　桃　**ラッキースポット** プラネタリウム　水族館

【命数】
16

誠実で陽気な中学生

基本性格

真面目でやさしく、地道にコツコツと積み重ねていくタイプ。好奇心旺盛で新しいことが好きですが、気になることを見つけても慎重なため情報収集ばかり、様子見ばかりで1歩前へ進めないことが多いでしょう。断り下手で不慣れなことでも強くお願いされると受け入れてしまい、なんとなく続けていたもので大きな結果を残すこともできる人。自信がなく、自分のことをおもしろくないと思い、ときどき無謀な行動に走っては後悔することも。

★陽気だが自信はない星
★妄想恋愛の星
★地道なことが好きな星
★お酒に注意の星
★セールが好きな星

開運3カ条

1. 臆病にならないで積極的に行動する
2. 好きな人に気持ちを伝える
3. 自分磨きにお金を使う

2022年の総合運

真面目に取り組んできた人や、人に親切にしてやさしく過ごしてきた人は、そのお陰で大きなチャンスがきたり、人生が大きく変わる年になるでしょう。チャンスに臆病になったり、遠慮していると協力者がガッカリしてしまうので、みんなの笑顔のためにも頑張ってみると、いい結果につながってくるでしょう。今年は石橋を叩いて渡るのではなく、まずは渡るために1歩進んでみましょう。健康運は、筋トレや柔軟体操をマメに行うようにしましょう。

2022年の恋愛&結婚運

片思いの恋に進展が見られる年。素直に相手に気持ちを伝えてみたり、積極的にデートや遊びに誘ってみると、いい関係に進めそう。運気がいいと信じて勇気を出してみましょう。複数の人から好意を寄せられて、誰を選んでいいのかわからなくなってしまうことがありますが、誠実な人を選ぶと後悔しないでしょう。結婚運は、入籍をするには最高の年。自らプロポーズをしてもいい運気。将来の話を前向きにしておきましょう。

2022年の仕事&金運

大きな仕事や大事な役割をまかせてもらえそうな年。チャンスにビビってしまわないで、感謝して今の力を出しきってみるといい結果につながるでしょう。長い間、真面目に取り組んできてよかったと思えるような出来事もあるでしょう。大事な人脈もできるので、人付き合いを大切にしながらも素直に自分の意見を言えると更にチャンスをもらえそうです。金運は、自分磨きにお金をかけるといいので、自己投資の1年だと思いましょう。

ラッキーカラー ブルー　ホワイト　**ラッキーフード** 揚げ出し豆腐　みかん　**ラッキースポット** 水族館　海

ラッキーカラー、フード、スポットはプレゼントやデート、遊ぶときの口実に使ってみて

【命数】 17

妄想好きなリーダー

基本性格

実行力と行動力があり、気になることにはすぐに飛びつく人。視野が広くいろいろなことに興味を示しますが、ややせっかちなため飽きるのが早く、深く追求しないところがあり、雑な部分が増えてしまうでしょう。心が中学2、3年生のままで、おだてに極端に弱く、褒められたらなんでもやってしまうところがあります。正義感があり面倒見がいいので、先輩や後輩から慕われることも多く、まとめ役としても活躍するでしょう。

★行動力がある星
★顔の濃い人が好きな星
★独立心がある星
★腰痛の星
★貸したお金は戻ってこない星

開運3カ条

1. 出会った人を褒める
2. 若い人の面倒を見る
3. 定期的にスポーツをする

2022年の総合運

最も行動力が増し、興味があることにどんどん挑戦できる最高の年。自分のやり方や生き方を認めてもらえたり、リーダーとしての才能も開花しそうです。面倒見のよさも高く評価されて新たな人脈もできるでしょう。責任あるポジションをまかせてもらえることで更にやる気になりますが、雑な行動やせっかちな判断には気をつけましょう。健康運は、活動的になれる年なので、その分しっかり睡眠時間を取るようにしましょう。

2022年の恋愛&結婚運

好きな人に気持ちを伝えるには最高の年。片思いや妄想恋愛で止まっていた人ほど、今年は積極的になっておくといいでしょう。ただ、結果をせっかちに求めてしまうと自らチャンスを逃すだけです。気持ちを伝えてからしばらくの間は相手に考えさせてみるといいでしょう。告白されることも多く、押しの強い人と交際に発展しそうです。結婚運は、後先考えないで勢いで入籍をして周囲を驚かせることがありそうです。

2022年の仕事&金運

積極的に仕事に取り組むことでいい結果が出る年。リーダーシップをうまく発揮できたり、サポート役としても上手に仕事ができそう。これまでの経験をうまく活かすことができますが、自分のペースを押し通しすぎてしまわないように。周囲が無理に合わせてしまうこともあるので、「これは私のペースなので」と気遣いを忘れないようにして。金運は、後輩や部下にごちそうする機会が増えそう。自己投資にお金を使うようにしましょう。

ラッキーカラー ブルー　エメラルドグリーン　ラッキーフード ミートソースパスタ　チョコパイ　ラッキースポット 動物園　旅館

【命数】 18

上品な中学生

基本性格

無邪気ながら上品で、礼儀正しい人。好奇心旺盛でいろいろなことに興味を示しますが、慎重に情報を集めて丁寧に行動するタイプ。楽観的に見えても気遣いすることが多く、精神的に疲れやすいところも。目上の人やお金持ちから好かれやすく、不思議な人脈もできやすいですが、根は図々しいところがあります。心は中学2、3年生から変わっていないため、どこか子どもっぽい部分があり、見た目も若い雰囲気でしょう。

★他人と争わない星
★外見で恋をする星
★うっかりミスが多い星
★日焼けに弱い星
★白いものを買う星

開運3カ条

1. 勇気を出して行動する
2. 目立つ服を選ぶ
3. 自ら話しかける

2022年の総合運

マイペースながらも品よく丁寧に生きてきたことが評価される年。規則やマナーに厳しいところがありますが、しっかりした部分を認めてもらえたり、周囲があなたを見習ってくれるようになるでしょう。ストレスを感じていた人間関係が終わったり、精神的に一気に楽になることもあるでしょう。救ってくれる人や協力してくれる人に対する感謝の気持ちを忘れないようにしましょう。健康運は、体力作りを始めるとストレス発散になるでしょう。

2022年の恋愛&結婚運

モテ期に入りますが、恥ずかしがったり、相手の出方や様子をいつまでも窺っているとチャンスを逃すだけ。自分の気持ちに素直になることが大切です。告白されてもモジモジしていると相手もしびれを切らしてしまうので、評判が悪くない人なら思いきって付き合ってみて。隙がなかなか見えないタイプなので、笑顔で過ごしたり距離を少し近づけてみるといいでしょう。結婚運は、一緒にいる楽しさを伝えると一気に話が進むでしょう。

2022年の仕事&金運

几帳面で誠実な仕事ぶりが評価される年。急に出世することになり驚くことがありますが、評価は素直に受け入れるといいでしょう。うまくコントロールできないと思える人ほど、仲よくなってみるといい関係を作れるので、本音で語るようにしてみましょう。不慣れや苦手なことは素直にお願いしたり教えてもらえるように頭を下げましょう。金運は、見栄で出費が増えますが、勉強になることにもお金を使っておきましょう。

ラッキーカラー ブルー　オレンジ　ラッキーフード シューマイ　ヨーグルト　ラッキースポット リゾート地　コンサート会場

【命数】
19
好奇心旺盛な変わり者

基本性格

好奇心が豊かで、気になることはなんでも調べる探求心と追求心を持っています。熱しやすく冷めやすいタイプで、常に新しいことや人とは違う何かを追い求めてしまう人。理屈好きで屁理屈も多いので、周囲からは変わった人だと思われることも。心は小学6年生くらいで止まったまま、子どものように無邪気な自由人。芸術面で創作の才能がありますが、飽きっぽいため、好きなことが見つかるまでいろいろなことをするでしょう。

★好奇心旺盛な星
★特殊な才能に惚れる星
★不思議な話が好きな星
★束縛が大嫌いな星
★妙なものにお金を使う星

開運3カ条

1. 他人の才能を認める
2. 好きな人の前では素直になる
3. お金の使い方の勉強をする

2022年の総合運

あなたの発想や生き方、無邪気な行動が認められる年。天才的なアイデアを生み出したり、発想の転換が評価されるようにもなりそう。自由な生き方を選択する運気でもありますが、後先考えない無謀な行動にだけは気をつけましょう。周囲がまだ興味を持たないような新しいことを見つけられる場合があるので、好奇心の赴くまま行動してみるといいでしょう。健康運は、目の周辺のマッサージをマメに行って、睡眠時間をしっかり確保するようにしましょう。

2022年の恋愛&結婚運

異性から注目されてモテる年ですが、素直になれないでチャンスを逃す可能性が高いので、ひねくれていないで好きな人の前では素直になりましょう。わざと逆のことを言って困らせたりしないように。言い訳ばかりしていると交際できるチャンスを逃すので、アマノジャクな自分をやめるようにしましょう。結婚運は、結婚願望が一気に薄れる年ですが、今年結婚すると最高の幸せを手に入れられるのでプロポーズはOKしておきましょう。

2022年の仕事&金運

仕事では才能を評価されて満足できそうですが、独立や転職に動いてしまいそう。自由に仕事をしたり、フリーになってみるのにいいタイミングではありますが、お金のことや生活のことを考えてから判断するようにしましょう。意外な人から大きな仕事やチャンスを与えてもらえることがあるので、素直に挑戦してみるといい結果につながるでしょう。金運は、気持ちが浮ついてしまう分浪費が激しくなるので気をつけましょう。

ラッキーカラー ブルー　ホワイト　ラッキーフード キムチ炒め　ミントの飴　ラッキースポット 劇場　書店

【命数】
20
理屈が好きな中学生

基本性格

中学生のような純粋さと知的好奇心を持ち、情報を集めるのが好きな人。周囲から「いろいろ知っていますね」と言われることも多いでしょう。探求心もあり、一度好奇心に火がつくと深くじっくり続けることができます。見た目は若くても心は60歳なので、冷静で落ち着きがあります。ただし、理屈が多くなったり評論したりと、上から目線の言葉も多くなりがち。友人は少なくてもよく、表面的な付き合いはうまいですが、めったに心を開かない人。

★他人に頼らない星
★めったに心を開かない星
★尊敬できる人を崇拝する星
★目の病気の星
★知識のある人を好きになる星

開運3カ条

1. 他人の才能を認める
2. 何事もすぐに行動に移す
3. 後輩や年下に学んできたことを教える

2022年の総合運

長年研究してきたことや、データを集めてきたこと、学んできたことが役に立つ年。あなたの味方や才能に気がついてくれる人に会えるので、人との交流を大切にして、他人の才能や個性も認めるようにするといいでしょう。批判的な言葉や小馬鹿にする言葉は発しないほうが自分のためになるでしょう。学んできたことを年下の人にできるだけ伝えてみるといいでしょう。健康運は、目標を決めて定期的な運動を行ったり、偏食は直すように意識しましょう。

2022年の恋愛&結婚運

憧れの人と仲よくなれたり、尊敬できる人と交際に発展しやすい年。いい関係に進んだときほど、あなたから一押しすると交際に発展しそう。プライドを守っていないで、好きなら素直に告白してみましょう。デートに誘われたときも、理由や余計なことを考えないで、交流をもっと素直に楽しんでみるといい恋につながるでしょう。結婚運は、入籍するには最高の年。話が盛り上がったときは一気に籍を入れてしまうといいでしょう。

2022年の仕事&金運

長く積み重ねてきた人ほど評価される年。仕事のコツをつかんだり、いい味方も集まりそう。年輩者と年下からの協力も得られるようになるので、最善を尽くしてみて。若い人に教えられることをできるだけ伝えてみると更に評価されたり、教育係や上司としての才能が開花することもあるでしょう。金運は、資産運用や投資の勉強をして、実際に始めてみると思った以上にうまくいくでしょう。知識を増やすためにお金を使うことも大切です。

ラッキーカラー 青紫　ブラック　ラッキーフード チキンライス　びわ　ラッキースポット 書店　展示会

ラッキーカラー、フード、スポットはプレゼントやデート、遊ぶときの口実に使ってみて

年代別 アドバイス

世代が違えば、悩みも変わります。
日々を前向きに過ごすためのアドバイスです。

年代別アドバイス 10代

あなたに注目が集まる年と思って、思いっきり目立ってみたり、友人や仲間と遊ぶ機会を増やしてみるといいでしょう。初めて恋人ができたり、告白されることもあるので、勇気を出してみると楽しい1年を過ごすことができそうです。夢を追いかけていた人には結果が出る年でもありますが、残念な結果になってもガッカリしないで。次の目標を見つけてスタートする時期だと思って気持ちを切り替えるといいでしょう。

年代別アドバイス 20代

恋に仕事に忙しくなる1年。すべてを手に入れられるように、「最も欲張った1年」と言えるほど積極的に行動してみましょう。遠慮はいらないので自分をしっかりアピールしたり、少しでもチャンスだと思えるなら勇気を出して飛び込んでみましょう。素敵な恋人ができる可能性も高いので、気になる人にはマメに会っておくことが大事。仕事では大切なことを学べたり大事な人脈もできるので、教えてもらったことは素直に実行してみましょう。

年代別アドバイス 30代

結婚がまだの人は今年は結婚が決まる年になるので、一気に話が進むように積極的に行動したり、思いきったイメチェンをしておきましょう。仕事では、自分でも驚くような展開になったり重要なポジションをまかせてもらえて、これまでの苦労や積み重ねてきたことを活かせるようになるでしょう。流れに身をまかせながらも今年はできるだけ欲張ってみたり、思いきって目立ってみると運を味方に付けられるでしょう。

年代別アドバイス 40代

年下の友人や知り合いを増やしてみることで、その後の人生が大きく変わる年。人との関わりを増やしておくことやフットワークをできるだけ軽くしておくことが大切です。仕事でも、長く辛抱した人ほど大きなチャンスがきたり、出世や昇格することになりそうです。じっくり時間をかけてきたことが突然評価されたり注目されるということもあるので、遠慮しないで惜しみなく力を出しきってみるといいでしょう。

年代別アドバイス 50代

気持ちが楽になり、フットワークが軽くなる年。新しい趣味を始めてみることで人生が楽しくなるので、気になったことに挑戦してみるといいでしょう。不思議と人脈も広がるので、人付き合いを楽しんでみてください。ここ数年で仲よくなった人を集めていろいろな人に紹介してみると、感謝されたりあなたも助かる流れになりそうです。美意識を高めることで運気も上がるので、美容室にマメに行ったりイメチェンをするといいでしょう。

年代別アドバイス 60代以上

行動力が人生を大きく変えて楽しくしてくれる年。気持ちが楽になることや興味のあることが増えて、情熱に火がつくこともあるでしょう。旅行に出かけてみたり、美術館や映画館、劇場などに足を運んでみると、いい勉強になったり刺激を受けられそう。若い人からいい影響を受けて、話のネタができることもあるでしょう。知り合いの輪を広げる努力をして、年下の知り合いを作ってみると助けられたり教えてもらえることが増えるでしょう。

金のインディアン座

毎月・毎日 運気カレンダー

［ 2021年11月～2023年3月の運気グラフ ］

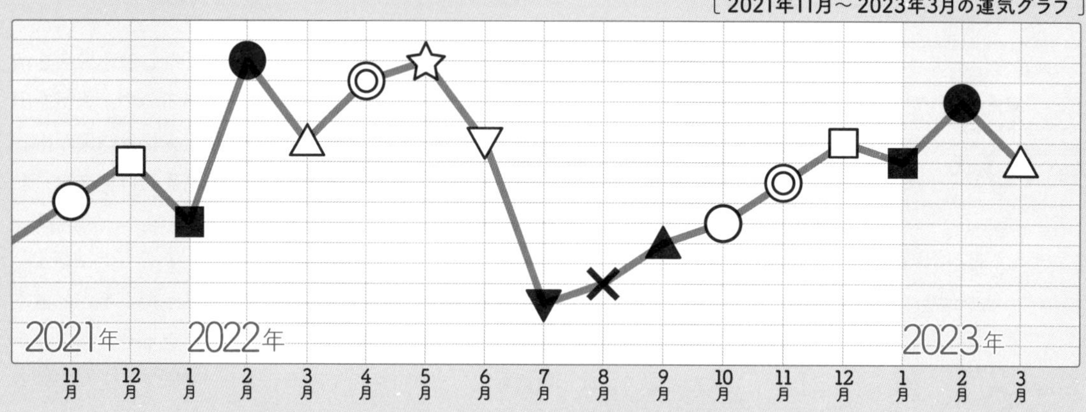

金のインディアン座の2022年は

● 解放の年

やりたいことに全力で打ち込んで

この本で「占いを道具として使う」には、「毎日の運気カレンダー」（P.115～）を活用して1年の計画を立てることが重要です。まずは「12年周期の運気グラフ」（P.97）で2022年の運気の状態を把握し、そのうえで上の「毎月の運気グラフ」で、毎月の運気の流れを確認してください。

「金のインディアン座」の2022年は、「解放の年」。山登りでいうと、頂上目前の平坦な道に入ったようなところ。不要な重荷を下ろせて楽になれたり、ここ数年鍛えられたことに気づくでしょう。ここからは無理して頑張ったり力をつけるというよりも、能力や魅力を発揮することが大切。頼りにされた時は存分に力を発揮しましょう。夢や希望を掴んだり、またはそのきっかけが巡ってくるので自信を持って行動しましょう。

☆ 開運の月　◎ 幸運の月　● 解放の月　○ チャレンジの月
□ 健康管理の月　△ 準備の月　▽ ブレーキの月　■ リフレッシュの月
▲ 整理の月　✕ 裏運気の月　▼ 乱気の月

○ チャレンジの月

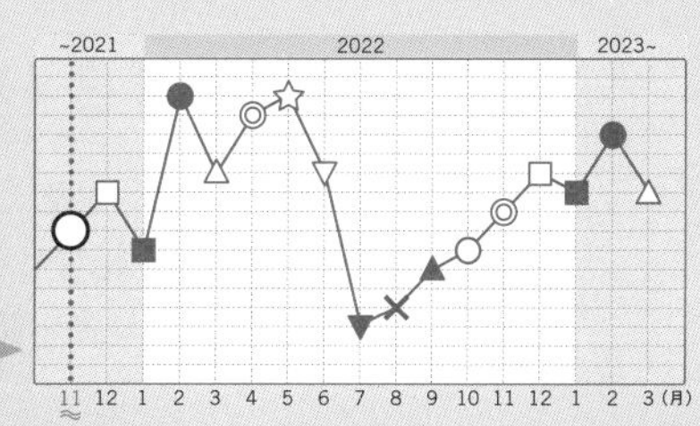

開運 3 カ条

1. 小さな勇気を楽しむ
2. 異性の前ではノリをよくする
3. 誘いは断らない

総合運

小さな勇気がいい体験と出会いを増やしてくれる月。少しくらい無理だと思っても行動してみると、いい出会いや経験ができ、チャンスをつかむ流れを作れそう。特に新しい出会いが増えるので急な誘いでもOKしておくとおもしろい縁がつながるでしょう。上手に振り回されてみて、利用されても気にしないくらいの心構えでいましょう。健康運は、体にいいものを選んで食べるようにすることが大事。軽い運動もこまめにやりましょう。

恋愛＆結婚運

他のことで慌ただしくなり、恋愛のチャンスが巡ってきても逃しやすいので気をつけましょう。気になる相手からの連絡への返事を忘れたり、雑に扱ってしまうこともありそう。出会い運はいいので人との縁はつながりやすいですが、口約束のままで終わってしまうこともあるので、気になる人とは時間を作って短時間でも会っておくといいでしょう。すぐに進展しなくても気にしないこと。結婚運は、勢いで話をまとめることができる時期。

仕事＆金運

まかされる仕事や、やるべきことが増える時期。信頼されていると思える出来事や、導いてくれる人に出会えることも。少しくらいの無茶でも引き受けてやってみると能力がアップし、いい経験ができそうです。遠慮する前に一歩踏みこみ、頭を下げてお願いをしてみるといいでしょう。仕事終わりの飲み会や誘いも大切にするといい縁ができそうです。金運は、仕事の付き合いでの出費が増えることがあるでしょう。

日	運気	内容
1 月	■	まだ頑張れるつもりでも無理が利かないかも。1年の疲れが出たり、体調を崩すことがあるので無理は避けましょう。しばらく行っていないなら、今月のうちに健康診断を受けて。
2 火	●	お願いされることが増える日ですが、チャンスやいい経験になる可能性があるので受け入れて頑張ってみましょう。明るいイメージの服装や清潔感を忘れないように。
3 水	△	おもしろいことや楽しいことに目を向けるといいでしょう。新しい趣味や気になるイベントを見つけられそう。美術館や博物館などに行くのもオススメ。チケットを予約してみて。
4 木	◎	実力を評価してもらえることがありますが、自信がなくて焦ってしまうかも。今できることを全力でやってみるといいでしょう。夜は時間を作って買い物をするとよさそうです。
5 金	☆	悩みが解消し、流れが変わることを実感できそう。自分がどこに向かうのかしっかり定めたり、目的に向かって努力をはじめることが大事になるでしょう。
6 土	▽	午前中に買い物や用事を済ませて、午後からはのんびりするといいでしょう。少し早起きをすると満足できる1日になりそうです。気になる人をランチに誘ってみるのもオススメ。
7 日	▼	不安や心配事が増えてしまいそう。余計なことを考えすぎてモヤモヤしてしまうことも。今日は家でSF映画やアニメなど、現実世界とは離れたものを観て過ごすといいでしょう。
8 月	×	判断力が低下しやすい日。引き受けたくないことをOKして困ってしまうことがありそうですが、何事も覚悟して受け止めると、いい経験に変えることができるでしょう。
9 火	▲	やることがいっぱいあるほうが集中できるタイプですが、今日は手順や順番をしっかり守り、計画的に進めることが大事です。重要なことから終わらせるようにしましょう。
10 水	○	自分のやり方にこだわるよりも、うまく結果を出している人をしっかり観察してマネをすることが大事。マネができてから、自分のオリジナルのやり方を模索してみましょう。
11 木	○	あなたの言動が人のためになりそう。家族や友人、職場の人が悩んでいたらアドバイスやいい言葉を伝えてみましょう。誰かの役に立ちたい気持ちはいつかあなたにも返ってきます。
12 金	□	人生のヒントは常に世の中にあるもの。問題はそれを自分で見つけられるかどうかです。何か役立つものや大切なことがないか、周囲を見渡してみるといいでしょう。
13 土	■	今日は家でのんびりして、日ごろの疲れをとるように。予定がある場合は、それ以上詰め込まないようにして。旬の果物を食べるとリラックスできて集中力も上がりそう。
14 日	●	周囲にいい影響を与えられそう。笑顔でいるだけで周囲も笑顔にできそうです。機嫌よくしておくことで異性から注目され、いい縁もつながるので、元気と明るさを意識して。
15 月	△	うっかりミスが続く日。計算ミスや忘れ物など、ちょっと意識すれば避けられることも多いでしょう。時間がかかってもいいので落ち着いて行動し、再確認も忘れないように。
16 火	◎	大きな喜びを求めるよりも小さな喜びを見つけることが大事。子どものころなら大喜びできたようなことを探してみましょう。幸せとは些細なことだと忘れないように。
17 水	☆	積極的な行動が幸運を引き寄せます。決断を早くしたり、勘を信じて突き進んでみて。買い物をするにもいい日なので、見た瞬間に購入するかしないか決めるくらいでもよさそうです。
18 木	▽	日中はポジティブな妄想ができますが、そのぶん集中力が欠けてしまうことも。妄想話で周囲を楽しませてみましょう。夜は現実を突きつけられてヘコんでしまうかも。
19 金	▼	周囲に振り回される日。大きな決断を迫られたり、欠点や弱点を指摘されることがありそうです。面倒なことに巻き込まれる前に、早めに帰宅して家でゆっくり過ごしましょう。
20 土	×	不運と思うか、実力不足、勉強不足と思うかで人生は大きく変わるもの。不注意や油断は不運ではないので、学ぶことで次から回避できるようにしましょう。学ぶ楽しさも忘れずに。
21 日	▲	悪い習慣やクセをやめるにはいい日。本気で意識すれば直すことができそう。耳の痛いことを言ってくれる人に感謝し、しっかり反省をすると大きく成長することができるでしょう。
22 月	○	おもしろい情報を入手できそう。気になることを検索するのはいいですが、一方的な情報ばかりではなく違う角度からの情報も調べて。何事もいい面と悪い面があると忘れないように。
23 火	○	生活リズムを変えたり、身の回りの物を新しくするといいでしょう。季節感のある小物を取り入れて部屋の模様替えをしてみて。雰囲気や気分がよくなり、やる気も出るでしょう。
24 水	□	自分の考えだけが正しいと思っていると思わぬ落とし穴がありそう。周囲の意見をしっかり聞くことでいい話し合いができ、企画がまとまりそうです。反対意見ほど大切にして。
25 木	■	些細なことでイライラするときは疲れがたまっている証拠。無理をせず、昼寝をすると体も頭もスッキリするでしょう。軽い運動やストレッチをしておくのもオススメです。
26 金	●	いろいろな人から好かれそう。恋に発展することもあるので、出会いの場所には積極的に参加して。職場でもあなたが中心になって話ができたり、盛り上げ役になれるかも。
27 土	△	家族運がいい日。今日は家族との交流を大切にすると、そのひとときが安らぎを与えてくれて、明日からの活力になるでしょう。ケンカにならないよう、言葉遣いには要注意。
28 日	◎	親友やしばらくぶりの人と遊ぶことになりそう。あなたの好きなお店を紹介したり、みんなの思い出のある場所に行ってみるとよさそうです。いい人を紹介してもらえるかも。
29 月	☆	買い替えをするにはいい日。家電や長年履いている靴などを買い替えましょう。仕事道具の購入もよさそうです。年末や来年の購入を考えているなら、貯金をはじめるのもオススメ。
30 火	▽	日中は頼りになる人にまかせることができ、余裕で仕事が進みそう。夕方あたりからは、今度はあなたが頼られて忙しくなるかも。頼られていると思えば、前向きになれそうです。

2021 12月

□ 健康管理の月

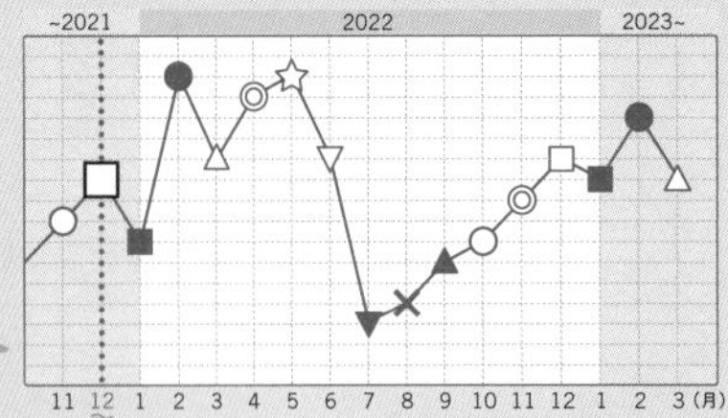

開運 3 カ条

1. 体のコンディションを整える
2. 知り合いから人を紹介してもらう
3. 計画的に時間やお金を使う

総合運

自分の行く先が見えてくる時期。ここ数年、忍耐強く辛抱してきた人ほど一気に流れが変わり、手助けしてくれる人が現れそうです。自分の行く先や希望の光が見えてくるので、思いきった行動に走ってみることも大事。ただ、無理をすると体調を崩してしまう場合があるので、しっかり休息をとるように計画しましょう。体の調子を整えることを意識して。健康運は、下旬に疲れを感じやすいので無理のないように。

恋愛&結婚運

上旬は慌ただしく、出会いのチャンスを逃してしまうかも。中旬には知り合いから紹介された人といい関係になったり、気になる人とも会えそうです。すぐに交際に発展しなくても、後の恋人や結婚相手となる人に会える可能性があるので急な集まりや誘いは断らないようにしましょう。特に下旬はチャンスがありそう。結婚運は、婚約日や入籍日を具体的に決めるにはいい時期。あなたからプロポーズしてもいいでしょう。

仕事&金運

上旬は予定がいっぱいになりながらも満足する仕事ができ充実した時間を過ごせそう。頑張りすぎると疲れが一気に出てしまうので、体調を崩さないように上手にコントロールすることが大事。下旬には、頑張ってきたおかげで流れや評価が変わることがあるでしょう。最後のひと踏ん張りと思って周囲と協力すると予想以上の結果を残せそうです。金運は、家計簿をつけたり、計画的に出費をするといい勉強になるでしょう。

日	運気	内容
1 水	▼	集中力が欠けてしまう日。自分でもガッカリするようなミスをしたり、最後まで集中できなくなってしまいそう。こまめに休息をとり、時間を決めて取り組むようにしましょう。
2 木	×	苦労と思うか経験と思うかで人生は大きく変わるもの。年上の人の言葉に振り回されることがありますが、数年後にいい経験だったと思えるように、自分を成長させるきっかけにして。
3 金	▲	身の回りを片づけながら仕事をしたり、考え事をしながら掃除をするなど、まとめていろいろなことを進めてみて。周囲が落ち着きがないと思うくらいが、あなたらしくいられそうです。
4 土	○	些細なことでもいいので新しいことに挑戦しましょう。気になるイベントを見に行ったり、新商品のスイーツを購入してみて。輸入品のお気に入りのお菓子を見つけられるかも。
5 日	○	友達の誘いに即OKすることで、これまでとは違う世界を知れて、素敵な出会いもありそう。興味がなかったことに楽しみを見出せるなど、自分のためになる1日が過ごせるかも。
6 月	□	「できない」と勝手に決めないで「誰かがやっているなら自分にもできるかも」と思って挑戦してみましょう。簡単にできるわけがないからプロがいるということを忘れないように。
7 火	■	忙しくて充実するのはいいですが、疲れが一気にたまってしまうかも。休むことも仕事のひとつだと思って、こまめに休息をとるように。目や肩の疲れもしっかりケアしましょう。
8 水	●	能力や魅力がアップする日。自分の勘を信じると好判断ができ、臨機応変な対応が評価されることもあるでしょう。恋愛運もいいので、気になる人にメッセージを送ってみて。
9 木	△	小さなミスをしやすいですが、他人のせいにしないでしっかり反省しましょう。「こんな自分はダメだ」と否定するのではなく、自分に足りない部分を知って今後に活かすこと。
10 金	◎	苦労を苦労のままにしないで、どうしたら活かせるのかを考えて行動して。辛いことを乗り越えたぶん精神的に強くなったり、感謝すべき人の存在に気づけることも忘れないで。
11 土	☆	買い物に行くといい日。お得な品が見つかり、セールや「ポイントが倍」などうれしいサービスを受けられるかも。美容室に行くにもいい運気なので、予約して行ってみましょう。
12 日	▽	午前中は行動的になっておくといいでしょう。気になる相手とはランチデートがオススメ。予定がない人は午前中に大掃除をして、身の回りをスッキリさせるとよさそうです。
13 月	▼	思わぬ邪魔が入ってしまったり、リズムの悪さを実感しそう。ひとつのことを最後まで丁寧にやり抜きましょう。完璧と思っても他人からはアラが見えることも理解して。
14 火	×	現実を突きつけられて困ったり、不安になりそう。のんきに過ごしていた人ほど焦ってしまうことも。過去の苦労を乗りきったことを思い出して、マイナスな話は受け流しましょう。
15 水	▲	不要だと思えるものは少しずつ処分しましょう。何年も置きっぱなしのものは早めに捨てて、「いつか使う」は使わないものだと割りきること。無理に価値をつけないように。
16 木	○	情報を集めるにはいい日。いろいろなことを調べて考え方を知るのはいいですが、善意で受け止めるとさらに見方を変えられそうです。本を読むと大事な言葉に出会えるかも。
17 金	○	まず行動することが大事。知識のある人と話をすると、思わぬ出会いにつながり、いい話も聞けるでしょう。図々しく生きてみると、異性の友人からおもしろい話も聞けそうです。
18 土	□	コンディションを整えることを考えて行動して。軽い運動やストレッチ、常温の水を2リットル飲んでみるのもオススメ。消化のいいものや胃腸にやさしいものを食べましょう。
19 日	■	友人や知人を集めていろいろな話をしましょう。みんなで大笑いすることで気持ちがスッキリしてストレス発散になりそう。暴飲暴食には注意し、終わりの時間を決めておくこと。
20 月	●	自分の意見が通りそうですが、言い方や言葉選びを間違えないように。これまで間違った方向に進んできた人は、軌道修正のお叱りを受けることがあるのでしっかり受け止めて。
21 火	△	遊び心が大切な日ですが、調子に乗りすぎて大失敗することも。ボケると運気が上がる日だと思い、話のネタになったり周囲の人に笑ってもらえたらラッキーと割りきりましょう。
22 水	◎	付き合いが長い人から連絡がありそう。夜に会う約束をすると、素敵な人を紹介してもらえたり、重要な情報を教えてくれるかも。急に思い出した人にもメッセージを送ってみて。
23 木	☆	クリスマスプレゼントを購入していない場合は、今日中に購入しましょう。お世話になった人にお菓子を買ったり、自分へのごほうびに服や家電を買うのもオススメです。
24 金	▽	日中はいい仕事ができ、順調に進む感じが心地よくなりそう。夜は予定が急に変わってしまったり、クリスマスイブとは思えないような残念な出来事が起こってしまうかも。
25 土	▼	クリスマスケーキを落としてしまったり、予想外の人に振り回されてしまうことがありそう。後で笑い話になると思って、イライラやガッカリを抑えるようにしましょう。
26 日	×	感情的になると不運が大きくなるだけ。イラッとしたときほど冷静になり、どうすることが最も魅力的な判断か想像しましょう。雑な言動には注意し、丁寧に1日を過ごして。
27 月	▲	大掃除をするといい日。捨てるかどうか悩んだものがあるなら一気に処分して。学生時代のものや昔のものはどんどん片づけ、年齢に見合う部屋に模様替えする準備をしましょう。
28 火	○	はじめて行くお店でおもしろいものを見つけられそう。気になる店員さんに出会えたり、いい体験ができそうです。何事もお試しだと思って楽しむと不思議な出会いもあるでしょう。
29 水	○	忘年会などの誘いには積極的に参加しましょう。自ら主催するのもいいので、みんなの夜の予定を聞いてみて。参加できない人はネットでつないでみると楽しい時間になりそう。
30 木	□	体重を測ったり、自分の体をじっくり見て、不要な肉がついている部分は落とせるように軽く運動してみて。基礎体力作りで、スクワットを数回でいいのでやっておきましょう。
31 金	■	大晦日なのに風邪をひいたり、疲れを感じてしまいそう。テレビを観て年越しを楽しむのもいいですが、お風呂に入って早めに就寝するとよさそう。絶好調で新年を迎えましょう。

☆開運の日 ◎幸運の日 ●解放の日 ○チャレンジの日
□健康管理の日 △準備の日 ▽ブレーキの日 ■リフレッシュの日
▲整理の日 ×裏運気の日 ▼乱気の日 ＝運気の影響がない日

2022 1月

リフレッシュの月

開運 3 カ条

1. しっかり休んでしっかり仕事をする
2. 睡眠時間を長くする
3. ムダな動きや時間を減らす

総合運

中旬までは動きが鈍く、前に進まない感じや、やる気の出ない日が続いてしまいそう。計画を立ててメリハリのある生活を送ることで自然と気力はアップしていきますが、昨年体調を崩した人は、スタミナの低下や調子を崩してしまうことがあるので無理をしないように。下旬からは流れが変わり、あなたに必要な情報を手に入れることができそう。健康運は、油断禁物の時期。健康的な食事と軽い運動を心がけておきましょう。

恋愛&結婚運

中旬までは異性に振り回されたり、タイミングが悪く嚙み合わない感じになりそう。デートや遊びの前日には8時間以上寝て、体調を万全にしておくことが大切です。新しい出会いは、下旬にいい縁や知り合いの紹介があるので、急な誘いでも顔を出すように。明るい服と清潔感を心がけましょう。結婚運は、月末に話を進めやすくなるので、相手のいい部分や好きなところを伝えましょう。

仕事&金運

予想外に忙しくなったり、急な残業など思いのほか疲れがたまりそうな時期。自分の仕事を早めに片づけてゆとりを持ちましょう。限界を感じる場合は、仕事を断ったり、半休や有休をとることも大事。下旬から本調子になり、いい判断ができてやる気も出てくるでしょう。金運は、健康維持や疲れをとるために出費しましょう。月末から交際費も増えやすくなるので上手に節約をしましょう。

日	運気	内容
1 土	●	新年早々寝坊して予定が乱れたり、恥ずかしいミスをしやすいので気をつけましょう。財布やスマホなどを置き忘れて焦ってしまうことや新年の挨拶忘れなどもありそうです。
2 日	△	ドジなことをやってしまいそうな日。寝坊や連絡忘れ、約束をすっぽかしてしまうことなどがありそう。忘れ物もしやすいので事前に確認をしっかりしましょう。
3 月	○	不要な情報を入手すると、心がブレてしまったり、ストレスや不安、心配の原因になってしまうので気をつけましょう。今の自分に必要な情報に目を向けましょう。
4 火	○	弱気になると、出会いやいい体験のチャンスを逃すだけ。強気になって思いきって行動してみるといい経験ができそう。少しの度胸が人生を前向きにさせてくれるでしょう。
5 水	▽	日中は人に優しく親切でいることで、運気の流れがよくなる日。お節介だと思われてもいいので、相手が喜ぶことをやりましょう。夜は予定を乱されてしまうことがあるでしょう。
6 木	▼	楽なことばかり望んでしまうと苦労や困難が見えてしまう日。面倒なことや苦手なことに目を向けて進んでみると、いい勉強やいい経験に変化するでしょう。
7 金	×	疲れを感じやすく体調も崩しやすいので、無理をしないように。ムダに忙しくなったり、他人のミスのしわ寄せがくる場合もあるので、イライラしないで冷静に対応しましょう。
8 土	▲	部屋と身の回りを整えて、一輪挿しに花を飾ってみるといい日。いつでも人を招き入れられるような部屋を意識して、不要なものはどんどん処分しましょう。
9 日	＝	変化を楽しんだり、流れに身をまかせるといい日。楽しむのはいいですが、調子に乗りすぎると後悔するので気をつけて。早めに帰宅して明日に備えることも忘れないようにしましょう。
10 月	＝	新しい考え方を取り入れるといい日。前向きになれそうな本を読んでみたり、いい言葉を探してみるといいでしょう。書店に行って気になる本を購入して読んでみましょう。
11 火	■	しっかり仕事をして、しっかり休むことが大事な日。急な残業になったり、疲れがたまってしまいそうですが、ゆっくり湯船に浸かってできるだけ早めに寝るようにしましょう。
12 水	■	体調を崩しやすい日。無理をしないで、少しでも異変を感じる場合は早退したり体を休ませるようにしましょう。数分でもいいので仮眠をとっておくと体が少し楽になりそう。
13 木	●	素直に正直に生きることで運を味方に付けられる日。ウソをついたり媚びないほうが人間関係がうまくいくでしょう。ただ、言葉選びや礼儀を忘れないようにしましょう。
14 金	△	やる気を失ってしまったり、気力が低下しそうな日。弱気になるとミスが増えるので、気を引き締め直すことが必要。友人と笑える話をすると気分が復活するでしょう。
15 土	○	経験が多い人ほどうれしい流れに変えられる日。不満がたまるときは「経験が足りない」と思って前向きに受け止めましょう。結果を出している友人の話を聞くことも大切でしょう。
16 日	○	少額のものや消耗品を買うにはいい日。不要なものを勢いで買ってしまうので、買うものをメモしてから出かけましょう。「安いから」で購入しないように気をつけましょう。
17 月	▽	日中は、運気の流れがいいので楽しい時間を過ごせそう。気になる人をお茶に誘ってみるといい関係になれそう。夕方以降は疲れたりイライラする出来事が増えそうです。
18 火	▼	不運や苦労の原因を他人のせいにしていると更に面倒な出来事が起きる日。原因を探るのもいいですが、素直に受け止めて今できることに真剣に取り組んでみましょう。
19 水	×	裏目に出ることがある日。順調に進んでいた仕事ほど、急に流れが変わることがあるでしょう。落とし穴があるので今日は慎重に判断するように心がけましょう。
20 木	▲	失恋や人との縁が切れてしまうことがある日。大事なものが壊れることもありますが「縁が切れるタイミング」と思って受け止めましょう。原因を考えすぎないようにしましょう。
21 金	＝	周囲の人を改めて観察するといい発見がある日。相手のいい部分を見つけられるように訓練してみるといいでしょう。人のいい部分を10カ所くらい見つけてみるといいでしょう。
22 土	＝	新しいことに挑戦するときは、成功した明るい自分を想像して取り組んでみましょう。最初はうまくいかなくても次第に楽しくなってくるでしょう。
23 日	■	今日と明日は無理をしないで体をしっかり休ませたり、ストレス発散に時間を使うといいでしょう。油断すると風邪を引いてしまったり、ケガをすることがありそうです。
24 月	■	外出する予定がある人は、暖かい服装や休憩を忘れないように。予定がない人は、家で映画や動画を観てのんびりしましょう。できれば昼寝をして日頃の疲れをとりましょう。
25 火	●	「今日はいいことあるかな」と思っている人に幸運がやってくる日。前向きな気持ちで生活していると、小さな幸せを見つけて喜べる人になると忘れないようにしましょう。
26 水	△	ドジなケガをしやすい日。足元に気をつけて、慌てて行動しないようにしましょう。スマホを落として傷つけてしまうこともあるので、雑な行動には気をつけましょう。
27 木	○	意見や考えの合わない人の話もしっかり聞くことが大切な日。いろいろな人の生き方を尊重してみると視野が広がります。相手の立場や状況をもっと想像するといいでしょう。
28 金	◎	やる気が急に復活する日。出かける前にテンションの上がる音楽を聴いてみると効果がありそう。てきぱき動いて、時間を短縮するように努めると更にやる気が出そうです。
29 土	▽	午前中は頭の回転がよくなり、いい判断ができそう。大事な用事は早めに片づけましょう。デートの誘いは昼にするといいでしょう。夜は予定を乱されることがあるでしょう。
30 日	▼	マイナスな妄想が激しくなってしまったり、ネガティブな情報に心を乱されてしまいそうな日。お笑い番組や芸人さんのネタ、落語などを観ると気持ちが晴れるでしょう。
31 月	×	苦手な上司や面倒な人と一緒にいる時間が増えそうな日。「最悪」で片づけないで、相手のいい部分を探して楽しく話せるきっかけを作ってみるといいでしょう。

開運のつぶやき ただ我慢をするから辛いのであって、希望や夢があれば耐えられる

2月 2022

● 解放の月

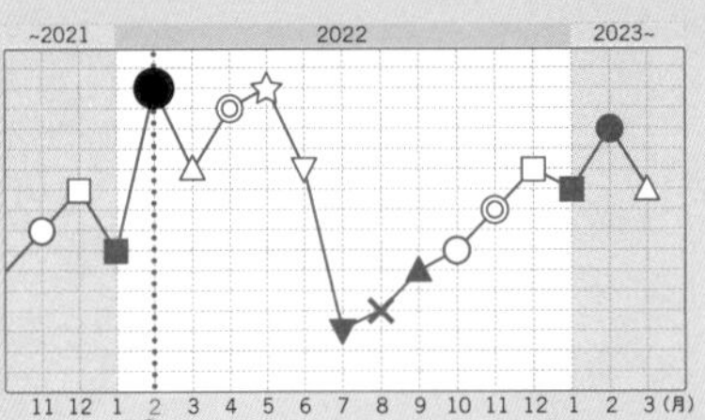

開運 3 カ条

1. 遠慮をしない
2. 気になる人を誘う
3. 服を買い替える

総合運

周囲から注目されたり、魅力や才能を活かすことができる月。よくも悪くも目立ってしまう時期ですが、積極的に行動したりアピールをすると幸運をつかむことができます。遠慮しないで図々しく生きるくらいが丁度いいと思いましょう。運命を変える出会いもあるので、知り合いの輪を広げてみたり新しいことに挑戦してみるのもいいでしょう。健康運は、美意識を高めるにはいい時期。ジムやエステに通いはじめるといいでしょう。

恋愛＆結婚運

恋愛運が最高の月。好きな人にマメに会えれば心をつかめそう。「今日ご飯しませんか？」と突然誘うと関係を進められるので、どんどん誘いましょう。運命的な出会いもあるタイミングなので、知り合いの紹介や仲間の集まりには顔を出して。異性を意識してイメチェンすると驚くほどモテます。結婚運は、話が突然進みますが怯まないで具体的な計画を立てましょう。突然の入籍もあるでしょう。

仕事＆金運

プレッシャーから解放されて、本来の能力を発揮したりコツをつかんで楽しく仕事に取り組めるようになる時期。やる気が増していい結果につながるので、どんな仕事も真剣に取り組みましょう。今後の評価につながる重要な仕事をまかされる可能性もあるので、何事もチャンスだと思いましょう。仕事に関わるものを買い替えると金運がよくなり、服を買うと恋愛運がアップするでしょう。

日	運気	内容
1 火	▲	何事もシンプルに考えることや素直に受け止めることが大切な日。言葉の意味を深く考える必要はありますが、ひねくれて受け止めないようにしましょう。
2 水	○	変化を楽しむと運気の流れもよくなる日。些細なことでもいいので新しいと思えることに挑戦するといい経験ができそう。知り合いからの紹介でいい縁もつながりそう。
3 木	○	生活リズムを少し変えてみることで、おもしろい発見やいい出会いがある日。普段行かないお店でランチを食べてみたり、仕事帰りに寄ってみるといいでしょう。
4 金	□	いい種をまけばいい芽が育ち、悪い種をまけば悪い芽が育つことを忘れないようにしましょう。未来の自分が笑顔になることを今日はやってみるといいでしょう。
5 土	■	今日はゆとりを持って行動したり、マメに休憩するといい日。家でのんびりする時間をとり、昼寝をして日頃の疲れをとることも大切。無理に予定を詰め込まないようにしましょう。
6 日	●	異性から突然誘いがあったり、知り合いから遊びに誘われる日。久しぶりに大笑いできたり楽しい思い出もできそうです。明るい服を着ると更に運気がよくなるでしょう。
7 月	△	二度寝をして遅刻したり、うっかりミスをしやすい日。今日は10分前行動を心がけて、確認作業をしっかりするようにしましょう。
8 火	☆	実力を発揮することができる日。失敗や苦労から学んできたことをうまく活かせるようになるでしょう。今日は粘りも必要になるので、簡単に諦めないようにしましょう。
9 水	☆	仕事運が最高にいい1日。真剣に仕事に取り組み、目的に向かって合理的に進んでみるといいでしょう。周囲からの協力も得られるので遠慮しないようにしましょう。
10 木	▽	日中は、問題なく物事を進められそう。難しく感じることでも勇気を出して飛び込んでみるといい流れになりそうです。夕方以降は問題が発覚しやすいので気をつけましょう。
11 金	▼	ダメだとわかっていてもついつい流されてしまう日。スマホをいじってムダな時間を過ごしたり、ネットサーフィンをして何も得られない時間を過ごすことがあるので気をつけましょう。
12 土	×	ひとりでも平気なタイプですが、今日は少し寂しさや不安を感じそう。おもしろい話を聞かせてくれる人や前向きな友人に連絡して遊ぶといいでしょう。
13 日	▲	部屋の片付けをして整理整頓をするといい日。急に掃除したくなったら素直にきれいにするといいでしょう。散らかったままの部屋にいい運気はやってこないでしょう。
14 月	○	好きな人にチョコレートを渡すときは、昼過ぎから夕方までは避けましょう。午前中か仕事帰りがよさそうです。これまで渡したことがない人ほどチャンスをつかめそうです。
15 火	◎	礼儀と挨拶をしっかりするといい日。周囲の憧れるくらい丁寧な人や品のある人のマネをするといいでしょう。下品な言葉遣いもできるだけ避けるようにしましょう。
16 水	□	失敗しない選択ばかりしないで、時には失敗をする覚悟で飛び込むことが大切。今日はいい選択ができる運気なので、勇気を出して行動してみるといいでしょう。
17 木	■	小さなことで不機嫌になったりやる気が出ない場合は、疲れがたまっている証拠。甘いものを食べてゆっくりしたり仮眠する時間をとると、すっきりして機嫌もよくなるでしょう。
18 金	●	プレッシャーから解放されて、気持ちが楽になったり実力を発揮できる日。異性からも注目されやすいので油断しないように。気になる相手に連絡すると一気に進展しそうです。
19 土	△	おもしろいことを求めるよりも、自分でおもしろくすることが大切な日。考え方次第で世の中にはおもしろい人やおもしろいことが溢れていることを忘れないようにしましょう。
20 日	☆	買い物をするには最高の日。長く使えるものや長年欲しいと思っていたものがあるなら、思いきって買いましょう。服や靴、カバンなどを見に行くといいものを見つけられるでしょう。
21 月	☆	仕事で大切な経験やいい出会いがありそうな日。今後必要な情報を手に入れられるので、会話や情報交換を大切に。いいアイデアや企画が思い浮かぶこともあるでしょう。
22 火	▽	選択するときは、「正しい」よりも「楽しい」を選び、みんながおもしろいと思えるほうを選択してみましょう。自分の欲望だけに走ると痛い目に遭う場合もありそうです。
23 水	▼	自分の進むべき道がわからなくなってしまったり、悩む時間が長くなってしまいそうな日。優柔不断を感じるときは、普段とは違う選択をしてみると結果的によくなりそうです。
24 木	×	現状に不満を感じる愚かさに気づいて、手に入れているものや幸せなことがいっぱいあることに気づくといいでしょう。今あるものの中に幸せがあると気づきましょう。
25 金	▲	過ぎてしまったことはさっぱり忘れて、気持ちを切り替えるのが大切。ぐちぐち考えても時間のムダになるだけ。嫌な思い出があるものは処分したり、写真も消すといいでしょう。
26 土	◎	遊ぶことで運気が上がり、素敵な出会いにつながる日。気になる場所に出かけてみたり、急に知り合いを誘ってみましょう。日帰り旅行に行ってみるのもいいでしょう。
27 日	◎	はじめて行く場所で幸せを見つけられそうな日。ライブや芝居、映画に行くと学べたり素敵な体験ができそうです。知り合いの紹介で素敵な人に会えることもありそうです。
28 月	□	叱ってくれる人や注意してくれる人に感謝することを忘れないようにしましょう。人生で叱ってくれる人がいないことが大きな不幸だと早く気づくといいでしょう。

☆開運の日 ◎幸運の日 ●解放の日 ○チャレンジの日
□健康管理の日 △準備の日 ▽ブレーキの日 ■リフレッシュの日
▲整理の日 ×裏運気の日 ▼乱気の日 ＝運気の影響がない日

2022
3月

△ 準備の月

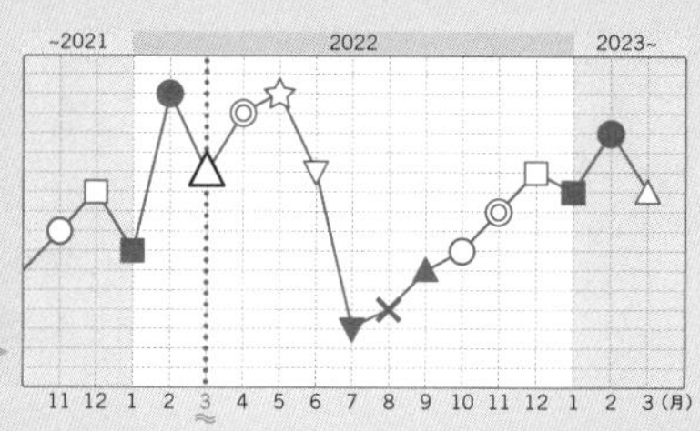

開運 3 カ条

1. 事前準備や確認をしっかりする
2. 10分前行動をする
3. 異性の前ではノリのよさを見せる

総合運

行動が雑になってしまう時期。思っている以上に気持ちが緩んでしまうことがありますが、事前準備や確認をしっかりすれば楽しい1カ月になります。前日からしっかり準備したりスケジュールの確認をして、10分以上前に行動しておくと問題を回避できそうです。誘惑に負けやすいので気を引き締めておくことも忘れないように。健康運は、ドジなケガをしやすいので段差や階段には注意。打撲や指のケガもしやすいでしょう。

恋愛&結婚運

異性と遊ぶ機会や出会いが増えて楽しい月になりそう。妄想恋愛が激しくなって不安定になったり、勝手に諦めてしまうこともありますが、気になる相手をノリと勢いで誘ってみるといい関係に進めそう。新しい出会いよりも、先月ぐらいからいい関係の相手に積極的になってみましょう。結婚運は、一緒にいる時間を楽しんだりたくさん笑っておくと、自然といい方向に進むでしょう。

仕事&金運

仕事運はいいですが、確認ミスや些細な失敗をしやすいので注意が必要。時間や数字の間違い、遅刻などで周囲に迷惑をかけてしまう場合があるので、事前の確認と準備を怠らないようにしましょう。職場の人と交流を深めておくと後で役立つので、食事や飲みに誘ってみましょう。金運は、交際費や遊びでの出費が激しくなりそう。給料日前に使いきってしまわないようにしましょう。

日	運気	内容
1 火	■	小さな段差でつまずいてしまったり、引き出しで指を挟んでしまうことがありそうな日。いつもより丁寧に行動したり、上品な言葉遣いを意識するようにするといいでしょう。
2 水	●	いろいろな人の長所を見つけることで1日が楽しくなる日。苦手な人でも考え方を変えてみるといい部分が見えてきます。周囲にも考え方の変え方を教えてみるといいでしょう。
3 木	△	寝坊や遅刻や忘れ物をしやすい日。ドジな出来事が重なって笑ってしまうこともあるでしょう。今日は行動や取りかかりを早くして時間に余裕を持つようにしましょう。
4 金	◎	教えてもらったことやムダだと思っていたことが役立つ日。雑談を思い出して話してみると思った以上に盛り上がることがあるので、出し惜しみをしないようにしましょう。
5 土	◎	遊びに出かけるのはいいですが、思わぬ出費が増えそうな日。余計な買い物や食事も思った以上に値が張りそう。お酒を飲むと調子に乗りすぎてしまうので気をつけましょう。
6 日	▽	ランチデートや午前中から出かけるといい日。夕方前に切り上げないと明日に響いてしまうので、早めに帰宅して湯船にしっかり浸かって明日の準備をしましょう。
7 月	▼	昨日遊びすぎてしまった人は後悔したりドジを連発しそう。しっかり準備をしている人は問題を避けられそうですが、余計な妄想が激しくなるので考えすぎには注意しましょう。
8 火	×	これまで興味のなかったことが気になりますが、最終的には時間のムダになることが多いでしょう。ほどほどで切り上げて、目の前の仕事や今やるべきことに集中しましょう。
9 水	▲	失うことがある日。余計な一言で信頼を失ったり秘密を喋ってしまうことがあるので、考えてから発言しましょう。アクセサリーやピアスを落とすこともあるので気をつけましょう。
10 木	=	新しいことに挑戦するよりも、新しい流れに自分が合わせてみるといい日。相手のリズムに合わせてみると考え方や視野が広がるきっかけになるので楽しんでやってみましょう。
11 金	=	相手を信用するところから始めてみるといい日。疑う前にもっと素直に生きてみると、相手を見極められるでしょう。言葉の意味の深さにも気づけそうです。
12 土	□	計画的に1日を過ごすといい日。だらだら過ごすと1日をムダにしたり、疲れをためてしまうだけになるので気をつけましょう。夜中まで遊ばないようにしましょう。
13 日	■	体を休ませることを目的にしたほうがいい日。温泉やスパ、マッサージに行ってみるといいでしょう。家でゆっくりするときは、スマホを手の届かない場所に置きましょう。
14 月	●	にっこり笑顔で過ごすと、本当に笑顔になれることが起きる日。挨拶や話を聞くとき、無表情になっていないか意識して過ごしてみましょう。恋のチャンスも巡ってきそうです。
15 火	△	小さな失敗をしやすい日ですが、人の失敗も許すようにしましょう。「このくらいは何とかしましょう」と自分が言われてうれしいフォローをするといい人間関係が作れるでしょう。
16 水	◎	友人や付き合いの長い人からの指摘をしっかり受け止めましょう。聞き流していると後に痛い目を見ることになりそう。はっきり言ってくれる人には感謝しましょう。
17 木	◎	自分中心に考えないで上司や社長の気持ちを想像してみると、どんな風に仕事してどう動けばいいのか見えてくる日。いろいろな人の立場から自分を想像してみましょう。
18 金	▽	日中は、周囲に協力すると1日を楽しく過ごせそう。自分のことだけ考えて仕事をしていると、夕方以降はムダに忙しくなったり、つまらない感じになってしまいそう。
19 土	▼	文句や不満、愚痴が出てしまいそうな日。ストレス発散のつもりが逆に自分を苦しめる原因になると早く気づいて、いい部分を見つけて褒められる人になりましょう。
20 日	×	他人に関心を持つといい日。悩んでいる人や困っている人のために、何ができるのか考えてみましょう。世の中の問題に対しても自分に何ができるのか想像してみましょう。
21 月	▲	悪い癖や悪習慣をやめるにはいい日。「ダメだな」と思ってもついついやってしまうことは、今日1日だけでもいいのでやめてみましょう。
22 火	=	顔見知りの人でも「はじめて会った人」だと思って見直してみると、素敵な部分や長所を見つけられます。慣れから自分が雑になっていることにも気づくようにしましょう。
23 水	=	相手の話を盛り上げて、相手が話をしやすいようにするといい日。熱心に聞き、話の腰は絶対に折らないようにしましょう。意見するときは言葉を選ぶようにしましょう。
24 木	□	優先順位を大切にしたり、臨機応変に対応することを心がけてみるといい日。対応力が身に付いていることにも気づくといいでしょう。周囲の人の観察も忘れないようにしましょう。
25 金	■	仕事に集中するのはいいですが、思っているよりも疲労がたまっていて目や肩に疲れが出そう。軽い運動やストレッチをする時間を作っておくといいでしょう。
26 土	●	デートをするにはいい日。遊園地やライブやイベントに誘ってみるといいでしょう。勢いで交際に発展する可能性もあるでしょう。些細なことでも楽しみましょう。
27 日	△	約束を忘れていたり、うっかりミスが増える日。車の運転も気をつけないとこすってしまうことがありそう。余計なことを考えすぎないようにしましょう。
28 月	◎	親切に1日を過ごしてみるといい日。自分がされたらうれしい親切を意識してみるといいでしょう。後にこの親切は自分に返ってきますが、恩着せがましくならないようにしましょう。
29 火	◎	相手も自分も得になることを考えて行動するといい日。自分だけの得ではがめついと思われてしまうだけ。お世話になった人にご馳走すると運気がアップするでしょう。
30 水	▽	日中は自分の能力を活かすことができますが、詰めが甘くなってしまうので気をつけましょう。夕方以降は、年上の人に振り回されてしまうことがありそうです。
31 木	▼	偉そうにすると不運や苦労がやってくるだけ。謙虚な気持ちで生活をすることで、学べることや進むべき道が見えてくるでしょう。挨拶やお礼、品の良さを忘れないようにしましょう。

開運のつぶやき ▶ 見返りを求めることは、不運を求めるのと同じ

2022

4月

◎ 幸運の月

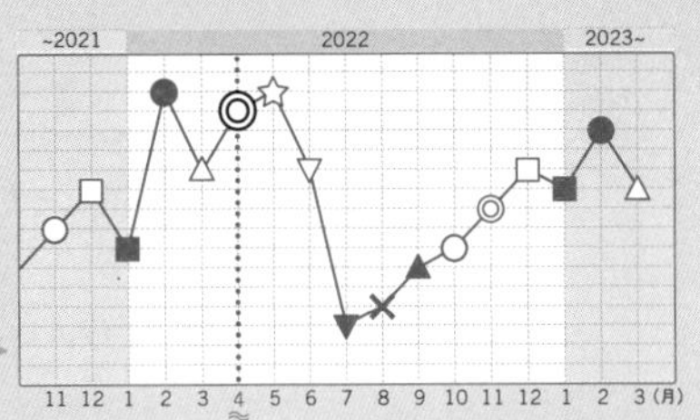

開運 3 カ条

1. 知り合いの縁を大切にする
2. 片思いの人にマメに会う
3. 得意なことで周囲を笑顔にさせる

総合運

これまでの経験を活かせたり、実力がアップしていることを実感できる時期。遠慮しないで自分の力を出しきってみるくらいの気持ちで積極的に行動してみるといいでしょう。人との出会い運もよく、今月はじめて会った人とは長い付き合いやいい関係を続けられそうです。知り合いや友人に誘われたときは、できるだけ顔を出しておきましょう。健康運は、調子に乗るといつもと同じようなケガや打撲をしやすいので気をつけましょう。

恋愛＆結婚運

片思いの恋が実ったり、異性の友人が恋人になる可能性が高い月。好きな人にはマメに会ったり、気楽に食事や飲みに誘ってみましょう。ただ、複数の人から誘われて仲良くなるだけで終わってしまうことがあるので、好きな人には素直に気持ちを伝えたり、勢いで交際を始めるといいでしょう。新しい出会い運もいいので紹介してくれる人を大切に。結婚運は、入籍を決めるにはいい時期です。

仕事＆金運

能力を活かして満足できる結果を出せたり、大きな仕事をまかせられることがある時期。周囲のために役立てるように積極的に動き、得意なことを活かすように努めましょう。思いがけない人から大事なことをまかせられるので、無理だと思う前に取り組んでみましょう。金運は、長年欲しいと思っていたものを買うにはいい時期タイミング。長く使うものや家、土地などを買うにもいい時期です。

日		
1 金	×	ウソにすっかり騙されて恥をかいてしまうことがある日。イライラすると評価が落ちるので気をつけましょう。仕事で小さなミスをしやすいので気をつけましょう。
2 土	▲	忘れ物や判断ミスをしやすい日。調子に乗りすぎないように気をつけておけば、不運を避けることができそう。何事も几帳面になっておくようにしましょう。
3 日	＝	知り合いの誘いに顔を出してみると新しい出会いが増える日。気楽に話すと思った以上に楽しい時間を過ごせそう。普段なら遊ばない人に連絡してみるのもいいでしょう。
4 月	○	生活リズムを少し変えて、新しい習慣を作ってみるといいでしょう。些細なことでもいいので普段と違うことに挑戦すると、楽しいことやおもしろいことを見つけられそうです。
5 火	□	経験が役立つ日。苦労をしたり学んだことがここに来て活かせることに気づけそうです。遠慮しないで思いきって行動する勇気も大切になるでしょう。
6 水	■	体調を崩してしまったり、疲れを感じそうな日。今日は無理をしないようにして、マメに休むようにしましょう。夜は急な誘いから素敵な出会いにつながりそうです。
7 木	●	片思いの相手といい関係になれそうな日。仕事の合間に連絡して、週末に会う予定を立ててみるといいでしょう。職場では大事な仕事をまかされたり目立つことになりそうです。
8 金	△	期待外れな出来事が起きやすい日ですが、あなたも期待を裏切ってしまうことがあるので気をつけましょう。何事も最善を尽くして、相手の善意を忘れないようにしましょう。
9 土	◎	片思いの人と仲良くなれる日。急でもいいので連絡してみると、いい関係に進めそう。異性の友人に連絡してみると、告白されて驚くこともありそう。
10 日	☆	買い物するには最高の日。今日手に入れたものはあなたのラッキーアイテムになるでしょう。長く使えるものや気になった品を思いきって購入してみるといいでしょう。
11 月	▽	午前中は頭の回転がよくなり、いい仕事やいい判断ができそう。積極的に行動するといい結果にもつながるでしょう。夕方以降は、年上の人に予定を乱されてしまいそう。
12 火	▼	不安になることや余計なことを考えすぎてしまう日。自分の至らない点を認めて今後の課題にしましょう。失敗やミスを誤魔化したり隠さないようにしましょう。
13 水	×	噛み合わない感じやリズムが悪い感じがする日。今日は周囲に合わせるようにしましょう。困ったときは素直に助けを求めてみたり、相談するようにしましょう。
14 木	▲	不要なものを処分するといい日。使わないものは片づけて、データやアプリも消去するといいでしょう。ムダなことに時間を使わないようにすると生活リズムが整います。
15 金	○	周囲がオススメするドラマや番組を観たり、話題の本を読んでみるといい日。自分の好きなことではない世界を知って、おもしろい発見やいい刺激を受けそうです。
16 土	○	はじめて会う人といい縁がつながる日。知り合いや友人と遊ぶときに、他の人も誘ってみるといいでしょう。交流が楽しくなったり、いい人脈を作ることができそうです。
17 日	□	1日の予定をしっかり決めて行動するといい日。予定を決めないでだらだら過ごすと疲れてしまいそう。お店の予約をしたり、帰りの時間なども先に決めておきましょう。
18 月	■	昨日の疲れが顔に出てしまったり、気が緩んだままになってしまいそうな日。油断していると小さなケガをしたり、ミスが増えるので気をつけましょう。
19 火	●	あなたの能力や魅力が注目される日。積極的に行動し、少し目立つくらいの気持ちで仕事に取り組むといいでしょう。異性からの注目も集めることができそうです。
20 水	△	悪い癖が出てしまいそうな日。昔から注意されている癖が出てしまうことがあるので気をつけましょう。注意されてムッとしないで、今後は気をつけるようにしましょう。
21 木	◎	運を味方につけられる日。自信を持って行動することで、ラッキーな出来事やいい人との出会いがありそうです。偶然の出会いから仕事や恋愛につながることもありそうです。
22 金	☆	勘がさえていい判断ができる日。思いきった行動や大きな決断をするにもいい日。将来の目標を掲げて、自分が何をすべきか具体的に決めるといい流れに乗れそうです。
23 土	▽	好きな人をランチデートやお茶に誘うといい日。昼間からちょっとお酒を飲むのもいい感じになれそう。夜は、予想と違う感じに進みやすいので早めに帰宅しましょう。
24 日	▼	家族や身近な人の笑顔のために行動するといい日。些細なものでもいいので、プレゼントしたりご馳走してみましょう。おいしいお菓子を送るのもいいでしょう。
25 月	×	言葉を丁寧に使うことが大切な日。思ったよりも雑になってしまったり、荒い言葉が出てしまいそう。いい言葉を発する訓練だと思って1日を過ごしましょう。
26 火	▲	片づいていないと知っていながら手をつけていない場所をきれいに整えましょう。不要な書類や使わないものはどんどん処分するといいですが、間違って必要なものを捨てないように。
27 水	○	はじめて会う人や仕事の取引先の相手と楽しく話ができる日。自ら挨拶したりいろいろ話を聞いて、質問上手を目指してみるといいでしょう。いい情報も入手できそう。
28 木	○	視野が広がり、考え方に変化がある日。会話の中にいいヒントが隠れているので、しっかり聞いて自分の中でうまく変換するようにしましょう。
29 金	□	今月やり残したと思えることに取り組むといい日。好きな人に連絡できなかったり気持ちが伝えられていないなら、メッセージを送ってみるといいでしょう。
30 土	■	体を休ませるつもりが、逆に疲れてしまいそうな日。気になることに手をつけるのはいいですが、予定を詰め込みすぎないように気をつけましょう。

☆ 開運の日　◎ 幸運の日　● 解放の日　○ チャレンジの日
□ 健康管理の日　△ 準備の日　▽ ブレーキの日　■ リフレッシュの日
▲ 整理の日　× 裏運気の日　▼ 乱気の日　＝ 運気の影響がない日

2022
5月

☆ 開運の月

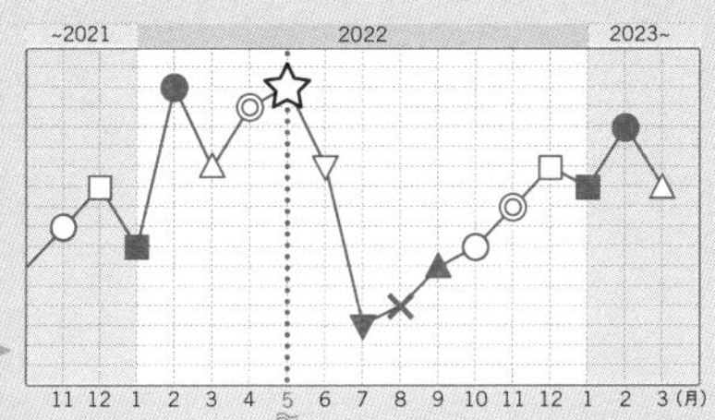

開運 3 カ条

1. 何事も全力で取り組む
2. 新しい出会いを求めて行動する
3. 失敗を恐れないでチャレンジをする

総合運

これまで苦労していた人や努力を続けてきた人ほど大きなチャンスに恵まれる時期。流れを急激に変えられるので、人との出会いや新たな挑戦に怯まないようにしましょう。積極的に行動するだけで人生が光り輝くものに変わる可能性が高く、運命を一気に変えるきっかけになる時期でもあります。魅力や才能を認められたら全力で取り組んでみましょう。健康運は、軽い運動をすると頭の回転も速くなり、いい判断ができそう。

恋愛&結婚運

最高の出会いがある時期ですが、忙しくて逃す可能性も。出会いの場所には短時間でも顔を出しておくといいですが疲れた顔は見せないで元気と笑顔を印象づけるとモテます。デートの誘いも多い時期なので、気になる人がいたら好意を伝えて交際を始めてみましょう。今月は気になる相手には押しが大切。結婚運は、入籍すると金運も仕事運もよくなるので一気に話を進めましょう。

仕事&金運

人生を変えるような大事な仕事をまかされたり、大きなチャンスや役職に就ける可能性もある時期。仕事に全力を尽くしてみると大きな結果につながるでしょう。今月が運命を変えるきっかけだったと後にわかる場合があるので、どんな仕事でも手を抜かないようにしましょう。金運は、長く使うものを購入するといい時期。スーツや靴や鞄、財布などの買い替えをすると金運が上がるでしょう。

日	運気	内容
1 日	●	うれしい知らせや素敵な出会いがある日。積極的に行動して人の中にどんどん入っていくといいでしょう。前向きな話や楽しい妄想、空想話をするといいでしょう。
2 月	△	思い通りにいかないことを楽しめる日。ハプニングを笑いのネタにできるチャンスだと前向きに捉えたり、臨機応変に対応するために知恵を出せるときだと思いましょう。
3 火	◎	知り合いや友人をつないで人脈を広げるといい日。懐かしい人を誘って食事会を開くとおもしろい人に会えそうです。恋に広がる人に会える可能性もあるので試しにやってみましょう。
4 水	☆	買い物をするには最高の日。欲しいものを買うと運気も上がるので、服や靴などを見に行きましょう。ただし午前中がオススメなので、午後は髪を切るなどするようにしましょう。
5 木	▽	周囲が楽しんでいることを一緒に楽しんでみるといい日。これまでとは違う世界を知れたり、いい体験ができそう。夜は調子に乗りすぎないようにしましょう。
6 金	▼	小さな誤解が生まれやすい日。気にしないのがいちばんですが、素直にすべて話してみると簡単に誤解が解けそう。余計な心配をしないことも大切でしょう。
7 土	×	マイペースに過ごすのもいいですが、振り回されることを楽しんでみるといい日。面倒なことや不慣れなことの先におもしろい発見や勉強になることを見つけられそうです。
8 日	▲	連休最後の日は身の回りを片づけて不要なものを処分するようにしましょう。年齢に見合わないものやしばらく使っていないものは、一気に処分しておきましょう。
9 月	○	新しい目標を立てたり、新たな生活リズムにすることで前向きになれる日。変化を楽しんでみるといいので、4月と同じ感じで過ごさないように意識してみましょう。
10 火	◎	楽しく仕事できる人が集まる日。どんな仕事も前向きに楽しく取り組んでみると、いい流れや味方ができそうです。苦しいことよりも仕事があることへの感謝を忘れないように。
11 水	□	自分も周囲も笑顔になれるように行動するといい日。少し忙しいくらいのほうが気持ちが安定するので、まとめていろいろなことに挑戦してみるといいでしょう。
12 木	■	今日は、無理は禁物。頑張りすぎてしまうと疲れがたまったり、集中力が突然切れてしまうかも。マメに休んだり、スタミナがつくようなものを食べるといいでしょう。
13 金	●	仕事でも恋愛でも注目される日。あなたの魅力と才能が光るので積極的に行動しましょう。気になる人には連絡して遊ぶ予定を立てましょう。遠慮すると運気の流れを逃すかも。
14 土	△	遊びに行くのはいいですが、ドジな出来事が起きそう。食べこぼしをしたりスマホを落として傷つけてしまうかも。段差や階段でも転びやすいので気をつけましょう。
15 日	☆	親友と遊ぶことで最高に楽しい思い出ができそうな日。いろいろ語ると気持ちが楽になりそう。おいしいお店を探したり、気になるお店に行くとおもしろい出来事があるでしょう。
16 月	☆	仕事でチャンスが巡ってくる日。どんな仕事も真剣に取り組みましょう。今日の姿が後の運命を変えることもあるでしょう。買い物にもいい日なので時間を作っておきましょう。
17 火	▽	午前中は頭の回転が速くなり、いいアイデアを出せたり機転を利かせることもできそう。どんどん仕事を進めましょう。夕方以降は、余計なことを言ってくる人が現れそう。
18 水	▼	他人の欠点に目がいってしまう日。些細なことで嫌いにならないで、「自分も気をつけよう」と思うことが大切。今日は、何事もじっくりゆっくり進めることが大切でしょう。
19 木	×	自分の言ったことを忘れてしまったり、無責任な発言をして後悔することになるので気をつけましょう。口が滑って余計なことを言ってしまうこともあるので気をつけましょう。
20 金	▲	身の回りを整理整頓するといい日。マイナスの思い出があるものは処分しましょう。なんとなく置いてあるものや、「もったいないから」で置いてあるものも片づけましょう。
21 土	○	少し遠出してでもこれまで行ったことのない場所に行くといい日。お気に入りの場所を見つけられたり、いい思い出ができそう。友人や知人を突然誘ってみるのもいいかも。
22 日	◎	初デートやはじめての人と遊びに出かけるにはいい日。話題のスポットやお店、流行りの映画を観に行きましょう。普段避けているライブやイベントに行くのもいいでしょう。
23 月	□	時間や数字にこだわって仕事するといい日。だらだらやらないで時間を意識して仕事してみましょう。何事も早めに取りかかってみるといい感じで仕事を進められそうです。
24 火	■	目の疲れや肩こり、腰に異変を感じそうな日。ストレッチや屈伸などで軽く体をほぐしてから出かけるといいでしょう。疲れをためやすいので無理しないようにしましょう。
25 水	●	現状に感謝することで自分のやるべきことが見えてくる日。挨拶やお礼をいつも以上にしっかりして、上品さを忘れないようにしましょう。今日の出会いは運命を大きく変えそうです。
26 木	△	遊び心が大切な日。冗談を言ったり、周囲と楽しく会話するといいでしょう。若い人や普段話したことのない人に話しかけてみると、思った以上にいい話や情報を入手できそうです。
27 金	☆	夢や希望が叶ったり、いい流れに乗れる日。簡単に諦めない粘りが必要になるでしょう。尊敬できる人に相談してみると大切な話を聞くことができそうです。
28 土	☆	買い物するには最高の日。長く使うものや家具、家電を買うといいでしょう。気になるお店に入ってみるといいものを見つけられそうです。引っ越しや契約をするにもいい日です。
29 日	▽	ランチデートをしたり、午前中から買い物や遊びに出かけるといい日。夕方前には帰宅して家でのんびりしましょう。夜は、湯船にしっかり浸かって早めに寝て明日に備えましょう。
30 月	▼	間違いを指摘されたときは素直に聞き入れるようにしましょう。反発や無視をすると人間関係が悪くなるでしょう。相手の立場になって考えて、言葉や態度を選びましょう。
31 火	×	自分が正しいと思うと苦しくなってしまう日。相手の考えや生き方も正しいと思って、互いの落としどころを見つけましょう。ときには素直に負けを認めることも大切でしょう。

開運のつぶやき 未来の自分が喜ぶことが本当の努力や頑張り

6月 2022

▽ ブレーキの月

~2021 2022 2023~
11 12 1 2 3 4 5 6 7 8 9 10 11 12 1 2 3 (月)

開運 3 カ条

1. 仕事関係者を飲みに誘う
2. 好きな人にマメに会う
3. 成功している自分を妄想する

総合運

中旬までは頭の回転が速くなり、いい判断ができたり運を味方につけられそう。人との出会い運もいいので、知り合いの輪の中に入ってみたり、いろいろな人をつないでみるといいでしょう。下旬になると不安や心配事が出てきそうですが、多くはマイナスの妄想なので考えすぎに気をつけましょう。健康運は、下旬になると疲れを感じたり体調を崩すことがあるので、暴飲暴食や不摂生は避けるようにしましょう。

恋愛＆結婚運

好きな人に気持ちを伝えるなら、中旬までならいい返事を聞けそう。少し強引にアピールしたり何度も会うと相手の心をつかめそうです。新しい出会い運も中旬までいいので知り合いの縁を広げると、勢いで交際できるかも。下旬になると空回りしたりタイミングが悪くなって、交際のきっかけを逃したり、ライバルに奪われてしまうことも。結婚運は、入籍を決めるなら中旬までがいいでしょう。

仕事＆金運

期待以上の結果を残したり、大きなチャンスをつかめる時期。仕事に一生懸命取り組むと、楽しさやおもしろさも発見できそうです。仕事関係者との交流も楽しめるので、上司や先輩でも遠慮しないで誘ってみましょう。下旬は、ミスや雑な仕事ぶりが出てしまうので丁寧に行うように。金運は、中旬までの買い物運はいいので欲しいものを買いましょう。下旬は余計な出費が増えるので注意。

日	運気	
1 水	▲	丁寧に行動したり、順序をしっかり守るようにしましょう。ムダな動きが多いと苦労を感じてしまうことになります。何か問題があると感じたら行動を改めましょう。
2 木	○	コミュニケーションをしっかりとることで仕事がやりやすくなる日。雑談でもいいので話をすると、いい感じに打ち解けそう。新しい人脈ができるチャンスもあるでしょう。
3 金	◎	少しでもいいので、1歩前進できるようなことに挑戦してみましょう。不慣れや苦手、未経験のことに目がいったときは、挑戦すべきタイミングだと思って行動しましょう。
4 土	□	気になる相手を誘うといい日。何度か連絡をもらっているけどタイミングが合わなかった人がいたら連絡してみましょう。知り合いの輪を広げるとおもしろい出会いもありそう。
5 日	■	今日はしっかり体を休ませるといい日。思ったよりも疲れがたまっている可能性があるので、家でゆっくりする時間をとったりマッサージなどに行くといいでしょう。
6 月	●	格好つけたり自分をよく見せようとするよりも、素直な自分でいることが大切な日。根は図々しいので、うまく活かすといい人間関係を作れたり異性受けもよくなるでしょう。
7 火	△	確認ミスや判断ミスをしやすい日。慌ただしいときほど冷静に落ち着いて行動しましょう。周囲におだてられて調子に乗って、安請け合いすることもあるので気をつけましょう。
8 水	☆	付き合いの長い人の味方をすることが大切。新しい人の意見や方法を聞きながらも、これまでのやり方や考え方を忘れないように。守るべき理由があることも学べそうです。
9 木	☆	じっくり丁寧に仕事に取り組む姿勢が大切。今日は思った以上にいい結果を残せたり、頑張りを評価されそう。大事な情報を得たり人脈もできるので積極的に行動しましょう。
10 金	▽	日中は、押しが大切。余計なことを考える前にまずは行動しましょう。夕方あたりから余計な妄想が膨らんでしまいますが、明るい未来を想像しましょう。
11 土	▼	時間が足りなくなってしまったり予想外にバタバタしそうな日。ゆとりを持って行動して、思い通りに進まないことで不機嫌にならないようにしましょう。
12 日	×	予想外の人から急に遊びに誘われることがある日。「面倒だな」と思っても参加してみると思ったよりも楽しめそう。今日は意外性を楽しむようにするといいでしょう。
13 月	▲	余計なことに使っている時間を削る必要がある日。「わかっているけどやめられない」は本気でやめようとしていないだけ。不要なアプリやゲームは消去して時間を大切に使いましょう。
14 火	○	予定を詰め込んででも新しいことに取り組む必要がある日。多少の失敗は当然だと思って取り組むといいでしょう。わからないことは素直に周囲に教えてもらいましょう。
15 水	◎	まずは行動すると大切なことを学べそう。余計な一言になってもいいので言いたいことを伝えてみるといいですが、言葉選びをしっかりするように。少しの勇気が今後を変えそうです。
16 木	□	周囲の才能や能力を認めることが大切な日。自分よりも優れているものを持っているのが他人だと思って、尊敬するといいでしょう。認めることで気持ちが楽になるでしょう。
17 金	■	余計なことが気になって疲れそうな日。自分のやり方だけが正しいと思わないで、流れに身をまかせましょう。イライラするときは目の周りをマッサージするといいでしょう。
18 土	●	恋愛運がいい日。交際が始まったり、告白される可能性も。気になる相手をデートに誘ってみるといい関係に進めそう。新しい出会いも大切なので知り合いに会いに出かけましょう。
19 日	△	遊ぶことで運気の流れがよくなる日。気になる場所やイベントやライブ、舞台を観に行くといい刺激を受けそう。出費が激しくなりますが、それ以上の体験ができそうです。
20 月	◎	付き合いの長い人の能力をしっかり見抜いて認めることが大切な日。友人や知人のよさを認めたり教えることで、あなたの運気もよくなります。いい部分を伝えてみましょう。
21 火	☆	目標を見失わないように。なんとなく続けることが多いタイプですが、将来の夢や希望を忘れないように。大きな夢を語るといい味方を得て、大切なアドバイスを聞けそうです。
22 水	▽	日中は、助け合いが大切。困っている人に手を差し伸べたり、周囲に協力するといいでしょう。夕方以降は自分に足りないことが見えますが、学ぶきっかけになりそうです。
23 木	▼	他人の話をしっかり聞くようにしましょう。他人とは自分の代わりに経験したり学んでくれる尊い存在だと忘れないように。その話が聞けることは自分の話よりも価値があるものです。
24 金	×	他人のことばかり気になったり、目の前のことに集中できない日。自分のペースやリズムを取り戻しましょう。うまくいかないときは、そこから何を学べるか考えてみましょう。
25 土	▲	身の回りの不要なものを片づけましょう。大切にしているものでも、年齢に見合っていないと思えるなら見えない場所にしまいましょう。不要な場合はどんどん処分しましょう。
26 日	○	はじめて会う人から学べることが多い日。友人や知り合いの集まる場所に顔を出したり、急な誘いに即OKして出かけましょう。新しいことに目を向けると人生が楽しくなるでしょう。
27 月	○	不慣れな仕事をまかされたり、これまでと違うパターンの仕事が来そう。臨機応変に対応することで評価されたり、自分のやり方を変えるきっかけになりそうです。
28 火	□	些細な約束でも守るようにしましょう。なんとなく話しただけでもご飯の約束をした人がいるなら連絡をしてみましょう。小さな約束を守る人ほど運は味方するでしょう。
29 水	■	生活習慣を整えることが大切な日。不健康と思えることは避けるようにしましょう。軽い運動やストレッチをしたり、旬の野菜を選んで食べるようにするといいでしょう。
30 木	●	興味のある人やおもしろい人に会える日。視野を広げると素敵な人を発見できそう。あなたも発見してもらえる可能性があるので、笑顔や挨拶、明るい感じの服を心がけましょう。

☆ 開運の日 ◎ 幸運の日 ● 解放の日 ○ チャレンジの日
□ 健康管理の日 △ 準備の日 ▽ ブレーキの日 ■ リフレッシュの日
▲ 整理の日 × 裏運気の日 ▼ 乱気の日 ＝ 運気の影響がない日

7月 2022

▼ 乱気の月

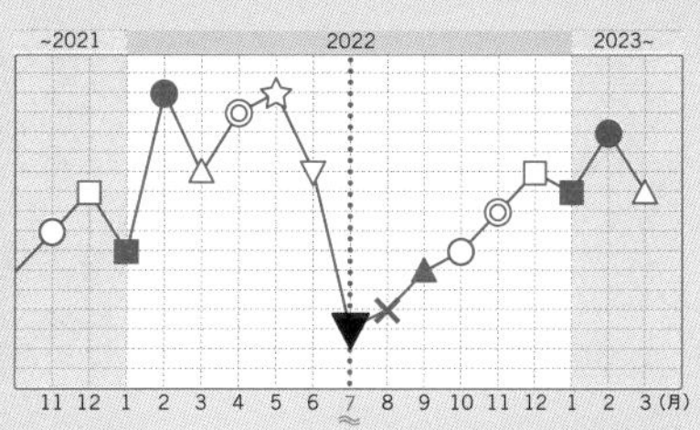

開運 3 カ条

1. 気分で行動しないで冷静に判断する
2. 他人に過度に期待をしない
3. 必要なものをメモして買い物に出かける

総合運

調子に乗りすぎたり問題を他人の責任にしていると、イライラしたりやる気を失う原因になりそう。自分の弱点や欠点を克服する努力をしたり他人を尊重・尊敬することで、不運を避けられます。誘惑も多くなり判断ミスもしやすくなるので自分中心に考えすぎないようにして、周囲が喜ぶことに時間を使いましょう。健康運は、無謀な行動でケガをしたり、暑さで食事のバランスが乱れて体調を崩しやすいので気をつけましょう。

恋愛＆結婚運

先月までいい関係だった人と距離が空いたり、タイミングを逃してしまいそう。焦って関係を深めようとせず、去る者は追わないほうがいいでしょう。新しい出会いはあなたを振り回す相手の可能性が高いので様子を見ること。自分磨きをしたり、趣味の時間を楽しんだほうがよさそう。興味のない人から好意を寄せられて困ることも。結婚運は、話が進みにくい時期なのでケンカには気をつけて。

仕事＆金運

いい意味で区切りがつきそうですが、悪い意味ではやる気を失ってしまいそうな時期。周囲とうまく協力できなかったり、考え方や波長の合わない人と一緒にいる時間が増えてイライラしそう。急な仕事が増える時期でもあるので、やり直しや上司の機嫌に振り回されることもあります。金運は、買い物で必要ないものを買ったり、付き合いや機械の故障で余計にお金を使う機会が増えそう。

日	運気	内容
1 金	△	相手の話をしっかり聞くことが大切な日。自分の話ばかりになっていると大切な情報を得られなかったり、仕事のミスや評価が下がる原因になってしまうでしょう。
2 土	○	気になる相手を遊びに誘うのはいいですが、素直に気持ちを打ち明けたほうがいい日。このままだと異性の友人で終わってしまいそう。少しの勇気が運命を変えるでしょう。
3 日	○	買い物に出かけるにはいい日。夏物の服や今後必要になりそうなものを買いに行くといいですが、安いからといって勢いで購入すると後悔するので気をつけましょう。
4 月	▽	少し早起きして部屋を片づけたり、午前中から仕事をどんどん終わらせるといいでしょう。特に不慣れや苦手だと思うことは早めに。夜は集中力が切れたり、やる気を失いそう。
5 火	▼	珍しいミスをしやすい日。失言や判断ミス、段差で転んでしまうなど雑になりやすいので気をつけましょう。気持ちの切り替えをしたり、休憩する時間をしっかりとるようにしましょう。
6 水	×	自分の言ったことをすっかり忘れたり、約束を忘れて焦ってしまいそう。大事なことはメモしたり、「言った言わない」になったときは先に謝るようにしましょう。
7 木	▲	やる気を失ったり、集中力が続かなくなる日。身の回りをきれいに整理整頓するとやる気と集中力が復活するので、気になる場所をどんどん片づけてみるといいでしょう。
8 金	＝	うまくいかないと思うときはやり方を変えたり、新たな方法を試してみるといい日。手応えがなくてもどんなものか知ってみることで、いいアイデアや発想に変わることがあるでしょう。
9 土	＝	普段なら興味のない映画や舞台を観に行くといい勉強になりそう。不思議な縁もつながりやすいので、知り合いの集まりに参加したり、突然でもいいので食事に誘いましょう。
10 日	□	情報を集めるのはいいですが、すべての情報は演出されているので、誰が発信していて誰が得をしているのか冷静に考えて判断しましょう。振り回されて混乱しないようにしましょう。
11 月	■	クーラーの効きすぎで体がだるくなったり、眠気が抜けないままで出社することになりそう。軽く柔軟体操をしたり、白湯や温かいものを飲むといいでしょう。
12 火	●	能力を認められて注目されることもありますが、悪いほうも目立ってしまう日。サボっていた人は突っ込まれたり、弱点や欠点が明るみに出やすいので気をつけましょう。
13 水	△	他人に過度に期待しているとがっかりすることに。イライラしないで、相手にも事情があると思って次に期待しましょう。完璧な人はいないことを忘れないようにしましょう。
14 木	○	付き合いが長い人に甘えたりまかせっぱなしにしていると、気まずい関係になりそう。「親しき仲にも礼儀あり」を忘れないで、挨拶や感謝の気持ちをしっかり持ちましょう。
15 金	○	自分に足りない部分を突っ込まれる日。注意してくれることに感謝を忘れると苦労の原因になるだけ。嫌われようと思って生きている人はいないことを忘れないようにしましょう。
16 土	▽	午前中は運を味方につけられるので用事や片づけを終わらせておくといいでしょう。カーテンを洗ったり、季節に合わないものはしまうようにしましょう。
17 日	▼	自分の気持ちが理解されなくてがっかりしそうですが、あなたも相手の気持ちを理解できていないことに気づきましょう。自分中心に考えないようにすることが大切。
18 月	×	自分が正しいと思っても、言っていいことと悪いことがあるので気をつけましょう。言い方や言葉選び、伝え方などをもっと考えるようにしましょう。
19 火	▲	愚痴や不満や文句が出てしまいそうな日。マイナス面ばかり見るとやる気を失うので、プラス面を見つけるようにしましょう。小さな幸せを見落とさないようにしましょう。
20 水	＝	ダメ元でも試してみることで人生は楽しくなります。新メニューや新商品を試してみるといいでしょう。ハズレだと思ったときは笑い話のネタになると思っておきましょう。
21 木	＝	生活リズムを変えてみたくなる日。変化を楽しんでみるといいですが、無謀な行動には気をつけましょう。いらないものを購入しないようにしましょう。
22 金	□	なんとなくで行動することが多いタイプですが、今日は計画を立てて行動しましょう。今の仕事が未来にどうつながるのか考えて仕事に取り組むといいでしょう。
23 土	■	夏の疲れが出てしまいそうな日。暑さで体調を崩したり、クーラーで喉や肌の調子が悪くなりそう。冷たいものの飲みすぎで胃腸の調子も崩しそうなので気をつけましょう。
24 日	●	急に友人や知人から遊びに誘われる日。予定が変更になりますが、相手に合わせると思ったよりも楽しい時間を過ごせそう。知らない世界を見られるかもしれません。
25 月	△	忘れ物やうっかりミス、時間や数字の間違いなどをしやすい日。一つひとつに集中して確認をするように。間違えた相手にメッセージを送ることや、誤字脱字にも気をつけましょう。
26 火	○	時間をかけてきたことにいい結果が出る日ですが、時間をかけていないことにはがっかりしたり不満になることがありそう。日々の積み重ねや努力の大切さを学べるでしょう。
27 水	○	何事にも粘りが必要な日。もう1歩踏み込んだり、ダメ元でももう一度チャレンジしてみるといいでしょう。後輩や部下にごちそうするといいので飲み物を買って渡してみましょう。
28 木	▽	日中は自分のペースで仕事ができて満足できそうですが、夕方あたりから周囲の人や偉い人に振り回されそう。流れに合わせながら学べることを見つけるといいでしょう。
29 金	▼	自分でもがっかりするようなミスをしやすい日。置き忘れや連絡ミス、タイプミス、基本的なミスで恥ずかしい思いをしやすいので、確認作業をしっかり行うようにしましょう。
30 土	×	今日と明日は、健康的な生活を心がけましょう。暑いからといって冷たいものの飲みすぎや食べすぎは避けましょう。クーラーの温度も下げすぎないようにしましょう。
31 日	▲	スマホをいじる時間を減らして、目を疲れさせないようにしましょう。ムダなアプリも消してすっきりさせると、気持ちも楽になるでしょう。消去する勇気を出しましょう。

開運のつぶやき　他人の気持ちを想像していない人は、嫌な人間になってしまう

2022

8月

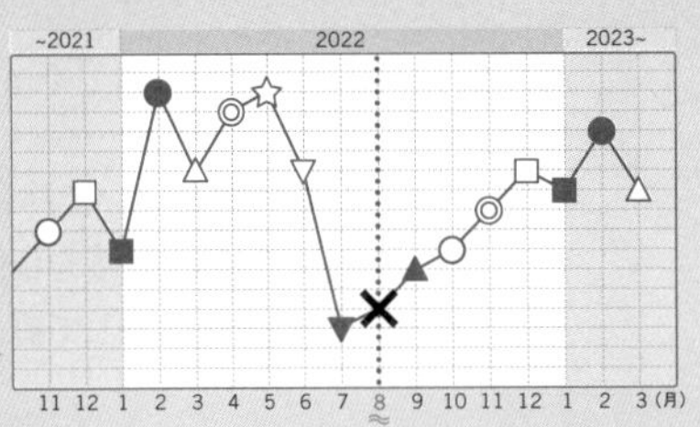

✕ 裏運気の月

開運 3 カ条

1. 意外性を楽しむ
2. 普段行かないようなお店や場所に行く
3. 信頼してくれる人を信じて行動する

総合運

調子に乗りすぎた行動や余計な発言が目立ってしまいそうな時期。自分だけ楽しもうとしないで、周囲も笑顔になれるようにするといい思い出や思わぬ幸運を得られそう。突然環境を変えたくなる気持ちが強くなりますが、勢いで判断しないように。思わぬ落とし穴もあるので、簡単な儲け話や甘い誘惑には気をつけましょう。健康運は、予定を詰め込んで疲れをためてしまいそう。しっかり体を休ませる時間や日を作りましょう。

恋愛&結婚運

手が届かないと思っていた相手とデートができたり、勢いで交際できる可能性がある時期。これまでと違ったタイプとの交際がスタートすることも。予想外の人から好かれる場合もあるので、周囲の評判や冷静な判断を大切にしましょう。新しい出会い運は、大人な感じの人や年の離れた人とはいい関係ができそう。結婚運は、恋人といい関係を保てれば年末に話をまとめられそうです。

仕事&金運

大きなチャンスが巡ってきますが、プレッシャーで押し潰されそうになることも。これまでの経験を全力で活かせば、チャンスをつかんで流れを変えられます。遠慮しないで、勇気を出して積極的に仕事に取り組みましょう。ダメ元で営業に行ったり、アイデアを出してみると、うまくいくことも。金運は、人との関わりにお金を使うといいので、飲み会や食事会に行くようにしましょう。

日	運気	内容
1 月	＝	やる気が出ないときほど、目の前のことに取り組むとやる気が出てきます。後回しにしたりサボろうとすると、どんどんやる気がなくなってミスが増えてしまいそうです。
2 火	＝	1度や2度の失敗でへこたれないで、何がうまくいかない原因なのか考えて、自分を成長させるために必要なことを見つけましょう。周囲からのアドバイスもしっかり聞きましょう。
3 水	□	現実をしっかり受け止めて、あらがうよりも「仕方ないな」と思いましょう。自分のことばかり考えているとストレスもたまるので、周囲や支えてくれた人のために頑張ってみましょう。
4 木	■	体調の異変に気づいているなら無理をしないで早めに病院に行きましょう。疲れや夏バテを感じるときは、無理をしないでゆっくりする時間を作りましょう。
5 金	●	目標を明確にすることで何が必要か見えてくるでしょう。なんとなくで続けていることも、なぜ続けているのか考えてみましょう。明るい未来を想像してみましょう。
6 土	△	友人や知人と遊ぶことで運気の流れがよくなる日。本音を語れる人といろいろ話すと、気持ちがすっきりして頭の中が整理できそう。ただ、飲酒をするとすべて忘れそう。
7 日	○	苦手や不得意と思うことに、ひとつでもいいので挑戦するといい勉強になり運気もアップします。克服できるまで継続的に行ってみるといいでしょう。
8 月	○	余計なものに出費しやすい日。ネットでの買い物やアプリの課金には気をつけるようにしましょう。出費する価値が本当にあるのかしっかり考えるようにしましょう。
9 火	▽	周囲の人の存在や協力してもらえることに感謝できる日。自分のペースばかり優先しないで、周囲と波長を合わせることを楽しんでみましょう。夜は、予定が乱れてしまいそう。
10 水	▼	夏の疲れから胃腸の調子が悪くなったり、疲れがたまってしまいそう。冷たいものばかりではなく、温かいものや胃腸に優しいものを選ぶといいでしょう。
11 木	✕	頑張りが空回りしやすい日。結果につながらないことも多いですが、うまくいかないことや失敗からも学べることがあります。年上の人に振り回されることもありそうです。
12 金	▲	自分ひとりで背負い込まないで、先輩や信頼できる人に相談すると、いいアドバイスを聞けたり悩みが少し解決しそう。素直に助けを求めることも必要だと学びましょう。
13 土	＝	珍しい人から遊びに誘われそうな日。面倒だと思わないで遊んでみると、いい体験や学べることを見つけられそう。あなたからも意外と思える人を遊びに誘ってみましょう。
14 日	＝	これまでなんとなく避けていた映画やドラマを観るといい日。周囲がオススメする理由も見つけられそう。流行っているものにはそれなりの理由があるので見つけてみましょう。
15 月	□	自分の気持ちや考えをうまく伝える方法を考えるといい日。実際に試してみることで学べることがあるでしょう。夜は疲れやすくなったり体調を崩しやすいので気をつけましょう。
16 火	■	疲れから集中力が欠けやすく、小さなケガや打撲をしやすいので気をつけましょう。体調に異変を感じる場合は、無理をしないで涼しい場所でのんびりするといいでしょう。
17 水	●	求められることが増えて忙しくなる日。押しつけられたと思わないで期待されていると思って、相手を驚かすくらいのいい仕事や細部までこだわった仕事をしてみるといいでしょう。
18 木	△	遊び心は大切ですが、調子に乗りすぎて大失敗することがあるので気をつけましょう。遅刻や忘れ物で信用を失ってしまう場合もあるので確認はしっかり行うようにしましょう。
19 金	○	人との縁を感じられる日ですが、面倒な人や悪友から連絡がくることもあるでしょう。苦手と思っていた人からも学べることやいい情報を得られることもあるでしょう。
20 土	○	出費が増える日ですが、楽しめることを選んだり、みんなに喜んでもらえることにお金を使ってみましょう。ごちそうしたり、プレゼントを贈ってみるといいでしょう。
21 日	▽	午前中から行動的になるといい日。買い物や用事は早めに済ませておきましょう。午後からはのんびりする時間をとって、慌てて行動しなくていいようにしましょう。
22 月	▼	余計な妄想が膨らみそうな日。不安になっても妄想なので気にしないように。明るい未来を想像したり前向きな妄想をしましょう。余計な一言にも気をつけましょう。
23 火	✕	自分とは関係のないトラブルに巻き込まれてしまいそうな日。困った人を助けると後に助けてもらえそう。感情的にならないで平常心で取り組むようにしましょう。
24 水	▲	諦めることで気持ちが楽になる日。自分でもムダな時間と思っていることがあるなら今日でやめましょう。「もったいない」と言いながら時間を使うほうがもったいないでしょう。
25 木	＝	新たな挑戦をすることでやる気になれる日。普段なら避けていた方法を試してみましょう。少しくらい失敗しても学べることを見つけられそうです。
26 金	＝	苦労や困難の先に自分の成長があるので、不慣れや苦手に挑戦して少しでも克服する努力をしてみましょう。今日できなくても数日後にできるようになればいいだけです。
27 土	□	余計な考えが浮かぶときほど体を動かすといい日。散歩や軽い運動をするといいですが、家の中ならヨガやストレッチくらいでいいでしょう。夜は疲れが出やすいので早めに寝ましょう。
28 日	■	しっかり疲れをとることに集中するといい日。温泉やスパ、マッサージに行ってのんびりしましょう。予定を詰め込みすぎると体調を崩したり、夏バテを感じそう。
29 月	●	意外な人と仲良くなれたり、味方になってくれる人が現れる日。あなたに必要な話や情報も得られるので、相手の話は最後まで聞きましょう。善意で聞くことも忘れないように。
30 火	△	忘れ物やうっかりミスが増える日。確認したつもりでいると問題になるので、必要以上にチェックしましょう。何事も15分前行動をして時間にゆとりを持つといいでしょう。
31 水	○	過去の知識が役立ちそうな日。雑談が盛り上がって仕事がうまくいったり、いい人間関係を作れそう。同じような話でも盛り上がるなら何度も話しておきましょう。

☆開運の日 ◎幸運の日 ●解放の日 ○チャレンジの日
□健康管理の日 △準備の日 ▽ブレーキの日 ■リフレッシュの日
▲整理の日 ✕裏運気の日 ▼乱気の日 ＝運気の影響がない日

2022 9月

▲ 整理の月

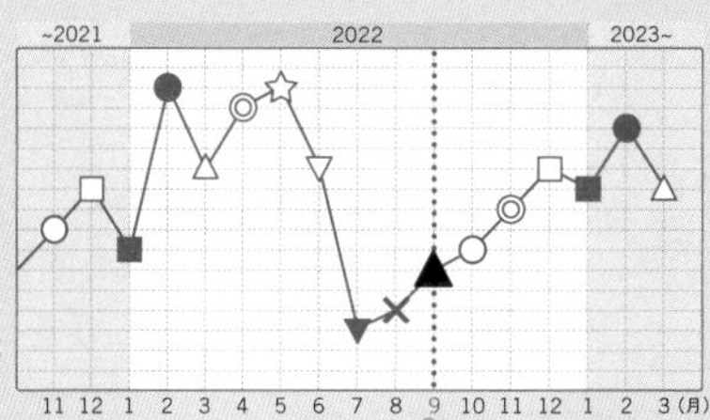

開運 3 カ条

1. 気分転換をマメにする
2. 身の回りの掃除をしてスッキリさせる
3. 深く語れる友人と会う

総合運

中旬まではモヤモヤした気持ちややる気のなさを感じたり、将来の不安など余計なことを考える時間が増えそう。無謀な行動に走らないようにして現状を維持していれば、下旬には前向きに考えられたり悩みや不安を解消できる流れになりそう。いい意味で開き直れたり、集中できるようになるので、気になることを探してみるといいでしょう。健康運は、ドジなケガをしやすいので雑な行動には気をつけましょう。

恋愛&結婚運

進展が望めない相手を諦めることで次の恋につながる月。好きな相手のことを考えて妄想恋愛するのはいいですが、好意を伝えても動きがない相手のことはきっぱり諦めて、他の人を見たり知り合いの輪を広げましょう。新たな縁は下旬からゆっくり動きはじめそうなので、髪型や服装を変えてみましょう。結婚運は、今月は進展が厳しそうなので無理しないで気楽に考えておきましょう。

仕事&金運

突然仕事を辞めたくなったり、サボってしまう日が増えそうな時期。休みの予定を先に立てたり仕事終わりに遊びに行くなど、気晴らしするといいでしょう。下旬になるとやる気がジワジワ出てきて仕事に集中できたり、求められることが増えて悩みや余計な考えも減ってくるでしょう。金運は、ストレス発散や楽しいことに出費するといいでしょう。家電や物が壊れて余計な出費もありそう。

日	運気	内容
1 木	○	余計なことを考えないで、自分の納得がいくように仕事するといい日。他人と比べたり、先のことを考えすぎないように。目の前のことに集中すると気持ちも楽になるでしょう。
2 金	▽	午前中は余計な問題は発生しにくいでしょう。夕方あたりから水を差すようなことを言われてやる気をなくしたり不機嫌になりそう。好きな音楽を聴いて気分転換しましょう。
3 土	▼	予定が突然空いたり、余計なことを考える時間が増えそう。身の回りを片づけるのはいいですが、間違えて大切なものを処分したり、ケガすることがあるので気をつけましょう。
4 日	×	無謀な行動や不慣れなことに挑戦したくなる日ですが、今日は無理しないでのんびり過ごすといい日。昼寝をしたり、だらだら過ごしてみるといいでしょう。
5 月	▲	投げ出したくなる出来事が起きたり、やる気の出ない時間が増えそうな日。気分転換したり、ゆっくりでもいいので前に進むようにしましょう。焦って結果を求めないようにしましょう。
6 火	＝	新しいことに目を向けることで、気持ちが前向きになったり、やる気になれそうな日。いつもと変わらない風景を見ながらも変わったところを探してみるといいでしょう。
7 水	＝	余計な妄想ばかりしていると虚しくなってしまうだけ。積極的に仕事に取り組んでみると余計なことを考えなくなるので、わざと忙しくしてみるといいでしょう。
8 木	□	ムダなことでも一生懸命取り組んでみるといい日。今日の頑張りが結果にすぐつながらなくても、精神的に強くなれたり、忍耐力をつけることができそうです。
9 金	■	気分転換やストレス発散が必要な日。思ったよりも疲れがたまっているので無理をしないようにしましょう。おいしいスイーツを食べてゆっくりする時間を作るといいでしょう。
10 土	●	幼稚な趣味やなんとなく続けていることから離れるにはいい日。別れたいと思っている恋人に気持ちを伝えるにもいいタイミング。グループや悪友と離れるのにもいい日です。
11 日	△	遊びに出かけるにはいい日。笑わせてくれる人や一緒にバカ話ができる人に連絡してみるといいでしょう。話すことで気持ちも頭もすっきりさせられるでしょう。
12 月	○	先輩や上司に振り回されてしまいそうな日ですが、相手を喜ばせてみるといい方向に進みそう。面倒なこともありますが、ここは少し我慢をしてみるといいでしょう。
13 火	○	数字やお金、時間にこだわって仕事するといい日。ムダをできるだけ減らして、合理的に動くようにしましょう。先のことをもっと考えるといいアイデアや工夫が生まれそうです。
14 水	▽	午前中は順調に物事が進みやすい日ですが、時間にはゆとりを持って行動しましょう。午後からは予想外に忙しくなったり、急な仕事をまかされてしまうことがありそう。
15 木	▼	世の中にはグレーゾーンがたくさんあることを忘れないようにしましょう。曖昧でいいことや、いい加減だからいいこともあることを覚えておきましょう。
16 金	×	弱点や欠点を突っ込まれたり、プライドが傷ついてしまうことがありそうな日。意地を張るよりも、素直に頭を下げたり、他の人にお願いをするといいでしょう。
17 土	▲	大事なものをなくしたり、スマホや機械を壊してしまいそうな日。壊れやすそうなものは雑に扱わないようにしましょう。スマホを落として画面を割ってしまうこともありそう。
18 日	＝	連絡先を交換しただけで遊んだことのない人に連絡してみるといい日。思ったよりも話が盛り上がったり、知り合いの輪が広がって、いい縁につながることもありそうです。
19 月	＝	出社時間を変えたり、生活リズムを変化させてみるとおもしろい出来事やいい発見がありそうな日。ムダと思っても変化を優先するといいので、楽しんでやってみましょう。
20 火	□	何となく置きっぱなしにしてあるものや本などを、時間を作って片づけるといい日。特に年齢に合わないようなものや昔のものを片づけると気分がすっきりするでしょう。
21 水	■	頑張りすぎは疲れてしまうので無理はしないようにしましょう。段差で転んだり、引き出しで指を挟んでしまうようなこともありそう。丁寧に行動するように心がけましょう。
22 木	●	頼りにされることがありますが、負担と捉えず「求められている」と前向きに受け止めましょう。目立つポジションをまかされることもあるので、張りきって引き受けましょう。
23 金	△	なくし物をしやすい日。置いてあるはずのものがなくなっていたり、置いた場所を忘れてしまいそう。大事なものは保管した場所を写真に撮って忘れないようにしておきましょう。
24 土	○	知り合いと縁がある日。気になる人を遊びに誘うとおもしろい話を聞けたり、いい時間を過ごせそう。行きつけのお店に行ったり、お気に入りの場所に行くといいでしょう。
25 日	○	買い物に行くといい日。日用品や消耗品を買いに行くといい気分転換になりそうです。入浴剤や柔軟剤などでお気に入りの香りを探してみると楽しい時間を過ごせそうです。
26 月	▽	朝からやる気になって気持ちが吹っ切れそう。大事な用事は先に済ませておくといいでしょう。夕方以降は疲れを感じたり、集中力が途切れてしまうことがありそう。
27 火	▼	空回りや噛み合わない感じがありそうな日。失敗から学んで同じことを繰り返さないようにしましょう。問題の原因をしっかり見つけられるようにしましょう。
28 水	×	予想外の人と仲良くなったり、意外な仕事が舞い込んでくることがありそう。今できることに最善を尽くして、結果がすぐに出なくても焦らないようにしましょう。
29 木	▲	いい意味で諦めも肝心な日。無理なことは改めて取り組んだり、協力してもらうといいでしょう。違う角度からのアイデアを出すと流れを変えることもできそうです。
30 金	＝	新しいことに敏感になって生活するといい日。古いやり方よりも新しいことに挑戦しましょう。アプリやネットをうまく使うと、いいやり方を編み出す方法を見つけられそう。

開運のつぶやき　依存は不幸の始まり。自立は幸せの始まり

2022 10月

○ チャレンジの月

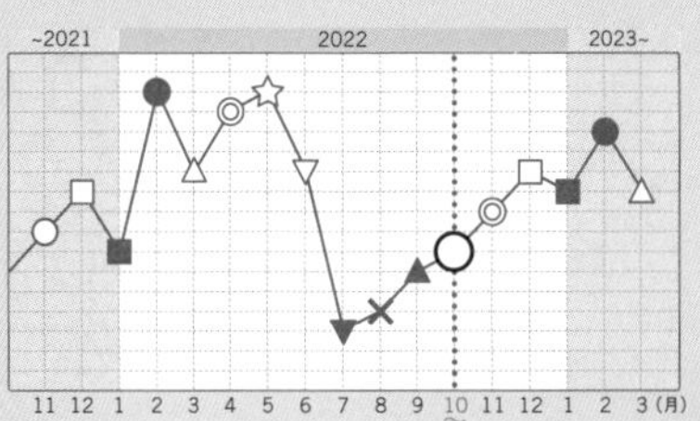

開運 3 カ条

1. 変化を楽しんでみる
2. 新しいことに挑戦をする
3. 知り合いの輪を広げる

総合運

視野が広がりフットワークも軽くなる時期。気になることにどんどんチャレンジしたり、知り合いの輪を広げることが大切。好奇心の赴くままに行動することで、人生を変えるようないい経験ができたり大切な情報を入手できるでしょう。明るくイメチェンしたり、生活環境やリズム、習慣を変えてみると、人生観や運気の流れを変えられそうです。健康運は、定期的な運動を始めたり食事のバランスを整えるといいでしょう。

恋愛&結婚運

新しい出会いが増えはじめ、気になる異性に出会える時期。知り合いの輪を広げるといい縁につながるので、いろいろな人と話しましょう。少し図々しくなったり、飲み会や食事会を主催するといいかも。しばらく恋人のいない人はイメチェンしたり、生活リズムや環境を変えましょう。結婚運は、将来の話をすると勢いで入籍日が決まりそう。知り合いの強い後押しがあると早く進められそう。

仕事&金運

先月まで悩んだり考え込んでいたことを忘れて目の前の仕事に集中できるようになったり、やる気が湧いてくる時期。新しい仕事をまかされたり、自ら仕事を作って楽しく取り組むこともできそう。能力や魅力を認めてくれる人にも会える運気なので、人とのつながりを大切にしましょう。少しの勇気が人生を大きく変えるでしょう。金運は、最新のものに買い替えるにはいい時期です。

日	運気	内容
1 土	○	知り合いを遊びに誘ったり、未体験のことに思いきって挑戦するといい日。経験もしないで否定している間はいつまでも世界が狭いままで、チャンスを逃すだけだと思いましょう。
2 日	□	年末までの遊びの予定や今後の計画をざっくりでもいいので立ててみるといい日。目標が決まることでやる気になれたり、わくわくすることにもなりそうです。
3 月	■	勘が外れやすくタイミングが悪くなりやすい日。思っているよりも疲れやストレスがたまっている可能性が高い日なので、しっかり休憩をとって軽く運動するといいでしょう。
4 火	●	あなたの能力や才能を必要とする人が現れたり、実力を発揮できる流れになりそうです。意見をはっきり伝えてみると協力してくれる人も見つかるでしょう。
5 水	△	いろいろなことを考えすぎたり妄想が激しくなりそうな日。余計なことばかり気になって仕事でミスが増えてしまうので、目の前のことに集中するようにしましょう。
6 木	◎	一度逃したチャンスが巡ってきたり、これまでの経験をうまく活かすことができそうです。付き合いの長い人からのアドバイスを真剣に聞いて実行するといい結果につながりそうです。
7 金	☆	些細な仕事でも真剣に取り組むことで、いい結果や評価につながりそうです。実力を出しきるぐらいの気持ちでいるといいでしょう。大事な出会いもありそうです。
8 土	▽	午前中に買い物や用事を早めに終わらせるといい1日になるでしょう。急な誘いもあるのでOKしてみましょう。夜は、ドジなミスをしやすいので気をつけましょう。
9 日	▼	タイミングの悪さを感じそうな日。過度に期待しないで流れに身をまかせましょう。不機嫌な人に会って余計なことを言われることもあるので、距離感を間違えないようにしましょう。
10 月	×	ムダな反発や否定的な言葉を避けましょう。相手の意見を尊重して合わせてみると、いい勉強や発見につながりそう。相手を尊重することを忘れないようにしましょう。
11 火	▲	職場の整理整頓や仕事道具の手入れをしっかりするといい日。朝から片づけをすると自然と仕事へのやる気がアップしそう。引き出しの中や書類などもきれいに整えましょう。
12 水	○	気になることを調べてみるといい発見がある日。ネットだけでなく、本を読んだり詳しい人に話を聞くといいでしょう。興味のあることが更に増えそうです。
13 木	○	生活リズムを変えてみるといい日。普段とは違う時間に出社したり、道や乗る電車の時間を変えてみるといいでしょう。人との縁や流れが変わって楽しめそうです。
14 金	□	3年後の自分を想像するといい日。未来の自分が今の自分にどんなアドバイスをするか想像すると、今やるべきことが見つかりそう。地味な努力を忘れないようにしましょう。
15 土	■	今日はしっかり体を休ませるといい日。ゆっくりするのはいいですが、暴飲暴食は避けて、好きな音楽を聴いたり、本を読んでのんびりするといいでしょう。
16 日	●	知り合いの知り合いに会うことでいい縁がつながりそう。しばらく連絡していない人を遊びに誘いましょう。異文化交流会をするくらいの気持ちでいるといい日になりそう。
17 月	△	小さなミスが増えそうな日。失言や忘れ物、遅刻をしやすいので気をつけましょう。ミスしたことが後に判明する場合もあるので、仕事終わりのチェックはしっかり行うように。
18 火	◎	同じようなミスや繰り返しが続いているときほど、「人生はらせん階段」だと思いましょう。同じようでもしっかり上に登って成長しているものだと覚えておきましょう。
19 水	☆	仕事が難しいと思う前に、実力を認められてまかされていると思って、もうひと踏ん張りすると壁を越えられます。自分勝手に「無理」とか「できない」と思わないように。
20 木	▽	午前中は失敗してもいい経験になりそうですが、夕方あたりからの失敗は本気で叱られてしまいそう。いい失敗と悪い失敗があることを忘れないようにしましょう。
21 金	▼	時間がかかることを悪いと思わないようにしましょう。今日は何事にも時間がかかったり、ムダな時間を過ごすことになりそう。時間の大切さを学ぶこともできそうです。
22 土	×	急に会いたくなった人に連絡するといい日。「急に会いたくなったから」と伝えてみると思った以上に喜ばれたり、異性の場合はいい関係に進む場合があるでしょう。
23 日	▲	家の大掃除をするといい日。使わないものや昔の趣味の道具、着ていない服などは一気に処分しましょう。しまったままにしてあるものも処分するといいでしょう。
24 月	○	仕事のできる人もできない人も大きな差はないもの。少しのやる気と思いやり、親切心、気遣いなど小さな差をゆっくり埋めてみるといいでしょう。
25 火	○	気持ちを切り替えて「昨日は昨日、今日は今日」と思うと、いい仕事ができるようになるもの。過去をグチグチ言う人は、いつまでも遅れ続ける人なので放っておきましょう。
26 水	□	頑張っている人の存在に気づくことが大切な日。後輩や部下、上司がどんな風に頑張っているのか観察しましょう。自分とは違う頑張り方を認めることで自分も成長できるでしょう。
27 木	■	元気に振る舞うことで、本当に元気になれる日。おもしろくなくても笑っていると本当に楽しくなります。些細なことでも楽しんで笑うようにするといい1日になるでしょう。
28 金	●	先輩や上司、先に経験している人に簡単に追いつけると思わないで、今自分がやるべきことをしっかり行いましょう。他人を認めて尊敬すると1歩成長できるでしょう。
29 土	△	今日はしっかり遊ぶことで運気がよくなる日。何事も楽しんだり、遊び心を膨らませましょう。ちょっとしたいたずらやドッキリ、みんなが笑うことをやってみるといいでしょう。
30 日	◎	友人や知人の誕生日やめでたいことをお祝いするといい日。前後1カ月で祝えそうな人に連絡してみましょう。お祝いできる幸せを忘れないようにしましょう。
31 月	☆	頑張っている人を認めることで自分も頑張れる日。他人を小馬鹿にしているといつまでも小馬鹿にされるので、「世の中は自分の見方次第」ということを忘れないように。

☆開運の日 ◎幸運の日 ●解放の日 ○チャレンジの日
□健康管理の日 △準備の日 ▽ブレーキの日 ■リフレッシュの日
▲整理の日 ×裏運気の日 ▼乱気の日 ＝運気の影響がない日

11月 ◎ 幸運の月

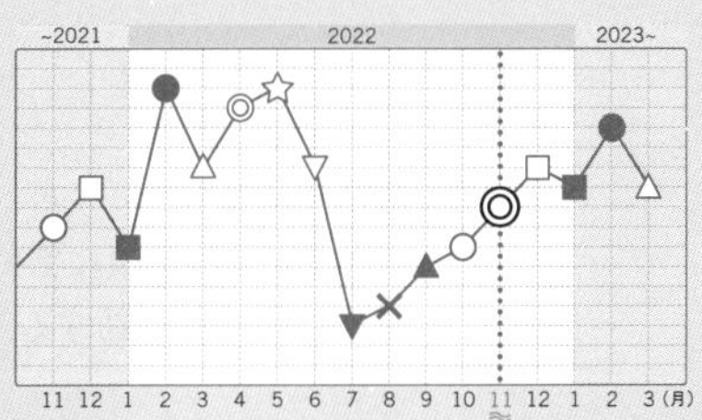

開運 3 カ条

1. 先輩や後輩を食事に誘う
2. 何事も試しに挑戦してみる
3. フットワークを軽くして交友関係を広げる

総合運

行動力がアップしていろいろなことにチャレンジしたくなる時期。不慣れや未経験なことほど挑戦することが大切。いきなり結果を出そうとしないで、試しに行動することが後の人生を大きく変えます。多少の失敗を恥ずかしいと思わないようにしましょう。交友関係を広げるといいので、年齢を気にしないで飲みや食事に誘いましょう。健康運は、定期的な運動を始めたり、目標を決めてダイエットや体力作りを始めるにはいい時期です。

恋愛＆結婚運

先月あたりから仲のいい人がいるなら、ひと押しすると勢いで交際できたりいい関係に進めそう。ここで遠慮するとタイミングを逃すのでマメに会えるように努めてみましょう。新しい出会い運もよく紹介も期待できるので、急な集まりにも張りきって参加して、出会った人とは必ず連絡先を交換しましょう。結婚運は、「将来（結婚）どうする？」と軽く聞いた流れから急に話がまとまりそう。

仕事＆金運

積極的に仕事に取り組めて、やる気と結果がついてくる時期。目の前の仕事に一生懸命になると、充実した日々を過ごせるでしょう。憧れの上司や先輩と仲良くなると、仕事が楽しくなったりコツを教われるかも。仕事関係者とプライベートで遊ぶことも大切なので思いきって誘いましょう。金運は、買い替えにいい時期。普段行かないお店に行きましょう。投資を始めるにもいい時期です。

日	運気	内容
1 火	▽	午前中は自分で進んで仕事に取り組むといいですが、午後からは周囲が仕事をしやすいようにしたり、「どうしたら動いてくれるだろうか」と考えながら仕事を進めるといいでしょう。
2 水	▼	他人の短所に目がいってイライラするときは「自分自身に負けているとき」だと思って相手のいい部分を探したり、短所を長所にできるように見方を変えてみましょう。
3 木	×	嫌味や余計な一言を言われそう。マイナスに受け止めすぎないで、笑いに変えたり、上手に返してみるといいでしょう。人には不機嫌なときがあると思って許してあげましょう。
4 金	▲	うまくいかないことを考えるよりも、「自分の不慣れや弱点がわかった」と前向きに受け止めましょう。苦しいを楽しいに変換できるように意識して過ごすといい1日になるでしょう。
5 土	○	ひとりで楽しむのもいいですが、今日は友人や知人と一緒に楽しむといい日。何をしたらみんなで笑って楽しく過ごせるか考えてみるといいでしょう。
6 日	○	言葉ひとつで人生は変わるもの。友人や知人と語るときに、言い方や伝え方を変えるといい発見がありそう。いい出会いもある日なので、メイクや髪型、服装には気合いを入れて。
7 月	□	知恵と工夫を意識して仕事に取り組むことが大切な日。うまくいかなかったら違う知恵や工夫を試せばいいだけ。仕事がゲーム感覚になれば人生は楽しくなるでしょう。
8 火	■	ムダな苦労をしやすく、疲れがたまってしまいそうな日。頑張るのはいいですが、力を入れすぎないで少し肩の力を抜いたり、楽しんで仕事ができるように工夫しましょう。
9 水	●	目先の結果よりも信用を優先するといい日。正直な意見で自分が損しても、本当のことを相手に伝えましょう。今は叱られても正直な気持ちが信頼を得て、評価や仕事につながります。
10 木	△	小さな失敗をしやすい日。挑戦した失敗とただのドジとは大きく違うので、どうせ失敗するなら新しいことに挑戦したり、自分の学びになる失敗をしてみましょう。
11 金	◎	言い訳を先に考えないで、「どうしたらできるかな」と成功する方法やアイデアを出すといい日。これまでの経験をうまく活かせたり、知恵のある人からいい情報を得られそう。
12 土	☆	買い物をするにはいい日。服のイメージを変えたり、普段とは違うお店に入ってみるといいでしょう。髪を切るのにもいい日なので、思い切ってイメチェンしてみましょう。
13 日	▽	午前中から行動的になるといいので、用事は早めに済ませましょう。ランチデートにもいい日なので気になる人に連絡しましょう。食べながら一杯飲むくらいのノリがいいでしょう。
14 月	▼	勘が外れたり、噛み合わない感じになりそうな日。うまくいかないことから学べると思って前向きに捉えましょう。問題を隠したり逃げると面倒につながるので素直に報告しましょう。
15 火	×	「でも」「だって」「どうせ」と言い訳をして面倒と思えることを避けないように。自分の至らない点を認めて、苦労や面倒を成長するきっかけにしましょう。
16 水	▲	ひとつのやり方にこだわるよりも、違うことを試すといい日。失敗して恥ずかしい思いをすることがありますが、不要なプライドを捨てられていいでしょう。
17 木	○	自分とは違う正解を持っている人の話を聞ける日。いろいろな考え方や仕事の進め方、目的の違いも勉強になります。他人の正解からいいアイデアを生み出せそうです。
18 金	○	大きな目標を達成できて満足するのはいいですが、小さなことでもしっかり満足できるようにしましょう。今日は些細なことの達成にしっかり満足してみましょう。
19 土	□	気になる相手に連絡するといい日。今日会えなくても、来月くらいに遊ぶ約束ができるといいでしょう。会えるときは、笑顔や楽しい空気を出しましょう。
20 日	■	今日は寝不足や疲れを感じそうな日。予定を詰め込みすぎないで、昼寝する時間を少しでも作ると頭がすっきりするでしょう。夜は急な誘いがありそうです。
21 月	●	妄想や空想が好きなタイプですが、仕事のやり方や目標に向かって具体的なアイデアを考えるといい日。周囲が驚くような方法を編み出したり、いいアイデアを採用してもらえそう。
22 火	△	好き嫌いで判断している間は、苦しい状況は変わらないもの。「自分の得意なことで周囲が助かっているのか、感謝されるのか」で判断するといいでしょう。
23 水	◎	人との縁を感じる日。珍しい人から連絡が来たときは、食事や飲みに誘ってみるといいでしょう。今夜会える人とは相性がよかったり、大事な話が聞けそうです。
24 木	☆	嫌々仕事しても自分の成長にならないでしょう。感謝の気持ちを込めて取り組むと流れが大きく変わったり仕事が楽しくなります。同じ仕事をするなら感謝を忘れないようにしましょう。
25 金	▽	日中は順調に進みそうですが、夕方あたりから思い通りにならなかったり、おもしろくない環境になってしまいそう。考え方を変えておもしろくしてみるといいでしょう。
26 土	▼	急に予定が変わったり、ドタキャンやムダな時間を過ごしそう。あなたが寝坊して相手に迷惑をかけてしまうことも。慌ててケガをしないように気をつけましょう。
27 日	×	1日をボーッと過ごしてもいいですが、今日はあえて不慣れや苦手に挑戦するといい日。裏運気の裏を狙ってみると予想外を楽しめそう。予想外の異性と遊べることもあるかも。
28 月	▲	ムダな苦労を避けることが大切な日。もっと効率よく仕事を進めたり、行動を少し変えてみるといいでしょう。不要な動きや余計なことを考える時間を減らしましょう。
29 火	○	どんなことでも楽しむといい日。どうしたら自分が楽しめるのか、日々の生活も仕事もゲームだと思って、自分独自のルールを作るなどすると楽しい1日になるでしょう。
30 水	○	急な仕事やまかされることが増える日。やるべきことが増えますが、行動範囲や視野も広がって楽しい経験ができそうです。面倒だと思っても思いきって挑戦してみましょう。

開運のつぶやき　最初からできなくていい。チャレンジすることが大切

12月 2022

□ 健康管理の月

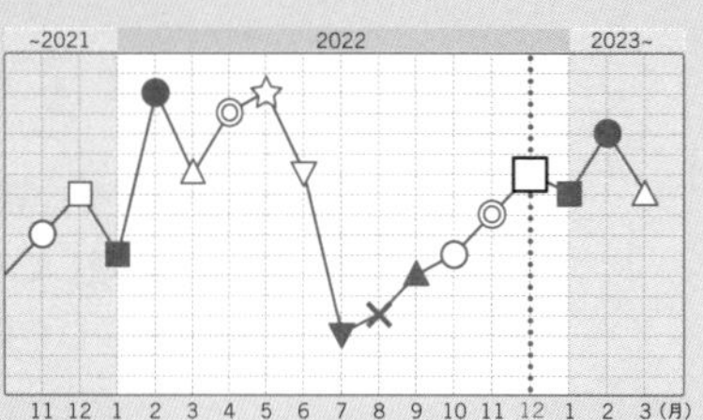

開運 3 カ条

1. 期待に応える
2. 好きな人には素直に気持ちを伝える
3. 遠慮しないで行動する

総合運

自分の進むべき道が見えたり、いい味方が集まる時期。本気で取り組みたいことを見つけられて、大きなチャンスも舞い込んできます。今月は遠慮しないで挑戦すること。特にこれまでの頑張りを評価してくれる相手の話はしっかり聞きましょう。健康運は、スタイルが気になっているなら、半年かけて理想に近づける努力を始めましょう。ハードなことよりも続けられる方法を選んで。下旬はうっかりのケガや風邪に気をつけましょう。

恋愛&結婚運

片思いの相手や気になる人にマメに会うと、交際に発展したりいい関係に進めそう。告白までできなくても、好意を伝えてみるといいでしょう。新しい出会い運は運命の相手に出会える可能性が高いので、後輩や部下、お世話になっている人からの紹介や食事会は、急でもOKしましょう。結婚運は、入籍するには最高の運気。相手がもたもたするなら押しきって自らプロポーズしましょう。

仕事&金運

驚くような仕事をまかされたり、チャンスをつかめそうな時期。楽しく仕事に取り組みましょう。先輩や昔の上司からいい話が来ることもありそう。この時期に遠慮すると運の流れを逃すので、ときには思いきった勝負に出るのも大切です。金運は、買い物にいい時期。家や車など資産価値があるもの、いい服や靴など、長く使うものを購入しましょう。投資を始めるにも最高のタイミングです。

日	運気	内容
1 木	□	明確な目標を決めないで、自分はどんな風になりたいのか想像するといい日。そこに向かって何となくでもいいので今できることをやっておきましょう。
2 金	■	疲れを感じる前に休憩したり、ハイペースで仕事をしないようにしましょう。ゆっくりでもいいので長く続けられるように調整しながら仕事するといいでしょう。
3 土	●	好きな人と会ったり、勢いで交際をスタートできそうな日。積極的に行動するといいでしょう。買い物運もいい日なので、魅力がアップするような明るい色の服を選びましょう。
4 日	△	遊び心が運気をよくする日。何事も楽しんでみたり、前向きに受け止めてみましょう。誘いをOKして普段と違うノリを楽しみましょう。うっかりミスだけは気をつけて。
5 月	◎	いろいろな経験をして今があるので、今日の出来事も未来から見れば経験のひとつ。いい積み重ねをして未来の自分が笑顔になることを少しでもいいのでやっておきましょう。
6 火	☆	やり残しがないように全力で取り組むといい日。雑用だと思わず自分に与えられた仕事だと思って、きっちり行いましょう。他にもいい仕事や大事な仕事が舞い込んできそう。
7 水	▽	午前中は調子のよさを感じる日。目標を達成できることもあるでしょう。夕方あたりからは小さな判断ミスや心配事、タイミングの悪さを感じそう。一歩引いて冷静に判断しましょう。
8 木	▼	苦労や辛いことは誰にでもありますが、そこから学ぶことで成長できるでしょう。自分より困っている人がいたら些細なことでもいいのでできることを見つけて手助けしましょう。
9 金	×	がっかりする報告を受けそうですが、「このくらいで済んでよかった」と気持ちを切り替えるとやるべきことが見えます。過ぎたことをいつまでも考えないで次を目指しましょう。
10 土	▲	大掃除をするのにいい日。使わないものや不要なものは今日で一気に処分しましょう。買ったけれど着ない服や読まない本は、人にあげるなどすると喜ばれるでしょう。
11 日	○	はじめて行く場所で素敵な出会いやいい経験ができそう。急な誘いでもOKして顔を出すといい縁がつながりそう。普段なら断るようなイベントやライブにも行ってみましょう。
12 月	○	自分のことや小さなことを考えないで、組織や全体のことを考えて行動するといい日。社会の流れや仕組みをいろいろ想像して、自分が役立つことを少しでも行いましょう。
13 火	□	「あとこれしかない」と思わないで「まだこれだけある」と思って前向きに挑戦しましょう。自分勝手に諦めたり、手を抜かないように。粘り強く根気強く続けてみましょう。
14 水	■	気持ちも体も楽にするといい日。予定を詰め込んだり無理を続けないように。力を加減したり、ときにはサボってもいいでしょう。限界まで頑張らないように心がけましょう。
15 木	●	あなたの頑張りで他の人が笑顔になったり、感謝される日。少しくらいの困難なら勢いで乗り越えられるでしょう。素敵な出会いもあるので、職場も含めて挨拶やお礼はしっかり。
16 金	△	小さなミスをしやすい日。確認や事前準備をしっかりしておけば、問題は簡単に避けられるでしょう。周囲を笑わせたり、おもしろい話をすると人気と運を集められるでしょう。
17 土	◎	付き合いの長い人から急な誘いがありそう。自ら連絡してご飯に誘ってみるのもいいでしょう。話の流れから素敵な人を紹介してもらえたり、前向きな話やいい仕事の話もできそうです。
18 日	☆	買い物に最高の日。長く使えるものや資産価値のあるものを買いましょう。財布や鞄の買い替えを考えているなら思いきっていいものを選んでみましょう。髪型を変えるにもいい日です。
19 月	▽	真面目に取り組むといい日。人生を楽しむためにも仕事に一生懸命取り組んだほうがいいでしょう。仕事が楽しくなれば人生は一気に豊かになるでしょう。
20 火	▼	運まかせの行動は慎んだほうがいい日。今日は、運気が悪いのではなく実力で勝負する日だと思いましょう。思い通りに進まないときは「これまで運がよかっただけ」と思いましょう。
21 水	×	頑張っている人が評価されたら、素直に喜んで認めるようにしましょう。余計な一言を言わないように。表情にも出やすいので気をつけましょう。
22 木	▲	不要なデータを消去したり、いらないものを処分するにはいい日ですが、うっかり必要なものまで消してしまうことがあるので気をつけましょう。確認してから判断しましょう。
23 金	○	少しでもいいので新しいことに挑戦してみましょう。気になることを調べたり、新しくできたお店に行ってみるといい出会いやおもしろい経験ができそうです。
24 土	○	これまでとは違ったクリスマスイブを過ごせそう。いい思い出になるように工夫すると思った以上に盛り上がるでしょう。予定が空いている場合は友人を誘ってみるといいでしょう。
25 日	□	1日の予定をしっかり考えて行動するといい日。時間を決めていろいろ予測したり、逆算して何をするべきか判断しましょう。夜はゆっくりお風呂に入るといいでしょう。
26 月	■	些細なことでイライラしたときは疲れがたまっている証拠。無理をしないで休んだり、気分転換する時間を作りましょう。軽い運動をして汗を流すと気分もすっきりするでしょう。
27 火	●	異性との関係が一気に進展する日。気になる相手に連絡すると会えることになったり、急な連絡でタイミングよくご飯に行けそう。遠回しでもいいので気持ちを伝えてみましょう。
28 水	△	年末年始の準備よりも、遊びに出かけたり、気になる場所に行ってみましょう。おもしろい経験ができたり、思いっきり笑っていい日になりそう。ドジなことには気をつけましょう。
29 木	◎	部屋の大掃除や片づけをするといい日です。なくしたと思ったものがいろいろ出てきそう。夕方以降は、忘れていたお金やアクセサリーなどが出てくることがありそうです。
30 金	☆	この1年頑張ったと思えるなら、午前中に思いっきり買い物するといいでしょう。午後なら、12〜16時は買い物を避けて、17時から閉店までの間に買い物するといいでしょう。
31 土	▽	日中は順調に進むので、掃除や年越しの準備、年賀状を書いておきましょう。夜は、予想外の人からの連絡で振り回されそうですが、できるだけ家でのんびり過ごしましょう。

☆ 開運の日　◎ 幸運の日　● 解放の日　○ チャレンジの日
□ 健康管理の日　△ 準備の日　▽ ブレーキの日　■ リフレッシュの日
▲ 整理の日　× 裏運気の日　▼ 乱気の日　＝ 運気の影響がない日

銀のインディアン座

持っている星
★マイペースの星　★他人の言動に敏感な星　★理想が高い星
★束縛が苦手な星　★3つのことを同時にできる星　★妄想が激しい星
★社会に出てから花開く星　★手先は不器用な星

12年周期の運気グラフ

銀のインディアン座の2022年は…

■リフレッシュの年

12年周期の中で最後の試練の時期となる「リフレッシュの年」。求められることが増えて心身ともにプレッシャーがかかりますが、しっかり休んで乗り越えましょう。2022年からは運気上昇！

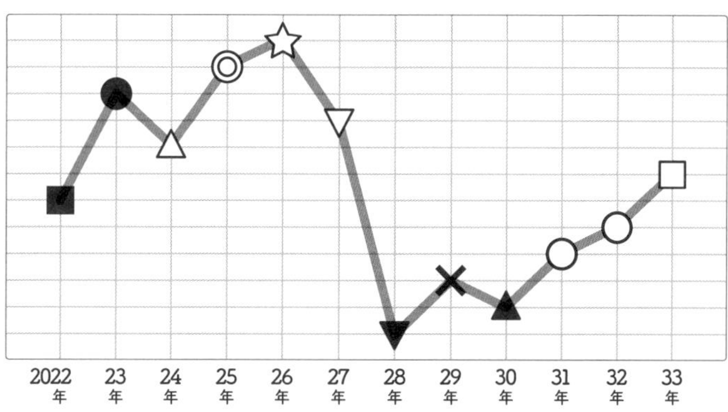

☆開運の年　◎幸運の年　●解放の年　○チャレンジの年　□健康管理の年　△準備の年
▽ブレーキの年　■リフレッシュの年　▲整理の年　✕裏運気の年　▼乱気の年

銀のインディアン座はこんな人

基本の総合運

妄想や空想が激しく、常にいろいろと考えていますが、楽観主義で、他人の目や評価はあまり気にしないタイプ。かといって無神経ではなく、相手が何を考えているのかを察する力にも長けています。「人は人、自分は自分」「過去は過去、今は今、未来は未来」と割りきった考え方をし、何事にも執着せず飄々と生きています。学生時代の友人との縁を切ってでも、社会での知り合いを増やすことで能力や才能を開花させられるでしょう。心は中学2、3年生で止まったままで、見た目も若く見えることが多いでしょう。

基本の恋愛&結婚運

妄想恋愛をしがちで、いろいろな相手で想像しているタイプ。そのため好きになる人の理想が高くなりやすく、特に才能豊かな人やセンスのいい人、好きなことに一生懸命で輝いている人を好きになることが多いでしょう。ただし、自分のペースを邪魔するような相手とは長続きしません。適度な距離感を保てて自由にさせてくれる人となら続くでしょう。結婚願望は強くはありませんが、周囲の友人がみんな結婚をしてしまったり、恋人が積極的で束縛しないタイプだったりすると、突然結婚することもあるでしょう。

基本の仕事&金運

情報系や流動性のある仕事、ウェブ、最新の技術、若い女性に関わる仕事、日々の変化が多い仕事などが向いています。少し不安定なくらいのほうが楽しめることも。知り合いの数が多いほど幸運を引き寄せるので、転職や副業で成功したりすることも多いタイプ。気になったらいろいろやってみるのが大事です。「三方の星」（3つ同時に進行することで成功する）を活かすといいでしょう。お金の使い方も無駄をしやすく、不要な買い物が多いでしょう。同じ物を何度も買ったり、趣味や遊びに浪費することも多いのでほどほどに。

2022年の運気

■ リフレッシュの年

2022年開運 3カ条

1. しっかり仕事をしてしっかり休む
2. なんとなくの予定を入れない
3. 睡眠時間を増やす

ラッキーカラー モスグリーン　藍色　ラッキーフード お好み焼き　大学芋　ラッキースポット ヨガ教室　海の見える温泉

総合運

のんびりすることで運気アップ
年末には人生を変えるような出会いも

予想以上に忙しくなったり予定が詰め込まれて、充実した日々を過ごせるのはいいですが、休むことを忘れて体調を崩すことがある年。2022年はリフレッシュをしっかりすることで運気の流れがよくなる年で、2023年の「解放の年」につながる非常に大事な時期。少しペースを落として無理のないように行動しましょう。他のタイプなら上手にセーブできますが、「銀のインディアン座」は計画が苦手で、「なんとかなるでしょ」で突き進んでしまうところがあります。これまではそれが自分の成長につながる場合もありましたが、今年はうまく休んで自分の力加減を知る必要があるでしょう。

特に上半期は「しっかり仕事をしてしっかり休む」を忘れないように。先に休日の予定を決めて、疲れをためないようにしてください。9月くらいまではゆとりを持って行動し、10～15分前行動を心がけて、空いた時間でのんびりする余裕を持つようにして。下半期は流れが変わりはじめ、年末には人生を変えるような出会いがあるので、知り合いからの急な誘いには必ず顔を出したり、マメに連絡しておくといいでしょう。人生観が変わる可能性もあるので、この時期に初めて出会った相手には、自分が積み重ねてきたことやなんとなく続けてきたことをおもしろおかしく語ってみましょう。

今年は、求められたことに素直に応えて全力で走りきろうとすると、能力をうまく発揮できなくなったり、パワーダウンする可能性があります。レースカーなら、ピットインしないで走りすぎてガソリンがなくなってしまったり、タイヤがつるつるになっているのに走ろうとするような状態。うまく走れるようにメンテナンスするのが大事なのと同じように、気持ちを切り替えることが大切です。

12年周期のグラフでいうと一度下がるイメージの年ですが、運気が落ちているというよりも、一度沈むことで一気に上がる準備をするようなときになります。今年は予想外のトラブルに巻き込まれたり、事故やケガをしやすく、これまでと同じテンポで過ごせなくなる場合もあります。仕事が進みにくくなることもあるので、他人にお願いしたりしてペースを落とし、ゆとりを持って過ごせるようにしてください。

既に2021年の下半期辺りから体調に異変を感じていたり、健康診断などで引っかかって病院に通っている人は、油断しないで体調を整えてください。特に異変を感じなくても、今年はしっかり検査を受けること。人間ドックなどを受けていないなら、新年早々に調べてもらうといいでしょう。何もない場合でも、日頃の不摂生は改める必要があるので、食事バランスや運動不足など、不健康と思える行動は今年から慎みましょう。毎年8～9月の「乱気の月」「裏運気の月」は特に影響を受けやすく、健康で元気な人ほどケガをする場合があるので、無理な行動を控えるようにしましょう。

いい意味でマイペースでお気楽者な「銀のインディアン座」は、心が中学1、2年生のような無邪気さを持っています。他人のことを気にしていないようで、実はいろいろ考えて動いている人。妄想も含めて相手のことを深く考えすぎたり、面倒な場所から離れられないでズルズルしてしまいストレスをためている場合があります。「好きでやっている仕事だから」と言いながら、体力や時間を考えないで引き受けているせいで体か精神に限界がくることがあり、謎の肌荒れや胃痛、偏頭痛に悩むことがあるので、そうなる前に休むようにしましょう。

11～12月になると、コンディションをしっかり整えていた人にはうれしい出会いがあったりいい情報が入るかも。モヤモヤした気持ちが吹っきれたり、環境に慣れてやる気が出てきたり、あなたの能力や才能に気がつく人が現れるでしょう。この期間に出会った人はできるだけ大切にして、語り合ってみるといいでしょう。これまでの苦労話や失恋話をネタのように話せるといい縁がつながってくるでしょう。

引っ越しや転職などで環境を変えたくなる年でもありますが、ここは辛抱して2023年まで待つことが大切。ここ5～6年、苦労や積み重ねが続いていて、結果や評価に恵まれないで我慢していた人ほど手放したくなる時期ですが、ここで環境を変えるとこれまでの苦労が無になってしまいます。2023年までは、自分のやるべきことや成長すべきところがあると思って、一踏ん張りするようにしてください。

「リフレッシュの年」は、時間にゆとりを持って過ごし、日頃の疲れをしっかりとって2023年の「解放の年」に備える大事な年。暇になることが最もいい年でもあり、のんびりすることが運気アップにつながります。自然の多い場所に行ってしばらく森林浴をしたり、海をボーッと眺めてみたり、何もしない贅沢な時間を過ごしていい年。そうしてほしい運気ではありますが、予想外のトラブルや事故やケガがあったり、あなたを裏切る人が現れる年でもあります。あなたを利用するだけして感謝もしないような人、足を引っ張る人、評判を悪くする人が出てくるかも。「悪くはしないだろう」と思って仕事を引き受けたら、評判のよくない人だったり、お金の支払いなどが雑だったりする場合もありそう。争うのも面倒なので、縁が切れて終わりになるようなことがあるでしょう。

最も注意が必要なのは、体調に異変を感じながらもそのままにして不摂生を続けることです。年内に病気が発覚する人もいますが、異変を感じているのにそのままにしていると3～4年後に病気になる可能性があります。運気のいい「幸運の年」や「開運の年」に病気が見つかる人の多くは、「リフレッシュの年」からの生活習慣が原因になっているか、既に異変が出ているかのどちらかなので気をつけましょう。同様に、2022年の引っ越しや転職は体調不良やストレスの原因になるのでできるだけ避けてください。どうしても変えたい場合は、11月か12月になってから。基本的にはオススメできないので、なるべく現状維持で頑張ってください。病気や体調不良の原因が現在既にあるという場合は仕方ありませんが、2023年、遅くとも2025年には違う場所に引っ越したり転職をするようにしましょう。

また、家、マンション、土地の購入には不向きな年です。どうしても購入したい場合は11月か12月の年末がいいですが、できれば2023年まで待ちましょう。2021年に購入や引っ越しが決まっている場合は問題ありません。運気のいい月や日を選ぶといいでしょう。

ここ数年仕事が忙しかった人や、仕事で結果を出し続けている人ほど、体調を崩したり、ケガや事故の可能性があります。無理を感じる前に、しっかり休んだりリラックスできる時間を作るようにして、束縛や支配してくる人から離れる必要があるでしょう。ストレスに感じる人との距離感を見直したり、面倒なときにはハッキリ断るようにしましょう。

調子に乗りやすいタイプでもあるので、お酒には要注意。ケガをしてしまったり、二日酔いで苦しむ日が増えそう。今年はお酒の量を控えるようにしたほうがいいでしょう。休肝日を設ける、お酒と一緒に水を飲む、酔っ払うほど飲まない、時間や量を決めるなど、ルールを作っておきましょう。周りからも「もう2時間だから帰るんでしょ」と言われるくらいになるといいでしょう。

健康にいいからといっても、今年はハードな運動はオススメできません。頑張りすぎが原因でケガをすることがあるので、ウォーキングや筋トレ、スクワット、ヨガなど基礎体力作りや基礎代謝を上げる運動を行うのがいいでしょう。飽きないようにいろいろ交ぜてやってみると、案外長く続けられそうです。仕事が忙しくなる年なので運動する暇がないかもしれませんが、1日10分でもいいので運動を習慣にできるといいでしょう。

体調に異変を感じているのに病院で問題が見つからない場合は、セカンドオピニオンを受けたり、知り合いからいい病院を紹介してもらいましょう。「銀のインディアン座」は医者運の悪い人が多く、紹介してもらうといい病院や先生に当たることがあります。自分で決めた病院だけを信用しないように気をつけましょう。

今年は、有給休暇があるならしっかりもらうこと。体のメンテナンスやストレス発散も仕事の一部だと思って、連休や長期休暇がうまく取れそうなときはまとめて休んでおきましょう。ただ、休日だからといってダラダラ過ごしたり、不健康に過ごしても意味はありません。ネットやスマホを置いて、のんびり好きな音楽を聴いたり、リゾートホテルでゆっくりするといいでしょう。マッサージやタイ古式マッサージ、ヘッドスパ、エステ、他にもこれから流行りそうな健康的なことをしてみましょう。

また、おいしいお店を聞きつけると足を運んでしまったり、ネットで買いすぎることもあると思いますが、食べすぎが最も危険です。時間を作って断食道場に行ったり、食生活を見直すといいでしょう。心が中学生のままなので、いつまでも学生のようなご飯を好んで食べているかもしれませんが、年齢に見合った食事に改めましょう。

家族を含め、友人や知人からの体に関する話は聞き逃さないように。「顔色悪くない？」「変な咳してない？」「息がくさくない？」など、その瞬間は「失礼な！」と思っても、それが病院に行くことや体調の変化に気づくことのきっかけになる場合があります。漢方などもいいので、気になる部分がある人は足を運んでみましょう。とはいえ、体調のことばかり考えても不健康になるだけなので、面白い動画や芸人さんのネタ、コメディ映画、お芝居などを観たり、友人や知人と語って笑うといいでしょう。本音で話せる人やよく笑う人を遊びに誘って、楽しく過ごすといい1年になるでしょう。

恋愛運

気になる人がいるならマメに誘うこと 11～12月の出会いに期待して

仕事でもプライベートでも求められることが増えて忙しくなってしまい、恋愛をしている暇がなくなってしまうかも。異性との出会いや関わりはあるのですが、他のことに目がいきすぎてしまってチャンスを逃したり、あと1歩のところであなたが先に飽きてしまう場合がありそうです。特に上半期は、異性の知り合いから突然連絡があったり、食事に行く機会などがあるので、恋愛や理想の恋人などについて深く話してみるといい関係に進むことができるでしょう。そもそもマメに会える人のことを好きになりやすいので、気になる異性がいるならマメに遊びに誘ってみたり、少しの時間でもいいので会って話せるような気楽な関係を作ってみるといいでしょう。

デートをしたり遊びに行く前日はしっかり睡眠を取るようにしましょう。疲れた顔や睡眠不足などで異性と会っても、話が盛り上がらず相手に悪い印象を与えてしまい、逆効果になってしまうことがあります。デートをする数日前からコンディションを整えておいて、話したいことをまとめておくといいでしょう。勢いまかせのデートもいいですが、計画を立てて、そのプランを相手に伝えてみるといいデートができそうです。

そして何よりも、今年の11～12月には運命的な出会いがあるので、知り合いの紹介や急な誘いには必ず顔を出すようにしましょう。年末までに恋人ができなかったり、片思いの相手とうまくいっていない人、仕事ばかりでしばらく恋愛から遠のいている人は、後輩や部下、知り合いからの誘いには必ず顔を出して知り合いの輪を広げるようにしてください。この時期は結婚する相手と出会える可能性が高く、もしくは、後に結婚する相手を紹介してくれる人に出会えるタイミングです。忙しくても人の輪の中に入っていくといいでしょう。ただ、ここで出会ったからといってすぐには交際に発展しないので、2023年になってから付き合いが始まると思って少し長い目で見ておくといいでしょう。

片思いの人がいるなら3月、5～6月は押しきってみるといい時期なので、マメに連絡をしてみたり、もう一押しするようにしてみましょう。好意を伝えてみたり、相手のことをもっと理解するために話をしてみて。その際、深く語るのはいいですが、自分の話ばかりにならないように気をつけて、相手の話の聞き役になれるように意識してください。また、この期間はマメに美容室に行って髪型を変えてみるといいでしょう。おでこを出した明るい感じにしてみるとよさそう。

ただ、この期間で恋に動きがない場合は、7月がラストチャンス。最後はダメ元で押しきってみて、それでも変化がない場合はキッパリ諦めて年末の出会いと2023年の恋に期待しましょう。

リフレッシュのつもりで行った旅先やスポーツジムなどでも素敵な出会いがあるかも。あるいは、体調を崩して病院に行った際に出会いがある場合も。交際に発展することを考えるよりも、まずは知り合いになってみることが大切です。SNSでつながってみるなど、面倒な関係にならないくらいの距離感があなたには向いているので、「仲よくなれたらラッキー」くらいの気持ちで少し図々しくなってみるといいでしょう。

開運のつぶやき　日々いい思い出を作ろうと努める人に幸運はやってくる

結婚運

結婚にふさわしい運気は2023年
今年は焦らず、ふたりの時間を楽しんで

「リフレッシュの年」は、結婚を決断する可能性は低く、日々が忙しいので結婚をする雰囲気や空気にならないような1年です。この1年を乗りきった2023年は結婚にふさわしい運気になるので、焦らずにじっくりと計画を立ててみたり、相手のことをもっと知るようにしてみるといいでしょう。何よりもあなたの生活力や金銭感覚などを恋人が気にしている可能性が高いので、貯金をしたり生活リズムを整えてみたりして、結婚に向けての準備をしておくといいでしょう。

「結婚する可能性は低い」と伝えましたが、既に2021年に話がまとまっていて、「入籍予定を2022年にしている」というような場合は問題がありません。2021年は決断にはいい年でもあったので、ふたりの思い出の日や昨年中に決めた日に入籍するといいでしょう。また、「リフレッシュの年」は妊娠する確率が高く、妊娠が発覚してからの入籍も多い年。仕事が忙しい人や、他にやるべきことが多くてなかなか結婚のことを考えられない人にとってはいいきっかけとなるでしょう。

「恋人はいないけど年内に結婚をしたい」と思っている場合は、2020～2021年に初めて会った人の中で、マメに会えて一緒にいると楽に思える人、もしくはこの期間に急激に仲よくなった人の運気を調べてみましょう。相手が結婚するような運気の場合は、マメに会ってみると結婚に話が進む可能性があります。でも、せっかくいい感じの空気になっても、あなたが恥ずかしがって話を避けているといつまでも進みません。一緒にいて楽と思える相手なら一気に飛び込んでみるか、11～12月の新しい出会いを期待して自分磨きをしたり、相手に合わせることを楽しんでみるといいでしょう。

恋人のいる人は、今年はお互いに基礎体力作りや健康的な生活を心がけてみるといい年。一緒にスポーツを始めてみたり、話しながら軽いランニングやウォーキングをしてみたり、大きな公園や広場でキャッチボールやサッカーのパスをするなど、これまであまりやっていなかったデートを楽しんでみるといいでしょう。牧場での乗馬体験、森林を見ながらの温泉、海を眺めながらの食事などを楽しむのもよさそうです。結婚を焦るよりも、ふたりの時間を楽しみながらストレスを発散して、日ごろの疲れを取るようなデートプランを考えてみるといいでしょう。

2022年にいい関係になっておくと2023年の結婚に向けて話を進めやすくなるので、その空気作りの1年だと思っておくといいでしょう。ですが、せっかくふたりの関係がよくても、浪費が激しい感じはマイナスになります。ときには贅沢もいいですが、ふたりで食事を作ることで「外食したと思って貯金」ということにして、結婚に向けて少額でもいいのでお金を貯めるようにしましょう。無駄遣いをしない感じをうまく見せられるといいでしょう。

いい流れを作ることができれば、年末に相手のご両親のところへ挨拶に行くことになったり、婚約をすることができそうです。2022年のクリスマスイブにプロポーズしてほしいことを伝えてみるといいので、5～6月くらいに話をしておくといいでしょう。互いに半年くらい意識することで、2023年に結婚する話を進めることができるでしょう。

仕事運

しっかり休むことを忘れないように 体調万全で過ごすと来年にチャンス到来

予想以上に忙しくなる年。実力よりも上の仕事がきたり、ハードに感じる仕事量になることがあるでしょう。その多くは、自分で引き受けてしまっているもの。頑張りすぎることで、やらなくてはならない仕事がより増えてしまっているでしょう。「銀のインディアン座」は忙しいことで充実するタイプでもあるので、仕事ばかりになっても不満がたまることは少ないですが、疲れはしっかりたまります。今年は、しっかり仕事をしてしっかり休むことを忘れないようにしましょう。少しくらいの無茶はいいですが、それが続くと突然倒れてしまったり、体調を崩してしまう原因になったり、仕事での事故や大きな問題につながってしまうので気をつけましょう。仕事に集中したいという人ほど規則的な生活を心がける必要があります。まずは、睡眠時間をこれまでよりも長くとれるように調整しましょう。

2021年辺りから仕事の量が増えている人や、忙しくなるように自分でいろいろな仕事を引き受けている人は、他人に仕事をお願いしたり、サポートをしてもらうようにしましょう。少しでも自分の負担を減らすように知恵を絞ることが必要です。ひとりでなんでも背負っていると頑張った感じは出ますが、実はかなり効率が悪くなるので、自分よりも能力の高い人にお願いするなどしましょう。2022年は、仕事の方法や考え方を変えるきっかけの年だと思っておくといいでしょう。

仕事を詰め込んでそのまま突っ走っていこうとすると、早い場合は2月、4月辺りでケガをしてしまったり、体調を崩してしまうことがあるでしょう。8～9月にもケガをしたり病気が発覚する可能性があります。10月には精神的に追い込まれてしまうなど、心身共にボロボロになってしまうことがあるので注意が必要です。今年は、少しでも体調に異変を感じたり疲れがとれないと感じたら、しっかり休んだり、有給休暇を使ってでも「何もしないでのんびりする1日」を作るようにしましょう。温泉やスパ、マッサージなどに行って、しっかりリフレッシュすることも仕事の一部だと思っておくといいでしょう。

2022年を体調万全で過ごすことができた人は、2023年に驚くような大出世があったり、チャンスやいい仲間に恵まれるようになります。今年は、やるべきことが増えてストレスを感じることもあると思いますが、飲酒などに走りすぎないようにしましょう。体力作りを兼ねて軽いスポーツをしてみると、気分もすっきりして健康的な1年を過ごせるでしょう。ただ、調子に乗って頑張りすぎてしまいケガをすることがないように気をつけてください。ゆとりがあればゴルフの練習を始めてみると、仕事で役立ったり、いい縁につながることもあるので、時間を作ってレッスンに行ってみるのもいいでしょう。

大きな結果や満足できる評価につながらないこともありますが、今年は焦らないで自分のペースを守りながら無理なく仕事を続けるようにしましょう。ここ数年で積み重ねてきた力はしっかり身に付いていて、あなたの周囲にいる人はそれをわかってくれています。今年は順番待ちをしている期間だと思って、納得のいかない結果にイライラしないように、気楽に待っておくといいでしょう。

開運のつぶやき　動きながら考えれば運は味方する。考えてから動く人に運は味方しない

買い物・金運

収入アップは期待できなそう
疲れをとることにお金を使って

よくも悪くも忙しい1年になるので、お金の出入りは激しくなりそう。そもそも「銀のインディアン座」は、計画してお金を使うことが得意ではなく、勢いまかせで買い物をしたり、気分で出費することが多いタイプ。今年は、疲れやストレスの発散のために散財することになってしまいそう。収入アップはそれほど期待できないので、今後のためにも節約方法やお金の使い方をしっかり考えるようにするといいでしょう。特に今年はリフレッシュのためにお金を使うといいので、温泉に行ったり、自然の多いリゾートホテルでのんびりしたりするといいでしょう。そこまで時間もお金もないという人はスパやマッサージに行くなど、疲れをとるためにお金を使うといいでしょう。

また、2022年は突然体調を崩して病院に行くことになる可能性があり、薬、治療などでお金が必要になりそうです。余計な買い物は控えて、少しでも貯蓄に回しておくと役立つでしょう。大きな病気の発覚もありますが、それ以外にも、捻挫や手のケガ、持病の悪化などが起きてしまうかも。小さな事故も起こしやすいので要注意。特に車の運転で、ぶつけたりこすったりしてしまい、余計な出費がありそう。油断しないようにしてください。自分で思っている以上に疲れていて、集中力が低下してしまっている場合があります。謎の投資話は騙されやすいので簡単に判断しないようにしましょう。

家、マンション、土地などの大きな買い物には不向きな運気です。2021年中に購入が決定していて引っ越しも決まっている場合は問題がないですが、2022年になってからの購入と引っ越しは考え直したほうがいいでしょう。2023年になってからのほうがいいので、お金を貯蓄に回して情報を集めるなどいろいろ準備しておくといいでしょう。また、投資や資産運用は、高額はオススメできませんが、少額で試す程度ならよさそうです。まずは売れているマネー本などを読んで、試してみるといいでしょう。11～12月になると、2023年の運気のよさに乗りはじめるので、不安な人はこの時期からスタートしてみるといいでしょう。

健康や美容のサプリや器具を購入するのはいいですが、どれも中途半端で使わなくなってしまったり、飲みきれなかったりすることがあるので要注意。説明書をしっかり読まないせいで効果が得られないような使い方をしてしまうこともありそうです。今年は最後まで使いきってみたり、効果が出るようにマニュアル通りに使ってみましょう。せっかく購入したものを活かさないことが最ももったいないということを知っておきましょう。同様に、購入したままで読んでいない本は最後まで読みきってみたり、読まないなら誰かに譲るかネットで売ってみるといいでしょう。サイズが合わなくて着られない服は、それを着るためにダイエットするのはいいですが、今年着ることがないならきっぱり諦めて売ってしまうといいでしょう。

また、ポイントがうまくたまるサイトなどを駆使してみると、思った以上にポイントをためられそうです。ゲーム感覚でやってみるといいので、いろいろ調べて周囲で一番ポイント集めに詳しい人になってみるのもいいでしょう。器用さを活かして動画やSNSで稼ぐことができる可能性もあります。年末に始めてみるといいので準備をしてみましょう。

美容・健康運

体調を整えることを意識して 異変を感じたら早めに病院へ

今年は「リフレッシュの年」なので、しっかり体を休ませて、体調を整える必要のある運気。意識をしないで過ごすと仕事も遊びも予定がいっぱいで、疲れをためすぎて体調を崩してしまいそうです。2021年辺りから調子が悪いと感じていた人は、病気が発覚して治療に時間がかかってしまうこともあるので、自分の体の変化には敏感になっておくといいでしょう。特に、体に対する周囲からの忠告にはしっかり耳を傾けておくことが大事です。「顔色悪くない？」「疲れてない？」「寝てます？」などと体調を心配されるような話が出たときは、早めに休むか病院に行って精密検査を受けるかするといいでしょう。

健康面で特に問題や異変を感じない人は、美意識を高めるにはいい年なので、無理のないダイエットを兼ねて、基礎体力作りや基礎代謝アップのための運動をマメにしておくといいでしょう。1日数回でもいいのでスクワットや腕立て伏せや腹筋をしたり、軽いランニングやウォーキングをするなどしてみるといいでしょう。連日でなくてもいいので、「2022年はこれまでよりも体を動かした」と言える1年にしてみましょう。「銀のインディアン座」は、とっかかりは早いのですが継続しないことが多いので、最初から目標を高くしないことがポイントです。実際にどのくらいの効果があるのかなど考えないで、「1日10回のスクワット」など、まずは続けられるようなプランでスタートしてみるといいでしょう。通勤時もわざと早めに家を出て、わざと遠回りで駅に向かうなど、ちょっとした積み重ねを楽しんでみると効果があらわれそうです。

「リフレッシュの年」は、12年周期で1、2番目に体調を崩しやすい運気でもあり、「乱気の年」の裏側にもあたるので事故やケガも起きやすいでしょう。「銀のインディアン座」は、腰痛やぎっくり腰になったり、扁桃腺を腫らしてしまうことがあるので注意が必要です。また、お酒を飲みすぎて二日酔いで苦しむことになったり、酔っ払って大ケガをする可能性もあります。今年は休肝日を定期的に作って、お酒をできるだけ飲まない1年にすることを心がけてみるといいでしょう。飲むときは、1杯飲んだら2杯目はウーロン茶にするなど、ペースやルールを変えてみるといいでしょう。お酒を飲まないことで浮いた時間とお金は、エステや美容室、スポーツジムに通ってみるなど、これまでとは違うことに使ってみるといいでしょう。

既に2021年の下半期辺りから体調に異変を感じている場合は、人間ドックに行ったり、精密検査を受けるようにしましょう。結果に疑問を感じる場合はセカンドオピニオンを受けるようにしてください。できれば自分で病院を探さないで、周囲からの評判がいい病院に行くことをオススメします。「銀のインディアン座」は医者運の悪い人が多く、今年は特にいい診断ができない医者に当たってしまうことがあるので気をつけましょう。また、今年から悪習慣をスタートしないこと。飲酒や喫煙、寝不足、ストレスがたまるような生活などを今年から始めてしまうと、「幸運の年」「開運の年」に病気になってしまう種をまくことになります。もし、不健康と思われる生活習慣が既にあるなら今年から改めるようにしましょう。

開運のつぶやき　笑顔でいる人は「笑顔でいる覚悟」がある

親子・家族運

家族から体調の異変を指摘されたら病院へ 子どもが思い出作りできる場所に出かけて

「2022年ほど家族の大切さを知ることはない」と思える年。突然体調を崩してしまったときに支えてもらったり、家族のお陰で一命を取り留めたというようなことが起きるかもしれません。身内から体調の異変を指摘されたらしっかり聞き入れておくことが重要になる運気です。「息がくさい」「おならがくさい」「体調悪いでしょ？」などと言われたら、絶対に病院に行って検査を受けるようにしてください。他にも「お酒を控えたら？」「たばこをやめたら？」など、不健康と思える習慣に対する注意も聞き入れることが大切です。身内だからこそハッキリ言えることがあるということを忘れないで、自分で勝手に大丈夫だと思い込まないようにしてください。

夫婦関係は、健康的に過ごせているからといって仕事ばかりになっていると知らぬ間に溝ができている場合があります。今年は忙しい1年になりますが、なるべく多く夫婦の時間を作れるようにしたり、ふたりでのんびり温泉旅行などに行くようにするといいでしょう。お互いがリフレッシュできる場所を探して出かけてみるのもいいでしょう。2023年の「解放の年」に向けて運気がよくなる手前の年なので、子どもを望んでいる夫婦は年末に妊娠したり出産する可能性もあるでしょう。

子どもとの関係は、慌ただしくなるため微妙な距離が空いてしまいそうです。子どもがいるからこそしっかり休みを取ることができる場合があるので、仕事ばかりではなく、子どもの思い出作りと自分のリフレッシュが両方ともうまくできるような場所に行くといいでしょう。ただ、一緒に遊ぶのはいいですが、張りきりすぎてケガをすることがあるので無理をしないように気をつけましょう。

両親との関係は、忙しくて会う機会を逃してしまったり、連絡やお祝いをつい忘れてしまうことがあるので注意しましょう。心にゆとりがないと健康的に過ごせません。両親への感謝を忘れないようにしましょう。また、「銀のインディアン座」は、親が過去に病気したところを引き継ぐことが多いタイプです。親が今の自分の年齢くらいだったときに、病気やケガがあったか聞いておくと、うまく避けられることもあるでしょう。

家族みんなで散歩やスポーツをするのもいいので、みんなでできる軽い柔軟体操やヨガ、ダンスなどをしたり、ゲーム機を使っての運動などをやってみるといいでしょう。できるだけ楽しく長く続けられるものを選んでおくといいでしょう。また、事故を起こしやすい運気でもあるので、車に家族の写真を飾っておいてください。無理な運転をしないようになったり、焦ったときでも落ち着いて運転ができるようになったりするでしょう。

家族や友人と一緒にダイエットをするのも効果がありそうなので、ひとりでは飽きて続かないことでも周りをうまく巻き込んでみると健康で元気な1年を過ごせそうです。疲れたからといって栄養ドリンクばかりに頼ってしまうと突然倒れてしまったりするので、休むことを楽しむようにしましょう。ゆっくり本を読んで、のんびり音楽を聴ける日を今年は例年よりも多く作るようにしましょう。

開運のつぶやき 年齢よりも若く見える人は、ポジティブな人が多い

銀のインディアン座 2022年タイプ別相性

気になる人のタイプを調べて、コミュニケーションに役立ててください。

相手が 金のイルカ座

お互いに新しいことに挑戦するといい年ですが、あなたのほうが疲れを感じたり失速しそう。最新情報を教えたり、情報交換をするといい関係になれそう。相手のわがままに疲れを感じるときは距離を空けたり、会わないようにする工夫も大切でしょう。恋愛相手としては、相手まかせにすると振り回されてしまうので、自分の意見や気持ちは伝えましょう。仕事相手としては、あなたの負担が多くなってしまうので、相手には実力をアップしてもらうようにしましょう。今年初めて会う人の場合は、長く付き合うと疲れてしまうことがあるでしょう。

相手が 金のカメレオン座

相手の無茶を聞くことで体調を崩してしまったり、疲れてしまいそう。間違ったことを言う可能性がある人だと思って冷静に話を聞くように。あなたが思っている以上に悩みがある人なので話の聞き役になるといいでしょう。恋愛相手としては、求めている人とは違うので関係を進めるのは難しそうです。数年後に進展すればラッキーと思って今は知り合いくらいの関係になっておきましょう。仕事相手としては、あなたの体調を崩す原因になる可能性があるので、距離をある程度おくといいでしょう。今年初めて会う人の場合は、浅い付き合いがよさそうです。

相手が 金の時計座

相手の優しさに救われることがあるので、素直に助けを求めたり、甘えてみるといいでしょう。困ったときに相談をしないタイプですが、余計なことを考えないで話してみるといいでしょう。来年以降にあなたが助ける側になるので感謝を忘れずに。恋愛相手としては、友人や仲間のひとりだと思って気楽に付き合っておくと年末に急展開がありそう。仕事相手としては、あなたが相手の足を引っ張ってしまうことがあるので、体調を万全にしておきましょう。今年初めて会う人の場合は、相手からは縁が切れないのでマメな連絡を忘れないようにしましょう。

相手が 銀のイルカ座

相手のやる気のなさや不満がたまっている感じがマイナスに見えてしまいそう。ふたりで面白いことを考えたり、今年を楽しく協力して乗り切るといいでしょう。あなたのアホな話が相手を前向きにできそう。恋愛相手としては、求めていることが違うのでなかなか噛み合わないですが、恋愛の話をじっくりすると少しは気になってくるかも。仕事相手としては、相手のミスが原因で仕事が増えてしまうことがあるので、大量の仕事はまかせないほうがよさそう。今年初めて会う人の場合は、ストレスがたまる相手なので、ほどよい距離感を保ちましょう。

相手が 銀のカメレオン座

一緒にいるとストレスがたまってしまったり、互いに疲れてしまいそう。相手も不慣れな環境で戸惑うことが多い年でもあるので、今のあなたができることをしておきましょう。恋愛相手としては、タイミングが合わない感じがしますが、悩みを聞いてみたり、話の聞き役になるといい関係になりそう。仕事相手としては、相手の大失敗や決断ミスのシワ寄せがきそう。事前に確認をして、大問題になる前に避ける方法を編み出しましょう。今年初めて会う人の場合、相手のいい部分を見つける練習にはなりそう。相手をよく観察しましょう。

相手が 銀の時計座

一緒にいることで救われたり、助けてもらえそう。困る前に相談をしたり、本音を話すといいでしょう。相手からの指摘やアドバイスには素直に行動しておくと運を味方にできそう。恋愛相手としては、ライバルが多いですが、あなたのマイペースな姿に相手が惚れる可能性があるので、マメに会って近況報告しましょう。仕事相手としては、最高の結果を出す人なので、相手のサポートができてラッキーだと思って頑張りましょう。今年初めて会う人の場合は、年末に大事な話ができそう。ノリや勢いも大切になるので一緒の時間を楽しみましょう。

相手が 金の鳳凰座

積み重ねてきたことを評価される人なので、一緒にいることでラッキーな出来事が起きそう。ただ、忙しくなりすぎてしまったり、相手は夜が強いので付き合っていると睡眠時間が減って体調を崩してしまうので気をつけましょう。恋愛相手としては、年末年始に動きがありそうな相手。それまでは異性の知り合いくらいの感じでサッパリとした付き合いがよさそう。仕事相手としては、互いに忙しくなるので、いい仕事や結果が出そうですが、相手が高く評価されてしまうでしょう。今年初めて会う人の場合は、一時は仲がよくても自然と離れてしまいそう。

相手が 金のインディアン座

一緒にいると本音を語れて気持ちも楽になる相手。会いたいと思ったときは約束していなくてもいいので連絡して会ってみましょう。相手からチャンスやいい情報も得られそうです。恋愛相手としては、あなたからのアプローチでは進展は難しそう。異性の知り合いくらいの距離感でマメに連絡をして会っておくと年末にチャンスがあるかも。仕事相手としては、相手のペースに巻き込まれすぎないようにして、無理なことは早めに断りましょう。今年初めて会う人の場合は、遊び友達や語れる知り合いだと思っておくといいでしょう。

相手が 金の羅針盤座

互いに忙しくなりますが、相手は自分の人生を大きく変えようとする年に入っているので、相手のよさや前向きなことを話すといいでしょう。相手の真面目さを崩して人生の楽しみ方を教えてみるといいでしょう。恋愛相手としては、忙しいふたりなので進展が難しいですが、相手を笑顔にさせるといい関係に進めそう。仕事相手としては、互いに無駄な仕事がないかチェックしておきましょう。余計な仕事をしないように合理的に進めてみて。今年初めて会う人の場合は、相手からは縁がつながりやすいので、時々会って話す関係でいるといいでしょう。

相手が 銀の鳳凰座

あなたが思っている以上にやる気がなかったり、満足のいくポジションなのに不満を抱いている人。どうでもいい失敗も多く、そのシワ寄せやトラブルがあなたに回ってくるので注意。プライベートで遊ぶくらいの感じだったり、話をする人としてはよさそうです。恋愛相手としては、異性の友人と思って遊ぶといい人。深入りする感じはしないでしょう。仕事相手としては、相手のミスによって無駄に忙しくなりそうなので気をつけましょう。今年初めて会う人の場合は、距離を空けて関わるように。相手には最新の面白い情報を伝えておきましょう。

相手が 銀のインディアン座

お互いに心身共に疲れてしまいそう。体調を崩したときは報告しあうと防げることがあるので連絡をするといいでしょう。一緒にストレスを発散したり、マッサージや温泉に行ってのんびりする時間を楽しみましょう。恋愛相手としては、年末に接点ができそう。それまでは知り合いくらいの感じで付き合っておくといいでしょう。仕事相手としては、疲れから急に仕事が止まってしまうことがあるので互いにチェックしておきましょう。今年初めて会う場合は、深入りすると疲れたりストレスを感じる相手になりそう。年末なら運命的な出会いになるかも。

相手が 銀の羅針盤座

最新情報を教えたり、遊びに誘って新しい体験をさせてみるといい相手。楽観的でも生きていけるところを見せるといいでしょう。相手のペースに合わせると疲れるので、自分のペースを守るようにしましょう。恋愛相手としては、相手からは興味を示してきそうですが、あなたは忙しくてテンションが上がらないでしょう。年末にいいきっかけがあるかも。仕事相手としては、お互いにやるべきことが増える年。仕事を押しつけられないようにお互い気をつけておきましょう。今年初めて会う人の場合は、べったりしないで時々会う関係になるとよさそう。

開運のつぶやき 足りないのは運ではなく感謝の気持ち

命数別2022年の運勢

【命数】

11

マイペースな子ども大人

基本性格

超マイペースな頑張り屋。負けず嫌いなところがありますが、他人への関心が薄く、深入りしたりべったりされたりすることを避ける人。心は中学3年生からまったく成長しないままで、サバサバした性格と反発心があるので、「でも」「だって」が多くなってしまうでしょう。妄想が好きで常にいろいろなことを考えすぎてしまいますが、根が楽観的なので「まあいいや」とコロッと別のことに興味が移り、そこで再び一生懸命になるでしょう。

★超マイペースな星
★身近な人を好きになる星
★反発心がある星
★胃腸が弱い星
★指のケガの星

開運3カ条

1. 焦らないで相手に勝ちを譲る
2. 否定的な話をしない
3. 胃腸にやさしい食べ物を選ぶ

2022年の総合運

超マイペースな生活を送るタイプですが、そのペースが乱れてしまうような年。特に頑張りすぎてしまっている人は体調を崩したり、疲れを感じてしまいそう。不要なところで人とぶつかってしまったり、面倒な敵を作ってしまうことがありそうです。今年は負けを認めてみたり、急ぐ人には道を譲っておくといいでしょう。健康運は、胃腸など内臓の調子が悪くなってしまいそう。軽い運動やストレス発散をマメにして、辛いものは避けるようにしましょう。

2022年の恋愛&結婚運

異性の知り合いや友人と仲よくなってみると、いい人を紹介してもらえる流れができそうですが、恥ずかしがっていたり意地を張っているとチャンスを逃してしまうかも。すぐに交際に発展しなくてもいいので、いろいろな人の話を否定しないで楽しく聞けるようにしたり、共通の趣味のある人を探すようにしましょう。結婚運は、年末に話がまとめられるようにお金の管理をしっかりしたり、来年のためにも準備をしておきましょう。

2022年の仕事&金運

頑張ったら頑張っただけ仕事が増えてしまう年。スタミナに自信があるタイプですが、詰め込みすぎや連日のハードな予定には注意が必要。同期やライバルがいい結果を出したとしても焦らないで、休みのときはしっかり体を休ませておきましょう。今年の頑張りすぎは後悔する場合もあるのでホドホドに。金運は、人に影響されて不要なものを購入しないように。温泉やマッサージなど疲れをとるためにお金を使うようにしましょう。

ラッキーカラー イエロー　ホワイト　**ラッキーフード** チーズハンバーグ　ホットケーキ　**ラッキースポット** 映画館　喫茶店

【命数】

12

やんちゃな中学生

基本性格

淡々とマイペースに生きていますが、刺激と変化が大好きで、一定の場所でおとなしくしていられるタイプではないでしょう。表面的な部分と内面的な部分とが大きく違い、家族の前と外では別人のような部分もある人です。他人の話を最後まで聞かずに先走ってしまうほど無謀な行動が多いですが、無駄な行動は嫌いです。団体行動を嫌がり、たくさんの人が集まると面倒に感じ、単独行動に走るところがあるでしょう。

★斬新なアイデアを出す星
★刺激的な恋をする星
★旅行が好きな星
★ゴールを見ないで走る星
★都合の悪い話は聞かない星

開運3カ条

1. 自分独自の健康法を過信しない
2. 合理的な方法を周囲に教えてみる
3. チームワークを大切にする

2022年の総合運

健康的な生活を心がけながらも刺激的なことに弱いタイプ。独自の健康法が通用しなくなってしまったり、それが原因で体調を崩してしまうことになるかも。周囲からのアドバイスをしっかり聞き入れたり、医者や専門家の意見をしっかり聞くようにしましょう。思い通りにならないからといって、無謀な行動ややけ食い、やけ酒には注意しましょう。健康運は、内臓の調子が悪くなりそう。勝手に大丈夫だと思わないようにしましょう。

2022年の恋愛&結婚運

時間がないときや忙しくなったときほど、逆に恋に火がついてしまうタイプ。今年は異性の前で雑になってしまったり、相手の話をしっかり聞かずに「身勝手な人」と思われてしまうかも。上手に相手の話を聞くようにしたり、最後まで聞くように意識しておきましょう。年末に急展開があるので、それまでは焦らないように。結婚運は、今年の運気を知って逆に火がついてしまうことがありますが、焦らずしっかり準備してからにしましょう。

2022年の仕事&金運

チームプレーの大切さを知ることになりそうな年。自分のペースで仕事を進められても、周囲や全体のことをもっと考えないと大きな結果や評価につながらないでしょう。次のステップにも進めなくなってしまいます。周囲にイライラしないで、合理的な仕事の方法などを教えてみましょう。遠回りが最終的な近道だと忘れないように。金運は、一攫千金を狙うよりも、投資信託を学んでみるといいので、まずは少額から始めてみましょう。

ラッキーカラー クリーム　ブラック　**ラッキーフード** 納豆　バナナ　**ラッキースポット** 温泉街　博物館

ラッキーカラー、フード、スポットはプレゼントやデート、遊ぶときの口実に使ってみて

さらに細かく自分と相手が理解できる！
生まれ持った命数別に2022年の運気を解説します。

【命数】13

愛嬌があるアホな人

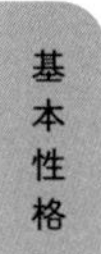

明るく陽気な超楽観主義者。何事も前向きに捉えることができる一方で、自分で言ったことをすぐに忘れたり、話す内容が気分でコロコロ変わったりするシーンも。空腹に耐えられず、すぐ不機嫌になってわがままを言うことも多いでしょう。心は中学2、3年生からまったく成長しませんが、サービス精神豊富で周囲を楽しませることに長けています。運に救われる場面も多いでしょう。

★超楽観的な星
★空腹で不機嫌になる星
★よく笑う星
★体型が丸くなる星
★楽しく遊べる人を好きになる星

開運3カ条

1. 安請け合いをしない
2. 疲れを感じたときはしっかり休む
3. 生活習慣を整える

2022年の総合運

最も楽観的に物事を考えられるタイプですが、今年は「まあいいや」といって疲れや体調の変化をそのままにしないように注意しましょう。不健康と思われる生活習慣を見直してみたり、暴飲暴食を避けるようにしないと、自分でも驚くほど太ってしまったり、体調を崩す原因になってしまいそう。健康運は、気管周辺は特に注意が必要です。うがいや鼻うがいをマメにするようにしましょう。ダンスやヨガなどを楽しみながら軽いダイエットをしておきましょう。

2022年の恋愛&結婚運

疲れや不機嫌が顔に出やすいタイプ。デートや異性に会う前は体調を万全にして、気分がすぐれないと思うなら断って後日にしてもらうようにしましょう。わがままを言いすぎてしまったときはフォローをするように心がけましょう。ストレスから勢いまかせの一夜の恋には注意しておきましょう。結婚運は、授かり婚をする確率が高い時期です。勢いで進めていい相手なのか、自分の生活力や仕事のことも考えておきましょう。

2022年の仕事&金運

そのときの気分や勢いだけで無計画に仕事を引き受けたり、無理な予定を作らないようにしましょう。最初は問題がなくても結果的に周囲の迷惑や負担になってしまったり、体調を崩す原因になってしまう場合があるので気をつけましょう。仕事関係者との付き合いを大切にするのはいいですが、今年はホドホドにしておきましょう。金運は、ものを買うときはしっかり考えてからにして。資産運用も行うようにしましょう。

ラッキーカラー　オレンジ　レッド　ラッキーフード　チーズ　いちご　ラッキースポット　レストラン　映画館

【命数】14

語りすぎる人情家

頭の回転が速く、語ることが好きなおしゃべりで常に一言多いタイプです。何度も同じ話を繰り返すことも。極端にマイペースで、心は中学3年生からまったく成長していない人です。短気で恩着せがましいところがあります。人情家で、他人のために考えて行動することが好きな一面がある一方で、深入りされるのを面倒に感じるタイプ。空腹と睡眠不足になると、不機嫌な態度になるクセもあるでしょう。

★頭の回転が速い星
★直感で行動する星
★一言多い星
★体力がない星
★スリムな人を好きになる星

開運3カ条

1. 長期的な体力作りをする
2. マメに休息をとりストレス発散をする
3. ポジティブな言葉を発する

2022年の総合運

スタミナ不足を実感しそうな年。ハードなトレーニングではなく、ゆっくりでいいので体力作りやスクワットや運動をするといいでしょう。イライラすることが増えたときも疲れからの可能性があるので、マメに休むようにしましょう。短気や余計な一言が人間関係のトラブルを生み出す原因になるので言葉を選んで発しましょう。健康運は、体調の異変をそのままにすると手術や病気につながるので早めに病院に行くようにしましょう。

2022年の恋愛&結婚運

本来なら勘のいいタイプなので異性の気持ちを読み取るのがうまいのですが、今年は疲れやストレスから思った以上にうまくいかなそう。しゃべりすぎや余計な一言で関係を悪くしたり、うまくいかない感じになってしまうかも。12月に一目惚れしたりピンと来る人に会える可能性があるので、自分磨きをしておいて。結婚運は、些細なすれ違いから結婚に話が進められない時期。話を上手に聞いて言い争いをなくすように努めましょう。

2022年の仕事&金運

これまでと同じペースで仕事ができなくなりそう。疲れやスタミナ不足、体調不良で周囲に迷惑をかけてしまうことがあるので、仕事量を減らしたり周囲に協力してもらえるように知恵を絞りましょう。アイデアや企画を考えたりひらめくのはいいのですが、その分ストレスもたまってしまいそう。体を休ませながら、ストレス発散も忘れないようにしましょう。金運は、体力作りとストレス発散になることにお金を使っておきましょう。

ラッキーカラー　シルバー　ブラック　ラッキーフード　雑炊　アップルパイ　ラッキースポット　神社仏閣　コンサートホール

ラッキーカラー、フード、スポットはプレゼントやデート、遊ぶときの口実に使ってみて

【命数】

15

多趣味・多才で不器用な中学生

基本性格

多趣味・多才で情報収集能力が高く、いろいろなことを知っている人です。段取りと計算が得意ながら、根がいい加減なのでツメが甘い部分があるでしょう。基本的に超マイペースですが、先見の明があり、流行のさらに1歩先を行くところも。家に無駄なものやガラクタが集まりやすいので、いらないものはこまめに処分するようにしましょう。妄想話が好きなうえ、何度も同じような話をすることが多く、その心は中学3年生のままでしょう。

★予定を詰め込む星
★趣味のものが多い星
★視野が広い星
★ペラい人にハマる星
★知り合いが多い星

開運3カ条

1. 予定にはゆとりを持つ
2. お酒は控える
3. 仕事でもプライベートでも安請け合いしない

2022年の総合運

思っていた以上に忙しくなってしまう年。予定を変更すればいいだけですが、無理に詰め込むと疲れがたまってしまうでしょう。お酒の席に顔を出すのはいいですが、連日になってしまわないようにすること。フットワークが軽いのはいいですが、上手にコントロールするようにしましょう。健康運は、過労になりやすく、お酒の飲みすぎにも注意が必要な年。肝臓や腎臓に異変が出る可能性もあるので飲酒は控えておきましょう。

2022年の恋愛&結婚運

異性との関わりが増えても交際のチャンスを逃しやすい年。忙しいのはいいですが、予定を空けておかないとデートする暇がなかったり、好意のある人との関係がうまくいかなくなってしまいそう。年末の急な誘いには対応できるようにしつつ、年齢に見合ったイメチェンをしておくといいでしょう。結婚運は、恋人の未来の話は遠回しのプロポーズだと思って前向きに話すといい感じになりそう。年末にいい判断ができそうです。

2022年の仕事&金運

仕事量が予想以上に増えてしまったり、やるべきことややりたいことが多くなってしまいそう。安請け合いをして首を絞める結果になる場合があるので、適当なことは言わないほうがいいでしょう。体力や時間をもっと考えて引き受けるようにしましょう。仕事関係者との付き合いも大切ですが、無理をしないようにしましょう。金運は、付き合いでの出費はホドホドに。不要な買い物で生活を苦しくしないように気をつけましょう。

ラッキーカラー ピンク　ブルー　**ラッキーフード** イカフライ　メロン　**ラッキースポット** 映画館　マッサージ

【命数】

16

やさしい中学生

基本性格

真面目で地味なことが好き。基本的に「人は人、自分は自分」と超マイペースですが、気遣いはできます。ただし、遠慮して1歩引いてしまう部分があるでしょう。中学まではパッとしない人生を送りますが、社会に出てからジワジワと能力を発揮するようになります。やさしすぎて便利屋にされることもありますが、友人の縁を思いきって切り、知り合いどまりの人間関係を作れると、才能を開花させられるでしょう。

★なんとなく続ける星
★片思いが長い星
★真面目で誠実な星
★冷えに弱い星
★謙虚な星

開運3カ条

1. 我慢しすぎない
2. 温泉やスパに行ってのんびりする
3. たくさん笑う

2022年の総合運

マイペースでありながら我慢強く、強く言われたことは断れないタイプ。今年はこれまでの我慢が限界となって体に現れてしまいそう。ストレスがたまっていないと思っていても体が悲鳴を上げている可能性があるので、嫌なことはハッキリ断ったり、関わりたくないと思う人から離れる必要があるでしょう。好きな音楽を聴いたり、おもしろい動画や芸人さんを観て笑う機会を作りましょう。健康運は、冷えから体調を崩すので注意。お酒の飲みすぎにも気をつけましょう。

2022年の恋愛&結婚運

求められることが多く、異性との進展が難しくなってしまう年。チャンスがあっても仕事を優先して逃してしまうことがありそうです。年末にあなたの誠実さを認めてくれる人から素敵な人を紹介してもらえるので、連絡先を交換しておくと来年に関係が進展しやすくなりそうです。一気に進展しなくても焦らないようにしましょう。結婚運は、相手からの出方をひたすら待つだけではなく、将来の話を楽しく話しておくといいでしょう。

2022年の仕事&金運

責任ある仕事や立場をまかせてもらえそうですが、頑張りすぎて体調を崩したり、限界を感じてしまいそう。無理を続けないで、素直に周りに甘えてみたり、合理的に進めるための方法などを考えてみるといいでしょう。体力の限界を感じる前に、休んだり事前に断っておくことも大切でしょう。金運は、ストレス発散にお金を使ったり、健康になるためにケチケチしないようにしましょう。温泉やスパでゆっくりする時間を作りましょう。

ラッキーカラー ホワイト　藤色　**ラッキーフード** 鰹のたたき　りんごジュース　**ラッキースポット** 水族館　図書館

ラッキーカラー、フード、スポットはプレゼントやデート、遊ぶときの口実に使ってみて

【命数】
17
パワフルな中学生

基本性格

実行力と行動力、パワーがあるタイプ。おだてに極端に弱く、褒められたらなんでもやってしまう人でしょう。面倒見のいいリーダータイプですが、かなりのマイペースなので、突然、他人まかせの甘えん坊になってしまうことも。行動が雑なので、うっかりミスや打撲などにも注意が必要です。何事も勢いで済ませる傾向がありますが、その図々しい性格が不思議な知り合いの輪を作り、驚くような人と仲よくなることもあるでしょう。

持っている星

★面倒見がいい星
★無計画なお金遣いの星
★根は図々しい星
★ギックリ腰の星
★褒めてくれる人を好きになる星

開運3カ条

1. 責任を背負いすぎない
2. 年下の話をしっかり聞く
3. 足元には気をつける

2022年の総合運

行動力があるタイプですが、今年はパワーダウンしてしまったり、ケガをして本来の能力を発揮できない運気。おだてられて責任を押しつけられてしまうことがありますが、そのときに調子に乗ってしまって断ることができないで後で苦しくなってしまうかも。褒めてくる人やおだてる人には注意しておきましょう。健康運は、腰痛やギックリ腰、膝や足のケガに気をつけましょう。段差や階段、滑りやすいところでは慎重に。扁桃腺も腫らしやすいのでうがいはマメにしましょう。

2022年の恋愛&結婚運

異性からの好意を感じても、恋愛を後回しにしてチャンスを逃してしまいそう。または、結果を急いでしまうためタイミングが合わない感じになるかも。もっと異性の気持ちを考えてみて。自分のやり方だけが正しいと思っていると、いつまでも空回りしてしまうでしょう。後輩や部下を大切にしていると年末に素敵な人を紹介してもらえそうです。結婚運は、年末に勢いで進められるタイミングがあるのでそれまでは焦らないように。

2022年の仕事&金運

仕事量を自ら増やしてやりがいを感じられる年ですが、限界を感じるほど頑張りすぎないように気をつけましょう。疲れから仕事が雑になってしまったり、後輩や部下に丸投げすることになってしまう場合もあるでしょう。責任を背負いすぎて、プレッシャーが大きなストレスになりそう。金運は、ストレス発散で散財をするよりも、健康を意識したことにお金を使うといいでしょう。評判のいいマッサージに行くといい時間を過ごせそうです。

ラッキーカラー レッド　ピンク　**ラッキーフード** 納豆そば　はちみつ　**ラッキースポット** リゾート地　温泉街

【命数】
18
マイペースな常識人

基本性格

礼儀とマナーをしっかり守り、上品で気遣いができる人。マイペースで警戒心が強く、他人との距離を上手にとります。きっちりしているようで楽観的なので、時間にルーズなところや自分の言ったことをすぐに忘れてしまうところがあります。心は中学2、3年生から変わっていないため、見た目は若く感じられるところがあります。妄想や空想の話が多く、心配性に思われることもあるでしょう。

持っている星

★性善説の星
★肌が弱い星
★相手の出方を待つ星
★清潔感のあるものを買う星
★本当はドジな星

開運3カ条

1. 本音を語る
2. 他人の雑な行動は気にしない
3. エステやリラクゼーションに通う

2022年の総合運

予想外の忙しさに心身共に疲れ果ててしまいそうな年。特にストレスが肌に出てしまったり、疲れが抜けない感じが続いてしまいそう。謎の肌荒れや湿疹に悩むこともあるので、しっかりお風呂に入ったり、ストレス発散になることはマメにやっておきましょう。現状から突然逃げたくなってしまうこともあるかも。気楽に話せる人に本音を語っておくといいでしょう。健康運は、疲れが顔や肌に出やすいので無理をしないように。

2022年の恋愛&結婚運

恋愛のことよりも仕事のことで頭がいっぱいになってしまいそうな年。出会いのチャンスや恋の進展は期待できない年ですが、気になる人にはマメに連絡をしておくといいでしょう。デートでは疲れが出てしまいそうなので、ランチや映画だけの短い時間で終えておくほうがよさそうです。結婚運は、話は進みにくいですが、相手の些細なマイナス点を気にしないようにしたり、おもしろいと思えるようになると前向きに考えられそうです。

2022年の仕事&金運

几帳面に仕事をするのはいいですが、神経質になりすぎてしまったり、周囲の雑な仕事ぶりにイライラしそう。ノルマやプレッシャーに負けてしまったり、ストレスや疲れが一気にたまってしまうので、周囲を気にしないで有給休暇を取るようにしましょう。ひとりでなんでも背負い込まないで周囲にまかせてみたり、お願いすることを忘れないようにしましょう。金運は、エステやマッサージ、アロマなどにお金を使うといいでしょう。

ラッキーカラー イエロー　オレンジ　**ラッキーフード** ローストビーフ　スイートポテト　**ラッキースポット** マッサージ　果物狩り

【命数】
19
小学生芸術家

基本性格 超マイペースな変わり者。不思議な才能と個性を持ち、子どものような純粋な心を備えていますが、あまのじゃくなひねくれ者です。臆病で警戒心はありますが、変わったことや変化が大好きで、理屈や屁理屈、言い訳が多いタイプ。好きなことになると、驚くようなパワーや才能、集中力を発揮するでしょう。飽きっぽく継続力はなさそうですが、なんとなく続けていることでいい結果を残せるでしょう。妄想が才能となる人でもあります。

★言い訳の星
★あまのじゃくな恋の星
★屁理屈の星
★お金が貯まらない星
★時代を変えるアイデアを出す星

開運3カ条
1. 計画的に休みを取る
2. 睡眠時間を長くする
3. 何事も飽きないで続ける

2022年の総合運
やるべきことが多く、束縛された感じがして不満が爆発しそうな年。頼りにされるまではいいのですが、自分の時間や自由がなくなってしまう日が増えてイライラすることになりそう。目の疲れや視力低下、老眼、目の病気、偏頭痛など、疲れで集中力が途切れてしまうような体調の崩し方もしそうです。マメに休んだり、目の周りのマッサージをしたり、肩こりにならないように肩の運動をしておくといいでしょう。健康運は、睡眠時間を長くして食事のバランスを整えましょう。

2022年の恋愛&結婚運
恋に興味が湧いたり、仕事に集中したくなったりと気持ちが揺れ動いてしまい、結果的にうまく関係を進められない年。気になっている異性への気持ちが突然冷めてしまい、他の人のことが気になってしまいそう。年末に予想外の人から素敵な人を紹介してもらえそうですが、素直にならないとチャンスを逃してしまうかも。結婚運は、将来のことを考える余裕はない年なので、来年に向けて気持ちとお金の準備をしておくといいでしょう。

2022年の仕事&金運
やるべきこととやりたいことが増えてしまう年。いいアイデアが浮かんだり、忙しいながらもやる気がアップしますが、時間がなくなってしまったり、拘束時間の長さや不自由な感じから不満がたまってしまいそう。ストレス発散も仕事だと思って、計画的に休むように。年末に大きな仕事や流れが変わるようないい話が来ることがあるでしょう。金運は、ストレス発散での浪費が激しくなってしまいそう。年末からお金の勉強をしましょう。

ラッキーカラー イエロー　ホワイト　**ラッキーフード** おでん　キウイ　**ラッキースポット** 神社仏閣　博物館

【命数】
20
マイペースな芸術家

基本性格 理論と理屈が好きで、探求心と追求心のある人。常にいろいろなことを考えるのが大好きで、妄想や空想ばかりするクセがあります。表面的な人間関係は作れますが、本音は他人に興味がなく、芸術や美術、不思議な物事にハマることが多いでしょう。非常に冷静で大人な対応ができますが、テンションは中学3年生ぐらいからまったく変わっていないでしょう。尊敬できる人を見つけると、心を開いてなんでも言うことを聞くタイプです。

★深い話が好きな星
★冷たい言い方をする星
★理屈っぽい星
★芸術にお金を使う星
★互いに成長できる恋が好きな星

開運3カ条
1. 完璧を目指しすぎない
2. 寝不足を避ける
3. 若い人から学ぶ

2022年の総合運
あなたの能力を必要としてもらえるのはいいですが、忙しくなりすぎて研究や勉強をする時間が減ってしまいそう。予想外に時間のかかることや急な仕事や予定変更が多い年だと思っておいて、時間や予定にはゆとりを持って行動するようにしましょう。時間がないからといって、睡眠時間の削りすぎには十分注意しましょう。健康運は、日頃の食生活の悪さが体調に出てしまいそう。しっかり整えて睡眠時間も増やしましょう。

2022年の恋愛&結婚運
恋愛に目を向ける時間が減ってしまう年。気がついたら1年経っているというほど、やるべきことが増えて忙しくなりそう。尊敬できる人との出会いも少ないので、自分磨きをしたり、異性と楽しく会話ができるようなネタ探しをしておくといいでしょう。疲れる異性とは距離を空けたり、無理して予定を合わせないことが大切。結婚運は、妄想するのはいいですが、現実をしっかり見つめて。自分に足りないことを認めて成長しましょう。

2022年の仕事&金運
完璧を目指しすぎてしまうと時間が足りなくなってしまったり、納得できる仕事ができなくなってしまう年。目上の人から予想外の仕事や実力以上の仕事をまかされてしまうこともあるでしょう。これまで通りのペースで仕事を進めるには限界を感じてしまうことがあるので、若い人に仕事を教えたり、周囲に協力してもらうなど知恵を絞る必要が出てくるでしょう。金運は、時間にゆとりを持つためにお金を使うようにするといいでしょう。

ラッキーカラー ホワイト　ブラック　**ラッキーフード** 水炊き　ブルーベリータルト　**ラッキースポット** 神社仏閣　図書館

ラッキーカラー、フード、スポットはプレゼントやデート、遊ぶときの口実に使ってみて

年代別 アドバイス

世代が違えば、悩みも変わります。
日々を前向きに過ごすためのアドバイスです。

年代別アドバイス 10代

これまでと同じ感じで過ごしていると思わぬところに敵を作ってしまったり、交友関係が面倒になってしまう出来事が起きそう。スポーツをしている人はケガに要注意。油断をしているとケガをしてしまうので、急いでいるときほど注意して。若くてもしっかり疲れをとったり、無茶な行動は控えるようにしましょう。

年代別アドバイス 20代

お酒を飲んで大失敗したり、二日酔いで苦しむことがありそうな年。仕事も頑張るときではありますが、無理が続くと謎の肌荒れやストレスが表に出てきてしまいそう。スタミナがあるほうだと思っても体調は崩しやすいのでマメに休んだり、基礎体力作りをしっかりやっておくといいでしょう。恋愛でも異性に裏切られてしまうことがあるので、ノリや勢いだけで飛び込まないように気をつけましょう。

年代別アドバイス 30代

頑張りがいのある年なので、無理に予定を詰め込んでしまったり、限界を感じるところまで続けてしまいそう。体調に異変が現れる前に休んだり、求められたことに応えられるように体の調子を整えておきましょう。生活習慣を変えて、マメな運動をしたり、朝からストレッチをしてみるといいでしょう。20代と同じような食生活や生活リズムはやめて、年相応にしてみて。メイクや美意識も変えるようにしましょう。

年代別アドバイス 40代

老いを感じることがある年。ギックリ腰になったり、疲れが抜けない感じが続いてしまいそう。病気が発覚して治療の1年になってしまうことがあるので、早めに病院で検査をしたり、無理が続かないようにスケジュール調整をするようにしましょう。生活習慣や食事のバランスはこれまでと同じにしないで、健康を意識して飲酒の機会を減らしたり、ストレス発散を定期的に行うようにしましょう。

年代別アドバイス 50代

若く見えるタイプですが、体力の低下を感じる年。体力作りやマメな運動やストレッチなどを計画的にやっておくことが大切。ランニングやウォーキングを無理しない程度にしてみたり、栄養バランスのいい食事を意識しましょう。体調に異変を感じたときは早めに病院に行って検査を受けてください。勝手な健康法で安心しないようにしましょう。腰や膝も痛めやすいので、重たいものを急に持ち上げないようにしましょう。

年代別アドバイス 60代以上

少しでも体調に異変を感じる場合は早めに病院で検査を受けることが大切。軽い運動をして食事のバランスをしっかり整えるようにしたり、睡眠時間を少し長くしたり、歩く距離を増やすようにしましょう。足元にも注意が必要です。段差で転んで足や手のケガをすることもあるので、慌てて行動しないように気をつけましょう。

銀のインディアン座

毎月・毎日
運気カレンダー

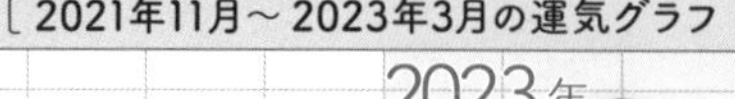

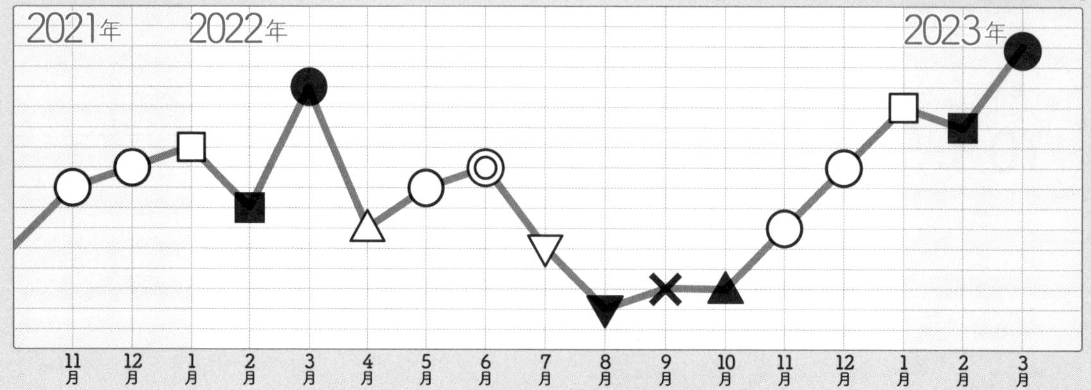

銀のインディアン座の2022年は

■ リフレッシュの年

頑張りどころだけど、休息も必要

この本で「占いを道具として使う」には、「毎日の運気カレンダー」（P.147 ～）を活用して1年の計画を立てることが重要です。まずは「12年周期の運気グラフ」（P.129）で2022年の運気の状態を把握し、そのうえで上の「毎月の運気グラフ」で、毎月の運気の流れを確認してください。

「銀のインディアン座」の2022年は、「リフレッシュの年」。山登りでいうなら中腹にさしかかったあたり。求められることが増え、頑張りどころですが、休息も必要。自分のペースを守って進むと、2023年に山の中腹を越え、いったん努力の結果が出ます。それを受けてさらなる決断をするために、2022年は健康を保つことが重要です。2024 ～ 2025年は仕事も遊びも充実し、美しい山の景色を楽しめます。2026年に山頂へ。

☆ 開運の月　◎ 幸運の月　● 解放の月　○ チャレンジの月
□ 健康管理の月　△ 準備の月　▽ ブレーキの月　■ リフレッシュの月
▲ 整理の月　✕ 裏運気の月　▼ 乱気の月

2021

11月

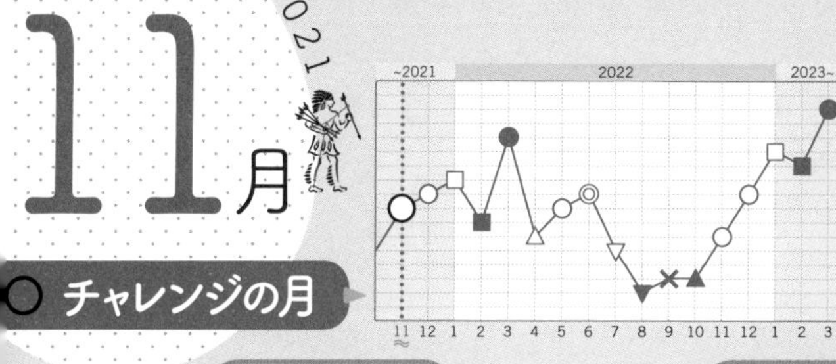

○ チャレンジの月

開運 3 カ条

1. 生活リズムを変える
2. 休みの予定を先に決める
3. イメチェンをする

総合運

やるべきことが増えて慌ただしくなり、好奇心が旺盛になる時期。予定がある程度入っているほうが心が安定するタイプなので、プライベートの予定を先に入れておくといいかも。出会いも多く、知り合いの輪が広がるので誘われた場所に行くと思わぬチャンスをつかめそう。フットワークを軽くするといいでしょう。健康運は、新しい生活習慣を作るにはいい時期。睡眠時間を増やすなどいろいろ試してみて。

恋愛&結婚運

出会いのチャンスが多くなる時期。誘いや紹介が多くなるので、余計なことを考えずに会ってみることが大事。ときめきやドキドキ感を求めるよりも「異性の知り合いを増やそう」くらいの感じでいるといい出会いをつかめるでしょう。すでに気になる相手がいる場合は、これまでとは違うアプローチや、イメチェンをしてから会うといいかも。結婚運は、友人や知り合いの後押しで一気に話が進むことがあるでしょう。

仕事&金運

先月までの気持ちとは切り替わり、気力がアップしてくる時期。やる気になるというよりもやらなくてはいけないことが増えるので、余計な心配事を忘れて前向きになれそうです。周囲を気遣うより、今できることを精いっぱいすることや環境を変えることでいい流れになることもあるので、引っ越しをしてみるのもいいでしょう。金運は、買い替えやイメチェン、引っ越しなどに出費を。古いものに執着しないように。

日	運気	内容
1 月	□	今後の予定をいろいろ決めておくといいでしょう。知り合いに連絡して会う日や飲み会を設定したり、イベントやライブのチケットを予約したりすれば、仕事を頑張るいい理由に。
2 火	■	体調が崩れるほどではないですが、異変を感じやすい日。心身ともに疲労している可能性があるので、こまめに休み、たくさん笑わせてくれる人に会うといいでしょう。
3 水	●	能力を発揮でき、満足とまではいかずとも手応えを感じられそうです。夜は、食事会や飲み会でいい出会いがありそう。誘ってくれた友人や周囲が勧める縁を素直に受け入れて。
4 木	△	一瞬ゾッとするようなミスをしやすいでしょう。冷静になって判断すれば問題を簡単に避けられるので、少しだけ先を想像して行動するように。失言や不要な行動に注意して。
5 金	◎	今の自分に合う生活リズムを作るといいでしょう。試しに朝起きる時間、食べるものの内容や順番などを変えてみて。変化を楽しみ、調子のよさを取り戻しましょう。
6 土	☆	久しぶりに買い物に出かけたり、髪を切って気分を変えたりするといいでしょう。気になる家電や部屋の模様替えになるものを購入するのもよさそうです。服は衝動買いしてみて。
7 日	▽	買い物や用事は午前中に済ませて。気になる相手をランチデートに誘ってみると、楽しい時間を過ごせそう。夕方以降に出歩く場合は、はしゃぎすぎに要注意。時間を忘れて焦りそう。
8 月	▼	余計なことを考えすぎてしまいそう。マイナスな想像はほどほどにし、現状の幸せや喜べることを見つけるようにして。水を差すようなことを言う人の言葉に惑わされないように。
9 火	×	不完全燃焼でやりたいこともうまくいかず、気持ちだけが焦ってしまいそう。至らない点を認めて学ぶように。帰宅後は音楽やストレッチなど、好きなことで気持ちを切り替えて。
10 水	▲	これまでのやり方や考え方を改めるのがオススメ。同じ方法でダメならキッパリ諦め、まったく違うことに挑戦するといいでしょう。諦めるから前に進めることもあると忘れずに。
11 木	○	新しいことに挑戦するといい日。変化を恐れず、次のステージに上がることを目標にしましょう。すぐに結果が出なくても、いつまでも同じ状況で立ち止まらないようにして。
12 金	○	勘を信じて行動してみるといいでしょう。気になるお店に行ったり、書店で気になる本を購入したりすると、ヒントや素敵な言葉を見つけられそうです。
13 土	□	健康的な体作りをはじめてみましょう。軽い運動やストレッチを、毎日できるくらいのペースではじめて。自分のペースを見極めないと三日坊主になるので、気をつけましょう。
14 日	■	温泉やスパ、マッサージなどに行き、日ごろの疲れをしっかりとるといい日。すでに予定が入っている場合はゆとりを持って行動し、早めに帰宅して湯船にしっかり浸かりましょう。
15 月	●	気持ちが楽になり、笑顔で過ごせるでしょう。プレッシャーから少し解放されたり、開き直ったりできそう。あなたの魅力に気づいた人から遊びに誘われることもあるでしょう。
16 火	△	判断ミスをしやすいかも。余計なことを考えていると判断を誤りやすいので注意して。忘れ物やうっかりミスも多くなりそうなので、気を引き締めて1日を過ごしましょう。
17 水	◎	付き合いの長い年上の人に相談をするといいでしょう。素直に頭を下げ、知恵を借りることが大切。言葉を信じて行動すると、思った以上にうまくいくことがありそうです。
18 木	☆	予想以上の結果を出せる日。運を味方につけられ、思いのほかいい流れになったり、目標を達成したりできそう。何事にも積極的になると、自分でも驚くパワーが出せるでしょう。
19 金	▽	尊敬できる人の話を聞くといいでしょう。予想以上にいい話を聞け、悩みや不安がなくなりそうです。うれしいことや楽しいことは自分で見つけたり、作ったりしましょう。
20 土	▼	現実を突きつけられてしまいそう。恋人や好きな人と気まずい空気になることがあるので気をつけて。甘さを突っ込まれても逆ギレしないように、大人な対応を心がけましょう。
21 日	×	裏目に出ることが多いでしょう。自分で決断するのが難しければ、遠慮せず家族や友人に相談して、その判断に身を委ねてみて。相手に合わせることで発見もありそうです。
22 月	▲	思った以上に雑になってしまいがちなので、何事も丁寧に行うといい日。忘れ物や手を滑らせてコップを割ってしまうことがあるので気をつけて。落ち着いて行動しましょう。
23 火	○	出社時間や食習慣など、生活リズムを変えるといい日。悪習慣になっていることは今日からやめるようにしましょう。スマホゲームやSNSの時間を削って有効に使って。
24 水	○	自分が話をするより相手の話を最後までしっかり聞くことが大事。自分とは違う考え方や知識を持つ人の話は、いい勉強になるでしょう。気持ちを理解しようとしながら聞くように。
25 木	□	自分が目指す場所を決めることが大切。どうすれば未来の笑顔につながるか考えて、今から行動を変えてみましょう。ダイエットや筋トレなど肉体改造をはじめるにもいい日です。
26 金	■	肉体的な疲れをとることも大事ですが、今日はストレス発散を。仕事終わりに軽い運動をし、友人や知人とたわいもないことを語ることでスッキリできそうです。
27 土	●	好きな人には素直になってみて。今日会うことができる相手とは後に縁がつながる可能性があるので、期待が薄いと思わないでダメ元で連絡してみるといいでしょう。
28 日	△	何事も遊び心や楽しむことが大事。少しくらいの失敗や恥ずかしいことは、クヨクヨしないで笑い話にするくらいがいいでしょう。相手を笑わせたら運気アップだと思って。
29 月	◎	あなたの個性を認めてくれている人に相談すると、縁のつながりのおもしろさや楽しさを感じられそう。「恩返し」や「恩送り」の気持ちを忘れないようにしましょう。
30 火	☆	行動を優先することが大切です。結果を考えるより、まずはやれることをできるだけやっておいて。自分の気持ちに素直になることで、人の気持ちをつかむこともできるでしょう。

2021

12月

○ チャレンジの月

開運 3 カ条

1. 期待に全力で応える
2. 人の集まりには参加する
3. 時間を上手に使う

総合運

少し無茶なお願いをされたり、予想以上に予定がいっぱいになってしまいそうな時期。スケジュールに少し空きを作っておくといい感じに予定が入るので、遊びの予定などを詰め込みすぎないように。新しい出会いや経験も増える時期なので、フットワークをできるだけ軽くし、難しいと感じることに挑戦するといい勉強になるでしょう。健康運は、腹筋や腕立て伏せ、スクワットなどを定期的に行うようにしましょう。

恋愛&結婚運

慌ただしく時間が過ぎる中で出会いはありますが、チャンスをつかむことができない時期。会ってゆっくり話をしたくても仕事が忙しく気力がなくなったり、恋愛を面倒に感じてしまうことも。知り合いの集まりに参加すると素敵な人に会えますが、妄想恋愛で終わらないよう積極的に行動を。結婚運は、「今はまだタイミングじゃない」と言ってしまうと逃しそう。相手の気持ちをもっと考えてみましょう。

仕事&金運

新しい仕事に前向きに挑戦できたり、実力以上の仕事をまかせてもらえる時期。苦しいと思う前に「期待に応えよう」と思って全力で取り組めば大きく成長でき、サポートしてくれる人の存在に感謝することもできるようになるでしょう。ひとりでなんでもやるのではなく、協力してもらうにはどうするといいかを考えることも大事。金運は、服装のイメージを変えるといい時期。年齢よりも少し年上に見えるファッションを意識して。

日	運気	内容
1 水	▽	日中はいい選択ができ、思った以上の結果を出せて評価につながりそう。勢いで行動してもよさそうです。夕方以降は判断が甘くなるので、慎重に行動しましょう。
2 木	▼	無理に流れを変えようとしたりあらがったりすると、裏目に出てしまいます。逆らわずに流れに乗り、感情的にならないように冷静に判断しましょう。怒りは評価を下げるだけです。
3 金	×	迷いが生まれてしまいそう。判断を迫られてもなかなか決められず、作業が滞りそうです。マニュアルを大事にし、経験のある人に相談をすると解決が早くなるでしょう。
4 土	▲	少し早いですが、大掃除をするのがオススメ。不要なものを処分したり、使わないものを片づけたりするといいでしょう。手を触れることのない置きっぱなしのものから処分してみて。
5 日	○	交友関係を広げることで素敵な人に出会える日。人の輪を大きくするイメージで行動してみましょう。思い浮かんだ人に連絡して、みんなを集めてみるとよさそうです。
6 月	○	新しい仕事や違うチームでの仕事が舞い込んできそう。遠慮しないで新しい流れに乗ってみたり、これまでとは違う方法を試したりすると、いい経験を積めそうです。
7 火	□	時間を有効に使うように意識して過ごすといいでしょう。「時間が足りない」のではなく「時間の使い方が下手」なだけ。ムダなことに時間を使わないように意識して行動を。
8 水	■	頑張りすぎには注意して。健康を意識してひとつ前の駅から歩くのはいいですが、突然はじめると筋肉痛になったり、疲れがたまってしまうかも。不慣れなことをやるときは少しずつ。
9 木	●	妄想や空想が役立つ日。妄想話をすると思った以上に盛り上がり、不思議といいアイデアにもつながりそう。人間関係も広がりやすくなるので、臆病にならずいろいろな人と話して。
10 金	△	「言われたこと以上の仕事をする」と心に留めて。なんとなく仕事をすると、相手の期待を下回ってがっかりされてしまいそう。期待に応えて喜ばせるくらいの気持ちでいましょう。
11 土	◎	異性の知り合いや仲のいい人から連絡があるかも。食事や飲みに行くとおもしろい人を紹介してもらえたり、いい縁がつながったりしそう。しばらく会っていない人に連絡してみて。
12 日	☆	買い物をするには最高の日。服や靴、クリスマスプレゼントを購入するといいでしょう。買い替えを考えている家電があるなら、即購入を。長く使えるものを買うと運気アップ。
13 月	▽	日中は忙しくてもやりがいを感じられそう。まとめていろいろなことをやっておきましょう。夜は疲れがたまりそうなので、家でのんびりSFやアクション映画を観るのがオススメ。
14 火	▼	理不尽なことを言われてイライラしたり、嫌な気持ちになったりしそう。難題ほど乗り越えたときに力がつくと思って知恵を絞り、考え方を変えてみるといいでしょう。
15 水	×	周囲との考え方の違いで悩むでしょう。甘い考えや現実的でない生き方を突っ込まれ、腹が立ってしまうことがありそう。自分の心やペースを乱されないように平常心を心がけて。
16 木	▲	執着から離れることで心が楽になるでしょう。嫌な過去の思い出をいつまでも気にせず、現状の幸せややさしくしてくれた人のことを思って生活するとよさそうです。
17 金	○	異業種の人と接することで新たな発見がありそう。普段と違う角度からものを見ることができ、今後の自分の指針になります。知り合いの集まりにできるだけ顔を出してみて。
18 土	○	自分が来年以降「どうなっていたいか」を想像して、計画を立てるのがいいでしょう。やりたいことや欲しいものなどを文字にして可視化すると、より現実的になります。
19 日	□	お世話になった人に年賀状を書くにはいい日。必ず感謝の気持ちをひと言添えるようにして。クリスマスプレゼントを買いに行くにもいいタイミングでしょう。
20 月	■	寝不足になったり起きるタイミングが悪くなりそう。ダラダラ仕事をするとさらに疲れてしまうので、伸びやストレッチをして気合いを入れ直して。薄着で風邪をひかないように。
21 火	●	周囲から頼られたり求められることが増えたりして、うれしい悲鳴を上げそう。全力で応えると感謝されるでしょう。面倒も引き寄せそうですが、相手が喜ぶことをやってみて。
22 水	△	ヒヤッとするミスをしがち。ギリギリで回避できることもありますが、自分で思っている以上に注意力が低下しているので気をつけて。確認作業や事前準備を怠らないように。
23 木	◎	実力を出しきってみることで、期待された以上の結果を残せそう。苦労したことや経験したことを活かせたり役立てたりできる機会が出てくるでしょう。
24 金	☆	少し図々しくなると交渉がうまくいきそう。粘りは大事ですが、愛嬌があるとさらにいい流れに変えられそうです。一緒にいて楽しい感じやおもしろい空気を出してみて。
25 土	▽	お昼にクリスマスパーティーをするのがオススメ。友人や知り合いを集め、みんなでプレゼント交換をするなど、楽しそうな企画を考えてみるといいでしょう。
26 日	▼	年末年始の準備をするのはいいですが、何事も雑になってしまうので丁寧に行動を。掃除中に間違って大事なものを捨ててしまったり、年賀状を書き間違えてしまったりしそう。
27 月	×	思わぬトラブルに巻き込まれて無駄な時間を過ごしたり、体調を崩したりするので気をつけて。今日は地味なことをのんびりコツコツやるといいので、手近な場所の掃除をして。
28 火	▲	処分できなかったものを捨てたり、掃除ができていない場所をきれいにしましょう。着ない服や使わないものはどんどん処分し、「売れるかも」と置きっぱなしにするのはやめて。
29 水	○	忘年会の幹事を率先してやってみましょう。知り合いに連絡して集まってみて。来られない人は、ネットで飲み会に参加してもらうと楽しい時間を過ごせそうです。
30 木	○	買い物ならこれまで行ったことのないお店に行くといい発見がありそう。偶然の出会いやおもしろい体験もありそうです。例年とは違うものを購入するといいでしょう。
31 金	□	将来の自分を想像するといい日。そのために来年は何が必要か、真剣に考えてみましょう。夜は体調を崩しやすいので暴飲暴食を避け、イベントに行くときは気をつけて。

☆開運の日 ◎幸運の日 ●解放の日 ○チャレンジの日
□健康管理の日 △準備の日 ▽ブレーキの日 ■リフレッシュの日
▲整理の日 ×裏運気の日 ▼乱気の日 ＝運気の影響がない日

2022 1月

健康管理の月

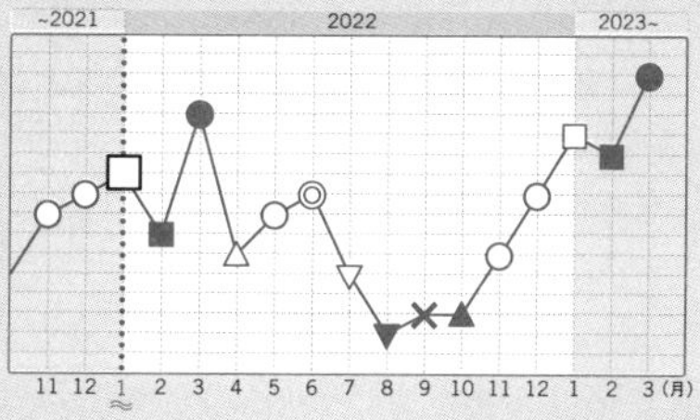

開運3カ条

1. 計画を立てて行動する
2. 気になっている人を突然誘う
3. 寝る前に湯船に浸かる

総合運

今月だけでなく、1年の計画をしっかり立ててみたり、目標を掲げてみるといい月。なんとなくだらだら続けている生活リズムが原因で体調を崩してしまうことがあるので、生活習慣を整えるようにしたり、軽い運動などを始めてみるといいでしょう。健康運は、月末あたりから体の不調を感じる場合は、早めに病院に行って検査をしてもらうようにしましょう。疲れを感じたら早めに寝て、睡眠時間を多めにとっておきましょう。

恋愛&結婚運

中旬までは異性との関係が進展しやすいので、積極的に誘ってみるといい時期。先月くらいに出会った人の中に気になる人がいる場合は、食事やお茶に誘ってみたり、友人との集まりに誘ってみるといいでしょう。相手からの急な誘いにもできるだけ顔を出しましょう。結婚運は、相手の両親への挨拶をするにはいい時期。明るい服を着て印象をよくするといい感じに話を進められそうです。

仕事&金運

予想外に仕事が増えて忙しくなってしまう時期。中には、仕事が忙しいのではなく、時間の使い方が悪い場合も。ムダなことを省いて合理的に仕事ができるように工夫してみましょう。目標を立てて、達成するために何をすべきかじっくり考えてみることも大切。仕事の疲れやストレスをためないようにする方法も考えてみましょう。金運は、1週間に使う金額を決めて生活をするといいでしょう。

日	運気	内容
1 土	■	新年早々風邪をひいたり、喉の調子を悪くしそう。温かい飲み物を飲んでのんびりするといいですが、暴飲暴食しないように気をつけましょう。外出するときは暖かい服装で。
2 日	●	遊びの誘いや友人からの連絡が増えそうな日。気になる異性と仲よくなれる可能性もあるので、メッセージを送ってみて。急な遊びの誘いは即OKしましょう。
3 月	△	遊びに出かけるのはいいですが、忘れ物やドジな出来事が起きそう。何事もしっかり確認して調子に乗りすぎないようにしましょう。喋りすぎにも気をつけて。
4 火	◎	大切な人と出会っていたことに気づく日。懐かしい人や旧友から連絡が来たり、偶然出会いそう。食事に誘うと大事な話が聞けるかも。急に思い出した人に電話するのもいいでしょう。
5 水	☆	余計なことを考えてモヤモヤするなら、買い物に行ってみて。いろいろな品を見るうちに自然と前向きになれそう。「幸せそう」に思えるものを買うと運気もよくなるでしょう。
6 木	▽	日中は、マイペースに過ごせて能力も活かせそう。気になることには積極的に取り組みましょう。夕方以降は予定が乱れたり、怒りの沸点が低い人に心を乱されそう。
7 金	▼	喉の調子が悪くなってしまったり、疲れを感じそう。無理をしないでペースを落としたり、マメに休むようにして。予想外の出費が増えてしまうこともありそうです。
8 土	×	期待を裏切られてしまいそうな日ですが、あなたも相手の期待を裏切ってしまっている可能性があります。がっかりする前に過剰な期待や過信に気をつけましょう。
9 日	▲	今の自分に必要なものと不要なものを区分けすることが大事。明るい未来を想像して、そのときには持っていないと思えるものを処分してみると、前に進めるでしょう。
10 月	○	新しいことに挑戦するときは失敗がつきものだと忘れないで、想像と違うことが必ずあると思ってから取り組みましょう。想像との違いを楽しむ余裕も忘れないように。
11 火	○	アドバイスを素直に聞き入れることが大切。「選択肢は他にもありますよ」と言ってもらっていることに気づきましょう。上手に理解して活かせるように努めましょう。
12 水	□	平常心を保つことが大切な日。些細なことで心を揺さぶられると正しい判断ができなくなります。特に夜は、疲れから気持ちが不安定になってしまうことが起きそうです。
13 木	■	疲れがたまりやすい日。無理をしないでマメに休んだり、休憩時間に仮眠をとっておきましょう。急に重たいものを持つと腰を痛めてしまうことがあるので気をつけて。
14 金	●	一区切りついて気持ちが楽になりそう。目標を達成することができたり、大きな壁を乗り越えられそうです。周囲の人への感謝の気持ちを忘れないように。
15 土	△	約束を忘れたり、時間を間違えてしまいそう。小さなミスをしやすいのでしっかり確認しましょう。食べ物をこぼしたりドリンクを倒して慌ててしまうこともありそうです。
16 日	◎	友人や付き合いの長い知り合いと楽しい時間を過ごせそう。食事や飲みに誘っていろいろ語ってみると、気持ちがすっきりしたり頭の中が整理されるでしょう。
17 月	☆	仕事に真剣に向き合うことでいい結果が出る日。あなたを必要としてくれる人のために全力で応えることで、いいポジションを獲得することができそうです。
18 火	▽	日中は順調に物事が進むので、大事なことから優先して進めましょう。順序を間違えないようにすることが大切。夜は、予定が乱れて疲れやすいので無理はほどほどに。
19 水	▼	雑に扱われてムッとしたり、期待外れな出来事がある日。今日は過度に期待しないで、少しくらい面倒なことが起きて当然だと思って生活するといいでしょう。
20 木	×	嫌な思い出やマイナスのイメージに縛られると苦しくなってしまうだけ。何事も過ぎ去ったことだと思って、一度許すことや諦めることで気持ちが楽になるでしょう。
21 金	▲	足元に置いてあるものを片づけたり、不要なものを目の前に置かないようにしましょう。何年も置きっぱなしの服や引き出しの中もチェックしてきれいにしましょう。
22 土	○	はじめて遊びに行く場所で、おもしろい出会いやいい体験ができそう。いろいろな考え方や人生観を知れそうです。興味が湧いた人にいろいろ話を聞いてみて。
23 日	○	視野が広がり、考え方が変わる日。未体験のことに挑戦してみると、いい発見があるでしょう。イベントやライブなど気になるものを見つけたら足を運んでみて。
24 月	■	今日と明日は、頑張りすぎないよう計画的に行動するようにしましょう。急な予定変更は簡単に受け入れないで、はっきり断ることも大切。心も体も疲れをためないようにしましょう。
25 火	■	油断すると風邪をひいたり、体調を崩してしまうかも。温かいものや健康的な食事を心がけておきましょう。軽いストレッチなどをしておくのもいいでしょう。
26 水	●	異性から注目されたり、大切に接してくれる人に出会えそうな日。今日は、清潔感や明るさを意識するとモテるでしょう。笑顔も忘れないように心がけましょう。
27 木	△	忘れ物をしやすい日。些細なことでもしっかり確認すれば、問題を避けられるでしょう。余計なことを妄想してドジなケガをすることもあるので気をつけましょう。
28 金	◎	時間をかけたことに運が味方する日。仕事を頑張った人は仕事で結果が現れ、恋を頑張った人は素敵な相手と縁がつながりそう。今日の幸運で納得できないなら時間のかけ方を変えてみて。
29 土	◎	しばらく連絡していなかった異性を突然誘ってみると、楽しいデートができそう。少し大人な感じのお店に行ってみるのもいいかも。買い物をするにもいいタイミングでしょう。
30 日	▽	日中は、楽しい時間を過ごせそうな運気。少し贅沢なランチを楽しんでみて。夕方以降は、期待外れな出来事が起きたり空回りしやすいので気をつけましょう。
31 月	▼	弱気になってしまったり、やる気を失ってしまいそうな日。好きな音楽を聴いて気持ちを落ち着かせたり、話を聞いてくれる人と一緒にいる時間を増やしてみるといいでしょう。

開運のつぶやき ▶ 成功は通過点だと思って次を目指すといい

2022 2月

■ リフレッシュの月

~2021 2022 2023~

11 12 1 2 3 4 5 6 7 8 9 10 11 12 1 2 3 (月)

開運 3 カ条

1. 予定を詰め込まないでゆとりを持つ
2. しっかり仕事をしてしっかり休む
3. 睡眠時間を8時間以上にする

総合運

しっかり仕事をしてしっかり休むことが必要な時期。予定の詰め込みすぎや無理を続けないためにも、ムダな行動を避けたり予定外の誘いには簡単にOKしないように。ストレス発散のために軽い運動をしたり、友人と楽しく会話することも大切。体力作りやダイエットなどもしましょう。健康運は、体調を崩しやすいので少しでも異変を感じたら早めに検査を受けましょう。昨年あたりから体調の優れない人は有給休暇をとってでも体を休ませましょう。

恋愛&結婚運

今月は恋愛もひと休み。進展を望んでも思い通りに進まず、疲れが顔に出たりイライラすることが多くなるでしょう。異性から嫌われたり気まずい空気になるので気をつけて。家デートや疲れをためないデート、軽く体を動かすスポーツデートがいいかも。結婚運は、話を進めにくい時期なので細かいことを気にしないように。恋人に会う前日は睡眠時間を多めにしておくと印象をよくできそう。

仕事&金運

予想外に忙しくなる時期。体をしっかり休ませることも仕事だと思って、仕事終わりの付き合いなども無理をしないようにしましょう。自分で思っている以上に体が限界に達して、疲れでミスが増えてしまうので気をつけましょう。有給休暇をとってのんびりする日を作ってもいい時期です。金運は、ストレス発散や健康維持にお金を使うといいでしょう。油断すると病院の出費が増えることも。

日	運気	
1 火	×	疲れから集中力が途切れてしまったり、無理ができなくなりそうな日。不機嫌な態度をとってしまうこともあるので、小さなことでイライラしないように気をつけましょう。
2 水	▲	足元や階段にものを置いている人は、ケガをする可能性があるので片づけるようにしましょう。不要なものを処分して身の回りをすっきりさせておきましょう。
3 木	＝	気持ちの切り替えも大事ですが、何事も新しい目で世の中を見直すことが大切な日。考え方を少し変えてみると、世界が違ったように見えるでしょう。
4 金	＝	要求されることが増える日ですが、前向きに取り組んでみるとよさそう。やり方や方法をいろいろ変えてみると手応えを感じられたり、周囲から応援してもらえるでしょう。
5 土	■	今日と明日は、しっかり体を休ませることを目標にしましょう。既に予定が入っている場合は、マメに休んだり、早めに帰宅するようにして。暴飲暴食にも気をつけましょう。
6 日	■	体調を崩してしまいそう。風邪をひいてしまったり、喉の調子が悪くなってしまうかも。体が温まるものを食べて不健康な生活を送らないように気をつけて。
7 月	●	良くも悪くも目立ってしまう日。話の中心になるのはいいですが、喋りすぎてしまうことがあるので気をつけましょう。恋愛運がいい日なので気になる人に連絡してみて。
8 火	△	考えがまとまらないで悩んだり迷ってしまいそう。判断に困ったときは、周囲に素直に相談してみるといいでしょう。自分とは違う意見を大切にするといいでしょう。
9 水	＝	同じようなミスを繰り返しやすい日。自分の癖を理解することで、不要な苦労は避けることができそう。経験を活かす気持ちをもっと大切にするといいでしょう。
10 木	＝	仕事に不満を感じるなら、目の前の仕事に一生懸命になると余計なことを考えなくなるでしょう。学べることも多い日になりそうです。
11 金	▽	自分の得意なことに集中するといい日。周囲の手助けをするくらいの気持ちが大切でしょう。夕方以降は、苦手なことや面倒なことに直面しやすいので慎重に判断しましょう。
12 土	▼	体調を突然崩してしまったり、出先で風邪をうつされてしまいそう。うがいや手洗いなどをしっかりしたり、不要な外出を避けて家でゆっくりしたほうがよさそうです。
13 日	×	がっかりする出来事や悲しい思いをしやすい日。過度に期待しないで、思い通りにならないことが当たり前だと思いましょう。ストレス発散に時間を使うことも大切でしょう。
14 月	▲	バレンタインのチョコレートは夜に渡したほうがよさそう。日中は思ったよりも忙しくなったり、ミスが続いてバタバタすることになりそうです。
15 火	＝	これまで気にならなかった人のことが気になり始めたり、相手のいい部分を見られるようになりそうな日。何事も見直してみると、よさに気づけることがあるでしょう。
16 水	＝	普段ならやらないことに挑戦してみると、人生観が変わってくることがあるでしょう。なんとなく避けていたジャンルの本を読んでみたり映画を観てみるといいでしょう。
17 木	■	日中は勢いよく過ごせても、夕方あたりからスタミナ不足や疲れを感じてしまいそう。ペース配分を間違えないようにしましょう。夜は体調を崩しやすいので気をつけて。
18 金	■	体調を崩したりケガをしやすい日。無理しないで、体調に異変を感じたら早めに帰宅して家でのんびりして。健康でも早めに寝て、睡眠時間を普段より長くとるように。
19 土	●	好きな人に連絡してみると急に会えたり楽しい時間を過ごせそう。知り合いの集まりに参加するときは、みんなを笑わせてみるといいでしょう。
20 日	△	段差でつまずいてしまったり、足の小指をぶつけて痛い思いをすることがありそう。今日は、いつも以上に慎重に行動するように心がけておきましょう。
21 月	＝	同じ失敗を繰り返すことが、最も信用を落として、前に進めなくなる原因だと理解しておきましょう。自分がやってしまいそうな失敗は書き出してみると予防できそうです。
22 火	＝	ネットで不要なものを購入したり、後悔するような価値のないものに出費してしまいそう。「欲しい」で購入しないで「必要だから」で購入する癖をつけるといいでしょう。
23 水	▽	午前中は集中力も体力も問題がないので、勢いにまかせるといいでしょう。夕方あたりから疲れを感じたり体調に異変を感じやすいので、無理をしないようにしましょう。
24 木	▼	親切な人や優しい人に目を向けるようにしましょう。マイナス面や嫌なことばかりに目がいきそうになったら、今があるのは誰のおかげか想像してみるといいでしょう。
25 金	×	意外な展開が多い日。突然忙しくなってしまうことがあるので、自分の用事は早めに片づけておきましょう。胃腸の調子が悪くなってしまうこともありそうです。
26 土	▲	今日は、身の回りをきれいにして掃除をしっかりするといい日。散らかったままの部屋では運気はいつまでもよくならないと思って、きれいにしてみましょう。
27 日	＝	気になる映画や舞台を観に行ってみて。新しい刺激を受けることで、いい発見や学びがありそう。いい言葉や前向きになる言葉に敏感になっておくといい日になるでしょう。
28 月	＝	健康的な生活リズムに変えてみるといい日。早寝早起きや10分前行動を心がけてみるといいでしょう。昼食も腹八分目くらいにして飲酒は避けるようにしましょう。

☆ 開運の日　◎ 幸運の日　● 解放の日　○ チャレンジの日
□ 健康管理の日　△ 準備の日　▽ ブレーキの日　■ リフレッシュの日
▲ 整理の日　× 裏運気の日　▼ 乱気の日　＝ 運気の影響がない日

3月 2022

● 解放の月

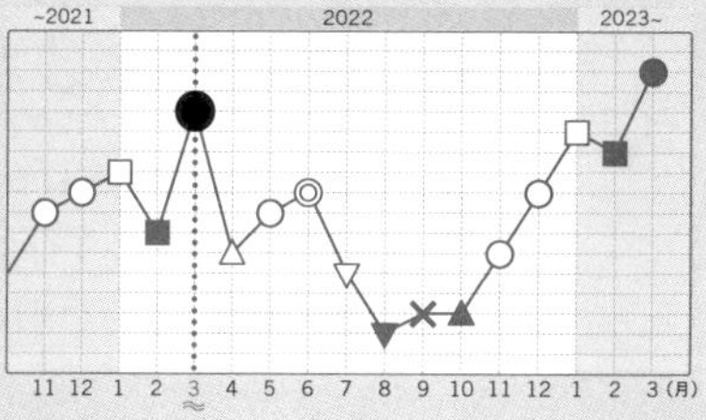

開運 3 カ条

1. 人の集まりに顔を出す
2. 困難と思える仕事は前向きに取り組む
3. 好きな人には素直になる

総合運

ラッキーな出会いや情報を入手できる時期。スケジュール管理をしっかりして、無駄な時間のないように行動することが大切。あなたの魅力や才能に注目が集まることもあるので、些細なことでも最善を尽くしたり、力を出し惜しみしないようにするといいでしょう。定期的な運動をするにもいい時期なので、ジムに通いはじめて肉体改造をするといいでしょう。健康運は、異変を感じている場合は早めに病院に行って検査を受けましょう。

恋愛＆結婚運

異性との関係が一気に進展しやすい月。急に誘われたり複数の人からデートを申し込まれるなど慌てることもありそうですが、時間を決めて会うといいでしょう。勢いで交際をスタートさせるにもいい運気です。新しい出会いは知り合いのつながりなら期待できるので、人の集まりには異性を意識した服を選びましょう。結婚運は、2021年中に話がまとまっているカップルは入籍してもいい運気です。

仕事＆金運

大事な仕事や実力以上の仕事をまかされそう。自ら志願して難しい仕事に挑戦することも大切な時期。苦しいと思って避けているといつまでも成長できません。難しいと感じるときほど実力が付くと思って知恵を絞ってみましょう。仕事関係で大切な出会いもあるので付き合いを大切に。金運は、仕事関係や勉強になるものを買うにはいい時期。靴を買いに行くと素敵なものを見つけられそう。

日	運気	
1 火	■	疲れがたまりそうな日。無理に予定を詰め込まないで、時間にゆとりを持って行動して。夜は早めに帰宅してゆっくりお風呂に入るといいでしょう。
2 水	■	油断していると風邪をひいてしまったり、喉の調子が悪くなりそう。無理に重たいものを持つと腰を痛めることも。今日は慎重に行動するように心がけて。
3 木	●	年上や偉い人と仲良くなれたり、不思議な人脈ができるかも。挨拶やお礼をしっかりしながらも、自分の意見をはっきりと伝えて。間違った場合はすぐに謝罪することも大切です。
4 金	△	誤字脱字や計算ミス、時間の間違いなどをしやすい日。確認をしっかりすれば恥ずかしい思いを避けられるでしょう。段差で転んでしまうこともあるので気をつけて。
5 土	○	今日出会う人の長所を見つけて伝えることで運気の流れがよくなります。どんな人でも必ずいいところがあることを忘れないように。親友のよさも改めて見直してみましょう。
6 日	◎	日用品や消耗品を買いに行くといい日。お気に入りの品を見つけられることもあるので、いろいろなものを見ておくといいでしょう。いいお店を見つけることもできそうです。
7 月	▽	日中は、能力を発揮できそう。意見も通りやすいので丁寧に話してみて。夕方以降は、空回りしたり余計なことを考えてしまいそう。早めに帰宅したほうがよさそうです。
8 火	▼	あなたの邪魔をする人が現れたり、意見を押しつけられてしまうことがありそうな日。流れに身をまかせて無理に逆らわないようにするといいでしょう。
9 水	×	年齢の離れた人の話は学べることが多いので、楽しく素直に聞きましょう。説教されていると受け止めてしまったら、自分の心がすさんでいると思ったほうがいいでしょう。
10 木	▲	話をコンパクトにまとめるように意識してみるといい日。ムダな話や余計な言葉を入れないようにして。シンプルにわかりやすく話をする努力をしてみましょう。
11 金	○	周囲の人を褒めることで流れを変えられそう。些細なことでもいいので、素直に褒めてみたり認めてみるといいでしょう。褒め方の工夫が人生を大きく変えていくでしょう。
12 土	○	不慣れや苦手だと思い込んでいた世界に飛び込むといい日。芝居や演芸やライブなどに行ってみると、いい刺激を受けられるでしょう。美術館や博物館に行くのもオススメ。
13 日	□	デートするにはいい日。相手の話をじっくり聞いてみたり、素敵な部分を素直に褒めてみて。笑顔を忘れないようにすれば交際に発展することもあるでしょう。
14 月	■	集中力が途切れてしまったり、疲れを感じそう。少しの時間でもいいので、仮眠をとったり目を閉じる時間を作りましょう。小さなケガもしやすいので慌てて行動しないように。
15 火	●	あなたのよさを理解してもらえたり、長所を見つけてくれる人に出会えそう。人前ではハキハキ話したり、挨拶やお礼をしっかりするように心がけて。
16 水	△	雑な行動をしやすい日。ドジで自分が失敗するなら問題ないですが、他の人を雑に扱うとトラブルや面倒なことになるので気をつけて。他人を軽視しないようにしましょう。
17 木	○	相手の得意な話を聞くことで、いい人間関係を作れる日。知っている話をどれだけ楽しく聞けるかが重要だと思いましょう。上手に話を振れるようにしてみましょう。
18 金	◎	仕事に集中することでいい結果を出せそう。今ある力を出しきるぐらいの気持ちで、真剣に取り組んでみて。今後を左右する大事な人にも会えそうです。
19 土	▽	ランチデートや昼に仲間を集めて遊ぶといい日。夕方以降はだらだら時間をムダにすることになるので、終わりの時間を決めておくといいでしょう。
20 日	▼	つまらないことを気にしてやる気を失ってしまいそう。現実的なことを考えるのはいいですが「なんとかするし、なんとかしてきた」と思って気持ちを切り替えましょう。
21 月	×	考え方や視点を変えるにはいい日。いつもと同じ流れではないと感じるなら、流れに逆らうのではなく、成長できるきっかけだと前向きに受け止めてみるといいでしょう。
22 火	▲	「失うのではなく、相手が欲しがっているものを与えている」と考え方を変えてみると、前に進めるでしょう。自分の得だけ考えて行動しないようにしましょう。
23 水	○	前向きな姿勢が大切な日。同じことを繰り返すのではなく、不慣れや苦手なことを克服する努力を忘れないように。少しでも自分を成長させることを楽しんでみて。
24 木	○	自分の長所やいい部分を改めて見直すことが大切。自分だけではなく、周りにいる人も見直してみるといいでしょう。短所も欠点もプラスに見る努力をしましょう。
25 金	□	計画や段取りをしっかりして過ごすといい日。無計画な行動や、目的に当てはまらない行動はしないように気をつけて。夜は疲れやすいので飲酒は避けるようにしましょう。
26 土	■	今日は、日頃の疲れをしっかりとったほうがいい日。花見に行くのはいいですが、風邪をひいてしまったり、飲みすぎて体調を崩してしまうことがありそうです。
27 日	●	恋愛運がいい日。好きな人に連絡したり、勢いで遊びに誘ってみるといい関係に進めそう。新しい出会いも期待できるので、知り合いの集まりに参加してみて。
28 月	△	寝坊したり時間にルーズになってしまいそう。「少しくらい遅れてもいいかな」と思う気持ちは人間関係を悪くするだけ。「時間は命」だと忘れないようにして。
29 火	○	悩みや不安で考えがまとまらないときは、親友と話をする時間を作ってみると、気持ちがすっきりして考えがまとまりそう。語れる人がいることに感謝を忘れないようにしましょう。
30 水	◎	いい仕事ができる日。自分の勘を信じて、勢いで突き進んでみるのもいいでしょう。周囲からのアドバイスを素直に聞いて行動してみると、いい結果につながりそうです。
31 木	▽	日中は運を味方につけられたり、満足できる結果を出せそう。夕方以降は、周囲に協力したり、うまくサポートしてみましょう。自分だけの得で終わらせないようにしましょう。

開運のつぶやき　生きることも大切ですが、「生きがい」はもっと大切

2022

4月

△ 準備の月

~2021 2022 2023~
11 12 1 2 3 4 5 6 7 8 9 10 11 12 1 2 3 (月)

開運 3 カ条

1. 15分前行動を心がける
2. 最終チェックを必ず行う
3. 調子に乗りすぎた行動は控える

総合運

珍しいミスが続いてしまう時期。忘れ物や寝坊、遅刻、置き忘れ、失言など普段なら避けられる失敗が増えそう。事前準備と最終確認をこれまで以上にしっかりして、15分前行動を意識すると問題をうまく避けられます。周囲から「アホだね」と言われても明るく返せるようにしましょう。健康運は、段差で転んで打撲するなどのケガに注意。酒の席で失敗したり二日酔いで苦しむこともあるので飲酒は控えるようにしましょう。

恋愛&結婚運

異性といい関係になれる時期。ノリや勢いで仲良くなれるチャンスはありますが、相手を雑に扱うとチャンスを逃してしまいます。名前をしっかり覚えることや異性から好かれそうな服装、清潔感を忘れないようにしましょう。飲み会で大失敗しやすいので調子に乗りすぎないように気をつけて。結婚運は、前に進む時期ではないので、ふたりの関係を楽しんだり相手が喜ぶことをするといい時期です。

仕事&金運

小さな失敗が続いたり、油断してチェックが甘くなる時期。目の前の仕事に集中して、確認や事前準備を怠らないようにしましょう。スケジュールの確認も忘れず、数字やお金、時間に細心の注意を払うように。職場の人との交流が深まる時期なので飲み会や食事会に行くのもいいですが、余計な一言には気をつけましょう。金運は、出費が増える時期。不要なものを買わないようにしましょう。

日		
1 金	▼	空回りや失敗が続く日。不安や心配事も増えますが、余計なことを考えすぎているだけなので、目の前のことに集中して。ウソに騙されて恥ずかしい思いをしそう。
2 土	✕	急な予定変更で暇になりそう。本を読んだり情報を集めるのはいいですが、間違った情報やネガティブな方向に進みすぎないように。前向きな言葉やいい言葉を集めましょう。
3 日	▲	身の回りをきれいに片づけるといい日。楽しく掃除することで運気がアップするので、普段掃除しない場所も片づけるといいでしょう。ムダなものはどんどん処分して。
4 月	＝	仕事を楽しむことで人生が楽しくなる日。今の仕事を楽しくするための工夫をしたり、自分の仕事の先で笑顔になっている人のことを思い浮かべてみるといいでしょう。
5 火	＝	周囲を見渡してみると、家やビルが新しくできていることがあるでしょう。風景が変わり、周囲に変化があることに気づくことで、自分も前に進めるようになるでしょう。
6 水	□	時間や数字にこだわって仕事するといい日。なんとなく仕事をするのではなく、「これは30分以内に」など目標を決めてみて。時間を守っても仕事の完成度は落とさないように。
7 木	■	うっかりのケガに要注意。指や足をケガしたり、打撲や切り傷など「子供じゃないんだから」と突っ込まれてしまうことがあるでしょう。丁寧に行動するようにしましょう。
8 金	●	今の仕事に感謝して、仕事があることを「ありがたい」と思うところから自分を大きく成長させることができるでしょう。求められることにできるだけ応えるように努めましょう。
9 土	△	調子に乗りすぎて大失敗しやすい日。忘れ物やうっかりミス、時間の間違いなど、小さなミスから大きなミスまで重なりそう。今日は事前準備と確認をしっかりするようにしましょう。
10 日	○	付き合いの長い人や親友と縁がある日。あなたに必要な話が聞けるので、簡単に聞き流したり自分の話ばかりにならないように気をつけましょう。
11 月	○	仕事がうまくいっている人や楽しんでいる人を観察すると、大切なことを学べそう。今日は目の前のことに一生懸命になるといい結果につながります。学んだことを活かしましょう。
12 火	▽	嫌々仕事をすると、どんどん嫌になってしまうだけ。仕事を楽しむフリをして取り組んでみると、不思議と楽しく仕事ができるようになるでしょう。
13 水	▼	目先のお金や損得のことばかり考えていると、成長できずに空回りするでしょう。遠回りでも時間がかかってもいいので、成長できることに力を注いでみて。
14 木	✕	集中力が途切れてしまう日。気持ちも緩んでしまうので、短時間で仕事に区切りを付けるといいでしょう。疲れを感じるときは休憩をしっかりとって体を休ませて。
15 金	▲	複合して物事ができるタイプですが、今日は一つひとつ丁寧に仕事をすることが大切。得意なことから取り組んでみると、難しい仕事もクリアできそうです。
16 土	＝	仕事関係者と遊んだり、仕事のできる友人に連絡してみるといい日。些細なことから学んだり、考え方の違いなどを知るといいでしょう。いい出会いもありそうです。
17 日	＝	今日はしっかり体を休めたり、リラックスできる空間を楽しんでみて。話題の映画を観に行ってみたり、イベントやライブに行くといい1日を過ごせそうです。
18 月	□	単純な仕事を他人まかせにしないで、自ら取り組んでテキパキ終わらせてみると、他の仕事にも集中できそう。忙しいほうが自分の心が安定することを忘れないようにして。
19 火	■	ストレスを感じたり、疲れからイライラしやすい日。今日は無理をしないで少しペースを落としましょう。過去の余計な出来事を思い出さないようにしましょう。
20 水	●	どんな仕事でも完璧を目指して行うことが大切ですが、完璧も完全もただの通過点。「現在の完璧は未来の不完全」だと思って、もっと自分を成長させるようにしましょう。
21 木	△	順調に進んで問題がないと油断しているところに隙が生まれやすいので注意。最終チェックをしっかりしたり、そもそもやることを間違えていないかしっかり確認しましょう。
22 金	○	自分が最も頑張っていたころを思い出して仕事に取り組んでみて。部活に専念していたなら部活のテンションで。真剣に取り組む姿勢など、初心を思い出しましょう。
23 土	○	知り合いの集まりに参加してみるといい日。「微妙だな」と思っていた相手と話が盛り上がったり、楽しい時間を過ごせそう。自分の想像がまだまだだと気づけそうです。
24 日	▽	日中は、うれしい知らせを聞けたり楽しい時間を過ごせそう。思いきった行動が大切ですが、夕方あたりから疲れやすく、体調を崩したりケガをする場合があるのでほどほどに。
25 月	▼	学んだことや体験したことを活かして過ごすといい日。すべては己に身に付いていることを出すだけです。できないことを無理してやろうとしないように。
26 火	✕	頑張った分の報酬を得ようと先に思わないようにしましょう。得ることを先に考えていると、不満や文句に変わるだけ。最後に笑顔になれればいいと考え方を変えましょう。
27 水	▲	不要な情報や役に立たないことを知ろうとしないようにしましょう。見ないようにすることでムダな時間が減り、他のことに有意義に使えるようになるでしょう。
28 木	＝	自分の好きなことに集中することで、気持ちが楽になる日。語れる友人に連絡して、深い話や雑談などをすると気持ちが楽になりそう。ただし失言には注意して。
29 金	＝	自分の行動が常識的なものか冷静に判断してみるといいでしょう。自分基準の常識ではなく、世間一般の常識に照らし合わせることを忘れないようにしましょう。
30 土	□	ゆったり時間を使うといい日。少しくらいだらだらしてもいいですが、時間を決めて行動するようにしましょう。空き時間を作ってボーッとしたり本を読むといいでしょう。

☆ 開運の日 ◎ 幸運の日 ● 解放の日 ○ チャレンジの日
□ 健康管理の日 △ 準備の日 ▽ ブレーキの日 ■ リフレッシュの日
▲ 整理の日 ✕ 裏運気の日 ▼ 乱気の日 ＝ 運気の影響がない日

5月 2022

チャレンジの月

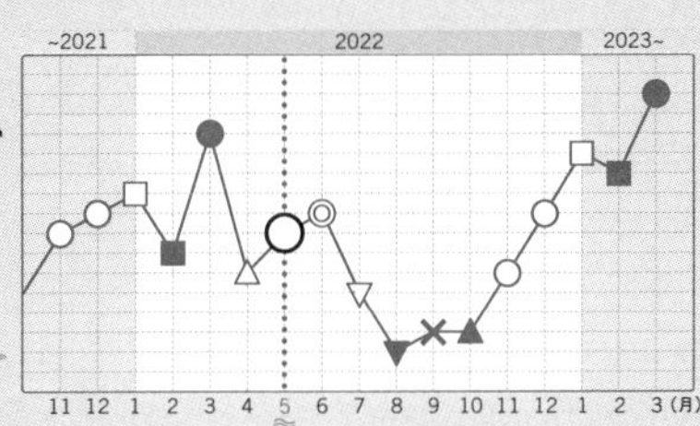

開運 3 カ条

1. 親友と語る
2. 自分の得意なことをアピールする
3. 行きつけのお店に顔を出す

総合運

友人や知り合って長い人との関係が深まる時期。偶然街で出会ったり人とのつながりで再会したり、縁を感じられることもありそう。話のネタになったときは連絡してみると、いい仲間を作るきっかけになる場合もありそうです。苦手だと思っていた人に数年ぶりに会うと、互いに成長していることを確認できる場合もありそう。健康運は、体重が増えていると気になるときは、今月から元に戻すことを目標にしてみるといいでしょう。

恋愛&結婚運

異性の友人と思っていた人や知り合って数年経っている人に急に告白されたり、好きになってしまう可能性がある月。気の迷いの場合もありますが、マメな人に弱いタイプなので、一緒にいて楽と感じるなら交際をスタートさせるといいでしょう。新しい出会いは期待が薄いので過度な期待はしないほうがよさそう。結婚運は、真剣に結婚の話が盛り上がったカップルは今月進展しやすいでしょう。

仕事&金運

得意な仕事に集中することで、求められることが増える時期。予想外に忙しくなったり、余計な仕事を引き受けすぎてしまうことがありそう。付き合いの長い人や取引先のわがままを受け入れて大変なことになるかも。懐かしい人があなたの能力を買ってくれることもありそうです。無理に新しいことに手を出すと疲れてしまうかも。金運は、行きつけのお店に行くといいものを見つけられそうです。

日	運気	内容
1 日	■	休みを楽しむのはいいですが、予定を詰め込みすぎてヘトヘトになりそう。ゆとりを持って行動したり、マメに休憩するようにして。調子に乗ってケガをしないように気をつけて。
2 月	●	いい種をまけばいい芽が出ます。今日いい行いをすることで、自分に返ってくることになるでしょう。困っている人を助けたり、相手の気持ちを考えて言葉を選ぶといいでしょう。
3 火	△	何事も楽しむことは大切ですが、今日は小さな失敗が重なるので慎重に行動するように心がけて。判断ミスをしてムダな時間を過ごすことになりそうです。
4 水	○	現状に満足することがスタートです。不満や文句を見つけても、すべて自分が作り出しているだけ。マイナスは「これくらいで済んでよかった」と思い、いい部分に感謝しましょう。
5 木	◎	出費が増える日ですが、いい体験になることにお金を使ってみるといいでしょう。後で話のネタになることをしてみたり、映画や舞台を観に行ってみるのもいいでしょう。
6 金	▽	午前中から行動することで満足できる1日を過ごせそう。疲れを感じたら昼寝して、のんびりするといいでしょう。夜は、疲れからイライラしやすくなるので気をつけましょう。
7 土	▼	自己主張やわがままを避けて流れに身をまかせたり、友人や知り合いの意見を素直に受け入れてみるといい日。自分の興味がなかった世界を知れて、学べることがありそう。
8 日	×	慌ただしいほうが気持ちが落ち着くタイプですが、今日は予定を空けたり、ボーッとする時間を作ってみて。カフェでお茶したり明るい未来を妄想してみましょう。
9 月	▲	丁寧に仕事をするように心がけることが大切。思ったよりも雑になってしまったり、抜けが多くて突っ込まれてしまう場合がありそう。確認をしっかりしましょう。
10 火	○	慣れた仕事でも「初めて取り組む気持ち」で取り組んでみるといい日。初心を思い出してみると、仕事に感謝できたり、自分の成長を感じることができそうです。
11 水	○	評価は気にしないで自分の得意なことに集中して。得意なことや求められることをもっと好きになってみると、極めたりレベルを上げられるようになるでしょう。
12 木	□	不慣れや苦手なことにあえて挑戦をしてみるといい日。失敗することもありますが、手応えを感じられる場合もありそうです。今の自分に何が足りないのか知るといいでしょう。
13 金	■	昼食は腹八分目ぐらいにしないと、眠くなったり疲れを感じてしまいそう。今日はペースを少し落としたり、無理のないように計算して仕事をするようにして。
14 土	●	異性の友人と縁がある日。突然告白されたり、急にあなたの恋心に火がつくこともあるでしょう。素直になってみたり、勢いで交際してみるのもいいでしょう。
15 日	△	時間を間違えてしまったり、珍しいミスをしてしまうかも。今日は何事も確認をしっかりして、早めに行動して時間にゆとりを持つといいでしょう。忘れ物にも気をつけるように。
16 月	◎	周囲の人を素直に褒めると、いい味方が集まったり、いい部分を見つけられるようになるでしょう。長い付き合いの人や支えてくれている人にも感謝を忘れないようにして。
17 火	◎	能力を求められる日。些細なことでも真剣に取り組んだり手を貸してあげると、いい人間関係を作れるでしょう。自分のことで手一杯にならないようにしましょう。
18 水	▽	日中は、仕事に集中できて満足できる結果も出せそう。至らない部分は認めて成長できるよう努めて。夜は、軽はずみに動いて失敗する可能性があるので慎重に。
19 木	▼	自分が正しいと思うと不満や文句が増えるだけ。自分にも悪い部分があると思うと、人の意見や考えを素直に聞けるでしょう。偉そうな口調や上から目線の言葉を使わないように。
20 金	×	お手本になる人を見つけて、しっかり観察しましょう。尊敬できる人や憧れの人に少しでも近づけるようにするといいでしょう。見えない苦労も想像してみましょう。
21 土	▲	大掃除をするといい日。不要なものはどんどん処分して、「もったいない」と思って置きっぱなしのものも処分して。年齢に合わない服や着ない服も処分しましょう。
22 日	○	気になった場所に行くといい日。ライブやイベントなどを検索すると見つけられそう。美術館や博物館の催し物などもいいでしょう。物産展で美味しいものも見つけられそう。
23 月	○	強引に推し進めるよりも、流れに身をまかせておくといい日。新しい仕事や体制の変化に逆らわないで、受け止めて自分のやれる仕事に集中するようにしましょう。
24 火	□	柔軟な発想や臨機応変な対応を心がけてみて。マニュアルは大切ですが、機転を利かせれば問題を簡単に解決できたり、いいアイデアにもつながりそうです。
25 水	■	疲れから集中力が欠けそうな日。重たいものを急に持つと腰を痛めたりケガをする可能性もあるので気をつけましょう。汚れた手で目を触って結膜炎などになることもあるかも。
26 木	●	今日起きる出来事は、結果的に運がよかったと思えるようになるでしょう。気になることに挑戦してみて。恋愛でも好きな人に連絡をしてみるとよさそうです。
27 金	△	何事も楽しんで受け止めるといい日。難しく考える前に「簡単だ」と思ったり、楽しい部分を見つけられるように努めてみましょう。自分の失敗からも学んでみましょう。
28 土	◎	親友や懐かしい人と縁を感じられる日。偶然出会うことがあるので、お茶や食事に誘ってみると思った以上に盛り上がるでしょう。懐かしい曲を聴くと運気が上がるでしょう。
29 日	◎	買い物するにはいい日。旬の服を買ったり、靴を買うにもいい日です。気になるお店に入ってみるといいでしょう。薬箱を見て必要そうな薬を買っておくことも大切です。
30 月	▽	午前中は頭の回転が速く、いい判断で仕事を進められそう。あっという間に時間が過ぎてしまいそう。夕方以降は、余計なトラブルやストレスがたまる出来事が起きるかも。
31 火	▼	ダメな部分やネガティブな情報に振り回されそうな日。何事もプラス面があることを忘れないようにして、うまくいかないときほど学べることがあると思っておきましょう。

開運のつぶやき 必要なのは運ではなく、情熱と覚悟

2022 6月

◎ 幸運の月

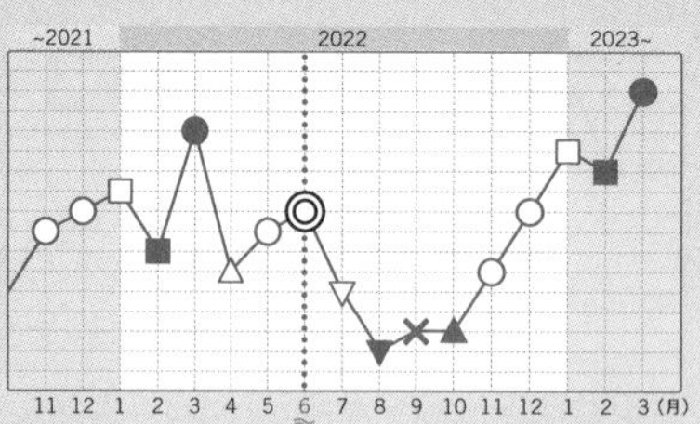

開運3カ条

1. 計画的に行動する
2. 出費は覚悟して遊ぶ
3. 温泉旅行に行く

総合運

味方や協力者が集まり、実力や能力を評価してもらえそう。実力以上のことをまかされてしまったり、予想外の人との出会いもある時期。予定を詰め込んでおくのはいいですが、休みやのんびりする日を先にスケジュールに入れておくようにしましょう。温泉旅行や気分転換ができる場所に行くのもいいでしょう。健康運は、体によさそうなものを選んで食べたり、健康維持のために時間やお金を使うといいでしょう。

恋愛&結婚運

異性との関わりが増えるのはいいですが、デートや飲み会で出費が増えそうな月。ケチケチするとチャンスを失うので、ある程度は覚悟しておくこと。複数の人が気になったら、これまでの恋を基準に判断するといい人を選べそう。片思いの相手には、相手が喜びそうなプレゼントを渡すといい関係に発展します。結婚運は、互いの金銭感覚をチェックしたり、一緒に貯金を始めるといいでしょう。

仕事&金運

大事な仕事をまかされて忙しくなる時期。充実した日々を送れますが、頑張りすぎてしまったり、仕事関係者との付き合いが増えて睡眠不足になりそうです。しっかり体を休ませることも仕事のひとつだと忘れないように。厳しい条件の仕事が舞い込んでくることもありますが、受けてみると大きく成長できるでしょう。金運は、出費が多くなります。ストレス発散や疲れをとることに使いましょう。

1 水	×	ちっぽけなことが気になって前に進めなくなってしまいそう。余計なことを考えるよりも、自分が今できることに善意を持って真剣に取り組んでおくといいでしょう。
2 木	▲	忘れ物やなくし物をしそうな日。自分の手先が不器用なところや、雑な行動には気をつけましょう。なくし物をしないためにも、身の回りを常にきれいにしておくように。
3 金	○	新しいことに自然と目がいってしまう日。いい情報を集められるので、人の話を楽しみながらしっかり聞いてみるといいでしょう。相手を尊重しながら聞くことが大切です。
4 土	○	なんとなく避けていたことでも挑戦してみると思った以上に楽しい思いができそう。周囲からオススメされた映画やドラマ、アニメなどを観てみるといいでしょう。
5 日	□	決めつけや限定をしないで、視野を広げたり新たな考え方を取り入れてみて。書店に行って気になる本を読んだり、知り合いと語り合ってみるといいでしょう。
6 月	■	疲れを感じそうな日。目の周辺をマッサージしたり、目を閉じてゆっくりする時間を作るとすっきりしそう。軽い運動やストレッチをしてみるのもいいでしょう。
7 火	●	好きなことに集中するといい結果につながりそう。どんな仕事も「好きな仕事」と思い込んでみることが大切。一生懸命に取り組んだり工夫すると好きになってくるでしょう。
8 水	△	ミスが増えそうな日。変えなくてはいけないことや原因を探って、同じ失敗をしないように気をつけましょう。数字や時間、金額などの間違いをうっかりミスで片づけないように。
9 木	◎	自分の得意なことに丁寧に取り組むと評価されそう。不慣れや苦手なことに挑戦して成長することも大切ですが、得意なことで周囲に役立てるように努めてみるといいでしょう。
10 金	◎	目の前の仕事に集中して感謝することを忘れないようにすると、いい結果が出たり、その姿勢を評価してもらえそうです。どんな仕事でも一生懸命取り組んで。
11 土	▽	買い物や用事は午前中に済ませておくのがオススメ。のんびり過ごすと1日をだらだらして終えてしまいそう。夕方以降は疲れやすくなるので、ムダな外出は控えるように。
12 日	▼	余計なことを考えすぎて心配や不安が増えてしまいそうな日。何事にもプラス面があることを忘れないようにしましょう。うっかりのケガにも注意しましょう。
13 月	×	付き合いの長い人から仕事を押しつけられたり、断りにくい人からお願いされてしまいそうな日。本当に無理なときははっきり断ることも礼儀と覚えておきましょう。
14 火	▲	身の回りや目についたところを整理整頓して、きれいにしておくといい日。整えてあると、探し物がすぐに見つかったり仕事がスムーズに進められるようになるでしょう。
15 水	○	いろいろなことに関心を持つことで、これまで見逃していたことに気づけて、新たな発見やこれまでとは違う方法を見つけられるでしょう。変化にも敏感に反応できそうです。
16 木	○	はじめて会う人があなたのよさや価値に気づいてくれる可能性があるでしょう。逆にあなたもはじめて会う人のよさを発見できる可能性があると思っておくといいでしょう。
17 金	□	言いたいことを素直に言って、本音で語って相手を怒らせないようにすることが大切。礼儀や挨拶、マナーなどを意識しながら伝え方を学んでみて。
18 土	■	疲れがたまっていることを実感しそうな日。ぎっくり腰や腰痛になることもあるので、急に重いものを持たないように。段差でつまずくこともあるので気をつけて。
19 日	●	自分のペースを守るよりも、相手に合わせてみるといい体験ができそう。合わせるおもしろさを知ってみるといいでしょう。気になる異性に合わせることも大切です。
20 月	△	寝坊や遅刻をしやすい日。慌てて家を出ると忘れ物をするので気をつけて。落ち着いて行動したり、確認を忘れないように。失言や余計な一言にも気をつけましょう。
21 火	◎	経験が役立つ日。苦労した甲斐があったと思えることがあるでしょう。困ったときは、付き合いの長い人に相談してみると、解決策やいいヒントを聞けるでしょう。
22 水	◎	大きな結果とまでは言えなくても、結果につながる道は見えそう。諦めないで粘り強く取り組むことが大切。周囲の頑張っている人を認めたり褒めることも大事です。
23 木	▽	日中は、積極的に行動するといい結果につながりそう。うまくいかなくても手応えを感じられそうです。夕方以降は、空回りしたり焦って失敗しやすいので気をつけましょう。
24 金	▼	よかれと思った行動が裏目に出てしまったり、リズムが悪く噛み合わない感じになってしまいそうな日。流れに身をまかせて、自分のやり方を通そうとしないようにしましょう。
25 土	×	予定が乱れて急に暇になったり、優柔不断になってしまうかも。判断ミスが続いてムダな時間や余計な出費が増えそうですが、これまでと違う経験を楽しんでみて。
26 日	▲	大掃除をするにはいい日。不要なものや置きっぱなしのものを片づけましょう。年齢に合わないものや幼稚に思えるものも処分するように。着ない服も片づけましょう。
27 月	=	新しい生活習慣を始めてみたり、悪習慣をやめるといいでしょう。普段なら避けていたことに挑戦してみたり、はじめて会う人に積極的に話しかけてみるといいでしょう。
28 火	=	面倒なことでもクリアするために取り組む姿勢が大切。苦手だと思って避けていないで、乗り越えることで成長できると信じて頑張ってみるといいでしょう。
29 水	□	選ぶときはできるだけ慎重になることが大切。安請け合いやなんとなくで選んでしまうと後悔することになりそう。些細なことでもじっくり考えて判断するようにして。
30 木	■	疲れを感じやすい日。仮眠をとったり、目を閉じて疲れをとる時間を作って。旬の野菜や食べ物を食べるのも大切。朝に柔軟体操をするのもオススメ。

☆開運の日 ◎幸運の日 ●解放の日 ○チャレンジの日
□健康管理の日 △準備の日 ▽ブレーキの日 ■リフレッシュの日
▲整理の日 ×裏運気の日 ▼乱気の日 =運気の影響がない日

7月 2022

▽ ブレーキの月

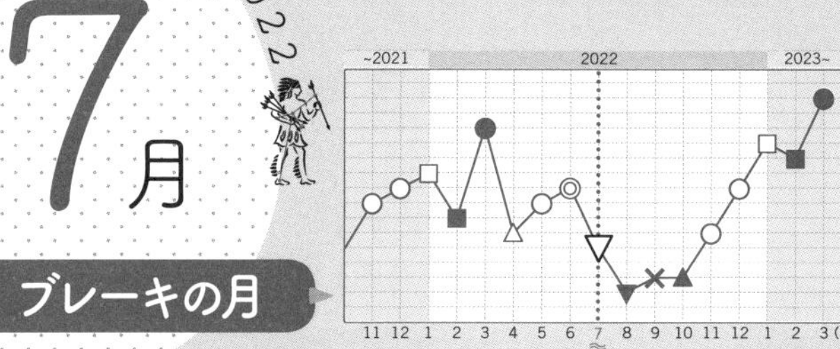

開運 3 カ条

1. 中旬までは攻め、下旬からは守りを心がける
2. 好きな人には素直に気持ちを伝える
3. 自信を持って仕事に取り組む

総合運

中旬までは順調に物事が進みますが、下旬になると体調の変化やストレスになる出来事があり、思い通りに進まない時期。大切なことは中旬までに終えておくといいので、引っ越しや契約など、今後を左右する決断をしておきましょう。下旬になって悩んでいることは年末になってから決断を。「今は決めるタイミングではない」と思いましょう。健康運は、下旬に疲れや体調の異変を感じる場合、早めに病院に行って検査を受けましょう。

恋愛&結婚運

好きな人に気持ちを伝えるなら中旬まで。特に先月あたりから急に仲良くなった人や気になる人にはマメに連絡したり、食事に誘うといいでしょう。ここで押さないと後悔するかも。新しい出会い運も中旬までは期待できるので、気になった人とは早めにデートしてみましょう。1回目のデートから交際に発展する場合もありそう。結婚運は、入籍日など未来の話を具体的にするといい時期です。

仕事&金運

仕事に一区切りついたり、満足できる結果が出ていい流れに乗れそう。下旬になるとやる気を失ったり、休みたい気持ちが強くなりそう。下旬は仕事のペースを落とすのがいいですが、そのためにも中旬までは全力で取り組みましょう。大事な商談や大口の取引、大事なポジションをまかされることも。金運は、高価な買い物は中旬までにして、下旬は節約を心がけましょう。投資は上旬がオススメ。

日	運気	内容
1 金	●	自分の気持ちに素直になるといい日。片思いの相手をデートに誘うといい返事が聞けそう。今日会えるなら思いきって告白を。仕事でも押しの強さが流れをいい方向に変えます。
2 土	△	油断しやすい日。忘れ物や機械の操作ミスに気をつけましょう。エアコンの温度の下げすぎや冷たいものの飲みすぎにも気をつけて。お酒の飲みすぎで大失態をおかすかも。
3 日	○	しばらく会っていない友人や知り合いに連絡していろいろ話してみるとストレス発散になりそう。大事な話や情報も入手できそうです。久しぶりに深く語り合ってみましょう。
4 月	◎	難しい仕事でも押しと粘りが肝心な日。自信を持って発言することも大切ですが、会話を楽しむといい交渉ができそう。お得な買い物ができる日でもあるのでお店に行ってみて。
5 火	▽	日中は協力が大切。自分のペースで進めることも大事ですが、弱点を補ってくれる人に感謝を忘れないように。夕方以降は、あなたの協力が必要になりそうです。
6 水	▼	集中力が続かず、疲れを感じそう。マメに休憩をとったり、時間を決めて短期集中で乗り越えるといいでしょう。だらだら仕事をすると疲れて効率も悪くなるでしょう。
7 木	×	エアコンで喉を痛めたり、急に重たいものを持ち上げて腰を痛めてしまいそう。他にも目や腕など仕事で使いすぎているところに異変が出てきそうです。無理をしないようにして。
8 金	▲	身の回りをきれいに整理整頓することで、探し物をする時間を削れたり、仕事の流れがよくなるでしょう。不要なデータを消去したり、使わないアプリも消しておきましょう。
9 土	＝	気になる場所に行ったり、好奇心の赴くままに行動してみて。おもしろい経験や素敵な出会いもありそう。気になる人を突然デートに誘ってみるのもいいでしょう。
10 日	＝	気晴らしに小旅行や夏らしいことをするといい日。海や川やプールなどに行ってみると、思った以上に楽しい思い出ができそうです。はじめて行く場所が特にオススメです。
11 月	□	ダメ元で挑戦することで、自分に何が足りないのかわかる日。本気で取り組むからこそ至らない点が見えて、自分の実力がアップするきっかけを作れると思って行動しましょう。
12 火	■	気温や気候で体調を崩しそうな日。疲れを感じるときはマメに休んだり、スタミナのつくものを食べるといいですが、食べすぎや飲みすぎには気をつけましょう。
13 水	●	恋でも仕事でもチャンスに恵まれそう。遠慮していると逃してしまうので、勇気を出して思いきって行動してみて。自らアピールして、自分に素直になってみましょう。
14 木	△	遊び心が大切な日。自分も周囲も楽しませてみるといい流れに乗れそうですが、忘れ物やうっかりミスには気をつけて。ドジな失敗は話のネタにするといいでしょう。
15 金	○	趣味の話やこれまでの経験が役立つ日。話が盛り上がったり、知恵が役立つこともありそうです。苦労や努力をした甲斐があったと思えるでしょう。人との縁も大切に。
16 土	◎	服や靴などを買いに行くといい日。年齢に合うものや流行に合うもの、明るい感じや華やかなものを選ぶのもいいでしょう。他にもアクセサリーを購入するといいでしょう。
17 日	▽	午前中は運を味方につけられるので、気になる異性をランチデートに誘ったり、気になる場所に遊びに行ってみて。夕方あたりから疲れやすいので、次の日のためにも早めに帰宅を。
18 月	▼	余計な心配事が生まれたり、気遣いで疲れそうな日。あなたを振り回す上司や先輩などに苦労しそうですが、相手がどんな心理なのか想像すると解決策を見つけられそうです。
19 火	×	ダメ元ではダメになるだけ、今やれることに最善を尽くすことが大切な日。やりきってみると次にやるべきことや必要な能力に気づけそう。周囲との協力も忘れないように。
20 水	▲	複合して物事を進める能力を持っているタイプですが、今日はひとつのことに集中して少しずつ片づけるように。不要なことに時間を使わないように意識して過ごしましょう。
21 木	＝	新しいことに挑戦するといい日ですが、失敗や自分に合わないことを知るのが大切な日。経験や体験をしないで否定しないようにしましょう。
22 金	＝	フットワークを軽くすることで、素敵な経験やいい出会いがありそう。BARや大人の雰囲気の場所を紹介してもらえるなど、予想外の経験もできて楽しめそうです。
23 土	■	水分補給をしっかりしながら軽い運動やストレッチをするといい日。調子が悪い部分があるなら早めに病院に行くように。夜はゆっくり音楽を聴く時間を作ってみましょう。
24 日	■	しっかり体を休ませることが必要な日。マッサージや温泉、スパに行ってゆっくりする時間を作りましょう。暑いからといって冷たいものばかり飲み食いしないようにしましょう。
25 月	●	今日の出来事は何事もプラスに受け止めるようにすることで道が開けます。叱ってもらえることで軌道修正ができたり、間違った自分を改めることができるでしょう。
26 火	△	悪ふざけで叱られてしまったり、遅刻や失敗が増えるので気をつけましょう。数字や時間などにはこれまで以上に注意するように。15分前行動を意識するようにしましょう。
27 水	○	見知らぬ番号からかかってきた電話は、出てみると懐かしい人からの連絡の可能性が。SNSでも思わぬ人とつながりそう。縁を楽しんでみるといい話や情報を得られそうです。
28 木	○	現在の貯金や現金がどれぐらいあるのか知るといい日。将来にどれぐらい必要なのか考えるために、今月どれぐらい出費したのか調べましょう。家計簿をつけるにはいい日です。
29 金	▽	午前中は問題なく進められそうですが、午後からは空回りしたり余計なことを考えすぎてしまいそう。不安なことは詳しい人や頼りになる人に話してみると解決しそうです。
30 土	▼	人との縁が切れたり、距離が空いてしまいそうな日。気楽になれるのはいいですが、寂しい思いをしそう。相手の気持ちになって言葉を選ぶことを忘れないようにしましょう。
31 日	×	優柔不断になる日。判断ミスをしたと思ってがっかりする出来事もありそう。普段なら選ばない方向に進むときは注意して。意外な人に振り回されることもありそうです。

開運のつぶやき 「100点じゃないと0点と同じ」と思う人に幸運はやってこない

2022

8月

▼乱気の月

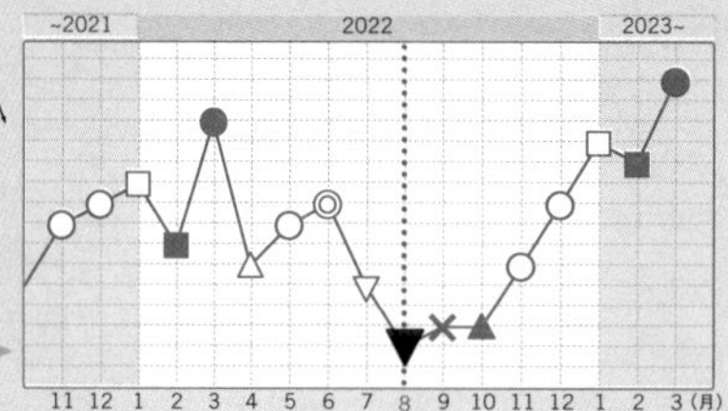

開運3カ条

1. 睡眠時間を長くする
2. ゆとりを持って行動する
3. 好きな音楽を聴く時間を作る

総合運

心と体のバランスが悪くなる月。例年以上に夏休みをしっかりとって体の疲れをとったり、予定を詰め込みすぎないようにしましょう。休みの期間を使って人間ドックに行くなど、健康的な生活を心がけましょう。夏らしいことをするのはいいですが、無理な行動は控えて。夏バテやエアコンの効きすぎた場所にも気をつけましょう。健康運は、体調に少しでも異変を感じる場合は我慢しないで病院に行ってしっかり検査を受けましょう。

恋愛&結婚運

異性との関係がうまくいかなかったり、気分が乗らなそう。デートや食事に行っても疲れからイライラしたり会話が盛り上がらない場合があるので、しっかり睡眠をとって万全なときだけデートしましょう。交際の話も無理に進めず、仲良くすることを目的に。新しい出会い運は、あなたを疲れさせる相手なので無理に求めないように。結婚運も、今月は焦らず自分磨きを心がけましょう。

仕事&金運

仕事で無理をすると体調を崩すかも。予定の詰め込みすぎに気をつけましょう。肉体的に無理なときは仕事を断って、付き合いも控えるといいでしょう。連日のお酒の付き合いは特に避けるように。職場でのケガや事故もしやすいので、睡眠をしっかりとって体調を整えて仕事しましょう。金運は、健康維持にお金を使いましょう。病院や薬代の出費が増えそうですが、ケチケチしないように。

1	月	▲	足元にあるものはできるだけ片づけましょう。ケガや不運を招いてしまう原因になりそうです。財布や鞄の中にある不要なものも処分するようにしましょう。
2	火	=	現状に不満を感じる前に、「これが現実だから仕方ない」と受け入れてみて。今が自分の努力の結果であり、答えが出ていると思うことがスタート。自分の人生を否定しないように。
3	水	=	「人間が好き」と思い込んで人と接すると、相手のいい部分や個性を認められるようになるでしょう。人見知りや苦手意識は身勝手なだけなのでやめるように心がけましょう。
4	木	■	うまくいかないことを「ダメだ」と思い込まないようにしましょう。今はうまくいかなくても、将来できるようになると期待することが大切でしょう。
5	金	■	体調を崩しやすい日。水分補給は大切ですが、清涼飲料水ではなく水や麦茶を飲みましょう。普段とは違う感じの異変なら、早めに病院に行って検査してもらいましょう。
6	土	●	楽しい妄想話ができたり、語れる人と一緒にいられる時間を作れそう。本音で話せる人といろいろ語り合うと気持ちが楽になるでしょう。異性の友人を誘ってみるのもいいでしょう。
7	日	△	優柔不断になったり判断に迷った結果、間違ったほうを選択しそう。「そんなこともある」と思って気楽に流すようにして。クヨクヨしたり後悔しないようにしましょう。
8	月	=	苦手だからといってそのままにしないで、思い切って挑戦することが大切。失敗や挫折、恥ずかしい思いをするからこそ学んで成長できます。何よりも飛び込む勇気が得られるでしょう。
9	火	=	自分のお金の使い方からお金の流れを学べる日。お金がどこに流れているのか想像すると、いいヒントが得られたり考え方が変わりそう。仕事への取り組み方も変えられそうです。
10	水	▽	15分前に行動するといいことが起きそう。空いた時間をスマホに使うのではなく、周囲を見渡して得られることを探しましょう。世の中にはいろいろなヒントが隠れています。
11	木	▼	体調を崩したり、ストレスがたまってしまう日。うまくいかないことでイライラしないで、今日はそんな日だといい意味で諦めてしまうと楽になりそうです。
12	金	×	自分の弱点や欠点を突っ込まれてしまいそうな日。がっかりする前に、弱点や欠点に気づけたことがラッキーだと思って、前向きに切り替えるといいでしょう。
13	土	▲	不要な出費があったりムダな時間を過ごしてしまいそう。自分のイメージとは違う流れになりそうなので、過剰に期待しないで早めに行動しておきましょう。
14	日	=	本を読むといい日。書店に行って気になる本を見つけて読んでみましょう。一気に読みきれなくてもいいので、数ページ読んでいい言葉をメモしておきましょう。
15	月	=	今日中に達成できそうな新しい目標を掲げてみて。小さなことでもいいので何をするか決めて、達成できた自分を褒めるように。達成できないときは原因を考えましょう。
16	火	■	自分勝手な判断ではなく、自分も相手も満足できる判断をすることが大切。たくさんの人が得するアイデアを考えてみて。自分でも驚くような考えが思いつきそうです。
17	水	■	暑さ対策を間違えて体を冷やしすぎたり、冷たいものの飲みすぎ、食べすぎで体調を崩してしまいそう。少し考えてから行動するようにしましょう。
18	木	●	小さな幸運を見つけられる日。些細なことに感謝できると、幸運とは何かが理解できるでしょう。プラス面を見つけられるように意識して過ごしてみるといいでしょう。
19	金	△	学ぶことを楽しむといい日。大人になって学ぼうとしない人は、苦しい人生を送るだけ。現状に不満や文句がある人ほど学んでいないだけ。学ぶことを遊びだと思ってみて。
20	土	=	親友や仲がいい人と一緒にいることで楽しい時間を過ごせたり、話をすることで気持ちや頭の中が整理できそう。雑談の大切さに改めて気づけそうです。
21	日	=	遊びに出かけるといい日。今日は予想外の出費が増えそうですが、ケチケチしないでしっかり楽しむといいでしょう。体験や経験をもっと楽しんでみましょう。
22	月	▽	印象の悪いことをしないようにしましょう。挨拶やお礼などもしっかりと。「相手が挨拶しないから自分もしない」など言い訳をして、悪いほうに合わせないようにしましょう。
23	火	▼	うまくいかない原因は自分にあると思ってしっかり反省しましょう。原因を見つけるためにも己の至らない点をしっかり認めて成長できるように努めましょう。
24	水	×	余計なことを考えすぎてストレスをためてしまい、疲れてしまうかも。前向きなことを考えたり、無理でもポジティブな発言を心がけてみるといいでしょう。
25	木	▲	つまらないことは気にしないで、感謝できることに目を向けると人生がいい方向に進むでしょう。面倒は不運ではなく、何が苦手で勉強不足か教えてもらえたと思いましょう。
26	金	=	変化を楽しむことが大切な日。変わろうと本気で思えば、生活リズムや性格も変えられるでしょう。普段やらないことに挑戦をしてみるといいでしょう。
27	土	=	知り合いではあるけれど遊んだことのない人に連絡して食事に行くと、いい話が聞けたり楽しい時間を過ごせそう。思ったよりも素敵な人だったり、話や意見が合いそうです。
28	日	■	今日は、疲れをためないように計画的に行動しましょう。だらだら過ごすと、明日後悔することになりそう。飲酒も避けて早めに寝るようにしましょう。
29	月	■	朝から体がだるく感じたり、調子の悪さを感じそう。今日は無理をしないで、周囲に素直に助けてもらいましょう。調子に乗っているとケガをしやすいので気をつけて。
30	火	●	過去のいい結果や楽しかったことだけを思い出せばいい日になるでしょう。人のいい部分を見るようにもしましょう。勝手にマイナス面ばかり見ないように注意して。
31	水	△	服装や見た目や髪型に品のよさを心がけることでいい日になりそう。品のある言葉を意識することも大切。下品と思えるようなことは避けておきましょう。

☆開運の日 ◎幸運の日 ●解放の日 ○チャレンジの日
□健康管理の日 △準備の日 ▽ブレーキの日 ■リフレッシュの日
▲整理の日 ×裏運気の日 ▼乱気の日 =運気の影響がない日

2022

9月

× 裏運気の月

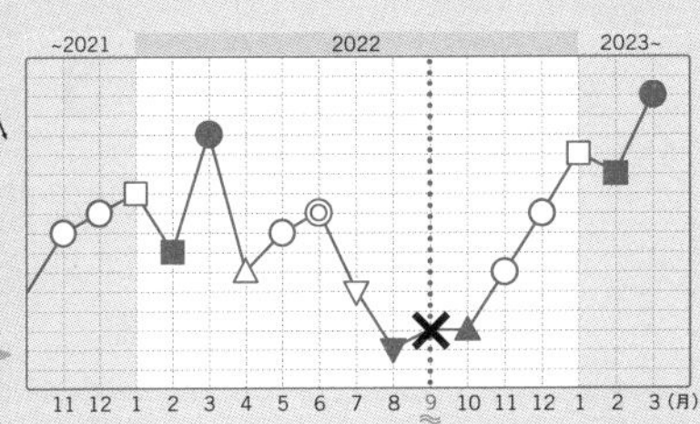

開運 3 カ条

1. 早寝早起きをする
2. よく笑う
3. ストレッチをする

総合運

体力的な無理を避けて、休みの日にしっかり体を休ませるようにしたほうがいい時期。思った以上に疲れがたまっていて体調を崩しやすいので、少しでも異変を感じた場合は早めに病院に行って検査を受けたり、睡眠時間を長くとるように意識しましょう。付き合いのお酒は避けて、家でゆっくりする時間を増やしましょう。健康運は、体調を崩したり限界を感じそうな月。心身ともに休ませるように意識しておきましょう。

恋愛＆結婚運

諦めていた人から突然連絡があったり、遊びに誘われそう。期待させられますが、振り回されて終わりそう。今月は期待しないで自分磨きをしたり、本を読んで知識を深めたり話のネタを用意しておくと後で役立ちます。新しい出会いは、盛り上がっても縁が薄いので深入りは禁物。結婚運は、些細なことで気まずい空気になりやすいので、機嫌よくしておくと前向きな話ができそうです。

仕事＆金運

プレッシャーを感じる仕事が来たり、心身ともに疲れる量の仕事を受けてしまいそう。難しいことに挑戦するのはいいですが、限界まで仕事しないで、協力してもらえるようにお願いしましょう。急な仕事が来たり、求められるレベルが高いと感じるときは、断ることも大切。ムダがないように調節することも大事でしょう。金運は、余計な出費がありそう。健康維持のためにお金を使いましょう。

日		運気	
1	木	○	これまでの経験を活かせれば、問題をうまく回避できたり解決できそう。経験が少ないとイライラしたり困りそうですが、先のことを考えるとどうするべきか見えてくるでしょう。
2	金	○	予想外の出費がありそうな日。身の回りのものが壊れたり、遅刻や予定が変わってタクシーに乗ることなどがありそう。付き合いで飲み会や会食での出費もありそうです。
3	土	▽	午前中は運気がいいので、用事をできるだけ済ませておきましょう。掃除や片づけをしておくことも大切。夕方以降は、イライラする出来事や嫌な報告を受けそう。
4	日	▼	他人のミスが目についたり、些細なことでイライラしそう。過度に期待しないで、相手の調子が悪いときもあると思って温かい目で見るようにしましょう。
5	月	×	許す気持ちが大切な日。周囲のミスに腹を立てても時間がムダになるだけ。どうするといいかアイデアを出したり、対応を考えてみて。困ったときはお互い様だと忘れないように。
6	火	▲	苦手な作業は早めに終えておきましょう。事務作業や報告を後回しにすると、余計に面倒になりそう。後々やらなくてはならない作業は、できるだけ先に片づけましょう。
7	水	＝	生活を変えたくなったり、環境に飽きてしまいそう。試しにいろいろ挑戦してみると楽しくなりますが、失敗をしてもヘコまないように気楽に考えておきましょう。
8	木	＝	はじめて会う人やこれまでに出会ったことのないタイプの人と話す機会がありそう。いろいろな考え方や発想の仕方を学べるかもしれません。少し図々しくなってみて。
9	金	■	今日の疲れが明日に出てしまいそう。無理な残業や仕事終わりの飲み会などは避けて、早めに家に帰ってのんびりしましょう。食事も健康によさそうなものを食べましょう。
10	土	■	今日は予定を断ってでも、のんびりしたり日ごろの疲れをとるようにしましょう。健康に問題を感じない人は、軽くストレッチや散歩をするといいでしょう。
11	日	●	ストレス発散して気楽に1日を過ごせそう。語れる友人を誘って近況報告したり、将来の話をすると気持ちがすっきりします。おいしいお店に行ってみるのもいいでしょう。
12	月	△	判断ミスをしやすい日。人の話を最後まで聞いたり、書類や文章をしっかり読んで理解してから返事するようにしましょう。分からないときは素直に質問するように。
13	火	○	得意なことは順調に進みそうですが、不得意なことではいい勉強になる出来事が起きそう。付き合いの長い人からのアドバイスを真剣に聞くと今後どうするべきか見えてくるでしょう。
14	水	○	仕事の目標が何か改めて考えてみるといい日。なんとなく仕事をするのもいいですが、数年後に自分がどんな風になっていたいか考えて仕事に取り組むといいでしょう。
15	木	▽	面倒と思える仕事や用事は、午前中にできるだけ終わらせましょう。夕方あたりから上司や先輩など年上の人に振り回されてしまったり、わがままに付き合うことになりそうです。
16	金	▼	ストレスを感じる出来事や周囲の雑な仕事ぶりが目についてしまいそう。言い方や伝え方を変えて、相手をうまくコントロールできるように努めるといいでしょう。
17	土	×	考え方を変えないといつまでもモヤモヤした気持ちになりそう。相手の立場になって考えてみるとプラスに変換できそう。ポジティブ変換を楽しんでみましょう。
18	日	▲	大事なものをなくして焦ってしまいそう。服を汚してがっかりしたり、アクセサリーが壊れてしまうこともありそう。今日は気に入ったものは持ち歩かないほうがいいでしょう。
19	月	＝	新しい情報を入手するのはいいですが、間違った情報もあるので冷静に判断するように。特に噂話は間違っている可能性が高いので気をつけるようにして。
20	火	＝	自分の実力を試してみるといい日。評価を気にするよりも自分がどれほど成長しているのか確認するくらいの気持ちが大切。丁寧な言葉遣いも意識するようにしましょう。
21	水	■	周囲に振り回されて疲れてしまいそうな日。頑張ってきたことが急な変更ややり直しになるなど面倒なことが起きそう。疲れやすくなるので無理のないように仕事しましょう。
22	木	■	休憩をしっかりとって集中できるようにコンディションを整えることが大切。体に異変を感じる場合は、休んだり早めに病院に行くようにしましょう。
23	金	●	求められることが増える日。期待に応えるのはいいですが、張りきりすぎて疲れをためないようにしましょう。周囲と雑談ができるぐらいの時間やゆとりを持って行動しましょう。
24	土	△	ドジなケガやうっかりミスで大事なものを忘れないようにしましょう。遅刻して慌てて足の小指をぶつけたり、段差で転んでしまいそう。落ち着いて行動するように意識して。
25	日	○	久しぶりに会う人とじっくり話したり、近況報告をしましょう。いい情報を得られたり、楽しい時間を過ごせそう。外出先で偶然の出会いもあるので、勢いで食事に誘いましょう。
26	月	○	地道な努力が大切な日ですが、自分の努力が正しいか真剣に考えて、どこに向かっているのか忘れないようにしましょう。積み重ねた先に何があるかしっかり考えましょう。
27	火	▽	日中は勢いまかせでもいい仕事ができそうですが、夕方あたりから集中力が途切れたり、疲れでミスが増えてしまいそう。疲れをためないようにペースを考えて仕事して。
28	水	▼	自分勝手な考えがトラブルの原因になる日。「自分は悪くない」と思ったときほど、問題は自分にあると思いましょう。他人のせいにしていると同じ苦労を繰り返しそう。
29	木	×	疲れを感じたり、些細なことでイライラしそう。相手を尊重したり、感謝の気持ちを忘れないように。時間にもルーズになりやすいのでしっかり守るようにしましょう。
30	金	▲	伝え方や言い方が悪いと、身近な人や恋人とケンカになるかも。相手に伝わるように丁寧に言葉を選んで。言い間違えたときはすぐに訂正するようにしましょう。

開運のつぶやき ▶ 見えない苦労はどんな人にもあるもの

2022

10月

▲ 整理の月

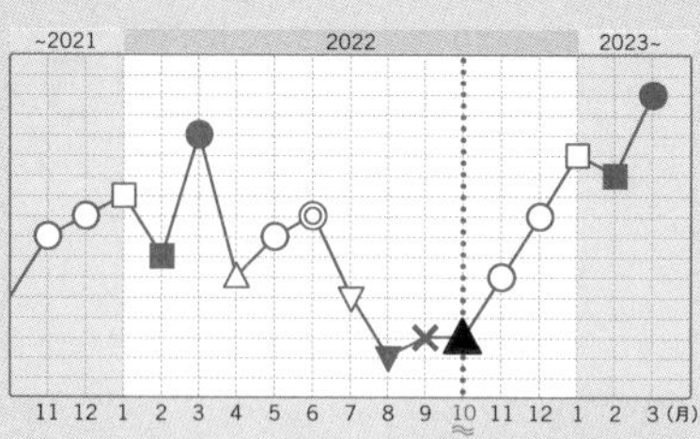

開運 3カ条

1. 時間があるときは掃除をする
2. 悪友や振り回してくる人と縁を切る
3. 着ない服は捨てる

総合運

気持ちの切り替えができる時期。中旬までは現状への不満や逃げたい気持ちを感じたり、イライラすることに目がいきそうですが、下旬になるとマイナス面への興味が薄れていい意味で開き直れたり、ジワジワやる気になってくるでしょう。自分にも他人にも過度な期待をしないで、本来のマイペースさを取り戻せるでしょう。健康運は、体調を崩しやすい運気なので、異変を感じる場所以外も早めに検査しておきましょう。

恋愛&結婚運

進展が難しい恋を諦めることで、次の恋や自分に合う人を見極められるようになる時期。片思いや妄想恋愛をするのはいいですが、現実的に難しい相手や気持ちのつかめない人との付き合いは時間のムダになるので、違うタイプの異性を見ましょう。下旬から知り合いの紹介や縁で素敵な人に会う機会が増えるので、髪を切って第一印象をよくしておきましょう。結婚運は、今月は話を無理に進めないほうがよさそう。

仕事&金運

チームワークが悪くなったり、ノルマの厳しさに逃げたくなって、転職や離職を考えたくなる月。中旬までは特に大変な思いをしますが、下旬になると不安や悩みも減るでしょう。目の前の仕事に集中できて、求められることを楽しめたり協力者が現れそう。仕事に集中できなくなるものを身の回りに置かないように。金運は、使わないものをできるだけ処分して、来月以降に買い替えましょう。

日	運気	内容
1 土	＝	人にペースを乱されるとイライラするだけ。人との距離をとって自分のペースを守るようにするといいでしょう。気になる場所にも行ってみるといいでしょう。
2 日	＝	辛いことや過去の恥ずかしい失敗を思い出してしまいそうな日。妄想するなら明るい未来のことを考えるといいでしょう。語れる友人に会うと気持ちが楽になりそうです。
3 月	□	自分のやるべき仕事に集中しながらも、無理な目標は立てないようにしましょう。1日を無事過ごせただけで十分頑張ったと自分を褒めるようにしましょう。
4 火	■	心身ともに無理が利かない日。疲れから集中力が途切れたり、些細なことでイライラしそう。休憩時間をしっかりとったり、温かい飲みものを飲んでゆっくりして。
5 水	●	素直に甘えるといい日。「たまには甘えてみる」と思ってお願いしてみたり、手助けしてくれる人に素直に協力してもらいましょう。恩や感謝を忘れないようにしましょう。
6 木	△	うまくいかないときは「あのイチローでも3割打者」と思って、うまくいかないほうが当たり前だと思いましょう。失敗から学んで次から気をつけるようにしましょう。
7 金	○	他人のよさを素直に言葉にしてみるといい日。褒められてうれしくない人はいないということを忘れないように。褒めていると自然と褒めてもらえるようになるでしょう。
8 土	○	やさしい言葉に敏感になってみて。世の中には荒い言葉もありますが、いい言葉や素敵な表現も山のようにあるもの。意識して探してみると響く言葉に出会えそう。
9 日	▽	午前中に買い物や用事を済ませてゆっくりするといい日。夕方あたりからバタバタしたり振り回されることもありますが、無理しないで自分のペースを優先してみましょう。
10 月	▼	思い通りにならないことでがっかりしたりヘコまないで。他の人も思い通りに進めているわけではないので、うまくいかないことが当たり前だと思って受け止めましょう。
11 火	×	頑張りすぎには注意が必要。無理をしないで、少しくらいサボったり手を抜きましょう。見つかって叱られても「今日は本気を出さない日」と思って聞き流しましょう。
12 水	▲	うっかり忘れそうなことはメモを取ったり写真に撮っておきましょう。小さなミスを上手に回避できそうです。操作ミスでデータを消去しないように気をつけましょう。
13 木	＝	自分ひとりでどうにかしようと思っていると苦しくなってしまうだけ。周囲に協力してもらえるように、日ごろからあなたも協力するようにしましょう。
14 金	＝	ポジティブに物事を考えるように訓練するといい日。考え方や発想ひとつで人生はいい方向に進められたり、人の気持ちをつかめると思えるでしょう。
15 土	□	知り合いに知り合いを紹介したり、人との縁をつないでみるといい日。面倒だと思っても人との縁の大切さを楽しみましょう。興味が薄い人でも食事に誘ってみて。
16 日	■	あなたの味方やあなたを応援してくれている人がたくさんいることを忘れないように。マイナスに考えすぎると疲れるだけ。明るい未来や楽しい妄想をたくさんしましょう。
17 月	●	真面目に取り組んでいれば損することもありますが、本当は得していることも多くあります。得な部分を見落としていたり、後から得はやってくるので焦らず真面目に取り組んで。
18 火	△	余計な妄想が膨らんでミスが多くなる日。いろいろなことを考えたり妄想できる才能はアイデアとして活かせたり、周囲に役立つこともあります。楽しい妄想をしましょう。
19 水	○	友人や付き合いの長い人と笑顔で話せるだけで幸せなもの。仕事で手応えやいい結果が出なくても、今日を元気に過ごせたらOKだと思っておくといいでしょう。
20 木	○	自分の仕事や役割をしっかり果たすことが大切な日。与えられた仕事をしっかり行うようにしましょう。今の自分の最善を尽くせば道が自然と見えてくるでしょう。
21 金	▽	人のやさしさに敏感になって感謝できると運を味方につけられます。当たり前のことに感謝を忘れないようにしましょう。夜は、他人に過度に期待しないように。
22 土	▼	後悔しそうな日。後悔のないように1日を楽しんだり、おもしろく生きる工夫を忘れないようにしましょう。邪魔をする人とは縁を切ったり距離を置くといいでしょう。
23 日	×	自分だけが辛いと思わないで、同じ運気の人は似たような苦労をしていると思うと気持ちが楽になるでしょう。みんなで乗りきってみようと思うといいでしょう。
24 月	▲	うっかりミスや雑な行動をしやすい日。自分の言ったことを忘れて焦ることもありますが、すべてが自分なのでがっかりしないで、それが個性だと思って受け止めて。
25 火	○	誰かの笑顔のために頑張るといい日。自分のために頑張るのもいいですが、身近な人や自分の仕事の先で笑顔になっている人を想像して仕事に取り組むとやる気が湧いてくるでしょう。
26 水	○	求められることに応えるのはいいことですが、無理だと思ったことや先約がある場合ははっきり断ることも大切。受け入れすぎて自分を困らせないようにしましょう。
27 木	□	経験したことを若い人に伝え、教えることが大切な日。特に伝えられることがない場合は、些細なものでもいいのでごちそうしておくといいでしょう。
28 金	■	自分の体の異変は自分しか気づけないことがあるので、無理をしないように。時間があるときは好きな音楽を聴いてストレスを発散するのがオススメです。
29 土	●	知り合いや友人に連絡して遊ぶといい日。いい縁をつないでくれる人と会えたり、おもしろい情報を入手できそう。フットワークを軽くすることで人生観が変わることもありそうです。
30 日	△	今日は、「せっかくだから」と思って行動してみて。よくも悪くもせっかくだからいろいろ楽しんでみましょう。せっかくだから人に会いに行くのもいいでしょう。
31 月	◎	これまでの経験を活かせる日。あなたの努力や実力を認めてくれる人に会える運気でもあるので、付き合いの長い人や信頼できる人と話をするのもいいでしょう。

☆ 開運の日　◎ 幸運の日　● 解放の日　○ チャレンジの日
□ 健康管理の日　△ 準備の日　▽ ブレーキの日　■ リフレッシュの日
▲ 整理の日　× 裏運気の日　▼ 乱気の日　＝ 運気の影響がない日

2022 11月 チャレンジの月

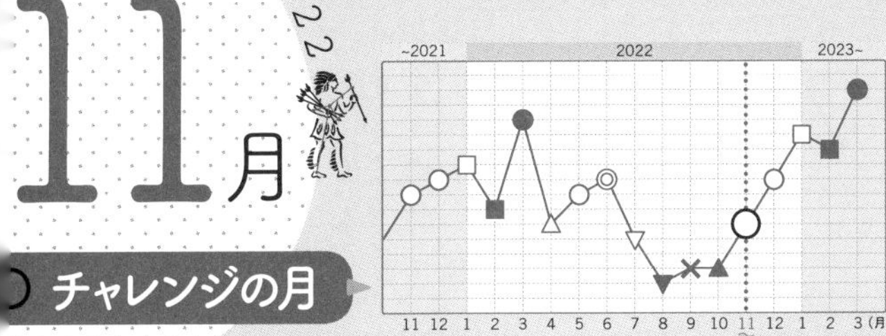

開運 3 カ条

1. 新しい事に目を向ける
2. 急な誘いでも顔を出してみる
3. 年齢に合ったイメチェンをする

総合運

視野が広がりやる気になりはじめる時期。先月までのモヤモヤした気持ちがウソのように消えて前向きになったり、やるべきことが増えて悩んだり妄想している時間がなくなるでしょう。おもしろい人に会える時期なので、人の集まりに積極的に参加しましょう。先輩や後輩を集めて飲み会や食事会を開くのもいいでしょう。健康運は、今月から定期的な運動を始めたり基礎体力作りを始めるといいので、スクワットや腹筋などをしましょう。

恋愛＆結婚運

新しい出会いや恋に進む時期。片思いの相手を追いかけるだけでなく、新しく出会う人に注目すると素敵な人に会えるかも。他の人を見ることで、片思いの人が逆に好意を寄せてくれる場合も。出会いの場所には必ず顔を出しましょう。長い間恋人がいない人は思いきってイメチェンを。年齢に合う服装を心がけたり、部下や後輩と仲良くなりましょう。結婚運は、前向きな気持ちになれそう。

仕事＆金運

新しい仕事をまかされたり、やる気になれる時期。求められたことを引き受けたり、苦手なことに挑戦しましょう。些細なことでも本気で取り組むと、後の流れを大きく変えられたり評価してもらえます。いい仲間もできやすいので、仕事以外での付き合いも楽しんで。金運は、買い替えにいい時期。古くなったものは最新のものにしましょう。投資の情報を集めて少額でもスタートさせるといいでしょう。

日	運気	内容
1 火	○	大雑把な目標を決めてなんとなく動き出すといい日。しっかり目標を決めないで、間違っていたら軌道修正したり、いろいろ試すくらいの気持ちで気楽に取り組んでみて。
2 水	▽	日中は、実力をうまく発揮できたり、いい結果を出せそう。自分でも手応えがある仕事ができそうです。夕方あたりから、臨機応変な対応が必要になりそう。
3 木	▼	適当に会話するのはいいですが、余計な一言やできない約束をして信用を失ってしまいそう。言葉を選んだり、できないことは簡単に言わないように気をつけましょう。
4 金	×	変なプレッシャーを感じたり、能力を発揮できない環境になりそう。苦手な人と一緒になったり、監視されて仕事がやりにくくなりそう。今日は無事に終えることだけ考えて。
5 土	▲	部屋の掃除や身の回りを片づけるといい日なので、きれいにする場所を決めておきましょう。集中力が途切れたときは、外出をしたり気分転換をするといいでしょう。
6 日	○	気になる場所に行くといい日。「どんな場所だろう」と思ったところに行ってみましょう。遠くで無理な場合は、計画を立ててみて。新装開店のお店に行くといい出会いがありそう。
7 月	○	気づいたことをどんどんやるといい日。出しゃばりと思われてもいいので積極的に行動したり目立ってみると、学べることが増えるでしょう。いい出会いのきっかけもつかめそう。
8 火	□	自分で納得して仕事をするようにしましょう。評価や比べられることを気にしないようにするといい仕事ができます。夜は、早めに帰宅して湯船にしっかり浸かるようにして。
9 水	■	思ったよりもストレスがたまっていることに気づいたり、疲れを感じそう。気分転換をしたり軽く体を動かすといいでしょう。ストレッチや筋トレをして汗を流すとすっきりするでしょう。
10 木	●	リラックスして仕事ができて、いい結果やうれしい流れになりそう。会議では自分の意見を言ってみて。生意気なことを言っても、素直な言葉なら周囲が動いてくれそうです。
11 金	△	少しくらい恥ずかしい思いをしたほうが、不要なプライドが捨てられるもの。わからないことは素直に教えてもらいましょう。小さな恥が人生を大きく変えていくでしょう。
12 土	◎	久しぶりに会う人と楽しい時間を過ごせそう。男女関係なく話したり楽しい人に連絡して、飲み会を主催しましょう。急な誘いでもあなたのために集まってくれる人がいるでしょう。
13 日	☆	買い物をするにはいい日。古くなったものを買い替えてみましょう。仕事道具を買い替えてもいいので見に行ってみて。髪を切るにもいい日です。
14 月	▽	午前中から頭の回転がよく、いい判断ができそう。勘を信じて思いきって行動するといいでしょう。ランチの後は眠気に襲われたり、テンションの下がる出来事が起きそう。
15 火	▼	余計なことを考えている間に時間だけが経ってしまいそう。わからないことは素直に聞くことが大切。自分勝手な判断は迷惑をかけたりトラブルの原因になるので気をつけて。
16 水	×	自分の弱点や欠点をしっかり理解することが大切な日。負けるケンカや余計な勝負はしないように。負けを認めたり、サポート役に徹するようにするといいでしょう。
17 木	▲	うまくやっている人を観察してマネするのはいいですが、同じことができないからとがっかりしないで、学ぶ気持ちを忘れないようにしましょう。勝手に諦めたりヘコまないように。
18 金	○	技や手持ちのカードを増やすつもりで、新たなことに挑戦してみましょう。すぐに身につかなくても、経験しておくことが人生にとって大切になるでしょう。
19 土	○	新しい出会いを求めて行動したり、変化を楽しんでみるといい日。普段なら行かないような場所に顔を出してみたり、好奇心の赴くままに行動してみるといい縁がつながりそうです。
20 日	□	自分の好きなことに時間を使うといい日。極めるくらいの気持ちで取り組んでみて。特にない場合は、本音を語れる友人や親友に連絡して話をするといいでしょう。
21 月	■	起きるタイミングが悪かったり、朝ご飯を食べ損なって空腹で集中力が途切れてしまいそう。ランチ後は眠くなるので、思いきって仮眠をとると仕事に集中できるでしょう。
22 火	●	想定外の仕事の話が来たときは、余計なことを考えないで即OKするといい流れに乗れるでしょう。恋愛でも、今日連絡が来る異性とは交際に発展する可能性がありそう。
23 水	△	うっかりミスが多い日なので、確認をしっかりすること。妄想していると話を聞き逃してしまうので気をつけましょう。妄想は休憩時間や家に帰ってたっぷりしましょう。
24 木	◎	何か問題が起きても「これまでもなんとかなったから」と思って気楽に考えて。なんとかしてきたから今があることを忘れないで、勝手に焦らないように。
25 金	☆	仕事に真面目に取り組むといいですが、感謝の気持ちを忘れないで、目標にしっかり向かっているのか考えて仕事をしましょう。今日の頑張りは高く評価されるでしょう。
26 土	▽	気になる異性とランチデートするといい日。少し贅沢なお店を選んだり、以前から気になっていたお店を予約してみて。夜は、予定が急に変更になりそう。
27 日	▼	嫌な予感がするときは予定を変更してでも立ち止まりましょう。無理をすると不機嫌になる出来事に遭遇したり、ムダな時間を過ごすことになりそうです。
28 月	×	口論にまでならなくても、人間関係が面倒になったり、噛み合わない感じになりそう。挨拶やお礼や大人の対応をしっかりできるように心がけておきましょう。
29 火	▲	身の回りを整えてきれいにしておきましょう。散らかったままでは大切なものをなくしたり、探している時間で遅刻をしたり、信用を失う出来事があるかも。
30 水	○	おもしろそうな情報を入手したときは、試しにやってみて。思ったよりいい結果が出るかも。すぐにできる考え方の変え方や、言葉遣いの変え方を試してみるのもいいでしょう。

開運のつぶやき　どうせ振り回されるなら、いい言葉に振り回されたほうがいい

2022

12月

○ チャレンジの月

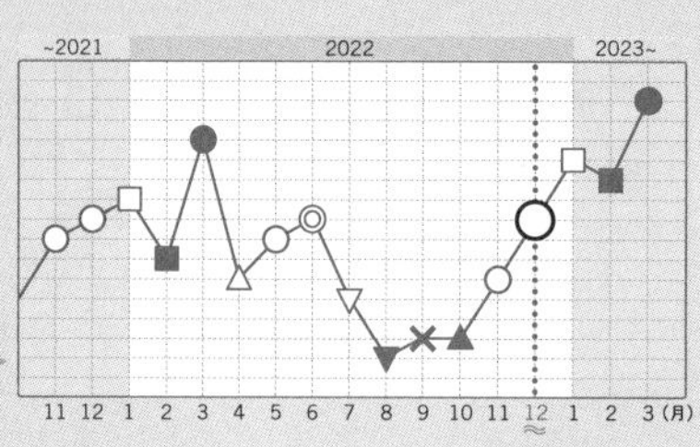

開運 3 カ条

1. 生活リズムや環境を変える
2. 人との出会いを大切にする
3. 新しいことに挑戦をする

総合運

やるべきことが増えて前向きに挑戦できる月。いい人脈も広がるので、新しい人には積極的に会いましょう。生活リズムや環境を変えるにもいい時期なので、長年同じところに住んでいていい結果に恵まれない人は引っ越しや模様替えを。普段避けてきた世界に飛び込むといい勉強になるかも。健康運は、予定を詰め込んでいるときほどしっかり睡眠をとりましょう。毎日続けられる程度の筋トレやストレッチをするといいでしょう。

恋愛&結婚運

運命的な出会いがあったり、長い付き合いになる人に会える時期。後輩や部下、仲良くしている人から誘いがあったら、少しでも顔を出しましょう。気になる人に会えそうですが、数カ月後に縁が深まる可能性があるので、いい種まきだと思っていろいろな場所に行きましょう。気になる相手にはこれまでと違うアプローチが効果的。結婚運は、交際期間の長いカップルは今月進展があるので前向きな話を。

仕事&金運

実力以上の仕事をまかされて予想外に忙しくなる時期。少し無茶をしてもいいですが、休むことも仕事だと思って。特に新しいことに一生懸命になると、大きな流れに乗れたり驚くような人脈を作れそう。少し図々しいくらいのほうがいい結果を出せるでしょう。金運は、新しいお店での買い物にいいタイミング。環境を変えるためにお金を使うのもいいでしょう。交際費もケチらないように。

日	運気	内容
1 木	○	挑戦を楽しむことでチャンスをつかめる日。些細なことでいいので、普段とは違う方法を試したり、突っ込まれてもいいのでみんなが喜ぶことをやってみましょう。
2 金	□	相手のいい思い出になれるような仕事をしたり、笑顔にするためにどうすればいいのか考えて行動するといい日。夜は疲れやすくなるので付き合いは避けて早めに帰宅して。
3 土	■	しっかり体を休ませるといい日。昼寝をしたり、のんびりする時間を作りましょう。急に重たいものを持つと腰を痛めてしまう場合もあるので気をつけましょう。
4 日	●	友人や知人から突然遊びの誘いがありそう。予定を変更してでも人に会ってみるといい話やいい縁がつながるかも。相性のいい人を紹介してもらえることもあるでしょう。
5 月	△	寝坊や遅刻やうっかりの操作ミスなどをしやすい日。今日はいつもよりも丁寧に行動するようにして、確認作業をしっかり行うようにしましょう。
6 火	◎	経験を上手に活かすことがいいアイデアにつながります。遠慮しないで考えを伝えてみましょう。偶然の出会いからいい縁もつながるので、思い出した人に連絡してみて。
7 水	☆	思いきった行動をするといい日。運が味方してくれるので、堂々と仕事に取り組んだり、思いきった挑戦をしてみて。恋でもいい印象を与えられるので押しが肝心です。
8 木	▽	午前中から頭の回転がよく、いい判断ができて仕事がはかどりそう。勢いまかせに行動してもいい結果につながりそうです。夜は、年上の人に振り回されてしまうことが起きそう。
9 金	▼	あなたを利用しようとする人が現れる日。利用される価値があるのはいいことですが、相手の得だけのために使われないように。人との距離感を間違えないようにしましょう。
10 土	×	余計な一言を言ったり、口が滑って秘密や大事な話をしてしまいそう。今日は聞き役に徹して、言いたいことがあってもグッと我慢する練習をするときだと思っておきましょう。
11 日	▲	部屋の大掃除や片づけをするにはいい日。使いかけのものや置きっぱなしのもの、賞味期限の切れた調味料などを一気に処分しましょう。着ない服も片づけましょう。
12 月	○	やる気が起きないときほど目の前の単純な仕事から手をつけると、自然とやる気になれます。だらだらするといい仕事につながらないので、気づいたことから手をつけてみて。
13 火	○	行動力がいい結果を生んでくれそうな日。待っていても時間がかかるだけなので、気になったことには挑戦してみて。いい出会いにもつながるでしょう。
14 水	□	マナーやルールをしっかり守ってみるといい日。きっちり過ごすことでいいリズムで生活ができるようになりそうです。悪習慣をやめるきっかけにもなりそうです。
15 木	■	疲れを感じそうな日。無理をしないでマメに休むようにしたり、早めに帰宅してのんびりしましょう。体調に異変を感じるなら早めに病院に行って検査をしてもらいましょう。
16 金	●	異性から遊びに誘われたり、素敵な人を紹介してもらえそう。仕事でも求められることが増えて満足できそうなので、今日は些細なことでも積極的に取り組んでみて。
17 土	△	遊びに出かけるといい日ですが、調子に乗りすぎて転んだり、足首をひねってしまうことがあるので気をつけて。ドジな忘れ物もしやすいので要注意です。
18 日	◎	親友と縁のある日。珍しい人からメッセージが届いたら勢いで遊びに誘ってみて。外出先でもしばらく会っていない人と会いそう。縁を大切にするといいことにつながりそうです。
19 月	☆	仕事運がいい日。実力を発揮でき、運を味方につけられるでしょう。驚くようなチャンスが巡ってきたり、今後を左右するような大事な話を聞くことができそうです。
20 火	▽	午前中は、些細なことでも積極的に行動するといい日。やる気のある感じがいい結果につながったり評価されるでしょう。挨拶やお礼はいつも以上にしっかりしておきましょう。
21 水	▼	うまくいかないことがあったら、自分がどうするべきだったのか考える必要があるでしょう。他人や時代などのせいにしないようにしましょう。問題解決のために知恵を絞りましょう。
22 木	×	大人に振り回されてしまう日。自分では理解できない状況や理不尽なことを言われてしまうことがありそう。ここは忍耐強く我慢をしたり、上手に受け流すようにしましょう。
23 金	▲	大事なものをなくしてしまったり、約束をすっかり忘れて迷惑をかけてしまうことがあるので気をつけましょう。確認忘れもあるのできっちり確認するようにして。
24 土	○	例年とは違うクリスマスイブを過ごせそうな日。相手を喜ばせるように工夫をしたり、いい思い出作りをしようと努めてみるといい1日になるでしょう。
25 日	○	少し遠出してもいいので、気になる場所に行くといい日。クリスマスのイベントやライブ、イルミネーションに感動できそう。行動力の大切さにも気づけそうです。
26 月	□	年末年始の計画を立てていない人は、なんとなくでもいいのでやりたいことや行きたい場所を探してみましょう。今夜は不要な夜更かしで体調を崩しやすいので気をつけて。
27 火	■	今月の頑張りが疲れとして出そうな日。口内炎になったり、肌の調子も悪くなりそう。無理をしないで健康的な食事や生活を心がけるといいでしょう。
28 水	●	異性との関係が進展しやすい日。相手からの連絡を待っていないで食事やデートに誘ってみて。仲間を集めて忘年会を行うにもいい運気です。
29 木	△	大掃除をするのはいいですが、間違って大事なものを壊したり、食器を割ってしまうことがあるので気をつけて。誘惑に負けてだらだら過ごすこともあるので気をつけましょう。
30 金	◎	身の回りを片づけるとなくしたと思っていたものが出てきたり、思い出の品を見つけられそう。懐かしい音楽を聴きながら掃除をすると思った以上にはかどるでしょう。
31 土	☆	買い物に出かけるにはいい日。超お得なものを買えたり、割引してもらえることもあるでしょう。服や靴、カバンなどを買いに出かけてみましょう。

☆ 開運の日　◎ 幸運の日　● 解放の日　○ チャレンジの日
□ 健康管理の日　△ 準備の日　▽ ブレーキの日　■ リフレッシュの日
▲ 整理の日　× 裏運気の日　▼ 乱気の日　＝ 運気の影響がない日

金の鳳凰座

持っている星

★忍耐強い星　★情熱的な星　★凝り性の星
★知的な星　★頑固者の星　★不器用な星
★団体行動は苦手な星　★ワンテンポ遅い星

12年周期の運気グラフ

金の鳳凰座の2022年は…

◎ 幸運の年

五星三心占いの中で2番目に運気のいい「幸運の年」。2022年は長年努力をしてきた人が報われ、「人」を大切にしてきた人にも大きな幸せが舞い込みます。2022年から2023年までは最高の運気！

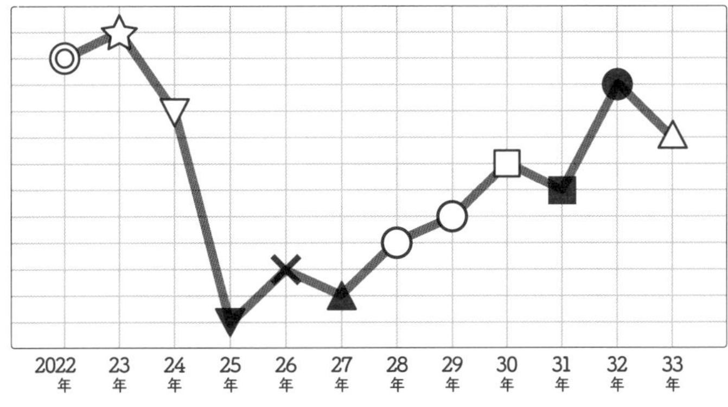

☆開運の年　◎幸運の年　●解放の年　○チャレンジの年　□健康管理の年　△準備の年
▽ブレーキの年　■リフレッシュの年　▲整理の年　×裏運気の年　▼乱気の年

金の鳳凰座はこんな人

基本の総合運

燃える孤高の鳥である鳳凰は、情熱家で一度火がつくと燃え尽きるまで続くパワーがあります。普段は物静かでも、内に情熱を秘めていることが多く、じっくりゆっくり進みながら内面は燃えたぎっているでしょう。団体行動や集団の中にいるよりもひとりの時間を大事にするため、自然としゃべりが下手になってしまい、伝え下手なところが出てくるかも。何事もしっかり考えますが、考えすぎてチャンスを逃しやすく、土台が頑固なため、勘違いや見当違い、人間関係のトラブルも多いタイプです。

基本の恋愛&結婚運

好みのタイプがハッキリしているため、同じような相手を好きになることが多いタイプ。恋の火がつくと相手のことばかり考えすぎて、深読みして空回りしたり、気持ちを言葉で伝えることが苦手でチャンスを逃してしまったりすることも多いでしょう。真面目で心の広い人と結ばれると幸せになれます。結婚は安定した人を望む傾向があり、両親や祖父母を大切にする人との結婚を望むでしょう。結婚後は安定した家庭生活を送りますが、頑固なので自分のリズムや生活パターンを変えられないでしょう。

基本の仕事&金運

時間と忍耐が必要な仕事や、体を使う仕事に向いています。どんな仕事でも「自分はこれだ！」と思って情熱を燃やせれば、時間がかかっても必ず結果を出し、評価される人。職人的仕事、時間や手間がかかる仕事、研究や、変化の少ない仕事が最適です。流行のことやチームワークでは苦労しがちですが、一生懸命に取り組むと、しだいに周囲の目も変わります。金運は、若いうちに「お金の勉強」をすると、投資などで安定して収入を得られることもあるでしょう。流動性が激しい博打などには手を出さないほうがいいでしょう。

2022年の運気

◎ 幸運の年

2022年開運 3カ条

1. 実力を出しきってみる
2. 結果は素直に受け止める
3. もうひと粘りしてみる

ラッキーカラー　ブラック　ワインレッド　ラッキーフード　鮭の塩焼き　チーズケーキ　ラッキースポット　思い出のある場所　親友の家

総合運

今年は目立つことが大切
12月には運命を変える出来事があるかも

粘り強く続けてきたことに大きな結果や答えが出る年。「金の鳳凰座」は忍耐強く続けることができる辛抱強いタイプです。何事にも時間がかかってしまうため日の目を見る機会が少なかったと思いますが、いよいよ今年はあなたに注目が集まったり、あなたの能力が認められるでしょう。魅力もアップするため恋愛でも仕事でもチャンスが巡ってきますが、目立つポジションを避けてしまうとせっかくの運気の流れを逃してしまいます。今年は目立つことが大切だと思っておきましょう。

上半期と下半期では流れが変わりますが、上半期はこれまでの縁や積み重ねてきたことが役立つ流れになるでしょう。既に2021年の年末辺りから、不思議な縁や懐かしい人とのつながりを感じている人もいるでしょう。2022年の2～3月には、しばらく会わなかった人と偶然出会って仕事や恋愛でつながる流れがあるので、急に思い出した人がいるなら連絡してみるといいでしょう。また、趣味でもいいので長く続けていることがあるならアピールすると、役立つことがあるでしょう。下半期の8月以降は流れが大きく変わります。周囲からの後押しが強くなるので、ここから2年半は何事にも全力を出しきって幸せをつかみにいくことが大切。特に12月はうれしい結果が出たり、これまでの苦労が報われる流れになるでしょう。結婚や大きな買い物など、今後の人生を左右するような決断にいいタイミングでもあるので、1年の締めくくりとして満足できるでしょう。

ただ、例年と同じように5～6月の「乱気の月」「裏運気の月」には、裏の「イルカ座」の能力が強く出てしまうため誘惑や欲望に負けたり、身勝手な行動に走ることがあるので注意してください。この時期は羽目をはずさないようにして、計画的に遊ぶようにしたりストレス発散で水泳などをやっておくといいでしょう。

積み重ねが多い人ほど満足できる「幸運の年」は、よくも悪くも答えが出る運気です。結果をしっかり受け止めて、プラスの部分を活かすようにしましょう。望んでいる方向と違う場合は12月に軌道修正をするといいでしょう。無理に新しいことに挑戦するより、今ある力を出しきってみるほうがいい結果が出やすくなるので、今年は出し惜しみをしないようにしましょう。偶然の出会いも多くなりますが、昔との

開運のつぶやき　「自分は運がいい」と言うと、運はよくなる

違いを見せつけることでチャンスをつかめるので遠慮しないようにしましょう。

2022年の2～4月は重要な3ヶ月で、長年思い描いていたことがあるなら実行に移す期間です。長い間片思いをしているなら告白する、付き合いが長く結婚を決めきれていないなら入籍する、職場で思っていることがあるなら意見する、長年欲しいと思っていた家やマンションの購入を決断するなど、特に2020年の「解放の年」に考えていたけれどタイミングが悪くて動けなかったことは、この期間にやってみましょう。準備に時間がかかってしまうなら8～10月に動くようにして、2～4月はその準備や情報収集にあてましょう。ただ、下半期に入ると新しい流れが徐々に始まり、これまで思い描いていたこととは違う方向に進む場合があります。例えば、長年パン屋に勤めていた人が2020年ごろからパン屋としての独立を考えていたとしても、8～9月くらいになると「パン屋もいいけど、カフェも一緒に」などと新しいことに挑戦したくなる場合があるでしょう。どちらにしても、実行に移すには最高の時期だと覚えておきましょう。

「金の鳳凰座」は冷静に物事を考えるタイプなので、行動までに時間がかかります。ただ、**2022年は「調子に乗っていい年」と思って、普段なら参加しない集まりに顔を出したり、人との交流を楽しみましょう。**昔の同僚が集まる会や結婚式、同窓会などに誘われたときは、普段なら「一人で過ごすほうが気楽でいい」と思ってしまいそうですが、顔を出すと予想外の縁がつながることがあります。苦手な人がいても、互いに成長しているので昔とは違う感じで話せる可能性もあるでしょう。「金の鳳凰座」は根に持つことが多いですが、「自分も未熟だった」と割りきると人生観も変わりそうです。

また、付き合いが長くても本当は気の合わない人や悪友とは縁が切れる時期でもあります。評判の悪い人や疑問に思う人とは、一度距離を取って相手を冷静に見直すことが必要。自分の進みたい方向とは違う人や自分を振り回す人とは縁を切る判断も必要になるでしょう。

12月には運命を変える出来事や重要な出会いがあるでしょう。1年の最後に大事な決断をすることで後の運命を変えることができるので、ここでの判断にはそれなりの覚悟が必要です。また、ここではじめて会う人が重要になるので、集まりにはできるだけ顔を出しておきましょう。11月下旬、12月上旬に美容室に行って髪を切ってもらうなど印象をよくすることも忘れないようにしましょう。

「幸運の年」は文字通り幸運を手にすることができる年ですが、これまでの積み重ねで大きく変わってきます。2～3年耐えてきた人と10年耐えてきた人では同じ幸運はやってきません。「実力がどれくらいあるのか」「周囲からどれほど感謝されていたのか」で結果が大きく変わってくることもあります。幸せと思えるのなら、運気よりも自分の頑張りを褒めてください。逆に不満ばかりの人は、努力の方向を間違えていたり、積み重ねが足りなかったり、周囲から感謝されることをやっていなかった可能性があります。12月から軌道修正しましょう。

2021年の流れから、転職など環境を変えたい気持ちが強く出てきますが、上半期は様子を見ておくことが大切。ここで動いてしまうとせっかく貯めた運気を使わないまま移動することになります。できれば8～9月まで軽はずみな行動を避けましょう。運気は、ある一定のポイントを超えないと使えないと思ってください。1000ポイントから使えるポイントカードがあって999ポイントまで貯まっていても、ここで動いてしまうとポイントがすべてなくなって、また0から貯めないといけなくなります。特に、未経験のことへの挑戦は避けること。これまでの仕事と同じ業種ならまだましですが、全く違うことへの挑戦には不向きな年です。新しいことは2023年まで待ちましょう。長年計画していたことを実行に移すのはいいですが、思いつきでの判断は後悔する可能性が高いので、その差を間違えないようにしましょう。

上半期と下半期では運気が新旧入れ替わるような年なので、過去に執着する癖がある「金の鳳凰座」にとっては切り替えが難しいでしょう。悪く捉えてしまう可能性もありますが、「いい流れに乗るときがきた」と思って前向きに気持ちを切り替えること。8月からは自分を信じていろいろな挑戦をしてみたり臨機応変な対応を心がけると、ここからの人生が非常におもしろくなるでしょう。ただ、目立つことを嫌う「金の鳳凰座」は、今年の注目される流れを悪いことだと捉えてしまうことがあります。スポットライトが当たる時期で目立つのは仕方ないと思って、「どうせ目立つなら輝いたほうがいい」と切り替えましょう。自分磨きをしたり、少し派手な感じに過ごしてみるといいでしょう。仲間に連絡して集まりを作ってみると「珍しいね〜」と言いながらも、あなたからの誘いを喜んで受け入れてくれるでしょう。

基本的に積み重ねの多い「金の鳳凰座」には非常にいい1年。特に6〜7年前の縁やその辺りに頑張っていたことから幸運が舞い込んでくることがあります。上半期は懐かしい縁を大切にしたり、これまで頑張ってきたことで力を出し惜しみしないようにすると、流れが大きく変わって楽しい1年になるでしょう。12月にはその結果が出てくるので、年内に多少の苦労があっても諦めないようにしましょう。

また、今年はこれまでの経験を活かせる流れにもなります。少し出しゃばってもいいので、知っていることを周囲に教えてあげると、感謝や尊敬をされそうです。懐かしい上司や先輩から連絡があったときは、一度会うといい情報や転職の誘いをもらえそう。すぐに動かなくても、下半期から動き出したり、2023年に動けるよう準備するのもいいでしょう。

「金の鳳凰座」はじっと待ってしまうことが多く、チャンスにも慎重になりすぎてしまうことがあります。それで後悔していることがあるなら、今年は勇気を出して挑戦してみるといいでしょう。長い人では9年ぶりにチャンスや幸せを感じる場合もあります。今年は待つ年ではないので、自分の魅力や才能を出しきりましょう。ウサギとカメの話でいうなら、カメがウサギを抜いて勝つ年です。「金の鳳凰座」はゆっくりですが確実に前に進むタイプ。今年は辛抱した甲斐のある1年になり、自分の幸せをつかめる流れです。運を味方に付けられるので、過去の失敗を経験として活かすと不慣れや苦手だと思っていたことも克服できるでしょう。

2022年の流れは2023年に大きく影響することになるので、今年は挑戦したいと思っていたことをやってみるなど、後悔のないように過ごしましょう。思っていたのと違う結果になる場合もありますが、それが現実だと受け止めること。今年の12月や2023年から新たなことに挑戦できるように気持ちを切り替えるきっかけになる出来事もあります。何事も答えが出る年だと思って素直に受け止めて、今後どうするのか12月以降に考えてみるといいでしょう。

「鳳凰座」はフェニックスでもあり、復活の力が強いタイプ。今年はやる気やパワー、若いころの能力が溢れてくる年でもあります。できないと簡単に諦める前に、これまでの経験を自信に変えましょう。うまくいかなかったこともいい経験になっています。「たくさん失敗したからこそ、同じ失敗はしない」という自信をパワーに変えて、今年は挑戦してください。

恋愛運 上半期は知っている人との縁を大切に 下半期は新しい縁を大切に

片思いの恋に結果が出る年であり、しばらく恋人のいなかった人でも素敵な恋人ができる運気です。まずは過去の恋を清算する必要があるので、2～4月の段階で気になる相手がいる場合は気持ちを素直に伝えてみるといいでしょう。高確率で交際をすることができそうです。異性の友人と思っていた人から告白されることもあるので、勢いで交際をスタートするのもいいでしょう。気になる人がいない場合は8～10月にモテを意識したイメチェンをしたり、年齢と流行に合った服などにすると、素敵な恋を進められるようになるでしょう。

恋は第一印象で決めることが多いですが、今年は見直しも必要。特に身近にいる異性の中で周囲から評判のいい人や、「あの人と付き合ってみたら？」と言われたことがある人を意識してみるといいでしょう。「絶対にない」と意地を張っているとその人のよさを見られなくなってしまうので、一度ニュートラルに戻して、いい部分を見直してみましょう。そうすると、交際相手として見られるようになる可能性があるでしょう。また今年は、縁が切れたと思っていた人と偶然出会って交際が始まる可能性があります。特に「金の鳳凰座」は昔の恋に執着するので、どうしても忘れられないという人がいる場合は2～3月に連絡をしたり会いにいくといいでしょう。ここでハッキリ断わられたり失恋した場合は「縁のない人」「相性の悪い人」だったと諦めて、8月以降から年末の新しい出会いに期待しましょう。

「金の鳳凰座」は孤独でも平気な人が多いですが、第一印象が悪くなかった人に押しきられて「とりあえず付き合う」癖があります。相性も関係性もよくないのに、我慢して交際を続けてしまったり、相手に振り回されてしまうこともあるでしょう。都合のいい人になっていると運命を切り開けなくなってしまうので、「これはちょっと」と疑問に感じている交際相手なら、縁を切って新しい人を探したほうがいいでしょう。

「上半期は既に知っている人との縁を大切にして、下半期は新しい縁を大切にする」というのが2022年のポイントになりますが、下半期は自分の好みのタイプを改める必要があるでしょう。学生時代に好きになった人の影をいつまでも追いかけていると幸せになれないので、今の自分に見合う人はどんな人なのかを考えて、相手に求めるところを変えるようにしましょう。ときには妥協する必要も出てきますが、不釣り合いな人を求めて手に入らないことで幸せを逃してしまうより、あなたを幸せにしてくれる人を素直に受け入れたほうがいいでしょう。

12月には恋愛運が最高によくなるので、1年の目標をここに決めて、じっくり関係を築くのもいいでしょう。ただ、12月は運命的な出会いもある運気で、この時期に会った人とは一気に進展してもいいので、できるだけたくさんの人に会えるように工夫しましょう。今年はあなたの魅力が輝く1年です。好みではない人から好意を寄せられることも増えますが、遠慮ばかりでは交際まで進めないので少しの勇気は必要になります。予想外に素敵な人から告白される可能性もあるので、1年を通して恋愛を意識しておきましょう。ただ、5～6月は遊びの恋に振り回されるので、この時期だけは軽はずみな行動を控えておきましょう。

結婚運

交際期間が長いカップルは結婚の可能性
恋人がいない人は知り合いの異性に注目

交際期間の長いカップルほど結婚に話が進む可能性が高い年。特に2020年か2018年に婚約したり同棲や半同棲が始まっているカップルは、2022年中に入籍することができそうです。早ければ2～3月に話を進められたり、遅くても12月には入籍する流れになるでしょう。相手からの出方を待っていないで、運気のいいあなたから結婚の話を持ち出してみたり、誕生日や記念日などに将来の話をしてみるといいでしょう。「12月に結婚すると幸せになるって占いに出てたよ」と占いの結果をうまく利用するのもよさそうです。それでもハッキリしない恋人とは縁がない可能性が高いので、婚約相手でも縁を切らなくてはならない場合があるでしょう。

「まだ恋人はいないけれど、結婚を望んでいる」という場合は、新しく出会う人よりも既に知り合っている人に注目することが大切です。特に今年の上半期は、知り合っている人との縁が深まる運気でもあります。異性の友人と思っている人、会社の同僚、2020年、2018年、2017年辺りに出会った人の中で今でも仲がいいと思える人がいるなら、2～4月くらいに交際をスタートしてみると、12月には入籍できる流れになりそうです。特に思い当たる人がいないと嘆く場合は、8～10月にイメチェンをしたり、生活環境を変えるために引っ越したり新たな趣味を始めるなどして、出会う人を変える必要があるでしょう。12月の入籍とまではいかなくても、12月に交際が始まって2023年に入籍できる流れは作れそうです。「金・銀の時計座」と交際をスタートさせられると結婚まで一気に進められるので、2～3月か8～9月にはじめて出会った「時計座」の人とは電撃入籍があるかも。ピンとくる人がいたら一気に進んでみるのもいいでしょう。

問題は、「金の鳳凰座」は過去の恋を引きずりすぎてしまうということです。その癖が悪い方向に出てしまうと、結婚に話を進められなくなってしまうでしょう。昔の恋人に浮気をされたり二股をかけられたり不倫関係だったなど、ショックを受けたことが原因で恋から遠のいてしまっている人でも、今年は恋のチャンスがやってきます。異性の全員を嫌いになったり苦手にならなくてもいいので、既に知り合っている人なら交際を進めてみるといいでしょう。ただ、2021年にはじめて出会ったノリのよさそうな人は遊びで終わってしまうので、結婚には進まなそうです。結婚しても苦労しやすいので周囲の評判を聞くことが大切でしょう。

よくも悪くも過去を引きずってしまうことが恋や結婚に一歩踏み込めない原因ではありますが、今年は運気もいいので考え方や異性の見方、結婚観を変えるきっかけを得られそうです。遊びばかりで結婚を考えないような人とばかり交際をしていた過去があるなら、そのタイプとは違う異性を見るようにしましょう。夏以降は新しい趣味を始めて、出会いのパターンを自ら変えるようにするといいでしょう。

年内に入籍するのが理想としてはいいですが、12月の「解放の月」に自らプロポーズするのもいいでしょう。プロポーズは男性からと決めつけていると話が進まないこともあるので、自ら幸せをつかみにいくようにしましょう。12月に両親に会わせてみたり、周囲から話を進めてもらえるように恋人を後押ししてもらうのもいいでしょう。

仕事運

求められることが増えて忙しくなりそう
今年の転職は考え直すようにして

これまでの経験をうまく活かせたり、辛抱してきた結果が出る年。研究や探求してきたことの意味をやっと理解できたり、あなたの頑張りに協力してくれる人が現れるでしょう。経験や知識を出し惜しみしないで絞り出してみると、いいアイデアが浮かびそうです。信用や信頼からいい縁がつながることもあるでしょう。特に、時間をかけて習得した技術を活かすことができ、自信を持つきっかけをつかめそうです。また、人とのつながりが仕事に役立つこともあるので、しばらく会っていない人から連絡があったら、苦手と思える人でも会って話してみるといいでしょう。

今年は、求められることが増えてジワジワと忙しくなり、自分の実力以上の仕事をまかされてしまうことがありそうです。運気のよさを感じるどころか「忙しくて大変」と思うことがありそうですが、「実力が評価されて、求められている」とプラスに受け止めるようにして、前向きに取り組んでみるといいでしょう。これまでなら時間のかかった仕事や作業が、自分でも驚くほどすんなりできたり、簡単にできるようになっているでしょう。苦手だと思い込んでいただけでしっかり力が身に付いているということもあるので、求められることがあったら「できると思われている」と考えるようにして、前向きに取り組んでおきましょう。

2021年に仕事へのやる気を失ってしまって転職を考えている人がいたら、一度考え直すようにしましょう。特に上半期は、やっとあなたの能力が発揮できるようになったり、いいポジションにつける時期。ここで転職をするとこれまでの努力が水の泡になってしまうことがあります。どうしても転職を望む場合は、8～9月か12月にするようにして、それまでは今の職場で全力で仕事に取り組んでおくといいでしょう。また、仕事をサボってしまった人は厳しい結果を突きつけられることがあります。至らない点をしっかり認めて実力をつけられるように努力したり、どこがダメなのかしっかり原因を探るようにしましょう。

上半期は、多少の困難でも粘ってみるといい結果につながるので、難しいと思えることでもコツがつかめるまで頑張ってみるといいでしょう。頭を柔らかくしてみたり、周囲のアドバイスを素直に受け入れるようにしてみましょう。下半期は、新しい仕事やこれまでとは違う流れが始まってきますが、自分の実力を信じて取り組むこと。周囲の協力も得られるので、思った以上に楽しく仕事ができるでしょう。特に12月には自分でも驚くような重要な仕事をまかされたり、大きな結果を出すことができそうです。これまで以上に真剣に取り組んでおくといいでしょう。

特に、同じ会社に長く勤めていた人ほど満足できる年になります。多少不向きでも辛抱強く続けてきた人もいると思いますが、やっと力を発揮することができ、職場や周囲に恩返しをすることもできそうです。希望していた部署に異動できたり、憧れの仕事ができるようになることもあるでしょう。苦手な上司がいなくなったり、組織の仕組みが変わって大きな壁が崩れるような出来事も起きそうです。面倒と思えることが起きても、結果的にあなたにとってプラスになるので、流れに身をまかせておくといいでしょう。

開運のつぶやき ▶ 「素直に聞く力」と「自分で考える力」のバランスのいい人が幸運をつかむ

買い物・金運

給料アップやボーナスの期待大
家やマンションの購入は12月に判断して

これまでの頑張りの結果が金運に表れ始める年。「結果を出し続けていたけれど、なかなか給料が増えない」と思っていた人ほど、2022年は給料アップやボーナスが期待できそう。もしくはプライベートで臨時収入があったり、ごちそうをしてもらえる機会が増えるなど、ラッキーな出来事がおきやすいでしょう。特に、同じ職場に長く勤めていた人ほど幸運の流れをつかむことができそうです。勤め始めてからの期間が短い人でも、今年の頑張りが2023年の収入アップにつながることになるので、仕事に手を抜かないようにしましょう。

買い物も、長年欲しいと思っていたものがあるなら思いきって購入するといいでしょう。上半期は服や靴、趣味のものなど、自分へのごほうびになるようなものを購入するとよさそうです。下半期の12月は資産価値のあるものを手に入れるといいので、家、マンション、土地などの購入を考えている場合はここで判断するといいでしょう。高額なものを買えない場合は、8～10月、12月は引っ越しをするのに最適なタイミング。一度住むと長くなるタイプなので、思いきって環境を変えるならこの時期がいいでしょう。

今年は運気がいいですが、お金の貸し借りだけはやめておきましょう。しっかりとしたローンを銀行で組むのはいいですが、友人や知人、家族などに少額でもお金の貸し借りがある場合は、年内に精算するようにしましょう。特に、貸しているお金がある場合はしっかり返してもらうようにすること。逆に借りているときは、節約をして切り詰めてでも早く返すようにしましょう。

また、今年は浪費をやめたり不要な出費のサイクルをとめるのにもいい運気です。ネットゲームへの課金、不要なアプリやサブスクでの出費、保険料など、「面倒だから」とそのままにしているものがあったら見直すようにしましょう。必要のないことにお金を使わないように、お金の使い方を改めることが大切。ここで改善をしないと一生浪費癖がついたままになってしまうこともあります。趣味にお金を使うのもいいですが、金額を決めて計画的に使うようにしましょう。

学生時代にやっていたスポーツをまた始めてみたり、以前から気になっていたけれどなかなかやるタイミングのなかった運動や習い事を始めてみるのにもいい時期です。特に、マリンスポーツやウィンタースポーツなど、気になっていたけれど始めるきっかけがつかめないと思っていたことがあるなら、今年は思いきってスタートしてみましょう。いい出会いにつながったり、楽しい時間を過ごすことができそうです。できれば異性がたくさん集まるような趣味を始めてみると、あなたの能力や魅力をアップすることもできそうです。

お金の勉強や投資、資産運用は、2～3月、8～9月、12月に始めてみるとよさそう。少額でもいいので気になるものを始めてみるといいでしょう。金額を増やすなら2023年からがいいので、今年はそのための情報を集めてみたり、勉強をするのがいいでしょう。「お金は銀行に預ける」と決めつけていると、いつまでもお金が貯まりません。節約をするだけではなく、今年から資産運用とはどんなものか知るようにするといいでしょう。

美容・健康運

今年はしっかりダイエット 下半期になったら髪型を変えてみて

問題なく健康で過ごせる1年。スタミナ不足を感じているなら、今年から体力作りを始めてみたり、スポーツジムに通い始めてみるといいでしょう。上半期は自分でトレーニングをしてもいいですが、下半期からはパーソナルトレーナーを付けて、少しハードな運動をしてみるといいでしょう。目標を決めて始めてみると、長距離を走れるくらいの体に作り変えることができます。最初はウォーキングからでもいいので始めてみると、2023年にはハーフマラソンやフルマラソンを走れるようにもなるでしょう。そこまで頑張らなくてもいいですが、今年から健康的な体作りをスタートするのがいいでしょう。

また、2020～2021年で体重が増えてしまった場合は、今年はしっかり体を絞ったり、ダイエットをしておくといいでしょう。2022年の体重は定着することになってしまうので、脂肪が気になるなら1年かけて標準体重になるように頑張ってみるといいでしょう。逆に今年体重が増えてしまうと、2023年以降もそのまま維持することになってしまう可能性が高くなります。深夜まで起きていて間食をするのが大きな問題なので、食生活を改めたり、睡眠時間を長く取るように生活リズムを整えることも大切でしょう。

「幸運の年」は積み重ねが出てくる年でもあり、運気のアップダウンもあります。5～6月、11月は体調を崩してしまうことがあるので、暴飲暴食や深酒や遊びすぎ、予定の詰め込みすぎには注意をしましょう。1月は段差でつまずいてケガをすることもあるので、慌てて行動しないように。お酒を飲んだときの階段などには特に気をつけましょう。また、3年ほど前から体調に異変を感じているのにそのままにしている人は、今年は体調を崩したり、病気が発覚することがあります。実は痛いのに我慢しているという人や体調に違和感がある人は、早めに病院に行ってしっかり検査を受けるようにしましょう。「幸運の年」なので病気が早期に見つかって助かることもあるでしょう。

美意識を高めるのにいい年でもあるので、家でひとりの趣味の時間を楽しむくらいなら、軽く運動を始めてみたり、動画を観ながらストレッチやヨガを始めてみるといいでしょう。サッカーや野球、ゴルフなど男性が好んでやっているスポーツに参加してみるのもいいでしょう。サーフィンやスキューバダイビングなどのマリンスポーツに挑戦するのもよさそう。周囲から誘われることがあったら思いきって挑戦してみると、予想以上にハマって人生観が大きく変わることがあるでしょう。暑いのは苦手という人は、スキーやスノボを始めてみると想像以上に楽しい時間を過ごせそう。「金の鳳凰座」はそもそもひとりの時間が好きなタイプ。この辺りのスポーツは黙って自分だけの世界を楽しめるものばかりなので、これまでちゃんとやったことがないという人は、今年は機会を作って挑戦してみるといいでしょう。

美容では、下半期になってから美容室を変えて、これまでとは違う髪型に挑戦してみるといいでしょう。12月にはいい感じでイメチェンが成功したり、評判のいい髪型にできそう。12月はメイクの仕方を変えるのにもいい時期なので、スクールに行って年齢に見合うメイクのやり方を学んでおくのもいいでしょう。

開運のつぶやき ▶ 見返りを求めすぎるから人生が辛くなる

親子・家族運

思い出が増えて楽しい時間を過ごせそう
お子さんを望む夫婦は下半期に期待

「金の鳳凰座」はそもそも家族とのつながりが強いタイプ。家族を大切にするけれど、依存することはないので、いい距離感を保つことができそう。特に「幸運の年」の2022年は、家族での思い出も増えて楽しい時間が過ごせたり、いい関係を作れそうです。しばらく家族旅行に行けていない場合は、今年は事前に計画を立てて早めに予約をするといいでしょう。また、両親や親族を集めた食事会やお祝いをするのにもいいタイミングです。5月の連休やお盆休み、年末の休みでもいいので、今年はみんなを集められるように頑張ってみるといいでしょう。

夫婦関係も、2021年辺りから気持ちにゆとりができているのでいい関係になりつつあるでしょう。今年は、互いの友人や知り合いがいいきっかけになって、更に仲よくなれたり、楽しい時間が増えるようになりそうです。はじめてデートをしたお店に行ってみたり、思い出の場所に行ってみると夫婦関係がよくなるでしょう。思い出の写真を見るなど、ふたりが盛り上がっていたころを思い出してみるのもよさそう。お子さんを望んでいる夫婦は、下半期に期待ができそうです。特に12月は運気もいいので体調を整えておくといいでしょう。子どもをもうひとり欲しいと考えている夫婦も、今年はいい縁がありそうです。

両親との関係もよさそうで、今年は会う機会が自然と増えそうです。よくも悪くも実家に帰る機会が多くなるなど、不思議と縁があるでしょう。両親の誕生日や記念日にはプレゼントを贈るようにしましょう。祖父母が健在の場合は、今年は例年以上に連絡をしておいたり、直接会えないときはオンラインや電話で連絡をしておくとよさそう。

お子さんとの関係は、子どもから柔軟な発想や最近の流行を学べるようになるでしょう。今年はあなたの影響力が強くなる年でもあるので、あなたが過去の失敗や昔のことをいつまでも言っていると子どもがやる気をなくしてしまうことがあるので、冗談でも言わないようにしましょう。子どもの話は、何をどう伝えたいのか理解できるように努め、最後までしっかり聞くようにしましょう。あなたが決めつけてしまうと、子どもに「話しても伝わらない」と思われて、相談できない関係になってしまうことがあるので気をつけましょう。

しばらくつながりが弱かった家族でも、これまで問題がなかった家族でも、今年はいい1年を過ごせそうです。しばらく会えなかった親戚や従兄弟などとも久しぶりに会うことができて、懐かしい話ができたり、忘れていたことを思い出すこともできそうです。また、問題を抱えていた家族も今年は解決に話が進むようになるでしょう。特にあなたに優位な感じで話が進んだり、あなたの意見が通りやすいですが、もし言葉で伝えきれないことがあるなら手紙やメールで気持ちを伝えてみるとうまくいくことがあるでしょう。不仲になってしまった家族がいるなら、今年は仲良くなれるきっかけがあるので、過去のことは許したことにして連絡をしてみたり、手を差し伸べておくといいでしょう。面倒なことでもスムーズに話ができるようになりそうです。相続などで揉めている場合は、しっかり話し合って年内中に片づけておくといいでしょう。

開運のつぶやき 何でも「簡単そう」と思ったら、簡単になるもの

金の鳳凰座 2022年タイプ別相性

気になる人のタイプを調べて、コミュニケーションに役立ててください。

相手が 金のイルカ座

あなたのやり方や考え方を押しつけないほうがいい相手。新しいことに挑戦しようとしているなら、本人のためにもさせてみるといいでしょう。あなたの経験を活かすことで背中を押せるでしょう。恋愛相手としては、相手が新しい環境になったことで距離が近づいた場合は、縁がありそうです。成長した相手を改めて見直してみるといいでしょう。仕事相手としては、新しい仕事やこれまでと違うタイプの仕事をまかせてみるといい結果につながりそうです。今年初めて会う人の場合は、つながりが弱い相手。自然と進む方向が変わってしまうでしょう。

相手が 銀のイルカ座

今年で縁が切れてしまったり離れることになりそうな相手。あなたの能力や魅力が開花することで、いい影響を与えたり前に進むきっかけになりそう。結果として離れても、相手は新たな環境に進むので応援しておきましょう。恋愛相手としては、気持ちが冷めてしまいそう。距離を置くことは互いにとっていいでしょう。仕事相手としては、突然仕事を辞めたり、あなたの元を離れることがあるでしょう。過剰な期待はしないほうが相手も楽でしょう。今年初めて会う人の場合は、縁が簡単に切れてしまうタイミングなので執着しないようにしましょう。

相手が 金の鳳凰座

偶然出会ったり、久しぶりに連絡が来る相手。再会することでいい情報交換ができたり、互いの力になれそうです。この相手を思い出したら連絡をしてみると、目的が似ていることで更に意気投合できそう。恋愛相手としては、どちらかの片思いなら交際に発展しやすいでしょう。「会いたい」と思ったときに連絡をするとタイミングが合うでしょう。仕事相手としては、互いに結果を出したり、実力を発揮するタイミングなので、一緒に仕事をするといいでしょう。今年初めて会う人の場合は、年末の出会いは長い付き合いになりそうです。

相手が 銀の鳳凰座

昨年のあなたのような心境になっている相手なので、仕事に対してやる気がなかったりミスが多くなっていそう。優しくアドバイスすると感謝されることもあるでしょう。昔からの友人なら一緒に遊ぶとラッキーな出来事がありそう。恋愛相手としては、楽しい時間を作ることでいい縁が結ばれますが、遊びと割り切っておかないと執着して後に辛くなってしまいそう。仕事相手としては、小さなミスが多いのでイライラしそう。ゆとりを持って行動するようにアドバイスしておきましょう。今年初めて会う人の場合は、噛み合わないので縁が薄そう。

相手が 金のカメレオン座

付き合いが長い人なら手助けを必要としているので、協力してあげましょう。相手からの提案やお得な話は、順調に進まないので簡単に乗らないように。相手の欠点や弱点が見えるので言葉を選んで教えてあげましょう。恋愛相手としては、魅力的に見えなくなってしまったり、気持ちが冷めてしまいそう。知り合いくらいの距離感がいいでしょう。仕事相手としては、あなたの積み重ねを崩してしまったり、考え方が違うことを感じそう。失敗が多いので成長を期待しましょう。今年初めて会う人の場合は、短い縁になるので深入りしなくていいでしょう。

相手が 銀のカメレオン座

周囲からの評判が悪くなってしまいそうな相手。予想外に困っていることがある人なので、助けてあげたり、話をじっくり聞いてあげるといいでしょう。あなたの忍耐力が尊敬されることもあるでしょう。恋愛相手としては、相手が空回りをしているのでいい流れに進まなくなりそう。親切にすることで相手の心をつかむことができそうですが、今年の縁は短く終わりそうです。仕事相手としては、不慣れな仕事に取り組んで予想外の苦労をする人なので、自分のペースを乱さないようにしましょう。今年初めて会う人の場合は、長い縁にならないでしょう。

相手が 金のインディアン座

互いに魅力をアップさせることができる相手。相手の前向きな姿勢があなたにパワーを与えてくれたり、挑戦したい気持ちにさせてくれるでしょう。恋愛相手としては、互いにいいタイミングですが、モタモタしていると相手に恋人ができてしまいそう。早めに気持ちを打ち明けてマメに会うようにしましょう。仕事相手としては、最高の相手になるので、数字や時間、儲けにこだわって仕事をするといいでしょう。相手のアドバイスを活かせるように努めて。今年初めて会う人の場合は、ノリが合うときはいいですが、執着しないようにしましょう。

相手が 銀のインディアン座

あなたのペースに合わせてしまうと、相手はヘトヘトになってしまいそう。思っている以上に忙しく過ごしているので体の心配をしておくといいでしょう。恋愛相手としては、年末にいい縁がつながってくるので、それまではマメに連絡をするくらいがいいでしょう。仕事相手としては、実力以上の仕事を相手が引き受けてしまうので、様子を見ながら仕事をまかせるようにしましょう。体調を崩して仕事が止まってしまうこともあるかも。今年初めて会う人の場合は、健康情報を伝えておくと仲よくなりそうです。オススメの病院やサプリの話をしましょう。

相手が 金の時計座

相手の人脈やパワーがあなたに必要になるでしょう。相手もあなたの能力を必要としていたりして、不思議と惹かれ合うことがありそう。今年は交流を楽しんでみましょう。恋愛相手としては、知り合って数年経っている場合はチャンスがありそう。自分の気持ちを素直に伝えてみることが大切。春は話の聞き役になっておくといいでしょう。仕事相手としては、最高のパートナーになれそう。互いに相手のサポートができたり、いい結果を出すことができそう。今年初めて会う人の場合は、年末に会うことができると不思議とつながりができるでしょう。

相手が 銀の時計座

あなたを一気に引き上げてくれる最高の相手。チャンスに恵まれないときは相談して、話を素直に聞いて即行動すると一気に流れが変わるでしょう。この相手の言葉を信じることで人生が大きく変わるので、しばらく会っていないなら連絡してみましょう。恋愛相手としては、片思いの相手なら早い段階で気持ちを伝えておくこと。今年はマメに連絡をしてマメに会えるようにすると交際まで進めそう。仕事相手としては互いに能力を発揮できて、いいコンビになれそうです。今年初めて会う人の場合は、相手に合わせてみるといい結果につながるでしょう。

相手が 金の羅針盤座

知り合って2年の相手なら一緒にいるといいでしょう。また、学生時代の友人や付き合いが長い相手なら、連絡をしてみると互いに役立つ情報交換ができたり、前に進むきっかけをもらえそう。偶然出会えれば幸運の流れに乗っている証でしょう。恋愛相手としては、2年前くらいから気になっているなら気持ちを伝えるといいでしょう。礼儀をしっかりするといい関係に進めそう。仕事相手としては、言葉での説明が難しいときは、文章にしてみると伝わるでしょう。今年初めて会う人の場合は、相手の明るい未来の話をしておくといいでしょう。

相手が 銀の羅針盤座

互いにゆっくりですが前に進む年。あなたはこれまでの力を出す流れ、相手は新しい環境で勝負する流れになるでしょう。励まし合って前に進めるようにするといい関係を作れそう。過去にこだわらないで、未来のために共に進みましょう。恋愛相手の場合は、あなたが積極的になれば簡単に進みそう。清潔感を意識して上品にイメチェンするとスムーズに進められそうです。仕事相手としては、これまで学んできたことや身についていることを教えるといい相手。今年初めて会う人の場合は、相手から求められているなら長い縁になりそうです。

開運のつぶやき ▶ 自分と同じことで笑う人、それが相性のいい人

命数別2022年の運勢

【命数】
21

頑固な高校1年生

基本性格

サッパリとした気さくな性格ですが、頑固で意地っ張りな人。負けず嫌いな努力家で、物事をじっくり考えすぎることも。仲間意識を強く持つものの、ひとりでいることが好きで単独行動が自然と多くなったり、ひとりで没頭できる趣味に走ったりすることも多いでしょう。しゃべるのが苦手で、反発心を言葉に出してしまいますが、ひと言足りないことでケンカになるなど、損をしてしまうことが多い人でしょう。

★忍耐力のある星
★計算が苦手な星
★昔の仲間に執着する星
★夜が強い星
★好きなタイプが変わらない星

開運3カ条

1. 頑張っている同世代を見る
2. 異性の友人と遊ぶ
3. 協力してくれる人に感謝する

2022年の総合運

やる気やパワーが溢れる年。周囲に頑張っている人がいるといい影響を受けられるので、同年代で頑張っている芸能人やスポーツ選手を見るようにするといいでしょう。これまで差がついていた人に追いつき追い越すこともできそう。自分でも驚くような底力を発揮することもできそうです。挫折しそうになったときほどもうひと踏ん張りすると、いい結果につながるでしょう。健康運は、胃腸にやさしいものを選んで、辛いものは避けたほうがよさそうです。

2022年の恋愛&結婚運

職場や身近な人との恋や対等な付き合いを望むタイプ。今年は既に知り合っている異性の友人や身近な人と交際に発展する運気です。明るくイメチェンしてみたり、相手が喜びそうな話のネタを用意しておくとよさそう。友人と思っていた人から告白されたら勢いで交際を始めてみると、思った以上に楽しい時間を過ごせるでしょう。結婚運は、同棲や半同棲をしているカップルは話が一気に進みそう。他のカップルは12月に大きく進展しそう。

2022年の仕事&金運

これまで差がついていた同期やライバルに追いついたり、チャンスがいよいよ巡ってくる年。根性と辛抱強さを発揮して粘っていた甲斐があるでしょう。目標を達成できたり、いい仲間も集まってくるので、協力してくれる人に感謝を忘れないようにしましょう。次の目標となる人を見つけるにもいい運気です。金運は、勉強や運動に使うものを購入するとよく、使い古したものを一気に買い替えるにはいいタイミングです。

ラッキーカラー　ブラウン　ゴールド　ラッキーフード　餃子　こんにゃくゼリー　ラッキースポット　キャンプ場　スポーツジム

【命数】
22

単独行動が好きな忍耐強い人

基本性格

向上心や野心があり、内に秘めるパワーが強く、頑固で自分の決めたことを貫き通す人。刺激が好きで、ライブや旅行に行くと気持ちが楽になりますが、団体行動は苦手でひとりで行動するのが好きなタイプ。決めつけがかなり激しく、他人の話の最初しか聞いていないことも多いでしょう。心は高校3年生のようなところがあり、自我はかなり強いものの、頑張る姿や必死になっているところを他人には見せないようにする人です。

★陰で努力する星
★刺激的な恋にハマる星
★孤独が好きな星
★夜無駄に起きている星
★豪快にお金を使う星

開運3カ条

1. 目立つポジションを楽しむ
2. 好意を感じる人を大切にする
3. 一発逆転を狙う

2022年の総合運

努力をムキだしにしないため、なかなか評価されないタイプですが、今年からはあなたに注目が集まる運気です。目立つことが苦手な人でも、人前に出る機会が増えたり、秘めていた力を発揮する流れになりそう。少しでしゃばるくらいの気持ちで何事も前向きに挑戦してみると、一発逆転することもできそうです。健康運は、問題はない時期ですが、昨年始めている健康法は失敗したり体調を崩す原因になるのでやめるようにして、生活習慣を整えましょう。

2022年の恋愛&結婚運

好きな人と交際ができる可能性の高い年ですが、最初の印象だけでひとりに決めていると他の人が見えなくなってしまいます。職場や近くにいる人の中にも素敵な人がいるので、見直してみるといいでしょう。好意を寄せられたり告白されたら逃げてしまうようだといつまでも恋人ができないので、一緒にいて楽しい人なら交際してみるといいでしょう。結婚運は、入籍を決めるにはいい運気。勢いまかせで突き進んでみるといいかも。

2022年の仕事&金運

じっくり仕事を進めるよりも、今年は勢いまかせがよさそう。慎重に判断するより先に行動することでいい結果につながるでしょう。実力以上の力を発揮できたり、周りからのサポートも充実してきて運よくチャンスも巡ってくるでしょう。仲間を大切にして協力することで、更に大きな成果を出したり、楽しく仕事ができるようにもなるでしょう。金運は、投資で成功しやすい年です。自分の勘を信じてやってみるといいでしょう。

ラッキーカラー　グレー　イエロー　ラッキーフード　とんかつ　鯛焼き　ラッキースポット　ホテル　スポーツジム

ラッキーカラー、フード、スポットはプレゼントやデート、遊ぶときの口実に使ってみて

さらに細かく自分と相手が理解できる！
生まれ持った命数別に2022年の運気を解説します。

【命数】
23

陽気なひとり好き

基本性格

ひとつのことをじっくり考えることが好きで、楽観主義者。頑固で決めたことを貫き通しますが、「まあなんとかなるかな」と考えるため、周囲からもどっちのタイプかわからないと思われがち。サービス精神はありますが、本音はひとりが好きで明るい一匹狼のような性格。空腹が苦手で、お腹が空くと何も考えられなくなり、気分が顔に出やすくなるでしょう。不思議と運に救われますが、余計なひと言に注意が必要です。

持っている星

★おおらかな星
★とりあえず付き合う星
★楽しくないと愚痴る星
★間食の星
★趣味にお金をたくさん使う星

開運3カ条

1. 周囲を楽しませる
2. よく笑う
3. 仕事はゲームや遊びだと思う

2022年の総合運

共に楽しめる友人や仲間と一緒にいる時間が増える年。あなたに人気が集まって、多少のわがままも許してもらえるようになるでしょう。周囲の人も楽しませてみようとすることで更に楽しい時間が増えるでしょう。ひとりの趣味も充実しそうですが、長年気になっていた場所に行ってみるといい刺激を受けたり、素敵な出会いもありそうです。健康運は、基礎体力作りや筋トレをやって体を引き締めておくのにいいタイミングです。

2022年の恋愛&結婚運

長い人では10年ぶりのモテ期を感じたり、異性との関わりが増える年。新しい人を探すよりも既に知り合っている人の中から素敵な人を探したほうが年内に交際できる可能性が高いでしょう。一緒にいて楽しい人に連絡をしたり、ノリの合う人をマメに遊びに誘うといいでしょう。服や髪型を明るめに変えてみるとチャンスをつかめそうです。結婚運は、相手の話を笑顔で楽しく聞いたり、笑いが多いカップルは話が進むでしょう。

2022年の仕事&金運

あなたのサービス精神を理解してもらえて楽しく仕事ができそう。仕事以外の付き合いも楽しめたり、遊び感覚で仕事ができるでしょう。仕事をゲームだと思うと更におもしろくなりそう。あなたの雑さを支えてくれる人の存在を忘れないようにして、今年は不満や愚痴はホドホドにして仕事や周囲のいい面に目を向けるようにしましょう。金運は、臨時収入やごちそうしてもらえる機会が増えたり、予約がなかなか取れないお店に行けそう。

ラッキーカラー グレー　ピンク　**ラッキーフード** 寿司　チョコケーキ　**ラッキースポット** 動物園　お祭り

【命数】
24

冷静で勘のいい人

基本性格

じっくり物事を考えながらも最終的には勘で決める人。根はかなりの頑固者で、自分の決めたルールを守り通し、簡単に曲げたりしないタイプ。土台は短気で、機嫌が顔に表れ、言葉にも強く出がち。余計なひと言は出るのに、肝心な言葉は足りないことが多いでしょう。想像力が豊かで感性もあるため、アイデアや芸術系の才能を活かせれば、力を発揮できる人でもあります。過去に執着するクセはほどほどに。

持っている星

★決めつけが強い星
★第一印象で決める星
★過去にこだわる星
★寝不足でイライラする星
★思い出にすがる星

開運3カ条

1. 勘を信じて即行動に移す
2. 恩着せがましくしない
3. 基礎体力作りをする

2022年の総合運

じっくり観察してきたことが役立つ年。あなたの考えが正しかったり、予測通りに進んだり、先の展開が読めるようになりそうです。過去にいつまでも執着していると前に進めないので、上半期に清算するようにしましょう。昔のことは水に流して下半期からは新たな考えに切り替え、生活リズムを変えたり新たな挑戦を始めてみるといいでしょう。健康運は、今年からスタミナ作りやスクワット、水泳などを始めておくといいでしょう。

2022年の恋愛&結婚運

一目惚れする人のレベルが高く、なかなか理想的な人を見つけられないタイプ。既に気になっている人がいるなら、2～3月に気持ちを打ち明ければ交際できる可能性は高いでしょう。12月に運命的な出会いをする可能性があるので、人の集まりにはできるだけ参加しましょう。ピンとくる相手がいたら様子を見ていないですぐにデートに誘うとよさそう。結婚運は、結婚したい気持ちが盛り上がっているなら素直に相手に伝えましょう。

2022年の仕事&金運

専門知識や特殊技術を活かせる年。長年勤めていた職場ならあなたの存在感が一気に高まったり、求められることが増えるでしょう。面倒と思わないで今年は受け入れてみることが大切。余計な一言で場の空気を悪くしたり、自らチャンスを壊すようなことがないようにしましょう。よくも悪くも勘が当たるので信じて判断するのも大切でしょう。金運は、浪費癖を直すにはいいタイミング。勘で投資を始めるとうまくいきそうです。

ラッキーカラー ホワイト　イエロー　**ラッキーフード** カルボナーラ　バニラアイス　**ラッキースポット** 古都　デパート

ラッキーカラー、フード、スポットはプレゼントやデート、遊ぶときの口実に使ってみて

【命数】25 ひとりの趣味に走る情報屋

基本性格

段取りと情報収集が好きで、常にじっくりゆっくりいろいろなことを考える人。幅広く情報を集めているようで、土台が頑固なため、情報が偏っていることも。計算通りに物事を進めますが、計算自体が違っていたり、勘違いで突き進んだりすることも。部屋に無駄なものや昔の趣味のもの、着ない服などが集まりやすいので、こまめに片づけて。気持ちを伝えることが下手で、常にひと言足りないところがあるでしょう。

持っている星

★計画が好きな星
★趣味で出費する星
★ひとりの趣味に走る星
★深酒をする星
★おしゃれな人を好きになる星

開運3カ条

1. 勝算があるなら即行動する
2. 睡眠時間をしっかり取る
3. 買い物をする日を先に決める

2022年の総合運

頑固なあなたが柔軟な発想ができたり、視野が広がるきっかけをつかめる年。情報集めをするのはいいですが、先に行動に移してから考えるといいでしょう。できれば、行動しながら先のことを考えてみるといい流れに乗れそうです。夜遊びが激しくなりすぎたり、お酒の席や夜更かしが続いてしまうことがあるので、生活リズムは整えるようにしましょう。健康運は、睡眠不足に注意して、8時間は睡眠時間を取れるように調整しましょう。

2022年の恋愛&結婚運

理想に近い人と交際できる運気ですが、遊び人に引っかかりやすいので、求める相手の見直しをしましょう。周囲の評判などを聞き入れることは大切ですが、貧乏臭い人やダサい人は好きにはならないので、仲のいい異性の友達にアドバイスをしてあなたの好みにしてみるといいかも。酒の席で盛り上がって勢いで交際するのは同じ失敗の繰り返しになるので気をつけましょう。結婚運は、将来の計画を伝えてみると話が進みそうです。

2022年の仕事&金運

「金の鳳凰座」の中ではフットワークも軽く、トークも上手で仕事でもうまく活かせるタイプ。今年は少し難しい仕事でも受けてみたり、自分の限界に挑戦するくらい頑張ってみるといいでしょう。あなたが思う以上にいい結果を残せたり、これまで粘り強く続けていたことに大きな結果が出るでしょう。金運は、欲しかったものを手に入れられる時期ですが、浪費が激しくなりそう。できれば資産価値のあるものを選ぶようにしましょう。

ラッキーカラー パープル　ピンク　**ラッキーフード** 焼き鳥　レモンパイ　**ラッキースポット** 水族館　スキー場

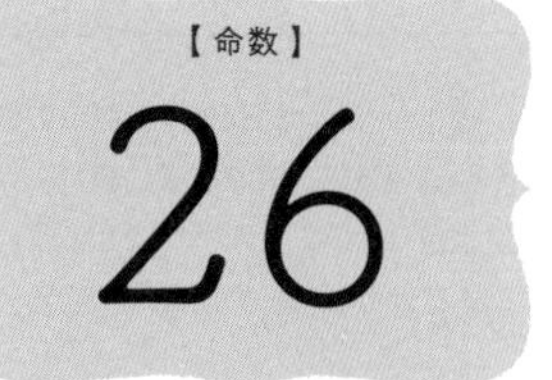

【命数】26 我慢強い真面目な人

基本性格

頑固で真面目で地味な人。言葉を操るのが苦手で、受け身で待つことが多いでしょう。反論したり自分の意見を言葉に出したりすることが苦手で、ひと言ふた言足りないことも。寂しがり屋ですがひとりが一番好きで、音楽を聴いたり本を読んだりしてのんびりする時間が最も落ち着くでしょう。何事も慎重に考えるため、すべてに時間がかかり、石橋を叩きすぎてしまうところがあります。また、過去に執着しすぎてしまうところも。

持っている星

★我慢強い星
★つくしすぎてしまう星
★引き癖の星
★温泉の星
★貯金の星

開運3カ条

1. 積極的に行動する
2. 意思表示をしっかりする
3. 嫌なときはハッキリ断る

2022年の総合運

「金の鳳凰座」の中でも最も時間をかけてゆっくり進むタイプですが、今年は受け身で待っていないで自ら積極的に行動したり、意思表示をしっかりするようにしましょう。これまで我慢していたことでも嫌なことはハッキリ断るようにしましょう。悪友と思われる人とは距離を置いたり、振り回す人から離れる必要もあるでしょう。健康運は、基礎代謝を上げる軽い運動を定期的に行ったり、腹筋や背筋、スクワット、ストレッチなどをマメにやりましょう。

2022年の恋愛&結婚運

片思い期間が長いタイプですが、今年は好きな人に気持ちを伝えて答えを出すといいでしょう。交際できる可能性は高いですが、上半期でうまくいかない人とは縁がないのでキッパリ諦めて、8月以降に新しく会う人に目を向けましょう。強引な人と交際を始めることもありますが、無理して好きになる努力をしなくてもいいでしょう。結婚運は、真剣に将来の話をするといいので、相手をうまく褒めてみるといい感じで進められそう。

2022年の仕事&金運

じっくり積み重ねてきた力が評価されたり、周囲に頼られる年。真面目に辛抱強く続けてきた答えが出ますが、責任ある立場や目立つポジションをお願いされる場合もあります。引かないで受け入れてみると大きく成長できたり、自分の才能を開花させられることがありそうです。少し勇気を出すだけで仕事が楽しくなるでしょう。金運は、家や土地やマンションなどを購入するにはいい年。下半期は引っ越しにも最適な運気です。

ラッキーカラー グレー　藤色　**ラッキーフード** ポークジンジャー　いちご　**ラッキースポット** 水族館　図書館

ラッキーカラー、フード、スポットはプレゼントやデート、遊ぶときの口実に使ってみて

【命数】
27

猪突猛進なひとり好き

基本性格

自分が正しいと思ったことを頑固に貫き通す正義の味方。曲がったことが嫌いで自分の決めたことを簡単には変えられない人ですが、面倒見がよく、パワフルで行動的。ただ、言葉遣いが雑でひと言足りないところがあります。おだてに極端に弱く、褒められたらなんでもやってしまいがち。後輩や部下がいるとパワーを発揮しますが、本音はひとりがいちばん好きなタイプ。自分だけの趣味に走ることも多いでしょう。

★パワフルな星
★押しに弱い星
★行動が雑な星
★足をケガする星
★どんぶり勘定の星

開運3カ条

1. 素直に行動する
2. 後輩の面倒を見る
3. 思い出のある映画を観る

2022年の総合運

あなたの意志の強さがいい結果につながる年。考える力が強いタイプですが、今年からは実行力を見せることが大切になるので、多少難しいことでも思いきってチャレンジするといいでしょう。特に、過去に少しでも経験したことのあるものは思った以上にいい結果につながるでしょう。また、義理人情に厚いことが幸運につながり、先輩や後輩に協力してもらえたり、大事な情報を教えてもらえそう。健康運は、腰や足のケガをしたことがあるなら気をつけましょう。

2022年の恋愛&結婚運

一度好きになると思いが強く出るタイプ。今年は押しきると交際まで発展する確率が高く、粘ってみるといいでしょう。ただ押すだけではなく、相手好みになっているかを冷静に判断して、楽しい空気を出すようにしましょう。逆に、異性の友人や身近な人に押しきられて交際をスタートする可能性もあるでしょう。結婚運は、相手まかせにしないで主導権は自分にあると思って、12月を目標にして話を進めてみましょう。

2022年の仕事&金運

リーダーとしての能力を発揮できる年。まだ経験が少ない場合は、アシスタントやサポート役として活躍することができるでしょう。今年は出しゃばりすぎるくらいが丁度いいので、これまでの経験を活かすつもりでどんどん前に出て行きましょう。責任あるポジションにつくことで力を発揮できるので、後輩の面倒を見ることも大切です。金運は、お金の出入りが激しくなる年。ごちそうやプレゼントにお金を使うことになりそうです。

ラッキーカラー グレー　グリーン　**ラッキーフード** ナポリタン　クリームソーダ　**ラッキースポット** 海　温泉街

【命数】
28

冷静で常識を守る人

基本性格

礼儀正しく上品で、常識をしっかり守れる人ですが、根は頑固で融通の利かないタイプ。繊細な心の持ち主で、些細なことを気にしすぎたり、考えすぎたりすることも。しゃべることは自分が思っているほど上手ではなく、手紙やメールのほうが思いが伝わることが多いでしょう。過去の出来事をいつまでも考えすぎてしまうところがあり、新しいことになかなか挑戦できない人です。

★安心できるものを購入する星
★勘違いの星
★親しき仲にも礼儀ありの星
★しゃべりが下手な星
★寂しがり屋のひとり好きな星

開運3カ条

1. 勇気を出して行動に移す
2. 周囲を楽しませる話をする
3. 年上の人と話をする

2022年の総合運

順序正しくきちんと物事を進めるため、何事にも時間がかかってしまうタイプ。しかし、これまで時間をかけてきたお陰で自分でも驚くような実力がついているので、高く信用されていることが分かる年になるでしょう。特に目上の人や年配者から支持されて、一気に引き上げてもらえることがありそう。しばらく会っていなかった人との偶然の出会いから状況が好転することもありそうです。健康運は、ストレス発散がうまくできそうです。

2022年の恋愛&結婚運

恋に慎重になりすぎてチャンスを逃すことが多かったタイプですが、今年は複数の人から好意を寄せられて告白されることがありそう。第一印象が悪い人や要求水準に達していない人を避けることが多いタイプなので、誠実な人かどうかだけで見るようにすると、交際に発展しやすくなるでしょう。異性から隙が見えにくいのでボディタッチなど意識して行うといいでしょう。結婚運は、恥ずかしがらないで気持ちを伝えるといいでしょう。

2022年の仕事&金運

几帳面に誠実に仕事に向き合っていたことが評価される年。目上の人から評価されて重要な仕事をまかされたり、緊張するような立場になることもありそうです。自分を信じている人に恩返しするつもりで最善を尽くしてみると、いい結果につながったり、周囲からの協力を得られるでしょう。少し砕けた話をしたり年下とのコミュニケーションも大切にするといいでしょう。金運は、欲しかったものを手に入れるにはいい年です。

ラッキーカラー ブルー　イエロー　**ラッキーフード** 牡蠣フライ　みかん　**ラッキースポット** コンサート会場　果物狩り

ラッキーカラー、フード、スポットはプレゼントやデート、遊ぶときの口実に使ってみて

【命数】

29

頑固な変わり者

基本性格

自由とひとりが大好きな変わり者。根は頑固で、自分の決めたルールや生き方を貫き通しますが、素直でない部分があり、わざと他人とは違う生き方や考え方をすることが多いでしょう。芸術面で不思議な才能を持ち、じっくり考えて理屈っぽくなってしまうことも。しゃべることは下手でひと言足りないことも多く、団体行動は苦手で常に他人とは違う行動をとりたがります。言い訳ばかりになりがちなので、気をつけましょう。

★自由に生きる星
★お金に縁がない星
★束縛されると逃げる星
★寝不足の星
★おもしろい発想ができる星

開運3カ条

1. ひねくれないで素直に行動する
2. 恥ずかしいと思ったらチャレンジする
3. 認めてくれる人への感謝を忘れない

2022年の総合運

「金の鳳凰座」の中でもかなりの変わり者。他の人とは考え方や発想が違うことに自分でも気づいていると思いますが、今年はその才能を開花させたり、役立たせることができる運気。斬新なアイデアが浮かんだり、他の人にはできない技術が身に付いたり、研究結果を発表してうまく活かせるようにもなるでしょう。現状を投げ出したくなる気持ちにもなりますが、年内は現状で頑張ってみましょう。健康運は、目が疲れやすくなるのでヘッドスパに行ってみましょう。

2022年の恋愛&結婚運

モテ期に入っていますが、あなたのアマノジャクが邪魔をして自らチャンスを逃したり、恋人ができても自由を求めて縁を切ってしまうことがあるでしょう。もっと素直になって、交際してくれる人への感謝を忘れないようにしましょう。個性的な人と交際に発展しやすいので、積極的になって、ひねくれたことを言いすぎないようにしましょう。結婚運は、結婚願望は薄いですが、今年は入籍するのにいいタイミングです。

2022年の仕事&金運

センスや発想力を活かせる年。自信を持って発言や提案をしてみましょう。実力がアップしていたり、あなたの能力を認めてくれる人も現れそう。ただ、ひねくれているとチャンスを逃すので、評価してくれたり仲良くしてくれる人の前では素直になるといいでしょう。アドバイスも素直に行動に移してみるといい結果につながりそうです。金運は、浪費をしやすいので、投資信託を試しに少額で始めてみましょう。

ラッキーカラー グレー　パープル　**ラッキーフード** ビーフカレー　駄菓子　**ラッキースポット** 映画館　神社仏閣

【命数】

30

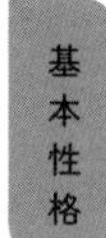

理屈が好きな職人

基本性格

理論と理屈が好きで、探求心と追求心を持っています。自分の決めたことを貫き通す完璧主義者で、超頑固な人。交友関係は狭く、ひとりが一番好きなので、趣味にどっぷりハマることも多いでしょう。芸術や神社仏閣などの古いものに関心があり、好きなことについて深く調べるため知識は豊富ですが、視野が狭くなる場合も。他人を小馬鹿にしたり評論したりするクセがありますが、他人を褒めることで認められる人になるでしょう。

★考えすぎる星
★心を簡単に開かない星
★同じものを買う星
★睡眠欲が強い星
★年配の人と仲よくなれる星

開運3カ条

1. すべての人を尊重・尊敬する
2. 若い人に教える
3. 睡眠時間をしっかり取る

2022年の総合運

粘り強く取り組んできたことに結果が出る年。探求心や追求心が強いのはいいですが、時間をかけすぎてしまうタイプ。今年は取り組んできたことへの答えが出る運気であり、評価につながる結果も出る年です。ときには頭を下げて教えてもらったり、素直にアドバイス通りの行動をすることが大切。考える前に行動するだけで人生が大きく変わってくるでしょう。健康運は、睡眠時間をしっかり取ったり、今年から軽い運動や武道を習ってみるといいでしょう。

2022年の恋愛&結婚運

尊敬できる人を好むのはいいですが、逆に否定的な見方をしてしまうとチャンスを逃すので、これまで出会っている人の尊敬できる部分を見つけて伝えてみると恋に発展するでしょう。あなたの褒め言葉は相手の心をつかめることを知っておくといいでしょう。特に今年は年の離れた人の心をつかめるので、思い浮かぶ人に連絡してみましょう。結婚運は、プライドを守っていると話が進まないので、明るい未来の話をするようにしましょう。

2022年の仕事&金運

これまでの努力がいい形になり、一目置かれる存在になれそう。長く続けていたことの技術が習得できたり、実験や研究でもいい結果を残すことができそう。職場で教育や育成に関わる仕事をまかされたり、その能力が高く買われて年配者から支持され大事な仕事をまかされることがあるでしょう。同期や後輩とのコミュニケーションをもっと楽しんでみるといい味方になってもらえそう。金運は、勉強になるものにお金を使うといいでしょう。

ラッキーカラー パープル　ブルー　**ラッキーフード** 寿司　イチゴジャム　**ラッキースポット** 書店　展示会

 ラッキーカラー、フード、スポットはプレゼントやデート、遊ぶときの口実に使ってみて

年代別 アドバイス

世代が違えば、悩みも変わります。
日々を前向きに過ごすためのアドバイスです。

年代別アドバイス 10代

過去を気にするのは上半期まで。原因や理由を考えるのはいいですが「結果的によかった」と思うことで前に進むことができるでしょう。下半期からは、生活リズムを変えたりイメチェンをするなど、変化を楽しんでみると新しい友達やこれまでとは違う趣味が見つかりそう。片思いの恋が実る可能性が高いので、じっと待っていないで気持ちを伝えてみたり、手紙を書いて渡してみるとうまくいきそうです。

年代別アドバイス 20代

しばらく会っていなかった人と偶然会ったり連絡が来ることの多い年。あなたにとって必要な人なのか、いい影響を与える人なのかを見極める必要があるでしょう。これまで学んできたことを発揮する機会が巡ってくるので、失敗を恐れないで経験したすべてを出しきってみるといい流れに乗れそうです。異性の友人や知り合いから告白されることがありますが、周囲からの評判がいい人なら思いきって付き合ってみるといいでしょう。

年代別アドバイス 30代

素直に助けを求めると協力者が集まってくれたり、能力や才能を評価してくれる人が現れる年。部署異動で以前関わっていた仕事をまかされたり、昔の取引先の人に会うなど、経験を活かせるような状況になりそうです。ときには頼りになると思われる人に自ら連絡をするといいでしょう。長年停滞していた恋も一気に進む年です。気になる人には積極的に連絡をしたり、異性の友人を見直してみるといいでしょう。

年代別アドバイス 40代

後輩や部下など若い人からの情報を得ることが大切な年。しばらく会っていなかった友人や部下に連絡をしてみると、いい刺激を受けたり勉強になることがあるでしょう。いい縁をつないでくれる場合もあるので、相手の話を聞きに行ってみるといいでしょう。下半期は新しいことに目を向けましょう。12月は資産運用や投資などを始めてみるといいので、詳しい人に話を聞きに行くといい勉強になるでしょう。

年代別アドバイス 50代

これまでの苦労と積み重ねが報われることになる年。チャンスに遠慮をしないで、実力を出しきってみるといいでしょう。長年辛抱していた人ほど大きな幸せを手に入れられたり、気持ちが楽になる流れに乗れたり、周囲に味方が集まっていることに気づけるでしょう。あなたの元を離れた人からも協力してもらえたり、懐かしい人との縁が役立つこともあるので、人とのつながりを大切にしておきましょう。

年代別アドバイス 60代以上

一度は経験したけれど、その後に避けてしまったことに挑戦をするといい年。当時は若くて未熟だったためにそのよさが分かっていなかったことにもう一度挑戦してみたり、改めて訪れてみるとよさを理解できそう。一度読んだ本を読み返してみると違う感覚が得られることもあるでしょう。過去に患ったことがある場所に異変を感じたり、ケガをしたことがある場所をまたケガしやすいので、異変を感じたら早めに病院に行くようにしましょう。

金の鳳凰座

毎月・毎日 運気カレンダー

［2021年11月～2023年3月の運気グラフ］

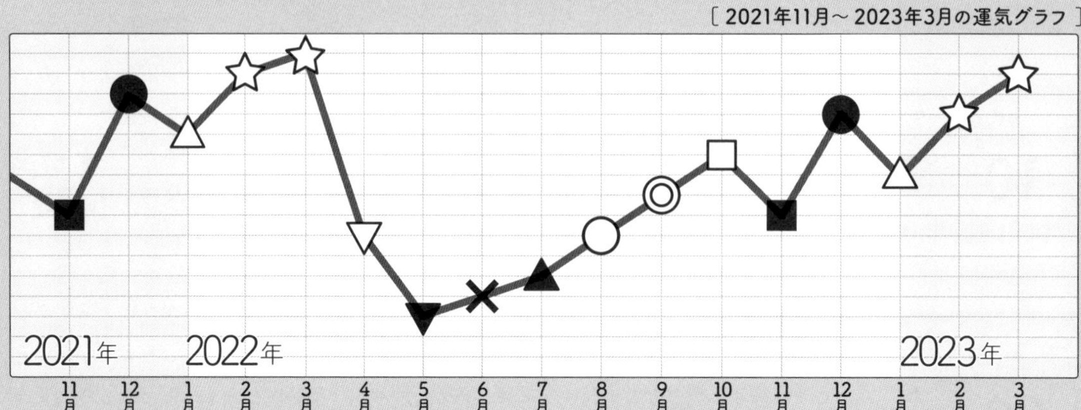

金の鳳凰座の2022年は

◎ 幸運の年

これまでの努力の結果が出る時期

この本で「占いを道具として使う」には、「毎日の運気カレンダー」（P.179～）を活用して1年の計画を立てることが重要です。まずは「12年周期の運気グラフ」（P.161）で2022年の運気の状態を把握し、そのうえで上の「毎月の運気グラフ」で、毎月の運気の流れを確認してください。

「金の鳳凰座」の2022年は、これまでの努力の結果が出る「幸運の年」。正しく努力を積み重ねてきた人は幸せを感じられるでしょう。山登りでいうなら頂上同様で、2023年に頂上に到達します。2023年には、また新たな覚悟を決めてスタートを切ることになります。2022年は、ここまでの評価やうれしい出来事を通して、自分の実力を把握し、2023年からどこに向かい、どんな覚悟をするか、その準備をしましょう。

☆ 開運の月　◎ 幸運の月　● 解放の月　○ チャレンジの月
□ 健康管理の月　△ 準備の月　▽ ブレーキの月　■ リフレッシュの月
▲ 整理の月　✕ 裏運気の月　▼ 乱気の月

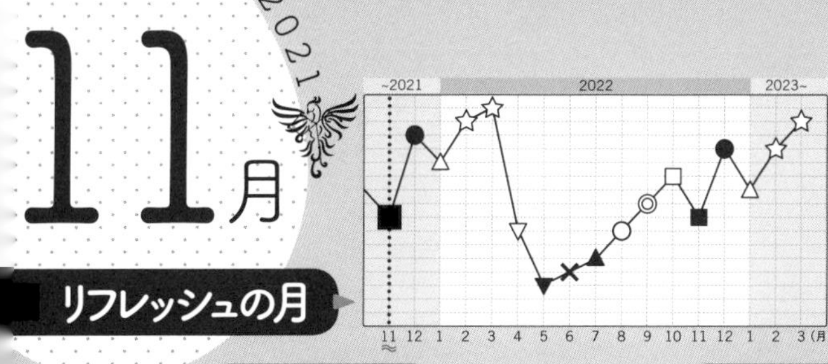

開運 3 カ条

1. 全身のストレッチをする
2. 赤い服を着る
3. 小さな目標を立てる

総合運

判断力や決断力が低下する時期。大きな間違いよりも小さな判断ミスが増えてしまいそう。「間違えた」と思ったときにそのままにすると、後に不要な苦労や不運に変わることがあるので、訂正や修正、やり直しは早めにしましょう。しっかり体を休ませる計画を立てておくことも大事。休みの日はのんびりするように心がけて。健康運は、ドジなケガに要注意。歩きスマホで壁に激突したり、段差で大ケガをすることがありそうなので気をつけて。

恋愛&結婚運

中旬まではあなたの気持ちをもてあそぶ相手と関わったり、距離感やリズムの合わない人に好意を寄せられてしまうことがありそう。一緒にいて楽しくても、「何か違う」と感じたらしっかり態度で示すことが必要。月末にデートの誘いや出会いの機会が増えそうなので、スケジュールを空けておいたり気になる人をアミューズメントパークに誘ってみるといい関係に進めそう。結婚運は、話が進みにくい時期なので相手を理解するように努めて。

仕事&金運

仕事に集中できない時間が増え、珍しいミスが続いてしまいそうな時期。噛み合わない感じややる気のない日が増えてしまうので、小さな目標や時間を決めて集中するように努めて。でないとムダな時間を過ごして疲れをためてしまうことがありそう。仕事終わりにストレス発散に軽い運動をして汗を流すと気力が復活したり、頭の回転がよくなるでしょう。金運は、油断していると不要な買い物が増えそう。

日	運気	内容
1 月	△	思いがうまく伝わらない日。「そんなつもりじゃないのに」と思ったら、丁寧にメールやSNSで伝え直してみて。引っかかったことは先延ばしせず、素直に謝るように。
2 火	○	チャンスに恵まれても油断すると逃してしまいそう。気を引き締めて相手の話をしっかり聞いたり、前向きに捉えるといい流れに乗れるでしょう。自分を信じることも忘れずに。
3 水	○	レベルの高い仕事を目指してみて。なんとなく仕事をしたり無難に終わらせないで、最後までこだわるといいでしょう。一生懸命になれることほど楽しいことはないと知ることができそう。
4 木	▽	日中は勢いで物事が解決し、問題は起きないでしょう。夕方あたりからは、判断ミスをしたり、余計なことを考えてしまいそう。トラブルはすぐ相談すると解決が早そうです。
5 金	▼	睡眠不足や疲労の蓄積から判断ミスをしやすい日。叱られることもありそうですが、自分のふるまいや失敗を認め、次の糧にすることが大事。仕事の効率低下を感じたら休息を。
6 土	×	誘惑に負けてしまったり、注意力が低下しやすいかも。無謀な行動に走ってしまったり、いい加減な判断をしやすいので、契約や大事なことを決めるのは先延ばしにしましょう。
7 日	▲	気分転換も兼ねて掃除をするといい日。整理整頓で不要なものを処分し、すっきりさせると気分もよくなるでしょう。空いた時間は散歩などで体を動かすと心が整えられそうです。
8 月	=	目の前のことに集中するのはいいですが、少し先のことを考えて今やるべきことを見つけるのも大切。将来役立つことを学んでおいたり、体を鍛えたり、やれることを探してみて。
9 火	=	不慣れなことや苦手なことに挑戦すると、人は大きく成長できるもの。自分を苦しめるほどの向上心はいりませんが、苦手なことに挑戦して新しい自分を発見することは大切です。
10 水	□	自分自身の向き不向きを理解できていないとわかったうえで、周囲の人に何をやるべきか聞いてみて。驚くようなことを言われても、否定せず受け入れてみるといいでしょう。
11 木	■	体調を整えることも仕事のひとつと思って、ゆっくりする時間を作るといいでしょう。ランチや休憩時間はリラックスできる場所に行ったり、温かい飲み物を飲んでくつろいで。
12 金	●	気になる人との関係に進展がありそう。メッセージを送ってみるといい関係になれるかも。相手が返事をしやすい言葉を選ぶことが大切。急に会えるときも笑顔と挨拶を忘れないで。
13 土	△	気持ちが緩んで失敗が続いてしまいそうな日。段差でつまずいてしまったり、忘れ物をして慌ててしまうことがあるかも。多少の遅れは気にせず、何事も丁寧に進めて。
14 日	○	しばらく会っていなかった人と偶然出会ったり、急に遊びに誘われることがあるかも。友人と前向きな話をすると運気も上がるので、明るい未来の話をしてみるといいでしょう。
15 月	○	叱られることがありますが、これも運のよさ。間違ったときに注意してくれる存在がいて、期待されている証だと思いましょう。言ってもらえるうちが華だと忘れないように。
16 火	▽	自分を信じて積極的に行動するといい結果を出せるでしょう。自分ひとりでやっていると思っていると不満に変わるので、支えてくれている人の存在を忘れないようにして。
17 水	▼	他人に翻弄されそうな日。「この人はいい人」と思い込むと振り回され続けてしまうかも。冷静になって、「この人はどうなのかな?」と見直す機会だと思うといいでしょう。
18 木	×	心に隙ができてしまいそう。欲望に流されてしまったり、仕事をサボってしまいがちです。やる気が出ないなら深呼吸をして、普段とは違う方法を試してみるといいでしょう。
19 金	▲	よくも悪くもハッキリしないほうがいい日です。白黒つけるのではなく、グレーを認めて楽しんでみるといいでしょう。決断を迫られたときは、周囲の意見を取り入れてみて。
20 土	=	大人しくしていても変化はないので、積極的に行動してみることが大事。小さな勇気を出すと楽しい出来事を引き寄せられるでしょう。多少の失敗で臆病にならないようにして。
21 日	=	知人の集まりで出会った人と意気投合できそう。知ったかぶりをすると恥ずかしい思いをするので、聞き上手を意識して。わからないことは教えてもらうといいでしょう。
22 月	□	何事も順序を守ることが大切な日。上下関係や挨拶や礼儀をこれまで以上にしっかりしてみるといいでしょう。初歩的なことを忘れている場合は、もう一度勉強してみて。
23 火	■	ドアに指を挟んでしまったり、階段で転んでしまうなど小さなケガに注意して。痛い思いをするから学習することもできますが、気を緩めなければ問題は避けられるでしょう。
24 水	●	大事な情報や今後重要になる出会いがあるかもしれません。知り合いの紹介や人の集まる場所にはできるだけ顔を出すといいでしょう。笑顔と清潔感のある服装を心がけて。
25 木	△	時間の見間違いや勘違いをしやすい日。約束の時間も間違えてしまいそうです。思い込みから見逃すこともあるので、何事もしっかり確認を。いつも以上に慎重に過ごしましょう。
26 金	○	人との縁でいい流れをつかめそう。友人や付き合いが長い人に感謝できたり、些細な話で前向きになれることがあるかも。夜は懐かしい人からの連絡で思い出話に花が咲きそう。
27 土	○	外食やライブに出かけるにはいい日。残るものより、体験や経験に出費するといいでしょう。美術館などに行ってゆっくり絵画を観ると勉強になり、感性が磨かれます。
28 日	▽	日中は計画通りに進められそうですが、夕方あたりからは予定が乱れたり、ダラダラ過ごしすぎてしまうかも。夜は明日のためにも家でのんびりし、準備を怠らないように。
29 月	▼	遅刻や寝坊、忘れ物に注意が必要な日。慌てて行動するとケガをしやすいので、落ち着いて行動ができるよう、時間にはゆとりを持って早めに行動することを心がけましょう。
30 火	×	欠点が表に出やすい日ですが、欠点を魅力や能力に見せる方法を考えてみるといいでしょう。「モタモタしているのではなく、丁寧だ」と思うだけで気持ちは楽になります。

2021

12月

● 解放の月

~2021 2022 2023~

11 12 1 2 3 4 5 6 7 8 9 10 11 12 1 2 3 (月)

開運 3カ条

1. 懐かしい人に会う
2. 積極的に行動する
3. 美容室に行く

総合運

下旬に流れが大きく変わる月。大きなチャンスが訪れ、これまでの頑張りや努力を評価してくれる人が現れることがあるでしょう。同窓会や懐かしい人の集まりに顔を出すといい縁が繋がるので、少しくらいマイナスなイメージのある相手でも「懐かしい、久しぶり」と思うなら会ってみるといいでしょう。互いの成長を確認することも大事です。健康運は、一度ケガをしたところをまた痛めてしまうことがあるので、自分の行動の癖を分析して注意を。

恋愛&結婚運

異性と出会う機会が増える月。親友や付き合いの長い人から素敵な人を紹介してもらえたり、偶然の出会いから恋が始まったりしそう。昔の同僚や同級生に会う機会があれば顔を出してみるといいでしょう。当時は興味がなかった人を好きになったり相手から惚れられることもありそう。同性ばかりで集まるときは異性の友達を誘うことを提案してみて。結婚運は、大きく話が動き出したり、突然入籍することもあるでしょう。

仕事&金運

仕事のやる気が復活したり、責任ある仕事を任されるかも。あなたの実力や能力を認めてくれる人が現れたり、辞令が急に出ることもあるでしょう。加減をしないで目の前の仕事に全力で取り組んでみると、支えてくれる仲間や協力者も集まり始めそうです。仕事仲間と忘年会や親睦会を主催してみると、仕事がさらにやりやすくなるでしょう。金運は、ひとりで楽しむだけではなく、みんなと楽しめることにお金を使いましょう。

日	運	内容
1 水	▲	部屋の掃除や机周りの整理をし、気が散るものはしまいましょう。時間をムダにしているアプリは思いきって削除し、その時間を読書に充てると、幸運をつかみやすくなりそうです。
2 木	＝	無理に新しいことに取り組むと挫折しやすい日。まずは「お試し」だと思って軽い気持ちで取り組むといいでしょう。なんとなく知ってから、今後どうするかを判断してみて。
3 金	＝	うまくいかない状況を楽しみましょう。思い通りにならないのは当たり前。羨ましいと感じる人たちも同じように感じています。失敗を恐れず、前を向いて進んでみて。
4 土	□	休みの計画を立てるにはいい日。友人や知人に連絡をして、空いている日の確認をしてみるといいでしょう。気になるイベントやライブのチケットの予約をしてみて。
5 日	■	日中は部屋でストレッチなどをして、意識的に体を動かすといいでしょう。温野菜を使った料理を多めにとることもオススメです。夜は遊びやデートに誘われることがあるかも。
6 月	●	想像していなかった人から助けを求められることがある日。手助けをすると感謝されていい関係ができそう。頼られることが増えるので、やれることはできるだけやってみて。
7 火	△	仕事ではミスが出やすいので注意が必要ですが、恋愛運はいい日です。気になる相手から注目を集めたり、うれしい関係になれそう。笑顔と愛嬌、清潔感を心がけてみて。
8 水	◎	長い付き合いの人に連絡をするといいでしょう。困ったことを解決してもらえたり、大事なアドバイスが聞けそう。夜はおいしいものを食べに行ったり、自分へのごほうびを買って。
9 木	☆	目標を決めて仕事をするといい結果につながるかも。仕事以外の時間は飲み会や食事会の計画をするといいので、思い浮かぶ人に連絡してみて。懐かしい人が幸運を引き寄せそう。
10 金	▽	日中は希望通りに物事が進んだり、スムーズに仕事ができて満足できそう。夜は誘惑に負けて食べすぎてしまったり、遊びすぎてしまうかも。調子に乗りすぎないよう気をつけて。
11 土	▼	予定が乱れてしまったり、心が折れてしまうようなことが起きそうな日。普段以上に落ち着いて行動し、甘い話や誘惑に乗らないように気をつけて。お得な情報は危険かも。
12 日	×	裏目に出やすい日。信頼していた人から裏切られてしまったり、期待外れなことが起きそう。冷静に考えてみると元々そんな人だったり、周囲の評判通りだと気づけるかも。
13 月	▲	月末にかけてお誘いが増えて忙しくなりそうなので、しっかり計画を立てて行動することが大事。職場の掃除を念入りにするのもいいでしょう。ゴミや不要なものは一気に捨ててみて。
14 火	○	失敗から学ぶことが大切な日。同じことを繰り返さないために、何をすればいいかを考えてみましょう。新商品のお菓子を買ってみるとお気に入りを見つけられるかも。
15 水	○	相手の気持ちを理解できるよう努めましょう。もっとよく相手のことを想像し、立場や状況も考えてみるといいでしょう。相手の喜ぶことが何か試してみることも大事です。
16 木	□	一生懸命な姿を見せることが大事。頑張ることが格好悪いと思っているとチャンスを逃します。ひとつのことに真剣に取り組み、不器用でもいいので本気を出してみて。
17 金	■	やるべきことが増えて疲れがたまり、集中力が途切れやすくなりそうな日。油断して風邪をひかないよう気をつけましょう。夜は鍋料理を食べて体調を整え、お酒はほどほどに。
18 土	●	クリスマスプレゼントを買いに行くといいでしょう。自分の服を買うときは、年齢や流行に合わせるように。イメチェンをするつもりで、普段なら選ばない品を購入してみて。
19 日	△	電車を乗り間違えてしまったり、忘れ物をすることがあるので気をつけましょう。周囲の人が協力してくれたときはお礼を忘れないように。事前準備と確認はしっかりしましょう。
20 月	◎	自分の力を試せたり、実力を発揮できる日です。遠慮しないで積極的に挑戦してみたり、少しだけ図々しく生きてみるといいでしょう。苦労してきたことを活かせそうです。
21 火	☆	目標や目的を見失わないことが大事。今の自分の力を考えるより、成長を期待して突き進みましょう。結果を気にするより過程を楽しむことで、目指すべき場所にたどり着けます。
22 水	▽	日中は気持ちが晴れて楽しく仕事ができそう。加減するより一生懸命であるほうが楽しくなれます。夕方は面倒なことが回ってきそうですが、勉強だと思って受け止めるといいでしょう。
23 木	▼	思い込みで飛び込まず、調子に乗らないようにしましょう。落ち着いて判断しないと空回りしてムダな時間を過ごすことに。自分のことより相手のことを考えて行動しましょう。
24 金	×	急な仕事や予定変更で予想外にバタバタしそうな日。クリスマスイブだと浮かれている人ほどガッカリする日になってしまうので、みんなでミスがないように協力しましょう。
25 土	▲	クリスマスですが大掃除をするにはいい日。長年使って古くなったものや、使わなくなっているものは思いきって捨てましょう。「いつか使うかも」と思うものも潔く処分して。
26 日	○	忘年会を主催したことがないなら、幹事になり友人や知り合いを集めてやってみましょう。新たな挑戦をすることで、学びや楽しいことを見つけられます。いい縁もつながりそう。
27 月	○	「はじめて」を楽しむことで運気がよくなる日。勇気を出して気になるお店に入ると、素敵な経験やおもしろいものが見つかりそう。普段避けるものを食べたり飲んだりしてみて。
28 火	□	大掃除をするなら午前中に一気にやってしまいましょう。遅くても夕方までに終わらせて。頑張りすぎると疲れてしまいます。夜はお風呂にゆっくり入ってのんびりしましょう。
29 水	■	疲れをとるのにいい日。マッサージや温泉でのんびり過ごして。少食を意識して軽く運動をし、健康的な体作りをしておきましょう。好きな音楽を聴きながらの昼寝もオススメ。
30 木	●	片思いの相手に気持ちを伝えるといい関係に進めそう。臆病にならないようにしましょう。イメチェンや新しい服を買いに行くのもいいので、明るいイメージの服を選んでみて。
31 金	△	ドジなことをしそうな日。約束をすっかり忘れて慌ててしまったり、時間を勘違いしていることに気づきそう。カウントダウンは親友や仲間と過ごすと楽しい年越しに。

☆ 開運の日 ◎ 幸運の日 ● 解放の日 ○ チャレンジの日
□ 健康管理の日 △ 準備の日 ▽ ブレーキの日 ■ リフレッシュの日
▲ 整理の日 × 裏運気の日 ▼ 乱気の日 ＝ 運気の影響がない日

2022

1月

△ 準備の月

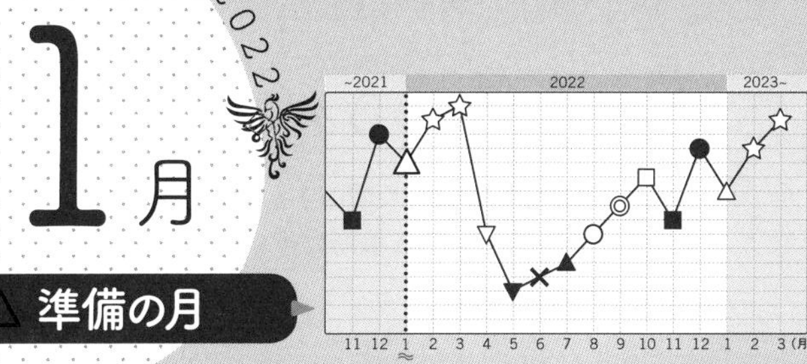

開運 3 カ条

1. メリハリのある生活を心がける
2. 次の日の準備をしっかりする
3. 些細なことでも確認を怠らない

総合運

なんとなく気持ちが引き締まらない感じがして、小さな失敗が増える時期。計画的に行動するのはいいですが、人生を楽しむことや柔軟な発想を心がけると、楽しい1カ月になりそうです。ただ、集中力が途切れやすくつまらないミスをしやすいので、確認や準備はしっかりするようにしましょう。健康運は、お酒の飲みすぎやムダな夜更かしをして疲れをためてしまいそう。雑な行動からケガをすることもあるので気をつけましょう。

恋愛＆結婚運

異性に自然と目がいったり、デートや遊ぶ機会が増える時期。片思いの相手やしばらく連絡をしていない異性から連絡が来て、仲良くなれるチャンスが巡ってきます。真面目に接するよりも、一緒に楽しむぐらいの気持ちでいると、相手の心をつかめるでしょう。約束をすっぽかしたり、失言には注意しましょう。結婚運は、前向きな話や明るい未来の話をすると、後にいい流れになるでしょう。

仕事＆金運

珍しいミスをして叱られてしまったり、寝坊や遅刻、連絡ミスなどをしやすい時期。勘違いから問題になってしまう場合があるので、自分の悪い癖をしっかり把握して余計な不運を避けましょう。些細なことでも事前準備や情報集めをしっかりして、確認作業を怠らないように。金運は、思った以上に出費が激しくなりそう。交際費が増えますが、しっかり楽しむことでストレスを発散できそうです。

日	運気	内容
1 土	○	しばらく会っていなかった人に偶然出会ったり、新年の挨拶が来ることがあるでしょう。久しぶりに会う約束をしたり、仲間を集めて新年会の予定を立ててみるといいでしょう。
2 日	○	服や靴を買うにはいい日。気になるお店に入ってみると、お得な買い物ができたりお気に入りを見つけられそうです。家電や家具を見に行くにもいいでしょう。
3 月	▽	日中は、気分よく過ごすことができそう。友人や家族と楽しい会話や前向きな話もできそうです。夜は、夜更かしをすると後悔する流れになるので早めに寝ましょう。
4 火	▼	心に隙ができてしまい、よからぬ方向に進んでしまうことがある日。誘惑や儲け話などには簡単に手を出さないように。お酒で大失敗することもあるので気をつけて。
5 水	×	他人に素直に甘えることが大切で、執着と依存をしないことも大切。昔のことを思い出して恩着せがましくならないように。受けた恩は忘れないで、与えた恩は忘れるようにしましょう。
6 木	▲	なんとなく続けている悪い習慣をやめることが大切な日。「今日はTVを観ない」「ゲームをしない」「SNSを見ない」など、だらだら続けていることから離れてみて。
7 金	＝	視野を広くすることで、気になる人を見つけられたり、出会いのチャンスをつかめる日。いろいろな人に興味を示したり尊敬することで、気になる人の幅も広がるでしょう。
8 土	＝	苦手な人を避けるよりも、嫌いなままにしないように努めることが大切。食わず嫌いせず自分の決めたルールを少し破ってみましょう。自分の殻に閉じこもらないようにしましょう。
9 日	□	人生がうまくいかない、おもしろくないと感じたら、うまくいっている人や楽しんでいる人から学びましょう。恋の悩みなら恋人のいる友人と話をしてみましょう。
10 月	■	疲れやストレスをためやすい日。体力に自信があると思っても、疲れると集中力が途切れて打撲やケガをしやすいので気をつけて。自分の時間を作ってのんびりしましょう。
11 火	●	相手も自分も未熟だから成長できることを忘れないようにしましょう。他人に過度な期待をしないで、自分に期待して、互いの成長を楽しむくらいの気持ちが大切になるでしょう。
12 水	△	小さな失敗が続きそうな日。事前に確認や準備をすれば避けられるでしょう。失敗を許してくれる人に会ったなら、あなたも他人を許せるような素敵な人になりましょう。
13 木	○	懐かしい音楽を聴くと自然とやる気になれる日。同世代の人と青春時代の音楽の話をすると、流れから思わぬヒントやいいアドバイスを聞けることもありそうです。
14 金	○	仕事に楽しく取り組むと運を味方につけられる日。進んで仕事に取り組んだり、求められた以上の結果にこだわってみて。夜は、部下や後輩にごちそうするといいでしょう。
15 土	▽	日中は、運を味方につけられる日。ランチデートや買い物に出かけてみましょう。夕方以降は、思い通りに進まない出来事があるので、早めに帰宅してゆっくりしましょう。
16 日	▼	執着や考えの堅さが、不運や面倒なことを引き寄せてしまうかも。深く関わろうとしない人にイライラしないで、気にせず放っておくことも大切な判断だと忘れないように。
17 月	×	普段気にならないことを気にしすぎたり、考え方や行動パターンが変化しそう。自分で気づきながらも変なリズムで1日を過ごすことになりそう。大きな決断は避けましょう。
18 火	▲	身の回りをきれいに整理整頓するにはいい日ですが、間違って大事なものを処分する可能性があります。確認作業をしっかりして、決めつけで判断しないようにして。
19 水	＝	思い通りに進まなかったり、急な仕事をまかされて大変な思いをしそうな日。「自分だけ」と思うと苦しくなるので、理不尽はどんな人でも経験することだと覚えておきましょう。
20 木	＝	否定的な考えをするとなかなか受け入れられなくなるので、何事もまずは肯定してみるところから始めるといい日。最初は抵抗があっても、後に自然とできるようになるでしょう。
21 金	□	仕事は優先順位を決めて丁寧に進めることが大切ですが、順位を間違えないように気をつけましょう。夜はストレス発散や自分をケアする時間を作るようにしましょう。
22 土	■	今日はしっかり休みましょう。家でのんびりするのもいいですが、思いっきり遊んでストレスを発散するのもオススメです。軽くストレッチして体をほぐしておきましょう。
23 日	●	好きなことに夢中になれて1日があっという間に終わってしまう日。休憩を忘れて遊びすぎてしまうことがあるかも。恋愛運もいいので、気になる人に連絡してみて。
24 月	△	余計なことを考えてしまいそうな日。考えすぎるとミスが増えるだけなので、目の前のことに一生懸命取り組んでおきましょう。忘れ物には気をつけるようにしましょう。
25 火	○	時間をかけてきたことに運が味方する日。結果が思い通りではないときは、まだまだやるべきことがあると思っておくといいでしょう。親友から大事な話を聞けそうです。
26 水	○	今日の経験はムダにならないので、気になることに思いきって挑戦したり、気になる人に話しかけてみて。好きな人に連絡するといい返事が聞けそうです。
27 木	▽	日中は、いい勉強になる出来事があったり、1歩前進できそうな運気。勇気を出して行動してみて。夕方以降は、誘惑に負けたり、不要な出費が増えてしまいそうです。
28 金	▼	ひとりの時間を優先しすぎると、大切な出会いや勉強になることを逃すだけ。面倒なことに挑戦したり、わざと失敗してみることも、ときにはいい経験となるでしょう。
29 土	×	今日は、力を抜いてのんびり過ごすといい日。頑張ると裏目に出て空回りすることや面倒なことを引き寄せてしまいそう。何事も過度に期待しないで気楽に過ごすようにして。
30 日	▲	年齢に合わないものを処分したり、昔の趣味のものを片づけるようにしましょう。特に流行に合わない服は思いきって処分して、来月一気に買い替えをするといいでしょう。
31 月	○	新しい生活リズムに挑戦してみるといい日。これまでよりも10分早めに行動してみるといいでしょう。仕事も時間をもっと意識してみるといいでしょう。

開運のつぶやき ▶ どんな話もポジティブにするゲームだと思って話してみるといい

2022

2月

☆ 開運の月

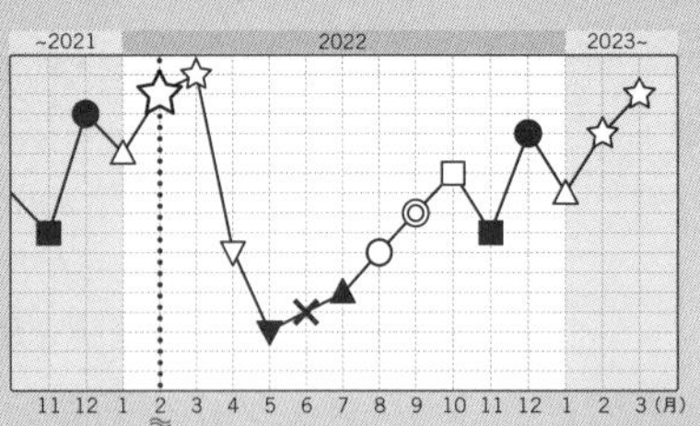

開運 3 カ条

1. 偶然の出会いを大切にする
2. いい思い出のある場所に行く
3. 友人や親友に会う

総合運

これまで蓄積していた力が一気に放出される時期。苦労してきた甲斐があったと思えるような出来事があり、これまでの経験を活かすことになりそう。自分で思っている以上に実力があることに気づける場合があるので、今月は遠慮しないで思いきって行動しましょう。親友や付き合いの長い人との縁もあり、偶然の出会いから更にいい関係になることもあるでしょう。健康運は、夜更かしが続きやすいので寝る時間を早めにしましょう。

恋愛&結婚運

片思いの恋に決着が付く月。過去の恋を引きずっていたり、よりを戻したいと願っているなら、今月連絡して相手の気持ちを確かめましょう。いい関係に戻らないならきっぱり諦めることも大切。片思いの相手に告白するといい関係になる可能性も高いでしょう。異性の友人から突然告白されることも。結婚運は、一度でも結婚の話が真剣に進んだ人は今月中に話がまとまる可能性が高いでしょう。

仕事&金運

長く努力してきた人がうれしい結果を出したり、正しい努力をしてきた人が評価される時期。今月は粘りも必要になるので、少しくらい思い通りにならなくても簡単に諦めないように。学生時代の友人や昔の知り合いと一緒に仕事や取引をしたり、大きな商談が舞い込んでくることもありそう。金運は、長年欲しいと思っていたものを買うといい運気。今月買ったものにはいい思い出ができそうです。

1 火	○	自分の考え方を改めることで運を味方につけられる日。決めつけすぎることが失敗につながるので、苦手意識を持っていることに少しでもチャレンジすると楽しくなるでしょう。
2 水	□	段取りと計算が大切な日。今日中に達成できそうな目標を掲げてみるといいでしょう。筋トレやダイエットを始めるにもいい日でしょう。
3 木	■	疲れで集中力が散漫になるかも。仕事でミスしやすいので気をつけましょう。早めに帰宅して、好きなミュージシャンのMVやライブ映像でも観ながらのんびりくつろぎましょう。
4 金	●	周囲から注目されることや求められることが増える日。あなたの魅力や才能が認められたり、異性から視線を感じることも。気になる人に連絡するといい関係に発展しそう。
5 土	△	のんびり過ごすのはいいですが、飲み物をこぼして服を汚すなど恥ずかしいミスをするかも。転んでケガすることもあるので、足元に気をつけて落ち着いて行動して。
6 日	◎	片思いの人に連絡するといい関係に進めそう。外出先で偶然出会った懐かしい人と話が盛り上がって、いい関係に発展することもありそう。友人の集まりには顔を出してみて。
7 月	☆	運命的な出会いや、考え方を変えるきっかけになる出来事があるでしょう。大きな決断をするにはいい日なので、未来への投資として大きな買い物をしてみるのもいいでしょう。
8 火	▽	大事な用事を日中に終わらせられるように、予定を調整しておくことが大切。夕方以降は急な予定変更があったり、予想外の出来事にバタバタすることになりそうです。
9 水	▼	手応えを感じられず必要以上に時間や手間がかかってしまいそう。簡単に諦めてしまっては何事も身につかなくなってしまうので、前向きに受け止めて過ごしましょう。
10 木	✕	集中力が欠けてしまいそうな日。誘惑に負けたり、ムダにスマホをいじってしまいそう。気が散るものは目につかない場所にしまっておくように。
11 金	▲	身の回りにある子供っぽいものや年齢に合わないものを捨てると、よくも悪くも区切りをつけられそう。別れを選択することで決断力もアップするでしょう。
12 土	○	フットワークを軽くすることで、素敵な出会いとおもしろい体験ができそう。家でのんびりしないで、気になる場所に出かけたり、友人や知人を誘って遊んでみるといいでしょう。
13 日	◎	昔から付き合いのある人が新しい縁を運んでくれる日。親友や長い付き合いの人に連絡してみて。久しぶりに話してみるといい発見もありそうです。
14 月	□	バレンタインのチョコレートを渡すときは、挨拶やしっかりとした言葉遣いを心がけるとうまくいくでしょう。雑な感じだと義理チョコと思われてムダになってしまうかも。
15 火	■	思ったよりも疲れがたまっている日。眠くて集中力が続かないことがありそう。休憩をとってしっかり体を休ませたり、芯から温まる食事を選ぶように心がけて。
16 水	●	行動力が幸運の鍵。気になることに思いきって挑戦し、遠慮しないことが大切な日。自分が正しいと思ったことを押しきるのも大切です。恋ももう一押ししてみましょう。
17 木	△	柔軟性を高めることが運命を大きく分ける日。真面目に取り組むだけでなく、周りが笑顔になることに力を注いで、多くの人を喜ばせると幸運をつかむことになります。
18 金	☆	これまでの経験をうまく活かせたり、苦労した経験が役立つことになりそう。人生にムダはないと思えることがあるでしょう。夜に時間があるときは買い物してみましょう。
19 土	☆	大きな決断をするには最高の日。買い物や引っ越し、契約や習い事を始めるにもいい運気です。出会い運もいいので集まりに参加してみて。美容室で髪を切るにもいい日です。
20 日	▽	日中に買い物やランチデートをするには最適な日。夕方以降は予定を乱されたりバタバタすることになりそうなので、早めに切り上げて帰宅しておくといいでしょう。
21 月	▼	過去の失敗を突っ込まれたりいじられて不愉快な気持ちになりそう。過ぎたことだと割りきるための試練だと思っておきましょう。好きな音楽を聴いて心を休めるといいでしょう。
22 火	✕	礼儀や挨拶をしっかりして、1歩引いて周囲のサポート役になることが大切な日。目立ちすぎてしまうと思わぬところで足を引っ張られたり、陰口を言われてしまいそう。
23 水	▲	家を出てから忘れ物に気づいたり、メールをしっかり読まずに返信して叱られることなどがありそう。普段ならやらない失敗をしやすいので、慎重に過ごして。
24 木	◎	苦手だと思い込んでいることでも、取り組んでみると思った以上に手応えを感じられそう。他にも思い込みで避けていることに挑戦してみると、いい体験ができそうです。
25 金	◎	変化を楽しむことで、新しい考え方や生き方ができそう。周囲の流れに合わせることで新しい発見もあるでしょう。これまでにない素敵な出会いにつながることも。
26 土	□	なんとなく行動するのではなく、10年後の自分が笑顔になるための行動や努力をすることが大切。本を読んだり資格取得のための勉強を始めてみるといいでしょう。
27 日	■	思っているよりも疲れがたまっているので、油断して風邪をひかないように気をつけましょう。ストレス発散に時間を使って健康的な食事を心がけるといいでしょう。
28 月	●	仕事運も恋愛運もいい日。あなたの魅力に周囲が気づくことになりそう。注目されていると自覚して行動することが大切。清潔感や品のよさを出すと更に魅力がアップするでしょう。

☆ 開運の日　◎ 幸運の日　● 解放の日　○ チャレンジの日
□ 健康管理の日　△ 準備の日　▽ ブレーキの日　■ リフレッシュの日
▲ 整理の日　✕ 裏運気の日　▼ 乱気の日　＝ 運気の影響がない日

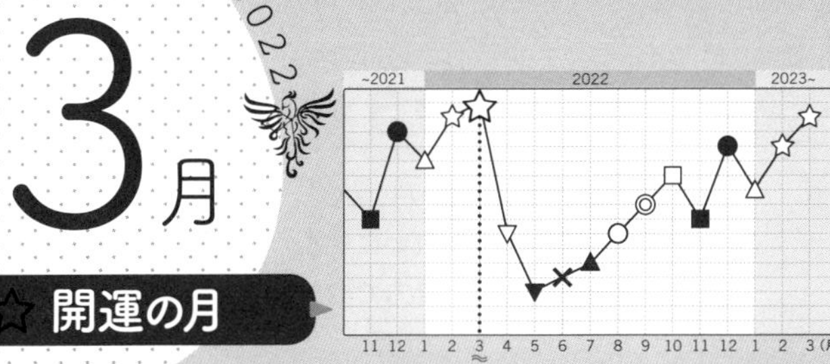

2022 3月

☆ 開運の月

開運 3 カ条

1. 好奇心の赴くままに行動する
2. 新しい人にたくさん会う
3. 長年欲しかったものを購入する

総合運

最高の運気の月だと思って行動することが大切な時期。運気がどんなによくても待っていては何も変わらないので、気になることに挑戦したり、流れを変えるぐらい思いきって行動してみましょう。今月は運命を変えるほどの出会いがあったり大事な体験ができるので、頑固になりすぎないようにして柔軟に対応したり、好奇心の赴くままに行動してみましょう。健康運は、問題はないので生活習慣を整えて健康的な生活を心がけておきましょう。

恋愛＆結婚運

運命的な出会いがある可能性の高い時期であり、交際がスタートする確率も高い時期。飲み会やコンパなどが苦手でも、顔を出すことが大事。特に親友や付き合いの長い人からの縁を大切に。同窓会や懐かしい人の集まりからの恋もありそう。片思いの相手に積極的になると、一気に付き合うこともできる運気です。結婚運は、一度結婚の話で盛り上がったことのあるカップルなら更に進めそうです。

仕事＆金運

あなたの実力を発揮できる月。突然チャンスが巡ってきて、これまで辛抱してきた人や努力の積み重ねが多い人ほど流れが大きく変わるでしょう。自信があるなら思いきって意見を言ったり、自ら動くといいでしょう。大事な取引先や長い付き合いの人から仕事をつかむこともできそう。金運は、長年欲しいと思っていたものを購入するにはいい月。財布やお金に関わる物を購入するといいでしょう。

日	運気	
1 火	△	小さなミスをしやすい日。スマホの置き忘れや財布などの大事なものをなくしてしまうことがありそう。お酒の席などに高価なものを持っていくときは特に気をつけて。
2 水	☆	これまで積み重ねてきたことに運が味方する日。恋に力を入れていた人は異性といい関係に進めそう。仕事に力を注いだ人は大きなチャンスが巡ってくるでしょう。
3 木	☆	仕事で大きく前進する流れになりそう。夢や希望が叶うこともあるので、積極的に行動したり、不慣れでもアピールしましょう。恋人のいる人は未来へ向けて一歩前進できそう。
4 金	▽	日中は、自信を持って行動することで運を味方につけられます。少しぐらい強引になってもいいと思いましょう。夕方以降は、些細なことでイライラしやすいので気をつけましょう。
5 土	▼	予定通りに物事が進まない日。遊びの予定が急にキャンセルになったり、ムダな時間が増えそう。空いた時間に本を読んでみるとプラスになることを見つけられるでしょう。
6 日	×	マイナスな言葉を発することで、やる気を失ったり気持ちが沈んでしまいそう。心の中でも前向きな言葉や言われてうれしい言葉を選ぶようにしましょう。
7 月	▲	気持ちをリセットすることが大切な日。なんとなく続けていることから思いきって離れてみましょう。特に幼稚な趣味や年齢に合わない服を思いきって処分しましょう。
8 火	◎	現状に満足することで前に進める日。朝からどれだけのことに感謝できるのか考えながら1日を過ごしてみるといいでしょう。新たな発見もできそうです。
9 水	◎	生活を少し変化させるといい日。普段とは違う時間に出社したり、髪型を少しアレンジしてみるなど、いつもと違うことを楽しんでみて。素敵な出会いもありそうです。
10 木	□	今の立場を楽しむことが大事。今の仕事を好きだと思い込んだり、自分の仕事の先で笑顔になっている人を思い浮かべてみて。夜は疲れやすいので無理はほどほどに。
11 金	■	起きるタイミングが悪く、寝不足を感じたり体がだるくなりそう。朝は軽いストレッチをしてから出かけましょう。白湯を飲んだり、体を冷やさない食事を選ぶことを心がけて。
12 土	●	自信を持てそうな日。片思いの相手に連絡すると、いい感じになったり交際に発展する可能性があるでしょう。買い物に出かけると、欲しいものをうまく見つけられそうです。
13 日	△	珍しい間違いをしそうな日。勘違いをして約束をすっぽかしたり、大事な予定の時間を間違えて遅刻することがあるかも。自分が悪いと思ったらすぐに謝りましょう。
14 月	☆	苦労を活かせたり、昔の自分を褒めてみたくなる出来事があるでしょう。得た知識を知恵として活かすこともできそう。いろいろな経験をして今があることを忘れないように。
15 火	☆	真剣に仕事に向き合うことや感謝して取り組むことで、大きな幸運をつかむことができそう。どんな仕事も本気で取り組んで今できる最善を尽くしてみて。
16 水	▽	日中は、頑固な部分がいい方向に転がりそう。こだわりが強いことでいい評価を受けそうです。夕方以降は融通が利かないと思われるので臨機応変に対応して。
17 木	▼	実力不足を感じたり、人間関係で面倒なことになりそうな日。意地を張らないで流れに身をまかせたり、自分中心に物事を考えないようにするといいでしょう。
18 金	×	信頼していた人に裏切られてしまうような出来事がありますが、あなたの思い違いなだけで、元々そんな人だったと思いましょう。ムダにヘコまないように。
19 土	▲	思いきった模様替えのために、大掃除で身の回りをすっきりさせましょう。掃除が苦手なら使わないものから処分するといいので、マイナスイメージがあるものから捨てましょう。
20 日	◎	はじめて行く場所やお店で、素敵な出会いや発見がある日。少し遠出してでも、見たことのないものを見に行ったり、体験しに行くといいでしょう。初デートにもいい日です。
21 月	◎	新たなことに挑戦できそうな日。経験が足りないと苦労を感じますが、無理だと決めつけないで周囲の人を手本にしてじっくり取り組むといい結果につながります。
22 火	□	自分を信じてくれる人を信じてみたり、見守ってくれる人や支えてくれる人のために頑張ってみて。自分だけのために頑張らないようにすると、もっと力が湧いてくるでしょう。
23 水	■	余計なことを考えすぎて疲れてしまうかも。楽観的に考えるようにして、ストレス発散になりそうな音楽を聴いたり、いつもより少し贅沢な夕食を楽しんでみるといいでしょう。
24 木	●	実力を評価してもらえたり、才能や魅力に気づいてもらえることがある日。遠慮しないでアピールしたり、積極的に仕事に取り組む姿勢が大切になるでしょう。
25 金	△	数字や時間の間違いをしやすい日。ボーッとする時間はいいですが、長くなってしまわないように気をつけましょう。話を聞き逃してしまうこともあるので気をつけましょう。
26 土	☆	偶然の出会いから楽しい時間を過ごせたり、急な連絡から遊びに出かけてみるといい思い出ができそう。友人から素敵な人を紹介してもらえることもありそうです。
27 日	☆	買い物とデートに最高の日。いい雰囲気だった人と交際が始まって、深い関係になるかも。恋人がいない人は友人や知人の集まりに行くと、意外な出会いを楽しめそう。
28 月	▽	日中は頭の回転がよく、問題なく物事が進む日。何事も少し早めに取りかかっておくと評価も上がりそう。夕方以降は誘惑に負けてしまうことがあるので気をつけて。
29 火	▼	現状に不満がたまったり、文句ばかり口に出してしまいそう。いい部分やプラス面を見るように心がけることで道が開けます。自らつまらない世界にしないようにしましょう。
30 水	×	予想外の出来事がありそうですが、目先のことに走ってしまうと苦しむ原因になるので注意。今日は学べる出来事がある日でもあるので、1日の終わりに反省をするといいでしょう。
31 木	▲	失ってはじめて理解できることがある日。使い慣れたものをなくしたり、仲がよかった人と離れてしまうことになりそう。別れがあっても縁があれば再会できると思っておきましょう。

開運のつぶやき  自分の成功を喜んでくれる人が一人でもいるなら幸せ

4月 2022

▽ ブレーキの月

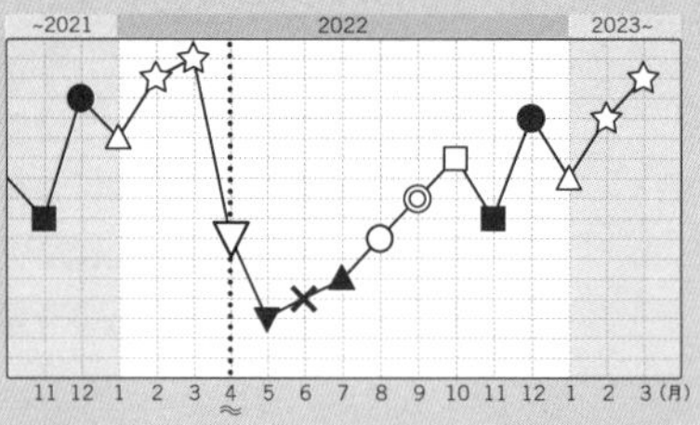

開運3カ条

1. 人付き合いを大切にする
2. 髪を切って身ぎれいにする
3. 些細なことでも全力で取り組む

総合運

今月は中旬までは何事にも全力を尽くし、積極的に行動することが大切。普段ならじっくり考えることでもまずは取り組んでみることで、いい出会いや体験ができるでしょう。ノリや勢いも大切になるので、多少抵抗があっても飛び込む勇気が必要。下旬は、誘惑に負けやすく面倒な方向に進んでしまうので、簡単に判断しないで慎重に行動するようにしましょう。健康運は、下旬は疲れから体調を崩しやすいので気をつけましょう。

恋愛&結婚運

今月は素敵な人に出会える可能性が高いので、上旬に髪を切ってきれいにしたり、異性を意識した服装を選びましょう。流行にも合わせてみることで、恋愛がいい感じに進みそう。片思いの相手に気持ちを伝えるなら中旬までがいいですが、伝えきれないなら手紙を渡してみると効果がありそうです。結婚運は、先月に話がまとまっているなら入籍や具体的な日にちを決める話をしましょう。

仕事&金運

実力を発揮できたり能力を認めてもらえそうな時期。中旬までは期待以上の結果を出せて評価も上がりそうですが、下旬に気が緩んでやる気を失ってしまう可能性があるでしょう。誘惑に負けてサボらないように気をつけましょう。仕事関係者との食事会や飲み会などを楽しむことで、後の仕事が楽になるでしょう。金運は、買い物をするなら中旬までに。下旬は予想外の出費がありそうです。

日	運気	内容
1 金	◎	積極的に行動することでいい経験ができる日。得意なことを活かせて満足できるので、遠慮しないように。人を傷つけない小さなウソをついて周囲を楽しませるのもいいでしょう。
2 土	◎	買い物をするにはいい日。気になるものを見に行くと、他にもいいものやお得な品を見つけられそう。習い事をスタートさせるにもいいタイミングなので、調べてみて。
3 日	□	1日をゆっくり過ごすのはいいですが、だらだら時間を潰していると疲れてしまうだけ。スマホや動画を見るのはやめて、知り合いを誘って外に遊びに行くといいでしょう。
4 月	■	集中力が欠けやすい日。目の疲れや肩こりなど疲れがたまっていることがあるので、休憩時間は目を閉じてゆっくりしたり、軽くストレッチするといいでしょう。
5 火	●	予想外のことをまかされそうな日。「無理」「難しい」と思わず、今の自分の最善を尽くすといい結果につながるでしょう。思った以上の評価を得ることもできそう。
6 水	△	小さな判断ミスが、後の大きなトラブルや面倒につながりそう。小さなウソやごまかしは、今日免れても後の不運の原因になるかも。正直に素直に生きるようにしましょう。
7 木	◎	同じ仕事を長く続けている人ほど、幸運を感じる日。自信を持って仕事に取り組み、周囲の手助けもしましょう。期間が短い人は、学べることがあるのでしっかり受け止めて。
8 金	☆	自分の役割をしっかり果たすことが大事な日。慣れた仕事でも真剣に取り組む姿勢が幸運を引き寄せるでしょう。自分でも満足できて仕事が楽しくなるでしょう。
9 土	▽	午前中に気になる人をデートに誘って、ランチやお茶をするといいでしょう。相手の話を楽しそうに聞くことが大切。夕方以降は、不愉快な思いをしやすいので早めに帰宅しましょう。
10 日	▼	今日は、自分のことよりも他人に親切に生きる日にしてみましょう。うまくいかないことや気遣いで疲れてしまうこともありますが、大事なことを学べるでしょう。
11 月	×	自分のやり方が正しいと思い込むと前に進めなくなってしまうでしょう。困ったときは上司や先輩に相談してみるといいアドバイスを聞けるので、素直に受け止めるように。
12 火	▲	身の回りをきれいに整えることが大切。散らかったままでは不要な動きで時間を使ってしまいそう。使わないものはどんどん処分して、身の回りをすっきりさせて。
13 水	○	新しいことを始めるときは、苦労したり想像と違うことがあるのが当たり前だと思いましょう。苦手なことでも手をつけてみるといい感じでできることもあるでしょう。
14 木	○	なんでも前向きに捉えることが大切な日。何事もいい面と悪い面があるもの。一度悪い方に目がいってしまうと行動できなくなるので、いい面を見られるように発想を変えてみて。
15 金	□	今日は普段よりも几帳面に過ごすことを心がけるといい日。言葉も品のよさを意識して、雑にならないように。自分にも相手にも几帳面に接するといいでしょう。
16 土	■	今日は、日頃の疲れをしっかりとるといい日。マッサージや温泉などに行くといいでしょう。家でのんびりするのもいいですが、だらだらして逆に疲れないように気をつけましょう。
17 日	●	気になる人に連絡すると仲よくなれる日。映画に誘ってみるなど気楽にメッセージを送ってみましょう。新しい出会い運もいいので、友人の誘いは即OKしましょう。
18 月	△	寝坊や遅刻、焦ってしまう出来事がある日。忘れ物や確認ミスもしやすいので気をつけましょう。「大丈夫だろう」は危険なのでしっかり再確認しましょう。
19 火	◎	自分の才能や力を信じて取り組むことが大切。謙虚な気持ちは大切ですが、それを態度には出さないように。自信を持って目の前のことに取り組んでみて。
20 水	☆	大事な仕事をまかされたり、実力をうまく出せる日。うまくいかないときは自分の頑固さが原因なので、臨機応変な対応を心がけて。買い物するにもいい日です。
21 木	▽	日中はやる気が続きますが、夕方以降は雑な仕事になりやすいので気をつけて。大事なことは日中に済ませて、午後から徐々にペースを落とす感じで過ごすのがよさそうです。
22 金	▼	誘惑に負けそうな日。集中力が途切れて仕事が手につかなかったり、失敗が増えてしまいそう。時間を決めて短時間で終わらせたり、休憩時間にしっかり休むようにしましょう。
23 土	×	自己中心的に考えていると、寂しい思いをしたりイラッとする出来事に遭ってしまうかも。当然だと思うことは感謝するためにあることを忘れないようにしましょう。
24 日	▲	部屋を片づけるといい日。簡単な掃除よりも、大掃除して部屋の模様替えをするぐらいの気持ちで行いましょう。年齢に合わない趣味のものや服を処分しましょう。
25 月	○	新しい方法やこれまでと違う考え方を求められる日。若い人の話や流行に敏感になってみて。分からないことを知る楽しさを忘れないようにしましょう。
26 火	○	周囲からアドバイスしてもらえる言葉を、しっかり受け止めて素直に行動してみて。アドバイスしてくれた人には、その後の報告を忘れないようにしましょう。
27 水	□	不慣れや苦手の原因が過去にあるタイプ。年齢を重ねて成長している自分を信じて改めて挑戦すると、手応えや以前とは違う感覚で受け止められそう。自分の成長を楽しんでみて。
28 木	■	寝起きから体調が優れなかったり、昼食を食べすぎて胃腸の調子が悪くなってしまいそう。温かいものや、健康的な食事を選んでみるといいでしょう。
29 金	●	異性と遊ぶならふたりでもいいですが、複数の人と遊んでみると相手がどんな人か見えてきます。喋ることがなくても周囲が盛り上げてくれるのでいいでしょう。
30 土	△	楽しむことが大切な日。真面目に考えるよりも、なんでもおもしろがって楽しんでみて。普段遊ばないタイプの人ともいい時間を過ごせそう。明るい感じの服を選びましょう。

☆ 開運の日 ◎ 幸運の日 ● 解放の日 ○ チャレンジの日
□ 健康管理の日 △ 準備の日 ▽ ブレーキの日 ■ リフレッシュの日
▲ 整理の日 × 裏運気の日 ▼ 乱気の日 ＝ 運気の影響がない日

2022 5月

▼乱気の月

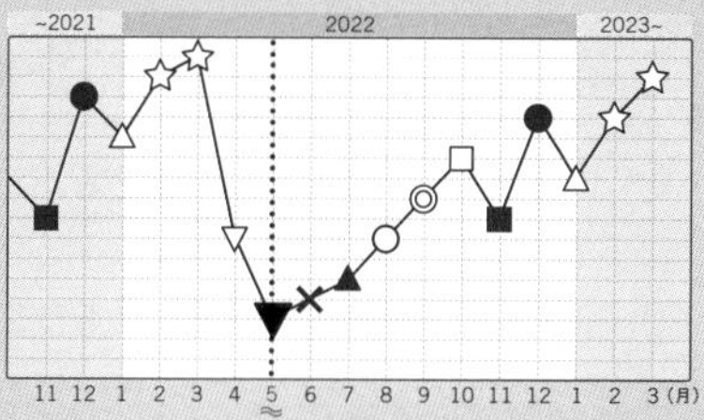

開運3カ条

1. 焦らずじっくりゆっくり行動する
2. 柔軟な発想を心がける
3. 困ったときは素直に相談をする

総合運

気持ちと体のバランスが悪くなる時期。やる気が起きても体が重たい感じがしたり、挑戦したい気持ちが湧いても前に進めない状況になりそう。焦らずじっくりゆっくり勉強したり、不慣れや苦手なことを克服するように努めましょう。誘惑や甘い話に流されやすくもなるので注意が必要。仲のいい人からの話ほど簡単に乗らないようにしましょう。健康運は、ストレス発散をマメにして、連日の飲酒や遊びすぎに気をつけましょう。

恋愛&結婚運

今年に入っていい関係になった相手が離れてしまったり、タイミングが合わなくなりそう。自分中心に考えると難しく感じますが、相手に合わせると思わぬ展開があるかも。過度な期待はしないほうがいいので、自分磨きや話のネタ探しをしましょう。出会い運は、不慣れな感じの異性に会う時期で、期待は薄いでしょう。結婚運は、うまく話が進まなくなるので、焦らず交際を楽しみましょう。

仕事&金運

順調だった仕事を難しく感じたり、やる気がなくなる時期。自分の頑固さが原因の場合が多く、柔軟な発想や対応力を身に付けるとき。考え方ややり方を変えて、職場の人とのコミュニケーションを楽しみましょう。損な役回りになる場合もありますが文句の前に求められていることを喜ぶと味方が増えます。金運は、不要な出費が増える時期。騙されやすいので簡単に契約したり大金を動かさないで。

日	運気	内容
1 日	○	「自分は運がいい」と思うと、自分の能力や魅力に気づけるようになるでしょう。周囲の人の才能や魅力にも気づくことができるようになるでしょう。
2 月	○	ストレス発散のために少し贅沢な食事やおいしいスイーツを食べに行くといい日。ケチケチしないで日頃のごほうびだと思っておくといいでしょう。
3 火	▽	日中は順調に物事が進みやすいので、大切な用事や気になることは早めに取りかかっておくといいでしょう。夕方以降は、予定を乱されたり誘惑に負けてしまいそう。
4 水	▼	予定通りに進まないことにイライラしたりがっかりしないで、対応力が試されていると思って他のことで楽しめるようにしましょう。予定通りでないからよかったことを見つけましょう。
5 木	×	今日は何事も受け入れるようにしてみて。自分の思いとは違う結果が出ても否定ではなく肯定することで、不要な悩みや不安やイライラはなくなります。
6 金	▲	大切なものを忘れたりなくしたりすることがあるので、高価なものは持ち歩かないこと。身の回りをきれいに整え、不要なものを片づけると、今日の不運を避けられます。
7 土	=	新しいことを受け入れるといい日。勝手に嫌いになるよりも、最近流行っていることの何がおもしろいのか学んでみて。いい部分を見つける癖を身につけましょう。
8 日	=	急な誘いでもOKして遊びに行くと学べる日。勉強になることや周囲との差を感じられそう。マイナスに考えないで、頑張って結果を出した人から学んでみるといいでしょう。
9 月	□	連休明けから気合いを入れて仕事に取り組むことが大切。だらだらしたり手を抜こうと思っていると悪習慣になり、苦しむ原因になってしまうので気をつけて。
10 火	■	真剣に仕事するのはいいですが、疲れやすいでしょう。夕方以降は体調を崩しやすいので無理は禁物。早めに帰宅して、ストレス発散のためにリラックスできる音楽を聴きましょう。
11 水	●	不安や心配な出来事から逃げようとしないで、「なぜ不安なのか、なぜ心配なのか」をじっくり考えて原因を探ると、不安や心配がなくなって気持ちが一気に楽になるでしょう。
12 木	△	人の話を理解したと思っても、本当に100%理解できることのほうが少ないと覚えておきましょう。最後までしっかり聞いて、何を言いたいのか聞き取るようにしましょう。
13 金	○	弱点や欠点が明るみに出やすい日。積み重ねが少ないことほど突っ込まれてしまいそうですが、得意なことを活かすようにすればうまくカバーできることもあるでしょう。
14 土	○	消耗品や日用品を購入するにはいい日。足りなくなりそうなものをチェックして買い物に出かけてみて。勢いで余計なものを買わないように気をつけましょう。
15 日	▽	午前中から活動的になることでいい1日を送れそう。掃除をすると気持ちもすっきりするでしょう。午後は予定を詰め込まないで、のんびりゆっくりできるようにしましょう。
16 月	▼	他人の欠点が見えるときは、自分を映す鏡だと思って気をつけましょう。嫌いな人ほど自分とどこか似ている可能性があるので、観察して気をつけるきっかけにしましょう。
17 火	×	自分の仕事に疑問を感じる日ですが、「自分の仕事は素晴らしい、世の中に役立っている」と思うことが大切。自分と仕事を卑下することは、不運の種を蒔くのと同じだと思いましょう。
18 水	▲	なくしものをしやすい日。書類や文具、アクセサリーなどどこに置いたか忘れてしまうことがあるので気をつけましょう。今日は珍しいミスに気をつけましょう。
19 木	=	否定的な言葉をやめて、できるだけ肯定的な言葉を選ぶといい日。周囲との会話や仕事の取り組み方にも変化が生まれるでしょう。まずは何事も認めてみましょう。
20 金	=	前向きな言葉やいい言葉を選んで発するといい日。はじめて会う人と前向きな話をすると、やる気や勇気が湧いてくるでしょう。愚痴や不満やマイナスの発言は避けましょう。
21 土	□	1日の予定をしっかり立てて行動するといい日。ひとりの時間をのんびりするのはいいですが、時計を見ながら行動して。だらだらすると逆に疲れがたまってしまいそう。
22 日	■	体調を崩したり、疲れを感じやすい日。既に予定があるなら、ゆったりできる場所を選んでみましょう。夕方以降は胃腸にやさしい食事を摂ったり、お風呂に入ってリラックスしましょう。
23 月	●	自分だけの楽しみを求めるのではなく、周囲やいろいろな人と関わることを楽しんでみるといい日になるでしょう。何事もいい部分を見るようにするといいでしょう。
24 火	△	判断ミスが大きな失敗になりそう。忘れ物をして焦ってしまう場面もありそう。些細なことでも気になるなら、立ち止まってしっかり確認して。
25 水	○	仕事があることに感謝するとやる気が湧いてくる日。当たり前と思っていると不満がたまってしまうことがあるでしょう。お世話になった人を思い出すことも大切です。
26 木	○	仕事の成功を想像するといい流れに乗れる日。自分以外の人の成功や幸せを想像することができると、更にいい流れに乗ることができるでしょう。
27 金	▽	日中は協力が得られたり、いい感じで物事が進みそう。夕方あたりから集中力が欠けたり、ミスが増えてしまうので気をつけて。急な誘いで慌てることもありそうです。
28 土	▼	仲がいいと思っていた人や身内とケンカになったり、トラブルに巻き込まれそう。今日は、ひとりで楽しむ時間を作り、大掃除をして身の回りをすっきりさせてみて。
29 日	×	愚痴や不満を言うと、同じような仲間が集まって前に進めなくなるでしょう。周囲を見渡して、尊敬や憧れの気持ちを持てない人がいるなら勇気を出して離れる判断も大切です。
30 月	▲	ムダな時間をうまく削るためにも、時間をもっと意識して過ごしてみて。10分前行動を意識したり、早めに終えて確認する時間をしっかり作るといいでしょう。
31 火	=	うまくいかないときは、相手の立場で考えてみましょう。相手がどんな結果を求めているのか、何を言ってほしいのか、どんな関係でいてほしいかなど想像してみましょう。

開運のつぶやき ▶ 幸運や幸福は「たまに」だからいい

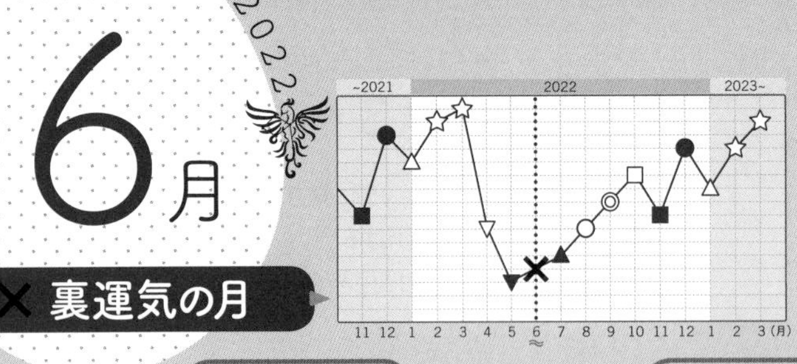

開運 3 カ条

1. 生活リズムを整える
2. 意外性を楽しむ
3. ネガティブな発言をしない

総合運

甘い誘惑に負けてしまったり自分の進むべき道を間違えてしまいそうな時期。遊びやサボることばかり考えてしまうなら、しっかり遊んでしっかり仕事をするなどメリハリを付けるようにしましょう。誘惑には裏があると思って冷静に判断するように心がけることも必要。簡単な儲け話には気をつけて自分の欲望だけに走らないようにしましょう。健康運は、体調を崩す原因を作ってしまいそうな時期。暴飲暴食には注意しましょう。

恋愛&結婚運

好みではない人から好かれたり告白されることがありそうな時期。周囲の評判がいい人なら、少し待ってもらうなど時間をかけて、相手のよさに気づいたときにOKするといいでしょう。新しい出会い運は、好みのタイプには会えない感じ。好きな人とも今月は異性の友人として楽しい時間を過ごしましょう。結婚運は、あなたのマイナス面が出やすいので恋人の前では油断しすぎないように。

仕事&金運

仕事へのモチベーションが下がったり、周囲との人間関係が微妙になる時期。マイナス面に目が向いてしまうので、仕事があることに感謝して、やるべきことに集中しましょう。あなたの気持ちを惑わす人にも会いやすいのでネガティブな情報は聞き流しましょう。金運は、簡単な儲け話やお得な買い物情報は後悔するので簡単に決断しないように。冷静に判断したり周囲に相談するといいでしょう。

日	運気	内容
1 水	＝	自分のやり方を通すよりも、優先順位を変えるなど臨機応変に対応しましょう。迷ったときは周囲のアドバイスを受け入れてみるといいでしょう。前向きに仕事に取り組みましょう。
2 木	□	目標を達成している自分や成功している自分を想像してから仕事に取り組むといい日。自分のやるべき仕事が正しいのか、明るい未来のために積み重ねているか確認してみて。
3 金	■	お腹の調子が悪くなったり、睡眠不足や疲れを感じそう。無理せずマメに休息をとり、早めに帰宅して。スマホの電源も数時間ぐらいOFFにして、ひとりの時間を大切に。
4 土	●	自分と違う意見が出たときは、素直に認めて受け入れるようにして。頑固になって自分だけが正しいと思っていると運気の流れや大切な人脈を逃すことになりそうです。
5 日	△	ボーッとする時間が増えたり、余計なことを考えたりして、大事なことを見落としてしまいそう。忘れ物などうっかりミスが増えるので、カバンの中を確認してから外出して。
6 月	○	親友や深い縁のある人に会える日。偶然の出会いや急な連絡が来ることもありそう。突然でもいいので食事に誘って、語ってみて。あなたに必要な話を聞くことができそうです。
7 火	○	何事も「簡単」だと思って取り組むことが大切。特にはじめての仕事は面倒だと思わないようにして。自分の頑固さが面倒なことを引き起こすことを忘れないように。
8 水	▽	午前中は、順調に物事が進められる日。大事な用事は先に終えるようにしましょう。午後からは集中力が欠けてしまい、仕事のやる気を失ったりサボってしまいそう。
9 木	▼	頑張りが空回りしたり、よかれと思ってしたこだわりが不要だと言われてしまいそうな日。思い通りにならないことで腐らず「こんな日もある」と思って、次に期待しましょう。
10 金	×	消極的になって何もしないよりは、失敗をするほうがいい経験になります。叱られたり、恥ずかしい思いをしたり、悔しい気持ちを持つことは自分を大きく成長させてくれるでしょう。
11 土	▲	余計なことを考えてクヨクヨしそうな日。プラスに考えられないときは、瞑想やヨガなどで気持ちを落ち着かせて。身の回りにある不要なものを片づけるといいでしょう。
12 日	＝	はじめて行くお店でがっかりする出来事が起きそう。店員の態度や料理の味などに満足できなそう。マイナス部分ばかり見ないでいいところを少しでも見つけるようにして。
13 月	＝	身近な人やお世話になった人のためにお金を使うといい日。みんなに喜んでもらえることを自分の頑張る力に変えられそう。おいしいスイーツなどを買いに行ってみましょう。
14 火	□	今週の計画や目標をしっかり定めて仕事に取り組みましょう。なんとなく仕事をすると、だらだらしたり疲れを感じてしまいそう。ストレス発散も忘れないようにしましょう。
15 水	■	疲れからイライラして周囲と噛み合わなくなりそう。胃腸の調子を崩しがちになるので、お腹にやさしいメニューを心がけ、早めに寝て生活リズムを立て直すといいでしょう。
16 木	●	ひとつでもいいので自分の得意なことで周囲に役立てるようにしてみて。些細なことでも誰にも負けないものを見つけましょう。それがあなたの魅力になるでしょう。
17 金	△	異性に心を乱されたり、思い通りに進まなくなる日。思い込みが強いタイプな分、一度ずれるとどんどん噛み合わなくなってしまうことがあるので気をつけて。
18 土	○	流れに逆らうのではなく、流れにうまく乗って自分の力を出すようにしましょう。流れに逆らうことで力がつくこともありますが、ヘトヘトになって魅力を発揮できないことになりそう。
19 日	○	おいしい食事や体験にお金を使うといい日。映画館や美術館などでゆっくりしたり、評判のお店を予約して少し贅沢なランチやディナーを食べるといいでしょう。
20 月	▽	午前中からテキパキ行動することでいい1日を送れそう。大事な仕事や片づけなど気になったことはどんどん終わらせましょう。夕方からはペースを落としてのんびりしましょう。
21 火	▼	相手のことを考えて判断すれば問題ないですが、自分のことばかり考えるとトラブルや信用を落とす原因に。状況に合わせた臨機応変な対応で乗りきりましょう。
22 水	×	やる気のない感じが周囲に伝わってしまう日。当たり前だと思っていることのすべては感謝すべきことだと思って、自分のやるべきことにもっと一生懸命になりましょう。
23 木	▲	身の回りが散らかったままでは幸運はやって来ません。整理整頓をしっかりやって、気になるところをどんどん掃除すると心もすっきりして気分よく過ごせるでしょう。
24 金	＝	弱点や欠点を少しでも克服する努力が大切。弱点を長所にできる工夫をしたり、見せ方を変えたりしてみましょう。負けを認めて他の人に素直にお願いすることも大切です。
25 土	＝	新しいことに挑戦してみるといい日。不向きや苦手だと思い込んでいても、自分の想像とは違っていることもあるでしょう。まずは取り組んでみるところから始めてみましょう。
26 日	□	今後の予定を組むにはいい日なので、スケジュール帳を開いて余裕のある計画を立ててみて。遊びの計画を先に立ててみるとやる気がアップする場合もありそう。
27 月	■	調子にのって暴飲暴食をしないように注意して。仕事終わりに飲みすぎると大失敗したり転んでケガをしそうです。親しい間柄でも礼儀正しく節度を持って楽しみましょう。
28 火	●	自分の魅力や才能や素質にもっと期待してみるといい日。すべてに自信を持たなくていいので、自分の最もいい部分を考えて、そのよさを最大限に出す方法を考えてみて。
29 水	△	うっかり名前を間違えたり、連絡ミスをするなど、本来は避けられるようなミスをやってしまう日。これまで以上にしっかり確認作業をするように心がけましょう。
30 木	○	地道な努力をしてきた人ほどうれしい知らせがある日。古い縁がつながり、評価されたり成長を認められそう。自分に足りないところを見るよりも、手に入れているものに気づきましょう。

☆ 開運の日　◎ 幸運の日　● 解放の日　○ チャレンジの日
□ 健康管理の日　△ 準備の日　▽ ブレーキの日　■ リフレッシュの日
▲ 整理の日　× 裏運気の日　▼ 乱気の日　＝ 運気の影響がない日

7月 2022

▲ 整理の月

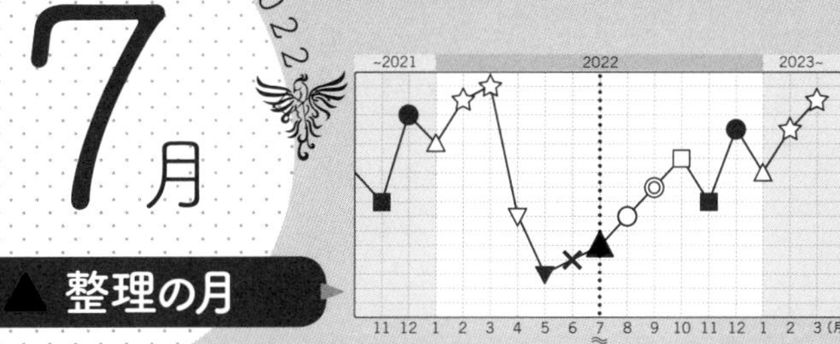

開運 3 カ条

1. 不要なものは処分する
2. 時間の無駄遣いをやめる
3. 自分磨きをする

総合運

いい意味で諦めて区切りを付けるにはいい時期。不要なものを処分したり、人間関係の整理、ムダな時間を使っていることから離れる決断をすることで、時間を有意義に使えるようになるでしょう。意地を張りすぎていると前に進めなくなったり苦しむ原因になるので、下旬は手放す勇気を持って生活リズムや環境を思いきって変えてみましょう。健康運は、ケガをしやすいので階段やつまずきそうな場所など足元にものを置かないように。

恋愛&結婚運

片思いの相手がいるなら、今月は押さずに引くことが大切。無闇に連絡したり会ってもあなたの魅力は伝わらないので、知識や話のネタを増やすなど、新たな魅力を増やすようにすると来月以降に進展しやすいでしょう。新しい出会い運は、期待が薄いので無理に交友関係を広げないように。恋人とケンカしやすい時期なので言葉遣いや態度には注意。結婚運も、期待が薄いので冷静に相手を分析しましょう。

仕事&金運

ムダな時間や動きを減らすように工夫することで、スムーズに取り組める時期。新しい方法を取り入れてみると、最初は抵抗があっても結果的に楽ができるでしょう。職場を整理整頓して、仕事道具を手入れすることも忘れないように。苦手な仕事を後回しにしないで先に終えることも大切です。金運は、不要なものをネットオークションやフリマで売ると思わぬ高値で売れることがありそう。

日	運気	内容
1 金	○	時間や数字、お金にこだわって仕事するといい日。ムダな時間を削ったり、目標の数字に近づける工夫をしましょう。1日に使うお金を計算したり、家計簿をつけてみるといいでしょう。
2 土	▽	日中はひとりの時間を過ごせたり、ストレス発散ができそう。夕方からは思い通りに進まず、予定が変更になるだけでなく、家族や友人に振り回されそうです。
3 日	▼	我慢していると思うよりも、忍耐力を鍛えていると思っておくといい日。ソリの合わない人や期待外れの人にイライラしないようにしましょう。
4 月	×	仕事への取り組み方が雑になったり、やる気のない感じが周囲に伝わってしまいそう。ミスで周囲に迷惑をかけてしまうので、目の前のことにもっと集中するようにして。
5 火	▲	「毎日の積み重ねが大事と知っていてもできないものだ」という思い込みをやめて、明るい未来のために小さなことでも始めましょう。夜は、少しでもいいので筋トレしてみましょう。
6 水	=	自分がやってきたことを考えるよりも、これから何ができるかに注目することが大切。やれることや学べることのほうがいっぱいあるので、少しでも気になることに挑戦してみて。
7 木	=	学べることを見つけることで前向きになれる日。自分の至らない部分を認めて、成長できるように努めましょう。周囲からの指摘やアドバイスも大切にしましょう。
8 金	□	計画的に行動することが大切。些細なことでも時間を決めたり、終わりの時間通りに進めるようにしましょう。夜は疲れやすくなるので不要な外出は避けておきましょう。
9 土	■	うっかりでケガや打撲をしやすい日。慌てて行動しないで、雑にならないように気をつけて。夜は、急な誘いで予定が変わることがありそうです。
10 日	●	自信を持って行動することで運を味方につけられる日。友人や知人を誘って遊びに出かけましょう。ひとりの時間を過ごして1日を終えるにはもったいない運気でしょう。
11 月	△	スマホや部屋の鍵を忘れてしまうことがある日。うっかりミスをして焦ってしまいそうなので、確認作業や事前準備はしっかり行って。ゆとりを持って行動するように。
12 火	○	流れが悪いと感じたときは自分のペースをしっかり守るようにしましょう。周囲の評価や視線を気にしていると、いつまでも空回りしていい感じで仕事ができないでしょう。
13 水	○	学ぶためにお金を使うといい日。会社の人との付き合いでの出費や勉強のための本の購入にはケチケチしないように。お金をうまく活かせるようにするといい日になるでしょう。
14 木	▽	日中は困ったことが起きたら自分だけで考え込まず、周囲の人や専門知識のある人に相談しましょう。夜は、集中力が欠けやすく雑になりやすいので気をつけましょう。
15 金	▼	頑張りが空回りしたりタイミングの悪さを実感しそうな日。努力がムダになってしまいそうですが、必ず力になっているのでがっかりしないで次のチャンスを待ちましょう。
16 土	×	いろいろ考えるのはいいですが、時間をムダに使ったり、結果的に何もしないまま終えてしまいそう。しっかり体を休ませたり、遊ぶなら思いっきり羽を伸ばしてみて。
17 日	▲	部屋を見渡して、不要なものや年齢に合わないものがあれば一気に処分するといい日。執着しているものから離れることで、頭の中がクリアになり視界が開けるでしょう。
18 月	=	興味のある習い事の体験学習に行ったり、気になっていたお店に行くといい日。思わぬ発見や学べることがあるでしょう。おもしろい出会いもあるので人との交流を楽しみましょう。
19 火	=	生活リズムを少し変えてみて。普段よりも5分早く出社したり、いつもと違うランチを楽しんでみましょう。自分のパターンを少し崩してみることを楽しんで。
20 水	□	判断するスピードを上げる練習をするにはいい日。何事も3秒以内で決めてみるといいですが、判断を間違っても後悔しないことから始めましょう。
21 木	■	体調を崩したり、疲れを感じやすい日。無理をしないでペースを落としたり、目の周りをマッサージするといいでしょう。エアコンの効きすぎた場所には気をつけるようにしましょう。
22 金	●	些細なことでも精一杯の力を出すと、上司や取引先からの評価が急上昇するでしょう。少しくらい無茶をしてみるのもいいでしょう。褒められたときはしっかり喜ぶことも大切です。
23 土	△	遊びに出かけるのはいいですが、恥ずかしい思いをしたり失敗や忘れ物をしやすいので気をつけて。珍しいところで油断をしてムダな時間を使ってしまうことがありそうです。
24 日	○	買い物をするにはいい日。消耗品や生活雑貨などを見に行ってみましょう。長く使うものや高価なものは購入を避けましょう。安いからといって大量買いしないことも大切。
25 月	○	自分のやり方を突き通すのもいいですが、もっと他の方法や楽できることがあるので、詳しい人に教えてもらったり、工夫を忘れないようにしてみて。
26 火	▽	自分の仕事が終わるなど時間に余裕ができたら、部下の仕事を手伝ってみて。周囲の助けになることを考えて、些細なことでも行動に移すことが大切です。
27 水	▼	突然大量の仕事や実力以上の仕事をまかされたり、上司と意見が合わなくてイライラすることがありそう。ストレスがたまりやすいですが、今日は流れにまかせるといいでしょう。
28 木	×	よかれと思ってやったことが裏目に出たり、ミスが多いことを突っ込まれてしまいそう。不慣れなことに手を出さないで、自分の得意なことに集中して。
29 金	▲	身の回りにある不要なものや使わないものを処分するといい日。「もったいない」と思いながら置きっぱなしにしているほうがもったいないので、処分するか必要な人にあげましょう。
30 土	○	バラエティに富んだ人たちと話すことで、前向きになれたり、ユニークな情報を入手できそう。頭を柔らかくして遠慮せず声をかけてみて。初対面の人とも仲よくなれそうです。
31 日	○	いい体験ができる日。話題のお店やスポットに出かけてみたり、気になるライブやイベントに行ってみて。夏らしい遊びをするといい思い出になりそうです。

開運のつぶやき ▶ 他人の痛みを悲しめて、他人の幸せを喜べる人に幸運はやってくる

2022 8月

○ チャレンジの月

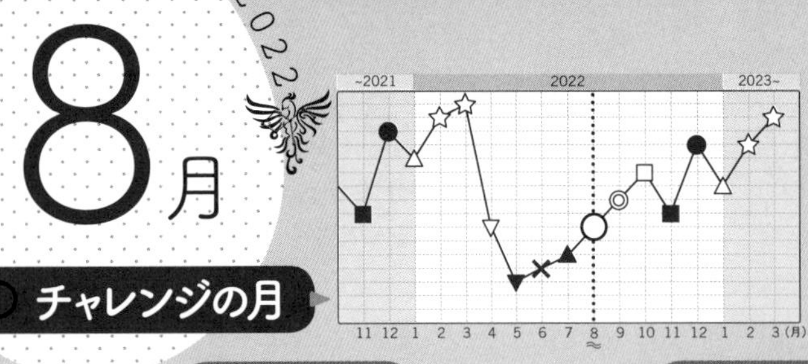

開運 3 カ条

1. 新しいことに挑戦をする
2. 迷った時はやってみる
3. イメチェンをする

総合運

何事も改めて見直してみることで新たな発見がある月。自分の固定観念や頑固な部分を少しでも崩したり、食わず嫌いに挑戦してみると、新たな感覚が得られ視野が広がるでしょう。友人や知り合いの紹介で人とのつながりも増えるので、面倒だと感じても人脈を広げられるように努めると、後に役立つ人までつながってくるでしょう。健康運は、自分の調子がいい体重に戻す努力や体力維持のための基礎体力作りを始めるといい時期です。

恋愛&結婚運

片思いの相手や気になる人に連絡するといい関係に進みやすい時期。これまでと同じ方法ではおもしろみがないと思われるので、自分でも未経験なデートに誘ってみましょう。友人や知人から聞いた方法やプランを試してみるのもいいかも。新しい出会い運は、縁が薄いので異性の友人と思っておくこと。結婚運は、結婚の話が立ち消えになったカップルは今月から前向きな話し合いができそうです。

仕事&金運

求められることややるべき仕事が増え始める時期。実力を認められて仕事が増えることに悩んだり文句を言うのではなく、自分のポジションができたり期待されていることを、もっと喜んで前向きに受け止めましょう。これまでの経験を活かせば新しい仕事でもいい結果を出せるでしょう。金運は、使い慣れたものを買い換えるといい時期。愛着のあるものと同じものを探しに行きましょう。

1 月	□	午前中からパワフルに行動できる日ですが、頑張りすぎると夕方あたりからバテてしまい、明日に影響が出てしまいそう。なるべく早く帰宅して自分の時間を過ごすようにして。
2 火	■	疲れから仕事が雑になりそうな日。細部までしっかりこだわって仕事するようにしましょう。ただ、丁寧に仕事ができても遅くなりすぎないようにしましょう。
3 水	●	自分を信じてくれる人のために頑張ってみるといい結果につながるでしょう。これまでお世話になった人を思い浮かべてみましょう。将来の夢や希望に向かって一歩進めそうです。
4 木	△	仕事ばかりでなく、社外のことに一生懸命になるといい日。遊びや趣味、地域の行事などに熱を入れてみるとやる気がアップするでしょう。今日は忘れ物に気をつけましょう。
5 金	◎	連絡先を交換しただけで会っていない人や急に思い出す人がいたら、臆せず連絡してみて。思いがけず恋に発展することも。偶然出会った人はお茶や食事に誘ってみましょう。
6 土	☆	髪を切りに出かけたり、イメチェンのために服を購入するにはいい日。これまで行ったことのないお店に行くと、お得な買い物やうれしいサービスを受けられそうです。
7 日	▽	ランチデートするにはいい日。異性の友人や知り合いを誘ってみるといいでしょう。思ったよりもいい関係になれそうなので、話の聞き役になってみて。
8 月	▼	うまくいかない原因の多くは、あなたの頑固さや視野の狭さによるものかも。問題が何かしっかり理解すれば解決は簡単です。決めつけをやめて考え方を変えてみて。
9 火	×	言葉足らずや間違いで周囲に迷惑をかけそう。相手のことをもっと考えて、言葉を選んでから話してみましょう。伝えることをもっと真剣に考えるといいでしょう。
10 水	▲	些細な約束でもしっかり守ることが大切。適当な約束をしてそのままにしないようにしましょう。思い出した約束があるなら守れるように努めましょう。
11 木	○	出会い運がいい日。話の合う人や気になる人と出会える可能性があるので、人との縁を大切にして、挨拶やお礼はしっかりしましょう。丁寧に話をすることも心がけましょう。
12 金	○	どんな仕事も適当に行わないように。雑に行うから雑用なだけで、大切な仕事だと思って真剣に取り組めば、大切な仕事になって評価もされるようになります。
13 土	□	臨機応変な対応力を持てるよう鍛えてみて。何事もポジティブに考え、前向きに受け止めましょう。過去の失敗や嫌な気持ちに囚われず、未来の方向に向かう気持ちが大切です。
14 日	■	しっかり体を休ませるといい日。暑さに強いと思い込んでいると体調を崩すので、涼しい場所でゆっくりしましょう。冷たいものの食べすぎや飲みすぎには気をつけましょう。
15 月	●	自分の信じたやり方が評価されたり、いい結果につながりそうな日。諦めないで粘って辛抱強く続けてみて。不満やマイナス面ばかりに目を向けないようにしましょう。
16 火	△	失敗しやすい日ですが、失敗から大切なことを学べると覚えておきましょう。ただ、忘れ物やドジなミスには気をつけて。挑戦した失敗とただのドジを混同しないように。
17 水	◎	臆病になったり遠慮しやすい日。実力がついていると信じて思いきって行動するといいでしょう。マイナスのイメージにいつまでも縛られないようにしましょう。
18 木	☆	仕事を遊びや趣味だと思い込んでみると楽しく仕事できるようになるでしょう。不満や文句ばかりに目を向けないようにして。仕事を義務だと思わないようにしましょう。
19 金	▽	日中は順調に仕事が進みますが、夕方以降に疲れが出てきそう。集中力が低下してミスが増えやすいので、落ち着いて行動しましょう。少し面倒な人から強引に遊びに誘われることも。
20 土	▼	友人や知り合いから嫉妬されそう。互いに勘違いや誤解をしている可能性があるでしょう。勘違いされるような言葉や印象を与えないように過ごしましょう。
21 日	×	想定外の人に裏切られたり面倒な人から好意を寄せられたりと、人間関係が複雑になりそう。思い通りにいかなくても悪いわけではないので、人の見方を変えるきっかけにして。
22 月	▲	年齢に合った服装や発言を意識するといい日。幼稚な趣味や年齢に合わないものは持ち歩かず、目の前から片づけましょう。言い訳をして置きっぱなしにしないようにしましょう。
23 火	○	若い人と話すと、自分とは異なる感覚で生きていることが分かり、時代の変化を感じられるでしょう。ついていけないと思わないで、新しい考え方や生き方を受け入れる努力をしてみて。
24 水	○	素直に仕事して、失敗も素直に認めるといい日。難しく思う前に「今日は何事も素直に」と思ってみましょう。思わぬ道が切り開けることがあるでしょう。
25 木	□	柔軟な発想を心がけることが大事。先入観や決めつけで接していると、せっかくのチャンスを逃してしまうことも。いろいろな考え方、価値観があることを学んでみて。
26 金	■	夏の疲れが一気に出てくる日。疲れからミスが増えたり、感情的になってしまいそう。深呼吸をして落ち着いて判断したり、休憩時間はしっかり体を休ませましょう。
27 土	●	あなたの魅力がアップしそう。異性と遊ぶのにいいタイミング。気になる人を誘うと一気にいい関係に進めそうです。イメチェンをしたり髪を切るにもいい日です。
28 日	△	しっかり遊ぶことが大切な日。ケチケチしないで気になることに挑戦したり、ノリや勢いで楽しんでみましょう。テンションを上げたりリアクションをよくするといいでしょう。
29 月	◎	過去の失敗を反省した人に成長が見られる日。他人の責任にしている人は同じような失敗を繰り返すでしょう。反省して原因や問題を見つけて、至らない点を認めて精進しましょう。
30 火	☆	手応えを得たりいい結果が出そう。仕事に本気で取り組んだり、得意なことをアピールして。求められた以上の仕事を行うように意識しましょう。夜に買い物するにもいい日です。
31 水	▽	努力に見合う結果が出る日。努力が足りなければ厳しい結果が出るかも。夜は予定が変わることがありそうなので、意固地にならず柔軟な対応を心がけて。

☆開運の日 ◎幸運の日 ●解放の日 ○チャレンジの日
□健康管理の日 △準備の日 ▽ブレーキの日 ■リフレッシュの日
▲整理の日 ×裏運気の日 ▼乱気の日 ＝運気の影響がない日

9月 2022

◎ 幸運の月

~2021 2022 2023~
11 12 1 2 3 4 5 6 7 8 9 10 11 12 1 2 3（月）

開運 3 カ条

1. 気になったらまずは試してみる
2. 読みかけの本を読む
3. 新しい美容室に行く

総合運

気になっていたことや手をつけないままにしていることに挑戦するといい時期。買っただけで読み終えていない本を読むと大切なことを学べたり、買ったまま着ていない服を着ると突然モテることがありそう。気になっていたけれどまだ入っていないお店に行ってみるといい出会いや発見もあるので、気になることはどんどん行動に移してみましょう。健康運は、筋トレや運動、肉体改造に興味があるなら今月から始めると順調に進められそうです。

恋愛＆結婚運

気になる相手とデートすることで、いい関係にゆっくり進めそうな月。何度かデートしている場合、いつもと違うデートプランがよさそう。友人や知人がオススメするデートに誘いましょう。新しい出会い運は、親友からの紹介で素敵な人に出会えそう。髪型を変えるといいので、新しい美容室がオススメです。結婚運は、進展しやすい時期なので具体的な未来の話を前向きにしてみましょう。

仕事＆金運

実力を評価されたり、求められる機会が増える時期。経験を活かして積極的に取り組むと楽しく仕事ができるでしょう。気になることはすぐ行動に移せるように意識すること。じっくり考えるとタイミングを逃してしまうので、勢いも大切だと覚えておきましょう。金運は、長年「この投資は儲かる」と思っていたことに挑戦するといい時期。欲しかったものを手に入れるにもいいタイミングです。

日	運気	内容
1 木	▼	相手の反応を見ることで、自分がずれていることに気がつきましょう。間違った発言や行動をして恥ずかしい思いをしそう。周囲からの指摘に感謝を忘れないようにしましょう。
2 金	×	行動が雑になりそうな日。うっかり転んだり、仕事で抜けが多くなりそう。少しサボったところを上司に見られて気まずい空気になる場合もあるので気をつけて。
3 土	▲	身の回りにあるムダなものを処分したり掃除するといい日。この夏に使わなかったものや着なかった服を処分しましょう。人間関係の整理もできそう。腐れ縁の人や悪友と離れましょう。
4 日	○	親友と気になるお店やイベントに行くといい日。いい発見や気分のよくなる出来事が起きそう。好奇心を大切にすると人生が自然と楽しくなっていくでしょう。
5 月	○	自分の考えや思いを伝えたいなら文章に書いてみてからがいいでしょう。何をどうやって伝えるといいのか考えてみて。相手の立場や状況も想像してみましょう。
6 火	□	決めつけや頑固さがあなたの個性でもありますが、融通を利かせられると、もっと生きやすく評価もされるようになるでしょう。変化に臨機応変に対応できるように心がけましょう。
7 水	■	疲れを感じそう。些細なことでイライラしたら疲れている証拠。無理しないで、周囲に力を貸してもらいましょう。休憩時間に軽くストレッチなどをするといいでしょう。
8 木	●	運を味方につけられる日なので、待ちの姿勢ではもったいないと思って気になることにいろいろチャレンジしてみて。多少の失敗もいい経験や思い出になりそうです。
9 金	△	楽しむことでいい1日を過ごせる日。周囲を笑顔にしたり喜ばせようと思って行動してみて。みんなが楽しめるような冗談を言うことで、関係が一気によくなります。
10 土	◎	思い出のある場所や気になっていた場所に行ってみて。気になる異性や友人を誘うと楽しい時間を過ごせそう。懐かしい人に偶然出会うこともありそうです。
11 日	☆	買い物には最高の日。家電や家具など長く使えるものを優先的に買いましょう。少し遠出するのもいいでしょう。デートをするにもいい日なので、気になる人を誘ってみましょう。
12 月	▽	日中は、いい判断ができたりこれまでの経験をうまく活かせるので、大事な用事は早めに片づけるようにして。夜は、ムダに夜更かしして疲れてしまうので気をつけましょう。
13 火	▼	空回りしたり、予定通りに物事が進まない日。順調だと思うときほど噛み合わなくなるので、相手がどんなことを思って発言しているのか考えながら会話しましょう。
14 水	×	誘惑に負けて目の前の仕事に集中できなかったり、自分勝手な判断をして損をしそう。自分の弱点や欠点などが出やすいので、分析して今後気をつけるようにして。
15 木	▲	メッセージを送る際は、送る前に読み返すこと。相手を想像し、ムダな文章を削り、読みやすいように書き直しましょう。シンプルになるように努めるといい仕事ができるでしょう。
16 金	○	自分のやり方を通すのはいいですが、今日は他の方法や工夫をしてみて。過去に手応えのなかったことでも、もう一度チャレンジすると自分の成長を感じられそうです。
17 土	○	素敵な出会いから貴重な体験ができる運気なので、積極的に行動して。できるだけ初対面の人が集まる場所に行き、はじめてのことに挑戦するといい縁につながります。
18 日	□	髪を切ってイメチェンをするにはいい日。いつも行く美容室ではなくはじめて行く場所で明るくイメチェンしてもらいましょう。ショートやボブにするとモテるようになるでしょう。
19 月	■	今日は疲れを感じやすいので無理せず、空いた時間は軽い運動をしましょう。夜は恋愛運がいいので、気になる人に連絡しましょう。会えるなら少しの時間お茶をしましょう。
20 火	●	調子のよさを感じられそうな日。いい判断ができたり素早く動くことができそう。少しくらい困難を感じても粘り強く取り組むと壁を越えられたり、いい結果を残せそうです。
21 水	△	些細な判断ミスで後悔することになりそう。「もっとしっかり確認しておけばよかった」と思うことがあるかも。ノリや勢いでの食べすぎや飲みすぎには気をつけて。
22 木	◎	時間をかけてきたことや一度諦めたことにチャンスが巡ってくる日。ダメ元で思いきって挑戦してみると、いい結果が出たり周囲からの応援や味方が集まることもあるでしょう。
23 金	☆	普段よりもお金をかけて遊びやデートをするのにいい日。買い物や少し贅沢な食事をしましょう。出費が多くなりますが、その分いい体験ができそう。ケチケチしないようにしましょう。
24 土	▽	午前中は運気がいいので、気になる人をランチデートに誘ったり買い物に行くといいでしょう。夕方あたりからは空回りをしやすいので、ひとりの時間を楽しんで。
25 日	▼	自分の考えだけが正しいと思っていると、ぶつかったり否定されてしまいそう。不機嫌でいたりふて腐れていると、ケンカになったり叱られてしまうことがあるので気をつけて。
26 月	×	他人まかせにしていたことに問題が起きそうな日。確認を怠ったり、丸投げしている人は特に気をつけましょう。自分の問題だと気づかないと大切なものを失うでしょう。
27 火	▲	どんな過去でも「あのときのおかげで今がある」と思えると気持ちが楽になります。マイナスの思い出があるものや写真は処分すると気持ちが軽くなるでしょう。
28 水	○	興味の薄かった世界のことを学ぶといい日。おもしろい発見や気になることを見つけられそうです。友人にオススメされたことに取り組んでみるといいでしょう。
29 木	○	はじめて会う人から学べる日。面倒だと思っても自ら挨拶したり、話を上手に聞けるように質問上手を目指しましょう。ここを乗り切ることで、自分の能力をアップできるでしょう。
30 金	□	自分の成長や実力を認めて、次に何ができるのか考えるといい日。同じことの繰り返しもいいですが、次の目標や結果を出すために必要なことを探してみましょう。

開運のつぶやき　行動する度胸のない人に運は味方しない

2022

10月

□ 健康管理の月

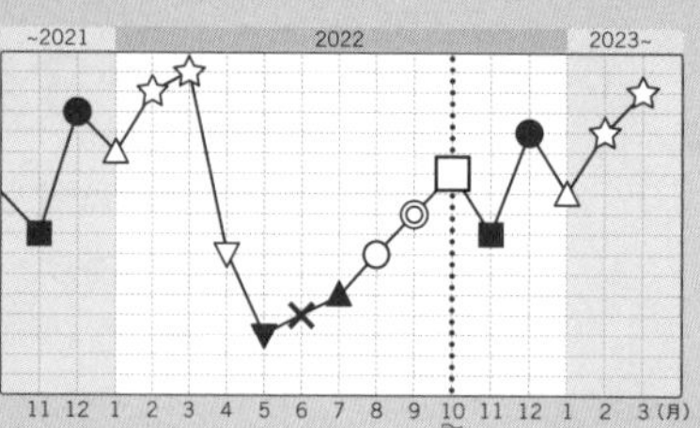

開運 3 カ条

1. 夢や希望を語る
2. 生活リズムを整える
3. 相手の笑顔のために行動する

総合運

夏辺りから上り調子を感じる人は、そのままの勢いで突き進むといい時期。目標を高くしたり、夢や希望を周囲に語るといい味方を紹介してもらえたり、人との縁がつながるでしょう。手応えを感じられない人は、イメチェンや引っ越しなど、生活リズムや環境を変化させる必要があるでしょう。ムダなことに時間を使わないよう意識することも大切。健康運は、下旬は予定を詰め込みすぎず、不要な夜更かしを避けて早めに寝ましょう。

恋愛＆結婚運

好きな人と仲良くなれたり距離が縮むきっかけがある時期。相手が喜びそうなことを考えましょう。異性受けのよさそうな髪型や服装を意識してイメチェンするといいでしょう。デートに誘うときは具体的な日程を伝えること。押しきるくらいの気持ちが大切です。新しい出会い運もいいので、人の集まりには参加しましょう。結婚運は、年末に向けて話を盛り上げるといい感じに進みそうです。

仕事＆金運

結果を出すことも大切ですが、自分がどこに向かっているのか見定めて、現在の仕事や役割に覚悟を持つことが必要な時期。文句や愚痴を言う暇があるなら、やるべきことに集中して効率よく仕事するようにしましょう。他の人のサポートや協力も進んで行うと、いい縁がつながって後に役立ちます。金運は、引っ越しを決断するにはいい時期。長く使うものを買い換えるにもいいタイミングです。

1 土	■	ムダな外出を控えてひとりでゆっくりしたり、日ごろの疲れをとるといい日。映画やドラマをゆっくり観たり、好きな音楽を聴きながら本や漫画を読むといいでしょう。
2 日	●	気になる人を突然でもいいので食事やお茶に誘ってみて。短い時間のほうがいい印象を与えられるので、長時間にならないように。挨拶やお礼は丁寧にしましょう。
3 月	△	慣れている仕事ほどミスしやすいので、集中して行うように。特に「自分は間違えていない」と思い込むと大きなミスにつながるので、しっかり確認して。
4 火	◎	経験を活かして周囲に感謝される日。今日は遠慮しないで、手助けできそうと思ったことにはどんどん手を貸してみましょう。知識や知恵も役立たせることができそうです。
5 水	☆	評価を上げられたり、いい結果を残せそう。仕事に本気で取り組んだり、レベルの高い仕事ができるように努めましょう。買い物にもいい日なのでネットで気になるものを買いましょう。
6 木	▽	日中は褒められたり認められるなど、気分のいい出来事が起きそう。仕事に積極的に取り組んで、気づくことを進んでやってみて。夜は、行動が雑になりやすいので注意。
7 金	▼	思い通りに進まない日。予定が変更になったり、急な仕事をまかされてしまいそう。落ち着いて判断すれば問題ないですが、イライラしたり感情的になるとミスも増えるので気をつけて。
8 土	×	人の話を聞くなら簡単に否定しないで、どういうことなのかしっかり考えてから発言をするようにしましょう。深く考えて相手の立場や状況を理解できるように努めましょう。
9 日	▲	家にある長年使っていないものを捨てるなど、身の回りをきれいにするといい日。特に年齢に合わない幼稚なものは片づけましょう。何年も着て、くたびれている服も処分しましょう。
10 月	○	小さな挑戦や変化を楽しむといい日。普段避けていたことに挑戦したり、新商品を買うといいでしょう。わずかな好奇心が人生を楽しい方向に変えていくでしょう。
11 火	○	苦手な人のいい部分を見つけることが大事。「でも」「だって」と意固地にならず、どんな人にも優れた面があると周囲にも教えてあげられると、運を味方につけられそう。
12 水	□	文句や愚痴があるほうが間違っているもの。現状に感謝して今できることに最善を尽くすといい流れを作れます。問題は常に自分にあることを忘れないように。
13 木	■	姿勢よく仕事したり、美意識を持って生活することが大切な日。だらだらした姿や猫背にならないように意識しましょう。外出前に軽い運動やストレッチをするといいでしょう。
14 金	●	いい決断や判断ができる日。じっくり考えるより自分の勘を信じてみましょう。いい出会いやいい経験もできる日なので、積極的に行動するようにしましょう。
15 土	△	遊ぶことで運気がアップする日。気になることに挑戦したり、テンションの合う友人や異性の知り合いを誘ってみて。ドジな事件も起きますが、話のネタになりそうです。
16 日	◎	お気に入りのお店に行くと、いいものを発見できたり、お得なサービスを受けられそう。しばらく会っていなかった人に偶然出会ったり、突然連絡が来ることもあるでしょう。
17 月	☆	夢や希望を語ったり、そのために自分は正しい努力をしているか冷静に判断してみて。進むべき道ややるべきことがはっきりしたり、いいきっかけをつかめそうです。
18 火	▽	すべての他人をおもしろい人だと思って観察してみると、人生が一気に楽しくなる日。好き嫌いで判断しないで、どのあたりがおもしろいのか見方や考え方を変えてみて。
19 水	▼	マイナス面に目がいって愚痴や不満が出そうな日。いい言葉を選ばないと自分で不運を作ってしまうので気をつけましょう。いい面やプラスのところを探すように心がけましょう。
20 木	×	頑張りが空回りしやすい日ですが、結果を出すのではなく実力を身につける日だと思いましょう。勉強になる部分を探したり、課題が出るのは大切なことだと思いましょう。
21 金	▲	面倒な仕事から先に片づけるなど、まずは取り組み始めるといい日。後回しにすると苦労や面倒な気持ちが膨らんでしまいそう。身の回りを片づけることも大切。
22 土	○	新しい遊びに挑戦してみて。なんとなく避けていたことや場所に行ってみると楽しいことを見つけられそうです。何事ももの は試しだと思って挑戦してみるといいでしょう。
23 日	○	自分とは異なる趣味や価値観を持つ人から吸収できそう。考え方の違う人の発言を拒絶せず受け入れると、たくさんの学びがあります。新しい知識や情報も入手できそうです。
24 月	□	一つひとつの仕事を丁寧に進めたり、挨拶やお礼をきっちりして。いつも以上に丁寧に物事を進めるといい結果につながるでしょう。夜はムダな外出を避けましょう。
25 火	■	寝不足や疲れを感じそうな日。朝から軽くストレッチすると仕事に集中できそう。休憩時間をしっかりとって、目を閉じて休めたり仮眠をとるといいでしょう。
26 水	●	考える前にまずは行動に移すことが大切。特に、勝算があると感じることがあるなら思いきって行動してみて。好きな人に連絡をするにもいい運気です。
27 木	△	珍しい失敗をするかも。思い込みが激しいタイプなので特に注意して。確認ミスや忘れ物に気をつけて、予定は周囲に確認してもらうことも必要です。
28 金	◎	時間をかけてきたことに運が味方する日。ラッキーなことが何に起きているのか冷静に判断してみて。夜は出費が増えそうですが、楽しい時間を過ごせそうです。
29 土	☆	買い物に出かけるといい日。好きなお店に行くとお得なものを見つけられたり、いいものを買えるかも。投資や契約などにもいい日なので、いろいろ検討してみましょう。
30 日	▽	午前中は運気がいいので、用事を早めに済ませましょう。気になる人とランチやお茶をするといい関係に進めやすくなるので誘ってみましょう。夜は、判断ミスに気をつけましょう。
31 月	▼	他人を許すことが大切な日。失敗は誰にでもあり、困ったときはお互い様と思って手助けしましょう。自分だけのことを考えているといつまでも大切なことが見えないでしょう。

☆ 開運の日　◎ 幸運の日　● 解放の日　○ チャレンジの日
□ 健康管理の日　△ 準備の日　▽ ブレーキの日　■ リフレッシュの日
▲ 整理の日　× 裏運気の日　▼ 乱気の日　＝ 運気の影響がない日

2022 11月

リフレッシュの月

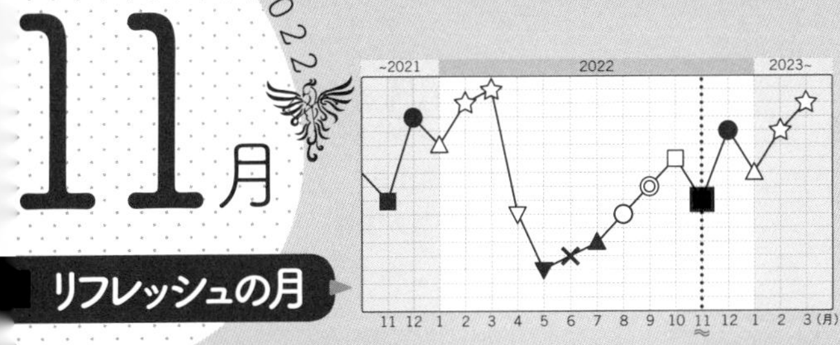

開運 3 カ条

1. 休みの日の計画を先に立てる
2. ムダに夜更かしをしない
3. 軽い運動をする

総合運

今月は頑張りすぎないで、しっかり仕事をしてしっかり休むことが大切な時期。計画を事前に立てて、急な予定変更をできるだけ避けて、遊びや体を休ませる日を作りましょう。誘われたり求められることが増えるので、疲れを感じそうなときははっきり断ることや来月に変える工夫も必要でしょう。健康運は、油断すると体調を崩したりケガをするので慎重に。マッサージや温泉などでゆっくりする時間を作るといいでしょう。

恋愛&結婚運

予定を詰め込みすぎると、異性と会う機会を逃しそう。予定の隙間を上手に作ったり先に連絡しておくと、いいタイミングで会えるでしょう。交際まで発展しなくても、仲良くなっておくと来月に進展する可能性があるので焦らないで。新しい出会い運は、下旬に素敵な人と会えそう。結婚運は、入籍などはっきりするときではないので、来月に恋人にたくさん会えるように予定を立てておきましょう。

仕事&金運

やらなくてはならない仕事が増えて忙しい時期。なんでも自分でやるのではなく、後輩や部下に教えながらまかせることも大切。頑張りすぎは自分にも相手にも会社にもよくないので気をつけましょう。仕事終わりの付き合いは何でもOKしないように。金運は、疲れをとるためにお金を使うといい時期。ストレス発散のつもりが逆にストレスをためたり、疲れの原因にならないようにしましょう。

日	運気	内容
1 火	×	疲れから集中力が途切れ、些細なことにイライラして不機嫌さが顔に出てしまいそう。心を許せる人達との時間を大切にしたり、笑顔を心がけると不運を招かないでしょう。
2 水	▲	なんとなく部屋や職場に置きっぱなしになっているものを片づけるといい日。使わないままなら誰かにあげたり、欲しい人を探してみて。誰もいらないなら処分して。
3 木	○	新しい出会いや視野を広げられるきっかけがありそう。少しの勇気がいい勉強になるので、フットワークを軽くしましょう。はじめて会う人には自ら挨拶をしましょう。
4 金	○	新しい情報を集めるにはいい日。ネットだけではなく、ラジオや雑誌などから情報を集めたり、本屋さんや図書館に行ったり、詳しい人にいろいろと話を聞いてみて。
5 土	□	時間を作って散歩やサイクリング、ジョギングなどスポーツで汗を流すと気持ちがすっきりする日。少しでもいいので体を動かしてみて。ケガや筋肉痛には気をつけて。
6 日	■	今日はしっかり体を休ませたり、ゆっくりする時間を作りましょう。温泉やスパに行ったり、評判のいいマッサージや整体などに行きましょう。スマホをムダに触らないように。
7 月	●	物事がスムーズに進む日。気になる人との関係が進展するので、休憩中にメールしてみて。仕事もはかどりそう。少し欲張るとさらにいい結果につながるかも。
8 火	△	出かけた先で忘れ物に気づいたり、時間を間違えていることに気づきそう。事前にしっかり確認して出かけましょう。最終チェックも忘れやすいので気をつけましょう。
9 水	○	地道なことをしっかりやってきた人は、いい結果を手にできる日。サボっていた人は反省すべき点が浮き彫りになるのでメモしましょう。反省を糧にすることで幸運をつかめるでしょう。
10 木	◎	苦手な上司がいなくて気楽に仕事ができるのはいいですが、余計な仕事をまかされたり、求められることが増えて忙しくなりそう。求められることを楽しむといい日になるでしょう。
11 金	▽	日中は周囲に助けられ感謝できそう。チームワークの大切さと感謝の気持ちを忘れないことが何よりも大事。夜は不機嫌になる出来事が起きやすいので、早めに帰宅して。
12 土	▼	時間のムダが増えそうな日。午前中に寝すぎたり、早く起きてもスマホや動画を見てだらだらしそう。時間があるときは身の回りを片づけて、本を読むといいでしょう。
13 日	×	タイミングの悪さを感じそうな日。些細なズレを感じたり、赤信号に何度も引っかかってしまうことがありそう。選択ミスもしやすいので安易に判断しないように。
14 月	▲	疲れがたまっている人ほどミスしやすい日。大事なものをなくしたり、どこかに置き忘れそう。反省も大切ですが、ミスを認めて同じ失敗を繰り返さないように対策を考えて。
15 火	○	新しい発想や、考え方を変えてくれる人に会える日。目上の人に相談するといい話が聞けるかも。相手を尊重しながら聞いたり、大事な言葉を拾おうとする心が大切です。
16 水	○	自分が正しいと思った道を突き進むことは大切ですが、周囲からのアドバイスを受け入れてみると、思ったよりも近道やいい方法を見つけることができそうです。
17 木	□	ムダなことに時間を使っていないかチェックしたり、目標のための努力を正しくしているか考え直してみて。自分が正しいと思い込むと、いつまでも同じ苦労や不満を繰り返そう。
18 金	■	些細なことでイライラするときは疲れがたまっている証拠。無理をしないで少し休んだり、温かいお茶を飲んでのんびりする時間を作るといいでしょう。
19 土	●	予想外の相手から好意を寄せられそうな日。急な連絡があっても無視しないで、少しの時間でもいいので話してみて。あなたから気になる人に連絡するにもいい日です。
20 日	△	珍しいことに興味を抱きそうな日。出費が多くなったり、変わり種のメニューに挑戦したくなりそうです。すべては話のネタだと思っておくといいでしょう。
21 月	○	あなたから離れた人のことをいつまでも考えるのはやめましょう。クヨクヨしたり恨んだりするばかりで己を省みず、今後に活かそうとしない姿勢が問題だと考えましょう。
22 火	◎	思った以上に計算通りに進む日ですが、計画が甘かったり計算しないで行動すると面倒なことに遭遇しそう。今日1日だけでもいいのでしっかり計画を立てて行動してみて。
23 水	▽	日中は物事がスムーズに進むので、積極的に動いてみましょう。夕方以降はのんびり過ごして、明日のために早く就寝することも大事です。
24 木	▼	一言足りないことが原因で周囲に迷惑をかけたり、気まずい空気になってしまいそう。ゆっくりでもいいので丁寧に言葉を選んで伝えるように努めましょう。
25 金	×	今日は確認作業を怠らないこと。メールなどでは意味を取り違えて返信して相手の気分を害したり、書類では漢字の変換ミスがあったりと、細かな失敗をしそうです。
26 土	▲	掃除するのはいいですが、雑な行動でものを壊したり、間違って必要なものを処分してしまうことがあるので気をつけて。今日は整理整頓くらいがよさそうです。
27 日	○	異文化交流をしてみると、違った角度から恋愛にまつわるアドバイスをもらえそう。遠慮せず、聞き手に回ることを意識して情報を収集してみると、人脈も広がるでしょう。
28 月	○	新商品のお菓子を食べたり、これまで関心が薄かったことに注目するといい日。気になるお店に入ってみるなど好奇心の赴くままに行動すると、いい出会いもありそうです。
29 火	□	何事も結果を出そうと焦らないほうがいい日。仕事が遅れそうなら相手にきちんと事情を説明し、雑にならないように最後まで丁寧に行いましょう。
30 水	■	疲れから集中力が途切れてしまいそうですが、夜になってもまったく眠くならず、ムダに夜更かししそう。少し体を動かしたり、湯船にしっかり浸かって早く寝るようにしましょう。

開運のつぶやき 素敵な人は、素敵な言葉を使う。雑な人は、雑な言葉を使う

2022 12月

● 解放の月

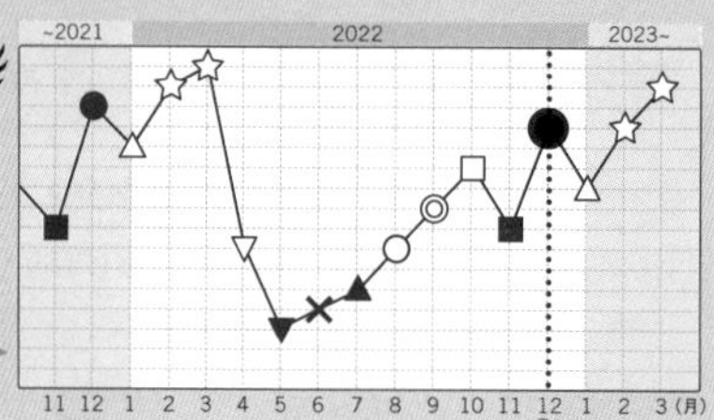

開運 3 カ条

1. 遠慮しないで行動する
2. 長く使えるものを購入する
3. 初対面の人にたくさん会う

総合運

大きなチャンスや幸運をつかむ月。遠慮しないで欲張りになるといいので、考える前にまずは行動を。新たな人間関係で人生が大きく変わる可能性があるので、交友関係や行動範囲を思いきって広げましょう。引っ越しや転職、習い事を始めるなど、なかなか踏み出せなかったことを実行に移すと運を味方に付けられます。健康運は、定期的な運動やダイエット、肉体改造を始めましょう。エステや新しい美容室に行くのもいいでしょう。

恋愛&結婚運

長年恋人がいなかった人でも交際がスタートしたり、片思いが実る時期。自分の気持ちを素直に相手に伝えるといいでしょう。異性の友人だと思っていた人や同僚など、身近な人から告白されて交際が始まる可能性も。「とりあえず」でもいいので付き合いを始めてみるといいでしょう。結婚運は、プロポーズを受けたり、話が具体的に進むでしょう。入籍できる可能性も非常に高いでしょう。

仕事&金運

長年勤めている会社なら大きなチャンスがあったり高く評価される時期。辛抱した甲斐があったと思えるかも。遠慮せず受け止めて次の目標を掲げましょう。いい仲間も集まるので協力を忘れないように。昔の上司や先輩からいい仕事を振ってもらえることも。金運は、買い物に最高の時期。長年欲しかったもの、資産価値のあるものを買いましょう。投資にもいい時期なので少額でも始めてみましょう。

日	曜	運気	内容
1	木	●	恋のチャンスに恵まれる日。異性の友人から告白されたり、身近な人といい関係に進みそう。運命的な出会いになる可能性が高いので、初対面の人には挨拶やお礼をしっかりと。
2	金	△	時間をムダに使ってしまいそう。なんとなくだらだらしそうなので、時間を決めてキチキチ動きましょう。気分転換したり、やる気になれる音楽を聴くといいでしょう。
3	土	◎	お気に入りのお店に買い物に行くと素敵なものを見つけられたり、お得な買い物ができそう。偶然の出会いもあり、懐かしい人に会えることもありそうです。
4	日	☆	存在は知っていても行ったことがないお店があったら、友人を誘って行ってみましょう。予想以上にいいお店で、おもしろい発見もしそう。未体験がいい縁をつないでくれるでしょう。
5	月	▽	日中は行動的になるといい日。営業や商談、打ち合わせなど、何事もチャンスだと思って前向きに行動してみて。夜は疲れやすいので、ムダに夜更かししないように。
6	火	▼	勘違いや誤解をしやすい日。「自分が正しい」と思ったときこそ、間違っている可能性が高いと思って確認を。間違っていなくても謝らなくてはならない状況もあるでしょう。
7	水	×	面倒な人など人間関係に疲れてしまいそう。自分のことばかり考えないで、相手から見た自分を想像すると解決方法が見つかるはず。他人の笑顔のために時間を使ってみて。
8	木	▲	仕事を始める前に目の前をきれいに整えたり、掃除するとやる気になれる日。まずは手を動かすところから始めましょう。夜は、新しいことに目が向きそうです。
9	金	○	今日は思いきった行動が大切。気になる人をデートに誘ったり、ご飯に行く約束をするといいでしょう。素敵な出会いもある日なので人の集まりに顔を出しましょう。
10	土	○	新しい出会いやこれまでにない体験ができそう。自ら動いて気になることに挑戦してみるといいでしょう。イメチェンをしたり髪を切るにもいい運気です。
11	日	□	クリスマスや忘年会、年末年始の予定を組むといい日。友人や気になる人に連絡してスケジュールを確認してみて。盛り上がっても夜更かしは避けるように。
12	月	■	午前中は、寝不足でボーッとしたり、集中力が続かなくなりそう。お茶やコーヒーを飲んで気分転換したり、伸びをするといいでしょう。夜はうれしい知らせがありそう。
13	火	●	目標を達成できたり、大事な仕事をまかせてもらえそうな日。何事もチャンスだと思って前向きに捉えることも大切。恋愛運もいい日なので、気になる人に連絡してみて。
14	水	△	判断ミスしやすい日。悩んで考えた末に間違った方向に進んでしまうことがあるので、困ったときは周囲に相談をしたり、「正しいよりも楽しい」と思えるほうを選んでみましょう。
15	木	☆	強引に推し進めることで、難しいこともクリアできそう。満足な成果を得られたら、自分へのごほうびを買いましょう。夜はネットショッピングするとお得なものが見つかりそう。
16	金	☆	いい仕事ができたり、自主的に動いたことにいい結果が出る日。実力を出しきるくらいのイメージで動きましょう。意見も通りやすいので素直に言葉に出してみましょう。
17	土	▽	日中は、デートにも遊びにも最高の運気。家でのんびりしないで、積極的に行動しましょう。夕方には集中力が落ちるので、早めに帰宅してひとりの時間を作りましょう。
18	日	▼	買い物で失敗しそうな日。間違えて同じものを買ったり、高値で買ってしまいそう。本当に必要か考えてから買いましょう。騙されることもあるので儲け話には乗らないように。
19	月	×	意外な展開が多く困惑する日。油断すると周囲に迷惑をかけてしまうので気をつけて。周りを気遣って、慎重に行動すれば問題は避けられそうです。
20	火	▲	身近にある不要なものを処分するといい日。仕事の資料でも何年も置きっぱなしのものや使わなくなった道具などは処分しましょう。家では着ない服も片づけるようにしましょう。
21	水	◎	前向きな言葉を発することでいい1日になりそう。人は言葉ひとつで気持ちが大きく変わるもの。自分が言われてうれしい言葉なのか考えてから発するようにして。
22	木	◎	自分から笑顔で挨拶するように心がけましょう。自分のルールを自分で壊して、新しい前向きなルールを作ってみましょう。小さなことでも前向きに挑戦しましょう。
23	金	□	思ったよりも忙しくなりそうですが、求められることに最善の努力で応えること。ただし、夕方からは集中力に欠けるので、体が温まる食べ物や飲み物でリラックスして。
24	土	■	デートや遊びの予定が入っているときは、ギリギリまで家でのんびりしたり体力を温存しましょう。夜は急な展開もありますが、楽しい思い出ができそうです。
25	日	●	恋愛運がいい日。好きな人とデートできたり、気持ちを伝えられそうです。異性からの誘いには積極的に乗りましょう。気になるお店に入ると素敵な出会いもありそうです。
26	月	△	午前中は、いい判断ができそう。自分の勘を信じて行動してみるといいでしょう。夜は、親友から連絡がありそう。いい報告やおもしろい話が聞けそうです。
27	火	☆	仲間と楽しく過ごせそう。紹介で新しい縁につながるので、たくさんの人と会話を楽しんで。片思いの相手とも進展しそうなので、感謝の気持ちを添えたメッセージを送ってみて。
28	水	☆	1年頑張ったと思えるなら、思いきった買い物をするといい日。アクセサリーや服や靴などもいいですが、引っ越しや資産価値のあるものの購入も考えてみるといいでしょう。
29	木	▽	日中は計画通りに進められるので、大掃除、買い物、年賀状など、今年中にしておくべきことに時間を使いましょう。夕方あたりから予定が乱れるので、早め早めの行動を。
30	金	▼	時間をムダにしたり、予想外のことで時間がかかりそう。期待外れも多く、イライラすることもありそうですが、「忙しいのかな」とやさしい目で見るようにしましょう。
31	土	×	裏目に出る大晦日。遊び心に火がついたり、誘惑に負けてしまうかも。軽はずみな行動を避けて、のんびり過ごしましょう。友人からの急な誘いに振り回されそうです。

☆ 開運の日 ◎ 幸運の日 ● 解放の日 ○ チャレンジの日
□ 健康管理の日 △ 準備の日 ▽ ブレーキの日 ■ リフレッシュの日
▲ 整理の日 × 裏運気の日 ▼ 乱気の日 ＝ 運気の影響がない日

銀の鳳凰座

持っている星

★忍耐強い星　★決めたことは貫き通す星　★不器用な星
★覚悟すると驚くような力が出る星　★超頑固な星
★体力がある星　★交友関係が狭い星　★融通がきかない星

12年周期の運気グラフ

銀の鳳凰座の2022年は…

△ 準備の年

2022年は2023年、2024年に待ち受ける幸運の波に乗るための「準備の年」。真面目に取り組むだけでなく、「しっかり遊ぶ」がキーワードです。また、ミスが増えるので確認や準備はしっかりしましょう。

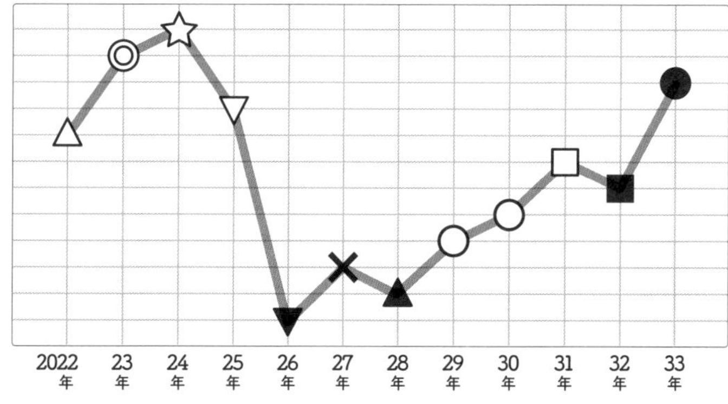

☆開運の年　◎幸運の年　●解放の年　○チャレンジの年　□健康管理の年　△準備の年
▽ブレーキの年　■リフレッシュの年　▲整理の年　×裏運気の年　▼乱気の年

銀の鳳凰座はこんな人

基本の総合運

「金の鳳凰座」が燃えたぎっているタイプなら、「銀の鳳凰座」はじっくりゆっくりと燃え続けるタイプ。些細なことで自分の信念を曲げることなどなく、まっすぐ突き進んでいきます。壁にぶつかってもその壁を倒すまで押し続けるような人。周囲からのアドバイスも簡単には聞き入れずに自分の生き方や考えを通すでしょう。年齢とともに臨機応変な対応を覚えられればいいですが、若いうちは不器用で伝え下手なところが出てしまいます。交友関係は狭いのですが、一度仲よくなると深い付き合いをすることになるでしょう。

基本の恋愛&結婚運

本気で好きになるまでに時間はかかっても、一度火がつくと延々と燃え続けます。ストレートに気持ちを出す人ですが、すぐに行動には移せず、片思いの時間が長くなってしまうでしょう。相手のやさしさを勘違いして好きになり、猪突猛進になってしまうことも。また、押しに非常に弱いので、最初の印象が悪くない人に告白されて、強引な相手ととりあえず付き合って後悔する経験もありそうです。結婚相手には、両親と似ている部分がある人や自分の家族に近いタイプの人を望む傾向があるでしょう。

基本の仕事&金運

どんな仕事でも、一度はじめると忍耐強く続けられ技術も身に付きますが、時間がかかってしまったり独特な方法で仕事を進めたりするため、職場では浮いてしまうことも。不向きだと思われる仕事でも、好きになると辞めることなく突き通すところもあるでしょう。ただし、転職グセがつくと何度も同じ理由で転職してしまうので気をつけて。金運は、貯金のクセがつけばどんどん貯まりますが、浪費グセがついてしまうとなかなかやめられなくなるので、早めに保険や定期預金、少額の投資などをはじめるといいでしょう。

2022年の運気

△ 準備の年

2022年開運 3カ条

1. しっかり仕事をしてしっかり遊ぶ
2. 前後の確認作業は怠らない
3. 柔軟な発想や臨機応変な対応を学ぶ

ラッキーカラー　ラベンダー　ブラック　ラッキーフード　エビフライ　豆乳ラテ　ラッキースポット　神社仏閣　プール

総合運

今年は遊んだほうがいい年
交友関係を広げて、未体験のことに挑戦して

五星三心占いの中で最も頑固で自分のルールに厳しい「銀の鳳凰座」ですが、「準備の年」の今年は文字通り準備のためにゆとりを持って過ごすといい年。しっかり仕事をしてしっかり遊ぶことが大切です。よくも悪くもリラックスできる時期ですが、気が緩みすぎたり思い込みが激しすぎたりして、大きく道がずれていることに気づかないまま進んでしまうことがあるので気をつけましょう。2022年の体験は特別だと割りきって楽しむのはいいですが、継続することはないと思っておきましょう。

遊びの誘いや刺激的な誘惑が多くなり、普段なら参加しない集まりに顔を出したくなりそうです。視野を広げられたり、いい意味で勇気も出てくるので、何事も経験だと思って挑戦するといいでしょう。ノリのいい人と仲よくなったり、自分ルールが崩れることもありますが、楽しそうなことは素直に行動してみましょう。

ただ、今年は普段ならすることのない遅刻や寝坊、忘れ物、連絡忘れ、確認ミスなど、大小様々なミスをしやすいので注意してください。周囲に迷惑をかけることもあるので、何事も準備と確認は入念に。特に「これは絶対に大丈夫」と思い込んでいるときほど気をつけましょう。また、今年は遊ぶと運気が上がりますが、普段はしっかりお金の管理ができている人でも浪費してしまいそう。「今年だけ」と理解できていればいいですが、癖になって浪費が激しくならないように気をつけましょう。

頑固さを緩めて視野を広げる年だと思えば楽しく過ごせるので、まずは遊ぶ日の計画をしっかり立てましょう。遊ぶお金を少し多めに用意しておくなど、準備しておけば楽しい1年を過ごせるでしょう。恋愛運もいいので異性との関わりも増えそう。少しの無茶や冒険はいいですが、連日連夜の無理や調子に乗りすぎた行動は控えましょう。

どんなときもあなたに忠告してくれる人がいるはずです。その人の言葉を聞き流したり、自分勝手な判断で突っ走らないようにしましょう。評判の悪い人や危険なことには安易に近づかないように。自分だけではなく周囲と一緒に楽しめることがどんなことなのかを考えながら行動するようにしましょう。

2022年は、1年を振り返って「遊んだな〜」と思えるくらいしっかり遊んでください。「銀

の鳳凰座」はひとりの時間が好きなタイプで、家でひとりでゲームやネットをしたり、動画や映画を観てしまいそうですが、できれば今年は交友関係を広げてみたり、これまで体験したことがないことに挑戦してみましょう。旅行に行ったり、ライブやイベントなどに足を運んでみるといいでしょう。面白そうな知り合いの集まりに参加すると思った以上にいい思い出ができそうです。**特に年上の友人と遊ぶとよく、2021年辺りから仲よくなった人に連絡してみると、趣味が広がったり行動範囲が大きく変わるでしょう。**苦手だと思い込んでいたことが楽しくできるようになったり、新たな趣味を見つけることもできそうです。映画や本も、避けていたジャンルに挑戦してみるといいでしょう。

また、目立つことが苦手な人でも今年は明るくイメチェンするといいでしょう。目立つ服装にしたり、髪を少し染めたり、普段なら行かないようなオシャレな美容室で明るくイメチェンしてみましょう。同じような服を着ていることが多いと思いますが、「イメージ変わったね」と周囲から言われるような色やデザインの服を試してみるのもいいでしょう。

ただ、危険な誘惑には注意が必要。一度信じると突っ走ってしまうことが多いタイプなので、冗談半分のアドバイスを信じたり、お金を無駄に使ったり、ときには騙されてしまうことも。ノリや勢いが大切な年ですが、冷静に判断して欲張りすぎないようにしましょう。

1～5月は2021年の運気の勢いに乗って楽しい時間が多くなりますが、その分、現状に対する不満や疑問が出てきて、転職など環境の変化を望んでしまうことがあります。ただ、**2022年は大きな決断に不向きな運気なので、現状を維持しながら今の生活の中で楽しいことを見つけるようにしましょう。**6～8月になると無謀な行動や身勝手な判断をしやすくなるので注意してください。この期間にはじめて会う人とは関係を深めすぎないでほどよく距離を空けること。特に第一印象がいい人ほど気をつけましょう。9～12月はしばらく会っていなかった人から不思議と連絡があったり、偶然出会う機会が増えそう。プチ同窓会などをすると仕事でも恋愛でもいい縁がつながりそうです。

「準備の年」で最も注意するべきことは、時間、数字、お金です。特に時間にはルーズになってしまい、遅刻が増えたり終電を逃したりしそう。数分の遅れで信用を失うこともあるので、普段より10～15分早めに行動するように心がけましょう。数字も同様で、ネットで買い物をしたら発注ミスや確認忘れで驚くような数が届いてしまったり、予想外の時期に届くものを買ってしまうことがありそう。お金も、普段なら買わないものをポンポン購入して金欠になってしまうことがありそう。食べたいと思ったからつい購入してしまったなど、欲望に負けやすくなっているので気をつけましょう。

忘れ物やうっかりのケガにも注意しましょう。財布やスマホ、部屋の鍵を落として焦ったり、大出費になることがありそう。お酒を飲みすぎてしまい段差で転んで大ケガをすることなどもあるので注意しましょう。また、今年は暴飲暴食を繰り返して体重が一気に増えてしまうことも。おいしいものを見つけるのはいいですが、ハマりすぎないように気をつけましょう。車の運転にも要注意。大きな事故というよりも、車を擦ったりぶつけてしまうなど、普段ならやらないミスで痛い出費になりそうです。

今年は欲望に流されやすく、普段あなたの中で決めていたルールが崩れてしまう運気。真面目な人ほど踏み外しやすいので気をつけましょう。不倫や浮気など絶対にないと思っていた人が急に流されてしまう場合があります。1～2度の遊びならまだいいですが、どっぷりハマって元の生活に戻れなくなることもあるでしょう。儲け話にも注意が必要で、博打をしたらビギナーズラックで儲けたことでハマってしまい、最終的に大損することがあります。怪しい投資話にも簡単にOKしないようにしましょう。

夏は日焼けや熱中症に注意。「銀の鳳凰座」は燃える鳥だけあって情熱やパワーが強いですが、暑さには強くありません。今年は特に夏に体調を崩すことがあるので気をつけましょう。

何事も準備と確認をしっかりすれば恐れることのない年ですが、頑固で決めつけの激しいところがトラブルや不運の原因になりそう。調子に乗ったときほど気を引き締めて、「今年は注意しないと」と心がければ問題を避けられるでしょう。失言もしやすいので、伝え方が難しい場合は紙に一度書くかメールで伝えると余計なトラブルを避けられそうです。

今年は2023年の準備をする年ですが、2023年は「幸運の年」であなたを必要とする人が増え、チャンスも巡ってくる年。遊ぶ余裕もなくなり、視野を広げるきっかけも少なくなります。今年は、2023年の分も遊ぶくらいの気持ちで経験を増やしましょう。自分で思っている以上に愛想がなく仏頂面をしていることが多いので、笑顔の練習をしたり、コミュニケーションを楽しんでみるといい年になるでしょう。

また、異性との関わりが増えてチヤホヤされることもある年なので、交際にまで発展しなくても、異性の友人を作って楽しんでみるといいでしょう。一度異性の心をつかむと今後モテ続ける可能性もあるので、遊び心を持って接してみるといいかも。また、これまでとは違う年齢層の人から好意を寄せられる場合もあるので、ストライクゾーンを広げてみるのもいいかも。

身の回りを片づけるときは少し注意が必要です。うっかり大事なものを処分してしまったり、思い出があるものを間違って捨ててしまうことがありそう。家電の保証書や部品などを捨てて困ってしまうこともあるので、謎なものはそのまま置いておくこと。また、今年は転職や引っ越しなどの環境の変化は後悔することになるので、気分転換をするなら趣味を広げてみたりスポーツを始めるなど、現状の生活を大きく変えないようにしたほうがいいでしょう。どうしても転職や引っ越しをする場合、次の場所は長く続かないほうがいいので、また転職や引っ越しをすることになるでしょう。

12年に一度の遊ぶ年で、心のゆとりが出てくる年でもあります。準備万端にしていてもミスは出てしまいますが、早めに行動しておくことで多くの問題は避けられます。寝る前に次の日の服を決めて、スケジュールを確認して、出勤前や会社でもチェックを怠らないようにしましょう。一度サイクルができると苦にならないタイプなので、例年以上にキッチリとした1年を過ごしてください。

今年は、遊ぶことで全体の運気が上がります。仕事や勉強に真面目に取り組むのもいいですが、ゲーム感覚でやってみると思った以上にはかどったり手応えを感じられそう。何事も楽しむ1年だと思って、否定していたことを肯定したり、自分とは違う考え方や発想を取り入れる努力を楽しむといいでしょう。普段行かないお店で、いつもなら注文しないようなメニューを頼んでみたり、最新家電や新発売のお菓子などをいち早く購入して話のネタにしてみるなど、これまでのあなたが避けていたようなことを楽しみながら行ってみるといいでしょう。

決めつけが壊れることで、不要なプライドも捨てられます。いい意味で恥をかいてみることも大切で、笑いのネタや周囲が喜ぶ失敗談ができたと思ってみるといいでしょう。2023年からはあなたらしさが戻ってくるので、今年は遊び心を忘れずに楽しい1年を過ごしてください。

恋愛運

2021年に出会った人との交際はオススメ 今年の夏に出会う人には注意して

恋愛を遊びだと割りきれるなら2022年は恋のチャンスが多く、周囲からのアプローチも多くなるでしょう。ただ、恋愛の先に結婚を考える真剣な人には、今年の恋はいい恋とは言えない可能性が高そうです。今年はリラックスして相手と関わったり、異性の友人との交友関係を広げてみたり、モテを意識したイメチェンを行ってみるといいでしょう。予想外の人から告白されたり好意を寄せられて驚いてしまうこともありますが、モテ期をしっかり楽しみましょう。自分勝手に「恋は苦手」と思い込んだり、「恋はしない」と決めないようにしましょう。

2021年に既にモテを感じていたり、異性との関わりが増えている人もいるでしょう。2021年に出会った人との交際は、予想以上に楽しい付き合いになるのでオススメです。しかも結婚につながる可能性もあるので、真剣に付き合いたいと思うなら気になる人に連絡をしてみるといいでしょう。2022年になってからの新しい出会い運は、1月は縁が強そうです。2月以降は遊び相手や短い付き合いで終わってしまう可能性がありますが、思った以上に相手の心をつかんでしまい、あなたが相手を振り回すことにもなりそうです。

今年の夏に出会う人は、予想外に振り回されてしまったり遊びの関係になってしまうなど、あなたの運命を大きく乱す可能性があるので注意が必要です。飲み会、コンパなどで出会った軽いノリの相手には普段なら簡単に引っかからないタイプですが、つい油断をして深い関係になってしまうことがありそう。特に最初の印象がいいからと思って心を許すと、結果的にセフレ止まりになったりお金のトラブルに巻き込まれる可能性があるので気をつけましょう。うまく進んだとしても、結婚後に我慢の限界が来るようなことがありそうです。夏以外の時期にはじめて会う相手も、周囲からの評判や評価はしっかり聞くようにしましょう。一度好きになると周囲の意見に耳を貸さなくなる癖はやめるようにしましょう。

「銀の鳳凰座」は恋にも頑固で自分独自のルールがあり、それが今年のモテ期を台なしにしてしまう可能性があります。「自分はモテない！」という謎の決めつけはやめるようにしましょう。今年はモテるための努力をするというよりも、楽しみながらモテてみるくらいの気持ちでいるといいでしょう。異性に好かれそうな服装を選んでみたり、少し目立つような髪型にするなど、意識を少し変えてみましょう。「媚びるようなことはしたくない」と思う人もいると思いますが、モテる遊びだと思ってみるといいでしょう。また「恋愛＝耐えるもの」、または「恋愛＝相手に尽くすもの」と思い込んでいる人ほど、今年から恋愛観を変えるようにして、楽しい時間を過ごすくらいの軽い気持ちになってみるといいでしょう。ただ、キャラを大きく変えることに抵抗があると思うので、大人な自分を演出したり、落ち着いた場所で会話を楽しんでみるなど、自分の得意な場所に相手を誘ってみるといいでしょう。ジャズバーや映画など無理にテンションを上げなくていい場所で、会話が途切れてもいいようなデートを選択するといいでしょう。今年から恋愛に夢中になってしまうこともありますが、遊びの恋を楽しめるのはこの1年だけなので、これまでと少し違う自分をおもしろがってみるといいでしょう。

開運のつぶやき ▶ 「こんな人がいたらいい」と思える人がいるなら、あなたがなればいい

結婚運

結婚に向けての準備に最適な年
今年はふたりの時間をしっかり楽しんで

「準備の年」での結婚は基本的にはオススメしませんが、2021年中に婚約や入籍の約束を既にしている場合は問題がありません。できれば1月、3～4月に籍を入れるようにするといいでしょう。それ以外のカップルは、今年ふたりの時間をしっかり楽しむようにできれば、2023年に結婚するような感じで話を進めることができるでしょう。結婚披露宴の場所や新婚旅行のことなど前向きな話をしながら、冗談半分でもいいのでふたりで一緒に夢のある話ができるといいでしょう。現実的ではない話が出ても突っ込みすぎないでノリのよさを見せておきましょう。

結婚に向かうための準備にはいい年です。お金のことや将来住む場所、仕事のことなどを話すのはいいですが、ネガティブにならないようにしましょう。少しでもいいので結婚資金を貯めるといいですが、ギスギスするような話は逆効果になってしまうので、ゲーム感覚で結婚資金を貯める遊びをしてみるといいでしょう。デートでの外食を避けて家で料理をすることで節約ができたら、そのお金は結婚資金にするなど、ふたりの中で無理のない範囲で結婚の準備を進めるといいでしょう。

「まだ恋人はいないけれど結婚を望んでいる」という人は、2021年、2019年、2018年に出会った人の中で、あなたに好意を寄せてくれている人の中から選んでみましょう。あるいは、周囲からの評判がいい人、周りがオススメする人の中で「金・銀の時計座」の人がいたら、交際を進めてみると年末に結婚に話を進められる可能性があるでしょう。「好みではない」「最初の印象がいまいちだった」「条件に合わない」などマイナスの理由を探しているうちは、本気で結婚する気持ちになっていないだけ。周囲からオススメされる理由を探してみたり、相手のいい部分を見るように意識や視点を変えてみるといいでしょう。

また、恋人がいる人は、今年は妊娠が先にわかってからの入籍をしやすい年でもあります。将来を考えていなかった遊びの相手との妊娠で結婚に進んでしまう場合もあるので、注意が必要な相手とは深い関係にならないように気をつけましょう。最も注意するべきは、今年出会った人で年内中に妊娠が発覚して結婚をすることになる相手です。離婚をしたり後悔する結婚になる確率が非常に高く、忍耐強いあなたでも限界になるような出来事が多くなるので、勢いでの結婚は避けて2023年以降に冷静に判断するようにしましょう。

結婚を意識するのもいいですが、2022年は恋人と楽しい時間を過ごしてみたり、将来笑顔でいるために相手のことをもっと知る必要のある年だと思っておきましょう。あなたの中で「絶対にこの人は大丈夫！」と思っていても、合わない部分や価値観の違いは必ずあります。「互いにどれくらい我慢や妥協が必要なのか」「現実的にふたりの将来が見えるのか」などいろいろ想像するためにも、楽しみながら相手を知る期間だと思っておきましょう。過剰にプロポーズを期待するよりも、年末に真剣に話ができればラッキーと思っておくといいでしょう。11月には大事な話ができたり、決め手になる出来事も起きそうです。相手に尽くすのはいいですが、あなたのやさしさに甘えすぎてしまう人ではないか、探ってみるといいでしょう。

仕事運

**普段ならしないようなミスが続くかも
準備と確認をしっかりすれば問題回避**

リラックスして仕事に取り組めるのはいいですが、仕事への集中力が途切れてしまったり、やる気のない日々が続いてしまいそう。遅刻や寝坊、数字や時間や金額のミスなど、普段ならしないような失敗を繰り返してしまうでしょう。些細なことでもしっかり準備をして、最終確認を怠らないようにしましょう。特に、「これは大丈夫」と思い込んでいるような慣れた仕事でも、チェックを甘くしていると大きな問題を起こしてしまう可能性があるので気をつけましょう。気を引き締めておけば問題のない1年を過ごせるでしょう。

今年は転職したい気持ちがどんどん強くなってしまったり、周囲からの言葉に振り回されてしまったり、現状の仕事に対して不安になってしまうことがありそう。「銀の鳳凰座」は簡単に誘惑に負けるタイプではないですが、引き抜きの話があったり他の仕事のよさを聞く時間も増えてしまうため、今の仕事に対する不満が一気に爆発してしまったり、仕事へのやる気を失ってしまうかも。特に夏場は、プライベートが楽しくなりすぎて、働く意味がわからなくなってしまうようなこともありそうです。2022年は仕事を頑張ったごほうびを頂ける年でもあるので、不満や文句や不安を抱く前に「今遊べるのは仕事を頑張ってきたからだ」と、仕事への感謝を忘れないようにしましょう。

問題は、転職や離職に踏みきってしまう人です。この占い結果を知ったからといって簡単に自分の気持ちを変えるタイプではないので、行動に移してしまうことがあるでしょう。どうしても転職や離職に走ってしまう場合は、今の職場の人と一緒に仕事ができるような状態を作っておいたり、あわよくばまた戻って来られるようないい辞め方をするようにしましょう。上司や先輩、周囲の人には感謝を伝えて、恩返しの気持ちをしっかり表しておくことを忘れないように。「いつでも戻ってきてね」「また一緒に仕事をしましょう」と言われるようにしておくといいでしょう。

また、今年は職場の人とのコミュニケーションを楽しんでみるようにしましょう。仕事は仕事と割り切って、プライベートで遊ぶことを避けているタイプでも、飲み会や食事会、ゴルフやスポーツサークルなどに、職場の人や仕事関係者を自分から誘ってみることが大切です。あなたから誘うと珍しいと思われるかもしれませんが、今年は周囲の人と仲よくなる努力をできるだけ行ってみるようにしましょう。予想外の人と仲よくなれたり、後に仕事が非常にやりやすくなることもあるでしょう。

また、仕事を遊び感覚やゲーム感覚でやってみるのもいいでしょう。仕事に真剣に取り組むタイプの「銀の鳳凰座」にはなかなか難しいアドバイスですが、考え方を柔軟にするためにも、多少の失敗でめげないようになるためにも、挑戦してみるといいでしょう。困難を感じるときほど「クリアの難しいゲームだ」と思ってみると、これまでとは違った感覚で仕事に取り組めそうです。ただ、遊びだとしても事前準備は忘れないようにしましょう。

しっかり仕事をしてしっかり遊ぶことで仕事のやる気が保たれるでしょう。仕事ばかりにならないで計画的に遊んでみたり、心のゆとりを持って仕事ができるようにするといいでしょう。

開運のつぶやき ▶ 実力とは努力

買い物・金運

**遊びや趣味に出費するとよさそう
高価な買い物は2023年以降に**

2022年は思ったよりも遊びや付き合いが多くなるため、出費が多くなってしまうでしょう。ただ、これまで仕事を頑張ってきた人ほど今年は「ごほうびの年」だと思って、遊びや趣味にお金を使ってみたり、興味が湧いたものに出費するといいでしょう。ライブやイベント、旅行などはいいお金の使い方になりそうです。多少貯金が減ってしまったり、他のことで節約をしなくてはいけなくなるかもしれませんが、楽しむための出費を増やすようにしましょう。

今年は、車や家やマンションなどの高価な買い物はできれば避けて、2023～2024年にするといいでしょう。2021年に購入を決断している場合は、手に入れても問題はないので気にしないでください。引っ越しも同様で、2021年の段階で決まっていたならいいのですが、2022年になってから引っ越したくなった場合は、できれば2023年になってからのほうがよさそうです。どうしても引っ越すことになってしまった場合は、2023～2025年上半期にもう一度引っ越しをするようにしましょう。今年は長く住む運気が出ていないので、長くても3年くらいの場所だと思っておきましょう。

また、今年はお金のことで騙されてしまったり、不要な契約をする可能性もあるので、注意が必要です。そもそも2022年は高額な買い物をオススメする時期ではありません。判断ミスで不要なものを買ってしまったり、無駄な契約をする可能性が高いので、勢いまかせで契約しないようにしましょう。「お得だから」で釣られてしまうと、最初は得でも結果的に大損するパターンの可能性があるので気をつけましょう。特にネットでの買い物や契約、保険の見直しなどは手間がかかる割に損することになるので気をつけること。「簡単に儲かるから」という話は、信用できる人からのものでも注意しましょう。少額の投資などの場合は、なくなってもいい金額や遊びだと割りきって行う分にはいいですが、儲かっても大金をつぎ込まないようにしましょう。投資や投資信託などは2023年から本格的に進めるようにしましょう。

お金の出入りは激しくなりますが、普段なら避けているようなことに挑戦をするといい年。自分の考え方を変え、柔軟な発想をするためにも、否定していたことや食わず嫌いだったことに挑戦してみましょう。遊び感覚でチャレンジしてみると思った以上にいい思い出ができそうです。普段なら参加しないようなイベントやライブに行ってみると、思った以上にいい体験ができたり、おもしろい発見があるでしょう。ここでケチケチすると幸運を招かない原因になってしまうので、結果があなたの思った通りだったとしても、経験をすることとの差は大きいということを覚えておきましょう。できれば今年は、マリンスポーツやウィンタースポーツなどに挑戦をするといいですが、ハマりすぎてしまうこともあるので調子に乗ってケガなどをしないように注意しましょう。

車の運転をしたら擦ってしまったり軽くぶつけるなどして予想外の出費があったり、スマホを落として画面が割れてしまい修理でお金がかかったり、財布を落としたり、転んでケガをして治療費がかかったり、ドジや確認ミスでの出費が増える運気でもあるので、事前準備をしっかりして、最終確認をするまで油断しないように気をつけましょう。

美容・健康運

健康で楽しく過ごせる1年
ただし暴飲暴食には注意して

基本的には健康で楽しく過ごせる年です。ただ、楽しい時間も多く、遊びの予定などを無理に詰め込むことが増える年でもあるので、睡眠不足になってしまい、それによって肌の調子が悪くなったり、疲れを感じてしまうかも。また、寝坊や遅刻などで慌てたときに足の小指を激しくぶつけて痛みが引かないと思ったら骨折していたり、急いでいて階段をジャンプしたら捻挫したり、みんなと楽しくお酒を飲んだら深酒してしまい些細な段差で転んで大ケガをするなど、普段ならなかなかしないようなケガをする可能性があるので注意してください。どんなときも落ち着いて行動すればケガをすることはないですが、夏は毎年運気が乱れるので日焼け対策をしっかりするようにしましょう。日傘や日焼け止めを忘れて肌の調子が悪くなってしまったり、プールや海に行ったら日焼けしすぎてシミになるなど、後悔することがありそうなので気をつけて過ごしましょう。

美意識を高めるなら、楽しみながらのダイエットやスポーツをやってみましょう。忍耐強いタイプなので過酷なダイエットや筋トレのほうが効果的に思えますが、2022年は、ダンス、ヨガ、流行のダイエット方法、ボクササイズ、水泳などがオススメ。友人や知人と楽しみながらやってみると思った以上に体が引き締まったり、代謝を上げることができそうです。

楽しみながら運動するのはいいですが、体を動かした後にお酒を飲みすぎたりご飯を食べすぎないように気をつけましょう。また、「銀の鳳凰座」はついつい夜更かしをすることが多いので、2022年は寝る時間を多く取るようにしたり、夜更かしする日と絶対にしない日を決めてみるといいでしょう。

今年は暴飲暴食をしてしまったり、気の緩みが大きくなってしまうことによって体型の維持ができなくなってしまうことがありそうです。また、部屋が散らかったままになったり身の回りの整理整頓ができなくなってしまうなど、だらしない生活や悪習慣がついてしまう可能性もあるでしょう。特に欲望に流されやすくなってしまう年なので、食べたいと思ったものをついつい買いすぎてしまったり、お菓子やアイスを食べてから寝るような習慣がついてしまうので気をつけましょう。お酒にもハマりやすくなりそう。気がついたら連日連夜飲んでいるということがありそうなので、休肝日をしっかり作ったり、お酒を部屋に常備しないようにしましょう。

しっかり遊ぶことが大切な年でもあるので、1年かけて日頃のストレス発散をしてみましょう。のんびりひとりの時間を贅沢に使ってみたり、ひとり旅をして旅館などで贅沢な時間を使ってみるのもいいでしょう。普段は避けてしまっているような高級エステやマッサージを受けて、贅沢な時間を楽しんでみるのもいいでしょう。落語やお笑いのライブに行ってみるとTVやネットとは違うおもしろさを発見できそうです。コメディの映画やお芝居を観に行ってみるのもいいストレス発散になるでしょう。腰が重いタイプですが、今年は楽しそうなことに挑戦してみるといい記念や思い出になるので、いろいろなところに足を運んでみましょう。12月は遊びすぎたり予定を詰め込んだ疲れが出る場合があるので、スケジュールにはゆとりを持っておくといいでしょう。

親子・家族運

家族と遊ぶことが多い1年にしよう
子どもの話は最後まで聞いて

家族と楽しい時間を過ごすにはいい年。家族旅行に行ったり、食事会や誕生日会を開いてみるといいでしょう。思い出作りに温泉や海に出かけるのもよさそう。離島や水族館に行ったり、海の見える旅館に泊まってゆっくり時間を過ごすなどしてみると家族との絆も深まりそうです。日ごろ家族のために頑張りすぎている人ほど今年はそのごほうびだと思って楽しんでみるといいので、しばらく家族で出かけていない人は気になる場所を探してみるといいでしょう。話題の場所でもいいですが、娯楽施設が隣接していたり、リゾート気分を味わえる場所がよさそうです。

夫婦関係も、例年よりも一緒に遊ぶ時間や話をする機会が増えそうです。イベントやライブ、芝居など気になる場所を調べて一緒に行ってみるといいですが、遅刻をしたり予約した日を間違えるなどして気まずい空気にならないように。楽しく会話をするのはいいですが、今年は失言をしやすいので気をつけましょう。身内には特に言葉が雑になってしまったり、伝わっていると思って甘えてしまい、ケンカの原因になってしまいそうです。丁寧に伝えるようにしたり、相手の気持ちをもっと考えるようにしましょう。

お子さんとの関係は、勘違いや思い込みで親子で恥をかいてしまうことがありそう。子どもが「絶対に違う！」と強く言っているのに間違ったことを教えたり押しつけてしまい、別の日にお子さんがそのことで恥ずかしい思いをするということが続いてしまいそう。自分が正しいと思い込みすぎないで、子どもの話を最後まで聞いて、調べ直してみたり、確認をするようにしましょう。

両親とは下半期のほうがつながりが強くなるので、秋や年末に会ったり連絡する機会が多くなりそう。約束を忘れてしまったり、「言った、言わない」で揉め事にならないように気をつけましょう。今年はあなたがミスしやすい年なので、「これは自分が悪いかな」と引くようにすれば大きな問題にはならないでしょう。両親の話もしっかり聞くようにしましょう。相撲や歌舞伎など敷居が高いと思われるような場所に行くと、これまでとは違う発見があり視野を広げられてよさそうです。

ひとりの時間をついつい楽しんでしまって家族のことを忘れて遊びすぎてしまったり、趣味に没頭する場合もあると思いますが、これまで過ごせてこられたのは家族のお陰だということを忘れないようにしましょう。「2022年は家族と遊ぶ時間が多かった」と思えるような1年にするといいでしょう。無理にお金や時間をかけなくても、身内だからこそ手軽に喜んでもらえることをするといいですが、「銀の鳳凰座」は昔の思い出への執着が強いので、家族の好みが変わっていることや、今興味があることを知らないでいる可能性があります。何をすれば喜んでもらえるのかをしっかりリサーチをしておかないと、「あ〜、これ昔好きだったね」と懐かしがられるだけで、あまり喜んでもらえないものをプレゼントしてしまうことになるかも。また、ギリギリになっての予約や準備で誕生日プレゼントやケーキが間に合わなかったり、日付や名前を間違えるようなミスをすることもあるので、祝い事の準備は早めに行っておくようにしましょう。

銀の鳳凰座 2022年タイプ別相性

気になる人のタイプを調べて、コミュニケーションに役立ててください。

相手が 金のイルカ座

新しい遊びや新しい価値観を知りたいなら一緒にいるといい相手。今年は相手のワガママに振り回されてみると世界観が変わったり、いい経験ができそうです。ただ、楽しい時間を過ごすほど仕事へのやる気を失うのでホドホドにしましょう。恋愛相手としては、これまでと違うタイプなら飛び込んでみるといいですが、我慢することになるかも。仕事相手としては、相手はやる気になり始める年なので、あなたのやる気のない感じが伝わらないようにしましょう。今年初めて会う人の場合は、遊び友達や情報を教えてもらえる人だと思うといいでしょう。

相手が 銀のイルカ座

互いに現状に不満を抱く年。今年はしっかり遊ぶとあなたの運気はよくなるので、楽しみ方や遊び方をこの相手に教えてもらうといいでしょう。笑う時間を増やすことで相手も前向きに挑戦できるようになるでしょう。恋愛相手としては、長い付き合いを考えるよりも、今を楽しむことにするといい関係になれそうです。短くてもいい思い出を作ってみましょう。仕事相手としては、互いにミスが多くやる気が出てこないので、確認やフォローをしてあげるといいでしょう。今年初めて会う人の場合は、互いにドジな人だという印象をもってしまいそうです。

相手が 金の鳳凰座

あなたの一歩先を行っている相手だと思って観察するといいでしょう。付き合いが長いと遊ぶ機会が増えますが、相手が仕事もプライベートも忙しくなっていく姿を見て、気持ちが冷めてしまったり、やる気を失いそう。恋愛相手としては、相手があなたに片思いしているなら進展する可能性が高いですが、あなたからの場合は年末か来年になりそう。仕事相手としては、忙しくなる相手なので足を引っ張らないようにして、サポートするといいでしょう。今年初めて会う人の場合は、距離が縮まらない関係になりそう。趣味が同じ場合は来年仲よくなれそう。

相手が 銀の鳳凰座

互いに珍しいミスをしそう。悩みや不安も共通しているので、いろいろ話してみるといい相談相手になるでしょう。互いの話を聞いておくと同じような失敗を避けることができるでしょう。恋愛相手としては、互いにしばらく恋人がいないなら勢いで交際すると、思った以上にいい感じになりそう。仕事相手としては、互いに小さなミスが多いので注意をしたり、うまく手助けしてあげましょう。最終チェックを忘れないようにしましょう。今年初めて会う人の場合は、遊び友達だと割り切っておくといい関係になれそう。趣味の話で盛り上がりましょう。

相手が 金のカメレオン座

互いに気持ちが不安定な年。相手の話は裏目に出たり思った通りに進まないので、鵜呑みにしないほうがいいでしょう。遊ぶときは互いに未経験のことを選んでみるといい思い出ができそうですが、無計画な行動には走らないように。恋愛相手としては、互いに好みではない可能性が高く、特に相手からは好みではないタイプと思われてしまいそう。仕事相手としては、お互いに仕事が雑になってしまうので、確認作業や細部のチェックを怠らないようにしましょう。今年初めて会う人の場合は、一時は仲よくなれても、距離が自然と空いてしまうでしょう。

相手が 銀のカメレオン座

今年はすれ違う感じがありそうですが、あなたは相手の変化に気づかないまま昨年と同じ感じで接してしまいそう。相手は悩みや不安が多くなっているので、時間のあるときに話を聞くといいでしょう。恋愛相手としては、タイミングが合わない感じや相手の不安定さに振り回されてしまいそう。自分の時間を楽しむほうがよさそうです。仕事相手としては、互いにモチベーションが下がっていたり、ミスが多いので気をつけましょう。今年初めて会う人の場合は、深入りをしない程度の距離がいいでしょう。誘惑や甘い話には気をつけておきましょう。

相手が 金のインディアン座

相手の明るさやパワーに憧れそう。人なつっこい感じやマイペースさなど見習うところがあるので観察しておくといいでしょう。相手の適当な話に心を乱されないようにして。恋愛相手としては、ノンビリしているとタイミングを逃しそうです。相手の話を楽しんでよく笑うといいでしょう。マメに会えるように連絡も忘れないようにしましょう。仕事相手としては、相手が一気に評価されますが、あなたは小さなミスが多くなるので邪魔をしないように気をつけましょう。今年初めて会う人の場合は、マメに会うようにするといい関係になれるでしょう。

相手が 銀のインディアン座

心身共に疲れている相手。遊びに誘ってストレス発散をさせてあげたり、精神的な支えになってあげるくらいの気持ちで話してみるとあなたも気持ちが楽になるでしょう。恋愛相手としては、優しく接してみると年末に急接近できそう。勇気を出して気持ちを伝えてみるといい感じで進みそうです。仕事相手としては、互いに小さなミスがありそう。相手は疲れていたり実力以上の仕事を抱えている可能性があるので、上手なサボり方を教えてみるといいでしょう。今年初めて会う人の場合は、ストレス発散をする知り合いだと思っておきましょう。

相手が 金の時計座

あなたに優しくしてくれる相手。悩みや不安があるなら相談すると、ふんわりとしながらもいいアドバイスが聞けるでしょう。遊びに誘ってみると、ノリがいいので遊んでくれたり楽しい時間を過ごせそう。知り合いや友人も紹介してもらえそうです。恋愛相手としては、モテ期に入っている相手なので、様子を見ているとタイミングを逃しそう。仕事相手としては、あなたのミスをフォローしてくれそう。迷惑をかけないように細部にこだわって仕事をするようにしましょう。今年初めて会う人の場合は、相手に合わせてみることで人脈を広げられそう。

相手が 銀の時計座

一人の時間が好きなあなたにとっては真逆に見える相手。今年はこの相手の人付き合いのうまさをマネしましょう。遊びに誘われたら必ず顔を出すノリのよさを見せて、あなたからも相手を誘いましょう。恋愛相手としては、一緒にいる時間を楽しめるといい関係に進めそう。相手は人気を集める運気でライバルが多いので、年末や来年に期待して自分磨きしましょう。仕事相手としては、相手に喜んでもらうために仕事をするといい結果につながりそう。今年初めて会う人の場合は、楽しい時間を過ごすのはいいですが、あなたから身をひいてしまいそう。

相手が 金の羅針盤座

あなたのやる気のない感じや視野の狭さが悪いほうに影響しそう。ドジなところを笑い飛ばすほうが、相手にとっては勇気を出せるきっかけになりそうです。相手の前では笑顔を心がけておきましょう。恋愛相手としては、遊び友達や知り合い程度の関係がよさそう。いい感じに進展するのは来年、再来年になりそうです。仕事相手としては、あなたのミスが目立ってしまうので、相手が弱点を見抜いてしまいそう。丁寧に仕事をするようにしましょう。今年初めて会う人の場合は、印象が微妙でいい関係に進めないので、遊び友達くらいの感覚でいましょう。

相手が 銀の羅針盤座

変化を楽しんで受け入れる年なので、一緒に新しい遊びに挑戦してみたり、普段なら行かないようなお店や場所に行ってみると楽しい時間を過ごせそう。何事もポジティブに捉える遊びをすると、二人で前向きになれてやる気も湧いてくるでしょう。恋愛相手としては、互いに様子を見てしまい、進展に時間がかかりそう。相手をたくさん笑顔にできるとチャンスがやって来そうです。仕事相手としては、互いに至らない点が見える年なので、相手の成長に期待しましょう。今年初めて会う人の場合は、新しい情報を教えてもらえる人になりそうです。

開運のつぶやき ▶ 他人が自分のために使ってくれた時間は、命であることを忘れてはいけない

あなたの命数は
P.10からはじまる
命数早見表でチェック！

命数別2022年の運勢

【命数】
21

覚悟のある意地っ張りな人

基本性格

超負けず嫌いな頑固者で、何事もじっくりゆっくり突き進む根性を持つ人。体力と忍耐力はあるものの、そのぶん色気がなくなってしまい、融通の利かない生き方をすることが多いでしょう。何事も最初に決めつけるため、交友関係に問題があってもなかなか縁が切れなくなったり、我慢強い性格が裏目に出たりすることも。時代に合わないことを続けがちなので、最新の情報を集めたり視野を広げたりする努力が大事です。

★根性のある星
★過去の恋を引きずる星
★しゃべりが下手な星
★冬に強い星
★ギャンブルに注意な星

開運3カ条

1. スポーツ観戦に行く
2. 意地を張らないで負けは認める
3. 異性の友人と遊ぶ

2022年の総合運

仲間と楽しい時間を過ごすにはいい年ですが、情熱やパワーが少し落ちてしまう年でもあります。今年はのんびりすることで運気もアップするので、ゆっくり本を読んだり映画を観る時間を定期的に作っておくといいでしょう。遊び友達と一緒にいる時間が増えそうですが、誘惑に負けすぎないように気をつけましょう。健康運は、食べすぎ飲みすぎで胃腸の調子が悪くなる場合があるので、しっかり食べてしっかり体を動かしておきましょう。

2022年の恋愛&結婚運

異性の友人との交際はオススメできますが、今年になってはじめて出会った同世代の相手には注意が必要です。共通点があったりノリが合うからといって心を許してしまうと、面倒な相手だったり、痛い目に遭ってしまうことがあるでしょう。金銭トラブルに巻き込まれてしまう場合もあるので気をつけましょう。結婚運は、相手と共通の趣味があるなら盛り上げてみると年末に話が進みそうです。

2022年の仕事&金運

職場の同期やライバルの頑張りを認めたり、自分の負けを素直に認めてみるといいでしょう。頑張りすぎないでときには道を譲ってみると気持ちが楽になったり、力を抜いて仕事に取り組めるようになるでしょう。意地で頑張るのはいいですが、雑になりやすいので細部にもっとこだわって仕事をするようにしましょう。金運は、交友関係や付き合いでの出費が増える年。スポーツやスポーツ観戦などにお金を使うとストレス発散にもなりそうです。

ラッキーカラー パープル　キャメル　**ラッキーフード** 野菜炒め　梨　**ラッキースポット** 古都　スタジアム

【命数】
22

決めつけが激しい高校3年生

基本性格

かなりじっくりゆっくり考えて進む、超頑固な人。刺激や変化を好み、合理的に生きようとします。団体行動が苦手で、ひとりの時間が好き。旅行やライブへ行く機会も自然に増えるでしょう。向上心や野心はかなりありますが、普段はそんなそぶりを見せないように生きています。他人の話の前半しか聞かずに飛び込んでしまったり、周囲からのアドバイスはほぼ聞き入れずに自分の信じた道を突き進んだりするでしょう。

★秘めたパワーがある星
★やんちゃな恋にハマる星
★過信している星
★寒さに強い星
★ものの価値がわかる星

開運3カ条

1. 感謝を忘れない
2. 舞台やライブに行く
3. 刺激を求めすぎない

2022年の総合運

環境を変えたいという気持ちが強くなったり、刺激的なことに挑戦したくなってしまう年。無謀とも言える行動をしたり、周囲との縁を突然切ってしまうことがあるでしょう。冷静に判断をして、これまでの努力を無にすることがないように気をつけましょう。人の話を最後まで聞かないことがトラブルの原因になるので、しっかり最後まで聞いて、最終チェックを怠らないようにしましょう。健康運は、調子に乗ったときのケガや過信からの事故などに注意しましょう。

2022年の恋愛&結婚運

異性から好意を寄せられる時期ですが、自分の好きな人を追いかけたいあなたにとっては不要なモテ期になってしまいそうです。遊び相手としては丁度いい相手も出てきそうですが、遊びのつもりが逆にもてあそばれてしまうこともあるので気をつけましょう。不倫や三角関係など刺激的な恋に飛び込む可能性もあるので注意しましょう。結婚運は、昨年中に盛り上がった相手がいるなら1月に入籍を決めるといいでしょう。

2022年の仕事&金運

3～4月くらいまではいい結果が出たり、やる気が継続できそうですが、そこから年末までやる気を失ってしまいそう。仕事に刺激を求めるよりも趣味やプライベートを楽しんでみるとよさそう。仕事で高い目標を掲げるなら、ごほうびを決めると前向きに取り組めそうです。誘惑が多くサボってしまいがちですが、のちにバレて信用を失うので気をつけましょう。金運は、博打的なことや投資にハマりやすいのでホドホドにしておきましょう。

ラッキーカラー ホワイト　ブラック　**ラッキーフード** カボチャの煮付け　桃　**ラッキースポット** ライブハウス　イベント会場

ラッキーカラー、フード、スポットはプレゼントやデート、遊ぶときの口実に使ってみて

さらに細かく自分と相手が理解できる!
生まれ持った命数別に2022年の運気を解説します。

【命数】
23

頑固な気分屋

基本性格

明るく陽気ですが、ひとりの時間が大好きな人。サービス精神が豊富で楽しいことやおもしろいことが大好き。昔からの友人を大切にするタイプです。いい加減で適当なところがありますが、根は超頑固。周囲からのアドバイスには簡単に耳を傾けず、自分の生き方を貫き通すことが多いでしょう。空腹になると機嫌が悪くなり、態度に出やすいところと、余計なひと言は多いのに肝心なことを伝えきれないところを持っています。

★楽天家の星
★ノリで恋する星
★欲望に流される星
★油断すると太る星
★空腹になると不機嫌になる星

開運3カ条

1. 不機嫌を周囲に見せない
2. よく笑う
3. 仕事の楽しい部分を見つける

2022年の総合運

遊ぶ時間が増える楽しい年になりますが、ミスが多くなってしまう運気でもあるので、気分で判断をしないようにしましょう。後先考えないで決断をすることもあるので、自分の機嫌を常によくしていられるように心がけたり、自分と周囲が笑顔になるために日々を過ごしてみましょう。健康運は、油断をして暴飲暴食をすると体重が一気に増えてしまいそう。口内炎ができたり気管が弱くなりやすいので気をつけましょう。

2022年の恋愛&結婚運

異性からの誘いや誘惑が多くなる年ですが、警戒心が薄れてしまうことがあるので、相手選びを間違えないように。複数の人と交際している感じになってしまったり、遊ばれるだけの関係になってしまうこともあるので気をつけましょう。異性の前ではよく笑うだけで心を簡単につかめそうです。結婚運は、話が盛り上がっても気分で振り出しに戻ってしまうことがあるので気をつけましょう。妊娠が先に分かって入籍する確率も高い年です。

2022年の仕事&金運

突然仕事を辞めたくなって、退職届を出してしまうことがありますが、気分での転職や離職は後悔することになるのでやめておきましょう。今年は仕事に楽しさを見つけるか、見つけられない場合はプライベートを充実させることが重要。遊びの計画や休みの日の予定を決めると自然と楽しくなりそう。友人から誘われたことにも勇気を出して挑戦するといいでしょう。金運は、浪費が激しくなるので金額を決めて遊ぶようにしましょう。

ラッキーカラー レッド　グレー　**ラッキーフード** いわしの蒲焼き　ココア　**ラッキースポット** カフェ　博物館

【命数】
24

忍耐力と表現力がある人

基本性格

じっくり物事を考えているわりには、直感を信じて決断するタイプ。超頑固で、一度決めたことを貫き通す力が強く、周囲からのアドバイスを簡単には受け入れないでしょう。短気で毒舌な部分があり、おっとりして見えても実は攻撃的な一面も。過去の出来事に執着しやすく、恩着せがましいところもあります。感性は豊かで、新たなアイデアをどんどん生み出したり、芸術的な才能を発揮したりすることもあるでしょう。

★直感力が優れている星
★一目惚れする星
★過去を引きずる星
★手術する星
★情にもろい星

開運3カ条

1. 勘が外れることを楽しむ
2. ふだん避けている遊びをする
3. 余計な一言に注意する

2022年の総合運

気になることが増えて気が散ってしまいそうな年。おもしろそうなことや楽しそうなことには素直に反応して、思いきって行動してみるといいですが、勘が外れてしまったり、失敗が多くなりそうです。今年は勘が外れる感じを楽しんでみるくらいの余裕を持っておくといいでしょう。口が滑って大きな問題になる場合があるので、真実だとしても余計なことは口に出さないようにしましょう。健康運は、寝不足で疲れがたまりやすいので睡眠時間をしっかりとりましょう。

2022年の恋愛&結婚運

本来なら一目惚れで自分と相性のいい相手を見つけられるなど、好みがしっかりしているタイプですが、今年は判断ミスをして他のタイプに惑わされることがあるでしょう。好みではない人と勢いで交際がスタートしたり、遊びの関係が始まってしまうことがあるので、気持ちのブレーキを忘れないようにしましょう。結婚運は、昨年に結婚する相手が決まっているなら1月に話をすると入籍できそう。ここを逃すと来年までもつれそうです。

2022年の仕事&金運

春まではいい判断や決断ができたり、アイデアが出る年ですが、5月辺りから頭の回転が鈍くなったり、テンションが下がってしまいそう。メリハリをつけながらもストレス発散をマメに行うようにして、基礎体力作りを忘れないように行うといいでしょう。普段なら油断しないようなところを突っ込まれてしまったり、脇が甘くなるので気をつけましょう。金運は、楽しくお金を使えそうですが、浪費で生活が苦しくなるかも。

ラッキーカラー ホワイト　イエロー　**ラッキーフード** カリフォルニアロール　フルーツタルト　**ラッキースポット** 劇場　ショッピングモール

ラッキーカラー、フード、スポットはプレゼントやデート、遊ぶときの口実に使ってみて

【命数】
25
忍耐力がある商売人

基本性格

フットワークが軽く、情報収集も得意で段取りも上手にできる人。頑固で何事もゆっくり時間をかけて進めるタイプ。表面的には軽い感じに見えても、芯はしっかりしています。頑固なため視野が狭く、情報が偏っている場合も多いでしょう。お調子者ですが、本音はひとりの時間が好き。多趣味で買い物好きになりやすく、部屋には使わないものや昔の趣味の道具が集まってしまうことも。

★情報収集が得意な星
★お得な恋が好きな星
★夜はお調子者の星
★疲れをためやすい星
★お金の出入りが激しい星

開運3カ条

1. 計画は最終チェックを忘れない
2. 美容室を変えてイメチェンする
3. 儲け話に耳を貸さない

2022年の総合運

情報収集が好きで計画的なタイプですが、今年は情報収集の甘さや計画の緩さが出てしまう年。気持ちが乗らない感じがして、他に興味が湧いてしまうことや誘惑が多く、雑な判断や行動をしやすくなってしまうでしょう。お酒の席で大失敗をすることがあるので、飲みすぎや連日にならないように気をつけましょう。健康運は、予定を詰め込んで疲れがたまってしまいそう。家でゆっくりして何もしない日を作っておくといいでしょう。

2022年の恋愛&結婚運

異性から求められたり、チヤホヤされるようになりそう。年齢と流行に合った髪型にするだけで一気に扱いが変わりそう。美容室を変えてイメチェンするといいでしょう。服装も華やかな感じにするといいですが、遊び人に引っかかりやすくなるので、これまでの経験を活かしてうまく判断するようにしましょう。結婚運は、結婚には不向きな年なので、遊びと本気をしっかり分けておきましょう。来年に期待してしっかり準備をしましょう。

2022年の仕事&金運

思い通りに仕事が進まない感じや目の前の仕事に集中できない感じになりそう。転職の誘惑に負けやすいですが、ここは踏みとどまって来年末まで頑張るようにしましょう。珍しいミスや計画の甘さや見積もりのミスなどをしやすいので、数字や金額はしっかり確認するように。情報漏洩などもしやすいので重要なことを知ったときはお酒は控えましょう。金運は、儲け話にうっかり騙されてしまったり、不要な買い物が多くなりそうです。

ラッキーカラー ホワイト　ピンク　**ラッキーフード** ネギトロ　ティラミス　**ラッキースポット** 映画館　水族館

【命数】
26
忍耐力がある現実的な人

基本性格

超がつくほど真面目で頑固。他人のために生きられるやさしい性格で、周囲からのお願いを断れずに受け身で生きる人。一方で「自分はこう」と決めた生き方を簡単に変えられないところがあり、昔からのやり方や考え方を変えることがとても苦手。臆病で寂しがり屋ですが、ひとりが大好きで音楽を聴いて家でのんびりする時間が欲しい人。気持ちを伝えることが非常に下手で、常にひと言足りないので会話も聞き役になることが多いでしょう。

★粘り強い星
★初恋を引きずる星
★言いたいことを我慢する星
★ポイントをためる星
★音楽を聴かないとダメな星

開運3カ条

1. ケチケチしないで遊ぶ
2. 会話を盛り上げる
3. 音楽のライブに行く

2022年の総合運

真面目さが緩んでしまう年ですが、今年はしっかり遊んで視野を広げて人生観を変えるくらいの気持ちでいるといいでしょう。慎重に行動するのもいいですが、羽を伸ばすことも必要だと思っておきましょう。無謀な行動に突然走ってしまうこともあるので注意が必要。好きな音楽を聴く時間やのんびりする贅沢な時間を楽しんでみましょう。健康運は、温泉やスパに行ってゆっくりする時間を作って日ごろの疲れをとるようにしましょう。

2022年の恋愛&結婚運

異性と絡む機会が増えますが、臆病になっているといつまでも前に進めないので、人生は一度きりと思って評判のいい人なら飛び込んでみるといいでしょう。尽くしすぎや我慢が続く恋は不要なので、ときには自分から縁を切る勇気も大切。少し明るい感じにイメチェンして自信を持ってみるといいでしょう。結婚運は、今年は結婚を考えるよりも相手と楽しい時間を過ごすことに集中するといいので、ケチケチしないようにしましょう。

2022年の仕事&金運

コツコツ努力を積み重ねてきたあなたが珍しいミスをする年。遅刻や忘れ物をしたり、数字や時間や金額を間違えてしまうなど、周囲も驚くような失敗をしそう。ヘコんでいないで謝罪をしっかりすれば問題にならないでしょう。職場ではコミュニケーションが大切なので、会話を盛り上げたり質問上手を目指して、恥ずかしがらずにチャレンジしてみましょう。金運は、今年はごほうびの年だと思って遊びにお金を使っておきましょう。

ラッキーカラー パープル　ブラック　**ラッキーフード** バンバンジー　かき氷　**ラッキースポット** 温泉　海

ラッキーカラー、フード、スポットはプレゼントやデート、遊ぶときの口実に使ってみて

【命数】
27

落ち着きがある正義の味方

基本性格 頑固でまっすぐな心の持ち主で、こうと決めたら猪突猛進するタイプ。正義感があり、正しいと思い込んだら簡単に曲げられませんが、強い偏見を持ってしまうこともあり、世界が狭くなることが多いでしょう。常に視野を広げるようにし、いろいろな考え方を学ぶといいでしょう。また、おだてに極端に弱く、褒められたらなんでもやってしまうところがあります。話し方も行動も雑なところがあるでしょう。

★行動すると止まらない星
★押しに弱い星
★甘えん坊な星
★打撲が多い星
★褒められたら買ってしまう星

開運3カ条
1. 行動する前に一度冷静に考える
2. 後輩や部下と遊ぶ
3. 現状に感謝をする

2022年の総合運

あなたの思った以上に雑な行動が増えてしまう年。勢いまかせで突き進むとトラブル続きになったり事故につながってしまうので、慎重に丁寧に1年を過ごすようにしましょう。後輩や部下と遊ぶのはいいですが、毎回同じようにならない工夫をしてみんなで楽しむようにしましょう。無計画な行動にも走りやすいので情報収集を忘れないように。健康運は、転んでケガや骨折をしやすいので足元には十分注意して過ごしましょう。

2022年の恋愛&結婚運

チヤホヤされる年になりますが、調子に乗って空回りもしやすいので注意が必要。押すなら押しきってみると交際まで進めそうですが、今年の雑な感じのせいで短い恋に終わってしまう場合があるので、時間や約束はしっかり守るように心がけましょう。ノリや勢いでの一夜の恋もある運気ですが、相手選びを間違えないように。結婚運は、勢いでの結婚にはふさわしくない人を選びやすい年。年内はしっかり様子を見るようにしましょう。

2022年の仕事&金運

突然仕事を辞めてしまったり、転職活動に走ってしまう年。その判断は後悔することになるので踏みとどまりましょう。勢いまかせで行動しても今年は雑になりやすく、間違った情報にも左右されやすいので気をつけましょう。今年は、後輩や部下とコミュニケーションを取るようにするとよさそう。金運は、不要なものを勢いで購入したり、おだてられてお金を騙し取られてしまうことがあるので、大金を動かすときは注意しておきましょう。

ラッキーカラー ホワイト　グリーン　**ラッキーフード** カレーうどん　エクレア　**ラッキースポット** リゾート地　温泉街

【命数】
28

ゆっくりじっくりで品のある人

基本性格 上品で常識やルールをしっかり守る人ですが、根は超頑固で曲がったことが嫌いなタイプ。ひとりが好きで単独行動が多くなる一方、寂しがり屋で人の中に入りたがるところもあるでしょう。自分の決めたことを曲げない気持ちが強いのに、臆病で考えすぎてしまったり、後悔したりすることも。思ったことを伝えるのが苦手で、ひと言足りないことが多いでしょう。ただ、誠実さがあるので、時間をかけて信頼を得るでしょう。

★ゆっくりじっくりの星
★恋に不器用な星
★人前が苦手な星
★口臭を気にする星
★割り勘が好きな星

開運3カ条
1. 失敗から学ぶ
2. 強引な人には気をつける
3. 慌てたときほど冷静になる

2022年の総合運

几帳面で些細なミスが少ないタイプのあなたが、今年は珍しく遅刻やうっかりミスをして周囲を驚かせることがあるでしょう。勘違いもしやすいので、しっかり調べたり準備を丁寧に行うようにするといいですが、ここはしっかり恥ずかしい思いをして不要なプライドを捨ててみると、生きることがもっと楽になりそうです。遊び心を大切にして、ときには大胆な行動をしてみましょう。健康運は、夏の日焼けや肌荒れに気をつけましょう。

2022年の恋愛&結婚運

警戒心の強いタイプですが、その警戒の隙を突いてくる人や本来なら興味の薄いタイプに強引に押し進められてしまいそうな年。臆病になって関わりを避けるよりも、普段行かないような場所で知り合いを増やしてみると楽しい人に出会えそう。一夜の恋などしないと思っていた人ほど一瞬の恋を楽しむことがあるかも。結婚運は、見落としが多い年でもあるので、結婚は来年にしましょう。相手の運気がいい場合は合わせてもいいでしょう。

2022年の仕事&金運

これまでにないミスをしやすい年なので、職場の人に驚かれることもありそう。気が緩みますが、その分、他の人のミスを許せるようになったり、考え方を変えるきっかけにもなりそうです。失敗は悪いことではなく、そこから取り戻すことが大切ということを学ぶことができそう。挨拶やお礼も忘れやすいので気をつけましょう。金運は、見栄での出費が激しくなってしまいそう。おもしろそうな体験にお金を使うといいでしょう。

ラッキーカラー 青緑　イエロー　**ラッキーフード** 蟹　煎餅　**ラッキースポット** エステ　庭園

【命数】

29

覚悟のある自由人

基本性格

独特な世界観を持ち、他人とは違った生き方をする頑固者。自由とひとりが好きで他人を寄せつけない生き方をし、独自路線を突っ走る人。不思議な才能や特殊な知識を持ち、言葉数は少ないものの、理論と理屈を語るでしょう。周囲からは「変わってる」と言われることも多く、発想力が豊かで、理解されれば非常におもしろい人だと思われます。ただし、基本的に他人に興味がなく、尊敬できないと本音で話さないのでチャンスは少ないでしょう。

持っている星

★人と違う生き方をする星
★不思議な人を好きになる星
★独特なファッションの星
★お金に執着しない星
★睡眠欲が強いが夜更かしする星

開運3カ条

1. 飽きても続ける
2. おもしろそうなイベントやライブに行く
3. 普段読まないジャンルの本を読む

2022年の総合運

変化が多く楽しい1年になりますが、熱しやすく冷めやすい気持ちが強くなって現在の環境に急激に飽きてしまいそう。無謀と思えるような挑戦や引っ越し、イメチェンで失敗などをしてもそれを楽しんでしまいそう。これまでにない大きな失敗をして信用をなくしてしまうことがあるので、約束や時間はしっかり守るようにしましょう。健康運は、食事のバランスが乱れすぎてしまうので注意。栄養が偏りすぎないように気をつけましょう。

2022年の恋愛&結婚運

そもそも不思議で個性的な人を好むタイプですが、今年は更に不思議な人を好きになったり、興味を示しそう。遊びの関係や自由な感じだと、あなたには都合がよくても相手には不安感を与えてしまうだけ。ケンカやトラブルも多く短い恋で終わってしまうでしょう。惚れた人に振り回されて、自ら関係を断ってしまうこともありそうです。結婚運は、結婚には不向きな年ですが、ノリで入籍に進んでしまうことがあるので気をつけましょう。

2022年の仕事&金運

仕事に急激に飽きたり、他に興味のあることを見つけてしまいそう。転職したい気持ちが強くなりますが、今年の転職は失敗するので、独立を含めて突然の行動は避けましょう。おもしろいアイデアが浮かびますが、周囲から理解されない感じになるので、儲けやお金や時間のことを含めてもっと考えてみましょう。金運は、お金に対する執着が弱くなり浪費が激しくなりそう。おもしろそうな体験に出費すると話のネタになりそうです。

ラッキーカラー ホワイト　青紫　ラッキーフード 角煮　柿の種　ラッキースポット 映画館　劇場

【命数】

30

頑固な先生

基本性格

理論と理屈が好きな完璧主義者。おとなしそうですが秘めたパワーがあり、自分の好きなことだけに没頭するタイプ。何事にもゆっくりで冷静ですが、心が60歳なため、神社仏閣など古いものや趣深い芸術にハマることが多いでしょう。尊敬する人以外のアドバイスは簡単に聞き入れず、交友関係も狭く、めったに心を開きません。「自分のことを誰も理解してくれない」と思うこともあるほどひとりの時間を大事にするでしょう。

持っている星

★心が60歳の星
★賢い人が好きな星
★他人を受け入れない星
★目の病気の星
★冷静で落ち着いている星

開運3カ条

1. 失敗談で周囲を笑わせる
2. 明るく若い雰囲気にイメチェンする
3. 後輩や部下にごちそうする

2022年の総合運

あなたのユーモアを出す年。普段は知的なイメージを見せていても、実はおもしろいことを考えたり、発想の転換ができるタイプでもあるので、今年はあなたのおもしろさをアピールするといいでしょう。ただ、ドジなところや失敗も多く、周囲も対応に困ってしまう場合がありそう。実は話しやすくて人間味があるということを理解してもらえるチャンスだと思って過ごしましょう。健康運は、生活リズムと食事のバランスが乱れやすいので気をつけましょう。

2022年の恋愛&結婚運

尊敬できる人を好むタイプですが、本来の好みとは違う人を好きになってしまったり、ノリや勢いで深い関係に進んでしまいそう。べったりが嫌いなので長い恋にはならないですが、珍しくノリの合う人に出会ったり、遊ぶ機会が増えそうです。普段は落ち着いた感じの人でも今年は若く見えるようにイメチェンしたり、明るい感じに演出するといいでしょう。結婚運は、決断には不向きですが長い交際期間がある場合は今年でもいいでしょう。

2022年の仕事&金運

落ち着いて仕事ができるタイプですが、今年は寝坊や遅刻を含めて慌てる機会が増えてしまったり、プライドを捨てなければならないような状況になりそう。資料を作ったら全く違うものだったり、あなたらしくないミスが増えてしまいそうです。偉そうにしていた人には厳しい年ですが、うまく笑いに変えると一気に人気者にもなれるでしょう。金運は、コミュニケーションを取るためにお金を使ってみると楽しい時間を過ごせそうです。

ラッキーカラー ホワイト　青紫　ラッキーフード ピザ　クリームパン　ラッキースポット 図書館　博物館

ラッキーカラー、フード、スポットはプレゼントやデート、遊ぶときの口実に使ってみて

年代別 アドバイス

世代が違えば、悩みも変わります。
日々を前向きに過ごすためのアドバイスです。

年代別アドバイス 10代

誘惑に負けすぎないように、しっかり遊んでそこから学べるようにしましょう。失敗や恥ずかしい思いもしやすいですが、その分振り返るといい思い出になることも多いので、体験することに臆病にならないように。恋愛では、モテ期を感じられることもあるので、異性を意識したイメチェンをしましょう。普段なら参加しないような集まりに顔を出してみるといいですが、刺激が強すぎる場所には注意が必要でしょう。

年代別アドバイス 20代

仕事にやる気を失って、誘惑や遊びにハマってしまう年。メリハリを覚えるにはいい運気なので、遊びの計画を立てて、情報をしっかり調べておくといいでしょう。ただ、隙ができやすく騙されてしまうこともあるので、最初の印象だけで軽はずみな行動をしないように気をつけましょう。恋愛では、恋を遊びだと思って楽しむことで、これまでとは違うタイプとも付き合えそうですが、予想外に振り回されてしまうことがあるかも。

年代別アドバイス 30代

環境に飽きてしまい無謀な行動に走ったり、転職したい気持ちが強くなりますが、2023年までは現状を維持したほうが大きな幸せにつながるので辛抱が必要。長年興味があったけれどチャレンジできなかったことに挑戦してみるといい体験ができそう。30代とは思えないような失敗をしやすいので、初心を忘れないようにしましょう。恋愛では、もてあそばれてしまうことがあるので相手の評判を聞くようにしましょう。

年代別アドバイス 40代

これまで積み重ねてきたことを投げ出したくなったり、仕事に集中できなくなりそう。今年は職場の人との付き合いを大切にしながら、人から学ぶ気持ちが大切。若い人からは流行や考え方、年配者からは知恵を借りるようにするといいでしょう。いろいろな人と遊んでみたり話す機会を作ってみることで、柔軟な発想ができるようになりそう。儲け話にだけは簡単に乗らないように気をつけましょう。

年代別アドバイス 50代

ひとりで没頭できるスポーツでもいいですが、遊びながら基礎体力作りができそうなことを始めるといい年。仕事に集中できなくなる時期でもあるので、プライベートを充実させてみたり、趣味の幅を広げてみるといいでしょう。多少の失敗は楽しむくらいがよさそうなので、これまで避けていたことに挑戦してみるといいでしょう。食わず嫌いだったものに挑戦してみると、好きな食べ物を見つけることができて人生が楽しくなりそうです。

年代別アドバイス 60代以上

転んで大ケガをしたり、確認ミスが多くなってしまいそう。忘れ物やなくし物も増えるので、メモを取ったり写真を撮って忘れないようにしましょう。同じ場所に置く癖をつけたり、整理整頓をしっかりするといいでしょう。儲け話は危険なので、詳しい人に相談して冷静に判断するようにしましょう。落語など演芸を観に行く時間を作ってみたり、TVや動画で観る時間を増やしてみるといいでしょう。

銀の鳳凰座

毎月・毎日
運気カレンダー

［2021年11月〜2023年3月の運気グラフ］

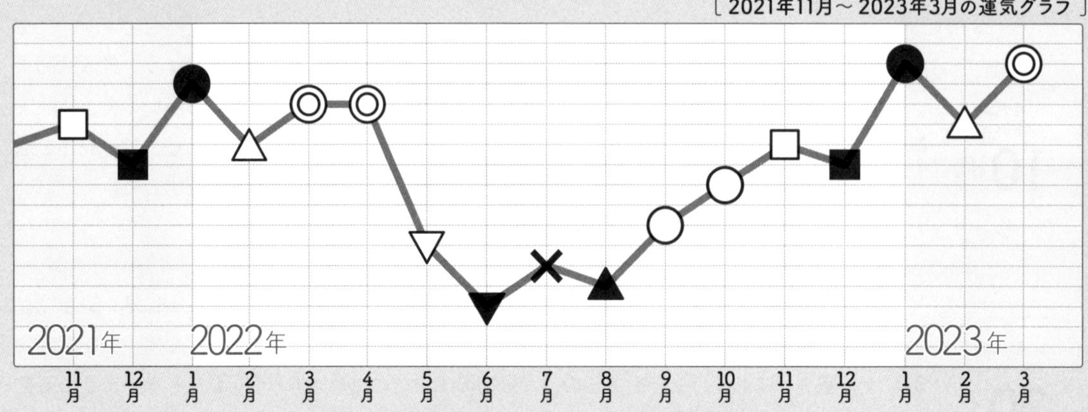

銀の鳳凰座の2022年は

△ 準備の年

楽しんで笑顔になることが大事

この本で「占いを道具として使う」には、「毎日の運気カレンダー」（P.211〜）を活用して１年の計画を立てることが重要です。まずは「12年周期の運気グラフ」（P.193）で2022年の運気の状態を把握し、そのうえで上の「毎月の運気グラフ」で、毎月の運気の流れを確認してください。

「銀の鳳凰座」の2022年は、「準備の年」。難所を乗り越えて気持ちが楽になるところ。長い目で見ると、運気は上昇中です。「遊ぶことが重要な年」で、楽しんで笑顔になることが大事。2023年はさらに運気が上昇し、2024年にこれまでの積み重ねの成果が出ます。2023〜2024年にさらによろこびを感じるためにも、今年は遊びを満喫しつつも何事も準備を怠らないようにしましょう。

☆開運の月　◎幸運の月　●解放の月　○チャレンジの月
□健康管理の月　△準備の月　▽ブレーキの月　■リフレッシュの月
▲整理の月　×裏運気の月　▼乱気の月

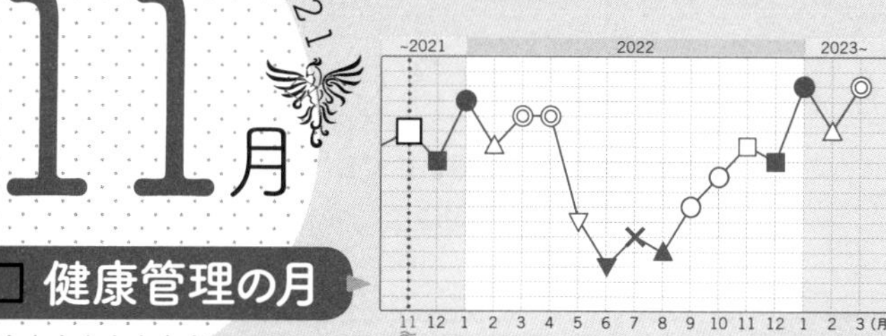

2021 11月

健康管理の月

開運 3 カ条

1. 覚悟を決める
2. コンディションを整える
3. 異性を意識して過ごす

総合運

現実をしっかり受け入れ、自分のやるべきことや未来のことをしっかり考えるにはいい時期。特に基礎体力作りやダイエット、健康面を考えて生活習慣やコンディションを整えることにこだわってみて。生活習慣の見直しや運動、健康的な食事を意識することが大切。将来の自分のためにルールを変更するには最高の時期です。健康運は、最高のコンディションを維持するために何が必要なのか考えて行動するといいでしょう。

恋愛&結婚運

好きな人に好意を伝えることが大切な月。結果を焦らないことが大事なので、いい返事が聞けなかったからと勝手に諦めず、長い目で見るくらいの気持ちでいるといいでしょう。出会い運は、中旬までは縁が深くなる相手に会える可能性があるので、集まりにはできるだけ参加しておきましょう。美容室で髪を整えてもらったり、異性を意識したファッションにこだわることも大事。結婚運は、婚約を決めるにはいい運気。入籍日などを楽しく話してみて。

仕事&金運

自分のポジションや今後やるべきことがハッキリする時期。納得がいかない場合は希望を会社に伝えたり、相談してみることも大事。今の結果に焦るより、自分の至らない点を克服しながら得意なことやできることをしっかりやって。目標を達成するために何を失わなければならないかをハッキリさせ、覚悟をする必要もあります。金運は、長期的に使えるものや仕事道具を買い換えてみると上がるでしょう。

日	運気	
1 月	●	思った以上に望んでいた方向へ動けそう。少しの勇気が運命を大きく変えるので、怖がらず強気に行動してみましょう。好きな人に連絡をしてみるのもいいでしょう。
2 火	△	勘違いしていることを突っ込まれてしまうかも。周囲から指摘されたときは、ごまかさないで教えてくれた人に感謝して。少し恥ずかしいくらいの出来事でもいい思い出になりそう。
3 水	◎	やる気が湧く日。1歩踏み込んでみることでいい結果につながり、流れを変えることができそう。気になる習い事をはじめたり、薦められた映画や本に触れるのもいいでしょう。
4 木	☆	大事なことを決断するには最高な日で、具体的で現実的な目標を掲げることが大切。求められた仕事に全力で応えると希望の光が見えるでしょう。買い物をするにもいい運気です。
5 金	▽	日中は何事にも積極的になるといい結果を出せそう。優先順位や緊急度が高いものからどんどん片づけて。夕方以降は相手に合わせ、意見をしっかり聞くようにしましょう。
6 土	▼	苦手なことや面倒なことに直面しやすい日。壁にぶつかったときほどうまくよけることが苦手なタイプなので、考え方や発想を変える練習だと思って切り替えをしてみましょう。
7 日	✕	外出するのはいいですが、普段より油断しやすいので注意して。不要な買い物やムダな契約をすることがありそう。あなたのことを振り回す知り合いにも会ってしまいそうです。
8 月	▲	「いるもの」と「いらないもの」を分けてみて。いつまでも使わないものやなんとなく置きっぱなしのものは一気に片づけましょう。謎の調味料や使わない化粧品も捨てること。
9 火	○	新しいことに挑戦するときは失敗を考えないように。決めつけで避けていたことや苦手意識があることに挑戦するといい体験ができそうです。苦手を克服する楽しさも忘れないで。
10 水	○	いつもよりも判断のスピードを上げてみて。自分では急いでいるつもりでも、周囲から「ゆっくりしている」と思われるタイプだと思って、普段の倍の速さを意識しましょう。
11 木	□	体のコンディションを整えるために何をするといいか調べて、実際にやってみましょう。軽い運動や筋トレ、ダイエット、寝る時間、食事のバランスなどいろいろ試してみて。
12 金	■	体に気を配りながら計画的に行動することが大事。ムダに残業をせず、軽い運動や栄養バランスを考えた食事を心がけると、よりテキパキと素早く行動できるでしょう。
13 土	●	異性から突然デートに誘われたり、恋人と将来の話を真剣にできて進展がありそう。気になる人に連絡すると、交際に発展する可能性も。礼儀や挨拶をしっかりしておきましょう。
14 日	△	遊びに出かけるのはいいですが、集中力が低下しているので、忘れ物や時間を間違えるなどのミスがありそう。約束を忘れて焦ってしまうこともあるので気をつけましょう。
15 月	◎	積み重ねてきたことにいい結果が出る日。知識や経験を活かせる出来事が起こるでしょう。強い思いが周囲の人の心を動かし、流れを変えることも。怖がらず積極的に動いてみて。
16 火	☆	手応えのあるいい仕事ができるでしょう。実力以上の結果を出せたり、重要な仕事をまかされることも。責任感を持って真剣に取り組むと、いいポジションを与えられるかも。
17 水	▽	日中はいい判断ができそう。勢いでなんでもクリアできるので自信を持ちましょう。夕方以降は早めに帰宅し、ストレッチなどをしてから湯船に浸かって1日の疲れを癒やして。
18 木	▼	外出するときは身の回りや持ち物のチェックをしましょう。財布やスマホを忘れるなど大きなミスをしそうです。つまらない失敗をしてガッカリしないように気をつけて。
19 金	✕	周囲の不機嫌に心を乱されてしまいそう。職場で嫌味を言われたり、不機嫌な態度をとられてしまうかも。「どんな人も常に調子がいいわけではない」と思っておきましょう。
20 土	▲	大掃除ほどではなくても、身の回りをきれいにしましょう。今日頑張っておくと来月の大掃除が楽になりそうです。クローゼットの中や普段掃除しない場所も掃除してみて。
21 日	○	年齢を気にせずいろいろな人と会話してみて。出会いがないと嘆く人は、見た目の雰囲気を変えるとよさそうです。今日出会った人には心を込めたお礼のメッセージを送りましょう。
22 月	○	いつもよりも明るいイメージや華やかさのある服を選んでみて。気持ちが前向きになり、やる気もアップしそう。いい出会いもあるので、笑顔や挨拶を忘れないようにしましょう。
23 火	□	何事も率先して取り組むことが大事。後回しにするとチャンスを逃してしまうかも。夜は好きな音楽を聴いてゆっくりする時間を作ると、ストレス発散や気力の回復になりそう。
24 水	■	基礎体力の低下を感じそう。スポーツジムやヨガなどの体験教室に行くといいでしょう。美意識を高めることで体調もよくなるので、体を引き締める計画を立ててみて。
25 木	●	能力や魅力がアップする日。積極的にアピールすれば恋のチャンスをつかめたり、職場で中心的な存在になれそうです。自信を持って行動すれば運のよさを実感できるはず。
26 金	△	珍しく調子に乗りすぎて余計な発言や行動をしやすいでしょう。できない約束をして追い込まれることがあるので気をつけて。後輩や部下に見栄でごちそうすることもありそう。
27 土	◎	久しぶりに体を動かしてみましょう。ボウリングなどの軽い運動をしたり、ウォーキングを楽しんでみるのもよさそう。親友を誘ってみると、思ったよりも盛り上がりそうです。
28 日	◎	買い物には最高の日。契約や決断にも最高の運気なので、習い事や引っ越しを決めるといいでしょう。今日手に入れたものはラッキーアイテムになるので、服や靴を見に行ってみて。
29 月	▽	日中は実力が評価されるので、気になることには積極的に取り組んで。笑顔で過ごすと幸運を引き寄せます。夕方以降は誘惑に負けたり、サボっている姿を上司に見られるかも。
30 火	▼	頑固さが原因で大切なことを見落としてしまいそう。簡単に否定しないで、どんなことか理解するように努めましょう。わからないことは教えてもらったり調べたりして。

2021 12月

■ リフレッシュの月

開運 3 カ条

1. 体を休ませる計画を立てる
2. 睡眠時間は8時間以上にする
3. マッサージに行く

総合運

頑張りすぎには注意が必要な月。しっかり仕事をしてしっかり休むことが大事。温泉旅行やのんびり休息する計画を事前に立てたり、体に負担をかけないスケジュールを組むことも忘れないように。夜更かしが多いタイプですが、睡眠時間を少し多めにして体調を万全にしておくと仕事や恋のチャンスも掴めるでしょう。健康運は、疲れを感じたり、風邪をひいたりしやすい時期なので、しっかりお風呂に入って早めに就寝して。

恋愛＆結婚運

異性の前で疲れた顔をしているとチャンスを逃すので、デートや出会いの場の前日は8時間以上睡眠を。顔の印象が変わり、化粧のノリもよくなるでしょう。新しい出会いは下旬にあるので忘年会やクリスマスパーティーはめんどうでも顔を出しておきましょう。ここで運命的な出会いに繋がる人に会える可能性も。結婚運は、恋人からクリスマスや年越しにプロポーズされるかも。あなたからプロポーズするにもいいタイミングです。

仕事＆金運

急に仕事が忙しくなったり、頼られたりすることが増えそうな時期。無理に頑張りすぎると体調を崩したり、イライラして人間関係が崩れてしまうことがあるので「体を休ませることも仕事のうち」と思って計画的に休息をとり、無理のないペースで働きましょう。困る前に協力してもらうことも大事。月末に大きなチャンスや今後の流れが変わる出来事も起きそうです。金運は、マッサージなど疲れをとるためにお金を使うといい月。

日	運気	内容
1 水	×	トラブルの原因は自分の視野の狭さや決めつけによるもの。自分の意見や希望を押し通すよりも、その場の空気や状況に合わせた柔軟な対応を心がけておくといいでしょう。
2 木	▲	負担になる仕事は後輩や部下にまかせられるようにやり方を教えて、少し楽をして。背負い込みすぎないことや負担を軽くすることも仕事と思い、協力の大切さを忘れないように。
3 金	＝	初対面の人にいい印象を与えられるように意識して。笑顔や愛嬌が足りないことが多いので、どうしたら相手が話しやすいか考えて行動しましょう。挨拶やお礼もしっかりと。
4 土	＝	近所を散歩すると新しいお店を見つけることができそう。新たな発見やお気に入りの場所ができることもありそうです。今日は小さな勇気を楽しんでみましょう。
5 日	□	時間をキッチリ決めて行動しましょう。体に負担がないように気をつけ、スパや温泉に行ってゆっくりする時間を作るといいでしょう。カフェでのんびり本を読むのもオススメ。
6 月	■	疲れがたまっていると些細なことで不機嫌さが出てしまいそう。イライラするときほど心を落ち着かせるように深呼吸して。疲れている人の気持ちを理解することもできそうです。
7 火	●	求められることが増えそうです。お願いにできるだけ応えると、信頼や感謝につながりそう。あなたの姿勢を後輩や部下がマネすることもあるので、いい手本になりましょう。
8 水	△	ドジなケガをしたり、集中力が欠けてしまいそう。ドアに指を挟んだり、歩きスマホで人にぶつかってしまうことも。忘れ物や遅刻にも十分気をつけておきましょう。
9 木	○	努力や積み重ねが発揮される日。培ってきたスキルを活かせるので、求められたことには素直に応えて。少し疑問に思っても「今日は運気がいい」と信じて突き進みましょう。
10 金	○	商談や交渉がうまくいきそう。丁寧に言葉を選び、挨拶やお礼は先に言うようにして。押しきられそうになっても負けないで押し返したり、ハッキリ言うことも大事です。
11 土	▽	日中はおいしいものを食べたり、映画や舞台を観に行きましょう。気になる人をランチデートに誘うといい関係に発展するかも。夕方以降は予定を入れず、家でゆっくりして。
12 日	▼	疲れを感じる人は無理をしないで、予定を変更してでも家でゆっくりしましょう。マッサージや温泉に行くのもよさそうです。元気な人でも今日は予定を詰め込みすぎないように。
13 月	×	判断ミスをしやすい日。ムダに時間を使ってさらに忙しくなったり、面倒なことになりそう。普段じっくり考えることは勢いで決めないで、わからないときは人に相談して。
14 火	▲	価値があると思い込むとものがなかなか捨てられないタイプなので、本当に必要か冷静に判断を。年齢に見合っているか周りを見て考え、今の自分に見合わないものは処分して。
15 水	＝	新しい仕事や不慣れなことをまかされそう。まずはやってみないとわからないので、取り組みながらコツをつかみましょう。苦手と思っていてもすんなりできることも。
16 木	＝	変化を楽しむといいですが、自分のやり方にこだわりすぎてしまうかも。頑固にならないで新しい方法を試したり、普段と違うやり方を楽しんでみるといいでしょう。
17 金	□	予定を詰め込みすぎると精神的な余裕がなくなりそう。今日は体力を温存しながら行動して。家に帰ってスマホの見すぎやゲームのしすぎで疲れをためないようにしましょう。
18 土	■	しっかり体を休ませること。家でダラダラすると逆に疲れてしまうので、午前中から少し体を動かし、午後はのんびりしましょう。胃腸にやさしい消化のいいものを選んで食べて。
19 日	●	突然遊びに誘われるかも。異性の場合は交際に発展する相手の可能性があるので少し期待していいかも。気になる人がいる場合は自ら連絡をして、会う約束をするといいでしょう。
20 月	△	珍しく寝坊や遅刻などをしやすい日。大事にはならなくても、上司や先輩には謝罪を忘れないように。ほかにも珍しいミスをしやすいので、気を引き締めて過ごしましょう。
21 火	○	目の前の仕事に全力で取り組むと、いい結果や評価につながりそう。仕事終わりに後輩を誘って食事をごちそうしたり、1年間頑張った自分へのごほうびを購入するといいでしょう。
22 水	○	思った以上にいい流れに乗れるので、周囲に助けてもらえたり、目標の数字や時間を達成することができそう。自分の力だけだと思わないで、支えてくれた人に感謝しましょう。
23 木	▽	感謝することで感謝されるようになる日。一度嫌いになってもう仲よくできないと思う相手にも、感謝をしたり許してあげたりできると、大きな成長につながるでしょう。
24 金	▼	思った以上に仕事が忙しくなったり、トラブルに巻き込まれてしまうかも。予定が変わってがっかりなクリスマスイブになる場合があるので、過度な期待をしないようにして。
25 土	×	クリスマスに恋人や家族とケンカをして気まずい空気になるかも。自分中心に考えないで、相手の立場になってみると言葉や態度を変えられそう。あなた次第で問題は回避できます。
26 日	▲	大掃除をするには最高にいい日。不要なものやこの1年使わなかったものは処分して。磨けるものはピカピカにすると運気もよくなります。1年で最もきれいな部屋にしましょう。
27 月	○	イベントやライブ情報を調べると気になるものが見つかりそう。少し先でもチケットを予約してみるといいでしょう。時間を作って気になる映画を観に行くのもオススメです。
28 火	○	年末年始の買い物に行くときは、はじめて行くお店を選んでみましょう。行動範囲を広げることができ、お得な商品やおもしろそうな品を見つけることもできそうです。
29 水	□	年賀状を書き忘れている人は日中に終わらせておきましょう。買い物なども早めに済ませて。夕方以降は体調を崩しやすいので、予定の詰め込みすぎや暴飲暴食は避けること。
30 木	■	午前中から体を動かし、午後は昼寝をしてゆっくり過ごして疲れをしっかりとることが大事。油断していると風邪をひいてしまうことがあるので、温かいものを食べるように。
31 金	●	うれしい出来事がありそう。気になる相手と交際がはじまったり、プロポーズされるかも。遠慮しないで自分の幸せに向かって素直に行動して。来年の目標を立てるにもいい日。

☆ 開運の日 ◎ 幸運の日 ● 解放の日 ○ チャレンジの日
□ 健康管理の日 △ 準備の日 ▽ ブレーキの日 ■ リフレッシュの日
▲ 整理の日 × 裏運気の日 ▼ 乱気の日 ＝ 運気の影響がない日

2022 1月

● 解放の月

~2021 2022 2023~
11 12 1 2 3 4 5 6 7 8 9 10 11 12 1 2 3(月)

開運 3 カ条

1. 何事も楽しんでみる
2. 注目されていると思って生活する
3. 目の前のことに一生懸命取り組んでみる

総合運

人生で最高の月と思えるような出来事がある運気。真面目に考えるよりも「人生をどうやって楽しもうか」と思い行動すると運を味方に付けられるでしょう。自分だけではなく、周囲の人に喜んでもらえるように知恵を絞ってみることで更に大きな幸運をつかむことができるでしょう。仲間や友人を集めて遊んでみるのもいいでしょう。健康運は、楽しみながらダイエットや体力作りをするといいので、気になることを始めてみましょう。

恋愛&結婚運

魅力が輝き異性の気持ちをつかめる月。遊び心とノリや勢いも必要となるので「ひとりの時間が好き」と言わず、人の集まる場所に積極的に参加しましょう。昨年末くらいから仲良くなった人に連絡すると交際に発展する可能性が高いので、少し積極的に。明るくイメチェンすると異性から注目を集められそう。結婚運は、年始の挨拶がいいきっかけになるので恋人の実家に行ってみましょう。

仕事&金運

実力を発揮することができて楽しく仕事に取り組める月。手応えを感じたり大事な仕事をまかせてもらえることも。周囲からの協力もあり、これまで学習してきたことをうまく活かせそうです。一生懸命取り組むことで職場のよさにも気づけるでしょう。金運は、イメチェンにお金をかけるといい時期。服の買い換えや美容室に行くといいでしょう。流行や年齢に見合うものを選ぶといいでしょう。

日	運気	
1 土	△	新年早々寝坊をして、1日の予定が乱れたり恥ずかしいミスをしやすいので気をつけましょう。財布やスマホなどを置き忘れて焦ったり新年の挨拶忘れなどもありそうです。
2 日	◎	親友と言える人に会うのにいい日。新年の挨拶を兼ねて連絡してみましょう。買い物や外出先で偶然出会う可能性もあるので、身なりをしっかり整えておくことも大切です。
3 月	◎	どんな人でも自分より優れた部分があり、それを見つけ出して尊敬できると自然と運気の流れもよくなるでしょう。今日はまず、周囲の人から始めてみるといいでしょう。
4 火	▽	日中は、行動的になることで楽しめそう。気になる遊びや娯楽に挑戦したり、友人を誘って出かけてみて。夜は、予定が乱れやすいので早めの帰宅がオススメです。
5 水	▼	決めつけが不運や苦労の原因になる日。いろいろな考え方があり、人は成長して変化するものだと忘れないように。相手も自分も成長することを期待しておくといいでしょう。
6 木	×	機嫌よく過ごすことが大切。不機嫌な態度は思った以上に悪く伝わりそう。不機嫌な人を見たらどんな気分になるのか想像すると、自分がどうすればいいのかわかるもの。
7 金	▲	清潔感を心がけるといい日。自身も身の回りもきれいにするように意識しましょう。汚れやホコリを見て見ぬふりをしないようにすると、気分もよくなるでしょう。
8 土	○	何事も過剰に期待しないで、現状を楽しんでみて。新しく発見できる部分を見つけられるように努めると楽しい1日になるでしょう。些細な変化を見つけてみましょう。
9 日	○	経験を増やすといい日。気になる場所に出かけるとおもしろい発見や出会いがありそうです。急な誘いを面倒だと思わないで、軽い気持ちで顔を出してみて。
10 月	□	礼儀や挨拶をしっかりすることが大切な日。うっかり挨拶を忘れた人には少し遅れても挨拶しましょう。ごちそうになった人にもメールや電話をすることを忘れないように。
11 火	■	他人に完璧を求めることは、イライラの原因になるだけ。勝手にストレスを感じないようにして、期待外れなときは「そんな一面もあるね」と流せるようにしましょう。
12 水	●	笑顔でいることで運気が上がる日。笑顔の練習をしてから仕事に出かけたり、周囲にいる笑顔の人に気づけると人生が楽しくなります。笑顔の素敵さを忘れないようにして。
13 木	△	小さなミスをしやすい日。「確認したつもり」は最も危険なので、しっかり確認しましょう。時間や数字もいい加減になってしまう場合があるので気をつけましょう。
14 金	○	友人やあなたの味方をしてくれる人、支えてくれている人に「ありがとう」と笑顔で素直に言えるといい関係になるでしょう。一言の大切さを忘れないように過ごしましょう。
15 土	◎	期待した以上にうれしい出来事があるかも。買い物でお得なものを見つけられたり、恋愛で片思いの相手と距離を縮められそう。積極的に行動するように心がけてみて。
16 日	▽	日中は自分中心に行動してもいいですが、夕方あたりからは、相手や他人に合わせてみて。予定が乱れることも楽しむくらいの気持ちでいるといいでしょう。
17 月	▼	周囲から勧められたことをやるといい日。本、映画、漫画などいろいろなことを勧められていることに気づきそう。勧めてくれた人に感想のメールも送りましょう。
18 火	×	些細なミスを責められてしまうかも。面倒な人や不機嫌な人に出会ってしまうこともありそう。逆の立場になったときは些細なミスを責めないようにしましょう。
19 水	▲	考えがまとまらないときは、他の人の意見を聞くとすっきりしそう。頑固になりすぎて視野が狭くなっている自分に気づきましょう。指摘に感謝を忘れないようにしましょう。
20 木	○	「新しい人」から学べることがある日。はじめて会う人と話したり、顔見知りだけど話したことのない人に話しかけてみて。店員さんと意気投合することもありそうです。
21 金	○	人の話をよく聞くことが大切。自分の意見や考えは少し伝えるくらいにしましょう。「自分の話をしすぎない、自分の話をしなさすぎない」ことにも気をつけましょう。
22 土	□	気になる人を急に食事やお茶に誘ってみて。いい返事が聞けなくても今日は連絡することが大切。出会いの場にも顔を出しておくくらいが後のいい縁につながりそうです。
23 日	■	少し疲れを感じたり、疲れをためてしまいそうな日。無理をしないでのんびり過ごすといいでしょう。ボーッとする時間やひとりの時間を大切にして。
24 月	●	何でもひとりでやるのもいいですが、些細なことでもいいのでお願い上手になってみるといいでしょう。お願いすることで信頼関係が生まれて、後の人生が豊かになるでしょう。
25 火	△	不得意なことや苦手なことを間違って引き受けてしまいそう。相手の話を最後までしっかり聞けば避けられます。他にも勘違いでミスを起こしやすいので気をつけましょう。
26 水	○	過ぎ去ったことをゴチャゴチャ考えないで「あのときのおかげで」と言えるようにすると運を味方につけられるでしょう。マイナス面もプラス面もあるのが人生だと忘れないように。
27 木	◎	人のいい部分を見つけられる日。相手のあら探しをしていると運を逃すので、いい部分を見つけて認められるようにして。周囲に伝えられると更にいい流れに乗れそうです。
28 金	▽	日中はいい発見がありそう。意外な出来事がありますが、これも魅力のひとつだと受け止めましょう。夕方以降は誘惑に負けてしまいそう。お酒の飲みすぎには気をつけて。
29 土	▼	がっかりする出来事が起きてもいちいちヘコまないように。思い通りにならない人生だからおもしろいと考えて、誰ひとり思い通りに生きていないことを忘れないように。
30 日	×	他人に冷たくしている人は、冷たく扱われる日。他人は鏡、嫌な思いをしたときほど自分を映していると思って気をつけましょう。他人を軽視したり雑に扱わないようにしましょう。
31 月	▲	生産性が高い人だけを評価したり憧れたりしないようにしましょう。生産性がなくても価値のある人や生き方や考え方はたくさんあることを忘れないようにして。

開運のつぶやき　憧れの人の真似をすることで幸運は掴めるもの

2022

2月

△ 準備の月

~2021 2022 2023~

11 12 1 2 3 4 5 6 7 8 9 10 11 12 1 2 3(月)

開運 3 カ条

1. しっかり仕事してしっかり遊ぶ
2. 遊びの計画を立てる
3. 何事も確認と準備をする

総合運

何事も事前準備をしっかりすることが大切な月。珍しいミスや忘れ物、操作ミスなどドジなことから周囲に迷惑をかけてしまうことがありそう。今月はしっかり仕事をしてしっかり遊んでメリハリを付けておくことが大切。遊びの予定を先に決めて、そのために頑張るようにするのもいいでしょう。健康運は、お酒を飲み過ぎて二日酔いで苦しんでしまうことや調子に乗ってケガをすることがあるので慎重に行動するようにしましょう。

恋愛&結婚運

異性と遊ぶ機会や飲み会や集まりに誘われることが増える時期。普段なら断るような場所に行きたくなることもあるでしょう。しばらく恋人のいない人ほどフットワークを軽くするといい出会いがありますが、今月の出会いは「恋愛運」がいい相手で、結婚を意識する相手ではないでしょう。耳を出して爽やかな印象にするとモテそう。結婚運は、恋人と楽しい時間を過ごすことを優先しましょう。

仕事&金運

寝坊や遅刻、数字や時間の間違いなどをしやすい時期。確認の甘さや勘違いがトラブルの原因になるので気をつけましょう。慣れた仕事でも油断するとミスを連発することに。前日から準備をしたり最終確認を念入りに行うことで今月の不運は避けられるでしょう。飲みの席での失言にも気をつけましょう。金運は、勢いで不要なものを買ったり、スマホを落として壊すなど不要な出費がありそう。

日	運気	内容
1 火	＝	地道な努力をして結果を出した人を認めることで、自分がやるべきことも見えてくるでしょう。他人の努力を認められる人になると、自分も認められるようになるでしょう。
2 水	＝	何事も善意で見ることで考え方や視野が変わってくる日。悪意で見ているといつまでも世界は苦しいままです。いい人や素敵な人をもっと素直に観察してみて。
3 木	□	些細なことでも丁寧にやることが大事。怠け者にならないよう、気を引き締めて過ごすといいでしょう。「楽」と「楽しい」の違いを知ることが未来の自分を大きくします。
4 金	■	頑張りすぎに注意が必要な日。体力が温存できるようにペースをコントロールしましょう。夜は無理をしないで早めに帰宅して湯船にしっかり浸かるようにしましょう。
5 土	●	気になる人を遊びやデートに誘ってみて。突然でもOKしてもらえたり、タイミングが悪くても後日にデートできそう。新しい出会いのチャンスもありそうです。
6 日	△	約束していたことをすっかり忘れて慌てたり、忘れ物やうっかりミスが増える日。スマホを落として画面を割ったり、ドリンクを倒して服を汚してしまうことがありそうです。
7 月	○	時間をかけてきたことにいい結果が出ますが、実力が身についていない場合は雑なところが目立ってしまいそう。至らない点は認めて成長できるように努めましょう。
8 火	○	一つひとつ丁寧に仕事することが大切。慌てると雑になって二度手間になったり、損する方向に進んでしまうかも。いつも以上にきっちり時間や数字を気にしてみて。
9 水	▽	日中は思った以上に順調に物事が進みますが、夕方以降は予定を乱されたり、誘惑に負けそう。冗談でも愚痴や不満を言わないように。思った以上に面倒になってしまいそう。
10 木	▼	ミスにミスが重なりそうな日。寝坊して慌てると忘れ物をしたり、数字を間違えて確認したら更に別のミスが見つかるなどがありそう。落ち着いて冷静に対応するように心がけて。
11 金	×	自分だけが正しいと思うと視野が狭くなり空回りします。相手の意見や考え方にも正しいところがあると思って、話の腰を折らず、相手に寄り添い耳を傾けてみましょう。
12 土	▲	部屋の掃除や片づけをやりたくなる日。少しの時間でもいいので気になった場所はきれいにしましょう。不要なものは「もったいない」と思っても処分して。
13 日	＝	遊びに行った場所で素敵な人やノリが合う人に出会える可能性があります。何事も楽しむ気持ちを大切にして、何がおもしろいのかじっくり考えてみるといいでしょう。
14 月	＝	バレンタインにいい思い出がないからといって勝手に諦めないように。気になる人にはとりあえずでもいいので渡しましょう。話のネタになるようなものを渡すといいでしょう。
15 火	□	あらためて目標を確認するためにも、現状の自分のポジションをしっかり把握して。何をどう努力するのか冷静に考えて、今すぐできることに取り組んでみましょう。
16 水	■	油断するとケガしたり、ドアに指を挟んでしまったり、足の指をぶつけて痛い思いをすることがあるので、今日は慎重に行動するように心がけておきましょう。
17 木	●	異性から視線を感じたり、恋のチャンスが訪れそう。仕事でも注目されたりいい結果を出せる可能性があるので、これまで以上に真剣に取り組んで、挨拶やお礼はしっかりしましょう。
18 金	△	珍しい失敗をしやすい日。事前に確認さえすれば避けられることが多いので、朝から気をつけるようにしましょう。確認忘れや雑な行動、失言にも気をつけましょう。
19 土	＝	親友と縁がある日。近況報告や雑談でもいいのでいろいろ話してみると気持ちがすっきりしそう。思い出のある音楽を聴きながらのんびりするのもオススメ。
20 日	○	映画やライブなど体験にお金を使ってみて。おいしいものを食べに行くのもいいので、敷居が高く感じるお店や一流のサービスを受けられるお店に行くといい勉強や刺激になるでしょう。
21 月	▽	日中は、問題が少なく実力通りに結果が出そう。夕方以降は、余計な行動が目立ったり余計なことを言ってしまいそう。冗談でも傷つく人や気にする人がいることを心に留めておいて。
22 火	▼	視野が狭くなって柔軟な考えや対応が下手になってしまいそうな日。自分のことよりも相手や周囲の人のことを考えて判断するようにしましょう。
23 水	×	他人の機嫌に振り回されたり、人間関係を面倒に感じることがありそう。些細なことでケンカや誤解をすることもあるので、相手の心情を考えながら発言することが大事です。
24 木	▲	順序を間違えてしまいそう。慣れた仕事ほど注意が必要になるでしょう。機械を壊したり作業手順を間違えてしまうことがあるので気をつけて。マニュアルを大事にしましょう。
25 金	＝	知っていると思っても、調べてみると違っていたり新たな発見があるもの。なんとなく理解していると思っていることを調べたり、周囲に聞いてみるといいでしょう。
26 土	＝	行動範囲を広げるといい日。気になるお店や場所に行くとおもしろいことを発見できそう。新たな出会いもあるので知り合いの集まりに顔を出しておくのもいいでしょう。
27 日	□	遊園地やカラオケに行くといい日。気になる人や異性の友人を勢いで誘うと楽しい1日になりそうです。なんでも笑ってしまうくらい楽しむスイッチをオンにしてみましょう。
28 月	■	寝不足を感じたり、体調不良になりそう。今日は無理をしないで、自分のペースで仕事をして。明日に取り返せるようにすることを忘れないように。

☆開運の日 ◎幸運の日 ●解放の日 ○チャレンジの日
□健康管理の日 △準備の日 ▽ブレーキの日 ■リフレッシュの日
▲整理の日 ×裏運気の日 ▼乱気の日 ＝運気の影響がない日

2022 3月

◎ 幸運の月

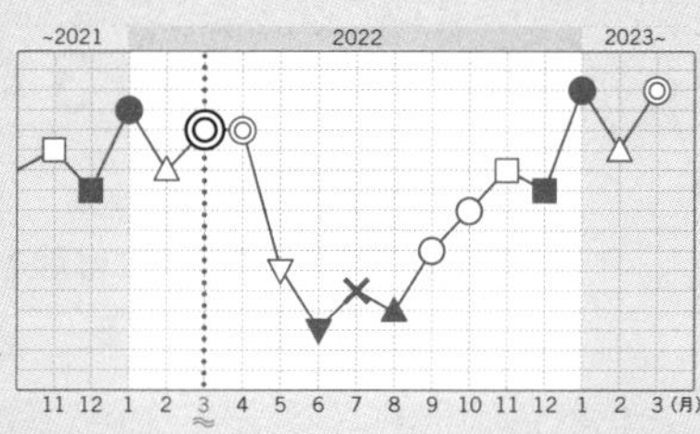

開運 3 カ条

1. 親友や旧友と遊ぶ
2. いい思い出がある場所に行く
3. 自己分析を行う

総合運

人との縁がつながり楽しい時間が増える月。仲間や友人との関係が深まるので、思いがけない出会いから縁のおもしろさに気づくこともありそうです。思い出のある場所やお店に行ってみるといい出会いや必要な情報を得られることもありそうなので、急に思い出した場所に行ってみるといいでしょう。健康運は、持病のある人は注意して生活をしましょう。過去にケガをした場所を痛めてしまうこともありそうです。

恋愛＆結婚運

片思いの相手と仲良くなれる月。ノリと勢いと相手を楽しませることが大事なので、盛り上げる工夫をしましょう。自分中心で考えると見えなくなってくるので、相手中心にデートプランを立てましょう。新しい出会い運は、友人や懐かしい人からの紹介がありそうですが、異性の友人になるぐらいがよさそう。結婚運は、話が進むことは少ないですが、初デートや初対面のときの話をするといいでしょう。

仕事＆金運

実力がある人は問題なく乗りきれますが、積み重ねや経験の少ない人は同じようなミスをしやすいので注意が必要。自己分析をしっかり行って、迷惑をかけてしまう失敗を避けるようにしましょう。これまでの経験をムダにしないように心がけて、関わった人に感謝と敬意を持つことを忘れないように。金運は、趣味に出費が増えそうですが、金額と時間を決めてしっかり楽しむといいでしょう。

日	運気	内容
1 火	●	何事も楽しむ気持ちが大切。笑顔で挨拶をして前向きに楽しむ工夫をして。恋愛運もいい日なので、気になる異性に勇気を出して連絡するといい返事が聞けそうです。
2 水	△	小さなミスが重なってしまう日。確認や事前準備をしっかり行うように心がけましょう。失敗を隠さないで、笑いのネタにできると急に人気者になれることもあるでしょう。
3 木	○	不慣れなことや苦手なことでも新しい方法に挑戦するとコツをうまくつかめます。付き合いの長い人からのアドバイスも大切になるので耳を傾けてみましょう。
4 金	○	相手を信頼することで道が見えてくる日。疑う前に信用してまかせてみるといい流れに乗れそう。周囲からあなたも信頼されていることも忘れないようにしましょう。
5 土	▽	困ったときはお互い様だと思い、周囲に気を配ることが大事。夕方以降は体調を崩したり、やる気を失いそうなので、リラックスできる音楽を聴いてのんびり過ごして。
6 日	▼	思い通りにならないことが多い日ですが、こんな日があると平凡で何もない日を幸せに感じられるでしょう。マイナス面に目を向けないで学べることを見つけましょう。
7 月	×	誘惑に負けてしまいそう。集中力が途切れるような誘惑があっても、試されていると思って耐えましょう。確認忘れや凡ミスもしやすいので気をつけて。
8 火	▲	「失ってはじめて幸福とわかった」とならないように、目の前の幸福を忘れないようにしましょう。マイナスな考え方を捨てたり切り替えるにはいいタイミングです。
9 水	○	新しいことに挑戦するにはいい日。取りかかる前に「楽しむ」ことをテーマにしてみると、学べることやおもしろい発見も増えそう。自分と周りを楽しませると更にいいでしょう。
10 木	○	行動力が大切な日。普段とは違う道を通ったり、普段行かないお店に入ってみるといい経験ができそう。些細な勇気が人生を変えるきっかけになることもあるでしょう。
11 金	□	日中は、何事も早めに始めるといいでしょう。苦手なことや面倒なことを後回しにすると苦しくなるので、先に終わらせて。夕方以降は慌ててケガをしたり打撲をする可能性も。
12 土	■	遊びに出かけるのはいいですが、調子に乗ってケガをすることがあるので気をつけましょう。油断していると風邪をひいてしまうこともあるので予防はしっかりしましょう。
13 日	●	仲間や友人を集めて飲み会や食事会をするといい日。ひとりが好きなタイプですが、今日は人とのつながりを楽しんでみましょう。恋愛運もいい日なので一歩踏み込んでみましょう。
14 月	△	寝坊や遅刻など小さなミスが増えそうな日。気をつけておけば問題を避けられます。ミスをした後に「今日はそんな運気だった!」とならないように。
15 火	○	新しいことをおもしろがって受け入れてみて。周囲から薦められることに素直に挑戦すると、考え方が変わるきっかけになりそう。はじめて会う人から学べることもあるでしょう。
16 水	○	変化のない日常でも、感謝できることや幸運と思えることが見つけられるもの。当たり前だと思えることに感謝するようにしましょう。幸せだと気づけるといいでしょう。
17 木	▽	コツコツと地道な努力ができていた人ほど協力者が現れたり運を味方につけられそう。サボっていた人は学びが必要になりそう。夜は予定を乱されそうなので注意して。
18 金	▼	他人のあら探しをして自らイライラしそうな日。気になっても、相手のいい部分を見つけるようにしましょう。勝手に嫌いになって不機嫌にならないようにしましょう。
19 土	×	思い通りに進まないことが多い日ですが、周囲に感謝できるのか試されている日だと思ってしっかり受け止めて。機嫌よく1日を過ごすように心がけましょう。
20 日	▲	部屋の掃除や片づけをしっかりするといい日。しばらく使っていないものや着ない服などは一気に処分して。年齢や時代に合わないものから片づけましょう。
21 月	○	生活習慣を変えたり、悪習慣と思うことは今日からやめましょう。間食や清涼飲料水を避けて、スマホでムダな時間を使わないようにするといいでしょう。
22 火	○	困っている人を見たら迷わず手助けしましょう。親切に生きることで人生が自然と楽しくなってきます。些細なことでもいいので、気づいたら行動してみましょう。
23 水	□	どんな小さなことでもいいので、自分で決めた課題に挑戦すること。課題のクリアよりも挑戦した事実に意味があり、自分を成長させる糧となるでしょう。
24 木	■	過ぎたことを考えすぎてしまうとストレスになったり、イライラの原因になりそう。過ぎたことは忘れて、「恩知らず」「恩を返せ」などと思わないようにして。
25 金	●	よくも悪くも目立つことになる日。悪いほうで注目されないように笑顔で挨拶したり、自分の力を他の人のために役立てるように動いてみるといいでしょう。
26 土	△	約束をすっかり忘れてしまったり遅刻しやすい日。時間や予定の確認を忘れないように。忘れ物もしやすいので気をつけましょう。大事な物を落として壊してしまうこともありそうです。
27 日	○	しばらく舞台やライブに行っていないなら足を運んでみて。当日券で思った以上に楽しめそう。特にない場合は映画を観に行ってみると素敵な発見がありそうです。
28 月	○	詰めが甘くならないようにすることで、いい仕事ができる日。相手のことを考えたり、喜んでもらえる工夫をしてみましょう。親切心が幸運を引き寄せるでしょう。
29 火	▽	日中は自分が信じた方法で問題なさそうですが、夕方あたりから周囲の人に振り回されてしまいそう。学ぶ気持ちを持って接すると問題は回避できそうです。
30 水	▼	自分の意見を通そうとする気持ちや「自分は正しい」という思い込みがあると、人間関係がギクシャクします。相手の意見や考え方から吸収できることを見つけるようにして。
31 木	×	上司や先輩から苦手なことや嫌な仕事を押しつけられそう。不満に思う前に「期待されている」と前向きに受け止めること。感情まかせの発言には気をつけて。

開運のつぶやき ▶ どんな言葉も善意で受け止めることが大事

2022

4月

◎ 幸運の月

~2021 2022 2023~

11 12 1 2 3 4 5 6 7 8 9 10 11 12 1 2 3 (月)

開運 3 カ条

1. 何事も楽しんでみる
2. 飲み会や集まりには顔を出す
3. 笑顔で挨拶をする

総合運

予想外に楽しい1カ月になりそうな運気。普段なら苦手とするような遊びや集まりに参加すると、思わぬ発見があったり人気者になれそう。固定観念で世界を狭めていてはおもしろくなくなるだけなので、どんなものか知るためにも少し勇気を出すと楽しい思い出につながりそうです。気の合う人やノリの合う人とも出会えるでしょう。健康運は、遊びすぎて疲れてしまったり、暴飲暴食に気をつけないと胃腸の調子が悪くなりそうです。

恋愛&結婚運

異性との距離が縮みやすい時期。片思いの相手を食事や映画に誘うといい関係に進めそう。気持ちを伝えるのはいいですが、一緒にいる時間を楽しむことや笑顔を忘れないように。新しい出会い運もいいので素敵な人に会えそうですが、金銭感覚や考え方など一部合わないところを気にすると進めなくなるので、ノリを大切にしましょう。結婚運は、式場探しデートをすると盛り上がりそう。

仕事&金運

実力以上の結果を出せて楽しく仕事ができるでしょう。周囲の人の協力や支えがあったことに感謝すると更にいい仕事に取り組めそう。職場の人との付き合いを大切にすると、意見が通りやすくなったり、より仕事に専念できそうです。仕事に役立ちそうな本を読んだりスキルアップを狙うにもいいタイミング。金運は、趣味や交際費で出費が増えそうですが、いいお金の使い方ができるでしょう。

日	運気	内容
1 金	▲	身の回りを整理整頓できていればいい日になりますが、散らかったままだと運を逃すので要注意。何かを探している数秒、数分に出会いやチャンスを逃すと思って。
2 土	○	普段なら行かないようなお店に入ったり、気になる場所に出かけてみると、いい人に出会ったりおもしろい発見がありそう。少し遠出してもいいので行ってみて。
3 日	○	新しい出会いがあるので、人の集まる場所に行ってみたり、習い事や体験教室などに行くといいでしょう。はじめて入るお店が気に入って常連客になることもありそうです。
4 月	□	今日中や今週中に達成できそうな目標を立てて、計画的に1日を過ごしてみて。ムダな時間を削るだけではなく、しっかり休める時間も作りましょう。
5 火	■	体力的に無理なことは、ほどほどにしておくといいでしょう。スタミナのつくものを食べたり、ゆっくりお風呂に入ってのんびりする時間を作るようにしましょう。
6 水	●	異性から注目されたり恋愛運がアップしている日なので、気になっている人にメッセージを送ってみて。思いきって週末にデートに誘ってみるとOKしてもらえそう。
7 木	△	何事も楽しむ心が大切。自分のルールだけを守ってばかりでは楽しくなくなるだけ。「まあいいか」という言葉を使って気楽に行動してみると、運気の流れが変わっていくでしょう。
8 金	○	自分の得意なことをもっと好きになって楽しんでみて。頼られることで成長できて前向きになれるでしょう。自分の不得意なことは、できる人に素直にお願いするといいでしょう。
9 土	◎	ショッピングに出かけるにはいい日。服や靴を購入するときは、少し異性を意識したり、「幸せそうに見える」「値段よりも高そう」と思えるものを選びましょう。
10 日	▽	日中は運気がよく活動的になるといいので、買い物や用事は早めに済ませておきましょう。デートはランチやお茶で済ませるくらいが丁度いいでしょう。
11 月	▼	寝坊や忘れ物、勘違い、ケガ、うっかりミスなどをしそう。前日から予定の確認をしっかりして。こんな日は笑顔とポジティブな発言を心がけるといいでしょう。
12 火	×	頑固になりすぎて人間関係が気まずくなったり苛立ってしまいそう。勝手に期待して期待外れだと思わないように。相手のいい部分やプラスの部分を見つけてみて。
13 水	▲	なくし物や忘れ物をしやすい日。大事な資料を置き忘れて紛失する可能性があるので注意して。普段片づけていない場所をきれいにすると役に立つものが見つかることがありそう。
14 木	○	世の中を新たな目で見直すといい日。当然だと思っていることに感謝してみると、人生がどんどん楽しくおもしろくなるでしょう。年配者の話も楽しく聞けそうです。
15 金	○	「新しい」に敏感になって生活してみるといい日。新商品や新メニューを選んだり、話題のアプリを使うなど、新しいと思うことに挑戦してみるといい体験になるでしょう。
16 土	□	ついついやってしまう癖や悪習慣をやめるといい日。ダイエットや肉体改造、禁煙や禁酒をしたり、間食をやめるなど、些細なことでもいいので自分を変える努力をしてみて。
17 日	■	今日はおうちでのんびり音楽を聴く時間を作ったり、整体やマッサージに行って体をほぐしてみましょう。ヨガに挑戦したり、軽い運動をして汗を流すのもオススメ。
18 月	●	普段通りにしていても、不思議と目立つタイミングで行動や発言をしてしまいそう。いつも以上に丁寧に行動して、言葉も選ぶように。笑顔や明るさも忘れないようにして。
19 火	△	聞いたことをうっかり忘れてしまいそう。大事だと思われることはメモするといいですが、そのメモをなくしてしまうことも。今日は不注意が重なってしまいそうです。
20 水	○	苦労したことや経験してきたことが役立つ日。趣味でやっていたことが会話で役立って盛り上がることもありそうです。いろいろなことを思い出してみるといいでしょう。
21 木	◎	自分の限界を勝手に決めないで、幅を広げるといい日。行動範囲を広げたり、不慣れなことにも挑戦してみて。少し面倒と感じてもまずは行動してみるといいでしょう。
22 金	▽	日中は、満足できる流れで問題が少ないでしょう。夕方あたりから環境に飽きたり、やる気を失う出来事が起きそう。心ない一言を言う人に出会うこともあるかも。
23 土	▼	感情的になったりイライラする出来事がありそうな日。過度に期待したり、決めつけないことが大事。カフェや家でのんびり本を読む日にしてみるといいでしょう。
24 日	×	約束をすっかり忘れたり、時間にルーズになってしまいそう。友人や好きな人に迷惑をかけてしまうことがあるので気をつけて。指摘されて逆ギレしないように。
25 月	▲	順調に進んでいた流れが急に止まったり、やり直しになる出来事などがありそう。ムダだと思わないで「これはこれでいい経験で力がついた」と思って、気持ちを切り替えて。
26 火	○	生活リズムに変化をつけるといい日。起きる時間や出社時間などをいつもと変えると、いい発見やおもしろい体験ができそう。変化の中にいい部分を見つけるようにして。
27 水	○	少しでも新しいことに挑戦することが大事。視野を広げ、気持ちを切り替えて一歩前に進む努力を。過去を気にしすぎるとせっかくのチャンスを逃してしまいます。
28 木	□	日中は予定を詰め込んでもいいですが、夕方以降はゆとりを持って行動するようにしましょう。慌ててしまうと疲れやケガの原因になってしまうでしょう。
29 金	■	睡眠不足や体のだるさを感じそうな日。朝や昼に散歩や軽い運動をしたらしっかり体を休ませることが大切です。銭湯や日帰り温泉など広い湯船でのんびりするといいでしょう。
30 土	●	デートをするにはいい日。少し贅沢なランチや大人なデートをしてみて。気になる人を突然誘ったり、後輩や部下など、年下を誘ってごちそうするにもいいタイミングです。

☆ 開運の日 ◎ 幸運の日 ● 解放の日 ○ チャレンジの日
□ 健康管理の日 △ 準備の日 ▽ ブレーキの日 ■ リフレッシュの日
▲ 整理の日 × 裏運気の日 ▼ 乱気の日 ＝ 運気の影響がない日

2022 5月

▽ブレーキの月

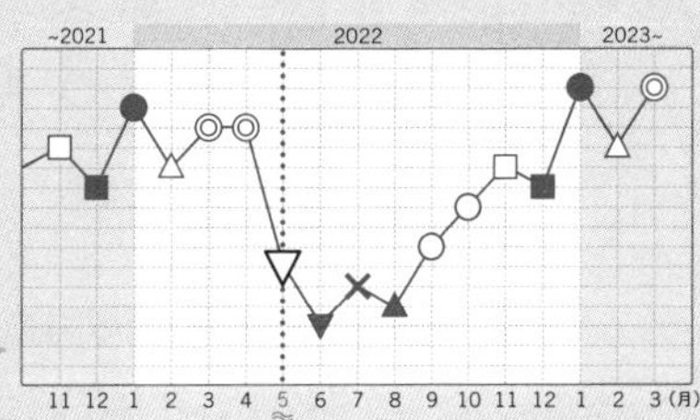

開運 3カ条

1. 「大丈夫」と思い込まないで確認をする
2. ノリで判断しない
3. 10分前行動を徹底する

総合運

思い込みからの失敗が増えてしまう時期。事前準備と再確認をすれば回避できますが、「絶対に大丈夫」と思っているところに油断や隙が生まれるので気をつけるようにしましょう。遅刻や忘れ物をして焦ってしまうこともあるので、時間にはこれまで以上にきっちりして、何事も10分前行動を心がけておきましょう。健康運は、ケガや打撲、段差や階段で転ぶこともあるので気をつけましょう。調子に乗ったときほど注意しましょう。

恋愛＆結婚運

異性と遊ぶ機会や仲良くなるきっかけが多い月。周囲と一緒に楽しめるようにすることでいい関係に進めそう。苦手なノリになっても楽しむことで気になる異性の心をつかめますが、無理をしないように。強引な人に告白されて関係を進めると後悔するので、今月は少し様子を見て周囲の評判を聞いてから判断しましょう。結婚運は、雑な部分を見られてしまうので上手に誤魔化しておきましょう。

仕事＆金運

珍しいミスをしやすい時期。寝坊や遅刻、数字や時間の間違いなど冷や汗をかくこともあるので、気を引き締めて早めに行動して時間にゆとりを持ちましょう。やる気を失う出来事があったり水を差すようなことを言う人に会うこともあるでしょう。事前準備と確認をしっかりして仕事をするようにしましょう。金運は、油断して浪費しそうな月。勢いでの買い物やお酒の席に気をつけるようにしましょう。

日	運気	
1 日	△	勢いまかせで行動すると危険な日。転んでケガをしたり不要なものを買ってしまいそう。何か決断するときは、先のことをもっと想像して冷静に判断するようにしましょう。
2 月	○	ひとりで考えるよりも、友人や付き合いの長い人と話してみると、ヒントをもらえたり答えにつながることがあるでしょう。人と話をする時間を大切にしてみましょう。
3 火	◎	趣味や以前から欲しかったものにお金を使うといい日。ネットで購入するよりも、自分の目や手で確認し、値札もしっかり見ましょう。確認せずに購入すると驚く金額になるかも。
4 水	▽	人が喜ぶことを想像しながら行動してみて。特に日中は、そんな目で周囲を見て行動してみると素敵な出来事にもつながりそう。夜は、急な誘いで予定が乱れそうです。
5 木	▼	寝坊やうっかりミスの多い日。休みの日だからといってだらだらしていると1日をムダにしそう。本を読んだり、不慣れなことを勉強してみると充実した日になるでしょう。
6 金	×	過去をいつまでも引きずらないで、過ぎたことは忘れ、気にしないようにすることが大切。嘘でもいいので許せない人を許したことにすると、あなたの気持ちが楽になるでしょう。
7 土	▲	不要なものをどんどん処分するのはいいですが、間違って大事なものや価値のあるものまで処分することがあるので、しっかり確認をするようにして。
8 日	○	変化が苦手なタイプですが、今日は「新しい」と思えることに挑戦するといい体験ができそうです。好奇心の赴くままに行動すると人生が楽しくなることも学べそう。
9 月	○	連休明けでミスが増えてしまいそう。新たな目標を定めたり、気を引き締めて取り組んでみて。新商品のお菓子などを試しに買ってみるとおもしろい発見がありそうです。
10 火	□	「自分の苦労や辛い気持ちは他人には分からない」と思っていると、あなたが他人の苦労や辛さを理解しない人間に育つだけ。人は思った以上に他人を理解していると思いましょう。
11 水	■	思った以上に疲れがたまっているので、頑張りすぎないように。無理をしないで、少しペースを抑えることが大事です。今日はお腹に優しい食べ物を選んで。
12 木	●	他人の笑顔のために全力で取り組むといい日。自分のことよりも相手に喜んでもらえることが何か考えて行動しましょう。その行動に異性が惚れることもあるでしょう。
13 金	△	間違いの多い日。別の人にLINEを送るミスや、仕事での些細なミスをしやすいので気をつけましょう。丁寧に事前確認を行うことでトラブルを回避できるでしょう。
14 土	○	一度観たことのある映画を改めて観ると、違うおもしろさに気づいたり、気持ちが楽になりそう。自分の成長を確認できたり、今だから理解できるセリフを見つけられそうです。
15 日	◎	今日は、経験になることにお金を使ってみて。おいしいものを食べに出かけたり、テーマパークやライブに行ってみましょう。お金以上に価値のある経験ができるかも。
16 月	▽	午前中は失敗が少なく順調に過ごせそうですが、午後から集中力が低下してミスしたり余計なことを考えてしまいそう。休憩を挟んで短時間で終えるように集中して。
17 火	▼	マイナスの方向に目が向いてしまいそう。不満を見つけてイライラするのではなく、いい部分を見つけるための訓練だと思って頭の中を切り替えるようにしましょう。
18 水	×	順調に進んでいるときは「おかげさま」、問題やトラブルが起きたときは「自分の勉強不足」だと思って受け止めて。新たな課題ができたことを前向きに捉えましょう。
19 木	▲	不要なデータや写真を消去するといい日。使わないアプリや時間のムダになるものはどんどん手放しましょう。執着が不運を招いていることを忘れないようにしましょう。
20 金	＝	大きな幸せを見つけるよりも小さな幸せに気づくことが大切。些細なことでも喜んでみると、笑顔になれることをたくさん見つけられるようになるでしょう。
21 土	＝	普段なら行かないような場所に遊びに行ったり、珍しいメンバーと遊んでみるといい日。面倒だと思って避けないで、いい部分を探す練習だと思って飛び込んでみて。
22 日	□	悪習慣をやめるにはいい日。なんとなく続けている習慣や生活リズムを思いきって変えてみましょう。健康的なリズムや時間を有効に使う生活に変えてみましょう。
23 月	■	疲れやストレスがたまりやすい日。だらだら仕事しないで短時間で終えて、休憩するようにしましょう。旬の果物を買って食べるといいので、仕事帰りに買いに行きましょう。
24 火	●	いい言葉を選んで発して、世の中のいい部分を見ると人生がどんどんよくなります。他人の失敗も許せるようになるでしょう。優しくすれば優しくしてもらえるでしょう。
25 水	△	大事なものを忘れたり、時間を間違えたりするミスがありそう。見間違いをしたり、確認が雑になることも。感覚だけで判断しないで丁寧に見直すことが大事です。
26 木	○	現状に納得ができない場合は、生活習慣が悪いだけ。起きる時間や寝る時間など、リズムを変えましょう。不満があるときは、不満を維持しようと努めてしまっていると考えてみて。
27 金	○	お金や数字、時間にこだわって仕事をすることが大切な日。ムダな時間や経費を使わないようにして、合理的に進めるためにどうするべきなのか考えながら行動してみて。
28 土	▽	気になる相手をランチデートに誘うといい日。短時間でお別れしたほうがいい印象で次につながりそう。夕方以降はバタバタしやすいので予定を詰め込みすぎないように。
29 日	▼	誘惑に負けて判断ミスをするかも。ムダな買い物や契約には要注意。特に儲け話ほど簡単に乗らないように。今日は、家でのんびりしたほうがよさそうです。
30 月	×	予想外の仕事をまかされたり、余計なトラブルが起きそう。他人の責任にしていると問題解決にならないので、すべては自分の問題と責任だと思って最善を尽くしましょう。
31 火	▲	目の前の仕事に最善を尽くすことが大切な日。余計なことを考えたり、マイナスの部分を見つけようとしないように。うっかりでの操作ミスや機械トラブルに気をつけて。

開運のつぶやき　雑用がしっかりできないと、いつまでも雑用をすることになる

2022

6月

▼ 乱気の月

~2021 2022 2023~

11 12 1 2 3 4 5 6 7 8 9 10 11 12 1 2 3 (月)

開運 3カ条

1. 確認作業を徹底する
2. 話は最後まで聞く
3. 数字、お金、時間の間違いに注意する

総合運

確認を怠るとミスを連発する月。自分で思っている以上に油断や隙ができやすいので、事前準備や最終確認、時間の先読みなどをしっかりして、不要な苦労を自ら作らないように気をつけましょう。勘違いが最も多いので、自分の思い込みは危険だと思って、周囲の話をしっかり聞くようにしたり、アドバイスや注意をしっかり聞くようにしましょう。健康運は、ケガや打撲をしやすいので段差や階段などには気をつけましょう。

恋愛&結婚運

気持ちがブレる時期。好きな人に振り回されたり、自分の気持ちに素直になれなそう。心の隙もできやすいので、寂しさから好みではない人と関係を深めてしまうことも。今月の「とりあえず」の交際は後悔するのでやめましょう。新しい出会いは期待できないので自分磨きに時間を使いましょう。結婚運は、ケンカや気まずい空気になりそうな時期。恋人に感謝を忘れないようにしましょう。

仕事&金運

遅刻や寝坊、操作ミス、連絡忘れなど叱られるような失敗が増える月。慣れた仕事や簡単な仕事ほど気を引き締めて取り組むように。数字や金額を間違えて大問題になってしまうこともあるので、事前準備や最終確認をしつこいくらいやっておくと面倒を避けられるでしょう。金運は、不要な出費が増えたり、財布を落としてしまうことがあるので気をつけて。契約や高価な買い物は避けましょう。

日	運気	内容
1 水	＝	流行や最新のシステムについていけないことがありそう。知ったかぶりをするよりも、知らないことは素直に聞いて勉強しておいたほうが、学ぶ姿勢が身につくでしょう。
2 木	＝	相手の話を最後までしっかり聞かないと面倒なことや失敗が増えてしまいそう。理解に苦しむなら周囲に聞いて教えてもらったり、確認してから取りかかるようにして。
3 金	□	何事も順序や手順を大切にするといい日。慣れているからといって基本的なことを飛ばさないように。小さなことをコツコツ積み重ねることに飽きないようにしましょう。
4 土	■	うっかりでケガをしやすい日。ドアや引き出しで指を挟んだり、紙で切ってしまうかも。慌てて足の小指をぶつけてしまうなども起きやすいので慎重に行動するように。
5 日	●	趣味の時間やひとりの時間を楽しめる日。ゲームをしたり動画を見てゆっくりするといいでしょう。友人から急に誘われることもありますが、無理に合わせなくてもいいでしょう。
6 月	△	忘れ物や勘違いをしやすい日。道で迷ってしまったり時間を間違えてしまうことがありそう。余計なことを考えないで一つひとつに集中して取り組みましょう。
7 火	○	あなたの悪い癖が出てしまいそう。頑固になりすぎたり、決めつけだけで突っ走ってしまうなど、他にも過去に反省したようなミスをする可能性が高いので気をつけて。
8 水	○	数字や時間にこだわって仕事するといい日。なんとなくで仕事するとムダな時間を過ごしたりやり直しになりそう。終わりの時間や目標の数字をしっかり決めるといいでしょう。
9 木	▽	日中は流れに身をまかせて周囲の喜ぶことを優先して。自分本位な行動だと幻滅されてしまうかも。夕方以降は予定が乱れたり、体調を崩す原因になる出来事がありそう。
10 金	▼	失敗が続いてしまいそうな日。忘れ物や時間間違い、失言やタイミングの悪いことが重なってしまいそう。ケガもしやすいので、今日は丁寧に上品に過ごすようにして。
11 土	×	誘惑や甘い話には要注意な日。話半分に聞いて安請け合いをすると大変なことになりそう。遊ぶなら羽目を外しすぎないようにしましょう。
12 日	▲	アクセサリーを落としたり、大事なものをなくしてしまいそう。高価なものは身につけないほうがいいかも。スマホを落として画面を割ってしまうこともありそうです。
13 月	＝	自分に足りないことを考えるよりも、得ていることが何かを考えて、今の自分を活かせる方法を編み出しましょう。どんな人でも役立つ場所や方法はあるでしょう。
14 火	＝	自分がやるべきことを他人まかせにしたり、問題を人の責任にしないようにしましょう。自分の進むべき道は自分で見つけて、自分で切り開くものだと忘れないようにして。
15 水	□	自分の明るい未来を具体的に想像することで、今やるべきことが見えてくるでしょう。数年後に成功して幸せになっている自分が、今の自分に何を言うか想像してみて。
16 木	■	疲れがたまりやすい日。ムダに深夜まで起きているのをやめるためにも、スマホの電源を早めに落として、PCやTVの電源を切って早めに寝るように習慣を変えましょう。
17 金	●	ちょっとした幸せがある日ですが、決めつけが激しいと逃してしまうので何事もプラスに受け止めるように。幸せのかけらは常に小さくて見つけにくいものだと覚えておいて。
18 土	△	寝坊や遅刻など、ミスや忘れ物をしやすいので気をつけましょう。今日は普段よりも早めに行動しましょう。10分前行動は当然だと思うとムダな苦労は避けられそうです。
19 日	○	好きなお店に行っておいしいものを食べるといい日。行きつけのお店でゆっくりしたり、友達に紹介するといいでしょう。偶然懐かしい人に出会っていい話を聞けることもありそう。
20 月	○	余計な出費が増えそう。ネットで不要なものを購入したり、送料が高いものを買ってしまうなど失敗しやすいので気をつけて。お得なものでも慎重に判断するように。
21 火	▽	メールやLINEを送るときは、文章をしっかり確認して、送り先を間違えないように。夜は予想外のトラブルに巻き込まれるかも。イライラしたら負けだと思って慎重に行動を。
22 水	▼	気分で過ごさないで気持ちで仕事をするようにしましょう。感情的にならないで、冷静に落ち着いてやるべきことをこなしましょう。言い訳を見つけてサボらないように。
23 木	×	集中力が続かず仕事でミスをしそうなので、確認作業をしっかりすること。サボっている姿を上司に偶然見られることも。失敗したら言い訳せず、すぐ謝りましょう。
24 金	▲	身の回りをきれいに整理整頓するのはいいですが、間違って大事な資料も処分してしまったり、データを消してしまうことがあるので確認作業はしっかりするようにしましょう。
25 土	＝	地道な努力がいい結果につながり、これまでの経験も上手に活かせそう。また、挨拶やお礼はいつも以上にしっかりして、前向きな気持ちで仕事に取り組むと評価されそう。
26 日	＝	これまでなんとなく避けていたジャンルの映画を観たり、美術館や博物館に行くといい日。意外な発見や勉強になることを見つけられそう。本を買って読むにもいい日でしょう。
27 月	□	「無理」「難しい」「面倒くさい」と思う前に行動してみること。「とりあえずやってみよう」と思って取り組んでみると、予想よりもいい感じで進められそうです。
28 火	■	疲れを感じたり、朝から体がだるく感じられそう。軽く体を動かしてみたり、ストレッチをしてから出かけるといいでしょう。胃腸にやさしそうなものを選んで食べましょう。
29 水	●	今のあなたに必要な話や情報を入手できる日。都合が悪くてもしっかり聞き入れると成長できそうです。否定的にならないで肯定的に生活を送ってみて。
30 木	△	大切な話を聞き逃してしまったり、判断ミスをしそう。勢いや勘で判断しないで、先のことを想像してから冷静に決断したり、周囲に相談してから決めるようにしましょう。

☆開運の日 ◎幸運の日 ●解放の日 ○チャレンジの日
□健康管理の日 △準備の日 ▽ブレーキの日 ■リフレッシュの日
▲整理の日 ×裏運気の日 ▼乱気の日 ＝運気の影響がない日

7月 2022

× 裏運気の月

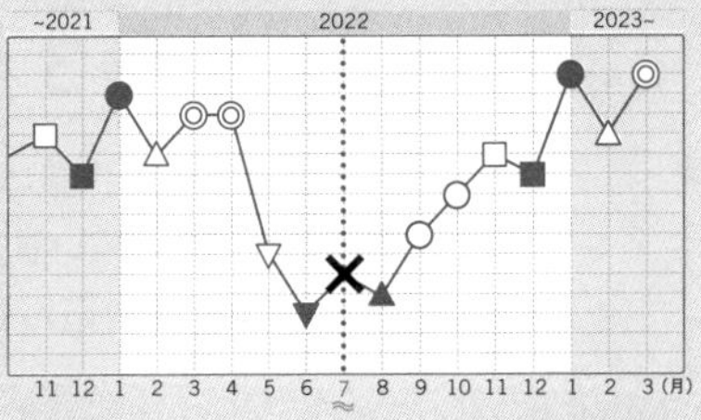

開運 3 カ条

1. 休日の予定を先に立てる
2. 勢いで買い物や出費をしない
3. 計画をしっかり立てて行動する

総合運

これまで興味の薄かった世界が気になったり、誘惑に負けてしまいそうな月。少しのつもりがハマってしまい、悪いサイクルができあがる可能性があるので注意が必要。遊びの予定を先に立てて、メリハリのある生活を送るようにしましょう。自分中心に考えるよりも、周囲を笑顔にすることを考えて行動するといい流れに乗れそうです。健康運は、お酒の飲みすぎで二日酔いになったり無謀な行動でケガをしやすいので気をつけましょう。

恋愛&結婚運

普段なら参加しない飲み会やコンパに行くことになり、ノリの合う人に会えそうですが、ここでの恋は短いか、思い違いの可能性が高そう。異性の友人と思って、距離感を間違えないように。短期間で深入りすると、がっかりの出来事になりそう。既に気になる相手がいる場合は、これまでとは違ったデートプランを試しましょう。結婚運は、焦りは禁物。恋人のいい部分を見るようにしましょう。

仕事&金運

空回りしたり手応えを感じにくい時期。やる気も出なくなりそう。ミスや遅刻で信用を落とすこともあるので、一つひとつ丁寧に仕事しましょう。仕事終わりや休日の予定を先に立てるとやる気が復活しそう。数字や時間などのチェックはこれまで以上にしっかり行いましょう。金運は、交際費が増えたり浪費しやすいので気をつけましょう。ノリで契約や高額な買い物をしないようにしましょう。

日	運気	内容
1 金	○	現状に感謝することで1日を乗り切れる日。不満や文句が出るとどんどんやる気がなくなりそう。周囲で支えてくれる人やこれまで指導してくれた人のために頑張ってみましょう。
2 土	○	生活必需品や消耗品を買うのにいい日ですが、本当に必要なものを最低限買うだけにするように。目新しいものや不要な買い物をしても、がっかりするだけなので気をつけて。
3 日	▽	日中は、自分のペースで過ごせて問題なさそうですが、夕方あたりから家族や知人に予定や気持ちを乱されそう。図星を指されてムッとしないでしっかり受け止めましょう。
4 月	▼	遅刻や寝坊など自分でも驚くようなミスをしそう。大切な約束を忘れてしまう場合があるので、大事なことはメモをして目の前に貼っておくと問題を避けられそうです。
5 火	×	今日は慎重な行動が大切。些細なことでもしっかり確認するように。目立ちたくないタイミングで注目されたり、ちょっとサボっているときに上司や先輩に見られてしまいそうです。
6 水	▲	「少しくらいのミスは問題ないかな」「このくらいなら報告しなくていいかな」が問題になるので気をつけましょう。些細なことほど気をつけて、報告も忘れないようにしましょう。
7 木	＝	不慣れや苦手なことに直面する日。どんなことでもはじめてはあるので、マイナスに考えないで、前向きに受け止めて。はじめて会う人には自ら挨拶をするようにしましょう。
8 金	＝	何事も準備をしっかり行うようにしましょう。慣れた仕事だからといって準備を適当にやっているとミスにつながってしまいそう。確認も忘れないようにしましょう。
9 土	□	今日と明日は、体をしっかり休ませたり、不健康と思われる行動は避けるようにしましょう。暇だからといってお菓子の食べすぎや飲酒は避けるようにしましょう。
10 日	■	エアコンの効きすぎた場所にいて体調を崩したり、暑さで夏バテになってしまいそう。今日は、無理をしないでマメに休みながら過ごすといいでしょう。
11 月	●	褒められたいと思うなら他人を褒めて、認めてほしいならたくさんの人を認めましょう。人の長所に目を向けるようにして、自然と言葉に出せるようにするといいでしょう。
12 火	△	気持ちが楽になるのはいいですが、気が緩みすぎて失敗が続きそう。しっかり確認して、油断しないように。食べ物や飲み物をこぼしてがっかりする出来事も起きそう。
13 水	○	付き合いの長い人から厳しいことを言われそうな日。はっきり言ってくれるやさしさもあることを忘れないように。信頼関係がないと言えない言葉があることを覚えておいて。
14 木	○	仕事を楽しむことでいい結果が出たり評価をされるようになる日。正しさも大切ですが、楽しさをもっと優先して、自分も周囲も楽しめることは何かを考えて行動しましょう。
15 金	▽	午前中は仕事がはかどりそうですが、午後から雑になりそう。上下関係が大事。自分が悪くなくても謝る必要がある場面では謝りましょう。意地を張ると評価が下がるので気をつけて。
16 土	▼	予定が急に変更になって、暇になったり、逆に忙しくなりそうな日。時間にゆとりを持って行動しないと渋滞で焦ったり、予定通りに進まなくてイライラしそうです。
17 日	×	人の話をしっかり聞いたり、自分のテンポを少しでもいいので早くしてみましょう。聞いているのに「聞いてないでしょ?」と突っ込まれて嫌な空気になりそう。
18 月	▲	大掃除をするにはいい日ですが、間違って必要なものを処分しないように。謎の部品や見慣れないものは一度よけましょう。使わない紙袋などは処分しておきましょう。
19 火	＝	新しいことを学ぶにはいい日。今すぐに役立たなくても、数年後や10年後の自分が喜ぶと思えることに力を入れてみましょう。気になることを見つけてみるといいでしょう。
20 水	＝	同じパターンが好きなタイプですが、今日は生活リズムを変えたり、普段ならやらない方法を試してみて。失敗や微妙な感じから学んで次に活かすといいでしょう。
21 木	□	安請け合いを避けたほうがいい日。迷う場合は後で判断したり、他の人に相談してからにしましょう。強引な人にお願いされたときは、苦労から学ぶ気持ちで受けましょう。
22 金	■	暑さで体力を奪われたり、エアコンの効きすぎた場所で喉の調子を崩してしまいそう。水分補給はいいですが、冷たいものの飲みすぎには気をつけるようにして。
23 土	●	小さなモテや幸運を感じることができそう。ただし、予想外の異性から遊びに誘われることも。ここでの出会いは縁が薄いので、深入りせずに楽しむと人間関係の幅が広がるでしょう。
24 日	△	異性にもてあそばれたり、友人や知人に振り回されるかも。タイミングの悪さを感じるときは、ひとりの時間を大切にしたほうが、余計なイライラや面倒を避けられそうです。
25 月	○	職場で長い付き合いの人や親友からの忠告は、心して聞くことが大切です。痛いところを突かれても、相手がよかれと思って言ってくれた言葉だということを忘れずに。
26 火	○	真剣に仕事に取り組むことが大切な日。結果を求めるよりも、自分の成長につながる1日だと思いましょう。自分に何が足りないのか分析して、今後の課題にしましょう。
27 水	▽	日中は勢いよく仕事ができそうですが、夕方あたりから余計なことを考えすぎたり、些細なことでクヨクヨして前に進めなくなりそう。感謝できることを見つけるように心がけて。
28 木	▼	言いたいことがうまく伝わらないときは、簡単に諦めないで文章にまとめて伝えましょう。相手に送る前に何度も読み直して、長すぎないかチェックをしておきましょう。
29 金	×	疲れを感じたときは無理をしないで、仕事のペースを落としましょう。夏バテやエアコンで体調を崩すことがあるので気をつけて。今日は消化によく胃にやさしいものを食べましょう。
30 土	▲	不要なものがあることに気づくことが大切。「なんでこれ置いてあるんだ?」と思うものは必ずあるもの。何年も置きっぱなしなら処分して、身の回りをすっきりさせましょう。
31 日	＝	これまで聴いたことがないジャンルの曲を聴いたり、難しいと思い込んでいたジャンルの本を読んだり、マニアックな映画を観てみるといい刺激や勉強になりそうです。

開運のつぶやき　やる気がないのではなく、行動していないだけ

2022

8月

▲ 整理の月

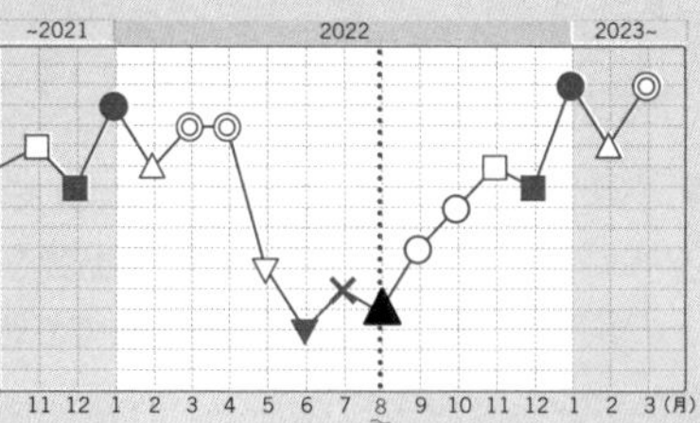

開運3カ条

1. 事前準備と確認作業は念入りに行う
2. 誘惑に負けない強い意志を持つ
3. 遊ぶ時はしっかり遊んでストレスを発散する

総合運

自分では確認も準備もしっかりしていると思っても、ミスが増えてしまいそうな時期。忘れ物や遅刻など「あれ?」と思ってしまう失敗が続いてしまうかも。時間にゆとりを持って行動するように心がけながら、「大丈夫」と勝手に判断しないでチェックを入念に行うようにしましょう。誘惑に流されてしまうことがありますが、遊ぶときはしっかり遊んでメリハリを付けるといいでしょう。健康運は、お酒と打撲やケガに注意が必要。

恋愛&結婚運

異性の前で空回りしたり、タイミングが悪くなりそうな時期。無理に合わせないで、流れに身をまかせましょう。焦って関係を進めようとすると、失恋したり距離を置かれそう。新しい出会い運もつながりが弱いので、無理に人脈を広げないほうがいいでしょう。危険な異性にもてあそばれてしまうことも。結婚運は、わがままが過ぎると破談したり結婚が遠のくので、意地や身勝手を避けましょう。

仕事&金運

仕事への集中力が続かず、やる気を失いやすい時期。珍しいミスをすることもあるのでいつも以上に気を引き締めたり、予定の時間よりも早めに取りかかるようにすると、問題があってもうまく対応できそう。事前準備も大切ですが、特に最終確認を念入りに。仕事をサボっているところを上司に見られて、気まずい感じになることも。金運は、誘惑に負けて不要なものを購入してしまいそう。

1 月	＝	最終的に自分がどこに向かっているのか考えて仕事をするといいでしょう。目的がないことが苦しい原因や苦労に変わってしまわないようにしましょう。
2 火	□	詳しく知らないことをしっかり調べたほうがいい日。インターネットの情報がすべて正しいとは限らないので、詳しい人に話を聞いてみたり、本を読んでみるといいでしょう。
3 水	■	指先を切ったり、足の小指をぶつけるなど痛い思いをしそう。丁寧に行動したり、急ぐときほど落ち着いて。深呼吸をすると冷静に判断できそうです。
4 木	●	いい決断や素早い判断ができる日。これまでの経験をうまく活かしていい仕事もできそう。恋愛でも異性といい関係に進められそうなので、気になる人に連絡してみて。
5 金	△	自分でもびっくりするようなミスをしやすい日。確認をしっかりして、勝手に大丈夫だと決めつけないようにしましょう。少しチェックするだけでミスは防げるでしょう。
6 土	○	相手の話に最後までしっかり耳を傾けて。求められたことに素直に応えると、気分よく過ごせるので頑張ってみましょう。ただし、お金の貸し借りだけは注意が必要。
7 日	○	新しいことに挑戦すると楽しめる日。なんとなく避けていたことにチャレンジすると、思った以上にいい経験ができそう。行動範囲を広げたり、気になるお店に入ってみて。
8 月	▽	午前中は絶好調な日。頭の回転もよく、いい仕事もできそう。夕方以降は雑になりやすいので、細部まで気を配るように。夜は疲れやすくなるので、限界を感じる前に休みましょう。
9 火	▼	不満や思い通りにならないことに目がいってしまいそう。他にいい部分があることを忘れないようにしましょう。視野を広げて柔軟な考えをするようにしましょう。
10 水	×	期待外れなことが起きやすい日ですが、勝手に期待して不満を作らないように。愛や感謝の気持ちがあればイライラしないでしょう。自分中心に判断しないようにしましょう。
11 木	▲	身の回りをきれいに整理整頓して、不要なものを処分しましょう。長く使い続けているものや古くなったものは一気に処分して、身の回りをすっきりさせましょう。
12 金	＝	自分でも悪習慣だと思うことや周囲から指摘された生活リズムの乱れは、今日から改善しましょう。変化を恐れたり面倒と思う前に、生活リズムを変えることを楽しみましょう。
13 土	＝	しっかり遊ぶことで運気が上がる日。友人や知人と話したり、知り合いの輪を広げてみて。はじめて話をする人と意気投合できることもありそうです。
14 日	□	不慣れや苦手に挑戦をしてみるといい日。小さなことでも乗り越えられると人生が楽しくなるでしょう。難しいことでも繰り返し挑戦するとクリアできるでしょう。
15 月	■	夏の疲れが一気に出てきそう。暑さ対策をしっかりしたり、水分補給をしっかりしましょう。日焼け止めや日傘を持って出かけたほうがよさそうです。
16 火	●	努力してきたことが少し報われる日。正しく努力できた人ほど大きな幸せに変わるでしょう。間違った努力をした人は注意されるなど軌道修正できるきっかけがありそうです。
17 水	△	真面目に頑張るのではなく、楽しく取り組んでみることが大切。嫌々仕事しても実にならないので、仕事があることに感謝して。職場の人との交流も大切に。
18 木	○	諦めない気持ちが幸運を引き寄せる日。難しいと感じても何度もチャレンジしたり、これまでの経験を活かせるように知恵を絞ってみて。親友の存在の大切さも感じそう。
19 金	○	仕事運がいい日なので真剣に取り組むといいですが、買い物をするにもいい日。周囲に突っ込まれるようなものや、少し派手なものを選んでみるといいでしょう。
20 土	▽	日中は運が味方して、うれしい流れに乗れそう。少しでも思い通りに進んだら、素直に喜びを表現したり、感謝を伝えましょう。夜は予定が乱れるので用事は早めに終えましょう。
21 日	▼	身近な人に振り回されそう。今日は相手に合わせることを楽しんでみましょう。無理に逆らうと疲れてしまったり、イライラの原因になってしまいそうです。
22 月	×	過去に執着していると、何度も後悔する思考になっていきます。考え方をプラスに変えたり、未来の自分を想像することが大事。現実をしっかり受け止めて前向きになりましょう。
23 火	▲	シンプルに考えてシンプルに行動することで、流れを変えられる日。ムダなことに時間を使わないようにして、合理的に仕事ができるように意識しましょう。
24 水	＝	新しい流れに乗ることが大切な日。これまでとは違う感じを楽しむと、いい出会いやおもしろい縁がつながりそうです。何事も試さないと分からないと思って挑戦してみて。
25 木	＝	若い人からいい方法やおもしろい情報を教えてもらえそう。流行に乗りたくないと思わないで、流行を知って楽しむといい日になります。勝手に苦手だと思い込まないように。
26 金	□	仕事の目的が何かを知って、自分が目指す場所をはっきりさせてみて。チャレンジ精神に火がつくでしょう。夜は、体力的に無理をするとケガや体調を崩す原因になるので注意。
27 土	■	今日は、体をしっかり休ませるといい日。既に予定が入っている人は、涼しい場所でのんびりする時間を作っておきましょう。冷たいものの食べすぎや飲みすぎに気をつけましょう。
28 日	●	不思議な出会いやタイミングのよさを実感できそう。今日は楽しみながら積極的に行動して。気になる人がいるなら、突然でも連絡するといい返事が聞けそう。
29 月	△	失敗を恐れて何もしないほうがもっと怖いことになるもの。ダメ元でもいいので違う方法やもっとうまくできそうなやり方を試しましょう。失敗から学んで成長しましょう。
30 火	○	仕事でいい結果を出せそうな日。自分のためよりも会社や周囲の人のためと思い、自分の仕事によって笑顔になる人のことを想像するといい流れに乗れます。
31 水	○	時間や数字、お金にこだわって仕事をするといい日。時計を意識して、少しでもいいのでスピードアップを目指してみて。会社の経営者の気持ちになって仕事をするといいでしょう。

☆開運の日 ◎幸運の日 ●解放の日 ○チャレンジの日
□健康管理の日 △準備の日 ▽ブレーキの日 ■リフレッシュの日
▲整理の日 ×裏運気の日 ▼乱気の日 ＝運気の影響がない日

9月 2022

チャレンジの月

~2021 2022 2023~
11 12 1 2 3 4 5 6 7 8 9 10 11 12 1 2 3 (月)

開運3カ条

1. 新しい情報を集める
2. 遊ぶときはしっかり遊ぶ
3. 交友関係や新しい縁を楽しんでみる

総合運

やる気が少しずつ復活して、あなたらしい生活習慣や前向きな行動ができる時期。これまで興味の薄かった世界が気になったり、新たな情報がいろいろ入ってくるでしょう。交友関係が広がったり、これまでにない縁がつながることもありますが、面倒だと思わないで楽しむといい出会いにつながるでしょう。イメチェンや、気分転換になる行動にも走りやすくなるでしょう。健康運は、調子に乗りすぎたときだけ気をつければ問題ないでしょう。

恋愛＆結婚運

気になる相手に積極的になれたり、恋をしていることに気づきそうな時期。飲み会や出会いの場所に顔を出すと、ときめく人やノリの合う人に会えそうです。しばらく恋人のいない人は、髪型を変えると異性の気持ちをつかめるかも。服装も年齢と異性を意識して選びましょう。片思いの相手はテーマパークに誘うといい感じに進められそう。結婚運は、焦らず恋人と楽しい時間を優先しましょう。

仕事＆金運

現在の仕事に前向きに取り組む気持ちが湧いてきますが、まだ完全にはやる気が出ない月。しっかり仕事してしっかり遊んだり、趣味の時間を楽しんだり、職場の人との交流を楽しむといいでしょう。他の仕事に目移りしていると、ミスが増えて更に気持ちが萎える原因になってしまうでしょう。金運は、遊びや趣味に出費が増えそう。なんとなく出費しないで、しっかり楽しむためにお金を使いましょう。

日	運気	
1 木	▽	日中は楽しい時間を過ごせたり、いい判断ができそう。大事な用事は予定より早めに終わらせて、ゆとりを持ちましょう。夕方あたりからは無理せず、残業を控えて早めに帰宅して。
2 金	▼	仕事で失敗したり思い通りにならないときに、「自分は悪くない」と思っていると痛い目にあうかも。他人の責任にしないで、自分の問題だと思って受け止めて。
3 土	×	ケンカしたり気まずい空気になりそうな日。うまく伝わっていないときはムキにならないで、言い方を変えましょう。伝わっていると勝手に思わないようにしましょう。
4 日	▲	使わないものやムダなものを処分して、身の回りをすっきりさせましょう。特に、着ない服や昔の趣味のものなどはこの機会に一気に処分するようにしましょう。
5 月	＝	新しいことに目を向けたり、これまで関わりの少なかった人と話してみると、前向きになれたりやる気が出てきそう。流行や最新の方法などを教えてもらいましょう。
6 火	＝	これまでと違った考え方や発想をするといい日。難しく感じるときは言葉遣いや言葉選びを変えてみて。丁寧な言葉を選ぶと考え方も自然に変わってくるでしょう。
7 水	□	自分で決めたルールを変えられるのはあなただけ。勝手に自分が困るサイクルにしないで、自分が楽しめるようにルールを変えましょう。頑固になりすぎないように気をつけましょう。
8 木	■	疲れを感じて集中力が途切れそうな日。今日は無理をしないで休憩時間にしっかり体を休めたり、昼食はあっさりしたものを食べましょう。夜は早めに寝るようにしましょう。
9 金	●	あなたのプラス面が表に出てくる日。魅力や才能に気づいてもらえることもあるので、笑顔や挨拶をしっかりしましょう。夜は急な誘いがありそうです。
10 土	△	しっかり遊ぶことで運気が上がる日。これまで避けていた遊びにチャレンジしたり、周囲から誘われていることに参加してみて。ただ、ドジなケガやうっかりミスには注意。
11 日	○	髪型を変えるにはいい日。ショートやボブにしてみると恋愛運が一気に上がるでしょう。これまでと違う異性の美容師に切ってもらうといい感じになりそうです。
12 月	○	久しぶりに仕事にやる気が出たり、いい結果につながりそうです。仕事を楽しんで取り組むことで楽しくできるようになるでしょう。周囲の人の支えに感謝を忘れないようにしましょう。
13 火	▽	気になる人に連絡するなら日中に。来週末の予定を聞いてみて。夕方以降は疲れがたまりやすくなります。無理をしないようにして、今夜は少し早く寝るのがオススメです。
14 水	▼	昨日の疲れが残ってしまったり、寝起きのタイミングが悪く体がだるく感じられそう。些細な仕事も丁寧にきっちり行うように意識しておきましょう。
15 木	×	失恋や、大切なものを壊すなど、落ち込む出来事が起きそう。テンションの上がる曲や心安らぐ曲を聴いてから仕事して。休憩時間に好きなライブ映像や音楽に浸るのもオススメ。
16 金	▲	気持ちの切り替えが大切な日。過ぎたことをいつまでも引きずらないで「仕方ない」と思っておきましょう。新しいことに目を向けると気持ちが楽になるでしょう。
17 土	＝	はじめて遊ぶ人や知人の集まりで出会った人と意気投合できそう。他者と交わることを面倒くさがらず一歩踏み込んでみると、素敵な出会いにつながるかも。
18 日	＝	気になっていた映画や舞台を観に行くことでいい刺激を受けられそう。頑張っている人からいいパワーをもらえそうです。素敵な言葉や響いた言葉はメモしましょう。
19 月	□	気になる人がいる場合は連絡するといい日。週末の予定を聞くといい流れになりそうです。夜はだらだら起きていると次の日に疲れを引きずってしまうので気をつけて。
20 火	■	連休明けで仕事に集中できず、疲れを感じそうな日。夕方以降にやっとやる気になれて、いい感じで仕事が進みそう。目薬をさして目の周りをマッサージすると集中力が増すでしょう。
21 水	●	素敵な出会いがある日。人や仕事、本からいい刺激を受けたり勉強になることを学べそうです。探求心と好奇心が幸運のカギになるので、気になることはしっかり調べてみて。
22 木	△	遊び心やおふざけが必要な日。周囲を笑わせてみたり喜ばせてみるといいでしょう。上手に話せないときは周囲の話に笑ったりして楽しむといいでしょう。
23 金	○	友人や知人との縁を感じる日。何年も会っていなかった人と偶然出会って話が盛り上がることも。悪友や面倒な人の場合もあるので、深入りはしなくてもいいでしょう。
24 土	○	消耗品や生活雑貨などを買うといい日。普段と同じものよりも、気になるものや華やかなものを選んでみましょう。周囲から突っ込まれるようなものを選んでもいいでしょう。
25 日	▽	昼は家族や友人などと楽しい時間を過ごせそうですが、「楽しむためには努力が必要」ということを忘れないで。夕方以降はネガティブな情報に振り回されるかも。
26 月	▼	予定通りに物事が進まなくなったり、時間が足りないことに焦ってしまいそうな日。何事も早めに取り組んだり、予定を前倒しするといいでしょう。
27 火	×	期待外れな出来事が多くなるかも。流れに身をまかせると問題を避けられるので、ムダに逆らわないように。普段なら興味のないことを学べて、楽しくなることもあるでしょう。
28 水	▲	仕事で使う道具をきれいに手入れしておくといい日。不要なものは処分してすっきりさせるといいでしょう。何年も置きっぱなしのものも処分するようにしましょう。
29 木	＝	いつもの慣れたやり方にこだわらないで、新しい方法を試しましょう。些細なことでもいいので、チャレンジすることでいい経験になる日です。避けてばかりでは成長できないでしょう。
30 金	＝	新しい情報に敏感になってみて。今何が流行っているのか、若い人から話を聞いてみるといいでしょう。おもしろそうなアプリなども教えてもらえそうです。

開運のつぶやき　何も努力しないで苦労もしないと、楽しくもなくなる

2022

10月

○ チャレンジの月

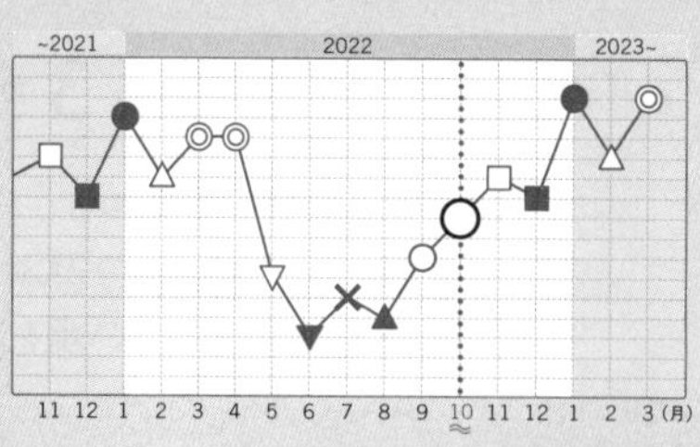

開運 3 カ条

1. フットワークを軽くする
2. 行動範囲と交友関係を広げる
3. 少しいい美容室で髪を切る

総合運

行動範囲が広がって新たな楽しさを見つけたり、いい経験ができる月。固定観念を捨ててフットワークをできるだけ軽くしてみると、これまでにない出会いや体験が得られるでしょう。髪を染めたり、これまでとは違う感じにイメチェンしてみるといいですが、どこか遊び心を入れてみるといい意味で注目されるでしょう。目立つ服や明るいものを選んで着るといいでしょう。健康運は、慌てるとケガをしやすいので慎重に行動しましょう。

恋愛&結婚運

相手からの誘いや様子ばかり窺っている人ほど、今月は積極的に異性を遊びに誘ったり、仲間や友人の集まりに参加するといいでしょう。飲み会や食事会で素敵な人に出会えるかも。行動がいいきっかけになるのでノリや勢いを大切に。年齢が若く見える服装を選んだり、明るくイメチェンするとモテるので、少しいい美容室に行ってみて。結婚運は、進展は少ないので恋人との時間を楽しみましょう。

仕事&金運

リラックスして仕事ができたり、気持ちが楽になるポジションをまかされそう。転職を考える時間も増えそうですが行動に移さず、今の仕事を楽しんだり責任を果たすほうに力を注ぎましょう。仕事関係者と遊んだり、飲み会や食事会で交流したり、みんなを集めるのもいいでしょう。金運は、交際費や人間関係をよくするための出費を。ケチケチしないでみんなで楽しむためにお金を使いましょう。

日	曜	運気	内容
1	土	□	知り合いや気になる人を遊びに誘ってみて。職場の人や最近知り合った人などを誘ってみると楽しい時間を過ごせそう。思ったよりも遅い時間まで語ることになりそうです。
2	日	■	昨日の疲れが出てしまいそうな日。気づいたら午前中は寝て過ごしてしまいそう。ゆっくりするのもいいですが、散歩がてら本屋に行ってみるといい本を見つけられそうです。
3	月	●	朝から予想外に忙しくなったり、求められることが増えそう。あなたの魅力や才能に気づく人が現れますが、急に要求されることが増えて慌ててしまいそう。
4	火	△	思っている以上に話し下手なタイプ。話すのはいいですが、うまく伝わらなかったり言葉足らずになる場合があるので、誤解のないように何度も話をする必要があるでしょう。
5	水	○	長い付き合いの人から大事な話やアドバイスをしてもらえそう。自分のことを考えてくれた言葉をしっかり受け止めるように。適当に聞き流していると後の苦労に変わりそうです。
6	木	○	苦労や面倒に感じる仕事ほど挑戦してみて。大きな結果につながらなくても、いい経験や後にプラスになる体験ができそう。今日は些細なことでも積極的に取り組みましょう。
7	金	▽	日中は、時間がかかることを先に終えるようにして。不慣れな仕事ほど先に終えましょう。後回しにすると、睡眠時間を削ることになるかも。後悔しない時間の使い方を。
8	土	▼	家や外出先で忘れ物をしやすい日。身の回りをしっかり確認しないとムダな時間を過ごしたり面倒なことになりそう。些細なことでも確認作業はしっかりと。
9	日	×	言葉選びが大事な日。よかれと思ってしたことが、相手にとっては迷惑で気まずい空気になることがありそう。相手が機嫌を損ねたら自分に非がないと思ってもすぐに謝りましょう。
10	月	▲	身の回りを片づけてすっきりさせるのはいいですが、間違って大事なものを処分したり、しまった場所を忘れてしまいそう。使い道が分からないものはしっかり保管しておいて。
11	火	○	はじめて会う人の話をしっかり聞くことが大切。勝手な先入観や偏見にとらわれていると必要な情報を逃すかも。新しい情報や考え方は抵抗があっても聞き入れてみて。
12	水	○	積極的に行動できる日。普段なら避けるようなことにも、思いきって行動できそうです。はじめて話す人と盛り上がったり、仲よくなれる感じもつかめそうです。
13	木	□	求められることが増える日。忙しくも充実した時間を過ごせるので、一生懸命取り組むと1日があっという間に終わりそう。夜は疲れやすくミスも増えるので早めに帰宅を。
14	金	■	心身ともに疲れそう。考えすぎるとケガやミスにつながるので気をつけましょう。休憩時間をしっかりとって体を休ませたり、ストレッチするとすっきりするでしょう。
15	土	●	気になる人や好きな人を遊びに誘ってみて。仲よくなれたり、いい関係に発展しやすくなります。新しい出会い運もいいので、笑顔や明るい挨拶を忘れないようにしましょう。
16	日	△	うっかり時間を間違えたり、料理の手順を間違えるなど小さなミスが増えそう。小さなケガをしたり舌を噛んで痛い思いをすることもあるので、丁寧に行動するように。
17	月	○	これまでの頑張りがいい形になって表れそうな日。自分の実力を確認できることもありますが、至らない点はしっかり認めて努力を怠らないようにしましょう。
18	火	◎	思いきった行動や判断がいい結果につながりそう。一瞬間違ったと思っても押しきって引かないようにしましょう。あなたを信用してくれる人のためにも頑張ってみて。
19	水	▽	日中は、視野を広げるいいきっかけがありそう。情報通の人と話すといい勉強になりそう。夕方からは誘惑に負けたり、集中力が途切れやすいので気をつけましょう。
20	木	▼	仕事の流れが突然止まったり、普通の日だと思っていたらトラブルに巻き込まれてしまいそうな日。あなたの失敗から面倒なことになる場合もあるので慎重に仕事を進めて。
21	金	×	仕事にやる気のない感じが周囲に伝わってしまいそう。気分で仕事をしないで、しっかり気持ちで仕事するようにしましょう。感謝の気持ちを忘れないようにしましょう。
22	土	▲	部屋の大掃除や片づけにいい日。使わないものやしばらく置きっぱなしのものは一気に処分して。何年も着ている服を処分するにはいいタイミングです。
23	日	○	気になる場所を見つけたり教えてもらったら、少し遠くても遊びに行ってみて。知り合いや友人を誘うのもいいでしょう。意外な人が勢いで参加することになるかも。
24	月	○	目標をしっかり達成するために、もっと高い目標を掲げましょう。そうすれば、元々の目標は通過点になるだけ。自分の考え方をもっと大きくしてみるといいでしょう。
25	火	□	悪習慣と思えることをやめるために、生活リズムを変えてみて。試しにいつもよりも10分前に行動したり、時間をもっと意識して仕事してみるといいでしょう。
26	水	■	疲れから集中力が途切れたり、日中に眠くなってしまいそう。休憩時間は仮眠をとったり、目を閉じてゆっくりする時間を作るといいでしょう。屈伸などもオススメです。
27	木	●	素敵な出会いがある日。人や仕事、本からいい刺激や勉強になることをもらえそう。探求心と好奇心が幸運のカギになるので、気になったことはその場ですぐ調べてみて。
28	金	△	余計なことを考えすぎてしまいそうな日。ミスが事故につながるので、目の前のことに集中しましょう。メリハリをしっかりつけて仕事終わりに遊ぶといいでしょう。
29	土	○	友人や付き合いの長い人から遊びに誘われた場所に行くと、おもしろい出会いがあったりいい刺激を受けそう。おもしろそうなイベントやライブを観ることもできそうです。
30	日	○	買い物に出かけるにはいい日ですが、高価なものや長く使うものは避けましょう。日用品や消耗品などを買いに行くといいでしょう。新商品を選んでみるといいかも。
31	月	▽	次があると思って取り組むより、「これで最後」と思うといつも以上に真剣になれます。ただ、夜は疲れやすくなるので、胃にやさしい食事で体をいたわり、ゆっくり休みましょう。

☆開運の日 ◎幸運の日 ●解放の日 ○チャレンジの日
□健康管理の日 △準備の日 ▽ブレーキの日 ■リフレッシュの日
▲整理の日 ×裏運気の日 ▼乱気の日 ＝運気の影響がない日

2022 11月

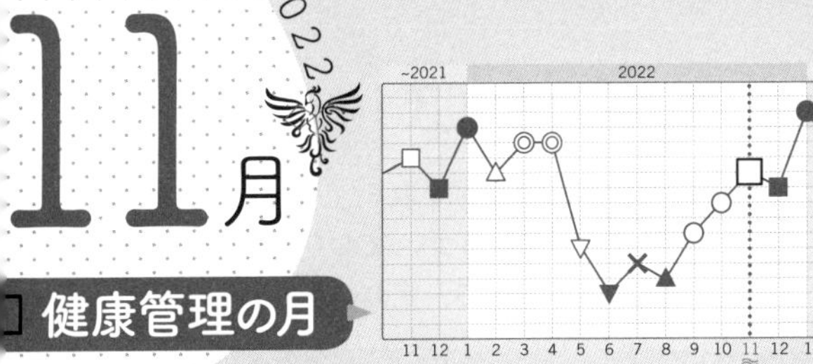

健康管理の月

開運3カ条

1. 軽はずみな行動は控える
2. 楽しく会話を聞く
3. 現状維持を楽しむ

総合運

今月は心の隙ができて、行動が雑になってしまいそうな時期。勢いまかせや軽はずみな判断をしないように。誘惑には特に気をつけましょう。普段なら引っかからないことに騙されたり振り回されてしまいそう。転職や引っ越しなど重要なことを決めるタイミングでもないので、不満があっても行動に移さないようにしましょう。健康運は、下旬から疲れを感じたりためやすくなるので、マメに休んだり無理のないようにしましょう。

恋愛&結婚運

信頼できる友人からの紹介で素敵な人に会える可能性があるので、急な集まりでも参加してみましょう。偶然の出会いはノリの軽い人ほど注意が必要。押しきられると後に面倒なことになりそうです。気になる相手とはランチデートや映画を観に行くなど、仲良くなれるように努めて相手の出方を待ちましょう。結婚運は、結婚生活がどれだけ楽しいか話してみましょう。入籍にはよいタイミング。

仕事&金運

やらなくてはならないことが増えて忙しくなる時期。効率よく仕事ができるよう工夫や準備をして、目標を見失わないように心がけましょう。転職や離職などを考えやすいですが、軽はずみな判断は後悔するかも。今月は辛抱が必要です。改善しないことを不満に思うよりも、自分の対応力を身に付けましょう。金運は、ストレス発散にお金を使ったり、楽しい時間を過ごしましょう。儲け話には注意。

日	運気	内容
1 火	▼	人間関係で疲れたり、相手に振り回されて嫌になってしまいそうな日。深入りせず、無視もせず、程よい距離感でコミュニケーションをとるようにしましょう。
2 水	×	水を差すようなことを言われてテンションが下がったり、やる気がなくなる出来事が起きそう。言い訳していると成長につながらないので、気持ちを切り替えて。
3 木	▲	何事も許すことが大切。些細なことでも許すことができると自身が大きく成長できるので、執着心を手放してみて。目の前にある幸せを見落とさないように。
4 金	○	小さな挑戦を楽しんでみるといい日。普段避けていたランチメニューを注文したり、選んだことのないドリンクを飲むといいでしょう。些細な勇気が人生を豊かにしてくれるでしょう。
5 土	○	黒や落ち着いた色を選ぶタイプですが、いつもより華やかな服で出かけましょう。前向きになれて行動的になれそう。いい人と巡り合う可能性もあるので笑顔や挨拶を心がけて。
6 日	□	自分の勘を信じて行動するといい日。いろいろ考えて踏み止まってしまうことでも、今日は思いきって挑戦してみて。恥ずかしさを乗り越えると楽しくなることを見つけられそう。
7 月	■	慌てて行動するとうっかりケガをする可能性があるので、気をつけましょう。打撲や転倒することがありそうなので、時間にゆとりをもって、足元を確認するようにしましょう。
8 火	●	注目されることや求められることが増える日。今日は忙しくなると思って、何事も早めに取りかかっておくといいでしょう。いつもよりもテキパキ仕事ができそうです。
9 水	△	失敗やミスが増える日ですが、あなたの欠点を指摘してくれる人の話は、最後までしっかり聞くことを心がけて。中途半端に聞いていると、同じ失敗を繰り返して成長できないでしょう。
10 木	○	自分の頑張りや実力を認めることで、今後やるべき仕事や目指すところが見えてくるでしょう。マイナス部分ばかり考えないで、いい部分を伸ばすようにしましょう。
11 金	◎	あなたに協力してくれる人やいい仲間が集まる日。実力を認められてうれしい流れにもなりそう。気になる人に連絡してみるといい返事が聞けそうです。
12 土	▽	午前中に買い物や用事を済ませるといい日。午後はゆっくりするといいので、予定を詰め込みすぎないようにしましょう。夜は、予想外にバタバタしそうです。
13 日	▼	思い通りに進まないことが増えるかも。急に予定がキャンセルされるなど、振り回されてイライラしそう。本を読んだりライブや芝居を観ると、いい刺激を受けて気分もよくなるでしょう。
14 月	×	急いで行動すると忘れ物をしたりドジな出来事がありそう。少し先のことを考えて行動したり、確認をしっかりしましょう。困る前に周囲に聞くと、不要な不運は避けられるでしょう。
15 火	▲	大事にしていたものを壊してしまうかも。スマホを落として画面を割ってしまうことがありそう。アクセサリーや高価なものをなくしてしまうかもしれないので注意が必要です。
16 水	○	新しい方法やこれまでとは違うことを学べる日。気になることを調べると楽しい時間を過ごせそうですが、集中しすぎて人の話を聞き逃すことがあるので気をつけて。
17 木	○	スイッチを入れてテキパキと行動してみて。自分では急いでいるつもりでも周囲からは「ゆっくりしている」と見られるタイプだと思って、普段の倍の速さで判断して。
18 金	□	1日の予定を確認して、時間を気にして仕事をするといいでしょう。だらだらするとムダな時間が増えたり、疲れがたまってしまうので気をつけましょう。
19 土	■	自分のスタイルを鏡で見て、ダイエットや基礎体力作りの計画を立ててみて。激しい運動や断食はせずに、まずは柔軟体操や代謝を上げることを意識しましょう。
20 日	●	気になる異性がいる場合は、冗談半分でデートに誘ってみて。ノリで「今日暇なら遊びません?」とメールしてみるといい返事が来たり、後日にデートできることになりそうです。
21 月	△	珍しく軽率な態度をとりそうな日。余計な発言や行動をしやすく、できない約束をして追い込まれる可能性もあるので気をつけて。後輩や部下に見栄でごちそうしてしまうことも。
22 火	○	自分の得意なことで目立ったり、重要な仕事をまかされることがあるでしょう。昔読んだ本の内容や経験したことを役立てられることもあるでしょう。
23 水	◎	買い物をするには最高の日。ショッピングを思いっきり楽しめるので、気になる服や靴、アクセサリーを見つけてみて。髪を切ったり、ライブや舞台を観に行くにもいい日です。
24 木	▽	頑張りが評価されたりチャンスが巡ってくる日。遠慮しないで思いきって行動してみましょう。夕方あたりからは、周囲に感謝したり困っている人を手助けするといいでしょう。
25 金	▼	あなたの頑固さが原因で大切なことを見落としてしまいそう。何事も否定せず、「どういうことなのか」と理解するよう努めることが大事。何事も最後まで耳を傾けてみて。
26 土	×	家族や身近な人の言葉を無視しないようにしましょう。欠点や改善したほうがいい点を指摘されたときほど、しっかり受け止めましょう。言ってくれることに感謝を忘れないように。
27 日	▲	大事に思われていないと感じる相手とは、仲よくしてもムダな縁なので距離を置くように。区切りをつけるといい日なので、マイナスのイメージのあるものは処分しましょう。
28 月	○	変化を苦手とするタイプですが、今日はこれまでとは違うことを試してみて。小さなことでもいいので、普段なんとなく避けていることに挑戦してみましょう。
29 火	○	今日は自分の得意なことで人の役に立つと幸せな気分になれるでしょう。「手助けできることがないな」と思ったら、聞き役に徹して相手のいい面だけに注目してみましょう。
30 水	□	段取りや計算をしっかりすることでいい日になるでしょう。自分の思った感じと違うときは、計算や理論が間違っていることを認めて、何が悪かったのか考えてみましょう。

開運のつぶやき　人間は暇だとろくなことを考えない

2022

12月

■ リフレッシュの月

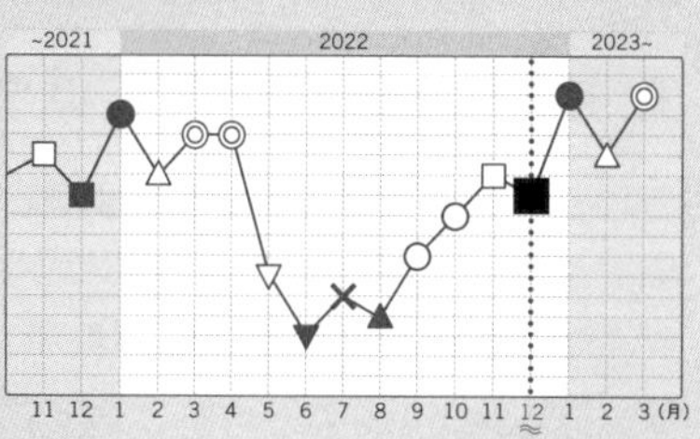

開運 3 カ条

1. 8時間以上の睡眠を取る
2. 体を休ませる日をつくっておく
3. 頑張りすぎないで一定のペースを守る

総合運

集中力が欠けて珍しいミスが増える時期。話を聞き逃したり、自分勝手な判断で失敗しそう。今月は予想外に忙しくなったり、いろいろなことが重なってしまうことがあるので気をつけて。先に体を休ませる予定を決めましょう。飲酒や暴飲暴食を避けて、軽い運動を定期的に行うこと。健康運は、ドジなケガをしやすいので急ぐときほど落ち着いて、特に自宅では足元に注意しましょう。美容を頑張りすぎて逆に肌を傷めてしまうことも。

恋愛&結婚運

予想以上に忙しくなって異性と関わる時間やゆとりを持てず、チャンスを逃してしまう可能性がある時期。中旬までは無理をしなくてもいいですが、下旬は頑張って少しの時間でも会えるよう工夫しましょう。会う前日はしっかり寝て、顔に疲れを出さないようにしましょう。結婚運は、来月以降に話を進めやすくなるので、心の準備をしたり、恋人のいい部分を改めて探して褒めておきましょう。

仕事&金運

急な仕事や緊張が続く状況、残業などが増える時期。無理が続くと効率が悪くなるので、頑張りすぎないで自分のペースを守りましょう。体を休ませることも仕事のひとつです。仕事関係者との付き合いも大切ですが、連日や深夜は避けましょう。金運は、大金を使う時期ではないので、少額の投資に回しましょう。疲労回復や健康維持にお金を使うといいですが、栄養ドリンクの飲みすぎには注意。

日		
1 木	■	ドジなケガをしやすい日。ドアで指を挟んでしまったり、紙で切ってしまったり、階段や段差で転んで打撲したり擦り傷を作ってしまう場合があるので気をつけましょう。
2 金	●	先月くらいから気になる人がいるなら、今日はためらわずにメッセージを送ってみて。一気にいい関係に進展する可能性も。仕事でも一押しがいい結果を生みそうです。
3 土	△	油断したり気が抜けそうな日。うっかりのケガや事故、忘れ物や置き忘れなど、不注意が続くので気をつけましょう。特に運転中や外出先ではボーッとしないように気をつけて。
4 日	○	片思いの恋に動きがありそう。相手からの連絡を待たず自ら連絡してみて。勢いでデートに誘うとOKしてもらえるかも。テンションを上げるのはいいですが空回りには注意。
5 月	○	新しいことに挑戦するのはいいですが、嫌々やっても身につかないので、楽しみながら挑戦しましょう。はじめて会う人には自ら笑顔で挨拶をするようにしましょう。
6 火	▽	日中は、自分のペースを大切に。じっくり物事を進めると、思った以上にはかどるでしょう。夜は予想外に忙しくなったり、予定が乱れそう。無理な誘いは断っていいでしょう。
7 水	▼	頑固になりすぎて損したり、孤立しやすいので気をつけましょう。話を合わせたり、流れに逆らわないことが大切。柔軟な考えや気持ちを忘れないようにしましょう。
8 木	×	トラブルの原因は、自分の視野の狭さや決めつけによるものかも。強引に推し進めず流れに身をまかせるようにして。契約などの大事な決め事は先延ばしにしたほうがいいでしょう。
9 金	▲	なんとなく置きっぱなしのものや使い切っているのにそのままになっているものを処分しましょう。昔の趣味のものでも使うことも触ることもないものはどんどん捨てましょう。
10 土	=	友人や知人が集まる場所に行くと素敵な出会いがあったり、いい刺激を受けそうです。その際、自分の考えに固執せず、相手の意見に耳を傾けると運気がアップします。
11 日	=	今まで興味が薄かったことに目を向けるといい日。ライブや芝居を観たり、美術館や博物館などを調べると気になるものを見つけられそう。足を運ぶといい経験ができそうです。
12 月	□	自分の向き不向きを知ることは大切ですが、今ある能力やこれまで経験したものの中で勝負するといいでしょう。「ない」ことばかり求めないようにしましょう。
13 火	■	心身ともに疲れてしまいそうな日。睡眠時間を増やしたり、疲れないように調整するといいでしょう。体が温まるものを選んでみたり、健康的な食事を意識してみて。
14 水	●	運気の流れがいい日なので、自分で幸せを見つけるように意識したり、見方や考え方を少しでもいいので変えてみましょう。「絶対」と思っていると気づけない幸せもあるでしょう。
15 木	△	軽はずみな判断をしやすい日。安請け合いや適当な返事をするとムダな苦労をしそう。相手の話をしっかり聞いて、先のことをもっと考えてから判断するようにしましょう。
16 金	○	ソリの合わない人は世の中にいるものですが、あなたに親切にしてくれる人ややさしい人の存在を忘れないように。一緒に笑える人に感謝を忘れないようにしましょう。
17 土	○	クリスマスプレゼントや年末年始の準備の買い物に出かけるといい日ですが、調子に乗って不要なものまで買いやすいので、本当に必要なのか冷静に考えましょう。
18 日	▽	不要と思えるものは午前中に処分しましょう。夕方あたりに掃除するのもいいですが、判断ミスをしやすいので間違って大事なものを捨ててしまうことがあるかも。
19 月	▼	信じていた人に裏切られたり、噛み合わない感じが続きそう。今日は、様子を見る日だと思って決断はできるだけ避けたり、周囲に相談してみるといいでしょう。
20 火	×	裏目に出たり判断ミスしやすい日。自分の意見を通そうとせず、流れに身をまかせましょう。不要な残業は控えて、尊敬する人が薦めていた本や、今年話題になった本を読みましょう。
21 水	▲	データを消去する作業は、明日以降のほうがよさそう。間違って大事なデータを消してしまうかも。身の回りのものを処分するときも確認をしっかり行うようにして。
22 木	=	失敗してもいいので、少しでも新しい方法に挑戦してみるといい日。いいやり方を見つけたり、違う方法からいいアイデアが浮かぶこともあるでしょう。
23 金	=	行動力が大切な日。いろいろ考えすぎてしまうタイプですが、手を動かせば自然とやる気になるので、身の回りの片づけや目についたことにどんどん取り組んでみましょう。
24 土	■	日中に外出すると楽しい時間を過ごせそう。デートにもいいので、少し贅沢なランチを選んでみて。夕方以降は体調を崩しやすいので予定を詰め込みすぎないように。
25 日	■	オシャレを意識するのはいいですが、薄着にならないようにしましょう。油断していると風邪をひいたり、体調を崩しそう。今日はお酒の飲みすぎにも気をつけましょう。
26 月	●	頼りにされたり求められることが増える日ですが、急だと無理なこともあるので、無理をして引き受けないようにしましょう。優先順位を考えて判断するといいでしょう。
27 火	△	忘れ物やうっかりミスが多い日。些細なミスが重なってやる気を失う場合もありそう。今日は遊んだほうがいい日なので、しっかり遊んでストレスを発散させましょう。
28 水	○	今年頑張ったごほうびとして、エステやマッサージなど、ひとりの贅沢な時間のためにお金を使いましょう。自分磨きをして美意識を高めると運気の流れがよくなります。
29 木	○	買い物に出かけるのにいい日。普段とは違ったお店やおもしろそうなお店を見つけたら、入ってみるといい買い物ができそうです。遊び心を大切にしてみて。
30 金	▽	大事な用事は日中に片づけるといいので、大掃除や、年賀状を書き忘れているならまとめてやってしまいましょう。夕方以降は予定が乱れたり体調を崩しやすいので気をつけましょう。
31 土	▼	1年の疲れが出たり、やる気を失う日。今日は家でのんびりゆっくり過ごしましょう。大掃除でケガをしやすいので軽はずみな行動は控えるようにしましょう。

☆ 開運の日　◎ 幸運の日　● 解放の日　○ チャレンジの日
□ 健康管理の日　△ 準備の日　▽ ブレーキの日　■ リフレッシュの日
▲ 整理の日　× 裏運気の日　▼ 乱気の日　= 運気の影響がない日

金の時計座

★やさしい星　★自然と人が集まる星　★出会いが多い星
★庶民的な星　★ブレやすい星　★情にもろい星
★差別や区別をしない星　★エラそうな人が嫌いな星

12年周期の運気グラフ

金の時計座の2022年は…

▽ ブレーキの年

「ブレーキの年」は上半期と下半期で運気の流れが変わる年。2021年までの攻めの姿勢から緩やかにブレーキを踏んで守りの姿勢に変え、2023年に訪れる「乱気の年」を迎える準備をしましょう。

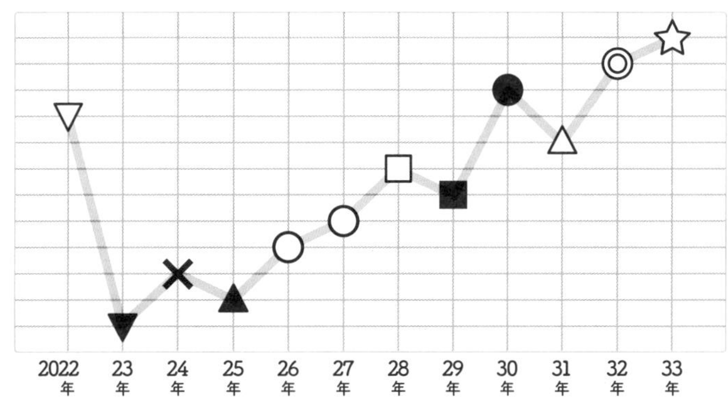

☆開運の年　◎幸運の年　●解放の年　○チャレンジの年　□健康管理の年　△準備の年
▽ブレーキの年　■リフレッシュの年　▲整理の年　×裏運気の年　▼乱気の年

金の時計座はこんな人

基本の総合運

人に時を教えることが役目の時計と同じように、人の役に立つことで幸せを感じる人です。権力を振りかざす人や偉そうな人は嫌いですが、基本的には差別や区別をしないので自然といろいろな人が集まり、マイノリティなタイプの友人もできるでしょう。振り子時計なので気持ちが右に左にとブレやすく、周囲の言葉や意見に振り回されることも。人との関わりが多いぶん、チャンスもやってきますが、苦労も多く、精神的に疲れてしまうこともあるタイプです。情に流されて人との縁がなかなか切れないことも多いでしょう。

基本の恋愛&結婚運

精神的に頼りになる人を望みながらも、逆にこちらに頼ってくるような人と恋をすることが多いタイプ。情にもろく「私だけが理解できている」と思い、変わった人や夢を追いかけている人にハマってしまいがちです。周囲が止めるのを無視してでも一緒になってしまうこともありますが、あなたの場合は、お金や地位よりも、愛や、互いに苦労をともにできる人と一緒にいることを大事にします。結婚後も互いを尊重し合いながら、派手な生活よりも心の満足を大事にする夫婦生活を理想とするでしょう。

基本の仕事&金運

ノルマやマニュアルでガチガチの会社よりも、人情味のある社長がいるような職場のほうが合うタイプ。「この人がいるから頑張ろう」と思えるような、人と人とのつながりを大事にしながら仕事ができるとベストです。教育や育成、トレーナー、看護や保育など人との関わりが多く、あまり商売的ではない仕事が最適でしょう。金運は、ケチではありませんが、高価なものや派手なお金遣いを自然と避け、分相応の品選びができる人です。たまの贅沢はいいですが、困っている人や若い人のためにもお金を大切に使えるタイプでしょう。

2022年の運気

▽ブレーキの年

2022年開運 3カ条

1. 年下の友人を作る
2. 評価は素直に受け入れる
3. 正義感を押しつけない

ラッキーカラー あざやかなブルー　薄ピンク　ラッキーフード 焼肉　ヨーグルト　ラッキースポット 書店　温泉

総合運

人脈を広げて楽しい1年を過ごそう
下半期は勢いまかせの行動は慎んで

「ブレーキの年」の今年は上半期と下半期で運気の流れが変わり、特に下半期は2023年の「乱気の年」の影響がゆっくり出てくるため、勢いまかせの行動は慎んだほうがいい時期になります。「金の時計座」は、毎年春が「乱気の月」「裏運気の月」になるため、上半期にいいイメージがない人や、夏から年末に調子のよさを感じるという人が多いでしょう。今年も3～4月は周囲の人に振り回されたり、悲しい別れや期待外れな出来事があるでしょう。一時はヘコんでしまうかもしれませんが、心を鍛えたり、精神的に強くなれる経験になるでしょう。

既に2021年までに大きな幸せをつかんでいる人も多いと思いますが、「そんなことはない！お金持ちになっていない」「お金持ちと結婚できていない」「ブランド品に囲まれていない」と嘆く人もいるでしょう。「金の時計座」は、お金や物に目が行くと自分の幸せを見失ってしまいます。時計が人に見られることで役に立つ道具であるように、あなたは他人のために役に立つことが幸せなタイプだということを忘れないようにしましょう。「幸運の年」や「開運の年」に満足できなかったという人ほど自分の生き方を変えてみるといいでしょう。

今年は、下半期に入ると裏の星である「銀の羅針盤座」の運気が少し混ざりはじめます。年末に近づくと人との縁が切れてしまったり、ネガティブな感じがジワジワ出てくるでしょう。現状の生活が安定しているのに突然投げ出したくなったり、人のために生きる生活を楽しんでいたのに周囲から人が離れはじめてしまいそう。中には、あなたを裏切る人が現れる場合もあるかも。この流れが強く出るのが2023年からで、今年一気に出てくるわけではないですが、年末に近づくと人間関係のゴタゴタに巻き込まれる可能性があると覚えておきましょう。

1年を通して運気はまだいいので、自分の夢や希望に全力で取り組むようにしてください。特に2021年にスタートしたことは何があっても簡単に手放さないように。2022年は大事な出会いがある年なので、人脈を広げて楽しい1年を過ごすようにしましょう。まだ目標が定まっていない人は、6～8月に、遅くとも10月には自分が覚悟できる道を選びましょう。

「金の時計座」には常に「人」がキーワードとして付いてきます。自分の幸せのためだけに行動する生き方を選択していると不幸になるだけ。自分よりも相手の幸せを考えて行動することで幸せを得られるタイプですが、今年は自分と相手両方の幸せを考えて行動するといいでしょう。一緒に笑顔になるためには何が最善なのか考えながら行動するといい1年を送れます。1～2月中旬には自分でも驚くような人との出会いや大きなチャンスに恵まれます。ここでの勢いは今後の人生を大きく左右するので、遠慮せずどんどん人に会ったり、自分をアピールしましょう。これまでの努力が認められて、次の目標を見つけるきっかけにもなるでしょう。

また、今年はこれまであなたが面倒を見たり関わってきた人がチャンスを作ってくれる年でもあるので、しっかり受け取るようにしてください。プレッシャーのかかる役回りをまかされたり、時には「利用されているのでは？」と疑うようなこともありますが、他の人に譲ってしまわないように。特に責任ある立場をまかされたときは、感謝をして受け止めて、しっかり務めるように努力しましょう。新人教育や若手の育成などに関わることもありますが、「自分が人に教えるなんて」と思わないで最善の努力をしてみるといい結果を生むでしょう。

時間を管理したりお金を節約することができても大儲けは下手なタイプなので、得意な人にお願いしたり、考え方やアイデアを教えてもらいましょう。基本的にはどんな人とも仲よくなれますが、自分と同じように頑張れない人や偉そうな人を嫌いになることがあります。その人にも事情や立場があるので、「実は静かに燃えているかも」「偉そうにしているけれど、家庭では普通の人なんだろうな」など考え方を変えて接してみると、これまで苦手だった人ともいい関係になれるでしょう。

例年であれば重要ポイントは年末年始でしたが、2022年は5月末～10月が重要になります。この期間にどれだけ動くか、どんな人に会うか、何に挑戦をするかが大切になるので、少しでも気になった場所や集まりには遠慮しないで参加しましょう。自分の勘を信じて突き進んだり、習い事や勉強をしたり、スキルアップを目指してみるといいでしょう。しばらく環境が変わっていない人は引っ越しや転職、イメチェンをするといいので、人脈に恵まれないと感じるならここで一気に変えてみるといいかも。ただ、身の丈に合わないことをしすぎてせっかくの運気をマイナスにしないようにしましょう。

大きな問題が起きる年ではないですが、下半期に入るとあなたの元を去っていく人が出てきます。親友の結婚や転勤、仲のよかった人の転職などがあるでしょう。「裏切られた」と思わないで、相手の幸せのために温かく見送ることが大切。仲間や友人を大事にするのはいいですが、永久にあなたの近くにいるわけではないので執着しないようにしましょう。あなたが結婚や出産、出世、栄転、引っ越しなどでみんなとの縁を切ってしまう場合もありますが、自分の幸せを考えた判断は間違いではないので細かいことは気にしないようにしましょう。

また、下半期になると、これまでは面倒見がいいと思われていた行動が、余計なお節介になってしまうことがあります。特に若い人を手助けするときは、余計な一言に気をつけましょう。恋人や身内の世話を焼くのはいいですが、相手が甘えすぎる原因になってしまったり、あなたが「こんなにやってあげているのに」と恩着せがましくなる場合があるので気をつけましょう。また、正義感を押し通すことにも注意が必要。上半期まではあなたの意見に賛同してくれる人がいますが、年末に近づくとその流れが変わってくるでしょう。「自分が正しい」と思って押し切っても無責任な行動だと誰も付いてこないので、正義感と責任感のバランスをとって互いの落としどころを見つけるようにしましょう。

今年最も注意すべき点は、遠慮してしまうことです。2021年と同様に押しが大切なので、まずは自分の幸せを考えて「何を得たいのか」をしっかり決めましょう。たとえば素敵な恋人を作りたいなら気になる人を諦めないこと。出会いの場に積極的に参加したり、結婚をしっかり考えるようにしましょう。いざと言うときに怯んでチャンスを逃すことが多いので気をつけて。仕事でも金運でも、全力で取り組むとしっかりと結果が表れるでしょう。

3～4月のマイナスな部分は気にしないことが大切。ここでの出来事を気にして1年を台なしにする必要はありません。「春は自分の裏のネガティブな部分が毎年出るんだ」と覚えておいて、気をつけるようにしたり楽観的に捉えられるようになると「金の時計座」は非常に強く生きられるでしょう。また、11月は決断ミスをしやすいので、勢いまかせで転職をしたり、一夜の恋に走らないように。珍しくお酒を飲んで大失敗したり、大切なものを失うことがあるので、慎重に行動しましょう。

「ブレーキの年」といっても、入籍や婚約には最高の年です。仕事でも出世や昇給などがあり驚くほど評価されるでしょう。友人関係にも満足できる年なので遠慮しないようにしましょう。後で振り返ったら「2022年が人生のピークだった」と言えることもあるので、しっかり楽しむようにしましょう。2023年は「乱気の年」になり、「2022年の幸せは幻だったのでは？」と思えるくらい流れが変わりますが、この本を読んで事前に心構えをしておけば、気持ちのブレを減らすことができそうです。

また、運気がいいからこそ、人と別れたり、病気が見つかることがあります。今年、人と縁が切れても、あなたにとって必要な経験で、強くなるための出来事だと思いましょう。体調は、下半期になってから人間ドックなどで検査を受けると早期発見できることがあるので、少しでも異変を感じる場合は年末までに一度病院に行ってみましょう。

3～4月以外はできるだけ行動的になっておきましょう。特に上半期は、視野を広げて普段なら挑戦しないことにも思いきってチャレンジしてみたり、周囲から何か勧められたときは多少面倒でもやってみましょう。予想以上にいい体験ができて、人脈を作ることもできそうです。下半期に入ってからは徐々に守りに入りながらも、人脈を広げる努力は続けてください。

つかんだ幸せを簡単に手放したり、目の前の幸せに臆病にならないことが大切。様子を窺う時期ではないので、流れに乗ってみるといいでしょう。ときには流れに逆らってでも自分の幸せを勝ち取りにいく必要もあります。他人を蹴落としてまで上に行くタイプではないですが、あなたが本気を出せばライバルと一気に差をつけることもできるでしょう。

今年は満足できるいい年ですが、じっとしていても何も変わらないので、欲張ることも大切。周囲にもアピールすることで手助けしてもらえるでしょう。普段見せない野心で一気に駆け上がるタイミングでもあります。あなたが幸せになることで周囲が幸せになることもあるので、自分の幸せをつかみにいくことに躊躇しないようにしましょう。また、あなたが学んできたことを教える人にも出会えるので、年下と積極的に話してみるといいでしょう。これまでの経験の中から教えられることがあり、それに感謝してくれる人との出会いがあるでしょう。

12月に人生が大きく変わる出会いや生活の変化があると思いますが、前向きに過ごしてください。驚くような人とのつながりもあるので、出会いを楽しみましょう。

恋愛運

恋のチャンスが多くなる年 1～2月に勢いで交際をスタートさせて

1年を通して人との関わりが増えるため自然と出会いも多く、恋のチャンスも多くなる年。仲よくなった人から告白されたり好意を感じることがあっても、「友達だから」といつまでも距離をとっているとチャンスを逃すことになります。1～2月に勢いで交際をスタートさせておくといいでしょう。予想外に素敵な人と交際できる時期でもあるので、遠慮しないであなたから誘ってみるといい流れを作ることができそうです。上半期の2月末、3～4月は、相性が微妙な人や出会ったタイミングが悪い人と縁が切れてしまったり離れることになりますが、粘ったり執着をしないほうが夏からの新しい出会いを期待できそうです。

10月には片思いの恋が実るラストチャンスがやってくるので、長年気持ちを打ち明けられなかった人は、ここで勇気を出しておくとうれしい結果になりそうです。告白をすることで12月に交際がスタートしたり、一気に結婚をするような驚く展開もありそうです。今年は、なんとなく面倒を見ていた人や仲よくなった人と、同棲や半同棲の生活をする感じになることもありそう。あなたの面倒見のよさが交際につながることもあるので、異性と語る時間や互いに悩み相談をする時間を作ってみるといいでしょう。

2月末、3～4月は、相性の悪い人や出会ったタイミングの悪い人と縁が切れてしまったり、距離が空くことがありますが、ガッカリしたり執着をしないようにしましょう。ヘコんでいないで「縁がない人」と割りきっておくと、5月末、6～7月に新しい出会いがあったり、新たな人に目を向けることができそうです。ひとりに思いを寄せるのはいいですが、自分でも「進展が難しい」と思うような人は諦めて、現実をしっかり見るようにするといいでしょう。

また「金の時計座」は、複数の人からの好意を感じながらもひとりに決めきれないでモテをジンワリ楽しんでチャンスを逃してしまうということが非常に多いので、上半期なら1～2月中旬、下半期は7～8月、10月、12月に「この月で交際する相手を決める」と覚悟を決めてください。できれば1月から交際をスタートすると、年内に結婚できる可能性もあるのでオススメです。

2021年に出会いがなかったりモテを感じなかった場合は、イメチェンをしたり環境を変えることをオススメします。転職や引っ越し、習い事、ボランティアに参加するなど、興味のあることに挑戦するといいでしょう。年内に変化を求めないで「出会いがない」と嘆いていると、そのまま4～5年は恋人ができない可能性もあるので、1月の段階で思いきった行動に出ておくといいでしょう。

今年は、あなたの魅力や才能が開花して自然と注目される年です。あなた次第で簡単に恋人もできますし、結婚まで一気に進む年でもあります。人との関わりが得意なタイプでもあるので、今年は少し図々しいくらいの勢いでいろいろな人に会ったり、自分の気持ちにもっと素直になるといいでしょう。自分から気持ちを伝えてみると、周囲が驚くほどトントン拍子で付き合えるということもあるでしょう。押して相手を落とせる運気は今年までなので、少しタイミングが合わない相手でも簡単に諦めずに粘ってみるといいでしょう。

結婚運

結婚が決まる可能性が非常に高い年
恋人がいる人はプロポーズの日を予約して

「ブレーキの年」は、結婚が決まる可能性が非常に高い年でもあります。特に2021年下半期から交際がスタートしたカップルは1～2月に結婚が決まったり、同棲がスタートしたり、婚約をすることになりそう。そもそも「金の時計座」は交際してから1年以内の結婚が非常に多いので、交際3ヶ月くらいで結婚を決めても問題はないでしょう。今年の1～2月に交際をスタートさせて年末に入籍をするという人もいるでしょう。異性の友人や仲がよかった人から、告白とプロポーズを同時にされたり、結婚を前提に交際を求められることもありそう。一緒にいて楽と思える相手ならOKすると幸せになれそうです。

既に恋人のいる人は、年内に話が進みやすいですが、受け身で待っているだけでは運気のよさを逃してしまいます。ふたりの記念日や思い出の日、クリスマスなどに「この日にプロポーズしてもらうのが夢」と予約をしてみると、相手も意識したり、その日に向かって真剣に考えるようになるでしょう。伝えた日に何もしない相手なら見切りをつけて他の人を探したほうが幸せになれるので、あなたを雑に扱う人とは縁を切る勇気も忘れないようにしましょう。

面倒見のいい「金の時計座」は、夢を追いかけている人や生活がまだまだな人、若い人との結婚を考えることが多いですが、今年はその決断に最適な年でもあるので「将来は大丈夫」と思えるなら自分の勘を信じて飛び込んでみましょう。特に1月の決断や覚悟は運を味方にすることができるので、勇気を出してあなたからプロポーズするのもいいでしょう。ただ、親の反対を受けることがある相手の可能性もあるので、突然入籍したり同棲をはじめてしまう場合がありそうです。

「今は恋人がいないけれど結婚を望んでいる」という人は、都合のいいときにだけ呼び出す友人や面倒を見るだけで関係が進まない人との縁を切ったり距離を空けることが大事です。「付き合えるかも」と期待をするのもいいですが、1～2月に気持ちを確認して「ない」とわかったら他の人を見るように。8月くらいまでは勢いがあるのでいいですが、10月、12月は運気がよくても臆病になってしまったりネガティブになりやすいので、慎重になりすぎないようにしましょう。また、「金・銀の時計座」は結婚までのスピードが速いので距離を近づけてみるとよさそう。昔からの友人で「金の鳳凰座」「金のインディアン座」の人がいるなら、その相手とも結婚に話を進めやすいでしょう。

結婚を意識しているならしっかり計画を立てて「年内に結婚する！」と意思を固めると、いい人と出会ったり、勢いで進められるようになるでしょう。下半期になるとどんどん臆病になってしまったり慎重になることがあるので、できるだけ早めに動くようにしましょう。また、複数の人から告白されることもありますが、モタモタしていると逃してしまうので周囲に相談してみるといいでしょう。ただ、そもそもブレやすいタイプなので、聞きすぎないようにしたり、信頼できる親友に話すようにしましょう。また、自分が幸せになることに臆病になったり遠慮をしないように。これまでの頑張りや面倒見のよさから、みんながあなたの結婚を待ち望んでいるので、周囲のためにも思いきって行動してみましょう。

開運のつぶやき 結婚とは幸せになることではなく、苦労をともにできる相手を探すこと

仕事運

出世や昇給がありそう 若い人との関わりを増やすと運気もアップ

満足できる仕事ができ、実力以上の結果も出せて、出世や昇給がある年。どんな仕事も一生懸命に取り組むといいですが、自分のことだけではなく、後輩や部下、若い人の面倒を見たり指導をすることで評価や運気の流れが更によくなるでしょう。「金の時計座」の人の中で、若い人との関わりが面倒だからといって避けている人がいたら、今すぐに年下との関わりを増やして面倒を見るようにすると、運気の流れが突然よくなるでしょう。特に2022年は9月までは年下との相性や縁が強くなるので、自分が教えられることはできるだけ伝えてみるといいでしょう。ケチケチしないで技やコツを教えてみましょう。人生相談も含めて、プライベートでも遊べるようになるとよりいいでしょう。

下半期の10月、12月は突然の辞令で重要なポジションやリーダー的な仕事をまかされたり、異例の出世をすることがありそう。「金の時計座」は「私には無理」と引いてしまうことがありますが、ここはしっかり受け止めておくといいでしょう。少しくらい不慣れなポジションでも挑戦してみることが大切。あなたが出世したり評価されることを周囲の人も喜んでくれるでしょう。部署異動になる可能性もありますが、年内の異動は結果的によくなるので、自分の思いとは違っても受け入れましょう。

運気の流れはよく、問題はない年ですが、あなたの中にある正義感と平等心がマイナスに働いてしまうことがあるので注意しましょう。会社の考えや作戦を悪い企みだと考えてしまい、不正だと思ってしまったり、自分や周囲の人の扱いなどに不満を爆発させてしまうことがあるでしょう。正義感で動くのはいいですが、会社なりの考えがあっての戦略だったり、一見、厳しい扱いをすることで別の効果を狙った教育である場合もあるので、自分の正義感や平等心だけで判断しないようにしましょう。また、あなたの発言で体制を変えることができても、肝心のあなたの居心地が悪くなってしまったり、転職や離職をするなど正義感という名の無責任な行動に走る場合もあるので気をつけましょう。「業を企てる」で企業だと忘れないように。

あなたの思いが形になったり、いい流れになる年でもありますが、満足できる分、現状に飽きてしまったり、わがままになりすぎてしまうこともあります。頑張ったことへの評価は受け止めながらも、感謝の気持ちを忘れないようにしましょう。できれば、周囲の人の面倒を見てみんなで仕事を楽しめるように工夫をしたり、これまで以上にコミュニケーションをとってみるといいでしょう。年末に職場での別れがあったり変化が起きやすいですが、マイナスに考えないで前向きに受け入れると不満や文句に変わらないでしょう。

2022年は、これまでの仕事の頑張りが評価される年なので、満足できない場合は自分の努力が間違っていたと思って、考え方や仕事への取り組み方を変えるようにしましょう。多くの人は予想以上にうれしい評価をされたり結果も残せると思うので、仲間に感謝をして、次の目標を掲げるようにするといいでしょう。1月、8月、10月に次の目標への覚悟を決めると新たな道が見えたり、自分のやるべきことがハッキリして楽しく仕事ができるようになるでしょう。学ぶべきことや至らない点もハッキリ見えるようになるでしょう。

開運のつぶやき　苦労話ではなく、苦労から学び成長した話が大切

買い物・金運

努力が認められて収入アップ 自己投資のためにお金を使って

「ブレーキの年」は、努力を認められる時期でもあるので、収入がアップしたり、実力や結果に見合った収入を得られる可能性が非常に高いでしょう。思わぬところでラッキーなことも起きるので懸賞に応募してみるのもいいでしょう。「抽選で当たって入手することができた」などの出来事もありそうです。1年を振り返ったときに「今年は大小様々なものが当たったな～」と言えることもありそうなので、楽しみながら挑戦してみるといいでしょう。買い物でも、掘り出しものを見つけたり、予想外にお得なものを手に入れられることがありそう。勘を信じてお店に入ってみたり、冗談半分で値引き交渉をするとうまくいく場合もあるでしょう。

心が庶民である「金の時計座」は、派手なお金遣いや極端な贅沢を望むことは少ないですが、今年はたまの贅沢を楽しんでみるといいでしょう。少しいいレストランやホテルでのディナーなど、敷居が高いと思えるような場所に行ってみるなど、体験や経験から学んでみることで視野が広がったり、新たな目標を見つけることもできるでしょう。ただ、不慣れな場所で緊張して疲れてしまうこともあるので、無理はしないように。今年の贅沢は自分へのごほうびだと思っておくことが大切です。下半期になると裏の「羅針盤座」の力が強くなってくるため、「品があるから」といって高価なものを手にしたくなったり、出費が激しくなってしまうことがあるので気をつけましょう。

また、見栄での出費が多くなりやすい時期でもあります。できれば年下の人や若い人にごちそうをするといいですが、安くて美味しいものを選んでみたり、少し多めにお金を払うくらいでいいでしょう。時には全額ごちそうするのもいいですが、連続になってしまうと周囲も遠慮して誘いづらくなってしまうことがあるので上手にコントロールしましょう。また、10月、12月になると普段なら興味の薄いブランド品に目がいってしまったり、無駄な贅沢品が欲しくなってしまうことがあるでしょう。これまで節約をしていた人が頑張ってきたごほうびで購入するのはいいですが、ローンを組んだり、借金をしてまで購入しないように。あくまでも身の丈に合ったものを選ぶようにしましょう。

2022年はお金の計画をしっかり立ててみてください。贅沢に興味が薄いタイプですが、お金の運用のことを考えていなかったり、「何年後にどれくらいお金が貯まっていて何に使うのか」など考えないで無目的な節約家になっていることがあります。できれば1月など運気のいいタイミングで、長期保有目的でつみたてNISAや少額の投資信託などを行うようにするといいでしょう。年末までは投資金額を増やしてもいいですが、無理のないようにすること。お金の勉強をするのにもいい年なので、本を読んだり詳しい人に話を聞いてみるといいでしょう。できれば、年内は自己投資のためにお金を使うといいでしょう。勉強や資格取得のためにお金を使ったり、芸術や美術を見て文化レベルを上げてみたり、活きたお金の使い方ができるようにしましょう。また、2023年の「乱気の年」や2024年の「裏運気の年」は急にお金が必要にもなるので、8月以降は貯金を少しだけ多めにするなど、意識を少し変えておくと後に役立つでしょう。月に数千円でもいいので貯金をしておきましょう。

美容・健康運

10月か12月に人間ドックに行って ダイエットは1月からはじめるとよさそう

基本的には問題のない年ですが、下半期になると2023年の「乱気の年」の影響が出はじめるため、9月くらいから体調に異変を感じる場合があるでしょう。特に問題のない人でも、10月か12月に人間ドックで検査を受けておくと病気の早期発見ができたり、病気になる手前での予防がうまくできることがあるので、必ず行くようにしましょう。また、ストレス発散を兼ねて体力作りをしておくといいので、1～2月から定期的な運動やスポーツのサークル、スポーツジムなどに行くようにするといいでしょう。心が庶民の「金の時計座」的には「お金がもったいない」と思うことが多いかもしれませんが、その場合は家でできる筋トレやストレッチ、動画を観ながらのトレーニングやヨガをするといいでしょう。スクワットやウォーキングなどをはじめるのもいいので、1日の回数や距離を決めてみるといいでしょう。「継続」と「連続」は違うので、毎日できなかったとしても1年を通してなんとなく続けられるように頑張っておきましょう。

ストレスがたまらないように工夫して、うまく発散ができるようにもしましょう。友人と楽しく話をする時間や、音楽をゆっくり聴く時間なども定期的に作るようにしましょう。ゆっくり入浴する習慣も忘れないように。体調に異変が出る場合は肌に出やすいタイプなので、スキンケアをしっかりするようにしましょう。夏は日焼けにも注意してください。日焼け止めを忘れて後悔することもあるので、日差しの強いときには日傘などを持ち歩くようにしましょう。

ここ1～2年非常に忙しくてゆっくり休むことができなかった人や責任を負いすぎてしまっている人、疲れがなかなか抜けないと感じる人、飲み会などが連日続いている人や家飲みが習慣になってしまっている人は、夏辺りから生活習慣を変えて健康を意識した生活を送るようにしましょう。まずは食事のバランスをしっかり整えること。「金の時計座」はいい意味で節約ができるタイプですが、安いものやジャンクフードやお菓子にハマってしまうことも多いので、栄養バランスをもっと考えておくことが大切です。また、8月からは睡眠時間を少し長くできるようにする工夫も必要。「夏バテかな」と思うようなときは、早めに寝るようにするといいでしょう。

美意識を高めるのはいいですが、下半期になると高級エステに行ったり、金額の高い美容器具を購入するなど、普段なら避けているようなお金の使い方をしてしまうことがあるでしょう。ゆとりのない人はローンを組んでのエステは後悔することになるので、無理をしないようにしましょう。美意識を高める気持ちは健康を維持する気持ちと同じなので、ダイエットをするのもよさそう。1月からスタートすると1年以内に思った以上の結果を残すことができるでしょう。軽い運動を行ってみたり、マメに体重計に乗るようにするといいでしょう。一緒に頑張れる友人を作って互いに励まし合いながら行ってみると思った以上に続くので、話をしながら散歩がてらのウォーキングがよさそうです。朝よりも夕食後や入浴前の30分くらいを運動に充てるといいので、動画やスマホ、TVを観るのは避けて、体を動かす時間として計画を立てておきましょう。

親子・家族運

家族の絆を深めたいなら家で焼肉を
子どものことをなんでも知ろうとしないで

夫婦関係や親子関係は良好に進む年。問題が発生する可能性は低いので、楽しい思い出を作ることを忘れないようにして、両親も大切にしておくといいでしょう。ただ、年配の祖父母がいる場合は、下半期に別れがあったり病気が発覚したりして、2023年の「乱気の年」に向かっていくのが分かるような出来事があるかもしれません。もし家族に高齢者がいる場合は、健康診断を受けてもらうようにするなど早めに対応しておくと、大きな病気を避けることができそうです。

今年は夫婦や家族で旅行に出かける計画を立てておくと、いい思い出ができそうです。贅沢な旅でなくてもいいので、5月の連休や夏休みにキャンプやバーベキューなどをするといい思い出を作ることができそう。特に上半期は、家族の絆を深めたいなら家で焼肉を食べると思った以上に盛り上がったり、いい家族関係を作ることができるでしょう。記念日や誕生日には予約が取りにくい焼肉店やステーキハウスなどに行ってみるといいかも。

両親との関係も問題はなさそうですが、身内に甘えすぎてしまうと雑になってしまうところがあるので、礼儀や挨拶はしっかりして、日々の感謝もきちんと伝えておきましょう。仲がいい親子はいいですが、それに甘えないで誕生日プレゼントを贈ったり、両親を喜ばせる機会を逃さないようにしましょう。父の日、母の日などに些細なものでもいいので贈ってみると思った以上に喜ばれるでしょう。

「金の時計座」は、家族といえども対等に付き合っていたいのが本音です。子どもとも友達のように話ができたり仲よくするのはいいですが、子どもにも隠したいことや秘密があるものなので、なんでも聞き出したり知ろうとしないことが大切。子どもを信頼して温かく見守るようにしましょう。下半期になると距離が空いてしまうことがありますが、子どもの自立や親離れに逆らわないで、あなたも子離れがしっかりできるようにしましょう。

まだ独身でひとり暮らしをしていない人は、年内に実家を出るようにしましょう。「お金がもったいないから」などと言い訳をしないように。社会人なら親元を離れて暮らすことで親に本気で感謝できるようになります。また、お金の苦労や工面は人生においての大きな経験にもなるので、10月、12月を目標にして、この1年は引っ越しをするために準備してみるのもいいでしょう。

人とのつながりを大切にするタイプだからこそ家族も大切にできる人でもありますが、そのつながりは今年の上半期までで、下半期からは流れが徐々に変わってくるでしょう。家族と距離が空いても、絆がしっかりあることや信頼していることを互いに理解しておきましょう。そのためにもいい思い出作りが大事ですが、距離感や気遣いなども忘れないようにしましょう。家族に甘えすぎていると、雑に扱ってしまったり言葉が荒くなってしまうので、親子でも他人だということを忘れないようにしましょう。「わかってもらえて当然」と思わないで、しっかり言葉を選ぶようにしたり、相手の喜ぶことが何かをもっと考えて行動するようにしましょう。下半期に家族との距離が空く場合もありますが、執着をしないで温かく見守れるように心構えをしておくといいでしょう。

金の時計座 2022年タイプ別相性

気になる人のタイプを調べて、コミュニケーションに役立ててください。

相手が 金のイルカ座

一緒にいることでやる気になれたり、前向きな気持ちになれる相手。相手の自己中心的な考え方に疑問を感じてしまいそうですが、相手のやり方や方法から学べることもあるでしょう。あなたの人脈が相手の役に立つこともありそうです。恋愛相手としては、進展をしやすい年なので、相手の出方を待っていないであなたから積極的になってみるといいでしょう。仕事相手としては、前に進むにはいい相手です。多少の失敗は大目に見るようにしましょう。今年初めて会う人の場合は、振り回されながらも長い付き合いになりそうです。

相手が 金のカメレオン座

あなたの優しさが必要になる相手。あなたが思っている以上に手助けや協力を求めている人なので、困ったときはお互い様だと思って手を差し伸べてみましょう。恋愛相手としては、あなたの押し次第で交際に進めそうですが、1年後にすれ違いになったり大失恋をする流れになるかも。仕事相手としては、ミスが多くやる気を感じられないことがありますが、アドバイスをすると相手を活かすことができそうです。今年初めて会う人の場合は、今年は仲よくできても年末くらいから疎遠になってしまいそう。互いのためにも執着しないようにしましょう。

相手が 金の時計座

一緒にいることで人脈が広がり、いい経験ができる相手。互いにいい部分を伸ばせるので、いい関係を作れそう。互いに幸せをつかむときでもあるので、応援するとあなたにも幸運がやってくるでしょう。恋愛相手としては、短い付き合いから一気に結婚に進められる相手。話し相手になっておくといいでしょう。仕事相手としても最高のパートナーになる人。予想以上の結果を出してくれたり、いいサポートもしてくれるでしょう。今年初めて会う人の場合は、理解し合える仲間になるでしょう。ブレるところも似ているので観察するにもいい対象でしょう。

相手が 銀のイルカ座

あなたの元を去っていく可能性が高い相手ですが、互いの成長に必要な別れになるので執着をしないようにしましょう。前向きな話をすることでいいきっかけをつかんでもらえることもあるでしょう。恋愛相手としては、あなたが相手を振ってしまったり、距離を空けてしまいそうです。雑な部分や苦手なところを見てしまうかも。仕事相手の場合は、相手が突然転職したり、仕事にやる気のない感じが伝わってきてしまいそう。重要な仕事をまかせるときは慎重に。今年初めて会う人の場合は、短い縁になりそうなので、深追いはしなくてよさそうです。

相手が 銀のカメレオン座

新たな試練に挑戦している人なので、一緒にいると面倒なことに巻き込まれてしまうことがあるでしょう。優しく接してあげたり、悩みや不安を聞いてあげるといいでしょう。恋愛相手としては、ふさわしい相手ではなく、嫌な面や雑な部分を見てしまいそう。相手が不機嫌なときや気持ちが安定していないときは、距離を空けるといいでしょう。仕事相手としては、ミスが多くなるのでフォローをしたり、仕事のコツや考え方を変えるようにアドバイスするといいでしょう。今年初めて会う人の場合は、気持ちを乱される可能性があるので距離を空けましょう。

相手が 銀の時計座

あなたの運気を更に上げてくれる最高の相手。二人の意見が合うことは即行動に移すと運を味方に付けられたり、会う人の流れが変わることがあるでしょう。仲間や友人を集めるといい縁がつながって感謝されるでしょう。恋愛相手としても最高の相手ですが、年内に結婚を意識できると更にいいでしょう。年末に結婚に向けた話を進めてみましょう。仕事相手としても最高で、一緒にいることで実力以上の結果を出せたり、大きなチャンスをつかむことができそう。今年初めて会う人の場合は、恩人や長い縁になる可能性があるので、大切にしておきましょう。

相手が 金の鳳凰座

年末と年始につながりが強くなる相手。互いの運気はいいので、一緒にいることでパワーアップできたりやる気になれそう。相手の忍耐力や一人でもいられる力を見習いましょう。相手のよさを見抜くとあなたの評価も上がりそうです。恋愛相手の場合は、既に親友になっているならいい関係に進めそう。年末に入籍するような流れのときは躊躇しないようにしましょう。仕事相手としては、互いに実力が評価されますが、相手の得意なことを活かせるようにするといいでしょう。今年初めて会う人の場合は、年末に会うと一気に仲よくなれそうです。

相手が 金のインディアン座

あなたの憧れの存在になる人。他人の顔色を窺うことなく、マイペースで明るく生きる姿に影響を受けたり、尊敬する相手になるでしょう。一緒にいると笑顔でいる時間が増えて、ストレス発散にもなりそうです。恋愛相手としては、あなたが惚れることがありますが、モタモタしていると他の人に奪われるのでマメに会うようにしましょう。仕事相手としては、相手の前向きなパワーがいい結果につながるでしょう。発想力や考え方、仕事に対する意欲を学べそう。今年初めて会う人の場合は、時々会って話す相手になりそう。いい友達にもなれそうです。

相手が 金の羅針盤座

あなたのお陰で進むべき道が見つかる相手。一歩前に進めないでいる人なので、いい部分を認めて背中を押したり、ポジティブな話をするといいでしょう。小さくてもいいのできっかけを作ってあげましょう。恋愛相手としては、あなたからの押しが必要になる相手。ルールやマナーをしっかり守って、品のいい言葉を選ぶといい関係になれるでしょう。仕事相手としては、的確な指示が必要な相手。失敗をしても頑張ったことを認めたり、相手がわかるようにアドバイスをしましょう。今年初めて会う人の場合は、相手から尊敬される存在になりそうです。

相手が 銀の鳳凰座

気が抜けたような感じに見えてしまう相手ですが、今年は優しい目で見て、小さなミスは許してあげましょう。やっと楽になれる時期に入った相手なので、ノンビリさせる優しさを忘れないようにしましょう。恋愛相手としては、いい相手になりそうなので、年末に勢いで入籍ができるように盛り上げていきましょう。仕事相手としては、やる気のない感じが伝わってきそうですが、相手に求めることはあなたが行うようにするといいでしょう。今年初めて会う人の場合は、プライベートで接すると楽しいので仕事関係者でも遊び相手だと思うといいでしょう。

相手が 銀のインディアン座

一緒にいると楽しい時間を作ってくれる気遣いの人ですが、あなたが思っている以上に疲れている可能性があるので、体調を心配したり、相手の話を楽しく聞くことが大切。本音を聞き出してみるといい関係になれそうです。恋愛相手としては、秋以降に急展開があるかも。交際期間が短くても結婚話ができるので勢いが大切になりそう。仕事相手としては、真剣に向き合ってくれますが、疲れから失速しやすいので無理な仕事をまかせないように。今年初めて会う人の場合は、年内はいい関係でも来年以降は互いに向かう方向が変わり、距離が空きそう。

相手が 銀の羅針盤座

新たな体験や経験をしたいこの相手は、一緒にいることで前向きになれたり、あなたが苦労していたことを思い出させてくれるでしょう。新しい方法や情報を提供したり人を紹介することで、相手の人生が大きく変わる可能性もあるでしょう。恋愛相手としては、あなたが押しきってみると簡単に動く人ですが、動きが遅いのであなたがモヤモヤしそう。仕事相手としては、失敗を恐れないで挑戦することが大事だと伝えると、相手のアイデアや頭のよさを開花させられそうです。今年初めて会う人の場合は、不思議と長い縁や数年後に再会する人になりそう。

あなたの命数は
P.10からはじまる
命数早見表でチェック！

命数別2022年の運勢

【命数】

31

誰にでも平等な高校1年生

基本性格

心は庶民で、誰とでも対等に付き合う気さくな人。情熱的で「自分も頑張るからみんなも一緒に頑張ろう！」と部活のテンションのような生き方をするタイプで、仲間意識や交友関係を大事にします。一見気が強そうでも実はメンタルが弱く、周囲の意見などに振り回されてしまうことも。さっぱりとした性格ですが、少年のような感じになりすぎて、色気がまったくなくなってしまうこともあるでしょう。

★誰とでも対等の星
★友情から恋に発展する星
★メンタルが弱い星
★肌荒れの星
★お金より人を追いかける星

開運3カ条

1. 仲間に感謝をする
2. 語彙を増やし表現を豊かにする
3. 頑張っている同世代を見る

2022年の総合運

共に頑張れるいい仲間ができたり、いい形で協力もできそう。いろいろな人があなたに力を貸してくれるので感謝の気持ちを忘れないようにしましょう。不得意なことは素直に頭を下げてお願いをすることで自分の力をより発揮させることができそう。年末にあなただけ評価されてしまうことがありますが、しっかり受け入れてその後は恩返しを忘れないようにしましょう。健康運は、定期的な運動を行うようにするといいでしょう。年末に胃腸の調子を崩しやすいので気をつけましょう。

2022年の恋愛&結婚運

異性の友人と思っていた人や、年齢が離れていても対等に付き合える人と恋に発展しやすいでしょう。本を読んだり映画を観て、語彙や表現を増やしてみると、より魅力がアップしてモテるようになるでしょう。サッパリした性格なのはいいですが、色気を出すことや自分磨きをサボらないようにしましょう。結婚運は、恋人のいる人は1～2月の早い段階で「年内に結婚をしたい」という希望を相手に伝えておくといいでしょう。

2022年の仕事&金運

チームワークのお陰でいい結果が出る年。周囲に感謝をすることで更に評価されるようになったり、年末に出世や昇給などうれしい結果につながるでしょう。よきライバルを見つけるためにも同年代で頑張っている人に注目してみるとやる気が更にアップするので、スポーツ観戦や舞台を観に行くといいでしょう。金運は、1～2月に長期の投資信託をするといいですが、うまくいっても下半期に高額に切り替えないようにしましょう。

ラッキーカラー　クリーム　ベージュ　ラッキーフード　ツナ缶　グレープフルーツ　ラッキースポット　キャンプ場　スタジアム

【命数】

32

刺激が好きな庶民

基本性格

おとなしそうで真面目な印象ですが、根は派手なことや刺激的なことが好きで、大雑把なタイプ。心が庶民なわりには一発逆転を狙って大損したり、大失敗することがあるでしょう。人が好きですが団体行動は苦手で、ひとりか少人数での行動を好みます。頭の回転は速いですが、そのぶん他人の話を最後まで聞かないところがあります。ヘコんだ姿を見せることは少なく、我慢強い面を持っていますが、実は寂しがり屋な人です。

★話の先が読める星
★夢追い人にお金を使う星
★裏表がある星
★胃炎の星
★好きな人の前で態度が変わる星

開運3カ条

1. 周囲の人を雑に扱わない
2. 好きな人には素直に接する
3. 投資信託を学んでみる

2022年の総合運

予想以上にいい結果が出たり、自分の目指していたポジションに上がれる年。短時間で結果を残すことで評価されますが、周囲を大切にする気持ちを忘れたり雑に扱ってしまうと、マイナスの部分が表に出てしまうことがあります。恩返しや感謝の気持ちを忘れないようにしましょう。あなたに必要な人脈ができる運気でもあるので、人の集まりには参加しておきましょう。健康運は、年末に独自の健康法が問題になりそうなので、見直しやバランスのいい食事を心がけましょう。

2022年の恋愛&結婚運

周囲が驚くような素敵な人を恋人にできる年ですが、わがままが過ぎるとケンカが増えてしまったり、揉め事が多くなるので、付き合いはじめの気持ちを忘れないようにしましょう。複数の人から好意を寄せられて目移りしているとチャンスを逃すので、基準を作っておくと選べるようになるでしょう。また、驚くような年齢差の相手から言い寄られることもありそう。結婚運は、「結婚したい」と思ったら押しきってみると入籍できそうです。

2022年の仕事&金運

尊敬できる人と仕事で組むことになったり、合理的に仕事を進めることができる年。狙った以上の結果に恵まれて満足できますが、その分仕事に飽きてしまったり、他にやるべき仕事を見つけてしまうことがあるでしょう。下半期は自分をアピールするのではなく、周囲を引き立てたり教育するとあなたの評価もアップするでしょう。金運は、投資をはじめるなら1～2月がいいので気になる銘柄や投資信託を調べてみましょう。

ラッキーカラー　ブラック　イエロー　ラッキーフード　豚汁　羊羹　ラッキースポット　旅館　下町の商店街

ラッキーカラー、フード、スポットはプレゼントやデート、遊ぶときの口実に使ってみて

さらに細かく自分と相手が理解できる！
生まれ持った命数別に2022年の運気を解説します。

【命数】

33

サービス精神豊富な明るい人

基本性格

明るく陽気で、誰とでも話せて仲よくなれる人。サービス精神が豊富で、ときにはおせっかいなくらい自分と周囲を楽しませることが好きなタイプです。おしゃべりが好きで余計なことや愚痴、不満を言うこともありますが、多くはよかれと思って発していることが多いでしょう。楽観的ですが、周囲の意見に振り回されて心が疲れてしまうこともありそうです。

持っている星

★友人が多い星
★おもしろい人が好きな星
★適当な星
★デブの星
★食べすぎる星

開運3カ条

1. 計画や目標を立てる
2. 自分も周囲も笑顔にする
3. 愚痴や不満や文句は言わない

2022年の総合運

あなたのサービス精神や人当たりのよさでいろいろな人が集まってくる1年。楽しい時間を過ごすことができるので、いろいろな人を紹介したり縁をつないでみるといいでしょう。みんなで楽しく会話することでストレスの発散もできそうですが、下半期は言葉に注意しましょう。愚痴や不満をいつまでも言っていると、器の小さい人だと思われてしまうことがありそう。健康運は、下半期からのダイエットはうまくいくので基礎体力作りを目的にやってみましょう。

2022年の恋愛&結婚運

モテる運気は年内でひと区切りになるので、気になる異性を積極的に遊びに誘ってみましょう。出会いの場には少し派手な服や露出の多い服で参加するといい人を捕まえることができそう。妊娠で入籍など急展開もある運気なので、相手選びを間違えないようにしましょう。どんなときでも楽しんで周りを笑顔にするといい恋ができるようになるでしょう。結婚運は、急な展開がある年ですが、新年早々チャンスがあるので逃さないように。

2022年の仕事&金運

楽しく仕事できたり、明るい職場にすることができる年。仕事関係者ともいいコミュニケーションが取れますが、調子に乗りすぎて余計なことを話しすぎないようにしましょう。下半期になると文句や気分が顔に出すぎたり態度が悪くなる場合があり、わがままな発言も増えてしまうので気をつけましょう。金運は、臨時収入がある運気。勘を信じて投資をはじめてみるといいかも。みんなで楽しい時間を過ごすための出費も増えそうです。

ラッキーカラー ピンク　イエロー　ラッキーフード ひじきの煮物　焼き芋　ラッキースポット 喫茶店　動物園

【命数】

34

最後はなんでも勘で決めるおしゃべりな人

基本性格

頭の回転が速くおしゃべりですが、ひと言多いタイプ。交友関係が広く不思議な人脈を作ることも上手な人です。何事も勘で決めようとするところがありますが、周囲の意見や情報に振り回されてしまうことも多く、それがストレスの原因になることも。空腹や睡眠不足で短気を起こしたり、機嫌の悪さが表面に出たりしやすいでしょう。人情家で他人の面倒を見すぎたり、よかれと思ってハッキリ言いすぎてケンカになったりすることも。

持っている星

★直感で生きる星
★デブが嫌いな星
★情で失敗する星
★しゃべりすぎる星
★センスのいいものを買う星

開運3カ条

1. 勘を信じて行動する
2. 基礎体力作りの運動をはじめる
3. 自分が言われて嫌なことを言わない

2022年の総合運

頭の回転の速さと情の深さが評価される年。勘も冴えるのでいい判断や切り返しができたり、ときには上手に逃げることもできるので、いい勘も悪い勘も信じて行動してみるといいでしょう。ただ、口だけになって動かないで損をする場合や、情が深くなりすぎて動けない場合もあるので気をつけましょう。下半期は、突然環境や流れが変わってくる場合があるでしょう。健康運は、気管周辺に注意が必要です。年末から太りやすくなるので気をつけましょう。

2022年の恋愛&結婚運

一目惚れをしたり、最初の印象がいい人と恋をするタイプ。今年は素敵な出会いがあるので、ピンときた人には積極的にアピールするといい関係に進むことができそう。ただ、おしゃべりがアダにもなりやすいので、相手が興味のある話をしたり、ときには聞き役になって最後まで話を聞くように心がけましょう。短気にもならないように気をつけましょう。結婚運は、急に話が進む年です。遠慮しないで一気に進めましょう。

2022年の仕事&金運

専門知識や技術のある人ほど大きな結果やうれしい結果を出せる年。アイデアや企画なども自分でも不思議なくらいポンポン浮かんでくるようになりそう。下半期になると疲れや飽きで失速してしまったり、愚痴や不満が増えるので言葉には十分気をつけましょう。また、周囲に恩着せがましいことを言うと人間が小さいと思われるので気をつけましょう。金運は、出費が激しい年ですが、勘を信じて投資をスタートさせるといいでしょう。

ラッキーカラー イエロー　ホワイト　ラッキーフード たこ焼き　甘酒　ラッキースポット 劇場　ショッピングモール

【命数】

35

社交的で多趣味な人

基本性格

段取りと情報収集が得意で器用な人。フットワークが軽く、人間関係を上手に作ることができるタイプです。心が庶民なので差別や区別をしませんが、本音では損得で判断するところがあります。使わないものをいつまでも置いておくので、物が集まりすぎてしまうことも。こまめに処分したほうがいいでしょう。視野が広いのは長所ですが、そのぶん気になることが多くなりすぎて、心がブレてしまうことが多いでしょう。

★おしゃれな星
★ガラクタが増える星
★トークが薄い星
★お酒で失敗する星
★テクニックのある人に弱い星

開運3カ条

1. 新しい趣味を見つける
2. 好きな人の前では素直になる
3. みんなで得する方法を考える

2022年の総合運

情報や技術を活かせる楽しい1年。趣味を活かせたり新たな趣味が見つかったりして、人脈も広がり笑顔でいることが多くなりそう。無駄のない感じで過ごせて満足できる日々になりますが、下半期になるとこの流れに満足できない感じがしたり、不安を感じてしまいそう。突然臆病になってしまったりブレーキを踏んでしまうこともありそうです。健康運は、お酒の飲みすぎには要注意。特に下半期はお酒で大失敗したり、体調を崩す原因になってしまいそう。

2022年の恋愛&結婚運

周囲が羨むような人を好むタイプですが、今年は理想に近い人と交際することができそう。友人や他の人が同じ人を好きになっていることが発覚しても遠慮しないように。ここは自分の幸せを考えて飛び込んでみるといいでしょう。複数の人に言い寄られても、興味がないときはハッキリ断らないと下半期に痛い目に遭うことがあるので気をつけましょう。結婚運は、プロポーズされたい日を恋人に伝えておくとうまく話が進みそう。

2022年の仕事&金運

計画通りに仕事を進めることができる年。特に上半期はいい流れに乗っている感じがして、計画以上にいい結果を残すことができそうです。みんなで得する方法を考えることができて、満足できたり感謝されるようにもなるでしょう。フットワークの軽さが、いい情報を手に入れたり、いい人脈を作るために役立ちそう。金運は、資産価値があるものや投資などの勉強をしておくといい年なので、いろいろ調べて実際に試してみましょう。

ラッキーカラー 薄黄色　水色　ラッキーフード チキンソテー　マンゴープリン　ラッキースポット 映画館　水族館

【命数】

36

誠実で真面目な人

基本性格

とても真面目でやさしく、誠実な人です。現実的に物事を考えて着実に人生を進めるタイプですが、何事にも時間がかかってしまうところと、自分に自信を持てずビクビクと生きてしまうところがあるでしょう。他人の強い意見に弱く、自分で決めても流されてしまうことが多いでしょう。さまざまなタイプの人を受け入れることができますが、そのぶん騙されやすかったり、利用されやすかったりもするので気をつけて。

★お人よしの星
★手をつなぐのが好きな星
★安い買い物が好きな星
★寂しがり屋の星
★好きな人の前で緊張する星

開運3カ条

1. 強気で行動する
2. 好きな人には素直に気持ちを伝える
3. 若い人の面倒を見る

2022年の総合運

真面目に取り組んでいた人ほどしっかり評価される年ですが、遠慮していると幸せを逃してしまうので、今年の評価はしっかり受け止めましょう。うれしいときは照れないで喜びをアピールすると周囲も幸せにすることができるでしょう。下半期に入ると無謀な行動をしたくなったり、調子に乗りすぎて謎の行動に走りたくなったり、出費が増えてしまうので気をつけましょう。健康運は、上半期は肌荒れ、下半期は冷えや子宮頸がんに注意が必要でしょう。

2022年の恋愛&結婚運

片思いの相手と交際することができる運気。モジモジしていないで勇気を出しましょう。好きな人の前で緊張しないで思いきってデートに誘ってみたり、気持ちを伝えてみましょう。予想外の素敵な人から告白されて交際をスタートさせることもあり、あなたを幸せにしてくれる人との付き合いができそうです。結婚運は、結婚を決めるには最高の年。相手の出方を待ってばかりいないでプロポーズしてほしい日を伝えてみるといいでしょう。

2022年の仕事&金運

仕事を評価されるのはいいですが、不慣れなリーダーや管理職になるなどポジションが変わってしまうことがありそうな年。遠慮するとチャンスを逃すので、素直に受け入れましょう。ただし、その分苦労が増えてしまいそう。若い人に教えられることはできるだけ伝えるといいですが、自分の真面目な取り組み方だけを押しつけないようにしましょう。金運は、貯金ばかりではなく、少額の投資をはじめておくと満足できる結果になるでしょう。

ラッキーカラー パープル　イエロー　ラッキーフード ピーマンの肉詰め　ポン菓子　ラッキースポット 温泉　美術館

ラッキーカラー、フード、スポットはプレゼントやデート、遊ぶときの口実に使ってみて

【命数】

37 面倒見がいい甘えん坊

基本性格

行動力とパワーがあり、差別や区別が嫌いで面倒見のいいタイプ。自然と人の役に立つポジションにいることが多く、人情家で正義感もあり、リーダー的存在になっている人もいるでしょう。自分が正しいと思ったことにまっすぐ突き進みますが、周囲の意見に振り回されやすく、心がブレてしまうことも。根の甘えん坊が見え隠れするケースもあるでしょう。おだてに極端に弱く、おっちょこちょいで行動が雑で、先走ってしまいがちです。

持っている星

★責任感の強い星
★恋に空回りする星
★お節介な星
★麺類の星
★ごちそうが好きな星

開運3カ条

1. 正義感よりも責任感を大切にする
2. 年下との縁を大切にする
3. 挨拶やお礼はしっかりする

2022年の総合運

これまで面倒を見ていた人や関わってきた人から感謝が返ってきたり、頑張ってきた結果が出る年。いい部下や仲間、先輩に恵まれる運気でもあるので、お礼や挨拶をしっかりしておくと更にいい方向に進むでしょう。下半期は、自分の正義感を他人に押しつけすぎないように気をつけましょう。あなたが正しいと思っても空気が読めていない場合があるでしょう。健康運は、下半期には足のケガや腰痛に注意し、年末には肌荒れをしやすいのでスキンケアはしっかりしておきましょう。

2022年の恋愛&結婚運

好きな人に気持ちを伝えるのはいいですが、結果を焦らないようにしましょう。仕事や趣味、夢に向かって頑張っている年下と縁がつながったり、面倒を見ていたら突然恋に発展することがあるでしょう。相手まかせにしないで押しきるといいですが、せっかちにならないように気をつけて。下半期は、空回りしやすいので落ち着いて判断しましょう。結婚運は、数ヶ月の交際から突然結婚する年。交際0日でも覚悟して突き進めるかも。

2022年の仕事&金運

周囲の人のお陰で大きな結果を残せたり、高く評価される年。後輩や部下を労ったり、感謝の気持ちを伝えると更に力を貸してくれるでしょう。年末にポジションや仕事内容が変わる可能性が高いですが、前向きに捉えることが大切。無責任な行動に走らないようにして、発言にも責任を持ちましょう。金運は、欲しいものを手に入れられそうな年。後輩や部下にごちそうする機会も増えそう。独立や起業を考えているなら上半期に動きましょう。

ラッキーカラー　レッド　エメラルドグリーン　ラッキーフード　きつねうどん　饅頭　ラッキースポット　牧場　海

【命数】

38 臆病な庶民

基本性格

常識やルールをしっかり守り、礼儀正しく上品ですが、庶民感覚をしっかり持っている人。純粋に世の中を見ていて、差別や区別を嫌い、幅広い人と仲よくできます。ただ、不衛生な人と権力者、偉そうな人だけは避けるようにしています。気が弱く、周囲の意見に振り回されてしまうことや、目的を定めてもぐらついてしまうことが多いでしょう。見栄っ張りなところや、恥ずかしがって自分を上手に出せないところもありそうです。

持っている星

★温和で平和主義の星
★純愛の星
★精神が不安定な星
★肌に悩む星
★清潔にこだわる星

開運3カ条

1. 他人を許す気持ちを忘れない
2. 好きな人には積極的になる
3. 後輩や部下と遊ぶ

2022年の総合運

周囲から信用され満足できる1年。几帳面な部分やルールをしっかり守ることで、周囲の手本となったり、いい影響を与えることができそう。憧れの存在になるのはいいですが、他人の些細なことが許せなくなってしまうことがあるので、許す気持ちを持って、他人の個性や考えを認めるようにしましょう。下半期になると行動力が増し、リーダーとしての能力も開花しそうです。健康運は、ストレスが肌に出てしまいそう。下半期は腰痛や足のケガに注意。

2022年の恋愛&結婚運

両思いになることができる運気。片思いが長くなかなか進展しなかった人ほど、相手があなたに振り向いてくれるでしょう。異性からは「隙がない」と思われるタイプなので、受け身で待っていると進展に時間がかかるでしょう。今年は自らデートや遊びに誘ってみるといいでしょう。キッチリしすぎないことも忘れないように。結婚運は、両親への挨拶や婚約に話が進みそうですが、見栄の張りすぎには気をつけるといいでしょう。

2022年の仕事&金運

丁寧な仕事ぶりが評価されて出世したり偉くなりそうですが、周囲や組織の細かな部分が気になってガッカリしたりイライラすることも増えてしまいそう。特に下半期はマイナス面に目がいって仕事への思いが変わってくることがありそうなので、プラス面を見るように意識するといいでしょう。いい部下にも恵まれるので語る時間を作っておきましょう。金運は、下半期にブランド品に目がくらんで出費が激しくなるので気をつけましょう。

ラッキーカラー　薄黄色　ブルー　ラッキーフード　鮭のおにぎり　ぶどう　ラッキースポット　ホテル　リゾート地

【命数】
39
常識にとらわれない自由人

基本性格

自分では普通に生きているつもりでも、周囲から「変わっているね」と言われることが多い人。心は庶民ですが、常識にとらわれない発想や言動が多く、理屈や屁理屈が好きなタイプ。自由を好み、他人に興味はあるけれど束縛や支配はされないように生きる人です。心は中学1年生のような純粋なところがありますが、素直になれず損をしたり、熱しやすく飽きっぽかったりして、ブレてしまうことも多いでしょう。

★芸術家の星
★才能に惚れる星
★変態の星
★食事のバランスが悪い星
★独自の価値観の星

開運3カ条

1. 学ぶことを見つける
2. 恋には素直になる
3. 飽きる前に次の目標を決める

2022年の総合運

知恵と才能を活かせる年。周囲が驚くような発想やアイデアを出したり、自由な生き方を選択するようになりそうです。現状の生活に飽きてしまうこともありますが、芸術や美術の趣味を作ってみたり、既に続けている趣味がある場合は最後まで諦めないように心がけておきましょう。年末に人との縁を切って新たな環境に挑戦することもありそうです。健康運は、目の病気や疲れ、偏頭痛に悩むことがありそう。食事のバランスを整えるようにしましょう。

2022年の恋愛&結婚運

才能や個性を認めてくれる異性に出会える年であり、好意を寄せてくる人が集まる運気。ただ、肝心のあなたがアマノジャクになってしまったり、素直になれずにチャンスを逃しそう。年末になってから押しきられて交際をスタートしたり、自分でも「意外な人」と思う人を選ぶことがあるでしょう。結婚運は、年内の結婚がオススメなので素直になりましょう。交際期間が短くても勢いで入籍すると思った以上に楽しい生活を送れそうです。

2022年の仕事&金運

能力を最大に発揮でき、評価もされますが、不満というよりも飽きがきてしまい、突然仕事を変えたくなってしまいそう。知恵や頭脳を活かせる仕事なら問題はないですが、単調な仕事に就いている場合は転職をすることもあるでしょう。下半期は、学ぶことや極めてみたい仕事を見つけることができそうです。金運は、お金に執着が薄いので浪費をしやすいですが、自己投資になることにお金を使っておくといいでしょう。

ラッキーカラー 薄黄色　ホワイト　ラッキーフード 鮭のホイル焼き　ジンジャーエール　ラッキースポット 劇場　書店

【命数】
40
下町の先生

基本性格

自分の学んだことを人に教えたり伝えたりすることが上手な先生タイプ。議論や理屈が好きで知的好奇心があり、文学や歴史、芸術に興味や才能を持っています。基本的には人間関係を作ることが上手ですが、知的好奇心のない人や学ぼうとしない人には興味がなく、好き嫌いが激しいところがあります。ただし、それを表には見せないでしょう。「偉そうな人は嫌い」と言うわりには、自分がやや上から目線の言葉を発してしまうところも。

★教育者の星
★先生に惚れる星
★言葉が冷たい星
★視力低下の星
★勉強にお金を使う星

開運3カ条

1. 知識をみんなの幸せのために使う
2. 若い人の才能を認める
3. 冷たい言葉を使わない

2022年の総合運

知恵や知識を活かすことができる最高の年。あなたにふさわしいポジションをまかせてもらえたり、ときには奪い取ることもできるでしょう。評価に満足できそうなので、これまでの経験や得ていること、教えられることをできるだけ伝えてみるといいでしょう。先生といわれるポジションになったり、突然出世することもあるので、偉そうにしないで謙虚な気持ちを忘れないようにしましょう。健康運は、下半期に目の疲れが出るので気をつけましょう。

2022年の恋愛&結婚運

尊敬できる人と交際に発展しそう。年上の友人を作ってみたり、後輩や部下と仲よく遊ぶようにすると、素敵な人を紹介してもらえたり縁がつながるでしょう。驚くような人に惚れられることがありますが、探りすぎたり慎重になりすぎてチャンスを逃さないようにしましょう。年末にお見合いや紹介をされることがあるかも。結婚運は、相手まかせにしているといつまでも話が進まないので、予定を決めて押しきってみるといいでしょう。

2022年の仕事&金運

あなたを中心に仕事を進められそう。出世したりリーダー的なポジションに昇格することがあるでしょう。意見が通りやすくなるのでハッキリと伝えるのはいいですが、厳しく伝わってしまうこともあるので言葉選びには気をつけましょう。いい部下にも恵まれるので若い人との関わりを増やしたり教えるのはいいですが、年末はパワハラ的な言動に気をつけましょう。金運は、文化価値のあるものや芸術的なものを手に入れるといいでしょう。

ラッキーカラー 薄黄色　ブルー　ラッキーフード チーズバーガー　柿　ラッキースポット 神社仏閣　博物館

ラッキーカラー、フード、スポットはプレゼントやデート、遊ぶときの口実に使ってみて

年代別アドバイス

世代が違えば、悩みも変わります。
日々を前向きに過ごすためのアドバイスです。

年代別アドバイス 10代

いい恋ができたり、満足できる結果が出る年。自分でも驚くような大抜擢をされることがありますが、素直に受け入れると素敵な縁ができ、いい経験を積むことができそうです。自分や周囲の人の笑顔のために今できることに全力で取り組んでおくといいでしょう。年末に別れがあったり区切りがつきますが、互いの成長に必要な出来事だと思って前向きに受け止めるといいでしょう。親友と呼べる人ができることもあるでしょう。

年代別アドバイス 20代

大きな幸せをつかむ最高の年。結婚が決まったり、出世や昇格が決まることもあるでしょう。若さゆえの勢いがいい方向に進みそうですが、年末に今後を左右する決断を迫られることがあるでしょう。友人や恋人に執着しているとチャンスを逃すことがあるので、自分が選ぶ幸せには覚悟が必要なことを忘れないようにしましょう。正義感という名の無責任な行動に突っ走らないように気をつけましょう。

年代別アドバイス 30代

これまでの苦労や積み重ねがいい形になる年であり、幸せをつかむための行動が必要となる運気。わがままと思われるくらいで丁度いい時期だと思って、待っていないようにしましょう。運命を変えることになる出会いや学べることが増えるので、人との出会いを楽しんでみたり、後輩や部下の面倒をこれまで以上にしっかり見るようにしましょう。年下の友人を作ってみると新たな人脈ができて、見える世界が変わってくるでしょう。

年代別アドバイス 40代

順調に物事が進み、いい仲間ができる年。若手の指導や教育、育成をしていた人ほどうれしい結果が出て評価されるでしょう。今年からでもいいので若い人との関わりを増やしてみたり、教えられることをできるだけ伝えてみるといいでしょう。年下の友人や遊び仲間を作ってみると長い付き合いになったり、そこからおもしろい出会いにもつながっていくでしょう。みんなを集める会を主催したり、ホームパーティーに招いてみましょう。

年代別アドバイス 50代

やり残したことがないように1年を楽しむ運気。「もう若くないから」と思わないで、仲間や友人と楽しむ時間を作って、流行に乗ってみたり学んでみると楽しい1年を過ごせるでしょう。運動を始めてみたり、青春時代を思い出して仲間を集めてみたり、新たな人脈作りをするといいでしょう。不思議な縁やいい出会いも多い1年になり、思い出もたくさんできるでしょう。若い人からいろいろ学ぶ気持ちを忘れないようにしましょう。

年代別アドバイス 60代以上

上半期は、体力作りや健康的な生活リズムを意識することが大切。年末には一度人間ドックに行ってしっかり調べてもらうようにしましょう。もし年末になるまでに少しでも体に異変を感じる場合は、早めに病院で検査を受けたり、疑問がある場合はセカンドオピニオンを受けるようにしましょう。若い人に教える年齢と思わないで、若い人から教えてもらうことの大切さを忘れないようにしましょう。

金の時計座

毎月・毎日
運気カレンダー

［ 2021年11月～2023年3月の運気グラフ ］

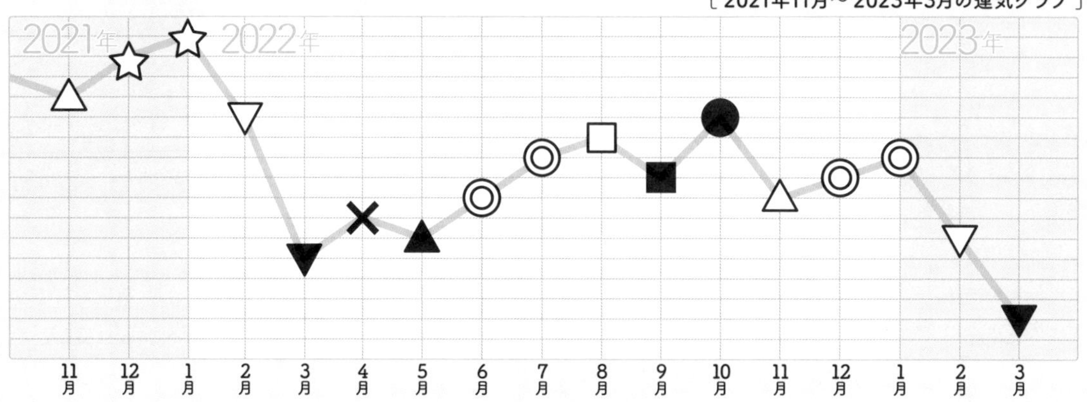

金の時計座の2022年は

▽ ブレーキの年

上半期は攻め、下半期は守りを意識して

この本で「占いを道具として使う」には、「毎日の運気カレンダー」（P.243～）を活用して１年の計画を立てることが重要です。まずは「12年周期の運気グラフ」（P.225）で2022年の運気の状態を把握し、そのうえで上の「毎月の運気グラフ」で、毎月の運気の流れを確認してください。

「金の時計座」の2022年は、「ブレーキの年」。運気の流れにブレーキが掛かってしまう年ではなく、昨年までの流れから徐々にスピードが落ちて流れが変わる年。やりたいことは上半期中に行動することが大切。下半期に入ると流れが変わり始め、環境に飽きたり、無謀な行動や判断をしやすいので冷静に。来年、再来年のことを考えて貯蓄したり、現状を守るために時間や知恵を使うと良いでしょう。大きな幸せを掴むことのできる年でもあるので、遠慮しないようにしましょう。

☆ 開運の月　◎ 幸運の月　● 解放の月　○ チャレンジの月
□ 健康管理の月　△ 準備の月　▽ ブレーキの月　■ リフレッシュの月
▲ 整理の月　✕ 裏運気の月　▼ 乱気の月

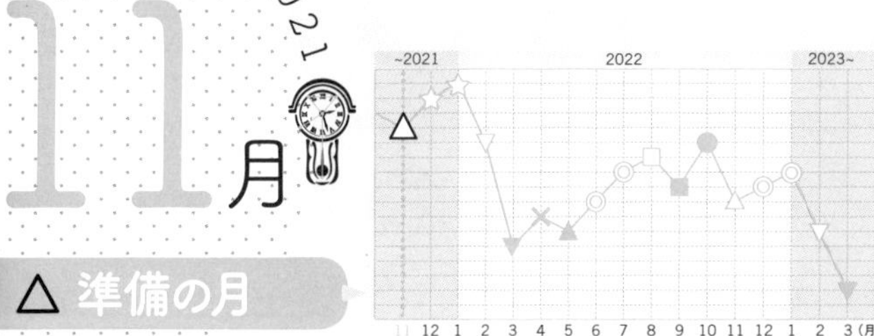

開運 3 カ条

1. しっかり遊んでしっかり仕事を楽しむ
2. 明るい服を着る
3. 知り合いや友人を集める

総合運

交流を深めたり、人脈を広げるには楽しくていい月。遊びに誘われる機会が増えて、予定がいっぱいになったり、出会いの多さを実感できそうです。ただ、珍しいミスも増えるので、約束を忘れてしまったり、忘れ物などのうっかりレベルの失敗があるかも。誘惑や欲望に負けてしまわないように気をつけましょう。健康運は、調子に乗ってケガをすることがあるので、飲み会や遊びに行った先でテンションが上がったときは要注意。

恋愛＆結婚運

異性との関わりが楽しくなり、出会いの機会が急に増えそうです。これまではうまくいかなかった人でも、集まりに呼ばれる機会も増えてノリが理解できるようになるでしょう。ドジな一面やおっちょこちょいな話をすると、好かれたり人気者になることがあるので恥ずかしがらないでトライして。明るめの服を着たり露出を多めにするといいでしょう。結婚運は、一緒にいることの楽しさをアピールしましょう。

仕事＆金運

仕事に対してのやる気がなくなるというよりも、プライベートが楽しくなりすぎて仕事に集中できなくなったり、いろいろな誘惑に負けてしまいそうな時期。仕事を遊びだと思って、ゲーム感覚で取り組んでみると大きな結果を残せそう。ただ、今月は寝坊や遅刻、ケアレスミスをしやすいので事前準備や確認はしっかりしましょう。金運は、交際費が増えそう。楽しんでストレス発散になるのはいいですが、散財には注意。

日	運気	内容
1 月	☆	思い通りに物事が進みやすい日。積極的に行動し、少し強気になってみるといい結果を出すことができそうです。将来の目標に向かって大きく前進できるでしょう。
2 火	 ▽	日中は自分のやり方や考え方がいい方向に進み満足できそう。夕方からは周囲に合わせたり、周りの人を動かすことが大事になるでしょう。相手を認めて褒めるようにして。
3 水	 ▼	いつも以上に気をつけて過ごさないとミスが増えてしまうかも。トラブルに巻き込まれやすいので、距離感を間違えないように。自転車や車の運転などは控えたほうがよさそう。
4 木	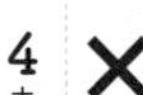 ×	会話を楽しむのはいいですが、できない約束や適当な話をするのは避けましょう。責任を背負い込んで面倒なことになってしまうので、よかれと思っても発言には気をつけて。
5 金	 ▲	人間関係に疲れてしまうかも。いい関係性を築けていると思っていた相手との距離に疑問を感じたり、とまどうことがありそうです。少し離れてみると冷静になれるでしょう。
6 土	 ○	友人や仲間を集めて遊びに出かけたり、誘われた場所に顔を出してみると楽しい思い出ができそう。はじめて行くお店ではいい発見や新しい出会いもありそうです。
7 日	 ○	遊びに出かけるといい日で、イベントやライブ、アミューズメントパークなどに行くと思った以上に楽しめます。自分だけではなく、友人や恋人など相手も楽しめる場所を選んで。
8 月	□	ダラダラ仕事をするよりもメリハリが大切。時間を決めてきっちり仕事をして、休み時間はのんびり過ごすようにしましょう。不要な残業は避けて、早めの帰宅を心がけて。
9 火	■	気が緩んで小さなケガや打撲をすることがあるので気をつけましょう。手洗いやうがいを忘れると風邪をひいてしまうかも。温かいものをこまめに飲むようにするとよさそうです。
10 水	●	目立つのはいいですが、それをよしとしない人がいることも忘れないように。謙虚な姿勢を忘れると面倒なことが起きそう。得意なことで人助けをすると運気は上がるでしょう。
11 木	△	「そんなつもりではなかったのに」という感じの失言に注意。軽いジョークが思いがけない受けとられ方をしてしまうかも。言葉を発する前に一度冷静に考えるように。
12 金	◎	簡単に諦める前に、もう少し粘ってみることが大事。恋も仕事も諦める前に違う方法を試して、もうひと押しするようにしましょう。夜は飲み会や食事会に行くと楽しめそうです。
13 土	◎	楽しい1日を過ごせる日ですが、気持ちが大きくなって大盤振る舞いをしてしまいそう。友人や恋人、家族に感謝の気持ちを表すのはいいですが、お金の使いすぎには気をつけて。
14 日	▽	午前中は運気がいいので積極的に行動してみて。ランチデートがオススメです。夕方からは気が緩んで判断ミスをしやすいので気をつけて。マイナスな言葉に振り回されないこと。
15 月	▼	大事なことを伝え忘れたり、大きなミスをしてしまうかも。今すぐ伝えるべきことをすっかり忘れて迷惑をかけてしまうことがありそう。大事なことはメモをとるクセをつけましょう。
16 火	×	つまらないミスをしやすい日。気をつけておけば避けられることで、自分でもガッカリしそうです。十分に気を引き締めて、誘惑にも流されないように注意しましょう。
17 水	▲	普段よく使う場所を整理整頓しましょう。大事なものとそうでないものをわかりやすくまとめると余計なミスを防げそうです。100円ショップでいい収納グッズが見つかるかも。
18 木	○	情報を入手することで迷いや不安が増えるかも。余計なことは知らないほうが前に進めることもあるでしょう。ネット動画を観ると時間のムダ遣いになるので気をつけて。
19 金	○	少しでもいいので、普段と違うことに挑戦してみて。行ったことのない場所では新しい出会いや発見がありそう。ハメを外しすぎると大失敗につながるので適度に楽しむこと。
20 土	□	自分のことを理解させるための見せ方を考えたり、相手のことも理解できるように努力することが大事。理解してもらえないことを不満に思う前に、やれることを探しましょう。
21 日	■	遊びに出かけるのはいいですが、はしゃぎすぎてケガをすることがあるので気をつけましょう。軽い運動をして汗を流したり、みんなで温泉やスパに行き、のんびり過ごしてみて。
22 月	●	自分の得意なことをしっかりアピールして取り組むことでいい結果を出せそう。ただし、調子に乗りすぎると失敗をすることがあるので、気を緩めすぎないようにしましょう。
23 火	△	期待通りの結果が出せず、物事が思い通りに進まないかも。行動が雑になったり、仕事に甘さが出そうです。文句や不満を言う前に、自分のすべきことをしっかりやりましょう。
24 水	◎	経験をうまく活かすことで楽しい1日を過ごせそう。得意なことで周囲を助けたり、教えることが大事でしょう。夜は友人や知り合いを誘ってみると楽しい時間を過ごせそうです。
25 木	◎	視野を広げることで楽しいことを見つけられるかも。アートや文学など知性を刺激されるようなものに関心を持ってみると、仕事にも活かすことができるでしょう。
26 金	▽	挨拶やお礼をしっかりすることで評価が上がりそう。言葉遣いにも上品さを意識することが大切です。身内や仲がいい人ほど丁寧に接し、家族にも忘れずに挨拶しましょう。
27 土	▼	遊びに誘われるのはいいですが、振り回されてしまったりムダな時間を過ごすことになりそう。冷たい言葉をかけられることもあるので、距離感や付き合いを考えておきましょう。
28 日	×	判断ミスをしやすく、買い物で間違ったものを購入することも。特にネットで高いものを購入してガッカリすることがあるので注意して。「安い！」で簡単に飛びつかないように。
29 月	▲	難しいことを難しいままにするのではなく、わかりやすく簡単に説明できるように努めてみましょう。シンプルに見せることの苦労を学んでみると、1歩成長できそうです。
30 火	○	日常の幸せを見逃さないように。笑顔になれることがあるだけでも十分幸せだと思いましょう。友達や恋人や家族など、支えてくれる人の存在に感謝することも忘れないで。

2021 12月

☆ 開運の月

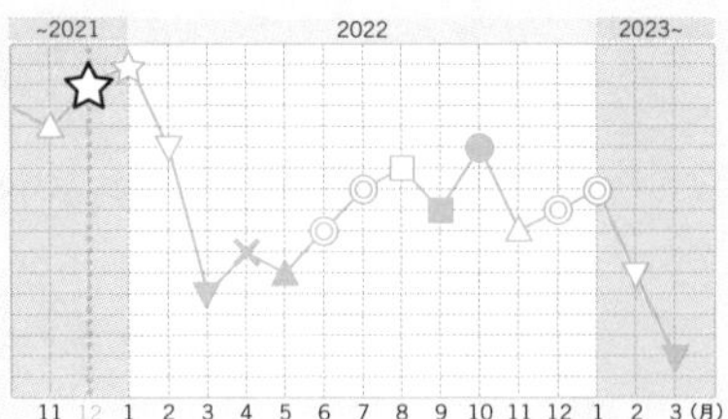

開運 3 カ条

1. 知り合いにたくさん会いに行く
2. 評価は素直に受け入れる
3. お気に入りの場所に行く

総合運

幸せを実感することができる月。頑張りを認めてもらえたり、大きな結果を出すことができる流れなので、多少強引でも自分をアピールして。失敗を恐れないで思いきって行動することが大事になるでしょう。周囲の気分に振り回されないで自分が信じた道を突き進むことが大切です。親友や人とのつながりがうれしいと思える出来事もあるので、人の集まりに積極的に参加するといいでしょう。健康運は、旬の野菜を多めに摂取しましょう。

恋愛&結婚運

片思いの恋が実ったり、友人だと思っていた人から告白されることがある時期。好きな人にはきっかけを作るといいので、今月の予定を聞いて気楽に食事に誘ってみましょう。特別扱いすることも忘れないように。周囲から評判のいい人なら思いきって交際してみると思った以上にいい付き合いができそうです。結婚運は、真剣に結婚の話をしたことのあるカップルは今月中に入籍するといいでしょう。

仕事&金運

実力以上に評価されたり、大きなチャンスを与えてもらえることがある月。「頑張ってきてよかった」と思えたり、昇格や昇給につながることもあるでしょう。自分の目指していたポジションをつかむ流れに乗ることもできるので、周囲の人との協力や人脈を大切にするようにしてください。苦労が報われる出来事もあるでしょう。金運は、買い物をするにはいい時期。引っ越しや長く使えるものの購入を考えてみて。

1 水	○	未体験のものに興味が湧いて、いろいろ調べたくなりそう。気になったことはどんどん調べて新しい知識を取り入れると、今後の活躍に必要な力がついてくるでしょう。
2 木	□	素敵な言葉やいい考え方を後輩や部下に教えてみましょう。年上の人にも伝えてみると感謝されることがありそうです。本を読んで気になる言葉はメモしておきましょう。
3 金	■	油断していると風邪をひいたり、疲れをためてしまいそう。今日は体力的な無理は避け、防寒や乾燥への対策を考えて準備して。早めに帰宅し、湯船にしっかり浸かりましょう。
4 土	●	意識している相手の心をつかめそう。相手が返事をしやすいようなメッセージを送ってみると、会える流れになりそうです。いい関係に発展している相手から告白されることも。
5 日	△	時間にルーズになってしまいそう。遅刻をしたり、帰りの時間が遅くなって焦ることもありそうです。忘れ物や打撲や転倒など、ドジな失敗もしやすいので気をつけましょう。
6 月	◎	全力で取り組むことでこれまでの苦労が報われる日。手を抜いてしまうと運の流れを逃してしまうかも。些細なことでも本気で取りかかれば、大きなチャンスをつかめそうです。
7 火	☆	やる気が湧き、いつも以上に楽しんでやるべきことに向き合えそう。真剣に取り組めば、大きな結果につながります。年末のイベントの準備や買い物などをするにもいい運気です。
8 水	▽	日中は相手や周囲のためにできるだけのことをやりましょう。協力してもらえそうな人を紹介するのもよさそうです。夕方以降は逆に助けてもらえるので、感謝を忘れないで。
9 木	▼	過去のミスやトラブルを思い出すような出来事があるかも。嫌な予感がするときほど冷静になりましょう。気にしすぎて足を止めるより、失敗を次に活かせるよう前向きな努力を。
10 金	×	自分勝手な判断や勘違いからトラブルを起こしてしまいそう。いつも以上に慎重に行動し、人の言うことはしっかり最後まで聞いて判断しましょう。わがままな発言は厳禁です。
11 土	▲	少し早いですが、大掃除をするにはいい日。遊びに出かける前に部屋にある不要なものの選別をしましょう。貴重なものや思い出のあるもの以外はどんどん捨ててすっきりさせて。
12 日	○	フットワークを軽くすることで素敵な出会いや経験ができそう。知り合いや片思いの相手に連絡して、気になる場所に一緒に行ってみて。友人が恋人になることもありそう。
13 月	◎	失敗を恐れずにチャレンジすることが大切。挫折や失敗の実体験が人生を豊かにしてくれるので、まずは経験することを心がけて。友人から大事なアドバイスがもらえることも。
14 火	□	諦めないで続けてきたことにいい結果が出たり、認められることがあるかも。簡単に諦めないで最後まで一生懸命取り組みましょう。結果に納得がいかないときは原因を追究して。
15 水	■	寝不足や栄養バランスの乱れに注意しましょう。体調の乱れは肌に出やすいので、スキンケアをしっかりして、ビタミン豊富な食べ物や旬の果物をしっかりとるとよさそうです。
16 木	●	あなたの魅力がアップして味方や協力者が集まるでしょう。手助けしてもらうことに遠慮をしないで、別の機会に恩返しするように。相手に感謝を伝えることでいい関係を作れます。
17 金	△	やるべきことを後回しにして、ついダラダラと過ごしてしまいそう。スマホばかり見て時間のムダ遣いをしないように。将来の自分のためにやれることに取り組んでおきましょう。
18 土	☆	仲間の集まりに参加するといい日。みんなのいない場所や帰り際に異性の友人から告白されるかも。素敵な人を紹介してもらえることもあるので、笑顔と元気をアピールして。
19 日	☆	買い物をするには最高にいい日で、財布や長く使うものを見に行くといいものが見つかりそう。好きな人を意識した服を買うと急にモテることも。美容室に行くにもいい日です。
20 月	▽	目標を達成することができそう。午前中から全力で取り組んで楽しく仕事をするといい手応えがあるでしょう。夕方以降は疲れやすいので、無理をしないで早めに帰宅して。
21 火	▼	頑張りが空回りしやすそう。失敗したことをグチグチ考えるよりも「どうしたら挽回できるか」を考えて行動しましょう。自分のことよりも相手や周囲のために動いてみて。
22 水	×	理解に苦しむような人間関係のトラブルが起きそう。不機嫌な相手が現れたときは「体調が悪いのかな?」と思ってやさしく接しておくと、問題は解決するでしょう。
23 木	▲	不幸や苦労ばかりに目を向けてマイナス思考になるよりも、前向きにしてくれる友人や同僚とくだらない世間話をするほうが健全な生活を送れます。みんなが笑顔になる話をして。
24 金	◎	思った以上に順調に仕事を進められ、新たな方法でいい結果を出すこともできそう。夜はこれまで以上にいいクリスマスイブになり、思い出に残る人と一緒にいられそうです。
25 土	◎	少し贅沢なクリスマスを過ごすといいでしょう。プレゼントは少し高価な品を選んで、食事も奮発してみましょう。恋人や家族と楽しく過ごすことで運気がよくなりそうです。
26 日	□	年末年始のダイエットや筋トレの計画を立ててみて。スポーツジムに入会したり、エステに行ってみるのもよさそうです。家でできる運動のスケジュールも作ってみましょう。
27 月	■	疲れが顔に出てしまいそう。これまで頑張りすぎた人ほどこまめに休憩をするようにして。忘年会での暴飲暴食は後悔することになるので、ほどほどに楽しむようにしましょう。
28 火	●	友人や知人からの遊びの誘いが重なってしまうかも。みんなまとめて「異文化交流会」を開いてみると、みんなで楽しい時間を過ごせて、異性からチヤホヤされることもありそう。
29 水	△	うっかりミスをしやすい日。ネットの買い物で間違った注文をしやすいのでしっかり確認して。掃除をするときに大事なものを落として壊してしまうこともありそうです。
30 木	☆	今年お世話になった人に年賀状を書き忘れているなら午前中に書いて送りましょう。夜は会いたいと思う人に素直に連絡をすると、相手もあなたに会いたいと思っているかも。
31 金	☆	自分へのごほうびを買いに行くにはいい日。服や靴やカバンなど気になるものを買いましょう。夜は仲のいい友人と集まっての年越しもよさそうです。楽しい年越しを演出してみて。

☆開運の日 ◎幸運の日 ●解放の日 ○チャレンジの日
□健康管理の日 △準備の日 ▽ブレーキの日 ■リフレッシュの日
▲整理の日 ×裏運気の日 ▼乱気の日 ＝運気の影響がない日

2022 1月

☆開運の月

~2021		2022											2023~		
11	12	1	2	3	4	5	6	7	8	9	10	11	12	1	2	3(月)

開運3カ条

1. 具体的な目標を立てる
2. 自分の気持ちを素直に伝える
3. 欲張る

総合運

新年早々に大事な決断や今後の目標を決める流れになり、思いきった行動が必要になる運気。「今年の目標」ではなく「一生の目標」だと思って、どんな努力をするかなど考えてみましょう。今月決めたルールや生活習慣は簡単に変えないこと。多少の苦労があっても投げ出さなければ叶うでしょう。大事な人にも会うので人の集まりには参加して、挨拶やお礼はきっちりしましょう。健康運は問題ないですが、羽目を外しすぎないように。

恋愛＆結婚運

好きな人には素直に気持ちを伝えるべき時期。食事やデートに誘って気持ちを確認したり、好意を伝えましょう。告白されることもありますが、気持ちのない相手ならはっきり断らないと面倒なことに。新しい出会い運もいいので、知り合いの紹介や人の集まりには顔を出しましょう。結婚運は入籍には最高の月。プロポーズされたときは迷わず受けましょう。あなたからのプロポーズにもいい時期です。

仕事＆金運

仕事でいい結果を出したり周囲からの協力が得られる時期。昨年あたりからいい流れを感じる人ほど思いきって勝負に出てみましょう。出世や昇給に関わるような出来事もあるので、些細なことでも全身全霊で取り組んで、独立や起業を考えている場合は動き出すといいでしょう。金運は、長く使えるものを買うとよく、マンションや家、土地の購入のほか、株を始めるにもいいタイミングでしょう。

日	運気	
1 土	▽	気になる人には午前中に挨拶をしておくことが大切。初詣や映画に誘ってみるといい返事をきけそう。夜はがっかりするような出来事が起きやすいので過度な期待はしないように。
2 日	▼	新年早々体調を崩してしまったり、肌荒れで悩んでしまいそうな日。今日は食事のバランスを整えて、果物を少し多めに食べておくといいでしょう。
3 月	×	少し辛抱や我慢する出来事がある日。イライラしないでゆったり時間を過ごしたり、空いた時間にできることを見つけておくといいでしょう。暴飲暴食には気をつけましょう。
4 火	▲	散らかった場所を整えることで運気が上がる日。目に付いた場所をきれいにして、拭き掃除や整理整頓を時間が許すまでやりましょう。すっきりして気分もよくなるでしょう。
5 水	◎	予定が突然変わってしまうことや急な誘いがある日。おもしろそうな場所には顔を出してみると、いい出会いやおもしろい人脈ができることがありそう。
6 木	◎	変化を楽しむといい日。普段行かないお店に行ったり話のネタになりそうなことに挑戦してみるといいでしょう。勉強になる話を聞けることもありそうです。
7 金	□	気持ちが安定して考えがまとまる日。興味のあることに素直に行動してみるといい手応えや発見があるでしょう。詳しい人に話を聞いてみると上手にコツをつかめる場合もあるでしょう。
8 土	■	疲れがたまりやすい日。無理に予定を詰め込んでしまったり、ストレスがたまってしまう出来事もおきそう。好きな音楽を聴いたり昼寝をすると心も体も楽になるでしょう。
9 日	●	魅力や才能が開花する日。気になる相手から連絡があったり告白される可能性もある運気。暇な時間はもったいないので、友人を誘って遊びに出かけてみて。
10 月	△	小さな失敗がある日。うっかり口が滑ってしまうことや操作ミスや判断ミスをしやすいので、何事も事前に確認と最終チェックはしっかりやっておきましょう。
11 火	☆	実力を発揮したり努力を評価してもらえる日。何事にも真剣に本気で取り組んでみると満足できる結果につながりそうです。夜は、買い物をするといいものを手に入れられそうです。
12 水	☆	自分の幸せをつかみにいくことで運を味方に付けられる日。今日はあなたが主役になる運気。注目を浴びて人気者にもなれるので仕事も恋も強気で行動しておきましょう。
13 木	▽	勢いまかせで行動してもいい結果につながる日。自分の勘を信じて思いきって行動すると思わぬ人脈ができたり周囲から協力してもらえそう。夜は、予定が乱れやすいでしょう。
14 金	▼	よかれと思った行動がお節介や先走りになるので、今日は慎重に様子を窺ってから行動しましょう。タイミングが悪いときに話しかけてしまうことにも気をつけて。
15 土	×	予定通りに進まなかったり急な誘いが重なってがっかりしそう。友人と遊ぶ予定を入れた後に好きな人から連絡が来てしまうかも。流れにまかせて余計なことは考えないで。
16 日	▲	思わぬ出費が増える日。試食をして断れなくて購入したり、値段を間違えて高いものを買ってしまうかも。ピアスや小物をなくしてしまうこともあるので気をつけましょう。
17 月	◎	生活リズムを少し変えることで運気がよくなる日。10分早く出社したり普段なら行かないお店に入ってみるなど変化を楽しみましょう。寝る時間も変えてみるといいでしょう。
18 火	◎	数字や時間にこだわって仕事をしてみるといい結果や評価をされるようになるでしょう。合理的に進めることやムダを減らす方法を考えながら仕事をしてみましょう。
19 水	□	年配の人や結果を出している人の話を聞くことで学べるでしょう。仕事に役立ちそうな本を書店で探してみましょう。前向きになれる言葉ややる気になるきっかけをつかめそう。
20 木	■	頑張っている人ほど急に疲れを感じそうな日。無理をしないで少しペースを落としたり、マメに休憩をするといいでしょう。夜は、友人と話をすると気持ちが楽になりそうです。
21 金	●	気になる相手をデートに誘うといい返事が聞けそう。新しい出会い運もあるので、紹介や新しい人に会えそうな場所には顔を出してみましょう。習い事を始めてみるのもいいでしょう。
22 土	△	遊ぶことで運気の流れがよくなる日。友達とたくさん笑ったり舞台やライブを見るといいでしょう。ただ、忘れ物や約束の時間を勘違いすることがあるので確認はしっかり。
23 日	☆	憧れの人や片思いの相手に会える日。思いきって連絡したり、つながっている人に連絡をしてみるといいでしょう。交際に発展する関係に進められることもありそうです。
24 月	☆	最高の仕事運の日。どんな仕事でも本気で取り組んで、今の自分の力を出しきってみるといいでしょう。挨拶やお礼などもしっかりしておくと大抜擢される流れも作れそうです。
25 火	▽	日中は昨日の勢いが続いているので、積極的に仕事に取り組むことが大切。夕方辺りから周囲の人間関係に振り回されたり年下や部下のミスでムダな時間を過ごすことになりそう。
26 水	▼	相手の言葉をマイナスに受け止めてやる気を失ったり心がブレてしまいそう。今日は余計なことを考えないで目の前の仕事に集中しましょう。仕事があることに感謝も忘れないように。
27 木	×	集中力が途切れやすい日。仕事でミスやドジな出来事が起きるので気をつけましょう。話を聞き逃してしまったり単純なミスもしやすいので気をつけましょう。
28 金	▲	気持ちの切り替えが大切な日。過去の失敗やマイナスな思い出は気にしないように。前向きに考えたり新しいことに目を向けるようにすると気持ちが楽になるでしょう。
29 土	◎	変化が多い1日。好奇心の赴くままに行動してみるといい発見やおもしろい出会いがありそう。恋人や友人の新たな一面を知れて楽しい時間を過ごすこともできそうです。
30 日	◎	親友や付き合いの長い人との縁を感じる日。偶然外出先で会ったり、急に連絡があって会うことになりそう。いろいろ話してみると必要な情報を入手することもできそうです。
31 月	□	今月を振り返ってやり残したことがあったり目標に正しく向かっていない場合は、改めて今日から気持ちを入れ替えて頑張るといいでしょう。基礎体力作りを始めるにもいい日です。

開運のつぶやき　無理して頑張らなくていいけれど、簡単に諦めないほうがいい

2022
2月

▽ ブレーキの月

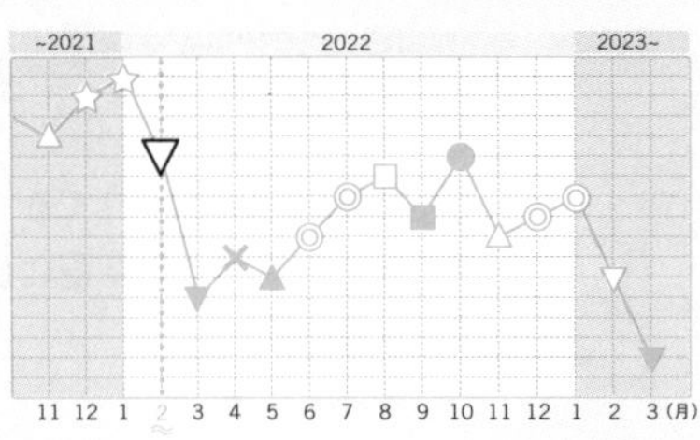

開運 3 カ条

1. 後輩や部下と遊ぶ
2. 長く使えそうな物を購入する
3. 悩む前にまずは行動する

総合運

中旬までは積極的に行動することで人脈も広がり、チャンスもつかむことができる時期。遠慮はいらないので自信を持って行動し、実力以上のことに挑戦してみるのもいいでしょう。下旬になると現状への不満や余計な心配事が出てきそう。急に流れが変わったり諦めなくてはならない出来事が始まりそうです。健康運は、下旬になると肌の調子を崩してしまったり疲れを感じやすいので、軽い運動をやっておくといいでしょう。

恋愛&結婚運

好きな人に気持ちを伝えるなら中旬まで。バレンタインがいいきっかけになるので、チョコレートを用意することや手紙などで気持ちをストレートに伝えることが大切。事前に恋人がいないか確認したり周囲の評判も聞きましょう。新しい出会いも中旬までチャンスがあるので、飲み会や集まりに顔を出しましょう。結婚運は、先月に話が進められる空気を感じたなら具体的に話をまとめましょう。

仕事&金運

手応えのある仕事ができる時期。周囲から協力を得られたり大きなチャンスが巡ってくるかも。後輩や部下の面倒を見ることで評価が上がり昇給や昇格につながる可能性があるので、自分の仕事以外のことにも目を配るようにしましょう。下旬は、珍しいミスや仕事に集中できない出来事が起きそう。マイナス面ばかり見ないように。金運は、長く使うものや高価なものは中旬までに購入しましょう。

日	印	内容
1 火	■	些細なことでイライラしたり不機嫌が顔に出てしまう日。思ったよりも疲れやストレスがたまっているので、友人と話したり好きな音楽を聴く時間を作ってみて。
2 水	●	「今日は運がいい日」と思って何事もプラスに受け止めると、どんどんラッキーな出来事や幸せを見つけることができるでしょう。素敵な出会いもありそうです。
3 木	△	自分も周囲のミスも笑って許せるくらいの心が大切な日。考えすぎる前に笑い話にするくらいの余裕が大切。ただ、大事なものをなくしたり置き忘れることがあるので気をつけましょう。
4 金	☆	これまで経験や体験してきたことをどう活かすかが重要な日。自分の力をうまく発揮できる運気なので、自信を持って積極的に行動するようにしましょう。
5 土	☆	買い物をするには最高な日。買うか悩んでいるものがあるなら思いきって決断をするといいでしょう。衝動買いしたものが後のラッキーアイテムになることもあるでしょう。
6 日	▽	午前中は特に運気がいいので、気になる人をランチデートに誘ってみたり、買い物に行くといいでしょう。夕方以降は、判断ミスをしやすいので早めに帰宅するといいでしょう。
7 月	▼	不機嫌な人に会って気分が悪くなってしまいそうな日。全く憧れないような人に心を乱されないようにする訓練だと思って、気持ちを切り替えるようにして。
8 火	×	調子に乗りすぎていることを突っ込まれたり、周囲の意見に振り回されてしまうなど、気持ちも考えも安定しない日。今日は、過度な期待をしないで流れにまかせましょう。
9 水	▲	何事も順序が大切になる日。自分の慣れた手順で進めるのはいいですが、ムダや不要な動きがあるかもと思って見直してみましょう。もっと効率よく仕事ができるようになりそう。
10 木	○	新しいことに挑戦をするなら辛抱する覚悟が大切。なんとなく始めるのもいいですが、小さな挫折や壁があることくらいは想定して取り組んでみるといいでしょう。
11 金	◎	他人が成功していることなら「自分もできる」と信じて挑戦することが大切。表面的なところばかり見ないで、見えない努力や陰の苦労をもっと想像して挑戦するといいでしょう。
12 土	□	自分の気持ちに素直になることで恋愛が一気にいい方向に進む日。相手の気持ちを考えすぎるよりも、好きならデートに誘ってみて。今日はいい返事が聞けそうです。
13 日	■	今日はしっかり休んで日頃の疲れをとったり、軽い運動をして汗を流すと気持ちも体もすっきりするでしょう。ただ、張り切りすぎての筋肉痛やケガには気をつけましょう。
14 月	●	好きな人にチョコレートを渡すと交際に発展しやすい日。恥ずかしがっていると運気の流れに乗れなくなってしまうかも。逆に告白されて驚く場合もありそうです。
15 火	△	自分をよく見せようと思うのはいいですが、背伸びすると逆に格好悪い姿を見せてしまうだけ。自分の身の丈に合った生活や生き方を心がけるようにしましょう。
16 水	◎	学んできたことを活かせる日。人脈や経験がつながって仕事の結果として表れたり、いいアイデアが浮かぶこともあるでしょう。経験をムダにしないようにしましょう。
17 木	☆	運を味方にできてチャンスが巡って来る日。積極的に行動したり仕事に真剣に取り組んでみるといい結果につながるでしょう。運命的な出会いもあるので人とのつながりを大切に。
18 金	▽	日中は頑張りが評価されやすく、やる気も自然に湧いてくるでしょう。夕方辺りから無気力になってしまうことがありますが、前向きな言葉を発していると気持ちは沈まないでしょう。
19 土	▼	予定が乱れて思い通りに進まなくなる日。小さなことでイライラしないで。思い通りにならないときでもおもしろいことや楽しいことは自分次第で見つけられることを忘れないように。
20 日	×	勢いまかせの判断が不運や失敗の原因になってしまう日。衝動買いは失敗する可能性が高いので気をつけて。急な誘いも慎重に判断するようにしましょう。
21 月	▲	身の回りをきれいに片づけることで運気の流れがよくなる日。なくしたと思っていたものが出てきたり、整理整頓することで不要なイライラがなくなるでしょう。
22 火	○	1歩前に進む気持ちで不慣れや苦手なことに挑戦するといい日。少しでも克服しようと思う気持ちを忘れないようにしましょう。苦手な人のいい部分を見つけることも大切です。
23 水	○	いろいろな人と話すことで大事な情報を入手できる日。本や雑誌を沢山読んでいる人の話がいい勉強になりそう。体験談も聞いてみるといい刺激にもなるでしょう。
24 木	□	計画通りに行動することが大切な日。深く考えないで判断するとムダなことが増えそう。夜は、疲れが顔に出てしまいそう。スキンケアをしっかりしてから寝るようにしましょう。
25 金	■	油断するとケガをしたり、体調を崩しやすい日。慌てて行動するとケガをすることもあるので気をつけましょう。今日はいつも以上にゆとりを持って行動するようにしましょう。
26 土	●	異性から突然告白されたりデートの誘いを受けそう。あなたも気になっている相手なら思いきって交際をスタートさせましょう。予想外の場所で素敵な出会いもあるかも。
27 日	△	ドジな癖が出てしまう日。毎回やってしまう癖に気をつけて、時間を守ったりお金の管理をしっかりして。いろいろなところがルーズになってしまうので気をつけて。
28 月	◎	悩みや不安が解消される日。親友や付き合いの長い人に相談してみると解決が早そうです。偶然出会った人から言われた言葉が響くこともありそうです。

☆開運の日 ◎幸運の日 ●解放の日 ○チャレンジの日
□健康管理の日 △準備の日 ▽ブレーキの日 ■リフレッシュの日
▲整理の日 ×裏運気の日 ▼乱気の日 ＝運気の影響がない日

2022

3月

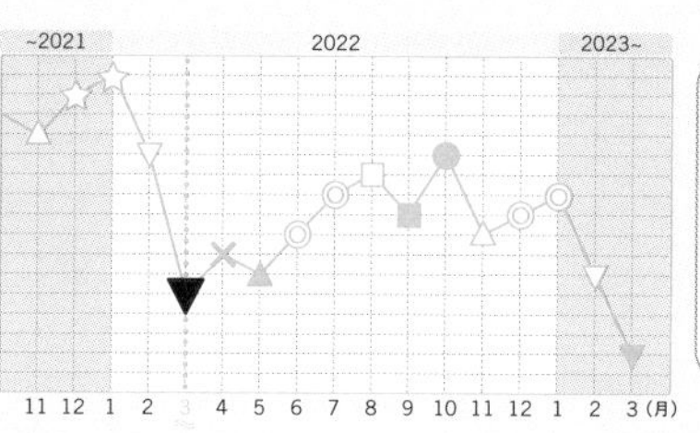

▼乱気の月

開運3カ条

1. 何事もプラス面とマイナス面があると意識する
2. 相手を楽しませる
3. 失うことや別れや離れることを恐れない

総合運

ネガティブなことや余計なことを考えて気持ちが不安定になる時期。自分の考えが正しいと思い込んでいると、落ち込んだりやる気を失ってしまうので気をつけましょう。人間関係が乱れる時期でもあります。やさしさや真心が通じない人がいてもタイミングの悪いときもあると思って、相手にも事情があることを忘れないようにしましょう。健康運は、肌の調子を崩したり、ストレスがたまりやすいのでマメに発散するといいでしょう。

恋愛&結婚運

恋人のいる人は気まずい空気になったりケンカや失恋をする可能性があるので注意。「あなたのために」など恩着せがましくなると空回りするので、一緒に楽しむことが大切でしょう。新しい出会いは期待が薄いので、異性の友人くらいの距離感が大切でしょう。片思いの恋が終わることもあるので諦めも肝心。結婚運は、今月は話が進めにくい感じになりそう。恋人の前で愛嬌を忘れないように。

仕事&金運

職場や今の仕事のマイナス点に目がいったり、意見の食い違いや心ない一言でやる気を失いそうな時期。珍しい失敗をしたり人間関係が噛み合わないこともあるので、何事も丁寧に行うように。好きな上司や先輩や仲のいい同期の退社や異動でがっかりすることもあるかも。金運は、見栄を張ると出費が増えそうですが、少しくらいの見栄は後に返ってくるのでケチケチしないようにしましょう。

日	運気	
1 火	◎	現状を楽しむことで運気の流れがよくなる日。与えられていることに感謝して、何事も楽しむようにしましょう。後輩や部下にご馳走をすると更にいい日になるでしょう。
2 水	▽	日中は、楽しく過ごせたり勢いで進められそうな日。夕方あたりから、他人の欠点や周囲のマイナス点に目がいってしまいそう。いい面を見るように心がけて。
3 木	▼	チャンスを逃してしまいそうな日。しっかり反省をしないと同じ失敗を繰り返してしまいそう。今日は、何事もタイミングが悪いと思って構えておくといいでしょう。
4 金	×	頑張りが空回りしやすい日。頑張ればいいわけではなく、頑張りどころやタイミングを計ることが大切。見極める必要があると学べることがあるでしょう。
5 土	▲	不要なものを処分するといい日。いい思い出があると思って置きっぱなしのものや、プレゼントでもらってそのままにしてあるものは、処分するかネットで売るといいでしょう。
6 日	=	前向きな話や考え方を変えられるような話が聞けそうな日ですが、ボーッとしていると聞き逃してしまうので、人の話は学ぶ気持ちで聞くようにしましょう。
7 月	=	うまくいかないときに運の責任にしているといつまでも成長できないだけ。どんな問題も自分に責任があると思って真剣に考えて、己のできることを見つけましょう。
8 火	□	環境や状況に合わせて変化することが大切な日。自分の考えや生き方だけが正しいと思っていると苦しくなってしまいそう。臨機応変に対応するようにしてみて。
9 水	■	油断をすると体調を崩したり肌荒れに悩んでしまいそうな日。スキンケアをしっかりして、湯船にしっかり浸かるようにするといいでしょう。
10 木	●	周囲を見渡して価値のあるものが溢れていることに気づけると人生に満足できる日。足りないところやマイナスに目を向けないで、価値を理解するように努めて。
11 金	△	大切なことを見落とす日。忘れ物や連絡ミスもありますが、幸せや満足できることを見落とすことがあるので気をつけて。あなたの見方ひとつで人生は楽しくなるでしょう。
12 土	○	友人や知り合いに振り回されてしまいそうな日。相手に合わせることを楽しんで、笑って過ごしてみるといい日になるでしょう。楽天家になってみるといいでしょう。
13 日	○	遊びに出かけるにはいい日ですが、今日は出費が増えそう。手元に残るものよりも映画や舞台や美味しいものを食べるなどに使ってみて。経験にお金を使ってみましょう。
14 月	▽	日中頑張ったことが夕方以降や後日に返ってくるでしょう。ただ、恩着せがましくなったり、見返りを求めてしまうと薄れてしまうので、気にしないようにしましょう。
15 火	▼	些細なことでヘコんだり、大げさに驚かないようにしましょう。今日は、予想外の出来事や悲しい知らせがある運気だと思って、平常心を保つ訓練だと考えておきましょう。
16 水	×	周囲の人に振り回されたり面倒な人と関わることが増える日。嫌な人を見ても、自分がマネするべきではないことを教えてくれている人だと思うといいでしょう。
17 木	▲	余計なことを考えないことで前に進める日。過ぎたことをいつまでも考えたり他人の粗さにイライラしないで、流せるようにしてみて。自分が正しいと思い込まないで。
18 金	=	目新しいことに心から興味を示すことができると人生は自然と楽しくなるでしょう。難しく感じることは「奥が深い」と思って受け入れるといいでしょう。
19 土	=	友人や知人の前向きな話を聞くことやポジティブな生き方のコツを聞くことが大切な日。人生は考え方ひとつで大きく変わってくるものだと忘れないように。
20 日	□	目標を立てるところから楽しんでみるといい道が見えてくるでしょう。明るい未来をいろいろ想像して楽しんでみて。具体的な年齢も思い浮かべておきましょう。
21 月	■	旬の食べ物を意識して食べることで体調がよくなる日。今の季節は何が旬なのか調べてみて。仕事の合間にストレッチや軽い運動をして体をほぐしておきましょう。
22 火	●	疑うことよりも素直に受け止めることが大切な日。あるがままを素直に受け止めてみると、希望の光や道が見えるでしょう。ウソは後に自分を苦しめてしまうでしょう。
23 水	△	ドジなことをする日ですが、事前準備で避けられるので確認をしっかりしましょう。失敗を運の責任にしないで、何が原因かしっかり探るようにするといいでしょう。
24 木	○	これまでの経験を活かせる日ですが、それが本当に正しいのか考え直すことが大事。間違ったことに力を注いでしまうと大きな苦労や不運になってしまうので気をつけて。
25 金	○	仕事を押しつけられていると思うよりも、与えられた仕事をもっと好きになる努力が大切な日。結果をしっかり出せるようにムダな時間を削る努力も忘れないようにしましょう。
26 土	▽	日中は、現状に満足できたり何事も素直に受け入れて楽しく過ごせそう。夕方あたりから、イライラする出来事やタイミングの悪さを感じそう。過剰な期待や執着を止めるように。
27 日	▼	意見の合わない人や嫌いな人と一緒になる時間が増える日。偉そうな人や物の言い方が悪い人を許すことが大切。本当に偉い人は偉そうにしないものだと覚えておきましょう。
28 月	×	明るく元気な挨拶を忘れないようにしましょう。不機嫌や無愛想は自ら不運を招いているのと同じ。笑顔と元気な挨拶は幸運が来るまで続けるようにしましょう。
29 火	▲	諦める前に本当に真剣に取り組んで最善を尽くしたのか考え直してみて。まだやるべきことや自分にできることを必ず見つけられるでしょう。
30 水	=	新しい仕事や不慣れなことをまかされる日。新たな経験ができることを前向きに捉えるといいでしょう。押しつけられたとマイナスに受け止めないようにしましょう。
31 木	=	自分よりも熱意ある人や頑張っている人を見ることでやる気がアップする日。頑張っている人にもっと注目したり、一流と言われる人を観察してみて。

開運のつぶやき　嫌なことを思い出すくらいなら、嘘でも明るい未来を想像したほうがいい

2022

4月

✕ 裏運気の月

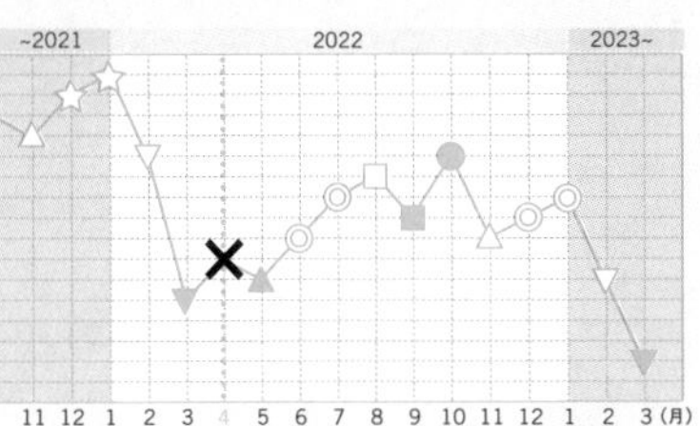

開運3カ条

1. ポジティブな発言をする
2. 上品さを意識して過ごす
3. 気分で判断しない

総合運

気持ちが不安定になり、現状に安心できなくなってしまう時期。些細なことが心配になってしまうことや、周囲の人の言動に振り回されてしまうことがありそう。ネガティブに考えてしまったときほどプラス面に目を向けるようにしたり、前向きな人に話してみるといいでしょう。自分に足りないことを見つける時期でもあるので、至らない点は認めて、学ぶきっかけにして。健康運は、入浴時間や睡眠時間をいつもより長めにしましょう。

恋愛＆結婚運

恋に空回りしやすく、思い通りに進まないことにイライラしてしまいそう。気になる相手の言葉をマイナスに受け止めてしまったり、素直になれず気まずい空気になってしまうことも。気になる人が別の人と仲良くなっている姿を見てヘコんでしまうこともあるので、今月は自分磨きをしたり、話のネタを増やしておきましょう。結婚運は、話が前に進まない時期なので焦らないようにしましょう。

仕事＆金運

現在の仕事に不満を感じてしまいそう。マイナス面に目が行きすぎてしまったり、評価されないことに嫌気がさしてしまうかも。周囲と比べてばかりいると苦しくなるので、自分の仕事に集中して。あなたを振り回す人には注意が必要ですが、反面教師だと思って冷静に観察しておくといいでしょう。金運は、不要な出費が多くなりますが、今を楽しむことや人付き合いに使うといいでしょう。

日		
1 金	□	自分の軸を忘れないことでブレないようになる日。いろいろな人の話を聞いてテンションが上がればいいですが、落ち込む原因にもなるので自分の意思や考えをしっかり持って。
2 土	■	前向きな話をしたりたくさん笑える友人と一緒にいると、いいストレス発散ができる日。愚痴や不満よりも明るい未来の話をしましょう。慌てるとケガをするので慎重に行動して。
3 日	●	あなたに惚れる人が現れる日。出会いの場所では異性を意識して、笑顔や明るさをアピールしましょう。何でもポジティブに変換できるとモテモテになるでしょう。
4 月	△	自分でもゾッとするくらいのミスをしやすい日。寝坊や遅刻、忘れ物などをして焦ってしまう可能性があるので、事前準備と確認をいつも以上にしっかり行いましょう。
5 火	○	新しい人と話したり変化を楽しんでみるといい日。身の回りや自分の雰囲気を少し変えてみると自然とやる気になれたり、前向きな気持ちになれそうです。
6 水	○	予定変更など臨機応変な対応が大切になる日。慌てないで相手のことを優先して判断して、みんなで損をしないような方法を考え出してみるといいでしょう。
7 木	▽	日中は、何でも早めに取りかかって早めに終わらせるようにするといい日。ゆとりを持つことで他の人を助けられたり視野を広げられそう。夜は断れない誘いがきそう。
8 金	▼	善意の気持ちが通じない人やあなたを振り回す人に会ってしまいそうな日。心ない一言に傷ついてヘコむ前に、上手に聞き流せるようにするといいでしょう。
9 土	✕	予定が変更になって暇になったり寂しい思いをしそう。待ってばかりいないで、急でもいいので気になる人や知り合いを誘いましょう。出費が増えますが、いい話や体験ができそう。
10 日	▲	気持ちの切り替えをするためにも、身の回りの整理整頓や年齢に合わない幼稚なものを処分して。マイナスなイメージのあるものは見えないところにしまいましょう。
11 月	＝	挨拶を自分から明るく元気にすることで人生が大きく変わっていくでしょう。挨拶できない人や挨拶を返せない人は無視して、自分が正しいと思う生き方を通しましょう。
12 火	＝	人生がうまくいかないときや思い通りに進まない場合は、学びが足りないだけ。成功している人の陰の努力を知る必要があります。うまくいかない原因を運の責任にしないように。
13 水	□	何事も普段より5分早く動くことが大事な日。少しの差が人生では大きな差になることを忘れないようにしましょう。夜は、疲れが出やすいので早めに寝るようにしましょう。
14 木	■	不機嫌が言葉に出そうな日。イライラするときや気持ちが安定しないときは、相手のために言葉を選んでみて。何を言われたらうれしいのか想像して言葉を探しましょう。
15 金	●	異性からの注目を浴びる日。好きな人から好かれるチャンスですが、予想外の人からも好意を寄せられそう。好きな人の前では素直になるといい感じになれそうです。
16 土	△	デートや遊びに出かけるにはいい日ですが、ドジな出来事があるので注意して。異性の前では少しテンションを上げて、明るく演出すると、驚くほどモテるようになるでしょう。
17 日	○	しばらく会っていなかった親友に連絡をしてみるといい日。近況報告しながら前向きな話ができそう。いい情報交換もできるので、教えられることは伝えてみて。
18 月	○	仕事に集中するといい結果を出せそうな日。細かな部分まで妥協しないで、時間も意識して仕事しましょう。買い物は余計なものまで購入しやすいので気をつけて。
19 火	▽	日中は、テンポよく仕事できて周囲との協力もできそう。勢いで決めることも大切。夕方以降は、思わぬところで手こずってしまったり至らない点が見えてしまいそう。
20 水	▼	気持ちが浮ついたり、集中力が欠けてしまいそう。恋愛や連休のことを考えるのはいいですが、ミスの原因になるのでほどほどに。怒られる原因を自分で作らないようにしましょう。
21 木	✕	マイナスな言葉に振り回されそうな日。相手が本当に伝えようとしていることは何かをもっと考えて、深い意味があることを知りましょう。勝手にヘコんで落ち込まないように。
22 金	▲	「もったいないから」と言いながら使わないものがあるなら処分しましょう。引き出しの中など時間があるときに整理するといろいろ出てきそう。クローゼットもチェックして。
23 土	＝	友人や知人に誘われた場所に顔を出すといい日。おもしろい出会いや経験ができそうですが、妙な異性に好かれることがあるので距離感を間違えないようにして。
24 日	＝	ゆとりを持って行動をして、のんびり過ごすといい日。予定を詰め込みすぎないようにして、好きな音楽を聴いて昼寝をするくらいゆったりした時間を作りましょう。
25 月	□	当たり前と思っていることに改めて感謝することが大切な日。感謝の気持ちがある人には素敵な出会いが訪れ、大切な経験ができるようになるでしょう。
26 火	■	疲れから愚痴や不満を言ったり、口が悪くなってしまう日。不満が出ないように自分を成長させましょう。軽く体を動かしたりストレッチをすると気分も体もすっきりするでしょう。
27 水	●	考えや意見を受け入れてもらえそうな日。好きな人に告白するといい返事が聞けそうなので、連絡してみましょう。明るい服を着ると自然と運気が上がるでしょう。
28 木	△	操作ミスや雑な行動で、機械やものを壊してしまいそうな日。いつも以上に雑になりそうなので、丁寧に行動するように。言葉も雑にならないように気をつけて。
29 金	○	思い出の曲を聴くことや懐かしい場所に行くことでテンションが上がりそう。青春時代に聴いた音楽を選んでみるといいでしょう。懐かしいお菓子を食べるのもいいでしょう。
30 土	○	買い物に出かけるにはいい日。服や靴を購入するときは「他の人から見て幸せそうかな」という視点で選ぶといいでしょう。暗い感じのものは避けておくといいでしょう。

☆ 開運の日　◎ 幸運の日　● 解放の日　○ チャレンジの日
□ 健康管理の日　△ 準備の日　▽ ブレーキの日　■ リフレッシュの日
▲ 整理の日　✕ 裏運気の日　▼ 乱気の日　＝ 運気の影響がない日

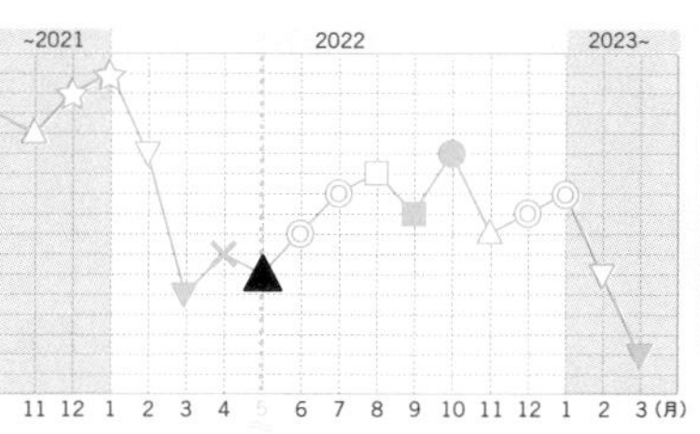

▲ 整理の月

開運 3 カ条

1. 丁寧に行動するように心がける
2. 掃除や整理整頓はマメにする
3. 諦める覚悟をする

総合運

気持ちの整理や人間関係の整理がつく時期。中途半端と思える人とは距離を空けたり思いきって離れる決断をするにもいいタイミングです。情でだらだらした関係が続いていると思うなら、思いきって断ちきる覚悟も必要でしょう。合理的に過ごせるような工夫も大切になるので、ムダな時間を削って時間の使い方を改めてみるといいでしょう。健康運は、ダイエットを始めてみるとムダな贅肉を落とせて、体調もよくなるでしょう。

恋愛&結婚運

無謀な告白は失恋の原因になるので気持ちが高まっても少し冷静に判断しましょう。片思いの相手に恋人ができたりタイミングを逃す場合もありますが「縁があればまたつながる」と信じましょう。新しい出会いもつながりが薄いですが、話し相手としてはいいので仲良くなるといいでしょう。結婚運は、気持ちの整理がつく時期でもあるので、覚悟できるなら結婚を決めて来月あたりに入籍を。

仕事&金運

丁寧に仕事するよう心がけることが大切な時期。数字や時間、お金などで珍しい失敗をしやすいでしょう。大切な書類をなくして慌てるなど、雑な部分が出るので確認作業はしっかりするように。身の回りを片付けてすっきりさせることで不要な不運は避けられます。金運は、不要なものや使い古したものは処分して、買い換えの準備をするといい時期。年齢に合わないものは一気に処分しましょう。

日	運気	
1 日	▽	午前中から行動的になるとうれしい出来事がある日。気になる人を誘って遊びに出かけてみて。夜は、急に疲れが出そうなので早めに帰宅したほうがよさそうです。
2 月	▼	うまくいかないことや思い通りにならないことに苛立たないようにしましょう。今の自分に何が足りないのか教えてくれているだけだと思って至らない点を認めるようにしましょう。
3 火	×	よかれと思ったことが裏目に出て、気まずい空気や余計な一言になりそう。相手を思う気持ちと善意があれば気にすることはないので、図太くなれるきっかけだと思いましょう。
4 水	▲	大事な資料や必要なものをなくしたり、置き忘れてしまうことがある日。大事な話はしっかりメモをして忘れないように。こっそりボイスメモで録音しておくのもいいかも。
5 木	＝	失敗が悪いのではなく「同じ失敗がダメ」なだけ。過去から学んで自分の癖や行動パターンを覚えましょう。前向きな失敗やそこから学ぶ姿勢はマイナスにならないでしょう。
6 金	＝	意見を聞くのはいいですが、レベルが違いすぎる人の話は心がブレてしまうだけ。自分の位置や立場を理解して、成功している人の過去の苦労を想像するといいでしょう。
7 土	□	友人や知り合いを集めるといい日。雑談の中から大切な言葉が出てくるので、少し意識してみて。自分とは違う考え方や生き方にもっと興味を示してみるといいでしょう。
8 日	■	今日は、体を休ませる日と思ってのんびりゆっくりするといいでしょう。予定が入っている場合は、マメに休んだり、遅くまで外出しないようにしましょう。
9 月	●	仕事の楽しさや前向きな気持ちなど、希望を忘れないことが大切な日。明るい未来をもっと想像して、今やるべきことにしっかり取り組んでみると魅力もアップします。
10 火	△	ミスや失敗をしやすい日ですが、学べることや気をつけるべきことを見つけられるでしょう。転んでもただでは起きない精神を忘れないようにしましょう。
11 水	○	経験を活かせる日。勘を信じるといい方向に進めそう。嫌な予感がするときは、立ち止まって冷静に判断するようにして。問題を回避することができそうです。
12 木	○	数字や時間にこだわって仕事をするといい日。時間の短縮や数字を上げるための工夫をしてみて。新しい方法やいいアイデアも浮かびそうです。
13 金	▽	午前中は、実力を発揮できることや周囲に求められることが増えそうですが、午後から急に疲れを感じたり、集中力が低下しやすいので気をつけましょう。
14 土	▼	相手のことを考えすぎてしまうと振り回されて疲れてしまうだけ。人と仲良くするのはいいですが、距離感を間違えないようにしましょう。
15 日	×	自分の考えだけが正しいと思うと苦しくなる日。相手にも正義があるので、いろいろな考え方や生き方があることを認めましょう。ソリの合わない人もいることを忘れないように。
16 月	▲	基本的なことや順序をしっかり守るようにしましょう。慣れたことだからと手順を飛ばしたり、雑な行動をすると不運を招いてしまうかもしれません。
17 火	＝	いい言葉やいい話を周囲に伝えてみるといい日になるでしょう。前向きになる言葉を発してみると、周囲の気持ちや考え方に変化が起きるでしょう。
18 水	＝	新しいことに挑戦する気持ちが大切な日。気合いや覚悟が足りないと面倒に感じてしまうだけなので、楽しみながら挑戦してみて。おもしろい出会いもありそうです。
19 木	□	自分に足りないことではなく今あることに目を向けて、どう工夫すれば人様の役に立てるのか考えてみて。ないものを欲しがらないようにするところから始めましょう。
20 金	■	疲れが肌に出そうな日。スキンケアをしっかりして、ランチやディナーはサラダやビタミン豊富な食べ物を選びましょう。しっかりお風呂に入ることも忘れないようにしましょう。
21 土	●	遊ぶことが大切な日。気になる相手を突然でもいいので誘ったり、友人に連絡して気になるイベントやライブ、テーマパークに出かけましょう。遊びから学べることもあるでしょう。
22 日	△	ドジな1日になってしまいそう。スマホを落として画面を割ったり、食べ物をこぼして服を汚してしまうかも。置き忘れをして焦ってしまうことがあるので慎重に行動して。
23 月	○	付き合いの長い人からの指摘はしっかり受け止めるようにしましょう。自分以上に相手はあなたの調子や才能を理解している可能性があるでしょう。
24 火	○	完璧に仕事ができたと思ったときほど、再確認して何かできることを見つけるようにしましょう。今日の仕事ぶりは思った以上に高く評価されたり実力アップにつながりそうです。
25 水	▽	日中は、求められることが増えて忙しくなり満足できる結果も出そう。夕方あたりから、雑な行動が増えたり周囲の意見に振り回されることがあるので気をつけて。
26 木	▼	マイナスな情報に振り回されないようにしましょう。今があることに感謝を忘れるとやる気を失ってしまうだけ。当たり前や当然と思えることに感謝しましょう。
27 金	×	見返りを求めると不満になるだけ。相手が笑顔になって喜んでいるなら、既に見返りは受け取っていることを忘れないように。恩着せがましくならないようにしましょう。
28 土	▲	身の回りにある不要なものや子供っぽいものは処分しましょう。「もったいない」は、貧乏の始まり。お金持ちほど持っているアイテム数は少ないことを知りましょう。
29 日	＝	些細なことでもいいので、変化を楽しんでみるといい日。普段なら行かないお店や場所に行くといい経験ができそう。少し遠出をしてみたり旅をするとよさそうです。
30 月	＝	ゆっくり成長していることを忘れないようにしましょう。自分の責任をしっかり背負ってやるべきことを丁寧に進めましょう。焦って雑にならないように心がけましょう。
31 火	□	1カ月を振り返って、自分の目標が達成できたのか確認してみて。勉強不足や至らない点を認めることが大切。今後の目標ややるべきことを具体的に現実的に見つけましょう。

開運のつぶやき　予想通りに進まないことを楽しむことが大切

2022

6月

◎ 幸運の月

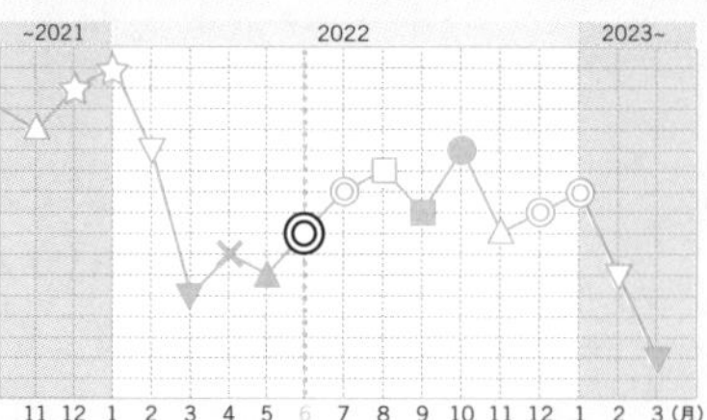

開運 3 カ条

1. 買い替えをする
2. 新しい人脈を作る
3. 環境や生活リズムを変える

総合運

視野が広がり行動力が増す月。夢や希望に向かって前進できるように周囲からの協力や後押しがありそう。長年計画していたことに挑戦するにもいい時期なので、勇気を出して決断と実行に移しましょう。引っ越しやイメチェン、環境や生活リズムを変えるにもいいタイミングなので、ダイエットや筋トレなど健康を意識した動きも始めてみるといいでしょう。健康運は、健康的な生活習慣を新たに始めてみるといいでしょう。

恋愛&結婚運

新しい出会いがあり、恋する相手を見つけられる時期。異性との関わりが少ない人ほど、思いきったイメチェンや異性を意識した服装を心がけましょう。昨年ぐらいから気になっている人をデートに誘うなら今月から。話題のスポットや映画に誘うといい関係に進めそう。異性の友人に振り回されて大事な人を逃さないように。結婚運は、前向きな話ができる時期。明るい未来の話をたくさんしてみて。

仕事&金運

新たなプロジェクトが動き出し、これまでとは少し違う仕事をまかされたりチャンスをもらえそう。新しいチームに入り新人の教育係になると、学べることが増えていい経験もできそう。独立や起業を考えている場合は今月から動きましょう。仕事に使うものを買い換えたり、仕事関係者を飲みに誘って交流を深めるにもいいタイミングです。金運は、買い換えや引っ越しを行うにはいい運気です。

日	曜	印	内容
1	水	■	疲れを感じるならスタミナ不足や運動不足の現れ。ストレッチや軽い運動を始めたり、歩く距離を長くするといいでしょう。魚料理を意識して食べるようにしてみて。
2	木	●	積極的に行動することで、仕事も恋愛も思い通りに進む日。何かを得るためには勇気と度胸が必要なことを忘れないように。目の前が晴れるようなうれしい出来事も起きそうです。
3	金	△	楽しむ気持ちや遊ぶ心が大切な日。真面目に取り組むのもいいですが、仕事も人生もゲームだと思ってみましょう。周囲の人との交流もこれまで以上に楽しみましょう。
4	土	◎	才能や実力が評価されて満足できる1日になりそう。経験を活かすことで周囲にアドバイスでき、人脈も役立つでしょう。少し強引になるくらいの押しも必要でしょう。
5	日	☆	買い物をするには最高な日。家やマンション、車、資産価値のあるものを購入すると運気が上がるでしょう。財布や鞄、服なども購入するとあなたのラッキーアイテムになるでしょう。
6	月	▽	用事は午前中に済ませておき、気になる人をデートに誘うメッセージを送るといい関係に発展しやすいでしょう。夕方以降はバタバタしやすいので、早めに帰宅するように。
7	火	▼	相手に不満を抱く前に、自分は最善を尽くしているか考えてみて。許す気持ちを持って、相手にも体調やいろいろな事情があることを忘れないように。
8	水	×	不満に目がいってしまうなら、いい面やプラスの部分を見つけられるようにしましょう。考え方や見方を変えるために試練が来ていると思ってみると前向きに捉えられそうです。
9	木	▲	問題が解決に進んだり悩みや不安が減る日。いい意味での諦めや気持ちの切り替えができそうです。身の回りを整理整頓すると気分もよくなるでしょう。
10	金	○	いいサイクルを作るにはいい日。ダイエットや筋トレ、資格取得のための勉強、本を読むなど、何か新しい習慣をスタートさせてみると長く続き、目標を達成できそうです。
11	土	○	少しの勇気で前に進めて、流れをいい方向に変えられる日。言いたいことをはっきり伝えたり、商談や交渉ではもう一押ししてみて。自分のことよりも全体を考えて判断しましょう。
12	日	□	新しいことに目を向けて学ぼうとする気持ちが大切な日。好奇心の赴くままに行動すると素敵な出会いやいい経験ができそう。おもしろい人からいい情報も入手できそう。
13	月	■	疲れが肌に出てしまいそうな日。スキンケアをしっかりして、果物をしっかり食べて、のんびりする時間を作るといいでしょう。目を閉じて目の疲れをとるようにしましょう。
14	火	●	頭の回転がよくなり好判断ができる日。周囲の人と喜べる結果を残せそう。評価はしっかり受けて、ここで満足しないで次を目指すように。恋愛でも異性といい関係に発展しそう。
15	水	△	周りの人の言葉や態度に振り回されそうな日。冷静に判断して平常心を心がけるようにしましょう。小さなミスもしやすいので確認作業はしっかり行いましょう。
16	木	◎	付き合いの長い人やいろいろな人から連絡があったり偶然出会いそうな日。人と人をつなげてみると新たなことに進められそう。異性の友人に好意を寄せられることも。
17	金	☆	一生懸命仕事に取り組むことでいい結果につながる日。どんな仕事でも最善を尽くすといいでしょう。自分で思っている以上に輝く日なのでいい感じで目立つといいでしょう。
18	土	▽	日中は、運を味方につけられるので遠慮しないで積極的に行動して。夕方あたりから周りの人に振り回されてしまいそう。不機嫌な人に影響されないようにして。
19	日	▼	友人や知り合いからの指摘に傷つくことがありますが、言ってくれる優しさに感謝を忘れないように。冗談半分の会話の中に本音が隠されていることを忘れないようにしましょう。
20	月	×	予定通りに進まなかったり、友人や知り合いの愚痴や不満を聞かされそうな日。意外性を楽しんだり友人や知人を励ましてみるといい日になります。
21	火	▲	忘れ物やなくし物をしやすい日。持っているはずだと思ったら、財布や携帯電話を忘れていて慌てることがありそう。確認をして身の回りを片付けると、なくし物は避けられそう。
22	水	○	新しい方法を試してみるにはいい日。生活リズムを変えてみたり、普段なら避けていたことに挑戦してみるといいでしょう。些細な挑戦が人生を変えるきっかけになるかも。
23	木	○	新たな尊敬できる人を見つけられる日。尊敬できる人を見つけるためにも、相手のいい部分や優れている部分を見てみて。尊敬できる人がいないことは大きな不幸だと忘れないように。
24	金	□	自分に足りないことを見つけられるようにすべては整っていると思って、最善を尽くすことが大切な日。明るい未来を想像して、今の自分ができることに一生懸命になりましょう。
25	土	■	体に悪そうな生活習慣は改めましょう。悪習慣を続けてしまわないように。軽い運動やストレッチなどを行う時間を10分でもいいので作るようにしましょう。
26	日	●	好きな人とデートできたり、交際をスタートできる日。自分の気持ちを素直に伝えると告白されるかも。新しい出会い運もいいのでフリーの人はフットワークを軽くしてみて。
27	月	△	仕事の楽しさを見つけるよう意識するといい日。娯楽のよさを改めて理解できるかも。芸人さんのネタに爆笑すると運気もよくなります。気の合う人と一緒に見るのもいいでしょう。
28	火	◎	実力を発揮できる日。遠慮しないで何事も積極的に取り組んでみましょう。昔の上司や懐かしい人から連絡が来ることがありますが、1度会って話してみるといいでしょう。
29	水	☆	自分の希望通りに進む日。遠慮しないでときには強引に押し進めることも大切。周囲にいる人を励ましたり、才能や個性を認めてみると後に大きな幸運となってくるでしょう。
30	木	▽	午前中は、いい流れで仕事ができそう。勘を信じて切り替えてみて。夕方以降はがっかりするような出来事がありますが、そこから何が学べるか考えてみましょう。

☆ 開運の日　◎ 幸運の日　● 解放の日　○ チャレンジの日
□ 健康管理の日　△ 準備の日　▽ ブレーキの日　■ リフレッシュの日
▲ 整理の日　× 裏運気の日　▼ 乱気の日　＝ 運気の影響がない日

2022 7月

◎ 幸運の月

~2021 2022 2023~

11 12 1 2 3 4 5 6 / 8 9 10 11 12 1 2 3 (月)

開運 3 カ条

1. 思いついたことは行動する
2. 好きな人に素直になる
3. 人の集まりを自ら作る

総合運

気になったことにはなんでも挑戦するくらいの行動力が大切な時期。昨年ぐらいから気になっていることがあるなら勇気を出して飛び込んだり、新たな習い事やスキルアップを目指してみましょう。資格取得のために動いてみるのにもいい時期。新しい出会いも増えるので、交流の場にどんどん顔を出したり、自らいろいろな人を集めてみて。健康運は問題ないので、筋トレや基礎体力作りを心がけておくといいでしょう。

恋愛&結婚運

好きな人に積極的にならないと後悔する月。ここで押して無理な相手なら他の人を見つける必要があるでしょう。はっきり気持ちを伝えて様子を見ましょう。新しい出会い運もいいので、知り合いや友人の集まりに顔を出すと素敵な人を紹介してもらえそう。好みでなくても、評判のいい人なら交際してみましょう。結婚運は、先月前向きな話ができたカップルは具体的な話を進められるでしょう。

仕事&金運

積極的に仕事に取り組むことで楽しい職場になる時期。受け身で待っていてはいつまでも楽しくならないので、アイデアや意見を出して自ら率先して行動しましょう。新しい仕事やこれまでにないチャンスが巡ってくることもあるので、ひるまず取り組みましょう。職場や取引先の相手と交流を深めるチャンスも増えます。金運は、新しいものに買い換えるといいですが、長く使えるものを選ぶように。

1 金 ▼ 肌の調子が悪く感じられる日。水分補給や日焼け予防などしっかりしましょう。スキンケアを雑にしないように。夜更かしも避けたほうがいいので、夜は早めに帰宅しましょう。

2 土 × 急に予定が変更になって忙しくなったり、いろいろな場所に誘われそう。愚痴や不満を聞くことになったときは、うまく慰めてあげましょう。一緒になって口が悪くならないように。

3 日 ▲ 不要なものを処分するといい日。掃除や片づけをすると運気がアップします。外出先で不要なものを買ってしまうことがあるので、財布のヒモは締めるようにして。

4 月 ○ 気になることはなんでも調べたり、話を聞くようにしましょう。知ったかぶりをしても何もいいことがないので、素直に聞いて教えてもらうといいでしょう。

5 火 ○ フットワークを軽くすることでいい縁や大切な経験ができる日。面倒だと思わないで、まずは行動することを優先しましょう。いい出会いもあるので人の集まりには参加しましょう。

6 水 □ 今後のことを決めるのにいい日。中途半端な関係を終わらせたり、読みかけの本があるなら最後まで読みきってみるなど、何事も区切りをつけてみて。

7 木 ■ 目の疲れや肩こりを感じたり、ストレスが肌に出そうな日。気分転換や柔軟体操の時間を作ると気分も体もすっきりするでしょう。暑さ対策に気を取られてエアコンで体調を崩すことも。

8 金 ● あなたの魅力が輝く日。仕事に集中すればいい結果が出たり周囲とうまく協力できます。恋愛では好きな人との距離を一気に縮められるので、遊びに誘ったり気持ちを伝えてみて。

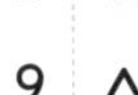

9 土 △ 友人や知人を集めて遊ぶといい日。楽しい時間を過ごせそうですが、油断しやすいので余計な一言やドジな失敗に気をつけましょう。食べこぼしで服を汚してしまうかも。

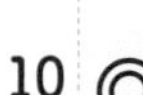

10 日 ◎ 片思いの恋が実ったり、1歩前進しそうな日。異性の友人だと思っていた人から告白されることもあるかも。一緒にいるのが楽な人なら交際をスタートさせる価値はあるでしょう。

11 月 ☆ 少しでもチャンスと思えるなら思いきって行動しましょう。発言だけでなく行動することが大事。買い物にもいい運気なので、ネットでこっそり気になるものを買いましょう。

12 火 ▽ 日中は運を味方につけられるので、与えられた仕事に本気で取り組むといい結果につながるでしょう。夜は疲れを感じたり、マイナス面に目がいってしまうので気をつけましょう。

13 水 ▼ 人間関係がゴチャゴチャしそうな日。あなたの奪い合いに巻き込まれてしまったり、求められることが増えすぎてしまいそう。困る前に助けを求めるようにして。

14 木 × 普段なら気にしないことで気持ちが揺さぶられそうな日。マイナスなことはなんにでもあるので、考えすぎないようにしましょう。現実のいい部分に目を向けるようにしましょう。

15 金 ▲ 不要な時間を過ごさないように意識することが大事な日。スマホをいじったり、ネットをだらだら見ないように。時間とは命だと思えば大事に使えるようになるでしょう。

16 土 ○ 新しい遊びに挑戦したり、普段なら行かないお店や場所に行ってみるといい日。素敵な出会いややいい経験ができそうです。イメチェンや髪型を変えてみるにもいい運気です。

17 日 ○ 夏らしい遊びをするといい日。仲間や知り合いを集めるといいので、海やプールなどに行ったり、花火やビアガーデンなどに行ってみて。いい感じの思い出ができ出会いもありそう。

18 月 □ 誰かのお手伝いをするといい日。困っている人や自分が力を貸せる人にはできるだけ協力しましょう。感謝されることで幸せを感じられたり、前向きになれるでしょう。

19 火 ■ 思ったよりも疲れているので、集中力が途切れてしまいそう。しっかり仕事してしっかり休むようにしましょう。メリハリのある生活が大切になるでしょう。

20 水 ● あなたの意見が通り、結果が出なかったことがいい流れになるなど、思った以上にいい方向に進む日。恋も仕事も簡単に諦めないで、強気で押しきってみて。

21 木 △ 小さなミスが多く、計算通りに進まない日。確認作業を甘くしないでしっかりしたり、事前準備を忘れないように。暑さ対策を忘れて外出して後悔することがあるかも。

22 金 ◎ しばらく連絡を取っていなかった知り合いから連絡があったり、外出先で偶然の出会いがありそう。これも縁だと感じたら、お茶や食事に誘うとおもしろい縁がつながりそうです。

23 土 ☆ 買い物に出かけるにはいい日。欲しいものを一気に買うといいですが、本当に必要なものを選んで。引っ越しや習い事、エステやジムの契約をするにもいい運気です。

24 日 ▽ 午前中は行動的になると、うれしい出来事やいい出会いがありそう。午後は予定を詰め込まないで、のんびりして疲れをためないように。夜は明日の準備をしてから寝ましょう。

25 月 ▼ タイミングの悪さを実感しそうな日。噛み合わない感じがありそうですが、余計なことを考えすぎないように。ネガティブな感じがするときは学べることがあると思いましょう。

26 火 × 予想外の人に振り回されそうな日。自分の考えや意見だけが正しいわけではないので、相手の気持ちを想像して対応しましょう。逃げないで乗り越えようと思うことが大事。

27 水 ▲ 身の回りの整理整頓をして、きれいにしましょう。使わないものや不要なものをどんどん手放して、使わない調味料や置きっぱなしのものなどもどんどん処分しましょう。

28 木 ○ 知識があっても活かせてからが知恵だと思って、いろいろ試すといい日。失敗やうまくいかないことから学びましょう。新しい経験をすると前向きな気持ちになれそうです。

29 金 ○ 好奇心の赴くままに行動するといい日。はじめて話す人や新しい体験から、学べたりやる気になれそう。不慣れを乗り越えて手応えを感じられることの楽しさを忘れないように。

30 土 □ 計画的に遊ぶにはいい日。お店や映画を予約して、時間を逆算して動いたり、帰りの時間を決めましょう。ゆとりの時間も作ってカフェでゆっくりするといいでしょう。

31 日 ■ マッサージや温泉、スパでゆっくりするといい日。夏の暑さで体調を崩したり、エアコンで喉の調子を悪くしそう。今日は疲れをとるために1日を使うようにしましょう。

開運のつぶやき　自分の好きなことを見つける旅が人生

2022

8月

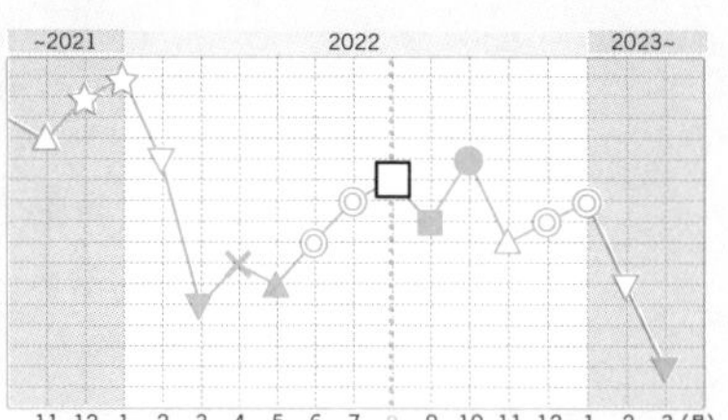

□ 健康管理の月

開運 3 カ条

1. 今後の計画を具体的に立てる
2. 新しい出会いを求めて行動する
3. 若い人の面倒をみたり関わりを増やす

総合運

挑戦したいことがあるなら、思いきって行動するといい時期。昨年やここ1～2カ月気になっている習い事を始めたり、環境の変化や転職など勇気がいる決断をしましょう。運命が変わるような出会いもあるので、人とのつながりや縁を大切にして、知人を集めた交流会などを主催してみるのもいいでしょう。健康運は、下旬から肌荒れや疲れを感じやすくなるので、マメに休んだり、人間ドックなどの予約をして調べてもらいましょう。

恋愛＆結婚運

片思いの恋に決着がつく運気。気持ちを伝えて反応が薄い場合は、諦めたほうが次の出会いや新たな人の魅力に気づけるでしょう。情で付き合っているだけの恋人や未来が見えない相手なら、別れる勇気も大切。新しい出会い運はいいので、知り合いの紹介や友人のつながりを大切にして、新しい交友関係を作りましょう。結婚運は、入籍するには最適な時期。あなたからプロポーズしてもいいでしょう。

仕事＆金運

今月の頑張りや結果が、今後のポジションを大きく左右する時期。周囲との協力や若手の面倒を見ることでいい流れに乗れそう。仕事に対する考え方や方法を変えるとこれまでとは違う感覚で取り組めます。結果を出している人を認め、見習うべき部分を見つけるようにしましょう。金運は、将来を考えた投資や貯金、資産価値のあるものを買うにはいい時期。引っ越しや高価な買い物もいいでしょう。

日		
1 月	●	粘りや頑張りが大切な日。自分が思っている以上に「あと少しの努力」が流れを変えるでしょう。諦めないで粘ってみるといいですが、少し方法を変えたり工夫してみるといいでしょう。
2 火	△	周囲が笑ってしまうようなポジティブ発言をするといい日。前向きな発言や切り返しが、いい人間関係や幸運を引き寄せます。言葉の大切さを忘れないようにして。
3 水	◎	実力を発揮できる日ですが、見直しや確認を忘れないように。付き合いの長い人や尊敬できる人からの言葉をしっかり受け止めるようにすると、学べる言葉が聞けそうです。
4 木	☆	求められることが増えて、やることがいっぱいになりそうな日。忙しい日に限って遊びの誘いも重なってしまいそう。いい意味で人気を感じられそうです。
5 金	▽	日中は、幸せな気分やうれしい流れに乗れそう。大事な用事は早めに片づけましょう。夕方以降は、同じ環境でも不満や文句が出てきそう。余計なことに目を向けないように。
6 土	▼	やる気をなくすような出来事があったり、マイナスに考えすぎてしまう日。恋愛や人間関係がうまくいかないですが、今日は相手に合わせることが大事だと思っておきましょう。
7 日	×	現状のマイナス面を見るのはいいですが、プラス面を見ることも忘れないようにしましょう。勝手に絶望するくらいなら、勝手に希望と期待をしたほうが人生は楽しくなるでしょう。
8 月	▲	気持ちの切り替えが大切な日。イライラするときは他のことを考えたり、心の中で5秒数えて冷静になってから判断して。短気は信用をなくしたり、後の面倒を引き寄せそう。
9 火	○	弱気になると何もかもうまくいかなくなります。幸運をつかむためにも幸せになるためにも、多かれ少なかれ度胸や勇気は必要なもの。失敗から学ぶ覚悟で挑戦しましょう。
10 水	○	新しいことに挑戦することが大切な日。1歩でもいいので踏み込んだり、変化を楽しんでみるといいでしょう。古いやり方や考えに縛られないようにしましょう。
11 木	□	恥ずかしい思いをするから強くなれると思いましょう。恥ずかしい思いを避けすぎると成長しなくなるもの。どれだけ恥ずかしい思いから学べるかが重要だと覚えておきましょう。
12 金	■	肌荒れや口内炎など、体の変化が気になる日。今日は無理をしないで過ごして、疲れをためないように。暑さやエアコンの寒さで体調を崩さないように気をつけて。
13 土	●	好きな人といい関係に進めそうな日。相手の出方を待たないで、デートに誘いましょう。出会ってから連絡していない異性がいるなら、連絡してみるのもいいでしょう。
14 日	△	友人や知人を遊びに誘うといい日。「誰か誘ってくれないかな」と思ったときほど、自ら連絡するようにしましょう。相手も同じことを考えている可能性があるでしょう。
15 月	◎	頑張って結果を出している友人や同期を見習うことが大切。結果を出しているなら認めて、学べるところを見つけましょう。言葉遣いや行動をしっかりチェックしましょう。
16 火	☆	苦労が報われる日ですが、間違った道に進んでしまった人には厳しい結果が出そう。今日は種まきの日だと思って、次の目標を決めて進んだり、決断や覚悟をするといいでしょう。
17 水	▽	午前中は指示待ちをしないで、積極的に仕事に取り組むといい結果につながります。午後は指導や教育に時間がかかってしまいそう。人間関係や伝え方を学ぶことになりそうです。
18 木	▼	難しいと思い込むと、何も前に進めなくなるでしょう。何事も簡単だと思ったり、考え方を変えるといいでしょう。人間関係も相手のいい部分を見つけるようにしてみて。
19 金	×	失敗で終わるから失敗で、成功のために何が必要かを失敗から学ぶことこそ大事だと思いましょう。何事も通過点だと思って気持ちを切り替えましょう。
20 土	▲	身の回りの掃除や片づけをするとやる気になれるでしょう。散らかったままの部屋では、恋にも仕事にも前向きになれないもの。外出予定があるならその前に身の回りを整えましょう。
21 日	○	新しい遊びやこれまでにない経験をするといい日。ライブや芝居、美術館など気になったら足を運んでみて。素敵な出会いもありそう。髪を切ってイメチェンをするにもいい日です。
22 月	○	忙しくすることで、不要な悩みや不安はなくなるでしょう。不満や愚痴が出るほど暇な時間を過ごさないで、目の前のことに集中したり、今やるべきことに最善を尽くしましょう。
23 火	□	過ぎたことを考えても前には進めないので、「過ぎて去ったから過去」だと割り切って、今できることに集中しましょう。夜はゆっくり湯船に浸かって疲れをとりましょう。
24 水	■	日焼け止めを塗り忘れて後悔したり、夏の暑さに負けてしまいそう。今日は無理をしないで、エアコンの効きすぎた場所に気をつけるようにしましょう。
25 木	●	間違いを指摘されたり注意されるというラッキーもあることを忘れないように。自分が正しいと思い込むと不機嫌になるだけ。言ってもらえることに感謝を忘れないように。
26 金	△	自分のドジな部分に気づける日。周囲に許してもらっているなら、あなたも周りの人の失敗に寛容になりましょう。すべての人が絶好調で生活していないことを忘れないように。
27 土	◎	親友と語ることで気持ちが楽になったり、いい思い出ができそう。夏らしい遊びをしたり、異性の友人と遊ぶと恋に発展する可能性も。偶然の出会いからいい縁がつながることも。
28 日	☆	買い物をするにはいい日。いいものを買えたり、お得な買い物ができそう。気になるお店に入ったり、ネットで探しましょう。予想外のポイントをもらえることもあるでしょう。
29 月	▽	相手を信頼することでいい仕事ができたり前向きになれる日。お願いするときは心からすることも大切。夜は忙しくなりすぎたり、急な予定変更がありそうです。
30 火	▼	八方美人やすべての人にやさしくしすぎることで、変なやっかみや面倒なことになりそう。表面的な話や取り繕うばかりではなく、本音を話せるといいでしょう。
31 水	×	苦労や困難から逃げてしまうと、得られることが小さくなってしまうでしょう。苦労は当然だと思って受け止めたり、マイナス面ばかりに目を向けないようにしましょう。

☆ 開運の日 ◎ 幸運の日 ● 解放の日 ○ チャレンジの日
□ 健康管理の日 △ 準備の日 ▽ ブレーキの日 ■ リフレッシュの日
▲ 整理の日 × 裏運気の日 ▼ 乱気の日 ＝ 運気の影響がない日

2022 9月

リフレッシュの月

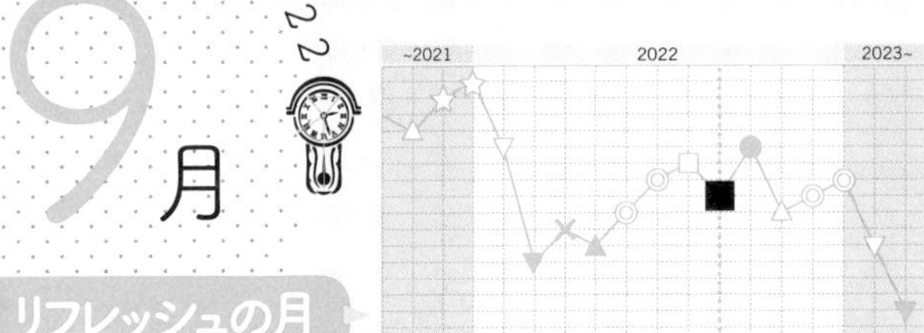

開運 3 カ条

1. 休みの日の計画を先に立てる
2. 周囲に素直に甘える
3. 軽い運動をして少し汗を流す

総合運

しっかり仕事をしてしっかり体を休めるといい時期。求められることや遊びの予定がいっぱいになってしまい、体を休ませることを忘れたり、夏の疲れがここで出てきそう。体調に異変を感じる場合は病院でしっかり検査してもらうといいでしょう。予定をしっかり組んで、急な予定変更はできるだけ受け入れないようにしましょう。健康運は、肌荒れが出たり、ストレスから体調を崩してしまいそう。軽い運動や健康的な食事を意識しましょう。

恋愛&結婚運

先月あたりで仲良くなっている相手がいるなら、ゆっくり関係を深めるといい時期。相手のことを知ったり、自分のことを理解してもらえるように努めましょう。新しい出会い運は、下旬に信頼できる人から紹介がありそうですが、進展は来月になりそう。下旬に髪を切って明るい感じにすると恋愛運がアップします。結婚運は、恋人のいい部分を素直に褒めると来月進展しやすくなるでしょう。

仕事&金運

仕事が楽しくなり、忙しくも充実できる時期。頑張るのはいいですが、限界まで仕事をするとヘトヘトになってしまうので、体を休ませることを忘れないようにしましょう。体力に余裕があっても疲れやストレスが肌に出てくる場合もありそう。頑張りすぎには注意して、周囲に甘えるなど、持ちつ持たれつの関係を作るといいでしょう。金運は、ストレス発散にお金を使うといいでしょう。

日	運気	内容
1 木	▲	悪習慣と思えることやなんとなくだらだら続けていることを断ち切るなら、今日がいいでしょう。生活リズムを整えて、健康的で健全な方向に進むようにしましょう。
2 金	○	些細なことでも気になったことには取り組んでおくといい日。まずは動き始めてみると、他のことにも一生懸命になれるでしょう。見て見ぬふりはしないようにしましょう。
3 土	○	気になるお店や場所に行くといい日。少し遠くても頑張って行けそうな場所なら足を延ばしてみて。美術館や伝統ある場所、神社仏閣などにも行くとよさそうです。
4 日	□	気になる人に連絡して話をするといい日。相手の話の聞き役になることでいい関係に進めそう。夜は疲れやすいので早めに帰宅して、明日の準備をして早めに寝るようにしましょう。
5 月	■	寝不足や体のダルさを感じそうな日。肌の調子も悪く、テンションが下がりそう。今日は朝から笑顔の練習と大きな深呼吸を3回すると、気持ちがすっきりしそうです。
6 火	●	求められることが増えて忙しい1日になりそう。悩みや不安を考える暇もなく、集中できて仕事もはかどりそう。素敵な出会いもある運気なので、はじめて会う人に注目してみて。
7 水	△	よかれと思った行動や一言で失敗しそうな日。判断ミスをしやすいので軽はずみに行動しないで、冷静に判断しましょう。忘れ物やうっかりミスも多いので確認を怠らないように。
8 木	○	先輩や上司、お世話になった人への感謝の気持ちを忘れないことでいい結果につながる日。他にも学生時代の先生や友人や家族など、感謝すべき人のために頑張ってみましょう。
9 金	○	先のことをもっと計算して過ごすといい結果につながります。数字、時間、お金をもっと意識してみましょう。大儲けを考えなくても、マイナスを削る気持ちや考えは大切でしょう。
10 土	▽	今日と明日は体を休ませるといい日。予定が入っている場合は、マメに休んだり、体に負担がかかることを避けましょう。調子に乗りすぎるとケガもしやすいので気をつけましょう。
11 日	▼	温泉やスパでのんびりしたり、マッサージやエステなどに行くといいでしょう。日頃の疲れをここでしっかりとることが大事。昼寝をしたり、だらだら過ごすのもいいでしょう。
12 月	×	タイミングの悪いことが重なりそうな日。数秒の差で電車やバスに乗り遅れたり、不機嫌になる人に会いそう。マイナスに目を向けないで、プラス面を探すようにして。
13 火	▲	コツコツ仕事に取り組んで、ゆっくりでもいいので片づけるようにしましょう。いきなり大きな目標を達成しようとするとやる気を失いそう。まずは小さなことから始めましょう。
14 水	○	伝え方や言い方、言葉選びを変えるといい日。荒い言葉や下品な言葉は選ばないように。些細な気遣いの積み重ねが人生を作っていることを忘れないようにしましょう。
15 木	○	自分の弱点や欠点をしっかり受け止めることから物事がスタートできるでしょう。できないことを嘆かないで、自分のできることや得意なことで周囲を笑顔にするように努めましょう。
16 金	□	何事も全力で取り組むと楽しくなる日。疲れは明日しっかりとればいいので、今できる最善の努力や力を振り絞りましょう。加減をするほうが人生がつまらなくなるでしょう。
17 土	■	愚痴や不満を言うとストレスが逆に増えてしまうので、前向きな明るい話をしたり、みんなで笑える話をしてみて。好きな音楽を聴いてゆっくりする時間も必要。
18 日	●	異性から突然連絡や遊びに誘われそうな日。楽しい時間を過ごすことで、いい縁がつながりそう。異性の友人から恋人に発展する流れもあるかも。
19 月	△	時間にゆとりを持っておくことが大切な日。慌てると打撲やケガなどをしそう。落ち着いて行動するためにも10分前行動を意識したり、急に走らないようにしましょう。
20 火	○	どんな仕事も見直しを忘れないようにしましょう。特に慣れた仕事ほどミスが見つかりそう。自分の癖や欠点を理解している人ほど、問題を回避することができるでしょう。
21 水	○	計算通りに物事が進む日ですが、計算しないとうまく進まないので、いろいろ先のことを考えて行動してみて。後輩や部下にごちそうすると運気が上がりそうです。
22 木	▽	時間にゆとりを持って行動するといい日。ギリギリになると雑になったり、焦って失敗をしそう。夜は特に雑になりやすいので、大事な用事は早めに終えるように。
23 金	▼	疲れを感じたり、体調に異変を感じそうな日。特に何も感じない人は時間を作ってストレッチや軽い運動をして汗を流しましょう。イライラするときは疲れがたまっている証。
24 土	×	普段なら興味のない世界を学ぶといい日。周囲にオススメされた映画や舞台を観に行くと、いい勉強や刺激になりそう。本を購入してじっくり読むのもいいでしょう。
25 日	▲	大掃除をするにはいい日。夏物を片づけたり、しばらく使っていないものを処分して。年齢や時代に合わないものも一気に片づけると、気持ちがすっきりするでしょう。
26 月	○	ひとりで考えるよりも、知恵を借りることが大切な日。素直にわからないことやコツを聞くといいですが、聞いたら素直にやることが大切。聞いただけでやらない人は信用されません。
27 火	○	視野が広がり気になることが増える日。新しい方法を試したり、普段とは違うことに挑戦するといいでしょう。新商品を選んでみたり、季節品や限定品を選んでみましょう。
28 水	□	失敗をそのままにしないで、不慣れや苦手を少しでも克服できるように努めましょう。失敗もいい経験になるように工夫して。夜は集中力が途切れやすいので早めに帰宅を。
29 木	■	疲れからイライラしたり、判断ミスをしやすい日。目の周りをマッサージしたり、屈伸や伸びをして体をほぐすようにしましょう。乳製品を食べておくのもいいでしょう。
30 金	●	運を味方につけられる日。人との縁からラッキーな方向や素敵な出会いにつながりそう。遠慮しないで、今日は思いきって行動したり勇気を出してみるといいでしょう。

開運のつぶやき　謙虚な心、礼儀正しさ、親切心を忘れない人が幸運をつかむ

2022

10月

● 解放の月

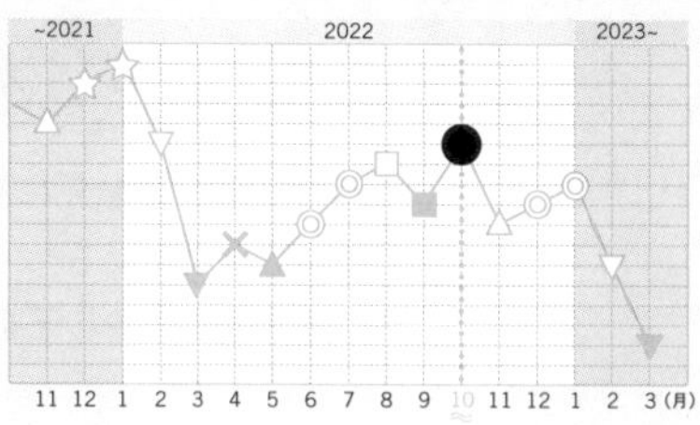

開運 3 カ条

1. 本気で取り組む
2. 簡単に諦めない
3. 挨拶やお礼をしっかりする

総合運

時間をかけてきたことにいい結果が出たり、いい味方や協力者が集まり高く評価される時期。遠慮することなく全力で取り組む姿勢で本気でぶつかってみると、流れを一気につかんだり、大きな幸せを得られるでしょう。今後のことを真剣に考えて大切な決断をする必要もあるので、チャンスと思われることには遠慮することなく行動しましょう。健康運は、健康診断や人間ドックの予約をして年内に検査をしておくといいでしょう。

恋愛&結婚運

片思いの相手に気持ちを伝えておくべき運気。ここで関係が進まないならきっぱり諦めたほうがいいでしょう。また、今月真剣に告白してくる相手と交際すると大きな幸せにつながる可能性が高いので、周囲の評判が悪くないなら付き合ってみましょう。新しい出会いにも期待できる時期。一目惚れや急に盛り上がる可能性があるのでひるまないように。結婚運は、入籍を決めるには最高のタイミング。

仕事&金運

望む結果を出せたり、高く評価されて昇進や昇給につながる時期。大きなチャンスに恵まれる可能性も高いので、どんな仕事でも本気で取り組みましょう。はじめて会う仕事関係者には挨拶やお礼をきっちりしてアピールしましょう。頑張っている人を評価することでいい縁がつながり、いい仲間になるでしょう。金運は、仕事道具を買うといい時期。投資をスタートするにもいいタイミングです。

日	運気	内容
1 土	△	新しい出会いのチャンスが巡ってくる日。知り合いや友人に連絡するといい人を紹介してもらったり、偶然素敵な人に会えそう。遊んでみたい人に連絡してみて。
2 日	◎	付き合いの長い人や親友との縁が強くなる日。本音を語ったり相談すると、手助けしてもらえることがあるでしょう。出先で驚く人に会うこともありそうです。
3 月	☆	楽することを考えると手を抜けますが、それでは運を活かせないままでもったいない日になるでしょう。些細な仕事でも本気で取り組むと大きな結果が出たり評価されるでしょう。
4 火	▽	日中は運を味方にできていい流れに乗れたり、味方や協力者が集まりそう。素直にお願いするといいでしょう。夕方以降は忙しくなりすぎたり、求められすぎてしまいそうです。
5 水	▼	相手の気持ちになって言葉を選ぶことが大切な日。「わかっているだろう」と思って説明や言葉が雑になってしまうと、トラブルの原因になってしまいそうです。
6 木	×	真剣に話をするのはいいですが、熱い気持ちが相手には面倒と思われてしまうかも。タイミングや空気を読みましょう。余計なお世話になりそうなことは避けましょう。
7 金	▲	時間のことを気にしないで仕事したり出先に行くと、遅刻することがあるので、しっかり計算したり調べるようにして。思ったよりも行動が雑になってしまいそうです。
8 土	○	「新しい」に敏感になっておくといい日。気になったことに挑戦してみると、いい経験やいい人脈も広がっていくでしょう。はじめて会った人に一目惚れされることも。
9 日	○	気になっていた場所に行くといい日。いい体験ができそう。興味のないことに誘われたときでも、思いきって挑戦してみましょう。意外な体験がいい勉強になりそうです。
10 月	□	気づいたことはどんどん行動に移すといい日。迷ったときは行動するように心がけたり、誰かが喜ぶほうを選択してみるといいでしょう。
11 火	■	頑張りすぎている人は疲れを感じそうな日。肌の調子も崩しやすいので気をつけて。軽くストレッチをすると疲れを感じないで仕事を進めることができそうです。
12 水	●	頼りにされることが増える日。いい判断もできるので、周囲にアドバイスをしたり、指導するといいでしょう。異性から注目される可能性があるので油断しないようにしましょう。
13 木	△	冗談や笑い話をすることで、人気者になれたり、商談や仕事が円滑に進むようになりそう。失敗談などを恥ずかしがらずに話してみて。相手の話も笑顔で聞くようにしましょう。
14 金	◎	時間をかけてきたことに運が味方する日。仕事に真剣に取り組んでいる人は仕事運が、異性を意識してきた人はモテそう。遊んでばかりの人はゲームでラッキーな出来事が起きるかも。
15 土	☆	買い物をするには最高の日。服や靴、家電や長く使うものを買うと運気がアップするでしょう。髪を切ると異性から注目されるようになりそうです。引っ越しを決めるにもいい日です。
16 日	▽	日中は運気がいいので、ランチデートがオススメ。気になる異性を突然でもいいので誘ってみるといい返事が聞けそう。勢いで交際がスタートできるかも。夜は予定が乱れそう。
17 月	▼	よかれと思って行動したことが裏目に出てしまいそう。タイミングが悪くなってしまうので、様子をしっかり見たり、相手の立場になって判断してみるといいでしょう。
18 火	×	「自分のほうが仕事ができるから」と思って進めることは相手や会社のためにならないので、若い人や未熟な人に仕事を覚えてもらえるように、教える工夫を怠らないようにしましょう。
19 水	▲	伝票や事務作業、報告書など、後回しにしている苦手なことを終わらせましょう。身の回りで散らかっている場所があるなら、しっかり整えてきれいにするようにしましょう。
20 木	○	考え方を変えられるきっかけがありそうな日。たわいもない会話や雑談の中にも、あなたに必要な話や言葉が出てくるので逃さないように聞くようにしましょう。
21 金	○	変化を受け入れてみると楽しめる日。不慣れな仕事をまかされても「新鮮!」と前向きに受け止めてみると、いい結果が出たり仕事のおもしろさを見つけられるでしょう。
22 土	□	日中はフットワークが軽く、人との出会いも多くなりそう。本音を話せる人と楽しい時間を過ごせそうです。夜は疲れやすくなるので、暴飲暴食に気をつけて早めに帰宅するように。
23 日	■	軽い運動や大きな公園を散歩するなど、健康的な1日を過ごすといい日。疲れを感じる人は温泉やスパでゆっくりしたり、マッサージなどに行ってみて。
24 月	●	予想外のチャンスが巡ってくる日。プレッシャーを感じるときほど堂々と挑戦するといい結果につながるでしょう。上司や年配者の気持ちをわしづかみできることがありそうです。
25 火	△	小さなミスが重なりそうな日。ハンカチやティッシュを忘れるなどの些細なことから、時間や数字のミスなどもしやすいのでしっかり確認をするようにしましょう。
26 水	◎	実力が発揮できる日。人とのつながりが役立つこともあるので、知り合いを紹介したり仕事につながりそうな人に連絡しましょう。人脈の楽しさを理解できることもあるでしょう。
27 木	☆	仕事で大きな結果を残せたり、大事な仕事をまかせてもらえそうな日。目の前の仕事に本気で取り組む姿勢が評価されるので、今日は手を抜かないで一生懸命仕事をして。
28 金	▽	午前中は運を味方にできたり、目標を達成できそう。勢いまかせでもいいので積極的に仕事に取り組みましょう。夜はややネガティブになりやすいのでプラスに考えるようにしましょう。
29 土	▼	偉そうな人や上から目線な人に会って嫌な思いをしやすい日。距離を置いたり、受け止め方を変える訓練だと思いましょう。疲れやすくなるのでひとりの時間も大切に。
30 日	×	外出先で不要な出費をしたり、値段の高いものを購入してがっかりしそう。衝動買いや押し切られて買わないようにしましょう。気持ちも財布のヒモもしっかり締めましょう。
31 月	▲	なくし物をしやすい日。仕事道具をどこかに置き忘れたり、確認忘れなどをすることがあるので気をつけましょう。大事なものはいつもと同じ場所や見えやすいところに置きましょう。

☆開運の日 ◎幸運の日 ●解放の日 ○チャレンジの日
□健康管理の日 △準備の日 ▽ブレーキの日 ■リフレッシュの日
▲整理の日 ×裏運気の日 ▼乱気の日 ＝運気の影響がない日

11月

△ 準備の月

開運3カ条

1. 遊びの計画を先に立てる
2. ストレス発散をしっかりする
3. 大きな決断は避ける

総合運

勢いまかせの決断は避けたほうがいい時期。話を最後まで聞かなかったり、聞き逃しや勘違いなどをしやすいので、大事な契約や人生を左右するような大きな判断を軽はずみにしないように。今月は、遊ぶ時間を作ってストレス発散したり、趣味の時間などを充実させましょう。遊びに誘われることも増えるので、急な誘いに対応できるようにしましょう。健康運は、うっかりケガしたり、スキンケアが雑になって肌が荒れてしまいそう。

恋愛&結婚運

恋を楽しむことが大切な時期。異性との時間を自分も相手も楽しめるように工夫することで、モテるようになって誘われる機会も増えます。結婚を考えるような恋よりも、一緒にいて楽しい人を選ぶほうがよさそう。今月のノリで来月から交際をスタートさせるといいので、お試し期間くらいの気持ちで遊びましょう。結婚運は、決断には不向きな時期。ノリや価値観が合う人なのか見定めましょう。

仕事&金運

仕事に気持ちが向かなくなる月。珍しいミスが増えたり、やる気のなさを実感しそう。今月は、遊びの予定を先に立てたり、仕事終わりに遊びに行く予定、習い事の予定などを先に立てると頑張れそう。ごほうびを決めるのもやる気アップにつながりそう。ミスを減らせるように事前準備と確認作業をしっかり行いましょう。金運は、不要な出費が増えますが、楽しめることに使いましょう。

日	運気	内容
1 火	○	自分の居場所があることに感謝すること。居場所がない場合は自分の得意なことで周囲を喜ばせてみると、居場所が自然とできるようになるでしょう。
2 水	○	多少の失敗は気にしないように。叱られたときは、期待外れなことをした自分を反省して、叱ってくれたことに感謝して、前向きに捉えて成長するようにしましょう。
3 木	□	目標が何かをはっきりさせて、そのための苦労ならしっかり受け止めて成長しましょう。自分が楽をするためだけの行動は避けるようにしましょう。
4 金	■	疲れを感じやすい日ですが、目を閉じてゆっくりしたり、休憩時間に軽く体を動かしてみるとすっきりしそう。無理に頑張りすぎないようにして。
5 土	●	注目されたり、求められることが増える日。断らないで、出来るだけ受けてみるといいでしょう。思った以上にあなたの能力や才能を活かすことができそうです。
6 日	△	遊びに出かけるにはいい日。気になる場所に出かけたり、気になる人に連絡してみるといいでしょう。友人の誘いからノリの合う人を紹介してもらえることがありそうです。
7 月	○	苦手だと思っていた知り合いも、遊んだり話してみると思ったほど悪い人ではなかったり、いい部分を見つけられるかも。何事も改めて見直してみるといい発見がありそうです。
8 火	○	勢いまかせで仕事を進めないように、どんな仕事も丁寧に進めましょう。挨拶やお礼もきっちりしておくと、いい人間関係を作れたり、評価されやすくなるでしょう。
9 水	▽	気分で判断すると面倒なことが起きる日。不機嫌は絶対に出してはいけないので、機嫌のいいように見せましょう。イライラするときは気分転換したり一呼吸置くようにしましょう。
10 木	▼	集中力が続かず疲れを感じたり、同じような失敗をしやすい日。入力ミスや数字や金額などしっかりチェックしましょう。休憩をしっかりとるようにしましょう。
11 金	×	よかれと思って言った言葉が裏目に出たり、相手を不機嫌にさせてしまいそうな日。後に感謝される場合があるので、善意を持って行動するようにしましょう。
12 土	▲	雑な部分を突っ込まれてしまいそうな日。身の回りをきっちり整えると、不要な突っ込みを避けられそう。清潔感も忘れないようにしましょう。
13 日	＝	友人からおもしろいイベントやライブに誘われたり、人脈が広がるきっかけを与えてもらえそう。自分でも気になることを見つけたときには積極的に参加してみて。
14 月	＝	曖昧な関係の人やはっきりしない人との関係にここで区切りをつけるといいでしょう。好きな人には気持ちを伝えて、もてあそばれているなら白黒はっきりつけましょう。
15 火	□	計画が甘いと面倒が増えたり、思い通りに進まない不満に変わりそう。自分の理論や計画の見直しをするといいでしょう。周囲からの意見も大切にしましょう。
16 水	■	うっかりのケガをしやすい日。些細な段差に気をつけましょう。歩きスマホで柱や壁にぶつかることもあるので気をつけて。ドアや引き出しに指を挟んでしまうこともありそう。
17 木	●	しっかり仕事をしてしっかり休む、仕事終わりは遊びに行くなど、メリハリをつけることでいい1日を過ごせるでしょう。だらだらしないように、時間を気にして仕事を進めましょう。
18 金	△	うれしい出来事や味方してくれる人の存在を忘れないようにして。一緒に笑える仲間や家族のために頑張りましょう。些細なミスばかり気にしないように。
19 土	○	同じ失敗を繰り返しやすい日。自分の悪い癖を理解して、同じパターンにはまらないように。いい意味で自分を否定することで、問題を避けられたり成長できそうです。
20 日	○	少し贅沢を楽しむといい日。ランチやディナーを奮発したり、出先でおもしろそうなことを体験してみて。ケチケチしていると大切な経験を逃してしまいそう。
21 月	▽	午前中は、いい判断ができる日。大事な仕事には早めに取り組んでおくといいでしょう。午後はペースが変わるので、急な予定変更に対応できるようにしましょう。
22 火	▼	人間関係が面倒になったり、不機嫌な人に振り回されてしまいそうですが、器の小さな人を見て自分も同じようにならないように気をつけるといいでしょう。
23 水	×	相手の話をしっかり聞くのはいいですが、ネガティブ情報に振り回されることがあるので気をつけて。特にネットの情報はフェイクが多いので、簡単に信用しないように。
24 木	▲	身の回りをきれいにするといい日。特に財布やカバンの中をきれいにして、余計なものは入れないようにしましょう。他にも仕事道具の手入れをしておくといいでしょう。
25 金	＝	何事も楽しむ気持ちが大切な日。職場の人や取引先、お客さんと楽しく会話ができそう。「相手よりも先に笑顔で挨拶をするゲーム」をすると本当に運気がアップするでしょう。
26 土	＝	あなたの役割に必要な情報や考え方を取り入れられそうな日。いろいろな人の話を聞いてみたり、時間があるときに本を読んでみるといいでしょう。
27 日	□	1日をしっかり計画して遊ぶことが大切な日。疲れがたまりやすいので、だらだらしたり夜更かしすると次の日に響きそう。今日は、早めに切り上げて家でゆっくりするように。
28 月	■	今日は疲れをためないように仕事したり、休憩時間には仮眠をとったりゆっくりするようにしましょう。慌てると段差で転んだり、ケガの原因になるので気をつけましょう。
29 火	●	肩の力を抜いて仕事できる日。自分の得意なことに一生懸命になりましょう。職場の人とのコミュニケーションも上手にとれるので、時間があるときは話してみましょう。
30 水	△	他人に過剰に求めてしまうとがっかりすることになりそう。相手は常に絶好調ではないことや、自分の期待にすべて応えてくれるためにいると思わないように。

開運のつぶやき　批判的な人は、変化できない人だと思えばいい

2022

12月

◎ 幸運の月

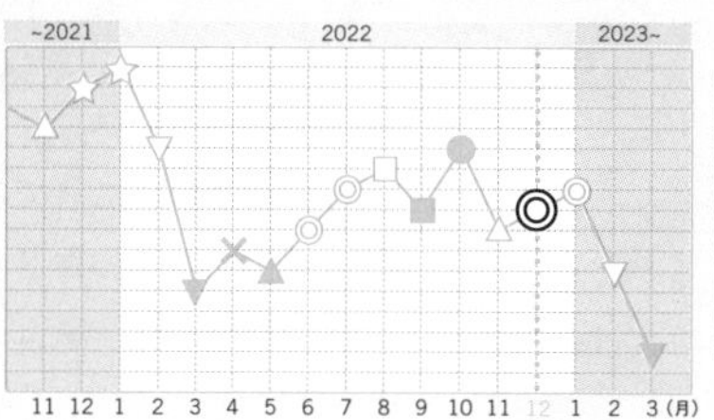

開運 3 カ条

1. 人脈を広げる
2. 評価はしっかり受け止める
3. 若い人と話をする

総合運

夢が叶ったり、努力や苦労が報われる時期。ここ数年で既に満足していることがあっても、今月来月が総仕上げだと思って幸せを受け止めましょう。現状に満足しながらも、今月できる人脈や経験を大切に。若い人とのふれ合いを増やしたり、経験して学んだことを教えるといい流れに乗れるでしょう。健康運は、定期的な運動や昔やっていたスポーツを再開するのにいい時期。ダイエットをするなら、まずは歩く距離を増やすとよさそう。

恋愛&結婚運

片思いの恋が実ったり、身近にいた異性の友人や同僚と恋が始まるかも。気になっている人がいるなら気持ちを伝えましょう。既に告白されているなら今月から交際を始めると、トントン拍子で進んで一気に入籍まで進む流れも。新しい出会いは、親友や付き合いの長い人からの紹介があるので期待しましょう。結婚運は、入籍日を具体的に決めたり、年末年始に両親に会う予定を決められそう。

仕事&金運

重要な仕事をまかせてもらったり、信頼を得られる大事な月。全力で取り組むと昇給や昇格につながるので、周りの人を気にしてチャンスを逃さないように。付き合いの長い人との会話でいい話を聞けるので、時間を見つけて機会を作りましょう。金運は、買い物にいい時期。資産になるものや10年ぐらい使えるものを買うようにしましょう。知り合いからの情報が収入アップにつながるかも。

日	曜	運気	内容
1	木	◎	自分の得意なことで相手に喜んでもらえる日。感謝されることでやる気になれたり気持ちが楽になるでしょう。自分にできることはケチケチしないようにしましょう。
2	金	☆	目標に向かって1歩前進できる日。正当に評価されるのはいいですが、他の人の成果も評価に入りそう。「ラッキー」で済ませないで、ともに頑張った人の名前を伝えてあげて。
3	土	▽	午前中はデートに最適。気になる人に急でもいいので連絡すると、あなたへの気持ちもわかりそう。急いで会いに来てくれる相手なら、勢いで交際してもいいでしょう。
4	日	▼	不機嫌が顔に出たり、気分のブレで判断ミスをするかも。気持ちが落ち着かないときは、深呼吸をしたり、おもしろい話を思い出してひとりでクスッと笑ってみて。
5	月	×	失敗が続いたり、ライバルに先を越されてがっかりしそう。自信を失うほど頑張ったことを認めて、次で取り返すように気持ちを切り替えるといいでしょう。
6	火	▲	順調に進むはずの予定が乱れそうな日。人まかせにしたことほど逆に時間がかかったり、面倒なことになりそう。今できる最善を尽くすと抜け道が見えてくるでしょう。
7	水	○	小さなことでもいいので、成長できることや学べることに挑戦するといい日。数年後の自分が笑顔になれることが努力だと思って、些細な努力を楽しんでみて。
8	木	○	これまでにないタイプの人と話したり仲よくなれるかも。気になる人に気楽に話しかけてみると、思った以上に話が盛り上がったり、楽しい時間を過ごせそう。
9	金	□	変化を楽しむといい日。普段とは違う道で出社したり、選んだことのない店でランチを食べてみるといいでしょう。少しの勇気が人生をいい方向に変えてくれるでしょう。
10	土	■	疲れをしっかりとるといい日。軽く運動したり、汗を流すと体がすっきりするでしょう。ヨーグルトやフレッシュなジュースを飲むなど、健康的な食事も意識しましょう。
11	日	●	デートや買い物に最適。友人からの急な誘いもあるので、午前中に用事を済ませておいて。気になる異性にも連絡しておくといい流れになりそう。
12	月	△	余計なことを言ったり、雑な行動をしやすい日。今日は丁寧に行動するように心がけましょう。ミスをしたときは素直に謝ることも忘れないようにしましょう。
13	火	◎	仕事に集中することで周囲とうまく協力できる日。いい感じのテンションで仕事ができてはかどりそうですが、頑張りすぎには気をつけましょう。
14	水	☆	頭の回転が速くなり、いい判断や決断ができそう。自分のことだけでなく、周囲の人の得や幸せを考えてみましょう。うれしい報告も受けられそうなので素直に喜びましょう。
15	木	▽	日中は、自発的に仕事に取り組んでみるといい結果を残せそう。言われる前に先を読んで行動すると、仕事が楽しくなるでしょう。夜は、断れない誘いがありそうです。
16	金	▼	考えているつもりでも、深く考えないで判断してしまいそうな日。面倒なことや不運と思えることの多くは自分が原因になっていると思って、しっかり考えるようにして。
17	土	×	時間や予定を間違えたり、ミスにミスが重なってしまいそう。恥ずかしいくらいで済めばいいですが、相手に迷惑をかけてしまうことがあるので気をつけて。
18	日	▲	大掃除するといい日。1〜2年使わなかったものは処分しましょう。「もったいない」と言いながら置きっ放しにしているほうがもったいないので、着ない服なども処分しましょう。
19	月	○	新しい仕事や、これまでにないタイプの人と一緒に仕事することになりそうな日。変化を前向きに捉えることで、いい発見ができたり勉強になることを見つけられるでしょう。
20	火	○	自分の考えとは違う人の意見を聞くことで成長できる日。賢く生きる知恵や上手に生きるための方法などは無数にあります。ひとつの方法だけに凝り固まらないようにしましょう。
21	水	□	「練習」と思って取り組むのもいいですが、人生は本番しかないので、どんなときでも本気で取り組むように。そこから学べることが大きいことを忘れないようにして。
22	木	■	体力を温存しながら仕事したり、無理しないように1日を過ごしましょう。うっかりのケガをすることもありそう。異変を感じた場合は早めに休んだり医者に行くようにしましょう。
23	金	●	真剣に取り組むことでいい結果が付いてくる日。恋も仕事も、これまで以上に真剣に向き合ってみましょう。夜は、気になる人との関係が進展することがありそうです。
24	土	△	楽しいクリスマスイブを過ごせそう。遊び心が大切になるので、冗談やちょっとしたドッキリで相手を驚かせてみて。夜に予定がないときは友人との縁を感じられそうです。
25	日	◎	思い出に残るクリスマスになりそう。恋人や友人や仲間と一緒の時間を過ごせたり、思わぬサプライズがありそうです。予定がないときは買い物に行くといいでしょう。
26	月	☆	買い物や決断をするにはいい日。自分の気持ちに素直に行動したり、気になるものを買ってみるといいでしょう。長く使えるものを選ぶといいので探してみましょう。
27	火	▽	午前中は、いい判断ができてスムーズに物事が進みそう。年末年始に必要なものを購入したり、年賀状を忘れている場合はお世話になった人に書いて送りましょう。
28	水	▼	空回りしやすく、思い通りに進まなかったり、急に遊びに誘われて振り回されそう。今日は疲れやすいので、遊びすぎや夜更かしには気をつけて。
29	木	×	ネガティブな情報に振り回されたり、うっかり騙されてしまう可能性があるので、大金は動かさないように。誘惑や甘い話には裏があると思って気をつけるようにしましょう。
30	金	▲	大掃除をするにはいい日。身の回りにある不要なものをどんどん処分するといいですが、「思い出だから」と思うものは見えない場所にしまっておくといいでしょう。
31	土	○	例年とは違う大晦日を楽しんで。気になるイベントやお店に行ったり、普段は見ないTV番組を選んでみるとよさそう。のんびりしたいい時間を過ごせそうです。

☆ 開運の日　◎ 幸運の日　● 解放の日　○ チャレンジの日
□ 健康管理の日　△ 準備の日　▽ ブレーキの日　■ リフレッシュの日
▲ 整理の日　× 裏運気の日　▼ 乱気の日　＝ 運気の影響がない日

の時計座

★世話好きの星　★人脈が広い星　★お人好しの星
★他人の幸せが自分の幸せになる星　★甘えん坊な星
★じつは野心家な星　★人に執着する星　★他人まかせの星

12年周期の運気グラフ

銀の時計座の2022年は…

☆ 開運の年

五星三心占いの中で最も運気のいい「開運の年」。恋愛も仕事も絶好調のこの1年は、遠慮をしないで欲張ることが大切です。また、新たなスタートを切る年でもあるので、新たな目標に向かって行動を。

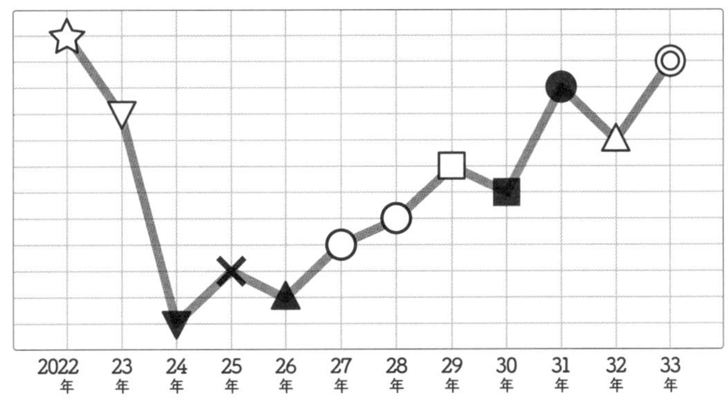

☆開運の年　◎幸運の年　●解放の年　○チャレンジの年　□健康管理の年　△準備の年
▽ブレーキの年　■リフレッシュの年　▲整理の年　✕裏運気の年　▼乱気の年

銀の時計座はこんな人

基本の総合運

人のために時を教えることが役目の「金の時計座」と同じで、人のために生きることで幸せを感じるタイプですが、人に執着することが原因で自らブレてしまい、影響力の強い人に振り回されることも多いでしょう。野心や向上心は持っていますが、どこか人まかせで、他人の努力に乗っかろうとするところもあります。正義感があり、人当たりもよく、差別や区別をしないので人脈は自然と広がり、人間関係が財産となることも多いです。自分でも理解できないようなタイプと親友になる場合もあるでしょう。

基本の恋愛&結婚運

自分にかまってほしいタイプで、束縛されたり、こまめに連絡があるほうが愛を感じられる人。恋人ができると、ほかの人間関係が手薄になってしまい、恋人に振り回されすぎる面もあるでしょう。周囲から「あの人、変わったね」と言われるほど相手の影響を受けがちですが、本人はなんとも思っていないこともあります。結婚後も仲よくべったりの夫婦関係を好み、特に精神的な支えとなってくれる相手と結ばれることを望むでしょう。

基本の仕事&金運

人との関わりの多い仕事が天職。サービス業や仲介業、教育や指導など若い人や困っている人の相談に乗ることで能力や魅力を開花させられそう。介護や看護、福祉関係に多くいるタイプで、マネージャーや秘書などのサポート役で活躍することも。コツコツと行うもの作りや単純な仕事より、人の笑顔につながる仕事がオススメ。金運は、自分だけでなく周囲の笑顔のためにお金を使える人。庶民的な感覚も持っているので、不要な贅沢を避けます。ブランド品よりも安くていいもののほうが満足できるでしょう。

☆開運の年
2022年の運気

2022年開運 3カ条
1. チャンスに臆病にならない
2. 目標を定めて覚悟を決める
3. 人脈を広げていろいろな人と関わる

ラッキーカラー 朱色　イエロー　ラッキーフード ニラレバ炒め　いちご　ラッキースポット 喫茶店　テーマパーク

総合運

あなたが幸せになるための1年
運が味方しているので積極的に行動して

五星三心占いの中で最も運気がいい「開運の年」。これまでの苦労が報われたり、努力が形になる運気であり、今後の人生を決める決断と覚悟の年になります。「銀の時計座」は人とのつながりが強い分、振り回されたり、それが原因で目的を見失うことがあるタイプ。それでも自分が積み重ねてきたことがあるので、その答えが2022年に出てくるでしょう。人の幸せのために頑張ってきた人ほど感謝され恩返しされます。大きなチャンスが来たときは遠慮しないでしっかり受け止めると更にいい流れに進めて、次の目標も見えてくるでしょう。

しばらく恋から遠のいている人には恋人ができたり、恋人がいる人なら結婚に話が進む運気でもあります。仕事でも出世や昇給などがあり、ときには実力以上の結果を残すこともできて充実した1年を過ごせるでしょう。今年は運を味方にしていると信じて積極的に行動することが大切。ここで身を引いてしまうと運気の流れを逃してしまうでしょう。また、あなたの人生を左右する重要な人に会える運気でもあるので、人の集まりには顔を出して、そこで得た情報を活かせるように努めましょう。

「銀の時計座」は人との関わりが増えるほうが満足するタイプですが、逆に人とのコミュニケーションが苦手な人には苦しい1年になってしまいそう。ただ、すべての人と波長が合うわけではないので苦手な人と無理に仲よくする必要はありません。あなたに人気が集まる年なので、やさしくしてくれる人とより仲よくなれるように努めると更にいい年になるでしょう。

受け身で待っていたり周囲に合わせすぎてしまうと、今年の運気のよさを活かせないことがあります。自分が幸せになるためにも「何を失って何を得るか」をしっかり考えて行動するようにしましょう。自分の進むべき道をしっかり見つけなくてもいいですが、進む方向は間違えないように。進む方向が決まれば周囲の人の言葉に左右されなくなり、何をやるべきか鮮明に見えてきます。夢や希望に向かって走り始めるにもいい年なので、長年思っていたことがあるなら思いきって挑戦しましょう。2022年にスタートしたことは簡単に諦めないで最低でも6年は続けてください。できれば10年続けられることに挑戦してみると、必ずと言っていいほど満足できる結果を残せるでしょう。

開運のつぶやき スタートさせれば楽で、先延ばしにすると苦しくなる

2021年の段階でいい流れを感じられなかった人は、引っ越しや転職などで環境を大きく変えることをオススメします。今年は家やマンション、土地の購入にも最適な年。「銀の時計座」は庶民的な星なので高級マンションや高級住宅街ではなく、下町感のあるところなどを選ぶといいでしょう。既に購入している場合は、家電や家具を買い換えたり部屋を模様替えして、家の雰囲気を変えましょう。同様に車、バイク、自転車などの買い換えにもいい年です。また、美容室を変えたり、服装を年齢に見合うものに一新するのもいいでしょう。

交友関係を広げるにも最高な年なので、新しい趣味や習い事を始めるといいでしょう。オススメは、アウトドアやバーベキュー、ガーデニングなど自然に関わる趣味です。華道を始めてみると、これまでにない人脈ができる上に、所作もきれいになるでしょう。周囲から誘われたことがあるならゴルフを始めるにもいいタイミング。打ちっぱなしだけではなく、ラウンドをまわってみるといいでしょう。牧場や農園体験などもいいので、自然との関わりがあるものを見つけたら挑戦しましょう。

ただ、継続が無理だと思えることは避けましょう。筋トレやスポーツを始めるにもいいタイミングですが、いきなりハードなトレーニングをすると継続できなくなります。勉強なども同様ですが、なんとなくでもいいので長く続けられることを選びましょう。ダイエットなら5～6年かけて目標体重にする、語学なら数年後を目標にするなど、目標を高くしすぎないようにしましょう。ピアノなど音楽の趣味を始めるとわかると思いますが、習得までに数年かかってしまっても、できるようになるとその後の人生が非常に楽しくなることがあるでしょう。

最高の運気には、最高の決断と覚悟、何よりも新たな挑戦と行動が大切です。「運命を大きく変えることができない」と臆病になって待っていると、運気のよさを実感できません。情に厚い分、いろいろな人に気を遣ってしまいそうですが、今年はあなたが幸せになるための1年です。周囲も協力してくれるので、どんなことも前向きに捉えるようにしましょう。

最高の年だと言ってもすべてが順調というわけではなく、「開運の年」だからこそ病気が発覚することもあります。これは早期発見になる場合が多いので、「このタイミングで見つかってよかった」と思っておきましょう。また、これまで不健康な生活を送っていた人が、体調を崩すことで健康的な生活を余儀なくされる場合があります。これも後に「あのタイミングで生活習慣を改めることができてよかった」と思えるようになるでしょう。

「開運の年」は、これまでの積み重ねが表に出る年です。正しい努力を続けてきた人には最高の1年に感じられますが、逆に積み重ねがなくサボってきた人はそれなりの結果しか出ないでしょう。9月、11月の段階で「よくも悪くも答えが出る」と思っておいてください。早い人だと1～3月の段階でハッキリと結果が出ます。ここで納得がいかないなら2022年は軌道修正の1年だと思って、生き方や考え方を変える努力をしましょう。

また、納得できない結果が「不向き」を教えてくれる場合もあります。好きで始めた仕事や趣味だと思っていても、「乱気の年」や「裏運気の年」に始めたことだとあなたの運命を狂わせていたり、運気の流れに乗れない原因になっている場合があります。諦めるか、進むべき方向を変えることが大切になるでしょう。また、「乱気の年」「裏運気の年」から仲よくなった人、出会った人とも一度距離を置くか、縁を切ることが必要な場合があるでしょう。本当に縁がある人なら、5年後くらいに不思議と再会す

開運のつぶやき　自分が輝ける場所で輝けばいいだけ

ることがあるでしょう。

情に厚い「銀の時計座」ですが、自分が面倒を見てきた人が期待を外したり裏切ってしまうと、妬んだり恨んだりしてしまうことがあります。今年は運気がいい分、その負の力も強くなって、悪口や陰口などの余計な言葉で周囲が動いてしまう場合があります。苦しいこともありますが、思い通りにならなかった人を認めたり許すことも大切です。相手に直接「許します」と言わなくても、あなたの中で許したことにすると気持ちが一気に楽になったり、人生が大きく変わることになるでしょう。

今年は積み重ねの答えが出る年ですが、自分の至らない部分を認めて、今後の成長につなげることが大切になります。「自分の思いと違うからこの占いは当たらない」と考えるのではなく、自分の努力の方向性が間違っていたこと、期待に対して努力が追いついていなかったことを認めるようにしましょう。これからやるべきことを見つけるためのきっかけの年になったと思うといいでしょう。

幸運を早く感じられる人だと1～3月に恋人ができる、結婚が決まる、妊娠する、仕事で大きなチャンスをつかむ、出世する、昇給するなど、思った以上の幸せをつかめそう。これまで切磋琢磨してきたことがいい力になって発揮されたり、あなたをサポートしてくれる仲間や友人が集まるでしょう。運気のいいときだからこそ、面倒見のいい「銀の時計座」らしく若い人の手助けをしてみて。後で恩返しとして仕事や出会いの縁をつないでもらえるでしょう。

また、「銀の時計座」は新しい時代を作る星の持ち主で、周囲から「変わっていますね」と言われるような発想ができる人です。アイデアを出してみたり、自分の考えをアピールできる場所を作ってみるといいでしょう。SNSやネット動画を始めると思った以上に反響を受けることも。ただ、サポートすることで能力がアップするタイプでもあるので、友人や知人の動画の企画を考えたり、アイデアを出す作家的なポジションになってみるのもいいでしょう。

何よりも2022年は欲張ってください。自分の幸せに素直になったり、手に入れられそうなことはすべて取りにいくくらいの強い気持ちが大切。ときには奪ったり順番を飛ばすくらいの図太さも必要になりますが、他人の足を引っ張ったり邪魔をするのではなく、正々堂々と勝負するときだと思ってください。あなたには勝つための知恵や能力が身に付いている上に、運も味方に付けられている時期なので強気になることが大切。今年はあなたが幸せになる順番が来ただけなので、しっかり受け止めて後悔のない1年を送ってください。

今年は遊びも仕事もいっぱいで忙しくも充実した日々を過ごせそうですが、目標や進むべき道を決めるのに最高な決断の年だということを忘れないようにしましょう。あなたの人生を大きく左右する人に会える運気でもあるので、出会いの場所にはできるだけ参加するようにしてください。ただ、毎年4～5月は心が大きくブレたり、ネガティブに物事を考えてしまうことがあるので、プラス面を見つける努力を忘れないようにすること。仲間や友人のことを考える時間も増えると思いますが、今年はあなたが一歩先に進んでみんなの憧れや目標になれるように輝いてください。それによって妬まれることもない運気なので、空気を読もうとしないようにしましょう。あなたが幸せになるための年なので、いい流れに乗って楽しみましょう。また、今年始めたことは長く大切にするといいので、新たな挑戦をしたり、視野を広げたり、人脈作りなどを怠らないように。忙しい1年になりますが、運気の流れを信じて行動してください。

恋愛運

モテ期到来！ 交際する可能性がある人にどんどん会って

素敵な恋人ができる確率が最も高いモテ期の年。理想に近い人と交際が進んだり、相手から告白される場合も多いでしょう。ただ、複数の人から好意を寄せられてしまったり、誰を選んでいいのかわからなくなってしまうこともあるでしょう。自分の気持ちに素直になって好きな人に積極的になれば、トントン拍子で話が進むので躊躇しないことも大切。また、予想外の人から告白されて驚くこともありますが、返事をハッキリしないままでいると相手を困らせてしまう場合もあるので、興味が薄い人や交際の可能性がない相手ならハッキリ断っておくことも大事でしょう。

新しい出会い運も最高にいいので、はじめて会う人を増やす努力も大切。習い事を始めてみたり、趣味を広げてみたり、パーティーやイベントなどに参加してみるといいでしょう。しばらく交際期間が空いてしまっている人ほど、マッチングアプリや婚活サイトなどいろいろやってみるといいでしょう。どの人がいいのかわからなくなってしまわないように、過去の恋人や気になる人、あるいは2022年に出会った人の中でもいいので基準となる人を決めて、その人よりも素敵と思えたら交際してみるとよさそう。今年の夏になっても出会いがないと嘆く人は、大幅なイメチェンが必要です。これまでとは全く違う髪型や服装にチャレンジしてみましょう。また、転職や引っ越しなど生活習慣を思いきって変えてみると素敵な人が簡単に見つかることもありそう。「今年は運気がいい！」と信じて思いきって行動してみるといいでしょう。今年付き合うことのなかった相手は「運の流れを感じない人だな」「相性が悪かったかな」と割りきっておくといいでしょう。

問題は、モテ期だからこそ誰にしていいのかわからないことです。「銀の時計座」は人とのつながりが強い分、いろいろなところで紹介をされるタイプ。素敵と思える人から告白されても、絞りきれないでチャンスを逃す危険があるので気をつけましょう。あなたを振り回す異性にも要注意。運気のよさを感じている人でも、あなたを振り回したり執着する人がいるとせっかくのモテ期が台なしになりそう。特に異性の友人で「仲はいいけど、それ以上はない」という相手と遊んでいる暇はないので、今年は交際に発展する可能性がある人を優先して会うようにするといいでしょう。

個性的で才能がまだ開花していない人を好きになることも多いですが、自分の幸せにつながるのかを考えて冷静に判断しましょう。周囲の人の言葉にも耳を貸すように。夢を追いかけている人や生活がままならない人を好きになる場合もありますが、今年からの交際ならその人の夢が叶う場合もあります。うまくサポートするのはいいですが、利用されて終わってしまうこともあるので先のことをもっと考えるようにしましょう。一気に結婚の話が出たり妊娠するなど、幸せが続くこともある年ですが、あなたがどんな幸せを思い描いているかで大きく変わってきます。自分が最も幸せになっている未来に一緒にいると更に幸せになると思える人が誰なのか想像するといいでしょう。

あなたばかりが頑張るのが恋ではありません。惚れられるように自分磨きをしたり、上品な言葉を選ぶようにすると、素敵な異性があなたに振り向いてくれるでしょう。

開運のつぶやき ▶ 気乗りしない誘いはその場でしっかり断れる人が幸運をつかむ

結婚運

今年結婚すると幸せになれそう
恋人がいない人は1～3月の出会いに期待

最高な結婚ができる可能性が高い年。既に恋人がいる人は、新年早々に結婚の話がまとまったり、将来の話を真剣にできそうです。中には相手から押しきられて断れないまま入籍をしたり同棲が始まってしまうという人もいるでしょう。あなたが結婚したいと強く願っているなら、相手の出方を待っていないで自分の気持ちをしっかり伝えましょう。「○○の日にプロポーズしてほしい」と恋人に予約をすると、相手も真剣にあなたのことを考えて結婚の話を進めてくれるでしょう。幸せを手にした瞬間にマリッジブルーになってしまったり、他に気になる人ができたり、告白をされて迷ってしまう場合もありますが、10年後、20年後に一緒にいる姿が想像できる人なら結婚しておきましょう。

2022年の結婚は、大きな幸せがセットになってくる可能性が高いでしょう。結婚が決まってから仕事での収入がアップしたり、結婚相手が出世をするということもあるでしょう。また、安くて条件のいい場所に住み替えられたり、お得な物件が見つかって購入することもできそう。ラッキーとしか言えないような出来事が起きたり、子宝にも恵まれる可能性も高いので、相手の運気が「乱気の年」や「裏運気の年」でなければ一気に結婚の話を押し進めてみるといいでしょう。早ければ1～3月に結婚が決まる流れがありますが、「銀の時計座」は心がブレやすいタイプなので「このタイミングでいいのかな」「この人でいいのかな」と考えてしまいそう。そうするとタイミングを逃してしまうので、盛り上がっている感じがするならここで籍を入れるか、婚約したり同棲をスタートするといいでしょう。できれば9月、11月の入籍がいいので、半年くらいで話を進めるようにしましょう。

恋人がいない状態から結婚を望むなら、今年は展開が早いと覚悟しておいてください。いざというときに怯んでしまったり様子を見すぎてしまうと、運気の流れに乗れなくなってしまいそう。結婚につながる新しい出会いは1～3月にあるので、ここでいろいろな人に会っておきましょう。この期間に告白されたり交際をスタートした相手とは、年内に結婚が決まると思っておいてください。このタイミングを逃すと7月以降に出会う人になりますが、11月の電撃結婚か2023年になってから話が進むようになるでしょう。ただ、年内の決断が大切になるので婚約や具体的な入籍日を決めておくといいでしょう。

すべてのタイプと結婚を決めてもいい年です。ただ、あなたが主導権を握っての結婚生活になるので、甘えたり相手まかせにしたい場合は、「金・銀のカメレオン座」「銀のイルカ座」は避けておいたほうがいいでしょう。

結婚をどこか諦めてしまった人でも突然結婚の話が舞い込んできたり、いい流れに乗れそうです。「運気の流れがきている」と信じて一気に入籍をする勇気と度胸を忘れないようにしましょう。遠慮したり臆病になっていると、せっかくのいい運気も台なしになってしまうので気をつけましょう。また、余計な発言が異性を遠ざけてしまう場合もあるので、今年はよくも悪くも影響力が強いと思って、どんな言葉を発するのかしっかり考えましょう。上品な言葉を使うようにして、挨拶やお礼はこれまで以上にしっかりするといいでしょう。

仕事運

今年は仕事運が最高の1年
意外な才能や能力も発揮できそう

「開運の年」で最もいい結果が出ると言えるのが仕事運でしょう。特に、真剣に取り組んでいたけれどなかなか結果に恵まれなかった人、他の人にチャンスやポジションを譲ってしまった人、手柄を先輩や上司に渡していた人ほど、2022年は最も評価される流れになるのでしっかり受け止めておきましょう。出世をしたり、リーダー的なポジションをまかされることもありますが、いい結果につながるので最善を尽くしてみるといいでしょう。また、自分でも思っていなかった才能や能力を発揮させることもできそうです。これまで目標が見つからず右往左往していた人でも、さまよったことで力を身に付けていたり、人脈に恵まれていたことに気がつけそう。しかも、あなたに協力してくれる人が集まってくるので素直に力を貸してもらうといいでしょう。

また、今年は具体的な目標を決めるには最適な年でもあります。今の職場でこの先の自分がどのポジションに就いたり、どんな仕事ができるのかを真剣に考えてみましょう。そのために今からどんな風に仕事をするべきなのか、明確な目標を見つける必要があるでしょう。ただ、「銀の時計座」にとってはそれが最も苦手な部分でもあるので、周囲の言葉に振り回されてしまわないようにしましょう。

異例の出世をすることもありますが、嫌な役だと思わないで、評価されたポジションで頑張るといい結果を出すことができるでしょう。また、周囲を気にしてこのチャンスを断ってしまうと、マイナスな方向に進んでしまったり流れが止まってしまう場合があるので、評価は受け止めておくといいでしょう。ただ、今年はこれまでの努力の結果が出るタイミングでもあるので、サボっていたり人まかせに仕事をしている人、技術や知識がまだ身に付いていない人は、厳しい結果が出るでしょう。成長するための試練が起きてしまう場合もあるので、受け入れるようにしましょう。

転職や引き抜きの話が舞い込んでくることもありますが、2022年は思いきって転職の決断をするにもいい時期です。仲間と別れたくないなど、情で仕事を続けてしまう可能性もありますが、条件次第では転職を積極的に考えてみるのもいいでしょう。

また、実力以上のラッキーな結果が出てしまったり、周囲の頑張りがあなたの評価になってしまうということもあるでしょう。そのまま受け入れてもいいですが、ここで甘えてしまうと後の苦労につながってしまうので、実力アップを目指したり、資格取得やスキルアップのための勉強を始めてみましょう。昇進試験がある仕事なら、しっかり勉強をしてみたり、必要な本を読んでみることが大切です。2022年の頑張りが後の仕事運を大きく左右することになるので、真剣に仕事に取り組んでみる価値があるでしょう。

独立や起業をするにもいい運気なので、周囲から「独立したら？」と言われることが多い人は、勇気を出してみましょう。そのための人脈作りや情報収集もしておくといいでしょう。既に準備ができているなら1～2月、遅くても11月に始めてみるとうまくいく可能性が高いでしょう。お金のための独立ではなく、共に仕事をする仲間のために会社を作ってみると、あなた本来の力を発揮することができそうです。

開運のつぶやき ▶ 楽ばかりすると、進歩も成長も遅くなる

買い物・金運

収入アップの期待大！
少額でいいので投資にお金を回そう

収入が増えたり、臨時収入がある年。1年を通してごちそうしてもらえる機会が多かったり、懸賞やちょっとしたクジに当たる確率も高くなりそうな運気です。お得なクーポンがもらえたり、レアなチケットが当たる場合もあるので、試しに応募してみると今年1年楽しめそう。宝くじが当たることもあるので、不思議とピンときたときに購入してみたり、夢で数字が浮かんだときはその数字を購入するといいでしょう。ただ、「銀の時計座」はお金への執着が弱く心が庶民なので、大金を手にすると浪費をしたり、みんなにごちそうして楽しく使ってしまうため、お金の出入りが激しくなってしまう年でもあるでしょう。

今年は、投資信託や少額で始められるファンドを始めてみるにもいい運気です。大儲けを考えなくてもいいので、銀行に入れっぱなしのお金をNISAやiDeCoなどに回してみましょう。毎月数千円で始められるものを選んで、10年後くらいに「銀行に入れっぱなしにするよりはよかったな」と思えるくらいにするといいでしょう。欲を出して大儲けを考えたりお金に執着してしまうと、心がどんどんブレてしまうことになるのでホドホドにするといいでしょう。また、投資を考えているなら、マンションを購入して賃貸で貸し出してみるなど不動産投資を始めるにもいいタイミングです。興味が薄くても一度専門家に話を聞いてみるといい勉強になるでしょう。

財布を買い替えたり新しい口座を作ったり、お金に関わることをスタートするにもいい年です。特に1～2月は運気がいいので、☆の日（開運の日）に新しい財布を購入して使いはじめてみるといいでしょう。他にも家電や家具や服などをここで一気に買い替えると金運がアップするでしょう。ブランド品や高級品とはやや縁が薄いので、ノーブランドでも長く使えそうなものを選ぶといいでしょう。

人との付き合いも多くなるので、飲み会や付き合いで出費が増えてしまうこともあるでしょう。ある程度予算を先に決めておくことも大切です。「相手が喜んでくれるから」といって見栄を張りすぎてしまったり、ご祝儀を包みすぎてしまうこともありそう。相手の笑顔のためにお金を使うのはあなたらしくていいですが、ホドホドにしておきましょう。ただ、後輩や部下、年下との関わりは増やしておくといいので、若い人にごちそうすると後に仕事でつながったり、お金以上の大切な縁や情報になって返ってくることがあるでしょう。ただし、お金の貸し借りは運命を狂わせる原因になってしまいます。情にもろいタイプなので、知り合いが困っていたらお金をあげたり貸したりしてしまうことがありますが、相手のためにならないのでハッキリ断りましょう。断れない場合は何か手伝ってもらってお礼として渡すようにするといいでしょう。

今年は金運のいい1年です。これまで気にしていなかった人ほど、将来のお金のことを考えてみるといいので勉強してみましょう。この機会に家計簿やお小遣い帳などを始めるのもよさそう。マネー本を読んで気になる投資や資産運用をスタートさせてみると、役立つお金を生み出すことができるでしょう。お金に詳しい人と仲よくなれる機会もあるので、じっくり話を聞いてみるといいでしょう。

開運のつぶやき ▶ 与えられることを待っている間は運は味方しない

美容・健康運

1年を通してパワフルに過ごせそう 定期的に体を動かす習慣を作って

健康的で元気に過ごすことができる年。予定がいっぱいになっていても問題なくパワフルに1年を過ごせる運気ですが、問題ないからといって連日連夜遊びすぎてしまったり、仕事を詰め込まないようにしましょう。運気がいい2022年から健康的な食事を意識したり、体を定期的に動かすようにスケジュールを組むようにしましょう。スポーツジムやスポーツサークルに入っておくとよさそうです。思った以上に波長の合う仲間や友人ができて楽しい時間を過ごせる上にストレスの発散もできるでしょう。「銀の時計座」は肌が弱く、肌荒れやニキビに悩むことが多いですが、今年は不思議と悩む日が少なくなったり、調子のよさを実感できそう。また、胃、小腸、大腸の調子がよくなる時期でもあるので、気になる健康法を試してみると便秘などの悩みが解消されることもあるでしょう。

1年を通して健康的に過ごせそうですが、不健康な生活をしたり、体に日々負担をかけていた人は、今年は運気がいいからこそ体調を崩してしまいそう。生活リズムを整えるきっかけになったり、病気が発覚して早めに処置ができる場合があります。特に、早期発見で命が助かる場合もあるので、体調に異変を感じている場合は早めに病院に行って検査をしてもらうといいでしょう。異変を感じながらそのままにしていると、「乱気の年」や「裏運気の年」で後悔することになるので気をつけましょう。

また、今年はダイエットや筋トレ、肉体改造をするにもいい年です。極端なダイエットはオススメしませんが、1年を通して少し体を絞ってみましょう。標準的な体重を目指すなら今年は目標を達成しやすいので、1月からスタートさせてみるといいでしょう。ストレッチや軽い運動、スクワットなどを定期的に行うといいですが、ひとりでは長続きしないタイプでもあるので、友人や知人と励まし合いながら行ってみましょう。近所の人と話しながらでもいいのでウォーキングや軽いランニングをするといいでしょう。

「時計座」は振り子時計なので、右に左に心がブレてしまいます。ストレス発散が下手な人が多く、精神的に落ち込みやすい人も多いでしょう。今年は、ヘコむ機会が少なくなる運気ですが、好きな音楽をゆっくり聴く時間を作ったり、気分が上がる曲を聴くようにしたり、カラオケに行って好きな歌を思いっきり歌う日を作っておくといいでしょう。友人や知人を誘うといいですが、できれば少人数のほうが気持ちは楽になるでしょう。また、午前中はネガティブなことを考えすぎてしまったり、人のマイナス部分を見すぎてしまう癖があります。自分の行動パターンや癖をしっかり把握して、プラス面を見るようにしたり、ポジティブな発言を心がけるようにするといいでしょう。

お金をかけすぎると逆にストレスがたまってしまうこともあるので、ネット動画を観ながら体操やヨガを楽しんでみたり、お笑いの動画でたくさん笑っておくと健康的に過ごせるようになるでしょう。また、健康や美容の勉強をしたり資格を取得してみると、副業や収入アップにもつながって一石二鳥になる場合があるでしょう。気になる健康法や美容法があるならしっかり調べてみて。ヨガの先生やインストラクターなどを目指してみるのにもいい機会でしょう。

親子・家族運

忙しくても家族には気遣いを 子どもには機嫌よく接するようにして

「2022年は家族や親子関係も全く問題がないでしょう」と言いたいところですが、「開運の年」の今年はあなたの魅力や才能が開花する年であり、人脈も広がり予想外に忙しくなってしまったり、夢や希望が叶って浮かれてしまうこともある運気です。基本的に問題が起きる可能性は低いですが、ついつい家族に甘えすぎてしまったり、家庭のことが二の次になってしまいそう。あなたが楽しんでいる間に見えない溝ができてしまっていることがあるので、家族への気遣いを忘れないようにして、雑な扱いをしないようにしましょう。また、逆に運気がいいときだからこそ家族との連帯感を深めようと頑張りすぎてしまうことがあるかも。あなたがよかれと思っていても、家族のみんなは窮屈に感じたり束縛されているように思ってしまう場合があるので気をつけましょう。家族で記念日を楽しんだり思い出作りをしてみるなど、計画を立てて1年を過ごすといいでしょう。

夫婦関係も良好で、今年はふたりのいい思い出ができるでしょう。旅行に行けたり、精神的にも落ち着く時間が増えそうです。まだお子さんがいない人は2022年は子宝に恵まれる可能性が高いので、結婚5～6年以内の夫婦は期待ができそうです。家や土地やマンションの購入、引っ越しを考えている場合は、あなたから話を持ちかけてみると話がうまく進んだり、いい場所を見つけられることがあるでしょう。

両親との関係も問題が少ない年なので、遺産や相続などの話をしておくにはいいタイミングです。「銀の時計座」は欲深くはないタイプなのであなたから揉めることはないですが、思い出や情を大切にしすぎるとイザコザの原因になってしまうことがあります。記念品や思い出のあるものなどはどうするかをしっかり話しておくといいでしょう。また、両親に感謝の気持ちを表すことでよりいい関係にもなれるので、誕生日は食事会を開いたり、例年よりも素敵なプレゼントを贈っておくといいでしょう。

お子さんとの関係も良好ですが、あなたの考えや言葉が強く伝わりすぎてしまったり、気分で振り回してしまうこともあるので、不機嫌な状態で余計なことを言わないようにしましょう。機嫌よく接して、言葉遣いを丁寧にすることが大切です。挨拶やお礼をしっかりすることの大切さを伝えてみると更にいい関係になれるでしょう。前向きな言葉やポジティブな発言を意識してみると、いい親子関係ができそう。お子さんがプレゼントをくれたり、頑張りをアピールしてきたときは、いつも以上に喜ぶと勉強や運動をもっと頑張ってくれるようになるでしょう。

よくも悪くもあなたが家族の中心になったり、発言力が強くなる年です。仕事や趣味や交友関係で忙しくなるときでも、家族の支えや協力があるから自分の好きなことができているということを忘れないようにしましょう。運気がいい年だからこそ、感謝の気持ちをしっかり表しておくといい1年になるでしょう。あなたの土台となっている家族を大切にするためにも、部屋の掃除をして気がついたところをどんどんきれいにするなど、みんなの見本になれるようにするとより明るい家庭にもなるでしょう。明るく元気に挨拶をしてみたり、笑顔で家族を迎えてみたり、前向きなことをいろいろやっておくといいでしょう。

銀の時計座 2022年タイプ別相性

気になる人のタイプを調べて、コミュニケーションに役立ててください。

相手が 金のイルカ座

あなたに大きく影響される相手。あなたをライバルと思ったり、目標とする人でしょう。憧れの存在になれるように日々の努力を忘れないようにして、人の縁をつないであげるとよさそうです。ワガママなタイプですが、後に恩が返ってくるでしょう。恋愛相手としては、あなたの魅力に惹かれている相手なので、一押しでいい関係になれそう。遠慮しないで積極的になっておくといいでしょう。仕事相手としては、一緒に仕事をすることで相手は大きく成長するでしょう。今年初めて会う人の場合は、一緒にいると新しいことに挑戦する勇気が出るでしょう。

相手が 金のカメレオン座

過去にこの相手に助けてもらった恩があるなら救ってあげる年でしょう。相手は裏運気に入って道に迷ってしまったり、アホな行動に走ってしまう時期。仲間に入れてあげると正しい道に進めるようになりそうです。恋愛相手としては、気になる感じになっても決め手に欠けてしまい、関係が続かなくなりそう。仕事相手としては、相手の意見やテンポに合わせるとうまくいかないので、あなたの考えを通すようにするといい結果を残せるでしょう。今年初めて会う人の場合は、空回りの多い人なので、困っていると感じる前に助けてあげるといいでしょう。

相手が 金の時計座

一緒にいると前向きになれたり人脈が広がり、目的も達成できそうな相手。目標や幸せの感覚が似ているので満足できる結果を残せるでしょう。仲間や友人を集めてみることでいい縁ができたり、情報交換もできるでしょう。恋愛相手の場合は、交際期間が短くても結婚に話を進めていいと思うなら押しきってみるといいでしょう。仕事相手としては、実力以上の結果を出すことができるので感謝を忘れないように。あなたは段取りや計算をしっかりしましょう。今年初めて会う人の場合は、一気に距離が縮まる相手なので遠慮せずに飛び込みましょう。

相手が 銀のイルカ座

あなたのパワーが前に進むきっかけになればいいですが、逆にやる気を失ったり、現状に不満を感じてしまうことがある相手。縁が切れることがありますが、新たな一歩を踏み出す準備をしていると思って温かく見守り、役立つ人脈はつないであげましょう。恋愛相手としては、相手から離れてしまったり、あなたの気持ちも冷めてしまいそう。来年の縁に期待しましょう。仕事相手としては、相手のやる気のない感じにガッカリしそう。仕事の楽しみ方を伝えるといいでしょう。今年初めて会う人の場合は、縁が薄いですが、遊び心を学べる相手でしょう。

相手が 銀のカメレオン座

あなたの助けを最も必要としている人ですが、アドバイスに素直に行動できなかったり、理解できない感じになってしまいそう。役立ちそうな人を紹介したり、悩みや不安を聞いてあげるといいでしょう。恋愛相手としては、相手の魅力が分からなくなってしまいそう。相手の欠点を愛せるか試されている年だと思いましょう。仕事相手としては、不慣れな仕事を体験しているときなので、空回りは仕方がないと思っておきましょう。今年初めて会う人の場合は、仲よくなりにくい感じがしてしまいそう。偉そうにするときは距離を空けて成長を待ちましょう。

相手が 銀の時計座

一緒にいることで運気の流れを更に良くできる最高の相手。お互いの人脈を紹介することで運命を大きく変えることになりそう。アドバイスをしっかり受けとめるといい流れに乗れそうです。恋愛相手としても最高なタイミングの相手ですが、互いにモテる年なのでモタモタしないで気持ちを打ち明けるといい関係に進めそう。仕事相手としても最高の相手。一緒に目的を達成できたり、協力することでいい人脈もできるでしょう。今年初めて会う人の場合は、長い縁になるので大切にしておきましょう。運気の流れなどを観察する相手としてもいいでしょう。

相手が 金の鳳凰座

付き合いの長い人であるほど、一緒にいることでうれしい出来事があるでしょう。あなたが人の縁をつないでみると、互いにとって必要な相手につながりそう。相手の能力を認めて周囲に伝えてみると一生感謝されるでしょう。恋愛相手としては、相手があなたに長い間片思いしている場合は、交際に発展する可能性が非常に高いでしょう。仕事相手としても本領を発揮できる相手なので、チャンスを作ってあげたり、能力を認めるといいでしょう。今年初めて会う人の場合は、年末からいい関係になれるので、それまでは深入りは避けてもいいでしょう。

相手が 金のインディアン座

一緒にいることでパワーがもらえたり、前向きになれる相手。あなたの人生にとって必要な人になるので大切にするといいでしょう。相手のアドバイスがあなたの人生を大きく変えることになりそう。恋愛相手としては、あなたに必要なものを持っている相手なので、少しでも気になったときは素直になることが大切。マメに会えると交際に発展しそう。仕事相手としては、前向きな姿勢やチャレンジ精神から学べることがありそう。あなたの人脈も役立つでしょう。今年初めて会う人の場合は、いい影響を受ける人だと思って仲よくしておきましょう。

相手が 金の羅針盤座

あなたの言動で相手の運命が大きく変わることになるでしょう。相手の夢や希望を聞いて背中を押してあげるといいでしょう。あなたがチャンスを作ってあげられる人だと思って接してみましょう。恋愛相手としては、あなたの魅力に惹かれる人ですが、相手からは動いてくれないのであなたから積極的に誘うといい関係になれそう。仕事相手の場合は、あなたからのアドバイスが人生観を変えることになる相手。教えられることは何でも伝えましょう。今年初めて会う人の場合は、長い縁になり、今年はあなたが助けますが、いずれ助けてもらえるでしょう。

相手が 銀の鳳凰座

あなたによって人脈を大きく変えることになる相手。今年は普段なら参加してこないような集まりでも来ることが増えるので、断られても何度か誘ってみるといいでしょう。不満が増えている年でもあるので、ポジティブに返してみるといい関係になれそうです。恋愛相手としては、遊びのノリが合うなら今年は楽しめる感じになりそう。仕事相手としては、モチベーションが下がっている相手なので、今年のあなたとは噛み合わない感じになりそう。今年初めて会う人の場合は、相手のミスは実力ではないので、来年以降に期待をするといいでしょう。

相手が 銀のインディアン座

あなたの勢いについてくるタイプですが、思った以上に忙しく疲れをためている可能性があるので、体調の心配をしておきましょう。一緒にいると年末に大きなチャンスをつかんだり、相手にとってプラスになる人脈を紹介できそうです。恋愛相手としては、精神的なつながりが大切になるので話の聞き役になりましょう。優しく接すると相手から好意を寄せてくるでしょう。仕事相手としては、うまく引き上げるのはいいですが、仕事量が増えすぎないようにコントロールしましょう。今年初めて会う人の場合は、年末なら不思議と長い縁になりそうです。

相手が 銀の羅針盤座

あなたの存在が相手を大きく成長させるでしょう。前向きな話をすると相手のやる気に火をつけることができそうです。ネガティブな部分をポジティブに変換して伝えると一気に伸ばすことができそう。恋愛相手としては、あなたの魅力に臆病になってしまう相手。あなたから誘うと簡単に進められそうです。仕事相手なら、実力不足ではなく伸びている時期だと思っていろいろ試すといいでしょう。今年初めて会った人の場合は、相手があなたを尊敬して素直に従ってくれるでしょう。今年は助けることが多くなりますが、頼りにされて満足できそうです。

開運のつぶやき ▶ 運よりも人柄が大切

命数別2022年の運勢

【命数】
31

心がブレる高校1年生

基本性格 負けず嫌いの頑張り屋で、気さくでさっぱりとした性格。色気があまりなく、交友関係は広いでしょう。反発心や意地っ張りなところはありますが、本当は寂しがり屋で常に人の輪の中にいて友人や仲間が欲しい人。頑張るパワーはありますが、周囲の人に振り回されてしまったり、自ら振り回されにいったりするような行動に走ったりすることも。心は高校1年生くらいからほぼ変わらず、学生時代の縁がいつまでも続くでしょう。

★平等心の星
★同級生が好きな星
★負けを認められない星
★胃に注意が必要な星
★友人と同じものを欲しがる星

開運3カ条
1. 仲間やお世話になった人に感謝する
2. 語彙を増やす努力をする
3. 目標や夢を語る

2022年の総合運

共に頑張れる仲間や友人と楽しく過ごせる1年。年齢に関係なくあなたの魅力や能力を認めてもらえそう。目標や夢、志が同じ人が集まってくる年でもあるので、自分の目標を明確にしたり、本音を語る時間を作ってみるといいでしょう。定期的に集まる場所やスポーツのサークル、スポーツジムに通いはじめてみるといい人脈もできるでしょう。健康運は、発酵食品を意識して多めに食べるようにすると胃腸の調子がよくなるでしょう。

2022年の恋愛&結婚運

身近な人と付き合いが始まったり、昨年辺りから仲よくなった人と交際に発展できそうな運気。語彙を増やしたり、表現を豊かにすると進展しやすくなるので、話題の本を読んだり映画をたくさん観ると魅力がアップするでしょう。新しい出会い運もいいので、一緒にいて楽な相手なら積極的に遊びに誘ってみましょう。結婚運は、親友のような関係のカップルなら年内に結婚を決めるといいので、具体的な日程を決めるようにしましょう。

2022年の仕事&金運

協力できる仲間がいる人ほど大きな結果を出せたり、満足できる結果を残せそう。数字やお金にこだわるのもいいですが、部活やゲーム感覚くらいのノリで仕事をすると楽しくできるでしょう。ライバルにも差をつけることができ、あなただけ出世することもありそうですが、ここまで成長させてくれた人に感謝を忘れないようにしましょう。金運は、欲しかったものを購入するといい時期。肉体改造や運動にお金を使うのもいいでしょう。

ラッキーカラー 黄緑　オレンジ　**ラッキーフード** もつ鍋　バナナ　**ラッキースポット** 喫茶店　キャンプ場

【命数】
32

雑用が嫌いな実は野心家

基本性格 庶民的で人間関係を作るのが上手ですが、野心や向上心を強く持っています。「どこかで一発逆転したい、このままでは終わらない」という情熱を持っており、刺激や変化を好むところがあるでしょう。人は好きですが団体行動は苦手。結果を出している人に執着する面があり、ともに成長できないと感じた人とは距離をおいてしまうことも。意外な人生や破天荒な人生を自ら歩むようになったり、心が大きくブレたりすることもある人です。

★野心家の星
★ライブ好きの星
★頑張りを見せない星
★やけ酒の星
★好きになると止まらない星

開運3カ条
1. 向上心がある人と仲よくなる
2. 素直に謝る
3. 無駄な行動を控える

2022年の総合運

「銀の時計座」の中で最も野心があり、それを隠しているタイプ。今年は、秘めていたその力をいよいよ発揮することになる運気です。人との縁を重んじる気持ちも大切ですが、向上心がなかったり成長につながらない人よりも、やる気とパワーのある人とのつながりを大切にするといいでしょう。無謀と思えるような行動でも興味が湧いているなら思いきって突き進んでみるといいでしょう。健康運は、今年から定期的な運動を始めるようにするといいでしょう。

2022年の恋愛&結婚運

好きな人と交際できる可能性が非常に高い運気。そもそも好きになると熱量が一気に高くなって、ときには暴走することもあるタイプですが、今年は手が届かないと思えるような人と交際ができそうです。4～6月だけは空回りしやすいので、この期間は自分磨きをしたり話のネタを用意してみたり、知識を増やしておきましょう。結婚運は、些細なことでケンカをしないで、素直に謝れるようになると話が進むようになるでしょう。

2022年の仕事&金運

あなたの能力を認めてくれる人や評価してくれる人に会ったり、実力を発揮できるポジションや仕事をまかせてもらえそう。合理的に物事を考えて行動することで短時間でも大きな結果を残すことができるでしょう。大抜擢もありますが、思いきって行動することでいい評価を得ることもできそうです。サポートしてくれる人に感謝を忘れないようにしましょう。金運は、投資を始めるにはいいタイミングなので勉強してみるといいでしょう。

ラッキーカラー ホワイト　グリーン　**ラッキーフード** お好み焼き　カフェラテ　**ラッキースポット** 遊園地　ホテル

ラッキーカラー、フード、スポットはプレゼントやデート、遊ぶときの口実に使ってみて

さらに細かく自分と相手が理解できる！
生まれ持った命数別に2022年の運気を解説します。

【命数】
33

明るい気分屋

基本性格

誰よりも人を楽しませることが好きな、サービス精神旺盛な人。空腹が苦手で気分が顔に出やすいところがありますが、楽しいことやおもしろいことが大好きです。不思議な人脈を作ることができ、常に天真爛漫。ただ、心がブレやすいので目的を見失ってしまい、流されてしまうことも。「人気者になり注目を浴びたい」「人にかまってほしい」と思うことが多いぶん、他人を喜ばせることに力を入れると幸せになれるでしょう。

持っている星

★愛嬌のある星
★スケベな星
★愚痴の星
★気管が弱い星
★遊びすぎる星

開運3カ条

1. ごちそうしたりプレゼントを贈る
2. 睡眠時間を長くする
3. 挨拶やお礼は自らする

2022年の総合運

人との関わりが増えて楽しい1年になりますが、その分出費が多くなってしまうことがあるので、計画的に過ごすようにするといいでしょう。ごちそうしてくれる人との付き合いが多くなることもあるでしょう。人脈が広がり楽しい時間を過ごせますが、相手の名前を忘れてしまったり、誰が誰だかわからなくなってしまうことがあるので気をつけましょう。健康運は、暴飲暴食で太ってしまうことがあるので、食事をする時間を決めるようにするといいでしょう。

2022年の恋愛&結婚運

複数の人から告白されたり、異性との関わりが多くなる年。関係を深めるのはいいですが、欲望に走りすぎないように気をつけましょう。新しい出会いから短期間で交際まで進むことも多いので、気になる異性との距離は一気に詰めたり、遠慮しないようにしましょう。疲れているときや上機嫌でいられないときはデートを避けておいて、睡眠時間をしっかり取るようにしましょう。結婚運は、盛り上がったときに突然入籍が決まりそうです。

2022年の仕事&金運

職場を盛り上げるリーダー的な存在になり、楽しく仕事ができるようになるでしょう。わがままな発言が増えすぎてしまうことがあるので、余計なことは言わないようにしましょう。仕事関係者や取引相手などとこれまで以上に楽しくコミュニケーションがとれたり、プライベートでも遊べるようになりそうです。金運は、交際費が増えすぎてしまいそうな年。臨時収入も期待できますが、お金の出入りが激しくなるので気をつけましょう。

ラッキーカラー レッド　オレンジ　**ラッキーフード** 焼き鳥　干し柿　**ラッキースポット** レストラン　お祭り

【命数】
34

ひと言多い人情家

基本性格

何事も直感で判断し、突き進む人。人情家で面倒見がいい一方、情が原因で苦労や困難を招いてしまうことが多いでしょう。余計なひと言やしゃべりすぎ、恩着せがましいところが表面に出やすいタイプです。ストレス発散が苦手で些細なことでイライラしたり、機嫌が簡単に表情に出たりすることも多いでしょう。また、向上心を隠し持っていて、周囲が驚くようなアイデアを生み出すことができる人でもあります。

持っている星

★表現力豊かな星
★デブが嫌いな星
★短気な星
★疲れやすい星
★ストレス発散が下手な星

開運3カ条

1. いい言葉を選んで発する
2. スタミナをつける運動をする
3. 話の聞き役になる

2022年の総合運

頭の回転がよくなり、勘も鋭くなりますが、その分短気を起こしたり感情的にもなりやすくなるかも。ストレス発散の時間を作って、筋トレやスタミナをつけるための運動を行っておくといいでしょう。発言力も強くなるので余計なひと言に気をつけて、前向きな言葉を発するようにしたり、肯定的な言葉を選ぶように意識しましょう。健康運は、ランニングや基礎体力作りを行ったり、スクワットを定期的に行っておきましょう。

2022年の恋愛&結婚運

一目惚れから恋に火が点く年。仕事や友人との付き合いで予定をいっぱいにしてチャンスを逃さないように、自分の勘を信じて気になった異性に積極的になっておきましょう。思った以上に言葉が強く伝わってしまうことがあるので、前向きな話をして、相手の話の聞き役になることも忘れないようにしましょう。結婚運は、突然結婚の話が盛り上がったときに勢いで入籍ができそうです。自分の勘を信じて勇気を出してみるといいでしょう。

2022年の仕事&金運

仕事に役立つアイデアや、自分の考えや意見が通りやすい年。嫌な予感がするときはしっかり様子を見たり、情報を集めておくといいでしょう。発言力が強くなるのはいいですが、その分の責任を背負うことにもなるのでうかつなことを言わないように気をつけましょう。アドバイスをするのはいいですが、恩着せがましくならないようにしましょう。金運は、気になる投資や資格や将来役立ちそうと思えることを学んでみるといいでしょう。

ラッキーカラー グリーン　シルバー　**ラッキーフード** お好み焼き　バナナジュース　**ラッキースポット** 百貨店　劇場

【命数】

35

人のために生きられる商売人

基本性格

フットワークが軽く情報収集が得意で、ひとつ好きなことを見つけると驚くような集中力を見せます。視野が広いため、ほかに気になることを見つけると突っ走ってしまうことが多いでしょう。何事も損得勘定でしっかり判断でき、計算することが上手。自分の立場をわきまえた臨機応変な対応もできます。多趣味で多才なため人脈も自然に広がり、知り合いや友人も多いでしょう。予定の詰め込みすぎには注意が必要です。

★フットワークが軽い星
★貧乏くさい人が嫌いな星
★嘘が上手な星
★膀胱炎の星
★買い物好きな星

開運3カ条

1. みんなの得を考える
2. 興味あることに素直に行動する
3. ノンビリする日を作る

2022年の総合運

フットワークが軽くなり、視野も広がり情報も増える年。予定がいっぱいの忙しい年になるので、疲れをためないように体を休ませる日を作っておくことも大切。人との関わりも増えて、興味の湧くことが多くなり、いろいろなことに対してやる気が出るでしょう。その分出費は激しくなってしまいますが、今年はある程度の出費は覚悟しておきましょう。健康運は、予定の詰め込みすぎや連日の飲酒は避けておきましょう。スポーツジムに通い始めるのにいいタイミングです。

2022年の恋愛&結婚運

異性との関わりが増えすぎてしまう年。振り回されていると感じている人でも、実はあなたが相手を振り回している可能性もあるので、興味のない異性とは気軽に遊びに行かないようにしましょう。気になる人にはマメに会えるように連絡をすると、一押しで簡単に交際に進められそうです。ファッションのアドバイスをすると恋に発展することもありそう。結婚運は、計算通りに話を進められるので、まずはあなたの気持ちを固めましょう。

2022年の仕事&金運

計算通りに仕事を進められたり、仕事以外の場所でもあなたの存在が大きくなってくる年。経験してきたことが役立ったり、周囲もあなたに協力してくれるでしょう。損得勘定をするのはいいですが、関わる人すべての得を考えて判断すると高く評価されるでしょう。交渉や会議での発言力が強くなったり、意見が通りやすいでしょう。金運は、出費が激しくなってものが増えてしまいそう。飲み会や付き合いでの出費も多くなるでしょう。

ラッキーカラー ピンク　グリーン　**ラッキーフード** 煮蛸　チョコレート　**ラッキースポット** 水族館　ホテル

【命数】

36

世話が好きな真面目な人

基本性格

何事も真面目に地道にコツコツと努力でき、自分よりも他人のために生きられるやさしい人。ただ、自己主張が苦手で1歩引いてしまうところがあるためチャンスを逃しやすく、人と仲よくなるのにも時間がかかるでしょう。現実的に物事を考える面と理想との間で心が揺れて、常に周囲からの意見に揺さぶられてしまうタイプ。真面目がコンプレックスになって無謀な行動に走ったり、不得意なことに挑戦してしまったりすることも。

★思いやりの星
★つくしすぎる星
★自信のない星
★水分バランスが悪い星
★ケチな星

開運3カ条

1. 自信を持って行動する
2. 素直に発言をする
3. ケチケチしない

2022年の総合運

これまで地道に努力してきたことがいい形になったり、チャンスを作ってくれる人が現れるでしょう。あなたのサポートによって結果を出す人も増えて、たくさんの人から感謝され幸せを感じられそう。目立つポジションに引っ張り出されて緊張することもありそうですが、今年の経験はいい方向に進むので、度胸を付けるつもりで思いきって挑戦してみましょう。健康運は、代謝がよくなるような運動をしましょう。冷たいものの飲みすぎには気をつけましょう。

2022年の恋愛&結婚運

片思いの恋に動きがある年。好きな人の前でモジモジしないで素直に気持ちを伝えることが大切。あなたを振り回す異性とは距離を置かないと、本命の人が勘違いして離れてしまうので気をつけて。人生で最も恋に積極的になる年にすると素敵な恋人と楽しい時間を過ごせそう。我慢や忍耐は恋に不要だと思っておきましょう。結婚運は、結婚を決めるには最高の運気。相手の出方を待たないで、自らプロポーズして押しきってみましょう。

2022年の仕事&金運

真面目に取り組んでいた姿勢やこれまでの結果が評価されたり、サポート役として最高の仕事ができるでしょう。縁の下の力持ちでいることが輝く場所でもありますが、リーダーや見本となるような立場をまかされてしまうこともあるでしょう。気になっていたことは素直に伝えたり、意見をすることも大切でしょう。金運は、高額な買い物や不動産を手に入れるといい年。少額でも投資をスタートさせてみるといい結果につながるでしょう。

ラッキーカラー グリーン　パープル　**ラッキーフード** 餃子　ピスタチオ　**ラッキースポット** 温泉　水族館

ラッキーカラー、フード、スポットはプレゼントやデート、遊ぶときの口実に使ってみて

【命数】
37
世話好きな正義の味方

基本性格

自分が正しいと思ったら止まることを知らずに突き進む力が強い人。正義感があり、面倒見がよく、自然と周囲に人を集めることができるでしょう。ただ、せっかちで勇み足になることが多く、行動に雑なところがあるので、動く前に計画を立てたり慎重になったりすることが重要です。おだてに極端に弱く、褒められたらなんでもやってしまいがち。向上心があり、常に次に挑戦したくなる、行動力のある人でしょう。

★社長の星
★勢いで買い物する星
★人に巻きつきたがる星
★膝のケガの星
★褒められたら好きになる星

開運3カ条

1. 後輩や部下を褒める
2. 何事もねばる
3. 仲間を集める

2022年の総合運

最もパワフルに行動できる年。あなたに協力してくれる人やいい仲間がたくさん集まってくるでしょう。面倒を見てきた人が、今度はあなたに力を貸してくれるでしょう。自分が正しいと思うことを突き通してみるといいですが、最終的にどうなりたいのかハッキリさせておきましょう。いい後輩も集まってくるのでリーダーとしても活躍できそう。健康運は、張りきって重たいものを持つと腰を痛めたり膝を痛めるので調子に乗っているときは気をつけましょう。

2022年の恋愛&結婚運

好きな人には押しが肝心。勝手に諦めないでもう一押しすると交際に発展することがありそうです。年下からモテたりチヤホヤされることがあるので、積極的になってみると思った以上に早い展開で交際や結婚まで進むことができそう。複数の人から好意を寄せられてモテを楽しむのはいいですが、ひとりに絞ることを忘れないようにしましょう。結婚運は、周囲が驚くようなテンポで話が進むので、勢いで入籍できそうです。

2022年の仕事&金運

リーダーや教育係になって、後輩や部下の面倒を見ることになる1年。仲間にも恵まれ、大きな仕事ができたり、勢いで独立や起業することもできそうです。最高の仕事運ですが、勢いまかせすぎて計画に甘さが出てしまうことがあるので、目標をしっかり定めておくといいでしょう。後輩や部下を褒め、労うことを忘れないように。金運は、自己投資にお金を使うといい年。雑な金遣いに気をつけて、余ったお金はファンドに回しましょう。

ラッキーカラー グリーン　レッド　**ラッキーフード** 味噌ラーメン　栗饅頭　**ラッキースポット** ペットショップ　リゾート地

【命数】
38
見栄っ張りな常識人

基本性格

礼儀正しく丁寧で、規則やルールなどをしっかり守り、上品に生きながらも、どこか庶民的な部分を持っていて親しみやすい人。面倒見がよく、差別や区別なく交友関係を広げることができますが、下品な人や権力者、偉そうな人だけは避けるでしょう。常識的でありながら、珍しい人脈を持つ生き方をします。メンタルが弱く寂しがり屋で、些細なことでヘコみすぎてしまうこともあり、心の支えとなる友人や知人を必要とするでしょう。

★誠実な星
★恋に執着する星
★失敗ができない星
★美肌にこだわる星
★百貨店の星

開運3カ条

1. 勇気を出して行動する
2. ストレス発散をマメにする
3. 挨拶やお礼をしっかりする

2022年の総合運

忙しくも心が落ち着く年。あなたの生き方が周囲に認められたり、いい見本となることができそう。精神的な支えになる人が現れたり、仲間のありがたみを改めて知ることができるでしょう。見栄を張りすぎてしまうと疲れることがあるので、ホドホドにしておくといいでしょう。はじめて会う人とは距離を一気に詰めたほうがいいので、少し図々しくなってみましょう。健康運は、ストレス発散をマメにしたり、好きな音楽を聴く時間を作るようにしましょう。

2022年の恋愛&結婚運

異性から注目をされるのはいいですが、恥ずかしがっていたり臆病になっているとせっかくのモテ期も意味がなくなってしまうので、ときにはノリや勢いも大切でしょう。相手へのチェックを厳しくしすぎないことや周囲の評判や情報を集めておきましょう。勝手に諦めたり、相手からの出方を待ちすぎないようにしましょう。結婚運は、最高な結婚ができる運気ですが、慎重になりすぎないで自らプロポーズするくらいの気持ちでいましょう。

2022年の仕事&金運

これまでの丁寧な仕事ぶりや頑張りが評価される年。挨拶やお礼をしっかりして、マナーやルールを守っていたことが高く評価されたり、重要なポジションに上げてもらえることがあるでしょう。あなたのサポートを必要とする人に引き上げてもらえたり、意見が思った以上に通るようになるでしょう。金運は、資産運用を行うには最高の年。お金の勉強をすることも大切でしょう。お金持ちの友人や知り合いもできていい情報も入りそうです。

ラッキーカラー ターコイズブルー　オレンジ　**ラッキーフード** 鮭ハラス焼き　いちごアイス　**ラッキースポット** リゾート地　エステ

ラッキーカラー、フード、スポットはプレゼントやデート、遊ぶときの口実に使ってみて

【命数】
39
目的が定まらない芸術家

基本性格

自由で発想力のある生き方をする不思議な人。探求心と追求心、集中力があるので、ひとつのことを深く突き詰めます。一方で、飽きっぽく諦めの早いところがあり、突然まったく違うことをはじめたり、違う趣味を広げたりすることも。変わった人脈を作りますが、本音は他人に興味がなく、理屈と屁理屈が多く、何事も理由がなければやらないことが多いでしょう。その一方で、スペシャリストになったり、マニアックな生き方をしたりも。

★アイデアが豊富な星
★才能に惚れる星
★飽きっぽい星
★匂いフェチの星
★幼稚な星

開運3カ条

1. 他人の才能や能力を認める
2. 好きな人には素直になる
3. 年下と遊ぶ

2022年の総合運

あなたの個性と才能が認められて、やりたかったことや表現したかったことができる年。変わり者と言われていた人ほど「天才」と言われるようになるでしょう。なかなか会うことのできないような人と仲よくなれたり、尊敬できる人に出会えそうです。ただ、順調に進みすぎて環境に飽きてしまうことがあるので、次の目標や夢を見つけてみるといいでしょう。健康運は、目の周りのマッサージをして、ヘッドスパに行くといいでしょう。

2022年の恋愛&結婚運

人生最大のモテ期ですが、あなたのアマノジャクが邪魔をしてこの運気を消してしまうので、恥ずかしがったり、好きな人をいじめたりしないようにしましょう。プライドを捨て告白をすると自分でも驚くような素敵な人と交際ができるでしょう。ただ、交際してもすぐに飽きないように、イベントに行ったり趣味の時間を楽しみましょう。結婚運は、結婚願望が薄いタイプですが、今年結婚をすると金運がアップするのでオススメです。

2022年の仕事&金運

アイデアや企画が通ったり、デザインや色彩に関わる仕事などの専門職で才能が開花するでしょう。これまでなかなか結果が出せなかった人もコツをつかんだり、支持してくれる人に出会えそうです。他の人の仕事を尊重するといい味方が集まるので、否定的な言葉は発しないようにしましょう。年下と組むことで能力がアップすることもあるでしょう。金運は、お金の勉強をするといい年。買い物は浪費しやすいので気をつけましょう。

ラッキーカラー ピンク　パープル　**ラッキーフード** ポークジンジャー　バナナ　**ラッキースポット** 映画館　書店

【命数】
40
心がブレやすい博士

基本性格

好きなことを深く突き詰めることができる、理論と理屈が好きな人。冷静に物事を考えられ、伝統や文化が好きな大人なタイプ。自分が学んできたことや知識を他人のために役立てられると、人生が好転するでしょう。人間関係を作るのが上手ですが、本当はめったに心を開きません。心は庶民ですがプライドが高く、自分の世界観やこだわりが強くなり、他人の評論や評価ばかりをすることが多いでしょう。

★探究心の星
★知性のある人が好きな星
★プライドが高い星
★目の疲れの星
★知識にお金を使う星

開運3カ条

1. 学んできたことを若い人に伝える
2. 他人を褒める
3. 仕事や趣味を極めてみる

2022年の総合運

あなたの知識や教養、感性が評価される年。年配者から高く評価され、年下の味方や協力者も集まってくるでしょう。どんな人でもいい部分や伸ばせるところがあるので、うまく伝えてみると感謝されるようになるでしょう。これまで学んできたことや経験してきたことを活かすこともできそうです。美術や芸術に関わることで運気の流れもよくなるでしょう。健康運は、今年から運動と食事のバランスを整えておいたり、医療関係者に知り合いを作ってみましょう。

2022年の恋愛&結婚運

理想に近い人と交際できる運気ですが、プライドが邪魔をしたり、素直になれないでチャンスを逃すことがあるので気をつけましょう。好みではないタイプからも好かれやすいので断るときはハッキリ言うようにしないと、本命とのチャンスを逃してしまうことがありそう。相手の魅力や才能を素直に言葉に出すといい恋ができそうです。結婚運は、話を進めやすい時期ですが、待ってばかりいないであなたから切り出してみましょう。

2022年の仕事&金運

あなたの技術や能力を最大に活かせる年。大きな結果を残すことができそうですが、若い人や次世代に教えられることはどんどん伝えてみたり、育成をすると更に評価されるようになるでしょう。表現の世界でも評価されるので、アートや芸事などに関わる仕事を始めてみるなどもいいでしょう。研究職や先生なども天職と感じられそうです。金運は、お金の勉強をして投資を始めたり、自己投資になるものにお金を使っておくといいでしょう。

ラッキーカラー パープル　ホワイト　**ラッキーフード** 海鮮丼　杏　**ラッキースポット** 神社仏閣　書店

ラッキーカラー、フード、スポットはプレゼントやデート、遊ぶときの口実に使ってみて

年代別 アドバイス

世代が違えば、悩みも変わります。
日々を前向きに過ごすためのアドバイスです。

年代別アドバイス 10代

長い付き合いになる友人やいい仲間を見つけることができる最高の年。同じ夢や目標に向かって突き進むことができる人も見つけられそう。精神的な支えになる恋人もできる年なので、臆病にならないで積極的に恋を楽しんでみたり、好きな人には素直に気持ちを伝えてみるといいでしょう。年齢よりも少し年上に見えるようなファッションや髪型を心がけてみるといいので、大人っぽくイメチェンをしてみましょう。

年代別アドバイス 20代

自分の幸せに素直になることが大切な年。周囲からわがままと思われてもいいので自分中心に考えて行動をしてみたり、ときには空気を読まないで突っ走ってでも自分の気持ちに素直に行動してみることが大切。「まだ若い」と言われても結婚や独立をするなど、思いきった決断をするにもいいタイミングです。今年は、若いからこそできる行動をいろいろ起こしてみましょう。人脈も広げておきましょう。

年代別アドバイス 30代

これまでの頑張りが認められる年。特に仕事で重要なポジションや、希望していた仕事をまかせてもらえそう。大きな結果を出すこともできるので、これまで以上に真剣に仕事に取り組みましょう。仕事関係者と仲よくなれるようにしたり、プライベートでも遊ぶようにするといいでしょう。家やマンションなどの大きな買い物にもいい年です。長期的な投資や資産運用を始めておくと後に役立つお金になるでしょう。

年代別アドバイス 40代

年下の友人や若い人との関わりを増やすことが大事な年。人脈を広げるには最高の年ですが、その中でも年下の面倒を見たり、教えられることをできるだけ伝えてみるといいでしょう。若い人から学ぶことや教えてもらえることも多くなるので、食事や飲み会に誘ってみたり、趣味を一緒に楽しんでみるといいでしょう。新たな仲間を作ってみるといいので、知り合い同士を紹介するなどして交友関係を広げましょう。

年代別アドバイス 50代

人との関わりが増え、面倒を見てきた人や関わってきた人に感謝をされる年。苦労が報われることが多く、満足できることも多いでしょう。新しい趣味を見つけてみたり習い事を始めると、新しい人脈もできて楽しく過ごせるようになるでしょう。体調に異変を感じる場合は病院で検査をすると、早期発見になり助かることもありそうです。体力作りを始めるのにいいタイミングなので、定期的なトレーニングを行っておきましょう。

年代別アドバイス 60代以上

今年から健康的な生活リズムを意識したり、定期的な検診を受けるようにするといいので、9月には人間ドックに行くようにするといいでしょう。他にも軽い運動をするといいので、家でできるトレーニングや散歩、ランニングを始めてみるといいでしょう。若い人と関わると運気がよくなったり、いい情報を教えてもらえるので、知り合いの輪を広げる努力をするのもいいでしょう。

銀の時計座

毎月・毎日 運気カレンダー

［2021年11月～2023年3月の運気グラフ］

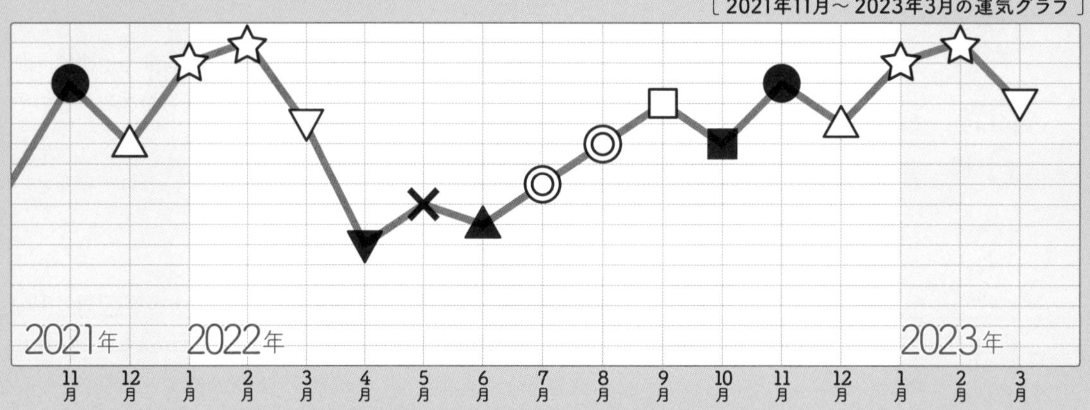

銀の時計座の2022年は

☆ 開運の年

魅力や才能を評価される最高の年

この本で「占いを道具として使う」には、「毎日の運気カレンダー」（P.275～）を活用して1年の計画を立てることが重要です。まずは「12年周期の運気グラフ」（P.257）で2022年の運気の状態を把握し、そのうえで上の「毎月の運気グラフ」で、毎月の運気の流れを確認してください。

「銀の時計座」の2022年は、「開運の年」。山登りでいうと頂上で、まさに最高の年です。魅力や才能を評価され、さらに運を味方につけられるので、何事にも積極的になることが大事。2023年から運気の流れが変わり、2024～2025年は「裏の時期」に入ります。裏の時期はこれまでとは違った変化が起こるので、2022年はやりたいことに全力で取り組み、この先の覚悟を決めることも重要です。積極的に行動しましょう。

☆ 開運の月　◎ 幸運の月　● 解放の月　○ チャレンジの月
□ 健康管理の月　△ 準備の月　▽ ブレーキの月　■ リフレッシュの月
▲ 整理の月　✕ 裏運気の月　▼ 乱気の月

11月 ● 解放の月

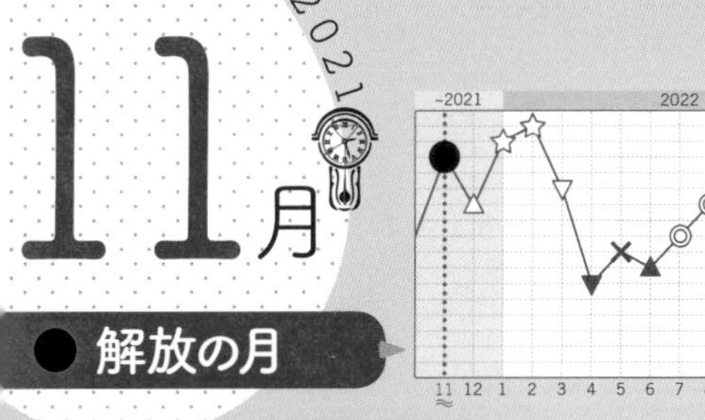

開運3カ条

1. 遠慮をしない
2. 好きな人に会う
3. 今の実力を出し切る

総合運

努力や苦労が報われ、実力以上の力を発揮することができる時期。人とのつながりが役立ったり、あなたに協力してくれる人が集まりはじめたりするでしょう。人の面倒をたくさん見てきた人ほどうれしい流れになりますが、チャンスを他人に譲ったり遠慮したりしないようにしましょう。対価やご褒美をしっかり受け取ることは、周囲の人のためにもなることを忘れないように。健康運は、定期的な運動をしたり美意識を高めるにはいい時期です。

恋愛&結婚運

好きな人に気持ちを伝えることで交際が始まったり、片思いの相手や高嶺の花だと思っていた相手との距離を縮めたりできそう。堂々として、自分も相手も楽しめるように笑顔で会話することを心がけるだけでうまくいきそうです。新しい出会いは月末に訪れそう。紹介してもらうなら月末がいいでしょう。結婚運は、交際期間が長いカップルであれば入籍や婚約をするのにいい時期です。

仕事&金運

本気で仕事に取り組むことで、大きな結果がついてくる時期。今月と来月はこれまで以上に真剣に取り組み、求められた以上の仕事をするようにしましょう。責任をしっかり持って自分の最大限の力を出してみたり、人脈をすべて使うくらいの気持ちで取り組んだりしてみるといいでしょう。目標を達成できたり夢が叶ったりすることもあるので、強気で勝負してみて。金運は、欲しかったものを購入するといいでしょう。

日	運気	内容
1 月	◎	これまで積み重ねてきた頑張りが実を結ぶ日。努力の成果が出て、思っている以上の活躍ができそう。求められたら全部引き受けて。現状に納得できないときは再スタートを。
2 火	☆	人とのつながりに感謝できそう。いろいろな人が協力してくれることで大きな結果を出せたり、目標を達成できるでしょう。挨拶や礼儀をしっかりすると運気がさらにアップ。
3 水	▽	面倒なことも後回しにせず、先に片づけたほうがいい日。昼過ぎにはすべて終わらせる勢いでやりましょう。明日に残してしまうと余計な仕事が増えて苦労しそうです。
4 木	▼	つまらないミスや小さな失敗が目立ってしまいそう。嫌みを言われたり、些細なことでヘコんでしまうかもしれません。気にしない強さを身に付けるときだと思いましょう。
5 金	×	予定通りに物事が進まなくてイライラしてしまうかも。「人生は誰ひとり思い通りになっていない」ことを忘れないように。友人との交流や読書などでうまく気持ちを切り替えて。
6 土	▲	大掃除ほどでなくていいので、部屋をしっかり片づけたり、普段掃除しない場所もきれいにするといいでしょう。不要なものを処分しておくと年末の大掃除が楽になります。
7 日	○	好きな場所や最近気になっている場所に出かけてみて。面倒くさがらずに行動することで、新しい発見がありそうです。一緒にいると笑顔になれる楽しい人を誘ってみましょう。
8 月	○	思いきった行動が幸運を引き寄せる日です。まずは行動することを優先し、後から考えればいいでしょう。飲みに行く約束をすると、素敵な出会いやつながりができます。
9 火	□	環境の変化や今後の生活を左右するようなことを、真剣に検討してみて。今のままでいくにしても気持ちを引き締めて、これからの人生の覚悟を意識してみるといいでしょう。
10 水	■	メリハリのある生活をするといいかも。仕事に真剣になったときほどしっかり休憩をとることで、集中力が長く続いていい仕事ができます。ランチや夕食はスタミナのつくものを。
11 木	●	あなたの魅力がアップする日。知り合いと思っていた人から、デートの誘いや集まりに呼ばれるかも。仕事でも求められることが増えるので、期待に応えてみるといいでしょう。
12 金	△	笑顔が幸運を引き寄せます。多少の困難も楽しく受け止めたり、周囲の悩みや不安もポジティブに変換してみて。人気者になれたり、頼りになる人だと思われるでしょう。
13 土	◎	友人や仲間と楽しく過ごせる日。片思いの人と進展がありそうなので、連絡してみるといいでしょう。友人の紹介で新しい縁がつながり、多くの人と会えば可能性も広がります。
14 日	☆	買い物をすると運気アップ。服や靴などは勘で選ぶといいので、パッと選んでみて。引っ越しや高価なものを購入するにもいい運気なので、出先でいろいろ見ておきましょう。
15 月	▽	朝からやることが多くて大変そうですが、やりがいもあるので迷わずに行動してみて。大事なことは日中に片づけておいて、夕方以降は不測の事態に備えておきましょう。
16 火	▼	しっかり仕事をしたつもりでも雑になってしまったり、普段よりも粗くなってしまいそう。疲れて集中できていないことがあるので、こまめに休んで無理をしないように。
17 水	×	困っている人を助けたつもりが、余計なお世話と想定外の反応をされて戸惑ってしまうかも。相手の気持ちや状況を考えて判断するように。やさしさとは距離感だと忘れずに。
18 木	▲	なんとなく置きっぱなしのものは片づけたり、不要だと感じているものを処分しましょう。「もったいない」が原因でいつまでも片づけないでいると、運気はよくなりません。
19 金	○	新しい出会いや経験から大きな学びがある日。はじめてのことにチャレンジすると、今までにない感覚や知識が身に付いて充実していくでしょう。行動するといい出会いもありそう。
20 土	○	周囲を笑顔にできることをするといいでしょう。おもしろい写真を送ってみたり、冗談を言ったりしてみて。笑うポイントで相性のよさがわかるので、気になる人に試すのもいいかも。
21 日	□	曖昧な人との関係をハッキリさせるといい日。だらだらした関係なら割りきって付き合うことも大事。都合のいい相手になっているなら、キッパリ縁を切ってもいいでしょう。
22 月	■	寝不足や起きるタイミングの悪さで、1日だるさが続いたり集中できないかもしれません。ストレッチなどで体を軽く動かすと頭が冴えそう。休憩時間はしっかり体を休ませて。
23 火	●	今日は素敵な出会いやいい経験に恵まれそう。恋愛相手や尊敬できる人との出会いもあるでしょう。運命的な出会いの可能性もあるので、積極的に行動してみて。
24 水	△	ふざけたくなる気持ちが出て、調子に乗りすぎてしまうかも。「これくらいはいいだろう」という冗談半分な行動でも、叱られたり気まずい空気になることがあるので注意して。
25 木	◎	仕事で能力が発揮できそう。実力のある人ほど楽しい1日になります。恋愛面では友人と思っていた相手と思わぬ展開が。少しでも好意があれば、遠慮せず積極的になってみて。
26 金	☆	職場での流れが大きく変わる日。これまでの経験や苦労が報われたり、大きな結果を出すことができそうです。積極的になったり、ときには強引に推し進めることが必要でしょう。
27 土	▽	朝から積極的に出かけてみるといいでしょう。デートも遊びも最高の運気。気になる人を突然誘ってみてもいいかも。ただし、夕方には集中力が落ちるので早めの帰宅が無難です。
28 日	▼	わがままな態度には注意が必要です。思い通りにならないことや予想外の出来事を楽しめるよう訓練する日だと思っておきましょう。些細なことをネガティブに考えないように。
29 月	×	週のはじまりからいきなりネガティブなニュースに気持ちが動転してしまいそう。焦っても空回りするだけなので、落ち着いて深呼吸を。頼れる人に相談して指示を仰ぎましょう。
30 火	▲	小さなことでも丁寧にやることが大事な日。身の回りを整えて時間を守り、挨拶やお礼もいつも以上にしっかりしておくといいでしょう。余計な悩みや不安もなくなりそう。

2021 12月

△ 準備の月

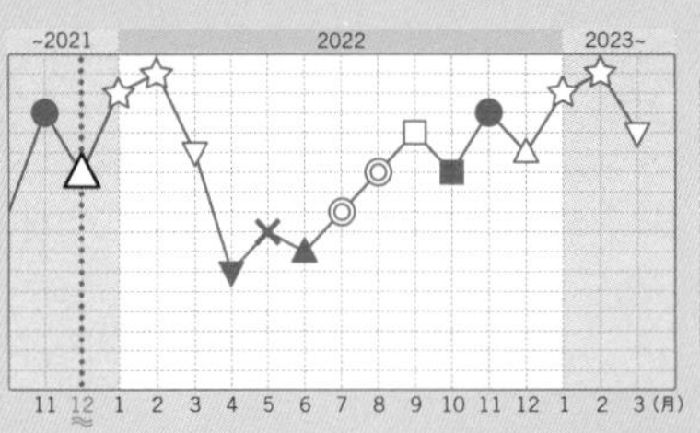

開運 3 カ条

1. 一歩先のことを考えておく
2. 仕事を遊びだと思う
3. お酒は控える

総合運

何事も事前に準備しておくことでつまらないミスを避けることができ、楽しい時間を過ごせるでしょう。ただし、仕事よりも遊びに夢中になってしまったり、誘惑に負けやすかったりする時期なので、ほどほどに楽しむようにしましょう。休みの日の予定を先に立てておくと、強引な友人の突然の誘いに振り回されなくなります。健康運は、ドジなケガをしやすいので要注意。お酒は飲みすぎないようにしましょう。

恋愛&結婚運

勢いで突っ走るのはいいですが、一夜の恋で終わってしまったり、もてあそばれてしまったりすることもあるので、相手を見極めることが大事。あなたにその気がなくても、相手は隙を狙ってくることも。気になる相手と一緒にいるときは、いつも以上に楽しい雰囲気を表現するといい関係に進みやすいでしょう。新しい出会いは、イベントやライブ、飲み会で訪れそうです。結婚運は、授かり婚をする可能性あり。

仕事&金運

年末で忙しいのに、仕事に集中できず珍しくミスをしやすい時期。大きな問題にならなければいいということではないので、1日のスケジュールや工程の確認を忘れないように。納期や金額の間違いにも気をつけ、最後まで気を緩めないようにしましょう。転職の話が舞い込んでも簡単に判断しないこと。金運は、急な誘いが多く交際費が増えてしまいそう。大事なものを失くしてムダな出費もあるかも。

日	運気	内容
1 水	○	新しいことに縁がありそう。はじめて行く場所や、これまで交流のなかった人とつながりを持つと、新しい可能性が広がるでしょう。遠慮をしているとチャンスを逃します。
2 木	○	ほかのことに目がいってしまい、集中力が散漫になりそう。メリハリをつけて仕事中は集中し、気になることは休憩中に調べてみて。おもしろいことを見つけることができそうです。
3 金	□	1日の計画を立ててから行動すると、スムーズに仕事が進みそう。気になっている人には気軽にメッセージを送ってみましょう。チャンスと思ったら休日の予定を聞いてみて。
4 土	■	午前中はゆっくりするといいでしょう。いつもよりも長く寝ると体がだるくなってしまうことがあるので、軽く体を動かしてみて。今日は予定を詰めすぎないように。
5 日	●	思いきり楽しむことで気持ちよく過ごせる日。行ってみたかった場所やイベントに行って、全力で楽しむことがいい流れを生みます。遊ぶ約束をしたままになっている人を誘ってみて。
6 月	△	寝坊や忘れ物など、自分でも信じられないようなミスをして焦ってしまうかも。何事も早めに行動したり、確認作業をすると問題が起きないでしょう。わずかな段差にも気をつけて。
7 火	◎	いつも行く場所や習慣を大切にして。新しいことを取り入れるのも必要ですが、今日は続けてきたことを守る努力を怠らないように。人との縁の大切さにも気づけそう。
8 水	◎	順調に進む日ですが、計算の甘さが出てしまいそう。時間ギリギリになってしまうことがあるので、段取りの見直しや合理的に仕事を進められるよう工夫するといいでしょう。
9 木	▽	大切な仕事など、用事は早めに済ませることがオススメです。夕方以降に引きずってしまうと、気力が低下してミスしやすくなったり、トラブルに巻き込まれて予定が狂うかも。
10 金	▼	「ありがとう」を素直に言うことが大事。自分のことを大切にしてほしいと願う前に、自分が相手に感謝を伝え、愛すること。自分がされてうれしいことを他人にもするようにしましょう。
11 土	×	考えすぎや思い込みからネガティブな気持ちにとらわれてしまいそう。マイナス思考にならないよう、友人と話したりおもしろい本を読みましょう。発言もポジティブさを意識して。
12 日	▲	大掃除にいい日。「これはまだ使える」とやさしい気持ちを持つと、いつまでも片づけられません。心を鬼にして、使っていないものやこの先使わないものを処分しましょう。
13 月	○	新しい取り組みをはじめてみましょう。未経験ならどんどんチャレンジをして勉強する姿勢が大切。失敗したり手応えがないこともありますが、まずは経験することが大事です。
14 火	○	少し違う考え方をするといい日。問題があったとしても多少の困難や苦労は未来に活かせる経験になります。「結果的にはよかった」と思えるように。
15 水	□	地道な努力がものをいいそう。これまで努力してきたことはしっかりと成果につながりますが、適当にやっていたことはそれなりの結果になります。積み重ねの大切さを忘れずに。
16 木	■	疲れから集中力が続かなくなってしまったり、注意力が散漫になってしまうかも。指をケガしたり、足をぶつけてしまうことがあるので、慌てて行動しないように気をつけて。
17 金	●	遠慮せず、積極的になればなるほどいい結果に。特に恋のチャンスがありそうなので、自分からアピールしましょう。仕事は楽しみながら取り組むとチャンスに恵まれそう。
18 土	△	遊びに出かけるのはいいですが、誘惑に負けて食べすぎたり不要なものを買ってしまいそう。楽しみながらも冷静な判断を忘れないよう、気持ちのコントロールを心がけてみて。
19 日	◎	しばらく片づけていなかった場所をきれいにするといい日。懐かしいものやなくしたと思っていたものが出てきて、驚くかもしれません。マイナスな思い出のあるものは処分して。
20 月	◎	必要としてくれている人に全力で応えるといいでしょう。相手の喜ぶ顔のために、一生懸命になってみると楽しくなりそうです。難しく考えないで、今できることを頑張ってみて。
21 火	▽	頑張ったぶんだけ成果を感じることができるでしょう。朝からフル回転で働けば、満足できる評価を得られそう。大事なことほど早めに処理をして。夜は集中力が続きません。
22 水	▼	よかれと思って取り組んだことがうまく進まなかったり、ガッカリすることがありそう。人生が完璧に進むことはないと思いましょう。予想外の人に振り回される可能性も。
23 木	×	気分が乗らなかったり、振り回されてしまうことがある日。近くの人とたわいもない話をして笑うと気分転換になるでしょう。少しでいいのでうれしいことを見つけてみて。
24 金	▲	過去は過去と気持ちを切り替えることが大事です。ズルズル引きずっていると、楽しいことやうれしいことも失ってしまうでしょう。例年とは違うクリスマスイブを楽しめるかも。
25 土	○	はじめて行く場所で楽しいことが起きそうな日。まだ行ったことがない人気のレストランや施設へ行くと、楽しいクリスマスになりそう。意外な場所に行ってみてもいいかも。
26 日	○	はじめて行くお店でお得な買い物ができそう。気になるお店に行ってみると、おもしろい発見もありそうです。素敵な店員さんに会うこともできて、学べることもあるでしょう。
27 月	□	マイナスの情報を集めてばかりでは前に進めなくなるので、勇気が出るひと言を見つけるようにするといいでしょう。誰かができていることなら「自分にもできるかも」と思ってみて。
28 火	■	しっかり体を休めるといい日。自分でも思った以上に疲れやストレスがたまっていそう。軽い運動をして汗を流してから、昼寝をしたりのんびりして過ごすといいでしょう。
29 水	●	片思いの人や気になる人といい関係に進展しやすい日。相手からの誘いを待っていないで、自分からお茶に誘ってみるといいでしょう。相手の話をいろいろと聞き出してみて。
30 木	△	買い物はしっかり値段や品を見るようにしましょう。間違ったものを買ってガッカリしたり、不要なものを買ってしまいそう。調子に乗るとケガをすることもあるので気をつけて。
31 金	◎	年越しの買い出しは早めの時間に済ませておいて。毎年恒例のテレビ番組を観るなど、例年通り過ごすと幸せを感じられるでしょう。年賀状を書き忘れた場合は急いで出して。

☆ 開運の日　◎ 幸運の日　● 解放の日　○ チャレンジの日
□ 健康管理の日　△ 準備の日　▽ ブレーキの日　■ リフレッシュの日
▲ 整理の日　× 裏運気の日　▼ 乱気の日　＝ 運気の影響がない日

2022 1月

☆ 開運の月

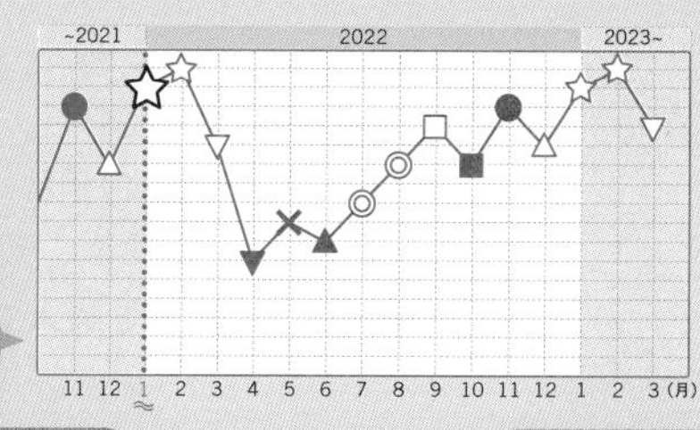

開運3カ条

1. 何事にも全力で取り組む
2. 片思いの人に連絡をする
3. 長年欲しいと思っていた物を購入する

総合運

人との縁がつながっていい思い出ができたり、これまでの苦労や積み重ねてきたことにいい結果や協力者が現れるでしょう。遠慮をしないで力を出しきってみたり、みんなで笑顔になれるように工夫してみると運を味方につけられるでしょう。長年抱いていた夢が叶ったり、大きな壁を乗り越えられるような体験もできそうです。健康運は、問題がない時期。体力作りやダイエットをして理想の体型を目指しはじめるといいでしょう。

恋愛＆結婚運

片思いの恋が実る可能性が高い時期。好きな人に素直に気持ちを伝えたり、連絡をして会えるようにすると交際に発展させられそう。強気な異性に振り回されて、好みではない人と関係を深めないように気をつけて。新しい出会いは期待が薄いので異性の友人程度の距離感がいいでしょう。結婚運は、入籍を決めるには最高の時期。一度真剣な話をしたまま進展していないカップルはチャンスです。

仕事＆金運

実力を評価され大きな結果を出したり周囲からの協力を得られる時期。今の力を出しきることで、今後の流れが読めたりこれまで以上に仕事に楽しく取り組めるようになるでしょう。「あのとき苦労してよかった」と思えるような出来事もあり、これまでの経験を活かせるようになるでしょう。金運は、長年欲しいと思っていたものを買うといい時期。家やマンションや車などの購入を考えましょう。

日	運気	内容
1 土	☆	買い物に行くといい日。思った以上にお得なものを手に入れられそう。今日買ったものは2022年のラッキーアイテムになる可能性があるので長く使えるものを選びましょう。
2 日	▽	日中は、積極的に行動したり挨拶回りに行くといいでしょう。初詣に行くにもいい日なので友人や知人を誘ってみて。夜は疲れやすいので早めに帰宅しましょう。
3 月	▼	正月休みだからといって油断すると一気に太ってしまったり、体調を崩してしまうので気をつけて。油断した服装で外出したときに憧れの人に会ってしまうかも。
4 火	×	時間を持て余しそうな日。暇つぶしにゲームや動画で楽しむのもいいですが、本を読むといい勉強や素敵な言葉を見つけられそう。書店に行って気になる本を買ってみましょう。
5 水	▲	計画を立てて行動することが大切な日。なんとなく行動しているとムダな時間や余計な出費が増えてしまいそう。朝から掃除をすると気が引き締まっていいでしょう。
6 木	○	些細なことでいいので変化に挑戦するといい日。人の集まる場所に参加したり、気になるイベントやライブに行きましょう。普段聴かないジャンルの音楽を聴くのもオススメです。
7 金	◎	付き合いの長い人と一緒に楽しい時間を過ごせそう。本音で話すと気持ちがすっきりしそうです。気になる異性をデートに誘うなら夕方以降に連絡しましょう。
8 土	□	素早く判断するように心がけるといい日。何事も3秒以内に決める練習をすると勘が鋭くなり、モヤモヤ悩む癖も自然となくなるでしょう。フットワークも軽くしてみましょう。
9 日	■	スキンケアをしっかりしないと肌荒れに悩んでしまいそう。今日はストレス発散や体を少し動かして汗を流しておきましょう。夜は早めに寝て明日に備えましょう。
10 月	●	気持ちが楽になる出来事や周囲から協力してもらえることがある日。実力以上の結果を出せる運気が回ってきているので、何事も本気で取り組んでみて。
11 火	△	調子に乗りすぎて余計な発言や失敗をしそう。小さなことなので問題はないと思いますが、誤魔化そうとすると後に問題や溝になるので早めに謝罪しておきましょう。
12 水	◎	ずっと夢に見てきたことが現実になりそうな日。ライブの抽選や懸賞に当たることもありそう。片思いの相手から連絡が来ても焦らないように落ち着いて対応して。
13 木	☆	いい話や今後必要になる情報を入手できる日。しっかり周囲を見たり話を聞いて、スマホを見ていて大切なことを逃さないように。買い物にいい日なので気になるものを買いましょう。
14 金	▽	日中は、いい判断ができて仕事でも手応えを感じられそう。ときには勇気を出してみると運を味方につけられるでしょう。夕方以降は、人に振り回されて嫌な気分や面倒を感じそう。
15 土	▼	自分でも間抜けだと思ってしまいそうな日。忘れ物や時間の間違い、置き忘れなどをしそう。些細なことでもしっかり確認しましょう。うっかりのケガにも気をつけて。
16 日	×	悩んでいる人の相談に乗るのはいいですが、不満や愚痴を聞くだけで疲れてしまいそう。どんな話でもポジティブに変換してプラス面を教えてあげるといいでしょう。
17 月	▲	順序よく仕事することが大切な日。優先順位を間違えないようにして、仕事を工夫して楽しむことを忘れないようにしましょう。身の回りをきれいにすることも忘れないように。
18 火	◎	仲のいい人から大事な話を聞けたり情報を入手できそうな日。雑談だと思ってもしっかり聞いてみたり、いろいろ質問してみるとおもしろい流れになることもあるでしょう。
19 水	◎	「正しい」を考えるよりも「楽しい」を考えて行動するといい日。ただ、楽しいも自分一人ではなく周囲の人と一緒に楽しめることを考えてみるといいでしょう。
20 木	□	ノリや勢いが大切になる日。思い切って実行に移してみるといい流れに変えられそう。じっくり考えるのもいいですが、今日は自分の勘を信じてみて。
21 金	■	集中力が途切れてしまいそうな日。思ったよりも疲れがたまっていたり、風邪をひいてしまう場合があるので、暖かい服を選んで温かい飲み物を飲むようにして。
22 土	●	好きな人や憧れの人とデートできたり集まりに誘われそう。気合いを入れて参加しましょう。相手の好きなところを素直に褒めてみると一気に進展しそうです。
23 日	△	しっかり遊ぶことで運気が上がる日。友人や知り合いを集めてホームパーティーをするといいでしょう。みんなの話を聞いたり本音を話して気持ちをすっきりさせましょう。
24 月	☆	自分の成功パターンにハマる日。積極的に行動したり自分の得意な感じで押し切ると、恋も仕事もいい流れになるでしょう。今日は、遠慮はいらないと思って生活しましょう。
25 火	☆	仕事運の流れが大きく変わる日。大抜擢されたり重要な仕事をまかせてもらえることがあるかも。買い物するにもいい運気なので高価なものや長く使うものを購入して。
26 水	▽	自分でも大胆と思えるくらいの行動力が必要な日。少しくらい図々しいと思われてもいいので、気になることに素直に行動しましょう。夜は、予定が乱れてしまいそうです。
27 木	▼	面倒なことに巻き込まれてしまいそう。原因をしっかり探って冷静に対応すれば問題ないでしょう。自分のことを考えるよりも相手や他の人のことをしっかり考えましょう。
28 金	×	マイナス情報に振り回されたり間違った情報を入手しやすい日。落ち着いて話を聞いたり文章をしっかり読めば、矛盾や間違いを見つけられるでしょう。
29 土	▲	外出する前に、部屋の掃除をしてきれいに整えておくといいでしょう。外出先で家に遊びに行く話になったり、デートの流れであなたの家に行く場合がありそうです。
30 日	◎	友人と食事に行くならはじめてのお店に行くといい発見がありそう。デートもこれまでとは違う演出をするといい流れになりそうです。新作の映画を観に行くのもいいでしょう。
31 月	◎	仕事の取り組み方や目標を掲げてみて。今週中にできそうなことや継続できそうなことでもいいでしょう。小さな挑戦がやる気をアップさせてくれそうです。

開運のつぶやき ▶ 自慢をしている間は成長できない

2022

2月

☆ 開運の月

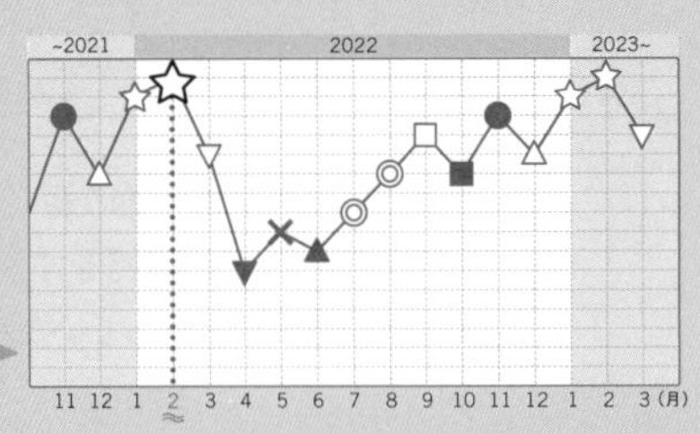

開運3カ条

1. 何事にも本気で取り組む
2. 新しい出会いを求めて行動する
3. 長く使えそうな物を購入する

総合運

今月の行動や決断で今後の人生が大きく変わりそう。これまでの頑張りや努力が認められて、収入アップや大きなチャンスをつかめそう。待ちの姿勢はやめて、些細なことでも積極的に取り組んでみたり、人脈をできるだけ広げる努力をしておくといいでしょう。今月の決断には覚悟が必要になることを忘れないようにして、現実的で具体的な10年後の目標を掲げましょう。健康運は、肉体改造を始めるなら最高の時期です。

恋愛&結婚運

運命的な出会いがある可能性が最も高い月。恋人がいない人は出会いの場所にできるだけ顔を出すといいでしょう。少しイメチェンをするとチャンスをつかめそう。知り合いや友人の誘いは断らないで顔だけでも出すようにしましょう。気になる相手には押しが肝心です。複数の人から告白をされて困る場合もありそう。結婚運は、入籍や婚約に最高の運気。プロポーズには迷わずOKしましょう。

仕事&金運

最高の仕事ができる時期。些細なことでも雑用と思わないで真剣に取り組むことで今後の道が変わることがあるでしょう。アドバイスを真剣に聞き入れて、素直に行動することも大切。次の目標や責任を背負うことで更に飛躍できるでしょう。金運は、収入アップにつながる出来事がある時期。長く使えるものや資産価値のあるものを購入するといいでしょう。投資を始めるにもいいタイミングです。

1 火	□	小さな約束でも破らないようにしましょう。思い出したら遅くなってしまってもいいので、飲み会や食事会に誘うといいでしょう。口約束で終えないように気をつけて。
2 水	■	白湯を飲んだり体が温まるものを食べることが大事な日。油断をしていると肌荒れや風邪をひいてしまうことがありそう。うがいや手洗いをしっかりと。
3 木	●	あなたの魅力や才能が輝く日。複数の異性に惚れられたり能力を求められることもあるでしょう。目立つことで運気もよくなるので自分の力を出しきってみて。
4 金	△	問題が起きても笑顔と愛嬌でクリアできそう。何が起きても上機嫌でいるように心がけたり、ポジティブな言葉を選んで発するようにするといい日になるでしょう。
5 土	☆	親友と話すことで悩みや不安がなくなったり、運のいい出来事が起きるかも。思い出のあるお店に行ったり、しばらく会っていない友人を誘うとラッキーなことが起きそう。
6 日	☆	買い物をするには最高な日。高価なものや長く使うものはこの日に決断するといいでしょう。車や家、マンションや土地の購入、投資や資産運用を始めてみるにもいい運気です。
7 月	▽	日中は、小さなことは気にしないで大胆に行動することで運を味方につけられそう。自分の意見を押し通すことも大切。夕方以降は、周囲に頼られたり振り回されることがありそう。
8 火	▼	いろいろな人と仲よくなるのはいいですが、八方美人と思われてしまったり表面的な話に突っ込まれてしまうことがありそう。どんな人とも本気で向き合うことが大切です。
9 水	×	失敗を恐れて何もしないほうが大きな失敗。失敗から学ぶ気持ちで挑戦してみて。前向きな姿勢が運気の流れをよくすることもあるでしょう。
10 木	▲	気持ちの整理をつけることができる日。結婚に向けて気持ちが進んだり、異性の見方にも変化があるでしょう。過ぎたことは気にしないで忘れる努力も大切。
11 金	◎	前向きに物事を捉えることができて、思いきったことに挑戦できるようになるでしょう。周囲の人の協力も得られ責任感も湧いてくるでしょう。
12 土	◎	遊びに行くにはいい日。友人や知人を突然でもいいので誘ってみるといい思い出もできそう。気になる異性と一気に距離が縮んで交際に発展する可能性もあるでしょう。
13 日	□	計画をしっかり立てて行動すれば、ムダな時間とお金を使わなくて済みそう。勢いまかせで行動すると余計な出費が増えて、疲れもたまってしまうので気をつけて。
14 月	■	バレンタインのチョコレートを渡すなら夕方以降のほうが効果はありそう。義理チョコでもできるだけ仕事の帰り際に渡したり、恋人にも別れ際に渡したほうがいいでしょう。
15 火	●	相手を信用することで信用される日。他人に求めることは自分が先にやればいいと忘れないように。愛されたいなら先に自分から愛することを忘れないようにしましょう。
16 水	△	知っているようで知らないことが多いことを忘れないように。思わぬ恥をかくことがあるので、知らないことは「知らないので教えてください」と言っておきましょう。
17 木	☆	感謝と恩返しの気持ちが大切。これまでお世話になった人のことを思い出して、今できることに一生懸命取り組みましょう。若い人や他の方に恩送りもするといいでしょう。
18 金	☆	大事な商談をまとめられたり大抜擢されそうな日。遠慮をすると運気の流れを止めてしまうので、勇気を出して行動するようにしましょう。
19 土	▽	ランチデートをするには最適な日。少し贅沢なランチを食べに行ってみたり、カフェでのんびりしてみて。夕方以降は、家族や身近な人に振り回されてしまいそう。
20 日	▼	余計なことを考えすぎてしまいそうな日。お笑い番組やおもしろい映画などを観ると忘れられそう。外出先で不愉快になる出来事もあるので気にしないようにしましょう。
21 月	×	寝坊や遅刻でタクシーに乗るなど不要な出費がありそう。後輩や部下にご馳走をして、みんなに喜んでもらえるほうを選びましょう。ご馳走するときはケチケチしないように。
22 火	▲	身の回りにある不要なものを処分して。整理整頓をすることで気分もすっきりしてやる気も出てくるでしょう。幼稚なものや使わないものは一気に捨てましょう。
23 水	◎	勉強を始めるにはいい日。資格取得やスキルアップを目指したり、仕事に関係のない勉強をしてみるといいでしょう。本を読んでいろいろ学んでみるのもオススメです。
24 木	◎	いい出会いと経験ができる日。多少不慣れや面倒なことでも挑戦するといい経験が積めたり大事な人と会えるでしょう。視野を広げることも忘れないようにしましょう。
25 金	□	注意をしてくれる人や叱ってくれる人とは、信頼関係ができていることを忘れないように。叱ってもらえるうちが華だと覚えておきましょう。
26 土	■	温泉やスパに行ってのんびりしたり、マッサージや整体などに行って日頃の疲れをしっかりとるようにしましょう。家では軽い運動やストレッチをしておくといいでしょう。
27 日	●	恋愛運がいい日。告白されたり、勢いで交際をスタートすることもできそう。気になる人を突然でもいいのでデートに誘ってみるといい流れを作ることができそうです。
28 月	△	うっかりミスが増えてしまう日。事前準備をしっかりしたり、確認作業を忘れないようにしましょう。時間の見間違いや勘違いもしやすいので気をつけましょう。

☆開運の日 ◎幸運の日 ●解放の日 ○チャレンジの日
□健康管理の日 △準備の日 ▽ブレーキの日 ■リフレッシュの日
▲整理の日 ×裏運気の日 ▼乱気の日 ＝運気の影響がない日

3月 2022

▽ブレーキの月

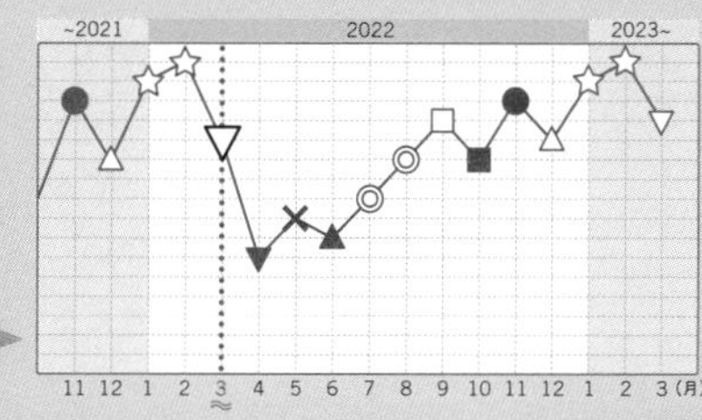

開運3カ条

1. 中旬までは積極的に行動する
2. 好きな人には素直になる
3. 仲間を大切にする

総合運

中旬までは運を味方につけることができて、勢いで乗りきれたり人脈に助けられることがあるでしょう。仲間との協力もできて満足な結果を出せそう。下旬になると寂しい思いをしたり、不安に感じる出来事も起きそう。例年ほどの気持ちのブレはないですが、人との距離を空けたくなったりやる気を失ってしまうことがありそうです。健康運は、健康的な生活リズムを作るなら中旬まで。下旬にストレスがたまる出来事から肌の調子を崩しそう。

恋愛&結婚運

好きな人に気持ちを打ち明けるなら中旬までに。あなたの思っている以上に異性から注目され、一押しで交際まで進めるでしょう。ただ、複数の人に思いを寄せていたり「友人関係が壊れるから」など気を遣うと逃してしまうので気をつけて。素敵な出会いもある時期なので人の集まりには積極的に参加しましょう。結婚運は、入籍や婚約にはいい時期。思い出があるときに真剣に話してみましょう。

仕事&金運

目標以上の結果や、たくさんの人と喜べるような結果を出せる月。現状維持しないで、もっと仕事に真剣に取り組んでよりよい方法を考えてみるといいでしょう。実力以上に評価されることもありますが、より努力したり進歩や進化を見せられるように努めましょう。下旬にやる気を失いやすいので目標を忘れないようにしましょう。金運は、高価な買い物は中旬までがいいでしょう。

日	運気	内容
1 火	☆	これまでの経験を活かせる日。最善を尽くす努力が運を味方につけるでしょう。不満を言う暇があるなら、今やれることに全力で取り組んでみるといいでしょう。
2 水	☆	実力を発揮したり仕事で高く評価される日。今日で満足できない場合は実力不足と努力不足だと認めて、自分のやるべきことを見つけて。買い物をするにもいい日です。
3 木	▽	現状を楽しむことでいい1日になるでしょう。些細なことに喜ぶと更に喜べることが起きるので、喜びはしっかり表現してみるといいでしょう。
4 金	▼	他人に不満がたまってしまったり、些細なことでイライラしそう。相手も最善を尽くしていると思って、その後の成長を楽しみにしておくといいでしょう。
5 土	×	ストレス発散にいい日。音楽をゆっくり聴いて読書する時間やカフェでゆっくりする時間を作ってみましょう。スマホから離れてボーッとする時間も大切になりそうです。
6 日	▲	時間のムダになるものを目の前から処分することが大事な日。チャンスを逃す原因になっているものが身近にあると気づきましょう。幼稚なものや不要なアプリも消去しましょう。
7 月	○	新たな考え方や発想を教えてもらえそう。人の話をしっかり聞いてみると大事なヒントを得られるかも。会話から人の気持ちや考えも分析してみて。
8 火	◎	どんな仕事もどんな人も、いい部分を見るといい日。これまで何も思わなかったことに感謝できるようになるでしょう。世の中には価値のあるものが溢れていることを忘れないように。
9 水	□	他の人より少しだけ早く取りかかったり、少し早めに走り出すことで流れが変わるもの。少しの時間にこだわって仕事してみましょう。その積み重ねが人生を大きく変えるでしょう。
10 木	■	少し疲れを感じそうな日。無理をすると週末まで響いてしまうかも。マメに休んだり健康的な食事を心がけてみるといいでしょう。今日は早めに寝るといいでしょう。
11 金	●	現状をしっかり受け止めることで道が見える日。不満を見つけるよりも喜べることを見つけて周囲と楽しむと運気の流れもよくなります。恋愛運もいい日なので恋に進展もありそう。
12 土	△	遊ぶ約束やデートを忘れて遅刻したり、忘れ物で焦ってしまいそう。行動する前にしっかり確認するようにして。食べこぼしで服を汚すこともあるので気をつけましょう。
13 日	◎	片思いの恋が実る日。好きな人に連絡して素直に気持ちを伝えてみましょう。幸せになるためには勇気と度胸が必要なことを忘れないようにしましょう。
14 月	☆	自分が変われば世界も変わって見えるもの。世の中を楽しく愉快に見るようにすれば、素敵な1日になるでしょう。仕事でもチャンスが巡ってくるので真剣に取り組んで。
15 火	▽	日中は、環境や運に恵まれてスムーズに仕事ができそう。遠慮しないでアピールすることも大事。夕方以降は、後で反省するような出来事が起きるので丁寧に行動しましょう。
16 水	▼	マイナスな部分に目がいったり余計なことを考えそうな日。いい部分や学べることを見つける努力をする日だと思いましょう。どんなことにもプラス面はあるものです。
17 木	×	準備不足が不運や苦労の原因になるかも。自分に足りないことを知ることは悪いことではないので、叱られることや注意してもらえることに感謝するようにしましょう。
18 金	▲	取捨選択する日。本当に自分に必要なものかマイナスになるものなのか見分けましょう。使わないものやムダなものは処分して。ケチケチしていると運気も上がらないでしょう。
19 土	○	楽しそうなイベントを探したり、おもしろそうな映画を観るといい日。自分が笑顔になれる場所を探して行動するといい日になるでしょう。笑顔になる人と一緒にいることも大切。
20 日	○	部屋の片づけや模様替えをしてみて。季節に合う小物を置いてみたり、雰囲気を変えてみるといいでしょう。髪を切ってイメチェンをしてみるのもいいでしょう。
21 月	□	時間を意識して仕事をするといい日。ひとつの仕事を少しでも早く終えたり、丁寧に素早くできるようにして。自分の中だけでもいいので目標を立てて行動しましょう。
22 火	■	自分の体を粗末に扱わないようにして。食べ物や日々の生活習慣を見直してみるといいでしょう。スタミナの低下にも気をつけて、軽い運動もするようにしましょう。
23 水	●	仕事に集中するといい結果を出せたり周囲から協力してもらえそう。感謝を忘れないで、相手に敬意を持って話しましょう。恋愛でも進展がある日なので気になる人に連絡してみて。
24 木	△	珍しいミスをしやすい日。忘れ物や時間間違い、数字の勘違いなどがありそう。気を引き締めてメリハリをしっかりつけて。夜は、愉快なことが起きそうです。
25 金	◎	一度読んだ本を読み直すと新たな発見がある日。新しいことから学ぶことも大事ですが、自分の成長を確認するためにも一度通過したことを再び体験してみるといいでしょう。
26 土	☆	買い物にいい日ですが、余計なものまで買ってしまうので気をつけて。気になるお店に入ってみるとお得なものを購入できそうです。少し贅沢な食事をするにもいい日です。
27 日	▽	日中は、少しわがままなぐらいのほうがいい日。積極的に行動しましょう。夕方あたりからは、親切にすることが大切。相手のことを考えて行動を変えてみて。
28 月	▼	大切な人との別れや先輩の異動や退社など、切ない思いをすることになりそう。感情が揺さぶられますが、縁のある人とはまたつながるものだと思っておきましょう。
29 火	×	自分で自分がマイナスになる言葉を発しないようにしましょう。自分を励ます言葉や前に進む勇気が出る言葉を発することが大切になるでしょう。
30 水	▲	現状に不満が湧いてしまったら、自分の心が汚れているだけ。もっと素直に世の中を見るようにして。評価されている人の陰の努力を認めることも大切です。
31 木	○	慣れた日々でも今日は新しい1日。見慣れたものも知っている人も「今日見るのや会うのははじめて」と思って接してみて。初心や新たな気持ちを忘れないように。

開運のつぶやき　人間関係の試練が人を最も成長させる

2022

4月

▼乱気の月

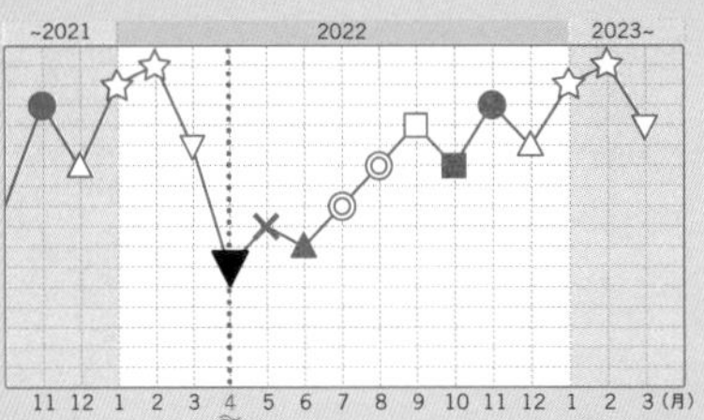

開運 3 カ条

1. 気分転換をマメにする
2. 過度な期待はしない
3. 人との距離感を考える

総合運

周囲からの評価と自分の気持ちが一致しない時期。やる気が起きなくてもチャンスが巡ってきたり人脈が広がりますが、苦手な人と会う機会が多くなってしまいそう。噛み合わない感じになりますが、あらがうと疲れるだけなので流れに身をまかせるといいでしょう。ネガティブな想像や情報に振り回されないように気をつけておきましょう。健康運は、心身ともに疲れやすいので、ストレス発散をしてマメに休むようにしましょう。

恋愛&結婚運

予想外の人から言い寄られたり、好みでない人から告白をされる可能性がある時期。困る前に態度をしっかり示さないと後に面倒なことになってしまう場合もあるでしょう。好きな人とは距離が空いてしまったり、タイミングが悪くて会えないことがありますが、焦らないで連絡だけはしておきましょう。新しい出会いは、異性の友達になっておく程度の距離感がいいでしょう。

仕事&金運

意外な仕事をまかされたり、実力以上に評価される月。周囲の意見や新しい体制に不満を感じる前に、自分のやるべきことに取り組むことが大切。やる気が出なくてもまずは取りかかってみましょう。ソリの合わない人に会いそうですが、相手の考え方を認めてみると楽になりそう。金運は、付き合いでの出費が増えそう。ムダな買い物や騙されることがあるのでネットショッピングに気をつけて。

日	運気	内容
1 金	○	不慣れなことや面倒なことから手をつけることで楽になる日。後回しにすると余計に苦しくなるかも。目標の時間や数字にもこだわってみるといいでしょう。
2 土	□	鏡で全身を見て、体重を量ってみるといい日。スタイルに問題がない人は、筋トレなど始めてスタミナをつけるために基礎体力作りなどをしておくといいでしょう。
3 日	■	寝不足や起きるタイミングが悪いせいで、体がだるくなってしまうかも。ストレッチをして体をすっきりさせましょう。疲れがたまっていると感じるときは温泉やスパに行ってみて。
4 月	●	相手の気持ちを考えて話ができる人に会えそうな日。自分中心で他の人を見ていると見抜けないので、逆の立場を想像したり会話の受け答えを後で思い返してみましょう。
5 火	△	忘れ物や遅刻で迷惑をかけてしまいそう。自分でも驚くようなミスをすることがあるので、慎重に行動したり15分前行動にして時間にゆとりを持っておきましょう。
6 水	○	他人への期待が大きいとイライラしたりがっかりしそう。ほどほどに期待したり相手も最善を尽くして頑張っていると思って、今後の成長に期待するようにしましょう。
7 木	○	不慣れや苦手なことでもいいので、挑戦するといい勉強になる日。少しの勇気や失敗を恐れないことが大切。何も挑戦しないことが人生の大きな失敗につながるので気をつけて。
8 金	▽	評価や他人の視線を気にするより、今やるべきことに一生懸命取り組む姿勢が大切。夕方以降は急に予定変更になりそうですが、合わせることでいい経験ができそうです。
9 土	▼	タイミングが悪い感じがする日。ムダな時間が増えてしまいますが、今日はそんな日だと思って割り切ってみるとイライラすることもなくなるでしょう。
10 日	×	しつこい人や面倒な人に振り回されそう。愚痴や不満を聞くことになったときは「愚痴を聞く側の気持ちを知るとき」と思って、自分はみっともないことを言わないようにして。
11 月	▲	何事も一つひとつ丁寧に行動する必要がある日。勢いまかせにすると雑になってしまい、大事なものを壊したり、余計な時間を使うことになるので気をつけましょう。
12 火	＝	難しいと思うことは「奥が深い」と思って受け止め方を変えるといいでしょう。前向きになれるような考え方や発想ができるようにするといいでしょう。
13 水	＝	ないものねだりは不運の原因になるだけ。今の自分の才能や魅力を最大限に見せられる方法を考えてみて。成功した人の他人に見せない苦労を認めることも大切。
14 木	□	まずは行動してみるといい日。特に人助けや誰かに喜んでもらえることならお節介と思われてでもやりましょう。小さなことでもいいので他の人の笑顔のために動きましょう。
15 金	■	肌の調子が悪くなったり、口内炎や些細な体調の変化で仕事に集中できないことがありそう。休み時間はしっかり体を休ませたり、無理は避けるようにして。
16 土	●	友人や知人から遊びに誘われそうな日。複数の人から誘われてしまったときは、紹介を兼ねてみんなで遊んでみて。思ったよりも素敵な集まりや仲間になれそうです。
17 日	△	油断をするとケガやうっかりミスをしそう。値段をろくに見ないで買い物をしてしまったり、時間にルーズになりすぎて焦ってケガをすることもあるので気をつけましょう。
18 月	○	苦労したこと学んだことをうまく活かせる日。少しでしゃばっていると思われてもいいので、知っていることは教えて、話の中に入ってみるといいでしょう。
19 火	○	時間の読みや計算が甘くなってしまいそう。慣れた仕事ほどミスをしやすいので気をつけましょう。買い物も余計なものを買いすぎることがあるので注意して。
20 水	▽	周囲からのアドバイスを素直に聞いて行動して。やってみて結果的にうまくいかなくても、学べることがありそう。素直に行動することに意味があるでしょう。
21 木	▼	偉そうな人や言葉遣いの悪い人に出会って不愉快な気持ちになってしまいそう。本当に偉い人は偉そうにしないので、気にしないようにするといいでしょう。
22 金	×	心配するのはいいですが、余計なことを考えすぎてしまうかも。慎重に行動するのはいいですが、ほどほどに考えて、楽観的に行動するといいでしょう。
23 土	▲	今日は、部屋の掃除や身の回りをきれいにするといい日。不要なものや長い間置きっぱなしのものがあれば、思いきって処分しましょう。ムダなアプリも消しておきましょう。
24 日	＝	気になる場所に遊びに出かけたり、これまで遊んだことのない人に連絡をしてみて。多少の面倒や予想外は楽しむようにするといいでしょう。
25 月	＝	普段とは少し生活リズムを変えるといい日。新しい発見をすることで人生が前向きになるでしょう。いい部分やプラス面を探す癖も身につけるようにしましょう。
26 火	□	自分でもよくないと思っている悪習慣があるなら、止めるように努めるといい日。些細なことでも止めようとする気持ちが大切。意志の弱い自分を知ったら今後の課題にして。
27 水	■	目の疲れや肩こりなど、体調に異変を感じそう。今日は肉体的な無理は避けて、ほどよく休むように。マッサージに行って日頃の疲れをとることも大切です。
28 木	●	楽しいことを見つける癖や人の長所を見る癖をつけるといいでしょう。当たり前の幸せに鈍感に生きないようにして、感謝の気持ちを忘れないようにして。
29 金	△	何事もおもしろがると人生がいい方向に進みそう。自分のドジや失敗は笑い話のネタにしましょう。今日は恥ずかしい思いをしやすいのでネタを作るチャンスだと思ってみて。
30 土	○	本当は悪友や面倒な人だと理解しているのに、ずるずる関係を続けてしまっているなら、距離を置いたり、ウソをついてでも会わないようにすることが大事です。

☆開運の日 ◎幸運の日 ●解放の日 ○チャレンジの日
□健康管理の日 △準備の日 ▽ブレーキの日 ■リフレッシュの日
▲整理の日 ×裏運気の日 ▼乱気の日 ＝運気の影響がない日

5月 2022

× 裏運気の月

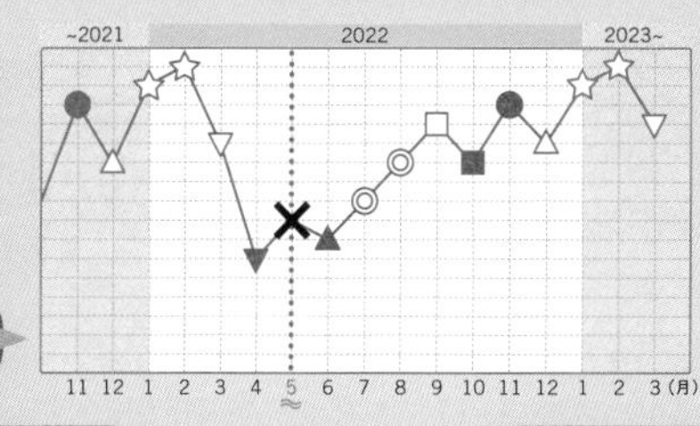

開運3カ条

1. 意外な人脈を楽しむ
2. 忍耐と度胸と勇気を心がける
3. 楽な方に流されない

総合運

予想外の人脈ができたりうれしい流れに乗れそうですが、時間が足りなくなったり忙しくなりすぎてしまう時期。人間関係が面倒になったり、やる気をなくしたりすることがありそうですが、前向きにしてくれる人や背中を押してくれる人のおかげで落ち込みを回避できることがあるでしょう。苦手な人と仲良くなれるチャンスもありそうです。健康運は、飲みすぎや食べすぎでの胃腸不良や肌荒れに注意しましょう。

恋愛＆結婚運

好みではない異性に好かれたり、予想外の人を好きになってしまう時期。好きでない人と交際をスタートさせて後悔したり、急に恋に冷めてしまう場合もありそう。今月は冷静に相手を見極めて、周囲の評判をしっかり聞いてから進展させるように。新しい出会い運は、あなたの気持ちを乱す人に会いそうなので期待は薄いでしょう。結婚運は、結婚願望が薄い人ほど突然結婚したくなるでしょう。

仕事＆金運

今年度の体制にまだ不慣れで思い通りに進めなさそうですが、今月は学ぶべきことや自分の至らない点を見つけるために、忍耐強く取り組む必要があります。失敗や苦しい状況に負けない気持ちや度胸が必要になると覚えておきましょう。安易な方向に進むと、逆に苦労から抜けられなくなるでしょう。金運は、買い物で失敗しやすいので衝動買いは避けましょう。契約などにも不向きな時期です。

日	曜	運気	内容
1	日	○	いい話やいい言葉に敏感になると素敵な言葉に出合えそう。頭の中でも言葉でも何度も発してみると本当にいい流れを作れるでしょう。書店に行くと素敵な本に出会えそう。
2	月	▽	午前中から活動的になるといい1日を過ごせそう。だらだらしないで気になることをテキパキやったり、気になる場所に出かけてみるといいでしょう。
3	火	▼	「どうせできない」「絶対に無理」「もうダメだ」とマイナスに考えると悪い方向に進んでしまうだけ。小さな幸せを見つけるように心がけるとマイナスから抜けられるでしょう。
4	水	×	興味のないことでも少し挑戦することでいい経験ができる日。避けてばかりではいつまでも成長できないでしょう。今日の出来事から学ぶことを楽しんでみましょう。
5	木	▲	不要なものは持ち歩かないでミニマムな生活を送るといい日。何事も素直に受けとめてシンプルに考えて行動するといいでしょう。スリムな1日を楽しんで。
6	金	＝	新しいことに目を向けて、新しい考え方や生き方を取り入れてみて。耳触りのいい言葉でも偽善でもいいので、自分の将来が明るくなると思えることに向かってみましょう。
7	土	＝	どんな状況でも楽しいことやおもしろいことはあるもので、後はあなたがそれを見つけられるかだけ。考え方や見方を変えると楽しくなれそう。周囲の人の良さにも気づけそうです。
8	日	□	現状を最善と考えて楽しむことが大切な日。お金や時間や環境など、不満を探したらキリがないので、「今が最高」と思って周囲と楽しんでみるといい1日を過ごせそうです。
9	月	■	連休明けで頭も体もうまく動かなそう。慌てるとケガやミスにつながるので、家で軽くストレッチしてから出かけるようにして。今日は体力的な無理は避けましょう。
10	火	●	「目が合うすべての異性から好かれている」と意識すると恋愛運が上がるでしょう。仕事でも注目されていると思うと気合いが入っていい結果に結び付くでしょう。
11	水	△	失敗しやすい日。確認や事前準備をすれば簡単に避けられるでしょう。失敗をそのままにしないで同じ失敗をしないようにすれば、いい経験として活かせるでしょう。
12	木	○	過ぎたことをいつまでも考えないようにしましょう。楽しかったことや輝いていた時期など、前向きになれることを思い浮かべてみるといいでしょう。
13	金	○	どんな仕事でも丁寧に行うことが大切です。雑用だと思っているのは、あなたが仕事に感謝していない証拠。与えられた仕事に最大限の力を出すように心がけて。
14	土	▽	午前中から片づけや掃除をしてテキパキ動くようにして、午後からはのんびりして。既に予定が入っている場合は、午後からはゆとりを持って行動するようにしましょう。
15	日	▼	人に振り回されたり、小馬鹿にしてくる人と一緒になってしまいそう。マイナスがあれば必ずプラスがあるものなので、見方や考え方を変えてみるといいでしょう。
16	月	×	うまくいかないことに目を向けることは悪くはありませんが、自分のできることや得意なことを見失わないように。過小評価してやる気をなくさないように気をつけて。
17	火	▲	失敗や挫折をしやすい日ですが、失敗をすることで後の成功につながると気づくといいでしょう。同じ失敗をしないことが成功の道だと思っておきましょう。
18	水	＝	はじめて会う人と話したり新しいことに挑戦するといい日。臆病になるといつまでも前に進めません。少し図々しくなってみると学ぶべきことを見つけられるでしょう。
19	木	＝	笑顔や愛嬌を意識することでいい人脈を作れたり、不慣れな人とも仲よくなれるでしょう。お互いどんな雰囲気がいいのか少し考えて、選ぶ言葉も変えてみるといいでしょう。
20	金	□	時間を意識して仕事したり生活を送るといい日。作業を終える時間を決めて、それに向かって一生懸命になるといい結果を出せそう。なんとなくやだらだらで過ごさないように。
21	土	■	しっかり体を休めるといい日。昼寝したり、マッサージやエステ、好きな音楽を聴いてゆっくりする時間を作りましょう。外出するときは丁寧に行動するようにしましょう。
22	日	●	異性と仲良くできる日ですが、意外な人から誘われそう。高嶺の花と思える人といい関係になれることもあるので、思いきった人に連絡してみるのもいいでしょう。
23	月	△	忘れ物やうっかりミスをするかも。ただのドジだと思わず自分の雑な部分を確認できてよかったと思って次から気をつけるようにして。遅刻にも気をつけましょう。
24	火	○	あなたを必要とする人に力を貸したり、恩返しの気持ちで行動するといい結果につながるでしょう。自分のことよりも自分を信じてくれる人のために生きてみましょう。
25	水	○	これまでの経験をうまく活かせる日。思い出すといろいろな経験や困難を乗り越えて今があるはず。あなたの思っている以上に実力や人脈があることを忘れないようにしましょう。
26	木	▽	日中は、能力をうまく活かせて問題なく進められそう。大事な仕事ほど先に終えておきましょう。夕方以降は、マイナスの情報に振り回されて心が乱れてしまいそう。
27	金	▼	「考えてもわからない」と投げ出すから答えに近づけないだけ。「絶対に理解でき、解決する方法がある」と自分を信じるとどんな問題も解決できるようになるでしょう。
28	土	×	いい予感がするときは思いきって行動するといいですが、嫌な予感がするときは「なぜそんな感じがするのか」を冷静に考えると、面倒なことを避けたり、そこから学べそうです。
29	日	▲	失恋や別れがあったり、人間関係が悪くなりそう。否定的に考えるよりも「また縁があればつながる」と楽観的に考えてみて。悪友と離れてすっきりできることもありそう。
30	月	＝	苦労や困難に直面したときは、自分をドラマや映画の主人公だと思ってみて。主人公ならこのピンチをどう乗り切って盛り上げるのか想像して行動してみましょう。
31	火	＝	1カ月を振り返って、いい思い出やよかったことを思い出してみるといい日。頑張った自分を褒めて、関わってくれた人に感謝をすることで来月がいい月に変わるでしょう。

開運のつぶやき　些細な幸せに気づける人は、大きな幸せをつかむもの

2022 6月

▲ 整理の月

~2021 2022 2023~
11 12 1 2 3 4 5 6 7 8 9 10 11 12 1 2 3 (月)

開運 3 カ条

1. ムダな時間をできるだけ削る
2. 掃除と整理整頓をこまめに行う
3. 悪習慣を断ちきる

総合運

人間関係も身の回りにあるものも整理する必要がある時期。縁を切ることや別れを告げることが苦手なタイプですが、悪友やネガティブを押しつけてくる人、成功をさまたげる人とは縁を切ってしまうといいでしょう。年齢に合わない趣味や服も捨てて、切り替えるといいでしょう。今月の決断が来月以降の運気を大きく左右するでしょう。健康運は、悪習慣や不健康と思われる行動や習慣は改めて、健康的な生活リズムを作るようにしましょう。

恋愛&結婚運

好きな人に振り回されていると感じたり手応えがないと思えるなら、今月で諦めたほうが来月以降に運命的な人に出会えるでしょう。執着しないで冷静に判断して。新しい出会いは期待は薄いですが、下旬になると素敵な人に出会えるかも。過去の恋を終わらせることで前に進めると思いましょう。結婚運は、今の恋人と先に進められる覚悟ができそう。勢いで入籍に進めてもいいでしょう。

仕事&金運

自分のやるべき仕事に集中することが大切な時期。ムダな時間を過ごさず合理的に仕事を進められるように工夫しましょう。時間や経費を削減するなど、会社がよくなると思えることはどんどんやりましょう。仕事道具や使うものはきれいにしたり、しっかり手入れしましょう。金運は、買い換えの準備をするといいでしょう。不要なものを処分するならネットで売ってみるといいお金になりそう。

1 水	□	言葉を大切にしましょう。前向きな言葉や希望ある言葉を発することで、自分も周囲も前に進めます。水を差すようなことを言う人は距離を空ける相手だと判断しましょう。
2 木	■	疲れを感じやすい日。無理をしないで休憩をしっかりとってから仕事に集中しましょう。今日はだらだらしないで、テキパキ仕事をして早めに終わらせるようにして。
3 金	●	あなたに注目が集まる日。前向きで希望のある話をしたり、後輩や部下にアドバイスしてみるといいでしょう。相手の明るい未来を想像して話してみるといい話ができそうです。
4 土	△	小さなミスをしてしまうかも。忘れ物や失言に注意が必要ですが、自分の雑な部分を知って今後気をつけるようにして。大事なものは目に付くところに置きましょう。
5 日	○	親友や付き合いの長い人と遊ぶといい日。語ってみることで気持ちの整理やストレス発散になるでしょう。いい思い出があるお店に行ってみるのもよさそうな日です。
6 月	○	仕事に使う備品や日用品、消耗品を買うとよさそう。不要なものを買わないようにメモしてから出かけましょう。貯金や現金がどのぐらいあるのか把握しておくことも大事でしょう。
7 火	▽	日中は、能力や知恵を活かせて、素早くいい判断もできそうです。夕方あたりから周囲の意見に振り回されたり、間違った方向に判断しやすいので気をつけて。
8 水	▼	愚痴や文句は不幸を呼び寄せるだけ。文句のある人間関係は断ちきるか、自分のレベルを上げて関わらなくて済むようにしましょう。口だけで何もしない人にならないように。
9 木	×	ソリの合わない人や反抗してくる人と一緒にいる時間が増えてしまいそう。相手を否定するよりも認めて肯定してみて。反抗の原因はあなたにもあることを忘れないで。
10 金	▲	他人にばかり頼ろうと思っているなら、自ら向上しようと強く思いましょう。自分の力だけで生きていると思うなら、人を認めて頼りにするようにするといいでしょう。
11 土	＝	失敗や問題にぶつかったときほど、成功への近道をしていると思いましょう。原因をしっかり探って、改善や改良をすれば目指す場所や目標を達成することができるでしょう。
12 日	＝	はじめて行く場所でいい経験やおもしろいものが見られそう。苦手だと思って避けないで、周囲がオススメする理由を探してみたり、学べることを探してみて。
13 月	□	身の回りにある不要なものや時間をムダに使うSNSやアプリを一気に消すにはいい日。昔の恋人や連絡をしない相手の連絡先を消したほうが、気持ちも楽になるでしょう。
14 火	■	起きるタイミングが悪く、疲れやだるさを感じそうな日。ストレッチしてから出かけると頭がすっきりしそう。慌てるとケガをすることもあるので丁寧に行動しましょう。
15 水	●	善意を持って正しい方向に進むと運を味方につけられそう。サボったりズルをしたり、勤勉ではない行動は自分を苦しめる原因になるだけ。叱られたときほど感謝を忘れないように。
16 木	△	知恵があり工夫もしているのに、考え方や行動が雑で評価されなかったり不満がたまることがあります。今日は自分の雑な部分が見えるので今後は気をつけるようにしましょう。
17 金	○	これまでの選択が正しかったから今があると思いましょう。不満があるなら自分の選択が間違っていたことを認めて、成功している人のアドバイスを素直に聞きましょう。
18 土	○	自己分析も大切ですが、他人をしっかり観察したり人の考えや心理をもっと読むようにしましょう。いろいろ想像して立場や状況から予測してみるといいでしょう。
19 日	▽	午前中から行動的になって、用事はできるだけ早めに済ませましょう。部屋の掃除や洗濯など、たまっているものはどんどん終わらせて、午後からのんびりして。
20 月	▼	予定通りに進まなかったり些細なことでイライラしそう。過剰な期待をしないで気楽に考えましょう。勝手に心配や不安になることを考えないようにもしましょう。
21 火	×	裏の才能を活かせる日。ネガティブになっているのではなく、学べることや自分の成長すべき部分や周囲の伸びしろが見えているだけ。見方が変わることをプラスに受け止めて。
22 水	▲	失敗やうまくいかないことは、すべて過ぎたことだと笑い飛ばしましょう。取り戻すためには何をどうすべきか考えて、同じ失敗をしないようにして自分を成長させましょう。
23 木	＝	自分の力や才能を認められたいなら、相手の能力や才能を素直に認めましょう。ときには負けを認めて譲ることも大切。意地を張るのではなく、自分の得意なことを極めましょう。
24 金	○	自分の人生は自分でしっかり考えるように。他人はあなたの人生のことは考えてくれません。明るい未来のために今の自分に何が足りないのか考えて努力を始めてみて。
25 土	□	目標に正しく向かうことも大切ですが、遠回りすることで得られる力や知識もあります。自分も部下も後輩も前に進んでいないのではなく、遠回りしているだけの場合があるでしょう。
26 日	■	しっかり体の疲れをとるといい日。行動的になるのはいいですが、無計画な行動は避けるように。健康的な食事を意識して選ぶようにするといいでしょう。
27 月	●	友人や知り合いを喜ばせることで幸せを感じられる日。与えられることがあるならケチケチしないように。人の幸せが自分の幸せだと気づけるといい日になるでしょう。
28 火	△	褒めることで前に進める日。周囲の人も自分も褒めるといいでしょう。「頑張ってますね」と一言かけるだけでいいでしょう。小さなミスや確認忘れには気をつけて。
29 水	○	やる気を出したいときは、最も輝いていたことを思い出したり、自分のいい部分を見つけるといいでしょう。どんな人にもいいところはあるので、できるだけたくさん見つけましょう。
30 木	◎	あなたに味方が集まる日。応援してくれる人や支えてくれる人の存在に感謝して。アドバイスしてくれる人や厳しいことを言ってくれる人も大切にしましょう。

☆ 開運の日　◎ 幸運の日　● 解放の日　○ チャレンジの日
□ 健康管理の日　△ 準備の日　▽ ブレーキの日　■ リフレッシュの日
▲ 整理の日　× 裏運気の日　▼ 乱気の日　＝ 運気の影響がない日

7月

2022

◎ 幸運の月

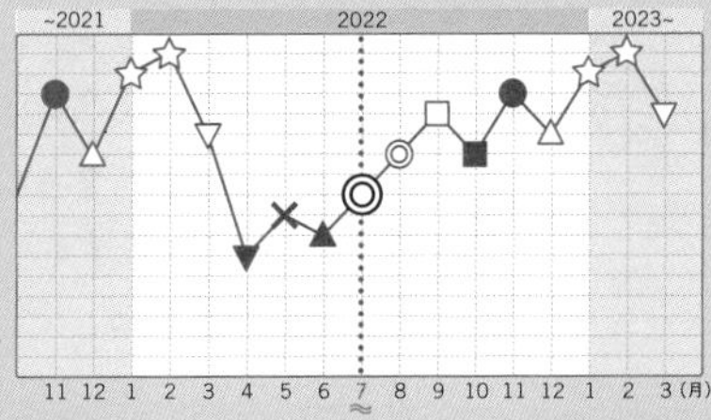

開運 3 カ条

1. 生活リズムを変える
2. 新しいことに目を向ける
3. 新しい情報を集める

総合運

新たなことに目がいき、好奇心が旺盛になる時期。出会いも増えて人脈が一気に広がり、頑張ってきたことに協力してくれる仲間や情報も集まってくるでしょう。待ちの姿勢では運気の流れを逃すだけなので、自ら動いたり人の集まりを作ってみるといいでしょう。生活リズムや環境を変える決断をするにもいい時期なので、勇気を出して行動してみましょう。健康運は、定期的な運動を始めたり、生活習慣を整えておくといいでしょう。

恋愛&結婚運

出会いのチャンスが多くなり、気になる人や素敵な人に会える時期。飲み会や集まりに誘われたときは、張りきって参加しましょう。異性を意識したイメチェンをしたり、年齢に合わせた服装にすると、急激にモテるようになることも。片思いの相手にはマメに連絡するといい関係に進めそう。話題のスポットや映画などを観に行きましょう。結婚運は、前向きな話ができる時期。いい夏の思い出ができそう。

仕事&金運

情熱が湧く時期。現在の仕事に全力で取り組むことで、いい結果を出せたり、仲間や理解者が集まってくるでしょう。新しい仕事をまかされたり、自ら仕事を作り出すこともできそう。これまでとは違う方法で取り組むといいので、アイデアや情報を集めてみましょう。出社時間を変えるといいリズムを作れる場合も。金運は、最新のものを買うにはいい時期。家電や服、靴などを買いましょう。

日	運気	内容
1 金	▽	協力してくれた人に感謝したり、周囲や困っている人の手助けをすることが大事な日。喜んでもらえることで自分の幸せを理解できるでしょう。夜は気持ちがブレそう。
2 土	▼	予想外の展開が多く、慌ただしくなったり振り回されそうな日。わがままな人や強引な人に合わせることで、自分では体験できないこともできるので、よさを探してみて。
3 日	×	気温で体調を崩したり、人間関係に疲れてしまいそう。人との距離感を大切にしたり、ひとりの時間を楽しむようにすることも大切。知人の愚痴や不満に飲み込まれないようにして。
4 月	▲	過ぎたことは気にしないように、気持ちの切り替えが大切。失敗や失恋から学んで成長しましょう。言い訳にして止まらないで、理由にして前に進みましょう。
5 火	○	チャレンジ精神があると運をつかめる日。新しいことにいろいろ挑戦するといいので、些細なことでも「新しい」と思えることに取り組んでみるといいでしょう。
6 水	○	ポジティブな発言をしていると前に進めそう。周囲にいる人を褒めたり励ましてみると、自分のやる気もアップするでしょう。いい言葉を選んで発するようにして。
7 木	□	明るい未来を想像するといい日。希望や夢を忘れないことが大切ですが、現実的で具体的なのか冷静に判断してみましょう。夜は疲れやすいので早めに寝ましょう。
8 金	■	エアコンの効きすぎで体調が悪くなったり、暑さでぐったりしそう。水分補給は大切ですが、冷たいものの飲み過ぎには気をつけましょう。消化のいいものを食べましょう。
9 土	●	素敵な出会いがある日。飲み会や集まりには参加するといいでしょう。急な誘いもありそうなので、楽しみましょう。片思いの恋も進展しやすいので、デートに誘ってみて。
10 日	△	不器用なところや雑なところが出てしまうかも。手を滑らせて食器を割ったり、スマホを落として画面を傷つけてしまうことがありそう。丁寧に行動するように心がけて。
11 月	◎	実力を評価されて大事な仕事や判断をまかされることがあるでしょう。自分を信じて思いきって行動してみて。付き合いの長い人からいいアドバイスももらえそうです。
12 火	☆	仕事でいい結果を出せる日ですが、待っているだけでは何も変わらないので、勇気を出して行動したり、意見をはっきり伝えましょう。些細な勇気が流れを変えるでしょう。
13 水	▽	日中は、いい勢いで仕事ができる日。遠慮はいらないので思いきって仕事に取り組んで。夕方あたりから、周囲の人や後輩や部下に振り回されてムダな時間を過ごしそう。
14 木	▼	ここ数日の勢いが収まるので、勢いまかせで行動しないで、ペースをゆっくりにしましょう。周囲の流れに合わせながら様子を見て。頑張りすぎると疲れてしまいそうです。
15 金	×	偉そうな人や口の悪い人に余計なことを言われて、やる気を失いそう。憧れない人に影響されないで、反面教師だと思って気をつけるようにしましょう。
16 土	▲	身の回りにある不要なものを処分するといい日。昔の恋人からのものや、なんとなく捨てられないままのものは、一気に処分しましょう。紙袋などの使わないものも捨てましょう。
17 日	○	素敵な出会いがあったり、片思いの人との進展がありそう。今日は積極的に行動することが大切になるので、勇気を出して、素直に気持ちを伝えてみて。
18 月	○	自分の得意なことで周囲を喜ばせたり、手助けをするといい日。人の話を聞いてあげたり笑顔で接するだけでも、十分役立てることもあるでしょう。
19 火	□	何事もほどほどが大切。現状の幸せを見逃したり、理解できないほど欲張ってしまわないように。食事も腹八分目にすると調子がよくなるので、食べすぎには気をつけて。
20 水	■	美意識を高めることで健康的に過ごせる日。自分をもっと美しく見せようと努力すれば、自然と体調もよくなるでしょう。不健康なことはできるだけ避けるようにしましょう。
21 木	●	長所を活かせる日ですが、短所もうまく活かして個性や才能に見せる工夫をしてみて。何事も考え方や発想の変え方だと思っておくといいでしょう。
22 金	△	小さなドジが重なってしまいそう。忘れ物や時間の間違いなど、普段ならやらないような失敗をしやすいので確認作業はしっかりすること。会話での失言もあるので気をつけて。
23 土	◎	懐かしい人と話すといい日。友人から突然連絡があって会うことになりそう。しばらく連絡していなかった異性から、告白やデートに誘われることもありそうです。
24 日	☆	買い物をするといい日。流行の服や最新の家電を選んでみましょう。安くてもいいので、年齢や時代や季節に合うものを選んでみて。旬の果物を購入するにもいい日です。
25 月	▽	午前中からパワフルに行動できそう。受け身で待っていると前に進めないので、自ら進んで仕事に取り組みましょう。夕方以降は、若い人や部下に振り回されそうです。
26 火	▼	人の話を聞くのはいいですが、不満や愚痴や悪口に付き合わされそう。マイナスな会話に合わせると運気が悪くなるだけなので、距離を空けるようにして。
27 水	×	よかれと思った発言で変な空気になってしまいそう。言葉を選んだり、タイミングを計るようにしましょう。上下関係や挨拶、お礼はいつも以上にしっかりしましょう。
28 木	▲	ものが壊れるのは当然だと思いましょう。大事なものを壊したり、食器を割ってしまうことがありそう。なくなるから価値があることを感じられそうです。
29 金	○	前に進めるきっかけがある日。新しい仕事をまかされたり、不慣れな作業を行うことになりそう。いい勉強や実力アップにつながるので、楽しんで取り組んでみましょう。
30 土	○	新しいことに挑戦するといい日。夏らしいことをやっていないと思うなら、友人を誘って夏を楽しんでみましょう。プールや海に行ってみるといい経験ができそうです。
31 日	□	自信を持って行動することで運気の流れがよくなる日。気になる人を誘ったり、電話で楽しく話してみるといいでしょう。夜は早めに帰宅しないと次の日に疲れが残りそう。

開運のつぶやき　勝てない相手から見習うことが大切

2022 8月

◎ 幸運の月

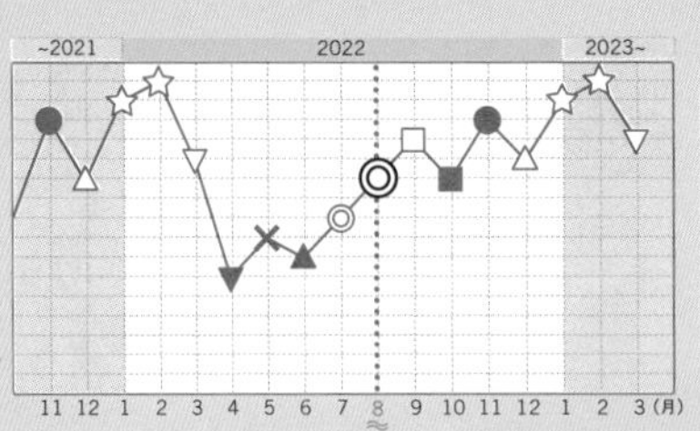

開運 3 カ条

1. フットワークを軽くする
2. 新しいことに挑戦する
3. 新しい仲間を作る

総合運

視野が広がり、行動力が増し、新しい出会いや経験が増える時期。好奇心の赴くままに行動すると学べたり、これまでにない体験や大事な人脈ができるでしょう。積極的に行動することで新たな道を切り開けそうです。イメチェンや生活習慣の変化、引っ越しなどを決断するにも最適。新しい出会いも増えるので、誘われたらできるだけ顔を出しましょう。健康運は、定期的な運動やスポーツを始めるなど、健康的な肉体作りにいい時期。

恋愛&結婚運

新しい出会い運がよく、異性と会う機会が増えそう。ただし、誘いを待っているだけではチャンスをつかめないので、気になる人には連絡して食事に誘いましょう。これまでと違うデートプランや、話題のお店に行くといいでしょう。美術展や気になるイベントもいいかも。今月異性との縁が感じられない人は、髪型を変えて大幅なイメチェンをしてみて。結婚運は、話を進めやすいので将来の話をしましょう。

仕事&金運

やらなくてはならない仕事が多くなり、周囲からの期待も高まる時期。新しい方法を試してみることで、いい流れを作れそう。昔の方法や古いやり方だけが正しいと思わないで、若い人の意見も聞いてみましょう。教育や指導をまかされることもあり、難しく感じますがやりがいも見つけられそうです。金運は、買い換えや新商品の購入にいい時期。最新の家電や家具、流行の服などを買いましょう。

日	運気	内容
1 月	■	あなたの体はあなたにしか理解できないもの。限界を感じるまで頑張りすぎないで、休憩することも仕事の一部だと思いましょう。夜は異性から突然の連絡がありそうです。
2 火	●	好きな人の言葉を信じるといい関係に進める日。気になる人に連絡して相手の言葉を素直に受け止めましょう。仕事でも素直に取り組むと、いい結果や周囲の協力を得られそう。
3 水	△	仕事を楽しめるように、工夫や考え方を変えることが大切です。失敗や思い通りに進まないことも楽しんでみるといいでしょう。発想を変えてみると何事もおもしろく見えるでしょう。
4 木	◎	何事も、もうひと踏ん張りやひと粘りするといい日。簡単に諦めるとこれまでの努力がムダになってしまうでしょう。押しと粘りを忘れないようにしましょう。
5 金	☆	相手に合わせた言葉を選んで丁寧にゆっくり話してみて。言葉の選び方が人生を変えます。買い物にもいい運気なので、時間を見つけて気になるものを買いに出かけましょう。
6 土	▽	午前中は買い物に出かけるといい日。昨日買えなかったものを買いに出かけましょう。午後は、友人や知人に合わせると視野が広がったり、いい情報を得られそうです。
7 日	▼	人間関係が空回りするかも。恋愛では期待外れだったり、ヘコむ情報が入りそう。交友関係では、友人の言葉に嫌な思いをしたり、愚痴や不満を聞くだけのムダな時間が増えそうです。
8 月	×	苦手な人や考え方の違う人と一緒になる時間が増えそうな日。相手にも家族や親友がいることを想像すると、いい部分が見えそう。好きにならなくてもいいのでいちいち嫌わないように。
9 火	▲	失った時間があるから得ることがあるでしょう。今日は失っていることばかりに目がいってしまいそうですが、得ていることが何かを考えてみると楽しくなるでしょう。
10 水	○	自分が与えられることを見つけて、与え続けましょう。ケチケチしたり中途半端に与えないで、「これでもか」と言わんばかりに与えてみると、幸福とは何か見えてくるでしょう。
11 木	○	行動を優先するといい日。行動しながら考えましょう。動かないで考えてもマイナスな方向に進んでしまうだけ。体が動かせないときでも手を動かしながら考えるといいでしょう。
12 金	□	品を意識することで運気の流れがよくなりそう。しっかり挨拶したり、丁寧に言葉を選んで話すように意識しましょう。いい言葉を発してみるといいでしょう。
13 土	■	今日は、しっかり体を休ませるといい日。予定が入っている場合は、マメに休んだり、のんびりする時間を楽しみましょう。調子に乗ると擦り傷などのケガをしそうです。
14 日	●	好きな人に連絡すると、いい返事が聞けそう。素直に好意を伝えると交際に発展できるかも。新しい出会い運もいいので、異性と出会えそうな集まりに参加してみて。
15 月	△	小さな失敗をすることで恥ずかしい思いをしそうですが、恥ずかしい思いをするたびに強く図太くなっているので、失敗にもプラス面があることを覚えておくといいでしょう。
16 火	◎	片思いの恋に動きがありそうな日。急に連絡が来たときは、前向きな返事を明るいテンションで送ってみて。仕事面ではこれまでの経験がうまく活かせそうです。
17 水	☆	自分も周囲も喜ぶことが何か考えて行動するといい日。感謝の気持ちをプレゼントで表してみましょう。仕事運もいいので、真剣に取り組むとチャンスをつかめそうです。
18 木	▽	午前中は頑張りが認められて、いい結果につながりやすいでしょう。夕方あたりから、後輩や部下の雑な仕事が明るみに出そう。相手に伝わるように言葉を選んで指導して。
19 金	▼	思い通りにならないことに不満を感じるよりも、少しでも期待通りになった部分を見つけて満足するように。今日は心が乱される運気なので、平常心を保つよう心がけて。
20 土	×	異性や周囲に心をもてあそばれたり、ムダな時間を過ごすことになりそう。イライラしないで、好きな音楽を聴いてゆっくりする時間を作っておくといいでしょう。
21 日	▲	身の回りやカバンの中をきれいに整理整頓して、不要なものは持ち歩かないようにして。散らかったままでは大切なものをなくしたり、探す時間がムダになりそうです。
22 月	○	今できることに一生懸命になるといい日。最善を尽くすことで気持ちが楽になったり、相手を笑顔にさせられるでしょう。自分の力が役立っていることで満足できそうです。
23 火	○	新しいことに挑戦するのはいいですが、自分の実力の少し上を目指すことが大切。無理な挑戦は挫折を感じてやる気をなくす原因になってしまうので気をつけて。
24 水	□	日中は、どんな仕事でも全力で取り組むといい結果につながるでしょう。夕方あたりからパワーダウンや疲れからミスが出やすいので、ペースを少し落とすといいでしょう。
25 木	■	疲れを感じるときは、目を閉じて目の周りをマッサージしてみて。暑さで体調を崩したり、エアコンの効きすぎで喉や肌の調子が悪くなることがありそうです。
26 金	●	いい判断ができる運気ですが、多数意見に負けないようにして。自分の考えが伝わるようにしっかり話しましょう。思った以上にいい仕事ができる運気です。
27 土	△	しっかり遊ぶことで運気の流れがよくなる日。夏の遊びをしていない人はまとめてやってみて。友人や知人を誘うと思った以上に楽しい思い出ができそうです。
28 日	◎	異性の友人だと思っていた人や職場の人から、告白されたり好意を寄せられそう。周囲の評判がいい人なら、思いきって交際をスタートさせてみるといいでしょう。
29 月	☆	仕事は早く丁寧に行うことが大切。今日はいい感じで仕事ができる運気なので、周囲に感謝したり、これまで頑張った自分を褒めてあげましょう。ごほうびの買い物もいいでしょう。
30 火	▽	自分の得意なことに集中するといい結果につながりそう。夕方以降は、不慣れやできないことに挑戦して挫折を感じそう。向き不向きをしっかり分析しておきましょう。
31 水	▼	周囲の人や取引先の相手の気分に振り回されるかも。気分で仕事をしないで、しっかりした気持ちで仕事に取り組むとブレないでしょう。自分の役割を果たすようにしましょう。

☆開運の日 ◎幸運の日 ●解放の日 ○チャレンジの日
□健康管理の日 △準備の日 ▽ブレーキの日 ■リフレッシュの日
▲整理の日 ×裏運気の日 ▼乱気の日 =運気の影響がない日

2022 9月 健康管理の月

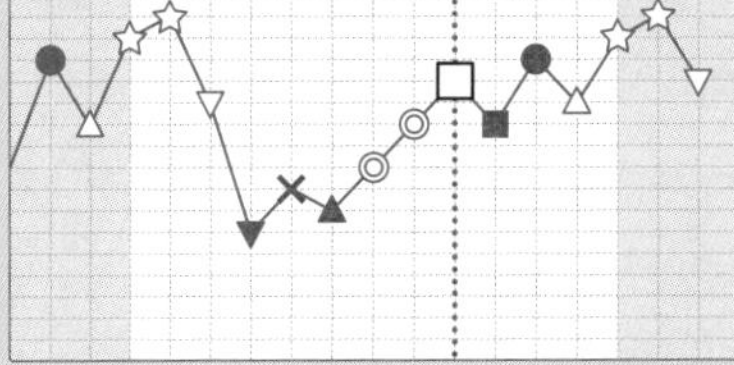

開運3カ条

1. 健康的な生活習慣に整える
2. 人との交流を楽しむ
3. 買い換えをする

総合運

環境を変える、健康的な生活リズムに整える、生活習慣を変えるにはいい時期。ダイエットや筋トレなどをスタートすると目標を達成できる可能性が高いので、気になる人は今月中に始めてみましょう。今月から始めたことは長く続けるように。人との出会いも大事になるので、人の集まりにはできるだけ顔を出しましょう。健康運は、定期的な運動を始めるのにいい時期。下旬から疲れを感じやすくなるので予定を詰め込まないように。

恋愛&結婚運

好きな人に素直に気持ちを伝えると後で交際できる可能性がある時期。すぐにいい返事を聞けなくてもがっかりしないで、好意が伝わってからがスタートだと思いましょう。新しい出会い運もいい時期なので、はじめて会う人にはあなたから挨拶して、明るい服を選んだり話のネタを用意するようにしましょう。結婚運は、ここ1～2カ月盛り上がっているカップルは勢いで入籍するといい時期です。

仕事&金運

自分の得意なことに集中して結果を出せるように努めたり、部下や後輩に教えられることを伝えましょう。今月が土台になって後の幸せにつながります。仕事関係者と飲み会や食事会をするといいので、幹事になりましょう。尊敬できる人の話で前向きになれたり、方向性を定められそう。金運は、買い換えにいい時期。家電や家具など、身近なものを思いきって買いましょう。長く使えるものを選ぶこと。

日	曜	運気	内容
1	木	×	小さなことが気になってやる気を失ったり、ネガティブ思考のスイッチが入ってしまいそうな日。落ち込んだときは深呼吸をして、明るい未来を想像するといいでしょう。
2	金	▲	気持ちの切り替えと変化が必要な日。過ぎたことをいつまでもクヨクヨ考えても時間がムダなだけ。別れや縁が切れたことは「これでよかった」と思うといいでしょう。
3	土	○	趣味の時間をしっかり楽しんだり、友人や知人を集めてパーティーをしてみて。仕事のことや悩みごとなどを考えられないぐらい、しっかり楽しむと運気がよくなるでしょう。
4	日	○	気になるお店やおもしろそうなイベント、ライブに足を運んでみて。いい発見や素敵な出会いもありそう。遠慮や臆病風は損をするだけ、積極的に行動して楽しんで。
5	月	□	1日の目標をしっかり決めて仕事したり、自分がどこに向かっているのか考えてから仕事しましょう。自分中心ではなく、周囲や会社、取引先のことをもっと考えてみましょう。
6	火	■	少し疲れを感じたり、肌の調子が悪くなりそう。口内炎ができて仕事に集中できないこともあるかも。休憩時間はしっかり体を休ませて、食事も旬の食材を食べましょう。
7	水	●	頑張りが認められたり、いい結果につながりそう。頭の回転が速くなり好判断ができるので、自分の勘を信じて決断してみるといいでしょう。恋愛でも相手の気持ちをしっかりつかめそう。
8	木	△	「あ！」と叫んでしまうようなことがありそうな日。忘れ物や約束をすっぽかすなどがあるので、スケジュールをしっかりチェックするようにしましょう。
9	金	◎	あなたの能力が求められる日。いろいろな経験が周囲の人の役に立ったり、いい結果につながりそうです。学んだことや趣味の話などが活かされることもありそうです。
10	土	☆	買い物をするには最高の日。買い換えを考えているものがあるなら思いきって買ってみて。衝動買いをするのもいいので、気になるお店に入ってみるといいものを見つけられそう。
11	日	▽	日中は運気がいいので、午前中から活動的になりましょう。ランチデートをするといい関係に進めそうなので、気になる人を誘ってみて。夜は疲れやすいので早めに帰宅を。
12	月	▼	昨日の疲れが残っていたり、頭がすっきりしない感じになりそう。果物を食べたり、フレッシュなジュースを飲むと、少し楽になったりやる気が復活しそうです。
13	火	×	小さな争いがあったり、愚痴や不満を言いたくなる出来事が起きそうな日。他人に求めることを自分が先にやるようにすると、余計なイライラはなくなるでしょう。
14	水	▲	やる気が起きないときほど、身の回りを片づけるとやる気が湧いてくるでしょう。不要なものを処分してすっきりさせて。スマホにある不要なアプリなども消去しましょう。
15	木	○	不慣れなことに挑戦することで、成長できそう。苦手をそのままにしないで、少しでも克服できるように意識してみて。苦手と思う人のいい部分を探すことも大切です。
16	金	○	周囲からオススメされた音楽を聴いたり、映画やドラマ、漫画などを観るといい日。流行したり勧められている理由を探すと、いい勉強になり話のネタにもなるでしょう。
17	土	□	楽しい時間を過ごすのはいいですが、調子に乗りすぎてケガをしたり、疲れをためてしまうことがあるので気をつけて。夜遅くならないようにして、マメに休むようにしましょう。
18	日	■	今日は、しっかり体を休ませる日と思いましょう。マッサージや温泉、スパに行ったり、昼寝をしてゆっくり過ごして。少しくらいだらだらしてもいいでしょう。
19	月	●	あなたの周りに自然と人が集まったり、味方や協力者が集まってくる日。楽しく話ができたり、いい人間関係を作れそう。手助けできそうなことがあるなら、力を貸しましょう。
20	火	△	小さな失敗をしやすい日。許してくれる人やフォローしてくれる人に感謝を忘れないようにしましょう。他の人の失敗も、許せるようになるといいでしょう。
21	水	◎	現状をしっかり受け止めて、認めることが大切。今のポジションは自分が頑張って行き着いた場所だと納得しましょう。不満があるなら何を頑張るといいか見つけてみて。
22	木	☆	仕事のチャンスをもらったら頑張ることで後の大きな仕事につながる日。些細な仕事でも真剣に一生懸命取り組んでみると、評価や次の仕事につながるでしょう。
23	金	▽	午前中は仕事がはかどり、いい判断もできそう。いい縁を感じるような出会いもありそうです。夕方は水を差すようなことを言われたり、些細なことで不愉快になってしまうかも。
24	土	▼	あなたのやさしさがお節介になったり、空回りしてしまうかも。いちいち気にしないで、タイミングの悪いこともあると思って、気持ちを切り替えたり言葉選びを変えるようにして。
25	日	×	予定が急に変わったり、思い通りに進まないことがありそう。がっかりしないで、空いた時間で普段見ないようなことに目を向けてみると、勉強になることを見つけられそうです。
26	月	▲	時間にゆとりを持って行動するように心がけるといい日。ギリギリで間に合うと思ったことが間に合わないで、焦ってしまう可能性があるでしょう。
27	火	○	仕事のことばかり考えないで、仕事以外のことや楽しいことを考えると、仕事のやる気が出てくるでしょう。何のために仕事をしているのか、前向きに考えてみましょう。
28	水	○	新しい流れに乗れそうな日。普段とは違うやり方に挑戦したり、工夫してみましょう。試してよかったと思えることがありそうです。恋でも気になる人に試しに連絡してみましょう。
29	木	□	日中はいい流れで仕事ができそう。周囲の人のことを考えるのはいいですが、過剰な心配は不要です。夜は愚痴や不満を聞くことになりそうですが、聞き役になりましょう。
30	金	■	頑張りすぎは疲れる原因になるので、無理を避けて自分のペースで仕事をするようにして。夜は早めに帰宅すること。無理をすると次の日まで響いてしまいそう。

開運のつぶやき ▶ 現状を受け入れて、多くを望まない人に運は味方する

10月 2022

■ リフレッシュの月

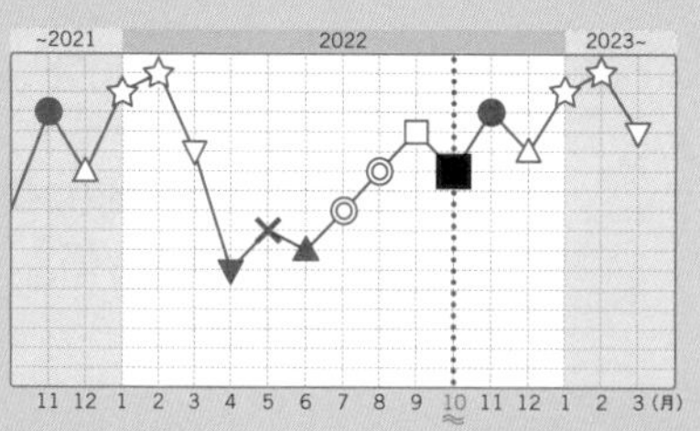

開運3カ条

1. 睡眠時間は8時間以上とる
2. 休みの日の予定を先に決める
3. リラックスできることにお金を使う

総合運

求められることや予定が増えすぎてしまう月。誘いやお願いを断らないでOKしていると、ヘトヘトになったり、ストレスで体調を崩してしまうことがありそう。今月は先に休む日の予定を組んでから、計画的に過ごしましょう。下旬は運命を変えるような出会いもあるので行動的になって、新しい出会いを大切にしましょう。健康運は、疲れから肌の調子を崩しそう。湯船にしっかり浸かり、睡眠時間を多くとるようにしましょう。

恋愛&結婚運

中旬までは進展を焦らないで、下旬や来月から交際をスタートするぐらいの気持ちが大切な時期。デート前には睡眠を8時間以上とって、万全な体調で異性に会うことが大切。疲れているときに会っても印象が悪くなったり、ケンカの原因になりそう。疲れを感じるときは、短時間のデートや映画などにしましょう。結婚運は、下旬から話が進みやすいので、具体的な話を進めてみましょう。

仕事&金運

実力を評価されて仕事が集中することや急な仕事をまかされてしまうことがある時期。後輩や部下の指導などもあり、予想外に忙しくなって疲れがたまるので、無理は避けるように。無茶を言われても加減したり、短時間に集中して仕事するなど、いい意味でサボることも大切です。金運は、マッサージや温泉、リラックスできることにお金を使うといいでしょう。飲み会の出費は控えるように。

日	運気	内容
1 土	●	好きな人や気になる人を誘うといい関係に発展しそう。誘われるまで待っていても何も変わらないので、好意を伝えたり、ノリや勢いで押してみるといいでしょう。
2 日	△	失言やドジな行動をして恥ずかしくなったり、やる気を失ってしまうかも。今日はお笑いの動画やネタを見て笑ったり、楽しく話せる友人に会うと気持ちが楽になるでしょう。
3 月	◎	得意な仕事をきっちりすることで、評価されたり自信につながる日。周囲の役に立つように仕事をして、間接的にも自分が誰かのためになっていると思うといい日になるでしょう。
4 火	☆	計画的に仕事を進めることが大切。目標や目的を明確にして、合理的に仕事を進めましょう。だらだら仕事をしないで、私生活でもリズムを整えるといいでしょう。
5 水	▽	午前中は頭の回転がよく、いい判断ができそう。重要な仕事ほど早めに片づけて。夕方あたりから疲れを感じそうですが、目の周りのマッサージや目薬を使うと楽になりそう。
6 木	▼	他人まかせにしたことがトラブルの原因や面倒なことにつながりそう。相手を信頼するのはいいですが、自分の指示がしっかり伝わっているのか確認を怠らないようにして。
7 金	×	苦手なタイプの人と一緒にいることになったり、上司の小言を聞くことになりそうな日。時間がないと思うときほど振り回されるので、自分の仕事は早めに片づけておきましょう。
8 土	▲	部屋の掃除や片付けをするにはいい日。読まない本や雑誌を処分して、季節に合わない服もしまいましょう。部屋をすっきりさせると気分も運気もよくなるでしょう。
9 日	○	新しい出会いやこれまでにない体験ができる運気ですが、張りきりすぎて疲れてしまったり、空回りをしやすいので気をつけましょう。
10 月	○	挑戦する勇気が大切な日。やって後悔するのとやらないで後悔するのでは、経験として大きな差がつくでしょう。少しの失敗を恐れない勇気や度胸を身に付けるためにも挑戦を。
11 火	□	自分中心で考えていると、見えないことがいっぱいになるでしょう。相手の立場や会社の経営者のことを想像して判断してみましょう。自分のことだけ考えないようにしましょう。
12 水	■	ストレスや疲れが肌に出そう。旬の果物や野菜を食べて、健康的な食事を心がけましょう。仕事終わりに軽い運動やストレッチをすると体がすっきりするでしょう。
13 木	●	不安を感じる前に行動に移すことが大切。考える前に手を動かしたり、目の前のことに取り組んでみると、自然とやる気が湧いたり、いい流れで仕事に取り組めそうです。
14 金	△	甘えた考えや他人まかせな気持ちが出てくる日。評価が下がる原因や失敗につながるので、何事も自分の責任だと思ってしっかり受け止めて、考えて行動しましょう。
15 土	◎	親友に会うことで気持ちが楽になる日。悩み相談や愚痴を言うのではなく、明るい未来の話や笑い話をしてみて。夜は出費が増えそうですが、いい経験ができそうです。
16 日	◎	おいしいものを食べに出かけたり、気になるお店やライブに行ってみて。髪を切りに行くにもいい運気なので、明るい感じにイメチェンすると異性から注目されそうです。
17 月	▽	日中はいい流れで仕事できそうな日。周囲に感謝を忘れないで、相手の能力を認めることが大切でしょう。夕方以降はネガティブな情報に振り回されてしまうので気をつけて。
18 火	▼	急ぐのと慌てるのは大きく違うもの。慌てるとケガや損をするので、どんなに急いでも丁寧に行動することを忘れないようにしましょう。時間にゆとりを持って行動しましょう。
19 水	×	間違って大事なものを処分したり、判断ミスをしやすい日。裏目に出ることが多いので、判断は慎重に。判断ミスをしたと感じたときは、あえて逆に進むといい結果につながる場合も。
20 木	▲	小さなミスをしやすい日。自分で処理できる範囲ならいいですが、隠そうとすると大きな問題になったり、信用を失うことになるので、素早く報告するようにしましょう。
21 金	○	急な仕事をまかされたり、仕事終わりに珍しい人から誘われそう。安易に引き受けるとヘトヘトになったり、体調を崩す原因になるので無理をしないようにして。
22 土	○	これまで避けていたジャンルの本を読むと、素敵な本との出合いがあるでしょう。いい言葉や大切な話を読むことができそう。芝居や映画でもいい出会いがありそうです。
23 日	□	ストレス発散を意識して1日を過ごしてみて。おいしいスイーツを食べたり、友人と楽しい会話をするといいでしょう。夜は疲れやすいので早めに帰宅して明日に備えましょう。
24 月	■	疲れから集中力が途切れたり、口内炎や肌荒れが気になって目の前のことに集中できなくなりそう。マメに休んだり、休憩をしっかりとって無理のないように過ごしましょう。
25 火	●	積極的に行動することで運も周囲も味方してくれる日。待ってばかりや甘えてばかりいると運やチャンスを逃すので、少しでも気になっていることに挑戦してみましょう。
26 水	△	入力ミスや誤字脱字が増えてしまいそうな日。メールを送る前にしっかり確認をするようにしましょう。送り先を間違えて焦ってしまうこともあるかも。
27 木	◎	自分の悪い癖を理解することが大切。悪いパターンは何度か経験していると思うので、うまく避けられるように努めましょう。冷静に判断したり少し先のことを考えてみましょう。
28 金	◎	大きなチャンスをつかめる日。今日会う人にはしっかり挨拶やお礼を言ったり、相手の気持ちや立場を考えて言葉を選びましょう。雑だったり荒い言葉は発しないようにしましょう。
29 土	▽	午前中は運気がいいので、買い物やランチデートにはオススメの日。夜は、ヘコんでしまうようなことや、些細なことでイライラしやすいので気をつけましょう。
30 日	▼	今日は、予定が変わったり振り回されやすいので覚悟して。流れに身をまかせて無理に逆らわないように。段差で転ぶこともあるので足元には気をつけて。
31 月	×	大事なものをなくしたり、うっかりミスをしやすい日。ドアに指を挟んだり、小さなケガをしやすいので行動は慎重に。落ち着いて行動すれば不運は簡単に避けられるでしょう。

☆開運の日 ◎幸運の日 ●解放の日 ○チャレンジの日
□健康管理の日 △準備の日 ▽ブレーキの日 ■リフレッシュの日
▲整理の日 ×裏運気の日 ▼乱気の日 ＝運気の影響がない日

● 解放の月

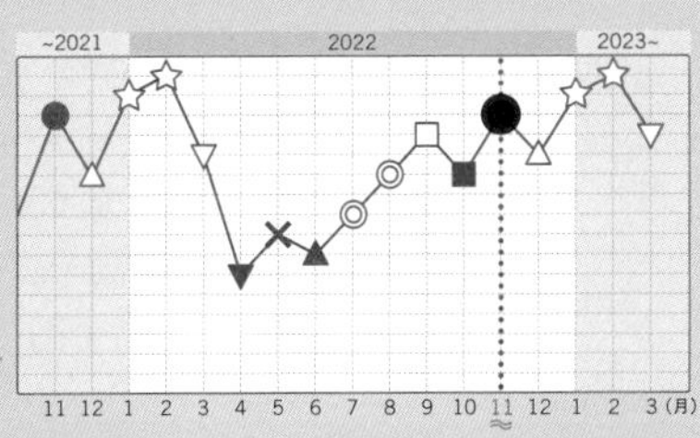

開運3カ条

1. 勇気を出して行動する
2. 好きな人には気持ちを伝える
3. 挨拶やお礼をしっかり行う

総合運

運を味方にできて、あなたの魅力や才能を開花させられる最高の月。遠慮はいらないので行動して、小さなチャンスでもしっかりつかみにいくようにすると、更にいい流れに乗れるでしょう。今月新しく出会う人とは長い付き合いになったり、あなたに必要な人になる可能性があるので、挨拶やお礼はしっかりするようにしましょう。健康運は、体調に問題が出にくい時期なので、定期的な運動を始めたり、美意識を高めるといい時期です。

恋愛&結婚運

恋のチャンスが多い月。しばらく恋愛から離れていた人も、片思いで終わっていた人も、今月はあなたの行動力で交際を始められそう。告白されることもありますが、受け身にならず気になる人には好意を伝えること。どんな恋でも勇気は必要なので臆病にならないように。新しい出会い運もいいので、人の集まりに積極的に参加しましょう。結婚運は、入籍するには最高の月。プロポーズされることも。

仕事&金運

希望の仕事をまかされたり、目標を達成できそうな月。無謀とも思えることでも挑戦する価値があるでしょう。周囲の協力も得られるので、チームで結果を出せるようにすると更にいい流れに乗れそうです。仕事で会う人とは、仕事以外でも仲良くなると縁が長く続きそう。金運は、買い物に最高のタイミング。欲しいものを買ったり、自分の投資になることにはケチケチしないようにしましょう。

日	運気	内容
1 火	▲	小さな失敗をしやすいですが、他のことで取り返したり、周囲のサポートをするといいでしょう。共有スペースをきれいにしたり、少しでも役立つことをしておきましょう。
2 水	○	新しい考え方を取り入れたり、おもしろそうな情報を集めるといい日。否定的に見ないで何事も肯定すること。特に人の個性を認めたり、短所を長所として捉えてみるといいでしょう。
3 木	○	挑戦したいことがあるなら、思いきって行動して。生活リズムを変えたり、気になるお店に行ってみるといいでしょう。新商品を購入するといい経験になりそう。
4 金	□	今日の頑張りが後の人生に大きく響きそう。些細なことでも本気で取り組んでみると、いい結果や評価につながるでしょう。人の話も最後までしっかり聞くようにしましょう。
5 土	■	軽い運動で少し汗を流すと心と体がすっきりする日。健康的な食事を意識したり、野菜や果物を多く食べましょう。夜は、急な誘いがくる可能性があるので準備しておきましょう。
6 日	●	恋愛運がいい日。気になる異性に連絡してみると、いい関係や交際に発展しそう。告白したり好意を伝えてみて。異性の友人から告白されることもありそう。
7 月	△	だらだらしやすくなる日。時間にルーズになったり、ムダな時間を過ごしてしまいそう。時間を気にして目の前のことに集中しましょう。忘れ物にも気をつけましょう。
8 火	☆	人とのつながりやいい人間関係が、仕事に役立ったり助けてくれることになりそう。甘えてしまわないで、恩返しや感謝の気持ちを忘れないようにしましょう。
9 水	☆	大事な仕事をまかされたり、目標以上の結果を残せそう。本気で仕事に取り組んでみると才能を開花させられたり、周囲の人の能力を最大限に活かすことができそうです。
10 木	▽	午前中はいい知らせがあったり、気楽に仕事ができる感じになりそう。午後は求められることが増えて忙しくなりそう。部下や後輩にも振り回されそうです。
11 金	▼	ミスをして焦りそうですが、隠すよりも素直に伝えると周囲に助けてもらえそう。たくさん助けてきた人ほど助けてもらえますが、甘えすぎた人は厳しい感じになりそう。
12 土	×	見栄を張って出費が増えたり、不要なものを買ってしまいそうな日。お金を使うときは慎重に判断しましょう。ポイントカードを忘れて小さな損をすることもありそう。
13 日	▲	大掃除や思いきった片付けをするといい日。長年使ったものや古いものは、ここで処分しておきましょう。何年も履いている靴や長年着ている服も処分しましょう。
14 月	◎	普段話さない人と話せる機会があったり、これまでにない情報や方法を仕入れることができるかも。視野を広げたり、新しいことに挑戦してみると、いい経験ができそうです。
15 火	◎	自分の勘を信じて行動するといい日。興味のあることを見つけたら思いきって行動しましょう。受け身で待ってばかりでは何も変わらないので勇気を出して楽しんでみて。
16 水	□	明るい未来を想像して、自分のレベルがどれぐらい上がっているといいのか、どんなスキルを身に付けていると役立つのか考えて、すぐにできることに取り組んでおきましょう。
17 木	■	起きるタイミングが悪く、睡眠不足を感じたり、手荒れや肌あれが気になってしまうかも。レモンの入っているドリンクを飲むと、いい気分転換ができて肌にもよさそうです。
18 金	●	職場の人から好意を寄せられたり、目が何度も合う異性に気づきそう。あなたが思っている以上にモテる日なので、品のある服や明るい服装、髪型を意識しましょう。
19 土	△	ノリや勢いで遊びに行くのはいいですが、ドジなことや判断ミスをしやすいので気をつけましょう。お酒を飲んだときほど後悔することがあるので注意しましょう。
20 日	☆	しばらく会っていない人から連絡が来たり、偶然出会うことがありそう。片思いしていたことを告げられて驚いたり、勢いで交際をスタートすることもできそうです。
21 月	☆	実力以上の結果が出たり、大事な人脈ができる日。少し図々しくなるといいので、今日は遠慮しないように。買い物にもいい日なので、仕事帰りにお店に寄ってみて。
22 火	▽	午前中は、気持ちや時間にゆとりを持てそう。大事な用事や手間がかかりそうなことは早めに取り組みましょう。午後からゆっくりするのはいいですが、時間が足りなくなりそう。
23 水	▼	失言やうっかりミスに注意が必要な日。恥ずかしい思いをしたり、失礼な対応をする場合があるので、冷静に慎重に行動するように気をつけましょう。
24 木	×	裏目に出やすい日ですが、あえて裏を狙ってみるといい結果や勉強になることがあるでしょう。予想外の人と仲良くなれる可能性もあるので、楽しんでみるといいでしょう。
25 金	▲	お気に入りの食器を割ったり、大事なものを傷つけてしまうことがありそう。今日はいつも以上に慎重に行動したり、身の回りをきれいに整理整頓しておきましょう。
26 土	◎	新しい出会いがあったり、いい経験ができる日。気になるイベントやライブに行ったり、知り合いや友人の集まりに参加してみましょう。おもしろい人にも会えそうです。
27 日	◎	髪を切るにはいい日。明るい感じにイメチェンしたり、少し短くするといいでしょう。服装も年齢に合う感じや流行のものを選んでみるといいでしょう。
28 月	□	計画的に行動したり、目的を忘れないようにすることが大切。なんとなく仕事するのではなく、苦労してでも身につけたい技術や経験を大切にするといいでしょう。
29 火	■	少し疲れを感じたり、集中力が途切れてしまうことがありそう。マメに休めば問題はなさそうですが、慌てて行動をすると小さなケガや打撲をすることがあるので気をつけて。
30 水	●	注目を浴びたり、運を味方につけられる日。いい感じで目立つので楽しんでみて。意見が通りやすいので、日頃の疑問を伝えるといいかも。恋愛運もよく、交際がスタートする場合も。

開運のつぶやき ▶ 苦手な人からも学べることはある

2022

12月

△ 準備の月

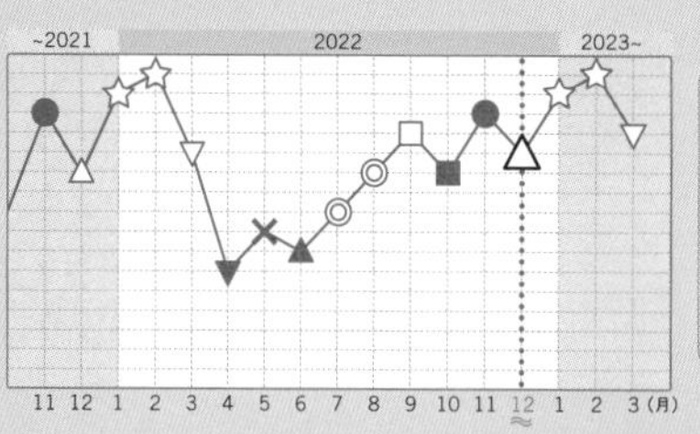

開運 3 カ条

1. 遊ぶ予定を先に立てる
2. 数字や時間の確認をしっかりする
3. みんなで楽しめる企画を考える

総合運

最も楽しい月になる運気。予定を立てて遠慮しないで思いっきり遊ぶことで、やる気が出たり魅力や能力が開花します。自分でも気づかなかった能力も見つけられそう。ただ、今月はドジをしやすいので、準備と確認は他人まかせにしないでしっかり行うこと。時間やお金、数字にこだわりましょう。健康運は問題ないですが、お酒を飲んだ後の行動に気をつけて。エステやメイク教室など、未体験の美容に挑戦するといい時期です。

恋愛＆結婚運

異性を意識するだけでモテる月。気になる異性やノリのいい人に連絡して遊びに行きましょう。一夜の恋をしたり、複数の人から告白される可能性もありますが、今月は楽しむのも悪くないので遊び心を大切に。お互いに楽しめるように努めるといい恋ができそうです。結婚運は、妊娠からの結婚や勢いまかせでの入籍に進みやすい時期。真面目な相手なら来月に話をまとめるといいでしょう。

仕事＆金運

仕事が好きで楽しんでいる人には最高の月。ゲーム感覚で仕事できたり、勢いまかせでも楽しく進められそう。生活のためと割りきって仕事しているなら、仕事終わりや休日の予定を先に決めるなど、ごほうびを作ると集中できていい結果を残せそうです。数字や時間の確認は怠らないようにしましょう。金運は、誘惑に負けて出費が増えそう。ストレス発散に使う場合も予算を決めておきましょう。

日	曜	運気	内容
1	木	△	楽しむことで人生の壁を乗り越えられる日。何事もおもしろいと思ってプラスに変換できるようにしましょう。失敗やドジを話のネタにするくらいの気持ちでいましょう。
2	金	◎	いい結果が出る日ですが、油断するとせっかくの運気の流れを台なしにすることも。目の前のことに集中して、周囲の人のやさしさに感謝を忘れないようにしましょう。
3	土	◎	チャンスに恵まれる日。好きな人と一緒になれたり、告白されて交際をスタートできそう。気になる人には自分から気持ちを伝えてみるのもいいでしょう。
4	日	▽	午前中はうれしい誘いがありそう。ボーッとしてメールを見忘れて逃さないようにしましょう。夕方以降は調子に乗りすぎて判断ミスをしやすいので気をつけましょう。
5	月	▼	ミスにミスが重なりそうな日。緊張感を持って仕事に取り組むのはいいですが、力が入りすぎないようにしましょう。リラックスして仕事を行うようにしましょう。
6	火	×	今日は、物事がうまくいかないことが多いですが、こんなときは根を伸ばすときだと思って地道な努力や丁寧な仕事をして。自分のことよりも相手の気持ちを考えてみて。
7	水	▲	普段は気にしないような場所でも散らかっていたら整え、汚れやホコリがあるならきれいにしましょう。身の回りをきれいにすることで、やる気や前向きな気持ちが湧いてくるでしょう。
8	木	＝	準備が足りなくてミスにつながるのはもったいないもの。後のためにもしっかり準備して、実力を身に付けられるように鍛えましょう。日々のコツコツを忘れないように。
9	金	＝	急に頑張りすぎるよりも、ペースを変えないぐらいのスピードがいいでしょう。余力があってもやりすぎには気をつけましょう。ゆとりがあるくらいが丁度いいでしょう。
10	土	□	いい言葉や前向きな話を探してみるといい日。映画やドラマ、芝居の中から見つけられそう。書店に行って探したり、友人や知人から教えてもらうのもいいでしょう。
11	日	■	今日はしっかり体を休ませて、明日に備えて。既に予定が入っている場合は、ケガに気をつけましょう。油断していると風邪をひいたり、肌荒れが出てしまいそう。
12	月	●	気楽に仕事ができる日。苦手な人や上司がいなくて自由にできそうですが、その分責任感を忘れないように。職場の人やお客さんとコミュニケーションをとれて楽しくなりそうです。
13	火	△	忘れ物をしたり、時間や数を間違えてしまいそうな日。確認したつもりでいると迷惑をかけてしまうので、慣れた仕事ほどしっかり確認を行うようにしましょう。
14	水	○	実力を評価されるうれしい日になりますが、実力不足も出てしまうので至らない点はしっかり認めましょう。付き合いの長い人からの指摘に感謝を忘れないように。
15	木	○	楽しみながら頑張るといい結果が出そう。評価や結果を気にするよりも仕事を楽しんでみて。自分の仕事がたくさんの人から感謝されている想像をするといいでしょう。
16	金	▽	日中は、自信を持って仕事に取り組むことでいい結果につながりそう。夕方からは水を差すようなことを言われそう。マイナスな情報にも気をつけましょう。
17	土	▼	空回りしたり思わぬことに巻き込まれてしまいそう。不注意が招いてしまうことなのでうかつに判断をしないようにして、ひと呼吸置いてから判断するようにして。
18	日	×	どんなことでもプラスもありマイナスもあるもの。マイナスにフォーカスすると辛いと感じてしまうだけ。プラス面を探すように意識してみるといいでしょう。
19	月	▲	うっかり大事なデータを消してしまったり、操作ミスをしやすい日。置き忘れや伝え忘れもしやすいので大事なことはメモして、見えるところに貼っておきましょう。
20	火	＝	古いことにこだわらないで、新しい方法を試したり考え方を変えてみるといいでしょう。新しいことに挑戦してみると、学べることや楽しい発見がありそうです。
21	水	＝	現状をしっかり認めて、自分が選んで今の立場があると忘れないようにしましょう。不満や文句があるなら、環境を変える準備をして、来月以降に行動するようにしましょう。
22	木	□	積み重ねは大切ですが、ときには手放したり、若い人から学んで変化することも大切。意地を張ったり、自分のやり方や考えが正しいと思い込みすぎないようにして。
23	金	■	疲れがたまりやすい日ですが、目を閉じて周りをマッサージしたり、休憩中にのんびりするといいでしょう。ランチは消化のよさそうなものを選んでみるといいでしょう。
24	土	●	楽しいクリスマスイブになりそう。相手も自分も楽しめそうなことを考えたり、イルミネーションを見に行くといいでしょう。恋人からプロポーズされることもあるかも。
25	日	△	よく笑うことになりそうな日。恋人や友人と楽しい会話ができたり、冗談やドッキリで爆笑できそう。ボケたりツッコんだりする大切さを改めて知れそうです。
26	月	○	親友や付き合いの長い人との縁を感じる日。出先で偶然出会ったときは、後日でもいいので食事に誘ってみましょう。部屋の片づけをするとなくしたものが出てきそうです。
27	火	○	普段行かないお店で年末年始の買い物をしてみて。思ったよりもお気に入りの店になりそうですが、大きなショッピングモールで迷子になってしまうことがあるかも。
28	水	▽	午前中から片づけや大掃除をしましょう。午後はゆっくりするといいので、年賀状を書いたり、今年お世話になった人にメールを送ってのんびりしましょう。
29	木	▼	予定が急に変わって、ヘコんだりイライラしそう。思い通りに進まないほうが当たり前だと思っておきましょう。夜は、不機嫌になる出来事が起きそうです。
30	金	×	がっかりする連絡が来たり、予定を乱されそうな日。体調も崩しやすいので無理をしないように。ネガティブな言葉はヘコむだけなので発しないようにしましょう。
31	土	▲	大晦日で大慌てになったり、大事なものをなくしたり壊してしまいそう。身近な人とケンカになることもあるので、余計な言葉には注意が必要です。

☆開運の日　◎幸運の日　●解放の日　○チャレンジの日
□健康管理の日　△準備の日　▽ブレーキの日　■リフレッシュの日
▲整理の日　×裏運気の日　▼乱気の日　＝運気の影響がない日

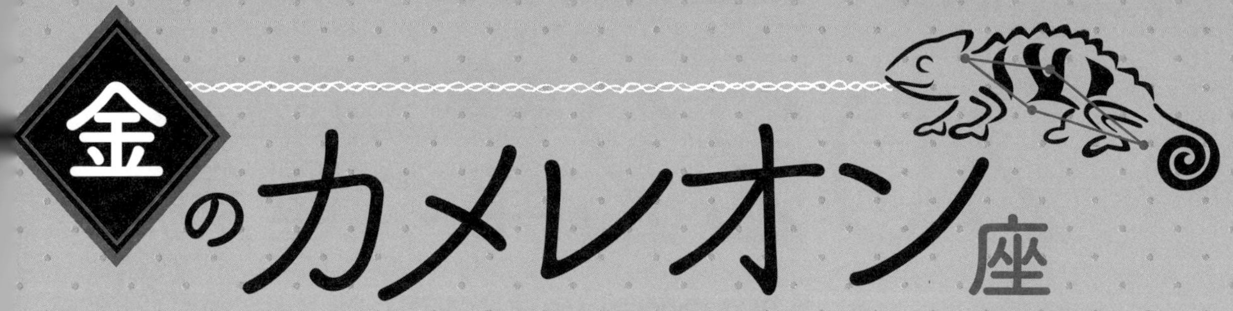

金のカメレオン座

持っている星

★学習能力が高い星 ★理屈好きな星 ★真似が上手な星
★視野が広い星 ★根は優柔不断な星 ★お金が好きな星
★現実的な星 ★周囲の人に似る星

12年周期の運気グラフ

金のカメレオン座の2022年は…

× 裏運気の年

自分の欲望や考え方、行動が普段とは逆に出る「裏運気の年」。裏の能力を活かせれば、新たな才能が開花します。ただし、裏運気で手にしたものは4年後の「健康管理の年」までに軌道修正を。

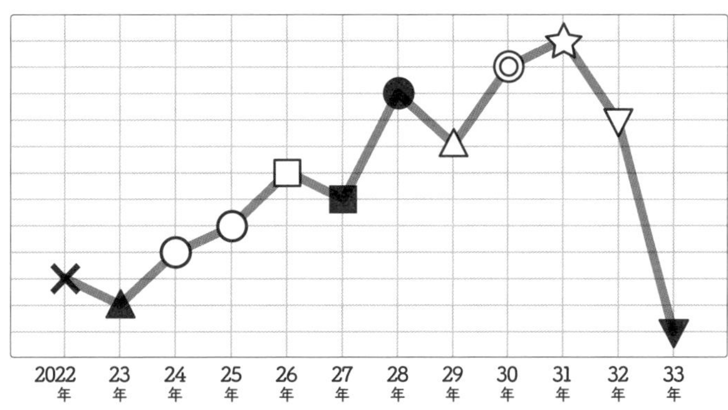

☆開運の年 ◎幸運の年 ●解放の年 ○チャレンジの年 □健康管理の年 △準備の年
▽ブレーキの年 ■リフレッシュの年 ▲整理の年 ×裏運気の年 ▼乱気の年

金のカメレオン座はこんな人

基本の総合運

冷静で真面目に自己分析や状況判断ができる頭のいい人。デキる人をしっかり観察し学習することでその人の能力を自分のモノにするような、マネが非常に上手な人。困ったときは、周囲の人を観察したり、一流の人、憧れの人をしっかり見たりすることが大事。逆に、基本的なことをマネせずに、オリジナルの方法をとったり、個性をむき出しにしたりするとうまくいかなくなってしまいます。若いときほどしっかり勉強して何事もマネをして吸収するように努めるといいでしょう。

基本の恋愛&結婚運

選びすぎや考えすぎで、恋の流れに乗り遅れてしまうタイプ。理想や現実を考えるのはいいですが、考えても行動できないまま恋のチャンスを逃したり、いざチャンスが巡ってきても優柔不断になってしまうことも。恋愛上手な人のマネをしたつもりが遊ばれて終わってしまう場合も多そう。お金のない人には興味がないという本音が結婚で強く出てくるので恋愛相手と結婚相手のタイプが極端に変わることも多いでしょう。結婚後は古風な考えが強く出て、いい家庭を作るように努めるでしょう。

基本の仕事&金運

仕事は下積みや基本的なやり方、マニュアルがしっかりあり、少し堅めの職種に就くといいでしょう。コツをつかめば多くの仕事で能力を活かせますが、収入面の不満が出たり、見習う人が周囲にいないとやる気を失ってしまったりするところがあるでしょう。手先が器用なので技術職や専門職でも才能を活かせそうです。金運は、心配性なので、計画的な貯金や積立なども苦痛ではないでしょう。価値のあるものに出費をするぶん、ややマニアックなものを集めたり、突然高価な買い物をしたりすることもあるでしょう。

2022年の運気

× 裏運気の年

2022年開運 3カ条

1. 予想外の出会いや体験を楽しむ
2. 今年の経験や幸運に執着しない
3. 健康を第一に考えて計画的に過ごす

ラッキーカラー ネイビー　オレンジ　ラッキーフード 豚肉の生姜焼き　ハチミツ　ラッキースポット 植物園　話題のスポット

総合運

いつもと真逆の思考や行動に走る年
意外な一面を見せて周囲を楽しませて

あらゆることが裏目に出る「裏運気の年」。これまでいろいろな人を占ってきましたが、裏運気をチャンスに変えている人もいました。どういうことなのか分析してみたのですが、この運気のときは「裏側の自分」が出てくるので、これまでと真逆の思考や行動に走ってしまう人が多く、またその決断が後の不幸につながっていて、断ち切るタイミングが非常に大事であることが判明しました。他のタイプなら、「この1年は何もしないでじっと耐えろ」と伝えるかもしれませんが、「金のカメレオン座」はこの1年、新しいことに挑戦したくなったり、前向きな気持ちがウズウズしてくるでしょう。遊び慣れていなかった人ほど誘惑に流されてしまい、普段ならハマりそうもないことにどっぷりハマって散財することがあるでしょう。既に2021年辺りから浪費をしたり、無鉄砲な行動に走っている人もいると思いますが、慎重で現実的なタイプなので少し手を出した程度で終えている可能性も。2022年はそれに歯止めが利かず、「今が楽しければいい！」とこれまででは考えられないような発想になりそう。これは裏の星である「インディアン座」の「今日は今日、明日は明日」の精神が強く出てくるためです。これまで積み重ねてきた信頼や信用のすべてを崩さなければよく、あなたの意外な一面を見せて周囲を楽しませるくらいの気持ちでいれば問題はないでしょう。

ただ、健康だけは十分注意してください。2021年から生活リズムが変わった人、これまでにない役職に就いて苦労を感じている人、変化に疲れている人ほど、今年は体調を崩したり、ケガや病気になってしまうことがあります。少しでも異変を感じたら早めに病院に行きましょう。年配の家族がいるなら、その方たちも早めに検査を受けてもらうことが大切です。

今年は自分でも信じられないようなドジを連発したり、ガッカリするような出来事もあります。すべては裏の「インディアン座」のアホな星が影響していると思ってください。失敗を避けるよりも、そこでフォローしてくれる人のやさしさを感じてください。挫折から学んで成長できるきっかけをつかむといいでしょう。

「金のカメレオン座」は周囲の影響を受けやすく、いい意味で合わせることが得意なタイプですが、「裏運気の年」になると合わせていたこ

 開運のつぶやき 多くのことは「なんとかなる」と思ってみることが大切

とをやめたくなり、自分を変えたい衝動に駆られます。趣味を突然やめたくなったり、これまで集めていたコレクションを一気に処分することがあるでしょう。「こうあるべきだ！」という考え方から離れられるため、大きく成長するきっかけの年にもなるでしょう。

ただ、普段ならしっかり情報を集めたり自分の理論で考えることができますが、2022年は周囲から「大丈夫？」と思われるような行動や発想になります。長く勤めてそれなりのポジションに就いているのに転職や独立を考えたり、付き合いの長い友人と縁を切ったり、自分で自分の生活が気に食わなくなりそう。すべてがダメとは言いませんが、冷静で慎重な判断は必要。「2022年に手に入れた幸せには執着しない」ことを覚えておいてください。もしくは、2～3年後に改めて進む道を考え直すこと。例えば、これまで全く博打に手を出したことのない人が裏運気の時期に競馬に行って、「遊びで賭けたら100円がまさかの万馬券で1万円に」ということがあったとします。これがきっかけで競馬にハマって、2022年は勝ちに勝って大儲け。ここまではいいですが、1～2年後には負けに負けて2022年に儲けた分がすっかりなくなってマイナスに。「100円が1万円になる」という快楽に執着してしまったせいで、人生を終えるころには何千万円ものマイナスになってしまう人がいます。裏運気でも幸運な出来事も起きますが、「裏運気のたまたまのラッキー」と割りきること。「乱気の年」や「裏運気の年」の幸せに執着すると、長い苦労の原因になることだけは忘れないようにしましょう。

また、裏運気だから会える不思議な人にも注目してみてください。これまでの人生では尊敬する人や信頼できる人とのつながりだけを大切にしていたタイプですが、今年は若い人や未熟な人、これまでとは全く違うタイプなど、関わりの薄かった人と仲よくなれます。いい意味で自分とは考え方が違うので、特に若い人と話す機会を増やすといい縁がつながったり、自分を成長させるきっかけをつかめるでしょう。ただ、「裏運気の年」なので、短い付き合いになる可能性があります。縁が切れても「裏切られた！」と嘆かないように。友人関係が変わることもありますが、相性の悪い人と距離が空いても気にしないこと。執着は互いの人生にとってよくないので、いろいろなことを手放す時期と思うと気持ちが楽になるでしょう。

「金のカメレオン座」は、大人の雰囲気で美意識の高い人が多いですが、今年は少し子供っぽい感じにイメチェンしたり、髪を明るく染めたり巻き髪にするなど、遊び心が湧いてくるでしょう。昨年辺りから変化したいと望んではいるものの、環境や状況をがらりと変えられないと嘆く人は、イメチェンすることで気分転換できます。ただ、ここでのイメチェンも後に元に戻すことで運気アップにつながるので、一時的なものだと思いましょう。

ここまで読んでいただくと「裏運気はなんだか楽しそうで、恐れることはない」と思えるかもしれませんが、注意すべきは健康です。この辺りは「美容・健康運」（P.297）で詳しくお伝えします。

また、「金のカメレオン座」は裏運気になると、会社が倒産する、ポジションを外される、信頼していた人がいなくなる、計算通りに進まなくなるなど、先が全く見えなくなってしまう出来事があります。多くの問題は、数年前から自分が蒔いているタネが原因なので、現状を受け止めて、原因をしっかり探ってください。他人や時代のせいにしていると、いつまでも抜け出せなくなってしまいます。自分の考えだけが正しいと思っていると壁にぶつかってしまうので、いろいろな人から学ぶ気持ちを忘れないよ

開運のつぶやき　現実、事実、今をしっかり見て、受け入れることが大切

うに。前に進めず苦しいときほど、自分に課題が出ているときであり弱点を理解できるので、逃げないで受け止めるようにしましょう。

手先が器用で料理が得意な人が多いですが、今年は料理の失敗が続きそう。普段なら料理本やネットを見てキッチリ作っていたのに、時間も調味料も感覚でやりたくなりそう。そこで驚くようなおいしいものができる感動もありますが、食べられないくらいの大失敗もありそう。今年はその挑戦を楽しむくらいがいい年ですが、珍しく包丁で指を切ってしまうこともあるので、慣れた作業ほど気をつけましょう。

「裏運気の年」は、甘い誘惑や簡単な儲け話にも要注意。普段なら絶対に避けられるのに、裏運気で隙ができてしまうので注意してください。万が一、興味が湧いて手を出すときは「このお金はなかったことにする」「儲けてもこれ以上はやらない」と決意すること。ズルズル続けると最終的に大損するので気をつけましょう。また、今年出会うお金持ちとは距離を置くように。特に儲け方が不明な人とは深く関わらないようにしましょう。年上のお金持ちで怪しい人が出てくるので、冷静に判断しましょう。

うれしいことも悲しいことも多い波乱の1年となりますが、どんな状況でも前向きに楽しめる年。また、あなたの裏側には楽観的で無謀な行動が好きな、図々しい「インディアン座」があることを自覚する運気でもあります。普段はそこを隠して冷静に振る舞っていたと思いますが、冒険する人や新しく挑戦する人にどこか憧れていたところがあったでしょう。仲のいい年上の人や友人に、夢に挑戦して大成功した人がいるのは、あなたがそれに憧れて「自分もそうなりたい」と願っている証でもあります。今年は、事故やケガ、病気に気をつけつつ、「忘れられない1年にする」と思って行動的になってみるといいでしょう。もちろん失敗することもありますが、その失敗は笑い話になったり、いい経験になるものです。大切なのは引き際と執着しないことだと思いましょう。

できれば今年は夢を語ってください。これは「金のカメレオン座」には不得意なことで、恥ずかしくてなかなか言葉にできないと思いますが、「アイドルになりたい！」「お金持ちになって大きな家に住みたい」「起業して社長になる！」など、本気で夢を語ってみると周囲からいろいろなアドバイスをもらえるようになったり、手を差し伸べてもらえます。「金のカメレオン座」は頭がいいのですが、本音を熱く語らなかったり、自分が中心になることを避けているせいで、周囲から「表面的な人」と思われることがあります。はじめて会った人とも熱く語ったり夢を話す人を見て、「現実を見なよ」と思ったことがあると思いますが、今年は自分の夢や理想を語ってみると人生の扉が開くことになるでしょう。

乱気や裏運気は運がないのではなく、じっくり先を考える休憩時間のようなもの。一度立ち止まって冷静に自分を分析して、次はどんな道がいいのか考える時間です。苦労や困難ももちろんありますが、そこから学べることを冷静に分析すると、それはそれで大切な経験になる場合もあります。今年だけ考えたら不幸と思えるかもしれませんが、数年後に振り返ったときに「2022年があったから自分は強くなれて、成長できた」と言えるようになってください。下半期になるとレベルが一段上がって強くなった自分を確認できたり、これから必要なことや目指す場所がうっすら見えてくるでしょう。古い考えも大切ですが、新たな考えを取り入れながら、いつの時代も賢い人が生き延びて楽しく生きていることを忘れないようにしましょう。周囲にいる人に感謝と恩返しの気持ちを忘れないように過ごしてください。

恋愛運

予想外の人を好きになるかも 2022年の恋には執着しないで

いつもなら慎重に相手を見て一気に関係を進めようとはしないタイプですが、「裏運気の年」の今年は、予想外の人を好きになってしまいそう。心を乱されてしまったり、大失恋をしやすい運気です。極端な結果になってしまうので恋愛にオススメの時期ではないですが、これまで恋から遠のいていた人は逆に恋愛のチャンスがやってくるでしょう。仕事や勉強ばかりで真面目に過ごしてきた人は反動で恋に突っ走ってしまうかも。これまで恋愛を楽しんできた人は、周囲から「全く違うタイプだね」と突っ込まれてしまうような人や、自分でも「これまでなら好きになっていなかった」と思えるような相手と交際する可能性があるでしょう。現実的に相手を見る癖があるので、「生活力があるか」「仕事先は有名か」「将来性はどうか」などを気にしていたのに、今年は若手芸人や役者、フリーターや年下の学生などこれまでなら避けていたような人と交際することがあるでしょう。年齢も、これまでとは違って年の離れた人を好きになることがあるでしょう。

裏運気でしかできない恋だと割りきって交際するのはいいですが、長い付き合いや先を考えるといろいろ問題が起きてしまいそう。交際期間中に相手との価値観の違いやすれ違いが多くなったら身を引く覚悟をしておきましょう。年内は盛り上がったままで問題がなくても、2023年以降にケンカが絶えなくなったときには執着をしないように。裏運気の時期の恋に執着すると人生を苦しめる原因になってしまったり、後の人生を棒に振ることになってしまうことがあります。周囲の意見や評判も聞いて冷静に判断するようにしましょう。

前向きなことをできるだけお伝えしたいのですが、「裏運気の年」は、引っかかってはならないような人と交際に発展する可能性があるので十分に注意してください。DVや借金問題、不倫や三角関係、周囲にはとても言えないような仕事をしている人との交際ばかりではなく、妊娠のトラブルや性病など、これまでの人生なら絶対に起きなかったことが起きてしまう可能性があります。一夜の恋や酔った勢いで終わればいいですが、セフレになって捨てられるだけなどありそうなので、素性のわからない人と気軽に関係を持たないようにしましょう。

一方で、「裏運気の年」は周囲が驚くような素敵な人との出会いもあるので、このチャンスを逃さないようにしましょう。相手に好かれようとしすぎてしまうと、逆効果になって失敗してしまいます。年齢に見合った対応をしたり、振られてもいいくらいの覚悟で告白してみると、逆に付き合えることもあるでしょう。裏運気では「ダメ元」を少し楽しむくらいの気持ちがいいでしょう。

2022年は遊び慣れていない人が遊びの恋にハマって、恋を楽しんできた人はサッパリモテないか、全くタイプではない人から好かれて面倒な時間を過ごすことになりそう。裏運気のときに自分の好みとは逆に振りきってみることで、本来好きになるべき人や次の出会いのよさがわかることがあります。臆病になりすぎないで、短い付き合いの恋だと割りきって楽しんでみましょう。深入りをしないで、ダメなときは自ら別れを告げたり、面倒になったら逃げればいいと思うくらいの気持ちで相手と接してみるといいでしょう。

結婚運

2022年の結婚は6年後に縁が切れるかも 自分だけではなく相手の運気も調べて

「裏運気の年」という響きから「結婚はできない運気でしょ」と思う人が多いかもしれませんが、結婚ができない運気ではありません。ただ、「裏運気の年」の結婚は6年後の「解放の年」に縁が切れる確率が非常に高く、早い人は1～2年で縁が切れてしまう場合があるでしょう。自分の運気だけで判断しないで、相手の運気を調べたり、どんなタイプの人なのかしっかり理解してから決断するといいでしょう。基本的には結婚をオススメする時期ではないですが、特に2021年の「乱気の年」にはじめて会った人と勢いで2022年に結婚するのは一度冷静に考え直すことが必要です。このことは相手にもしっかり伝えたほうがいいでしょう。あなたの裏側の運気を見て判断しても、2023年の下半期からは本来の思考や行動パターンに戻ってくるので、2024年辺りから「なんでこの人と結婚したんだ？」と疑問が多くなってしまうでしょう。できれば2023年の年末までは互いを知る期間にしたほうがいいでしょう。

ただ、結婚が2020年以前に決まっていた人や、どうしても避けられない理由（親族の不幸、急な転勤など）によって結婚のタイミングがずれてしまい2022年になってしまったという人は問題ないでしょう。他にも、命数が46、49の人は裏運気に入らないと行動的になれないので、『ゲッターズ飯田の「五星三心占い」決定版』で3つの命数を調べて、もし自分がその命数を持っているならこの時期での結婚に踏み込んでもいいでしょう。

今年の新しい出会いからの結婚は想像以上に壁や問題が多いので覚悟が必要ですが、「今は恋人がいないけど結婚を望んでいる」という場合は、「金・銀の時計座」タイプを見つけることが大切です。このタイプは交際期間から結婚までのスピードが速く、更に情にもろいところがあるので、しっかり正面からコミュニケーションを取る相手なら簡単には縁を切ったり裏切ることはないでしょう。ただ、あなたが優柔不断なせいで話がなかなかまとまらないことがあるので、このタイプに出会ったときは、偉そうにしないで素直に気持ちを伝えてみましょう。精神的に支え合って、弱いところを補っていこうとする気持ちを大切にすると話が進むようになるでしょう。雑に扱うと一瞬で見抜かれてしまうので、互いの交友関係を含めて人間関係を大切にするといいでしょう。

「裏運気の年」は、結婚したいと願っているのにできない理由を突きつけられることもあるので、妥協するきっかけになったり、現実をしっかり見る年にもなるでしょう。今の年齢や立場や状況から、自分に見合う人を本気で探すことになるので、理想や夢を打ち砕かれてしまうこともあるでしょう。「結婚とは何なのか」「何が必要でどうするといいのか」を考えるためにも、周囲で結婚している人を観察したり、仲よくなってみるとよさそうです。「金のカメレオン座」は周囲に影響されたり同化しやすいので、できれば結婚したばかりの人や結婚間近の人と仲よくなってみてください。自然といい影響を受けて、結婚への考え方や意識も変わってくるでしょう。「裏運気の年」は過度な期待をするよりも自分磨きをしっかりして、異性のいい部分を見直してみたり、ひとりの時間も楽しめるように過ごすことを忘れないようにしましょう。

仕事運

行動が裏目に出るので注意して 2022年は若い人から学ぶことが大切

仕事を辞めたい気持ちや目の前の仕事に集中できない感じがあり、人間関係を含めて仕事に疑問や不安を感じてしまう年。自分でも信じられないようなミスをしたり、信用をなくしてしまうような出来事も起きそうです。よかれと思ってしたことが裏目に出てしまい、周囲や会社に迷惑をかけてしまうことも。大きなチャンスだと思ったことで、逆にピンチに追い込まれてしまうこともあるでしょう。転職の誘惑や甘い話が舞い込んでくることもありますが、軽はずみな判断は避けておいたほうがいいでしょう。今年は現状を維持しながら、会社やお世話になった人への恩返しの気持ちで仕事に取り組んでみるといいでしょう。

2021年から、不慣れなポジションをまかされてしまったことがあったでしょう。自分でも「これまでのスタイルを崩したい」と思っている時期でもあるので、2022年も本来ならやらないような仕事を受けてしまったり、やり方を変えすぎてしまいそう。不慣れだとわかっていても新しいことに挑戦してみたくなったり、無謀と思えるようなことにチャレンジしたくなるでしょう。新しい挑戦や無謀な行動が、部署異動や左遷の原因になってしまうことがあるので注意が必要です。

2022年は、若い人から学んで、教えてもらうことが大切。年配者や先輩などの意見や考えから学ぶのもいいですが、次の時代の流れが始まっているので、若い人から情報や流行を教えてもらって、やり方や考え方を吸収しておくといいでしょう。「裏運気の年」の今年は、裏の星の「インディアン座」の能力に目覚めているおかげで、新しいことを抵抗なく受け入れられたり、流れに乗れるようにもなるでしょう。古いやり方や昔のやり方にこだわりすぎないようにしましょう。若い人との関わりが増えることを不運と思わないでラッキーだと思うくらいがいいので、教えてもらえることはなんでも素直に吸収してみるといいでしょう。

また今年は、会社が倒産する、部署を異動する、ポジションを外されるなど不本意としか言えないようなことが起きる年でもあります。自分で決断したり手を挙げたことでなければ、流れに逆らわないで身をまかせておくといいでしょう。無理に逆らうと、無駄な力を使ったり、よからぬ敵を作ってしまったり、評判を落としてしまうことがあるでしょう。苦しい状況になってしまったときほど手を差し伸べてくれる人や相談に乗ってくれる人が現れます。その人たちへの感謝の気持ちを忘れないようにしましょう。自分のプライドを守ってばかりいないで、アドバイスに従って素直に行動するといいでしょう。すぐにいい結果につながらなくても、前向きな姿勢が必ずいい流れを作ってくれるでしょう。

周囲に「スペシャリスト」と言えるような人がいることが大事なのが「金のカメレオン座」の特徴です。職人レベルの技術者、匠と言われるような人、名人、一流のプロなどの友人や知り合いを作っておくといい仕事ができるでしょう。考え方や生き方を学んで活かせるようにもなります。自分でも驚くような仕事をまかせてもらえることもありますが、実力を出しきるくらいの気持ちで取り組みましょう。自分の手柄ではなく、周囲の人のために力を注いでみると道が開かれるようにもなるでしょう。

開運のつぶやき　大変な時ほど感謝できることを見つけると、人生を大きく変えることができる

買い物・金運

儲け話に乗ると大損するかも 今年は節約と貯金を心がけて

「金のカメレオン座」の裏運気で注意が必要なのが、健康運の次に金運でしょう。他のタイプよりも現実的で論理的に生きられる分、お金に対する執着が自然と強くなっています。しっかりしたお金の使い方や貯め方ができる人が多く、「そんなことはない。お金がない」と言いながらも、身の回りには売ったらそれなりの値段になるものを持っているということがあるでしょう。ローンが残ってはいるけれどマンションを持っていたり、資産価値があるものを持っている人も多いでしょう。中には、古いけれど価値のあるアンティークをこっそり持っているという人もいるでしょう。安定を目指すということは、裏返すと心配性だということなので、現金や価値のあるものに執着するところがあります。裏運気になるとそれを突然手放したくなったり、普段なら価値がないものにお金を使わないタイプなのに、浪費したり不要なものにお金を使ってしまうようになるでしょう。

単純な浪費も考えものですが、大きな問題は「儲け話からの大損」です。普段なら絶対に手を出さないような投資や運用についつい手を出してしまって、最初はよくても結果的に大損することになりそう。信用できる人や友人と思える人から話が舞い込んできても、簡単に手を出さないようにしましょう。どうしても好奇心を抑えきれない場合は、「最初からなかったお金」と割りきって、決めた額以上のお金をつぎ込むことを避けるようにしましょう。「儲けたらラッキー、損して当然」くらいの気持ちでいるといいでしょう。

また、今年は予想外にお金が必要になってしまう場合があります。病気やケガ、親族の介護など出費がかさんでしまうことがあるので、できるだけ節約をしたり、現金をいつもよりも貯めておくといいでしょう。2～3年前にお金の流れがよかった人ほど「今年くらいは贅沢をしても」と思ってお金を使ってしまうかもしれませんが、それが癖になってどんどん出費が増えてしまうことになるので、妙な癖をつけないように気をつけましょう。

「裏運気の年」に唯一金運でおもしろいのが「宝くじ」です。当たるとまでは言いませんが、今年は裏目に出る運気なので、普段なかなか当たらないものだからこそ逆に当たる人がいるかもしれません。少額でいいので購入してみると楽しめそう。期待すると外れるので、期待せずに楽しむくらいにしましょう。同様に、博打で大勝ちをすることがあるので注意が必要です。付き合いや遊びで賭けたお金が一気に何倍にもなって大喜びするのはいいですが、そこからハマってしまい、数年後には大きなマイナスになってしまうということがあるかも。裏運気での博打運は短期的なので、「今年だけ」と割りきることが大切でしょう。他には、信頼できる人でもお金の貸し借りは避けるようにしましょう。これで縁が切れるだけならいいほうで、トラブルの原因にもなりかねないので、少額でも貸し借りはしないようにしましょう。

「裏運気の年」は、金運の乱れにも大きく左右されてしまいます。節約してケチケチするほどではなくても、「大金を動かさない」「よほどの理由がないと買い替えない」など簡単にお金を動かさないようにしましょう。車の事故に巻き込まれて急な出費が重なってしまうこともあるので気をつけましょう。

開運のつぶやき ▶ 大きな目標よりも、しっかりとした目的が大切

美容・健康運

扁桃腺、腰、目、偏頭痛に注意 年齢に見合った健康法を行って

「裏運気の年」は、健康には特に注意が必要。既に2021年の「乱気の年」に異変を感じていた人や体調を崩している人は要注意です。早めに病院に行って検査をしたり、人間ドックに行ってしっかり調べてもらうようにしましょう。お医者さんの説明に疑問を感じるなら、セカンドオピニオンを受けておくといいでしょう。神経質になってしまうとストレスの原因になるので、体調不良の原因が不明な場合は、生活習慣をこれまで以上にしっかり整えたり、栄養バランスのいい食事を心がけましょう。軽い運動をするのもいいでしょう。時間があるときは、スマホやTVをダラダラ見るのではなく、コメディ映画やお笑い番組、お笑い芸人さんのネタ、落語、笑ってしまう動画など、笑いにつながるものを観るようにするといいでしょう。

特に注意すべきは、扁桃腺が腫れてしまうことです。うがいと手洗いをこれまでよりもきちんとするようにしましょう。鼻うがいもオススメです。他には腰を痛めやすいので、ぎっくり腰には注意が必要。重たいものを持つときは、膝を曲げてから持ち上げるように意識しておきましょう。「金のカメレオン座」で最も異変が出やすい目にも注意が必要です。突然老眼になってしまったり、白内障や緑内障などの問題も出てくる時期なので、目に異変を感じたときは早めに眼科に行って検査を受けるようにしましょう。視力検査をしたら驚くほど視力が低下しているということもあるでしょう。また、偏頭痛に悩まされる可能性も高いので、脳ドックに行って調べてもらう必要も出てくるかもしれません。

もちろん、すべての人が今年体調を崩したり病気になるわけではありません。常日頃から気をつけている人や健康を意識している人は問題ないでしょう。特に美意識を高めることで健康を維持できるので、美容によさそうなことをいろいろ試してみるといいでしょう。問題は、金運と絡んでくるのですが、高額な美容器具やサプリなどにお金を使いすぎてしまうことです。「健康にいいから」と言われて謎に高いものを購入してしまい後にローンなどで苦しんだりして、笑い話のネタになってしまうこともあるので気をつけるようにしましょう。今年は年齢に見合った健康法を行うだけで十分なので、無理をしないようにしましょう。

ただ、計画的に進めようと思っても今年はサボり癖が出てしまうかも。ウォーキングやランニング、ストレッチやヨガ、筋トレを行うのはいいですが、三日坊主になってしまうことがありそう。「連続ではなく、継続」を目標にして、なんとなくでもいいので運動するようにしましょう。1年を通して「運動した日が多かったな」くらいでいいと思っておいてください。頑張りすぎてしまうとケガの原因になってしまうこともあるので、ホドホドにすることも大切だと思っておきましょう。

そもそも美意識が高いタイプなので、「美しい体型でいる」「美しく生きる」と意識しておくだけで自然と健康的な生活になるでしょう。美しい自分でいることを楽しむようにするといいでしょう。マメに体重計に乗ったり、全身鏡で自分の体型を毎日しっかりチェックするようにしてみてください。鏡の前で笑顔の練習をしたり、口角を上げる練習なども行っておきましょう。

開運のつぶやき ▶ 優しい言葉は心にゆとりを生む。まずは優しい言葉を使い始めるといい

親子・家族運

家族に年配の方がいるなら健康面に注意
挑戦したいことを子どもに聞いてみて

「裏運気の年」でも特に問題がなく過ごせている人もいると思いますが、自分以外のところで問題が出てくるとしたら家族でしょう。特に、年配の両親や祖父母がいる場合は、病気やケガ、介護や他界など問題が一気に出てくる可能性があるでしょう。他にも兄弟姉妹がいる場合は、事故やケガなどの問題が起きてしまうかもしれません。「今年は家族で気をつけましょう」と一言伝えておくだけで、不幸を避けることができるでしょう。家族に年配の方がいるなら早めに病院に行って検査を受けてもらうなど、予防できそうなことはできるだけしておくといいでしょう。

親子関係では、子どもから教えてもらう年にするといいでしょう。親だからといって教えるだけの一方通行だと思わないで、今の流行やネット、アプリ、SNSなどいろいろなことを教えてもらうようにしましょう。子どもがまだ小さくても学べることがあるので、観察して子どもからの愛を教えてもらうといいでしょう。一緒に遊べることが見つかったり、共通の趣味を楽しめる場合もあるので、気になることや挑戦したいことを話す機会を作ってみて。最初は子どものほうが盛り上がっていたことに、あなたがハマってしまうこともありそうです。また、子どもの部活や習い事などに振り回されてしまうかも。親同士の予想外の付き合いもあり疲れてしまうこともあるかもしれませんが、面倒な役回りと思わないで今しかできないことだと前向きに受け止めておきましょう。

また、「裏運気の年」は予想外の事件が発覚する可能性もあります。親族を疑いの目で見るのはよくないですが、イヤな予感がしたり、これまでとは違う感じがするときは事前にチェックをしておくことで大きな問題を避けられるでしょう。ご主人（奥さん）の浮気や浮気につながる流れが発覚したり、子どもがケガや病気をしたり、ケンカやいじめ問題など「うちの子に限って」と思うような出来事が起きやすいので注意が必要です。ただ、監視しすぎてしまうとかえって逆効果になってしまうので、相手や子どもを信用することが大切。あなたが不要にイライラしたりして家庭内がギスギスしてしまうと、周囲にいる人の気持ちが離れてしまうでしょう。

「金のカメレオン座」は古風な考えが強く、「夫とは」「妻とは」「親とは」など古い考えに縛られていることが苦しむ原因になってしまうこともあります。自分の考え方を柔軟にするためにも、「父だからこれをやらなくてはならない」「母だからこうするべき」などと思い込んでいる部分を緩めて家族に協力してもらいましょう。時にはサボりたくなることや、ズルい部分を持っていることを伝えてみて、家族内のルールを少し変えてみるとよさそう。家事は母親がやることになっている家庭なら、少しでもいいのでみんなに手伝ってもらえるようにするといいでしょう。

また、両親の問題などが出てくる運気でもあります。両親のケンカや離婚問題などにも巻き込まれてしまうことがありますが、裏運気のあなたがよかれと思ってしたことは裏目に出てしまうことがあるので、双方の話をしっかり聞いてみるくらいで止めておきましょう。余計な心配をしないことが大切で、考えすぎには注意しましょう。

金のカメレオン座 2022年タイプ別相性

気になる人のタイプを調べて、コミュニケーションに役立ててください。

相手が 金のイルカ座

新たな挑戦をする相手の邪魔をしないようにしましょう。一緒に新しいことに挑戦することでいい勉強になりそう。あなたにとってもいい刺激になりますが、弱点や欠点を知ることになりそうです。恋愛相手としては、一時はいい関係になれても相手があなたの優柔不断や判断の遅さにイライラしそう。相手のワガママにも疲れてしまいそう。仕事相手としては、相手の成長段階によっては大きな結果は望めないでしょう。相手の行動力やパワーを見習ってみて。今年初めて会う人とは、1年後に縁が切れている可能性があると思って付き合いましょう。

相手が 金のカメレオン座

同じ運気の相手なので、どんな状況か情報交換してみましょう。事前に聞くことで防げたり、心構えができることがありそう。二人で何かを決めないで、運気のいい人に相談をするといいでしょう。恋愛相手としては、お互い好みでない場合は進展しやすいですが、面倒なところが似ているので覚悟はしておきましょう。仕事相手としては、似たような不満がたまりやすいので、ミスややる気のない感じは許してあげましょう。今年初めて会う人の場合は、親友のように仲よくなるか、全く縁がなくてすぐに関係が切れてしまうか、極端な結果になりそうです。

相手が 金の時計座

困ったときに助けてくれる相手。感謝と恩返しの気持ちを忘れないこと。素直に相談してみると協力してくれたり、人を紹介してくれる可能性があるでしょう。この相手からの助言は聞いたら即行動するようにしましょう。今のあなたに必要な経験ができるでしょう。恋愛相手としては、相談をしてみるといい関係になりそう。「一緒にいると明るくなれる」と伝えるといいでしょう。仕事相手としては、相手の指示をしっかり聞いて、邪魔をしないようにしましょう。今年初めて会う人の場合は、あなたに夢があれば長く続くので本音を語ってみましょう。

相手が 銀のイルカ座

縁が切れてしまう可能性が高い相手。離れたとしても、相手が成長するためだと思って執着しないようにしましょう。互いに過度に期待するとがっかりな結果しか出ないので、ほどよい距離感を保っておきましょう。恋愛相手としては、失恋しやすい相手。振られてすっきりするほうがいい場合は気持ちを伝えましょう。仕事相手としては、互いに仕事に不満がたまっている時期なので愚痴や文句で盛り上がりますが、ホドホドにして前向きな話をしましょう。今年初めて会う人の場合は、短い縁なので仲よくなってもべったりしないようにしましょう。

相手が 銀のカメレオン座

互いに相手の気持ちを乱してしまう可能性がある相手。よかれと思った言葉が相手を悩ませてしまうことがあるので、言葉をしっかり選ぶようにしましょう。昨年のあなたと同じような運気なので、乗り越え方や考え方を教えておくといいでしょう。恋愛相手としては、不向きな年なので関係が進まない方がラッキーだと思っておきましょう。仕事相手としては、互いに勉強する年なので、一緒に成長できるようにしましょう。今年初めて会う人の場合は、困ったときはお互い様ですが、自分よりも他の人に助けてもらえるように協力するといいでしょう。

相手が 銀の時計座

一緒にいるだけで救われた気持ちになり、精神的な支えになってくれる人。相手は人気者になる年なので足を引っ張らないようにしましょう。あなたとは違う生き方から多くを学べるので、相談してみるといいでしょう。恋愛相手としては、前向きな発言をしておくといいでしょう。仕事相手としては、チャンスをつかむ人なので近くにいるのはいいですが、予想外の仕事をまかされて困ってしまうかも。修業だと思って頑張りましょう。今年初めて会う人の場合は、あなたからは繋がりにくいので、覚えてもらえたらラッキーくらいの気持ちでいましょう。

相手が 金の鳳凰座

付き合いが長い相手なら、今年はあなたを助けてくれる人になってくれそう。しばらく連絡をしていなくても思い出したら連絡をしてみるといいでしょう。今年会っておくといい人に繋がっていきそうです。恋愛相手としては、思い出話がたくさんできるとチャンスがありそうですが、相手に振り回されることになりそうです。仕事相手としては、結果を出す年に入っているので一緒にいることで学べそうですが、雑用や面倒な仕事を押しつけられてしまうかも。今年初めて会う人の場合、縁が薄いので、希薄な感じがしても気にしないようにしましょう。

相手が 金のインディアン座

あなたの考え方や流れを変えてくれる相手。振り回されることもありますが、前向きな生き方やマイペースな部分は見習うといいでしょう。些細なことでめげないようにもなるでしょう。恋愛相手としては、気持ちを簡単につかめる人ではないですが、突然ご飯に誘ってみると仲よくなれそうです。断られても気にしないようにしましょう。仕事相手なら、あなたには理解ができない判断をしそうですが、いい仕事が一緒にできるので多少の苦労は当然と思いましょう。今年初めて会う人の場合は、短期間で仲よくなるか、全く縁がない人になりそうです。

相手が 金の羅針盤座

進むべき方向を決めるタイミングの相手なので、あなたの余計な言葉に振り回されてしまうかも。言葉選びには気をつけましょう。相手の才能や個性を認めるといい関係になれそうです。恋愛相手としては、あなたが振られやすいので、勉強や資格取得など前向きな挑戦をしている姿を見せるといいでしょう。仕事相手としては、あなたが足を引っ張ってしまいそうなので気をつけましょう。相手の真っ直ぐな考え方から学べることがあるでしょう。今年初めて会う人の場合は、苦手な人と思われる可能性があるので礼儀正しくするようにしましょう。

相手が 銀の鳳凰座

あなたの悩みとはレベルが違うと感じる相手ですが、現状に不満があるという点で共通した話ができそう。文句を言うよりも、現状をどうしたら楽しめるのかを話して、考え方を変えてみるといいでしょう。意外な趣味や遊びにハマることもありそうです。恋愛相手としては、嚙み合わない感じですが、共通の趣味があると少しいい関係になれそうです。仕事相手の場合は、お互いミスが多くなるのでチェックするようにしましょう。自分の確認も忘れないように。今年初めて会う人の場合は、互いに勘違いやマイナスイメージが付いてしまいそうです。

相手が 銀のインディアン座

互いに体調の異変や疲れを感じている年。相手の疲れに気づけるといいので、無理が続いていないか観察してみましょう。相手からいい話や前向きな話が聞けるので、問題の解決策を相談してみるといいでしょう。恋愛相手としては、互いに忙しいので進展が難しそうですが、話の聞き役になってみるといいでしょう。仕事相手としては、体調を崩して仕事が止まってしまったりミスが増えそうなので、無理のないようにゆとりを持って仕事をしましょう。今年初めて会う人の場合、互いに疲れさせてしまったりストレスになる相手の可能性が高いでしょう。

相手が 銀の羅針盤座

ゆっくりですが前に進んでいる相手を見て焦ってしまったり、動き出したくなりそう。影響されないで自分の課題に気づくようにするといいでしょう。新しい情報や流行など情報交換をしておくといいでしょう。恋愛相手としては、一押ししてみるといいでしょう。ただ、相手の真面目な感じを重たく感じてしまうかも。仕事相手としては、慎重に仕事を進めるところは勉強になりますが、石橋を叩きすぎて時間の無駄も多くなりそう。今年初めて会う人の場合は、几帳面な部分は見習うといいでしょう。相手を前向きにさせられるといい縁になりそうです。

開運のつぶやき 挨拶をしない人には、運も人も協力してくれない

命数別2022年の運勢

【命数】

41

古風な頑張り屋

基本性格

大人っぽく冷静な感じに見えますが、サッパリとした性格で根性がある人。ただし突っ込まれると弱く、心配性な部分を隠し持っています。女性は美人なのに色気のない人が多いでしょう。知的で、他人をマネすることでその能力を開花させられるタイプですが、意地を張りすぎてマネを避けてしまうと、才能を発揮できない場合があります。友情や仲間をとても大事にするため、長い付き合いの友人がいるでしょう。

★友情を大切にする星
★同級生を好きになる星
★突っ込まれると弱い星
★タフな星
★みんなと同じものを購入する星

開運3カ条

1. 負けは素直に認める
2. 刺激を求めて行動しない
3. 儲け話や甘い誘惑に注意する

2022年の総合運

友人との縁が切れてしまったり、ライバルに先を越されてしまうことがあるでしょう。仲間やグループから離れることにもなりそうですが、自分の成長のためには必要な別れだと思っておきましょう。意地を張りすぎたり、負けを認められないままでいると学べなくなってしまうので、弱点や欠点を知って自分の得意なことを極めるようにしましょう。健康運は、胃腸の調子を悪くしやすいので辛いものや刺激物は避けるといいでしょう。

2022年の恋愛&結婚運

気になっていた人や片思いの相手に恋人ができてしまったり、思い通りに恋が進められない時期。これまでとは違うタイプの人を突然好きになってしまいそう。ケンカが多くなる相手や、刺激が強すぎる相手の可能性もあるので気をつけましょう。不倫や三角関係になってしまうこともあるので冷静に判断して。結婚運は、交際期間が長く親友のようになっているカップルは、プロポーズをして欲しい日を決めるといいでしょう。

2022年の仕事&金運

予想外の苦労が多い1年。頑張るのはいいですが、自分中心で考えているといつまでも苦労から抜け出せないので、相手や会社など全体のことをもっと考えて判断するといいでしょう。意地を張りすぎてしまったり、話を最後まで聞かないで突っ走ってしまって、周囲に迷惑をかけてしまうこともあるので気をつけましょう。金運は、儲け話に手を出して大損しそう。ラッキーな儲けもありますが、ハマった後に大損するので気をつけましょう。

ラッキーカラー イエロー　カーキ　**ラッキーフード** 筑前煮　りんご　**ラッキースポット** スタジアム　公園

【命数】

42

要領がいい高校3年生

基本性格

古風な考えをしっかりと理解でき、無駄が嫌いな合理的な人。派手に見えて古風か、知的に見えて根はやんちゃかの2パターンに分かれるでしょう。どちらにせよ、表面的に見せている部分と内面は大きく違います。自我が強く、自分に都合の悪い話にはほぼ耳を貸しません。他人の話の要点だけ聞くのがうまく、頭の回転はかなり速いのですが、実は心配性。マネと要領のよさを活かすことで人生を渡り歩けますが、先走りすぎるクセに要注意。

★学習能力が高い星
★高級なものを持つといい星
★優柔不断な星
★健康マニアな星
★向上心がある人を好きになる星

1. 頑張りを周囲に見せる
2. 雑用は進んで行う
3. 同級生に会う

2022年の総合運

頑張りをしっかりアピールすることが大切な年。努力を隠していないでがむしゃらに頑張る姿を見せる時期だと思っておきましょう。苦手な団体行動など面倒なことも増えますが、その代わり周囲に合わせることを学べそうです。一発逆転を狙うよりは、今年は地道な努力を楽しんでみたり、時間のかかることをじっくり進めるといいでしょう。健康運は、暴飲暴食で胃腸の調子を悪くすることがあるので気をつけましょう。

2022年の恋愛&結婚運

仕事仲間や身近なところで恋が始まりそうな運気ですが、ケンカが増えてしまったり、短い付き合いになりそう。相手に合わせることや譲ることができるといい交際ができそう。スポーツジムに通ったり格闘技などを習いに行くと出会いが増えそうです。同年代と縁があるので、同窓会に出席してみるといいかも。結婚運は、一気に盛り上がって進むことがありますが、この時期の結婚はあなたが浮気や不倫をしやすいので気をつけましょう。

2022年の仕事&金運

不慣れや苦手な仕事をやらなくてはならない状況になったり、初心に返らなければならないようなことをまかされてしまいそう。目標をしっかり定めて仕事をしましょう。若い人から学べることもあるので話を聞いてみたり、ときには相談してみるといいでしょう。今年はあえて遠回りの方法や時間がかかることに挑戦してみるといいでしょう。金運は、儲け話で大損しやすいので、少額の投資を楽しむくらいにしましょう。

ラッキーカラー グレー　グリーン　**ラッキーフード** カレーライス　ショートケーキ　**ラッキースポット** 美術館　旅館

さらに細かく自分と相手が理解できる！
生まれ持った命数別に2022年の運気を解説します。

【命数】

43

明るい大人

明るく元気で陽気な性格でありながら、知的で古風な考えをしっかり持っているタイプ。愛嬌があり美意識も高いので、自然と人気を集め、交友関係も広くなります。普段はかなり冷静ですが、空腹になると機嫌が悪くなり、思考停止することが。サービス精神旺盛なところは長所ですが、そのぶん口が悪くなったり、余計な話をしてしまったりすることも。人間関係においては、バカなふりをしていることが多いでしょう。

★楽しませることがうまい星
★グルメな星
★地道な努力が苦手な星
★ダンスをすると痩せる星
★愛嬌のある人を好きになる星

開運3カ条

1. 余計な一言と短気に注意する
2. 気分ではなく気持ちを込める
3. 基礎体力作りを行う

2022年の総合運

些細なことでイラッとしたり、余計な一言で問題が発生してしまう年。ストレス発散がうまくできないで感情的になってしまったり、気持ちが安定しない感じになりそう。人間関係が急に面倒になってしまうことがあるでしょう。勘が冴えますが、ワガママな判断は避けて、周囲の幸せも考えるようにしましょう。健康運は、体力の低下を感じやすく、ダイエットや肉体改造にはいいタイミングですが、頑張りすぎて逆に体調を崩さないように気をつけましょう。

2022年の恋愛&結婚運

一目惚れする人に出会えそうですが、振り回されてしまったり、他のことが手につかなくなってしまうことがありそう。これまでのタイプと違う分、接し方に悩んでしまったり、失恋をしてヘコんでしまうこともありそうです。これまでと違うタイプのときほど慎重に対応したり、周囲の評判を聞くようにしましょう。結婚運は、相手に合わせれば話が進みやすいですが、余計な一言で破談になる場合があるので言葉は選んで発しましょう。

2022年の仕事&金運

判断力が必要な仕事が増えて、仕事のテンポが変わりそうな年。情報をしっかり集めておくと役立ちそうなので、「なんとかなる」と楽観的に考えないで、しっかり構えておくことが大切。ツメの甘さを突っ込まれることもあるので、気分ではなく気持ちを込めて仕事をするようにしましょう。金運は、感覚で出費しているとお金に困ることになるので計画的に使うことを意識するといいでしょう。勘を信じた少額の投資はいい結果になりそう。

ラッキーカラー 深緑　レッド　**ラッキーフード** きんぴらごぼう　抹茶アイス　**ラッキースポット** 動物園　お祭り

【命数】

44

勘がいい頭脳派

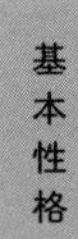

頭の回転が速くおしゃべりで、常に一言多いタイプ。マネがうまく、コツをつかむのが上手で何事にも冷静に対応できます。ただ、空腹や睡眠不足になると短気になるクセがあるので、注意が必要です。物事をいろいろな角度から考えますが、最後は勘でなんでも決めてしまうタイプ。おしゃべりなので、攻めが強い感じに見られますが、突っ込まれると弱いところがあり、守りが手薄な部分があるでしょう。

★表現が豊かな星
★サプライズに弱い星
★毒舌家な星
★スタミナ不足になる星
★勘で買い物をする星

開運3カ条

1. 明るい未来の妄想をする
2. 自分の機嫌は自分でよくする
3. 挨拶やお礼は自分からする

2022年の総合運

自分でも意外に思えるほど前向きに考えられたり、楽観的になれそうな年。心配事やトラブルが増える年でもありますが、不思議と楽しめたり、新たな発見ができるようになりそう。これまでなら仲よくならないような人と遊ぶ機会があったり、知り合いの輪が広がりそうです。前向きな話をするのはいいですが、適当な会話は自分で自分の首を絞める原因になるので気をつけましょう。健康運は、気管周辺の病気に注意。太りやすくなるので軽い運動をしておきましょう。

2022年の恋愛&結婚運

楽しい感じの人には会えそうですが、決め手に欠けてしまったり、好みではない人なので一歩前に出られない感じになりそう。欲望的になってしまう時期でもあるので、一夜の恋になる場合もありますが、後悔しないようにして遊びだと割りきっておくことが大切。あなたが真剣になった途端に振られてしまうことがありそう。妊娠のトラブルにも気をつけて。結婚運は、諦めかけていたカップルほど妊娠から急に結婚が決まることがありそう。

2022年の仕事&金運

職場でのストレスがたまってイライラしたり、転職したい気持ちが強くなりそう。些細なことでケンカになったり、苦労が評価されないでやる気を失うこともありそう。珍しいミスが増えてしまうので確認はこれまで以上にしっかり行うことが大切です。今年は職場の人とのコミュニケーションを大切にしてみると人生観が変わってくるでしょう。金運は、付き合いでの出費が増えそうですが、派手に使わないように気をつけましょう。

ラッキーカラー ブラック　グリーン　**ラッキーフード** すき焼き　フルーツパフェ　**ラッキースポット** 劇場　神社仏閣

ラッキーカラー、フード、スポットはプレゼントやデート、遊ぶときの口実に使ってみて

【命数】45

マネが上手な商売人

基本性格

知的で都会的なオシャレを心がける、情報収集と段取りがしっかりできる人。古風な考えをしっかり持ち、知的好奇心がありながら根はお調子者で、損得勘定で物事を判断するタイプ。じっくり情報を集めすぎて時間がかかったり、突っ込まれるととても弱くなってしまったりする優柔不断な性格でもあります。マネが上手で、「これは得になる」と思ったら、じっくりと観察して自分のものにする能力も高いでしょう。

★計画的に物事を進める星
★おしゃれな人が好きな星
★損得勘定で判断する星
★過労になりやすい星
★買い物が大好きな星

開運3カ条

1. ケチケチしないで後輩にごちそうする
2. お酒は控える
3. 音楽を聴く

2022年の総合運

損得勘定で判断していると周囲からセコいと思われてしまったり、評価を落としてしまうことになりそう。ケチケチしないで後輩や部下にごちそうしたり、面倒見のいい人を目指してみるといいでしょう。真面目に物事を考えるのはいいですが、慎重になりすぎてチャンスをつかめない場合があるので、勇気や度胸を大切にしましょう。健康運は、冷えには注意してください。お酒で大失敗したり、ケガをしやすいので飲酒は控えるようにしましょう。

2022年の恋愛&結婚運

これまでにない真面目な感じの人や、少し地味な人を好きになりそう。堅い仕事や派手さのない人と交際に進みやすい運気ですが、待ってばかりいるといつまでも進まず片思いで終わってしまいそう。あなたのほうから押してみるといいでしょう。押しきられて好みではない人と交際すると、モヤモヤする気持ちが続くことがありそうです。結婚運は、結婚したい気持ちが増す年。付き合いが長い恋人がいるならしっかり話し合うことが大切。

2022年の仕事&金運

丁寧に仕事ができる年ですが、考えすぎてしまったりスピードが落ちてしまいそう。これまでなら頭の回転の速さを活かせたかもしれませんが、今年から自分の能力を生かしきれないような仕事をまかされたり、やや地味な仕事をやることになりそう。我慢や忍耐も必要になるので、思い通りに進まないくらいでイライラしないようにしましょう。金運は、細かい出費が増えてしまったり、断れない付き合いが増えて、出費が多くなるでしょう。

ラッキーカラー　グリーン　ブルー　ラッキーフード　イカフライ　ロールケーキ　ラッキースポット　水族館　海

真面目で現実的な人

基本性格

落ち着いてじっくりと物事を進める、静かで真面目な人。几帳面で地道にコツコツ積み重ね、石橋を叩いて渡るような性格です。親切でやさしく、他人に上手に合わせることができ、守りの要となる人でもあります。ただ、自信や勇気がなく、なかなか行動できずに待ちすぎてしまうところも。計画を立てて行動するのが好きですが、冒険心やチャレンジ精神は低め。真面目さがコンプレックスになり、ときどき無謀な行動に走ることもあるでしょう。

★几帳面な星
★結婚をすぐに考える星
★心配性の星
★瞬発力のない星
★価値にこだわる星

開運3カ条

1. 後輩や部下の面倒を見る
2. 自分の意見をしっかり言う
3. イヤな事はハッキリ断る

2022年の総合運

日ごろ慎重に生活を送っている人ほど、突然夢に向かって突っ走りたくなってしまったり、おもしろくないなどのコンプレックスからキャラにない無謀なことをやろうとする年。人生を楽しむのはいいですが、安定した生活を手放す判断は冷静になって考えたほうがいいでしょう。仲よくなる人も変わりますが、影響を受けすぎてしまうことがあるので気をつけましょう。健康運は、お酒に要注意。膀胱炎や子宮頸がんなどの婦人科系の病気にも気をつけましょう。

2022年の恋愛&結婚運

自分でも想像できないような人に恋をしたり、急に押しきられて交際をスタートすることがある運気。もてあそばれてしまったり、セフレや都合のいい人になってしまうことがあるので気をつけましょう。周囲の評判を聞かないでのめり込んでしまうと後悔することになるかも。友人や知人からの紹介は信じたほうがよさそうです。結婚運は、遠慮ばかりしていた人ほど前に進めるようになるので、自分の気持ちを素直に伝えてみましょう。

2022年の仕事&金運

管理職や部下を持つことになったり、リーダーなど不慣れな仕事をまかされてしまいそう。立場が変われば仕事のやり方や考え方も変わるのでいい勉強になるでしょう。真面目を押しつけるよりも、仕事に楽しく取り組む方法を伝えてみて。食事や飲みに誘ってコミュニケーションを図ることの大切さを知ることもできそうです。金運は、後輩や部下にごちそうするといいでしょう。ストレス発散での買い物のしすぎには気をつけましょう。

ラッキーカラー　ホワイト　パープル　ラッキーフード　チキンナゲット　羊羹　ラッキースポット　海　図書館

ラッキーカラー、フード、スポットはプレゼントやデート、遊ぶときの口実に使ってみて

【命数】

47

正義感のあるリーダー

基本性格

正義感があり、パワフルなリーダータイプ。自分が正しいと思ったことにはまっすぐに突き進みますが、ややおっちょこちょいなところがあるため、先走ってしまうことも多いでしょう。知性的で、情報をしっかり集められる冷静さがありますが、おだてにとても弱い人です。古風な考えを持ち、上下関係をとても大事にするため、ほかの人にも自分と同じようなふるまいを求める部分があります。また、後輩には厳しいことも多いでしょう。

持っている星

★上下関係を大切にする星
★乗せられて買ってしまう星
★人と衝突しやすい星
★腰痛の星
★ほめられると好きになる星

開運3カ条

1. 許す気持ちを大切にする
2. 見栄を張りすぎない
3. 年下の友人を作る

2022年の総合運

普段なら思いきった行動ができるタイプですが、今年は慎重になりすぎてしまったり、臆病になってしまいそうな運気。ときには止まってゆっくり周囲を見たり、じっくり観察するといいので、無計画に突っ走らなくてよくなりそうです。おだてられて安請け合いをするとトラブルの原因になってしまうので注意しましょう。健康運は、ドジなケガをしやすいので、足元には特に気をつけましょう。肌荒れや腰痛にも悩みそう。

2022年の恋愛&結婚運

恋が最も空回りしやすい年。好みのタイプや仲よくなる人の年齢の幅が広がるのはいいですが、振り回されてしまうことがあるでしょう。自分が正しいと思って押しつけていると痛い目にあうかも。浮気されたり別れる原因になってしまうので気をつけましょう。慎重に相手と接するといいですが、臆病になりすぎないようにしましょう。結婚運は、勢いで決断をすることができそうですが、周囲の意見はしっかり聞くようにしましょう。

2022年の仕事&金運

部下や後輩、頼りにしていた先輩や上司と縁が切れてしまったり、裏切られてしまうような出来事が起きそう。自分のことばかり考えないでもっと全体のことを考えて判断をするといい方向に流れを変えられそう。礼儀や挨拶を大切にするのはいいですが、できない人を避けないで、いい見本となるように仕事をするといいでしょう。金運は、見栄での出費を抑えないとお金に困ってしまいそう。勢いでの雑な出費は避けるようにしましょう。

ラッキーカラー グリーン　ピンク　**ラッキーフード** 肉うどん　みたらし団子　**ラッキースポット** 動物園　温泉街

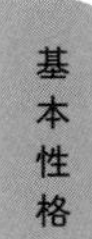

【命数】

48

清潔感のある大人

基本性格

上品で知的な雰囲気を持った大人。繊細で臆病なところはありますが、常識をきちんと守り、礼儀やマナーもしっかりしている人です。学習能力が高く、不慣れなことや苦手なことはほかから学んで吸収する能力に長けています。ただ、臆病すぎる部分があり、慎重になりすぎてチャンスを逃したり、順番を待ちすぎたりすることもあるでしょう。手堅く守りが強そうですが、優柔不断で突っ込まれると途端に弱くなってしまいます。

持っている星

★常識をしっかり守る星
★安心できる人が好きな星
★臆病になりすぎる星
★緊張しやすい星
★割り勘が好きな星

開運3カ条

1. 自分の行動を後悔しない
2. 勝手に諦めない
3. 「正しい」よりも「楽しい」を優先する

2022年の総合運

心身ともに疲れてしまうことがある年ですが、行動力が増す年でもあります。普段なら慎重に判断するタイプですが、今年は先に行動できるようになるでしょう。そもそも臆病なので様子を見てしまうところがありますが、少し無謀とも言えることにも挑戦したくなってしまうでしょう。周囲からの後押しや応援があるなら思いきってチャレンジするといいですが、引き際や期限を決めておくといいでしょう。健康運は、肌荒れや足のケガに気をつけましょう。

2022年の恋愛&結婚運

恋に慎重な人ほど今年は積極的になるのはいいですが、その分空回りをしやすいので注意しましょう。無謀な告白は失恋するだけなので、まずは相手に恋人がいるかいないか確認をして、自分の気持ちだけで突っ走らないようにしましょう。年下から好かれることもあるので、これまでとは違う年齢層も意識してみるといいでしょう。結婚運は、急に勢いで結婚をしたくなる年ですが、現実をしっかり見て冷静な判断をしましょう。

2022年の仕事&金運

自分の仕事だけなら問題はないですが、部下や後輩の面倒を見なくてはならなかったり、仕事を教える立場になって苦労したり、予想外の仕事をやらなくてはならない状況になってしまいそう。正しい方法だけを考えていると窮屈になってしまうので、楽しく仕事をするための工夫を忘れないようにしたり、お願い上手になってみるといいでしょう。金運は、ごちそうをしたりして周囲が喜ぶようなお金の使い方をするといいでしょう。

ラッキーカラー グリーン　ラベンダー　**ラッキーフード** ポークカレー　ラムネ　**ラッキースポット** 庭園　果物狩り

【命数】
49
屁理屈が好きな大人子ども

基本性格

知的で冷静、理屈好きな一方、どこか子どもっぽく、自由人のスタイルを通す人。周囲が知らないことに詳しく、マニアックなことも知っています。芸術や都市伝説などにも詳しいでしょう。手先が器用で学習能力が高く、マネが得意ですが、天邪鬼な性格が邪魔をして素直に教えてもらわないことが苦労の原因になりそう。言い訳が多く、何事も理由がないとやらないところと、なんでも評論するクセがあるところはほどほどに。

★芸術や美術にお金を使う星
★屁理屈が多い星
★個性的な人を好きになる星
★目の病気の星
★変化や新しいことが好きな星

開運3カ条
1. 至らない点を認めて成長につなげる
2. 好きな人には素直になる
3. すべての人を尊敬する

2022年の総合運

学びたいことが増えて知識欲が増しそう。何かを極めるにはいい年ですが、環境に飽きてしまって突然投げ出したくなってしまったり、人間関係でこれまでにない苦労をすることになりそう。年配者や年上の人に好かれて、これまでとは違う交友関係ができたり、知らないことをいろいろ学べて楽しい時間も過ごせそう。不思議な縁がつながることもあるでしょう。健康運は、視力の低下や目の病気、目に疲れが出るので気をつけて。異変を感じたら早めに眼科に行きましょう。

2022年の恋愛&結婚運

個性的な人を好むタイプですが、裏運気の今年は安定した人やこれまでとは違う人を好きになる時期。天邪鬼な性格も抑えられて素直に恋ができるようになりますが、尊敬できる人を求めすぎてしまったり、選びすぎてしまいチャンスを逃すことがありそう。気になった人は自ら遊びに誘ってみましょう。結婚運は、「裏運気の年」にならないと結婚に踏み込めないタイプなので、自分が結婚に興味がある間に話を進めるといいでしょう。

2022年の仕事&金運

仕事を突然やめてしまったり、投げ出したい気持ちが強くなりそう。自分に足りないことや実力不足を周囲のせいにして逃げてしまうこともあるので、至らない点はしっかり認めて学んで成長するようにしましょう。プライドが傷つくときほど、それをバネにするくらいの強い気持ちを持ちましょう。金運は、学べることや資格取得にお金を使うといいでしょう。本を買う機会が増えそうですが、どんな本からも学べることを忘れないように。

ラッキーカラー グリーン　ブルー　**ラッキーフード** ポトフ　キャラメル　**ラッキースポット** 神社仏閣　図書館

【命数】
50
生まれたときから心は60歳

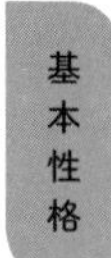

冷静で落ち着きがあり、年齢以上の貫禄と情報量を持つタイプ。何事も理論的に考えることができ、知的好奇心が旺盛で勉強熱心。学習能力がとても高く、手先が器用で、教えてもらったことを自分のものにするのが得意。ただ、高いプライドが邪魔する場合があるので、つまらないプライドを捨ててすべての他人を尊重・尊敬すると能力を開花させられるでしょう。上から目線の言葉や冷たい表現が多くなりがちなので、言葉を選んで。

★古風と伝統が好きな星
★頭のいい人を好きになる星
★冷たい言い方をする星
★目の病気の星
★古くて価値のあるものを買う星

1. すべての人を尊重・尊敬する
2. 資格取得やスキルアップの勉強をする
3. 目の異変を感じたら早めに病院に行く

2022年の総合運

これまでにない発想を求められたり、若い人との関わりが増えて勉強になることが多い年。小馬鹿にされてプライドを傷つけられることもありますが、不要なプライドだと思って捨てて、知らないことや分からないことは素直に頭を下げて教えてもらうようにしましょう。心が若返るようないい刺激もありますが、ハマりすぎないように気をつけましょう。健康運は、老眼や白内障、緑内障など、目の病気や頭痛などに悩むことになりそうです。

2022年の恋愛&結婚運

頭のいい人や尊敬できる人を好むタイプですが、今年は真逆のタイプや全く好みとは言えないような人を好きになったり、不思議な人に興味を示してしまうことがあるでしょう。プライドの高さが邪魔をして前に進めないタイプですが、今年は自分の気持ちに素直になってみると予想外の人と交際ができる場合があるでしょう。結婚運は、結婚の決断には不向きな年ですが、2〜3年前にプロポーズを受けている相手ならいいでしょう。

2022年の仕事&金運

理解できない人や苦手な人と仕事をすることになりそうな年。考え方や価値観の違いを楽しめればいいですが、仕事がイヤになってしまいそう。自分の至らない点を認めてみたり、尊敬できる人に相談をすると考え方を変えるきっかけをもらえそう。すべての人の仕事を尊重・尊敬すると気持ちが楽になるので、自分のことよりも周囲の頑張りを認めてみましょう。金運は、普段なら購入しないようなものにお金を使ってしまいそう。

ラッキーカラー 深緑　パープル　**ラッキーフード** うな重　いちご　**ラッキースポット** 神社仏閣　展示会

ラッキーカラー、フード、スポットはプレゼントやデート、遊ぶときの口実に使ってみて

年代別 アドバイス

世代が違えば、悩みも変わります。
日々を前向きに過ごすためのアドバイスです。

年代別アドバイス **10代**

失恋や友達との別れなど縁が切れることがありますが、その分違うことに時間を使えたり、興味のあることに変化が現れるでしょう。得意な勉強よりも不得意と思っていた勉強のコツを急につかめたり、考え方や方法を変えることができそうです。普段とは違う感じにイメチェンをしたくなるような気分にもなりますが、派手になりすぎないように気をつけたり、ホドホドなところで楽しんでおくといいでしょう。

年代別アドバイス **20代**

今のあなたに見合わない人間関係を整理したり、縁の薄い人と離れることになりそう。失恋したり友人関係が変わることもありますが、今年はそんな時期だと思っておくこと。資格取得やスキルアップのための時間を増やしてみるといいでしょう。これまでにない遊びや甘い誘惑に流されてしまうこともあるので、危険なことには首を突っ込まないようにしましょう。今年だけの遊び友達ができると思っておくことも大切でしょう。

年代別アドバイス **30代**

仕事でもプライベートでも振り回されてしまうことや余計な心配事が増えてしまう年。不慣れなことをまかされてしまうことが多くなりますが、年上の人のわがままに振り回されながらも学べることがたくさんあるでしょう。自分の弱点や欠点を理解して成長や学びのきっかけにするといいでしょう。若い人との関わりも増えますが、自分の考えを押しつけないで、流行や最新の方法などを教えてもらうようにするといいでしょう。

年代別アドバイス **40代**

疲れが目に出やすくなる年。老眼になったり目の調子が悪くなってしまうことがあるので、早めに検査を受けるようにしましょう。苦手な上司と一緒にいる時間が増えてしまったり、部下や年下に振り回されてしまうことが多くなりそう。自分の考えを押し通そうとしないで流れに身をまかせてみたり、若い人の意見をくみ取るようにすると新たな発想やいい人脈などにもつながるでしょう。

年代別アドバイス **50代**

苦手な人と一緒にいる時間が増えてしまったり、大事なポジションから外れてしまうことがありそう。自ら辞退をする判断もしそう。人との縁が切れてしまうことや、一からやり直すイメージで学び直す必要があることも出てきそうです。体調は、目の病気が発覚しそうなので、2021年辺りから調子が悪いと思っているなら早めに病院に行って検査を受けるようにしましょう。女性の場合は乳がん検診を受けておくといいでしょう。

年代別アドバイス **60代以上**

体力があると思っていても疲れが一気に出たり、体調を崩しやすい1年。基礎体力作りや食事のバランスを整えながらも、目には十分注意しておきましょう。白内障、緑内障などの病気になったり、調子が悪い感じが続いてしまいそう。友人や身内などとの別れも多くなるので、予想外の出来事もあると覚悟しておくといいでしょう。明るい妄想や前向きなことをできるだけ想像してみるとプラス思考になれて前向きに過ごせそうです。

金のカメレオン座

毎月・毎日
運気カレンダー

〔2021年11月～2023年3月の運気グラフ〕

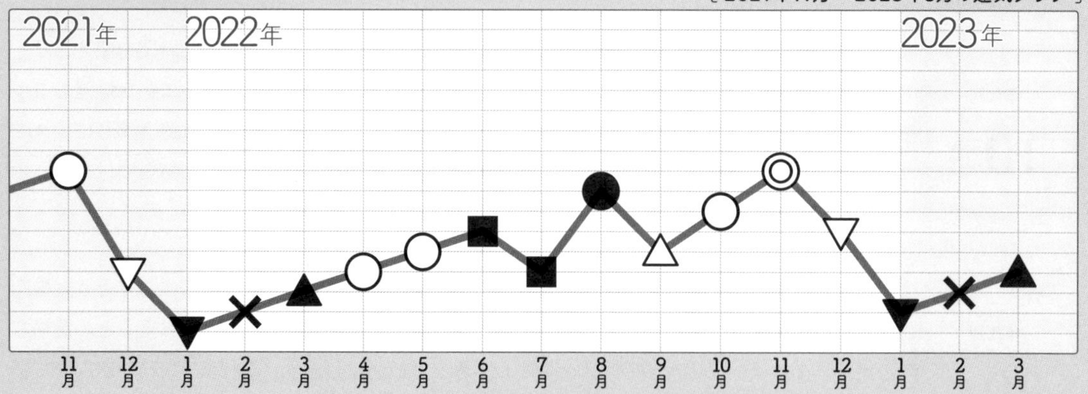

金のカメレオン座の2022年は

✕ 裏運気の年

自分の隠れていた才能を見つける年

この本で「占いを道具として使う」には、「毎日の運気カレンダー」(P.307～)を活用して1年の計画を立てることが重要です。まずは「12年周期の運気グラフ」(P.289)で2022年の運気の状態を把握し、そのうえで上の「毎月の運気グラフ」で、毎月の運気の流れを確認してください。

「金のカメレオン座」の2022年は、「裏運気の年」。裏の自分を鍛え、隠れていた才能を見つける年。そのうえで2023年には必要なものを厳選し、不要なものを手放して、2024年からはじまる新たな山登りに、身軽になった状態で向かう必要があります。今年は、そのための基礎体力づくりをしているところ。2024年からの運気の上昇率を上げるためにも、2022年は必要なことを学び、筋肉をつけていきましょう。

☆開運の月 ◎幸運の月 ●解放の月 ○チャレンジの月
□健康管理の月 △準備の月 ▽ブレーキの月 ■リフレッシュの月
▲整理の月 ✕裏運気の月 ▼乱気の月

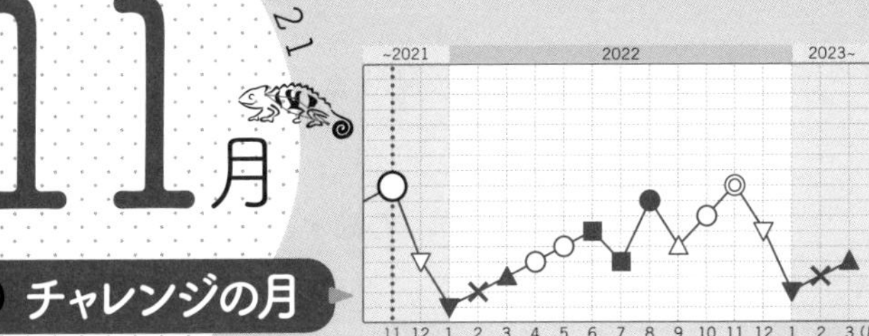

○ チャレンジの月

開運 3 カ条

1. 他人の責任にしないで、自分の問題と捉える
2. 貯金やお金の計算をする
3. 仕事に役立つ本を読む

総合運

現実的な問題が起きることで自分の課題がしっかり見えてくる時期。地道な努力や積み重ねてきたことは崩れる心配はありませんが、それだけでは足りないことや必要なことが出てくるでしょう。自分に力をつけるか、能力のある人に協力してもらえるようお願いをすることが大事。重要なヒントが出る時期でもあるので、どんなことも学ぶ機会だと捉えましょう。健康運は、体調を崩さないように予防をしっかりするといい時期です。

恋愛&結婚運

自分の理想を追い求めるのもいいですが、自分に見合う相手を見つけることが大切な時期。外見や条件が好みではなくても、あなたを幸せにしてくれる相手がいることを忘れないように。交際まで進めなくても、交流を深めるのはいいでしょう。新しい出会いは、順調に進みすぎる相手ほど後に危険な場合があります。結婚運は、話が進まないときは問題は自分にあると思って、考え方を変えてみて。

仕事&金運

得意ではない仕事を任されたり苦労することはありますが、そのぶんいい勉強になりそう。ムダな経費を削減し、これまで自分にかかった費用などを計算してみると、計画の甘さややるべきことが見えてくるでしょう。他人の問題にしないで自分ができることにしっかり取り組み、時間短縮や合理的に進めるために知恵を絞りましょう。金運は、不要な出費が増えてしまうかも。機械の故障など、予想外の出費がありそうです。

日	運気	内容
1 月	▼	気持ちの切り替えが大事な日。クヨクヨしていると運気の流れを自ら悪くしてしまうでしょう。明るく自信を持って生活を送ると、助けてもらえたり壁を乗り越えられたりしそうです。
2 火	×	余計な言葉に振り回されてしまいそう。噂やウソに気をつけ、ネットなどの誰が発信しているかわからない情報を鵜呑みにしないこと。信頼できる人の話を信じるようにして。
3 水	▲	季節に合わない服はしまい、身の回りにある年齢に見合わないものも片づけるといいでしょう。引き出しの中やカバンの中も不要なものが入っていないかチェックしてみて。
4 木	○	気になることに挑戦するのはいいですが「期待を超えないからつまらない」と判断しないように。どんなものか知ったり、体験すること自体が重要なことだと忘れないように。
5 金	○	明るく元気に過ごすように意識すると、視野が広がり学べることも増えそう。口角を上げて1日を過ごせるように頑張ってみましょう。鏡の前で笑顔の練習をしてから外出して。
6 土	□	相手に「どう見られているのか」を考えるのではなく「相手にどう思われたいのか」を考えて行動することが大事。何も考えないで行動や発言をしないように気をつけましょう。
7 日	■	温泉やスパに行ってしっかり体を休ませましょう。昼寝をする時間を作りのんびりするとよさそうです。マッサージを受けに行ってみると、体がすっきりするでしょう。
8 月	●	積極的に行動すると周囲の役に立てて気分がよくなりますが、頑張りすぎて余計なことにも手を出してしまいそう。楽しんで引き受ければ問題ないので、マイナスに考えすぎないで。
9 火	△	どんな人でも怠けたり誘惑に負けることがあるもの。今日はそんな日なので、スマホを触れない場所に置き、ネット検索も控えましょう。集中力が途切れる原因になりそうです。
10 水	○	資料や本や雑誌を一度整理しましょう。大事なものや必要な本を見つけることができるかも。「こんな本買ったかな?」と思えるものを読んでみると、いい勉強になりそうです。
11 木	◎	仕事の頑張りが評価される日。今日はいつも以上に真剣に仕事に取り組みましょう。上司には「Yes」だけを言うようにすると、チャンスをつかむことができそうです。
12 金	▽	流れに身をまかせることが大事。言われたままではなく、自ら先のことを考えて判断したうえで、流れに合わせてみるといいでしょう。食事も旬の野菜や果物を選ぶようにしてみて。
13 土	▼	家族や恋人、身近な人とじっくり語り合ってみましょう。相手の話を聞くことで学べることもあるでしょう。厳しいことを言われたときも、善意や愛があると思って受け止めて。
14 日	×	失敗してもいいので冒険をすることが大切です。つい避けているお店に入ると思ったよりも楽しめそう。ガヤガヤした居酒屋や、逆に高級なレストランにも行ってみましょう。
15 月	▲	身の回りを整理整頓することで運気がよくなりそう。少し早く起きて身の回りを整えてから出かけましょう。職場でも気になるところはきれいにして、拭き掃除もやっておくこと。
16 火	○	同じことの繰り返しを崩したくなる日ですが、マンネリな日々だからこそ楽しいこともあるでしょう。自分だけが正しいと思わず、視野を広げたり考え方を柔軟にしましょう。
17 水	○	1日の目標をしっかり立ててから仕事に取り組みましょう。なんとなく仕事をしてダラダラ過ごさないように。「この仕事は何時までに終わらせる」と決めておくといいでしょう。
18 木	□	朝食や昼食を少なめにして、空腹になる時間を増やしてみて。空腹のほうが集中力が高まったり、記憶力がよくなることもあるでしょう。生活習慣を見直すにもいい日です。
19 金	■	不要な残業は避け、早めに帰宅しましょう。ゆっくりバスタイムを作ってのんびりするといいでしょう。急な誘いもありそうですが、断るか後日にするようにお願いして。
20 土	●	頭の回転がよくなり、自分で自分を褒めたくなる日。おもしろいアイデアが浮かんだり、友人との会話でいい言葉を連発するかも。魅力が急にアップすることもあるでしょう。
21 日	△	下調べや準備をしっかりしないまま出かけると無駄な時間を過ごすことになりそう。映画の時間を間違えていたり、道を間違えて迷ってしまうことがあるので気をつけましょう。
22 月	○	軽く約束をしたままの人や、誘ってもらったままになっている人がいれば、今夜誘って会う予定を立てるといいでしょう。思い浮かんだ人に連絡をしてみて。
23 火	◎	周囲の支えやあなたをフォローしてくれている人の存在に感謝しましょう。ひとりで完璧に仕事ができる人はいないので「持ちつ持たれつ」ということを忘れないように。
24 水	▽	いろいろなことを考えて視野を広げるのはいいですが、できることはひとつだけなので、丁寧に取り組みましょう。得意なことや早めに終わりそうなことを優先してみて。
25 木	▼	苦手な上司や面倒なお客さんと接する時間が長くなってしまいそう。相手の要望にはできるだけ応えましょう。丁寧な言葉で挨拶をしっかりすると不運を避けられそう。
26 金	×	日ごろ思っていることが態度や言葉に出てしまうかも。愚痴や不満や文句が出る原因は自分にあることを忘れないで。仕事があることへの感謝の気持ちも大切にしましょう。
27 土	▲	人間関係に悩むよりも、距離をおくことが大事。たとえ身内や親友だとしても本質は理解されないのが当然だと忘れないで。明るい未来のために何が必要なのか考えてみましょう。
28 日	○	外食をするときは食べたことのないものや謎のドリンクを注文して。小さな好奇心が人生を楽しくしてくれるでしょう。中身を見ないで表紙だけ見て買った本を読むのもよさそう。
29 月	○	周囲の人が無駄だと思うことでも、将来少しでも役立つと感じたことはやっておきましょう。すぐに結果が出ることが大事ではないので、目の前の快楽や娯楽に流されないで。
30 火	□	どのくらい成長ができて何が足りなかったのか、今月の自分を振り返って、やるべきことを見つけましょう。大きな目標よりも来月1カ月くらいで達成できそうなことを決めるとよさそう。

2021

12月

▽ ブレーキの月

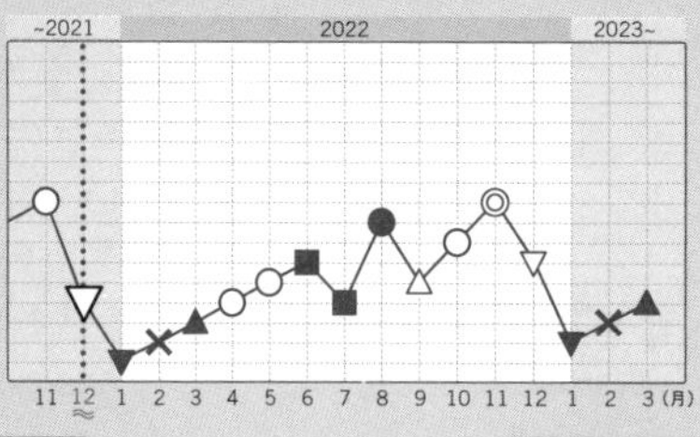

開運 3 カ条

1. 他人に期待しない
2. 相手の笑顔のために行動する
3. 周囲を笑わせる

総合運

期待外れなことが多い時期。自分の実力や才能を過大評価する一方で、他人を過小評価していたことを突きつけられてしまいそう。弱点や欠点が浮き彫りになり課題がどんどん増えてきますが、実力アップするための試練だと思ってゆっくりクリアするように努めましょう。甘い考えで他人任せにしていると苦労や困難が倍増するので、簡単に逃げないように。健康運は、休んで疲れをとることも仕事だと考えましょう。

恋愛＆結婚運

恋人のいる人は、ケンカやすれ違いが増えてしまう時期。中旬まではいい関係だと思っていても、ジワジワ嫌な空気が漂いそう。自分を理解してもらっていると思うと甘えてしまうので、相手をよろこばせるために行動してみましょう。下旬に浮気の発覚など嫌な予感が。相手の変化を望まず、自分が変わる時期だと思って魅力をアップさせましょう。結婚運は、恋人に甘えすぎないようにしていい距離感を保ちましょう。

仕事＆金運

他人任せにしていたことは思い描いていた方向になかなか進まなくなる時期。甘えていたために厳しい結果がどんどん明るみに出てしまうでしょう。問題は常に自分にあることを忘れず、他人の仕事を尊重することで自分のやるべきことが見えてくるでしょう。安易に転職や離職をすると路頭に迷うので注意。金運は、騙されてしまったり予想外に出費が増えたりするので、財布のヒモは締めておきましょう。

日	曜	運気	
1	水	■	思ったよりも疲れがたまっていそう。ペース配分を間違えないようにして仕事終わりまで力を温存しましょう。昼食は食べすぎないように軽めに済ますと楽になりそうです。
2	木	●	目標を達成できなくても手応えを感じられたり、周囲から感謝されることがありそう。周囲を助けておくと自分にも助けが返ってくるので、気になる人には話しかけてみましょう。
3	金	△	あなたの雑な部分や欠点が表に出てしまうかも。普段なら気をつけられることをうっかりミスしたり、つまらない失敗をしやすいので、過信せずに確認をしっかりしましょう。
4	土	○	親友に会って話をしてみましょう。本気で語り合うことで気持ちがすっきりするので、いろいろ話してみて。浅い関係の人に振り回されたり、嫌な一面を見てしまうことも。
5	日	◎	消耗品を買いに出かけるにはいい日ですが、新商品や見慣れないものについ手が伸びてしまいそう。欲しかったものとは違うものを買って失敗することがあるので気をつけましょう。
6	月	▽	午前中は集中力が続きそうですが、昼食後は眠気が出たりやる気を失ってしまいそう。そんなときに大事な仕事が回ってくることがあるので、ボーッとしないように気をつけて。
7	火	▼	あなたの足を引っ張る人や邪魔になる人が目についてしまいそう。マイナスに考えると苦しくなるので、プラス面を探す訓練だと思っておきましょう。体調には十分注意して。
8	水	×	普段興味のないことに目がいく日。考え方を変えるにはいいタイミングです。すべての人に善意があると思ってやさしい目線で眺めると、世の中が少し楽しく思えるでしょう。
9	木	▲	不運な出来事と思わず、必要なことと不要なことがハッキリ見える時期だと思っておきましょう。失ってしまうことがあるときは、そんな日だと割りきって考えるとよさそうです。
10	金	○	情報を入手するにはいい日なので、気になることを調べたりいろいろな人から話を聞いてみましょう。はじめて話す人とも不思議と盛り上がれたり、学べることも多いでしょう。
11	土	○	「灯台もと暗し」を実感しそうな日。近所でおいしいお店を見つけたり、居心地のいいお店や場所を発見できそう。近所を散歩してみたり、気になるお店には入ってみましょう。
12	日	□	休みの日だからといってダラダラしすぎないようにし、不摂生は避けること。適度な運動や健康的な食事を意識するようにしましょう。夜は次の日に備えて早めの就寝を。
13	月	■	昔と比べてスタミナが落ちたことや、老いを感じることがあるかも。無理のない程度に運動をしたり、ストレッチを定期的に行うようにしましょう。年齢に見合う食事も心がけて。
14	火	●	他人にお願いをしたいならば、逆にお願いされたときには素直に聞き入れましょう。相手の善意に甘えてばかりいると、掌を返されてしまうようなことがいずれ起きるでしょう。
15	水	△	自信を持っていた仕事ほど注意が必要な日。珍しいミスが見つかって慌ててしまいそう。しっかり確認をして、他人まかせにした部分ほど再度チェックするようにしましょう。
16	木	○	しばらく聴いていなかった懐かしい曲を聴くとやる気になれそう。青春時代や最も輝いていた時期、素敵な恋などを思い出すような音楽を聴いて出かけるといい1日を過ごせます。
17	金	○	「雑用」は雑にやるから雑用なだけで、一生懸命取り組めば大事な仕事。仕事に大小の差をつけることはやめて、どんな仕事も人の笑顔につながっていることを忘れないように。
18	土	▽	大事な用事や掃除、買い物は午前中に済ませて、午後からはのんびりするようにしましょう。本を読んでゆっくりしたり、友人を招いて家でおしゃべりをして過ごすとよさそうです。
19	日	▼	予想外の出来事が多い日。無駄な外出は控えて家でゆっくり過ごしたり、ひとりの時間を楽しめる工夫をしましょう。読みかけの本を最後まで読んでみるといい勉強になりそう。
20	月	×	面倒な仕事を押しつけられたり、部下や後輩のミスのしわ寄せがくることがありそう。イライラせずに全体のことを考えて、やるべきことをすぐにやるようにしましょう。
21	火	▲	この1年で使っていないものや年齢に見合わないものを処分して、身の回りを整理整頓しましょう。不要な資料なども片づけ、整えられる場所は時間を作ってきれいにして。
22	水	＝	少しでもいいので新しいことに力を注いでみましょう。わからないと思って避けてしまうより、どんなものなのか調べてみたり本を購入して読んでみると少しは理解できそうです。
23	木	＝	視野を広げるとおもしろいことや幸せの欠片を見つけることができそう。古い考えにこだわりすぎず、決めつけをやめるようにしましょう。いろいろな考え方を吸収してみて。
24	金	□	思った以上に仕事が忙しく、夜にはヘトヘトになりそう。夜まで体力を残せるようにしっかり休憩をとって、クリスマスイブを楽しめるくらいのゆとりは持っておきましょう。
25	土	■	クリスマスに風邪をひいてしまったり、暴飲暴食で胃腸の調子を悪くしそう。今日は無理をしないでゆっくり過ごし、自分へのクリスマスプレゼントにマッサージに行きましょう。
26	日	●	年賀状の準備を忘れている人は書いて送っておきましょう。日ごろの感謝の言葉も忘れずに。髪を切るにもいい日。行ったことのない美容室に行くと素敵な髪型にしてもらえそう。
27	月	△	寝坊や遅刻などドジなことをやってしまいそう。休みに入ったつもりが今日までは出勤日だったり、逆に休みなのに出社することになってしまうなど、慌てることがあるかも。
28	火	○	しばらく掃除していなかったクローゼットの中やシューズボックス、冷蔵庫などを掃除してきれいにしましょう。思い出の品やなくしたと思ったものが出てくるかも。
29	水	○	不要なものはそのまま捨てるより、ネットオークションで売ってみると思ったよりも高値で売れそう。ダメ元でやってみましょう。年末年始の買い物は今日中に済ませて。
30	木	▽	年内にやっておきたいと思うことは午前中に終わらせておくといいでしょう。掃除が終わっていない場所は朝から手をつけて、午後からはゆっくりする時間を作っておきましょう。
31	金	▼	家でゆっくりするのがオススメです。油断していると風邪をひいてしまうことがありそう。人が多く集まる場所に行くときは、十分注意して出かけるようにしましょう。

☆ 開運の日 ◎ 幸運の日 ● 解放の日 ○ チャレンジの日
□ 健康管理の日 △ 準備の日 ▽ ブレーキの日 ■ リフレッシュの日
▲ 整理の日 × 裏運気の日 ▼ 乱気の日 ＝ 運気の影響がない日

2022

1月

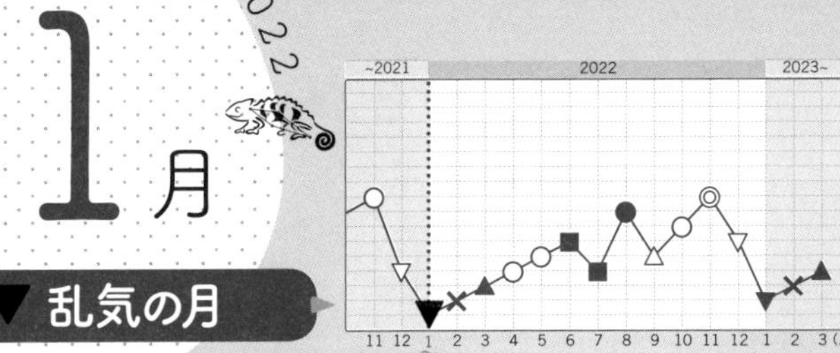

▼乱気の月

開運3カ条

1. 何事も忍耐が必要だと思うようにする
2. 健康管理にはこれまで以上に気をつける
3. 無謀な判断や行動はしない

総合運

乱気の年を終えて一安心するには早い月。大きなトラブルや今後の人生を狂わせる出来事が起きる可能性が高くなる運気。流れに身を任せながら冷静な判断をして、一歩引いて考えるようにしましょう。無計画で無謀な行動に走ってしまったり快楽に流されてしまうと、取り返しが付かなくなることも。健康運も要注意。病気をしやすいので、睡眠時間を増やして軽い運動をしましょう。笑わせてくれる人と一緒にいることも大事。

恋愛&結婚運

失恋や恋人からの裏切り、時にはあなたが浮気をする可能性もある月。思わぬ異性に心を奪われてしまったり、不倫や三角関係など後悔するような恋をする場合もあるので、今月近づいてくる人には注意が必要です。結婚運は、恋人と関係が修復不可能と思えるような喧嘩をして破談になりそう。自分中心に考えないで相手の気持ちを考えて言葉を選ぶようにしましょう。

仕事&金運

仕事への集中力が欠け、やる気を失ってしまいそうな時期。不慣れな仕事についたり、上司や周囲との人間関係がギクシャクするなどして、転職や離職を考えてしまうことも。他人の失敗や関係ない問題に巻き込まれてしまうことがあるので、この時期は忍耐と辛抱が必要だと思っておきましょう。金運は、不要な出費が増えてしまうことや、罰金をとられたり減給になってしまう出来事もあるので気をつけて。

日	運気	内容
1 土	×	新年早々予定通りに進まない日。予定を詰め込みすぎないでゆとりを持って行動しましょう。お酒の飲みすぎや食べすぎにも注意して。二日酔いで苦しんでしまうことがありそう。
2 日	▲	1日の計画を立てて行動すれば問題がない日。行き当たりばったりや勢いまかせは、トラブルや不運の原因になるので気をつけて。急な誘いは遠慮するか別の日にするといいかも。
3 月	＝	小さなことでもいいので新しいと思えるものに目を向けると楽しくなる日。新商品を探しにお店に行ってみるといいかも。行ったことがないお店に入ってみるのもいいでしょう。
4 火	＝	本を読んでみるといい日。一度読んで置いたままになっている本でもいいので、読むと新たな発見もありそうです。書店に行って気になる本を購入してみるのもいいでしょう。
5 水	■	日中は活動的になっても問題なさそうですが、夕方あたりから疲れを感じることや風邪をひいてしまう可能性があるので、人混みを避けて、家でゆっくりするといいでしょう。
6 木	■	突然体調を崩してしまったり、喉の痛みを感じそう。少しでも風邪っぽいと思うときは、横になってゆっくりして。元気でも今日は無理をしないでマメに休むようにしましょう。
7 金	●	友人や知り合いから遊びの誘いがありそうな日。長時間はオススメできませんが、短時間ならお茶や食事を楽しんでみるといいでしょう。おもしろい情報を入手することもできそう。
8 土	△	忘れ物やうっかりミスをしやすい日。スマホを落として傷つけてしまったり、車の運転で壁に擦ってしまうことなどもあるので気をつけましょう。友人との会話では失言に気をつけて。
9 日	＝	不安や心配なことを考えてしまうときは、友人に連絡をしてみるといいでしょう。お茶や食事をして話をすれば気持ちが楽になり、余計なことも考えなくなるでしょう。
10 月	＝	仕事を始める前に1日の目標や計画を立てることが大事な日。何となく仕事をすると疲れてしまったり、効率が悪くなってしまいそう。小さな目標でもいいので立ててみましょう。
11 火	▽	日中は集中力が続くので、大事な用事を先に済ませたり、面倒な仕事を片づけておくといいでしょう。夕方あたりから、仕事が雑になってしまうので気をつけましょう。
12 水	▼	何事も慎重に冷静に判断するようにしましょう。少しの油断が取り返しのつかないことや面倒な流れになってしまいそう。発言も控えめにして様子を窺って行動しましょう。
13 木	×	小さな油断から風邪をひいてしまうかも。仕事でも迷惑をかけてしまうミスをしやすい日。うがいや手洗いはしっかりして、仕事は確認作業を忘れないように意識しましょう。
14 金	▲	身の回りをしっかり整理整頓することが大事な日。引き出しの中やパッと見えない場所も整えるようにしましょう。なくしたと思った物が出てくることもありそうです。
15 土	＝	普段なら注文しないドリンクを飲んでみるなど、小さな勇気を楽しむといい日。定番ではないものに目を向けてみると楽しくなりそう。人にオススメできる物を見つけられそうです。
16 日	＝	新作の映画を観に行くといい日。知り合ったけれどほとんど遊んだことがない人に連絡をしてみるといいでしょう。驚かれることもありますが、新たな交流が楽しめそうです。
17 月	■	午前中は頭の回転が速くテキパキ動けて好調を感じそうですが、午後から急に失速しそう。ペースを落として仕事をするといいでしょう。夜は疲れが溜まりやすいので早めに帰宅して。
18 火	■	頭痛や肩こり、胃腸の調子を崩すなど体調が悪くなりそうな日。今日は仕事でも無理をしないで、消化によさそうなものや鍋料理などを食べて体を温めるようにしましょう。
19 水	●	周囲の人が喜んでくれることに力を注いでみるといい日。すぐに結果が出なくてもいいので、喜ばれると思われる行動をとることが大切だと思っておきましょう。
20 木	△	珍しいミスをしやすい日。話を聞き流して焦ってしまうことや、忘れ物やうっかりミスがありそう。一つ一つのことにしっかり集中するようにしましょう。
21 金	＝	経験をうまく活かせるように工夫したり、知恵を絞るといい日。困っている人の手助けをすることも大切でしょう。小さなことでもいいので教えられることは伝えてみて。
22 土	＝	日用品を購入するにはいい日ですが、使い慣れた物を選ぶようにして。「安いから」で選ぶと失敗をするので気をつけましょう。まとめ買いをしないで必要な分だけ買いましょう。
23 日	▽	日中は問題もなく楽しく過ごせそう。おいしいランチを食べに出かけてみるのもいいでしょう。夕方あたりから予定を乱されるので、早めに帰宅して明日に備えるといいでしょう。
24 月	▼	納得のできない出来事や裏切りを受けることがありそうな日。不運で片づけないで原因を探るようにしましょう。体調も崩しやすいので無理をしないように。
25 火	×	裏目に出ることや思い通りにならないことが重なってしまいそうな日。心身ともに疲れるような出来事もあるので、気を引き締めて取り組むようにしましょう。
26 水	▲	身の回りを片づけるのはいいですが、大事なものを捨ててしまうことや資料をなくして焦ってしまうことがあるので、確認作業はしっかりしましょう。
27 木	＝	情報を集めるにはいい日。ネット以外の場所からもいい情報を集められるので、本や雑誌や新聞を読んでみるといいでしょう。偏った情報にならないように気をつけましょう。
28 金	＝	勉強になることが起きる日。経験や学びが足りない人にはキツく感じられる場合がありますが、自分に足りないことを知ることで成長できるようにするといいでしょう。
29 土	■	今日と明日で日ごろの疲れをしっかり取るようにして。温泉やスパでのんびりしたり、マッサージなどに行くのもいいでしょう。ストレス発散に時間を使うのもいいでしょう。
30 日	■	体調を崩しやすい日。のんびりする時間を作りましょう。外出するときは帰宅時間を決めて無理のないように。些細な段差でつまずくこともあるので気をつけましょう。
31 月	●	気になる相手にダメ元で連絡をしておくといい日。すぐにいい返事を聞けなくてもいいので、メッセージを送ってみましょう。仕事では大事なことをまかされそうです。

開運のつぶやき　嫌なことや面倒なことにもっと鈍感になるといい

2022

2月

× 裏運気の月

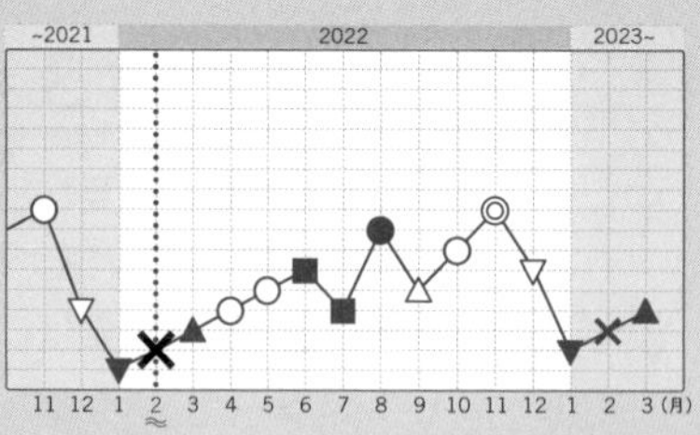

開運3カ条

1. プラスの妄想をする
2. 欲しがらない
3. 学べることを見つける

総合運

妄想や空想が激しくなり心配な出来事が出てくる時期。余計なことを考えてしまうか、空想をプラスにして前向きに生きるかで人生が変わってくるでしょう。これまで興味がなかった世界を楽しめたり、人脈が変わって学べることも多くなるでしょう。今の自分に足りないことを突きつけられることもありますが、今後の課題だと思って受け止めて。健康運は、油断すると体調を崩してしまうので異変を感じたら早めに病院へ。

恋愛&結婚運

これまでとは全く違うタイプの人に恋をすることがあるでしょう。年上との恋が多い人ほど、年下と交際をスタートさせる可能性が。異性を見る目が変わる時期でもあるので、改めていろいろな人を見てみると素敵な人を発見できる場合もあるでしょう。結婚運は、結婚を諦めた人ほど急に話が進むかも。妊娠の発覚から話が進む場合もありそう。大ゲンカからの破局もあるので気をつけましょう。

仕事&金運

既に不慣れや苦手なことに取り組んでいる人でも、更にこれまでとは違う仕事を任されたり悩むような状況になってしまうことがある時期。学ぶべきことがいろいろ見つかるので、本を読んだり、人と話して今後をどうするか考えるようにして。マイナスの妄想は不満と不安を作ってしまうだけでしょう。金運は、欲を出すと大損することがあるので注意。節約して過ごした方が良さそうです。

日	運気	内容
1 火	△	予想外の失敗をしやすい日。確認したつもりでいると大きな問題になってしまうので気をつけましょう。やる気を失うような心ないことを言われてしまうこともあるかも。
2 水	＝	友人や付き合いの長い人から大切な話が聞けそう。自分の悩みや不安を相談してみると、いい話やアドバイスがもらえることがあるでしょう。
3 木	○	与えられた仕事に真剣に取り組むことが大切な日。今日は、自分の至らない点や勉強不足が見えてくるでしょう。学ぶ気持ちを忘れないようにしましょう。
4 金	▽	日中は優しく穏やかな心で過ごせそうですが、夕方あたりからムッとすることや怒ってしまうことが起きそう。「怒ったら不運が来る」と思って平常心を心がけましょう。
5 土	▼	予定通りに物事が進まない日。無理に逆らうよりも流れに身をまかせておくといいでしょう。余計なことを考えすぎるとケガや事故につながるので気をつけましょう。
6 日	×	普段なら選ばない方向にあえて進んでみると、いい出会いやこれまでにない経験ができそう。ただ、身勝手な判断をしたり、欲に走ると面倒なことになるので気をつけましょう。
7 月	▲	気持ちの切り替えが必要な日。過ぎてしまったことは忘れる努力をして諦めることも大切。執着していると、前に進めなくなる原因になってしまうでしょう。
8 火	＝	変化を楽しむといい日。少しでもいいので「新しい」と感じることに挑戦してみて。これまでにない発見につながり、いい体験ができそうです。新しい仕事をまかされることもあるかも。
9 水	＝	不慣れなことや苦手なことを克服する努力が大切な日。嫌いなことでも考え方や捉え方次第で好きになれることもあるでしょう。考え方を変える訓練をしてみるといいでしょう。
10 木	□	自分のやるべきことを見失わないようにすることが大切な日。今日の目標を決めて、最大限の力を出すように努めてみて。大きな結果よりも真剣に取り組むことに価値があるでしょう。
11 金	■	油断をすると体調を崩し、一気に疲れを感じてしまいそうな日。既に体調に異変を感じている場合は、早めに帰宅して家でのんびりするといいでしょう。
12 土	●	小さな幸運がある日。些細なことでも見逃さないために感謝の気持ちを忘れないようにしましょう。あらゆることに感謝できることがわかると幸運もつかめるでしょう。
13 日	△	他人を雑に扱ってしまったり、心ない一言が出てしまいそうな日。後に自分の不運の原因にもなるので、どんな人でも丁寧に接するようにしましょう。
14 月	＝	気になる人にはバレンタインのチョコレートを渡しておきましょう。少し気になるくらいの人にも渡しておくといい関係になれそうです。少しの勇気が恋愛運を変えるでしょう。
15 火	○	あなたの能力を発揮できる日。いい感じで能力を発揮できるので、慣れた仕事でも真剣に取り組みましょう。周囲の人を上手に使うことも忘れないようにしましょう。
16 水	▽	日中は順調に物事が進みますが、夕方あたりから余計な心配や妄想が膨らんでしまいそう。周囲のトラブルに巻き込まれて無駄な時間を過ごすこともありそうです。
17 木	▼	中途半端な感じになってしまいそうな日。集中力も続かないので「こんな日もある」と割りきっておくといいでしょう。無駄にヘコんで落ち込まないようにしましょう。
18 金	×	イライラすることや思い通りに進まないことが増える日。他人に過度に期待しないで、噛み合わない人は気にしないようにしましょう。挨拶やお礼はしっかりしておきましょう。
19 土	▲	部屋の片づけや掃除をするのはいいですが、間違って大事な物を処分してガッカリすることがあるので気をつけましょう。高価なものや家電を壊してしまうこともありそうです。
20 日	＝	ポジティブな思考になれなくても、ポジティブな言葉を選んで発しておくと自然と前向きになれるでしょう。前向きな話をするように意識して過ごしてみましょう。
21 月	＝	気を引き締めて新たな気持ちで仕事に向かうことができる日。小さな目標でもいいので掲げてみるといいでしょう。時間や数字にもっとこだわってみるのもいいでしょう。
22 火	□	優柔不断なところに気をつける訓練をするといい日。些細なことでもいいので、3秒以内に決断する練習をしてみるといいでしょう。自分の勘をもっと信じてみて。
23 水	■	目の疲れや肩こり、体が重く感じることがありそうな日。思ったよりも疲れが溜まっているので、今日は湯船にしっかり浸かって早めに寝ましょう。こまめなストレス発散も大切です。
24 木	●	うれしい知らせやあなたに必要な情報が入りそうな日。周囲の人との会話を大切にして、相手が気持ちよく話せるように聞き役になってみるといいでしょう。
25 金	△	忘れ物や遅刻やドジな失敗が重なってしまいそうな日。準備不足や確認ミスなどがあるので気をつけましょう。ボーッとしているとケガや事故にもつながるので注意しましょう。
26 土	＝	経験を活かすことで苦労やトラブルを避けられる日。経験が足りないと課題や苦労が増えそうですが、ここで学んで成長すれば後に回避や対応が上手になるでしょう。
27 日	○	突然遊びに誘われることがある日。面倒だと思っても行ってみると、いい出会いや経験ができそうです。相手に合わせる楽しさを知ると新たな発見が増えるでしょう。
28 月	▽	日中はあなたの魅力や能力が注目されそうですが、夕方あたりからあなたの欠点や弱点が表面に出てくるので気をつけましょう。勉強になる本を購入して読むといいでしょう。

☆ 開運の日　◎ 幸運の日　● 解放の日　○ チャレンジの日
□ 健康管理の日　△ 準備の日　▽ ブレーキの日　■ リフレッシュの日
▲ 整理の日　× 裏運気の日　▼ 乱気の日　＝ 運気の影響がない日

2022 3月

▲ 整理の月

開運 3 カ条

1. 人との別れや縁が切れる覚悟をする
2. 無駄なプライドは捨てる
3. 不要な物や使わない物は処分する

総合運

良くも悪くも縁が切れる出来事がある時期。身の回りにある物を失ったり壊れてしまうことがあるかも。仲の良かった人が異動や転職、引っ越しなどをして離れてしまったり、喧嘩して気まずい関係になってしまうことがありそう。身近にある物を壊してしまったり、突然家電の調子が悪くなってしまうこともあるでしょう。何事も丁寧に扱い、気を緩めないで言葉を選ぶようにしましょう。健康運は、怪我をしやすいので気をつけましょう。

恋愛＆結婚運

失恋する可能性が高い月。恋人がいる人で、今年に入って気まずい感じがあったり、恋に冷めている感覚がある人は今月で別れてしまう可能性が高いでしょう。続けるつもりのない場合は別れを告げることも大切。新しい出会い運も薄いので期待しない方がいいですが、恋愛観や異性を見る目を変えるきっかけになりそうです。結婚運は、相手のマイナス部分が目に付く時なので気をつけて。

仕事＆金運

仕事を辞めたくなる気持ちが高まる時期。不満にばかり目が行ってしまうので、自分のことよりも全体のことを考えて、仕事への感謝を忘れないようにしましょう。不要な時間を削って仕事に集中するようにすると、気持ちが一気に楽になり前に進むきっかけになることもあるでしょう。金運は、身の回りにある物が壊れて出費が激しくなりそう。スマホや家電の調子が悪くなりそうです。

日	運気	内容
1 火	▼	小さなミスが大きくなってしまいそうな日。誤魔化したり隠そうとしたりしないで周囲に頭を下げて協力してもらいましょう。いつも以上に落ち着いて行動するようにしましょう。
2 水	×	身の回りの物を壊してしまったり失敗が続いてしまいそう。他人の責任にしないで何が悪かったのかしっかり分析して。今日の出来事から学ぶようにしましょう。
3 木	▲	相手がよかれと思って言った言葉が理解できないでいると、ケンカ別れをしたり疎遠になってしまうかも。相手の言葉の意味をもっと考えるようにするといいでしょう。
4 金	＝	頼りになる相手を求めるのはいいのですが、あなたも他の人から「頼りになる人」と思われるように生きることが大切。求められることをマイナスに受け止めないようにしましょう。
5 土	＝	気持ちが楽になれる人と話をするといい日。悩みや不安を聞いてくれる人との時間を大切にするといいでしょう。相手の話を聞くことも忘れないようにしましょう。
6 日	□	関心があることを増やすことで前向きになり楽しくなる日。物や人に対して無関心でいることが自分の人生をつまらなくしている可能性があることを覚えておきましょう。
7 月	■	ストレスを発散するためにも、自分の好きなことに集中できる時間を作るといい日。仕事に集中してみたり、趣味や遊びに一生懸命になってみると気持ちも楽になるでしょう。
8 火	●	自分の幸せだけを考えないで、相手の幸せを考えて行動と判断をすると道が見えてくるでしょう。自分も相手も幸せになるように行動すると人生が楽しくなるでしょう。
9 水	△	他人の失敗を許すことを忘れないようにしましょう。失言もしやすいので言葉選びに気をつけて。話しかけていいタイミングを見計らうようにしましょう。
10 木	＝	知り合って長い人でも付き合いが浅い人でも、敬意を持って接することが大切。雑に相手を扱ってしまうと、自分に返ってくるので気をつけましょう。
11 金	○	愛嬌や可愛げを心がけるといい日になるでしょう。時には図々しく生きてみることも大切。相手に好かれるための努力の大切さを忘れないようにしましょう。
12 土	▽	事前にしっかり情報を集めて行動すれば問題がない日。行き当たりばったりや勢いで行動すると、トラブルに巻き込まれるので気をつけましょう。
13 日	▼	気分転換をするのはいいけれど、自分だけではなく周りの人のことも考えて行動することが大切。身勝手な気分転換は自分の不機嫌につながってしまうでしょう。
14 月	×	退屈な時間を過ごすなら問題は己にあるだけ。やれることややるべきことを自ら見つけることが大切。時間を無駄にしているのは自分だと気がついて学ぶべきことを見つけましょう。
15 火	▲	世の中のマイナス面ばかりが気になっているときは、自分がマイナスな気持ちになっているとき。些細なことでもいいのでプラス面やうれしいこと、喜べることに目を向けましょう。
16 水	＝	人とのつながりが大切な日。友人や仲間など、あなたの周りに集まってくれている人やアドバイスしてくれる人に感謝を忘れないようにしましょう。
17 木	＝	「前向きに挑戦を続ける」ことを学ぶ必要がある日。些細なことでもいいので知らないことを知り、不慣れや苦手なことを克服するためにどうすればいいか考えて行動して。
18 金	□	マイナスを気にするよりも、「まあいいか」と流せるようにすると気持ちが楽になるでしょう。考えすぎる前に肩の力を抜いてみるとどうするべきか見えてくるでしょう。
19 土	■	今日はしっかり体を休ませることが大事。軽い運動やストレッチをしてみるといいでしょう。肩こりや腰痛が少し楽になりそうです。健康的な食事も心がけてみましょう。
20 日	●	余計なことを考えるよりも、しっかり楽しむといい日。気になる人を遊びに誘ってみたり、楽しいと思えることに素直に行動してみて。笑顔になれるよう行動する1日にしましょう。
21 月	△	小さな失敗をする日ですが「どうにかなる」と気楽に考えることが大切。ただ、サポートしてくれた人には感謝を忘れないように。確認をしっかりすればミスは防げるでしょう。
22 火	○	何も変わらない日々だとしても1歩ずつ前に進んでいることを忘れないようにしましょう。日々の積み重ねの大切さを忘れないように、学べることややれることを見つけて。
23 水	○	頼れる人に出会えることがある日。わからないときや困ったときは素直に聞いてみることが大切。相手の優しさや対応から学んで、自分のものにできるように努めてみましょう。
24 木	▽	日中はチャンスに恵まれて、いい流れに乗れそう。ただ、夕方あたりから苦しい状況になってしまいそう。ひとりで考え込まないで周囲に相談をするといいでしょう。
25 金	▼	弱音を吐きたくなってしまう日ですが、言う相手を間違えて余計にヘコんでしまうことがありそう。前向きにさせてくれる人に会うのもいいですが、言葉は選んで話しましょう。
26 土	×	思い通りにならないことが多く、余計なことを考えてしまいそうな日。自分でも不機嫌な感じがするときは、ひとりの時間を楽しんでのんびりするといいでしょう。
27 日	▲	他人と比較をするとやる気を失うだけ。幸せそうに見える人でも見えないところで苦労していると思って気持ちを切り替えるといいでしょう。
28 月	＝	何をしていいのかわからないときは、基本からやり直してみて。人として正しいと思われることからやってみるといいでしょう。挨拶やお礼や礼儀をキッチリしてみましょう。
29 火	○	やる気がなかなか起きないときは、人に会って話をしてみて。いろいろな話をしていると気持ちがすっきりして、自分のやるべきことや至らない点が見えてくるでしょう。
30 水	□	あなたの味方になってくれる人やこれまで支えてくれた人の存在を忘れないようにして。憧れの人や尊敬できる人を思い浮かべてみるとやる気も増してくるでしょう。
31 木	■	サボっていると思われてもいいので、今日は無理をしないようにしましょう。心身ともに疲れやすくなっているでしょう。今日の分は明日取り返すようにしましょう。

開運のつぶやき ▶ 未経験なことをうまくできるわけはないから、失敗を恐れることはない

2022 4月

○ チャレンジの月

~2021 2022 2023~
11 12 1 2 3 4 5 6 7 8 9 10 11 12 1 2 3 (月)

開運 3 カ条

1. 若い人と話をする
2. 新しいことを楽しんでみる
3. 何事も自分の成長のためだと思う

総合運

新しい課題が見つかり、学ぶべきことが沢山出てくる時期。新年度になり体制や環境の変化に疲れてしまうことがありますが、流れに合わせる努力をすることで成長できるでしょう。上手に合わせられている人のマネをしたり、考え方や生き方を変える流れを楽しんでみるといいでしょう。若い人からの意見が大切になるので、しっかり話を聞くように。健康運は、ストレスが溜まりやすいのでマメに発散をするようにしましょう。

恋愛＆結婚運

自分でも意外だと思える異性に目が行ってしまうことや珍しい異性から好意を寄せられることがある時期。視野やストライクゾーンを広げられるチャンスだと思って、人の見方を変えてみると良いでしょう。服や髪型は、少し若々しく見える感じや流行に合わせてみるとウケも良さそうです。結婚運は、進展は相手次第になるので、相手に結婚したいと思わせられるように努めましょう。

仕事＆金運

変化を素直に受け入れて楽しむことで大きく成長できる時期。不慣れなことを任されたり、理解に苦しむ若者が現れる可能性もありますが、受け入れることや肯定することから始めてみると良いでしょう。自分の弱点や欠点が明るみに出ることもありますが、焦らずゆっくりクリアするようにしましょう。金運は、買い替えをするのは良いですが、高価な物は避けておきましょう。

1 金	●	手応えや調子のよさを感じられる日。順調に仕事が進んでいるときほど冷静な判断を心がけましょう。夜は小さなウソに騙されてしまいますが、4月1日だと忘れないように。
2 土	△	忘れ物などをしやすい日。時間を間違えてしまうことや約束の時間に遅れてしまうこともありそう。会話でも余計な一言や口が滑ってしまうことがあるので気をつけましょう。
3 日	○	初めて行くお店でいい発見があったり、お気に入りの場所になることがありそう。新メニューやなかなか注文できなかった物を選んでみると楽しい1日になりそうです。
4 月	○	新しい仕事や部署の体制の変化、新しい人とのふれあいなど、変化の多い1日になりそう。些細なことでも前向きに受け止めて、変化に対応することを楽しんでみるといいでしょう。
5 火	▽	日中は周囲との協力が大切になるので、自分の考え方ややり方だけが正しいと思い込まないようにしましょう。夕方以降は空回りしやすいので落ち着いて判断しましょう。
6 水	▼	否定的に物事を見ている間は、自分で成長を止めているだけ。肯定的に物事を見られるように、柔軟な発想や気持ちにゆとりを持つようにしましょう。マイナス妄想はホドホドに。
7 木	×	思い通りに進まないことが増える日ですが、うまくいかない原因を探ることでいい勉強になる日でもあるでしょう。叱られることや指摘されることに感謝も忘れないように。
8 金	▲	やるべきことが増えてしまい、疲れてしまいそうな日。手順や順番を考えて、優先すべきことを先に判断して。面倒なことから取り組んでみるといいでしょう。
9 土	＝	初めての場所に行ったり、これまで遊んだことのない人を誘ってみるといい日。遠慮しているといい体験を逃すので、小さな勇気が幸運を引き寄せることを忘れないようにして。
10 日	＝	気になる映画や舞台があるならすぐに行動するようにしましょう。今日は何事もまずは行動することが大切になるので、悩む時間があるなら動いてみるといいでしょう。
11 月	□	わからないことを調べるのはいいですが、詳しい人に教えてもらうことが大切。教えてもらったら素直に行動するように。聞くだけで言い訳してやらないと信頼を失うだけ。
12 火	■	疲れを感じそうな日。イライラするときは疲れている証拠なので、休憩をしっかり取ったり、軽くストレッチや屈伸をしてみるといいでしょう。少しの仮眠も効果がありそうです。
13 水	●	積極的に仕事に取り組む姿勢が大切。自分のやり方と違う方法を見つけることでコツをつかむことができそう。仕事のできる人を観察することも忘れないようにして。
14 木	△	なんとなくでいいと思っていると大きなミスにつながる日。仕事を甘く見ないようにしましょう。支えてくれる人や協力してくれる人に感謝を忘れないように。
15 金	○	経験をうまく役立たせることができる日。学んだことを思い出してみるのもいいですが、体に染みついていることもあるので、思いきって行動してみるといいでしょう。
16 土	○	日用品や消耗品などを買いに行くにはいい日ですが、余計な物を買いすぎてしまうので、メモをしてから出かけましょう。目新しい物を買って失敗することもありそうです。
17 日	▽	午前中に買い物や用事を済ませておくといい日。掃除も洗濯も一気に終わらせて、午後はゆっくりして、映画を観たり本を読む時間を作るといいでしょう。
18 月	▼	余計な妄想をして、仕事でミスをしたり、不安になってしまうことがあるでしょう。「悩みではなく、全ては妄想」と割り切って目の前の仕事に集中しましょう。
19 火	×	他人のミスに巻き込まれることやクレーム対応に追われることがありそう。機械トラブルにも巻き込まれやすく、思ったように物事を進められないことがありそうです。
20 水	▲	失って初めて価値に気がつける日。お気に入りの物をなくして仕事のリズムが悪くなったり、頼りにしていた人が休みになって予想外の苦労をすることがありそうです。
21 木	＝	周囲を見回してみると変化が多いことに気がつける日。「新しい」に注目してみると自然と楽しくなりそうです。新商品のお菓子やメニューを選んでみると面白い発見もありそうです。
22 金	＝	新しい発想をするためにも、他の人の意見や考え方を全肯定してみるといいでしょう。古い考えに凝り固まっていると自分がずれていることに気がつけないでしょう。
23 土	□	今日と明日は、健康的に過ごすことが大切な日。一泊の温泉旅行や自然の多い場所などに出かけてストレスを発散するといいでしょう。スパ、エステなどに行くのもいいでしょう。
24 日	■	ゆっくり時間を使うことが大切。新年度の体制の変化で思った以上に疲れが溜まっているでしょう。ゆっくりして日ごろの疲れを取りましょう。無理をすると体調を崩してしまいそう。
25 月	●	伝わると思って話しても、相手に理解してもらおうとしないと誤解されてしまったり、冷たい言い方になってしまいそう。「話す」と「伝える」の違いに気がつきましょう。
26 火	△	丁寧に行動できない日。自分にも他人にも雑になってしまうので、些細なことでも丁寧に行動するようにして。スマホを落として画面を割ったり、なくし物もしやすいでしょう。
27 水	○	友人や知人に会って語ってみるといい日。愚痴や不満ではなく、前向きな話をするといいでしょう。将来の夢を語るのは苦手でも話をするといいでしょう。
28 木	○	時間を見つけてショッピングをするといい日。自分や周囲が楽しめる物を買ってみるといいでしょう。映画や体験などにお金を使うのもいいでしょう。
29 金	▽	日中は行動的になっておくことでいい経験ができそう。夕方からはひとりの時間を作ってゆっくりするようにして。話のネタになりそうな本を読むといいでしょう。
30 土	▼	予定が変更になってしまったり、期待外れでガッカリする出来事がありそうです。今日はいつも以上にゆとりを持って行動し、他人に過剰な期待をしないようにしましょう。

☆ 開運の日 ◎ 幸運の日 ● 解放の日 ○ チャレンジの日
□ 健康管理の日 △ 準備の日 ▽ ブレーキの日 ■ リフレッシュの日
▲ 整理の日 × 裏運気の日 ▼ 乱気の日 ＝ 運気の影響がない日

2022 5月 チャレンジの月

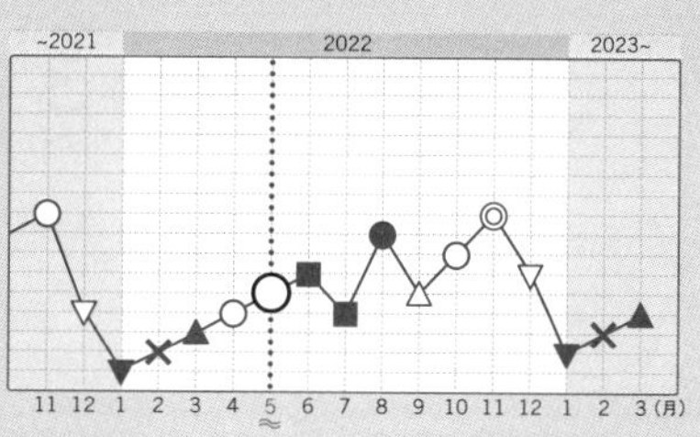

開運3カ条

1. 変化や意外性を楽しむ
2. 失敗を覚悟して試してみる
3. 年下と語ってみる

総合運

変化や刺激的なことが多いと覚悟しておけば、不満や不運は減るでしょう。これまでの考え方では苦しい状況になりそうですが、何事も楽しんだり前向きに捉えてみると良い勉強になり、今後の人生を変えるような発想や良い人脈にも繋がるでしょう。失敗や挫折を恐れない気持ちも忘れないように持っておきましょう。健康運は、軽い運動や食事のバランスを整えるなど、続きそうなことから始めてみると良いでしょう。

恋愛＆結婚運

これまで異性を誘ったことのない人ほど、自ら連絡をしてデートしてみたり、普段なら行かない場所を選んでみると良いでしょう。意外性を楽しんでみると相手との関係が進展する場合もあるので、苦手なことに誘われても断らないで。新しい出会い運は、年下と仲良くなれるチャンスがありそうです。結婚運は、進展は難しい時期なので期待はしないで楽しむようにしましょう。

仕事＆金運

ゆっくりですが前に進めたり、学べる出来事がある時期。「良い経験をしている」と前向きに捉えないと、不満が増えてしまうだけ。若い人の意見を取り入れる努力も必要になるので、素直に教えてもらうと良いでしょう。些細なことでも良いので挑戦するといい発見がありそうですが、失敗は付きものなので覚悟はして。金運は、目新しい物が欲しくなって不要な出費が増えるので気をつけて。

日	運気	
1 日	×	自分が正しいと思い込んでいるとイライラしてしまったり、ガッカリする原因になるだけ。自分の考えが間違っている場合もあるので冷静に判断しましょう。
2 月	▲	自分で限界を決めて勝手に諦めないようにしましょう。自分の力や才能を信じて目の前のことに最善を尽くしてみるといいでしょう。周囲からのアドバイスにも素直になって。
3 火	○	前に進むためには何を我慢すべきで、何を失うべきなのか判断する必要がある日。失わなければ得られないことを忘れないようにしましょう。
4 水	○	挑戦すればするほど、自分のやれることが増え、やるべきことが見えてくると覚えておきましょう。何もしなければ、何をしていいのかさえわからなくなるでしょう。
5 木	□	知らないことを学んで変化を楽しむことで、自分の考えが変わったり、成長できたりすると思いましょう。視野を広げていろいろな考え方を学んでみましょう。
6 金	■	流れに身をまかせてみることや意地を張りすぎないことが大事。無駄なストレスや不要な体力を使わなくてよくなるでしょう。流されることを楽しんでみて。
7 土	●	普段なら誘わないような人に連絡をして遊びに行ってみると、思った以上にいい思い出やいい経験になりそう。不思議なデートプランを立ててみるのもいいでしょう。
8 日	△	自分のミスに気がつける日。ドジな部分や雑なところを知って恥ずかしく感じたり、ガッカリするときがありますが、成長できる余白だと思って今後は気をつけるようにしましょう。
9 月	○	相手の話や考え方をまずは受け入れてみることが大切な日。付き合いの長い人と一緒のときは、相手の話を否定しないで受け入れてみるといい話し合いができそうです。
10 火	○	自分も相手も笑顔になることを考えて行動することが大切な日。今日は、思った以上にいい結果を残せたり、手応えを感じられそう。些細なことでも前向きに挑戦して。
11 水	▽	午前中から積極的に行動して、大事なことは先に終えておきましょう。夕方以降は、あなたの心を乱す人が現れたり、やる気をなくすような出来事が起きてしまいそう。
12 木	▼	感情的になってしまうと冷静な判断ができなくなってしまうでしょう。ムッとしても5秒待ってみると思ったより流せるもの。イライラしないようにしましょう。
13 金	×	突っ込まれて困ってしまったり、優柔不断になりそうな日。判断に困ったときは相談をしたり、後日判断するようにしましょう。焦って決めると間違った方向に進んでしまいそう。
14 土	▲	時間を作って身の回りを片づけるといい日。すっきりさせてから外出したり遊びに出かけるようにしましょう。出先では忘れ物や落とし物に気をつけて。
15 日	○	普段なら行かないような場所に行ってみたり、避けていたジャンルの映画を観てみるとおもしろい発見がたくさんあるでしょう。誘われたときは即OKして出かけましょう。
16 月	○	普段よりも少し早めに行動することを意識するといい日。5分でも10分でも早く取りかかって早めに終わらせてみると、見れたり知れたりすることがあるでしょう。
17 火	□	希望を忘れないようにしましょう。自分の明るい未来を想像して、10年後の自分が今の自分にどんなアドバイスを送るか考えてみると、やるべきことが見えてくるでしょう。
18 水	■	疲れたときは、仕事や行動が雑になるだけ。無理をしないで休憩させてもらったり、集中できる状態を維持する工夫も仕事のひとつだと忘れないようにしましょう。
19 木	●	自分の幸せを考える前に、誰かひとりでもいいので喜ばせてみると自然と自分の幸せになっているもの。笑顔にさせてくれる人や笑顔になってくれる人に感謝しましょう。
20 金	△	一生懸命取り組んでの失敗は身になるが、手を抜いた仕事の失敗は信用を落とすだけ。些細なことでも一生懸命取り組んで、ミスから学んで成長するといい。
21 土	○	友人を誘ってみるといい日。語ってみることで自分の気持ちや考えが整うようになるでしょう。馬鹿な話や冗談など、笑って過ごせる時間の大切さも教えてくれそうです。
22 日	○	気になる人がいるなら思いきって誘うことが大切。簡単に諦めないで、予定を合わせてもらうといいでしょう。買い物をするにもいい日なので服を見に行ってみましょう。
23 月	▽	大きなことばかりに目を向けていると雑になるだけ。今日は小さなことや細かなことに目を向けてみて。挨拶やお礼など基本的な部分を見逃さないようにしましょう。
24 火	▼	自分の行く先を見失ってしまいそうな日。何のために仕事しているのかわからなくなってしまったときは、自分の仕事の先で笑顔になっている人を想像するといいでしょう。
25 水	×	おもしろくないと思うのは、自分がおもしろいことに目を向けていないから。不満や文句を言う前に、何事も「おもしろい」と思うところから始めてみるといい。
26 木	▲	自分を過大評価すると不満に変わるだけ。現実が答えなので、今の評価を受けとめて、至らない点を認めてもっと成長できるようにするといいでしょう。
27 金	○	自分の得意なことをもっと好きになってみると希望の光が見えてくるでしょう。好きなことをやるのではなく、求められることにもっと素直になってみるといいでしょう。
28 土	○	考え方や生き方を教えてくれる人に会える日。知り合いをつないでみるとおもしろい人に会えることもあるでしょう。いろいろな生き方をもっと学んでみましょう。
29 日	□	好奇心の赴くままに行動してみるといい日。イベントやライブに行ってみたり、小旅行に行くのもいいでしょう。少し気になる人を誘ってみると楽しいデートもできそうです。
30 月	■	何事もじっくり観察をすることが大切な日。今日は周囲をしっかり見て、分析するようにしましょう。疲れを感じるときはしっかり休憩を取るようにしましょう。
31 火	●	日々の習慣を見直すことが幸運や成功への近道。今の生活を積み重ねて明るい未来が見えるなら諦めないで続けること。疑問に思うなら改めて正しい道を見つけて進むといいでしょう。

開運のつぶやき 「どこに行きたい？」よりも「ここに行かない？」のほうがいい

2022 6月

■ リフレッシュの月

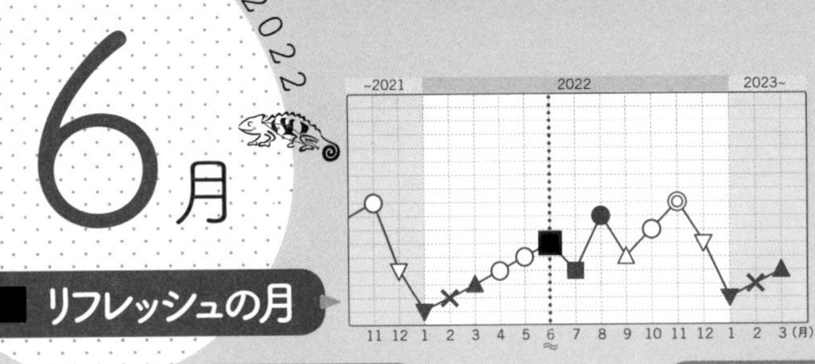

開運 3 カ条

1. 人間観察をする
2. 生活習慣を見直す
3. 自己分析をする

総合運

不満な状況が続いても無理に変えたり抗うのは止めて流れに身を任せておくと良いでしょう。冷静に分析して自分の弱点や欠点を見つけ、今後の成長に繋げるようにしましょう。新しいことを始めなくてはならない時は勉強だと思い、短い期間で縁が切れることには執着をしないようにしましょう。健康運は、生活習慣を見直して、不健康だと思われる行動を控え、食事のバランスを整えるようにしましょう。

恋愛&結婚運

気になる異性やモテている同性を観察するには良い時期。日頃の言動をチェックしてみると良いでしょう。相手の話をしっかり聞くと好印象を持ってもらえそう。恋の上手い人の特徴を掴んだり、マネできそうな部分を見つけてみるのも大事。意外な相手と仲良くできるチャンスがありそうです。結婚運は、自分が相手にとって結婚にふさわしい人物に成長しているのか考えてみて。

仕事&金運

自分が成長できていることを確認すると良い時期。マイナス面や不満に目が行くとドンドンやる気を失ってしまい、心配や不安が増えてしまいそう。学べることを見つけるのにも良い時期なので、足りないところのスキルアップを行うようにしましょう。失敗もありますが、同じ失敗をしない工夫を心がけて。金運は、余計な物を購入しやすい時期。価値のあるものか見極めるようにしましょう。

1 水	△	余計な言動が多くなってしまいそうな日。「しまった」と思っても既に遅い場合があるので、しっかり謝ったり訂正するようにして。迷ったときには踏み止まるようにしましょう。
2 木	○	自分の癖を理解することが大切な日。同じようなミスをやってしまうと信頼を落とすので気をつけて。自分の得意なことで周囲を笑顔にするといいでしょう。
3 金	○	うれしい知らせやいい流れがやって来る日。面倒と思うことや難しいと感じることに幸運が隠れているので、チャレンジしてみて。楽をしたり逃げると面倒なことにぶつかるでしょう。
4 土	▽	周囲の支えや協力に感謝を忘れないようにしましょう。自分のことだけを考えていると大切なことを見落としてしまいそう。夜は、断りにくい人から誘われてしまいそう。
5 日	▼	余計な妄想が膨らんで勝手に不安になってしまうことがありそう。考えすぎないで、現状に満足したり見方を変えてみると幸せを見つけることもできそうです。
6 月	×	思い通りに進まない出来事が多い日。今日は、ゆっくり1日を過ごしてみるといいでしょう。焦ったり、予定を詰め込んでしまうと面倒な日になってしまいそうです。
7 火	▲	気持ちの切り替えをしたり、考え方を変えるといい日。若い人の意見や新しい考え方を取り入れてみるようにしましょう。執着をやめると気持ちが楽になるでしょう。
8 水	○	「何事も試してみないとどんなものかわからない」と思って新しいことや避けていたことに挑戦してみるといいでしょう。おもしろい発見やいい経験ができて話のネタにもなりそう。
9 木	○	気になることを見つけたら情報を集めてみるといい日。いい面と悪い面の両面が必ずあるので一方的な見方をしないようにしましょう。詳しい人から話を聞くことも大切。
10 金	□	何事も時間をかけてじっくり進めることが大切な日。結果がすぐに出なくても焦らず、自分の目標を見失わないようにしましょう。尊敬できる人を見つけることも大切。
11 土	■	疲れから集中力が途切れてしまったり、体調を崩しやすいので要注意。軽く体を動かしたりストレッチをするなら、休憩時間を使ってみて。小さなケガに気をつけましょう。
12 日	●	今日はしっかり遊ぶことで運気が上がる日。気になる場所に行ってみたり、人の集まりに顔を出してみましょう。思わぬラッキーな出会いもあるかも。
13 月	△	珍しいミスをしやすい日。忘れ物やドジな行動をしやすいので気を引き締めて過ごすようにしましょう。判断ミスをして不要な物を購入しやすいので気をつけましょう。
14 火	○	難しいことや手応えのないことを簡単に諦めないで粘ってみましょう。後日にできるようにコツコツ努力を。人生はダイエットと同じだと思ってじっくり進めましょう。
15 水	○	評価されるような仕事ぶりが大切な日。上司や会社が評価しやすいように、数字や金額などの結果をしっかり出すようにしましょう。いい結果が出なくても目標を目指すように。
16 木	▽	周囲で結果を出している人や成功している人を見て、素直に喜べるようになるとあなたにも運が巡ってくるでしょう。妬んだり恨む人に幸運はやって来ないでしょう。
17 金	▼	自分の進むべき道を見失ってしまいそうな日。着地点がどこなのか、どこを目指しているのかを思い出してみると今やるべきことを頑張れるようになるでしょう。
18 土	×	自分の欠点や弱点を隠すのではなく、何ができないのか明らかにするといいでしょう。手を差し伸べてくれる人に感謝して、自分ができることに集中しましょう。
19 日	▲	部屋の大掃除や片づけをするにはいい日。幼稚な物や着ない服、昔の趣味の道具などは一気に処分して。「もったいない」と思って置きっぱなしが一番もったいないでしょう。
20 月	○	友人や知人と冗談や笑い話をたくさんするようにしましょう。本音を言われても笑いで返せるようにしましょう。人生にはユーモアが必要なことを忘れないようにしましょう。
21 火	○	成功をイメージするところから始めてみるといい日。新しい仕事の成功やいい結果を想像してから取り組んでみるといいでしょう。失敗をしても活かすことができるでしょう。
22 水	■	思いつきやひらめきが大切な日。思い浮かんだことは試しに挑戦してみるといいでしょう。いい感じに物事が進むこともありそう。いい出会いにつながる場合もありそうです。
23 木	■	今日は動くよりも観察することが大切な日。周囲を見渡して、冷静な判断や変化が必要になるでしょう。心身ともに疲れやすい日でもあるのでマメに休むようにして。
24 金	●	成功を願うのはいいですが、具体的で現実的な目標なのか冷静に判断して。将来どうなりたいのか本音を語ってみましょう。夢を語ることが苦手でも話しやすい人に言ってみて。
25 土	△	冗談や遊び心が大切な日。日々の生活や仕事の楽しさを見つけられるように、見方を変えてみるといいでしょう。考え方次第でいい人生を送れるようになるでしょう。
26 日	=	遊びに誘われたときは、面倒だと踏み止まる前に、1歩前に進んでみましょう。特に、付き合いの長い人がいるなら信用して飛び込んでみるといい日になるでしょう。
27 月	=	明るい未来を想像するといい日。自分の幸せを最大にした未来をいろいろ考えてみると、これからやるべきことや足りないことが見えてくるでしょう。まずは妄想を楽しんでみて。
28 火	▽	日中は集中力が続きそう。大事な仕事からテキパキこなしていくといいでしょう。夕方あたりから失敗が続いてしまったり、やる気がなくなってしまうことがありそうです。
29 水	▼	誰かに喜んでもらえるように行動するといい日。上司や先輩、仲良くしてくれる人の笑顔のために行動してみましょう。あなたの姿に味方が集まることもあるでしょう。
30 木	×	他人に望むことは全て自分で行いましょう。文句や不満があるなら全て自分がやるべきことだと思ってすぐに取り組んでみると、成功や幸せな道に進むことができるでしょう。

☆開運の日　◎幸運の日　●解放の日　○チャレンジの日
□健康管理の日　△準備の日　▽ブレーキの日　■リフレッシュの日
▲整理の日　×裏運気の日　▼乱気の日　=運気の影響がない日

2022 7月

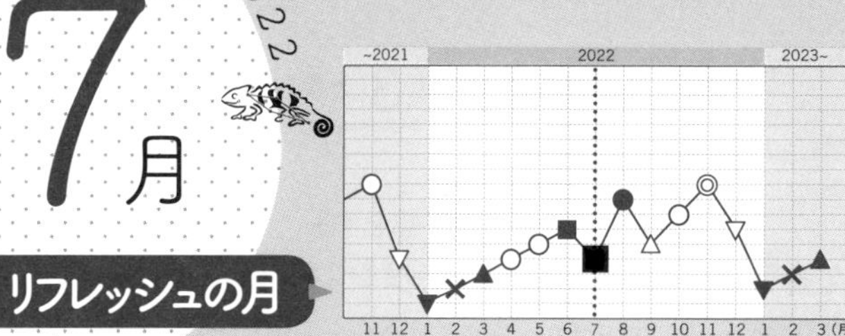

リフレッシュの月

開運3カ条

1. しっかり仕事をしてしっかり休む
2. 計画的に行動する
3. 睡眠時間を日頃よりも多くする

総合運

今月は無理のないようにスケジュールをしっかり立てて行動することが大切。無計画な行動を取らず、疲れが溜まるほど予定を詰め込まないようにして、気分転換や体をしっかり休ませる時間を作るようにしましょう。不慣れなことや困惑することもありますが、学ぶ気持ちで取り組むと良い勉強や経験になるでしょう。健康運は、体調に異変があった時は早めに病院に行き、睡眠時間は長めにしっかり取るようにしましょう。

恋愛&結婚運

疲れから不機嫌な態度を取ってしまったり、異性との時間を素直に楽しめない感じになってしまいそうな時期。自分のペースを優先するといいですが、嚙み合わない感じが続きそう。今月は無理にデートや出会いを求めるよりも自分磨きをするといいでしょう。会う時はしっかり睡眠を取って元気な時にして。結婚運は、些細なことで恋人と喧嘩になってしまったり、気持ちが冷めてしまいそう。

仕事&金運

実力以上の仕事や予想外の仕事が舞い込んできそうな時期。体力の限界を感じてしまうことがあるので、予定をしっかり立てることや体を休ませることも仕事の一つだと忘れないようにしましょう。考え方を変える機会だと思っておくといい学びがありそうです。金運は、体調を崩すと出費が多くなってしまうので、健康的な食事を意識して。栄養ドリンクに頼りすぎないようにしましょう。

日	運気	内容
1 金	▲	片づけをするのはいいですが、間違って大事な物を処分したり、データを消してしまうことがあるのでしっかり確認しましょう。謎の物は確認のために一旦よけておきましょう。
2 土	=	急な誘いで予定が変わりそうですが、新しい出会いやいい経験ができそう。楽しむときは楽しんでストレス発散するといいので、少しくらいの恥ずかしさは乗り越えてみましょう。
3 日	=	いい経験ができる日。好奇心の赴くままに行動してみるといいですが、明日のことを忘れてしまわないように。力を温存したり、早めに帰宅するようにするといいでしょう。
4 月	■	目の前のことに集中することができそうですが、午後から目が疲れたり、頭の回転が悪くなってしまいそう。マメに休憩をしたり、気分転換をするといいでしょう。
5 火	■	寝起きから体が重く感じたり、首や腰の調子が悪くなってすっきりしない感じになりそう。健康な人も頑張りすぎると体調を崩してしまうことがあるので無理をしないように。
6 水	●	自分で思っているよりも見られている日。油断をしていると突っ込まれることがあるので、仕事や目の前のことに一生懸命取り組みましょう。異性からの視線も感じられそうです。
7 木	△	ドジなケガやうっかりミスをしやすい日、余計なことを考えて話を聞いていなかったり、忘れ物などもしやすいので気をつけましょう。慌てずに落ち着いて行動しましょう。
8 金	=	過去は過去、今は今と割り切ることが大切な日。嫌なことを思い出す必要はないので、そのおかげで今の幸せがあると思いましょう。全ては過程だと思って前向きに生きましょう。
9 土	=	美味しい物を食べに出かけるといい日。気になるお店を予約してみたり、食材を買って料理をするのもいいでしょう。デパ地下に美味しそうな物を買いに行ってみましょう。
10 日	▽	自分が正しいと思っても言葉選びは必要。言い方も考えてから話すようにしましょう。失言で人間関係が悪くなってしまうので、身内や仲がいい人ほど気をつけましょう。
11 月	▼	威圧的な人や不機嫌な人に振り回されてしまいそうな日。自分のペースを乱さないようにしたり、距離を空ける必要もあるでしょう。逆らうよりも合わせて流すようにしましょう。
12 火	×	変な妄想や心配が増えてしまいそうな日。おもしろいアイデアが浮かんでプラスに活かすことができる可能性もあるので、考えていることを話してみるといいでしょう。
13 水	▲	落とし物や置き忘れに要注意。気がついたらアクセサリーや大事な物をなくしていることがあるので、大切にしている物は持ち歩かないほうがいいでしょう。大事な書類も管理して。
14 木	=	情報を集めるにはいい日。自分で調べるのもいいですが、詳しい人の話を聞いてみると楽しめそうです。本を読んでいる人や経験の多い人の素敵な部分を見られそうです。
15 金	=	苦手で避けていたことに挑戦することになりそう。嫌々取り組んでも身に付かないので、どこが不慣れで苦手なのか分析して。欠点ではなく弱点を知ることは大切でしょう。
16 土	■	今日と明日は疲れを溜めないように意識して過ごしたり、疲れをとるために時間を使うといい日。既に予定が入っている場合は、ゆとりを持って行動しましょう。
17 日	■	エアコンの効きすぎた場所にいすぎたり、冷たい物の飲みすぎで体調を崩してしまいそう。水分補給をして日陰にいるようにしましょう。日焼け止めなども忘れないようにして。
18 月	●	頭の回転がよくテキパキ動ける日。勘も働くのでいい判断もできそうです。考えすぎてしまうときは、まずは行動したり目の前のことに取り組んでみるといいでしょう。
19 火	△	ボーッとしているつもりがなくてもミスが増えてしまう日。事前準備や確認をキッチリ行うようにしましょう。相手の立場や気持ちになって準備をするといいでしょう。
20 水	=	付き合いの長い人や学生時代の知り合いがいい縁をつないでくれたり、大事な助言をしてくれそう。急に思い出した人に連絡をしてみると気持ちが楽になることもありそう。
21 木	=	大事にしていた物が壊れたり、機械トラブルが起きそう。あなたの身代わりになっていると思って感謝しましょう。不要な出費が増えますが、仕方がないと受けとめましょう。
22 金	▽	午前中は順調に進むので、積極的に行動しましょう。夕方以降はミスが多く、ドジな部分が出てしまいそう。笑われても「ウケてよかった」と思っておきましょう。
23 土	▼	急な予定変更で疲れてしまいそうな日。冷たい物の飲みすぎや気温の差で、体調や喉の調子を悪くしてしまいそう。1枚羽織る物を持っておいたり、温かい物を飲むといいでしょう。
24 日	×	振り回されてヘトヘトになってしまいそう。自分の思った通りに進まないほうが普通だと思っておきましょう。他人に過度に期待すると疲れる原因になってしまうでしょう。
25 月	▲	諦めも肝心な日。自分の弱点をしっかり伝えて、頭を下げて得意な人にお願いをしたり、協力してもらうといいでしょう。プライドを守って己を苦しめないようにしましょう。
26 火	=	小さな幸せを見つけるといい日。大きな幸せを望むよりも、些細なことでも喜んで感謝するといいでしょう。考え方や視野を変えると大切なことにも気がつけるでしょう。
27 水	=	何気ない会話や本の中に大切な言葉があることに気がつくといいでしょう。感じ取ろうと思えば必要な言葉がたくさんあるでしょう。あなたもいい言葉を発するように心がけましょう。
28 木	■	神経を使いすぎて疲れてしまいそうな日。好きな音楽を聴いたり、好きなアイスを食べる時間を作っておくといいでしょう。愚痴を言ってもいいですがフォローも忘れないように。
29 金	■	自分の心が楽になることに時間を使うといい日。仕事の合間や終わりにリフレッシュできる時間を作りましょう。友人と喋ってすっきりする時間も必要でしょう。
30 土	●	好みではない異性からデートに誘われたり、好意を寄せられてしまいそうな日。ハッキリ断らないとズルズルしそう。曖昧な返事は優しさではないので気をつけましょう。
31 日	△	ノリで遊びに行くのはいいですが、無計画すぎて困ってしまうことが起きそう。日焼け止めや日傘、暑さ対策を忘れないように。エアコン対策も忘れないようにしましょう。

開運のつぶやき 自分にちょうどいい人生のサイズがあるから、他人と比べても意味がない

8月 2022

● 解放の月

~2021 2022 2023~

11 12 1 2 3 4 5 6 7 8 9 10 11 12 1 2 3(月)

開運 3カ条

1. 意外性を楽しむ
2. 明るく前向きな妄想をする
3. 勢いだけではなく冷静な判断を心掛ける

総合運

あなたの裏の才能や個性が生きてくる時期。自分でも思っていなかった考えが浮かびそう。幼稚とも取れるような発想も出てきますが、柔軟に楽観的に考えられるようになるので前向きに捉えるようにしましょう。ただ、言ったことを忘れてしまうことが増えるので適当な発言をしたときは謝るようにしましょう。健康運は、クーラーで喉の調子を崩したり、急に重たい物を持って腰を痛めやすいので気をつけましょう。

恋愛＆結婚運

予想外の異性から告白されることや、これまでにないパターンの恋が始まることがある時期。一夜の恋やナンパ、年齢が離れた人との恋、不倫や三角関係などもあるので、冷静に判断する必要があるでしょう。既に気になっている相手にはこれまでとは違うアプローチが効果的。押してダメなら引いてみるといいかも。結婚運は、突然にプロポーズされたり、交際0日婚があるかも。

仕事＆金運

新たなアイデアや知恵を必要とする時期。予想外の仕事が舞い込んできますが、「期待されている！」と思って挑戦してみて。前向きな話をすると周囲から頼りにされるようになるでしょう。自分でも驚くような能力が開花することもあるので、ダメ元で挑戦してみましょう。金運は、「なんで買ったんだ？」と思う物を購入しやすいので、本当に必要か考えてから購入するようにしましょう。

日	運気	内容
1 月	○	身内や身近な人への感謝を忘れないように。成長を見守ってくれる人や親切にしてくれている人の存在を忘れないように。鈍感に生きていると不満や不幸を感じてしまいそう。
2 火	○	目標を達成できたり、いい流れで仕事ができそうな日。数字や時間にこだわってみたり、合理的に仕事を進められるよう工夫する必要もあるでしょう。面白いアイデアも浮かびそう。
3 水	▽	やりがいを感じられたり、何事も前向きに捉えられそうな日。日中は運を味方に付けられるので積極的に行動しましょう。夕方は思わぬ苦労がありそうです。
4 木	▼	調子に乗ると痛い目にあったり、空回りしやすい日。口が滑って余計な発言をすることもあるので気をつけましょう。少し先のことを考えて冷静に言葉を選ぶようにしましょう。
5 金	×	不満や問題の多くは己の習慣が原因。習慣を改めるためのきっかけとなることが起きるでしょう。不満があるなら現状を変える必要があることを忘れないように。
6 土	▲	いろいろなことを手放してもいいですが、自分の好きなことと得意なことは手放さないようにしましょう。本気で好きではないことから離れるようにしましょう。
7 日	○	何事も試してみることが大切な日。少しくらいの損や失敗を恐れないで、気になったことは思いきって挑戦してみましょう。気になる場所にも行ってみましょう。
8 月	○	普段とは違うリズムで生活をすることになりそう。変化を楽しんでみたり、最新の情報を集めてみるといいでしょう。周囲からオススメされたアプリを試すのもいいでしょう。
9 火	□	計画的に行動したほうがいい日。何となくで行動していると無駄な時間や不要な出費が増えてしまいそう。時間をもっと意識して行動するようにしましょう。
10 水	■	夏の疲れを感じそうな日。今日は無理をしないでマメに休んだり、水分補給をしっかりしておきましょう。エアコンの効きすぎた場所は体調を崩す原因にもなるので気をつけて。
11 木	●	予想外の異性から連絡が来そうな日。突然好意を伝えられて困ってしまいそう。好みではない人と勢いで交際する場合もありそう。周囲の評判がいい人なら問題ないでしょう。
12 金	△	忘れ物やうっかりミスが増えてしまいそう。置き忘れて焦ってしまったり、そのまま失ってしまうこともあるので気をつけて。財布やスマホを落とさないように気をつけましょう。
13 土	○	友人と会って夏の思い出を作ってみるといいでしょう。片思いの人を誘ってみるのもいいので、自分も相手も笑顔になれるようにサービス精神全開で楽しむといいでしょう。
14 日	◎	余計な出費が増えてしまいそうな日ですが、ケチケチしないで楽しむようにしましょう。値段をしっかり見ないで買い物をするとびっくりする場合もあるので気をつけましょう。
15 月	▽	日中は勢いまかせで問題がなさそうですが、夕方から集中力が低下したり、やる気がなくなってしまう出来事が起きそう。不勉強な部分は認めて反省するようにしましょう。
16 火	▼	諦めたくなる気持ちになりそうですが、粘って今やるべきことに集中するようにしましょう。問題や不満を他人の責任にしないで自分の至らない部分を認めるようにしましょう。
17 水	×	不要な妄想をしてヘコんでしまいそうな日。過ぎたことを考えても時間の無駄になるので「結果的によかった」と気持ちを切り替えるといいでしょう。
18 木	▲	何となく過ごしていると時間を無駄にするだけ。何事も「最後だ」と思って真剣に取り組んでみるといい結果につながるでしょう。いい意味で自分を追い込んでみましょう。
19 金	○	「明日やろう」「次の機会に」と思っている時間も無駄なもの。すぐに行動に移してみることが大切。行動しながら考えて軌道修正するように心がけてみるといいでしょう。
20 土	○	自分を高く見せる必要はありませんが、逆に過小評価していると他人からも評価されにくくなってしまうもの。謙虚な気持ちは大切ですが、態度に出す必要はないでしょう。
21 日	□	日中は、積極的に行動することでいい経験ができそう。素敵な出会いもあるので気になる場所に行ってみましょう。夜は疲れが溜まりやすいので早めに帰宅するようにしましょう。
22 月	■	週の始まりから寝不足や疲れを感じそうな日。エアコンの効きすぎた場所には注意が必要。暑い場所も長時間は避けてスタミナのつくものを選んで食べるようにしましょう。
23 火	●	一生懸命頑張ったり努力するのはいいですが、具体的に何をして、何を目指しているのかハッキリさせるといいでしょう。正しい努力でなければ正しい結果は得られないのが現実。
24 水	△	言い訳をしてその場に止まるか、理由にして前に進むかで人生は大きく違ってくるもの。今日は失敗をしやすいですが、失敗から学んで次に活かせるように心がけるといいでしょう。
25 木	○	自分の現状に何が足りなくて何が必要なのか考える必要がある日。好きなことや得意なことを伸ばした先の自分がどんなふうになるかも考えてみるといいでしょう。
26 金	◎	時間や数字やお金にこだわって仕事をするといいでしょう。不要な時間や経費を使わないようにすることでいい仕事や評価につながりそう。周囲の人の得を考えて仕事をしましょう。
27 土	▽	午前中は夏を楽しんでみるといい日。プールに行ってみたり、BBQなどを仲間と行ってみましょう。夜は予定が乱れやすいのでゆとりを持って行動するといいでしょう。
28 日	▼	暑さ対策を忘れて体調を崩してしまったり、エアコンの効きすぎで風邪をひいてしまいそう。油断をしやすいので気を引き締めて行動するようにしましょう。
29 月	×	寝坊や遅刻をしやすい日。慌ててケガをすることもあるので、落ち着いて行動するように。意見の合わない人とぶつかるのではなく、相手の考え方から学んでみるといいでしょう。
30 火	▲	大切な物をなくしてしまったり、約束や予定を忘れてしまうことがあるので気をつけましょう。遅刻は信用を失うので、15分前行動をしてゆとりを持っておきましょう。
31 水	＝	目の前のことに一生懸命になることで楽しさや面白さを見つけられる日。何となく仕事をしていると不満や文句が出てしまうでしょう。些細なことでも真剣に取り組んでみましょう。

☆開運の日 ◎幸運の日 ●解放の日 ○チャレンジの日
□健康管理の日 △準備の日 ▽ブレーキの日 ■リフレッシュの日
▲整理の日 ×裏運気の日 ▼乱気の日 ＝運気の影響がない日

2022 9月

△ 準備の月

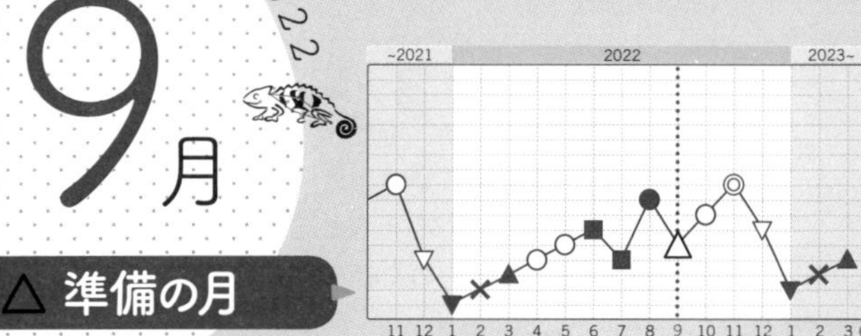

開運 3カ条

1. 調子に乗らないで冷静に判断する
2. 事前準備と確認は怠らない
3. 時間や数字を意識して過ごす

総合運

誘惑に負けてしまったり、判断ミスをしやすい時期。軽はずみな行動や先のことを考えない無謀な挑戦は避けるようにして、うまい儲け話など冷静に考えれば乗るべきでないことに簡単に乗らないようにしましょう。信用を失うような大失敗やこれまでにないミスをする可能性もあるので直ぐに謝罪をしたり、相手のためにどうすべきか考えて判断しましょう。健康運は、油断をしていると怪我や事故の可能性があるので気をつけましょう。

恋愛&結婚運

これまでにない異性に引っ掛かってしまったり、だまされてしまうことがあるので気をつけましょう。特に初めて会うのに意気投合する人には注意が必要。好みではない人と関係をもって面倒なことになる場合もあるので酒の席では要注意。片思いの恋も空回りしやすいので、遊び友達くらいの感覚でいて。結婚運は、予想外の人と妊娠の発覚からの結婚話などが出やすいので気をつけましょう。

仕事&金運

大きなミスや周囲に迷惑を掛けてしまうような失敗をしやすい時期。数字、金額、時間などしっかりチェックをして事前準備や最終確認もきっちり行うようにしましょう。遅刻や寝坊などで焦ってしまうこともありますが、15分前行動などを心がけておくと問題を回避することができそう。金運は、使い過ぎたり、不要な出費やお金をだまし取られてしまうことがあるので気をつけましょう。

日	運気	内容
1 木	＝	言われた仕事だけではなく、求められた以上の仕事をして結果を出せるように努めるといい日。いい結果につながらなくても前向きに取り組む姿勢は周囲が見ていてくれるでしょう。
2 金	□	大きな目標と今日中に達成できそうな目標を掲げることが大切な日。明るい未来を想像して、今できる努力は何か考えて行動するといいでしょう。夜は疲れやすいので無理は禁物。
3 土	■	予定が既に入っている場合は、休んだりゆっくりする時間を作りましょう。今日は思った以上に疲れてしまうかも。油断からケガをしやすいので気をつけましょう。
4 日	●	予想外の人から遊びに誘われることや好意を寄せられることがありそうな日。勢いまかせだと後悔するので冷静に判断しましょう。予想外を楽しむにはいい日です。
5 月	△	ミスにミスが重なってしまう日。確認をしっかりすることやゆとりを持って行動することを心がけましょう。周囲からの指摘もしっかり聞き入れるようにしましょう。
6 火	＝	悪い癖が出てしまいそうな日。同じような失敗や悪いパターンにハマってしまいそう。嫌な予感がしたら一度立ち止まって冷静に判断し、普段と違う方向に進むといいでしょう。
7 水	＝	自分の意見やアイデアを押し通すよりも、全体のことを考えた意見や他の人のアイデアを後押しするといい日。自分ではなく全体の得を考えてみるといい勉強になるでしょう。
8 木	▽	日中にチャンスが巡ってきそうですが、事前準備をしていない人や実力不足の人はピンチに感じそう。夕方以降は追い込まれてしまうことや時間に焦ってしまうことがありそう。
9 金	▼	自分が言ったことをすっかり忘れてしまったり、適当な発言で自分を苦しめてしまう出来事がありそう。勢いで発言しないで聞き役になって落ち着いて話すようにしましょう。
10 土	×	約束を忘れてドタキャンすることになったり、買い物に行ったのに買い忘れをしてしまうことがありそう。妄想が膨らんで不安になることもあるので考えすぎに気をつけましょう。
11 日	▲	身の回りを片づけるのはいいですが、大切な物を捨ててしまったり、しまった場所を忘れてしまいそう。不要と思っても一度別の場所に保管して、後で確認してから処分しましょう。
12 月	＝	難しいと思い込んで挑戦していないことに思いきってチャレンジするといい日。いい結果とまではいかなくても、体験や経験をすることで学ぶことがあるでしょう。
13 火	＝	初めて会う人と話してみるといい話を聞けそう。どんな話からも学ぶ気持ちがあればいい言葉を拾えるでしょう。聞き流していると誰の話からも学べないでしょう。
14 水	□	何となく判断すると後悔することになる日。話は最後までしっかり聞いて、損得や先のことを考えるといいでしょう。悩んだときは後日判断するか他の人に相談するといいでしょう。
15 木	■	寝不足を感じたり、昼間に眠気に襲われてしまいそうな日。夏の疲れや日ごろの疲れが出てきそう。体調に異変を感じる場合は無理をしないでマメに休むようにしましょう。
16 金	●	いいところも悪いところも目立ってしまいそうな日。褒められて浮かれていると隙を突かれたり、嫌味を言う人が現れそう。慎重に行動するように心がけておきましょう。
17 土	△	遊びに出かけるのはいいですが、忘れ物やドジな出来事が起きそう。店を出るときに確認をしないと忘れ物でムダな時間を過ごしたり、トラブルに巻き込まれてしまいそう。
18 日	＝	偶然の出会いや懐かしい人からの連絡がありそうですが、面倒な人や悪友の場合があるので、冷静に判断してから会うようにしましょう。儲け話や誘惑があるときは要注意。
19 月	＝	気分で判断しないで、気持ちを込めて仕事をすると相手や周囲に伝わるでしょう。いい加減な気持ちで仕事に取り組むと評価を落としてしまうことがあるので気をつけましょう。
20 火	▽	熱意と誠意があれば問題のない日ですが、冷めた気持ちで過ごしていると突っ込まれたり、思わぬ壁が現れるでしょう。夜は周囲の人に振り回されて無駄な時間を過ごしそう。
21 水	▼	ストレスのかかる出来事や些細なことでイライラしやすい日。気分が優れないと感じるときは軽く体を動かすといいでしょう。他人に過剰に期待をしないことも大切。
22 木	×	気持ちが緩んでミスをしやすい日。目の前のことに集中することを忘れないようにしましょう。おもしろいアイデアやこれまでにない企画や方法を思い浮かぶことがあるでしょう。
23 金	▲	何事も手順が大切になる日。基本をしっかり守ることでいい流れが作れそうです。自己流もいいですが、基本に忠実になってみるといい感じで仕事が進められるでしょう。
24 土	＝	普段なら行かないような場所に出かけてみたり、気になったお店に入ってみるといい日。新たな発見を楽しめそうですが、不要な買い物には気をつけるようにしましょう。
25 日	＝	何事も経験と思うのはいいですが、深入りには注意が必要。契約や長期的になりそうなことは避けておいたほうがよさそうです。ハマってしまい後で後悔することがありそうです。
26 月	□	優柔不断になってしまいそうな日。判断に困ったときは普段なら選ばない方向に進んでみるといい流れに乗れそう。無難を選ぶと困難やムダな時間が増えてしまいそう。
27 火	■	心身ともに疲れてしまいそうな日。今日は無理をしないでゆっくり過ごすといいでしょう。ランチは胃腸に優しそうな物やヘルシーな物を選ぶといいでしょう。
28 水	●	手助けしてくれる後輩や部下が現れる日。お礼にドリンクやお菓子などをプレゼントするといいでしょう。持ちつ持たれつの関係を上手に作るといいでしょう。
29 木	△	安易な方向に流されてしまったり、後悔するような判断をしやすい日。何事もしっかり確認をしましょう。今日は大きな判断はできるだけ避けたほうがいいでしょう。
30 金	○	うれしいときはしっかり喜んでおくことで運気の流れがよくなる日。リアクションをしっかりしてみると周りが喜んで、次も喜ばせてくれるようになるでしょう。

開運のつぶやき　どんなことが起きても「私は運がいい」と言う人のところに運は集まる

2022 10月

○ チャレンジの月

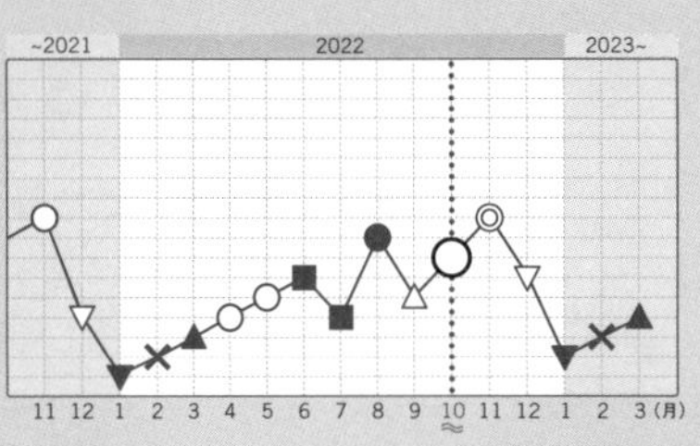

開運 3 カ条

1. 信頼できる友人に会う
2. 異性の友人や気になる人と語ってみる
3. 行きつけのお店でのんびりする

総合運

正しい努力をしたり失敗から学んできた人には大きなチャンスが訪れたり、経験を活かすことのできる状況になりそう。積み重ねが足りない人や反省が足りない人は厳しい結果を突きつけられそうですが、今後の成長の課題とするといいでしょう。信頼できる人からいい情報や素敵な人を紹介してもらえることもあるでしょう。健康運は、持病のある人は注意。過去に患ったことのあるところは異変を感じるなら調べたほうがいいでしょう。

恋愛&結婚運

友人だと思っていた人や何となく顔を知っているくらいの人から告白されそうな時期。本来の好みとは違う人を好きになれる時期でもあるので、相手のいい部分を見るようにしたり、試しに付き合ってみるくらいの度胸が大切。信頼している人からの紹介もありそうなので、友人の集まりに参加するといいでしょう。結婚運は、話が少し前進しそうですが、結果を焦らないようにしましょう。

仕事&金運

手に職がある人や経験が多い人は問題がない時期。足りないことが多い人ほど苦労が増えますが、自分を成長させられると前向きに受けとめるようにしましょう。旧友からの仕事は安請け合いすると思ったよりも問題が多いので慎重に判断すること。転職の誘いも簡単に受けないようにしましょう。金運は、使い古した物を買い替えるのはいいですが、できるだけ同じ物を購入するといいでしょう。

日	運気	内容
1 土	○	少しお得な買い物ができそうな日。欲張らないで些細なお得を喜んでみると、違う幸運を見つけることができるでしょう。映画館や美術館に行ってみるのもいい日です。
2 日	▽	日中は順調に過ごせそう。用事は早めに済ませておくといいでしょう。夕方以降は余計なことを考えすぎて不安になりそうですが、マイナスの妄想はやめるようにしましょう。
3 月	▼	どんな人にも丁寧に接することが大切な日。他人を雑に扱ってもいいことはないので、言葉や態度をきっちりするように。もし雑に扱われてもイライラしないようにもしましょう。
4 火	×	失敗から学ぶ気持ちが大切な日。うまくいかないことを他人の責任にしないで何が原因なのかしっかり考えましょう。予想外の出来事も多いですが、いい経験と思いましょう。
5 水	▲	面倒なことは早めに終わらせるようにしましょう。後回しにすると余計面倒になってしまいそう。苦手や不慣れに感じることも早めに取り組んでみるといいでしょう。
6 木	○	これまで興味がなかった世界の話を聞けていい勉強になりそう。仕事でも新しい方法や考え方を学ぶことができそう。変化を恐れないで前向きに捉えてみるといいでしょう。
7 金	○	指摘や注意は自分の成長のために必要なことだと思って受けとめましょう。どんな人もまだまだな部分があって当然で、至らない点は素直に認めるようにしましょう。
8 土	□	しばらく会っていない人と会うことになりそうな日。ダラダラ過ごすと疲れてしまうので、帰りの時間を決めておいて。お酒はケガや体調を崩す原因になるので気をつけましょう。
9 日	■	ゆっくりするにはいい日ですが、ダラダラすると疲れてしまうので、軽く体を動かしたり、ストレッチをするといいでしょう。散歩をしてみるといい日になりそうです。
10 月	●	ダメ元で粘ってみるといい結果につながったり、流れが変わりそうな日。意見を伝えることも大切ですが、言葉を選ぶようにしましょう。少し勇気を出すといい方向に進めそうです。
11 火	△	小さな失敗で自信を失ってしまうことがありますが、恥ずかしい思いをするから人は成長することを忘れないように。いらないプライドは捨てていい意味で開き直ってみましょう。
12 水	○	珍しい人から連絡がありそうですが、いい感じの話でも最終的には面倒なことに巻き込まれる可能性があるので気をつけましょう。お金の貸し借りは安易にしないようにしましょう。
13 木	◎	小さなチャンスが転がっている日。人の話も自分のプラスにするつもりでしっかり聞くことが大切。何事も自分にプラスにする意識を持ちましょう。
14 金	▽	日中は実力をうまく発揮できたり、いい判断ができそうな日。積極的に仕事に取り組みましょう。夕方あたりから迷いが出やすくなるので考えすぎには気をつけるようにしましょう。
15 土	▼	油断をしていると面倒なことに巻き込まれてしまったり、ケガや体調を崩してしまいそうな日。車の運転や外出先での段差や出っ張りには気をつけるようにしましょう。
16 日	×	不要な外出は控えて家でゆっくりする時間を作るといいでしょう。無駄にスマホをいじるのではなく、本を読んだり好きな音楽を聴いて心身ともにリラックスするといいでしょう。
17 月	▲	一つ一つ丁寧に進めながら仕事を片づけるイメージで取り組んでみると、思った以上にスムーズにいきそう。まずはすぐに取り組むことを忘れないようにしましょう。
18 火	○	いろいろな考え方や生き方を認めることで気持ちが楽になったり、いいアイデアが浮かぶようになりそう。否定的になっても自分の世界が狭くなるだけで楽しくならないでしょう。
19 水	○	少し図々しくしてみるといい日。挨拶やお礼などはしっかりしつつ、1歩踏み込んだことを聞いてみたり、深い話をしてみるといいでしょう。急にいい関係になれる人も出てきそう。
20 木	□	生活習慣を少し変えるのがいい日。体がなまっていると感じる人は、数回でもいいので足上げ腹筋やスクワットをするといいでしょう。継続できそうな回数をやってみましょう。
21 金	■	疲れから集中力が途切れてしまいそうな日。マメに休んだり、目の周りをマッサージするといいでしょう。夜は無理をしないようにして、早めに帰宅するといいでしょう。
22 土	●	楽しい時間を過ごせる日。気になる異性と仲良くなれたり、意外な人と関係を深められることがあるでしょう。気になるイベントやライブに行ってみるのもいいでしょう。
23 日	△	遊ぶと運気がアップする日。ケチケチしないで思いっきり楽しんでみるといいでしょう。ただ、忘れ物や確認ミスをしてガッカリすることがあるので気をつけましょう。
24 月	○	嫌な思い出を突っ込まれてしまったり、余計なことを思い出してヘコんでしまいそう。前向きなことを考えて、前向きな発言をするようにするといいでしょう。
25 火	○	時間、儲け、経費などをもっとシビアに考えて仕事をすることが大切。生活でも不要な出費をしていないか、無駄な動きがないか考えながら行動してみましょう。
26 水	▽	日中はいい判断ができそう。交渉がうまくいったり、気持ちを上手に伝えられそう。夕方あたりから、無謀な行動や幼稚な発想で信用を失わないように気をつけましょう。
27 木	▼	突っ込まれることが増えてしまいそうな日。予想外の人に反撃されて困ってしまうことがあるかも。年下でもしっかりした人がいるので尊重して話を聞くようにしましょう。
28 金	×	妄想をするのはいいですが、ボーッとしていると思われたりミスが増えるので気をつけましょう。妄想話をすると盛り上がったり同じような発想をする人も近くにいそうです。
29 土	▲	大掃除をしたり、身の回りを整理整頓するといい日。散らかったままでは運気はいつまでも良くならないのでしっかり整えて。棚の奥もきれいにしておきましょう。
30 日	○	興味のあることを調べるにはいい日。何となく知ってはいるけれど詳しく知らないことを調べてみるとおもしろい発見がありそう。ネットだけでなく本を読んで調べてみましょう。
31 月	○	少しでもいいので生活リズムを変えてみるといい日。普段とは違う時間に出社したり、仕事の取り組み方を変えてみるといいでしょう。変化を楽しむことでやる気が出るでしょう。

☆開運の日 ◎幸運の日 ●解放の日 ○チャレンジの日
□健康管理の日 △準備の日 ▽ブレーキの日 ■リフレッシュの日
▲整理の日 ×裏運気の日 ▼乱気の日 =運気の影響がない日

2022 11月

◎ 幸運の月

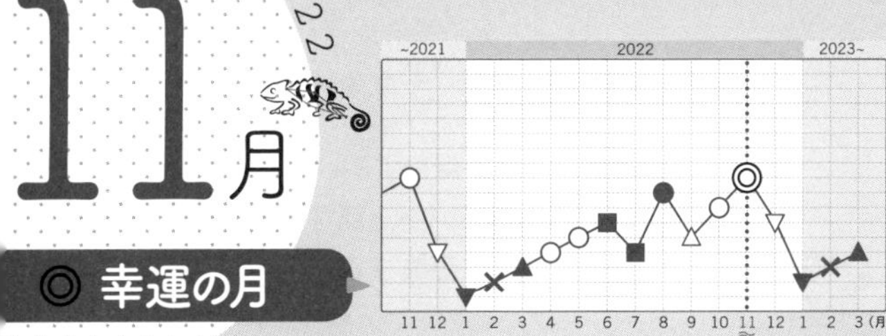

開運 3 カ条

1. 欲張らない
2. 周囲の意見をしっかり聞く
3. 「損して得取れ」を心掛ける

総合運

些細な幸せを手にしようとするといい月になりますが、欲張ったり自分だけのことを考えて行動すると、痛い目にあったり学ばなければならない出来事が起きそうです。周囲に感謝をして最善を尽くせば助けてもらえたり流れを変えることが起きそう。若い人の話や意見の違う人の考え方から学んでみるにもいい時期なので聞き役になっておきましょう。健康運は問題は少ないですが、予定を詰め込み過ぎないようにしましょう。

恋愛＆結婚運

好みではない人といい関係に進みやすくなる時期。長く付き合う感じにならない人と関係を深めてしまいそう。普段ならハマらないような人を好きになってしまうこともありますが、安心できる人を捕まえられることもあるでしょう。ただ、その安心が後の「つまらない人」にならないように気をつけましょう。結婚運は、勢いで話が進む瞬間がありますが、周囲の意見も聞くようにしましょう。

仕事＆金運

予想外の仕事を任されてしまったり、損をしそうな仕事を任されてしまいそうな時期。「損して得取れ」と思って今後に活かせるようにしましょう。ラッキーな仕事が舞い込んで来たときは、途中で白紙になったりやり直しになることに気をつけましょう。上司の気まぐれにも振り回されやすいでしょう。金運は、出費が増えますが、経験になることにお金を使っておくといいでしょう。

日	運気	内容
1 火	□	失敗やうまくいかない原因を調べて「同じ失敗をしない仕組み」を作っておくことが大切な日。他人の責任にしていると問題はいつまでも繰り返すので気をつけましょう。
2 水	■	疲れやストレスを感じやすい日。腹痛や体の痛みを少しでも感じるときは別の日でもいいので早めに病院で検査しておきましょう。放っておくと後悔することになるかも。
3 木	●	いろいろ作戦を考えるよりも直球で勝負するといい日。自分の考えや意見を素直に伝えて、正直な気持ちで仕事に取り組むと難しい仕事も乗り越えられるようになるでしょう。
4 金	△	人の心を動かすにはユーモアが必要なことを忘れないようにしましょう。相手を笑わせようとしたり、逆に相手のおもしろそうな話にはしっかり笑ってみるといい関係が作れるでしょう。
5 土	○	曖昧な関係の相手や何となく疎遠になっている人と会うにはいい日。話してみることで今後どうするのか考えがまとまったり、気持ちを落ち着かせられるようになるでしょう。
6 日	○	遊びにこそ真剣になってみるといい日。遊びを適当にしたり何となくするほど時間のムダはありません。楽しいことをもっと楽しむためにも、真剣に遊んでみるといい日になるでしょう。
7 月	▽	午前中はいい判断ができて順調に進められそうですが、午後は判断ミスをしたり、本質を見抜けなくなってしまいそう。本当に価値があるものを見失わないようにしましょう。
8 火	▼	人生の主人公はあなたでいいですが、今日は相手を主人公にしてあげることが大切な日。相手を中心に考えれば、自分がどう動けばいいのか見えてくるでしょう。
9 水	×	浪費をしやすい日。本当に必要なものなのか冷静に判断するようにしましょう。会社の経費を使うときもしっかり判断しましょう。取引先の損得を考える必要もあるでしょう。
10 木	▲	損することがありますが、そこから学んで繰り返さないようにできればお得な経験になるもの。損のままにしているのは自分の問題なので考え方を変えて得をつかむようにしましょう。
11 金	○	難しいと思える仕事や不慣れな仕事に取り組むことが大切な日。避けてばかりではいつまでも成長できないので、不向きと思えることでもチャレンジしてみましょう。
12 土	○	自分の魅力や才能を改めて分析するといい日。自分の強みを知ることで自信を持てるでしょう。自分ではなかなかわからない人は友人を集めてみんなで語ってみるといいでしょう。
13 日	□	明日のことを考えて疲れを取ったり、周囲に甘えてのんびりするといいでしょう。映画や動画を観るのはいいですが、目が疲れてしまうこともあるのでマメに休むようにしましょう。
14 月	■	疲れから仕事が雑になってしまったり、ミスが増えそうな日。休憩時間をしっかり取ったり、気分転換やストレッチをする時間を作っておくといいでしょう。
15 火	●	自分や相手の長所を活かしたり、短所を長所として見るようにすることで流れや人生観を変えられる日。発想を変えれば全ての人の能力を伸ばしたり、認めることができるでしょう。
16 水	△	自分の判断ではミスをしやすい日。尊敬できる人を思い浮かべて「あの人ならどんな判断や行動をするだろう」と考えてみるといい1日にすることができるでしょう。
17 木	○	楽しい妄想ができる日。今後の生活や仕事の工夫につながるでしょう。考えたことをメモしておくと後に役立つ場合もありそう。妄想話でも周囲と盛り上がることがありそうです。
18 金	◎	今日の頑張りや経験は今後の人生にも役立つことになりそう。苦労や面倒なことの先に大切なことがあるので、楽なほうばかりに逃げてしまわないようにしましょう。
19 土	▽	午前中から行動的になっておくことが大切な日。掃除や片づけを含めて気になることはどんどん終わらせておきましょう。夕方あたりから予定が乱れて、急な誘いがありそうです。
20 日	▼	ムダな時間を過ごしてしまったり、不要なお金を使ってしまいそうな日。思い通りに進まないことにイライラしないで、その分得られることを見つけるようにするといいでしょう。
21 月	×	1日の目標を決めて行動することが大切な日。目標達成のために失わないといけないものは何か冷静に判断する必要もあるでしょう。得るためには失う勇気も必要でしょう。
22 火	▲	時間や期限をしっかり守ることが大切な日。どんな仕事も決めた時間通りきっちり終わらせられるようになりましょう。数字や金額へのこだわりも忘れないようにしましょう。
23 水	○	どんな仕事も一生懸命に取り組んでみると楽しくなるもの。仕事の楽しさを改めて見つけて、自分の仕事の先で笑顔になっている人のことを想像してみるといいでしょう。
24 木	○	苦労やマイナスは人生につきものですが、プラスに変換する努力が大切な日。ポジティブに変換できるように努めてみるといい経験ができ、大事な出会いにも気がつけそうです。
25 金	□	今の仕事や生活への感謝を忘れないようにしましょう。感謝できているなら、自分の力を他の人のために役立てられるよう努めてみましょう。与えられるものは惜しみなく与えましょう。
26 土	■	しっかり体を休ませることも大切な仕事だと思って今日はゆっくりしたり、マッサージや温泉やスパに行くといいでしょう。評判のいいエステに行ってみるのもいいでしょう。
27 日	●	結果を出している人や「輝いているな」と思える人に会ってみるといい日。ダメ元でもいいので連絡をするとお茶かご飯に行けそう。相手の話から学べる言葉を見つけましょう。
28 月	△	モタモタしているとタイミングを逃してしまうので、何事も楽しみながら挑戦してみましょう。些細な失敗も前向きに捉えるようにするといいでしょう。忘れ物には気をつけましょう。
29 火	○	何事も簡単だと思って取り組んでみるといい日になるでしょう。予想外に難しいと思ったときは、「こんなこともある」と思って壁を乗り越える方法を考えてみましょう。
30 水	◎	いい情報を得たならすぐに行動に移してみましょう。「明日から」「今度タイミングが合うとき」などと言っているとチャンスを逃すことになるでしょう。

開運のつぶやき　感謝を忘れなければ人生は必ず良くなるもの

2022 12月

▽ ブレーキの月

~2021 2022 2023~
11 12 1 2 3 4 5 6 7 8 9 10 11 12 1 2 3（月）

開運 3 カ条

1. 明るく前向きな妄想をする
2. 普段話さない感じの人と話す
3. 仕事があることに感謝する

総合運

中旬までは問題も少なく、順調に進みそう。今月は不安な気持ちや余計な考えにとらわれる時間が増えますが、上旬は積極的な行動や前向きな気持ちがいい方向に進めてくれるでしょう。中旬以降は、空回りや思い通りに進まないことが増えてしまいそう。気分転換や軽い運動などをして他のことを考える時間を作るといいでしょう。健康運は、お酒の飲み過ぎや外食は控えて、寝る時間も日頃よりも1時間は増やすようにしましょう。

恋愛＆結婚運

片思いの相手とは中旬まではいい関係に進めそうですが、期待をしないこと。これまでと違い、年下や年上から突然好意を寄せられたり、告白されることもありそう。勢いで交際をスタートさせてもいいですが、短く終わってしまったり、後々「好みではない」と思ってしまう場合があるでしょう。結婚運は、前向きな話をしながらも、小さなことは気にしないようにしておきましょう。

仕事＆金運

中旬までは順調に仕事を進められそうですが、周囲の人や仕事に感謝を忘れると不満が溜まるので気をつけましょう。会社や相手のことをよく考えて判断すると信頼を得られるようになるでしょう。下旬は面倒なことに巻き込まれてしまったり、失敗をしやすくなるので気をつけましょう。金運は、服の購入や日用品を購入するなら上旬がいいでしょう。下旬にくる儲け話には気をつけて。

日	運気	内容
1 木	▽	午前中は問題なく過ごせそうなので、大事な用事は早めに済ませるといいでしょう。午後からは実力があればいい結果につながりそうですが、運まかせにしていると苦しい状況に。
2 金	▼	予想外が多くなる日。ガッカリすることや不機嫌になってしまうことが起きそうですが、平常心を心がけて、落ち着いて判断する訓練だと思って受けとめましょう。
3 土	×	カミナリに打たれるような衝撃を受けそうな日。周囲の人や頑張っているアスリートの言葉、ミュージシャンの歌など普段避けていたことに目を向けるといい刺激を受けそうです。
4 日	▲	大掃除をするには最高にいい日。ここ数年の間に使っていない物や年齢に見合わない幼稚な物はどんどん処分しましょう。不要な物を捨てると気分もすっきりするでしょう。
5 月	○	自分の役職よりも2つ上の仕事をするつもりで取り組むと、完成度や成長度は大きく変わります。1つ上は通過点。2つ上を今の目標にして、1つ上がったらそこも通過点にするといい。
6 火	○	日ごろとは少し違ったリズムで過ごしてみるといい日。「何事ものは試し」と思って挑戦してみると新しい発見がありそう。初めて話す人から大切なことも学べそうです。
7 水	□	現状維持を目指すと後退するもの。少しでも前に進むために新しいことに挑戦したり、若い人の話を聞いて情報を集めるといいでしょう。勝手に限界を決めないようにしましょう。
8 木	■	予想外の仕事をまかされたり、急な残業をすることになってしまいそうな日。一つ一つ丁寧に仕事をするようにしましょう。雑になると更に面倒なことになってしまいそう。
9 金	●	他人に期待をする前にもっと自分に期待をして行動するといい日。前向きな気持ちで仕事に取り組めば、見ていてくれる人やチャンスを作ってくれる人に必ず出会えるでしょう。
10 土	△	ストレス発散をするためにも遊んで楽しむことが大切な日。遊びから学んだり、楽しむことで自分のやりたいことが見えてくるでしょう。遊びほど真剣に取り組みましょう。
11 日	○	親友やしばらく会っていなかった人と会うことになりそうな日。偶然外出先で見かけることもあるので、話しかけてみるといい時間を過ごせそう。お得な情報も聞けそうです。
12 月	◎	自己投資を惜しまないようにしましょう。本を読んだり、トレーニングや健康的な食事にケチケチしないようにしましょう。仕事に使う物も購入するといいでしょう。
13 火	▽	日中は順調に進む日ですが、高望みをしないでホドホドで満足しておきましょう。午後は自分にできることを探して挑戦するのはいいですが、無駄な時間を過ごすことが増えそう。
14 水	▼	マイナスな言葉や否定的なことを言う人に会ってしまいそうな日。やる気をなくしてしまったら相手の思うツボだと思って、注意してくれたことに感謝をしておきましょう。
15 木	×	無責任な発言に注意が必要な日。前向きに頑張っている人を否定したり、水を差すようなことを言ってしまいそう。思っても簡単に言葉に出さないように気をつけましょう。
16 金	▲	上司の判断ミスを気にする前に、判断ミスをされるような自分の仕事ぶりを改善するといい日。他人のせいにしているといつまでも同じようなことが起きてしまうでしょう。
17 土	＝	いろいろなことを楽しんで経験することが大切な日。少しの勇気を出して、周囲からすすめられたことに素直にチャレンジしてみましょう。発想や物の見方が変わってくるでしょう。
18 日	○	休みの日をしっかり楽しむといい日。少しくらいわがままでもいいので、興味のあることに時間を使っておきましょう。会いたい人に連絡してみるといいでしょう。
19 月	□	人の話は最後までしっかり聞いて、意見を求められたら素直に答えるようにしましょう。突っ込まれてあたふたしたり、表面的な回答で済ませないようにしましょう。
20 火	■	寝違えてしまったり、体を少し痛めたりしそうな日。日ごろから柔軟体操などをしておくといいでしょう。風邪もひきやすいのでうがいや手洗いはしっかりしておきましょう。
21 水	●	話や言葉に敏感になってみるといい言葉を拾えそうな日。本や広告、ネットなどにいろいろな言葉があるなかで、あなたを前向きにさせてくれる言葉が見つかるはずです。
22 木	△	何事も楽しんでみるといい日ですが、相手を楽しませられるように知恵を使ってみるといいでしょう。みんなで笑顔になれることを考えて実行してみましょう。
23 金	○	人との縁を感じる日。仕事では経験をうまく活かすことができそう。夕方以降はしばらく連絡をしていなかった人から連絡がありそう。会って話してみるといい展開が待っていそう。
24 土	○	クリスマスを楽しむといい日。少し贅沢な料理を食べに行ってみたり、友人や知人に連絡をして集まるのもいいでしょう。ダメ元で誘ってみると案外集まることができそうです。
25 日	▽	日中は運気がいいので用事は早めに終わらせておきましょう。夕方あたりから身の回りを片づけたりきれいにするようにしましょう。夜は気分に振り回されてしまいそう。
26 月	▼	予定通りに進まずイライラしたり、ムダな時間を過ごしてしまいそう。流れに身をまかせて逆らわないようにしましょう。不機嫌な人と一緒になってしまうこともあるでしょう。
27 火	×	今日はのんびりして、明るい未来の妄想をしたりプラスの想像をいろいろしておきましょう。音楽を聴きながらゆっくりする時間を楽しむといいでしょう。
28 水	▲	大掃除をするには最高な日。使わない物や不要な物はどんどん処分しましょう。何となく置いてある物や置きっぱなしの物などを片づけて、ムダな紙袋も処分しましょう。
29 木	＝	例年とは違うお店で買い物をしたり、普段行かないような場所に行ってみるといい日。これまでにない経験ができそうです。少し遠出をしてみるのもいいでしょう。
30 金	＝	視野を広げることが大切な日。本を読んだり、これまで興味が薄かったジャンルのドラマを見たり、気になるアプリを使ってみるといい勉強になりそうです。
31 土	□	大晦日は行き当たりばったりではなく、予定をしっかり組んで過ごすといいでしょう。夜更かしせず早めに寝て新年を迎えましょう。ムダに起きていると風邪をひいてしまいそう。

☆ 開運の日　◎ 幸運の日　● 解放の日　○ チャレンジの日
□ 健康管理の日　△ 準備の日　▽ ブレーキの日　■ リフレッシュの日
▲ 整理の日　× 裏運気の日　▼ 乱気の日　＝ 運気の影響がない日

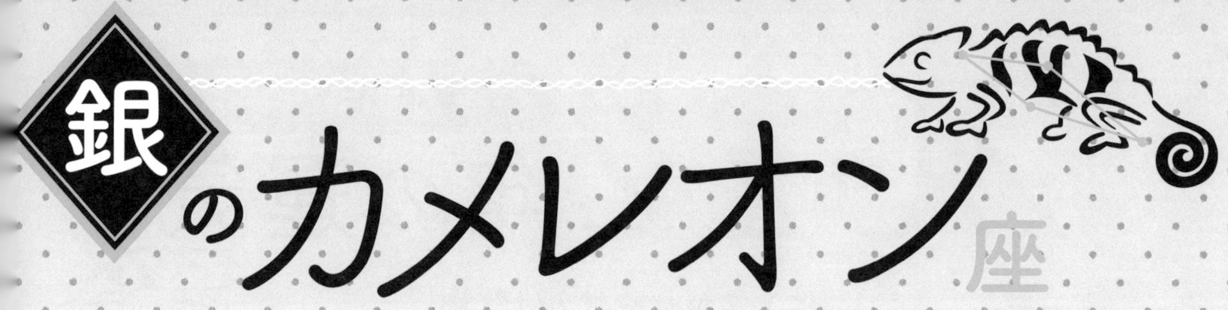

銀のカメレオン座

★几帳面な星
★伝統や文化が好きな星
★甘えん坊な星
★器用な星
★突っ込まれると弱い星
★根は心配性な星
★真似が上手な星
★他人任せの星

12年周期の運気グラフ

銀のカメレオン座の2022年は…

▼ 乱気の年

五星三心占いの中で最も注意が必要な「乱気の年」。1年を通し、試練の多さを実感するでしょう。
自分の短所、弱点、欠点と思われる部分を鍛えると考えて辛抱してください。

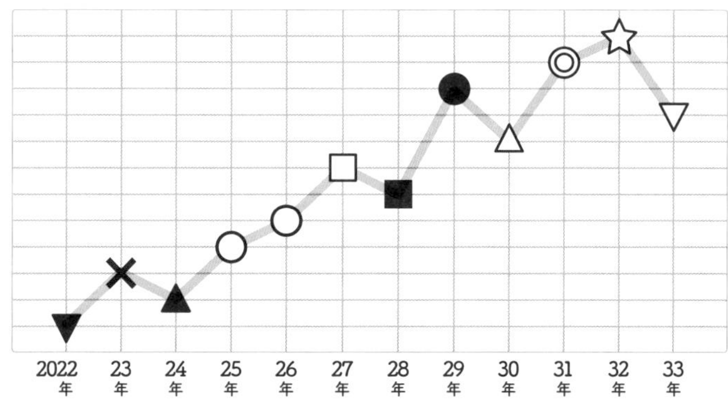

☆開運の年 ◎幸運の年 ●解放の年 ○チャレンジの年 □健康管理の年 △準備の年
▽ブレーキの年 ■リフレッシュの年 ▲整理の年 ✕裏運気の年 ▼乱気の年

銀のカメレオン座はこんな人

基本の総合運

真面目で几帳面な性格ですが、周囲に同化することが多く、周りの人のレベルが高ければ自然と自分も同じような感じに変化することができます。逆に、友人や身近な人のレベルが低いと同じように低くなってしまうので、少し背伸びや無理をするくらいのほうが力を発揮できるタイプです。他人まかせなところがあり、甘えすぎたり、面倒なことや不慣れなことを人に押しつけたりするクセもあるので、いざというときに力を発揮できない場合も。他人まかせはほどほどにしましょう。

基本の恋愛＆結婚運

自分では普通のつもりでも、理想が自然と高くなってしまうタイプ。頭のよさや才能、お金持ちなど、将来安定した生活を送れる相手を選ぶところがあり、年の離れた人と交際するケースも多いでしょう。このタイプには、美人やイケメンが多いため、モテることも多いのですが、外見だけで判断された恋で痛い目に遭うことも。結婚相手は、恋愛よりさらにレベルの高い人を選ぼうと慎重になりすぎてしまいますが、一緒にいると安心できる人を選ぶといい生活を送れるでしょう。

基本の仕事＆金運

知識や頭脳を活かせる仕事に就くと能力を発揮できるため、大手企業やマニュアルがしっかりしている仕事が最適。専門知識を活かした仕事や言葉を使う職種でも活躍する人が多いでしょう。美意識が高く、人前に立ち注目を集めるような仕事も合いそうです。金運は、お金に対する考え方はしっかりしていますが、センスがいいぶん、レベルの高いものを手に入れてしまうため、時折大きな出費も。祖父母の影響が強く出るので、似たような仕事運や金運を引き継ぐこともあるでしょう。

2022年の運気

▼乱気の年

2022年開運 3カ条

1. 他人まかせや甘えは禁物
2. 前向きな言葉を発する
3. 明るい未来を妄想する

ラッキーカラー 青緑　ブラウン　ラッキーフード 納豆　バナナケーキ　ラッキースポット 大きな公園　花屋

総合運

大きな決断や新たな挑戦には不向きな年
運まかせではなく、経験を活かして過ごそう

五星三心占いで最も要注意な運気の年であり、大きな決断や新たな挑戦には不向きな時期。2021年の「ブレーキの年」と2023年の「裏運気の年」に挟まれて運気が不安定になり、自分でも予想のつかない出来事に巻き込まれるでしょう。事故やケガ、病気などが見つかることも。「銀のカメレオン座」はどこか他人まかせな部分があり、周囲の人をマネしたり合わせることが上手いタイプ。その分地道な努力を避けるため、基本的な部分が抜けていることがあります。2022年は「不運」と簡単に片づけないで原因を探り、欠点を認めて今後の課題にするようにしましょう。

また、計画の甘さや理論の間違いを指摘されたり、これまでと違う状況になってどうするのが最善なのかわからなくなることがあるでしょう。普段なら周りにいる年上の人にまかせればよかったのに、自分で背負わなくてはならない状況にもなるでしょう。これまでは甘えられたのに思い通りにならなくて「裏切られた！」と思うかもしれませんが、周囲からは「自分の力でなんとかしなさい」と突き放されることになります。今年のトラブルは、自分の甘えをなくすきっかけになると思いましょう。

2022年は運気が乱れる時期だと理解して、大きな結果を出そうとしたり、幸せをつかもうとしたりしないこと。ただ、乱気に入ったといってもすべてが問題というわけではなく、五星三心占いでは、「乱気の年」は「裏側の能力や才能が開花し始めている時期」だと考えています。「銀のカメレオン座」の裏側には「金のインディアン座」という、陽気で人なつっこく図々しい星があります。そのため、「乱気の年」と「裏運気の年」では子供っぽい能力が一気に解放されることになり、普段ならハマらないことにハマったり、不思議な人脈ができることがあるでしょう。ただ、「乱気の年」の新しい出会いや体験には執着しないことが大切です。今年出会った人とは数年後には距離が空くと思っておきましょう。また、これまでの人生に感謝していて他人を手助けしてきた人は、何の問題もない1年を送れます。自分の蒔いたタネがどう育ち、裏側の自分がどう活躍するのか、じっくり観察しながら行動しましょう。

2021年の年末辺りから、無謀な行動、役職の変更、突然の引っ越しなど、変化の波に乗っ

ている人もいるでしょう。出世などいい変化だった人もいると思いますが、その変化に覚悟があるなら今年のトラブルは勉強だと思って受け止められるでしょう。大事なポジションをまかせてくれた人への恩返しの1年だと思って、期待に応えて成長しましょう。

問題は、今年になってからの周囲に巻き込まれながらの変化は想像以上に大変ということです。上司や先輩が突然退職して、あなたがそのポジションをまかされることなどがあるかもしれません。「なんで自分ばっかり」と思うかもしれませんが、あなた自身が「私はこれくらいできます」とアピールしていたり、不満や愚痴も含めて周囲にいろいろ言っていたことが原因です。自分発信であることを忘れないで、現実を受け止めて最善を尽くしましょう。

また、今年は隠し事やウソがバレる年。不倫や浮気、仕事での問題ある行動などが発覚する可能性が高いので、心当たりのある人は早めに謝罪して、自分が問題のある行動をしていると思うならすぐにやめましょう。横領や不正の発覚、内部告発、芸能人なら過去の問題が記事になってしまうことなどがありそう。また、それに巻き込まれてしまうこともあり、事後処理を押し付けられたり、仕事を失ったりする場合もあるでしょう。

何よりも今年は、「甘えられないこと」を最大の壁に感じそう。実力のないことを突っ込まれたり、努力不足が露呈して焦ってしまうこともあるでしょう。口先でうまく誤魔化してきた人ほど厳しい現実を突きつけられそう。今年は誤魔化しが利かないので、ウソを誠にするくらい努力するなどすぐにできることに全力で取り組むこと。自分のことよりも相手や周囲のために頑張る時期だと思っておくといいでしょう。

「乱気の年」で最も注意したほうがいいのが健康です。特にこれまで体調に問題がなかった人ほど、突然の疲れや病気、ケガなどが続くことがあります。詳しくは、「美容・健康運」（P.329）に書きますが、少しでも異変を感じる場合は早めに病院に行きましょう。

人生にはプラス面とマイナス面があります。今年はマイナス面に目が行きすぎてしまいそうですが、行動的になり自己主張が強くなるというプラス面もあります。普段なら計画を立ててから慎重に行動したり、周囲に合わせて判断することが多いタイプですが、今年は無計画な行動や挑戦をすることでいい経験ができたり、これまでにない人脈を作れそう。ただ、2022年に手に入れた幸せには執着しないようにしましょう。「乱気の年」でもうれしい出来事はありますが、それに執着して手放せないでいると後の人生を苦しくする原因になってしまいます。予想外の大きな幸せをつかんだり結果が出たときは、周囲の人のお陰だと思って感謝や恩返しや恩送りに努めましょう。偉そうにすると足を引っ張る人が出てきます。うれしいときほど感謝を忘れない年にしましょう。

また、今年は若い人と関わったり、面倒を見る機会が増えるでしょう。面倒くさがらないで話を聞いたり、教えられることは何でも伝えてみて。「銀のカメレオン座」は愚痴や不満も含めて余計な言葉が出てしまうことが多いですが、今年は聞き役になるつもりでいましょう。結果的に流行を教えてもらえたり、学べることをいろいろ見つけられそう。将来の夢を語ってみると、自分でも驚くような言葉やアイデアが出るでしょう。

手先が器用なタイプなので、何かを極めるための勉強をするにもいい時期。目先のことではなく、「数年後に役立つかも」と思える資格の勉強をするといいでしょう。今年は、近道を選ぶよりもあえて遠回りで時間のかかることに挑戦してみると人生を好転させる可能性があります。また、流行に乗るのもよく、旬の芸能人のマネをしたり、話題のスポットやお店に行ってみたり、SNSを始めてみると思わぬところで注目されるでしょう。恥ずかしがらずに楽しんでみると、人気者の苦労や才能に気づけたり、あなたの隠れた才能にも気がつけそうです。

今年は、欲しいものを手にして満足する年ではなく、何かを手放して新たなことを受け入れる態勢を作ったり、不要なプライドを捨てる時期です。見栄を張っていた人脈も切れるでしょう。これまでとは違う流れを不運と片づけないで、流れが変わったことを受け入れて、流れに逆らわないようにしましょう。自分の目的とは違う場所に流れ着いてしまいますが、自分の器用さを信じてどんな場所でも楽しくやっていこうと覚悟しておきましょう。周囲への感謝も忘れないようにしましょう。

「乱気の年」の怖さや流れの変化を伝えてきましたが、実力や才能がなくなるわけではありません。自分がこれまで積み重ねてきたことを信じて、予想外の出来事が起きても上手に対応できると思っておきましょう。「転びます!」と注意看板が出ているのに、全力で走っていたら大ケガをするだけ。スピードがゆっくりなら少し尻餅をつく程度です。不運や不幸としか言えないような出来事も起きますが、そこから何が学べるか冷静に分析しましょう。また、「乱気の年」でも手助けしてくれる人や助言をくれる人は必ず現れます。ここで欲張って「自分さえよければいい」と思って行動すると本当に痛い目に遭ってしまうので気をつけましょう。自分のことを考えてもいいですが、相手や周囲の幸せも考えて、すべての人を笑顔にすることを忘れないようにしましょう。

「乱気の年」は別れもあります。身内や、仲のよかった仕事仲間や友人との関係が崩れることがありますが、その分違う人との関わりも増えるので別れに執着をしないようにしましょう。本当に縁のある人ならいずれまたつながるので、互いに違う道に進んでいくだけだと思っておきましょう。ズルズルした関係の人やあなたを振り回してくる人とは距離を置くようにしましょう。

「乱気の年」は運気が最も不安定で、よくも悪くもバランスが悪く、運も止まっている時期。運まかせの行動は慎んで、これまでの経験を活かして過ごせば問題ないでしょう。不満を感じて現状を変えたくなることが多いですが、無理に流れに逆らわないように。これまでの人生がよすぎたと思って受け入れたり、自分の成長のために必要な試練だと思って忍耐力を鍛えるようにしましょう。何よりも、あなたを信頼してくれる人や親切にしてくれる人を当たり前と思わないで、その存在を忘れないようにしましょう。相手の期待を裏切るような行動や発言は避けましょう。

今年は裏の「インディアン座」の影響で、自分でも信じられないくらい幼稚な行動をしたり、余計な一言で苦労することもありそうです。ただ、この1年は自分の裏側にある中学生のような心が育つときでもあるので、好奇心旺盛だからこそ学べることや新たな趣味を見つけることもできるでしょう。言ったことをすぐに忘れたり、うっかりミスをするなど、自分でも「アホなことを」とガッカリすることもありますが、自分の裏側にアホなところが隠れていると認識しましょう。隙が生まれて騙されることもあるので警戒心は必要ですが、愛嬌や明るさを出すことで助けてもらえることもあります。甘えるのではなく相手の力になれるような仲間を作ったり、これまでとは違う人脈が広がることを楽しんでみましょう。長期的な付き合いは少ないと思いますが、人生観が変わる出会いが待っているでしょう。

恋愛運

**今年はじめて会う人との恋は慎重に
周囲からの意見や助言をしっかり聞いて**

「乱気の年」の恋愛運は、これまで慎重だった人ほど突然大胆な行動に出てしまったり、作戦や計画を立てるタイプの人ほど無謀に突っ走って撃沈してしまう年。自分でオクテだと思っていた人ほど積極的になれるのはいいですが、これまでのオクテが原因でタイミングを計れなかったり、相手からも「急にどうしたの？」と思われてしまうことがあるでしょう。また、周囲からも「これまでとは違うタイプ」と思われるような人を好きになってしまったり、自分でも「冒険だな」と思う人を好きになってしまうことがあるでしょう。相手への理想が高いタイプでもありますが、若い人や未熟と思える人に気持ちを持っていかれることもありそうです。普段年上に目がいく人ほど今年は若い人が気になってしまいますが、「乱気の年」や「裏運気の年」だからできる恋だと割りきっておくといいでしょう。

今年は失恋をしやすい運気でもあり、恋人のいる人は2021年の年末から不穏な空気が流れていることを感じ取っているかもしれません。相手に甘えすぎていたり依存や執着をしている人ほど、相手の気持ちが離れていく時期なので、しっかり自立するようにしましょう。自分のことは自分でしっかりやって、自分の機嫌は常に自分でよくするようにしておきましょう。相手まかせの運気は終わって、今年は一歩大人になる年です。昨年末からこれまでとは違ったタイプと交際している人はその覚悟を持って突き進んでいるでしょう。

今年の問題は、2022年にはじめて会う相手です。これまでとは違う出会い方、これまでとは違うタイプ、これまでなら好きにならないような人など、わかりやすく「これまでとは違う」相手と出会う年になります。最初に「この人は絶対にない」と思った人ほど好きになってしまったり、一夜の恋など経験したことのない人ほど酒の勢いで関係を持ってしまったり、不倫や三角関係なども含めて、周囲に言えないような人との恋が進んでしまうことがあるので十分気をつけましょう。DVや借金問題、騙されるなど、予想を大きく超えるダメージを受ける場合もあるので、今年の恋は一歩引けるように身構えておいたほうがいいかも。

これまで恋に慎重だった人が積極的になれるのはいいのですが、周囲からの意見や助言を聞き逃さないようにしましょう。自分だけが正しいと思っていると痛い目に遭うだけなので、何人かの友人に紹介したり状況を説明してみて、「ヤバくない？」と突っ込みを入れられたらしっかり話を聞くようにしましょう。相手に恋人や結婚相手がいるなど、状況から判断できることもあるので素性をしっかり調べておくことも大切。また、今年の交際は短く終わる可能性が高いので、その覚悟も必要です。相手の運気を調べることでどんなタイプか知って、どんな交際になるのか想像してみることも大事でしょう。相手にもあなたのいい部分が見えていない可能性が高いので、コミュニケーションをしっかり取るようにしましょう。新しい出会いはオススメできませんが、既に出会っている人の中で探すなら、イメチェンをしたり雰囲気を思いっきり変えてから再会すると急に恋に発展する場合がありそう。同窓会や懐かしい人の集まりのときは、これまでと違う自分を演出してみるのもいいでしょう。

結婚運

今年の結婚は6 ～ 7年後に離婚になるかも それでも結婚したいなら相手の運気を調べて

「乱気の年」の結婚運は、結婚できない運気ではありませんが、オススメはしない運気です。既に2021年中に婚約していたり結婚する月が決まっている場合は、2022年の入籍は問題ありません。ただ、2022年になってから結婚することになったり、結婚したい気持ちが強くなった人は注意が必要。今年は無謀な行動に走りやすいので、本来なら結婚すべきではない相手と突然結婚することになったり、生活やお金のことを考えずにノリや勢いだけで話を進めてしまいそう。今年の結婚は6 ～ 7年後に離婚となる可能性が高いので、2024年の年末～ 2025年になってから結婚をするようにしましょう。「乱気の年」に入らないと結婚を意識できないタイプもいるので、すべての人にこのタイミングがダメとは言えませんが、幸せな結婚や安定した生活を送りたいのなら今年になってからの結婚の決断は避けるようにしてください。浮気や不倫、借金問題、家族のトラブルなど予想外の問題が続いたり、結婚を後悔するだけではなく人生を後悔することになる場合もあります。「銀のカメレオン座」は日ごろ慎重に生きていた分、今年は大きく運気を乱す決断をしやすいので気をつけましょう。

それでも結婚に話を進めたいという人は、相手の運気に合わせること。相手が「銀の時計座」「金の鳳凰座」「金のインディアン座」の場合は、結婚に話を進めてもいいでしょう。ただ、入籍日や結婚式の日取り、披露宴や新婚旅行の段取りなどあらゆることで相手の決断にNOは言えないと思ってください。もちろん結婚後も相手の意見を中心にしなければならないので、長い夫婦生活であなた中心の家庭を作ることは難しいと思っておきましょう。ただ、命数の下一桁が9の人は天邪鬼で、このタイミングにならないと結婚に目を向けないところがあり、年末に結婚の話を進めてしまう場合があるでしょう。この場合は、すぐに離婚をしないように気をつけて生活を送りましょう。

今年は結婚を諦めて、結婚後に役立ちそうな能力を身に付けることが大切です。もしくは、しっかり自立をして、他人や家族に甘えないようにすることが大事でしょう。「銀のカメレオン座」は手先が器用なので料理を作ってみると思った以上においしいものを作れたり、古風な考えを持っているので家のこともテキパキこなすことができるタイプ。これまでサボっていた人ほど、自分でなんでもできるようになるといいでしょう。ひとりで映画を観に行ったり、食事をしてみるなど、これまで誰かと一緒にしていたことをひとりで楽しめるようにしてみましょう。ただ、引っ越しはオススメするタイミングではないので、お金を貯めて2024年の年末か2025年にひとり暮らしができるように準備しておきましょう。

生活力がない若い人と突然結婚を考えて、予想外の苦労を背負い込んでしまうこともありそうです。「相手に甘えない！」と覚悟ができているなら、若い人や未熟な相手と結婚をしてもいいですが、それなりの覚悟を忘れないでください。また、条件がよすぎる人との結婚は、自分がイメージしていた結婚とは全く違うと思っておきましょう。苦しい結婚生活になったときは「乱気の年の結婚だから」とパッと離婚する決断も悪くないので、もし話を進めるときは覚えておくといいでしょう。

仕事運

**結果が出る人と出ない人がはっきりわかれそう
トラブルも多いので心構えをしておいて**

「乱気の年」は、タイプによって結果が極端にわかれる年。これまで几帳面に仕事を進めて、それなりの結果を出して忍耐強く仕事に取り組んでいたタイプは、現状のポジションから上がって出世することになり、これまでとは違う苦労が始まる可能性があるでしょう。同期や先輩をごぼう抜きする感じがやっかまれてしまったり、足を引っ張るような人が出てくるかも。偉くなったことで若い人との絡み方や仕事の振り方、指導の仕方が変わって、これまでとは全く違う苦労が始まることがあるでしょう。出世をしなくても重要なことをまかされてしまったり、責任が重くのしかかったり、ノルマやプレッシャーがキツくなってしまうことがあるでしょう。もう一方が、これまでのいい運気の流れに乗って、それほど頑張らなくても周囲の力で結果を出していたタイプ。このタイプの人は実力不足を指摘されたり、新たにまかされた仕事で実力不足がバレたりしてしまい、焦ってしまったり周囲からの信頼を失ってしまいそう。よくも悪くもこれまで積み重ねたことが形になって、苦労に変わる年でもあるので、自分の評価をしっかり受け止めて、今後の仕事の取り組み方を変える必要が出てくる年だと思っておきましょう。

結果がなかなか出ない人は転職や離職を考えてしまいそうですが、不満や文句があるからといって転職をすると同じ気持ちが続いてしまうだけでしょう。ここでの苦労を乗り越えてみることが自分の成長にもつながるので、部署が変わったり上司の異動によって組織が変わっても、しっかり受け入れて結果を出せるように最善の努力をするようにしましょう。ここで逃げてしまうと、後の苦労を自分で招いてしまうことになります。2024年の夏まで現状の仕事を頑張ってみると流れが変わってきて、そのときには「続けていてよかったかな」と思えるようになっているでしょう。

順風満帆とは言えない運気なのでトラブルも多いでしょう。仕事に問題がなく順調なときでも、自分以外の人のトラブルに巻き込まれてしまうことがあるので心構えをしておきましょう。勤めている会社の経営不振や取引会社の突然の倒産、部下や周囲の人の横領や問題ある行動の発覚など、それだけでも大変な状況なのに、それに巻き込まれて後処理をすることになるなど、自分に関係ないところで頭を下げなければならないことも起きてしまいそう。もう「事故」としか言えないことが起きる可能性が高いので、問題が起きないときほど気を引き締めておきましょう。

今年は、仕事があることに感謝をして雑用や基本的な仕事を学び直す時期でもあり、これまでお世話になった人に恩返しをしたり、感謝の気持ちを持って仕事に取り組む運気です。少しくらい順調だった数年間を過ごしたからといって調子に乗らないで、謙虚な気持ちを忘れないようにしましょう。今年から若い人との関わりも増えるので、自分とは世代が違う人の考え方や仕事のやり方を学んだり、上手に伝えられるように工夫をするようにしましょう。それを苦労だとは思わないで、これも人生経験のひとつで学べる時期だと思って受け止めるようにしましょう。今年の経験で忍耐強くなり、一歩成長できるので、乗り越えられるように知恵や工夫を忘れないようにして過ごしましょう。

買い物・金運

収入アップには期待しないで 不動産の購入や儲け話にも要注意

今年は、収入には過度な期待をしないほうがいいでしょう。中には収入がアップする人もいますが、仕事量や立場から計算すると給料が減っている感じになってしまいそう。出世したりポジションが上がったとしても、責任も重くなってしまい、若い人の面倒を見ることで出費も増えてしまいそうです。自由な時間も減ってしまうなど不満に感じることが重なるでしょう。単純にボーナスが減額になったりカットになって、収入が激減する可能性もあるでしょう。また、安定した仕事に就いている人は、機械トラブルや車の事故、家の修繕などで急な出費が重なってしまうこともあるでしょう。

家、マンション、土地の購入など大金が動くことも今年はオススメできません。ローンを組んで購入しても、苦労することになってしまったり、資産価値が落ちてしまいそう。今だけではなく数年後に問題が出てしまったり、出費が増える原因になってしまうことがあるでしょう。家を購入したのはいいけれど、老朽化が思ったよりも激しくて修繕に何度もお金がかかってしまったり、近隣トラブルに巻き込まれてしまうなど、予想を超える出来事も起きそうです。万が一、手に入れてしまった場合は、トラブルが起きたときは執着しないで手放すようにしたり、多少の損には目をつぶって受け入れるくらいの覚悟が必要でしょう。同様に、車の購入もオススメできません。事故などで不要な出費が増えてしまう可能性もあるので気をつけましょう。ただ、車が故障するなどしてどうしても買い替えなければならないときは、自分の判断ではなく、友人や家族、身近な人に車を選んでもらうようにすると不運を避けられるようになるでしょう。

また、今年は儲け話にも要注意です。資産運用も失敗しやすいので、一時調子がよくても大儲けを狙わないようにして、少し得をすればラッキーくらいに思っておきましょう。NISAやiDeCoを少額で行うくらいにしてみたり、投資信託の勉強をするくらいがいいでしょう。「簡単に儲かる」などの話は親友でも親族でも受け入れないようにしてください。お金の貸し借りも人間関係を悪くするだけなので、少額でもしないようにしましょう。貸す場合は、あげたことにするくらいの気持ちでいるといいでしょう。逆に、借りることにならないように生活をしましょう。

日々の買い物でも気をつけましょう。ネットで騙されたり、高額なものを間違えて購入していたり、「お得」と言われて契約を変えたことが原因で結果的に面倒なことになったり、出費が増えてしまうということがありそう。安易に判断しないようにして、周囲に相談をしたり、少しでも怪しいと思ったらしっかり調べるようにしましょう。強引に購入や契約をさせられそうなときは、ハッキリ断るようにすることが大切です。

今年は、お金をできるだけ使わないようにして節約しておくと、2023～2024年に役立つことになります。2022年が問題なく過ごせても衝動買いや無駄使いは控えるようにしましょう。ゲームの課金などを本来するタイプではない人も、変な癖がついてお金を使いすぎてしまうこともあるので、サブスクなど本当に必要なのか判断してみましょう。解約できるものはしておきましょう。

笑顔は運気を少し上げる。作り笑顔でもいいので、笑顔でいるといい

美容・健康運

今年一番注意すべきは健康 異変を感じたら早めに病院へ

「乱気の年」で最も注意が必要なのは健康でしょう。これまで健康に問題のなかった人ほど、2022年に入ってから急に体調を崩してしまったり、風邪を引いてしまったり、謎の肌荒れや疲れが抜けない感じになってしまいそう。それが続いてしまう場合は、早めに病院に行って検査を受けておきましょう。診断に疑問を感じる場合は、他の病院に行くなどセカンドオピニオンを受けるくらいのほうがよさそうです。特に目と耳に異変を感じる場合は、「自然に治る」と思わないで早めに病院に行くようにしましょう。既に2021年の下半期辺りから違和感があるなら、そのままにしておくと後悔することになるかも。女性の場合は、今年は乳がんの検診や婦人科系の病気の検査を必ず行っておくようにしましょう。

特に体調に問題がない人も多いと思いますが、今年の生活習慣がよくないと、後に体調を崩したり病気になる原因になってしまいます。睡眠時間をしっかり確保して、飲酒や喫煙を控えて運動をするなど、健康的な日々を今年から意識するようにしましょう。運気の流れがよかったときに無理を続けていた人ほど「今年も問題ない」と思ってしまうかもしれませんが、突っ走ってしまわないようにしましょう。仕事でポジションが変化して責任を背負った人ほどストレスを一気にため込んでしまう可能性があるので、運動をするなど気分転換をマメに行うようにするといいでしょう。言葉にハッキリ出してしまうタイプでもあるので愚痴や不満も口に出してしまいますが、悪い言葉は自分のストレスになるだけです。いい言葉やポジティブな発言を意識しておくといいでしょう。

健康維持のためにも美意識を高める必要はありますが、今年は頑張りすぎないことが大切です。そもそもグルメなのでおいしいものを食べたり、周囲の人に合わせていると食べすぎてしまうことのあるタイプ。特にグルメ仲間ができてしまうと、食べたくなくても食べる習慣ができてしまいそう。今年は、おいしいものを食べるならしっかり運動をしたり、寝る4時間前までに夕食を終えるようにするといいでしょう。これまでと同じ感覚で食事をしていると、体型が急激に変わってしまいそうです。お酒にも急に弱くなってしまい、二日酔いが酷くなったり、記憶をなくして大失敗をすることもあるので、お酒を飲むときは同量の水を飲むなど工夫をしましょう。また、こまめに体重を測るといいので、日に何度も体重計に乗ってみましょう。目に付くところに体重計を置いてみたり、全身が映る鏡で自分を確認してみることが大切です。真似が上手な星を持っているので、憧れのスタイルのモデルや有名人の写真を飾ってみると、体が自然と引き締まるでしょう。

他には、ギックリ腰になったり、扁桃腺が腫れてしまうことなども起きやすくなります。重たいものは急に持たないようにして、うがいはマメに行うようにしましょう。裏の「インディアン座」はこのあたりが弱いため、「乱気の年」になるとあなたも同じような問題が現れる可能性があるでしょう。

老いやスタミナ不足を感じたり、胃もたれや老眼になったりするなど、「乱気の年」に入るといろいろガタがきますが、自分の体をいたわる時期だと思って無理のない生活を送るようにしてみましょう。

親子・家族運

家族の問題に巻き込まれるかも 全員で気をつける1年にして

「乱気の年」で心配なのは、自分以外のところで問題が起きることです。お金の問題や健康状態は自分である程度気をつけておけば最小限に抑えたり上手に回避することもできますが、今年は家族の問題に巻き込まれてしまう可能性があるので油断は禁物。できればこれを読んだ段階で「2022年は家族のみんなも気をつけてね」と一言だけでも伝えておきましょう。特に年配者との縁が切れてしまったり、病気の発覚や介護の問題などが起きることがあるでしょう。更にそれだけでは収まらないで、遺産相続で家族が大揉めになってしまう可能性も。高齢の家族がいる場合は、いい意味で遺言を先に書いてもらっておくなど、家族が揉めないように対応しておくといいでしょう。

「特に高齢者もいないので安心」という人でも事故やケガなどの予想外の出来事があり、入院や通院でお金が必要になる場合もあるので、不要なお金はできるだけ使わないで蓄えておくようにしましょう。また、不倫や浮気が発覚して大ゲンカや揉め事が起きてしまう場合もありますが、相手ばかりを責めないように。自分が甘えすぎていたり、わがままな発言が多かったことを反省する必要もあるでしょう。

子どもとの関係にも溝ができてしまいそう。いい意味では、自立するタイミングになったり、少し目を離せることにもなりますが、よかれと思ってあなたがした行動が裏目に出ることがありそう。子どもの能力アップの邪魔をすることになる場合があるので、温かく見守ることも忘れないようにしましょう。話をするときは、自分の考えだけが正しいと思わないで、お子さんの話をしっかり聞いてどうするのが最善なのか一緒に考えるようにしましょう。また、急に反抗期になったり、親との距離を空けたくなることもあるので、焦らずに自分の子どもの頃を思い出して対応するようにしましょう。

「乱気の年」は裏の「インディアン座」の能力に目覚めるときでもあり、これまで大人としての考えが強かった人ほど中学生のような気持ちやテンションになるでしょう。その分、子どもと一緒に遊んだり学べるようになる年でもあります。連休や長期休みの計画を子どもと一緒に立ててみたり、あなたも資格取得の勉強をしてともに勉強をするライバルになってみるのもいいでしょう。ただ、あなたが子どもっぽくなることで対等にケンカをしてしまうこともあるので、今年に入って言い合いが増えてしまったと感じたときは「自分が幼くなっている」と思って冷静に対応するようにしましょう。また、親子で料理を作ってみるといい1年になります。母や義母から料理を学んで、子ども達に教えてみましょう。工夫や味付け、我が家の味を伝えてみるのもいいでしょう。思った以上にいい思い出になる場合がありそう。ただ、指を切ってしまうなどのケガをしやすいので無理をしないようにしましょう。

「乱気の年」は家族に助けてもらったり、逆に助けなくてはならない状況にもなります。家族だから言えることもあると思いますが、思った以上に雑になってしまう場合があるので、挨拶や礼儀を含めてしっかりするようにしましょう。「言わなくても理解している」と甘えているとケンカになってしまうので、自分の甘えを捨てて説明などはしっかり行うようにして、いい家族を作るように意識してみましょう。

銀のカメレオン座 2022年タイプ別相性

気になる人のタイプを調べて、コミュニケーションに役立ててください。

相手が 金のイルカ座

新たな環境に進んでいる相手と、不慣れや予想外な出来事が多いあなたでは、考え方や価値観が違い、噛み合わない感じになりそう。一緒にいることで前向きな気持ちや頑張ることの大切さを学べそう。互いに多少の失敗は気にしないようにしましょう。恋愛相手としては、期待は薄いですが、これまでと違うタイプの恋なら進展しそう。ただ、短く終わる可能性が高いので過度な期待はしないように。仕事相手の場合は、余計な発言には気をつけるようにしましょう。今年初めて会う人の場合は、縁が薄いですが、背中を押す役になるといいでしょう。

相手が 銀のイルカ座

あらゆることを整理したいこの相手とは縁が切れてしまったり、距離が空いてしまいそう。離れても、お互いに成長するきっかけだと思っておきましょう。時にはあなたから身をひくことで相手が次に進むチャンスをつかみそうです。恋愛相手としては失恋する可能性が非常に高い相手。イライラが態度に出てしまうことが多く、気持ちが冷めてしまいそう。仕事相手としては、相手のやる気のないことにムッとすることがありますが、自分にも当てはまると思って心を入れ替えましょう。今年初めて会う人の場合は、非常に縁が薄いので執着しないように。

相手が 金の鳳凰座

知り合って数年経つ相手ならあなたを助けてくれたり、いいアドバイスをしてくれそう。相手の忍耐強さやこれまで頑張ってきたことが評価されることを一緒に喜べるようにしましょう。恋愛相手なら、異性の友人だと思っているなら進展して「まさか付き合うとは」と思うことになるかも。ただ、長い付き合いは難しいかも。仕事相手なら、相手の能力が開花する時期なので一緒にいるといいですが、考え方の違いなどで苦労しそう。今年初めて会う人の場合は、非常に縁が薄いので、相手が想像以上に頑固で意地っ張りだと思っておくといいでしょう。

相手が 銀の鳳凰座

お互いに判断ミスをしやすく、気持ちが落ち着かない時期。相手の頑固さに振り回されてしまうかも。あなたも普段とは違う判断をするタイミングなので、噛み合わない二人になってしまいそう。遊び相手と割り切っておいて、いい距離感を保っておくといいでしょう。恋愛相手としては、遊びの関係で終わってしまったり、無駄な時間を使って終わってしまいそう。仕事相手としては、互いに失敗や誤解が多く、トラブルも多くなるので気をつけましょう。今年初めて会う人の場合は、互いの印象が悪く、誤解したまま縁が切れてしまいそうです。

相手が 金のカメレオン座

裏運気の相手と乱気のあなたではお互いに気持ちが不安定で、現状に不満を抱えてしまいそう。悪いところに目がいってしまうので、相手にも言えない事情があると思って優しく見守るようにしましょう。恋愛相手としては、互いに全くタイプでない場合は進展が望めそうですが、好みではないことに後で気がついてしまいそうです。仕事相手としては、互いに不慣れや苦手な仕事に取り組む時期なので、互いに勉強の時期だと思っておきましょう。今年初めて会う人の場合は、刺激がありますが、仲よくなるまでに時間がかかってしまいそうです。

相手が 銀のカメレオン座

お互い「乱気の年」に入り、予想外の出来事があったり、これまでとは違う仕事をまかされてしまっているでしょう。情報交換をすると面倒なことを事前に回避できたり、乗り越え方や考え方を変えるいいきっかけになるでしょう。恋愛相手としては、心境が似ているので支え合うにはいいですが、気持ちが不安定で長続きしない感じがしそう。仕事相手としては、お互いにガッカリさせてしまう可能性が高いので気をつけて仕事をしましょう。今年初めて会う人の場合は、お互いに問題を起こしてしまう可能性があるので距離を空けて付き合うといいでしょう。

相手が 金のインディアン座

絶好調の運気になる相手なので、相手に合わせたり、一緒にいるといいでしょう。不思議と考え方も合わせられそう。あなたの古い考えを壊してくれたり、新しい考え方を教えてくれるでしょう。恋愛相手としては、あなたの魅力が伝わらないので難しい相手ですが、異性の知り合いくらいの距離感でいましょう。仕事相手としては、あなたが足を引っ張ってしまったり、雑な部分を見せてしまうので、これまで以上に細部までこだわって仕事をしましょう。今年初めて会う人の場合は、縁が薄いですが、出会えたことをラッキーだと思って接してみましょう。

相手が 銀のインディアン座

お互いに本領を発揮できない年。相手はあなたが思っている以上に疲れていたり、実力以上の仕事を抱えてしまっていそう。あなたも仕事やプライベートで悩みやすいタイミングなので、お互いに話してみると気持ちが楽になることがあるでしょう。恋愛相手としては、進展は難しいので、異性の知り合いくらいの関係でいるといいでしょう。相手の体のことを心配してあげるといいかも。仕事相手としては、仕事を頼みやすい相手ですが、時間にはゆとりを持っておくこと。急な仕事は慎重に判断してからお願いするようにしましょう。

相手が 金の時計座

あなたの心の支えになってくれたり、困ったときに助けてくれる人ですが、甘え過ぎてしまわないようにして、自分のできる最善を尽くすようにしましょう。相手の考え方に合わせてみると人間関係がよくなってくるでしょう。恋愛相手としては、今年はあなたの魅力が欠けているので進展するのは難しい年。愚痴や不満やマイナス発言は見放されるので、前向きな発言を心がけるようにしましょう。仕事相手としては、相手に助けられることが多いので、素直に協力してもらうようにしましょう。相手の能力や才能を認めるようにしましょう。

相手が 銀の時計座

運気が絶好調の相手なので、近くにいるようにして、アドバイスしてもらえたら素直に行動に移しましょう。困ったときはこの相手に助けを求めると救われることがあるので、感謝を忘れないようにしましょう。恋愛相手としては、あなたに魅力を感じてもらえない運気なので失恋しやすいでしょう。相手の話をしっかり聞くといい関係になれるかも。仕事相手としては、あなたが相手の邪魔をしやすいので、相手に合わせて意見を聞くようにしましょう。今年初めて会う人の場合は、あなたのマイナス面が伝わりやすいので気をつけるようにしましょう。

相手が 金の羅針盤座

お互いに苦労をする年ではありますが、相手は自ら決断をして前に進む年。あなたは弱点や欠点が見えてきて課題が増える年。やるべきことは違いますが、共に頑張る時期だと思って励まし合うといい仲になれそうです。恋愛相手としては、相手の前進を止めてしまいそうなので、今年はそっと思いを寄せるくらいがいいでしょう。仕事相手としては、あなたが余計なことを言ってしまったり、大きなミスをしやすいので気をつけましょう。今年初めて会う人の場合は、相手の正義感や真っ直ぐな感じがあなたには面倒に思えてしまいそうです。

相手が 銀の羅針盤座

お互いに新しい流れはありますが、相手は前に進む年で、あなたは自分の至らない部分を知る年。未体験を経験して勉強する気持ちは同じですが、あなたのほうが苦労を感じそう。マイナスに考えないでポジティブに考えるようにしましょう。恋愛相手としては、あなたに気持ちの余裕がなく関係を進めにくい年になりそう。互いに様子を窺って疎遠になってしまうかも。仕事相手の場合は、相手を迷わせてしまうので余計なことを言わないようにしましょう。今年初めて会う人の場合は、相手のいい部分を褒めて伸ばすくらいの気持ちでいるといいでしょう。

あなたの命数は
P.10からはじまる
命数早見表でチェック！

命数別2022年の運勢

【命数】

41

ひと言多い高校生

基本性格

周囲に合わせるのが得意な頑張り屋。「でも」「だって」とひと言多く、意地っ張りなところがありますが、マネが得意でコツをつかめばなんでもできるようになります。ただ、意地を張りすぎて自分の生き方ややり方にこだわりすぎると、能力を発揮できない場合も。周囲に同化しやすいのでレベルの高い環境へ飛び込むと成長しますが、逆に低いところにいるといつまでも成長できません。友人関係で人生を大きく左右される人でもあります。

持っている星

★頑張り屋の星
★お金の貸し借りがダメな星
★本音を話さない星
★運動がストレス発散になる星
★友達のような交際が好きな星

開運3カ条

1. 負けは素直に認める
2. 恋に刺激を求めない
3. 感謝と恩返しの気持ちを忘れない

2022年の総合運

頑張りが認められない感じがしたり、空回りをしやすい年。ライバルや同期に差をつけられてしまったり、負けを認めなくてはならない状況になってしまいそう。他人と比べることをやめて、「人は人、自分は自分」と思えるようにする時期だと考えてみるといいでしょう。健康維持を兼ねて、ひとりでできるスポーツや没頭できる趣味を見つけるといいでしょう。健康運は、胃腸の調子が悪くなりそう。暴飲暴食は控えて、胃腸を休ませる日を作るといいでしょう。

2022年の恋愛&結婚運

これまでは対等に付き合える人や友達の延長のような恋を望んでいたのに、恋に刺激を求めてしまったり、気がつかないで不倫や浮気の相手になってしまうことがあるので気をつけましょう。お酒の勢いやストレスがたまったときほど無謀な行動に走りやすいので注意して。都合のいい相手になって捨てられてしまうこともありそうです。結婚運は、一目惚れからの結婚は危険ですが、2021年中に婚約している人は問題なさそうです。

2022年の仕事&金運

頑張りが空回りすることがある年。自分だけの頑張りでここまで来られたと思っていると痛い目に遭うので、周囲の人のお陰であることに感謝を忘れないようにしましょう。一発逆転を狙って無謀な行動に走ると、信用を失うばかりではなく、人脈も失うので気をつけて。不要な反発をしないで、アドバイスや手助けは素直に受け入れるようにしましょう。金運は、お金の貸し借りや身近な人からの儲け話は大損するので気をつけましょう。

ラッキーカラー オレンジ　深緑　ラッキーフード おでん　いちご　ラッキースポット スポーツジム　キャンプ場

【命数】

42

向上心と度胸がある人

基本性格

合理主義で無駄なことや団体行動が嫌いな人。几帳面で丁寧な印象を与える人と、派手な感じに見える人が混在する極端なタイプ。地道な努力や下積みなど、基本を身に付ける苦労を避けて結果だけを求めるところがあります。マネが上手でなんでも簡単にコツをつかめますが、しっかり観察しないでいるとその能力は活かせないままです。向上心があり、成長する気持ちの強い人と付き合うといいでしょう。

持っている星

★要点をつかむのがうまい星
★一攫千金をねらう星
★好きな人には積極的になる星
★健康情報が好きな星
★都合の悪いことを聞かない星

開運3カ条

1. 秘めていた力を出す
2. 努力や頑張りは周囲に見せる
3. 感謝の気持ちをしっかり言葉に出す

2022年の総合運

表だって努力をしたり、頑張りをアピールすることが苦手なタイプですが、今年は頑張りをしっかり見せたり、秘めていた能力をすべて出しきってみるといい年になるでしょう。「そんなことできるんですか？」と言われるくらいに周囲を驚かせてみると、あなたの魅力が急激にアップしそう。ただ、これまで隠していたマイナスな部分も表に出やすく、ウソがバレることもあるので気をつけて。健康運は、自分独自の健康法が原因で体調を崩しやすいので気をつけましょう。

2022年の恋愛&結婚運

自分が好きな人を追い求めていたいタイプですが、「乱気の年」に入るとこれまで興味のなかった身近な人に目が行きそう。ただ、不倫に突っ走ってしまったり、危険な人にハマってしまうことがあるので気をつけましょう。関係が深まった途端に大ゲンカをしてあっという間に終わってしまうこともあるのでわがままはホドホドに。結婚運は、結婚には不向きな年なので無計画に進めないようにして、期限を決めてみると話が進められそう。

2022年の仕事&金運

雑な仕事ぶりを突っ込まれたり、締めくくりの悪さが表面に出てしまいそうな年。どんな仕事も最後まで丁寧にするようにして、お礼や挨拶も忘れずにしましょう。これまでの仕事の結果も「周囲の人のお陰で」と言葉に出すようにするといいでしょう。偉そうにしたり傲慢になっていると敵が増えたり足を引っ張られてしまうことがありそうです。金運は、浪費をしやすくなるので、無駄な買い物や勢いでの投資は避けましょう。

ラッキーカラー ブラウン　ホワイト　ラッキーフード 湯豆腐　どら焼き　ラッキースポット 神社仏閣　博物館

ラッキーカラー、フード、スポットはプレゼントやデート、遊ぶときの口実に使ってみて

さらに細かく自分と相手が理解できる！
生まれ持った命数別に2022年の運気を解説します。

【命数】
43

陽気で優柔不断な人

基本性格

愛嬌があり、明るく甘え上手ですが、根はしっかり者でちゃっかり者。なんとなく憎めない人です。自然と好かれる能力を持ちながら、お礼や挨拶などを几帳面にする部分もしっかり持っています。何より運に恵まれているので、困った状況になっても必ず誰かに手助けしてもらえるでしょう。ただ、わがままが出すぎて余計なことをしゃべりすぎたり、愚痴や不満が出すぎたりして信用を失うことも。空腹になると特に態度が悪くなるので注意。

持っている星

- ★明るく華やかな星
- ★異性に甘え上手な星
- ★不機嫌が顔に出る星
- ★顔が丸くなる星
- ★気分でお金を使う星

開運3カ条

1. 前向きな言葉を使う
2. 体力作りをする
3. 上機嫌でいる努力をする

2022年の総合運

頭の回転が速くなりますが、その分短気を起こしたり、余計な言葉が出てしまいそうな年。何か言いたいときは一呼吸置くようにしましょう。また、空腹のときには適当なことを言わないように。自分で思っている以上に不機嫌な顔や態度になっていたり、わがままが悪い方向に進んでしまいそう。自分のことよりも相手を楽しませてみようと努めると、いい味方や仲間もできそうです。健康運は、スタミナ不足になるので基礎体力作りとダイエットをするにはいい年です。

2022年の恋愛&結婚運

これまで興味のなかった人に一目惚れをしたり、欲望にまかせて行動してしまいそうな年。冷静になれば飛び込んではいけない相手とわかりそうな人と関係を深めてしまったり、妊娠のトラブル、不倫や浮気のもめ事に巻き込まれてしまいそう。相手のことをしっかり調べたり、周囲からの評判を聞くようにしましょう。結婚運は、妊娠が発覚してから話が進みそうですが、その相手でいいのか落ち着いて考えるようにしましょう。

2022年の仕事&金運

ストレスのたまる仕事をすることになったり、些細なことでイライラしてしまいそう。疲れからのイライラもあるので、体力作りも仕事の一部だと思ってトレーニングをマメに行うようにしましょう。仕事では、余計な言葉が場の空気を悪くするので、前向きな言葉を発しましょう。些細なミスには寛容になっておくといいので、周囲を励ましてみて。金運は、ストレスで食べ物に出費しすぎてしまうので注意。肉体改造にお金を使うといいでしょう。

ラッキーカラー　赤茶　オレンジ
ラッキーフード　キノコのホイル焼き　フローズンヨーグルト
ラッキースポット　カフェ　水族館

【命数】
44

余計なひと言が目立つ勘のいい人

基本性格

頭の回転が速く勘がいいため、要領よく生きるのが上手なタイプ。頭がよく、感性も豊かですが、おしゃべりで余計なひと言が出たり、空腹になると短気を起こしたりしがちなので注意が必要です。情が深く、ときには依存するくらい人と深い付き合いをする場合もありますが、なかなか親友と呼べる人が見つからないことも。人生で困ったときは、うまくやっている人をマネすると自然にいい流れになるでしょう。

持っている星

- ★勘が鋭い星
- ★老舗ブランドの星
- ★恩着せがましい星
- ★手術する星
- ★運命を感じる恋が好きな星

開運3カ条

1. 自分の勘を簡単に信じない
2. 言葉を慎んで、話の聞き役になる
3. 睡眠時間を長く&筋トレの時間を作る

2022年の総合運

自分でもツメの甘さがわかる年。行動も雑になってしまいそう。余計なことを考えて目の前のことに集中できなくなったり、睡眠不足を感じることもありそう。予想以上に疲れやスタミナ不足を感じることがあるので、水泳やマラソンなどを始めて体力作りをしておくといいでしょう。珍しい人と口ゲンカになったり、短気を起こして揉めてしまうこともあるので甘えすぎないようにしましょう。健康運は、急に太ってしまうかも。扁桃腺や気管の病気に気をつけましょう。

2022年の恋愛&結婚運

第一印象がいまいちだった人のことを好きになってしまったり、関係を深めてしまいそうな年。「好みではない」と思いながらもハマってしまうことがありますが、体だけの関係だったり、不倫や浮気の相手になってしまうこともあるので気をつけましょう。ストレス発散のつもりが泥沼の関係になってしまうこともあるでしょう。結婚運は、結婚するつもりのない相手と妊娠から話が進んでしまうことがあるので気をつけましょう。

2022年の仕事&金運

珍しいミスが増えてしまいそう。他人まかせにしていたことのしわ寄せがきたり、実力不足を突っ込まれそう。勘が外れて迷惑をかけることがあるので、情報とデータをしっかりみるようにしましょう。短気を起こして転職や離職をすると後悔するので避けるようにして、今の仕事への感謝を忘れないようにしましょう。金運は、衝動買いで失敗が続いたり、投資でも勘が外れて大損しそう。必要なもの以外は買わないように心がけましょう。

ラッキーカラー　オレンジ　イエロー
ラッキーフード　ドリア　プリン
ラッキースポット　映画館　アウトレット

【命数】

45

器用な情報屋

基本性格

情報収集が好きで段取りや計算が得意。努力家ですが、無駄なことは避けて何事も損得勘定で判断するタイプ。いい流れに乗っていても、途中で得がないと判断したらすぐに流れを変えられるほど、臨機応変に行動できます。他人のマネが上手なため、他人と同じ失敗を避けて要領よく生きられる人ですが、ずる賢いと思われてしまうことも。お調子者で、お酒の席で余計なことをしゃべって大失敗しやすいので、注意が必要。

★多趣味・多才な星
★損得で相手を見る星
★心配性の星
★婦人科系の病気の星
★ものがたまる星

開運3カ条

1. 地道な生活を楽しむ
2. お酒は控える
3. おもしろさや楽しさを他人に求めない

2022年の総合運

小さくまとまってしまいそうな年。これまでの華やかさやパワーが出せなくなったり、うまく活かせない感じの環境になってしまいそう。自分でも地味なポジションと思えるような場所にいることになりそう。根を張って土台を固めるときだと思って、焦らずじっくり学んだり、周囲をしっかり観察するようにしましょう。メンタルが弱くなるので好きな音楽をマメに聴きましょう。健康運は、お酒は身を破滅させるもとになるので控えて、空いた時間は運動をしましょう。

2022年の恋愛&結婚運

安定した感じの人や、やや地味な人に恋しそうな年。ただ、本来の好みや条件を考えると違う人と交際に進みそう。一時はいいですが、相手の弱点や欠点が気になって突然盛り下がってしまったり、束縛されたり支配される感じに嫌気が差しそうです。別れるなら早めのほうが互いの傷が浅くていいでしょう。結婚運は、結婚を真剣に考えるのはいいですが、実行するには不向きなので、共に苦労できる相手なのか判断するといいでしょう。

2022年の仕事&金運

管理職になったり、事務的な仕事が増えるポジションになりそうな年。華やかな感じや仕事の楽しさが減ってしまうことでやる気を失いそうですが、自分に足りない部分を鍛える時期だと思って、忍耐強くなることを目的に頑張りましょう。仕事の愚痴や不満をお酒ではらそうとするとトラブルになったり、体調を崩すので気をつけて。金運は、買い物をする日を決めておくといいですが、幼稚なものを簡単に購入しないようにしましょう。

ラッキーカラー ピンク　ブラック　ラッキーフード マグロ丼　マロンケーキ　ラッキースポット 映画館　スパ

【命数】

46

地道な大器晩成型

基本性格

真面目で根気強く、コツコツ努力できる人。何事にも時間がかかり瞬発力に欠けますが、慎重に進めながらも現実的に考えられます。謙虚ですが、自分に自信が持てなくて一歩引いてしまったり、遠慮しやすく多くのことを受け身で待ってしまったりすることも。マネがうまく、コツを教えてもらうことでゆっくりとですが自分のものにできます。手先が器用で、若いころに基本的なことを学んでおくと、人生の中盤以降に評価されるでしょう。

★親切な星
★片思いが長い星
★相手に合わせる星
★冷え性の星
★不動産の星

開運3カ条

1. 結果が出なくても焦らない
2. 嫌なときはハッキリ断る
3. なんでも背負いすぎない

2022年の総合運

コンプレックスを打破しようとして、無謀な行動に突っ走ってしまいそうな年。真面目に過ごしてきたことで信頼と信用を積み重ねているので、結果と評価が合わなくても焦らないようにしましょう。逆に、急に評価されて環境が変わり焦ってしまうこともありますが、どんな環境でも時間をかければクリアできるタイプなので慌てないようにしましょう。健康運は、冷えとお酒に要注意。女性は今年から婦人科系の検診はしっかり受けるようにしましょう。

2022年の恋愛&結婚運

片思いの恋で終わってしまうタイプですが、今年はなぜか積極的になれたり、無謀なタイミングで告白をしたり、結婚している人に強引に口説かれて不倫が始まってしまうことがあるので気をつけましょう。恋に我慢は不要なので嫌なときはハッキリ断って、「縁が切れるならそれでいい」と思うくらい強気になってみましょう。結婚運は、結婚をエサにする人に振り回されてしまいそう。その気がないとわかったらすぐに離れましょう。

2022年の仕事&金運

プレッシャーのかかる仕事や重要なポジションをまかされてしまいそう。これまでにない緊張で疲れる1年になったり、頼りにしていた先輩や上司とも離れることになりそう。周囲に協力してもらったり、頭を下げることを忘れないようにしましょう。背負い込みすぎて失敗したり迷惑をかけてしまうこともあるので気をつけましょう。金運は、節約がストレスになるので、金額を決めてパーッと使ってみるといい気分転換になるでしょう。

ラッキーカラー オレンジ　藤色　ラッキーフード サンマの塩焼き　ヨーグルト　ラッキースポット 温泉　美術館

【命数】

47

せっかちなリーダー

基本性格

仕切りたがりの超甘えん坊で、人まかせにするのが得意な人。正義感があり、上下関係はしっかりしています。地道な努力は苦手で、何事もパワーと勢いで突き進みます。「細かいことは後で」と行動が先になるので、周囲の人は巻き込まれて大変なことも。一方で、真面目で几帳面なところがあるので、自然とリーダー的な立場になり、仲間の中では欠かせない存在でしょう。突っ込まれると弱いのですが、いい仲間を作れる人です。

★正義感が強い星
★押しに極端に弱い星
★甘えん坊で人任せな星
★下半身が太りやすい星
★お金遣いが荒い星

開運3カ条

1. 行動する前に情報を集めてよく考える
2. 押しきられる恋に注意する
3. 部下の面倒を楽しく見る

2022年の総合運

行動力が低下してパワーダウンを実感しそうな年。急に臆病風に吹かれてしまいそうですが、慎重に冷静に行動できるようになるのでいいでしょう。あなたの正しさが通用しなかったり、逆に悪者にされることがありそう。正義感を押し付けずに、もっと全体のことを考えて発言するようにしましょう。健康運は、ドジなケガをしたり、肌が荒れてしまいそう。ストレス発散をするためにも後輩や部下と遊ぶ時間を作るといいでしょう。

2022年の恋愛&結婚運

恋に臆病になったり、積極的に動けなくなってしまいそうな年。本来の好みではない年下や、まだまだ成長過程の人のことが気になってしまいそう。珍しく情に流されてしまうこともあるでしょう。押しきられて関係を進めた相手に恋人がいたり、不倫になってしまうこともあるので、押しが強い人には要注意。結婚運は、慎重になるときなので話は進めにくいですが、2020～2021年に盛り上がった相手なら話を進めてもいいでしょう。

2022年の仕事&金運

チームを引っ張っていけるタイプですが、今年はポジションが変わってサポートや管理や事務的な仕事をまかされてしまいそう。アイデアを出す仕事をするなど、不慣れや苦手な環境になってしまうかも。今年は失敗をしても経験と思うといいですが、恥ずかしがってやる気を失ってしまいそう。励ましてくれる人や支えてくれる人のために頑張ってみましょう。金運は、後輩や部下にごちそうしてみるといいお金の使い方になるでしょう。

ラッキーカラー　オレンジ　グリーン　ラッキーフード　焼きそば　たまごボーロ　ラッキースポット　旅館　動物園

【命数】

48

古風で上品

基本性格

礼儀正しく誠実で、努力家。自分の弱点や欠点をしっかり分析でき、足りない部分は長けている人から学んで自分のものにすることができます。一方で臆病なところがあり、目標まであと少しのところで逃げてしまったり、幸せを受け止められずに避けてしまうことも。何事も丁寧なことはいいですが、失敗を恐れすぎてチャレンジを避けてしまうところがあるので、思いきった行動や勇気が必要でしょう。

★ルールを守る星
★チェックが厳しい星
★神経質になる星
★きれい好きな星
★見栄で出費する星

開運3カ条

1. 恥ずかしい思いをして強くなる
2. 部下や後輩の前では見栄を張らない
3. 断りにくい空気を出す人には近づかない

2022年の総合運

慎重に判断していた人ほど突然行動的になったり、積極的に発言ができるようになる年。これまでにないミスや言い間違いをしたり、言ったことを忘れるなど、自分でもびっくりするようなドジをすることもあるので気をつけましょう。恥ずかしい思いをしてでもキャラを壊してしまったほうが気持ちが楽になりそうです。失敗を笑う人のことは気にしないように。健康運は、肌荒れと腰痛に気をつけましょう。ストレス発散とストレッチはマメにしておきましょう。

2022年の恋愛&結婚運

自分でも信じられないほど積極性が増す年。普段なら相手からの誘いを待っているタイミングで「ご飯でも」と言えそう。少しくらい図々しくなってみると恋を楽しめそうです。ただ、強引な人や断りにくい空気を出してくる人には要注意です。不倫や三角関係に巻き込まれてしまうことがありそう。嫌なときは感情的になってもいいので断りましょう。結婚運は、勢いで結婚しそうですが、相手の評判をしっかり聞いてからにしましょう。

2022年の仕事&金運

リーダー的なポジションや、場を仕切らなくてはならない仕事をまかされてしまいそう。若手の教育を含めて仕事の幅が広がる苦労はありますが、焦らずゆっくり進めていきましょう。失敗が多く恥ずかしい思いをしそうですが、数年後にはいい経験だったと思えるので気にしすぎないように。金運は、勢いで買ったものは失敗しやすいので、しっかり吟味しましょう。後輩や部下の前で見栄を張っての出費が増えるので気をつけましょう。

ラッキーカラー　オレンジ　ブルー　ラッキーフード　お雑煮　ヨーグルト　ラッキースポット　ホテル　コンサート会場

【命数】

49

器用な変わり者

基本性格

常識をしっかり守りながらも、「人と同じことはしたくない」と変わった生き方をする人。芸術における才能があり、周囲が興味の持てないようなことに詳しいでしょう。屁理屈や言い訳が多く、好きなこと以外では地道な努力をまったくしない面も。人間関係も、深く付き合っていると思えば突然違う趣味の人と仲よくなったりするため、不思議な人脈を持っています。何事もコツをつかんで学ぶのがうまいぶん、飽きるのも早いでしょう。

★突然投げ出す星
★不思議な人に惹かれる星
★不要な出費が多い星
★食事が偏る星
★独特な美的センスがある星

開運3カ条

1. 気になることは勉強する
2. 神社仏閣や歴史ある場所に行く
3. 他人の尊敬できる部分を見つける

2022年の総合運

探求心と追求心がアップする年。資格取得のための勉強をしたり、気になった本をどんどん読んで知識を増やしてみるといいでしょう。気になった場所に突然行きたくなりますが、時間とお金の計算を忘れないようにしましょう。神社仏閣など落ち着いた場所で素敵な出会いや学べる出来事もありそう。偉そうな口調にならないようにやさしい表現を心がけておきましょう。健康運は、食事バランスや睡眠不足で体調を崩したり、目と耳の病気が発覚しやすいでしょう。

2022年の恋愛&結婚運

尊敬できる人を好きになる年ですが、周囲からは「変わった恋愛観」と思われるでしょう。これまでなら全く縁がなかったような人と仲よくなれますが、アマノジャクと優柔不断が邪魔をして、中途半端な関係が続いてしまいそう。無駄なプライドは捨てて素直に気持ちを伝えてみるといいでしょう。ただ、短い交際になる可能性は高いでしょう。結婚運は、今年になってから結婚について真剣に考えるようになりそうです。

2022年の仕事&金運

これまでの経験では乗り越えられないような仕事をまかされたり、自分でやらなくてはならないことが増えてしまいそう。至らない点がハッキリ見えてくるので、他人まかせにしないで自分を成長させるきっかけや学ぶチャンスだと前向きに捉えましょう。いいアイデアが浮かびそうですが、売り上げや利益面が弱いと突っ込まれそう。金運は、勉強になることにお金を使うことになりそう。コミュニケーションにお金を使うといいでしょう。

ラッキーカラー パープル　ホワイト　ラッキーフード とんかつ　レモンスカッシュ　ラッキースポット 神社仏閣　書店

【命数】

50

理論と理屈が好きな老人

基本性格

分析能力に長けた、冷静で理屈が好きな人。年齢の割には年上に見えたり、落ち着いた雰囲気を持ちながらも、年上に上手に甘えたりできます。他人とは表面的には仲よくできますが、知的好奇心や探求心のない人には興味が持てず、めったに心を開きません。神社や仏閣に行くのが好きで、ときどき足を運んでお祈りし、伝統や文化を大事にする一面も。上から目線の言葉が多いので、言葉選びは慎重にしましょう。

★理論と理屈の星
★年上が好きな星
★閉鎖的な星
★目に疲れがたまる星
★伝統に価値を感じる星

開運3カ条

1. 新しいものや流行に目を向ける
2. すべての人を褒めてみる
3. 本音を語って、弱点や欠点は認める

2022年の総合運

眠っていた才能の芽が出てくる年。普段から大人っぽく振る舞えている人でも今年は無邪気な子供のような行動に走ってしまったり、興味あることが急に変わってしまうでしょう。探求心はあるのでマニアックなことや幼稚なことにどっぷりハマってしまうこともありますが、視野が広がったりアイデアが出せるようなきっかけにもなりそうです。不思議な人間関係を作ることにもなりそう。健康運は、目の検査は早めに行きましょう。

2022年の恋愛&結婚運

尊敬できる部分が変わって、これまでとは違う感じの人を好きになりそう。頭脳よりも個性が好きになったり、不思議な人にハマってしまうこともありそう。珍しく振り回されて時間の無駄になったり、周囲には言えないような年の離れた人との恋や不倫に走ってしまうこともあるので気をつけましょう。結婚運は、結婚願望が増しても、結婚に不向きと思える人のことを好きになりそう。矛盾を解消しないと前には進めないでしょう。

2022年の仕事&金運

古い考えやこれまでの仕事の進め方が通用しなくなったり、全く違うポジションをまかされてしまいそう。チームワークが大切になる仕事やリーダー的なポジションで苦労することになりそう。職場の人とのコミュニケーションを大切にしたり、すべての人に大切な能力があると思っていい部分を見つけるようにしましょう。小馬鹿にしていると痛い目に遭うでしょう。金運は、流行りものを購入してみると話のネタになっていいでしょう。

ラッキーカラー パープル　ブラック　ラッキーフード シーフードカレー　メロン　ラッキースポット 書店　博物館

 ラッキーカラー、フード、スポットはプレゼントやデート、遊ぶときの口実に使ってみて

年代別アドバイス

世代が違えば、悩みも変わります。
日々を前向きに過ごすためのアドバイスです。

年代別アドバイス 10代

交友関係が大きく乱れる年。友人や恋人に裏切られてしまうかもしれませんが、甘えすぎたり、余計な言葉を発している自分に問題があると思って反省しましょう。今後同じようなことのないように気をつけるきっかけにして。余計なことを妄想して心配をするなら、ウソでもいいので明るい未来を想像してみるといいでしょう。ものづくりや芸術や美術などの習い事や料理をすると気持ちが楽になったり、新たな才能にも気づけそうです。

年代別アドバイス 20代

失恋したり、好きな人に恋人ができてしまいそうな年。プレッシャーに押し潰されてしまうような出来事も起きそう。マイナスの妄想が膨らみすぎてしまったときほど、映画やアートを観るなどこれまでとは違う感じの気晴らしをするといいでしょう。年下の友人ができて語れる時間も増えるので、本音を話してみると気分が楽になりそう。下品な言葉を避けて、いい言葉や前向きな言葉を発するように意識するといいでしょう。

年代別アドバイス 30代

ポジションが変わり、責任を負うことになる年。現状を投げ出したくなるような出来事もありますが、自分を成長させる時期だと思って踏ん張りましょう。周囲にいる親切な人や些細な幸せを見落とさないように心がけておきましょう。無謀な行動に走ってしまうこともありますが、5年、10年先を考えて自分が後悔しないと思うなら突き進んで。ただ、今年の体験は特別だと思って執着しないようにしましょう。

年代別アドバイス 40代

年配者や年上の人との関係を作るのがうまい人でも、今年からは若い人との関わりを増やしてみましょう。流行を教えてもらったり、意見やアドバイスをもらうようにするとよさそうです。目や耳に異変が出やすくなる時期なので、体調が思わしくないときは早めに病院に行きましょう。両親や祖父母に振り回されてしまう時間も増えるので、心も時間もゆとりを持って行動し、別れには覚悟をしておきましょう。

年代別アドバイス 50代

健康面には十分に気をつけてほしいですが、興味が湧いたことに挑戦をしてみるといい年。少しくらいの失敗は笑い話にして、若い人に頭を下げて教えてもらうといい1年になるでしょう。時代が違うと思わないで、何が流行っていて、何が楽しいのか、すべてを理解しなくてもいいので前向きに楽しんでみるといいでしょう。年配の身内には振り回されますが、逆らうよりも合わせてみると気持ちが楽になりそうです。

年代別アドバイス 60代以上

今年は健康には注意してください。異変を感じたり、家族から体調に関わる指摘があったら、素直に聞いて病院でしっかり検査してもらってください。特に問題のない人でも、軽い運動をしたり、食事のバランスを年齢に見合った感じに整えるなどしましょう。睡眠時間も長く取るようにしましょう。落語やコメディ映画を観てたくさん笑うようにしたり、語れる友人との時間を楽しんでおくといいでしょう。

銀のカメレオン座

毎月・毎日

運気カレンダー

［ 2021年11月～2023年3月の運気グラフ ］

2021年 2022年 2023年

11月 12月 1月 2月 3月 4月 5月 6月 7月 8月 9月 10月 11月 12月 1月 2月 3月

銀のカメレオン座の2022年は

守りに徹し、流れに身をまかせて

　この本で「占いを道具として使う」には、「毎日の運気カレンダー」(P.339～) を活用して1年の計画を立てることが重要です。まずは「12年周期の運気グラフ」(P.321) で2022年の運気の状態を把握し、そのうえで上の「毎月の運気グラフ」で、毎月の運気の流れを確認してください。

「銀のカメレオン座」の2022年は、「乱気の年」。2023年の「裏運気の年」で裏の自分を鍛え、隠れていた才能を知ることになりますが、今年はその直前で、さまざまな変化が起きます。いままで通りにはいかないことを味わい、「自分らしくいられない」という状況が訪れます。攻めではなく守りに徹し、流れを受け入れて、たくさん学んでください。ここで学びが多いほど、2025年以降の運の上昇率が大きくなります。

☆ 開運の月　◎ 幸運の月　● 解放の月　○ チャレンジの月
□ 健康管理の月　△ 準備の月　▽ ブレーキの月　■ リフレッシュの月
▲ 整理の月　✕ 裏運気の月　▼ 乱気の月

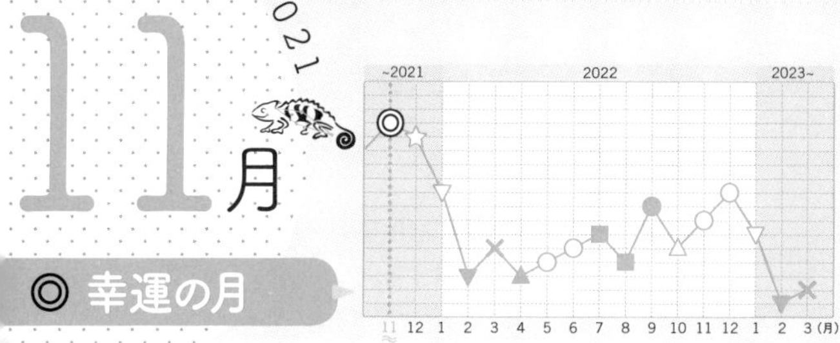

◎ 幸運の月

開運3カ条

1. 偶然の出会いを大切にする
2. 評価は素直に受け止める
3. 今年やり残したことをする

総合運

知り合いや友人のつながりが幸運を引き寄せてくれる時期。飲み会や結婚式、同窓会などに誘われたときはできるだけ顔を出して。昔の同僚や上司に偶然出会ったときは話をしてみると、思わぬ情報を入手できるでしょう。チャンスは突然訪れますが、準備できていないことには簡単に飛びこまないように。健康運は、スタミナ不足を感じる場合は基礎体力作りを始めるといいでしょう。嫌な予感がする場合はしっかり検査を受けて。

恋愛＆結婚運

友人からの紹介や昔からの仲間の集まりで素敵な出会いがありそうな時期。急展開で話が進む可能性があるので、優柔不断はNG。短期間で結婚へと話を進められる場合がありますが、相手の評判を確かめるようにしましょう。片思いが突然実ることもあるので相手の出方を待たず、ダメ元で連絡をしてみるといいでしょう。結婚運は、すでに婚約している人は一気に話が進みそう。

仕事＆金運

これまでの努力や功績を認められて出世したり、昇格の流れがあったり、大きな仕事のチャンスが巡ってきたりするでしょう。ただ、「現場を離れて管理職へ」など自分が望むポジションではない方向に進んでしまう場合も。不慣れなことや苦手なことでも後に成長すればいいと思って受け止めましょう。縁のある人から転職の誘いを受けるかもしれませんが、冷静に判断することが大切。金運は、高価な買い物は避け、スキルアップにつながるものに出費を。

日	運気	
1 月	▽	日中はいい結果を残すことができそうな運気なので積極的に行動しましょう。夕方からは予定が思ったよりも乱れそうです。結果よりも過程を楽しみ、経験から学ぶようにして。
2 火	▼	考えすぎても答えは出ないので、まず行動して失敗から学ぶことが大切。些細なマイナスは不運の消化だと思って気楽に流しましょう。屁理屈や言い訳は評価を落とすので避けて。
3 水	×	余計なことを口に出したり、メッセージのタイプミスなどをしやすい日。よかれと思って言ったことで相手を不愉快にさせてしまうことも。すぐに謝れば問題にならないでしょう。
4 木	▲	大事なものを忘れたり、確認ミスをしてしまいそう。大事なことはしっかりメモをとって、見えるところに貼っておきましょう。書類の確認などは特に慎重にやるようにして。
5 金	○	素早い判断力を身に付ける練習をしてみて。ドリンクや昼食など、些細なことでいいので5秒以内に決断するようにすると、ほかのことでも判断が速くなるでしょう。
6 土	○	片思いの相手に気持ちを伝えましょう。急でもいいので連絡をしてみるとよさそうです。今日がダメでも後日会う約束をしてみて。はじめての美容室で髪を切るのにもいい運気です。
7 日	□	幸せは「つかむ」ものではなく「気づく」べきもの。今の生活にまず感謝することが大切です。他人と比べてしまうとなかなか幸せを実感できないので気をつけましょう。
8 月	■	疲れから集中力が低下しそう。無理をしないでしっかり休む時間を作っておきましょう。夜は急な誘いがありそうですが、断るか後日にしてもらうようにお願いしてみて。
9 火	●	気分で仕事をしても周囲や相手は動いてくれないでしょう。何事も気持ちを込めて仕事をすると協力してもらえるようになりそう。相手の気持ちにも応えられると運をつかめます。
10 水	△	珍しく油断してしまいそう。確認や準備が甘くなってしまったり、得意だと思っている仕事ほどミスをしやすいので気をつけて。調子に乗りすぎないよう注意すること。
11 木	◎	実力を評価してもらえる日。付き合いが長い人ほどあなたの頑張りや成長に気づいてくれそう。自分でも昔とは違うと実感できるので、支えてくれた人に感謝を忘れないように。
12 金	☆	今後を大きく左右する決断の日。覚悟を決めたらすぐに行動に移して。気になる習い事をはじめたり、部署異動の希望を出すなど、やれることはすぐに動いてみましょう。
13 土	▽	日中はのんびりしないで日用品の買い物をするといいです。必要なものをチェックして買い出しに行きましょう。夕方からはのんびりがオススメ。前向きになれる本を読んでみて。
14 日	▼	過度な期待はガッカリするだけなので、何事もほどほどに。おいしそうなお店で味や店員さんの態度にガッカリしても、「まあ、こんなものかな」と流せるようにしましょう。
15 月	×	空回りしたり、計画通りに進まない日。うまく進まない原因を探って、今後の課題にしましょう。愛想よくすることや言葉遣いを丁寧にすることで問題を解決できる場合も。
16 火	▲	ダメなことはハッキリ「ダメです」と伝えることが大事。曖昧な感じでいると、自分の首を絞めることになるでしょう。正しいことを言うときは言葉を選ぶようにしましょう。
17 水	○	生活リズムが変わるとやる気になれそう。普段と違う時間に出社したり、違う時間の電車に乗ってみましょう。いい刺激になって、おもしろい発見もありそうです。
18 木	○	元気さと明るさを忘れないこと。大きな声で挨拶して、カラ元気でもいいので元気をアピールすると、周囲からやさしくしてもらえそう。明るいイメージの服を選ぶことも大事です。
19 金	□	周囲が笑顔になれたり、人から感謝されたりする生き方ができているか考えてみましょう。喜ばれるために何をすべきか、些細なことでもいいので今やれることをはじめてみて。
20 土	■	炭水化物の量を少し減らして、軽く運動をするなど健康的な1日を過ごしてみて。すでに疲れを感じている場合は、好きな音楽を聴きながら家でゆっくりしましょう。
21 日	●	調子のよさを実感できそう。勢いで決断したり、積極的に行動することが大事で、人まかせにしているとチャンスを逃すかも。恋愛でも押しが肝心になるので臆病にならないように。
22 月	△	緊張感がなくミスをしやすいので、気を引き締めて1日を過ごし、確認作業はしっかりするようにしましょう。誘惑や簡単な儲け話などにも注意しないと引っかかってしまいそう。
23 火	◎	他人ではなく過去の自分と比べてみることが大事。必ず成長している部分があり、逆に過去の自分に負けていることもあるはず。トータルで負けないように日々努力しましょう。
24 水	☆	少額でもいいので投資をはじめましょう。リスクの少ないファンドを選んでみて。ネットで簡単にできるものもいろいろあるので、周囲の人に聞いてみるといい勉強になるかも。
25 木	▽	日中は難しい問題でもクリアでき、周囲からも協力やアドバイスをしてもらえそう。夜は噛み合わないと感じたり、空回りしやすいので出しゃばらないようにしましょう。
26 金	▼	安易な考えや浅知恵は突っ込まれてしまいそう。言い訳やごまかしをしないで、失敗したときは正直に謝ること。できないことは素直に頭を下げて、人に手伝ってもらいましょう。
27 土	×	今日と明日は期待をしないほうがいいでしょう。友人の紹介で会う人もソリが合わず、嫌な予感がしそうです。勉強するにはいい日ですが、簡単な問題で苦戦することがありそう。
28 日	▲	少し早いですが、大掃除をしておきましょう。不要なものを処分し、日ごろ掃除できないところも片づけて。窓拭きやクローゼットの奥など、やれるところを探してみましょう。
29 月	○	情報をしっかり集めることで無駄な失敗を避けられるでしょう。自分の状況や世の中の流れなど、いろいろな角度の情報を集め、詳しい人にも話を聞いてみるとよさそうです。
30 火	○	強気で行動すると勇気が幸運を引き寄せるので、気になる人に連絡してみて。職場でも意見やアイデアがある場合は上司に伝えてみると、すんなり通ることがありそうです。

2021

12月

☆ 開運の月

~2021 2022 2023~

11 12 1 2 3 4 5 6 7 8 9 10 11 12 1 2 3(月)

開運 3 カ条

1. 流れを受け入れる
2. チャンスに臆病にならない
3. 人の集まりに参加する

総合運

2021年を最後まで諦めなかった人に幸運がやってくる月。自発的に行動することも大事ですが、流れに乗ることで幸福を掴むことができるでしょう。決断にモタモタするとチャンスを逃してしまうので、覚悟して受け止めて。一歩踏みこむ勇気が必要になるので臆病にならないように。自分が望んでいたことと違う方向に進むこともありますが、楽しんで受け入れてみましょう。健康運は、人間ドックに行っておくといい時期です。

恋愛＆結婚運

「交際0日婚をするなら今月」といっていいほど急展開で恋や結婚話が進む可能性が。周囲から勧められた流れで交際したり、一気に入籍の話に進む場合があるでしょう。知り合いの飲み会やパーティー、結婚式の二次会は気合いを入れて参加して。ただし、選り好みしているとチャンスを逃すので勢いで飛びこんでみるといいでしょう。結婚運は、入籍できる流れがありそうです。マリッジブルーになって逃さないように。

仕事＆金運

突然の辞令や昇格、現場を離れて管理職になるなど、意外な展開がある時期。「荷が重い」と思っても、流れに逆らわず受け入れると、苦労はしますが後にいい判断だったと思えるでしょう。現在の仕事のままだとしても、真剣に取り組むと大きな結果を残せるでしょう。金運は、数年後を考えて計画的に使うために家計簿や帳簿でしっかり管理したり、少額でも投資を始めておくと後に役立つでしょう。

1 水	□	自分ひとりのことを考えるだけではなく、全体のことを考えて判断することが大事。自分が少し損する役割を果たさなくてはならない場合もあるので、覚悟をしておきましょう。
2 木	■	何事もメリハリが大事です。しっかり仕事をしてしっかり休むといいですが、のんびりするよりも少し体を動かしたほうが頭の回転がよくなりそう。昼食は軽めがよさそうです。
3 金	●	自分の力を思う存分発揮できそう。押しきることや積極的に行動することが大事になるでしょう。人まかせにしていると楽しさも半減するので、やれることはなんでもやってみて。
4 土	△	なんとなく話を聞いていると、大切なことを聞き逃したり、判断ミスをしてしまうかも。のんびりするのはいいですが、ボーッとしないように。人の話には最後まで集中して。
5 日	◎	親友や付き合いが長い人から素敵な人を紹介してもらえそう。楽しい集まりになるので、急でもいいから思い浮かんだ人に連絡をして。本音を語ると心が楽になりそうです。
6 月	☆	今後を大きく左右する日。辞令が出たり、流れが大きく変わる出来事が起きそうです。商談や契約もうまくいくことがあり、自信をつけられそう。まずは行動してみましょう。
7 火	▽	優位に物事を進められる日ですが、後輩や部下の面倒をしっかり見て、教えられることはできるだけ伝えておきましょう。夜は急に予定が変更になって慌ててしまうかも。
8 水	▼	やる気を失って余計な心配事が増えてしまいそう。目の前のことに集中し、明るい未来を想像して仕事に取り組むと乗りきれそうです。好きな音楽を聴くのもいいでしょう。
9 木	×	流れに逆らってしまうとムダな力や時間を使ってしまいそう。できないことは得意な人にまかせ、自分の得意なことに集中しましょう。手伝ってくれた人に感謝を忘れないように。
10 金	▲	身の回りにある不要なものを処分して。大掃除が少し楽になるように、不要な資料などを整理するといいでしょう。散らかっているところが目についたらきれいにすること。
11 土	○	今日と明日はできるだけ人に会うようにしましょう。素敵な人やいい影響を受ける人に会うことができそうです。はじめて会う人にはしっかり挨拶やお礼を言うよう心がけて。
12 日	○	誰かからの誘いを待っていないで、自ら連絡をしてみましょう。気になる相手には積極的になってみると、いい展開があるでしょう。きっかけを自分で作るようにしましょう。
13 月	□	思っているだけではいつまでも何も変わらないので、言葉に出してハッキリ伝えてみて。言葉を選び、相手が理解できるように努めることで理解してもらえることもあるでしょう。
14 火	■	寝不足や疲れを感じる日。体が重たく感じるときほど軽く体を動かし、腕や肩を回してみましょう。果物や消化のいいものを選んで食べるようにするのもよさそうです。
15 水	●	好きな人には自分の気持ちを素直に伝えること。勢いで交際をスタートすることもできそうです。職場ではいい人間関係ができ、協力してくれる人や認めてくれる人が現れそう。
16 木	△	会話を楽しむのはいいですが、口が滑って余計な発言をしたり、言い方を失敗しそう。聞き役や盛り上げ役になるくらいがよさそうです。好きな人との関係に急展開があるかも。
17 金	◎	これまでの経験をうまく活かすことができるので、自分を信じて素早く判断するように。苦労してよかったと思える出来事もありそう。学んだことは他人のために使いましょう。
18 土	☆	身の回りのものを買いに行くのはいいですが、不要なものを購入しないように。「かわいい」だけで買ったものの多くは邪魔になるので、必要なものを必要なだけ購入しましょう。
19 日	▽	目が覚めたらすぐに行動しましょう。大掃除とまではいかなくても、掃除をして身の回りをきれいに整えておくこと。夜はゆっくりお風呂に入って、早めに寝るようにして。
20 月	▼	感情的になって珍しい人とケンカや言い合いになるかも。ムッとしてもひと呼吸おいて、相手を「調子が悪いのかな」とやさしい目線で見ると、ムダな揉め事は避けられそう。
21 火	×	弱点や欠点を突っ込まれても言い訳をしないこと。周囲はあなたが逃げていることを知っているので、素直に謝って「では、ここからはこうしましょう」と前向きな提案をして。
22 水	▲	アクセサリーや大事な資料をなくしてしまいそう。「忘れないようにここにしまって」の場所を忘れてしまうことがありますが、落ち着いて冷静になれば思い出せるでしょう。
23 木	○	「楽しい、好き」と思いながら仕事に向き合うとおもしろく取り組めます。嫌々仕事をしても時間のムダ。自分を上手に騙すことで、得られることがあるでしょう。
24 金	○	新しいことをまかされて忙しくなりそう。例年とは違った感じのクリスマスイブになりますが、些細なことでも楽しもうとするといい思い出に。急なお誘いもありそうです。
25 土	□	段取りをしっかりすることが大事。計画を立てて行動しないとムダに疲れそう。お店などは相手まかせにしないで自分で予約するなど、他人に期待することは自分がやるようにして。
26 日	■	頑張ってきた人ほど疲れが一気に表に出そう。無理をしないで家でのんびりしましょう。コンディションを整える日だと思って、健康的な食事を心がけ、軽く体を動かして。
27 月	●	小さなラッキーがある日。周囲と一緒に笑顔になれることが起きそうです。異性からも注目されやすいので、気になる人に会いに行くのもいいでしょう。気軽に連絡してみて。
28 火	△	うっかりミスが増えそう。部屋の片づけをするのはいいですが、食器を割ったり、大事なものを落として壊してしまうかも。慌てず丁寧に行動するように心がけましょう。
29 水	◎	年賀状を出し忘れている人は今日中に書いて送って。1年の感謝をひと言でも書き添えましょう。夜は友人からの突然の誘いに乗ると、いい出会いやおもしろい情報を得られそう。
30 木	☆	年末年始の買い物をするにはいい日。毎年行くお店で恒例のものを購入しましょう。身の回りを見て必要になりそうなものをチェックして、欲しいものはメモしておくとよさそう。
31 金	▽	午前中には大掃除を終わらせて、午後からは年越しムードを楽しんで。外出するよりも家でのんびり過ごしましょう。夜の外出は体調を崩しやすいので気をつけること。

☆ 開運の日　◎ 幸運の日　● 解放の日　○ チャレンジの日
□ 健康管理の日　△ 準備の日　▽ ブレーキの日　■ リフレッシュの日
▲ 整理の日　× 裏運気の日　▼ 乱気の日　＝ 運気の影響がない日

2022 1月

▽ ブレーキの月

開運3カ条

1. 情報をしっかり集める
2. 楽しい妄想をする
3. 自分のペースをしっかり作る

総合運

風の向きを感じられるような月。順調に進んでいた流れが中旬から大きく変化をして、下旬には思わぬ方向に行くことになるでしょう。状況の変化を素直に受け入れ、逆らったり抗ったりしないようにしましょう。自分に足りないことが見えてくるので、自分に必要なことを見つけるようにしましょう。健康運は、下旬から体調を崩しやすくなるので無理をしないで、異変を感じる場合は早めに病院に行って検査をするようにしましょう。

恋愛&結婚運

気になる相手がいる場合は、最後のチャンスだと思って気持ちを伝えてみましょう。ここでいい流れに変わらないなら、キッパリ諦めたほうがいいかも。新しい出会いも期待薄。信頼できる人からの紹介なら会って話してみるといいですが、好みでない人から猛烈なアプローチを受ける場合も。結婚運は、2021年12月にまとまった場合は一気に話を進めましょう。他は相手の判断にまかせるといいでしょう。

仕事&金運

昨年に気持ちの切り替えが始まり、やる気になった人と現在の仕事に冷めてしまった人がいるでしょう。やる気になった人でも、自分に足りないことがいくつも出てくるので心構えが必要。やる気を失った人は、上司や会社の体制に今後思った以上に振り回される覚悟を。金運は、節約を心がけて不要な出費は避けましょう。買い替えが必要と思われるものの購入は問題ないので身の回りをチェックしましょう。

日	曜	運気	内容
1	土	▼	判断ミスをしやすい日。普段なら冷静に対応できることができなかったり、慌てて決めたことを後悔する流れになりそう。今日は家でのんびりして日ごろの疲れをとりましょう。
2	日	×	予想外の人から連絡が来たり予定を乱されそう。少し警戒して判断すれば問題は避けられるので、臆病になりすぎないように。体調を崩しやすいので暖かい服装を心がけましょう。
3	月	▲	大切なものをなくしてしまったり、置いた場所を忘れてしまうことがありそうな日。身の回りをきれいに整理整頓しておくことで不要な出来事を避けられるでしょう。
4	火	○	新年の挨拶を忘れている人には電話でもいいので挨拶するといい日。友人や知人など気楽な人に新年の挨拶がてら連絡すると、思った以上に楽しい時間を過ごせそうです。
5	水	○	手本となる人を見ることでいい刺激になる日。ホテルでランチやディナーをしてみるといい勉強ができたり、一流と言われるプロを見ることでいい刺激を受けられるでしょう。
6	木	□	行動する前にしっかり情報を集めることが大切な日。軽はずみな判断や自分の得だけで行動すると後悔する場合も。夜は疲れやすくなるので体調管理はしっかりしましょう。
7	金	■	集中力が続かなくなったり疲れを感じやすい日。油断していると風邪をひいてしまうこともあるので気をつけましょう。一つひとつの行動を丁寧に行うようにしましょう。
8	土	●	急に遊びに誘われたり異性から連絡がありそうな日。少しの時間でも顔を出してみると楽しい時間を過ごせますが、思わぬ出費や長居になってしまう場合もあるでしょう。
9	日	△	楽しい時間を過ごすのはいいですが、羽目をはずしすぎたり判断ミスをしやすいので気をつけましょう。大事なものを落として傷つけたり壊してしまうこともあるでしょう。
10	月	○	新年の挨拶をしていない人や仕事関係者に連絡するといい日。思わぬ情報を入手できたりおもしろい縁がつながることも。しばらく連絡をしていない人にもメールを送ってみましょう。
11	火	○	お世話になっている人や後輩にごちそうをするといい日。些細なものでもいいので日ごろの感謝の気持ちを表しましょう。みんなが笑顔になるお菓子を探してみるといいでしょう。
12	水	▽	日中は、勇気を出すと運を味方につけられそう。気になる相手をデートに誘うなら昼休みがよさそう。仕事でも、お願いごとは昼食後くらいがいいでしょう。夜は予定が乱れそう。
13	木	▼	大事な決断ができずチャンスを逃してしまったり、判断ミスをしやすい日。いろいろなことを想定して行動したり、突っ込まれても素早く答えられるようにしましょう。
14	金	×	余計なことを考えすぎてミスが増えたり、不安や心配な出来事が増えそう。ポジティブに考えるようにしたり、周囲にいる前向きな人と話をすると気持ちが楽になるでしょう。
15	土	▲	約束を忘れたり時間を間違えて焦ってしまいそうな日。1日の予定を立ててから行動し、時間をしっかりチェックするようにしましょう。忘れ物にも気をつけましょう。
16	日	=	身の回りにある不要なものや年齢に合わないものは処分して、模様替えをするといいでしょう。気分が変わって前向きになれそう。何年も着ていない服は処分しましょう。
17	月	=	地道な努力が必要な日。少しでもいいので不慣れや苦手なことに挑戦してみることで、学べたりコツをつかめるでしょう。失敗からも学んでみるといいでしょう。
18	火	□	ムダに時間を使っていることから離れる勇気が大切。ゲームやネットなど気晴らしになっているときはいいですが、だらだらする時間になるものはやめて有意義な時間に変えましょう。
19	水	■	ストレスがたまりやすい日。些細なことでイライラしたり、上司や周囲との関係がゴチャゴチャする場合がありそう。深呼吸して冷静に判断すれば問題は大きくならないでしょう。
20	木	●	順調に計画が進む日。モタモタしないで押しきったり、積極性をアピールすることが大切。遠慮するとやる気がないと思われて評価が下がることがあるので気をつけましょう。
21	金	△	小さなミスが重なる日。寝坊や遅刻、失言や操作ミスなど普段ならやらないミスをする可能性が高いので気をつけましょう。誘惑に負けてしまうこともあるので気をつけましょう。
22	土	○	最新のスポットや話題の映画を観に行くといい日。友人やしばらく会っていない人を誘ってみましょう。思いがけない人に会っていい縁がつながる場合もあるでしょう。
23	日	○	消耗品や日用品を買うにはいい日。身の回りで足りなくなりそうなものを買いに行きましょう。見慣れないものや「安いから」だけで余計なものを買わないようにしましょう。
24	月	▽	自分の目標を忘れないようにすることが大切な日。何のために仕事をしているのかじっくり考えたり、誰のためなら頑張れるのか思い浮かべてみるといいでしょう。
25	火	▼	軽はずみな判断や後先考えない発言、相手の気持ちを考えない行動に走ってしまいそうな日。何事も相手の立場や状況をもっと想像して接するように心がけましょう。
26	水	×	タイミングの悪い出来事が増える日。たまたま休憩しているときを見られてサボっていると思われたり、気まずい空気になる話をする場合もありそう。今日は少しおとなしめに。
27	木	▲	考えがまとまらないときや嫌な予感がする場合は、一度計画をやめてでも考え直したり、周囲のアドバイスを聞くといいでしょう。大切なことを見落としている場合があるでしょう。
28	金	=	分からないことは素直に教えてもらうことが大事な日。知ったかぶりをしたり、一時の恥を避けてしまうと後に大きな恥をかくことになるので気をつけましょう。
29	土	=	周囲からオススメされた本や漫画、映画、ドラマを観ると思った以上にハマっていい勉強になりそうです。苦手意識があるものほど観てみるといいでしょう。
30	日	■	疲れが残ってしまう日。今日は家でのんびりして、無理のないスケジュールで過ごしましょう。夜は飲酒を避けて、ゆっくりお風呂に入って早めに寝るようにしましょう。
31	月	■	朝から体調の悪さを感じたり、昨日の疲れが残りそうな日。油断をすると風邪をひきやすいので、暖かい服装や健康的な食事を意識するようにしましょう。

開運のつぶやき 幸せに敏感に、不幸に鈍感に生きたほうがいい

2022

2月

▼ 乱気の月

~2021　2022　2023~
11 12 1 2 3 4 5 6 7 8 9 10 11 12 1 2 3（月）

開運 3 カ条

1. 人まかせにしない
2. 現状を守る
3. 自分のことよりも相手の喜びのために行動する

総合運

人生で最も注意が必要な月。軽はずみな判断をしてしまったり、本来の冷静な判断ができなくなって、無謀と思えるような行動に走ってしまうことがあります。弱点や欠点など、これまで積み重ねてこなかったところを突っ込まれてしまうことも起きるでしょう。今月は、自分中心に物事を考えないで、日頃の恩返しや感謝の気持ちを表す時期だと思って頑張りましょう。健康運は体調を崩したり異変を感じることがあるので早めに病院に行きましょう。

恋愛＆結婚運

恋人のいる人は、相手の浮気や裏切りが発覚したり、急に恋が冷めてしまうことが。些細なことでケンカして突然縁が切れてしまう場合もあるので、相手に甘えすぎず、言葉選びは慎重に。新しい出会いは最も危険な異性と出会ってしまう可能性があるので無理に求めないように。気になる相手とは今月は進展を求めないで自分磨きをしましょう。結婚運は、深い話を避けて現状維持がオススメ。

仕事＆金運

予想外の展開や部署異動、トラブルに巻き込まれる時期。特に問題が起きなくても、仕事にやる気がなくなるような不信感が湧いたり先行きが不安になる状況になりそう。転職や離職は考えないで、与えられた仕事で結果を出せるように努めたり、周囲や支えてくれている人のために頑張るといいでしょう。金運は、欲を出すと騙されてしまって不要な出費をしそう。大金を失う場合もあるので気をつけて。

日	運気	内容
1 火	●	小さな幸せを見つけて喜んだり、周囲を喜ばせられるように過ごすといい日。調子に乗ると隙を突っ込まれてしまったり、目立ちすぎて面倒な感じになる場合もありそうです。
2 水	△	間違った判断をしたり、気分が優れない日になりそう。ミスも増えるので、遅刻や寝坊、時間や数字の間違いにも気をつけましょう。確認作業はいつもよりもしっかりしましょう。
3 木	＝	友人や付き合いの長い人からの言葉やアドバイスはしっかり受け止めるようにしましょう。今のあなたにとって必要な話をしてもらえそうです。
4 金	＝	順調に仕事が進んでいると思っているときに問題が発覚しそう。大きなミスをしたり、機械トラブルに巻き込まれてしまいそう。大事なものが壊れてがっかりすることも。
5 土	▽	買い物や大事な用事は、できるだけ午前中に終わらせましょう。夕方あたりから不機嫌の原因になる出来事や、思い通りに進まないことがありそうです。
6 日	▼	自分の欲望に走ると危険な日。甘い誘惑に引っかかってしまったり、儲け話に騙されてしまうことがあるでしょう。今日は、不用意に決断しないようにしましょう。
7 月	×	信用を失ってしまうような出来事がある日。今日は、いつも以上に礼儀や挨拶をしっかりして、丁寧に接することが大切。他人を雑に扱うと自分の首を絞めることになるでしょう。
8 火	▲	失うことがある日。大事なものをなくしたり、身の回りにあるものを壊してしまいそう。身の回りを整えておくことで余計な不運を避けることができるでしょう。
9 水	＝	小さなことでもいいので学んでみる気持ちが大切な日。本や雑誌や雑談の中からでも必ず学べることがあるもの。いい言葉や大切な話はメモしておくといいでしょう。
10 木	＝	小さな約束でも守ることが大切な日。過去に約束したことを思い出してみることも大切。遅くなってもいいので、食事や飲みに行く約束を守るようにしましょう。
11 金	■	日中は一生懸命頑張るといいですが、夕方あたりから疲れやすく体調を崩しやすいので無理をしないように。夜の飲酒や飲み会は避けたほうがいいでしょう。
12 土	■	今日は体を休ませて日ごろの疲れをとるといい日。昼寝する時間を作ったり、胃に優しいものを食べるといいでしょう。好きな音楽を聴いてゆっくりする時間も作りましょう。
13 日	●	何事にも感謝することやプラス面を探すことが大切な日。身勝手な行動や判断は自分を苦しめるだけなので、自分も周囲も笑顔になるために判断するといいでしょう。
14 月	△	バレンタインのチョコレートをタイミングの悪いときに渡してしまいそう。空気が読めない感じになってしまうことがあるので、相手や周囲を観察してから行動に移しましょう。
15 火	＝	欠点はしっかり伝えて補ってもらうことが大切ですが、感謝の気持ちを忘れないように。否定的な人に出会うこともありますが、その人にも家族や親友がいることを忘れないように。
16 水	＝	自分だけが正しいと思っていると大切なことを見落としてしまう日。うまくいっている人をしっかり観察して、自分に足りないことを見つけるといいでしょう。
17 木	▽	日中は計算通りに進む運気なので、しっかり計画を立てたり、戦略を考えて行動しましょう。なんとなくの判断が苦しくなる原因でしょう。夜は相手に合わせてみるといいでしょう。
18 金	▼	寝坊や遅刻をしやすい日。うっかりミスで済むはずが大きな問題になる場合もあるので、慎重に行動して、感情的な判断をしないように平常心を心がけるようにしましょう。
19 土	×	失恋や人との別れ、ケンカや人間関係のトラブルに遭いそうな日。今日は自分の意見を通そうとしないで、相手に逆らわず流れに身をまかせておくといいでしょう。
20 日	▲	他人に過度に期待するとがっかりするだけ。相手の能力や魅力、いい部分を見つける試練だと思って、冷静に判断しましょう。感情的になったら負けだと思っておきましょう。
21 月	＝	変化や不慣れなことへの挑戦を避けているといつまでも現状は変わらないので、失敗から学ぶ気持ちで挑戦しましょう。経験が増えれば尊敬できる人も増えて世界が変わるでしょう。
22 火	＝	体験を優先することで前に進める日。話や情報だけで体験していないことを見つけて、やってみるといいでしょう。少しの勇気が運気の流れを変えるでしょう。
23 水	■	体に負担をかけないように仕事したり、ムダな動きを減らすことが大事な日。夜はスタミナ不足を感じたり疲れやすくなるので無理はしないようにしましょう。
24 木	■	風邪をひいたり、喉の調子が悪くなりやすい日。マスクをして、うがいや手洗いはしっかりやっておきましょう。体が温まるものを選んで食べるようにしましょう。
25 金	●	気持ちが少し楽になる日ですが、油断もしやすいので気を緩めないようにしましょう。特に調子のいいことを言ってくる人には気をつけたほうがいいでしょう。
26 土	△	遊びに出かけるのはいいですが、調子に乗りすぎて大恥をかいてしまうことがあるので気をつけましょう。何事もほどほどにしておけば問題は避けられそうです。
27 日	＝	読みかけの本を最後まで読むなど、中途半端なままになっていることを片づけるにはいい日。執着している思い出から離れるのにもいい日なので、昔の趣味のものを処分しましょう。
28 月	＝	悪習慣をやめたり、生活習慣を変えるにはいいタイミング。だらだら続けていることから離れたり、学び直しを始めるといいでしょう。仕事に役立つ本を読み始めてみましょう。

☆ 開運の日　◎ 幸運の日　● 解放の日　○ チャレンジの日
□ 健康管理の日　△ 準備の日　▽ ブレーキの日　■ リフレッシュの日
▲ 整理の日　× 裏運気の日　▼ 乱気の日　＝ 運気の影響がない日

2022 3月

✕ 裏運気の月

~2021 2022 2023~
11 12 1 2 3 4 5 6 7 8 9 10 11 12 1 2 3（月）

開運 3 カ条

1. 他人の責任や問題にしない
2. 欲張らないで流れに身をまかせる
3. 自分の至らない点と成長できる部分を見つける

総合運

心が乱れて考えがまとまらなくなる、予想外のアクシデントに遭うなど、何をどうしていいのか困るような流れになりそうな月。冷静に判断をすれば問題は大きくならず、自分を成長させるきっかけにもなりそう。ソリの合わない人と一緒にいる時間が増えますが、マイナス面ばかり見ないでプラス面を探すようにしましょう。健康運は、体調を崩しやすくストレスもためやすいので、軽い運動や筋トレをするといいでしょう。

恋愛＆結婚運

これまでと違うタイプの人に恋したり、意外な相手に心を乱されそう。妄想恋愛が膨らみ余計なことを考えて、自ら苦しい状況を作ってしまいそう。恋人の浮気が発覚したり些細なことから大ゲンカになってしまうことも。恋が冷めて気持ちが離れていることを実感することもありそう。新しい出会いは期待が薄いので周囲の評判を聞きましょう。結婚運は、縁がない時期なので気にしないように。

仕事＆金運

自分の至らない点が多く見られる時期。他人の欠点を見て問題を相手の責任にしているといつまでも解決しません。自分がどう成長すればいいのか冷静に判断しましょう。苦しい状況になっても丁寧に仕事をして、結果に結び付かない原因をしっかり探るようにしましょう。金運は、楽をしてお金を手に入れようと思うと苦しくなるだけ。節約生活を楽しんでみるといいでしょう。

日	運気	
1 火	▽	日中は、これまでの苦労や努力に助けられそう。夕方以降は、自分の未熟な考えを突っ込まれてしまいそう。至らない点はしっかり認めて成長するように心がけましょう。
2 水	▼	考え方や生き方、仕事のやり方を否定されてしまう日。ヘコまないで、いろいろな人の考えや生き方など多様性を学ぶときだと思って「そんな考え方もある」と思いましょう。
3 木	✕	注意されたり叱られることがありますが、怒りを感じるとしたら自分のレベルが低すぎるだけ。冷静に受け止めて、どうすればいいのか考えて、成長するきっかけにするといいでしょう。
4 金	▲	気持ちの整理が大切な日。少しでも思い通りに進んでいたらラッキーと思いましょう。すべてが思い通りにならないとダメだと思っていることが不満の原因になっているでしょう。
5 土	＝	苦手だと避けていたことに挑戦してみることで発見がある日。「ものは試し」と思って行動してみるといいでしょう。失敗をしても学べることがあるでしょう。
6 日	＝	気分転換に話題の映画や舞台を観に行くといい日。いいストーリーに感動したり素敵な言葉に出会えそうです。頑張っている人を見ると自分も頑張ろうと思えるでしょう。
7 月	□	意地を張りすぎないで、自分のできることに集中して。不慣れやできないことは頭を下げて他の人にお願いしましょう。敬意を持って人と接すると、あなたの道が変わってくるでしょう。
8 火	■	無理をすると大失敗やケガや事故につながってしまいそうな日。ゆっくり丁寧に行動するようにしましょう。慌てないように時間にはゆとりを持って行動しましょう。
9 水	●	あなたのいい部分をしっかり見てくれる人が現れる日。自分のことばかり考えないで、あなたのことを信用してくれる人を信じて期待を裏切らないように頑張ってみましょう。
10 木	△	寝坊や遅刻などこれまでにない大失敗をしやすい日。些細なことでも前日からしっかり確認と準備をしておくと問題は起きなさそう。失態はすぐ謝るようにしましょう。
11 金	＝	考えても前には進めません。失敗をしてもいいので挑戦するといいでしょう。人生は短く、時間は命だと忘れないように。今を楽しく生きるためにも一生懸命になってみましょう。
12 土	＝	大事な話や情報を入手できる日。多少の出費は気にしないで、遠出をしたり食事会などに参加してみるといいでしょう。お世話になった人にごちそうをするといいでしょう。
13 日	▽	日中は、自分の好きなことに時間を使って日ごろの疲れをとるようにするといいでしょう。夕方以降は、予定が乱れたり振り回されやすいので気をつけましょう。
14 月	▼	信用を失ってしまう出来事がある日。前向きな失敗ではなく、同じようなミスや単純なミスをしそう。どう行動するのが大切なのか考えてみましょう。
15 火	✕	あなたのよさがマイナスに映ってしまう日。頭のよさが裏目に出たり、落ち着いて判断できる部分が優柔不断になってしまいそう。気を引き締めて1日を乗りきりましょう。
16 水	▲	失敗をしやすい日。失敗から学んで「二度と同じ失敗をしない」と誓うことで成長できるでしょう。失った信頼を取り返すように努めて、学んだことを忘れないようにしましょう。
17 木	＝	難しいことや苦手なことに直面して落ち込む前に、自分のやるべきことが見つかったと思って前向きに捉えましょう。不慣れや苦手を克服する楽しさを忘れないようにしましょう。
18 金	＝	大きな目標を達成するためには小さな目標を掲げてクリアすることが大切。今日中に達成できる目標や今週中にできることを掲げてみるといいでしょう。
19 土	□	悩んだり不安になるときは一緒に笑ってくれる友人と一緒にいるといいでしょう。前向きになれる話や明るい未来の話をしてみると気持ちが少し楽になるでしょう。
20 日	■	油断すると体調を崩したり、風邪をひいてしまう日。不要な外出は避けて家でのんびりするといいでしょう。予定が入っている場合は、無理をしないようにしましょう。
21 月	●	時間をかけてきたことにはいい結果が出て流れに乗れそうですが、周囲に甘えていた部分は厳しい結果が出そう。真剣に受け止めて今できることに全力で取り組みましょう。
22 火	△	些細なことでも喜ぶことが大切な日。うれしいときにはしっかり喜ぶと運気の流れも人間関係もよくなるでしょう。喜べる考え方を周囲の人に教えてあげるのもいいでしょう。
23 水	＝	継続してきたことに運が味方する日。自分が何に本気を出していたのかはっきりしそう。納得がいかない場合は、一生懸命になっているものを変えるといいでしょう。
24 木	＝	数字や時間にこだわって仕事するといい日。ゆるい考えでは突っ込まれてしまうので気を引き締めて取り組みましょう。この先に必要になると思えるスキルアップも目指しましょう。
25 金	▽	日中は、協力してくれる人や支えてくれる人に感謝を忘れないようにしましょう。夕方以降は、あなたが協力して支える人になってみるといいでしょう。
26 土	▼	やる気が出なかったり些細なことでイライラするときは、ストレスや疲れがたまっている証拠。リラックスできる場所でのんびりしたり、笑える動画やTV番組を観ましょう。
27 日	✕	今日は「思い通りにならない日」だと思って世の中を見ると意外性を楽しめるようになるでしょう。少しでも思い通りになったらラッキーだと思っておきましょう。
28 月	▲	身の回りをきれいに整理整頓することが大切。思い出があるからと言って置きっぱなしにしているものは、しまうようにしましょう。不要なものはどんどん処分しましょう。
29 火	＝	ひとりで考えているとなかなか答えにたどり着かないので、周囲に相談したり意見を聞いてみるといいでしょう。自分では思いつかないようなことを考える人にも会えそうです。
30 水	＝	足りないと思えることに目がいくと、世の中はいつまでも苦しく見えるだけ。与えてもらっていると思えると、考え方も生き方も変えることができるでしょう。
31 木	□	いい意味で諦めが肝心な日。ないものねだりは自分を苦しめるだけ。開き直ってみるとやるべきことがはっきりしてくるでしょう。夜は疲れがたまりやすいので無理は避けるように。

開運のつぶやき　特に問題になっていないのに、自分を責めなくていい

2022

4月

▲ 整理の月

~2021 2022 2023~

11 12 1 2 3 4 5 6 7 8 9 10 11 12 1 2 3 (月)

開運 3 カ条

1. 執着をしない
2. 不要なものはできるだけ処分する
3. 若い人から学ばせてもらう

総合運

あなたの元を去る人がいる時期。人との縁が切れることで寂しい思いをしますが、「結果的に離れてよかった」「本当に縁のある人は、またいつかつながる」と思っておくといいでしょう。身の回りのものが壊れたりなくなることもあるので丁寧に扱うようにして、不要なものや何年も置きっぱなしのもの、年齢や時代や流行に合わないものも処分しましょう。健康運は、小さなケガをしやすいので注意。段差や慌てた行動は避けましょう。

恋愛&結婚運

恋の終わりが見えそうな時期。既に微妙な関係が続いているカップルはここで別れてしまいそう。片思いの相手に恋人ができることも。縁がなかったと思って次の人のいい部分に目を向けてみましょう。新しい出会いもつながりが弱いので、異性の友達だと思って気楽に接すると後に素敵な人をつないでくれるかも。結婚運は、急に関係性が悪くなるので、相手への気遣いを忘れないように。

仕事&金運

これまでと同じ方法や姿勢で取り組むと壁にぶつかってしまう可能性がある時期。合理的に仕事を進めるやり方を考えたり、新しい方法を試しましょう。若い人から学べることもあるので話を聞いたり、専門知識のある人に相談するといいでしょう。プライドを守ってつまらない意地を張らないように。金運は、不要なものを売ると思わぬものが高く売れそう。フリマに出店してみるのもいいかも。

日	曜	運気	内容
1	金	■	心身ともに疲れてしまいそうな日。周囲の冗談やウソにも振り回されてしまうことがあるので気をつけましょう。夜は、急な誘いに乗ってみると楽しい時間を過ごせそうです。
2	土	●	「誰か誘ってくれないかな」と思うなら自ら誘いましょう。「何かおもしろいことないかな」と思うなら自分でおもしろいことをしましょう。何事も相手まかせにしないように。
3	日	△	余計なことをして失敗しそうな日。部屋の片づけのつもりが逆に散らかしてしまったり、中途半端な感じになりそう。終わりの時間を決めてきっちりするといいでしょう。
4	月	＝	何事も丁寧に行動することや再確認を忘れないようにしましょう。自分の癖を把握しておくとムダな不運や面倒を避けられるでしょう。得意な仕事でいい結果が出せそうです。
5	火	＝	目標をしっかり決めて仕事することが大切な日。時間や数字にこだわって仕事してみましょう。買い物をするにもいい日ですが、「欲しい」だけの欲望で購入しないようにしましょう。
6	水	▽	自分が望んだ優しさや親切だけに感謝するのではなく、すべての優しさに敏感に生きてみるといい日。当たり前のことに感謝を忘れないように。夜は、急な予定変更がありそう。
7	木	▼	面倒や苦手なことに直面しやすい日ですが、自分の課題や成長すべき点が見えたことがラッキーだと思えるといいでしょう。体調を崩しやすいので気をつけましょう。
8	金	×	悩んだときは、自分中心に考えないで周囲や他の人のことを考えて判断するといい日。目先の損得や欲望で判断すると、一瞬はよくても後の苦労に変わってしまうことがあるでしょう。
9	土	▲	身の回りにゴチャゴチャしたところがあるならきれいに整理整頓をしておきましょう。今日は掃除をする日と思って、片づけてから外出するようにしましょう。
10	日	＝	これまで興味が薄かったことに飛び込んでみるといい日。視野が広がり、考え方を少し変化させられることもあるでしょう。学ぶ気持ちを忘れないようにしましょう。
11	月	＝	自分の仕事がいろいろな人の役に立っていると思って取り組むといい日。あなたの仕事が誰かの笑顔につながっていることを忘れないようにしましょう。
12	火	□	自分で考える力を身に付けることが大切な日。相手まかせや甘えてばかりでは、いつまでも成長できないままで苦労が続きそう。深く物事を考えられるようにしましょう。
13	水	■	余計なことを考えてしまうと仕事でミスしたり、ケガの原因になるので気をつけましょう。メリハリをしっかりつけて、休憩時間には少しの時間でも仮眠をとりましょう。
14	木	●	対話の中から学べたり、いい発見がある日。いい言葉や大切な話があるので聞き逃さないようにしましょう。相手を励ますことで自分も励まされるでしょう。
15	金	△	忘れ物やうっかりミスをしやすい日。お気に入りのお皿やコップを割ってしまうことがあるので気をつけましょう。バランスを崩して転倒することもあるので気をつけましょう。
16	土	＝	些細なものでもいいので買い替えをすると気分転換になっていいでしょう。高価なものや長く使うものは避けたほうがいいでしょう。友人と食事に行くといい話を聞けそうです。
17	日	＝	経験にお金を使うといい日。映画や舞台、美術館に行ってみましょう。本を買ってじっくり読むのもいいですが、知識だけで終えないで活かせるようにする工夫も大切でしょう。
18	月	▽	日中は、周囲の協力で助けられることがありそう。夕方からは逆に困っている人を助けたり、教えてあげることが大事になるでしょう。恩は次に送るようにしましょう。
19	火	▼	他人まかせにして甘えていた部分を突っ込まれてしまいそうな日。図星を指されて不機嫌になる前に、自分の成長が足りないことを認めるようにしましょう。
20	水	×	甘い話や誘惑に要注意。欲が強いと隙ができやすくなるので気をつけましょう。今日はいつも以上に警戒心を持って、余計なことに手を出さないようにしましょう。
21	木	▲	面倒や苦手だと思えることから先に終わらせておくといい日。まずは取りかかってみると思ったよりも簡単にすすめられることもあるでしょう。考える前に行動しましょう。
22	金	＝	他人のことを気にする前に、やるべきことに集中するといいでしょう。新しいやり方や若い人の意見を聞いてみると、いい方法やアイデアも浮かびそうです。
23	土	＝	これまで遊んだことのない人に連絡してみるといい日。急でもいいので思い浮かんだ人に連絡してみるといいでしょう。普段行かないお店などに行くのもいいでしょう。
24	日	□	疲れがたまりやすい日。ゆとりを持って行動したり、昼寝する時間を作ってみるといいでしょう。寝る前にはポジティブな妄想をしてみるといいでしょう。
25	月	■	月曜日から頑張りすぎて疲れてしまいそうな日。ペース配分を間違えないようにして、無理は避けるようにしましょう。急に重たい荷物を持つと腰を痛めてしまうかも。
26	火	●	あなたの能力や魅力がアップする日。思わぬところで目立ってしまうことがありますが、前向きに受け止めることが大切。笑顔で過ごすと更に幸運がやって来そうです。
27	水	△	確認ミスやボーッとしてミスをしやすい日。歩きスマホで人にぶつかってしまうこともあるので気をつけましょう。忘れ物や時間にルーズになることもあるので気をつけましょう。
28	木	＝	友人や知人と縁がある日。偶然の出会いやメッセージが届きそう。久しぶりに会ってみると思った以上に話が盛り上がったり教えてもらえることがありそうです。
29	金	○	ネットショッピングでもいいので、いろいろ値段を見比べてみるとお得なものを見つけられそうな日。購入するのはいいですが、買いすぎには注意しましょう。
30	土	▽	日中は、勢いまかせの行動でも楽しめそう。少し遠出をしてみたり、気になるイベントに行ってみるといいでしょう。夜は、ムダな時間を過ごしたり、逆に急に忙しくなりそう。

☆開運の日 ◎幸運の日 ●解放の日 ○チャレンジの日
□健康管理の日 △準備の日 ▽ブレーキの日 ■リフレッシュの日
▲整理の日 ×裏運気の日 ▼乱気の日 ＝運気の影響がない日

2022 5月

チャレンジの月

~2021 2022 2023~
11 12 1 2 3 4 5 6 7 8 9 10 11 12 1 2 3(月)

開運3カ条

1. 現状に感謝する
2. 周囲の意見はしっかり聞く
3. 課題をしっかり見つける

総合運

環境や状況に慣れ始め、自分のやるべきことに専念できたり、やる気が少し出てくる時期。マイナス方向ばかりに目を向けてしまうとどんどんやる気を失ってしまうので、自分の課題を見つけるために行動したり、至らない点を認める必要があるでしょう。これまでとは違うタイプの人と仲良くなれそうですが、短い期間で縁が切れると思っておくといいでしょう。健康運は、筋トレや定期的な運動を行うようにしましょう。

恋愛&結婚運

大きな進展は期待できないですが、しばらく恋から遠のいている人ほど新しい出会いがあったり、好みではない相手から言い寄られる時期。好きな人がいる場合は、これまでと違うアプローチが効果的。勢いで誘ってみるといいでしょう。条件があまりにいい相手は裏があったり、後で面倒なことになるので周囲の評判を聞いて。結婚運は、焦らず互いのいい部分や悪い部分を知るようにしましょう。

仕事&金運

楽をしたい気持ちは現状を苦しくするだけ。今月からは新たな気持ちで挑戦することや今後の課題を見つけながら仕事に取り組む姿勢が大切。至らない点を認めて成長できるように努めて、苦手な仕事に直面したら工夫を忘れないように。仕事があることや指導してくれる人の存在に感謝しましょう。金運は、「欲しい」と思っただけで簡単に購入しないで、本当に必要なものを買いましょう。

日	運気	内容
1 日	▼	思い通りにならないことでイライラしないように、許す気持ちを持って相手が自分だと思ってみるといいでしょう。感情的になって不要な敵を作ってしまわないようにしましょう。
2 月	×	間違いを指摘されたら素直に認めることが大切な日。逆ギレや不愉快な態度をとると不運を引き寄せてしまうかも。誰でも間違いがあるので認められる人になりましょう。
3 火	▲	なくしものや確認ミスでムダな時間を使ってしまいそうな日。他にもドジなことをやってしまう可能性が高いので、品良く慎重に行動するように心がけましょう。
4 水	○	好奇心を忘れないことが大切な日。小さなことでもいいので気になったことは調べたり、詳しい人に聞いてみるといいでしょう。知ることで更に知りたいことが増えそうです。
5 木	○	うまくいかないことや不満になることに目を向けるよりも、今を楽しめるように工夫することが大切。新たな考え方や生き方を学べるチャンスがあるので人と話をしましょう。
6 金	□	計画を立てても行動しなければ意味はありません。何事も勇気と度胸が必要だと忘れないで、失敗から学ぶ気持ちで飛び込んでみることも大切だと忘れないようにしましょう。
7 土	■	今日は、しっかり体を休ませる日にしましょう。予定にゆとりを持って、温泉やスパなどでゆっくりするのもいいでしょう。昼寝をする時間を作ってみると体がすっきりするでしょう。
8 日	●	心の持ち方ひとつで一気に幸せになれる日。当たり前だと思っていることに感謝を忘れないようにすると前向きになれそう。その気持ちで異性に会うといい関係に進められそう。
9 月	△	寝坊や遅刻や失敗が重なりそうな日。ムダな時間を過ごしてしまうこともあるので、事前確認を怠らないように。時間を大切にすることは人生をいい方向に変えるでしょう。
10 火	○	同年代で頑張っている人を見て、自分も頑張ろうと思うことで前に進める日。少しでも学べる部分を見つけたり、マネできそうなことはすぐにでも始めるといいでしょう。
11 水	○	前向きな想像が大切な日。いいイメージで仕事するといい流れを作れそう。自分だけではなく周囲や取引先の人などいろいろな人の明るい未来を想像して仕事してみましょう。
12 木	▽	他人に笑われても自分のやり方や生き方を通したほうがいい日。特に日中は多少の失敗は気にしないようにしましょう。夕方以降は、予想外に忙しくなることがありそうです。
13 金	▼	楽を望んでしまうと苦労に変わる日。ゆっくりでもいいので前に進んだり、努力の足りない部分を認めてコツコツ努力するようにしましょう。学べることは一杯あることを忘れないで。
14 土	×	意外な人から遊びに誘われたり、予定が急にキャンセルになってしまうなど、予想外の出来事が多い日。流れに身をまかせてみるといい発見もありそうです。
15 日	▲	身の回りをきれいに整理整頓して不要なものは処分しましょう。価値があると思うものはしまっておいて。ムダなものはネットで売ってみるといいでしょう。
16 月	○	悩んでも時間がムダになるだけ。何事も3秒以内に判断する練習をすると、優柔不断を少し克服できるでしょう。些細なことから素早く判断してみましょう。
17 火	○	不満が口から出るならサボっている証拠。文句や不満が出ないように自分を成長させることを目標にしてみましょう。自分のやれることをしっかり見つけるようにしましょう。
18 水	□	結果が出ないからといってガッカリしないで、ゆっくりじっくり積み重ねていると思っておきましょう。不慣れや苦手なことに挑戦しておく価値はあるでしょう。
19 木	■	ボーッとしているとケガをしたり、ドアに指を挟んでしまうことがありそう。段差や階段にも気をつけるようにしましょう。疲れを感じるときはマメに休むようにしましょう。
20 金	●	少しでもうまくいったことを喜ぶようにしましょう。すべてが思い通りになることはないと忘れないようにしましょう。些細な幸せを見落とさないようにしましょう。
21 土	△	約束の時間に遅れたり、時間にルーズになりそうな日。忘れ物やうっかりミス、失言もしやすいので気をつけましょう。お酒を飲んでの大失敗もあるので気をつけましょう。
22 日	○	親友に助けられたりいい話ができる日。しばらく連絡していないなら食事に誘ってみるといいでしょう。普段話せないことを語ってみると気持ちがすっきりするでしょう。
23 月	○	自分の得よりも相手の得を考えて仕事をするといい日。相手が儲けて得することは後にあなたに戻ってくるでしょう。ケチケチしないことが幸運への近道でしょう。
24 火	▽	日中はいい判断ができそう。困っている人を助けたり、周囲に協力すると幸運をつかめそうです。夜は、余計な心配や妄想が膨らみそう。明るい未来を想像して寝るようにしましょう。
25 水	▼	考えがまとまらなくなったり、判断ミスをしやすい日。感情的にならないように冷静に判断しましょう。夜は、水を差すような人と一緒になってしまうことがありそうです。
26 木	×	プライドを傷つけられたり、やる気を失ってしまいそうな日。突然仕事を辞めたくなる出来事もありそうです。今日は、忍耐が必要なことがあると思っておきましょう。
27 金	▲	間違った考えを捨てるにはいい日。否定されてムッとするよりも、考え方や生き方を変えるきっかけだと思っておきましょう。不要なプライドを捨てることもできそうです。
28 土	○	気になるイベントや話題の映画を観に行くといい日。新しい刺激を受けることでいい勉強になりそうです。髪を切りに行くにもいい日なので、明るい感じにしてみましょう。
29 日	○	どんなことでも役立つことがあり、役に立てない自分に問題があることに気づきましょう。身の回りにあるものや周囲の人も必ず価値があると思って見直しましょう。
30 月	□	いろいろな方法や手段があることを忘れないようにしましょう。実力や能力が足りないのではなく、工夫していないだけなのでもっと知恵を絞ってみるといいでしょう。
31 火	■	今月の疲れが出そうな日。集中力が続かなくなったり、眠気に襲われてしまうことがありそう。休憩時間はしっかり体を休ませたり、軽く柔軟体操をするといいでしょう。

開運のつぶやき 成功したから楽しいのではなく、楽しむことが上手だから成功しているだけ

2022

6月

○ チャレンジの月

~2021 2022 2023~

11 12 1 2 3 4 5 6 7 8 9 10 11 12 1 2 3 (月)

開運 3 カ条

1. 何事も自分の成長のきっかけだと思う
2. ムダな時間を削る
3. 他人に期待するなら自分で行う

総合運

やらなくてはならないことや課題が増える時期。気持ちと現状に大きな差が開いたり、実力のなさを実感しそう。余計なことばかり考えて、時間をムダに使ってしまい後悔することも。新たな壁にぶつかっているのではなく、乗り越えるための試練だと思って前向きに受け止めると成長できるでしょう。健康運は、体調に異変を感じたり、疲れやすくなるので無理は避けるようにしましょう。

恋愛&結婚運

タイプでない異性と出会ったり、意外な相手から好意を寄せられそう。好きになった相手に配偶者や恋人がいることを知ってがっかりすることもあるので、事前に情報を集めて、突っ込んだ話をしておきましょう。新しい出会いがありそうですが、年下や年齢の離れた人など期待外れも多く、異性との話の練習と思うぐらいがいいかも。結婚運は、進展が難しい時期なので交際を楽しんでおきましょう。

仕事&金運

苦しい状況ほど自分を成長させてくれると思いましょう。無理難題や辛い仕事に直面することがありますが、自分のレベルが高ければ問題ありません。至らない点を認めて、役立てるようにしたり、工夫や知恵を身につけるきっかけにしましょう。新しい方法を試して失敗することもありますが、そこから学んで成長しましょう。金運は、勉強になることに出費しましょう。欲を出すと損をしそう。

日	運気	内容
1 水	●	自分の目標のために何が必要で何を失うことになるのか知ることが大切。無知だから進むべき道が見えてこないこともあるでしょう。今日はいいヒントや大事な話が聞けそうです。
2 木	△	失敗することはありますが、「すべては過ぎたこと」と割り切って、今できることやこれからどうするかを考えて行動するように。自分のことだけでなく相手のことも考えましょう。
3 金	○	友人や家族や恋人など、自分の成長や成功を喜んでくれる人を思い浮かべると、やる気が増して挑戦できるようになるでしょう。自分のためだけに生きないようにして。
4 土	○	情熱や努力を正しい方向に向けないと、マイナスの要素として働いてしまうかも。自分の目的や目標、夢や希望を忘れないようにして、少しでも成長できるように努めましょう。
5 日	▽	用事や買い物は午前中にできるだけ済ませておきましょう。午後は気力が下がってしまったり、疲れを感じやすくなるので、無理をしないで家でのんびりするといいでしょう。
6 月	▼	自分以外の人が幸せに見えてしまうことがありますが、どんな人でも見えないところでの苦労や悩みがあるものだと思って、強く生きるように気合いを入れて過ごしましょう。
7 火	×	迷いやすく決断に失敗しやすい日。強気な言動は裏目に出て苦労を招いてしまうだけ。今日は周囲に合わせながら逆らわないように。決断を迫られるときは相談してからにしましょう。
8 水	▲	不要なものは捨てて身軽にすることが大切な日。カバンや財布の中に不要なものが入っていないかチェックしたり、身の回りを整理整頓していらないものは処分しましょう。
9 木	○	不要な心配と不安は抱えないことが大切。新しいことに挑戦するときは「絶対にうまくいく」と強い気持ちを持って取り組むことで、失敗しても学べることを見つけられるでしょう。
10 金	○	悪い予感がするときほど目の前の仕事を丁寧に行い、挨拶やお礼をきっちりしましょう。品を意識することでマイナスな方向に進まなくなるでしょう。
11 土	□	「自分はいつも必要とされている」と思うことでやるべきことや努力することが見えてくるでしょう。身勝手に自信をなくしたり、卑下しないように。自信を持って生活しましょう。
12 日	■	今日は疲れをとるといい日。家でのんびりするのもいいですが、少し体を動かしたり、腹筋やスクワットをしましょう。食べすぎに注意して健康的な食事を意識しましょう。
13 月	●	「自分は運がいい」と思って生活をすると、いい出会いやうれしい出来事がある日。根拠はいらないので、生きているだけでも運がよかったと思っておきましょう。
14 火	△	今日は、明るい気持ちでいることが大切。ハンカチや小物など明るい色のものを選んで出かけるといい1日を送れそう。小さなミスでもヘコまないで前向きに受けとめられそうです。
15 水	○	現状に満足することがスタートです。不満があったり納得がいかないのは自分の責任だと思って、何を変えるべきか、努力や勉強などやるべきことを見つけましょう。
16 木	○	いい経験になる日。叱られてしまったら「軌道修正してもらっている」と思い感謝しましょう。いい結果が出せたときは周囲のおかげだと思って感謝を忘れないようにしましょう。
17 金	▽	真面目に頑張るだけでは前に進めなかったり結果に結び付かない場合もあります。ときには非常識と思われる方法を見つけなければならないときもあるでしょう。
18 土	▼	諦めたり不可能と思い込んでしまいそうな日。冷静に考えて判断するのもいいですが、マイナスに考えすぎないように。水を差すようなことを言われても動揺しないようにしましょう。
19 日	×	タイミングが悪く感じそうですが、ムダな時間を過ごすことで出会える人や見られることもあるので、プラス面を探すように。どんなことでもプラス面があることを忘れないで。
20 月	▲	身の回りを片づけるにはいい日。幼稚なものや年齢に合わないものはどんどん処分しましょう。しばらく置きっぱなしのものや使わない調味料なども処分しましょう。
21 火	○	失敗することで、自分は何が苦手で何が足りないのか見えます。落ち込まないでしっかり反省して次に活かせるようにしましょう。チャレンジ精神は失わないようにしましょう。
22 水	○	新しい取り組みができたり、流れが少し変わる日。面倒だと嫌がらず、新しいことに挑戦できる楽しみを見つけるといいでしょう。好奇心があればいい1日を過ごせそうです。
23 木	□	自分を信じる覚悟と相手を信じる覚悟、自分を支えてくれる人を信じる覚悟が大切な日。覚悟がある人に運は味方することを覚えておきましょう。覚悟のない人生を送らないように。
24 金	■	思った以上に疲れがたまっていることを感じる日。今日は無理しないで早めに帰宅してお風呂にゆっくり浸かって早めに寝ましょう。ムダに深夜まで起きていないように。
25 土	●	これまでの頑張りが少しですが認められたり、気持ちが楽になるような出来事がありそう。褒められることがありますが、しっかり喜んで相手のよさも伝えるようにしましょう。
26 日	△	遊びに行くことでストレスを発散できる日。今日はケチケチしないで好きなことに時間もお金も使いましょう。ドジなケガもしやすいので調子に乗りすぎないように。
27 月	○	付き合いの長い人や友人と語る時間を作るといい日。近況報告をしたりいろいろ語ってみると気持ちも頭の中もすっきりするでしょう。いい思い出話や明るい未来の話をしましょう。
28 火	○	最善を尽くすといい日。今の自分の力を出しきってみましょう。うまくいく部分と思い通りにならない部分を冷静に分析しましょう。すべてを自分の問題として考えましょう。
29 水	▽	些細なことでも楽しんで喜ぶことでいい1日を送れる日。小さなミスが増えますが、確認をしっかりすれば避けられます。サポートしてくれる人に感謝を忘れないようにしましょう。
30 木	▼	ソリの合わない人がいたら、距離を空けたり関わり方を変えるようにしましょう。感情的になってしまうと運気も悪くなるだけ。平常心を心がけて時が過ぎるのを待ちましょう。

☆ 開運の日 ◎ 幸運の日 ● 解放の日 ○ チャレンジの日
□ 健康管理の日 △ 準備の日 ▽ ブレーキの日 ■ リフレッシュの日
▲ 整理の日 × 裏運気の日 ▼ 乱気の日 ＝ 運気の影響がない日

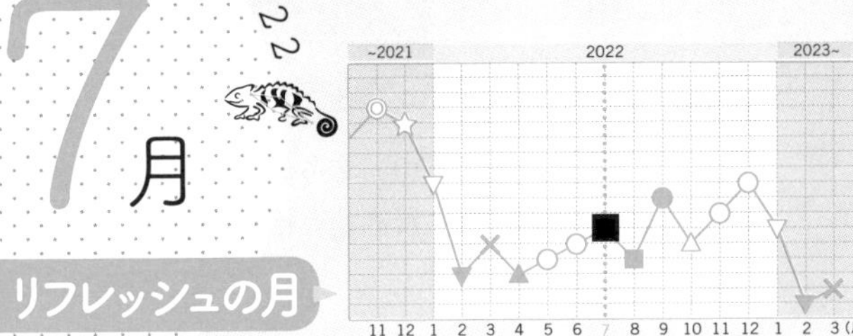

2022 7月

リフレッシュの月

開運 3 カ条

1. 何事も勉強だと思って取り組む
2. これまでとは違うタイプの異性と話してみる
3. 結果よりも経験を大切にする

総合運

勉強になることや興味あることを深く追求してみるといい時期。特に中旬までは切磋琢磨することが大事になりますが、結果が追いつかなくて焦ったり、周囲の責任にしてしまいそう。甘えを捨てて、問題は自分で蒔いた種だと思ってしっかり受け止めるようにしましょう。下旬は体調を崩しやすくなるので、無理をしないようにしましょう。健康運は、下旬に暑さで体調を崩したり、エアコンの効きすぎた場所で体調が悪くなりそう。

恋愛＆結婚運

異性の言葉に振り回されたり、空回りしやすい時期。自分中心に考えないで、モテる人を観察して、自分に足りない部分や必要なことを見つけておくといいでしょう。これまで興味が薄かった異性が気になり始めますが、周囲の評判がいい人なら交際をスタートさせてみるといいでしょう。結婚運は、あなたが強く望むと進みにくくなるので、恋人の機嫌をよくするよう努めましょう。

仕事＆金運

仕事や職場のマイナス面に目がいくとやる気を失いそう。やるべきことや実力の足りない部分を認めて鍛えることでモチベーションは上げられますが、上司や周囲に振り回されて無駄なことを考えてしまいそう。将来のために今やるべきことに集中したり、スキルアップのための勉強を始めましょう。金運は、気持ちが楽になるものやストレス発散にお金を使うといいですが、使いすぎには注意。

日	運気	内容
1 金	×	珍しい失敗をしやすい日。余計なことを考えていると忘れ物や置き忘れなどがあるので気をつけて。余計な妄想が膨らんで段差で転んだり、ケガすることがあるので気をつけましょう。
2 土	▲	季節や年齢に合わないものは片づけましょう。しばらく着ていない服は処分したりクリーニングに出しましょう。使わないバッグから忘れていたものが出てきそう。
3 日	＝	生活リズムに変化を持たせるといい日。普段とは違う時間に出社したり、ランチを選ぶ基準を変えてみるといいでしょう。気になったことを調べると意外な発見もありそうです。
4 月	＝	他人まかせにしていると前に進めなくなるので、何事も自分の責任と思って考え方を変えると行動も変化してくるでしょう。自分にできることを考えてみるといいでしょう。
5 火	□	他人に突っ込むのはいいですが、逆に突っ込まれたときに困らないように訓練しましょう。あなたの優柔不断な部分はとっくに気づかれていて、周囲はヤキモキしているかも。
6 水	■	疲れから集中力が欠けそうな日。マメに休んだり、気分転換できる時間を少しでも作ったり、仮眠をとるといいでしょう。夜は急な誘いや長電話に付き合わされそう。
7 木	●	派手なことを考えないで、遠回りでもいいので自分が成長できることにしっかり取り組むといい日。学びの気持ちや前向きな姿勢がゆっくり評価されるようになるでしょう。
8 金	△	約束をすっかり忘れていたり、出かけるときに忘れ物に気づいて慌てることになりそうな日。時間にゆとりを持って行動し、事前準備や確認をしっかりするようにしましょう。
9 土	○	親族や身近な人から学べたりいい話を聞けそうですが、弱点や欠点を指摘されてムッとしてしまいそう。真剣に受け止めて前に進む糧にしたり、自分の癖を直すよう努めましょう。
10 日	○	計画をしっかり立て、目的を明確にする必要がある日。最終的にどうなりたいのか、自分のゴールはどこなのか、しっかり考えてみるといいでしょう。
11 月	▽	日中はテキパキ動けそうですが、夕方あたりからやる気がなくなったり、水を差すようなことを言われてしまいそう。自分の欠点は認めて成長するきっかけにしましょう。
12 火	▼	プライドが傷ついたり、自信をなくしそうな出来事が起きやすい日。油断しないでしっかり仕事をして、完璧を目指しましょう。周囲とのコミュニケーションも忘れないように。
13 水	×	愚痴りたくなったり不満がたまりやすい日ですが、甘えていた部分が表に出ているだけ。問題は自分にあると思って解決策を考えたり、成長できるようにしましょう。
14 木	▲	気になっていることを処理するにはいい日。片づけや事務作業、不慣れで後回しにしていたことは今日中に片づけましょう。見て見ぬふりはやめるようにしましょう。
15 金	＝	夏らしい遊びをするにはいい日。プールや花火、ビアガーデンなど夏を楽しみましょう。これまでやったことのないことにチャレンジすると、いい思い出が作れるでしょう。
16 土	＝	友人からの紹介で人との縁がつながる日。遊び仲間や楽しく話せる人に会えそう。出会い運は薄いですが、異性の友人と思って接してみると素敵な人に会えそうです。
17 日	□	若い人の考えや新しい方法を取り入れるといい日。理解できないときは否定せず、何がいいのか考えたり教えてもらうといいでしょう。古い考えに凝り固まらないようにしましょう。
18 月	■	力加減を考えて仕事に取り組みましょう。疲れやストレスがたまっていると些細なことでムッとしたり、冷静な判断ができなくなるでしょう。深呼吸や瞑想をするといいでしょう。
19 火	●	周囲であなたを支えてくれる人や、元気にしてくれる存在に気づけそうな日。やる気にさせてくれる人や信頼してくれる人のためにも頑張ってみましょう。
20 水	△	余計なことを考えていると仕事でミスしそうな日。過ぎたことをいつまでも反省していないで、どうすればよかったのか考えて、次に同じ失敗をしないように心がけましょう。
21 木	＝	経験をうまく活かせる日。経験が足りない人には辛い出来事が起きそうですが、いい経験ができる日だと思って受け止めましょう。夜は、親友や付き合いの長い人と縁がありそうです。
22 金	○	消耗品や日用雑貨などを買いに行くのはいいですが、余計なものを買ってしまいそうなので、メモをして決まったものを買いましょう。おいしいものを食べに行くにもいい運気です。
23 土	▽	午前中から行動的になって、掃除や用事を片づけましょう。午後はゆっくりのんびりがオススメですが、予定が入っている場合は、無理をしないで早めに帰宅しましょう。
24 日	▼	昨日の疲れが残っていたり、寝起きのタイミングが悪く頭の回転が悪くなりそう。果物を食べたり、体を軽く動かすとすっきりしそう。ドジなミスには気をつけましょう。
25 月	×	タイミングの悪さや空回りを感じやすい日。予想外の方向に進んで自分の考えの甘さを感じそう。リズムを変えたり、考え方を変えるきっかけにもなりそうです。
26 火	▲	身の回りをきれいに整理整頓している人はトラブルを避けられそう。部屋や職場が散らかっている人は大切なものをなくしたり、探している時間をムダに使うことになりそう。
27 水	○	会話の中に大事なヒントが隠れているもの。聞き流したり他人ごとだと思わないで、自分の人生に活かせるようにしましょう。ヒントを逃すような生き方をしないようにしましょう。
28 木	○	急に新しい取り組みをまかされそう。はじめてのことに緊張しないで、対応力が身に付いていると信じて頑張りましょう。学べることをいろいろ見つけてみるといいでしょう。
29 金	■	今日と明日は健康的な食事をして疲れをためないように過ごしましょう。飲酒や暴飲暴食を避けて、小食にして軽く体を動かしましょう。早寝遅起きをするといいでしょう。
30 土	■	暑さで体調を崩してしまうので、水分補給が大切。エアコンの効きすぎた場所で喉を痛めたり、風邪をひいてしまうこともあるので気をつけましょう。
31 日	●	楽しい1日を送れる日。友人や気になる人を誘ってみましょう。夏の思い出を作るといいですが、夜はドジな失敗をしやすいので、調子に乗りすぎないようにしましょう。

開運のつぶやき　人は一歩ずつ成長する。ポジティブな言葉はその歩幅を少し大きくしてくれる

2022 8月

■ リフレッシュの月

開運 3 カ条

1. しっかり仕事をしてしっかり休む
2. 無理のないように計画的に行動する
3. 明るい妄想をする

総合運

心も体も油断しやすい時期。夏の疲れが一気に出てやる気を失ったり、ケガや事故にも要注意。自分で思っている以上に集中力が欠けて、余計なことばかり考えてしまいそう。今月はしっかり仕事をしてしっかり体を休ませたり、ストレス発散に時間を使ったほうがいいでしょう。愚痴や不満よりも、冗談や笑える話をしたほうが気分も運気もよくなります。健康運は、体調を崩しやすいので異変を感じたら早めに病院に行くように。

恋愛&結婚運

異性の前では言葉や態度に品を意識して、大人な対応を心がけましょう。イライラした態度や荒い言葉を発していると、いつまでも恋は進展しません。相手が喜ぶことを考え、自分が相手からどんなふうに見えているか想像すると、自分に何が必要か見えてくるでしょう。新しい出会いは、振り回されて疲れる相手なので程よく距離を空けましょう。結婚運は、うまく進まない時期なので焦らないように。

仕事&金運

仕事が苦しくなったり、プレッシャーやノルマが厳しくなりそうな時期。考えすぎて自分でストレスを作るよりも、知恵を絞って違う方法を編み出したり工夫してみるといいでしょう。うまく仕事のできる人の考え方や生き方から学ぶことも大切です。ただ、体力的に厳しい仕事は安請け合いしないように。金運は、収入の2割～3割は貯金に回して、ムダな出費をしないように過ごしましょう。

1 月	△	失敗しやすい日ですが、失敗を取り戻せるのも自分だけ。他人の責任にしたり甘えた考えでは同じ失敗をするでしょう。確認作業や事前準備をしっかりして、誘惑には気をつけましょう。
2 火	＝	うれしい出来事も不満に思うこともすべて自分で蒔いた種だと忘れないように。正しい努力をしているならいい結果が出ますが、間違った努力をした人は苦労がやってくるでしょう。
3 水	＝	時間や数字にこだわって仕事をするといい日。もっとレベルの高い仕事ができるように心がけたり、憧れの人ならどんな判断や決断をするか想像してみるといいでしょう。
4 木	▽	いい結果は他人のおかげで、結果に満足できないときは実力不足だと思って受け止めるようにしましょう。夕方以降は判断ミスをしやすいので、冷静に判断するように心がけましょう。
5 金	▼	疲れから仕事に集中できなかったり、ミスが増えそう。思った以上に疲れがたまっていて体調を崩しやすいので注意。夜の付き合いは短時間にして、異変を感じるときは断りましょう。
6 土	×	今日と明日は無理をしないで体を休めたり、ストレス発散に時間とお金を使うといいでしょう。ただ、暴飲暴食には気をつけないと逆に体調を崩してしまうことがあるでしょう。
7 日	▲	環境に納得がいかないなら、自ら環境を変える努力や、都合のいい環境を作る努力をしましょう。そのために失うことも出てくることを覚悟するようにしましょう。
8 月	＝	勉強は学生時代が大切なのではなく、社会に出てからが大切なもの。学校は勉強のやり方と、勉強をしている人としていない人でどれほど差が付くかを教えてくれる場所なだけ。
9 火	＝	行動範囲を広げるにはいい日ですが、無理をしないようにしましょう。断れないからと言って相手に合わせすぎると体調を崩しそう。疲れをためないように意識して過ごしましょう。
10 水	■	予定を詰め込みすぎないでゆとりある1日を過ごしましょう。特に夕方以降は、心身ともに疲れやすい状況で無理することになりそう。頑張りすぎは避けるようにしましょう。
11 木	■	イライラしやすい日。疲れやストレスがたまっている可能性があるので、気分転換や休憩をしっかりとりましょう。大きな深呼吸や瞑想などをすると気分が落ち着くでしょう。
12 金	●	些細な幸せを見逃さないようにしましょう。大きな幸福を望むと見えなくなってしまうので、少しでも思い通りになったり喜べる出来事に遭遇したときは運がいいと思いましょう。
13 土	△	何事も楽しむことは大切ですが、誘惑に負けることや先のことを考えない行動とは違うので気をつけましょう。今が楽しくてもその先がどうなるのか考えてみるといいでしょう。
14 日	＝	友人と大切な話ができたり、お互いに前向きになれそうな日。愚痴や不満を言うよりも明るい未来の話をするといいでしょう。偶然の出会いを楽しむこともできそうです。
15 月	＝	何事も1歩踏み出してみることが大切な日。難しく感じる原因やうまくいかない理由をしっかり考えて、自分の至らない点や弱点や欠点の克服を今後の課題にするといいでしょう。
16 火	▽	前向きな言葉や心に響く言葉を発するようにすると、自分の気持ちや考え方が変わるでしょう。周囲からの扱いも変わるので、言葉をもっと大切に使うようにしてみましょう。
17 水	▼	苦労や不運ではなく、精神的な成長に必要な経験だと思って受け止めること。実力がないことにがっかりせず、向き不向きが見えたと思いましょう。お願い上手になることも忘れずに。
18 木	×	他人まかせにしていることがイライラや不運に感じる原因なだけ。すべては自分が悪いと思うことから始めるといいでしょう。他人に過度に期待したり甘えないようにしましょう。
19 金	▲	身の回りを整理整頓して不要なものを処分するのはいいですが、間違って大切なものを捨ててしまうかも。わからないものは1度別の場所に置いておくといいでしょう。
20 土	＝	些細なことでも挑戦することが大切な日。小さなことでも乗り越えた経験が積み重なって、大きなことを乗り越える勇気や度胸に変わるでしょう。まずは小さな挑戦を楽しみましょう。
21 日	＝	明るい未来を想像するといい日。その自分に近づけるために何をすればいいのか考えて行動しましょう。何も浮かばないときは身の回りを拭き掃除してピカピカにしましょう。
22 月	■	何事も楽しんで取り組むと考え方や見方が変わってくるでしょう。楽しくないと思わないで、楽しいと強く思い込んで仕事に取り組みましょう。人間関係ももっと楽しんでみましょう。
23 火	■	暑さでバテたり、エアコンの効きすぎた場所で体調を崩しそうな日。冷たいものの飲みすぎや食べすぎに気をつけて、体が冷える前に軽く体を動かすなどを心がけましょう。
24 水	●	失った時間があるから得たことがあり、得ているということは何かを失っているもの。失っていることばかりに目を向けないで、得ていることを見つけて感謝するようにしましょう。
25 木	△	楽なことや手抜きを目指すほうが、結果的に苦労して目的に近付けなくなるもの。苦労は当然と思って立ち向かって乗り越える気持ちを持って、困難を楽しみましょう。
26 金	＝	友人や付き合いの長い人と、雑談やバカな話ができることの幸せを忘れないようにしましょう。少しでも笑えることの幸せを大切にすると、人生はいい方向に進むでしょう。
27 土	＝	おいしいものを食べに行くといい日。高級なものでなくても安くておいしいものを探したり、話題のお店に行くといいでしょう。少しの贅沢が幸運を引き寄せてくれるでしょう。
28 日	▽	好きな人や気になる人を喜ばせることに最善を尽くしましょう。この気持ちが伝わらない相手なら縁がないか、自分に興味がないと思って諦めることも必要でしょう。
29 月	▼	自分の思ったように進まないことに悩むときは、己が努力している証。頑張れば頑張るほどやらなくてはならないことは増えるもの。それはうれしいことだと忘れないようにしましょう。
30 火	×	面倒なことや苦労を感じやすい日ですが、そこから学んでどうしたら得になるか考え方を変えてみましょう。発想を変える練習だと思ってみると楽しい1日を送れそうです。
31 水	▲	悪習慣と思えることをやめる勇気が大切な日。不要なアプリやSNS、ゲーム、ネット動画など、未来の自分に必要ないと思えることは、ここで断ち切ると気持ちも楽になるでしょう。

☆ 開運の日　◎ 幸運の日　● 解放の日　○ チャレンジの日
□ 健康管理の日　△ 準備の日　▽ ブレーキの日　■ リフレッシュの日
▲ 整理の日　× 裏運気の日　▼ 乱気の日　＝ 運気の影響がない日

2022 9月

● 解放の月

開運 3 カ条

1. 期待に応えられるように努力する
2. 面白いアイデアを考えたり楽しい妄想をする
3. 予想外が当たり前だと思う

総合運

運気のアップダウンが激しい月。うれしいことや幸運な出来事もありますが、欲張りすぎたり調子に乗りすぎると、足下をすくわれる場合があるので慎重に行動するようにしましょう。予想外のチャンスも巡ってくる時期で、重荷やプレッシャーに感じることもありますが、学ぶ気持ちでチャレンジするといいでしょう。健康運は、予定を詰め込んでしまうと体調を崩してしまいそう。体をしっかり休ませる日を作るようにしましょう。

恋愛＆結婚運

予想外の異性のことを好きになってしまい、妄想恋愛が激しくなりそうな時期。本来なら興味のない人を意識するようになったり、意外な人から告白されることがありそうです。交際を始めるのはいいですが、これまでとは違う感じのすれ違いやトラブルがあると覚悟しましょう。結婚運は、結婚を諦めてしまった人ほど突然結婚願望に火が点きそう。勢いだけの入籍は避けるようにしましょう。

仕事＆金運

不慣れや苦手と感じる仕事、プレッシャーを感じる仕事を突然まかされる時期。急な仕事や体制の変化で予定が乱れますが、学びながら成長するつもりで取り組み直すことが大切。これまでにない苦労がいい経験になるでしょう。休日に体を休ませることも仕事の一部と思いましょう。金運は、おいしいものを食べに行くといいストレス発散になりそう。安くておいしいものを探してみましょう。

日	運気	
1 木	＝	興味のあることに挑戦して、しっかりそこから学ぶようにしましょう。なんとなく始めて何も得ないということがないように。知り合いの話からいいヒントやアイデアも浮かびそうです。
2 金	＝	当たり前なことを地味に続ける努力が最も近道だと忘れないようにしましょう。合理的に進めることやスピードが速いことがすべてではないと忘れないように。
3 土	□	なんとなくで行動すると疲れがたまるだけ。予定をしっかり決めてから行動するように心がけたり、帰りの時間だけでも決めておくといいでしょう。夜は早めに寝るようにしましょう。
4 日	■	今日はしっかり体を休ませたほうがいい日ですが、強引な人に呼び出されて予定が変わってしまいそう。ストレスと疲れがたまってしまうので早めに切り上げましょう。
5 月	●	評価をされるのはいいですが、プレッシャーのかかる仕事や面倒なことをまかされてしまいそう。不慣れでも最善を尽くすと、失敗しても学べたり次に活かせるようになるでしょう。
6 火	△	集中力が途切れたり、気を引き締められない日。忘れ物やうっかりミスなどが増えるので気をつけましょう。だらだらスマホをいじってムダな時間を過ごさないようにしましょう。
7 水	○	ちゃんと理解できていなかったことを理解できたり、納得できていなかったことを受け入れられそう。自分の成長を実感できるかも。妙に縁のある人から連絡がありそう。
8 木	◎	自分で自分の限界を決めないで、粘り強く取り組むことや簡単に諦めないことがいい結果につながるでしょう。いい部分や悪いところ、改善すべき点など冷静に見極めましょう。
9 金	▽	日中は、問題が少なく周囲からいいアドバイスや意見をもらえそう。夕方以降は、判断ミスをしたり迷いすぎてしまいそう。決断を後日にしたり、周囲に相談をするといいでしょう。
10 土	▼	いい関係だった異性と気まずい感じになったり、失恋や距離が空いてしまいそう。がっかりするような出来事や機械トラブルもあるので、のんびり1日を過ごすといいでしょう。
11 日	×	友人や知人と話をするのはいいですが、熱くなりすぎたり、余計なことまで言ってしまいそう。ケンカになってもいいですが、あなたが悪くなくても先に謝ることを忘れないように。
12 月	▲	週末に起きたことを引きずらないようにしましょう。「過ぎて去ったから過去」と思って気持ちを切り替えましょう。気持ちを切り替えて前向きに挑戦するようにしましょう。
13 火	○	新しい方法を試すといい日。うまくいかないことやいまいちな感じがしても、挑戦するという経験が大切です。実験や試しに行動することをもっと大事にしてみましょう。
14 水	○	はじめて話をする人や既に出会っている人から、これまで聞いたことのない話が聞けそう。これまで以上に興味を持って聞くと、更にいい話や情報を得られそうです。
15 木	□	他人まかせや甘えは禁物。自分にできることをもっと頑張って挑戦を続けてみると思った以上にいい手応えがありそう。自分の力をもっと信じてみるといいでしょう。
16 金	■	些細なことでイライラするときは疲れている証拠。休憩や気分転換をして、機嫌よく1日を過ごせるように。夜の付き合いや食事会などは無理をしないようにしましょう。
17 土	●	幅広く情報を集められたり、これまでとは違う発想のきっかけをつかめそうな日。意外な人と仲良くなれる可能性もあるので、友人や知り合いの集まりには顔を出しましょう。
18 日	△	楽しい1日を過ごすのはいいですが、ドジな出来事があるので忘れ物や確認作業をしっかり行いましょう。約束の時間を大幅に遅れてがっかりされてしまうこともありそう。
19 月	○	気になることを試すといい日。仕事のやり方を試したり、気になる人に話しかけてみるといいでしょう。気になるお店でランチを食べたり、気になるお菓子を買ってみるのもいいでしょう。
20 火	◎	予想外の出費がありそうな日。後輩や部下やお世話になった人が喜んでくれるならケチケチしないようにしましょう。少し贅沢なランチやディナーをするのもいいでしょう。
21 水	▽	時間にゆとりをもって行動しましょう。ギリギリになると焦ったり、ミスが見つかって面倒なことにもなりそうです。忙しいときは深呼吸をするといいでしょう。
22 木	▼	体調を崩したり、自分以外の人のトラブルに巻き込まれてしまいそうな日。予想と違う流れになる運気なので、いろいろ考えて心構えをしておくといいでしょう。
23 金	×	急な仕事や実力以上の仕事が舞い込んできそう。今日に限って人手不足や時間が足りないことになりそう。自分の限界の前に助けを求めて、感謝を忘れないようにしましょう。
24 土	▲	大掃除して不要なものや季節に合わないものはしまうようにしましょう。長い間使わなかったものは、もったいなくても処分するか誰かにあげるようにしましょう。
25 日	○	前向きになるのはいいですが、1歩進むということは「いいことも悪いことも受け入れる覚悟が必要」だと忘れないように。自分の成長に期待してみるといいでしょう。
26 月	○	前向きな気持ちを持ち続けることが大切な日。新たな問題も出てきますが、どうしたらクリアできるのか考えましょう。越えられない壁はないと忘れないようにしましょう。
27 火	■	苦手に挑戦することで成長できる日。自分の弱点や欠点と思われることを少しでも克服できるようにチャレンジしましょう。苦手な理由も探るようにしましょう。
28 水	■	心身ともに疲れやすく、些細なことでイラッとしやすい日。機嫌よく過ごせるように心がけて、休憩ではしっかり体を休ませるようにしましょう。油断すると小さなケガをしそう。
29 木	●	古い考えのままでは前に進めなくなる日。新しい考え方や最新のやり方を受け入れるためにも、若い人や後輩と話してみましょう。いい縁がつながることもあるでしょう。
30 金	△	楽しいことを他人まかせにしないで、自分でもおもしろいことや楽しいことを考えて行動しましょう。周囲を笑顔にできると運も味方するでしょう。失敗談などをするといいかも。

開運のつぶやき　自分を褒めて自分を責めすぎない人に幸運はやってくる

2022

10月

△ 準備の月

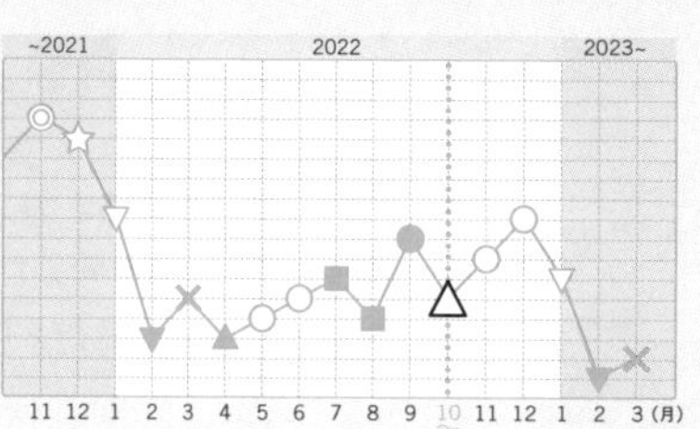

開運 3 カ条

1. 軽はずみな判断はしない
2. 何事も事前準備と確認作業を行う
3. お酒は控える

総合運

判断ミスをしたり確認を怠ってしまうことがある月。これまで以上に事前準備と確認作業をしっかり行うように心がける必要があるでしょう。誘惑や楽しいことに目がいきすぎてしまい、集中力が欠けてしまうこともあるので調子に乗りすぎないように気をつけましょう。危なっかしいと思える人に軽はずみに付いて行ったり、ノリを合わせないように。健康運は、油断するとケガすることがあるので、足元や段差に気をつけましょう。

恋愛&結婚運

異性のことを考える時間が増えたり、好きな人に振り回される時期。いい関係になれるタイミングを逃したり空回りしやすいので、無理に関係を深めようとせず、現状維持くらいを目指しましょう。新しい出会いは飲み会やコンパに誘われるとありそうですが、遊びで終わる人や危険な異性が多いので軽はずみな行動は控えましょう。結婚運は、他の人に目移りしやすく、気まずい関係になりそう。

仕事&金運

ミスが増えて周囲に迷惑をかけたり、やる気のなさを注意されそう。転職や離職を考える時間が増えますが、行動に移す時期ではないので軽はずみに判断しないように。誘惑するようなことを言われても鵜呑みにしないで、現状の仕事を楽しめるように工夫しましょう。数字や金額、時間の確認はこれまで以上にしっかり行いましょう。金運は、ムダ遣いが増えて給料日前に苦しい状況になりそう。

日		
1 土	＝	友人に振り回されそうな日。相手まかせにするのはいいですが、ムダな時間や不要なお金を使うことになりそう。嫌な予感がするときはうまく避けるようにしましょう。
2 日	＝	小さなラッキーがある日。些細な幸せに鈍感にならないようにして、感謝の気持ちを忘れないようにしましょう。ごちそうをしてもらえたときはしっかりお礼を伝えましょう。
3 月	▽	午前中は、いい判断やいい流れに乗れそう。能力をうまく活かすこともできそうです。夕方あたりから、判断ミスやうっかりミスが増えるので気をつけましょう。
4 火	▼	勘違いしやすい日。自分のやり方や方法が正しいと思い込んでいると、周囲から厳しい目で見られたり、考え方の違いを指摘されそう。間違いはすぐに改めるように心がけましょう。
5 水	×	気が抜けてしまいそうな日。集中力が欠けて、珍しいミスが増えそう。休憩時間では仮眠したりしっかり体を休ませましょう。雑談でたくさん笑うとやる気がアップしそうです。
6 木	▲	身の回りを整えるのはいいですが、間違って大事なものを処分したり、しまい忘れることがあるので気をつけましょう。謎の書類や部品は、わかりやすい場所に避けておきましょう。
7 金	＝	自分のペースで仕事するといい日。周囲に合わせていると焦ってしまいそう。時間をかけても与えられた仕事をきっちり終わらせましょう。慌てると雑になってしまうだけでしょう。
8 土	＝	予想外の人から遊びに誘われたり、これまでとは違った感じの遊びにはまりそう。この時期の楽しみは長続きさせず、深入りすると後悔するので、引き際を見極めるようにしましょう。
9 日	■	間違った情報を鵜呑みにしやすい日。ネットの情報は間違っていたり偏っていることがあるのを忘れないように。噂話を信用して話すと恥をかくことがあるので気をつけましょう。
10 月	■	朝から疲れを感じたり、頭の回転が悪くなりそうな日。軽く体を動かしたり、ストレッチをするといいでしょう。段差で転んだりケガすることもあるので気をつけましょう。
11 火	●	仕事に集中できたり、タイミングの合う日。欲張らないで小さな幸せを喜ぶようにしましょう。挨拶やお礼をキッチリすることで評価もアップしそうです。
12 水	△	人の話を最後までしっかり聞くようにしましょう。話半分で余計なことを考えたり、適当に仕事を受けると大変なことになってしまいそう。今日はいつも以上に丁寧に過ごしましょう。
13 木	＝	同じような失敗を繰り返すことで信頼を失いそう。確認をしっかりしたり、自分の癖を分析して気をつけるようにしましょう。反省を活かしている人は問題がない日でしょう。
14 金	＝	余計な出費が増えてしまいそうな日。時間を間違えてタクシーに乗ったり、不要なものを買ってしまいそう。大事なものをなくしてしまうこともあるので気をつけましょう。
15 土	▽	大事な用事や掃除、買い物は午前中に済ませましょう。午後はのんびりして無理のないようにしましょう。夜はしっかり湯船に浸かって早めに寝るようにしましょう。
16 日	▼	気が弱くなりそうな日。約束を急にキャンセルしたくなったり、余計な妄想が激しくなりそう。タイミングの悪さや噛み合わない感じもしそう。今日は無理に物事を進めないで。
17 月	×	うまくいかないことが増えますが、延々と続くわけではありません。原因をしっかり探って成長できるきっかけにしたり、不勉強を認めてレベルアップするようにしましょう。
18 火	▲	清潔感や品格があるか、鏡の前でしっかりチェックしましょう。相手からの印象がいい服を選んでみるといいでしょう。笑顔の練習をしてから出かけてみましょう。
19 水	＝	正しい情報をしっかり集めることが大切な日。いい加減な情報に振り回されないようにするためにも、信用できる人からの話を聞いたり自分で調べるようにしましょう。
20 木	＝	どんな仕事でも誠実に取り組むことが大切な日。小さな積み重ねをサボらないで、結果よりも自分の成長に期待しましょう。焦って雑な仕事をしないようにしましょう。
21 金	■	苦労や試練を感じることで己の忍耐力を鍛えていると思って前向きに受けとめましょう。マイナスばかりに目を向けないで、どんな時でもプラス面があることを忘れないように。
22 土	■	今日は日頃の疲れをしっかりとったほうがいい日。マッサージや温泉やスパに行くのもいいでしょう。ひとりで映画を観てゆっくりする時間を作るのもよさそうです。
23 日	●	気になる相手を思いきって誘うといい日。小さな勇気が今後の恋愛観を変えていくでしょう。気になる人がいない場合は、知り合いを集めて紹介してもらうといいでしょう。
24 月	△	楽しく仕事をするためにも、自分の役割をしっかり果たして周囲に協力するようにしましょう。あなたのミスを上手にカバーしてくれる人の存在に感謝を忘れないようにしましょう。
25 火	＝	妄想だけで終わらせないで、現実に活かせることを考えるといいアイデアが浮かぶでしょう。その中から常識的にできそうなことを絞り込んでいくと、いいものが残るでしょう。
26 水	＝	真剣に仕事に取り組むことで、いい結果につながったりいい勉強になる日。積極的に取り組んでみましょう。ストレス発散にお金を使ってみるといい日になるでしょう。
27 木	▽	日中は、思ったよりも順調に進めることができる日。大事なことは早めに取りかかっておくといいでしょう。夕方あたりから急に予定が変わったりムダに忙しくなってしまいそう。
28 金	▼	同じような失敗をしやすい日。悪い癖が出てしまうので気をつけて避けるようにしましょう。ドジなケガもしやすいので慌てて行動しないように気をつけましょう。
29 土	×	裏目に出る日。失恋やヘコんでしまう出来事がありそう。気持ちをリセットして、楽しいことやおもしろいことに目を向けましょう。他人に当たったり、不機嫌を出さないように。
30 日	▲	お気に入りの服を汚したり、アクセサリーを落としてしまいそう。スマホを落として画面を割ってしまうなどドジなことが起きるので気をつけましょう。
31 月	＝	カバンや財布の中のものを1度出してきれいに整えたり、不要なものを持ち歩かないようにしましょう。貯めていないポイントカードや名刺も整理しましょう。

☆開運の日 ◎幸運の日 ●解放の日 ○チャレンジの日
□健康管理の日 △準備の日 ▽ブレーキの日 ■リフレッシュの日
▲整理の日 ×裏運気の日 ▼乱気の日 ＝運気の影響がない日

2022 11月

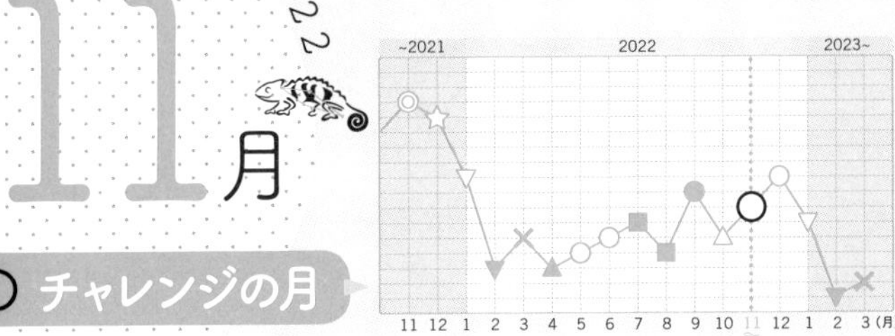

チャレンジの月

開運 3 カ条

1. 親友に会う
2. しばらく行っていないお店に行く
3. 悪い癖は意識して直す

総合運

これまでの経験を活かすことができれば問題のない月ですが、人まかせにしたりサボっていたことが多い部分は突っ込まれるので覚悟しておきましょう。実力不足なら実力を身に付ければ問題ないので、自分への課題を他人の責任にしないでしっかり受け止めましょう。結果を出している友人や頑張っている人をしっかり観察して見習うといいでしょう。健康運は、悪習慣の改善や生活リズムを整えるようにしましょう。

恋愛&結婚運

異性の友達だと思っていた人や職場の同僚のことが突然気になりそうな時期。「好みじゃない」「タイプじゃない」と頭で理解していても気になっている自分に気づきそうです。思いきって食事に誘ったり、話す機会を作るといい関係に進めそう。新しい出会い運は期待が薄いので、既に知り合っている人の中から探しましょう。結婚運は、恋人と楽しかった思い出話をするといい時期です。

仕事&金運

実力を評価されて求められることが増えますが、実力以上の結果を求められたり、余計な仕事までまかされそう。これまでの経験をうまく活かせば、いい結果を出せたり問題解決に進められそう。困ったときは付き合いの長い人に話すといいヒントをもらえたり考え方を変えられて、前向きになれそう。ネガティブな人には相談しないように。金運は、久しぶりに行くお店でいい出会いやおもしろい発見がありそう。

日	運気	
1 火	=	明るい未来につながることなら、「今度やろう」と思わないで「今すぐにやる」に切り替えるといい日になるでしょう。モタモタしていると運を逃してしまうでしょう。
2 水	□	何もしなければ「何もしていないを積み重ねている」ことを忘れないように。少しでも未来の自分が笑顔になるために努力や勉強を忘れないで、健康的な生活を送りましょう。
3 木	■	だらだらすると疲れるだけなので、まずは目の前のことに取り組んでみるとやる気は後からついてくるでしょう。今日はしっかり休憩をとっておくことも大切でしょう。
4 金	●	明日があると思って後回しにしないで、今日できることは今日中に終わらせるようにしましょう。些細なことでも真剣に取り組んでみると人生が楽しくなってくるでしょう。
5 土	△	しっかり遊ぶといい日。ゆっくりするのはいいですが、スマホやネット動画をだらだら観てムダな時間を過ごさないように。友人や知り合いに会って楽しい時間を過ごしましょう。
6 日	○	小さなことでもいいので冒険してみるといい日。ハードルが高そうなお店や場所に行ったり、少しの勇気や度胸がいい体験をさせてくれるでしょう。友人からの提案も聞いてみましょう。
7 月	◎	未来の自分が喜ぶことが本当の努力や頑張りだと思って、今日できることは何か探して取り組んでみましょう。苦手や不慣れなことにも挑戦しておくといいでしょう。
8 火	▽	午前中は、周囲に手助けしてもらえたりして、いい人間関係ができそう。午後からは急な仕事をまかされそう。困ったときこそ笑うと肩の力が抜けていい感じで取り組めそうです。
9 水	▼	失敗をしやすい日なので注意が必要ですが、失敗から学べることもあるので、自分の何が悪かったのかしっかり分析して今後に活かすようにするといいでしょう。
10 木	×	短所が長所に変わる日だと思って、自分の短所を魅力や才能にできるように考え方を変えてみましょう。勝手にダメだと自分で決めつけないようにしましょう。
11 金	▲	失ってから価値を感じるのではなく、今あるものや健康的な体に感謝しましょう。お金には変えられない大切なものを常に持っていることを忘れないようにしましょう。
12 土	○	変化を無理に求めなくても世の中常に変化しているもので、そこに気づくのか見逃しているのかだけ。周囲を見て変化しているところを見つけてみるといいでしょう。
13 日	○	他人に望みすぎないようにしましょう。相手に甘えないで自分にできることを見つけて自分で楽しめるようにしましょう。人まかせのままではいつまでも楽しく過ごせないでしょう。
14 月	□	今ある幸せや既に持っている幸せを見落とさないようにしましょう。「ない」ことばかりに目を向けても楽しくなれないでしょう。「ある」ことに気づくことで前に進めるでしょう。
15 火	■	ストレスがたまりやすい日。イライラしないで元気になる音楽を聴いて、気分を落ち着かせましょう。愚痴や不満が出ても、最後はフォローや前向きな話をしましょう。
16 水	●	当然と思っていることに感謝を忘れないように。今日は感謝の気持ちが強い人ほどうれしい出来事やより感謝できることが起きるでしょう。些細な幸運も見逃さないようにしましょう。
17 木	△	冗談やウソでもいいので前向きな発言をすると本当にポジティブになれたり、うれしい出来事が起きそう。言葉遊びを楽しみながら周囲も笑顔になるような発言をしましょう。
18 金	○	自分より頑張っている友人や結果を出している人を見るよりも、明るく前向きに生きている人に注目してみましょう。見習って明るく前向きに生きるといいでしょう。
19 土	◎	生活に必要なものを買いに出かけるにはいい日。余計なものを買わないようにメモして出かけましょう。「安いから」で購入しているとムダ遣いになるので気をつけましょう。
20 日	▽	ランチは好きな人と一緒にするといい日。少し贅沢なランチで気分がよくなるので、気になるお店やホテルに行きましょう。夕方以降は、期待外れな出来事に振り回されやすくなりそうです。
21 月	▼	遊び心を忘れないようにしましょう。周囲で失敗や挫折をしている人には、やさしく笑顔で「このくらいなら大丈夫」と言ってあげましょう。あなたも失敗しやすいので注意は必要。
22 火	×	丁寧な言葉や品のある言葉を選んで、相手に伝わるように話しましょう。言葉が雑になったり、伝わっていると思っているとトラブルの原因になるでしょう。
23 水	▲	機械トラブルや仕事道具が壊れたり劣化していることに気づきそう。今日は何とかなっても、明日以降に買い替えや修理、手入れをしっかりするようにしましょう。
24 木	○	無闇に新しいことに挑戦するよりも、自分の得意なことで周囲を助けるといいでしょう。今の自分の最善を尽くしてみると、能力を発揮することもできるでしょう。
25 金	○	自分の考えだけが正しいと思わないで、若い人や最近の考え方を取り入れてみましょう。時代が変わっていることや若い人の発想がいい刺激になりそうです。
26 土	□	イメチェンをするにはいい日。美容室に行って髪を短くして、若く見られる感じにするといいでしょう。服装やメイクも少し若さを意識してみるといいでしょう。
27 日	■	体を休めるにはいい日。無理に予定を詰め込むとぐったりしたり、ケガの原因になりそう。ストレス発散をするといいので軽い運動やカラオケではしゃぐといいでしょう。
28 月	●	小さなチャンスがやってくる日ですが、遠慮すると逃してしまうかも。失敗してもいいと思って、思いきって挑戦しましょう。思いきった行動がいい出会いにもつながりそうです。
29 火	△	自分の目標を見失わないようにしましょう。「楽だから」で選択していると「楽」が目標になってしまいます。苦労してでも目標に向かうための努力や学びを怠らないようにしましょう。
30 水	○	生活習慣を少し変えるといい日。「悪習慣だな」と自分で気づいていることがあるなら、今日からやめましょう。動画を観ることをやめたり、スマホをいじる時間を減らしましょう。

開運のつぶやき　才能とは、他の人に喜んでもらって活きるもの

2022

12月

○ チャレンジの月

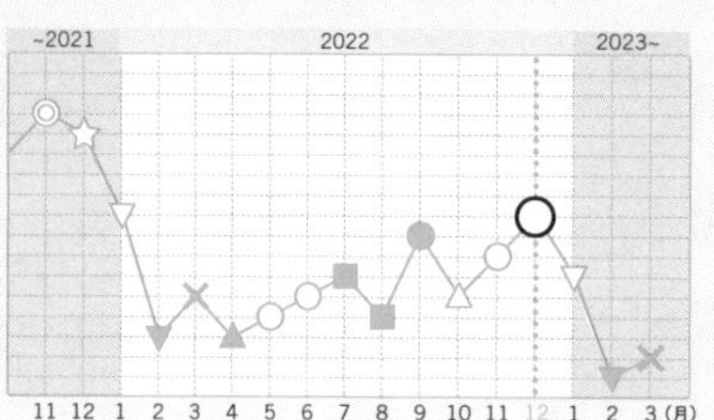

開運 3 カ条

1. 本を読む
2. お金の使い方を考える
3. 失敗や挫折から学ぶ

総合運

安易な方向に流されないことが大切な月。苦労を覚悟して突き進むと、思った以上に成長できそう。自己投資になることならケチケチせず、習い事や交流会に積極的に参加しましょう。ただ、そこで「簡単にやれる」と言われることにはすぐに飛び込まないように。健康運は、美意識を高めることは大切ですが、そのことにお金を使いすぎてしまうので気をつけて。下旬は体調を崩しやすいので、異変を感じたら早めに検査しておきましょう。

恋愛&結婚運

気になる相手とは上旬にデートしたりマメに会ってみるといい関係に進めそう。これまで告白したことのない人ほど、ここで勇気を振り絞って自分の気持ちを伝えてみると、高嶺の花と思えた人と交際できるかも。ただ、今年は縁が薄いので短く終わる覚悟はすること。下旬に近づくほど失恋しやすいので気をつけましょう。結婚運は、周囲からの評価や評判を聞いて冷静に判断しましょう。

仕事&金運

今月は思ったよりも順調。スキルアップのために本を読んだりセミナーに行くなど、役立ちそうなことを学ぶといい時期。成長したいと思わない人でも、話のネタになる本くらいは読みましょう。投資の本なども後に役立ちそう。金運は、出費が自然と多くなる時期ですが、自分への投資になることにはケチケチしないように。安易な儲け話には注意。今月学んだことは後の金運につながる可能性が。

日	運気	内容
1 木	○	何事も他人まかせにしないで自分で責任を持って本気で取り組むといい日。すぐに結果や評価につながらなくても、信頼されることで後に役立つことになりそうです。
2 金	▽	午前中は、いいペースで仕事ができそう。午後も飛ばしすぎないで同じペースで仕事をするようにしましょう。忙しくしすぎたり調子に乗りすぎると、後悔することになりそうです。
3 土	▼	不慣れや苦手なことに少しでも挑戦するといい日。克服できなくても挑戦することが成長につながります。苦手な人と会うことになっても、相手から学べることを見つけましょう。
4 日	×	面倒なことを引き受けたり、余計な心配事が増えそうな日。無謀な行動にも走りやすいので、今日は1歩引いて冷静に判断しながら生活するように心がけましょう。
5 月	▲	何事も考えすぎに注意。シンプルに考えればおのずとやるべきことが見えてくるでしょう。余計なことをごちゃごちゃ考えるのはやめるようにしましょう。
6 火	○	「このくらいで」と加減していると、いつまでも実力が身に付かないでしょう。少しでもいいので挑戦して、昨日の自分を超えられるように努めてみるといいでしょう。
7 水	○	頑張っているつもりでも、どこか相手まかせや他の人に甘えてしまう部分があるタイプ。観察する相手を間違えないでしっかりマネして、そこから学んでみるといいでしょう。
8 木	□	明確な目標に向かうよりも、ざっくりとした未来を想像してみるといい日。向かう方向だけを間違えないようにして、後は進みながら軌道修正するつもりで歩むといいでしょう。
9 金	■	考えながら行動していると思わぬケガや打撲をしそう。安請け合いをして大変な仕事を引き受けてしまう場合もあるので、相手の話は最後までしっかり聞きましょう。
10 土	●	意外な異性から遊びの誘いが来そうですが、2人きりよりも友人や知人も誘って複数で遊んでみるといいでしょう。後に友人から相手の分析を聞いてみるといいでしょう。
11 日	△	何事も楽しむといい日。ドジな失敗も笑えるネタに変えましょう。待ち合わせ時間や場所を間違えて恥ずかしい思いをしても、不要なプライドを捨てられてよかったと思いましょう。
12 月	○	経験をうまく活かせてトラブルを回避できそうです。経験が足りないと困ったことになりそうですが、すぐに相談するといいアイデアや対処方法を教えてもらえそうです。
13 火	◎	頑張りすぎないことが大切な日。ほどよく長く続けられるぐらいの力加減にするといいでしょう。数字や時間、お金にこれまで以上に注意するといい結果につながりそうです。
14 水	▽	厳しいことを言ってくれる人を大切にしましょう。叱ってくれる人や注意してくれる人に感謝を忘れると苦労が続いてしまうでしょう。自分の至らない点は素直に認めましょう。
15 木	▼	自分の頑張りを評価してほしいと思っていると不満がたまるだけ。頑張っているかどうかは他人が決めることなので、目の前の仕事に楽しく取り組むといいでしょう。
16 金	×	残念な結果になったり、苦労がムダになってしまうような流れになりそう。一からやり直せるだけの力があると前向きに受け止めたり、周囲を前向きに励ますといい日になるでしょう。
17 土	▲	大掃除にはいい日。身の回りにある不要なものを処分したり、年齢に合わないものは先に片づけるようにしましょう。貰い物でも使わないものは処分するようにしましょう。
18 日	○	買い物に行くときは、いいイメージができるものや、幸せそうに見えるものを選んでみるといいでしょう。その積み重ねが人生をいい方向に導いてくれるでしょう。
19 月	○	外出する前に笑顔の練習をするといい日。その後は笑顔で挨拶したり、笑顔で話を聞くように意識しましょう。仕事中でも気づいたら口角を上げてみるようにしましょう。
20 火	□	古い考えを捨てて、新しい考え方や柔軟性を取り入れましょう。常識にとらわれすぎていると、行き先が見えなくなりそう。世の中にはいろいろな方法があることを忘れないように。
21 水	■	今年の疲れが急に出たり、集中力が途切れやすくなりそう。微熱や喉の痛みなどがあるときは無理をしないように。急に重たいものを持つと腰を痛めてしまう場合もありそう。
22 木	●	よくも悪くも目立つことができますが、悪い方向に目立ってしまって注意されることもありそう。注意されているうちが華だと思って、期待に応えるように心がけましょう。
23 金	△	寝坊や遅刻など小さなミスをしやすい日。余計な一言で相手を怒らせたり気まずい空気になるので、一呼吸置いてから冷静になって言葉やタイミングを選びましょう。
24 土	○	異性の友人や親友と楽しいクリスマスパーティーや忘年会ができそう。予定がないなら知り合いに連絡してみましょう。思ったよりも楽しい時間を過ごせそう。
25 日	◎	今年頑張った自分にごほうびをあげるといい日。少し贅沢な料理を食べたり普段なら行けそうもないお店に行ってみましょう。ダメ元で連絡すると予約が取れることもありそうです。
26 月	▽	日中は満足できるペースで過ごせそうですが、夕方あたりから身内や仲のいい人に予定を乱されてしまいそう。無理に逆らわないほうがおもしろい話が聞けたり、いい経験ができそう。
27 火	▼	よかれと思ってしたことが裏目に出たり、大事なものを間違えて処分してがっかりすることが起きそう。スマホを落として画面を割ってしまうこともあるので気をつけましょう。
28 水	×	プライドを傷つけられたり、自信を失ってやる気がなくなってしまいそうな日。1歩引いて冷静になって過ごせば問題はなさそう。調子に乗らないように過ごしましょう。
29 木	▲	大掃除に最適な日。捨てるかどうか悩んだものはどんどん捨てましょう。今年1年で着ることのなかった服は処分して、他にも置きっぱなしのものはどんどん捨てましょう。
30 金	○	小さなことでもいいので新しいことに挑戦するといい日。新商品を試しに買うといいので気になった入浴剤を買ったり、シャンプーやボディーソープを変えてみるといいでしょう。
31 土	○	これまでとは違う大晦日になりそう。例年とは違う番組を観たり、友人や知人などを誘うといいかも。カウントダウンライブやイベントに参加してみるのもよさそうです。

☆ 開運の日 ◎ 幸運の日 ● 解放の日 ○ チャレンジの日
□ 健康管理の日 △ 準備の日 ▽ ブレーキの日 ■ リフレッシュの日
▲ 整理の日 × 裏運気の日 ▼ 乱気の日 ＝ 運気の影響がない日

金のイルカ座

持っている星

★負けず嫌いの星　★頑張り屋の星　★学生のノリが好きな星
★仲間意識が強い星　★自己中心的な星　★根は遊び人の星
★控えめな生活は苦手な星　★ライバルがいると燃える星

12年周期の運気グラフ

金のイルカ座の2022年は…

○ チャレンジの年（1年目）

新たなことに挑戦すると前に進める「チャレンジの年」。1年目の2022年は「現状維持」が何よりもNG。
昨年までの自分を割りきり、視野を広げていきましょう。2023年も「チャレンジの年」が続きます。

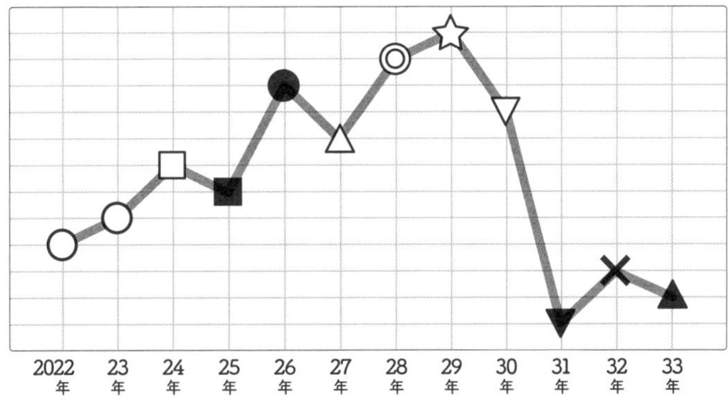

☆開運の年　◎幸運の年　●解放の年　○チャレンジの年　□健康管理の年　△準備の年
▽ブレーキの年　■リフレッシュの年　▲整理の年　×裏運気の年　▼乱気の年

金のイルカ座はこんな人

基本の総合運

海で群れで泳ぐイルカのように仲間意識が強い頑張り屋。自分の目標に向かって泳ぎ続けるタイプで、競争相手やライバルがいるほど燃える人。自分中心に物事を考えすぎてしまったり、自己アピールが強くなりすぎたりして、周囲からわがままと思われてしまうところも。心が高校1年生でサッパリした感じがあるため、身近な人や仲よくなった人には理解してもらえそうですが、負けず嫌いが原因で苦労することもあるので、他人を認めることが大事。頑張ったぶんはしっかり遊び、旅行や買い物などごほうびも必要です。

基本の恋愛＆結婚運

いつまでもモテていたい人。基本的には恋することが好き。自分のことを好きでいてくれる人が多ければ多いほど満足しますが、外見や中身も周囲がうらやむような人と一緒になりたいと思っています。恋をしていないとパワーや魅力に欠けてしまうときがあるでしょう。結婚は、互いに認め合える人とすることが理想。相手に依存するような生活よりも、自分も相手も仕事をして、互いに助け合える感じを望むでしょう。パワーが強いぶん、浮気や不倫などに突っ走ってしまう場合もあるので気をつけてください。

基本の仕事＆金運

努力家で頑張り屋な性格を活かせる仕事に就くと能力を開花させることができるので、目標をしっかり定められる仕事がオススメ。営業などノルマがある仕事もいいですが、競うことやチームワークが大切になる部署での活躍も期待できます。ただし、自分勝手な仕事で注意されてしまうことも多そう。金運は、派手なものを手に入れたり、旅行やライブでお金を使ったりすることが多く、仕事で頑張ったぶんは、しっかり出費して、さらに頑張れるようになっていくタイプです。

2022年の運気

○ チャレンジの年（1年目）

2022年開運 3カ条

1. 新しい変化を楽しむ
2. 生活リズムや環境を変える
3. 新しい仲間や友人を作る

ラッキーカラー　オレンジ　薄い水色　ラッキーフード　鉄火巻き　アーモンドチョコレート　ラッキースポット　映画館　デパート

総合運

新しいことにどんどん挑戦して
今年どんな種を蒔くかで人生が変わります

2022年は「チャレンジの年」の1年目。視野が広がって好奇心旺盛になり、フットワークも軽くなります。一気に行動するのもいいですが、2021年に決めたことや気になったことの情報を集め直して、本当に進むべき道なのか改めて考えてみましょう。新たな情報を入手してみると、昨年思い描いた通りに進まなそうだったり、他のことが気になる場合があるでしょう。

生活環境も変化させたくなる時期なので、しばらく同じところに住んでいるなら新たな土地に引っ越してみましょう。交友関係や人生を大きく変えられそうです。すぐには予算的に難しくても、9～10月を目標に貯金を始めてみて。「何年も恋人ができない」「仕事で苦労が続いている」と嘆く人は、引っ越しを目標にしてみましょう。特に実家暮らしをしている人は、2022～2023年のうちに実家から離れて暮らしはじめることで運気の流れがよくなり、本来のあなたの魅力や能力に目覚めるきっかけをつかめます。

また今年は、2020～2021年にかけて出てきた課題をクリアしたり、実力を身に付ける必要がある時期です。特に2020年の「裏運気の年」に出た課題は早めに克服できるように努めましょう。

今年はスタートの年でもあるので、少しでも新しいことに挑戦することが大切。習い事やスポーツジム、スキルアップのための勉強など、ここ数年気になっていたことがあるなら一歩踏み込んでみて。そこで出会う人からいい影響を受けたり、やる気になるきっかけを得られそうです。新しくいい仲間もできるので、人の集まりや出会いの場所に積極的に参加したりSNSを上手に使うことで、新たなコミュニケーションの場所ができて、いい情報も得られそうです。

新しい流れが始まる年ですが、過去に執着して前に進もうとしないと不要な苦労をするかも。過去は「過ぎて去った」と考えて、目の前のことに一生懸命に取り組みましょう。「チャレンジの年」の1年目は、変化を楽しめるといい1年になるので、新しいことに挑戦してみてください。失敗や挫折もありますが、すべていい経験につながります。臆病になって何も変化しないことを恐れたほうがいいでしょう。

「金のイルカ座」は、よくも悪くも運気の波に乗りやすいタイプです。なので、2019年の「乱気の年」や2020年の「裏運気の年」は、人の縁が切れる、やる気を失う、孤独を感じる、体調を崩すなど、様々なことが起きたと思います。中には「裏運気の年にラッキーなことが起きた！」という人もいるかもしれませんが、それは裏の「鳳凰座」の力で忍耐強くなった結果や、ひとりで困難を乗り越えた結果です。博打的なラッキーや一発逆転的な出来事があったとしても、その成功に執着しないようにしてください。2022年からは、新たな山を登りはじめる年だと思って行動することが大切です。

何をするべきか分からない場合は、未体験なほうを選択してみましょう。新商品のお菓子や本、新作の映画、新しいアプリなど、「新しい」に注目することで人生が一気に明るくなったり、発見がありそうです。周囲の友人や知人に誘われたときも、未経験なら思いきって挑戦するといいでしょう。

もちろん肌に合わないこともあるので、無理に継続しなくてもいいですが、とりあえず「こういうものか」と知るようにしましょう。話や想像との違いを知ることで視野が広がり、進むべき道を決めるときの参考になるでしょう。ここでの失敗は大きな問題にならず経験に変わるので、勇気と度胸を忘れないように。イメチェンで失敗しても「これは自分に似合わないんだな」と知ることが大切だと思いましょう。

2022年からは新しい仲間を見つける努力が必要です。自然と人脈が広がる流れはありますが、自ら動くことも大切。「高校１年生になったつもり」で思いきってサークルやスポーツジム、スクールなど定期的に行く場所を作りましょう。これまでの人間関係を大切にするのはいいですが、新たな友人を加えてみたり、新しいグループの中に飛び込んでみて。尊敬できる人や魅力ある人、いい影響を受ける人に会えそうです。

日々の生活の中で少し意識するだけで、興味あることを簡単に見つけられるでしょう。本や雑誌、ネットばかりではなく、知人の話から興味が湧くことを見つけられる場合もあります。まずはしっかり情報を調べて、気になったら行動に移してみましょう。お金や時間がなくてできない場合は、当面の目標としてみましょう。たとえば海外旅行に行きたいと思うなら、2022年はそのための準備期間だと思って、2023〜2024年を目標にするといいでしょう。現状に執着しないで、まずは今できることから始めてみて。友人や知人に話して一緒に達成できるように頑張ったり、ライバルを作るのもいい刺激になりそうです。

「チャレンジの年」の１年目に変化を求めないでじっとしている人がいますが、「自分にはこれは不向きだ」「絶対にできない」「無理だ！」と思い込んでしまうと、せっかくの流れに乗れなくなってしまいます。新しいことへの挑戦に躊躇する気持ちは誰にもありますが、新しい方向に進まないと、その後の人生で苦しんでしまったり、「幸運の年」や「開運の年」に満足できる結果を出せなくなります。

2022年はいい種蒔きの年だと思う気持ちも大切。今年どんな種を蒔くかで大きく人生が変わるので、多少の苦労から逃げないようにしましょう。何事も試してみる気持ちを持って、失敗をおもしろがるくらいの気持ちが大切。簡単にできることでいうと、髪型や服装のイメージを変えてみるといいでしょう。年齢に合った感じにしたり、少し大人っぽい服装を選ぶことが大事。もし失敗したら、そこから学んで「どうやったら似合うのか」を研究してみるといいでしょう。

いつまでも学生時代の友人とばかり遊ばないことも大事。すべての縁を切る必要はないですが、今年からは少し無理してでも交友関係を広げましょう。同時に遊びに誘われたら、新しく出会った人を優先するくらいの気持ちが大切です。結果として昔からの縁が切れても気にしないようにしましょう。

また、年齢に見合わない幼稚な趣味や不要なグッズ、SNSやアプリやゲームへの課金、誘われたら断れないような人間関係は、できれば2022年の1～2月に手放すと気持ちが楽になり、前に進めるようになります。ズルズルした人間関係や恋愛、三角関係や不倫なども含めて、未来の自分にプラスにならないことは手放しましょう。古くなった家電も処分して、使い古しているなら買い替えること。「気に入っているから」「思い出だから」といって持ち続けずに、思いきって手放してしまいましょう。

恨んだり妬んだり、いつまでも許せない気持ちを持ち続けていると前に進めなくなってしまうので、「許したことにする」と自分の中で区切りをつけましょう。そうすると、重荷を下ろせていい人生を送れるようになります。

海を泳ぐイルカはいつもグループでいますが、2022年はそのグループを新しくするといい1年になります。今年は、すぐに結果が出てなんでも楽しい運気というよりも、やることが増えて忙しくなる年。結果を出すことも大切ですが、そのための経験を増やしていい筋肉をつける時期だと思ってください。今年の経験や視野の広げ方が人生を変えることになります。なので、「チャレンジして欲しい」と思って「チャレンジの年」と名付けています。些細なことでもいいので「新しいな」「未体験だ！」と思うことを見つけたら、挑戦してみてください。新商品のお菓子やアイスを食べる、新装開店のお店に行く、新メニューを頼むなど、世の中には新しいことが溢れていることに気がつくと、どんどん楽しくなってきます。新たなことに挑戦すると、人脈も広がり、これまでとは違ったタイプとも仲良くなれます。「乱気の年」や「裏運気の年」を乗り越えて、自分の心が強く成長したことに気づける出来事もあるでしょう。

今年初めて会う人は長い縁になる可能性も高いので、今の自分に見合う人に会えるようにフットワークを軽くしましょう。新しい人から考え方を学べるので、苦手な人からも話を聞くようにするといい勉強になるでしょう。よきライバルや目標となる人を見つけたら、どうしたらその人に追いつけるか考えることも大切です。今年1年は人脈を作る年と思ってもいいですが、自分のレベルが低いと相手の凄さを理解できないまま見逃してしまう場合も。出会う人を尊敬の目で見るようにしたり、相手をおもしろい人だと思ってみるといいでしょう。

好き嫌いや選り好みが激しいタイプですが、2022年に出会った人とは簡単に距離を置くのではなく、「何を学べるかな」と楽しんで接してみてください。得ることが少ない人だからと思って縁を切らないで、大切にすると人脈が広がる場合もあります。

2022年は新たな旅立ちの1年目ですが、どこに向かうのかしっかり定まらないとしても、まずは新しいことに敏感になって、変化を楽しんで受け入れてみましょう。2022年からの頑張りで人生を逆転できます。何よりも自分の成長を考え、裏運気に出た課題をクリアするように努めましょう。五星三心占いの中で最も大事な時期とも言える「チャレンジの年」なので、1年を終えたときに「どれほど新しいことに敏感に生きられたか」「どれだけ人脈を広げられたか」を自慢できるように過ごしてみて。多少の失敗は話のネタになると思って、まずは勇気と度胸を忘れないこと。何よりも、少しでもいいので一歩前進する気持ちを忘れないように過ごしてみましょう。

恋愛運

新しい出会いが増えそう 今年はじめて会う人に注目して

視野が広がり変化を求める年になるので自然と新しい出会いも増えるでしょう。これまでと同じようなタイプを求めるのもいいですが、今の自分に見合う人は誰なのか冷静に判断することが大切。理想や憧れがいつまでも片思いの人や恋が実らない相手なら、キッパリ諦めて、2022年にはじめて会う人に注目しましょう。過去の恋愛パターンは一度忘れて、これまでとは違ったパターンの出会い方ができるように行動するといいでしょう。

2022年は「チャレンジの年」なので、サークルやイベントに参加したり、行きつけのお店を作ってみたり、婚活アプリや結婚相談所に登録してみたりするなど、これまで避けていた場所に飛び込むことで素敵な出会いがあるでしょう。コンパや飲み会などもいいですが、何度か行っているのに出会いや発展を感じられない場所よりも、他の場所を意識してみるといいでしょう。友人のホームパーティーやBBQなど、出会いを求めていない場所のほうがいい人を見つけやすいので、人の集まりには積極的に参加しておくとよさそうです。

ただ、2022年は仕事や趣味に忙しくなる時期でもあり、気がついたら恋愛を忘れて没頭してしまう可能性もあるので気をつけましょう。「金のイルカ座」は恋をしているほうが仕事でいい結果が出たり、やる気がアップするタイプです。片思いでもいいので気になる人を見つける努力はしておきましょう。また、長年同じような髪型や服装を続けている場合は、イメチェンをすることで出会う相手やつながる人が大きく変化します。思いきってイメージを変えてみるといいでしょう。既に2021年辺りから現状の自分に飽きはじめている感じがする場合は、2～4月くらいにイメチェンをしてみるといい出会いにもつながってくるでしょう。

また、過去の恋を引きずっているとせっかくのチャンスを逃す可能性も高くなってしまいます。昨年までの人と進展がないなら「縁はなかった」と諦めるといいでしょう。特に2020年の「裏運気の年」にこれまでとは違ったタイプを好きになったり関係が進んでしまった人は、キッパリ諦めたほうがいい縁につながります。その辺りで出会った人とは縁が薄いので期待をしないほうがいいでしょう。

「チャレンジの年」の1年目は、気持ちが少し楽になり、前に進める年です。自然と出会いも増え、いいきっかけもあると思いますが、モタモタしていると恋のライバルに先を越されてしまいます。様子ばかり窺っていないで、自分の気持ちにもっと素直になっておくといいでしょう。これまでとは違う年齢層や違う職業など、相手を見るポイントを変える意識を持つと素敵な人の存在に早く気がつけそうです。しばらく恋から遠のいている人ほど悪いパターンにハマっているので、生活環境を変えてみたり、しゃべり方や言葉選びをこれまでとは変えるように意識するといいでしょう。

2022年は深い縁ができるというよりも、縁が広がる時期です。好みではない人だったとしても簡単に縁を切るのではなく、異性の友人や知り合いくらいのほどよい関係になっておくのがいいでしょう。後にその人から素敵な人を紹介してもらえる可能性もあるので、興味が薄いと感じる相手でも友達になっておくといいでしょう。

開運のつぶやき 「顔が好き」と言えば世の中の男性の8割は落とせるもの

結婚運

しっかり結婚を意識することが大切
交際4年以上のカップルは入籍に進むかも

2022年は、交際期間が4年以上のカップルは入籍に話を進められそうです。特に2021年の下半期に話がまとまって2022年に入籍する感じになっているなら、二人が覚えやすい日や記念日に籍を入れるといいでしょう。2022年もモタモタする感じの相手とは縁がないか、結婚するつもりがないので気持ちを切り替えて、新しい恋に目を向ける必要もありそうです。ズルズルした関係を続けないためにも、プロポーズする日を決めて、そこで互いの気持ちの確認をしてみるといいでしょう。

交際期間が2～3年のカップルは縁が突然切れてしまうかも。あなたの気持ちが急に冷めてしまったり、相手との価値観の違いなどがいろいろ見えてきてしまう時期です。この時期に出会った相手の場合は、結婚の話を進めていても一度冷静になって考え直して、周囲の評判や評価をしっかり聞くことが大切。都合の悪いことを無視していると、苦労となって自分に戻ってくるだけなので気をつけましょう。経済的なことや具体的な話が出ないままの相手なら、自分がすべて補うくらいの気持ちがない場合は考えを改めたほうがよさそうです。

ただ、2021年の下半期以降に出会ったり交際を始めた相手の場合は、勢いで一気に話を進められる可能性があります。その場合は、相手の運気を調べて、いい流れに乗っているときは相手に合わせてみると結婚に進める可能性があるでしょう。

2022年の結婚運はそもそもそこまで強くはないので、まずはしっかり結婚を意識することが大切。「何歳で結婚をして、何歳で子どもを産むのか」「どこに住んで、どんな生活を送りたいのか」など、現実的で具体的な目標を掲げてみることが大事です。昔からの憧れではなく、2022年になってから考えた現実的な計画を立てる必要があるでしょう。いつまでも夢を追いかけるようなことをせず、自分の年齢や立場や状況を考えて、「どのくらいの年齢の人が合うか」など、これまでの考えを一度リセットしてみることも大切でしょう。

また、結婚する運気の強い「金／銀の時計座」を狙ってみるのもいいかもしれません。このタイプは、交際から結婚までの期間が非常に短い人が多いので、結婚を本気で望んでいるなら、相手の生年月日を調べて、仲良くなってみるといいでしょう。情に厚い人なので、真剣に将来の話を聞いてくれたり受け入れてくれるでしょう。ただ、相手はモテ期なので恋のライバルが出現しやすいです。モタモタしたり遠慮しないようにしましょう。また、昔からの異性の友人が「金の鳳凰座」だったら一気に押しきってみると結婚に進めることもあります。しばらく連絡をしていない場合は、電話をしたりメッセージを送ってみるといいでしょう。下半期くらいから一気に盛り上がって話が進む可能性もあるでしょう。

「チャレンジの年」の1年目は、まずは結婚に対する自分の意識を変えることが大切です。気になる人にはこれまでとは違ったアプローチを試してみたり、気になる人を探す場合はここ1～2年とは違う感じの相手を見るようにするといいでしょう。理想を求めるのはいいですが、現実離れしすぎないように。結婚運が強い年ではないですが、今年の考え方が後の結婚につながってくると思っておきましょう。

 開運のつぶやき ▶ 占いは「当たる」のではなく、「当てに行く」ことが大事

仕事運

**これまでとは違う仕事をまかされるかも
少しくらいの困難は当然と思って受けとめて**

仕事の流れや職場の環境に変化が起きたり、これまでとは違う仕事をまかされることになる年。部署異動や転職をするなど新しい挑戦に自ら動くこともありそうですが、現状を維持するにしても違う仕事を始めるにしても2022年はやることが増えるので、楽をする感じはなさそうです。それどころか、頑張っているのに給料に反映されなかったり、思った以上の結果が出ないで焦ってしまうこともあるでしょう。少しくらいの困難は当然だと思って受けとめて、自分の成長や学びになると思えることに対して積極的に行動するようにしましょう。

2021年の年末辺りからやる気になりはじめて、前向きに物事を捉えられるようになってきている人もいるかと思います。しっかりとした目標はまだ決まっていなくても気が引き締まった感じになっている人もいるでしょう。ですが今年は、忙しくなりすぎてしまったり、自分の至らない点がいろいろ見つかってしまうことがあるでしょう。

特に、ここ1～2年実力不足を突きつけられていることから逃げていると、いつまでも苦労から抜け出せません。自分の成長のためにも不慣れなことや苦手なことを少しでも克服する努力をするといいでしょう。上司や社長、仕事のできる先輩と仲良くすることで新たな道が切り開けることもあるので、少し図々しくなってみるとよさそうです。仲良くなる努力をしたり仕事関係者との交流を楽しんでみると、仕事がやりやすくなったり、大事なことを学べたりするでしょう。

「チャレンジの年」は、何事も前向きに受けとめて、自ら視野を広げ、行動することが大切です。なので、ここでサボってしまったりやる気のない感じでダラダラ過ごしてしまうと非常に苦しい年になってしまいます。今年は、荷物を背負いながら坂道を駆け上がって体を鍛えるような時期でもあるので、鍛えられる分の苦しみや辛さがあると思ってください。特に怠けてしまっている人は非常に厳しい結果が出たり、やるべきことをたくさん突きつけられてしまうでしょう。それを不運や不幸と思わないで、実力アップを目指すことが後の幸せにつながると考え、試練を乗り越えるように頑張りましょう。

今年は多少の苦労から逃げないで、自分に何が足りないのかしっかり考えて、努力や積み重ねをしっかり行うようにしましょう。転職を目指す場合でも、次の仕事で役立ちそうなスキルアップや資格取得を先にしておくといいでしょう。真剣になれば驚くほど能力は身に付くものです。2022年だけではなく2023～2024年までは坂道を駆け上がる時期なので、それまでに自分の進むべき道や将来が見えるようにしっかり力を身に付けるようにしましょう。

仕事を頑張ったごほうびも欲しいタイプなので、旅行や服など自分が頑張れるごほうびを決めておくといいでしょう。また、今年はいい仕事仲間やライバルも見つけられるので、いろいろな人と交流をしてみたり、同世代の人と話をする機会を作ってみましょう。愚痴や不満ではなく、前向きな話ができる人や明るい話ができる人を見つけることができそうです。年上の友人を作ってみるのもいいので、飲み会や食事会に行って場を盛り上げてみるといいでしょう。挨拶やお礼をキッチリすることも忘れないようにしましょう。

開運のつぶやき ▶ 面倒を避けてばかりでは、思い出もできない

買い物・金運

自己投資にお金を使って
今年の頑張りが6～7年後の金運につながりそう

「チャレンジの年」の1年目は変化の多い年であり、新しいことに挑戦をすることでいい流れに乗れる時期です。身の回りにあるものはどんどん新しいものに買い替えるのがオススメ。ただし、ムダな出費にならないように、本当に必要なものかどうかを冷静に判断してから買い替える必要があるでしょう。

仕事道具を買うことを優先したり、自己投資になるものを先に選ぶようにしましょう。趣味のものや浪費につながるものは後回しにして、本当に必要なものなのかどうかを見極めましょう。ときには処分することでその後に不要な出費がなくなることもあるので、つい課金をしてしまうゲームやアプリを消去することも大切でしょう。

買い物に出かけるなら、これまで行ったことのないお店に行くことがオススメ。服のイメージを変えるためにも同じようなお店に行かないようにすると、いいものを見つけられたり、年齢に合ったものを選ぶことができるようになるでしょう。できれば明るい服や目立つ服、他の人から見たら幸せそうに見える服を選んでみるといいので、暗い感じのものはできるだけ避けるようにしましょう。もし選ぶ場合は、話のネタになるようなものがいいでしょう。

最新の家電やスマホを手に入れるにもいいタイミングなので、古くなった感じがするなら思いきって買い替えをするといいでしょう。詳しい人にしっかり聞いてから判断するようにしましょう。

また、今年から少額でもいいので投資を始めてみるといいでしょう。3000～5000円くらいでもいいので、試しに始めてみると思った以上に手応えを感じられそう。これまでNISAや投資信託を避けていた人ほど、銀行などの窓口で一度話を聞いてみたり、詳しい知り合いに教えてもらうといいでしょう。ネットやアプリで簡単にできるものもあるので挑戦するといいですが、ついつい欲が出てしまうので、うまくいっても2022年は少額でやめるようにして、お試し期間だと思っておきましょう。また、2020～2021年に入ったサブスクリプションで使っていないものがあれば解約をしたり、不要なのに支払っているアプリや契約の解約をするようにしましょう。

お金の勉強をするにもいい時期なので、本を読んだりセミナーに顔を出してみるのもよさそうです。これまでそういった勉強をなんとなく避けていた人ほど、学んでみるといい出会いやおもしろい発見があるでしょう。仕事をして貯金をするだけではいつまでもお金は増えません。収入の1～2割は投資をするくらいの気持ちでいるといいでしょう。

また、「金のイルカ座」は仕事を趣味や遊びだと思い込んでみると自分で思っている以上のパワーを発揮することができるタイプ。2022年はすぐに収入がアップするような時期ではないですが、今年の頑張りや人脈が6～7年後の金運につながってきます。苦労だと思っても受け入れてみたり、いろいろな経験を楽しんでみるといいでしょう。ケチケチしているとせっかくのチャンスを逃してしまうので、自己投資と思えることには思いきってお金を使ってみるといいでしょう。無駄遣いにならないように、どうやったら元が取れるか知恵を絞ってみるといいでしょう。

開運のつぶやき　知っている程度で止まらないで、好きになってみるといい

美容・健康運

**生活習慣の見直しをして
調子の悪い部分があったら早めに検査を**

「チャレンジの年」は、ここ数年で体力の低下を感じている人や、体型に問題が出ている感じがする人ほど、生活習慣の見直しをするといいタイミングです。定期的な運動を始めてみたり、スポーツジムに通いはじめるなどしてみましょう。ただ、急にハードな運動をすると継続できないので、仲間と楽しくできるスポーツやサークル的なこと、友人と話しながらのウォーキングなど、体を動かすことにそれほど抵抗がないことから始めてみましょう。秋以降は少しハードな運動をしてみたり、マラソンやランニングを始めるといいかも。

美意識を高めるにもいい時期なので、毎朝体重計に乗って体重の変化を知ったり、メモを取るようにしましょう。そうすると、無駄に太ることがなくなったり、体重のコントロールができるようになるでしょう。1～2ヶ月で急に痩せようと思わないで、目標体重にするのは2年後くらいだと思ってみることも大切。

また、「チャレンジの年」はイメチェンをするにもいいタイミングです。これまでとは違う美容室に行って思いきったイメチェンをしてみたり、大人っぽく演出してもらうといいでしょう。縮毛矯正やトリートメントなど髪のメンテナンスをしっかり行ったり、少し値段が張ってもいいのでいいドライヤーを購入してみるといいでしょう。髪の正しい乾かし方やセットのやり方を美容師さんに教えてもらうといいかも。

今年はメイク道具を変えるといいタイミングでもあります。一気に買い替えはなかなかできないと思いますが、少しずつでもいいので年齢に合うものを選ぶようにしましょう。メイク教室に一度通ってみると、一気に雰囲気を変えられてメイクが楽しくなることもあるのでオススメです。ネットで探してみるとオンラインでも行っているので、気になるところを探してみるといいでしょう。

また、今年からは美脚を意識するといいので、足をきれいに出せるような服を選んでみることも大切。「足が太いので」と言って隠しているよりも、思いきって見せるようにすると自然と細くなったり、自分の意識が変わってくるようになるでしょう。少しだけ露出の多い服を選んでみるのがいいですが、冷えには弱いので寒さ対策を忘れないように。

ストレス発散には旅行がオススメ。できれば南の島や沖縄、ハワイやグアムなどに行ってバカンスを楽しむ時間を作ってみるといいでしょう。予算などいろいろな事情で行けない人は、ドライブで海に出かけてみたり、海の見えるホテルに宿泊をしてみるといい気分転換になってストレスも発散できそうです。遊びやノリが大切なタイプですが、「チャレンジの年」は予想外に忙しくなるので、夜更かしはできるだけ避けるように。睡眠時間をしっかり取って、疲れを次の日に残さないように気をつけましょう。

健康面は、大きな病気はしにくい時期ですが、1～2年前から調子が悪い部分があると感じている人や我慢をしている感じがある人は、早めに病院に行って精密検査を受けたり、人間ドックに行くようにしましょう。「チャレンジの年」の1年目は積み重ねが始まる時期でもあるので、不摂生や不健康なことを始めてしまうと2～3年後に後悔することになりかねません。未来の自分がガッカリするようなことをしないようにしましょう。

開運のつぶやき ▶ 何を話すのかではなく、相手にどう伝わるかが大切

親子・家族運

新たな気持ちで家族と楽しんで
子どもとの関係は1歩前進できそう

実家暮らしをしている人は、ひとり暮らしをするための計画をしっかり立てて、お金を貯めるなどの準備をしっかり行うようにしましょう。「お金がもったいない」「親が反対する」などと言い訳ばかりしていると、人生を棒に振ることになってしまいます。「金のイルカ座」は、実家にいると本来の能力を発揮できなかったり、運気の流れに乗れなくなってしまうので、親元からは離れて暮らすようにしましょう。特に父方との縁は薄いので、たとえ仲がいいとしても離れた場所で暮らしておくことが大事でしょう。

2022年は「チャレンジの年」なので、ひとり暮らしに挑戦するには最適な時期です。2021年は縁の切れ目だったので、既にひとり暮らしを始めているという人もいるかもしれません。親族との別れがあったという人もいると思いますが、今年からは何事も前向きに捉えて、新たな生活リズムを楽しむようにしてみてください。

結婚している人は、今年から家族の新しい生活習慣を作ってみたり、新たな家族行事を行ってみるといいでしょう。5月の大型連休や夏休みの計画を早めに立てて予約してみるといいでしょう。事情があって遠出ができないという場合は近くで思い出が作れそうなことを企画してみるのがオススメ。ママ友やパパ友との交流会を開いてみたり、誕生日パーティーを開いてみるのもいいでしょう。お金をかけるよりもアイデアで勝負してみるといい思い出ができそうです。

子どもとの関係も1歩前進できたり、いい意味で距離を置けるようになりそう。ここ1～2年の間で手がかかっていた子どもほど心配事が減ったり、安心できるようにもなるでしょう。勉強や運動のコツを教えたり、失敗することや負けることからも学べることがあると教えてみると、いい関係を作ることもできそうです。たとえ親子であっても、子どもは自分と同じ人間ではないということを覚えておきましょう。考え方や生き方が違うということを忘れずに接するようにするといいでしょう。

2019年の「乱気の年」や2020年の「裏運気の年」で家族関係が崩れてしまったり、不安定になったという人がいるかもしれません。場合によっては、離婚の危機や大ゲンカなどがあったかと思います。そういう大きな壁を乗り越えて2022年になったので、家族を大切に思う気持ちを新たにして、一緒に楽しもうとすることが大事です。

あなたのわがままで迷惑をかけてしまった場合は、意地を張らずに謝ることが大切です。いつまでも甘えてしまったり相手の責任にしていると、気まずい時間が続くだけだと思いましょう。我慢しているのはあなただけではなく、家族もグッと不満を飲み込んでいることを忘れないようにしましょう。

これまで特に問題のなかった家族でも、より楽しい家庭を作るように工夫しましょう。みんなでスポーツを楽しんだり、旅行やイベントに参加してみるとよさそうです。年に数回は、美術館やアートに関わる場所に行ってみるといいので、気になるものを見つけた場合は、みんなで行ってみるといいでしょう。

金のイルカ座 2022年タイプ別相性

気になる人のタイプを調べて、コミュニケーションに役立ててください。

相手が 金のイルカ座

互いに「チャレンジの年」になるので、一緒に新しいことに挑戦するのにいい相手。目的や進む方向が同じなら更にいいですが、ワガママが出すぎてしまうと噛み合わないことも多くなりそう。恋愛の場合は、これまでと違うデートをすると想像以上に楽しめるでしょう。仕事相手なら多少の失敗は大目に見るように。互いに今年から成長が始まるので期待してみるといいでしょう。今年初めて会う人なら不思議と付き合いが長くなりそう。同じ運気なので、不機嫌や不運、楽しいタイミングが合うことが多そう。観察相手としてお互いに楽しみましょう。

相手が 金のカメレオン座

あなたの思っている以上に悩みや不安を抱えている相手。なかなか本音を語らないタイプでもあるので、悩みや心配事を聞いてあげるといい関係になれそう。余計なことを忘れさせてあげるくらい遊ぶのもいいでしょう。突然縁が切れることもありますが、相手にも事情があったと思いましょう。恋愛相手としては、急激に仲良くなるか、縁が切れてしまうでしょう。予想外のデートをすると喜んでもらえそうです。仕事相手の場合は、辞めたいと思って仕事をしているので、仕事の面白さや楽しさを教えてみたり、サポートしてあげるといいでしょう。

相手が 金の時計座

一緒にいることで人脈が広がり、交友関係に大きな変化がある相手。将来の夢を語ってみると更にいい関係になりそう。非現実的なことでもいいので、挑戦したいと思っていることを話すと協力してくれるかも。恋愛の相手なら、あなたの前向きな言葉と姿勢があればいい関係に進めそう。一気に結婚する流れにもなるので、入籍の覚悟はいるかも。仕事相手の場合は、相手の判断を大切にするとあなたの評価も上がり、能力を開花させることができそう。相手の優しさがあなたにとっては生ぬるく感じそうですが、チームワークや協力の大切さを学べそう。

相手が 銀のイルカ座

昨年のあなたと同じような運気の相手。人との別れや距離感が変わる運気になるため、二人の縁が切れてしまうことや距離が空いてしまうことがあるでしょう。相手のためにも別れたり離れたりすることが大事な場合もあるでしょう。恋愛の場合、失恋しやすくあなたから別れを告げることになるかも。交際前なら、進展を過度に期待しないで下半期や2023年に期待して。仕事相手なら、仕事を押しつけないで手順や順序を教えてあげるといいでしょう。今年初めて会う人なら、長い縁にならなそう。短期的な付き合いだと割り切っておくといいでしょう。

相手が 銀のカメレオン座

あなたの前進を止めてしまう相手。相手も不慣れや苦手なことが多く、困惑している年です。一緒にいることで面倒なことに巻き込まれてしまうことがありますが、あなたにとっては一歩前に進めるチャンスにもなりそう。相手からはチャンスを奪われたと思われるかも。恋愛相手の場合は、縁がつながりにくいので期待は薄いですが、相手は予想外の人と交際する運気。あなたがこれまでの恋とは違うタイプならチャンスがあるかも。仕事の場合、相手は学ぶことが多い運気なので大失敗する場合もありそう。あなたが最終確認することを怠らないように。

相手が 銀の時計座

あなたの前進を手助けしてくれる相手。2022年に仲良くなっておくことで、恋愛でも仕事でも長い付き合いになりそう。相手の交友関係の広さを見習って、人を大切にすることを学んで。恋愛の相手なら、輝いている人なので手が届かない可能性が高いですが、恋愛相談をしたり、精神的に頼れることを伝えるといい感じになりそう。仕事相手の場合は、大きな結果を出す可能性が高い相手なので、相手の判断通りに行動すると運を味方に付けられるでしょう。今年初めて会う人なら、自分の話より相手の話をよく聞くといいでしょう。

相手が 金の鳳凰座

数年前からの知り合いや友人なら、今年は縁が強くなるので一緒に遊んだり偶然出会ったりするかも。相手が長く続けていることや評価されていない部分を見つけて能力を認めてみるといいでしょう。恋愛相手としては、既に異性の友人のような関係になっているなら進展しそう。今年出会った人の場合は進展は期待が薄いでしょう。仕事相手の場合、あなたとのテンポが合わない可能性がありますが、春と秋はともにいい結果につなげられそう。今年初めて出会った相手なら、縁が薄いので短い付き合いになりそう。無理につなごうとしないほうがよさそう。

相手が 金のインディアン座

一緒にいることで背中を押してもらったり、マイペースでいることの大切さを教えてもらえる相手。あなたと考え方が大きく違う相手ですが、前向きな生き方や楽観的なところを学んでみて。恋愛相手としては、相手のペースに振り回されそうですが、マメに会うように努めるといい関係に進めそう。仕事相手としては、チャンスをつかんで流れを変える人になるので、近くにいるといいことがありそう。期待以上の結果を出してくれるので信頼してまかせてみましょう。今年初めて会った人なら、いい縁なので大事にすると長い縁になるでしょう。

相手が 金の羅針盤座

前に進む運気のあなたと、今後の道を決める運気のこの相手はいい相性。あなたの前向きな言葉や姿勢が相手にいい影響を与えるでしょう。相手の正論が面倒になる場合がありますが、慎重に進めるために必要な考え方だと思って。恋愛相手として気になるなら、気持ちを素直に伝えて押しきってみるとよさそう。仕事相手としては、あなたの勢いを止めてしまうところがありますが、正しい方法や違う考え方から学べることがあるでしょう。今年初めて会った相手なら、不思議と付き合いが長くなりそう。挨拶やお礼を大切にしておきましょう。

相手が 銀の鳳凰座

一緒に遊ぶ相手としてはいい人。あなたが新たな遊び方や考え方を変えるきっかけを作ってあげられそう。多くを語らない人ですが、相手の頑固な部分を理解するといい距離感で付き合えるでしょう。恋愛相手としては、一人の時間が好きなタイプなので、執着しない感じや自由な感じが伝わるとよさそう。仕事相手としては、この相手は今年は仕事のやる気がなくミスが多くなるので、あなたがしっかり確認をして手助けしましょう。今年初めて会った相手なら、遊び友達だと割り切っておいて。趣味が合わないと続かない可能性が高いでしょう。

相手が 銀のインディアン座

前進するあなたの運気とはやや噛み合わない相手。あなたが思っている以上に疲れていたり、体調不良になっている場合があるので、様子をうかがって調子が悪く見えるときは伝えましょう。恋愛相手なら、今年は進展が望みにくいので異性の友人くらいの関係でいるようにして、来年に期待するといいでしょう。仕事相手の場合、互いに忙しくなる年ですが、相手の仕事を手伝うことになったり、協力しないといけない状況になりそう。初めて会う相手なら、印象が悪い可能性がありますが、マメに連絡をしておくと来年以降に仲よくなれそうです。

相手が 銀の羅針盤座

お互い前に進む運気ですが、進む方向や歩み方が違う人。相手の慎重なところや臆病な部分が合わないと思ってしまうかも。あなたが背中を押したり引っ張ってみるといいでしょう。恋愛相手としては、受け身のタイプなのであなたが積極的に誘って押しきるといいでしょう。芝居や舞台を観に行くデートだと盛り上がり、いい関係に進めそう。仕事相手の場合は、あなたの指示通りにやってくれる相手ですが、指示が間違っているとお互いが苦しくなりそう。今年初めて会った相手なら、互いに新しいことに敏感になってみるといいでしょう。

開運のつぶやき　他人が与えてくれる優しさに敏感になるだけで幸せになれるもの

命数別2022年の運勢

【命数】

51

頑張り屋で心は高校1年生

基本性格

負けず嫌いの頑張り屋。ライバルがいることで力を発揮でき、心は高校1年生のスポーツ部員。つい意地を張りすぎてしまったり、「でも」「だって」が多かったりと、やや反発心のあるタイプ。女性は色気がなくなりやすく、男性はいつまでも少年の心のままでいることが多いでしょう。自分が悪くなくても「すみません」と言えるようにすることと、目標をしっかり定めることが最も大事です。

★負けず嫌いの頑張り屋な星
★身近な人を好きになる星
★周りにつられて浪費する星
★運動しないとイライラする星
★部活のテンションで生きる星

開運3カ条

1. 目標となる人を見つける
2. 定期的に運動を行う
3. 素直に謝る

2022年の総合運

忙しくなることでやる気が増してくる年。しっかりとした目標やライバルを見つけることで更にやる気に火がつきますが、思い通りに進まないことや負けを認めなくてはならない出来事も起きてしまいそう。悔しい思いをするから成長できたり実力を身に付けるきっかけにもなるので、前向きに捉えるようにして。新しいスポーツに挑戦してみたり、体を定期的に動かすようにすることでストレスを発散できたり気持ちを落ち着かせることもできそう。水泳を始めてみるのもいいかも。

2022年の恋愛&結婚運

異性の友人を作るつもりで出会いの場所に行くと素敵な人に巡り合えそう。職場や身近な場所でも新しい出会いがありそうです。仲良くするのはいいですが、不要な反発をしたり生意気な感じを出しすぎると恋のチャンスを逃してしまうかも。笑顔で挨拶をしたり自分からお礼をするようにしておきましょう。結婚運は、仕事ばかりでチャンスを逃してしまいがちなので、記念日や思い出の日には自分の思いを素直に語ってみるといいでしょう。

2022年の仕事&金運

仕事運は、やるべきことが増えて忙しくなる年。すぐに結果を出そうとするのもいいですが、今年は実力を身に付ける時期なので日々の努力を怠らず、至らない点を認めて改善するようにして。ライバルを見つけることでパワーになるので、同世代で頑張っている人をチェックしてみて。金運は、今年の頑張りが後の収入アップにつながってくるので、お金の勉強をすること。友人や知人に釣られて浪費するクセを抑えるようにしましょう。

ラッキーカラー アップルグリーン　イエロー　**ラッキーフード** きんぴらごぼう　ヨーグルト　**ラッキースポット** キャンプ場　球場

【命数】

52

頑張りを見せないやんちゃな高校生

基本性格

頭の回転が速く、合理的に物事を進めることに長けている人。負けず嫌いの頑張り屋で、目立つことが好きですが団体行動は苦手。しかし、普段はそんなそぶりを見せないように上手に生きています。人の話を最後まで聞かなくても、要点をうまくくみとって、瞬時に判断できるタイプ。ときに大胆な行動に出たり、刺激的な事柄に飛び込んだりすることもあるでしょう。ライブや旅行に行くと、ストレスを発散できます。

★頭の回転が速い星
★刺激的な恋にハマる星
★団体行動が苦手な星
★健康情報が好きな星
★ライブ好きな星

開運3カ条

1. 雑用は楽しく取り組む
2. 初めて会う人の話は最後まで聞く
3. 価値観の違いを楽しむ

2022年の総合運

ひっそりと情熱を燃やすことを見つけられたり、周囲には見せない陰の努力が始まる年。はっきりとした目標が定まらなくても「現状のままではいけない」という気持ちは高まってきそう。環境を急激に変えてみたくなったときは素直に行動に移してみたり、学べることを増やしておきましょう。無謀と思われるような行動に走ってしまう場合もありますが、その分いい体験ができたり視野が一気に広がりそう。これまでにない人脈もできるようになるでしょう。

2022年の恋愛&結婚運

そもそも好きでいたい気持ちが強いタイプですが、今年は「好き」と思えるような人を見つけられる運気。裏運気で出会った人をいつまでも追いかけたり別れた人に執着していると、今年の出会いのチャンスを逃してしまうので、新しい人を見るようにして。相手に刺激を求めないで、おもしろい部分や価値観の違いを楽しむように。結婚運は、しっかり見定めてからの方がいい年ですが、交際期間が長いカップルは一気に話を進めてみて。

2022年の仕事&金運

新しい環境や職場、仕事の変化にワクワクできそうな年。基本的なところが抜けていると後に苦労をするハメになるので、今年はあえて雑用仕事を進んでやってみたり、基礎をしっかり固めるつもりで仕事に取り組んでみるといいでしょう。簡単な仕事ばかりやらないで、面倒なことほど率先してやっておくことで力を付けるようにしましょう。金運は、一発逆転を狙わないで長期的な投資がオススメなので、投資信託を始めてみて。

ラッキーカラー イエロー　グリーン　**ラッキーフード** レバニラ炒め　甘納豆　**ラッキースポット** 遊園地　ホテル

ラッキーカラー、フード、スポットはプレゼントやデート、遊ぶときの口実に使ってみて

さらに細かく自分と相手が理解できる！
生まれ持った命数別に2022年の運気を解説します。

【命数】53 陽気な高校1年生

基本性格

「楽しいこと」「おもしろいこと」が大好きな楽観主義者。常に「なんとかなる」と明るく前向きに捉えることができますが、空腹になると機嫌が悪くなる傾向が見られます。サービス精神旺盛で、自然と人気者になる場合が多く、友人も多いでしょう。油断するとすぐに太ってしまい、愚痴や不満が出て、わがままが表に出すぎることがあるので気をつけて。基本的に運がよく、不思議と助けられることも多く、常に味方がいる人でしょう。

持っている星

★笑顔の星
★勢いで恋をする星
★ワガママな星
★簡単に太る星
★食べ物に浪費する星

開運3カ条

1. 新しい仲間を作る
2. 明るく目立つ服を着る
3. 笑顔で挨拶をする

2022年の総合運

楽しい仲間や新たな出会いが増える楽しい年の始まり。一方で、やるべきことも増えてしまうので、忙しくなりすぎてしまわないように計画をしっかり立てたり、自分なりのルールやパターンを作っておくといいでしょう。勢いまかせで行動していると予定がいっぱいになりすぎてしまいそうです。新たな仲間や友人を作る機会も増えるので、人の集まりにできるだけ顔を出してみましょう。ダンス教室やお祭りやイベントに参加しておくと健康にもよさそうです。

2022年の恋愛&結婚運

出会いの機会が増えるので恋のチャンスも増えますが、一つひとつの出会いに対して雑になってしまうことも。気になる人を見つけたときはデートの約束を早めにするように。「また今度」だと、いつの間にか忘れてしまいそう。明るく目立つ服を着たり、昨年までとは違う髪型にするといいでしょう。友人や知人のホームパーティーには必ず顔を出して。結婚運は、プロポーズされたい日の話を相手にしておくといいでしょう。

2022年の仕事&金運

変化が多く忙しくなりすぎてしまう年ですが、どんな状況でも楽しんでみましょう。周囲を盛り上げるムードメーカーだと思って、明るい笑顔で元気に挨拶をするように。あなたのおかげで職場の空気が変わり、存在価値を一気に上げることもできそう。気分で仕事をしないで、しっかり気持ちを込めて仕事に取り組むといい結果にもつながるでしょう。金運は、交際費が増えてしまう年ですが、毎月3000円くらいの少額投資を行ってみましょう。

ラッキーカラー レッド　ブルー　**ラッキーフード** ポークソテー　チョコタルト　**ラッキースポット** ショッピングモール　動物園

【命数】54 頭の回転が速い頑張り屋

基本性格

直感がさえていて頭の回転が速い人。アイデアを生み出す能力も高く、表現力と感性が豊かなタイプです。おしゃべりで、目立ってしまう場面も多々あるのですが、ひと言多い発言をしてしまい、反省することも少なくないでしょう。競争することでパワーを出せる面がありますが、短気で攻撃的になりやすく、わがままな言動が見られることも。根は人情家で非常にやさしい人ですが、恩着せがましいところもあるでしょう。

持っている星

★おしゃべりな星
★一目惚れする星
★勘がいい星
★スタミナがない星
★短気な星

開運3カ条

1. 美術館や映画館に定期的に足を運ぶ
2. 専門知識を学ぶ
3. 勘を信じて行動する

2022年の総合運

興味のあることが増えて、学べることや体験することが多くなる年。芸術的センスを磨いたり、アートに関わる機会も増えそうです。美術館や展示会を見に行くことでいいアイデアが浮かんだり、情熱に火が点いたり、感性の合う人と出会える可能性もあるでしょう。自分の勘を信じて行動してみるといいので、気になる場所には積極的に足を運んでおきましょう。健康面は、今年から少しでもいいのでスクワットをしたり基礎体力作りをはじめておくといいでしょう。

2022年の恋愛&結婚運

一目惚れするような人を見つけることができる年。過去のマイナスなイメージに引きずられているとチャンスを逃してしまうので、気持ちの切り替えが大切です。自分の勘を信じて、気になった人とは早めに遊びに行くようにしましょう。デートの前日はしっかりと睡眠をとって、疲れを残したまま相手と会わないようにして。結婚運は、「結婚したい！」と感じたときは相手に素直に伝えてみたり、具体的な話をするといいでしょう。

2022年の仕事&金運

あなたの頭の回転の速さや専門的な知識を要求される年。不勉強を感じるなら1～2年かけてでも能力をアップさせること。新しい仕事が増えるので、素早く進めるのはいいですが、確認やツメが甘くならないように。仕事量の割には給料が増えないので、不満がたまってしまうかも。愚痴が増えてしまうので、ホドホドに前向きに捉えるようにして。金運は、浪費が激しくなりますが価値のないものを簡単に購入しないようにしましょう。

ラッキーカラー グリーン　イエロー　**ラッキーフード** ほうとう　プリン　**ラッキースポット** 劇場　ショッピングモール

【命数】

55

社交性がある頑張り屋

基本性格

段取りと情報収集が好きでフットワークが軽く、交友関係も広く、華のある人。多趣味で多才、器用に物事を進めることができます。注目されることが好きなので、自然と目立つポジションを狙うでしょう。何事も損得勘定で判断し、突然、交友関係や環境が変わることも。興味の範囲が幅広いぶん、部屋に無駄なものが増え、着ない服や履かない靴などがたまってしまいがちです。表面的なトークが多いため、周囲からは軽い人と思われるでしょう。

★情報収集が得意な星
★貧乏くさい人が嫌いな星
★トークが軽い星
★お酒に飲まれる星
★買い物が好きな星

開運3カ条

1. 交流の場に顔を出す
2. 大人っぽい服装を心がける
3. 予定を詰め込みすぎない

2022年の総合運

視野が広がり、フットワークも軽くなる年。やりたいことや興味のあることが増えて、新たな趣味もできるでしょう。物欲や買い物欲が増してくるのはいいですが、収入に見合わないものを欲しくなってしまったり、無理に手に入れてしまうこともありそう。人付き合いが増えて、付き合いの長い人や大人の世界を教えてくれる人とも仲良くなれそうです。損得だけで判断しないように心がけておきましょう。健康面は、深酒をしたり深夜に遊び回ったりしないようにしましょう。

2022年の恋愛&結婚運

出会いが多くなるので、気になる人が増えるでしょう。最初はいい感じで接することができても、プラス面が少ない相手やお得ではない人とは距離を空けてしまうクセが出てしまいそう。今年は縁を広げる年でもあるので、興味が薄い人でも異性の友人くらいにしておくと、後に素敵な人を紹介してくれる可能性があるでしょう。結婚運は、計画を立てて相手に伝えておくことが大切。あなたが準備不足にならないようにしましょう。

2022年の仕事&金運

忙しくも充実する運気。やることが増えるのはいいですが、効率が悪くなってしまったり、予定を詰め込みすぎてヘトヘトになってしまうことがありそう。仕事以外の付き合いも大切ですが、無理を続けないように。損する役回りも増えますが、経験できることが得だと思って雑用も素直に受け入れるようにして。金運は、不要な買い物をする前に、お金の活かし方や運用を勉強し、NISAや投資信託などを少しでもいいので始めておきましょう。

ラッキーカラー パープル　ピンク　**ラッキーフード** 天ぷら　キウイ　**ラッキースポット** プラネタリウム　海

【命数】

56

現実的な努力家

基本性格

現実的に物事を考えられ、真面目で几帳面であり、地道に物事を進めることが好きな人。負けず嫌いで意地っ張りな面もあり、陰で努力をするタイプです。些細なことでも、じっくり、ゆっくりと進めるでしょう。何事も時間がかかってしまいますが、最終的にはあらゆることを体得することになります。本心は出たがりの気持ちがありますが、チャンスの場面で緊張しやすく、引いてしまうクセが。遠慮して生きることの多い、断り下手な人でしょう。

★真面目で優しい星
★片思いが長い星
★自分に自信がない星
★冷えに弱い星
★小銭が好きな星

開運3カ条

1. 勇気を出して行動する
2. 自分の魅力を磨く
3. 人との出会いにケチケチしない

2022年の総合運

1歩前に進む年になりますが、「金のイルカ座」にしては慎重なタイプなので、この流れの中でブレーキを踏んでしまったり様子を見すぎてしまいそう。まずは行動を優先して、気になったことに挑戦してみましょう。自分の好奇心にもっと素直になってみると、人生を切り開けるようになります。人生には勇気や度胸が必要なことを忘れないようにしましょう。健康運は、湯船にしっかり浸かる習慣を作ったり、歩く距離を増やすように意識するといいでしょう。

2022年の恋愛&結婚運

片思いの恋には区切りをつけて、新しい人を見つける努力が大切な年。階段は1段上がったので、過去の恋愛とは縁がなくなったと思ったほうがいいでしょう。今年から自分に合う人を求めて行動したり、異性を見直してみると、素敵な人を見つけられそうです。華やかなイメチェンや年齢に合った髪型など、恥ずかしがらずに魅力を磨いてみて。結婚願望は強くなりますが、気持ちが言葉に出ないので素直に恋人に伝えるといいでしょう。

2022年の仕事&金運

やるべきことが増える年。受け身で待っていると次々と仕事を押しつけられてしまいそうですが、自分で思っている以上に実力を認めてもらっている可能性があります。限界だと勝手に思わないで工夫して仕事をしたり、他の人の協力が必要な仕事はうまく振り分けるように知恵を使うように。地道な努力が後の立場にもつながるので、今年はゆっくり前進しましょう。金運は、貯めるばかりではなく運用を意識して、NISAを始めてみて。

ラッキーカラー 藤色　ホワイト　**ラッキーフード** チンジャオロース　レモンゼリー　**ラッキースポット** 温泉　美術館

【命数】
57

おだてに弱い高校生

基本性格

実行力と行動力がある、パワフルな人。おだてに極端に弱く、褒められるとなんでもやってしまうタイプ。やや負けず嫌いで意地っ張りなところがあります。正義感が強いので、自分が正しいと思うと押し通すことが多いでしょう。行動は雑でおっちょこちょいなので、忘れ物やうっかりミスも多くなりがち。後輩や部下の面倒を見ることが好きで、リーダー的存在になりますが、本音は甘えん坊で人まかせにしているほうが好きでしょう。

★リーダーになる星
★恋に空回りする星
★おだてに弱い星
★よく転ぶ星
★後輩にご馳走する星

開運3カ条
1. 人脈を広げる
2. 事前準備と確認を怠らない
3. 失敗をいい経験にする

2022年の総合運

行動力が増す1年。新しい仲間や気になることが増えて忙しくなる運気です。興味のあることを見つけたら積極的に参加してみたり体験してみると、人生観が変わったり、いい人脈を作ることができるでしょう。勢いまかせで行動することもありますが、今年は失敗を恐れないで突き進んでみることで人生が楽しくなるでしょう。そのための苦労や困難は当然だと思っておきましょう。健康運は、ドジなケガをすることがあるので足元にだけは気をつけましょう。

2022年の恋愛&結婚運

行動範囲が広がることで出会いが多くなりますが、慌ただしい日々になり、出会いに雑になってしまいそう。気になる人にもっとマメになっておき、勝手に諦めたり見切りをつけないようにしましょう。積極的になるのはいいですが、自分のペースばかりではなく、相手のことを考えて遊びに誘うようにして。異性の友人になっておくことも大切な時期です。結婚運は、勢いで押し進められるので恋人に期限を伝えてみるといいでしょう。

2022年の仕事&金運

やる気が溢れる年になりますが、結果ばかり追い求めると焦ってしまいそう。きちんと実力を身に付けるようにしましょう。ともに頑張れる仲間と成長する時期だと思って確認や事前チェックなどをしっかりやったり、後輩や部下の面倒を見るようにするといいでしょう。いい意味でおだてに乗ることや調子に乗ることも大切なので、安請け合いをしてでも自分の実力をアップさせて。金運は、浪費するくらいなら少額の投資を始めましょう。

ラッキーカラー グリーン　レッド　**ラッキーフード** カルボナーラ　チーズケーキ　**ラッキースポット** 動物園　海

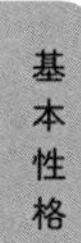

【命数】
58

上品な情熱家

基本性格

礼儀正しい頑張り屋。挨拶を欠かさずマナーをしっかり守り、上品な雰囲気を持っていますが、根はかなりの意地っ張り。自我が強く出すぎるのに、心は繊細なので、些細なことを気にしすぎてしまうことがあるでしょう。常識やルールを守りますが、自分にも他人にも同じようなことを求めるので、他人にイライラすることが多いでしょう。清潔感を大事にし、常にきれいにしているような几帳面な部分があります。

★礼儀正しい星
★相手を調べすぎる星
★恥ずかしがり屋の星
★肌が弱い星
★見栄で出費する星

開運3カ条
1. 1歩踏み込む勇気を楽しむ
2. 初めて会う人には自ら挨拶をする
3. 他人と自分を比べない

2022年の総合運

変化が多い1年ですが、臆病になっていると波に乗り遅れてしまいそう。慎重に判断したり行動するのはいいですが、そのせいで輪の中に入りそびれてしまうことがあるかも。失敗を恐れたり恥ずかしい思いを避けすぎていると大切な経験を逃すので、ときにはわざと失敗をしてそこから学ぶ気持ちも大切。失敗談を楽しく話せるくらいになってみて。人見知りする前に、自分が初対面なら相手も初対面だと忘れないように。健康運は、スキンケアをしっかりやっておきましょう。

2022年の恋愛&結婚運

恋愛観や好みに変化が出てくる年。これまで気になっていた人より素敵な異性を見つけることができる年ですが、マイナス面や細かな部分を気にしていると前に進めません。許す気持ちを持って、受け入れられるようになりましょう。相手の出方を待っていないで勇気を出してデートに誘ってみたり、気持ちを伝えてみるといいでしょう。恋から始まる勇気をもっと楽しんで。結婚運も、本気なら気持ちをハッキリ伝えておきましょう。

2022年の仕事&金運

やるべきことが増えて焦ってしまいそうですが、順序よく丁寧に仕事を進めれば自然と信頼を得られるでしょう。大きな結果よりも小さな結果をしっかり出すように、日々キッチリ仕事を進めましょう。周囲にいる雑な人にイライラしないで、自分に与えられた仕事を進めることが大事。仕事があることへの感謝を忘れないようにしましょう。金運は、見栄で出費するよりも、見栄を抑えて節約できたお金を少額でも投資に回すようにして。

ラッキーカラー ブルー　オレンジ　**ラッキーフード** 鮭のムニエル　バナナヨーグルト　**ラッキースポット** ホテル　果物狩り

【命数】
59

熱しやすく冷めやすい努力家

基本性格 根っからの変わり者で、自由人。斬新で新しいことを生み出す才能があり、常に他人と違う発想や生き方をする人です。負けず嫌いの意地っ張りで、素直ではないところがありますが、芸術系やクリエイティブな才能を活かすことで認められる人でしょう。理論と理屈が好きですが、言い訳が多くなりすぎたり、理由がないと行動しないところも。心は中学1年生で止まったまま大人になることが多いでしょう。

★天才的なアイデアを出す星
★才能に惚れる星
★飽きっぽい星
★目の疲れの星
★マニアックなものにお金を使う星

開運3カ条
1. 新たな生活リズムを作る
2. 変化を楽しむ
3. 初めて会う人を増やし、相手を褒める

2022年の総合運

新たな流れが始まり変化の多い年になるため、ワクワクする出来事や興味のあることが増えるでしょう。「金のイルカ座」の中でもあなたの場合はこの流れを前向きに捉えられて、好奇心の赴くままに行動ができたり、新たなことに挑戦できるでしょう。結果が形にならないこともありますが、気になったことには手を出してみたり、新たな人脈作りを楽しんでみるといいでしょう。健康運は、食事のバランスを整えるように意識しておきましょう。

2022年の恋愛&結婚運

気になる人を見つけられても天邪鬼な性格が邪魔をして、チャンスを逃してしまうかも。恥ずかしがらずに素直に遊びに誘ったり、相手の素敵なところを伝えてみるといいでしょう。いい関係になったときほどひねくれてしまったり、思いとは逆の言葉が出やすいので気をつけて、異性ウケのいい服装や見た目を意識しておくといいでしょう。結婚運は、結婚願望が薄れてしまう年。何年後に結婚をしたいか具体的に考えておくといいでしょう。

2022年の仕事&金運

これまでとは違う感覚で仕事に取り組めたり、リズムが変化しそうな年。間違った方向に進んでしまうこともありますが、うまく学べば後に活かせるので、気になる方法を試してみて。転職や部署異動をするのもいいでしょう。失敗も成功もデータを取っておいて、探求心を持って仕事に取り組むと自分の能力に気づけるでしょう。金運は、独自の価値観で買い物をするよりも、おもしろそうな会社への投資をするといいでしょう。

ラッキーカラー ピンク　ホワイト　**ラッキーフード** うなぎ　チョコミント　**ラッキースポット** 劇場　神社仏閣

【命数】
60

理屈が好きな高校生

基本性格 理論や理屈が大好きで、冷静に物事を考えられる大人なタイプ。知的好奇心が強く、深く物事を考えていて対応力があり、文化や芸術などにも詳しく、頭のいい人でしょう。人付き合いは上手ながら、本音では人間関係が苦手でめったに心を開きません。何事にも評論や批評をするクセがあります。負けず嫌いの意地っ張りでプライドが高く、自分の認めない人はなかなか受け入れません。何かを極める達人や職人、芸術家の才能があるでしょう。

★冷静な星
★アートにハマる星
★エラそうな口調になる星
★肩こりの星
★尊敬できる人を好きになる星

開運3カ条
1. すべての人を尊敬してみる
2. 気になることは探求追求する
3. 初めて会う人と仲良くなる

2022年の総合運

探求や追求をしてみたいことが増え、尊敬できる人を見つけられる年。いい意味でプライドを捨て、自分にできないことができている人を認めることで大きく成長ができ、前に進めるようになるでしょう。芸術や美術やその他学んでみたいと思ったことを、素直に勉強したり教えてもらうといいでしょう。習い事や資格取得の勉強やスクールに通いはじめてみると、いい出会いもあるでしょう。健康運は、目の疲れはマメにケアするようにしましょう。

2022年の恋愛&結婚運

出会いが多くなる年。お眼鏡にかなうような異性にはなかなか出会えなそうですが、いいところや認められるところを見つけると、気になりはじめるかも。年上との波長が合いやすいので、同世代よりも年上の友人や知り合いを作る努力をしてみて。相手の頭脳や才能などを気に入ったときは言葉に発してみるといい縁になりそう。結婚運は、結婚よりも他にやるべきことに目がいってしまいそう。相手に合わせれば話が進むでしょう。

2022年の仕事&金運

求められることと実力が合わないで、プライドが傷付いてしまうことがありそう。不要なプライドは捨てて、至らない点を認めて実力を身に付けるようにしましょう。今の仕事をもっと極めるためにデータを集めたり、違う方法を試してみるといいでしょう。仕事関係者とのコミュニケーションも重要だと忘れないように。仕事で結果を出している人を尊敬すると道が開けるでしょう。金運は、お金の勉強をして投資信託を始めてみて。

ラッキーカラー ブルー　ブラック　**ラッキーフード** しめじの味噌汁　緑茶　**ラッキースポット** 神社仏閣　書店

ラッキーカラー、フード、スポットはプレゼントやデート、遊ぶときの口実に使ってみて

年代別 アドバイス

世代が違えば、悩みも変わります。
日々を前向きに過ごすためのアドバイスです。

年代別アドバイス 10代

「これまでとは違うグループや友人関係を作ることに躊躇しないようにする」「新しい友達を作る」「気になったことに挑戦することで離れていく人を気にしないようにする」ことが大切。気になることに挑戦するためにも新しいことに目を向けてみたり、情報を集めておきましょう。実際に体験した人からの話を聞いたり、ライブやイベントやスポーツなどを観に行ってみると、同じように頑張りたくなる気持ちが湧くでしょう。

年代別アドバイス 20代

1歩大人になれる年。なんとなく避けてしまっていたことに挑戦できたり、気になることを見つけられそう。学生時代の友人に縛られていないで、今年からできる新しい人間関係を大切にするといいでしょう。引っ越しなどをして環境を変えることで新たなスタートを切るのもよさそう。本当にやりたいことをやることで自分らしく生きられるようになるでしょう。「若いときの苦労は買ってでもしろ」を心がけておくといいでしょう。

年代別アドバイス 30代

新たな人生の始まりだと思って視野を広げ、挑戦することが大切な年。年齢を気にしないで新しい知り合いや仲間、友人を作るつもりで行動することでいい縁がつながってくるでしょう。職場や仕事関係者を誘って食事会や飲み会をするなど、これまで以上にコミュニケーションをとるようにしましょう。長年同じところに住んでいる場合は、引っ越しをして生活リズムを変えてみると自然とやる気になるので、計画を立てておきましょう。

年代別アドバイス 40代

年配者や先輩からの話も大切ですが、今年からは若い人の考え方や生き方、流行などを教えてもらうようにしましょう。年下の友人や知り合いを作るつもりで過ごしてみて。頑張っているけれど、まだまだ粗い感じで才能を評価されていない人を見つけて応援したり手助けをするのもいいでしょう。教えられることをできるだけ伝えてみて。年齢に合ったイメチェンをしたり新たな趣味を始めてみると、人生が楽しくなりはじめるでしょう。

年代別アドバイス 50代

今年から、基礎体力作りや代謝の上がる運動を定期的に行うようにしましょう。スポーツジムに通ってみたり、家でヨガやストレッチや筋トレなどをしてみるといいでしょう。ネットやアプリ、最近の流行などは若い人に素直に頭を下げて、最新情報を教えてもらうようにするといいでしょう。食事は、新しいお店を探してみるとお気に入りができて素敵な人脈も広がるので、気になるお店に行ってみるといいでしょう。

年代別アドバイス 60代以上

新しい趣味を見つけるために行動することが大切な年。言い訳をして新たな挑戦を避けるのではなく、好奇心の赴くままに行動してみると楽しい発見やおもしろい経験もできそうです。いい距離感の知り合いや友人もできやすいので相手の話をしっかり聞くように努めましょう。今年から歩く距離を増やしてみたり、屈伸やラジオ体操など定期的に体を動かす習慣を身に付けておくといいでしょう。

金のイルカ座

毎月・毎日 運気カレンダー

［2021年11月～2023年3月の運気グラフ］

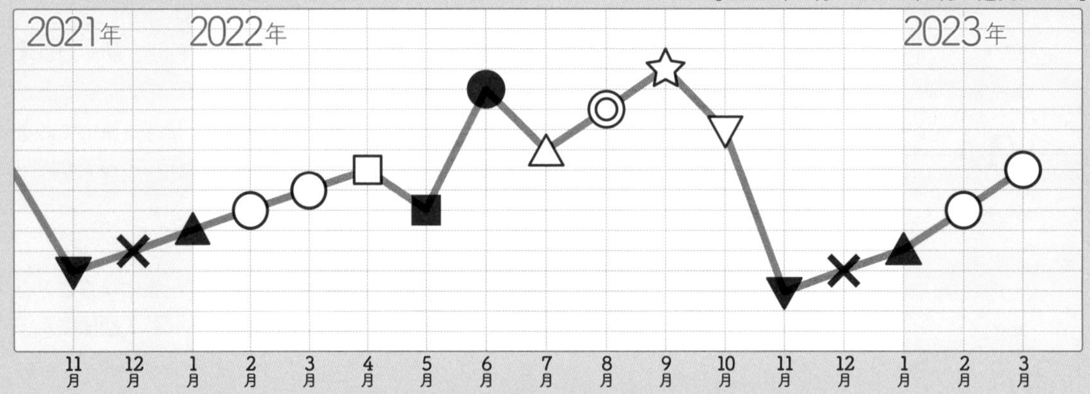

金のイルカ座の2022年は

○ チャレンジの年（1年目）

新しいことに挑戦し、人脈を広げる年

この本で「占いを道具として使う」には、「毎日の運気カレンダー」（P.371 ～）を活用して1年の計画を立てることが重要です。まずは「12年周期の運気グラフ」（P.353）で2022年の運気の状態を把握し、そのうえで上の「毎月の運気グラフ」で、毎月の運気の流れを確認してください。

「金のイルカ座」の2022年は、「チャレンジの年（1年目）」。山登りでいうなら前半戦。2022 ～ 2023年は新しいことへの挑戦と人脈を広げる年。初めての体験をすればするほど、2024年以降の方向性の選択肢が広がります。2026年には山の中腹を越え、いったん努力の結果が出ます。それを受けてさらなる決断をし、2027 ～ 2028年は仕事も遊びも充実。美しい山の景色を楽しみながら2029年に山頂へ。

☆ 開運の月　◎ 幸運の月　● 解放の月　○ チャレンジの月
□ 健康管理の月　△ 準備の月　▽ ブレーキの月　■ リフレッシュの月
▲ 整理の月　✕ 裏運気の月　▼ 乱気の月

2021 11月

▼ 乱気の月

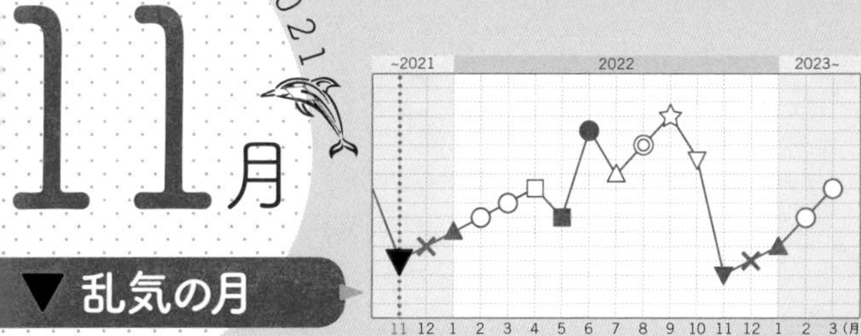

開運3カ条

1. 簡単に否定しないで、できるだけ肯定する
2. 自分の「うれしい」は相手にもしてあげる
3. 辛抱することが起きると覚悟しておく

総合運

計画を否定されたり、甘さを突っこまれたり、やっと形になった物を崩されてしまうことがありそうな時期。人間関係も崩れやすく味方だと思っていた人が離れたり、チームワークが大きく乱れることに巻きこまれたりする場合もあるでしょう。自分中心に考えないで相手や周囲のことを考えて判断することが大切になりそうです。健康運は、体調の悪さを実感しそう。しっかり休む日を作って回復に専念しましょう。

恋愛＆結婚運

恋人のいる人は大喧嘩になることや気持ちが一気に離れて冷めてしまうことがありそうな時期。特に交際1～2年以内のカップルはここで別れに向かう可能性が高く、愛情を試されることが増えるでしょう。新しい出会いは、あなたの心を乱す相手である可能性が高いので、仲良くなるのはいいですが、深入りは禁物。結婚運は、あなたが口を出すことが破談の原因になるかもしれないので、相手に合わせながら様子をうかがっておくといいでしょう。

仕事＆金運

仕事を辞めたくなってしまうきっかけがある時期ですが、どんな仕事にも辛抱と忍耐力が必要だと忘れないようにしましょう。これまでの辛抱がムダになってしまうような軽率な行動に走らないようにし、些細な仕事でも最後までキッチリ終えるように。後輩や部下にコツを授け引き継がせる気持ちで教えてみるといいでしょう。金運は、重要なことにお金を使うのはいいですが、軽はずみに散財しないように注意。

日	運気	内容
1 月	▲	財布の中を整理してから出かけましょう。小銭でパンパンになっていたり、不要なレシートや期限切れのクーポン券があれば処分して。カバンの中もきれいに整えておくこと。
2 火	＝	普段とは少し違った雰囲気を出してみたり、生活リズムを変えてみましょう。気になることに少しでも挑戦したり、普段なら避ける色の服を選んで着てみるといいでしょう。
3 水	＝	新しい出会いの期待は薄い時期ですが、第一印象をよくしておくことは大事。しっかりと挨拶をしたり、笑顔を心がけて。爪や髪型などの身だしなみにも気を使っておきましょう。
4 木	□	積極的に行動することは大切ですが、自己中心的な考えを押し通そうとしないで。あなたのわがままな発言で周囲の人が離れてしまうかも。みんなが喜ぶことを考えて行動して。
5 金	■	思ったよりも疲れやストレスがたまっているので、頑張りすぎには要注意。夜はうれしいお誘いがありそうなので、早めに仕事を進めるのはいいですが、雑にはならないように。
6 土	●	友人や知人に誘われたり、気になる相手と楽しい時間を過ごすことができそう。珍しい人から誘われたときは、面倒でもOKしてみましょう。夜は時間の確認を忘れないように。
7 日	△	遊びに出かけるのはいいですが、夢中になりすぎてケガをしたり、財布やスマホを落としてしまうかも。調子に乗りすぎて余計な発言をすることもあるので気をつけましょう。
8 月	○	実力を発揮するにはいい日ですが、弱点や欠点も出てしまうことがあるので気をつけて。付き合いの長い人のサポートや周囲の人に感謝することを忘れないようにしましょう。
9 火	○	同期やライバルから学べることがあるかも。結果を出している人の努力を認めると気持ちが楽になることも。素直にコツを教わってマネしたり、相手のいないところで褒めてみて。
10 水	▽	頑張りを認められなくてもヘソを曲げないで、どうしたら評価されるかもっと考えてみて。夜は苦い思い出ができてしまいそうなので、早めに帰宅しましょう。
11 木	▼	誤解や勘違いから人間関係にヒビが入ってしまいそう。相手への尊敬を忘れなければ、トラブルは簡単に避けることができます。話を前向きに捉えるようにすることも大事でしょう。
12 金	×	うまくいかないことが重なってしまうかも。周囲に迷惑をかけていなければラッキーと思いましょう。もし迷惑をかけてしまったら、しっかり謝って最善を尽くすようにして。
13 土	▲	クローゼットの中に眠っている着ない服はネットオークションに出すなどして一気に処分しましょう。季節外れのものを洗濯やクリーニングに出すと気分的にもすっきりしそう。
14 日	＝	友人の話を鵜呑みにすると後に恥をかいてしまうことがあるので、しっかり調べることが大事。間違った情報でも教えてくれた人を責めないようにし、冷静な判断を心がけて。
15 月	＝	愚痴や不満の聞き役になったり、面倒なことを率先してやっておきましょう。他人まかせにしていたことに気づけたり、相手の気持ちを理解できて、意外なヒントが見つかるかも。
16 火	□	人から信用してもらうためにも、あなたが相手を信用することが大切。相手の立場を想像して言葉を選んだり、行動を変えてみましょう。自分の利益だけで判断しないように。
17 水	■	睡眠不足から大きなミスをしやすいかも。自分の体の状態をしっかりと把握し、限界を感じるまで無理をしないようにして。仕事帰りにマッサージなどに行くのもいいでしょう。
18 木	●	チャンスに恵まれる日ですが、事前準備や日頃の積み重ねがないと簡単に逃してしまったり、逆にピンチになってしまうかも。逃したときは、次のチャンスのために準備をはじめましょう。
19 金	△	1日のスケジュールをしっかり確認することが大事。なんとなくで行動すると後悔することになりそう。問題の原因をしっかり探り、反省を活かせるように努めましょう。
20 土	○	ハッキリしない関係の人と会うことになっても、過度な期待はしないで。友人に予定を乱されて無駄な時間を過ごすことになっても、覚悟しておくと気持ちは楽になるでしょう。
21 日	○	小さなくじが当たったり、プチラッキーな出来事がありそう。ポイントが倍になっていることに気がつくなど、些細な幸せを噛みしめて、周囲にお裾分けすることも大切でしょう。
22 月	▽	日中はいい判断ができ、勢いに乗れそう。のんびりせずに早めに行動することが大事です。夕方からは控えめなほうがよさそう。目立ってしまうと面倒なことに巻き込まれるかも。
23 火	▼	耳の痛いことや嫌みを言われてしまうかも。不機嫌を顔に出さない訓練だと思って、上手に聞き流せるくらい大人になりましょう。ストレスは他人にぶつけないようにして。
24 水	×	頑固になりすぎて視野が狭くなってしまいそう。せっかくのアドバイスを無視したり、誘いを断ったりしてしまうことで人間関係が気まずくなることがあるので気をつけましょう。
25 木	▲	気持ちの切り替えが大切な日。なくし物をしたり、大事なものが壊れても身代わりだと思っておきましょう。失恋したり人との関係が崩れてしまっても、縁のなかった人だと思って。
26 金	＝	失敗することが当然だと考え、思いきって行動して。臆病が最も怖いことだと思って、些細なことでもいいので新しい何かにチャレンジし、経験を積むようにしましょう。
27 土	＝	なんとなく過ごすのではなく、自分の目標に向かって進む過程を楽しむことが大切。結果ばかりに目を向けないで、成長している自分を認めて。周囲の人の存在も忘れないように。
28 日	□	なんとなくで外出せずに、目的を決めて行動を。帰宅時間を決めておかないとダラダラして疲れがたまってしまうので気をつけて。夜はゆっくりお風呂に入る時間を作りましょう。
29 月	■	前日の疲れが残っていたり、寝不足を感じることがあるかも。油断していると体調を崩しやすいので気をつけて。10分だけでも昼寝をする時間を作ると体がすっきりしそうです。
30 火	●	突然注目されたり、お願い事が増えたりする日。簡単に断らないで、引き受けられることはできるだけやってみて。好みとは言えない相手から好意を寄せられることもありそうです。

2021 12月

× 裏運気の月

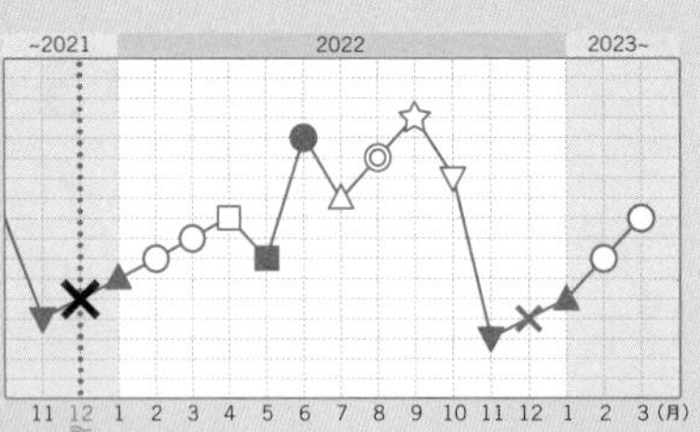

開運 3 カ条

1. 「このくらいですんでよかった」と思う
2. 感謝と恩返し、恩送りの気持ちを忘れない
3. 不満の原因は自分にあると思って改善する

総合運

現状を変えたくなったり逃げ出したくなったりする時期。無謀な行動に走ってしまうこともあるので冷静な判断を。不満や不安は時間が解決することが多いので、ここは辛抱するようにしましょう。助けてくれる人や協力してくれる人に感謝と恩返しを忘れないことが大事。相手の善意を「相手が勝手にやったことだから」と思っていると苦労を繰り返すでしょう。健康運は、体調を崩しやすいので注意しましょう。

恋愛&結婚運

失恋や異性に心を乱されたり、だまされたりすることがある時期。独身と聞いていたのに既婚者だったと知ってしまうことなどがありそう。すぐに引き下がればいいですが、ズルズル関係を続けて痛い目にあうこともあるでしょう。相手の嫌な部分が一気に表面に出てくることが多くケンカになりそうですが、あなたの短所も出やすいので気をつけましょう。結婚運は、破談になったり思っていない方向に進んだりしそう。

仕事&金運

不満が爆発したり、不安なことが一気に出てくる時期。仕事を辞める選択をしたり、やる気を失ったり、プライドが傷ついたりする出来事も起きそうですが、大切なことまで手放さないようにしましょう。雑な部分やいたらない部分をしっかり認め、今後の課題を見つけて何をどうするといいのか自分の問題として捉えることが大事でしょう。金運は、付き合いで出費が増えますが、ムダ遣いにならないようにしましょう。

日	運気	内容
1 水	△	集中力が低下しやすそう。交通機関での移動のときには手袋やマフラーなどの忘れ物に気をつけて。意識しておくとほとんどのミスは防げるはず。仕事でも小さなミスに要注意。
2 木	○	年始の目標がどれだけ達成できたか考え、今からでもできることがあれば、少しでも挑戦しておきましょう。この1年で差がついている同期や友人を認め、頑張る力に変えてみて。
3 金	○	仕事に対する普段の姿勢が評価されるので、いつも以上に真剣に取り組みましょう。油断すると評判を落としたり、叱られるかも。評価が低いと思ったら自分の姿勢を見直して。
4 土	▽	友人や知人に日ごろの感謝を伝えましょう。ささやかでもいいのでごちそうしたり、ホームパーティーでみんなを楽しませてみて。人を喜ばせることでケチケチしないように。
5 日	▼	知り合いに予定を乱されたり、裏切られたり、自分への陰口を聞いてしまうことも。「こんなのはかすり傷」と思って流して、自分を理解してくれている人を大切にしましょう。
6 月	×	自分以外のアクシデントに巻き込まれてしまったり、責任を背負わされてしまうかも。理由を説明しても言い訳ととられてしまうので、グッと我慢して誠意ある対応を。
7 火	▲	身の回りを整理整頓して。しばらく履いていない靴や傘立てにある不要なビニール傘などは処分しましょう。玄関をきれいにすると、気持ちもすっきりして運気もよくなるでしょう。
8 水	=	何事も「大丈夫、なんとかなる」と思って取り組むことが大事。まずは行動し、経験から学びを得るようにして。苦しいと思うときは、自分のレベルが低いと思っておきましょう。
9 木	=	新しいことを少しでもいいので体験して。友人を誘って話題になっている飲食店に行ったり、普段はなかなか食べないものを注文するなど、ちょっと冒険してみましょう。
10 金	□	どんなことからも学べるということを忘れないように。うまくいったときはどうしてうまくいったのかを考え、うまくいかないときは原因を探って、改善点を見つけましょう。
11 土	■	気の合う友人を集めてホームパーティーをしてみて。参加者ひとりひとりの好みを想像し、真心を込めて料理や飲み物などを準備しましょう。みんなの笑顔でストレス発散に。
12 日	●	自分のことだけを考えていると不満がたまってしまいそう。メッセージを送るときは自分の気持ちだけではなく、相手が返事をしやすい内容や言葉をしっかり選んで送るようにして。
13 月	△	ケアレスミスが多くなりそう。いつも以上に集中して物事に臨みましょう。頭の中を整理するためにも、メモをとって確認するのもいいでしょう。口を滑らせやすいので気をつけて。
14 火	○	何事も中途半端にならないように気をつけること。取りかかったら最後まで気を緩めないで、最終チェックも忘れずに。読みかけになっている本を読み進めるのもいいでしょう。
15 水	○	仕事道具が故障して不要な出費が増えてしまわないよう、仕事道具はしっかり手入れをして、修理や調整をしておきましょう。お世話になっている人にお礼をするにもいい日です。
16 木	▽	頑張りを認められたり、いい結果が出そう。99%が自分の力ではなく、周囲やこれまで関わってくれた人のおかげだと忘れずに。自分の力だけだと思っていると苦しくなるかも。
17 金	▼	面倒な人に振り回されることがあるかも。不機嫌を顔や態度に出さないで、笑顔で対応することが大事。相手の立場で物事を考えてみると、やるべきことがハッキリするでしょう。
18 土	×	不機嫌になるような出来事があるかも。自分の感情をコントロールする練習だと思って、平常心を心がけてみましょう。幼稚な態度をとると、信用や人気を落としてしまいそうです。
19 日	▲	大掃除に最適な日。部屋の換気をよくして、エアコンや換気扇など普段手をつけていなかったところを掃除して。部屋の空気の流れをよくすると幸運も舞い込みやすくなります。
20 月	=	普段と違う仕事をまかされることがあるかも。不慣れなことも不運だと思わず、いい勉強だと思って。手応えがなくてもどうしたらコツをつかめるのかいろいろ試してみましょう。
21 火	=	あまり興味がなくても、世間で話題になっている映画や本などに触れてみて。流行っているものには必ず何かしらの理由があり、そこには生きていくヒントが転がっているはず。
22 水	□	「人生は一度きりだから」とわがままに生きるのではなく「相手にとっても一度の人生」だと忘れないこと。お互いの時間を大切に使えたり、思いやりを持って接することができます。
23 木	■	疲れが出やすいので心身ともに無理はせずに、早めに帰宅しましょう。好きな音楽を聴くなど、のんびり時間を過ごしてゆっくり休んで。自分の健康状態を過信しないように。
24 金	●	予想外に楽しめるクリスマスイブになりそう。恋人がいなくても友人を誘ってみると楽しい時間に。異性の友人をノリで誘うと勘違いされることがあるので誘い方には気をつけて。
25 土	△	クリスマスを楽しむといいでしょう。遊ぶときはケチケチしないでパーッと楽しんでみて。自分だけでなく周囲を喜ばせることを強く意識してみると、いい思い出ができそうです。
26 日	○	友人を集めて忘年会をするといいでしょう。遠くて参加できない人はネットでつないでみると思った以上に盛り上がることがあるので、懐かしい人にも連絡してみて。
27 月	○	年末年始の買い物にうってつけ。ネットでもいいので必要なものをまとめ買いしましょう。2022年の目標を立てるにもいい日なので、小さくても達成できそうなことを目標にしてみて。
28 火	▽	午前中は物事が進みやすいので、のんびりしないでどんどんやれることを済ませましょう。夕方あたりからは疲れを感じたり予定通りに進まなくなるので、イライラしないように。
29 水	▼	自分の行動が裏目に出てしまったときには、しっかり反省をして、迷惑をかけた相手に心からの謝罪をすること。次に同じような失敗をしないよう工夫をすることが大事です。
30 木	×	自分がされてうれしいことをほかの人にしてみて。自分をいちばんに考えると、見逃してしまうことがあるかも。何を言われるとうれしいか、どうすると喜ばれるか考えて行動して。
31 金	▲	この1年を振り返り、成長したことできなかったことをいろいろ考えて反省しましょう。自分がこれからやるべきことをシンプルに考えれば、道が見えてくるでしょう。

☆ 開運の日　◎ 幸運の日　● 解放の日　○ チャレンジの日
□ 健康管理の日　△ 準備の日　▽ ブレーキの日　■ リフレッシュの日
▲ 整理の日　× 裏運気の日　▼ 乱気の日　= 運気の影響がない日

2022

1月

▲ 整理の月

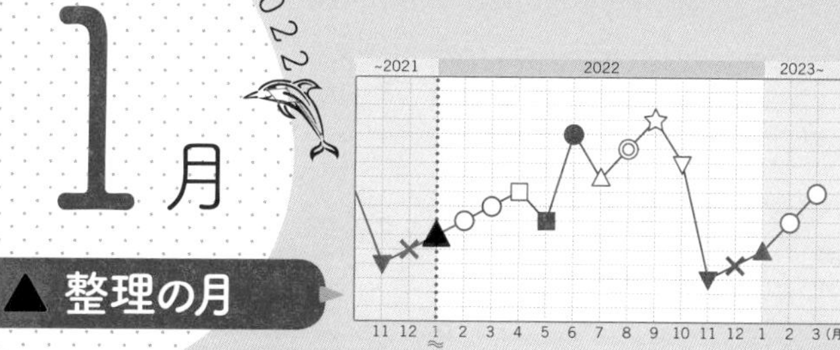

開運 3カ条

1. 身の回りの整理整頓と大掃除をする
2. 焦って動かない
3. 気持ちを切り替える

総合運

新年を迎えて一気に動き出したい気持ちが高まりますが、落ち着いて考えたり、準備不足や情報不足ではないか見直すことが必要。特に不要なのに時間を使っていることから離れるためにも、集中を邪魔するものを目の前から片づけ、年齢に合わないものを処分することが大事。不要な人間関係もここで縁を切ってしまうくらいの気持ちが大切でしょう。健康運は、ダイエットや基礎体力作りを始めて体の調子を整えておきましょう。

恋愛&結婚運

ひとつの恋に区切りを付ける時期。好みではない人と交際した人、裏運気の年に出会った人に恋している人は、今月に諦めたり、1度告白して振られてみることが大事。交際に発展する可能性もありますが、長期的な交際にはならないでしょう。新しい出会いを求めるなら、下旬にイメチェンしたり生活リズムを変えましょう。結婚運は、進みたいなら相手を喜ばせるように褒めるといいでしょう。

仕事&金運

仕事に真剣に向き合えなくなり、転職や離職を考えてしまう時期。目の前の仕事に集中して役割を果たすことで乗り越えられるので、無謀な行動をとったり感情に走らないように。職場をきれいに掃除して、仕事道具を整えることでやる気が増すので、引き出しの中などを整理整頓してみましょう。金運は、間違って大事なものを処分したり身の回りのものを壊して出費が増えてしまうので気をつけて。

日	運気	内容
1 土	＝	毎年恒例の神社仏閣ではなく、少し違うところに初詣に行くと新しい発見や気持ちの切り替えができそう。新年の挨拶も例年以上にしっかりすると一歩前に進めます。
2 日	＝	変化を楽しむといい日。普段は見ないTV番組からいい情報を入手したり、家族や親戚の雑談から学べることがあるでしょう。何事も楽しむ気持ちを忘れないように。
3 月	□	正月休みをだらだら過ごすと後悔することになるので、今日は軽く体を動かしたり、時間を作って散歩をするといいでしょう。買い物もいいですが、歩く距離を長くするように。
4 火	■	油断していると風邪をひいてしまう日。温かくして、うがい・手洗いを忘れないようにしましょう。蜂蜜入りのドリンクを飲んだり鍋料理を食べて体を温めておきましょう。
5 水	●	好きな人や気になる人に連絡をするといい日。新年の挨拶を忘れている場合は、しっかりとした文章を送りつつ、月末辺りに食事の誘いをしてみるといい展開になりそう。
6 木	△	約束をすっかり忘れたり、ドジな出来事がある日。些細なことでもしっかり確認をしないと、恥をかいたり周囲に迷惑をかけてしまうので気をつけましょう。
7 金	○	ふと思い出した人に連絡してみるといい日。ノリの合う人と楽しい時間を過ごせたり、おもしろい縁につながるでしょう。学生時代の後輩や先輩に連絡してみるのもいいかも。
8 土	○	買い物に出かけるにはいいですが、安いからと言って買うと不要な場合が多くなるので、本当に必要かしっかり考えてから買うように。今日は、行きつけのお店に行くのがオススメです。
9 日	▽	明日のことを考えて計画的に行動することが大切な日。予定を詰め込まないで夕方くらいからは家でゆっくりする時間を作りましょう。早めに寝ることも大切です。
10 月	▼	欠点を突っ込まれたり、自分でも「失敗した」と思える出来事がある日。意地を張るよりも、手助けしてもらえるよう素直に頭を下げることが大切。うやむやにすると後で面倒なことに。
11 火	×	裏目に出てしまうことが多い日。落ち着いて行動したり、万が一を考えてみると最悪な事態は免れます。恋人や異性と気まずい関係になることもあるので不機嫌な態度を出さないように。
12 水	▲	シンプルに考えて行動することが大切な日。一度に多くのことをやろうとしないで、目の前の仕事や与えられた役割を果たしましょう。忘れ物や作業ミスには気をつけて。
13 木	＝	小さな変化や挑戦をすることで前向きになれる日。失敗を恐れて何もしないよりも、興味の湧いたことに手を出してみるといいでしょう。おもしろい情報も手に入れられそう。
14 金	○	新年会で仕事仲間や友人を集めるといい日。仕事終わりに突然誘ってみると思わぬ人が集まっていい会になりそう。普段行かないお店に行くのもいい発見がありそうです。
15 土	□	身の回りにある不要なものを処分するといい日。服や靴、趣味の道具を整理して。悩んだときは処分するくらいの勢いが大切。なんとなく置いてあるものはどんどん捨てましょう。
16 日	■	今日は家でのんびりして、胃腸にやさしいものを食べましょう。1食くらい抜いてみるのもいいかも。ストレッチや軽い筋トレをしておくことも忘れないように。
17 月	●	仕事に手応えを感じたり、やる気になり始めそうな日。なんでも勢いで進めるといいので、小さなことを気にしないように。気になる相手に連絡をするといい返事が聞けそう。
18 火	△	珍しく遅刻や忘れ物をしそう。確認はいつも以上にしっかりして、チェック漏れがないように気をつけましょう。上司や先輩の話も最後までしっかり聞くことを忘れないように。
19 水	○	これまでの経験を活かしながら今の自分に足りないことを見極める必要がある日。問題を運や周囲の責任にしないように。どうしたら自分が成長できるか考えてみましょう。
20 木	○	謙虚な心を忘れないで周囲に感謝をすることで、やさしく親切に接してもらえる日。人間関係に不満があるときは己の態度に問題があると思って改めるように心がけましょう。
21 金	▽	自分がうれしいことよりも相手がどうしたら喜ぶのか考えて行動してみるといい日。損得を考えるよりも、その場の楽しさやみんなの笑顔のために動くようにするといいでしょう。
22 土	▼	好きな人に恋人ができたり、がっかりする情報や報告が入りそうな日。今日は何事も期待をしないで、小さな幸せを見つけることで満足できるようにするといいでしょう。
23 日	×	面倒なことやがっかりすることから学べる日。「運気が悪い」で終わらせないで、学べることがないか探しましょう。耳の痛いことを言われても感情的にならないように。
24 月	▲	時間が少しでもあるときはスマホを見るのではなく、掃除や片付けをすることで気分も運気もよくなる日。身の回りをきっちり整えたり、磨けるところはピカピカにしましょう。
25 火	○	気持ちや行動に変化がある日。新しいことに目がいったときは迷わず行動してみましょう。新メニューや新商品を選んでみると話のネタになったりいい経験ができそうです。
26 水	○	お願いされたときは喜んで引き受けるくらいがいい日。困っている人を助けたり、後輩や部下にアドバイスしましょう。自分のことばかり考えて行動しないように。
27 木	□	白黒はっきりさせるのもいいですが、世の中にはグレーのほうがいいこともあります。善悪で判断せず、いろいろな価値観や考え方があることを学んで相手の立場を想像しましょう。
28 金	■	今週の疲れが出てしまいそうな日。無理をしないで少しペースを落としたり、休憩時間に仮眠をとるといいでしょう。集中できないときはストレッチをするといいでしょう。
29 土	●	デートをするにはいい日。気になる人や異性の友人を突然でもいいのでランチやお茶に誘ってみましょう。真面目な話は避けて相手が笑ってしまうような話をいろいろしてみましょう。
30 日	△	小さなケガや事故に注意が必要な日。段差でつまずいたりドアに指を挟んでしまいそう。運転に慣れていると思って油断すると危険なので、気を引き締めておきましょう。
31 月	◎	仕事のやり方や考え方を変えられる日。効率よくできる方法や目標を定めたり、やる気になって集中力もアップさせられるでしょう。付き合いの長い人からのアドバイスを大切に。

開運のつぶやき　生きている限り運はいい。運はあなたを見捨てない

2月 2022

○ チャレンジの月

~2021 2022 2023~

11 12 1 2 3 4 5 6 7 8 9 10 11 12 1 2 3 (月)

開運 3 カ条

1. 変化を楽しむ
2. 新しいことに挑戦をする
3. イメチェンをする

総合運

小さなことでもいいのでチャレンジすることで人生が変わり始める月。イメチェンしたり、生活リズムや行動パターンを変化させたり、変えられそうなことはなんでも楽しみながら変えてみましょう。食わず嫌いに挑戦したり、避けていたことに勇気を出して挑戦してみると人生観が大きく変わり、人間関係も変わるでしょう。健康運は、ダイエットや肉体改造などをスタートするにはいい時期です。これまでと違う方法を試してみましょう。

恋愛＆結婚運

新しい出会いが増え、恋のチャンスも多くなる時期。これまでと同じでは進展に時間がかかるので、これまで行ったことのない場所や避けていた人と話してみるといいでしょう。イメチェンをして雰囲気を変えると、予想外の人から好意を寄せてもらえるでしょう。結婚運は、同棲や半同棲など話が前に進み始めそう。特に交際期間が4年以上あるカップルは今月中にいい感じに進められそうです。

仕事＆金運

仕事に対する気持ちが変化したり、実際に新しい仕事をまかされるなどいろいろ変わり始める月。自ら変化を求めて行動するほうがやる気も増すので、積極的に取り組んでみましょう。新しく仲間ができたり取引先の担当が変わることもありますが、新しい流れがあるということはいい方向に進んでいると思いましょう。金運は、新しいものに買い換えるといい時期。年齢に合う服を選んでみましょう。

日	運気	内容
1 火	◎	新しい出会いがいい運気を運んでくれる日。初対面の人との出会いを特に大事にしましょう。あなたから心を開けば、必ず相手も心を開いてくれて有意義な時間を過ごせるでしょう。
2 水	▽	まかされた仕事は午前中に決着をつけ、先回りして手を打つことで、周囲の信頼も得られるでしょう。夕方は思わぬトラブルに巻き込まれそう。焦らずに対応すれば問題ないでしょう。
3 木	▼	少々イライラすることがあっても、不機嫌な態度を出さないように気をつけましょう。一瞬の判断ミスで大事なものを失うことがないように気をつけましょう。
4 金	×	不運をそのまま不運と捉えるのではなく、これも幸運への準備のひとつだと思って行動しましょう。学ぶ気持ちさえあれば必ず今日の経験は次に生かされるでしょう。
5 土	▲	身の回りのものを整理整頓しましょう。長い間使っていないものはこれを機に処分しましょう。少なくとも1年間使わなかったものは今後も使うことはないはずです。
6 日	○	清潔感のある服装で人が集まる場所に出かけましょう。新しい人との出会いがありそうなので、第一印象で損をすることがないように礼儀と笑顔も大事にしておきましょう。
7 月	○	思いきったチャレンジが必要な日。成功しても失敗しても「貴重な経験をするんだ!」と決めて行動すれば、必ずいい方向に進んでいきます。おもしろい出会いもあるかも。
8 火	□	計画的に行動するといい日。ムダな動きをできるだけ減らす努力も大切。夜はストレッチをしたり、湯船に浸かったりするなどしてリラックスすることを心がけましょう。
9 水	■	ストレスを感じる相手とは距離を空けることが大切な日。上手に距離を取りながら付き合いましょう。イライラするときは軽い運動やストレッチをするとすっきりしそう。
10 木	●	ラッキーな出来事がある日。運を味方に付けられるので積極的に行動するといいでしょう。今日は相性のよくない人との縁が切れたり、相手の本性が分かることもあるでしょう。
11 金	△	息抜きしたほうがいい日。仕事のできる人ほど力加減が上手なもの。仕事が終わったら、スイッチを切り替えて友人を誘っていろんなことを忘れて思いっきり遊びましょう。
12 土	◎	今日と明日は、買い物をするのにいい日。年齢に合うものや流行の服を買うといいでしょう。話題のスポットに行くことで話のネタになります。素敵な出会いもあるかも。
13 日	☆	髪を切るにはいい日。美容院に出かけていつもと違う髪型にしたり、今まであまり着なかったタイプの洋服やアクセサリーを買うなどして、思いきったイメチェンをしましょう。
14 月	▽	好きな人にチョコレートを渡すなら午前中がいいでしょう。気持ちを添えた手紙が更に効果的。夜は、頑固になって視野が狭くなってしまうので気をつけましょう。
15 火	▼	手応えを感じられない日。うまくいかないときこそ意識的に前向きな言動を心がけて。最初は慣れなくてもプラスの言葉を使うことによって、前向きになっていくでしょう。
16 水	×	思い通りに進まないことを楽しんだり、「今日はこんな日だ!」と理解して行動することが大事。意地を張ると更に面倒な感じになってしまうので気をつけましょう。
17 木	▲	朝から身の回りをきれいにしたり、整えてから仕事に出かけましょう。きれいにすることでいい気分転換になるでしょう。仕事道具などの手入れもしておきましょう。
18 金	○	たまには普段行動をともにしない人を食事に誘ったり、話を聞いてみるといいでしょう。新しい発見があったり、学べることも見つけられそうです。
19 土	○	普段は行かないようなお店でご飯を食べてみるといい日。ゆとりがある場合は、ホテルのレストランに行って一流のサービスを受けてみるといいでしょう。
20 日	□	1日の時間割をきっちり決めて計画的に過ごしてみましょう。今日何をやるべきか明確にすることで必ずや充実した1日になるでしょう。
21 月	■	休憩時間を有効に使うなどしてうまく息抜きをしましょう。体を冷やすのは万病の元。生姜湯やホットココアを飲むなどして体を温めましょう。
22 火	●	今まで取り組んできたことや頑張ってきたことが評価されやすい1日。褒められた際には必要以上に謙遜せず、しっかりと感謝の気持ちを伝えること。いい出会いもあるでしょう。
23 水	△	寝坊や遅刻などのトラブルに気をつけましょう。つまらないことで信頼を失うことがないようにアラームを二重にかけたり、10分前行動をすると問題は避けられそうです。
24 木	◎	憧れの人の動きをマネすることが大切な日。見習うことで一歩近づけそう。身近にいる場合は、ランチやディナーに誘うといいでしょう。素敵なアドバイスを聞けるかも。
25 金	☆	疑問が解決する日。気になることは素直に聞くことが大切。理解したと思っていても、間違っている場合があります。頭を下げることやお礼を忘れないようにしましょう。
26 土	▽	ランチデートや午前中から遊びに出かけるといい日。お得な出来事もありそうです。夕方以降に予定が乱されそう。想定外を楽しめるようにすると幸運が寄ってきます。
27 日	▼	油断すると体調を崩してしまうことがあるので、無茶な行動は避けるようにしましょう。のんびり時間を過ごすといいので、本を読んだり音楽を聴く時間を作っておきましょう。
28 月	×	裏目に出る日。何事にも慎重になることが大切。少し先のことを考えて行動したり、発言するときは一呼吸置いてから「相手はどう思うのか?」を考えて言葉を選びましょう。

☆ 開運の日 ◎ 幸運の日 ● 解放の日 ○ チャレンジの日
□ 健康管理の日 △ 準備の日 ▽ ブレーキの日 ■ リフレッシュの日
▲ 整理の日 × 裏運気の日 ▼ 乱気の日 ＝ 運気の影響がない日

2022 3月

○ チャレンジの月

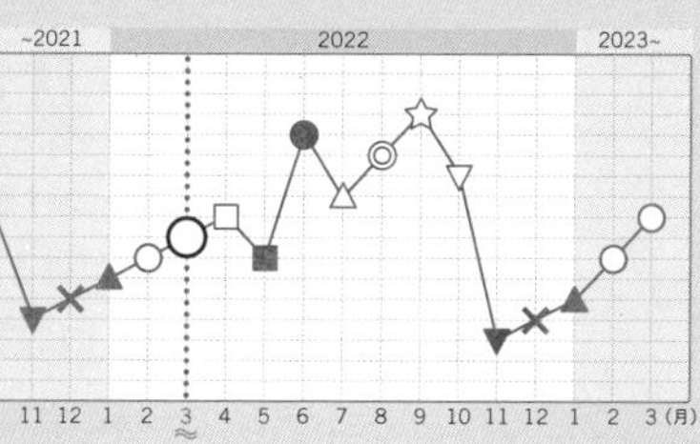

開運 3 カ条

1. 変化を楽しんで受け入れる
2. 生活リズムを変える
3. 「はじめまして」と言う機会を増やす

総合運

行動範囲が広がり、人脈や視野も広がる月。先月以上に気持ちは前向きになり、やる気がアップしてくるでしょう。興味の湧いたことに素直に行動してみることで学べたり、いい経験ができ、素敵な人に出会うことができるでしょう。結果よりも経験を優先することが大切なので、少しくらいの失敗やリスクを考えすぎないようにしましょう。健康運は、定期的に運動をしたり周囲から勧められたスポーツを始めてみるといいでしょう。

恋愛&結婚運

好きな人に素直に気持ちを伝えたり、積極的に誘うといい方向に進む時期。待ちの姿勢ではなく、ダメ元でもデートに誘いましょう。出会いが増える運気なので、飲み会やコンパ、人の集まりに参加すると素敵な人を見つけられそう。これまでと同じ恋愛パターンにならないように変化を心がけるとうまくいくでしょう。結婚運は、これまでにないアプローチをしてみると相手の気持ちが動きそう。

仕事&金運

忙しくも充実した日々を過ごせてやる気が出てくる時期ですが、結果が追いついてこない場合がありそう。今月がむしゃらに挑戦することで後々うまく調整できるようになるので、些細なことでも一生懸命取り組みましょう。新しい仕事や部署など変化が自然と起きているなら、運気の波に乗っていると前向きに捉えましょう。金運は、買い物にいい時期。買い換えや新しいお店で品物を見てみましょう。

日	運気	内容
1 火	▲	身の回りが散らかったままだと、必要なときにものが見つからずに時間をムダにすることがありそう。自分の机の上や仕事道具は整理整頓しておきましょう。
2 水	○	普段使わないような言葉だとしても、前向きになる言葉やポジティブな発言を心がけてみるといい日。新たな感じで世の中や周囲の人を見られるようになるでしょう。
3 木	○	上司や先輩などに何かお願いされたら、少し面倒でも迷わずに引き受けること。期待されているからこそ声をかけてもらったと思って、一生懸命取り組んでみましょう。
4 金	□	何事も言い方ひとつで変わるものだと思うことが大切な日。簡単に言葉に出すよりも「自分だったらどうだろう?」と一瞬考えてから言葉を選ぶようにするといいでしょう。
5 土	■	今日は、体を休ませるにはいい日。昼寝の時間やリラックスできる時間を作りましょう。お笑い芸人のネタやおもしろい番組、動画を見て大笑いすると頭も体もすっきりします。
6 日	●	気分転換に部屋の模様替えをしたり、家具や家電の買い換えをするといい日。年齢に合わないものは処分したり、品のよさや清潔感を意識するとモテるようになるでしょう。
7 月	△	今週の目標を立てましょう。できる限り具体的に目標を定めることで、いい1週間を送れるようになるでしょう。空いた日や遊びの計画もしっかり立てておくといいでしょう。
8 火	◎	親友や付き合いの長い人と話すことが大事な日。偶然出会った人をお茶に誘っていろいろ話してみると、頭も気持ちも整理ができそう。笑える思い出話をすると運気が上がるでしょう。
9 水	☆	仕事運がいい日。これまでなかなか言い出せなかったことや意見や提案をしっかり伝えましょう。大口の商談もまとめられそう。本気を出すと仕事が楽しくなるでしょう。
10 木	▽	日中は、自分の長所を活かして仕事できたり、周囲から求められることも増えそう。ただ、わがままになりすぎないように注意は必要。夜は、自分中心で考えすぎないように。
11 金	▼	相手がよかれと思って言ってくれた言葉を素直に受け止められない日。アドバイスは最後まで聞いて、ムダな反発はしないように。貴重な意見に感謝を忘れないようにしましょう。
12 土	×	些細なことで不機嫌になったり、思い通りにならないことでイラッとしてしまいそう。不機嫌にならないための試練だと思って、機嫌よく笑顔で過ごすように心がけましょう。
13 日	▲	外見ばかりでなく、自分の内面を磨くことを意識しましょう。あなたが出会う人はあなたのレベルと釣り合っている人です。魅力的な人間になれば必ずいい出会いがあります。
14 月	○	新しい仕事をまかされたり、これまでにない仕組みを取り入れる流れになりそう。変化を嫌がらないで前向きに捉えると、おもしろい発見や便利で楽になる方法も見つけられそう。
15 火	○	初対面の人と楽しく話すことを心がけて。相手にとっても初対面なのですから、必要以上に怯えることなく仲よくなろうという気持ちを持って目を見て話してみましょう。
16 水	□	手順や順番をしっかり守ることが大切な日。自分のやり方を通していると間違った方向にずれてしまいそう。今日は、生活リズムも含めて整える日だと思っておきましょう。
17 木	■	帰宅する際に一輪挿しの花などを買って玄関やリビングに飾ってみましょう。自宅が自分にとってリフレッシュできる最大の癒やし空間になるように工夫してみましょう。
18 金	●	何事も好きな気持ちで取り組むといい日。嫌々取り組むとどんどんテンションは落ちてしまうでしょう。「好きだ」と思い込みながら取り組むことで魅力もアップするでしょう。
19 土	△	遊ぶことで運気が上がる日。友人や気になる人を自ら誘ったり、片思いの相手を食事に誘うといいでしょう。楽しい思い出が作れることをいろいろやってみましょう。
20 日	◎	親友と一緒にいることで楽しい時間を過ごせそう。思い出の場所に行ったり、しばらく連絡をしていなかった人にメッセージを送って呼び出してみるといいでしょう。
21 月	☆	大切な決断の日。積極的に行動することで自分の進むべき道や今後のことをいろいろ決められそうです。ラッキーなことも起きやすいので素直に行動することも大切でしょう。
22 火	▽	朝の挨拶をしっかりすることや、お礼を伝える人には自ら話しかけておくことが大切。礼儀正しくすると周囲からの扱いも変わるでしょう。夕方は行動が雑になりやすいので気をつけて。
23 水	▼	人に言われたことが自分にとって耳の痛いことだとしたら、それは今のあなたにとって必要な意見。素直に受け止めて次に活かしましょう。感謝の気持ちを忘れないように。
24 木	×	結果がすぐ出ないことに焦らないで、自分に何が足りなくて、今後何が必要となるのかしっかり考えるといいでしょう。うまく行っている人を観察することも忘れないように。
25 金	▲	不運の始まりは執着心。何かを手放すことがあっても、必要以上に恐れないように。今日は、思い切って手放せば予想もしなかった新たな展開が待っているでしょう。
26 土	○	少し遠出してみたり、知り合いの集まりや花見などに顔を出してみるといい日。おもしろい人や素敵な人に出会えそう。恋する人に会える可能性もあるでしょう。
27 日	○	フットワークを軽くすることで素敵な人に会える日。遠慮したり臆病にならないでどんどん話しかけてみるといいでしょう。習い事を始めるにもいい日です。
28 月	□	情報収集が大切な日。仕事以外にも今話題のTVやネット、アプリなど詳しい人にいろいろ聞いてみるといいでしょう。自分でも調べて詳しくなってみるといいでしょう。
29 火	■	疲れがたまる日。仕事のペースを間違えないようにして、帰宅後はスマホの使いすぎで目が疲れてしまうことがあるので気をつけましょう。今日は早めにベッドに入るように。
30 水	●	異性から注目されたり、魅力がアップする日。気になる相手をデートに誘うといいでしょう。仕事でも思った以上に結果を出せたり、ちょっとしたチャンスをつかむことができそうです。
31 木	△	うっかりミスや忘れ物をしやすい日。些細なことでもしっかり確認しましょう。取引先の相手の名前を間違えたり、忘れて焦ってしまうことがあるので事前に確認しておきましょう。

開運のつぶやき 「変わりたい」ではなく、「成長しなければ」で人生は変わり始める

2022 4月

□ 健康管理の月

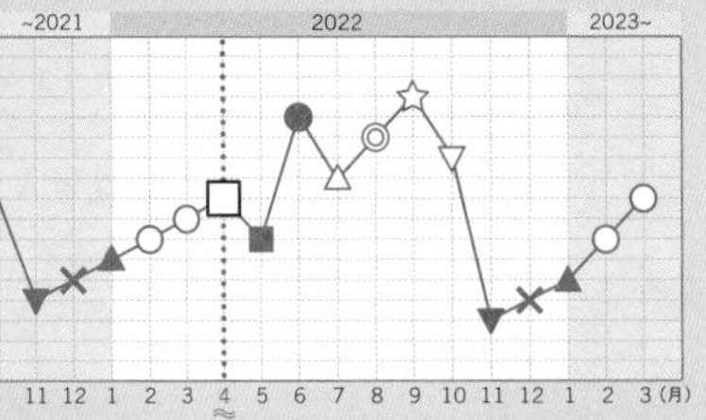

開運 3 カ条

1. 学ぶべきことを見つける
2. 明るい服装を心がける
3. 難しいと思えることに挑戦する

総合運

自分が学ぶべきことや積み重ねるべきことを見つけて行動に移す時期。考えてばかりでは意味がないので、行動することを意識しましょう。向上心に火を付けてくれる人やよき指導者にも会える可能性があるので、出会いの場所を大切にしたり、礼儀や挨拶をきっちりしましょう。健康運は、目標を掲げて定期的な運動を心がけましょう。不健康な生活を長く送っている人は体調を崩しそう。歯医者に行って検査を受けることも大切。

恋愛&結婚運

好きな人に連絡してみるといい時期。駆け引きや余計なことを考えるよりも、分かりやすいアピールが大切。好意を伝えることで進展する可能性も高いので勇気を出して。新しい出会いも期待できるので、これまで参加しなかったタイプの集まりにも顔を出しましょう。明るい感じの髪型にしたり服装のイメージを変えるといい出会いをつかめそう。結婚運は月末に真剣に話をするといいでしょう。

仕事&金運

少し難しいと思える目標を掲げたり、不慣れや苦手なことを克服するために挑戦する必要がある時期。仕事を楽しむコツは一生懸命に取り組むことだと忘れず、周囲と協力するための知恵や工夫も忘れないようにしましょう。今月の仕事は今後を左右する仕事になるので手を抜かないように。金運は、お金の運用の勉強をして少額でもいいのでスタートしてみて。目先の儲けに走らないように。

日	運気	
1 金	◎	苦労した経験から自分の成長を感じられそうな日。苦労をムダにしない工夫も大切。夜は、知り合いや友達などに誘われたら軽い気持ちで行ってみましょう。いい人脈が広がりそう。
2 土	☆	買い物に出かけるにはいい日。家電や家具など少し高額なものや、長く使うと思われるものを購入するといいでしょう。習い事や資格取得の勉強を始めるにもいい日です。
3 日	▽	日中は楽しい時間が増えそう。友人や気になる人を誘って遊びに行きましょう。夕方辺りからドジな出来事が増えるので気をつけて。迷惑をかけたときは素直に謝りましょう。
4 月	▼	自分に足りないことを指摘されたり、自分でも至らないと思う点に気づいてヘコみそう。プラス面や補っている部分も必ずあるので、マイナスばかりを気にしないようにしましょう。
5 火	×	予定通りに物事が進まない日。イライラしないでその状況を楽しめるように意識してみるといいでしょう。口角を上げて笑顔で1日を過ごしてみましょう。
6 水	▲	自分を甘やかしてしまうと現状はどんどん厳しくなってしまうもの。自分で自分を丁寧に扱ったり、きっちり行動するように心がけるようにしましょう。
7 木	○	新しいことに目を向けると道が見える日ですが、決めつけが激しいと進むべき道が見えなくなってしまうでしょう。先入観を捨てて、いつもと違う行動をしてみましょう。
8 金	○	好きだと思っていた人への興味が薄れたり、嫌いになってしまったときは、自分が成長したと思っておきましょう。趣味も仕事も同じだと思っておきましょう。
9 土	□	1日の予定をしっかり立ててから行動することで楽しめる日。お店の予約をしたり、時間を逆算して何ができるのか考えてから行動しましょう。夜の深酒には気をつけましょう。
10 日	■	今日は、しっかり体を休ませたり心が落ち着く場所に行くといいので、美術館や神社仏閣に行ってゆっくり過ごしましょう。カフェで読書する時間もあるといいでしょう。
11 月	●	周囲の人から注目されることが多い日。特に仕事ぶりは注目されるので、普段よりも気合いを入れて取り組むと評価が上がりそう。積極的に仕事に取り組むことが大切。
12 火	△	周囲からの期待に応えられなかったり、仕事や行動が雑になるので気をつけましょう。ひとりでは完璧にならなくても周囲の人の協力で完璧にすることができるでしょう。
13 水	◎	求められたり認められることがある日ですが、自分ひとりの力ではなく、周囲の支えのおかげだと忘れないようにしましょう。夜は、大切な縁がつながることがあるでしょう。
14 木	☆	仕事で実力以上の結果を出せる日。臨機応変に対応することを心がけておくといいでしょう。次の目標を掲げてみることでいい流れを自ら作ることもできそうです。
15 金	▽	日中は積極的に行動をして、ダメ元で挑戦してみるといい結果につながりそう。もしダメなときは、そこからしっかり学ぶことが大切。夜は、予想外の出来事が起きそう。
16 土	▼	ちょっとしたことで人を見抜いてくる人がいることを忘れないようにしましょう。食事のマナーが悪いことで評判を落としてしまうことがあるので気をつけましょう。
17 日	×	予定が急にキャンセルになったり、期待外れでがっかりしてやる気を失ってしまいそうな日。落ち込みすぎないで頭を切り替えて明るい未来を想像してみましょう。
18 月	▲	やさしく親切にしてほしいなら、あなたがやさしく親切にすることが大切。自分がやさしくしてもらえないからといって、先に与えることができないセコい人間にならないようにしましょう。
19 火	○	現状に不満があるなら、自分が世の中の見方を間違えているだけ。考え方や生き方などをもっと学んで、新たな見方で世の中を見直してみるといいでしょう。
20 水	○	「自分にやさしさはあるのか?」と考えて行動や発言を判断するといいでしょう。やさしく生きられているなら、他人のやさしさにもっと敏感に生きられるもの。
21 木	□	日中は自分を成長させるための仕事ができそう。難しいと思うのではなく、「奥が深い」と思って取り組みましょう。夕方以降に体調を崩しそうなので、疲れをためないように。
22 金	■	疲れているからといって不機嫌な態度を出していいわけではないので、不機嫌なときほど元気で明るく振る舞うようにしましょう。夜は早めに帰宅して睡眠時間を長くしましょう。
23 土	●	デートしたり、仲間と仲良くワイワイするにはいい日。気になる人や仲のいい友人はもちろん、最近連絡していなかった人も食事や遊びに誘いましょう。予想外の思い出もできそう。
24 日	△	遊びに出かけるといい日ですが、忘れ物やドジな出来事があるので気をつけましょう。気になる相手との関係も進展しやすいので、明るい感じの服や笑顔を忘れないようにしましょう。
25 月	◎	以前と同じようなことを指摘されたときは、自分の反省が足りないことを認めて期待に応えられるようにしましょう。付き合いの長い人からの言葉をしっかり受け止めましょう。
26 火	☆	自分のことで一杯一杯にならないように、心に余裕を持って取り組んだり、冷静に判断できるように心がけることが大切。周囲から見た自分を想像して仕事に取り組みましょう。
27 水	▽	周囲にいる人を励ましてみると後に自分も励まされるようになるでしょう。相手の気持ちを考えて、言ってほしい言葉を選ぶようにしましょう。
28 木	▼	小さなことでも自分を守るためだけのウソは後で苦しくなるだけ。些細なミスでもしっかり認めて謝りましょう。原因をしっかり探って同じことを繰り返さないようにしましょう。
29 金	×	疲れが一気に出てきたり、ボーッとしていてケガをすることがあるので気をつけましょう。ストレス発散の暴飲暴食は後悔するのでやめておきましょう。
30 土	▲	大掃除をするといい日。年齢や時代、季節に合わないものは片づけるようにしましょう。古くなったものやなんとなく置いてあるもの、着ない服は処分しましょう。

☆開運の日 ◎幸運の日 ●解放の日 ○チャレンジの日
□健康管理の日 △準備の日 ▽ブレーキの日 ■リフレッシュの日
▲整理の日 ×裏運気の日 ▼乱気の日 ＝運気の影響がない日

5月 2022

リフレッシュの月

開運 3 カ条

1. 休むときはしっかり休む
2. 計画的に行動をする
3. 睡眠時間を8時間以上にする

総合運

ハイペースで仕事をしている人や不慣れな空間で頑張りすぎている人は、今月は少しペースを落としたり、休みの日の計画を先に立てておくといいでしょう。予定にゆとりを持って、体を休ませる日をしっかり作るようにしましょう。ストレス発散の運動やダイエットや肉体改造をするにもいい時期ですが、軽く始める程度が丁度いいでしょう。健康運は、疲れが思ったよりもたまっている時期なのでマメに休むように心がけましょう。

恋愛＆結婚運

気になる人とデートするなら短時間やランチなどがオススメ。長時間は疲れたり、会話が途切れることがありそう。デートや新しい出会いがある前日は睡眠を8時間以上とるといい印象を与えられそう。先月辺りから仲良くなった人とはスポーツやハイキング、BBQなどすると関係が深まりそう。結婚運は、今月の進展を期待するよりも相手と楽しい時間を過ごせる工夫をするといいでしょう。

仕事＆金運

連休にしっかり疲れをとることは大切ですが、やる気まで失ったり集中力が衰えそうな時期。しっかり休みつつ、仕事の目標や目的は忘れないように。下旬は少し難しい仕事を受けることで成長でき、学べることも見つけられるでしょう。プレッシャーが自分の糧となる場合もあります。金運は、遊ぶときはしっかりお金を使ってストレス発散したり体を休ませるようにするといいでしょう。

日	運気	内容
1 日	＝	行動範囲を広げることで素敵な出会いや体験ができる日。これまでなら避けていた人の集まりなどにも参加しましょう。普段なら行かないお店に行ってみるのもいいでしょう。
2 月	＝	未体験を楽しむことが大切な日。自分の中の可能性や気づかなかった才能に刺激を与えることができそう。変化や新しいことを受け入れてみるといいでしょう。
3 火	□	2階や3階くらいならエスカレーターやエレベーターを使わずに階段を使って日頃の運動不足を解消しましょう。行動を少し変えることでいいリフレッシュにもなります。
4 水	■	ストレス発散に時間を使うといい日。好きな音楽を聴いたり、本音を話せる人と一緒にいる時間を作ってみましょう。愚痴よりも前向きな話をするといいでしょう。
5 木	●	今日はあなたの魅力が輝く日。人から誘われるのを待たず、自分から誘いましょう。食事に行くなら少し高価なお店に行ってもいいかも。異性との関係も進展しやすいでしょう。
6 金	△	勘違いが不運の原因になりそうな日。自分勝手な思い込みで突き進まないで、確認をしたり情報を集め直しましょう。空き時間ができてしまったときは、その時間を楽しみましょう。
7 土	○	親友と語ることで気持ちが少し楽になる日。少し振り回されて面倒なときもありますが、お互い様だと思って相手に合わせることで知らない世界を学べるでしょう。
8 日	○	消耗品や日用品を購入するにはいい日。気になるお店に出かけてみるといいでしょう。書店に行くと、今のあなたに必要な本を見つけることができそうです。
9 月	▽	朝からテキパキ行動すると気が引き締まっていい感じで仕事を進められそう。だらだらすると1日中体が重たく感じられそう。夕方以降はひとりの時間を大切にするといいでしょう。
10 火	▼	自分の間違いを素直に認めることが大切な日。言い訳や余計な一言で信用を失ってしまうことがあるでしょう。相手の気持ちを考えて行動するようにしましょう。
11 水	×	孤独になる勇気が大切な日。ひとりでいられる力を身に付けましょう。孤独を感じても落ち込む必要はありません。むしろ時間を与えられたと思って、目の前の課題に集中しましょう。
12 木	▲	華やかなことに目が向くのはいいですが、裏側の苦労や積み重ねを見逃さないようにしましょう。表面的な部分だけを見ていると現状への不満に変わるだけでしょう。
13 金	＝	大変な問題と向き合ったときは、なるべくひとりで抱え込まないこと。ときには意地を張らずに周囲に助けを求めることも大事。助けてもらったら感謝することも忘れずに。
14 土	＝	少し贅沢なランチやおいしいスイーツを食べるといい日。気になるお店に出かけてみたり、気になる相手を誘ってデートの口実にしてみるといいでしょう。
15 日	■	予定を詰め込みすぎて心身ともに疲れを感じることがあるので気をつけましょう。夕方以降は、没頭できる自分の趣味に時間を使うなどしてゆっくり過ごしてみましょう。
16 月	■	疲れを感じたり集中力が続かなくなりそうな日。休み時間はゆっくりして疲れをとるようにしましょう。チョコレートを食べると気持ちも頭も楽になりそうです。
17 火	●	調子に乗りすぎてしまう出来事がありそうな日。謙虚な気持ちを忘れないように過ごすことが大切。魅力が輝く日なので思った以上に注目されることもあるでしょう。
18 水	△	余計なお喋りに注意が必要な日。陰口や文句も含めて、口は災いの元だと忘れないようにしましょう。品のいい言葉や丁寧な言葉を使うようにしましょう。
19 木	○	あなたに協力してくれる人や普段から支えてくれている人の存在を忘れないようにしましょう。感謝の気持ちを忘れてしまうと大切なことを見落としてしまうでしょう。
20 金	○	あらゆる人に親切でいたり善意を持って行動することで、いい流れを作れる日。今日だけではなく日頃からこの気持ちや考えを忘れないようにしましょう。
21 土	▽	日中は運気がいいので気になる人や友人を誘ってランチやお茶会をしましょう。夕方以降は、不機嫌になる出来事があったり間違った方向に進んでしまうので気をつけましょう。
22 日	▼	思い通りにならないことや不愉快になることに目を向けないように。もっと壮大なことを考えて「宇宙の一部ならすべてはちっぽけなこと」と思うと気持ちが楽になるでしょう。
23 月	×	急な仕事をまかされたり、壁にぶつかりそうな日。自分に何が足りないのか冷静に考えて、些細なことで落ち込まないためにも「このくらいでよかった」と思うようにしましょう。
24 火	▲	なんとなく身の回りに置いてあるものを処分しましょう。頂き物や記念品など、捨てにくいものほど処分しましょう。アイテム数を減らすことを意識して過ごしてみましょう。
25 水	＝	苦手意識は人生をマイナスにするだけ。以前は苦手だったことでも、今は思った以上に簡単にクリアできることもあるでしょう。何事も試してみるといい経験になるでしょう。
26 木	＝	今を楽しむことが大切な日。「あるがままを楽しむ」ということを忘れないようにすると、自分のやるべきことが見えて、今に感謝できるようにもなるでしょう。
27 金	□	1日の予定を決めて行動することが大切な日。目標の数字や時間を意識すると自分のやるべきことや至らなさもわかるでしょう。なんとなく生活しないようにしましょう。
28 土	■	今日は、日頃の疲れをしっかりとってのんびりするといい日。ゆとりを持って、予定を詰め込みすぎないようにしましょう。健康的な食事も意識するようにしましょう。
29 日	●	気になる相手がいる人は思いきって食事に誘いましょう。すぐに進展しなくても焦らずに自然体でいれば、数カ月後に関係が動き出す可能性があるかもしれません。
30 月	△	不要なものを持ち歩かないためにも、カバンや財布の中をきれいにするといい日。大事なものを間違って処分しないように気をつけましょう。
31 火	○	自分と周囲が笑顔になるために何をするといいのか考えて行動するといい日。得意なことや好きなことで人の役に立てるように、工夫や知恵を絞ってみましょう。

開運のつぶやき　いい話、いい言葉を聞いたら、いろいろな人に伝えてみるといい

2022 6月

● 解放の月

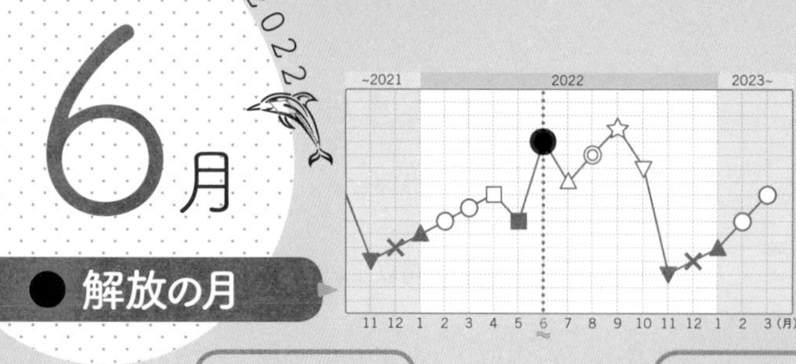

開運 3 カ条

1. 自分の気持ちに素直になる
2. 新しい出会いを求めて行動する
3. 目立つポジションに立つ

総合運

やる気が増して一気に行動できる時期。2020～2021年といい結果を出せなかった人や後悔している人ほど、今月から積極的に行動したり環境を思いきって変える決断をしましょう。引っ越しやイメチェン、習い事、新たな目標を掲げるのもいいでしょう。新たな人脈が運命を変えることになるので新しい人に出会えるようにフットワークを軽くして。健康運は、大切な月なので睡眠時間をしっかりとって万全な体にしておきましょう。

恋愛＆結婚運

恋人ができる可能性が高い運気。好きな人に素直になり、積極的に遊びやデートに誘いましょう。相手の好きなところを口に出すと、相手も好意を抱いてくれる可能性があります。新しい出会い運もいいので、飲み会やコンパや人の集まりには華やかな服装を着て参加し、笑顔を心がけましょう。結婚運は、乱気、裏運気の年を乗り切ったカップルは入籍や将来の話を真剣にできそう。

仕事＆金運

頭の回転が速くなり、チャンスをつかめる時期。待ちの姿勢では何も変わらないので、自ら進んで仕事の方法を変えるといいでしょう。実力が認められて求められることも増えますが、今月はなんでも受け止めて力を出しきるぐらいの気持ちで取り組むと、一気に評価や立場が変わりそう。金運は、仕事や勉強のためのものを優先的に買い、ゆとりがあるときに服や靴を買うといいでしょう。

日	運気	
1 水	☆	今月のいいスタートダッシュができる日。何事も積極的に行動できて、多少の困難も粘りで乗り越えられそう。全力で仕事に取り組めたときはご褒美に買い物をして帰りましょう。
2 木	▽	午前中から大胆に行動できて、大きな決断には最適な日。自分のやりたいことに素直に行動すると運が味方しそう。夕方以降は周囲の人に合わせると問題は起きないでしょう。
3 金	▼	楽しい予定が急にがっかりする出来事になってしまいそうな日。過剰な期待や無計画な行動は避けるようにしましょう。考え方や見方を変えれば楽しくなることもありそうです。
4 土	×	周囲の意見を聞いて素直に行動するといい日。わがままな発言や身勝手な行動は自分を苦しめるだけ。何事も許す気持ちで、不愉快なことに目を向けないようにしましょう。
5 日	▲	急な来客があってもいいように玄関を掃除しましょう。履いていない靴やしばらく使っていないビニール傘などは処分しましょう。廊下や床は水拭きするといいでしょう。
6 月	○	新しい出会いや新しい経験ができる日。気になる場所に顔を出したり、好奇心の赴くままに行動するといいでしょう。はじめて行くお店を気に入って常連になりそうです。
7 火	○	不慣れや苦手だと思っていることに取り組むと、思った以上に手応えを感じられる日。実力がアップしていることを知れて、自分の成長や可能性を信じられそうです。
8 水	□	改善点を見つけることが大切な日。今のままでは何がよくないのか、どうするとよりよくなるのか考えて仕事してみましょう。自分のやるべきことを見つけてみましょう。
9 木	■	体調を崩したり、ストレスがたまりそうな日。今日は早めに帰宅して、好きな音楽を聴くなどして、ベッドにもなるべく早く入って疲れをとることを優先しましょう。
10 金	●	あなたの魅力が輝く日。異性から注目され視線を感じそう。目が合う人はあなたに好意があると思っていいかも。気になる相手を週末にデートに誘ってみるといいでしょう。
11 土	△	うっかりミスや忘れ物をしやすい日。今日は気を引き締めて過ごしましょう。程よい緊張感が普段の生活にハリを持たせます。人の話も最後まで聞くようにしましょう。
12 日	◎	親友と遊ぶことで気持ちがすっきりして、頭の整理もできそうな日。雑談やムダな話もいろいろしてみるといいでしょう。異性の友人とも縁が深まる可能性がある運気です。
13 月	☆	今後の人生を左右する可能性のある人に会える日。いろんなところに積極的に顔を出して、初対面の人でも自分から連絡先を交換しましょう。素敵な関係に発展する場合があるでしょう。
14 火	▽	後輩や部下の面倒を見ることで運気が上がる日。見本や手本となるような仕事ぶりを見せたり、だらしない部分は喜んで手伝ってあげることが大切。恩着せがましくならないように。
15 水	▼	耳が痛いことを言われたときこそ、謙虚に聞きましょう。必ずあなたの成長にとって重要な糧になるので、反発して自ら成長の芽を摘むことがないようにしましょう。
16 木	×	ぬるま湯に浸かるのは楽ですが、自分で自分の首を絞めているのと同じ。甘えたり逃げたりしないで、自分の至らない点を認めて課題をクリアできるように努力しましょう。
17 金	▲	普段整理整頓しない場所もきれいにしたほうがいい日。冷蔵庫の中にある期限切れの調味料を処分したり、表面に貼っているマグネットを処分するなどしてすっきりさせましょう。
18 土	○	自分の可能性を信じてみるといい日。自分でやれることや方法をいろいろ考えてみるといいアイデアが浮かびそう。まずは試しにやってみるといい手応えを感じられそうです。
19 日	○	たまには思いきってイベントやライブに出かけましょう。行動的になることで貴重な体験ができたり、いい出会いがあります。生きていく上での大事なヒントが転がっているかも。
20 月	□	計画的に行動することが大事な日。勢いまかせで行動しないで、やることを決めたり、帰りの時間を決めましょう。夜は早めに帰ってゆっくりして、次の日に備えるように。
21 火	■	休憩時間を利用して簡単なストレッチや体操をしましょう。深呼吸をして頭と体をすっきりさせてから改めて仕事に取り組むと、思った以上にはかどるでしょう。
22 水	●	積極的に目立つポジションに立つことが大切。自分の発言や行動には責任を持ち、自分も周囲も笑顔になるための判断や行動をしましょう。あなたの魅力に気づく人も現れそう。
23 木	△	雑用や地味な作業ほど心を込めて丁寧にやってみましょう。たとえ時間がかかったとしても、真剣に取り組んでいれば必ず周囲の信頼を得ることができるでしょう。
24 金	◎	得意なことをまかされそうな日。信頼してくれる人のために全力で取り組みましょう。至らない点はしっかり認めて、期待以上のことができる力を身につけましょう。
25 土	☆	運気が最高の日だからこそ、周りをよく見ましょう。困っている人を見つけたら手助けして、その人の力になりましょう。買い物にもいい日なので時間を作っておきましょう。
26 日	▽	ランチデートや午前中から活動的になっていたほうがいい日。積極的に行動することでいい出会いやおもしろい経験もできそう。夕方以降はムダに忙しくなりそうです。
27 月	▼	自分が正しいと思っていると人間関係がこじれてしまいそう。相手の話をしっかり聞いて肯定しましょう。ムダな反発やひねくれた発言を避けるようにしましょう。
28 火	×	苦手や不慣れから逃げるのではなく、自分の未熟さを認めて今できることに真剣に取り組むといいでしょう。相性が合わない人とも上手に合わせる努力をしましょう。
29 水	▲	気がついた場所はきれいに整えておくと後々役立つでしょう。散らかったままの場所があると集中力が欠けたり、なくし物の原因になってしまうので気をつけましょう。
30 木	○	新しいことに取り組んで自分を成長させられる日。未経験と思えるなら勇気を出して飛び込んでみるといいでしょう。話のネタになったり、いい経験ができそうです。

☆開運の日 ◎幸運の日 ●解放の日 ○チャレンジの日
□健康管理の日 △準備の日 ▽ブレーキの日 ■リフレッシュの日
▲整理の日 ×裏運気の日 ▼乱気の日 ＝運気の影響がない日

2022 7月

△ 準備の月

~2021 2022 2023~
11 12 1 2 3 4 5 6 7 8 9 10 11 12 1 2 3（月）

開運 3 カ条

1. 事前準備と確認はしっかりする
2. メリハリをしっかりつける
3. フットワークは軽くするが気は引き締める

総合運

珍しいミスが増えてしまう時期。寝坊や遅刻、失言なども含めて気が緩んでしまいそう。些細なことでも気を引き締めて取り組めば、不要な面倒は簡単に避けられるでしょう。誘惑や遊び心に流されてしまうため、うっかり騙されたり調子に乗せられて痛い目に遭うので気をつけましょう。甘い話や儲け話ほど疑うように。健康運は、お酒の飲みすぎや寝不足で体調を崩したり、ケガをしやすいので気をつけましょう。

恋愛＆結婚運

コンパや飲み会、出会いのある場所に誘われる機会が増えそう。イベントに行く流れで集まりに参加するなど、フットワークを軽くすると出会いが増えます。ただ、今月の出会いは異性の友人ぐらいの感覚で。深入りするともてあそばれてしまうかも。既に気になる相手がいる場合は、ノリのよさをアピールしましょう。結婚運は、話を固められる運気ではないので、ふたりの関係を楽しみましょう。

仕事＆金運

小さなミスをしやすい時期。自分の雑な部分を認めてしっかり原因を探って改めないと、後の苦労の種になるでしょう。失敗から学んで成長できるように、仕事を楽しめる工夫をしたり、考え方や見方を変えてみるといいでしょう。職場や取引先の人との食事や飲み会を大切にすると、いい方向に進みます。金運は、遊びや急な誘いでお金遣いが荒くなりそう。衝動買いで不要なものを買わないように。

日		運気	
1	金	○	失敗することは当たり前と思って、たとえうまくいかなくても必要以上に落ち込まないこと。挑戦した自分を褒めてあげるくらいの余裕を持って動いてみましょう。
2	土	□	突然でもいいので気になる相手をデートに誘ってみましょう。イベントやライブ、映画などに行くといい関係になれそう。明るさやノリのよさを忘れないようにしましょう。
3	日	■	元気をもらえそうな人と一緒にいるといい日。思い浮かんだ人に連絡をしてみましょう。一緒においしいものを食べてストレスを発散しにいくといいでしょう。
4	月	●	ラッキーなことが起きると思って周囲を見渡すと、いいことをいろいろ発見できそう。面倒なことが起きても、学びや発見がありそう。おもしろい出会いもありそうです。
5	火	△	面倒だと思って事前準備や確認作業をサボってしまうと、さらに面倒なことになりそう。「後でやろう」はトラブルの原因なので、思ったときにすぐに取りかかるようにしましょう。
6	水	○	親や親友、付き合いの長い人に指摘されたことを素直に直した人には、うれしい出来事がある日。相手の言葉の重みや熱意がわからないほど愚かな生き方をしないようにしましょう。
7	木	○	もう一度自分の目標を見直してみましょう。今の努力が正しいかしっかり確認すること。覚悟が足りないなと感じたら、もう一度決意し直して今日から動き始めましょう。
8	金	▽	自分の役職に見合った仕事をするように意識すると、いい仕事ができる日。夕方は気が緩みやすくなるので、責任を負っていることを忘れないようにしましょう。
9	土	▼	何も考えないで買い物に行くと、不要なものを買いそう。後悔する出費になるので気をつけましょう。交友関係や恋愛面でもすれ違いがあるので、今日は無理しないように。
10	日	×	甘い話や誘惑に要注意。簡単に儲かる話や楽な仕事など存在しないことを忘れないように。善悪の判断を間違えないように、話を最後までしっかり聞きましょう。
11	月	▲	デスクが散らかっているとミスの原因になるので、きれいに整えましょう。部屋も散らかったままでは運気はよくならないので、いらないものを処分するようにしましょう。
12	火	＝	知識を取り入れるだけではなく、知恵にすることが大切な日。これまで学んだことを活かせるように工夫してみましょう。身に付いた知恵は人に教えられるようになるでしょう。
13	水	＝	今日は人に話しかけられるのを待つのではなく、自らどんどん話しかけて活動の場を広げましょう。相手に対して興味を持って笑顔で接すれば、楽しい時間になるでしょう。
14	木	□	どんなプロでも、最初は素人だったことを忘れないように。今の自分にできることに最善を尽くして、真剣に取り組みましょう。一生懸命になると仕事が楽しくなるでしょう。
15	金	■	疲れを感じやすい日。やる気が出ないときは、週末の楽しい予定を考えるなどして乗り越えましょう。軽いストレッチや深呼吸をすると、頭と体がすっきりしていいでしょう。
16	土	●	ひとりでは楽しめない日。友人や気になる相手を誘って遊ぶといいでしょう。思った以上に楽しい時間を過ごせそうなので、思いついた場所やお店に行ってみましょう。
17	日	△	遊びに出かけるのはいいですが、忘れ物や失敗がある日。大切なものを置き忘れたり、ドリンクを倒して服を汚してしまうかも。段差で転んで擦りむくこともありそう。
18	月	○	これまでの選択がすべて正しかったから今があることを忘れないように。自分で選んで今があるのだから、しっかり受け止めて今に感謝すると前に進めるようになるでしょう。
19	火	○	どんな仕事でも真剣に取り組んで、完璧を目指すように。ただ、時間をかけすぎないようにスピードも意識しましょう。自分なりの目標を立てることも大事でしょう。
20	水	▽	日中は、順調に進められそうな日。大事な用件や必要なことは先に終えておきましょう。夕方以降は、ミスが増えてしまいそう。失言や判断ミスに気をつけましょう。
21	木	▼	自分の考え方だけが正しいと思っていると、大切なことを見落としそう。人それぞれの考えや意見を聞いて、受け入れてみましょう。自分中心ではトラブルや不運の原因になります。
22	金	×	無難に過ごせば問題はないですが、学べることもなさそう。失敗や挫折から学ぶ気持ちで思いきって行動しましょう。ときには嫌われる覚悟も大事になるでしょう。
23	土	▲	朝起きたら窓を開けて部屋の空気を入れ替えて、カーテンを洗ってみましょう。窓の汚れやサッシにあるホコリも掃除すると、すっきりして幸運が舞い込むでしょう。
24	日	＝	食わず嫌いに挑戦するといい日。スーパーに行ってなんとなく避けているものを選んで食べてみたり、新しい調味料を試すといいでしょう。思わぬものにハマってしまうかも。
25	月	＝	新しいことに挑戦するといい日。多少難しく感じても時間をかければ必ずできるようになるでしょう。万が一うまくいかなかったとしても、この経験は生かせるでしょう。
26	火	□	挨拶やお礼、周囲への気遣いが大切な日。親しき仲にも礼儀ありを忘れないように。飲み会などの小さな約束も破らないように、思い出したら連絡して予定を決めましょう。
27	水	■	ドジなケガをしそうな日。時間がなくて急ぐときほど慌てないように。夕方以降に急な誘いがありそうなので、仕事を早く終えるなどして態勢を整えておきましょう。
28	木	●	テンションの上がる出来事やうれしい知らせがありそうな日。思いきって行動するといいので、遠慮しないようにしましょう。目立つことで運気の流れもよくなりそうです。
29	金	△	寝坊や遅刻に気をつけましょう。時間に関する失敗は、積み上げてきた信用を大きく失うことがあるので要注意。目覚まし時計のスヌーズ機能を活用するなど工夫をしましょう。
30	土	○	友人や付き合いの長い人と遊ぶといい日。悩みや不安を聞いてもらったり、相手の話も聞くといいでしょう。明るい未来の話や前向きな話をできるだけしましょう。
31	日	○	いい出会いがある日。知り合いや友人の集まりに顔を出したり、買い物に行きましょう。人生を変えるような本に出合える場合があるので、時間があるときに書店に行きましょう。

開運のつぶやき　人生がうまくいっている人の多くは、人生を楽しんでいるもの

2022 8月

◎ 幸運の月

~2021 2022 2023~
11 12 1 2 3 4 5 6 7 8 9 10 11 12 1 2 3 (月)

開運 3 カ条

1. 人とのつながりを大切にする
2. 片思いの相手には積極的になる
3. 青春時代の思い出の音楽を聴く

総合運

付き合いの長い人からの忠告や指摘で、今後の人生が変わる時期。仲がいいからこそ言ってくれる言葉をしっかり受け止めるようにしましょう。都合が悪いからといって無視していると、自分の人生を苦しめる原因になったり、それ以上成長できない人になってしまいそう。縁の大切さや仲間や友人の存在の大きさを知ることもできそう。自分の得意なことで周囲を笑顔にできるように努めてみましょう。

恋愛＆結婚運

片思いの恋に進展がある時期。今年になって出会った人や、長年異性の友人だった人を好きになったと自覚できたなら、今月は積極的に遊びに誘ってみましょう。自分中心に考えるよりも相手が喜びそうなプランを考えたり、話題のスポットに行くといいでしょう。グループデートをするのもいいので、友人を誘うといいかも。結婚運は、友達のようなカップルには進展のチャンスがあるでしょう。

仕事＆金運

仕事のやる気が出る時期。長く勤めている職場なら、能力を買われたりチャンスをもらえるでしょう。自分の得意なことを伸ばしたり、これまでの経験を活かせるように知恵を絞ることが大切。一度仕事した人との縁がつながったり、親友が仕事のヒントを教えてくれるでしょう。金運は、欲しいからといって買っているとお金は貯まらないので、本当に必要なものか考えてから買いましょう。

1 月	▽	日中は思いきった行動で運を味方に付けられそう。怒られてもいいと思って挑戦しましょう。夕方以降は周囲とのすれ違いが起きやすいので、自分の意見を押し通しすぎないように。
2 火	▼	柔軟な発想を心がけないと、頑固になりすぎてしまったり、融通が利かずに評価を落としてしまいそう。自分が正しいと思い込んでいるときほど気をつけましょう。
3 水	×	実力不足や勉強不足を感じそうな日。自分に足りないことを知れれば後の成長につながるので、指摘されたことや恥ずかしい思いをしたことを忘れないようにしましょう。
4 木	▲	生活リズムを整えたり、計画的に行動するように心がけるといい日。ムダな動きや不要なことに時間やお金を使わないように。不要なものを片づけて目の前をすっきりさせましょう。
5 金	○	新しいことに挑戦するといい日。失敗を恐れずに勇気を出して挑戦することで学べることがあります。うまくいかなくても、自分の弱点や足りないところを知ることが大切でしょう。
6 土	○	予定が変更になっても、その分新たな発見がありそう。いいアプリを見つけられたり、おもしろい情報も入手できそうです。詳しい人に話を聞いてみるのもいいでしょう。
7 日	□	今日は体のメンテナンスをしましょう。たまっていた疲れをしっかりとって、すっきりした状態で明日以降に備えましょう。ストレッチする時間を作るのもいいでしょう。
8 月	■	目覚めがすっきりしなかったり、寝違えて首が痛くなりそう。今日は肉体的な無理をすると体調を崩すので、暑さ対策やエアコン対策をしっかりしておきましょう。
9 火	●	自分の気持ちをはっきり言うよりも、どうしたら伝わるのか考え、言葉を選ぶとうまく伝わるようになる日。言葉選びやタイミングの大切さを実感できそうです。
10 水	△	自分でわかっていながらも、癖で失敗やミスが出そう。遅刻や寝坊に気をつけて、数字や時間のチェックをしっかりしましょう。同じ失敗は評価も運気も落としてしまうでしょう。
11 木	◎	集中力が続き頭の回転がよくなる日。真面目に頑張っていた人ほどチャンスが到来したり、いい結果を出せそうです。付き合いの長い人からの助言やサポートに感謝しましょう。
12 金	☆	考える前に行動に移すことが大切な日。行動しながら考えて判断すると、いい方向に進み、いい出会いもありそう。今日はじっと待たずに動くことを意識すると運をつかめるでしょう。
13 土	▽	午前中に掃除や洗濯、日頃できない用事を片づけるといい日。午後からはゆっくりしたり、無理のないように。ランチデートにもいい日なので気になる人を突然誘うのもいいかも。
14 日	▼	予定が乱れてイライラしたり、否定的なことを言われる日。気分が悪くなる出来事があっても、平常心でいる訓練だと思って心を落ち着かせるようにしましょう。
15 月	×	嫌な感じになったときほど、しっかり原因を考えることが大切。他人の責任にしていると同じことを繰り返すだけ。学べることや自分の至らない点をしっかり認めて改善を。
16 火	▲	思い通りに進まないときは、自分の理論や計算が間違っているだけ。直すときには、ムダなことをカットするようにしましょう。合理的に生きる方法をもっと考えましょう。
17 水	○	気になるお店や普段はなかなか入らないようなお店で食事するとおもしろい発見がありそう。店員さんと交流するのもいいでしょう。変化を楽しめるといい日になりそうです。
18 木	○	友人や付き合いの長い人から勧められたことは、素直に取り組むといい日。興味がない分野のことを知れて勉強になりそう。人脈も広がりやすいので誘われたら顔を出しましょう。
19 金	□	自分から挨拶をしたり、メールの返事をできるだけ早く返すようにしましょう。些細なことでも前向きに捉えて積極的に行動すると、いい流れに乗れそうです。
20 土	■	夏の疲れを感じそうな日。無理をすると体調を崩してしまうので、水分補給をして涼しい場所を見つけるように。エアコンで体を冷やしすぎたり喉を痛めやすいので気をつけて。
21 日	●	片思いの相手や気になっている人を誘うといい日。素直に好意を伝えると交際できることもあるでしょう。新しい出会い運もあるので、友人の集まりに参加してみましょう。
22 月	△	思わぬものを忘れてしまったり、約束や予定を忘れて焦ってしまうことがある日。些細なことでもしっかり確認したり、事前に準備をきちんと行うようにしましょう。
23 火	◎	実力を発揮できる日。今持っている自分の全力を出しきってみるといいので、遠慮しないようにしましょう。今日の経験を後に役立たせることもできそうです。
24 水	☆	魅力と才能が開花する日。何事も真剣に取り組み、しっかり考えるといいでしょう。大事な話や必要な言葉を見つけられそう。周囲の会話やアドバイスを活かせるようにしましょう。
25 木	▽	今日は少しだけ早めに出勤して、午前中からどんどん仕事を片づけていきましょう。夕方以降は些細なミスが増えやすいので、いつもより慎重に仕事すること。
26 金	▼	タイミングの悪さを感じそうな日。友人や恋人と一緒にいても楽しくなかったり、イライラする出来事に遭遇しやすいでしょう。何が起きても機嫌よくいるように心がけて。
27 土	×	わがままな発言や行動は控えたほうがいい日。自分のことよりも相手のことを考えて判断すると、学べたりいい経験ができそう。自分勝手になると苦しくなるだけでしょう。
28 日	▲	部屋の掃除をしたり不要なものを処分するにはいい日。この夏に着なかった服は処分してもいいでしょう。スマホにある不要なアプリも消去するといいでしょう。
29 月	○	新しいことに目を向けるといい日。普段話している人でも新たなよさを見つけるつもりで声をかけてみましょう。いい部分を見つける癖を身に付ける練習にもなりそうです。
30 火	○	何事も勉強だと思って挑戦するといい日。手応えがなくても体験することが大切。失敗や挫折もいい勉強になるので、勇気を出して行動するといいでしょう。
31 水	□	今月の目標がどれぐらい達成できたか反省するといい日。自分の成長を確認することで次にやるべきことが見えてくるでしょう。生活リズムや環境を変えるきっかけにもなりそうです。

☆ 開運の日　◎ 幸運の日　● 解放の日　○ チャレンジの日
□ 健康管理の日　△ 準備の日　▽ ブレーキの日　■ リフレッシュの日
▲ 整理の日　× 裏運気の日　▼ 乱気の日　＝ 運気の影響がない日

9月 2022

☆ 開運の月

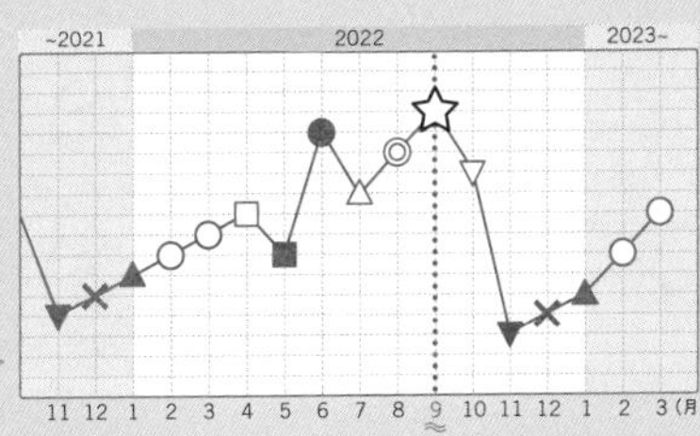

開運 3カ条

1. 交友関係を広げて付き合いを大切にする
2. 覚悟を決めて行動する
3. 長期的に使うものを購入する

総合運

具体的な目標を掲げて行動することが大切な決断の月。行動範囲を広げて人脈を広げる努力をしたり新しいことに挑戦すると、後の運命が大きく変わるでしょう。不慣れや苦手なことを克服する努力も大切。意外なチャンスが巡ってくることもあるので、勇気を出して行動すること。今月は自己投資するといいので、勉強になることも始めましょう。健康運は、今月から目標を決めると筋トレやダイエットが成功しやすいでしょう。

恋愛&結婚運

魅力的な人や気になる相手に出会う可能性の高い時期。飲み会や食事会など急な誘いでも顔を出したり、興味の薄い人でも連絡先を交換すると、後に素敵な人を紹介してくれるかも。片思いの恋は、今までより大人な雰囲気の場所に行くと交際に発展しやすいので、少しハードルが高いプランも考えましょう。結婚運は、半年くらいの交際期間がある人は入籍してもいい時期。いい勢いが付くかも。

仕事&金運

重要な仕事をまかせてもらえるチャンスが巡ってくる時期。挨拶やお礼をこれまで以上にきっちりして、仕事関係者との付き合いも大切に。難しい仕事を押しつけられても「期待されている」と思って、求められた以上の結果を出すよう努めましょう。金運は、買い物にいい時期。仕事に使うものや、大人っぽくイメチェンするつもりで服や靴を買いましょう。少額の投資を始めるにもいい時期です。

日	運気	
1 木	■	仕事に集中しすぎて些細なミスをしないためにも、休憩時間をうまく活用してほどよく気分転換をしましょう。体力温存や健康管理も仕事の一部だと思っておきましょう。
2 金	●	勢いまかせでもいいので行動することが大切な日。仕事ではこれまで以上に積極的に取り組んだり、意見をしっかり伝えましょう。新しい出会いにも注目しましょう。
3 土	△	新しい遊びに挑戦をするといい日。避けていたジャンルの映画やわざわざ遠くに行く必要があることなど、少し面倒を楽しむくらいの気持ちが大切でしょう。
4 日	◎	夏にやり残した遊びを楽しんだり、タイミング悪く会えなかった友人や片思いの相手と遊ぶにはいい日。突然でもいいので連絡をしてみましょう。いい思い出話もできそう。
5 月	☆	思いきった決断や行動をするといい日。将来的にプラスになると思ったことに関しては積極的に行動しましょう。多少の失敗や恥ずかしい思いは気にしないようにしましょう。
6 火	▽	午前中は少し強引になるくらいの押しが大切。夕方以降は勘違いやうっかりミスをしやすいので、忘れ物や機械の操作ミスなどに気をつけましょう。
7 水	▼	自分への課題が出てくる日。嫌な思いをすることもありますが、弱点や欠点がどこなのか分析できてよかったと思いましょう。ストレスがたまりやすいので、気分転換はマメに。
8 木	×	好みではない人から好意を寄せられたり、思わぬ仕事をまかされそうな日。思いとは逆になりやすいので心構えをして1日を過ごすと、思ったほど驚くことはないでしょう。
9 金	▲	普段片づけていない場所を整えるといい日。下駄箱やクローゼットにある不要なものを処分したり、置きっ放しのものを片づけましょう。玄関をきれいにすると運気が上がるでしょう。
10 土	○	興味のなかった世界が気になる日。思いきって体験してみると話のネタになったり、いい勉強や経験になりそう。素敵な出会いもあるので挨拶はしっかりしておきましょう。
11 日	○	些細なことでも一生懸命になるといい日。遊びに真剣に取り組むと気持ちがすっきりできたり、学べることもあるでしょう。喜ぶときはしっかり喜ぶと、周囲が笑顔になります。
12 月	□	自分の中のルールや生活習慣を変えるにはいい日。悪習慣やムダな時間を使っていることをやめましょう。ダイエットや筋トレを始めるにもいい日です。
13 火	■	寝不足や慢性的な疲労などにより、つまらないミスをしてしまいそう。休憩時間に緑を見たり深呼吸するなどして、心身ともにすっきりさせて仕事に臨みましょう。
14 水	●	自分の考えを上手に伝えられたり、頭の回転がよくなる日。自分でも調子のよさを実感できそう。他人に期待するよりも他人の期待に応えられるように努めると運を味方にできそう。
15 木	△	つまらないミスをしやすい日。言わなくていいことまで言ったり、うっかり口を滑らせたりしないように細心の注意を。今日は相手のことをよく考えて言葉を選びましょう。
16 金	◎	経験をうまく活かせる日。苦労した人ほどうれしい流れがありそうですが、不勉強や実力不足な場合は今後の課題が出てきそう。マイナスに受け止めないでプラスに考えましょう。
17 土	☆	素敵な出会いに恵まれそうなので、知人に誘われたら躊躇せずに出かけてみましょう。積極的に行動することが幸運をより引き寄せるでしょう。最初の挨拶と笑顔を大切に。
18 日	▽	ランチデートをしたり午前中から活動的になるといい日。気になる人といい関係になれたり、お得な買い物もできそう。夕方からはひとりの時間を大切にするといいでしょう。
19 月	▼	自分の考え方や意見が通らなかったり、ソリの合わない人と一緒にいる時間が増えそうな日。意地を張らないで1歩も2歩も譲って、関係改善に手を尽くしましょう。
20 火	×	知ったかぶりをすると恥をかきそうな日。知らないことは素直に聞いたり、詳しい人をもっと尊敬するといいでしょう。よく知らない話を適当に話すのもやめておきましょう。
21 水	▲	夏物と秋物の入れ替えを始めるにはいい日。この夏に全く使わなかったアイテムは処分してもいいでしょう。身の回りにある置きっ放しのものも片づけましょう。
22 木	○	視野や考え方の幅を広げるにはいい日。自分では思いつかないようなことを言う人と話してみましょう。上司や経験者から教えてもらえることもあるでしょう。
23 金	○	今日は上司や先輩からのアドバイスを素直に取り入れてみましょう。うまくいけば最高ですし、万が一うまくいかなかったとしても学べることがあるでしょう。
24 土	□	積極的に行動することでいい経験ができる日。家でじっとしていないで、時間があるときは外出をするといいでしょう。偶然の出会いやおもしろいことを見られそうです。
25 日	■	今日はしっかり体を休ませたほうがいい日。昼寝をしたり、近くにある温泉やスパに行きましょう。既に予定が入っている場合は休む時間をマメにとりましょう。
26 月	●	求められることが増えますが、求められた以上に結果を出せたり、素早く仕事できそうな日。気を引き締めて取りかかり、どんな仕事でもテキパキやってみましょう。
27 火	△	遅刻や寝坊などで慌ててしまい、ケガや忘れ物をしやすい日。小さなミスが重なってしまいそうなので気をつけましょう。何事も10分前行動にすると、不要な不運を避けられそう。
28 水	◎	これまでの失敗を取り戻したり、新たなチャンスをもらえそうな日。最善を尽くすことでいい結果につながるので、手抜きをしないように一生懸命取り組みましょう。
29 木	☆	どんな仕事でもひとりでは何もできないので、自分の結果に満足しないで周囲の人への感謝を忘れないように。あなたも誰かから感謝されていることを忘れないようにしましょう。
30 金	▽	コミュニケーションをしっかりとることが大切な日。上司や部下と仕事以外の話をして交流を図ってみましょう。話しやすい関係になるほど、仕事もやりやすくなりそうです。

開運のつぶやき ▶ 人からマネされるような素敵な大人を目指すといい

2022

10月

▽ ブレーキの月

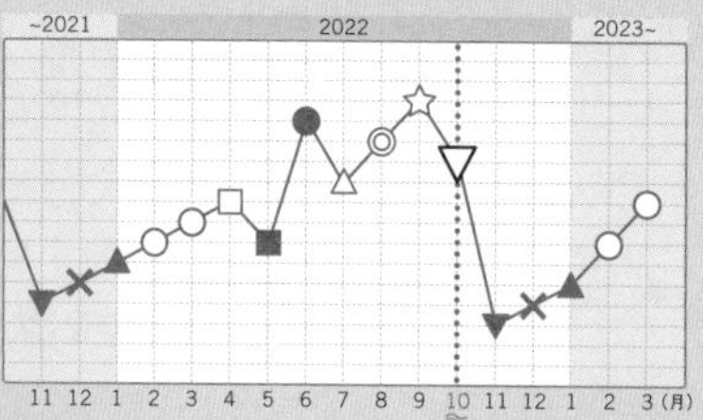

開運 3 カ条

1. 中旬までは行動を優先する
2. 現状に満足しながらも、次の目標を掲げる
3. 下旬は予定を詰め込まない

総合運

変化の多かった1年ですが、今月は更にもう1歩挑戦や変化をするのにいいタイミング。中旬までは気になったことをすぐに行動したり、環境を変えましょう。出会い運もいいので、はじめて会う人を増やせるように意識することも大切。下旬になると、思い通りに進まなかったり、間違った考えや困難を自ら選択しそう。健康運は、下旬に疲れやストレスがたまる原因が起きそう。睡眠時間を増やしたりゆっくりする時間を作りましょう。

恋愛＆結婚運

今年気になる人に出会っているなら、今月中に気持ちを伝えたり、マメに会えるように積極的になりましょう。特に中旬までは相手の気持ちをつかみやすいので、遠慮しないで相手を楽しませる工夫をしましょう。新しい出会いも中旬までは期待できるので、遊びに出かけたり、異性を意識した服装や髪型を。結婚運は、中旬までは勢いで話を進めやすい時期ですが、相手の運気次第でしょう。

仕事＆金運

実力を発揮でき満足できる結果も出そうな時期ですが、もっとレベルの高い仕事や大きな結果を出すために何をするべきか考えましょう。周囲の人のおかげで仕事できていると忘れないようにすることで、自分のやるべき仕事が見えてきます。下旬は、ミスが増えたり、やる気をなくすような出来事が起きそう。金運は、買い物をするなら中旬まで。冬物をまとめ買いしておくといいでしょう。

日	運気	内容
1 土	▼	他人まかせや甘えていたことにしわ寄せがくる日。面倒なことに巻き込まれたときは、課題が出たと思って受け止めて。マイナス面ばかり受け止めすぎないようにしましょう。
2 日	×	好きな人の前では空回りしやすいので、強引さやわがままを見せないように。デートは短時間がオススメ。今日はムダな外出を控えて、ゆっくりして日頃の疲れをとりましょう。
3 月	▲	使っていないアプリを一気に整理したり、不要なデータを消去するといい日。時間を浪費するゲームのデータも、この機会に処分してすっきりさせてみましょう。
4 火	○	現状に満足するのもいいですが、もっとレベルの高いことを目指したり、自分よりも頑張っている人に注目すると、やる気になったり前向きになりそうです。
5 水	○	いい出会いや大事な体験に恵まれる日。まかされた仕事で期待以上の結果を出せるように努めたり、誘いを受けたら思いきって顔を出したり、普段交流のない人を食事に誘いましょう。
6 木	□	決断や考えがまとまらないときは、尊敬している人ならどう判断するか考えて決めるといい日。「あの人ならきっとこちらを選択する」と思って動くといい結果につながるでしょう。
7 金	■	仕事で疲れやストレスがたまりそうな日。疲れたまま飲み会に行くと、不機嫌な態度が出てしまったり体調を崩す原因になってしまうので気をつけましょう。
8 土	●	恋愛運がいい日。好きな人に気持ちを伝えると交際をスタートできたり、相手から告白されることがありそう。新しい出会いを求めて行動するにもいい日です。
9 日	△	遊びに出かけるといい日。家でのんびりしないで、気になる場所に遊びに出かけたり、友人を誘ってみましょう。情報をしっかり調べないと恥ずかしい思いをしそうです。
10 月	◎	実力が評価される日ですが、実力がない人は厳しい評価をされそう。どんなときもまだまだと思うことが大切なので、どちらの結果でも自分の成長に期待しましょう。
11 火	☆	自分に投資することが大切な日。仕事で使うものは少し値が張ってもいいものを選びましょう。仕事でも給料以上の仕事をして相手にお得感が伝わるようにしましょう。
12 水	▽	午前中は頭の回転がよくなり、いい判断やいい仕事ができそう。午後からペースが落ちてしまったり甘えから隙が出てしまうので、気をつけるようにしましょう。
13 木	▼	気分が悪くなることを言われても気にしないようにしましょう。根に持つことは自分の人生にとってマイナスなだけ。ササッと忘れて、自分の成長のために時間を使いましょう。
14 金	×	ひとりで仕事を背負ったり、考え込む時間が増えそうな日。孤独を感じる前に、素直に頭を下げて協力してもらいましょう。自分ひとりの力を過信しないようにしましょう。
15 土	▲	身の回りをきれいに片づけて整えることで運気の流れがよくなる日。空気の入れ換えや掃除をして、すっきりさせましょう。光り物はできるだけピカピカにしておきましょう。
16 日	○	新しい出会いがある日。友人の集まりに参加すると素敵な人を紹介してもらえたり、会えることになりそう。みんなで知り合いを集めるなど輪を広げてみるといいでしょう。
17 月	○	今までやってこなかったアプローチで仕事に取り組んでみましょう。慣れないことなので最初はやりづらさを感じるかもしれませんが、新しい発見があるでしょう。
18 火	□	清潔感や品のよさ、明るさをアピールすることで、周囲からの印象をいい方向に変えられます。印象を変えられるように意識して1日を過ごしてみましょう。
19 水	■	少し疲れを感じたり、集中力が途切れそう。仕事帰りにマッサージや整体、ヘッドスパなどに行って、癒やしの時間を作りましょう。湯船にしっかり浸かることも大切でしょう。
20 木	●	求められることや目立つことはいいことですが、調子に乗るとキャパオーバーな仕事をまかされたり、緊張する流れになりそう。謙虚な気持ちを忘れないようにしましょう。
21 金	△	やり慣れている仕事にこそ落とし穴が潜んでいる日。今日はいつも以上に確認を怠らず慎重に臨んで、トラブルの元を回避しましょう。失言にも気をつけて言葉を選びましょう。
22 土	◎	ズルズルした関係や片思いの恋には決着をつけたほうがいい日。特に都合のいい関係になっている場合は、別れを覚悟で気持ちを伝えたほうが幸せな方向に進めそうです。
23 日	◎	買い物をするのにいい日。今年の流行のものや冬物をまとめ買いしておきましょう。何年も同じアウターを着ている場合はいいものに買い換えるといいでしょう。
24 月	▽	日中は、調子のよさを感じられそう。いい判断ができるので積極的に行動しましょう。夕方以降は予定が乱れそうですが、欲張らなければ問題はないでしょう。
25 火	▼	無理難題と思うことを押しつけられてしまいそうな日ですが、最善を尽くすことでいい勉強になりそう。失敗をしても、そこから反省をすれば成長につながると思いましょう。
26 水	×	周囲の悪口や陰口に乗って、余計なことを言ってしまいそう。冗談のつもりが広がって面倒なことになるので、相手の気持ちを考えて話を変えるようにしましょう。
27 木	▲	失敗が続いたり、噛み合わない感じになりそう。自分の気持ちを優先していると前に進めなくなるので、周囲や相手の気持ちを考えて判断するといいでしょう。
28 金	＝	新しい取り組み方や違う方法を試すにはいい日ですが、基本的な考え方を間違えないようにしましょう。誰のために、何のために仕事をするのか間違えないようにしましょう。
29 土	＝	たまには美術館や博物館に足を運んで、芸術や文化と触れ合ってみましょう。静かな空間でこれらに向き合うことは、必ずや将来の自分の栄養になるはずです。
30 日	□	これまでとは違う髪型にイメチェンをするといい日。ショートカットやボブにしてサッパリしてみると、異性から注目されたり人気者になれそうです。
31 月	■	昨日の疲れが少し残りそうな日。だらだらしないで朝から軽く体を動かしたり、ストレッチをするといいでしょう。好きな音楽を聴く時間も作っておきましょう。

☆ 開運の日　◎ 幸運の日　● 解放の日　○ チャレンジの日
□ 健康管理の日　△ 準備の日　▽ ブレーキの日　■ リフレッシュの日
▲ 整理の日　× 裏運気の日　▼ 乱気の日　＝ 運気の影響がない日

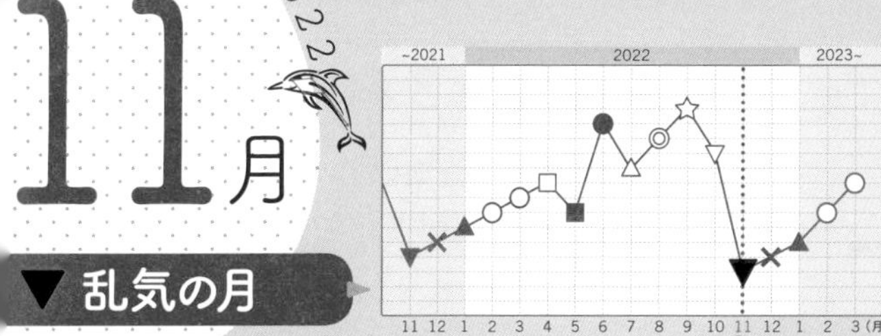

▼ 乱気の月

開運3カ条

1. 自分のことよりも相手のことを考えて行動する
2. 夜更かしは避けて睡眠時間を増やす
3. 負けや失敗は素直に認める

総合運

浮かれていられない状況になったり、チャンスがピンチになってしまいそうな月。面倒なことや不運と思えることを自分で招いてしまう可能性が高いので、日頃から謙虚な気持ちを忘れないようにしましょう。思っている以上に、身勝手な判断や自分中心な考えが問題の原因になっているので、サポートに回ったり一歩引いた立場で努めるといいでしょう。健康運は、風邪をひいてしまったり、疲れをためやすいので気をつけましょう。

恋愛&結婚運

異性の前で空回りしたり、些細なことでケンカや気まずい関係になりそう。わがままな態度を出さないで、相手を喜ばせるように努めましょう。新しい出会い運は微妙。今月はじめて会う人は、意見が合わないけど勉強になる相手だと思いましょう。今月は自分磨きをしたり、異性との会話に困らないような話のネタを用意する時期。結婚運は、話を進めにくい時期なので気楽に考えておきましょう。

仕事&金運

プレッシャーのかかる仕事をまかされたり、おいしい仕事をライバルに奪われそうな時期。油断しないで一つひとつの仕事に丁寧に取り組みましょう。意地を張ると空回りするので、ときには負けを認めて自分の得意なことで周囲を手助けすると、協力してもらえそう。損して得を取るくらいの気持ちでいましょう。金運は、出費が激しくなりそう。自分よりも他人のために使うといいでしょう。

日	運気	内容
1 火	●	人との縁が切れたり、気まずい空気になってしまうことがある日。調子に乗らないで相手の気持ちをもっと考えて、言葉を選んだり行動を変えるといいでしょう。
2 水	△	目の前のことを考えていると嫌だという気持ちが膨らむだけ。「仕事が終わったら何しようかな」と考えると頑張れそう。ただ、考えすぎてミスをしないように気をつけましょう。
3 木	＝	尊敬できる人のマネをするといい日。自分の考えややり方では進めなくなったり、ムダが増えてしまいそう。少しでもいいので、できそうなところを見つけてマネしてみましょう。
4 金	＝	話を聞き逃したり、最後まで聞かないことがトラブルや面倒の原因になりそう。時間とお金をムダにすることのないように、しっかり話を聞いて理解しましょう。
5 土	▽	日中は、思いやりのある人に会えてうれしい出来事がありそうなので、鈍感に生活しないように。夕方以降は、勢いまかせの行動が面倒なことになってしまいそう。
6 日	▼	細やかな気遣いを忘れていることが、苦労や不満の原因。相手のことを考えて、気遣いを忘れず謙虚な心を大切に。身勝手は不幸や不運の原因になるだけでしょう。
7 月	×	不慣れなことをまかされたときこそ、「できない」と諦めないで、時間がかかってもいいので一生懸命に取り組みましょう。相手の期待に応えられるように仕事をしましょう。
8 火	▲	身の回りを片づけるのはいいですが、共有スペースや目に付く場所も気づいたらきれいにしましょう。ゴミが落ちていたら拾っておくと運気もよくなるでしょう。
9 水	＝	新しい人との出会いがありそうな日なので、身だしなみにはいつも以上に気を配りましょう。言葉遣いには気をつけて、相手を尊重して丁寧に接すること。
10 木	＝	悩んだり困ったときほど、自分と同じようなことで悩んでいる人やそれ以上に困っている人に、今の自分に何ができるか考えて行動してみるといいでしょう。
11 金	■	朝起きたら、まずは今日中にやらなければならないことを紙に書き出してみましょう。課題を明確にすることでやる気を出せたり、気持ちが楽になるでしょう。
12 土	■	しっかり体を休ませるといい日。暴飲暴食を避けて、健康的な食事やストレッチ、ラジオ体操をしましょう。昼寝をしたり、好きな音楽を聴く時間を作りましょう。
13 日	●	うれしい出来事がある日ですが、些細なことなので見逃さないようにしましょう。恩返しではなく次の人に恩送りするようにしましょう。いい縁をつなげるように努めましょう。
14 月	△	すべての人の行動や発言は、善意があると思って受け止めましょう。世の中のことを「よかれと思ってやっている」と思うと、楽しく見られるようになるでしょう。
15 火	＝	友人や付き合いの長い人から大切な話を聞けたり、いい時間を過ごせそう。相談や深い話がなくてもいいので、雑談をする時間を作ってみるといい話を聞けそうです。
16 水	＝	自分のためにお金や時間を使うのではなく、周囲やお世話になっている人に喜んでもらえるように過ごすといい日。ごちそうをしたりちょっとしたプレゼントをしたりしましょう。
17 木	▽	日中は順調に物事が進みそう。やるべき仕事をどんどん進めましょう。夕方以降は仕事のトラブルに巻き込まれそうなので、少し早く出勤し、予定を前倒しして仕事しましょう。
18 金	▼	不慣れや苦手なことに挑戦してみるといい日。そこから学べたり、自分の成長を実感できるでしょう。本をしばらく読んでいない人は1ページでも読んでみましょう。
19 土	×	言葉使いを丁寧にしたり、他人を丁寧に扱うことで、いい1日になるでしょう。他人を雑に扱っていいことはなく、逆の立場ならどんな風に接してほしいか考えて行動しましょう。
20 日	▲	掃除をするといい日。身の回りにある使わないものや不要なものを思いきって処分したり、データを消してみましょう。間違って大切なものを処分しないように、確認をしっかり。
21 月	＝	新しい発見をする癖を身に付けたり、視野を広げる訓練をしましょう。世の中には自分とは違う考え方や生き方で楽しんでいる人がいることを忘れないようにしましょう。
22 火	＝	冗談やシャレを理解して、ムッとしたことを笑い飛ばしたり、おもしろいほうに変換しましょう。最初はできなくても、後で考え方を変えてひとりでクスッと笑うといいでしょう。
23 水	■	文句や不満を言う前に、自分のできる最善を尽くしたり、努力する方法を変えるための工夫をしてみるといいでしょう。夜は疲れやすいので早めに帰宅しましょう。
24 木	■	体力的な無理を避けて、ペースを少し落としたり、体力を温存するようにしましょう。好きなものを食べたり、心も体も喜ぶご飯を選んでみるといいでしょう。
25 金	●	いい結果が出たら周囲のおかげだと思って感謝すること。結果が振るわなかったら自分の勉強不足だと思いましょう。今日は礼儀や挨拶を必要以上にしっかりやりましょう。
26 土	△	発想を変えてみるにはいい日。何事にも少しの遊び心やいたずら心があると楽しく過ごせそう。真面目に考えすぎたり、自分中心でいると前に進めなくなりそう。
27 日	＝	日頃の感謝の思いを込めて、同僚や後輩を食事に誘っておいしいものをごちそうしましょう。人の笑顔のためにお金を使うことで、幸運を引き寄せられるでしょう。
28 月	＝	期待に応えることを忘れないようにしましょう。あなたが思っている以上に期待されて望まれている日。一生懸命頑張ってみると簡単に評価が上がるでしょう。
29 火	▽	慣れた仕事でも楽しみながら取り組んでみるといい日。どんな仕事も最初は簡単にできず苦労したことを思い出して、今の成長を認めると楽しく取り組めそうです。
30 水	▼	頑固になりすぎて頭が固くなってしまいそうな日。若い人の意見や、自分とは違う意見の人の考え方も学んでみましょう。疲れもたまりやすいので無理な残業は避けましょう。

開運のつぶやき ▶ うまくいかなかったことが失敗ではなく、経験を活かせなかったことが失敗

2022 12月

× 裏運気の月

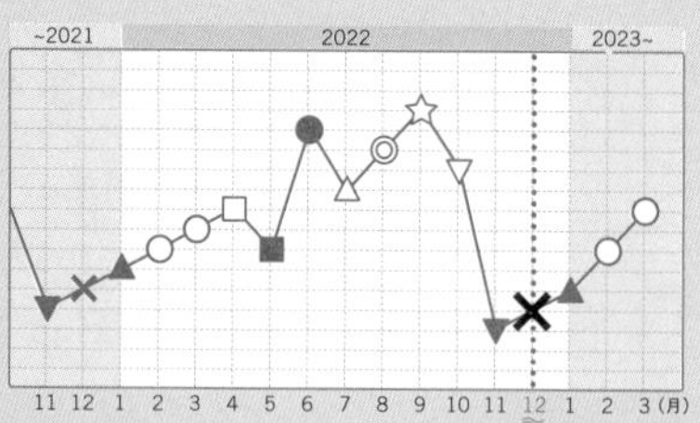

開運 3 カ条

1. 予想外や意外性を楽しむ
2. 自分よりも相手を楽しませる
3. 礼儀正しくする

総合運

自分でも意外なことにチャレンジしたり、興味のあることが変わりそう。信頼できる人や尊敬できる人からの話なら、受け入れると大きく成長できそう。自分の得だけを考えて行動すると痛い目に遭うので、相手や周囲のことを考えて判断しましょう。健康運は、油断して風邪をひいたり、連日の飲み会や忘年会で体調を崩しやすいので気をつけましょう。湯船にしっかり浸かったり、睡眠時間を普段より長くとることを意識しましょう。

恋愛&結婚運

過度な期待は禁物。いい感じになったと思ったら振り回されたりもてあそばれたりしそう。期待した分だけ落ち込むので、今月は進展しなくて当然と思いましょう。裏運気なので予想外の人から告白されて、とりあえず付き合うとがっかりする結果になりそう。「寂しいから」で交際を始めないように。結婚運は、話が進まない時期。今は互いを褒め合ったり、いい部分を見るようにしましょう。

仕事&金運

順調だった仕事にブレーキがかかったり、白紙に戻りそう。重荷な仕事を急にまかされるなど予想外が多いですが、「期待に応えよう！」と思うとやる気になるでしょう。人間関係で揉めやすいので上下関係を意識して、挨拶やお礼を忘れないように。金運は、予想外の出費やなくし物があるので、大金や高価なものを持ち歩かないように。投資は儲けよりも成長性を期待できる企業を選ぶといいでしょう。

日	運気	内容
1 木	×	自分の仕事で笑顔になっている人を想像するといい日。辛いことがあるときほど、自分の仕事がいろいろつながって、たくさんの人を笑顔にしていると思いましょう。
2 金	▲	職場をきれいにすることで、仕事の効率ややる気が増す日。朝からきれいに整えましょう。共有スペースでも散らかったところやゴミは率先して片づけましょう。
3 土	＝	急に暇になったり、予定が乱れそうな日。期待しないで映画を観に行くと、思ったよりもおもしろいことがあるかも。普段避けているお店に行くといい発見がありそうです。
4 日	＝	変化や新しいことを楽しむにはいい日ですが、過剰に期待するとがっかりするだけなので、何事もほどほどの期待がいいでしょう。
5 月	□	会議や打ち合わせには、しっかり事前準備をして臨みましょう。思いつきの発言や行動はトラブルの原因となりやすいので、言葉を選んで話すようにしましょう。
6 火	■	疲れを感じて集中力が途切れてしまいそうですが、その中でもベストを尽くすことが大切。限界や無理に挑戦するのではなく、今の自分ができる最善を尽くしてみましょう。
7 水	●	好きでない人や意外な人から好意を伝えられるのが残念と思うのならば、自分のレベルを上げるときだと思って自分磨きをしましょう。仕事では頼られるように働きましょう。
8 木	△	寝坊や遅刻などうっかりミスをしやすい日。早めに行動すると大きな問題を避けられるので、何事も少し早めに取りかかって時間にゆとりを持っておきましょう。
9 金	＝	自分ひとりだけでは幸福は味わえないもの。一緒に頑張った仲間や、共に笑顔になれる人の存在が必要です。ここまで成長できたことへの感謝と恩返しの気持ちを忘れないように。
10 土	＝	おもしろそうなことは素直に行動するといい日。気になるイベントやライブ、映画を観るといい刺激を受けられそうです。やる気に火が付くこともありそうです。
11 日	▽	順調に進みそうですが、夕方辺りから面倒なことに巻き込まれてしまいそう。「貴重な経験をさせてもらっているな」と前向きに考えてみましょう。
12 月	▼	仕事にやる気が出ないときほど、自分の仕事に感謝してくれている人の存在を想像しましょう。不満や文句に目がいくときほど、「自分の仕事は感謝されている」と思いましょう。
13 火	×	「困ったときに助けてもらえない」と嘆く前に、日頃周囲で困っている人を助けたり親切にしているのかを考えましょう。足りないのは日頃の自分の行いだと気づくようにしましょう。
14 水	▲	職場やトイレを掃除してくれる人など、あなたの周りをきれいにしてくれている人の存在に「ありがとうございます」と言う気持ちを忘れないようにしましょう。
15 木	＝	今日は今まで見て見ないふりをしてきた自分の課題に取り組んでみましょう。最初は気が乗らないかもしれませんが、粘り強くやってみると新しい発見があるでしょう。
16 金	＝	いい意味でのライバルを見つけたり、気になる存在を見つけるといい日。同年代で頑張っている人や、スポーツや芸能人でもいいので輝いている人を見ると、やる気に火が付きそう。
17 土	□	遊びの誘いを待たないで、気になる人に自ら連絡をしましょう。これまで遊んだことのないタイプの人に連絡して食事してみるのもいいでしょう。相手のいい部分を見つけられそう。
18 日	■	今日はしっかり体を休める日と思いましょう。予定が入っている場合はマメに休んだり、ゆとりを持って行動しましょう。予定のない場合は、軽く体を動かして昼寝をしましょう。
19 月	●	急な仕事が増えたり、対応すべきことが増えそうな日。期待に応えようと前向きに考えて楽しく仕事すると評価されるので、面倒なことでも笑顔で引き受けましょう。
20 火	△	人間関係を楽しむことで仕事のやる気もアップするでしょう。仕事関係の人ともっとコミュニケーションをとれるように雑談したり相手を褒めてみたり、会話を楽しみましょう。
21 水	＝	期待以上の仕事や、指示されたこと以外の仕事を見つけて、先回りして仕事しましょう。失敗することもありますが、前向きな気持ちが仕事を楽しくさせてくれるでしょう。
22 木	＝	あなたが仕事を頑張れば、他の人が少しでも楽になると思って努めるといい日。その頑張りが信頼や信用につながります。今日の頑張りは後の幸運につながるでしょう。
23 金	▽	少しでも早めに出勤して、仕事にどんどん取りかかりましょう。「時給が」と思っているといつまでも仕事がつまらないまま。夕方以降は判断ミスをしやすいので慎重に。
24 土	▼	予定が急にキャンセルになったり、外出先でがっかりする出来事がありそう。今日はカフェでのんびりお茶をしたり、友人とだらだら過ごすのにいい日です。
25 日	×	ひとりの時間を楽しむといい日。じっくり本を読むといい勉強になるでしょう。本を読まないといつまでも運気は上がらないので、時間を作って書店に行きましょう。
26 月	▲	どんな小さな約束でも思い出して、忘れていたことや口約束になっていたことを守るようにしましょう。できない約束だった場合は、謝罪のメールを送っておくといいでしょう。
27 火	＝	本日中に達成できそうな目標を掲げて、自分が最終的にどんなふうになっていたいのか、ざっくりした大きな目標を立ててみましょう。明確な目標は掲げないように。
28 水	＝	小さくてもいいので、自分が周囲の人よりも得意なことや役立つことに取り組みましょう。余計なお世話と思われてもいいので、得意なことや知識を活かしましょう。
29 木	□	自分で自分の限界を決めたり、やらない理由や言い訳を先に見つけないように。何も考えないでまずは取り組んでみて、後はやりながら考えて軌道修正しましょう。
30 金	■	寝不足や疲れを感じやすい日。ボーッとしているとケガすることもあるので気をつけましょう。仮眠を取ったり、休むときはしっかり体を休ませるようにしましょう。
31 土	●	本音を話せる友人に連絡して、ご飯やお茶に誘ってみましょう。近況報告をしながら前向きな話ができそうです。予想外の相手から遊びに誘われることもありそうです。

☆ 開運の日　◎ 幸運の日　● 解放の日　○ チャレンジの日
□ 健康管理の日　△ 準備の日　▽ ブレーキの日　■ リフレッシュの日
▲ 整理の日　× 裏運気の日　▼ 乱気の日　＝ 運気の影響がない日

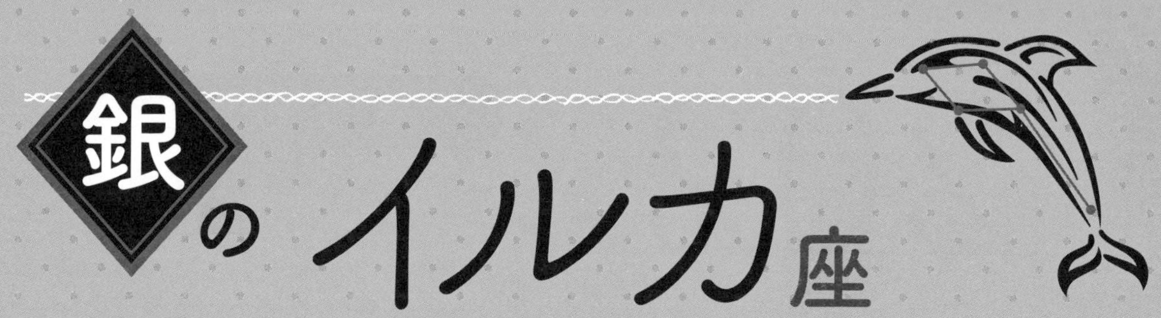

銀のイルカ座

持っている星

★人当たりがいい星
★話術がある星
★心は高校2、3年生の星
★華やかな星
★本当はサボる星
★毒舌の星
★遊び心をもっている星
★根は甘えん坊な星

12年周期の運気グラフ

銀のイルカ座の2022年は…

▲ 整理の年

2022年は物事を整理し、次の道へ進むための1年。2020年と2021年の裏周期で手に入れたものを、今一度取捨選択して。下半期から約5年は運気の坂を駆け上ります。

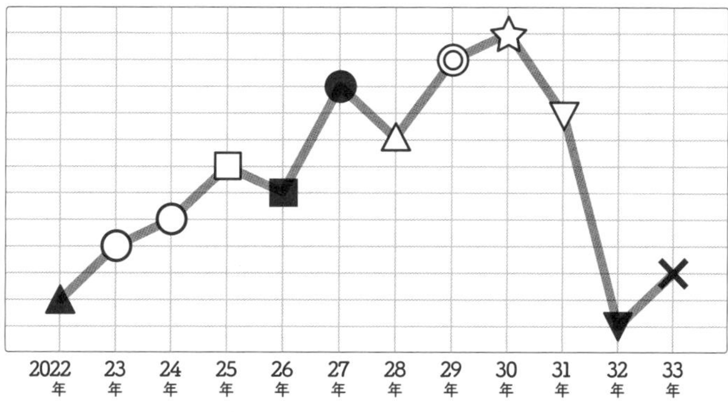

☆開運の年　◎幸運の年　●解放の年　○チャレンジの年　□健康管理の年　△準備の年
▽ブレーキの年　■リフレッシュの年　▲整理の年　×裏運気の年　▼乱気の年

銀のイルカ座はこんな人

基本の総合運

明るく陽気で華やかな印象を与える人。人当たりもよく、ユーモアセンスや話術もあり、自然と人を引き寄せる魅力があります。イルカが船と競って遊ぶように、常に遊び心を持って生きているため、真面目な感じや束縛や同じことの繰り返しの生活からは抜け出したくなるでしょう。変化や楽しい空気を感じる場所に自然と向かってしまうところや、大事なことは人まかせになってしまうところもあるでしょう。愛嬌があるため、挨拶やお礼などマナーをしっかり身に付けると助けてくれる人が増えて楽しく生きられそうです。

基本の恋愛&結婚運

恋は、ノリと勢いと華やかさに弱いタイプ。地味でおとなしい感じの人に目を向けることは少なく、自然と外見や服装のセンスのいい人や、才能を発揮している人に惹かれてしまいます。異性の扱いが上手な人と関係を結ぶことも多いので、「恋愛は遊び」などと割りきってしまうことも。結婚後は家庭を大事にしたいという思いはありますが、遊び心を理解してもらえない相手とはうまくいかなくなったり、ノリや勢いだけで先を考えずに籍を入れてしまったりすることもあるでしょう。

基本の仕事&金運

仕事と趣味が連動すると驚くような能力を開花させます。仕事にゲーム感覚で取り組んでみるのもいいので、どう考えたら楽しくおもしろくなるか、いろいろと試してみるといいでしょう。楽しくない仕事はすぐにやる気を失い、労働意欲は低くなりますが、職場に気の合う人がいると続くでしょう。金運は、楽しくお金を使うタイプ。チマチマ貯めたりケチケチすることは性に合いません。派手に使ったり、流行や話題の服を手に入れるために使ってしまったりすることも多いでしょう。

2022年の運気

▲整理の年

2022年開運 3カ条

1. 人間関係が整理される覚悟をする
2. 不要なものはどんどん処分する
3. 情報をしっかり集める

ラッキーカラー 濃い赤 紺色　ラッキーフード カレイの煮付け りんご　ラッキースポット 遊園地 海

総合運

よくも悪くも流れが変わりそう
何が大切かはっきり見えてくる運気

あらゆることにひと区切りがつく年。よくも悪くも流れが変わり、縁が切れる人やあなたのもとを離れていく人もいるでしょう。ときには裏切られることもありますが、相手にも事情があり、これまであなたが甘えすぎていたり、自己中心的に関わりすぎていた可能性もあります。反省して今後の人間関係で気をつけなければならないことを学ぶようにしましょう。

楽しいことやおもしろいことが大好きで遊び心の強い「銀のイルカ座」にとって、2021年までは現状への不満ですっきりせず、ときには破壊的な気持ちになったことがあったかもしれません。「整理の年」の今年は、自分にとって何が大切かはっきり見えてくる運気なので執着しないことが大切になるでしょう。「なんとなく楽だから」「甘えられるから」でぬるま湯のような人間関係を続けていると、成長できないまま人生を終わらせてしまうことも。まずは、自分の周りにいる人は本当に大切な人なのか冷静に判断する必要が出てくるでしょう。そのためにも引っ越しや転職など、思いきって環境を変える決断が必要になってきますが、上半期はできるだけ情報を集めて、先のことをもっと考えてから行動しましょう。実行に移すなら下半期の7月、9～10月がよさそう。それまでは身の回りにある不要なものを処分したり、明るい未来のために何を学ばなければならないのか考えておくといいでしょう。

「整理の年」は、一度荷物を下ろして、本当に必要なものを見極めて、身を軽くして前に進む年。身の回りにある趣味や遊びの道具、服や靴などを見て、今の年齢に合ったものか判断することが大切です。特に、学生時代のものや過去の栄光にすがるようなものはしまうこと。昔の恋人からもらったものや思い出の品も処分するなど、前に進むための準備をしましょう。「もったいない」「いい思い出だから」などと言い訳していると負のスパイラルから抜けられなくなるので、いい意味で縁を断ち切って一歩大人になる気持ちでいることが大切でしょう。

そうはいっても、2022年はまだやる気が出ない時期。特に上半期はだらだら流されてしまうことがあるかもしれませんが、時間があるときにマメに掃除をしたり、じっくり本を読む時間を作っていい言葉や前向きな話をインプットするようにしましょう。本を読むのが面倒な人はお芝居や映画、落語やお笑い芸人さんのライブなどを観に行き、いい言葉や考え方をインプットしましょう。

「整理の年」はいろいろ片づけられてスッキリする年ですが、一方であなたが整理されてしまう可能性もあります。これまで仕事をサボっていたり、周囲が頑張っているときに他のことにうつつを抜かしていた人は要注意。他人に押しつけてやっていなかったことが積もり積もって、相手から縁を切られてしまう場合も。そのときに「裏切られた」「なんで急に」と思うのではなく、相手に甘えすぎていたことを反省してください。あなたのもとを去っていく人がいたとしても、相手には相手の事情があり、その人の優しさに対して鈍感だったことを忘れないようにしましょう。逃げた人や離れた人を無理に追いかけないで、「自分を成長させて、また縁がつながればいい」と思うようにしましょう。

人間関係以外では、ものが壊れることが多くなる年。古いものを買い替える準備の年でもあるので「そろそろ買い替えかな」と思うものはチェックしておいて、そのためのお金を貯めておきましょう。計画性が弱く勢いまかせで買うことが多いのが「銀のイルカ座」ですが、何年も使っているものをチェックしておくと突然壊れてしまったときに焦らなくて済むでしょう。2022年に問題なく使えたものでも2023年くらいから徐々に買い替えましょう。同様に服や靴も、何年も着ているもの、置きっぱなしで着ていないもの、体型が変わって着られなくなったものなどは一気に処分するといいでしょう。

身の回りの整理をするのに最適なのが「整理の年」ですが、不要なものと大切なものを間違えないように。生活習慣を見直したり無駄なプライドを捨てなければならないのに、意地を張ってチャンスを逃してしまうこともあるでしょう。今年の不満や不運は「手放しなさい」というメッセージだと思うと気持ちが楽になります。

去る者は追わない精神で、流れに身をまかせながら過ごすようにしましょう。また、小さな約束でもできるだけ果たすようにして。遊びや飲みに行く約束をしたまま放置しないようにすることで、信頼を得られたり、これまでとは違った人間関係を築けるでしょう。軽い口約束でも、年内に守れるように努めると人生が大きく変わるきっかけになるかもしれません。また、プレッシャーに感じることや重荷と思えることは、ここで手放すことも大切。特に周囲から不向きだと言われたことから離れることで、気持ちが楽になる場合があります。

「整理の年」では、驚くような別れがあるので覚悟が必要。「あんなに仲良かったのに」という人が、結婚や転勤などで急にあなたのもとを去っていくことがあるでしょう。あなたの異動で疎遠になる場合もあるので、そういう運気の年だと思っておきましょう。身内との別れもあるので、年配の両親や親戚がいる人は会える時に会っておくと心残りも少なくなりそうです。

また、「整理の年」ではいろいろなことが見抜かれてしまうこともあります。仕事では実力不足がバレて担当を代えられたり、異動になってしまうことが。恋愛では浮気がバレたり、他の人に興味が湧いていることを突っ込まれて別れを切り出されてしまうことがあるかも。多くは自分で蒔いた種なので、反省して同じ失敗を繰り返さないことが大切です。特に人間関係で甘えていた人ほど厳しい結果を突きつけられそう。自分中心に考えず、感謝や思いやりのある生き方をしましょう。

今年は、上半期と下半期で流れが大きく変わります。上半期はよくも悪くも無駄な縁が切れるので、執着しないで身をまかせることが大事。その中でも本当に大切なものは手放さないようにしましょう。「乱気の年」や「裏運気の年」に出会った人には特に執着しないで、ケンカやすれ違いが増えたら縁がないと思って離れることも大切です。相手から距離を置かれても追いかけないように。陰で悪口を言うなどあなたの評判を悪くしている人の可能性もあるので、情報を集めてみるといいかも。ここで発覚したときは「早く分かってよかった」と前向きに捉えましょう。下半期になると、環境を変えたくなる気持ちが増してきます。新しいことに目を向けると自然とやる気が湧いたり、新たな人脈もできるようになるでしょう。

悪友や別れたいと思う人がいるなら、環境を変えてでも離れることが大切。上半期にお金や情報を集めて準備して、下半期に動きましょう。苦しい現状を無理に続ける必要はないので、周囲から「逃げた」と言われようとも手放すことが大切。今年は、2023年から始まる新しい流れのために準備をする1年なので、現状の不満から脱出する必要があります。収入や生活の安定のためだけにつながっていた人が離れることもあるので、自分で生活を送れるようにして、相手に甘えすぎないことが大切。厳しいことを言われたときは、しっかり反省して自分を成長させましょう。

自ら縁を切るのか、逆に縁を切られるかは、これまでの行いや人との関わり方の結果が現れます。悪習慣を断って人生を変えはじめることもできるでしょう。新たな生活リズムになじまなければ2023年に別の形で挑戦してもいいので、今年のうちにいろいろなことを整理しておくことが大切です。交友関係に執着すると次のステップに進めないので、今年の別れはしっかり受けとめましょう。

運気的には、裏の「鳳凰座」の能力である頑固さや忍耐強さが薄れて、あなた本来の遊び心が戻ってくる流れ。興味のあることが増えるので、特に下半期はフットワークを軽くして、気になることに挑戦してみるといいでしょう。遊びの予定を先に入れたり、人生の楽しみ方を工夫するといい時間を過ごせそう。なんとなく続けていた趣味から離れるにもいい時期なので、ダラダラ続けているSNSやアプリを思いきって消去すると、気持ちがすっきりして自由な時間ができます。楽しくないことに時間を使わないようにしましょう。

昨年までの裏運気の流れで、上半期はいい結果に恵まれなかったり思わぬミスをして辛抱がいることもありますが、至らない部分をしっかり認めて、楽しめる工夫を忘れないようにしましょう。意地を張ったり、自分中心に考えているといつまでも前に進めないので、気持ちを切り替えるチャンスだと思ってみて。実際に動き出すのは2023年からがオススメですが、9～10月を目標に環境を変えられるように計画を立てましょう。この辺りで出会った人からのアドバイスも大切に。2022年の新しい出会いは短い縁で終わりますが、前に進むきっかけになる情報を教えてもらえたり、気持ちを楽にしてくれる相手になる可能性があります。特に下半期は新たな人脈を広げるつもりで行動的になるといいでしょう。

辛い別れなど大切なものを失う場合もありますが、重荷を下ろして軽くすることで今後の人生が進みやすくなります。一度すべてを捨てて人生をやり直すくらいの気持ちで突き進んでみるのもいいでしょう。

年齢に合った考え方や生き方を取り入れて、新たに学びはじめることが大切ですが、地道な努力を避けてしまうタイプ。2022～2023年は視野を広げていろいろな考え方や生き方を肯定してみると、楽しみながら続けられることを見つけられて、自分の進むべき道が見えてくるでしょう。

恋愛運

ここ1～2年の恋に予想外の展開が 今年の別れは追いかけないで

「整理の年」は、ひとつの恋に区切りが付く運気。特にここ１～2年の恋は年内で別れることになったり、仕事の事情で遠距離になるなど予想外の展開が待ち受けているかも。恋人のいる人は相手の浮気が発覚したり三角関係が見つかって、大ゲンカになってしまうことがありそう。2022年からは本来のあなたの生き方や考え方に戻ってくるので、ここ１～2年の裏運気の時期に出会った異性とは意見が合わなくなってくるでしょう。恋人がいる人ほど上半期は油断をしないようにして、言葉遣いや態度には十分気をつけておきましょう。

既に相手の浮気が見つかっていたり、雑に扱われていたり、将来一緒にいる感じがしない場合は、年内で別れを告げることが大切。結婚もないのにダラダラ付き合いを続けて別れられない感じがあるなら、今年は別れるタイミングだと思っておくといいでしょう。特に、浮気を許したのに相手に反省が見られない場合は、別れの年だと思っておきましょう。

また、進展がない片思いの相手を諦めるタイミングとしてもいい運気です。好きな気持ちがあるのはいいのですが、交際に発展する期待はしないように。それでもモヤモヤするなら、7月に告白をして相手の気持ちを確かめておくといいでしょう。いい返事がもらえないときは、キッパリ諦めることで2023年からの新しい出会いに期待できるようになります。早ければ今年の9～11月中旬にもっと素敵な人に出会える可能性もあるので、7月は区切りをつけるべきタイミングだと思っておきましょう。

問題は、別れたいのに別れられないでズルズルした関係を続けてしまうカップル。不倫や浮気相手、セフレなど、明るい未来につながらない関係を続けてしまうことは、自分の人生を台なしにしてしまうだけ。いいことなのか悪いことなのかをしっかり判断して、自分の幸せをもっと真剣に考えましょう。今年の年末はフリーになっているほうが、後の新しい出会いにもつながってくるでしょう。

恋人がいない人で新しい出会いを求めている場合は、上半期は縁が薄いと思っておきましょう。この期間は自分磨きをしたり話のネタを作るつもりで行動したり、本を読んでおくことが大切。自分で思っている以上に華やかな星の持ち主ですが、ここ１～2年の裏運気で地味になってしまっているかも。本来の明るさを忘れてしまっている人も多いので、上半期中に暗いイメージから離れて、下半期から陽気で明るい感じにイメチェンをすると素敵な人と出会えたり、いい関係に進めるようになりそうです。7月、9～10月はノリのよさや勢いを楽しんでみて。すぐに交際に発展しなくても、2023年くらいまでは異性の友人くらいの関係でいると後の縁がつながることもあるでしょう。

ケンカ別れや突然の失恋、遠距離恋愛などいろいろな形で異性との距離が空いてしまった場合は、自分を見つめ直す時間を与えてもらえたと思っておきましょう。今の自分に合う人がどんな人なのか考えてみて。頑固さや意地が出て別れた人を追いかけてしまうかもしれませんが、それは不運や苦労の原因となってしまいます。今年の別れは追いかけないようにしましょう。「本当に縁のある人ならいずれまたつながる」と思って温かい心で見送るくらいの気持ちでいるといいでしょう。

結婚運

結婚の可能性は十分ある時期
7月以降に決断するのがオススメ

恋愛運を読んだ流れからすると「結婚できる運気ではない！」と嘆いてしまいそうですが、「整理の年」は、ひとつの恋に区切りがつく時期で、「恋が終わって、結婚生活が始まる運気」でもあります。なので、結婚する可能性は十分ある時期です。特に、2020年の「乱気の年」や2021年の「裏運気の年」を乗り越えたカップルは、「独身を整理する」という意味で2022年に入籍する可能性があるでしょう。年内に入籍までいけなくても、2023年の記念日に結婚するというように話を進められることがあるでしょう。

ただ、それは結婚への意識をしっかり持って相手と接していた人や、相手が結婚願望のある人であれば順調に進めるという意味です。遊びの恋で、結婚を全く考えられない相手の場合は話が進まないでしょう。ただ、妊娠の発覚からの授かり婚の可能性もあるので、本当に結婚してもいい相手なのかしっかり判断をするようにしましょう。「金／銀の時計座」「金の鳳凰座」「金のインディアン座」の相手なら結婚に進んでも問題が少ないので、思いきって飛び込んでみるのもいいでしょう。

今年の上半期は2021年の「裏運気の年」の影響をまだ受けているので、この時期に結婚すると、離婚する可能性があったり後悔する結婚になってしまう場合があります。できれば下半期の7月以降に決断するのがオススメです。

恋人はいないけど年内に結婚をしたいと思っている人は、「金／銀の時計座」が交際から結婚に進むスピードが最も速いので、2022年の7月以降に初めて会う異性から探してみてください。あるいは、異性の友人から探してみるといいでしょう。明るい話や前向きな話をするのもいいですが、ここ数年の苦労やうまくいかなかった話などをするといい関係になりそうです。将来の夢なども語ってみるといいので、実現するしないに関係なく本当にやってみたいことを話してみましょう。また、「金の鳳凰座」で、マメに連絡を取っているというよりもなんとなく縁が切れない感じで続いている異性の友人がいる場合は、「結婚とか考えられる？」と話してみると9～10月に一気に話が進む可能性もあるでしょう。

「整理の年」は、結婚をする運気というよりも、結婚について真剣に考えるきっかけができる時期です。別れたり縁が切れたりすることで、今後の自分のことや将来のことを真剣に考えられるようになるでしょう。結婚願望が薄い人や結婚をまだまだ考えていなかったという人ほど、先のことを考えはじめるようになるでしょう。2022年は、明確な目標でなくてもいいので、何歳くらいに結婚をするか、子育てや将来住む場所をどうするか、などについて考えてみるといいでしょう。2025年、2027年、2029～2030年辺りを目標にして、結婚できるように計画を立ててみるといいでしょう。

浪費が激しく結婚相手と思われなかったり、派手な感じがするので遊び相手として終わってしまうこともあるタイプですが、今年からはお金の管理を始めてみたり、落ち着いた雰囲気や大人の魅力を身に付けることを忘れないようにしましょう。「整理の年」だからといって結婚を諦めてしまう人もいますが、2023年からは出会いも増えるので勝手に諦めないで、今の自分に合う人を見つけるように心がけましょう。

仕事運

壁を乗り越えたことに自信を持って 下半期になると徐々にやる気が出そう

「整理の年」の仕事運はよくも悪くも区切りのつく流れ。既に我慢の限界で2020年の「乱気の年」や2021年の「裏運気の年」に転職や離職を決断したり、本気で動こうとしたという人もいると思います。そのときは周囲の支えや責任感で耐えた人も、2022年は転職や離職の気持ちがもう一度高まってしまいそう。ですが、できれば上半期は簡単に動かないほうがいいので、耐えておくことが大切。転職するなら7月以降に情報を集め直したり、他の仕事を探しはじめるのがいいでしょう。簡単に転職できない仕事やポジションをまかされている人は、今年の下半期になると徐々にやる気になったり、気持ちが少し楽になってくる流れです。特に、「乱気の年」や「裏運気の年」に、自分には不向きな仕事や荷が重い仕事をまかされていた人は、状況に変化が現れそう。あなたの部署異動が決まったり上司や部下が異動することになったりするなど、年末には「今まで耐えてよかった」と思えるような出来事も起きそうです。

2021年の「裏運気の年」では、これまでサボっていた部分や実力不足を突っ込まれてしまうことがあったと思います。実力以上の仕事をやることになって、周囲からはチャンスだと思われているのに、あなた自身は「ピンチに追い込まれている」と感じたこともあったでしょう。また、苦手な人と関わる時間が増えてしまったかもしれません。今年はそういう状況を乗り越えたと思えば問題はないでしょう。2021年以上に苦しい状況になる可能性は低く、いい意味で壁をひとつ乗り越えたことに自信を持っておくことが大切。今年も、不向きで苦手なことに直面する場合もありますが、すべてをすぐに克服するのではなく、「克服するのが難しいゲームをクリアする」くらいの気持ちで取り組んでみるといいでしょう。

ただ、「整理の年」は厳しい状況になってしまう場合もあり、部署の解体、異動、会社の倒産や合併など予想外の出来事が起きることもあります。会社の状況をよく見て冷静に判断する必要があるでしょう。

2019年の「ブレーキの年」の年末、もしくは2020年「乱気の年」に異動があったり急な出世をしたりこれまでと違う仕事に就いたという人は、2022年の年末から元の仕事に戻れたり、再び異動が決まることがあるでしょう。また、転勤になっていた人は2023年に戻ることができたり、もしくは違う部署に異動になる場合があるでしょう。

今年の下半期の変化に期待をしていいですが、頑張って結果を出そうとした矢先にはしごを外されてしまう出来事もありそう。長く続けていた取引先との契約が打ち切りになってしまうこともあるので、仕事を頑張らなくてはならない状況にも追い込まれそうです。

やや地味なポジションをまかされてしまったことに不満があった人ほど、状況や環境に慣れて受け入れられるようにもなる時期ですが、本来は目立つポジションについたり楽しみながら仕事をしないと続かない人でもあるので、今年は仕事を楽しむことが大切。それがうまくできない場合は、仕事は仕事と割りきって新しい趣味を作ったり、休日の予定を先に入れて楽しむ場所を作るようにすると仕事に前向きになれそうです。気持ちが整理できて、今ある仕事の大切さに感謝もできるようになるでしょう。

開運のつぶやき 目指すのは「完璧」ではなく「最善」

買い物・金運

お金の使い方を変えることが大切 NISAやiDeCoを始めてみて

「整理の年」は、高価なものや土地や家を購入するには不向きな運気です。出費を考えるよりも、今後のお金の使い方や資産運用、投資信託などの勉強をするのにいい運気。NISAやiDeCoがどんなものなのか調べて、少額でもいいので始めてみましょう。ネットで進めることに戸惑う人は、詳しい人に教えてもらったり、銀行の窓口に行って話を聞いてみるといいでしょう。

資産運用をするためにも、今年はお金の使い方を変えることが大切。浪費が激しい「銀のイルカ座」は、気がついたら出費が多くなっていたり、給料日前にお金がなくて焦ってしまうことが多いタイプ。チマチマ貯金するよりも「経験にお金を使おう！」と出費してしまうことが多いかもしれませんが、その一部を削ってでも今年からは運用を意識しておきましょう。

また、今年は予想外の機械トラブルや故障で買い替えが必要になって、無駄な出費が増えてしまいそう。本当に買い替えなくてはいけないものはいいのですが、不要なものを買い替える必要はないので、壊れてしまったときは「縁がなかった」と思って諦めることも大切。特に趣味や遊びで使うものは諦めが肝心です。ただ、生活に必要な車の故障は事故につながる恐れもあるので、少しでも異変を感じたら早めに修理や点検をしておきましょう。

不要と思えるものは、ネットで売ってみると思わぬ収入になる可能性があります。目利きができる人に相談をしたり、相場を調べて売りに出してみるといいでしょう。フリーマーケットに出品をしてみるのもよさそう。いらないと思ったものがどのくらいで売買されているのか調べてみるといいでしょう。

他のタイプに比べて浪費癖が身に付いてしまっているのが「銀のイルカ座」です。楽しいことやおもしろいことにお金を使うのはいいのですが、自分の楽しみだけに使うのではなく、2022年からは自分以外の人が喜んでくれるようなことに少しでもお金を使うようにするといいでしょう。飲み物や食事をごちそうするなど、些細なことでもかまいません。また、友人や知人への誕生日プレゼントを買うときは、少し値が張っても相手が喜ぶものを選んでみるようにするといいでしょう。その際、見返りを求めず、損得で判断しないようにすることが大事です。

また、欲しいと思うものを簡単に購入するのではなく、本当に必要なのか考えてから購入することも大事です。お得だからと思ってまとめ買いしたけど結局使わないもの、ネットで勢いで購入したけど使っていないものなどがどれだけマイナスなのか考えるにはいい時期です。

収入の急激なアップが望めるような運気ではないですが、生活習慣や金銭感覚を変えるために勉強をしたり、自己投資になるようなお金の使い方を学ぶにはいい時期です。気分で出費したり、欲望にまかせて出費することを減らせるように心がけてみるといいでしょう。2023年からは、スキルアップしたことや学んだことを活かせたり、いい人脈ができる流れです。今年の下半期はそのきっかけになるので、うまくお金を活かすようにしてみましょう。家にどんなものがあるのかしっかり確認をすることで、不要な買い物も避けられます。部屋の片づけをしたり、日々整えておくことが大切になるでしょう。

美容・健康運

ダイエットするのにいい運気
不健康と思えることから離れて

太陽がさんさんと輝く南の海で泳いでいるイルカと同様に、温かい場所がオススメのタイプ。ですが、2020年の「乱気の年」や2021年の「裏運気の年」は、就業時間の変更や深夜の仕事、寒い場所での仕事など不向きなことが多く、体調を崩してしまったり、ストレスを抱えてしまったりしたかもしれません。また、ひとりで作業する仕事が増えてしまったという人もいるでしょう。「整理の年」の今年は、生活リズムを整えることが大切になるので、不健康と思えることから離れるようにすることが大切です。まずは睡眠時間の確保が大事なので、22時には寝られるような生活リズムにすることがオススメ。

2022年になってから冷え性の感じが出てきている人は、基礎代謝を上げる運動をしたり、しっかり湯船に浸かる習慣を身に付けるようにしましょう。お風呂に入る前にストレッチやスクワットなど軽く汗を流すくらいの運動をやっておきましょう。楽しみながらでないと続かないという人は、体操やヨガの動画を見ながら体を動かすようにしてみたり、体を動かすゲームを購入してみると続けられるでしょう。

また、歯の治療は年内にしっかり行ったほうがいいので、しばらく検査をしていない場合は、評判のいい歯科に行くようにしましょう。虫歯をしっかり治すだけでなく、歯並びが気になっている人は9～10月から歯の矯正を行うといいでしょう。

他にも「整理の年」は、ダイエットを行うのにいい運気です。なんとなくの目標でいいのでスタートさせるといいでしょう。「銀のイルカ座」には連日の運動や食事制限はキツいので、1～2年かけてなんとなくダイエットをしているくらいの気持ちでいるといいでしょう。「連続」と「継続」を間違えないで、継続的なダイエットを心がけるようにしましょう。夜更かしは体調を崩したり太る原因になるので、何が不健康で美意識が下がる原因なのか調べてみて。上半期は生活リズムを整えられなくても、下半期からは美意識を高めて健康的な生活を心がけるようにしましょう。

また、2020年の「乱気の年」や2021年の「裏運気の年」から体調に異変を感じている場合は、早めに精密検査を受けたり人間ドックに行くように。周囲からも体調の異変を指摘されたことがあるなら、そのままにしないようにして。セカンドオピニオンとして他の病院でも検査をしたほうがいいでしょう。

「銀のイルカ座」は遊びや楽しいことに素直に時間を使ってしまうタイプでもあるので、いつの間にか疲れをためてしまって体調を一気に崩してしまうことがあります。休みの予定の中に「1日のんびりする日」を作って、体を休ませてみたり、健康的な1日を過ごすようにするといいでしょう。下半期に友人から軽いスポーツやランニングやウォーキングに誘われたときは、試しに始めてみるとよさそう。最新のアプリを駆使してみたり、好きな音楽を聴きながら体を動かしてみると、思った以上に続けられたり、楽しく体を動かすことができそうです。思いきってダンス教室に通ってみると一気に体重を落とせたり、理想のプロポーションに近づけることができるかも。SNSにアップして、自分にプレッシャーをかけながら楽しんでみるのも効果がありそうです。

親子・家族運

長年の問題が解決するかも
子どもには学ぶことの楽しさを伝えて

2020年の「乱気の年」や2021年の「裏運気の年」から、家族関係がゴチャゴチャしたり、大小様々なケンカが増えてしまったという人が多いと思います。「整理の年」の今年は、長年の問題が解決する可能性があるでしょう。よくも悪くも区切りがつく流れなので、いい方向に進む場合と、問題が更に多くなって縁が切れてしまう場合があります。たとえば、浮気や不倫が既に発覚している場合は、離婚や別居に進んでしまうかもしれません。離婚届を突きつけられてしまったり、もしくはあなたが離婚届を相手に渡すというような出来事が起きそうです。

また、身内で年配者がいる場合は、他界する可能性があるので、健康診断をしてもらうなど早めに対応しておくといいでしょう。特に父方や男性との縁が切れてしまう可能性が高いので、上半期中に健康診断を受けてもらうようにしましょう。

2021年に何も問題が起きなかった家族でも、上半期は些細なことでケンカになってしまったり、気まずい空気になる場合がありそうです。ここ1～2年「辛抱している」と思っている人ほど爆発しやすいので、自由な時間や友人とゆっくりできる時間を作ったほうがいいでしょう。下半期に入ると小さな問題は気にならなくなり、他にやるべきことも増えてくるので忘れてしまうことになりそうです。

あなたが「整理の年」だからといって、目の前にあるものや不要と思われるものをどんどん処分してしまうことには注意が必要です。あなたが「いらない」と思ったものだったとしても、あなた以外の家族にとっては必要なものや大事なものである可能性もあるので、勝手に捨てたり片づけないようにしましょう。捨てるときは確認してからにしないと、家族で大ゲンカになってしまう可能性があるので気をつけましょう。事前に「大掃除をする日」を伝えて、それまでに片づけないものは処分するというようにするといいでしょう。

子どもとの関係も気まずい感じが徐々に終わる流れです。いい意味で距離を空けられるようになったり、温かく見守れるようになるでしょう。自分の考えを押しつけてしまったり、自立の邪魔をしないようにして、自分の子どもを信頼して勉強や学ぶことの楽しさを伝えてみるといいでしょう。ときにはゲーム感覚で勉強をすると、「楽しく学ぶ」という考えをうまく教えることができそうです。

両親との関係は、体調の心配があるなら早めに伝えておきましょう。問題がなければいいのですが、突然体調を崩したり、倒れて慌ててしまうといったことがありそうなので、特に年齢を重ねている両親や祖父がいる場合は、今年は気をつけて過ごしてもらうようにしましょう。注意しておくだけでも余計な事故やケガを避けることができるでしょう。

今年は家族で大掃除をしたり片づけをする機会を増やすといいので、みんなに協力してもらいましょう。ひとりでなんでも頑張るのではなく、掃除や片づけを遊び感覚でできるように工夫してみるとみんなの協力も得られそう。普段チェックしないようなクローゼットの奥やしまいっぱなしのものも一度出して処分する必要があるでしょう。

銀のイルカ座 2022年タイプ別相性

気になる人のタイプを調べて、コミュニケーションに役立ててください。

相手が 金のイルカ座

あなたのもとを去っていく相手。距離が空いても気にしないで、あなたも現状への不満を言わず行動する準備をしておきましょう。相手の足を引っ張ってしまうこともあるので、自ら身を引く判断も大切。恋愛相手としては、あなたが振られてしまうことや気持ちが離れてしまうことがありそう。あなたが前向きにならないと縁が切れてしまうでしょう。仕事相手としては、相手のやる気があなたにとっては重荷になってしまいそうですが、前向きな姿勢から学んで成長しましょう。今年初めて会った相手なら、縁は短くても勉強になることが多いでしょう。

相手が 金のカメレオン座

仲がよかった人でも今年は距離が空いてしまったり、相手の言動が理解できない感じになりそう。相手はかなり悩んだり空回りをしていて学んでいる時期なので、手を貸してあげることが大切だと思っておきましょう。恋愛相手としては、距離が空いてしまう運気なので、別れやすれ違いが多くなってしまいそうです。別れたいと思ったらキッパリ切ってしまったほうがお互いのためにいいでしょう。仕事相手としては互いにイライラしたり、馬が合わない感じになりそう。今年初めて会った相手とは縁がないので、ほどよい距離感で付き合いましょう。

相手が 金の時計座

相手の優しさを素直に受けとめることが大切。相手の親切を余計なお世話に感じてしまったり面倒に思えても、感謝して受けとめること。優しさに甘えさせてもらうのはいいですが、甘えすぎないようにして、恩返しできることはなるべくしておきましょう。恋愛相手の場合は、結婚願望が急激にアップしている人でもあるので、短い付き合いでも入籍する覚悟が必要。仕事相手としては、仕事の邪魔にならないようにして、不満や愚痴を言わずに前向きな発言をしておくといいでしょう。今年初めて会った相手なら、1年後には縁が薄くなりそう。

相手が 銀のイルカ座

今年から突然距離が空いてしまったり、互いにやりたいことや考え方の違いが見えてきそう。離れることで互いにいい人生を送れる可能性があるので、べったりしないように。恋愛相手としては、互いに冷めてしまったり、すれ違いが多くなりそう。試練だと思って乗り越えるとゴールは近くなるでしょう。仕事相手としては、互いに仕事を辞めたいと思っていたり不満が溜まっているので、二人でサボってしまったり小さなミスが多くなるので気をつけましょう。今年初めて会った相手とは縁がないですが、一度離れて再会できたら縁がつながりそう。

相手が 銀のカメレオン座

相手の気持ちに振り回されてしまったり、理解ができない感じになりそう。あなたの想像以上に悩んでいて不慣れな状況になっているので、温かい目で見守りましょう。よかれと思ってした行動が裏目に出ることもあるので、慎重に判断しましょう。恋愛相手としては、ダメ元で飛び込んでみるといいですが、うまくいかない確率が高そう。いい関係になっても短い縁で終わる覚悟はしておいて。仕事相手としては、相手の不慣れやミスに振り回されそう。今年初めて会った人の場合は、縁がかなり薄いので深入りはしないようにしましょう。

相手が 銀の時計座

今後の道が決まる相手と、切り替えたいあなた。一見噛み合わない感じがありますが、この相手からのアドバイスを素直に聞いて行動するといい流れに乗れるでしょう。相手の話を否定しないで受けとめるようにして。恋愛相手としては、春に隙が生まれるのでチャンス。前向きな言葉を意識して発するようにして。仕事相手の場合は、足を引っ張ってしまうと距離が空いてしまうのでサボらないこと。みんなで笑顔になる方法を考えて協力してみて。今年初めて会う相手なら、あなたが前進するいいきっかけになる人なので話を聞くようにしましょう。

相手が 金の鳳凰座

親友や付き合いの長い人だったとしても、今年で一区切りつきそうな相手。お互いのこだわりに差が出てきたり、タイミングが合わなくなってくるでしょう。相手は魅力や才能を発揮する年でもあるので、よさを認めておくといいでしょう。恋愛相手の場合は、異性の友人になっているならチャンスがありそう。相手にどう思っているか聞くといいでしょう。仕事相手の場合は、相手が仕事をしやすいようにサポートしてみて。今年初めて会った人の場合は、調子に乗っているように見えますが、長い期間苦労していたことが報われていると思いましょう。

相手が 金のインディアン座

一緒にいると明るく前向きにさせてくれる相手。執着すると離れてしまう相手でもあるので、たまに連絡をするくらいがよさそう。明るい未来の話をしたり、相手の話をたくさん聞くと仲よくなれそうです。恋愛相手としては、相手に主導権があるので、押し進めると振られてしまうかも。2～3年後を考えた長期的な作戦がよさそうです。仕事相手としては、チャンスをつかむ人なので、様子を見ておくことが大切。相手の能力や魅力を見抜いてみましょう。今年初めて会う人なら、やる気になるきっかけを与えてくれる人になりそうです。

相手が 金の羅針盤座

これからの道を進んでいる相手なので、マイナスの発言は避けるように。自分の夢や希望を託してみるといいでしょう。正しいことは正しいと素直に受けとめるといい関係になれそうです。恋愛相手としては、どこに進んでいいのかハッキリしないあなたと、前に進んでいるこの相手とはタイミングや考えが合わなそう。仕事相手としては、一緒にいると成長できそうですが、真面目に取り組まないと嫌われてしまうので気をつけて。今年初めて会った場合は、挨拶やお礼をしっかりするといい縁になりそうですが、あなたから離れてしまいそうです。

相手が 銀の鳳凰座

互いに現状に不満を感じているところがありますが、思い通りにならないことが当たり前だと気づくのが大切。楽しい時間や面白いことがたくさんあることを気づかせてあげるといいでしょう。恋愛相手としては、新しい遊びを教えるといい関係になれそうですが、深入りすると縁が切れてしまうかも。仕事相手の場合は、やる気がない二人になってしまうので、仕事を辞めたくなってしまいそう。仕事以外の話をたくさんするといい関係ができそうです。今年初めて会った相手なら、ノリが合っても短い縁になったり、長期的な縁にはならないでしょう。

相手が 銀のインディアン座

一緒にいると疲れてしまうので、無理に一緒にいないほうがいい相手。ストレス発散や健康の話をするのはいいですが、べったりするほど近づかないほうがいいでしょう。年末になると前進する人なので、自然と距離が空いてしまいそう。恋愛相手としては、タイミングが合わない感じになりそう。あなたが聞き役になるといい関係になるかも。仕事相手としては、仕事量が多い相手なので、少しでも手伝っておくこと。些細な仕事は押しつけないようにして。今年初めて会った人の場合は、数年後に仲よくなれるので良い距離感を保つといいでしょう。

相手が 銀の羅針盤座

やるべきことを見つけて一歩前に進んでいる人なので、マイナスの発言や否定的なことを言うよりも前向きな言葉を発したほうがいい関係になれそう。プラスの言葉を発することであなたも前向きになれて、環境を変えて挑戦したくなるでしょう。恋愛相手としては、相手からの誘いを待っているタイプ。今年はあなたが失恋しやすい運気なので、告白するなら来年にして。仕事相手としては、あなたのやる気のなさが伝わることがあるのでマイナスの空気は出さないように。今年初めて会った人の場合は、深い関係に進みにくいのでほどよい距離で。

開運のつぶやき　他者の笑顔のために何ができるか考えて行動するといい

命数別2022年の運勢

【命数】

51

華やかで心は高校生

基本性格

負けず嫌いの頑張り屋で、目立つことや華やかな雰囲気を好みます。やや受け身ながら、意地を張りすぎずに柔軟な対応ができ、誰とでもフレンドリーで仲よくなれます。心は高校1年生のまま、気さくで楽な感じでしょう。女性は色気があまりなく、男性の場合は少年の心のまま大人になった印象です。仲間や身近な人を楽しませることが好きなので、自然と人気者になれるタイプ。学生時代の友達や仲間をいつまでも大事にするでしょう。

★サッパリとした性格の星
★お金に執着がない星
★負けを認められない星
★胃腸が弱い星
★異性の友達を好きになる星

開運3カ条

1. 頑張っている人を見つける
2. 定期的な運動を始める
3. 友人関係を整理する

2022年の総合運

仲間や友人関係に変化が起きる年だと思っておきましょう。距離が空いてしまう相手とは差が付いたと思って、自分のレベルを上げるようにしましょう。サボってばかりいると差が開く一方になって、やる気を失う原因になってしまうかも。負けをきちんと認めて自分が勝てそうなことを見つけるようにしましょう。健康運は、スポーツをする時間を作ったり、汗を流す習慣を作ってみると体も心も楽になるでしょう。

2022年の恋愛&結婚運

「なんでこんな人を好きだったんだろう」と目が覚めるような出来事がある年。意地を張ってしまうと苦しいだけになるので、対等な付き合いや楽しい恋ではないと思えるならキッパリ別れを告げておくといいでしょう。7月以降にスポーツや習い事を始めてみると、いい縁がつながったり気になる人を見つけられそう。結婚運は、ケンカをしても仲直りの方法がしっかりわかっている相手なら秋に入籍をしてもいいでしょう。

2022年の仕事&金運

ライバルに先を越されてしまったり、悔しい思いが続いて仕事を辞めたくなってしまうかも。何を頑張っていいのか見つからないままで迷ってしまうこともありそう。下半期に目標となる人や頑張っている人から影響を受けてやる気が増してくるので、同世代が頑張っているスポーツや舞台を観に行ってみるといいでしょう。金運は、周囲に影響されて不要なものを購入しないで、投資や投資信託に詳しい知り合いを作ってみて。

ラッキーカラー ピンク　オレンジ　**ラッキーフード** お好み焼き　クッキー　**ラッキースポット** 公園　スポーツジム

【命数】

52

刺激が好きな高校生

基本性格

家族の前と外や人前とで、キャラを切り替えることが上手な役者タイプ。目立つことが好きですが、それを前面に出すか、または秘めているか両極端な人でしょう。何事も合理的に物事を進めるため、無駄と地味なことが嫌いで、団体行動も苦手。一方で、刺激や変化を好むため話題が豊富で、周囲から人気を集めます。頭の回転が速くトークも上手ですが、「人の話の前半しか聞かない星」を持っているため、先走りすぎることも多いでしょう。

★合理的な星
★刺激的な遊びに飛び込む星
★旅行で浪費する星
★やけ食いで体調を崩す星
★野心のある人を好きになる星

1. 頑張っている演技をする
2. 足るを知る
3. 行動する前に情報を集める

2022年の総合運

自信を失ってしまう出来事があったり、仲良くしていた人と縁が切れてしまう年。大胆に行動をしたくなりますが、先のことをもっと考えてから実行したほうがいいので、10月までは情報収集や準備を怠らないようにしましょう。あなたが雑に扱っていた人から裏切られてしまうこともあるので、すべての人を尊重尊敬するように心がけましょう。健康運は、今年は飲酒を控えて生活リズムを整えるようにしておきましょう。

2022年の恋愛&結婚運

好みではない人から好意を寄せられてしまうかも。いい関係に進んでいる人と急に関係が崩れてしまったり、距離が空いてしまうこともありそう。特に上半期は思い通りに進めそうもないので過度な期待はしないように。下半期は、急な飲み会や遊びに誘われた場所で出会いがありそうですが、短い縁に終わるか盛り上がりに欠けてしまうでしょう。結婚運は、結婚生活が楽しめそうと思えるならあなたからプロポーズをするといいでしょう。

2022年の仕事&金運

頑張りをむき出しにしないことで「やる気がない」と判断されてしまったり、職場の空気になじめない感じになりそうな年。演技でもいいので頑張っている姿を見せたり、雑用や今の年代だからできる仕事に取り組んでおくといいでしょう。突然転職や離職をしたくなることもありますが、辛抱してまずは情報をしっかり集めるようにしましょう。金運は、一攫千金を狙うと大損をするので少額の投資がどんなものか学んでおいて。

ラッキーカラー イエロー　ホワイト　**ラッキーフード** 鯖寿司　杏仁豆腐　**ラッキースポット** リゾート地　夜景の見える場所

ラッキーカラー、フード、スポットはプレゼントやデート、遊ぶときの口実に使ってみて

さらに細かく自分と相手が理解できる！
生まれ持った命数別に2022年の運気を解説します。

【命数】53

陽気な遊び人

基本性格 楽しいことやおもしろいことが大好きな、陽気な人気者。人付き合いやおしゃべりが上手で、周囲を楽しませることが好きなタイプ。目立つことが好きで、音楽やダンスの才能があります。「空腹になると機嫌が悪くなる星」を持っているので、お腹が空くと苛立ちや不機嫌さが周囲に伝わってしまいます。欲望に素直に行動し、つい余計なことをしゃべりすぎてしまうところがありますが、人間関係のトラブルは少ないほうでしょう。

★遊びが大好きな星
★体の相性を大事にする星
★文句が多い星
★体が丸くなる星
★かわいいものを買いすぎる星

開運3カ条
1. 気分で判断をしない
2. サービス精神のある人を見習う
3. マメに掃除をする

2022年の総合運

上半期は期待外れが多くイライラしたり、短気を起こしてしまいそう。下半期に入ると許せる気持ちが生まれて、あらゆることを前向きに楽しめるようになりそう。ただ、誘惑に負けてしまったり、ノリや勢いまかせで行動して信用を失う場合があるので気をつけましょう。何事にも順序があるので、挨拶やお礼は忘れないようにしっかりしておきましょう。健康運は、気管や鼻炎に注意が必要になります。下半期からは太りやすくなるので気をつけましょう。

2022年の恋愛&結婚運

この1年で好みの異性に変化が現れそう。上半期は、第一印象で気になる人が固定されてしまいそうですが、下半期になると一緒にいて楽しい人やサービス精神豊富な人が気になりはじめそう。自分も相手も楽しませてみるといいですが、わがままを言いすぎるとチャンスを逃すので、ノリの中にも品格を忘れないように。結婚運は、妊娠の発覚から突然結婚する可能性がある時期。付き合いの長いカップルなら問題なさそうです。

2022年の仕事&金運

なんとなく仕事をしていた部分やツメの甘さを突っ込まれてしまうかも。面倒に感じる仕事が続いてしまうことも。気の合う人の退社や異動が更にやる気を失うきっかけになりそうですが、下半期になるとその空気にも慣れて前向きに仕事に取り組めそう。気分で仕事をしないで、仕事があることを楽しんだり、感謝するといいでしょう。金運は、浪費をしやすいので注意が必要。投資をするなら楽しそうな企業を選ぶといいでしょう。

ラッキーカラー ピンク　青紫　**ラッキーフード** 豚汁　レモンタルト　**ラッキースポット** レストラン　動物園

【命数】54

遊び好きの人情家

基本性格 頭の回転が速く、何事も直感で決めるタイプ。遊び心が常にあり、目立つことが大好き。トークが上手で、周囲を楽しませることが得意でしょう。しゃべりすぎて余計な一言が出てしまい、「毒舌家」と呼ばれることもありますが、根は人情家で純粋な心を持っています。困っている人を見ると放っておけず、手助けをすることも多いでしょう。ストレートな意見を言えるため周囲からの相談も多く、自然と人脈が広がっていくでしょう。

★感性が豊かな星
★デブが嫌いな星
★一言多い星
★ストレスをためやすい星
★気がついたら浪費している星

開運3カ条
1. 他人に甘えたり期待しない
2. ストレス発散方法を見つける
3. 失言したときは謝罪をする

2022年の総合運

短気が原因で人との縁が切れてしまったり、余計な一言が引き金になってしまいそう。あなたの個性を認めてもらえないなら距離を置くといいですが、謝罪の気持ちや言い方や伝え方の失敗はしっかり反省しましょう。下半期から興味のあることが増えるので、執着をしないで離れるようにしたり、別れることに躊躇しないようにしましょう。健康運は、下半期から基礎体力作りをしたり、定期的な運動をスタートさせるといいでしょう。

2022年の恋愛&結婚運

なんとなくズルズルした関係や情で付き合っている人がいる場合は、下半期までの縁になりそう。相手から雑に扱われていないか、あなたも相手を雑に扱っていないか、冷静に判断して。秋に気になる人が現れそうですが、喋りすぎには気をつけて相手が喜びそうな話をするといいでしょう。結婚運は、突然結婚したい気持ちが増してきたら、素直に恋人に伝えてみて。下半期に一目惚れした人にも、素直に気持ちを伝えてみましょう。

2022年の仕事&金運

感覚まかせで仕事をしていると雑な部分や粗いところが目立ってしまいそう。必要以上に叱られたり、部署異動や厳しい状況に追い込まれてしまうこともありそう。不満や愚痴が出やすいですが、仕事があることに感謝を忘れないように。突然転職や離職をしたくなりますが、先走らないで2023年までは現状維持を心がけておきましょう。金運は、浪費をしやすいですが、自己投資になるものや仕事に関わるものにお金を使いましょう。

ラッキーカラー ホワイト　ブラック　**ラッキーフード** 牛丼　ショートケーキ　**ラッキースポット** 神社仏閣　家電量販店

【命数】

55

華やかな情報屋

基本性格

人当たりがよく、情報収集が好きで流行に敏感なタイプ。おしゃれでフットワークが軽く、楽しそうな場所にはどんどん顔を出す人です。華やかで目立つことが好きなので、遊びや趣味の幅もとても広いでしょう。損得勘定で判断することが多いのですが、周囲の人間関係とのバランスをとるのもうまく、ウソやおだても得意です。トークも達者で、周囲を自然と楽しませる会話ができるため、いつの間にか人気者になっているでしょう。

★おしゃれで華のある星
★流行に弱い星
★トークが薄っぺらい星
★膀胱炎になりやすい星
★ものが増える星

開運3カ条

1. 使わないものは一気に処分する
2. 曖昧な返事をしない
3. 時間にシビアになる

2022年の総合運

既に2021年辺りから身の回りのものを処分している場合があると思いますが、不要なものや使わないもの、昔の趣味のものなどはできるだけ処分するようにしましょう。特に、服や靴などは着ることや履くことがないと思えるなら友人や知人に譲るか、ネットで売ってしまうといいでしょう。飲み友達やダラダラした関係の人とも距離を置いたりして、自分の時間をもっと有意義に使うようにしましょう。健康運は、膀胱炎になりやすいので気をつけましょう。

2022年の恋愛&結婚運

都合のいい相手になってしまったり、縁の薄い人と関係が進んでしまいそうな運気。真剣に付き合おうと思った相手ほど期待外れになってしまうことがあるので、周囲からの評判を聞いたり、信頼できる人から紹介してもらうほうがいいでしょう。飲みの席で現れた異性には十分気をつけるといいでしょう。結婚運は、問題を乗り越えて絆が深まったと思えるカップルは話を進められそう。プロポーズの予約をしてみると話が進むでしょう。

2022年の仕事&金運

安請け合いをすると予想外に忙しくなりすぎてしまいそう。実力以上の仕事をやろうとしてもいい結果につながらず信用を失ってしまうので気をつけましょう。適当な会話から情報を漏らしてしまうこともあるので、ノリや勢いで余計なことを話さないように。酒の席での失敗もあるので気をつけましょう。時間にもっとシビアになってキッチリ仕事をするようにして。金運は、節約のつもりがストレスになって浪費につながるのでホドホドに。

ラッキーカラー 薄いピンク　ラベンダー　**ラッキーフード** フライドチキン　シュークリーム　**ラッキースポット** 映画館　温泉

【命数】

56

真面目な目立ちたがり屋

基本性格

陽気で明るい性格でありつつ、とても真面目で受け身です。本音では目立ちたいと思っていますが、遠慮するクセがあり、自分を押し殺しているタイプでもあります。親切で、誰かのために役立つことで生きたいと思っていますが、根は遊びが大好きで、お酒を飲むとキャラが変わってしまうことも。几帳面で気が利くので人に好かれ、交友関係も広げられますが、臆病になっているとチャンスを逃す場合もあります。

★やさしい星
★キスが好きな星
★チャンスに弱い星
★むくみやすい星
★少しでも安物に目がいく星

開運3カ条

1. 別れや区切りは自らつける
2. イヤなときはハッキリ断る
3. ケチケチしないでいらないものは処分する

2022年の総合運

「銀のイルカ座」の中では最も安定した生活を送るタイプですが、裏運気は予想外の出来事や意外なポジションをまかされるなど、大変な出来事があったことでしょう。上半期はその流れが続きますが、下半期からあなた本来の地道な生活や安定した生活も戻ってくるでしょう。別れ下手や断り下手なところがあるので、今年は距離を置いたり、別れを切り出すにはいい運気だと思って勇気を出してみましょう。健康運は、冷えと水場でのケガに気をつけましょう。

2022年の恋愛&結婚運

片思いの恋を終わらせたり、振り回される異性とは縁を切る年。なかなか別れを告げられないと思っているなら、キッパリ縁を切る勇気が大切。都合のいい人になっていると本当の幸せはつかめないでしょう。下半期になると気持ちが前向きになり、いい出会いが増えます。異性の友人と思っておくと後に素敵な人を紹介してもらえそう。結婚運は、タイミングを逃していたカップルは下半期に話が進むので躊躇しないようにしましょう。

2022年の仕事&金運

真面目に取り組んでいた仕事でも急にはしごを外されてしまうような年。仕事の流れも変わりそうです。急な異動や仕事の変化に戸惑うこともありますが、下半期になるとその体制にも慣れるでしょう。地道な努力を忘れなければ問題ないですが、サボり方を失敗すると信用を失うので気をつけましょう。金運は、安易な儲け話には注意が必要ですが、下半期から少額でもいいので投資信託を始めてみるといいでしょう。

ラッキーカラー パープル　ホワイト　**ラッキーフード** コロッケ　アーモンド　**ラッキースポット** 温泉　図書館

ラッキーカラー、フード、スポットはプレゼントやデート、遊ぶときの口実に使ってみて

【命数】

57

華やかなリーダー

基本性格

面倒見がよくパワフルで、他人から注目されることが大好きな人。おだてに極端に弱く、褒められるとなんでもやってしまうタイプ。行動力があり、リーダー気質ですが、本音は甘えん坊で人まかせで雑なところがあります。それでもサービス精神があるので、自然と人気を集めるでしょう。注目されたくて、どんどん前に出てしまうところも持っています。正義感が強く、正しいことは「正しい」と強く主張するところがあるでしょう。

★ドジな星
★押しに弱い星
★どんぶり勘定な星
★転びやすい星
★仕切りたがりの甘えん坊な星

開運3カ条

1. いろいろな人の考え方を学ぶ
2. 無計画な行動をしない
3. しっかり情報を集める

2022年の総合運

正義感があり、自分が正しいと思った生き方をするタイプですが、今年は自分の考え方に変化が現れそう。許す気持ちが生まれるなど柔軟性を高めることもできそうです。いい意味で決めつけや執着から離れられるようになり、大人の考え方を取り入れられるようになるでしょう。気持ちが緩むのはいいのですが、行動が雑になりやすいので気をつけるようにしましょう。健康運は、うっかりのケガや骨折をする場合があるので段差には注意しましょう。

2022年の恋愛&結婚運

恋に空回りをしやすいタイプですが、今年はせっかちが増してしまったり、勝手に諦めてしまいそう。粘りきれなくなってしまいますが、無理をしないで手応えのない人とは距離を置いて、下半期から新しい出会いを探しましょう。年齢の離れた人とつながりやすくなるので、これまでの恋よりも年齢の上下を気にしないで幅を広げてみるようにして。結婚運は、下半期に押しきるといいので自らプロポーズをすると話を進められそう。

2022年の仕事&金運

仕事を突然辞めてしまったり、その気持ちが一気に高まってしまう年。ただ、実行するなら下半期がいいので、上半期は情報集めをして冷静な判断と分析をしましょう。周囲に相談をするといいのでメリットとデメリットを考えておきましょう。人が離れてしまうこともありますが、裏切られたと思わないで相手にも事情があると思っておきましょう。金運は、見栄での浪費が激しくなるので、見栄を張りすぎないように気をつけましょう。

ラッキーカラー 薄いピンク　エメラルドグリーン　**ラッキーフード** とろろそば　バナナ　**ラッキースポット** 温泉街　水族館

【命数】

58

常識を守る遊び人

上品で華があり、ルールやマナーをしっかり守るタイプ。遊び心や他人を楽しませる気持ちがあり、少し臆病な面はありますが社交性があり、年上の人やお金持ちから好かれることが多いでしょう。そして、下品な人を自然と避けます。やわらかな印象がありますが、根は負けず嫌いの頑張り屋で意地っ張り。自己分析能力が高く、自分の至らない部分を把握している人です。しかし、見栄を張りすぎてしまうことも多いでしょう。

★清潔感のある星
★上品な人を好きになる星
★打たれ弱い星
★肌荒れで悩む星
★品のあるものを欲しがる星

開運3カ条

1. 無駄な見栄は張らない
2. 勇気を出して人と縁を切る
3. 無謀な行動には気をつける

2022年の総合運

見栄を張ることを少しやめるにはいい年。背伸びして付き合っていた人や断りにくい人との人間関係をここで一気に整理してしまうと気持ちも楽になるでしょう。「この人はちょっと」と疑問に思える人とも縁を切っていいでしょう。これまで勇気がなく言えなかった素直な気持ちを伝えてみることで離れる人がいても、気持ちはすっきりするでしょう。健康運は、睡眠時間を決めて規則正しくすると肌の調子がよくなるでしょう。水分もしっかり取りましょう。

2022年の恋愛&結婚運

好きな人に恋人ができてしまうというようなことがありそうな時期。周囲にバレない感じで失恋をしたり、傷ついてしまうことがありそうです。ぬるっと失恋するくらいなら勇気を出して素直に気持ちを伝えたほうが、強くなれるもの。押しの強い人に合わせていると振り回されるだけになりそうです。結婚運は、一度プロポーズを受けて3年以上の交際期間があるカップルは、年末に婚約の流れになり、真剣に次の段階に進めそうです。

2022年の仕事&金運

会社の方針や流れが変わることに巻き込まれて、ポジションが変化したり仕事のリズムが変わるようになる時期。これまで守ってきた立場が変わることがありますが、上半期は無謀な転職に走りたくなっても冷静な判断が必要。どうしても動きたいときでも下半期までは情報を集めたり、先のことを考えて判断して。自然と部署異動などで変化が起きるので流れにまかせておきましょう。金運は、見栄での出費は抑えるようにしましょう。

ラッキーカラー ピンク　イエロー　**ラッキーフード** 野菜炒め　パイナップル　**ラッキースポット** 庭園　コンサート会場

【命数】
59

屁理屈が好きな遊び人

基本性格

人と違う生き方や発想をする変わり者。美術など芸術が好きでほかの人とは違う感性を持っています。新しいことに敏感で、斬新なものを見つけたり生み出したりできるタイプ。理屈や屁理屈が多いですが、人当たりやノリがよくおもしろいことが好きなので、自然と周囲に人が集まるでしょう。他人への興味は薄く、熱しやすく冷めやすく、自由と遊びを好みます。芸能の仕事や海外での生活など、周囲とは違った生き方を自然と選ぶでしょう。

★独自の美意識がある星
★浪費癖の星
★言い訳が多い星
★食事のバランスが悪い星
★不思議な人を好きになる星

開運3カ条

1. 束縛する人から離れる
2. 飽きているなら手放す
3. 舞台やライブを観に行く

2022年の総合運

現状の生活に飽きてしまっているため、環境を変えようと動いてしまったり、あらゆることを投げ出して新しい環境で勝負したくなる年。上半期は何も考えないでリセットしたくなりますが、行動するには早いので下半期までは決断や実行をしないようにして情報を集めておきましょう。下半期になると一気に人と縁を切ってしまうこともありそう。健康運は、生活習慣や食事のバランスを整えないと体調を崩すので気をつけましょう。

2022年の恋愛&結婚運

好きな人に急に冷めてしまったり、「この人のどこがよかったんだろう」と疑問が湧いてしまうことがありそう。束縛する人やマメすぎる人から離れたい気持ちがどんどん湧いてくるでしょう。「別れるのはもったいない」と言われることもありますが、縁を切って自由になるほうを選択しそう。結婚運は、年内に決断できないとしばらく結婚の縁が薄くなるでしょう。付き合いが長く一緒にいることが楽な相手なら結婚してもいいでしょう。

2022年の仕事&金運

仕事のやる気がなくなったり、人間関係が面倒になりそうな年ですが、後先考えない転職や離職は避けましょう。特に上半期は一気に決断しそうな感じですが、辛抱して情報を集めておいて。下半期になると、気持ちも収まって人間関係も問題が減ってきそうです。新しい趣味や楽しく過ごせる時間を作ると仕事に集中できるでしょう。金運は、無駄な出費が激しくなり、お金に困りやすくなるので計画的に使うようにしましょう。

ラッキーカラー ピンク　青紫　**ラッキーフード** カツ丼　ミントの飴　**ラッキースポット** 映画館　博物館

【命数】
60

プライドの高い遊び人

基本性格

やわらかな印象を持たれる人ですが、根は完璧主義の理屈人間です。好きなことをとことん突き詰める力があり、すぐに「なんで？　なんで？」と言うのが口グセ。人間関係を作ることが上手ですが、本音は他人には興味がなく、尊敬できない人には深入りしないでしょう。最初は仲よくしていても、しだいに距離をとってしまうことも。冗談のつもりでも上から目線の言葉が出やすいので、やさしい言葉を選ぶ心がけが必要でしょう。

★知的好奇心豊かな星
★渋いものにお金を使う星
★上から目線の言葉を使う星
★肩こりや目の疲れに悩む星
★尊敬できる人を好きになる星

開運3カ条

1. 優秀と思える人を素直に認める
2. 無駄なプライドは捨てる
3. 興味ありそうなことを見る

2022年の総合運

尊敬する人や頼りにしていた人と縁が切れてしまったり、距離が空いてしまいそうな年。興味のあることや気持ちの変化もありますが、現状の生活を変えたくなるでしょう。深く学んでみたいことを見つけられたり、影響を受ける人にも変化が訪れそうです。突然興味が薄れてしまうことがあり、人との縁を切ってしまったり、コミュニケーション不足の人には縁を切られてしまうこともありそうです。健康運は、目に異変が出そうなので早めに病院に行きましょう。

2022年の恋愛&結婚運

興味があった異性の底が見えてしまったり、尊敬できなくなって冷めてしまう時期。恋以外にやるべきことやおもしろいことを見つける可能性もあるでしょう。若い人に目移りしていた人ほど年上のよさに改めて気がつきそう。下半期になると自らの雰囲気を大人っぽくすることで出会いも変わってくるでしょう。進展は薄いですが、仲よくなっておくといいでしょう。結婚運は、本気で尊敬できると思えるなら話を進めるといいでしょう。

2022年の仕事&金運

自分の居場所がなくなってしまったり、やる気を失ってしまいそうな年。特に上半期は、集中できないような出来事が続いてしまったり、転職したくなるような誘惑があるでしょう。下半期は行動してもいいですが、現状のままでも前向きな気持ちになれそうです。自分の足りないところを認めたり、不要なプライドを捨てると成長できるでしょう。金運は、下半期からお金の勉強をして少額で投資や信託を始めるといいでしょう。

ラッキーカラー パープル　ブラック　**ラッキーフード** 甘エビの刺身　チーズケーキ　**ラッキースポット** 図書館　博物館

ラッキーカラー、フード、スポットはプレゼントやデート、遊ぶときの口実に使ってみて

年代別 アドバイス

世代が違えば、悩みも変わります。
日々を前向きに過ごすためのアドバイスです。

年代別アドバイス 10代

親友や仲のよかった人と距離が空いてしまったり、ケンカや気まずい空気になってしまうことがある年。失恋や友人との別れに臆病にならないで、合わない人と無理をして一緒にいなくてもいいと考えるようにして。互いの成長のために離れることが必要な場合もあると思っておきましょう。辛い別れや裏切りもありますが、自分中心に考えないで「相手にも事情がある」と思っておくといいでしょう。身近にある幼稚なものは処分しましょう。

年代別アドバイス 20代

失恋したり、友人や仲間から裏切られたりしそうな年。人と縁が切れる覚悟をして、嫌な予感がするときは自ら先に離れたほうがいいでしょう。特に、学生時代の友人とは一度距離をしっかり置いたほうがいいので、今年はその年だと思っておくといいでしょう。下半期からは大人っぽくイメチェンをするといいので、髪型や服装のイメージをしばらく変えていない人は思いきって雰囲気を変えるようにしましょう。

年代別アドバイス 30代

よくも悪くも諦めが肝心な年。執着をしないでいろいろなことを手放すと気持ちが楽になるので、あなたのもとを去っていく人を追いかけたり意地にならないようにしましょう。生活環境を変えてでも新しい流れに乗る準備をしたほうがいいので、いろいろな情報を集めるようにしましょう。今年になって縁が切れてしまう人とはそもそも相性が微妙だったり、出会ったタイミングが悪い可能性があるので気にしないようにしましょう。

年代別アドバイス 40代

世代交代を感じることになる年。年配者や先輩を大切にするのもいいですが、今年からは若い人の話をもっと聞くようにするといいでしょう。これまで教えていた立場だったかもしれませんが、若い人から教えてもらうようにするといいでしょう。時間の使い方を変えて、生活習慣の見直しをしたり、無駄な時間をできるだけ使わないような工夫をしましょう。40代にはふさわしくないようなものは、できるだけ処分しておきましょう。

年代別アドバイス 50代

責任あるポジションを若い人に譲ることになったり、仕事や立場に区切りがつくことになりそうです。人との縁が切れてしまうこともありますが、今年は人と離れるのは当然だと思っておきましょう。結果的にいい別れや区切りになると思っておくといいでしょう。身の回りにある不要なものや思い出がある昔のものは、一度片づけてすっきりさせておくことで新たにやりたいことや興味のあることを見つけられそうです。

年代別アドバイス 60代以上

人との別れや縁が切れることが多い年になりますが、今年から疲れにくい体作りや基礎体力作りをしっかり行うようにしましょう。家での掃除を定期的に行うことがいい運動にもなるので、曜日を決めて楽しく掃除をするといいでしょう。使わないものや置きっぱなしになっているものはどんどん処分をしたり、写真に撮ってデータとして保存しておくと身の回りがすっきりしていいでしょう。詳しい人からやり方を教えてもらうといいでしょう。

銀のイルカ座

毎月・毎日
運気カレンダー

［ 2021年11月～2023年3月の運気グラフ ］

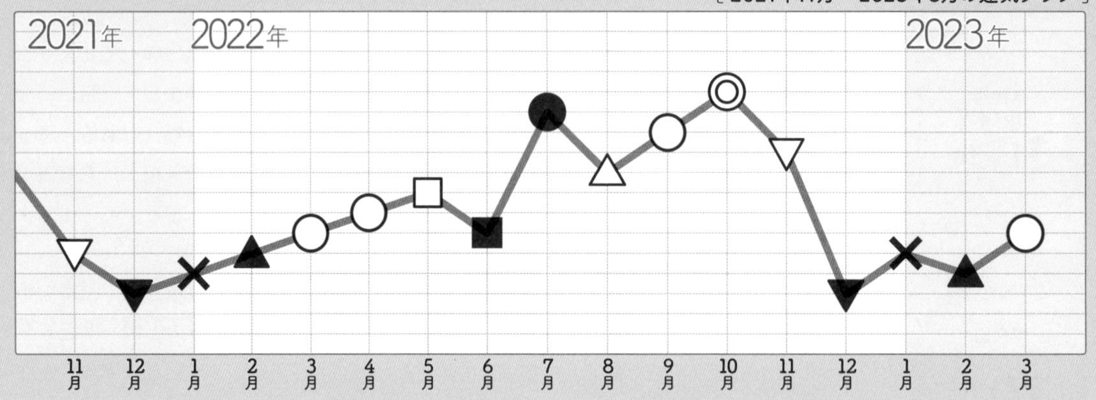

銀のイルカ座の2022年は

▲ 整理の年

今年のうちに不要なことを手放して

　この本で「占いを道具として使う」には、「毎日の運気カレンダー」（P.403～）を活用して１年の計画を立てることが重要です。まずは「12年周期の運気グラフ」（P.385）で2022年の運気の状態を把握し、そのうえで上の「毎月の運気グラフ」で、毎月の運気の流れを確認してください。

「銀のイルカ座」の2022年は、「整理の年」。2023年、2024年と、運気は徐々に上昇していくため、今年のうちに不要なものを手放しましょう。たとえるなら、これからはじまる山登りに、必要な持ち物を厳選し、上昇運に乗るために身軽になろうとしているところ。重荷になっている人間関係の整理も必要です。2027年の飛躍、2029～2030年の運気の伸びにも影響するので、2022年は自分の身の回りをよく見直してください。

☆開運の月　◎幸運の月　●解放の月　○チャレンジの月
□健康管理の月　△準備の月　▽ブレーキの月　■リフレッシュの月
▲整理の月　✕裏運気の月　▼乱気の月

2021 11月

▽ ブレーキの月

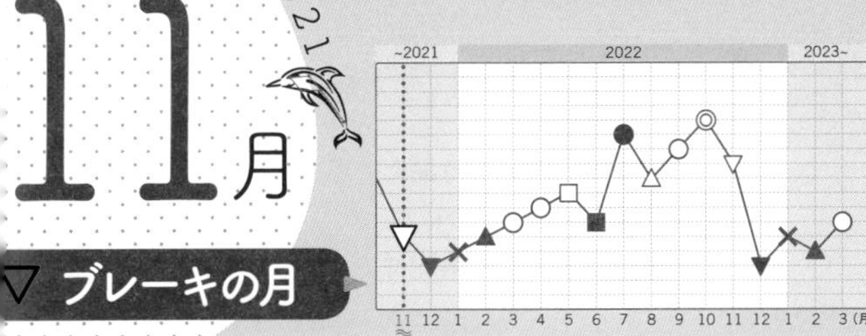

開運3カ条

1. 仲間を大切にし、感謝する
2. ワガママよりも相手を楽しませる
3. 仕事は少し難しいゲームだと思う

総合運

中旬までは問題は小さいので解決しやすく、勉強になることも多いでしょう。苦労の中でも協力してくれる人や仲間を大切にし、しっかり感謝することで難を逃れることも。下旬は、他人任せでは済まされないことや不慣れなこと、苦手なことに直面することが増えそう。現状から逃げたくなってしまう場合もありますが、しっかり受け止めて今後の課題にするといいでしょう。健康運は、下旬に体調を崩しやすいので注意。

恋愛&結婚運

中旬まではいい距離感で気になる相手と関われそうですが、下旬になると気まずい感じや空回りする感じになりそう。恋人のいる人は、険悪なムードになる可能性が高いので言葉選びを間違えないように。相手のことを一番に考えてやさしく接するようにしましょう。下旬の新しい出会いは、あなたの運命を狂わせる人の可能性があるので気をつけて。結婚運は、無理に進めようとすると希望しない方向に進んでしまいそうです。

仕事&金運

難しい仕事を任されることがありますが、中旬までは周囲の協力も得られてクリアできそうです。中旬以降は、トラブルや難問が増えてしまうでしょう。職場の人間関係が面倒になってしまう、上司や取引先の理不尽に悩まされてしまう、仲間が離れてしまうことなどがありそう。やる気を削がれる出来事も起きやすいですが、与えられた仕事をていねいにやることを忘れないようにしましょう。金運は、ムダ遣いは避けるようにしましょう。

日	曜	運気	内容
1	月	×	周囲に振り回されたり、予定が乱されることがありそう。イライラしないで「たまにはこんな日もある」と思っておきましょう。変化や流れを楽しむくらいの余裕を持ってみて。
2	火	▲	多少の我慢も必要です。不機嫌が顔に出てしまうと面倒なことが増えてしまったり、人間関係が悪くなりそう。恋人や異性に甘えすぎていると叱られることもあるので気をつけて。
3	水	○	不慣れなことをまかされたときは、笑顔で引き受けてみて。まかされることは期待されている証拠。誰だって最初は初心者なので、失敗を恐れることなく思いっきりやりましょう。
4	木	○	うまくいかないことをひとりで考えても前に進めなくなってしまうだけ。上司や先輩に素直に相談して、助言をもらって行動しましょう。聞くだけで行動しないと不運を招くかも。
5	金	□	周囲からのお願いを引き受けるのはいいですが、損得勘定で判断せず、相手が喜ぶならいいと思っておきましょう。得になる人だけ選んでいると、後に痛い目に遭ってしまうかも。
6	土	■	疲れをしっかりとりましょう。無理をしないでのんびりする時間を作ったり、軽く体を動かして汗を流すといいでしょう。ただし、頑張りすぎてケガをしないように気をつけて。
7	日	●	あなたの魅力が輝く日で、遊びに誘われることがあるかも。時間がある場合は、美容室に行って髪型を少し変えてみて。夜は気になる相手を食事に誘うと楽しい時間を過ごせそう。
8	月	△	調子に乗りすぎて余計な発言をしたり、仕事でミスをしやすそう。友人だからといって適当なことを言わないように。慣れた仕事でもよく確認し、手順をしっかり守るようにして。
9	火	○	陰の努力が認められたり、役立つことがありそう。これまで頑張ってきてよかったと思えたり、周囲から感謝されることも。長い目で見てくれた人への感謝を忘れないで。
10	水	◎	計画をしっかり立てて行動することが大事。なんとなく行動していると無駄な出費や時間が増えてしまいそう。時間やお金のことを真剣に考える機会にするといいでしょう。
11	木	▽	面倒なことは後回しにせず、苦手なことほど先に終えるようにして。夜は予定が乱れてしまったり不要な出費が増えてしまいそうなので、早めに帰宅して家でのんびりしましょう。
12	金	▼	自分が正しいと思っても周囲からはいい感じに受け取ってもらえないかも。流れに身をまかせながら様子を窺ってみて。悪目立ちしそうな日だと思っておとなしくしましょう。
13	土	×	裏目に出ることが多く、視野が狭くなったり冷静に判断ができなくなりそう。うまくいかないときは反省して、次に活かすことが重要。落ち込んだときこそポジティブに考えて。
14	日	▲	不要なものが離れていく日。失恋をしたり友情関係が崩れたとしても「縁がない」と思って割りきっておきましょう。機械トラブルも起きやすいので、高価なものに触れないこと。
15	月	＝	他人を認めることで世界が広がりそう。勝手な先入観で自分の世界を狭めてしまうのは残念なことなので、普段あまり話さない人や苦手だと思っている人にも話しかけてみて。
16	火	＝	少しくらいムダだと思えても、未来の自分が笑顔になることなら挑戦してみて。勉強や読書、筋トレなどすぐに結果が出ないようなことも、少しでもいいのでやっておきましょう。
17	水	□	自分の健康を考えるといい日。食事はバランスよくとり、夜は食べすぎや油っこいものを避け、「腹八分目」も忘れないように。時間を作ってウォーキングをするのもいいでしょう。
18	木	■	頑張りすぎは厳禁。体は問題なくてもストレスがたまっていることがあるので、好きな音楽を聴いたり、話を聞いてくれる友人と会ってたくさん笑うと気持ちが楽になりそう。
19	金	●	不思議と注目されたり、求められる機会が増えそう。調子に乗らないで謙虚な姿勢を心がければ魅力がアップするでしょう。大人な対応で、相手のことを考えて言葉を選んでみて。
20	土	△	役に立たない情報、ネットのウソの情報やフェイクニュースに振り回されてしまうかも。冷静に話を聞いて矛盾に気づきましょう。軽はずみに発言しないことも大事。
21	日	○	地道に頑張ってきたことが評価されるかも。途中で投げ出してしまった場合は後悔することになりそう。今からでもいいので、地道な努力や積み重ねを忘れないようにしましょう。
22	月	○	財布の中身や貯金を確認してみましょう。欲しいものを決めてみたり、将来どのくらい必要なのか試算してみて。職場の経費やコストを考えて仕事をするのもいいでしょう。
23	火	▽	いつもより早起きして午前中にやるべきことはやっておきましょう。夕方以降はバタバタしたり、予定を乱されてムダな時間ができ、効率が悪くなってしまうことがあるでしょう。
24	水	▼	教えてもらったことをすっかり忘れて信用を失ってしまったり、他人に対して雑になってしまうかも。自分のことだけではなく相手や関わる人のことを考えて行動するようにして。
25	木	×	不運と思えることやうまくいかないことから学びがありそう。問題を他人の責任にしていると同じことを繰り返すので、自分の至らない点が原因だと思い、見直すことが重要です。
26	金	▲	丁寧に過ごすことが大事。雑に物を扱って壊してしまったり、「このくらいは大丈夫」と思っていると、機械トラブルで困ってしまうかも。人も機械も丁寧に扱いましょう。
27	土	＝	今まで手をつけず、しばらく放置していた自分の課題に真剣に取り組んでみましょう。現実から逃げずに1歩踏み出すことによって、見えてくる景色が変わってくるものです。
28	日	＝	頭を使うといい日。パズルやなぞなぞなど子どものころに楽しんだものに挑戦してみると、いい刺激になるでしょう。雑学の本を読むと、話のネタになって役立つことがあるかも。
29	月	□	何事も計画を立てることが大事。計画の甘さゆえに失敗したときは予定を立て直すために情報やデータが必要になるでしょう。周囲のアドバイスにも素直に耳を傾けてみて。
30	火	■	油断をしていると風邪をひいてしまったり、少し体調を崩してしまいそう。今日は無理をせず、体力を温存しておきましょう。ストレッチや軽い運動をすることも大事です。

2021

12月

▼ 乱気の月

開運 3 カ条

1. 忍耐力を鍛える時期だと思う
2. 小さな幸せを見つける
3. 過去のすべてに感謝する

総合運

軽はずみな判断が苦労を招いたり、今後の人生を大きく乱してしまう時期。現状に不満があるときほど今の幸せを見つめ直し、なにもない日々に感謝することを忘れないように。隣の芝生が青く見えるだけで、周囲も多かれ少なかれ苦労をしているという想像力を忘れないこと。支えてくれる人や、やさしくしてくれる人に恩返しする気持ちも忘れないようにしましょう。健康運は、体調を崩しやすい時期。手洗いをし、睡眠時間を長くとりましょう。

恋愛&結婚運

予想外の人から告白されるなど意外な展開が多い時期ですが、あなたの心や生活を乱す危険な異性や小悪魔的な人が現れる時期でもあるので、相手の言葉に簡単に乗らないようにしましょう。だまされて痛い目にあったり後悔したりすることもあります。この時期はひとりの時間を楽しめるようにする、話のネタを作るために本を読む、映画や芝居などを観に行くなどするといいでしょう。結婚運は、希望通りに進まない時期。

仕事&金運

仕事を辞めたくなることや、気持ちが折れてしまうような出来事がある時期。甘えていた人ほど厳しい現実を突きつけられたり、実力のなさを実感するでしょう。問題は会社や周囲ではなく、自分にあることを忘れないように。自分のレベルをどうやって上げるのか、いたらない点をしっかり受け止めて、仕事があることに感謝を忘れないようにして。金運は、軽はずみな買い物をしないように。ムダ遣いでお金に困る原因になってしまいます。

日	運気	
1 水	●	気持ちが少し楽になりそう。求められることにはできるだけ応えましょう。自分のことだけを考えて断ったり、身勝手を表に出すと、困ったときに誰も助けてくれなくなります。
2 木	△	油断しやすく、曖昧な話を信じて心を乱されたり、騙されやすいので要注意。甘い話や誘惑ほど裏があると思いましょう。仕事で大きなミスをしやすいので確認はしっかりと。
3 金	○	親友や付き合いの長い人、周囲の人のいいところをさりげなく褒めてみて。こちらが好意的に接すれば、その思いは相手にも伝わり、必ずや良好な関係に向かうでしょう。
4 土	○	外出するのはいいですが、予想外に出費が激しくなってしまいそう。衝動買いは失敗することになるのでやめましょう。今日は1000円だけで過ごす遊びをすると楽しめるかも。
5 日	▽	部屋の片づけや掃除は午前中に終わらせて、午後からはのんびり過ごして。映画を観たり本を読んでみるといいでしょう。いい言葉や台詞はメモしておくと後に役立ちそうです。
6 月	▼	判断ミスをしやすいのは周囲のアドバイスを聞き入れなかったことが原因。耳の痛いことを無視せず、反省をして。部下や後輩からの正しい意見には、素直に聞く耳を持ちましょう。
7 火	×	裏目に出ることが多く失敗が目立ちそう。些細なことでイライラせずに「転んでもただでは起きない」精神でこれも勉強だと思い、何かひとつ学ぼうという姿勢が大事でしょう。
8 水	▲	身の回りをすっきりさせましょう。不要なものを処分したり、散らかった場所をきれいに片づけてみて。仕事終わりに美容室で髪を切ると、気分もすっきりしそうです。
9 木	=	不慣れなことや苦手だと感じる仕事でも、挑戦してみるといろいろと学べることがあるでしょう。嫌々取り組むよりも「何か発見があるかな」と期待しながら仕事をしてみて。
10 金	=	仕事終わりに友人や知り合いに誘われたら顔を出してみて。自分の行動範囲を少し広げることで、勉強になる人と出会えそう。深入りしなくていいので仲良くなってみましょう。
11 土	□	何事も丁寧にすること。初対面の人にはきちんと目を見て挨拶し、お礼はいつも以上に丁寧にしましょう。礼儀正しく誠実に接すれば、必ずや良好な関係になれます。
12 日	■	油断をすると風邪をひいてしまうかも。予定を変更してでも家でのんびりして疲れをとりましょう。ストレス発散に軽い運動をするのはいいですが、汗で体を冷やさないように。
13 月	●	人の輪の中に入るのはいいですが、自分の話ばかりせずに相手の話の聞き役や盛り上げ役になりましょう。でしゃばってもいいことはないので、サービス精神を大切にしてみて。
14 火	△	口が滑って余計なトラブルを発生させてしまったり、判断ミスで面倒なことを自ら招いてしまいそう。今日はできるだけ慎重に行動し、控えめにすることを心がけましょう。
15 水	○	これまでの経験を活かせたり、逆に学びが足りないことを知ることになりそう。チャンスをチャンスにできるかピンチにしてしまうかは、積み重ねた経験の量だと思っておきましょう。
16 木	○	結果を気にするより、目の前のことに一生懸命になってみて。仕事を遊びだと思って楽しんだり、自分の仕事の先で笑顔になっている人のことを思い浮かべてみるといいでしょう。
17 金	▽	努力が認められ、自分でも満足できそう。夕方あたりからは頑張りが空回りしたり、やる気をなくしてしまうことが起こるかも。早めに帰宅して家でゆっくりしましょう。
18 土	▼	思い通りにならないことが当たり前だと思いましょう。ひとりで考える時間が増えると不安や不満がたまりやすくなりますが、明るい未来を想像して今できることを見つけてみて。
19 日	×	自分の心配だけをしている人に運は味方しません。困ったときには、自分よりももっと困っている人のために何ができるか考えて行動を。助ける人が助けられるのだと忘れないように。
20 月	▲	予想外に忙しくなっても、まとめてやろうとしないでひとつひとつ丁寧に仕事をすることが大切。余計なことを考えず、シンプルに考えるとやるべきことがハッキリしそう。
21 火	=	普段なら興味のないことに目がいきそう。どんなものか調べたり学んだりすると、これまでとは違った世界を知ることができますが、情報を入れすぎて振り回されないように。
22 水	=	不満を感じるのは、遊び心を忘れているとき。人間関係も仕事も難しいと感じたときほどゲームだと思って、攻略するためにはどんな方法がいいのかいろいろ試してみましょう。
23 木	□	体調を整えたり、規則正しく生活することを意識して。乱れた生活習慣のままでは体調を崩してしまい、仕事に集中できないでしょう。スマホをムダに見ないことも大切です。
24 金	■	クリスマスイブだというのに風邪をひいてしまったり、体調を崩してせっかくのデートをキャンセルすることになるかも。今日は無理をしないで疲れをためないようにしましょう。
25 土	●	期待をしていない人ほど楽しいクリスマスになるかも。意外な人からプレゼントをもらえることがありそう。友人や知り合いに誘われて、楽しい1日を過ごすこともできそうです。
26 日	△	日中は笑顔になれることが増えそうなので、趣味や自分の好きなことに時間を使って。夕方からは予定が乱れやすく予想外の出来事が増えるかも。明日のためにも早めの帰宅を。
27 月	○	仕事終わりに仲間を集めて忘年会をしてみて。しばらく会っていない人を急に誘ってみると、思った以上に盛り上がり楽しい時間を過ごせそう。行きつけのお店を予約しましょう。
28 火	○	年越しに必要なものを買い揃えるといいでしょう。年賀状を出し忘れている人は早く書いて送るようにして。2022年の目標をうっすらでもいいので決めておくのも大事です。
29 水	▽	いつもより少し早起きして、大掃除や年越しの準備をしましょう。今日やるべきことは日中にすべて終わらせるくらいの勢いで積極的に取り組み、何事も後回しにしないように。
30 木	▼	油断をして風邪をひいてしまったり、ケガをしやすいので気をつけて。手洗いや暖かい服装を心がけましょう。オシャレだからといって薄着をするのも避けること。
31 金	×	楽しみにしていたカウントダウンライブやイベントでガッカリしたり、予想外の出来事でやる気を失うかも。体調も崩しやすいので無理をせず、ひとりの時間を上手に楽しんで。

☆ 開運の日 ◎ 幸運の日 ● 解放の日 ○ チャレンジの日
□ 健康管理の日 △ 準備の日 ▽ ブレーキの日 ■ リフレッシュの日
▲ 整理の日 × 裏運気の日 ▼ 乱気の日 = 運気の影響がない日

2022 1月

✕ 裏運気の月

~2021 2022 2023~
11 12 1 2 3 4 5 6 7 8 9 10 11 12 1 2 3(月)

開運 3 カ条

1. 失うことを恐れない
2. 気持ちの切り替えを大切にする
3. 自分の都合だけを考えない

総合運

大きな区切りが付く時期。よくも悪くも人と離れたり、縁が切れる流れがあるでしょう。ここで終わってしまうことには執着しないで、きっぱり諦めることで前に進むきっかけになるので、あらがわないで流れに身をまかせるといいでしょう。自ら手放したり縁を切るのではないので、精神的に辛いこともありますが、受け止めて成長しましょう。健康運は、体調を崩しやすいので無理をしないで不摂生は避けるようにしましょう。

恋愛&結婚運

突然の失恋がある時期。好きな人に恋人ができたり、距離を置かれてしまいそう。恋人のいる人は突然の別れを告げられたり、別れのきっかけになるような出来事や大喧嘩があるでしょう。問題が起きて当然だと思うくらいの覚悟が必要ですが、別れても追わないように。結婚運は、縁が薄い時期なので、恋人との関係が崩れないように気をつけましょう。些細なことで白紙になることも。

仕事&金運

信頼や信用を失う出来事がある時期。些細なことだと思って失敗を隠すと大きな問題になったり、過去の問題が発覚する場合もあります。問題が発覚する前に報告することが大切。仕事へのやる気が出ず、周囲からの評価も落ちるので、与えられた仕事はしっかり行いましょう。金運は、予想外の出費があったり、大事なものや財布を落としてしまう恐れがあるので気をつけましょう。儲け話や詐欺にも気をつけましょう。

日	運気	内容
1 土	▲	新年早々大失敗をしやすい日。ノリや勢いだけで判断をしないで、計画を立てて行動したり、少し先のことを想像してみましょう。後悔するような行動はとらないように。
2 日	＝	正月休みを楽しむのはいいですが、だらだら過ごすと癖になってしまうので、時間があるときに軽く体を動かしたり、普段読まないジャンルの本を購入して読んでみましょう。
3 月	＝	小さな変化を楽しむといい日。普段の正月休みとは違う行動をするといいので、少し遠出をしてでも気になる場所や神社仏閣に参拝に行ってみるといいでしょう。
4 火	□	気分で判断しないで計画をしっかり立ててから行動するように。1日の終わりにどれぐらい計画通りに過ごせたかチェックしてみることも大切だと覚えておきましょう。
5 水	■	暴飲暴食や不健康なことは避けたほうがいい日。胃腸にやさしい食事を摂ったり、軽く体を動かして昼寝をしたり、のんびりする時間を作りましょう。明日のためにも早めに寝るように。
6 木	●	人を喜ばせたり、相手の気持ちを考えて発言や行動をすると楽しい1日を過ごせる運気。自分のことを一番に考えないことが、結果的に自分のためになるでしょう。
7 金	△	集中力が続かない日。マメに休憩すると更にだらだらするので、時間を決めて短時間で用事を済ませましょう。気合いが入らないときは顔を洗って気を引き締めましょう。
8 土	○	友人や知り合いを集めて新年会を開くといい日。思ったよりも楽しい時間になるので、いろいろな人に連絡をしてみるといいかも。久しぶりに会う人と盛り上がることもあるでしょう。
9 日	○	バーゲンに行くといい物を見つけられそうですが、サイズを間違えたり同じものを買うことがあるので慌てないように。安くても不要なものに手を出さないようにしましょう。
10 月	▽	日中はゆとりを持って行動できそう。大事な用事は早めに終わらせましょう。夕方以降は時間も気持ちもゆとりがなくなって、焦ってしまうことがあるでしょう。
11 火	▼	思い込みが視野を狭めて、不要な苦労や不運を引き寄せてしまいそうな日。柔軟な発想をしてプラスに受け止められるように考え方を変えてみるといいでしょう。
12 水	✕	よかれと思ったことが裏目に出たり、みんなを和ませるつもりの一言で気まずい空気になるので、発言には気をつけましょう。滑ったときは「滑りましたね」と言っておきましょう。
13 木	▲	身の回りをきれいに掃除するのはいいですが、大事なものを間違えて処分して焦ってしまいそう。「何だろう?」と思うものは避けておいて後で確認しましょう。
14 金	＝	何事も勉強だと思って新しいことに挑戦するといい日。小さな失敗は話のネタにするくらいの気持ちが大切ですが、失敗を隠したり他人の責任にしないようにしましょう。
15 土	＝	気になる場所に遊びに行くといい日。スクールや体験教室などに友人を誘って参加すると、いい話やおもしろい体験ができそう。好奇心の赴くままに行動するといい出会いも。
16 日	□	ムダな時間がないように行動するといい日。時間を計算して終わりの時間を決めるといいでしょう。だらだらすると疲れて次の日に響いてしまうので気をつけましょう。
17 月	■	ゆとりを持った行動が大事な日。焦ると段差で転んでケガすることがあるでしょう。疲れもたまりやすい運気なので、マメに休憩をしておくといいでしょう。
18 火	●	相手に合わせることで運気の流れがよくなる日。簡単に否定しないでできるだけ肯定してみると、いい流れに乗って楽しい会話ができるようになるでしょう。
19 水	△	小さな失敗をしやすい日。忘れ物や寝坊やうっかりミスには気をつけましょう。電話やメールの返事を忘れてしまうかも。忘れる前にすぐに返すように意識しましょう。
20 木	○	付き合いの長い人からのアドバイスは真剣に聞くように心がけましょう。「また言ってるよ」と聞き流すと後悔するので気をつけて。言ってくれることに感謝しましょう。
21 金	○	数字と時間にこだわることが大切な日。仕事で結果を出すためにどうすればいいのか真剣に考えて行動しましょう。ムダな経費や時間がかからないように工夫してみましょう。
22 土	▽	用事は日中に終わらせるといい日。思った以上に順調に進められたり、頭の回転も速くなるでしょう。夕方以降は予定が乱れたり、家族に振り回されてしまいそう。
23 日	▼	予定が急にキャンセルになったり、順調に進まないことが多い日。些細なことでイライラしないで、どんな状況でも楽しめるように鍛える日だと思いましょう。
24 月	✕	弱点や欠点を突っ込まれたり、雑に扱われてムッとする出来事がありそう。今日はがっかりする出来事があるので、過剰に期待をしないで平常心で過ごすように心がけましょう。
25 火	▲	仕事に出かける前に部屋や身の回りをきれいにしましょう。職場もいつも以上にきれいにすることが大切。気持ちの乱れが部屋や身の回りに表れていることに気づきましょう。
26 水	＝	生活リズムを少し変化させるにはいい日。5分早めに行動したり、普段通らない道を選ぶといい発見がありそう。普段聴かないジャンルの音楽を試してみるのもいいでしょう。
27 木	＝	些細なことでもいいので勉強するといい日。読めない漢字や英単語をそのままにしないで検索して意味を調べてみると、勘違いや思い違いをしていることに気づけそうです。
28 金	□	諦めることが大事な日。別れや飽きがあるから次があると思って前向きに受け止めたり、離れる覚悟をするといいでしょう。ムダなことに執着しないようにしましょう。
29 土	■	休みの日に限って風邪をひいたり、気持ちが緩んで体調を崩してしまいそう。今日は無理をしないで家でのんびりしたり、外出する予定がある場合でも早めに帰宅しましょう。
30 日	●	異性や友人から突然遊びに誘われそうな日。ノリや勢いで楽しい時間を過ごせますが、相手の笑顔のために行動してみるといいでしょう。いい縁がつながってくることもあるでしょう。
31 月	△	余計なことを考えて仕事でミスしやすい日。目の前のことに集中して、小さなミスの繰り返しに気をつけて。周囲とは楽しく話せるので、笑わせるくらいの気持ちで話しましょう。

開運のつぶやき ▶ いまが辛いなら、「あと一歩」かもしれない

2022 2月

▲ 整理の月

~2021 2022 2023~

11 12 1 2 3 4 5 6 7 8 9 10 11 12 1 2 3(月)

開運 3 カ条

1. 不要なものは処分する
2. 人間関係の整理をする
3. 大掃除をする

総合運

今の自分やこれからの自分に必要ないと思われるものをできるだけ処分したり、交友関係や人間関係の整理をする必要がある時期。縁を切ることや離れることで前に進めるようになるので、執着していることほど手放してみると気持ちがすっきりするでしょう。生活習慣を見直して、整えることやその準備をするにもいいタイミングです。健康運は、不摂生をやめたり健康的な生活リズムに変える努力が必要です。

恋愛＆結婚運

ひとつの恋が終わる時期。中途半端な関係や周囲に言えないような人に恋している場合は、今月で終わりにすることが自分のためになるでしょう。片思いで進展が望めない相手や優しさを感じられない人などを諦めることで来月から新たな恋に進めるでしょう。ケンカや浮気の発覚など縁を切るきっかけとなる出来事も起きるかも。結婚運は、今月に話が進むと離婚率が高いので、来月以降に話をまとめましょう。

仕事＆金運

仕事に対する考え方が変わる月。離職や転職を考えることも。本当にやりたいことがはっきりと見つかっている場合は行動に移すのもいいでしょう。なんとなく不満なだけの場合は、職場に感謝して与えられた仕事に一生懸命取り組みましょう。ムダなことに目がいかないように職場はきれいに整えて。金運は、年齢に合わないものを処分しましょう。今月はムダな買い物が多いので慎重に選びましょう。

日	運気	内容
1 火	○	失敗を恐れずに今まで経験していないことに挑戦してみましょう。不慣れや苦手だと思っていることを克服する努力は周囲から必ず評価されるでしょう。
2 水	○	職場の人や友人からオススメされたことは興味が薄くても体験するといい日。映画や本などは今夜中に見るようにしましょう。教えてくれた人に感想を伝えるようにしましょう。
3 木	▽	いつもより早めに出勤して、みんなが気持ちよく働けるように共用部分などを掃除しましょう。人の笑顔のために動くことを行動の基準にしてみて。夜は疲れやすいので早めに帰宅を。
4 金	▼	人間関係がこじれたときほど自分を改めるチャンスだと思いましょう。短気を起こしたり、他人の責任にするといつまでも同じことを繰り返してしまうでしょう。
5 土	×	自分の欠点は認めて他人に伝えるといいでしょう。弱点も認めるのはいいですが、バレないように心がけたり、克服する努力や勉強を忘れないようにしましょう。
6 日	▲	大掃除に最高の日。不要なものや年齢に合わないものをどんどん処分して、部屋をすっきりさせましょう。ケチケチしていると運気の流れに乗れなくなるでしょう。
7 月	＝	悩んだり余計なことを考えても前には進めないので、現状を受け入れて開き直ってみましょう。自分で選んで今にたどり着いたことを忘れないようにしましょう。
8 火	＝	自ら挨拶をするように心がけるといい日。相手より先に挨拶ができたら運気が少し上がるゲームだと思いましょう。笑顔で挨拶をすると更にポイントアップだと思っておきましょう。
9 水	□	1年後・3年後・5年後・10年後の自分を想像するといい日。今の自分に何が必要で何が足りないのか判断できそう。やるべきことが明確な人ほど強いことを忘れないようにしましょう。
10 木	■	休憩時間にストレッチや深呼吸をしてリフレッシュすることを心がけましょう。頭をすっきりさせて仕事に取り組めば能率も上がります。思ったよりも疲れがたまっているかも。
11 金	●	与えられた仕事に感謝して、全力で取り組んでみるといい日。余計な不満や文句を考えないようにして、合理的に仕事ができるように努めてみるといいでしょう。
12 土	△	出かける際に玄関や窓の鍵を閉め忘れたり、財布やスマホを忘れて慌てそう。他にも小さなミスをしやすいので気をつけましょう。ドジなケガにも気をつけましょう。
13 日	○	友人や知人との何気ない会話から何を受け取るかが大切な日。すべてが自分へのアドバイスだと思うといいでしょう。大事な話は日常会話の中にあることを忘れないように。
14 月	○	言われていないことまで先回りしてやってみましょう。面倒なことほどいい経験になるでしょう。バレンタインのチョコレートを渡すために好きな人に自ら連絡しましょう。
15 火	▽	不要なものを手放すといい日。使っていないものがないかチェックをしてみましょう。人との縁が切れることに対して必要以上に恐れたり執着をしないようにしましょう。
16 水	▼	感情的な判断は不運やトラブルの原因になるだけ。今日は何事も冷静に判断してから行動するようにしましょう。欲望に流されることも危険なので気をつけましょう。
17 木	×	学べることが見つかる日。失敗や叱られることが起きますが、運のせいにしないで問題の原因を探りましょう。しっかり反省をして同じようなことを繰り返さないように。
18 金	▲	よくも悪くも諦めが肝心な日。振り向いてくれない人のことは縁がなかったと思いましょう。身の回りのものも壊れやすいですが「今日はそんな運気」だと思いましょう。
19 土	＝	友人や知人を集めて話すといい日。みんなが笑ってしまうような話をしたり、みんなを喜ばせるように努めましょう。人を笑顔にできる人には自然と幸運が集まってくるでしょう。
20 日	○	些細なことでもいいので新しいことに挑戦するといい日。気になるお店に入ったり、知り合いの集まりに顔を出してみるといい出会いがありそうです。
21 月	□	無計画な行動は疲れの原因になるので、計画をしっかり立て、目標を定めることが大切。睡眠時間をしっかりとれるようにスケジュールを調整することも大切でしょう。
22 火	■	起きるタイミングが悪く、1日中眠さやだるさがありそう。軽い運動やストレッチをして頭も体もすっきりさせましょう。疲れを感じるときは仮眠をとるといいでしょう。
23 水	●	あなたの魅力が輝く1日。夜は気になる相手をオススメのお店に誘ってもいいかも。職場でも大事な仕事をまかせてもらったり、チャンスが巡ってくることがあるでしょう。
24 木	△	忘れ物や遅刻などのうっかりミスに気をつけましょう。つまらないことで信用を失うことがないように。家を出る前にもう一度確認して、常に余裕をもって行動するようにしましょう。
25 金	○	付き合いの長い人からの言葉やアドバイスが必要になる日。なんとなく話していると重要なことを教えてもらえることもありそう。学ぶ気持ちを忘れないようにしましょう。
26 土	◎	日用品や消耗品を買うのにいい日。新しいものを試しに買ってみるとお気に入りを見つけられそう。話のネタになりそうな変わったものを選んでみるのもいいでしょう。
27 日	▽	日中は運気がいいので、気になる場所に遊びに出かけてみるといいですが、衝動買いは失敗しやすいので不要なものを簡単に買わないようにしましょう。
28 月	▼	誘惑に流されてしまう日。自分では身勝手な判断だと思わなくても、周囲からは自己中心的な人だと思われてしまうので、少し考えてから行動するようにしましょう。

☆ 開運の日 ◎ 幸運の日 ● 解放の日 ○ チャレンジの日
□ 健康管理の日 △ 準備の日 ▽ ブレーキの日 ■ リフレッシュの日
▲ 整理の日 × 裏運気の日 ▼ 乱気の日 ＝ 運気の影響がない日

2022

3月

チャレンジの月

1	2	3
開運3カ条		

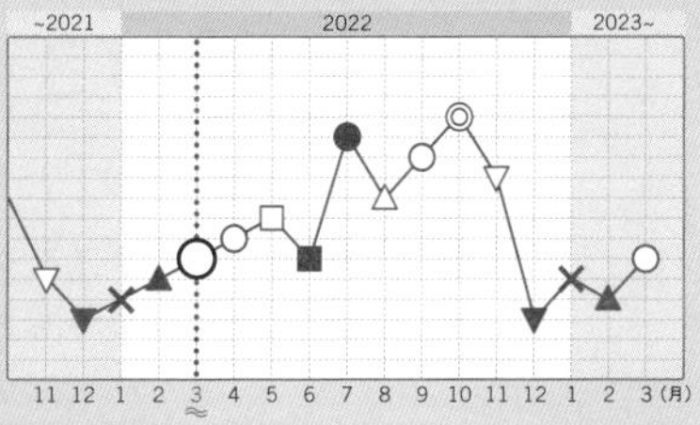

開運 3 カ条

1. いろいろな人の話を聞く
2. 頑張っている人を見る
3. 生活リズムの変化を試す

総合運

気持ちの変化や切り替わりが起きる月。現状を変えようと動き出したくなる気持ちが増しますが、しっかり情報を集めたり、先のことを現実的、具体的に考えてみるといいでしょう。気になることを少し試したり人脈を広げるために行動するにはいい月なので、積極的に挑戦したり、周囲から勧められることを素直にやってみるといいでしょう。健康運は、生活習慣を整えて不摂生は避けるようにしておきましょう。

恋愛＆結婚運

恋する相手を見つけられる時期。イメチェンしたり生活に変化を持たせましょう。気になる相手との関係の進展には時間がかかるので、諦めないで友人になるくらいにしておくといいでしょう。また、会話に困らないように情報集めや本を読んでおくといいでしょう。結婚運は、交際期間が3年以上のカップルは前向きな方向に進みそう。交際期間が短いカップルはケンカから気持ちが冷めてしまいそう。

仕事＆金運

仕事へのやる気がジワジワ湧いてくる時期。いい意味で吹っ切れたり、諦めや覚悟ができそうな運気。目の前の仕事に一生懸命取り組むと悩みや不安がなくなるでしょう。楽しくない仕事は自分の考え方や工夫一つで変えられると思って、出社時間や目標を変えるといいでしょう。金運は、お金の勉強をしてムダ使いを気にしましょう。本当に必要なものか考えてから買うようにしましょう。

日	運気	
1 火	×	思い通りに進まないときこそ、自分の行動パターンを見直すいい機会と捉えましょう。考え方やものの捉え方などをゆっくりでもいいので変えるようにしてみましょう。
2 水	▲	身の回りをきれいに整えることが大切な日。散らかったままでは大事なものをなくしたり、探す時間で慌ててしまいそうです。気になる場所はマメにきれいにしましょう。
3 木	○	初対面の人と会ったときは、先入観を持たずにその人のいいところを見つけるように努力してみて。あなたが心を開いていけば必ず相手も心を開いてくれるはずです。
4 金	○	言い方や伝え方を変えることが大切な日。どんな言葉を選ぶ必要があるのか周囲を観察しましょう。本を読んで語彙を増やしておくといいでしょう。
5 土	□	礼儀やマナー、上品に生活することが大切な日。自分の行動や言葉に品があるのか確認することが大切。周囲でしっかりしている人を見習ってマネすることも大切でしょう。
6 日	■	日ごろの疲れをしっかり取ることが大切な日。予定が入っている場合は、ゆとりを持って行動して早めに帰宅しましょう。夜は少し早く寝て明日に備えるようにしましょう。
7 月	●	あなたの魅力が輝く日ですが、調子に乗りすぎないで周りの様子に気を配りましょう。周囲の人のおかげだと思えると自分のやるべきことが見えて感謝の気持ちも湧いてきます。
8 火	△	詰めの甘さが出てしまう日。「なぜ」と考えるのはいいですが、考えすぎても時間のムダになるので、今後気をつける点だけを見つけるといいでしょう。
9 水	○	自分の得意なことに集中するといい日。仕事以外でも他の人を喜ばせてみるといいでしょう。昔の失敗談やおもしろい経験談をいろいろ話してみるといいでしょう。
10 木	◎	普段なら興味を持たないことに挑戦してみるといい日。仕事のやり方や考え方を変えてみるのもいいでしょう。新たな工夫が今後に活かされるようになりそうです。
11 金	▽	午前中はいい判断や決断ができそうですが、午後からは自分の判断が本当に正しいのか考え直してみることが大切。周囲の意見も真剣に聞きましょう。
12 土	▼	冗談半分のウソが後々自分を苦しめる原因になってしまいそうな日。今日は素直に答えるようにしましょう。ウソは冗談でも避けて、言葉を選んで話をするようにしましょう。
13 日	×	見返りや過剰な期待はがっかりしたりムッとする原因になりそう。必要以上に期待しないことでムダな不運は避けられるようになるでしょう。
14 月	▲	丁寧に行動したり、雑にならないように心がけることが大切な日。仕事だけではなく、人との関わりも丁寧にすることを忘れないようにしましょう。
15 火	○	違う部署の人や自分とは違った分野で頑張っている人の話を聞くことが大切な日。新鮮な考え方ができたり、前向きになれる話を聞けそう。尊敬できる人に会うこともできそうです。
16 水	○	知らないことを調べるといい日。なんとなく知っているようで本当は理解できていないことを調べると思わぬ発見がありそう。詳しい人に聞いて教えてもらうのもいいでしょう。
17 木	□	日中は、楽しく仕事できたり自分の成長を感じられそう。夕方以降は集中力を欠いたり、疲れを感じてしまいそう。無理をしないで早めに帰宅して寝るようにしましょう。
18 金	■	体のダルさや疲れを感じそうな日。風邪をひいたと思ったときは早めに病院に行くか、無理をしないようにしましょう。夜の急な誘いは断ったほうがよさそうです。
19 土	●	気になる人を思いきって食事や遊びに誘うといい日。相手の話をいろいろ聞いてみると、思った以上にいい関係に進めそう。ただ、焦ると空回りするので気をつけましょう。
20 日	△	失言に要注意な日。失言ほど本心の可能性があるので、言葉選びや日ごろの言葉使いに気をつけましょう。いい言葉やいい話にもっと敏感になっておくといいでしょう。
21 月	○	話しやすい人と語ってみるといい日。相手が返しやすい質問や話をするといいでしょう。自分でトークをコントロールする練習をすると後に役立ちそうです。
22 火	◎	新しい経験を大事にしましょう。成功しても失敗しても大きな経験値を得られるので、臆病にならずに思いっきりやること。ムダなことなど1つもありません。
23 水	▽	日中は自分を信じて突き進むのがいいですが、夕方辺りから考えすぎたり悩んでしまいそう。判断に迷ったときは第三者の意見を聞きましょう。いいヒントになりそうです。
24 木	▼	流れに逆らいたくなったり、不満がたまってしまいそうな日。身勝手な判断は自分を苦しめるだけになるので、全体やチームのことをもっと考えて判断しましょう。
25 金	×	トラブルや逃げ出したくなるような出来事がある日ですが、不運と思えるときほど学べることがあることを忘れないようにしましょう。成長するきっかけをつかめるでしょう。
26 土	▲	身の回りにある使わないものや不要なものは一気に処分しましょう。年齢に合わないものも処分しましょう。ムダなアプリやデータも消去するといいでしょう。
27 日	○	何か新しいことを始めるにはいい日。興味のあることを見つけたら迷わず飛び込んでみるといいでしょう。周囲から勧められることにも挑戦してみるといい勉強になるでしょう。
28 月	○	現状維持ではつまらなくなるだけ。変化を恐れないで挑戦しましょう。仕事で工夫をしてみたり、視野を広げてみるといいでしょう。新たな目で見ると世界が違って見えるでしょう。
29 火	□	背筋を伸ばして歩いたり、口角を上げることを意識すると、いつもと同じ風景も変わって見えるし、幸運も舞い込みます。今日は早めの帰宅で明日に疲れを残さないように。
30 水	■	寝不足を感じたり、ボーッとしてミスが増えてしまいそうな日。思ったよりも疲れやストレスがたまっているので、無理をしないようにマメに休むようにしましょう。
31 木	●	今まで地道に取り組んできたことが評価されてやる気が出てくる1日。うれしいときはしっかり喜んで、周囲に感謝すると更に幸運がやってくるでしょう。恋愛のチャンスもやってきそう。

開運のつぶやき　言い訳する前に行動する人に運は味方する

2022

4月

○ チャレンジの月

~2021 2022 2023~

11 12 1 2 3 4 5 6 7 8 9 10 11 12 1 2 3(月)

開運 3カ条

1. 新しい出会いを楽しむ
2. 爽やかな感じにイメチェンする
3. 不慣れなことでも前向きに取り組む

総合運

新しいことに目が向きやる気が増す時期。年度が変わり状況に変化がはじまったことを楽しめたり、気になることを見つけられます。いい出会いもありますが、ここでのつながりは弱いので短い期間で終わっても気にしないように。縁があればまたつながると思いましょう。イメチェンして爽やかな感じに雰囲気を変えるのがオススメ。健康運は、軽い運動をしましょう。連日でなくてもいいので1週間に数日は行いましょう。

恋愛&結婚運

新しい出会いが多く、気になる人に出会える時期。異性を意識した服装や髪型にするといいですが、年齢に合わせることも大切。これまでと違うパターンの出会いがあるので、不慣れな場所でも顔を出しましょう。持ち前の遊び心を忘れないように。既に気になる相手がいたら遊びにどんどん誘って関係を深めましょう。結婚運は、進展する時期ではないですが、相手を楽しませることを忘れないように。

仕事&金運

変化が多く、前向きな気持ちが増す時期。仕事の楽しさを見つけられますが、自ら楽しもうとすることも大切。仕事に不満が多いなら、休みの予定を先に立てると気持ちが変わります。仕事終わりに習い事や遊びの予定を入れてみましょう。新しい人とも仲良くなれそうですが、挨拶やお礼などはしっかりするように。金運は、出費が増えますが、新たな体験に使うといいでしょう。

日	運気	内容
1 金	△	今日がエイプリルフールだとすっかり忘れて騙されてしまうことがある日。ウソだと思って疑っても、更に別のウソに引っかかってしまうことがあるので気をつけましょう。
2 土	○	仕事をゲームや遊びだと思って楽しんで取り組むことが大切な日。難しいと思うことは、攻略するためにどうすればいいかいろいろ考える力を付けるときだと思いましょう。
3 日	○	買い物をするのにいい日なので、季節に合う服や靴を買いに行くといいでしょう。長く使うものや高価なものはもう少し待ちましょう。少し贅沢なものを食べに行くのにもいい日です。
4 月	▽	日中は、楽しい出来事や小さな幸運に気づくことができて笑顔で過ごせそう。夕方辺りから気分が沈んでしまう出来事があったり不機嫌な人に気持ちを振り回されてしまいそう。
5 火	▼	他人に過剰に期待するとイライラの原因になるだけ、勝手に期待して勝手に幻滅して勝手に嫌いにならないように。自分も他の人からの期待に応えられていないことに気づきましょう。
6 水	×	頑固さが増して視野が狭くなりそうな日。思った以上に周りが見えなくなっているので、深呼吸して冷静になってから物事を判断するようにしましょう。
7 木	▲	職場や部屋に何年も置きっぱなしのものや着ていない服、履いていない靴を処分しましょう。不要なデータや写真や動画、アプリも消去しておきましょう。
8 金	○	今年度になってから会った人と話してみると、思った以上に盛り上がったり意外な共通点を見つけられそう。仕事でも新しい取り組みがいい勉強や経験になるでしょう。
9 土	○	最近知り合った人を遊びに誘うといい日。相手からの誘いを待っていると時間のムダになるだけなので、気楽にメッセージを送ってみると相手が喜んで来てくれるでしょう。
10 日	□	計画的に遊ぶといい日。時間や金額を決めてみるといいでしょう。制限があることのおもしろさにも気づけそうです。夜は疲れやすいので早めに帰宅しましょう。
11 月	■	春だと思って薄着になりすぎて風邪をひいたり、鼻炎に苦しんでしまいそうな日。今日は1枚上着を持って出かけ、温かいものを飲むようにしましょう。
12 火	●	いい意味で目立てる日。「今日は輝く日」だと思って意識するといい仕事もできそうです。恋愛でも異性からの視線を感じることができて、きっかけをつかめそうです。
13 水	△	鍵のかけ忘れや落とし物などをしやすい日。面倒だと思っても確認作業を怠らないようにしましょう。ムダな時間で評価を落としたり恥をかいてしまうことがあるでしょう。
14 木	○	前向きになれる言葉や成功するイメージを持つことでいい結果につながる日。周囲にいる前向きな人や明るい人と話してみると、やる気がアップすることもあるでしょう。
15 金	◎	真剣に取り組むことで実力以上に結果を出せたり、手応えのある仕事ができる日。適当に仕事していると叱られそう。叱ってもらえることに感謝を忘れないようにしましょう。
16 土	▽	ランチデートなど日中は積極的に行動するといい日。気になる人を急でもいいので誘って、短時間で切り上げるといい感じになりそう。今日は長時間を避けてみるといいでしょう。
17 日	▼	納得のいかないことが起きそうな日ですが、今の状況を招いたのはこれまでの自分が原因だと思いましょう。何事にも感謝ができると何が間違っていたのか見えてくるでしょう。
18 月	×	思い通りに物事が進まなかったり、指示があやふやなことがありそう。不満に目を向けるよりも、順調に進んでいることに目を向けましょう。説明下手にも気をつけましょう。
19 火	▲	出勤前にいつも使っているバッグの中身を整理しましょう。不必要なものが入っていれば処分すること。財布にそのまま入っている不要なレシートも捨てましょう。
20 水	○	いろいろな人と話してみたり考え方を知ることが大切な日。自分とは違う価値観を知ることで、常識だと思っていたことに差があると知って勉強になりそうです。
21 木	○	人からのアドバイスや勧められたことはできる限り積極的に取り入れてみましょう。今までなかなか気づけなかったことに気づけて、自身の成長速度が上がるでしょう。
22 金	□	一生懸命仕事に取り組む姿勢が大切。最初は見せかけだけでもいいので、頑張りややる気をアピールしてみましょう。夜は、急な誘いで予定が乱れて疲れてしまいそう。
23 土	■	心も体もリフレッシュするといい日。食事会や飲み会、カラオケなどに行ってストレスを発散しましょう。愚痴や不満や不安な話よりも、前向きな楽しい話をするといいでしょう。
24 日	●	異性から急に遊びに誘われる日。ノリで会ってみるといい関係に進めそうですが、少し引っかかることがありそう。新しい出会いの運もいいので、出会いの場には顔を出しておきましょう。
25 月	△	集中力が途切れるとうっかりミスをしやすくなる日。事前準備や確認作業をしっかりしましょう。体を動かしたり、コーヒーを飲むなどして気分転換するとミスが減りそう。
26 火	○	経験や知識を活かせる日。昔の自分を褒めたくなったり、いろいろやってみるものだと思える出来事がありそう。趣味の話やいろいろな情報が役立つことになるでしょう。
27 水	◎	運を味方に付けられる日ですが、遊びや恋愛に気持ちが進んでいる人は仕事運が微妙になりそう。自分の気持ちがどこに向いているのかはっきりするでしょう。
28 木	▽	午前中から全力で取り組むことが大切。午後から徐々にやる気を失ったり、ミスが増えてしまいそう。周囲のミスでムダな時間を使いますが、困ったときはお互い様と思いましょう。
29 金	▼	不慣れや苦手なことに直面する日ですが、何事も経験と勉強だと思って受け止めることが大切。精神を鍛えられることもあるのでプラス面を見つけるようにしましょう。
30 土	×	無計画な行動に走ってしまうことでムダな時間ができたり、逆に時間が足りなくて焦ってしまいそう。勝手に大丈夫と思わないでしっかり計画を立て、事前に調べておきましょう。

☆ 開運の日 ◎ 幸運の日 ● 解放の日 ○ チャレンジの日
□ 健康管理の日 △ 準備の日 ▽ ブレーキの日 ■ リフレッシュの日
▲ 整理の日 × 裏運気の日 ▼ 乱気の日 = 運気の影響がない日

2022 5月

□ 健康管理の月

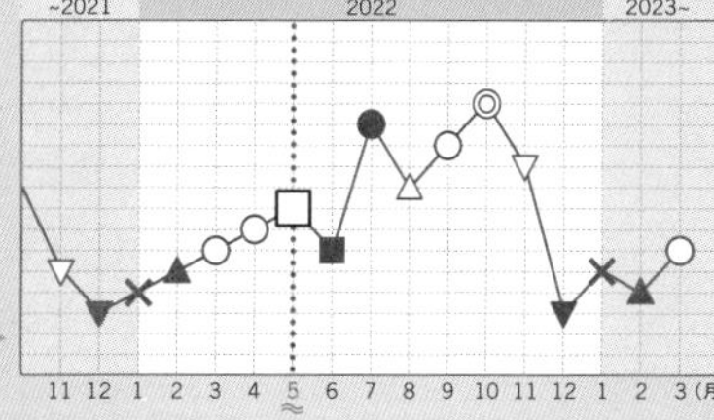

開運 3カ条

1. 予定をしっかり立てて行動する
2. 数字や時間にこだわってみる
3. 負けを認めて得意なことを極める

総合運

生活習慣の見直しや日々の行いを変えることで後の人生が大きく変わり始める時期。年齢に合わないものや不要と思われるものをどんどん処分することや、ムダな時間を過ごさないために工夫することが大切でしょう。悪友と思われる人や振り回す人との距離を空けたり、ときには思いきって縁を切る決断も必要でしょう。健康運は、睡眠時間を増やすためにも少し早く寝るようにしたり、食事のバランスを意識するといいでしょう。

恋愛&結婚運

好みのタイプが少し変化していることやターゲットの幅が広がっていることに気づけそうな時期。異性のいい部分を改めて見直すと気になる人が増えることも。新しい出会いはありますが、つながりは弱そう。異性の友人くらいの気持ちで仲良くすると、後に素敵な人を紹介してもらえるかも。結婚運は、3年以上の交際期間があるカップルは、しっかり結婚に向けて話をすると固められそう。

仕事&金運

自分の至らない点を認めて成長できるように努めたり、得意不得意を改めて見直すといい時期。自分のやりたいことができないで不満をためる前に、それに見合う実力があるのか冷静に判断して、今ある仕事で結果を出せるように努めましょう。金運は、買い換えをするにはいい時期ですが、高価なものは避けて安価なものを選びましょう。ネットオークションに出すのもいいでしょう。

日	運気	内容
1 日	▲	日中は窓を開けて換気をし、部屋の掃除をしてみましょう。しばらく手をつけていなかったクローゼットの中身も、必要なものとそうでないものに分けてすっきりさせましょう。
2 月	○	自分を信じることで1歩前に進むことができる日。現状から逃げたいと思ったときほど、もっと自分を信じて、可能性があると思ってみるといいでしょう。
3 火	○	結果が出ないことに焦らず、何事もじっくり取り組むといい日。簡単に投げ出したり、不満に目を向けると苦しくなるだけ。腰を据えてもう少し我慢してやってみましょう。
4 水	□	ムダな時間を削ったり、少し先を想像して行動することが大切な日。だらだらするほうが疲れるので、終わらせることができる仕事や用事はどんどん片づけてしまいましょう。
5 木	■	何事も頑張りすぎないようにするといい日。ほどほどに仕事して、しっかり休憩をとったり気分転換するなどして、オンオフのスイッチを上手に使いながら取り組みましょう。
6 金	●	褒められたら素直に喜ぶことで運気の流れがよくなる日。恥ずかしがったり、遠慮しないようにすることで周囲の人を笑顔にすることもできそうです。
7 土	△	遊びに出かけるのはいいですが、うっかりミスをしやすい日。食べこぼしやドリンクで服を汚してしまうことがあるので気をつけましょう。今日は丁寧に行動するように心がけて。
8 日	○	友人や周囲を楽しませることを最優先に考えて行動するといい日。周りを笑顔にできたら、自然と自分も笑顔になっているでしょう。思い出話や昔のドジな話をしてみましょう。
9 月	◎	何事もゲームだと思って1日を過ごすといい日。時間内に仕事ができるゲーム、周囲の人と楽しくしてみるゲームなど、ゲームだと思ったら人生が一気に楽しくなるでしょう。
10 火	▽	日中は、能力を活かせていい結果も出せそう。大事なことには早めに取りかかっておきましょう。夕方以降は、やる気を失ってだらだらして時間をムダに使ってしまいそう。
11 水	▼	噛み合わなかったりうまく進まないことがある日。トラブルに巻き込まれたら、何が原因かを分析して次に活かすことが大事。これを機に学んで同じ過ちを繰り返さないように。
12 木	×	周囲からのアドバイスをしっかり聞いて、実際に行動することが大切。意地や自分のやり方を通しすぎると不満がたまったり、やる気を失う原因になるでしょう。
13 金	▲	何事も順序よく進めることが大切な日。仕事をサボろうとすると疲れてしまうので、テキパキ動くようにしましょう。夜は、はじめて会う人と縁があるでしょう。
14 土	○	「人生とは常に実験」と思って、気になることに挑戦してみましょう。避けていたことにチャレンジすると、思った以上に楽しい思い出や経験になることもあるでしょう。
15 日	○	気になる人を食事やカフェに誘ってみるといい日。しっかり話を聞いて相手の尊敬できる部分を見つけましょう。いい勉強になる話が聞けることもあるでしょう。
16 月	□	しっかり話を聞いて、考えて、行動することが大切な日。学ぶ気持ちを持って、自分を成長させるために何が必要なのか探しながら過ごしてみるといいでしょう。
17 火	■	日中は、思ったよりも疲れやすいのでペース配分を間違えないようにしましょう。夕方以降、うれしい誘いがありそうなので軽い気持ちで顔を出してみましょう。
18 水	●	あなたを楽しませようとしていることが世の中にいっぱいあることに気づける日。視野を広げて、いろいろなことに興味を示してみましょう。素敵な人にも会えそうです。
19 木	△	思い込みが一番危険な日。約束の時間や場所をうっかり間違えるなどのつまらないミスによって、積み上げてきた信頼を一瞬で失うことがないようにしっかり確認しましょう。
20 金	○	積み重ねてきたことにはいい結果が現れますが、努力の足りないことには厳しい結果が出そうな日。現実を受け止めて今後どうするか考えて行動するといいでしょう。
21 土	◎	友達に知り合いを紹介してもらえるような人になるように、日ごろから明るく過ごしましょう。新しい出会いは自分の価値観を変えてくれたり、いい刺激を与えてくれます。
22 日	▽	午前中に買い物に出かけるといい日。気になるものを思いきって買うのはいいですが、悩んだときはやめておきましょう。夕方以降はひとりの時間を作ると気持ちも体も楽になります。
23 月	▼	自分中心に考えると物事がうまくいかなくなる日。人の役に立つために何ができるのか考えましょう。一度考え直して原点に立ち返ると、突破口が見つかるかもしれません。
24 火	×	裏目に出る日ですが、心構えをしておけば問題は避けられそう。体調を崩してしまうことがあるので気をつけましょう。マメに休んだり、休憩で昼寝をするといいでしょう。
25 水	▲	職場のデスクなど普段使っている場所を整理整頓すること。周囲の人は意外とじっくり見ているもの。自分だったらどういう人に大事な仕事をまかせるかをよく考えましょう。
26 木	＝	生活リズムを少し変えたり、不摂生を避けましょう。間食をやめる、湯船にしっかり浸かる、寝る前は前向きなことを想像するなど、よさそうなことはいろいろやってみましょう。
27 金	＝	気になることはまず行動してみることが大切な日。考えているだけでは何も変わらないので、少しの勇気や度胸を忘れないように。困ったときは素直に助けを求めることも大切です。
28 土	□	今日と明日は体をしっかり休めたり、疲れをためないことが大切。予定を詰め込んでしまうとヘトヘトになったり、慌ててケガをする可能性があるので気をつけましょう。
29 日	■	たまには公園のベンチに腰かけ、緑を見るなどゆっくりな時間を過ごして深呼吸をしてみましょう。頭を整理して、翌日から新しい気持ちでスタートできるようにしましょう。
30 月	●	あなたの才能や魅力がアップする日。思ったよりも注目されることがあるので、日頃よりも丁寧に過ごしましょう。恋愛運もいい日なので、気になる人に連絡をしておくといいでしょう。
31 火	△	小さなミスが増える日。確認をしっかりしないと忘れ物や間違いをして周囲に迷惑をかけてしまいそう。失敗から学んで次に活かせるように工夫しましょう。

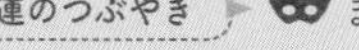

開運のつぶやき まずは自分を愛することが開運の一歩

2022

6月

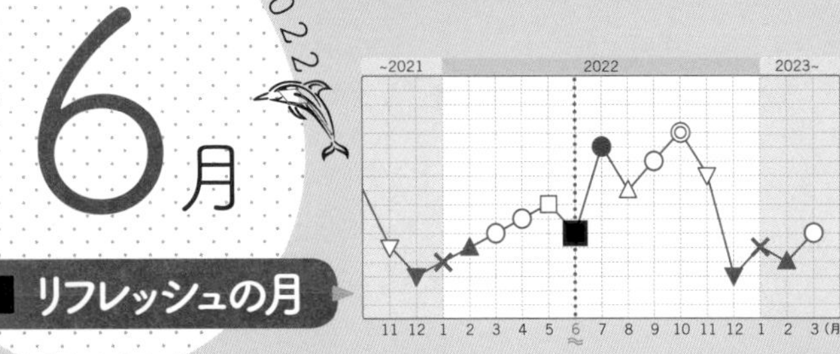

■ リフレッシュの月

開運 3 カ条

1. 休みの日の計画を先に立てる
2. 急ぐときほど慎重に行動する
3. 睡眠時間をしっかりとる

総合運

計画的に過ごしたり、生活リズムを整えるようにしましょう。遊びすぎや急な誘いに乗りすぎないように。休みの日の計画を先に立てて、体の疲れをとるようにしておくことが大切。寝坊や遅刻で慌てたときほどケガや事故をしやすいので、落ち着いた行動を心がけましょう。健康運は、疲れをためやすく体調を崩しやすいので無理をしないように。異変を感じる場合は早めに病院に行って検査を受けたほうがいいでしょう。

恋愛&結婚運

恋愛で苦戦したり、タイミングの悪さを実感しそう。異性と出会う前日はしっかり睡眠をとって万全な体調で臨まないと、疲れが顔に出たりイライラして、思った以上にうまくいかなそう。新しい出会いも、その場の盛り上がりだけで、進展が望める人に会えずムダな時間を過ごすだけになりそう。結婚運は、恋人の前でゆったりするのはいいですが、だらだらしすぎないようにしましょう。

仕事&金運

実力以上の仕事や予想外に大変な仕事を引き受けてしまう時期。結果を焦るよりも、じっくり進めることや違う方法を考えることが必要でしょう。ムダな残業でヘトヘトになることもあるので、睡眠時間をしっかりとるためにも夜の付き合いや遊びは控えましょう。時間に追われて焦ったときに失敗やケガをするので気をつけましょう。金運は、マッサージや健康的な食事に出費するといいでしょう。

日	曜	運気	内容
1	水	○	付き合いの長い人と一緒になる時間が増えそうな日。改めて相手のいい部分を見つけながら接してみるといい関係になれそう。癖があるのはお互い様だと目をつむりましょう。
2	木	○	しっかり仕事をしてしっかり体を休ませるといい日。集中力が途切れそうなときは、ストレッチや体を少しほぐしてみたり、休み時間に仮眠をとるといい仕事ができそうです。
3	金	▽	午前中は頭の回転が速くなりそう。少し早く出勤して、気持ちを引き締めて取り組みましょう。大事なことは日中に済ませて、夕方以降はゆとりある時間を過ごすようにしましょう。
4	土	▼	体調を崩したり、胃腸の調子を崩してしまいそうな日。限界を感じる前に休みましょう。ストレスのかかるような言い方をする悪い人に会ってしまうこともありそうです。
5	日	×	臭いものにフタをするようなことはせずに、明るみに出た自分の弱点としっかり向き合いましょう。謙虚になって学び続け、自分の成長にもっと期待するようにしましょう。
6	月	▲	失恋したり、人間関係に亀裂が入ってしまいそうな日。自分の考えが正しいと思っても、言葉を選んで感情的にならないようにしましょう。頑固になって後悔しないように。
7	火	＝	想定外の仕事をまかされる日。できない仕事はまかされないと思って前向きに取り組みましょう。信頼されている証拠なので、失敗を恐れず大胆に取り組んでみましょう。
8	水	＝	新しいことや不慣れなことは疲れますが、自分を成長させてくれるものだと思って受け止めましょう。ただ、無理は続かないので、力加減を間違えないようにしましょう。
9	木	■	精神的に疲れが出てくる日。スタミナのつくものを食べるのはいいですが、食べすぎには注意。今日はしっかり睡眠をとるといいので、湯船にしっかり浸かってから早めに寝ましょう。
10	金	■	起きるタイミングが悪く疲れを感じたり、寝不足のまま仕事をすることになりそうな日。虫歯がある人は歯が痛くなったり、持病がある人は異変を感じそう。早めに病院に行くように。
11	土	●	よくも悪くも目立ってしまう日。友人や知人にからかわれたり、話のネタになりそう。マイナスに考えるよりも「おいしい」と前向きに捉えると魅力がアップするでしょう。
12	日	△	戸締まりや財布を忘れたまま外出したり、自分でも焦ってしまうようなミスをしやすい日。友人との約束をすっかり忘れてしまうこともあるので気をつけましょう。
13	月	○	昔の同級生や数年ぶりの人に偶然会うことがありそう。思い出話に花が咲きそうです。いい情報や今のあなたに必要な話を聞けることもありそうです。
14	火	○	ポジティブな発言を心がけることで前向きに仕事に取り組める日。愚痴や不満を言うのは恥ずかしいことと思って、仕事があることに感謝して今できることに全力で取り組みましょう。
15	水	▽	日中は、いい感じで仕事を進められたり、コミュニケーションも上手にとれそうです。夕方以降は疲れから気配りができなかったり、空回りをしやすいので気をつけましょう。
16	木	▼	自分のことばかり考えると苦しくなる日。自分が正しいと思っていると悪いほうに進みますが、相手の話を受け止めて認めるとあなたの話を聞いてもらえるようになるでしょう。
17	金	×	張り切るのはいいですが、頑張りが裏目に出たり違う方向に進むことがあるので、目的が何か改めて確認するように。間違ったときはすぐにやり直しましょう。謝罪も忘れずに。
18	土	▲	気づいたら大事なものをなくしていたり、見当たらないことに焦ってしまいそう。不要なトラブルを避けるためにも身の回りを整えましょう。ガラス製品を触るときは慎重に。
19	日	○	友人を誘って今話題のライブや映画などに行ってみましょう。思った以上にいい勉強になったり、素敵な時間を過ごせそうです。話題のお店に行くのもいいので予約してみましょう。
20	月	○	少しの勇気が大切な日。思いきって意見したり、気になった仕事に積極的に取り組むといいでしょう。髪型を変えるのもいいので普段と少し違う感じにしてみるといいかも。
21	火	■	急な仕事や対応に追われそう。自分以外の人の仕事もやらなくてはならない場合も出てきそう。夜は疲れを感じそうなので早めに帰宅して疲れをとるように。
22	水	■	ムダな時間を過ごしたりだらだらして疲れてしまいそうな日。短時間で仕事を終わらせるように工夫したほうがいいでしょう。腰痛や肩こりに悩む場合もありそうです。
23	木	●	失敗も成功も気にしないことが大切な日。何事も手放すことで気持ちが楽になるので、執着しないようにしましょう。不要なプライドを捨てられて楽になるでしょう。
24	金	△	ドジなケガや忘れ物に注意が必要な日。集中力が欠けているので、確認作業はしっかりしておきましょう。時間がないと思えるときほど丁寧に行動するようにしましょう。
25	土	○	得意なことや慣れたことだからといって確認を雑にすると面倒になるだけ。確認作業はしっかり行いましょう。付き合いの長い人と食事に行くといい情報を入手できそうです。
26	日	○	日用品を買いに行くにはいい日。足りなくなりそうなものをメモしてから出かけましょう。特売品や値引き品などを見つけられてお得な買い物もできそうです。
27	月	▽	日中は活動的に動いて、これまでなかなか手をつけられなかったことをどんどんやっていきましょう。夕方以降は運気が乱れるので、いつもより慎重に過ごすといいでしょう。
28	火	▼	心身ともに疲れを感じたり、タイミングの悪さを感じそうな日。流れに身をまかせて無理に逆らおうとしないほうがいいでしょう。些細なことで短気を起こさないようにしましょう。
29	水	×	頑固になりすぎて孤独を感じそうな日。意地を張って損したり人間関係が悪くなってしまうので、負けを認めたり、相手に合わせるようにしておきましょう。
30	木	▲	何事も順序や手順を守るようにしましょう。慣れたことだからといって雑に仕事すると、見落としをしそう。トラブルの原因にもなるのできっちり仕事しましょう。

☆ 開運の日　◎ 幸運の日　● 解放の日　○ チャレンジの日
□ 健康管理の日　△ 準備の日　▽ ブレーキの日　■ リフレッシュの日
▲ 整理の日　× 裏運気の日　▼ 乱気の日　＝ 運気の影響がない日

2022 7月 解放の月

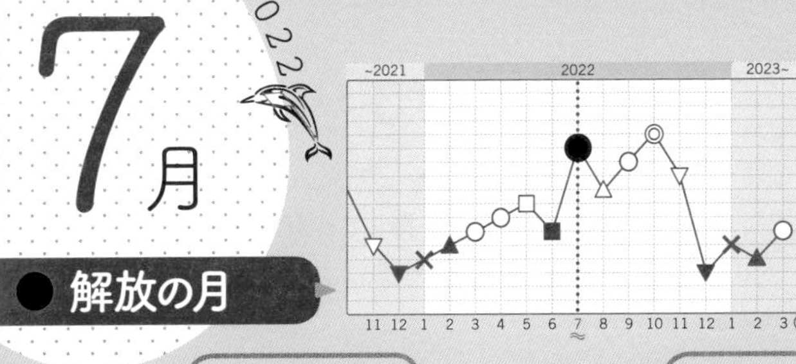

開運 3 カ条

1. 何事にも積極的に参加する
2. 人や物事のいい部分を見つける
3. 年齢に合った服を購入する

総合運

1歩前に進み始めたり、希望の光が見える時期。興味あることや自分のやるべきこと、本気で取り組める好きなことを見つけられる可能性がある運気なので、積極的に行動して、現状に執着しないようにしましょう。疑問や重荷に感じていることを思いきって手放す決断をするにもいいので、環境を変えるためにも引っ越しや模様替え、イメチェンをするといいでしょう。健康運は、ダイエットや肉体改造を始めるにはいいタイミングです。

恋愛&結婚運

好きな人ができたり、好意を寄せてくる人に出会えそう。過去の恋に執着すると新しい出会いに気づけない場合があります。今の自分に見合う相手を見つけるためにも視野を広げたり、異性のいい部分を見るようにしましょう。長所を見つけたときは相手に伝えるといい関係になれそう。勢いで交際するにもいいタイミング。結婚運は、3年以上の交際期間があるカップルは1歩前進できそうです。

仕事&金運

スムーズに仕事ができて、久しぶりにやりがいと楽しさを見つけられそう。不要なプライドや意地を張っていると苦しい状況が続くので、至らない点を認めて自分の成長に期待しましょう。思わぬ仕事が舞い込んできますが、楽しんで受け入れるといい縁や今後に役立つ経験になりそう。金運は、気になった服や靴を買うといい時期。年齢に合ったイメチェンにお金を使うと運気も上がります。

日	運気	内容
1 金	○	少しの勇気がいい人脈につながりそう。普段あまり話したことのない人に話しかけたり、気になるお店に入るといいでしょう。新メニューを選ぶといい発見もありそうです。
2 土	○	なんとなく連絡をとっている異性や気になっている人に連絡して遊びに行くといいでしょう。普段行かない場所やお店に行くと、会話が盛り上がっていい関係に進めそう。
3 日	□	計画的に1日を過ごすといい日。映画やお店を予約して、時間に合わせて行動しましょう。帰りの時間を決めると次の日に疲れを残しません。しっかり湯船に浸かってから寝ましょう。
4 月	■	歩きスマホで壁にぶつかったり、ドアや引き出しで指を挟んでしまうことがある日。うっかりのケガに気をつけましょう。気を引き締めて行動すれば問題は避けられそうです。
5 火	●	あなたに協力してくれる人や、いい味方を見つけられそうな日。同じことで笑えたり、楽しいことを共有できそう。新しい出会いのきっかけを逃さないようにしましょう。
6 水	△	雑な部分やいい加減なところが目立ってしまう日。なんとなくやっていると痛い目に遭うので、些細なことでも丁寧に行うように。挨拶やお礼もきっちりしましょう。
7 木	○	正しい努力をしていた人は結果や評価につながりそうですが、すべては通過点だと思ってもっと上を目指しましょう。付き合いの長い人からのアドバイスを大切に聞きましょう。
8 金	◎	集中力が高まり、充実したいい1日になりそう。難しい仕事でもゲーム感覚でやると楽しく取り組めそう。魅力もアップするので、気になる人に連絡をするといい返事が聞けそう。
9 土	▽	大事な用事ややるべきことはすべて日中に済ませて、夕方以降は予定を入れず、自宅で好きな音楽や映画などを楽しみながらリラックスしましょう。急な呼び出しがあるかも。
10 日	▼	予定が急に変更になって暇になってしまいそう。逆に振り回されて自分の時間が全くなくなって疲れてしまう場合も。どちらにしても思い通りにならないことがある日でしょう。
11 月	×	安請け合いや曖昧な返事をすると面倒なことになりそう。自分の行動や態度が、不満や愚痴の原因になるので気をつけて。先のことや相手のことをしっかり考えて返事するように。
12 火	▲	些細なミスや態度で信用をなくしたり、人間関係が悪くなってしまいそう。普段よりも礼儀や挨拶をきっちりして、忘れ物や確認ミスをしないように意識しましょう。
13 水	○	新しいことに取り組むといい日。普段避けていることに挑戦したり、お願いされたことをふたつ返事で気持ちよく引き受けましょう。期待以上の結果を出せるように努めましょう。
14 木	○	新たな発見がある日。これまでなんとも思わなかったことでも、改めて考え方や見方を変えてみるといいでしょう。いい方法やアイデアを思いつくことがあるでしょう。
15 金	□	自分のやるべきことをしっかり見つけ、全力で取り組むことが大切。なんとなく仕事をすると苦労に感じそう。どんな仕事も大切で、あなたに必要な経験になっていると思いましょう。
16 土	■	疲れがたまりやすい日。外出するときは熱中症などに気をつけて、水分を摂ったり、ほどよく休憩しましょう。スタミナのつくものを食べるのはいいですが、食べすぎに注意。
17 日	●	魅力が輝く日。気になる人に会えると、急展開で関係が進展するかも。明るい感じの服や笑顔を忘れないように。相手の話をいろいろ聞いて、質問上手を目指しましょう。
18 月	△	寝坊や遅刻、忘れ物、うっかりミスをしやすい日。落ち着いて行動するためにも、15分前行動や早めの出社をしてみましょう。空いた時間で確認作業をしっかりしましょう。
19 火	○	今ある力を発揮できる日。足りない部分も見えますが、今できる最善を尽くすと高く評価されたり、いい指摘をもらえそう。突っ込まれてもムッとしないようにしましょう。
20 水	◎	時間やお金、数字にシビアになることが大切な日。少し厳しいくらいにこだわってみると、いい仕事ができるでしょう。自分の中だけでもいいので目標を立ててやってみましょう。
21 木	▽	日中は順調に進めそうですが、夕方辺りから失敗しそう。ミスしたときは言い訳しないで、その場できちんと謝りましょう。意地を張ったりすると余計に事態がこじれそう。
22 金	▼	自分中心になって考えていると苦しくなってしまいそう。自分のことよりも周囲や相手のために考えて判断をすると、いいアイデアや方法を編み出すことができそうです。
23 土	×	家族や身近な人に図星を指されてムッとしそう。イライラしないで、言ってくれたことに感謝して、自分の不甲斐ない部分は少しでも直して成長できるように努めましょう。
24 日	▲	大掃除に最高の日。幼稚なものや年齢に合わないもの、学生時代のもの、長く使い古しているものを一気に処分して、買い換える準備を。思い出にすがって生きないようにしましょう。
25 月	○	新しい習慣をスタートさせるといい日。「明日からやろう」「今度から」ではいつまでもやらないので、ダイエットや食事制限、運動なども思いついたらすぐに始めましょう。
26 火	○	やる気が出ないときは、目の前のことに手を付けたり掃除をするとやる気スイッチが入るでしょう。頭で考えないで先に体を動かしましょう。軽い運動をするのもいいでしょう。
27 水	■	どんな人の話でも最後までしっかり聞くようにしましょう。相手が何を伝えようとしているのか、相手の立場や気持ちになって考えてみることも大切でしょう。
28 木	■	頑張りすぎると疲れがたまったり、集中力が途切れそうな日。根を詰めないでマメに休憩をしたり、気分転換や息抜きをすることも仕事の一部だと思っておきましょう。
29 金	●	何事にも遊び心が大切な日。周囲との会話でもポジティブにとらえたり、笑える話や冗談を交えてみるといいでしょう。明るく話していると突然モテることも。
30 土	△	自分の理想と現実の違いにがっかりすることがありますが、受け止めて楽しんでみるといい日。ダメな部分を含めて自分の個性であり才能だと思ってみるといいでしょう。
31 日	○	思い出話で盛り上がったり、不思議な縁を感じられる日。いい思い出のある場所やお店に行くと、いい出会いがありそう。友人や異性の知り合いを誘って遊ぶといいことも起きそう。

開運のつぶやき　真面目に素直に生きていれば、必ず誰かが見つけてくれる

2022 8月

△ 準備の月

~2021 | 2022 | 2023~
11 12 1 2 3 4 5 6 7 8 9 10 11 12 1 2 3 (月)

開運 3 カ条

1. 軽はずみな判断をしない
2. 時間にはゆとりを持って行動する
3. 事前準備と確認作業は念入りに行う

総合運

勢いやノリで判断して後悔しそうな時期。甘い誘惑や儲け話などに注意しないと、苦労の原因や無駄な時間になるでしょう。今月は、しっかり遊んでしっかり仕事をしてメリハリのある生活を意識すること。遊びの予定を先に決めておくと、やる気もアップするでしょう。自分さえよければいいと思わないで、周囲も笑顔になることを考えて過ごしましょう。健康運は、ケガや打撲などをしやすいので気をつけましょう。

恋愛&結婚運

飲み会やコンパなど、異性と出会って遊ぶ機会はありそうですが、今ひとつチャンスをつかめず好みの人が現れない時期。異性の友人や仲間としての関係を作る気持ちでいると、後に好きになる人を見つけられるかも。異性から好かれるための工夫をいろいろ試せる時期でもあるので、ゆとりを持っておきましょう。結婚運は、話が進まない時期なのでイライラしないで楽観的に考えましょう。

仕事&金運

仕事で失敗が続いて、自信をなくしそうな時期。集中力が欠けることが増えるので、時間を決めて短時間に集中したり仕事終わりに遊びに行く予定を立てることで、やる気が復活しそう。遅刻や寝坊など信用を失う失敗もしやすいので、時間にゆとりを持って行動するように。事前準備と確認作業は念入りに行いましょう。金運は、遊びでお金を使いすぎるので、金額を決めて遊びましょう。

日	運気	内容
1 月	○	仕事に時間をかけすぎてしまったり、力の入れ方を間違えてしまいそうな日。頑張りが評価されたとしても、効率を上げる方法やもっと工夫できるところを見つけましょう。
2 火	▽	午前中は頭の回転がよく、仕事がはかどりそう。だらだらしないで勢いで進めましょう。夕方辺りからは意地を張りすぎて損しやすいので、柔軟な発想や気持ちを忘れないように。
3 水	▼	自分中心に考えていると苦しくなってしまいそう。ストレスのたまる原因は考え方なので、楽観的になれるように心がけましょう。ドジなケガにも気をつけましょう。
4 木	×	イライラの原因は、ほとんどの場合が他人に期待しすぎていることです。人の行動が自分の思い通りにはいかないことを理解すれば、ストレスもたまらないでしょう。
5 金	▲	今日は、自分のデスク周りを少し整理整頓してから仕事を始めましょう。外出するときも散らかったままではなく、少しでも片づけてから出かけるようにしましょう。
6 土	＝	友人や仲間と遊びに出かけるといい日。思わぬ出会いやいい体験ができそう。同じような遊びではなく、未経験なことに挑戦してみるといいので、夏らしい遊びをしてみましょう。
7 日	＝	小さな勇気が今後の人生を変えるでしょう。気になるお店に入ったり、店員さんと話すなどして楽しんでみましょう。ちょっとした勇気が後の人生で大きな差を生むことになるでしょう。
8 月	□	判断力を鍛える日だと思って、些細なことに悩まないようにしましょう。「ドリンクやランチは3秒以内に決める」などの小さなことから始めてみるといいでしょう。
9 火	■	同じ姿勢で仕事していると、体が固まったりして集中力が低下し、つまらないミスをすることが増えます。休憩時間を利用して軽い体操やストレッチをしましょう。
10 水	●	気になる相手を遊びに誘うといい返事が聞けそうな日。話題の映画や気になるお店を予約して誘ってみましょう。明るく目立つ服を着ると相手のウケもよくなるでしょう。
11 木	△	手帳で自分の予定をしっかり確認してトラブルを回避しましょう。無理なスケジュールになっていないか、忘れている予定はないかチェックしておきましょう。
12 金	○	苦手と思い込んで避けていたことに挑戦するといい日。思ったよりも楽しい時間を過ごせたり、交友関係を広げることができそう。友人からオススメされたことに挑戦するにもいい日です。
13 土	○	趣味にお金を使うといい日。服や靴よりも、今日は体験にお金を使うといいので、美術館や映画、芝居などに出かけてみましょう。気になるスポーツ観戦にも行ってみましょう。
14 日	▽	今日は早起きして午前中から活動的になっておくといい日。「早起きは三文の徳」と思えるような出来事もあるでしょう。夕方からは疲れやすくなるので家でのんびり過ごしましょう。
15 月	▼	不確かな情報に振り回されないように気をつけて。その情報源はどこなのか、信用していいものなのかをよく吟味して、落ち着いて対応すること。誤った情報を拡散しないように。
16 火	×	自分でも不思議に思うくらいに頑固になりそう。意地を張らないで、相手や周囲のことを考えてみましょう。先のことを考えて頑固が損だと思ったらやめましょう。
17 水	▲	数回使って不要になったものは、「もったいない」と思っても処分しましょう。処分しないなら必要そうな人に譲りましょう。置きっ放しが最ももったいないことを忘れないように。
18 木	＝	工夫を楽しむといい日。普段と少し違うやり方に挑戦したり、変化を楽しんでみるといいでしょう。些細なことがきっかけで、コツをつかめたり、いい方法を見つけられそう。
19 金	＝	周囲にいる人を尊敬してみることで、見方が変わるでしょう。どんな人でもいい部分や素敵なところがあるので、改めて見直してみるといいでしょう。
20 土	□	友人と遊ぶのはいいですが、同じ人ばかりではなく他の人とも遊んだり、仲間に入れてみるといいでしょう。友人の知り合いと意気投合することもあるでしょう。
21 日	■	今日は、寝不足や夏の疲れを感じやすい日。無理に予定を詰め込みすぎないで、涼しい場所でのんびりして、胃腸にやさしそうな食事をとるようにしましょう。
22 月	●	いい判断やおもしろいアイデアが浮かびそうな日。意表を突くようなポジティブ発言をするといい味方を集められたり、商談や交渉でもいい流れを作れそうです。
23 火	△	周囲から注意や忠告をされていたことでもミスをしてしまいそう。忘れ物やドジな出来事も起きやすいので気をつけて。事前準備と確認作業は怠らないように心がけましょう。
24 水	○	経験を活かせるいい日ですが、経験が足りないと苦労に感じてしまうでしょう。困ったときは友人や付き合いの長い人に相談してみると、いいヒントを聞けそうです。
25 木	○	困っている人や悩んでいる人がいたら、話をよく聞いて、自分にできる範囲で手助けしましょう。困ったときはお互い様だと思ってできることをやると後に助けられることも。
26 金	▽	午前中はいい判断で問題なく過ごせそう。午後から判断ミスをしやすく、確認を忘れてしまうことがあるので気をつけましょう。雑な部分が出るので気を引き締めておきましょう。
27 土	▼	予定が思い通りに進まなかったり乱されてしまう日。それすら楽しむくらいの気持ちで過ごしましょう。むしろ思いもしなかった経験ができたとプラスに考えましょう。
28 日	×	無謀な行動に走りそうな日。イメチェンに失敗してがっかりな思いをしたり、異性との関係で空回りしやすいので気をつけて。今日は不慣れなことを避けましょう。
29 月	▲	いい意味で諦めも肝心な日。手放すときに思いっきり手放せば新たな展開が見えてくるので、頭を切り替えて前に進みましょう。意地を張ってムダな時間を過ごさないように。
30 火	＝	印象をよくできるように工夫するといい日。明るい感じの服を着てみたり、笑顔を心がけてみましょう。相手から見た自分を想像して、どんな人なら素敵か考えてみましょう。
31 水	＝	勉強や努力を苦しいと思う前に、ゲームや遊びだと思うといい日。嫌々やっても身に付かないのでなんでも楽しんだり、人間関係をもっとおもしろがってみましょう。

☆ 開運の日 ◎ 幸運の日 ● 解放の日 ○ チャレンジの日
□ 健康管理の日 △ 準備の日 ▽ ブレーキの日 ■ リフレッシュの日
▲ 整理の日 × 裏運気の日 ▼ 乱気の日 ＝ 運気の影響がない日

9月 2022

○ チャレンジの月

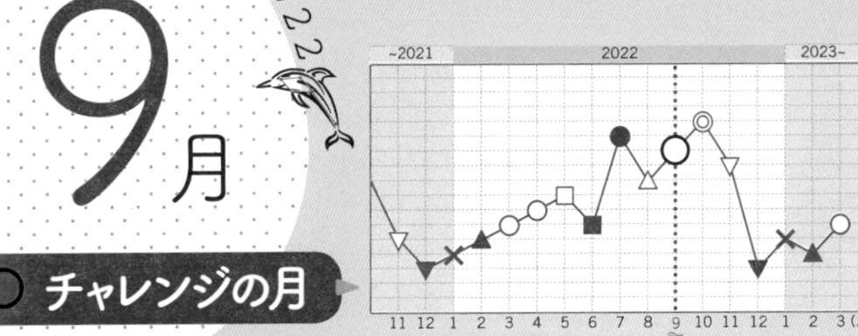

開運 3 カ条

1. 頑張っている同級生に会う
2. いい思い出のある場所に行く
3. 自信を持って行動する

総合運

偶然の出会いからやる気になったり人との縁がつながる月。友人やしばらく会っていない人の話を聞くことがいい刺激になり、自分の今の状況を変えようとする気持ちになれたり、気を引き締められることになりそう。頑張っている同級生や同期からの刺激も受けられるので、気になる人に連絡しましょう。健康運は、この時期にケガをしたことがある人は、同じようなケガをする可能性があるので気をつけましょう。

恋愛＆結婚運

しばらく恋のチャンスやきっかけがなかった人ほど、気になる人を知り合いから紹介してもらえたり、久しぶりにときめくような出来事が起きそう。モタモタするとチャンスを逃してしまうので、美容室で明るい感じにイメチェンしたり、異性を意識した服装にするといい流れに乗れそうです。片思いの相手とも進展がある時期なので連絡してみましょう。結婚運は、1歩前進する話ができそう。

仕事＆金運

過去1～2年は辛い状況が続いたことと思いますが、今月からはそのおかげで能力や経験が役立つ流れになりそう。自分が成長していることに気づくことで、前に進めそうです。ムダな苦労はなかったと思える出来事もありそう。付き合いの長い人からのアドバイスは大切にしましょう。金運は、使い古したものを買い換えるといいですが、できれば使い慣れた同じものを選びましょう。

日	運気	
1 木	□	過去に達成できなかった目標をもう一度掲げるといい日。具体的で現実的なことを想像しましょう。難しすぎることよりも簡単に達成できそうなことのほうがオススメです。
2 金	■	油断しているとエアコンで体調を崩したり、喉を痛めてしまいそうな日。今日は無理をしないで体調に気を遣って過ごしましょう。夜の飲酒は控えめにしておきましょう。
3 土	●	片思いの相手と連絡がとれたり、偶然の出会いからいい縁がつながりそう。恋愛運がいい日なので、知り合いや友人の紹介に期待しましょう。イメチェンや髪を切るにもいい日です。
4 日	△	楽しい思い出を作れそうな日。親友と出かけたり語る時間を作ってみましょう。しばらく行っていないお店に行くと、うれしいサービスを受けられることがあるかも。
5 月	◎	今まで地道に努力してきたことが形になって現れる日。何事も自信を持って行動して、遠慮をしないように。手応えを感じないときは、自分の至らない部分を認めて成長しましょう。
6 火	◎	目的をしっかり定めることでやる気になる日。将来の自分を想像して、どんな風になりたいのか考えてみましょう。そのために今できることが何かを考えて行動しましょう。
7 水	▽	日中は楽しく仕事できそう。勢いで決断することも大切。夕方以降、周囲に少し予定を乱されるかも。「たまにはこんな日もある」と思って、口角を上げて笑顔で乗りきりましょう。
8 木	▼	思い通りにならないときほど、客観的に物事を見るときだと思いましょう。自分中心で考えていると悩みは解決しません。相手や全体を考えてみるといいでしょう。
9 金	×	口約束はトラブルの元になりやすいので、重要なことは必ずメールや文書に残しましょう。自分の気持ちが伝わらないときも、文字にして伝えてみるといいでしょう。
10 土	▲	身の回りや気持ちの整理をするにはいい日。まずは身の回りをきれいにして、年齢に合わないものを目の前から片づけましょう。幼稚なままでは大切なことを見落とすでしょう。
11 日	○	新しい出会いや経験を求めるといい日。人の集まるところに顔を出したり、気になることに挑戦しましょう。自分の話ばかりではなく、聞き役にまわって場を盛り上げられるように。
12 月	○	何事もまずは行動してみるといい流れに乗れるでしょう。考える前に行動に移すように意識して過ごしてみましょう。新しい経験から学べることもあるでしょう。
13 火	□	言葉使いを変えることで運気の流れをよくできる日。心や頭の中の言葉もできるだけポジティブなものにしましょう。言葉をよく選んで発することも大切でしょう。
14 水	■	少しでも体の疲れを感じたら、決して無理することなくしっかり休憩をとりましょう。仕事終わりにマッサージや整体などに行きましょう。今日は早めにベッドに入るように。
15 木	●	自分も相手も得することを考えて行動するといい日。一緒に喜べると運を味方に付けられます。恋愛でも急に誘いがくることがあるので、気になる人に連絡してみましょう。
16 金	△	親や家族、上司や友人に指摘されたことを無視していると、ミスが続きそう。言ってくれることに感謝を忘れないように。厳しい言葉は自分のためだと忘れないようにしましょう。
17 土	◎	片思いの相手や気になる相手に連絡するといい日。緊張しないで自分らしく自然体で楽しい時間を過ごせば、いい関係に進展します。同性の友達だと思ってリラックスしましょう。
18 日	◎	買い物に出かけるにはいい日。高級なものよりも、買い換えが苦にならないものを買いましょう。おいしい物を食べに行くのもよさそう。先輩などにごちそうしてもらえることも。
19 月	▽	午前中は仕事の効率がいいので、少し面倒なこともどんどん片づけていきましょう。夕方辺りから予定が変更しそうなので、仕事や予定は前倒ししておくとよさそう。
20 火	▼	テンションの下がる出来事や余計なことを言われてしまうことがある日。他人の気分に振り回されないで、プラスに変換するようにしましょう。
21 水	×	失敗が悪いのではなく、失敗から学ばないことが悪いと覚えておきましょう。失敗を他人や運のせいにしないで、原因を探って繰り返さないようにして、成長の糧にしましょう。
22 木	▲	失うことのある日。大事にしていたものをなくしたり、しまい忘れてしまいそう。大事なパスワードを忘れて面倒なことにもなりそう。忘れてはいけないことはメモしておきましょう。
23 金	○	簡単に諦めないで、粘りが必要な日。ただ、前回と同じ方向ではなく、これまでとは違うアプローチをすると意見や企画が通ります。言い方を変える工夫を忘れないようにしましょう。
24 土	○	気分転換にこれまで行ったことのない場所やお店に行くといい日。気になるライブやイベントに行くのもいいでしょう。やる気になったり、いい影響を受けられそうです。
25 日	□	遊びの計画をしっかり立ててから出かけるといい日。デートするときも事前に予約したり、プランを考えましょう。帰りの時間や終わりの時間をしっかり決めて守るようにしましょう。
26 月	■	油断していると風邪をひいたり、喉の調子が悪くなりそうな日。水分補給をして体に負担をかけすぎることは避けましょう。目を閉じて体を休ませる時間も作りましょう。
27 火	●	あなたに注目が集まったり、求められることが増える日。たまには思いっきり目立ってみると気分が晴れそうです。服装や髪型、持ち物も目立つものを選んでみましょう。
28 水	△	判断ミスをしやすい日。不要なことを引き受けたり、余計な一言にも注意。ランチでは口に合わないものを選んだり、食べすぎて胃もたれすることがあるので気をつけましょう。
29 木	◎	学んできたことを活かせる日。後輩や部下に教えることで、自分の考えをうまくまとめることもできそうです。ケチケチしないで教えられることはどんどん伝えてみましょう。
30 金	☆	数字やお金、時間にこだわって仕事するといい結果につながる日。ムダな動きのないように計算して行動しましょう。仕事終わりに買い物をするといいものを手に入れられそう。

開運のつぶやき ▶ 他人に望むことがあるなら、まずは自分が動けばいい

2022 10月

◎ 幸運の月

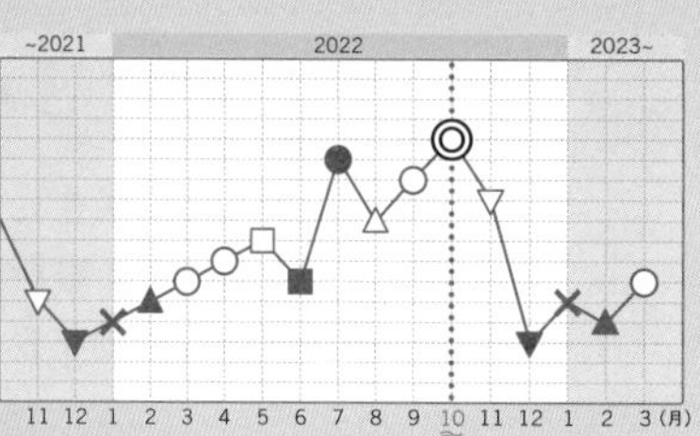

開運 3カ条

1. 尊敬できる人を見つけて見習う
2. 幼稚な考えを捨てる
3. 後輩の面倒を見る

総合運

やる気になるきっかけをつかめる月。興味あることに思いきって挑戦したり、気になることを調べてみるといいでしょう。些細な体験からやる気や情熱に火が付くので、新しい経験に対して時間やお金を惜しまないようにしましょう。人との出会いをできるだけ増やしてみるのもいいでしょう。お世話になっている人や後輩にごちそうしてみると、いい関係を作ることができそう。健康運は、予定を詰め込まなければ問題はないでしょう。

恋愛＆結婚運

気になる人を見つけられそうですが、いい関係に進めてもいまひとつ足りない感じがしたり、タイミングを外しそう。自分中心ではなく相手を楽しませることに集中するといい関係に進めそう。気になる人の前では少し見栄を張ったり大人の魅力を出してみると進展がありそうです。結婚運は、長い付き合いのカップルは具体的な話をするにはいいタイミング。勢いで話を進められるでしょう。

仕事＆金運

仕事の目標を見つけられる時期。尊敬できる人や刺激を受けられる人にも会えそうです。自分中心に考えないで、得意なことと不得意なことを分けると1歩前に進めるでしょう。相手を信頼してまかせるのもいいでしょう。失敗をしてもいいので挑戦して、反省をする気持ちを忘れないように。金運は、買い替えすることでやる気になれそう。古くなったものを処分して新しくしましょう。

1 土	▽	午前中から買い物に出かけて、身の回りで切らしているものを買いましょう。夕方以降は予想外の渋滞やムダに時間がかかる出来事がありそう。早めに行動するといいでしょう。
2 日	▼	不運に感じたり思い通りにならずイライラするときは、自分の考え方が間違っていることを教えてくれていると思いましょう。自分が正しいと思っているからイライラしているだけ。
3 月	×	問題が発生したときに他人の責任にしていると、同じ壁にぶつかるでしょう。すべての問題は自分の責任と受け止めて、どうするべきか真剣に考えてみるといいでしょう。
4 火	▲	複雑に考えるよりも、シンプルに考えることで道が開ける日。深読みせず素直に受け入れたり、アドバイスに従って行動すると、ムダな動きが減って楽になります。
5 水	○	気になることを始めるにはいい日。朝から運動やウォーキング、ストレッチなどをしたり、寝る前に10分でもいいので読書する習慣を始めてみると、人生が大きく変わります。
6 木	○	新しいことに挑戦することで前向きになれる日。気になるお店に入ったり、これまでとは違う方法を試してみましょう。何もしないよりも、失敗から学ぶ気持ちが大切でしょう。
7 金	□	求められた仕事は、期待された以上のクオリティを目指すように。時間や経費なども考えて取り組むことが大切。すぐに評価されなくても、後にいい流れを作ってくれるでしょう。
8 土	■	今日はしっかり体を休ませたり、のんびりする時間を作るといい日。好きな音楽を聴きながら、気になる本をゆっくり読んでみましょう。好きな映画を観るのもいいでしょう。
9 日	●	友人と楽しい時間を過ごせたり、いつも以上にたくさん笑えそう。明るい友人に連絡して、みんなでいろいろ話してみましょう。予想以上に楽しい話ができそうです。
10 月	△	忘れ物や置き忘れなどうっかりミスをしやすい日。時間にもルーズになりやすいので、早めに行動をするようにしましょう。事前準備や確認作業もしっかりしましょう。
11 火	◎	自分の仕事だけではなく、周囲で困っている人の手助けをすることが大切な日。どうすることが相手にとっていいのか考えて行動してみるといいでしょう。
12 水	☆	気分で仕事をするといつまでも不安定になりそう。しっかり目標に向かって気持ちを込めて仕事をすると、いい結果や評価につながるでしょう。
13 木	▽	日中は運気の流れがいいので強気で仕事するといいですが、謙虚な気持ちを忘れないように。夕方以降、流れが悪くなり周囲に対してイライラするので、いつも以上に笑顔を心がけて。
14 金	▼	マイナス面や気に入らないことに目がいきそうな日。プラス面やいい部分を見るように意識してみましょう。自ら現状の幸せを壊さないようにしましょう。
15 土	×	少しでも体調の異変を感じたら、面倒くさがらずに病院に行くこと。疲れがたまりがちなので、友人からの誘いがあっても今日はきちんと断って自宅で体を休めましょう。
16 日	▲	部屋の掃除をするといい日。不要なものや年齢に合わない幼稚なものを処分しましょう。言い訳をしていつまでも子供っぽいものを置かないようにしましょう。
17 月	○	あなたにアドバイスをしてくれる周りの声に耳を傾けてみましょう。上司や同僚だけでなく、後輩からも何かを学ぶという姿勢を大事にしてみるとさらにいいでしょう。
18 火	○	周囲からオススメされた本や映画は観るようにしましょう。会話のネタになったり、自分では選ばないものだからこそ新しい発見がたくさんあり、いい勉強になるでしょう。
19 水	□	苦労するほうや勉強になるほうを選択するといい日。楽することばかり考えていると苦労するだけ。どんな状況でも楽しめるような工夫も忘れないようにしましょう。
20 木	■	自分で思っている以上に集中力が欠けたり、やる気が出ない日。マメに休んだり気分転換するといいですが、だらだらしないで短時間に集中して仕事しましょう。
21 金	●	少し気持ちに余裕ができたり、肩の力を抜いて仕事できそう。面倒な上司や苦手な先輩とうまく距離を取ることができそう。のびのび仕事するといいですが、だらだらしないように。
22 土	△	遊びに行くといい日ですが、ドジなケガをしたり、買い物で間違ったものを買うことがあるので気をつけましょう。笑い話になるくらいの余裕を持っておくといいでしょう。
23 日	◎	よくも悪くも今までの積み重ねの結果が出る日。今日が原因となって明日の結果を生むので、いい原因を積めるように積極的に動きましょう。納得がいかないときは地道な努力を。
24 月	☆	お金のことを真剣に考えるといい日。自分の収入や貯金、将来に必要なお金がどれぐらいなのか考えましょう。仕事でも経費や儲けがどれぐらいか考えて仕事しましょう。
25 火	▽	日中はいい流れで仕事できそう。いい判断もできるので勘を信じましょう。夕方以降、面倒な人に巻き込まれることもありますが、嫌な気持ちを顔には出さずに対応しましょう。
26 水	▼	頑固になりすぎたり、意地を張って疲れてしまいそう。今日はうまく流されたり、素直に負けを認めてみるといいでしょう。不要なプライドはどんどん捨ててしまいましょう。
27 木	×	面倒なことやトラブルに巻き込まれやすい日。何が起きても冷静に対応できるように心構えをしておきましょう。慌てて取り繕おうとすると、裏目に出て更に面倒なことになりそう。
28 金	▲	自分の弱点や欠点がたくさんあることを理解して、ゆっくり成長できるようにしましょう。小さなことから日々の習慣を変えて、自分のダメな部分を改善するようにしましょう。
29 土	○	何の分野でもいいので、自分の限界に挑戦してみましょう。限界を自分で勝手に決めて、将来の可能性を狭めることがないように。失敗は当然と思っておくことも大切。
30 日	○	いい出会いやおもしろい体験ができる日。周囲からオススメされたことに挑戦したり、流れに身をまかせてみるといいでしょう。話題のお店や場所に行ってみるのもいいでしょう。
31 月	□	なんとなくで行動しないで、最終的に自分がどうなりたいのか考えて動いたり、明るい未来につながる行動か考えてみましょう。適当に仕事しているといつまでも前に進めないでしょう。

☆開運の日　◎幸運の日　●解放の日　○チャレンジの日
□健康管理の日　△準備の日　▽ブレーキの日　■リフレッシュの日
▲整理の日　×裏運気の日　▼乱気の日　＝運気の影響がない日

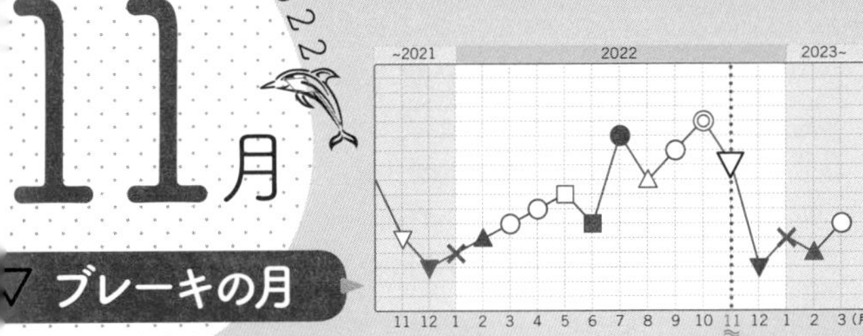

▽ ブレーキの月

開運3カ条

1. 別れや失恋の覚悟をする
2. チャンスには飛びつく
3. 執着をしない

総合運

よくも悪くも諦めが付く月。やる気になることを見つけたり、次の目標に向かって突き進んだり、今の自分に不要なことがはっきりして手放せそうです。安心していたポジションを奪われる場合もありますが、結果的にはやる気につながりそう。下旬になると人間関係に変化が現れますが、ここで切れる縁は相性が微妙か、そもそも縁が薄かったと割り切りましょう。健康運は、下旬に疲れを感じたり、体調を崩しやすいので気をつけて。

恋愛&結婚運

先月辺りから仲良くなれた人がいる場合は、中旬までに気持ちを伝えておくといいでしょう。曖昧な関係を続けてしまうと次の出会いを逃してしまうかも。新しい出会い運はいいですが、モタモタしていると他の人と交際が始まってしまう場合もありそうです。結婚運は、ここ1～2年を乗り切ったカップルは今月中に入籍をするといいでしょう。付き合いの浅いカップルは、話が進んでも周囲からの評判をしっかり聞くようにしましょう。

仕事&金運

ここ1～2年を勉強期間だと思って自分を成長させてきた人にはうれしい流れになるでしょう。部署異動やこれまでと違う仕事をまかされるなどで、考え方が変わりやる気になれそう。努力を怠っていた人は厳しい状況に追い込まれたり、安心できるポジションを外されそう。よくも悪くも気持ちが切り替わる時期だと思っておきましょう。金運は、大金を使わず節約して必要なものだけ買うように。

日	運気	
1 火	■	しばらく歯の定期検診をしていない人は、仕事帰りに歯医者へ行きましょう。虫歯がなくても歯のクリーニングをしてもらうだけで気分が上昇するでしょう。
2 水	●	若い人や自分の仕事に関係ない人の話を聞くといいヒントを聞けたり、アイデアにつながりそう。専門知識がないからこその考えもあるので、あなたも専門外の仕事に一言発してみて。
3 木	△	長い時間をかけて己が積み上げてきた信用をつまらないミスで失わないように気をつけましょう。面倒だなと思っても確認作業をしましょう。失言にも注意しましょう。
4 金	◎	自分の頑張りは褒めてもらいたいもの。それは他人も同じだということを忘れないように。結果よりも、頑張っていることを褒めたり認めてみるといい人間関係が作れるでしょう。
5 土	☆	今日は家族や恋人など身内へのプレゼントを買ってみましょう。何をもらったら相手が一番喜ぶのか想像してみましょう。ご飯をごちそうするのもいいアイデアです。
6 日	▽	価値観の基準とは常に曖昧で、情報提供者の都合のいいように変えられてしまうものだと思っておきましょう。自分でしっかり価値を判断できるように心がけて過ごしましょう。
7 月	▼	やる気を失う出来事がある日。マイナスに受け止めないで、いい意味で開き直るきっかけと思ったり、自分の向き不向きや人間関係が見えてよかったと思うといいでしょう。
8 火	×	急な仕事をまかされたり、困ってしまう案件が回ってきそうな日。嫌々やると不運を招くだけ。期待に応えようと前向きに取り組むと学べることを見つけられるでしょう。
9 水	▲	時間を作って靴を整理しましょう。履かない靴を処分したり、汚れた靴は週末にきれいにするといいでしょう。壊れた靴は修理に出してみるのもいいでしょう。
10 木	○	いい意味で鈍感でいることが大切な日。余計な一言を言う人にいちいち怒らないで、聞き流したり、「いつもどおり」と思うようにしましょう。短気を起こさないよう意識しましょう。
11 金	○	頑張ってもすぐに結果につながらないことが多いですが、今日の頑張りや苦労は未来に必ずつながるので真剣に取り組みましょう。人との出会いも大切にしましょう。
12 土	□	気になる相手や好きな人に連絡するといい日。告白したり好意を伝えておくといい関係に進めるでしょう。「異性の友達」と思っていると縁は切れるでしょう。
13 日	■	気楽に話せる友人や仲間とランチに行くといい日。カラオケに行ったり楽しい時間を過ごすと、ストレスの発散になります。調子に乗りすぎて転んでケガしないように気をつけましょう。
14 月	●	自分の得だけを考えないで、相手も周囲も得することを考えて行動しましょう。損したことばかりに注目しないで、得ていることが何かを見つけてみることも大切。
15 火	△	自分中心に考えていると、うまくいかないことが増えそう。周囲に協力して、あなたも協力してもらえるように仕事に取り組むといいでしょう。ひとりではミスが多くなりそう。
16 水	○	経験を活かせる日ですが、成功体験ばかり気にしていると視野を狭めてしまうので、経験をどう活かすかを考えて工夫や応用を意識するといい1日になるでしょう。
17 木	◎	目の前のことを頑張るのもいいですが、3年後、5年後、10年後を考えて、どんな力や能力を身に付けたらいいのか考えましょう。小さくても大きくてもいいので目標を決めましょう。
18 金	▽	日中は順調に進む流れになるので、積極的に仕事に取り組みましょう。夕方辺りから面倒なことに巻き込まれそうですが、修羅場をくぐってきた人ほどダメージは小さいでしょう。
19 土	▼	うまい話や甘い言葉であなたに近づいてくる人物に要注意。トラブルに巻き込まれないように、はっきり断りましょう。ノリや勢いで飛び込むと後悔するでしょう。
20 日	×	自分のことだけを考えていると苦しくなる日。今日は周囲を笑顔にさせたり、協力できることを見つけて手伝いましょう。失敗もありますが、善意があれば感謝されるでしょう。
21 月	▲	小さな失敗が続きますが、叱られても「命までは取られない」と思っておきましょう。外出前に食器をきちんと台所へ片づけること。時間に余裕があれば洗ってから外出しましょう。
22 火	＝	妥協することを楽しむといい日。何事も「このくらいで丁度良かった」と思えるように日々生きることが大切で、過剰に期待すると自分が苦しむだけになるでしょう。
23 水	＝	新しいものを見つけて楽しむといい日。周囲からオススメされる前に、新しいものに飛びついてみるといいでしょう。新商品を誰よりも先に手に入れてみましょう。
24 木	□	切り替えや手放しをするにはいい日。なんとなく続けているアプリや時間のムダになっていると思える趣味をここでストップするといいでしょう。
25 金	■	疲れを感じたら少しでもいいので昼寝して体を休めましょう。これはサボりではなく、きちんとした仕事をするために必要な時間です。体力をうまく温存して過ごしましょう。
26 土	●	好きな人に連絡するといい日。偶然相手が暇な日や時間があれば、ラッキーだと思って食事に誘いましょう。交際まで進めなくてもいいので、仲良くなれることを楽しみましょう。
27 日	△	常に人の気持ちを考えながら発言しましょう。己の軽はずみな発言で無意識に人を傷つけることがないように。どこまでも相手を尊重した言葉選びを心がけましょう。
28 月	○	嫌な人や苦手な人から学んで、自分も同じような人間にならないように気をつけましょう。気づいたら子供のころに嫌いだった大人に自分がなっているかもしれません。
29 火	○	実力を発揮できる日。些細なことでも一生懸命仕事に取り組んでみましょう。本気で取り組むからこそ、学べたり、自分の至らない部分を知ることもできるでしょう。
30 水	▽	日中は順調に進むので、大事なことには先に取り組みましょう。夕方辺りから思い通りに進まなくなりそうですが、うまく進まないことも楽しめるように考え方を変えましょう。

開運のつぶやき　悲しいときはしっかり泣いたほうがいい。立ち上がるのはその後でいい

2022

12月

▼ 乱気の月

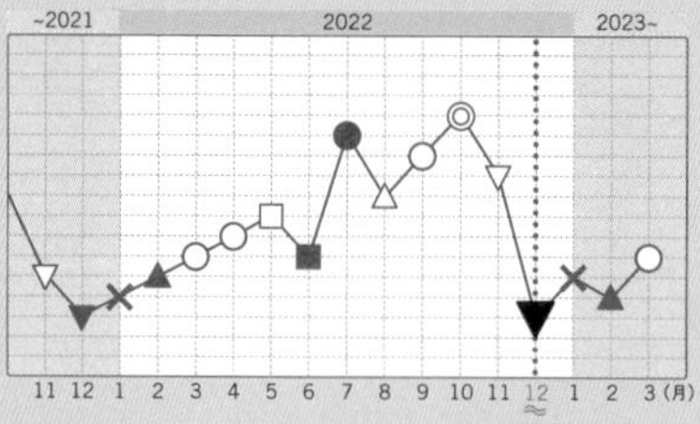

開運 3 カ条

1. 縁の切れ目だと覚悟する
2. 流れに逆らわないで流される
3. 睡眠時間をしっかり取れるように調整する

総合運

よくも悪くも縁が切れる月。人間関係のイザコザに巻き込まれることがありますが、そこで相手の本質や自分のやるべきことが見えてきます。何から離れる必要があるのか判断する時期でもあるので、執着や意地を張らないようにしましょう。裏切る人が現れる場合もあるので覚悟すること。健康運は、油断すると肌や胃腸の調子が悪くなりそう。睡眠時間をしっかり取るためにも遊び過ぎに注意。運動は体を温める程度にしましょう。

恋愛&結婚運

失恋をしやすい時期。片思いの恋は上旬に押しきって結果を待つことが大切。中旬までにいい返事が来ない場合、縁がないか振られる覚悟を。新しい出会い運は、ノリが合っても価値観が合わない相手が現れる時期なので、周囲の評判もしっかり聞きましょう。勢いまかせで交際に進まないほうが後のためにもいいでしょう。結婚運は、縁のない月なので諦めて自分磨きに努めましょう。

仕事&金運

大事な仕事で失敗して信用や評価を落とす時期。予想外に忙しくなってヘトヘトになることも。苦手な上司に仕事のやり方を突っ込まれてイライラしたり、職場での人間関係が嫌になることがあるので、今月は自分よりも周囲のために仕事しましょう。金運は、余計な出費が増える時期。ネット広告に注意しましょう。裏目に出やすい時期なので儲けようと思わず、周囲が喜ぶお金の使い方を。

日	運気	内容
1 木	▼	物事がうまくいかなかったときは、自分の至らなさを素直に認めましょう。今日の経験を活かすには、謙虚になることが最も大事。ヘコんだアピールはしないようにしましょう。
2 金	×	「相手も人間なんだ」と思えば、どう対応するのがよくて、何を評価すればいいのか見えてくるもの。自分のことばかり考えないで相手の気持ちや考えをもっと想像しましょう。
3 土	▲	冷蔵庫の中身をすっきりさせましょう。賞味期限切れのものや使わない調味料の小袋などをどんどん処分しましょう。残り物で料理をして気分転換してもいいでしょう。
4 日	＝	楽しいことを求めて行動するといい日。何がおもしろいのか自分でいろいろ考えてみましょう。売れているものや評価されているものには必ずいい部分があるので見つけてみましょう。
5 月	＝	どんな状況においても多少の失敗は起こり得るものです。失敗したことに落ち込むのではなく、まずは挑戦をした自分を褒めてあげましょう。
6 火	■	過剰に期待するとがっかりするだけなので、評価を気にしないで目の前の仕事に楽しんで取り組むと予想外に評価されそう。夜は疲れやすいので無理はほどほどに。
7 水	■	体調を崩しやすいので注意。今日は早めに帰宅して、ひとりでゆっくりできる時間を作りましょう。好きな映画や音楽に触れて豊かな時間を過ごすことが、明日からの活力になります。
8 木	●	しっかり努力してきたことに結果が出る日。間違った努力をしたり、目的と違う方向に進んでいた人はがっかりする出来事がありますが、軌道修正するタイミングだと受け止めましょう。
9 金	△	充分な確認もせずに突っ走ると面倒なことになりそう。些細なことでもしっかりと確認するようにしましょう。不安なときは周囲の人にも確認してもらう工夫をしましょう。
10 土	＝	親友や仲のいい人と遊ぶのはいいですが、悪友や面倒な人から強引に誘われそう。はっきり断らないとムダな時間を過ごしそう。ダメなことはダメだときっちりさせましょう。
11 日	＝	周囲に評価される結果が出たときには、必要以上に満足することなく、もう一度新たな目標を設定してさらなる高みを目指すといいでしょう。
12 月	▽	午前中は、気分よく仕事できそう。周囲が少しでも楽になるくらい仕事しておきましょう。夕方以降は、慌ててしまうと失敗しそう。落ち着いて行動するようにしましょう。
13 火	▼	他人の不注意で不愉快な思いをしやすい日。自分にも落ち度はあるので、イライラしないで今後は似たような状況に気をつけるようにしましょう。
14 水	×	準備の大切さを知ることになる日。事前に準備してあったり、日ごろから積み重ねていれば問題を回避できそう。運や他人まかせにしていた人には勉強になる出来事が起きそう。
15 木	▲	1日の予定を先に確認しましょう。思わぬことが抜けていたり、忘れている可能性があるでしょう。急な予定が入っている場合もあるので気をつけましょう。
16 金	＝	「楽勝だ」と思っているなら、不慣れや苦手なことに挑戦する時間ができたと思って、チャレンジしてみましょう。手応えがなくても1歩踏み出すことが大切です。
17 土	＝	普段なら行かないような場所やお店に行くといい日。高級なお店や敷居が高く感じられる場所に行ってみるといい経験ができそうです。一流を知って学んでみましょう。
18 日	■	体を休めることが大切な日。自分で思っている以上に体が悲鳴を上げている可能性があります。胃腸にいいものを食べたり、お風呂に入って昼寝をするなど疲れを取りましょう。
19 月	■	頑張りすぎに注意が必要な日。悪習慣を避けて、生活リズムを見直しましょう。食べすぎや飲みすぎに気をつけて。油ものや高カロリーのものはほどほどにして、野菜も摂りましょう。
20 火	●	最後まで油断をしないことが大切な日。気を引き締めて仕事に取り組むといい結果や評価につながりそうです。満足できなくても信頼を得られることがあるでしょう。
21 水	△	計画の甘さが出そうな日。最終的にどうなりたいのかしっかり考えて、自分の向かう先を忘れないようにしましょう。楽ばかり望んでいると痛い目に遭う場合もあるでしょう。
22 木	＝	何事も通過点だと思って、いろいろ経験するといい日。失敗を避けると成功から遠のいてしまうので、うまくいかないことや成功している人を観察して学びましょう。
23 金	＝	クリスマスプレゼントを買い忘れているならネットでもいいので買っておきましょう。恋人や気になる人がいない場合は、職場の人やお世話になった人にお菓子を配る準備を。
24 土	▽	日中は運気がいいので、楽しい時間やランチデートができそう。調子に乗りすぎると、夕方からは空回りしたり余計な一言で気まずい空気になってしまうので気をつけましょう。
25 日	▼	少しでも自分に落ち度があると思ったら、自分から素直に謝りましょう。つまらない意地を張って、今まで築いてきた人間関係にヒビが入らないようにしましょう。
26 月	×	予定が変わって振り回されたり、テンションが下がってしまう出来事がある日。過剰な期待をしないで、流れに身をまかせてみるといいでしょう。
27 火	▲	大掃除をするにはいい日。この1年を振り返って使っていないものはどんどん捨てましょう。年齢に合わないものから優先して処分するようにしましょう。
28 水	○	年賀状や年末年始の準備で忘れていることを一気に終わらせましょう。例年とは少し違うものを選んで買ったり、普段行かないお店に行ってみるといいでしょう。
29 木	○	忘年会や飲み会に呼ばれたら、少々気が乗らなくても行ってみましょう。「今日はどんなことがあっても存分に楽しむ」というテーマを持って参加することが最も大事です。
30 金	■	年始に人と会う予定を立てるにはいい日。友人に連絡して、新年会の予定や会う約束をしてみましょう。夜更かしすると体調を崩しやすいので気をつけましょう。
31 土	■	大晦日はのんびりして外出も控えましょう。無理をすると風邪をひいてしまったり、体調を崩しそう。お酒も控えて早く寝て新年を迎えましょう。

☆ 開運の日 ◎ 幸運の日 ● 解放の日 ○ チャレンジの日
□ 健康管理の日 △ 準備の日 ▽ ブレーキの日 ■ リフレッシュの日
▲ 整理の日 × 裏運気の日 ▼ 乱気の日 ＝ 運気の影響がない日

なにがあっても明るく、
前向きに生きる人に幸運はやってくる。

2022年版はタイプ別に6冊発売！

各1540円(税込み)

羅針盤座
金：覚悟を決めることで幸せを掴む年
銀：才能と魅力に気がつける年

鳳凰座
金：9年間の苦労が終わる年
銀：人生で最も遊ぶことになる年

カメレオン座
金：裏の才能と魅力が輝く年
銀：実力で乗り切れる年

インディアン座
金：才能と魅力が開花される最高な年
銀：求められることが増えて忙しい年

時計座
金：実力を認められて満足できる年
銀：運命を変えることになる年

イルカ座
金：変化が多く楽しめる年
銀：重荷を下ろし気持ちが楽になる年

Point 3

運気ゲージをフル活用して！「運気ウィークリー」

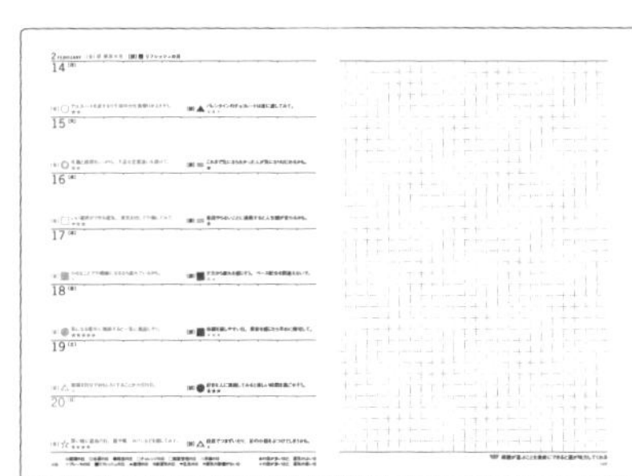

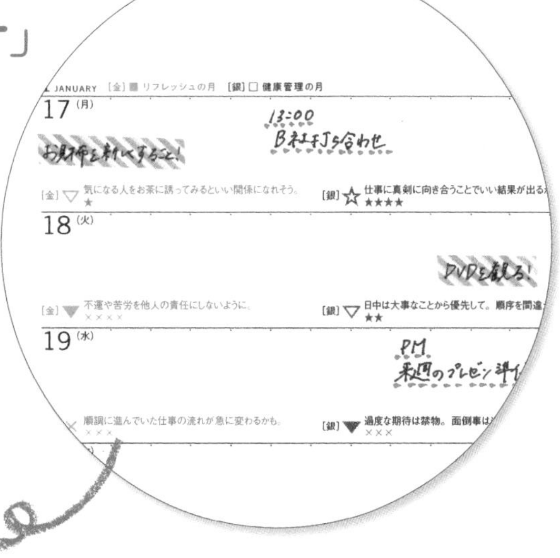

ゲッターズ飯田からの
365日開運アドバイスを収録。
毎朝チェックして！

＼ まだまだいいことが！ ／

手帳でも

毎月3名様に直接鑑定のチャンス！

(応募期間：2022年2月まで)　※毎月末日締め切り

詳細は『ゲッターズ飯田の五星三心占い開運手帳2022』のカバー折り返しをご覧ください。

ゲッターズ飯田
げったーずいいだ

これまで6万人を超える人を無償で占い続け、「人の紹介がないと占わない」というスタンスが業界で話題に。20年以上占ってきた実績をもとに「五星三心占い」を編み出し、芸能界最強の占い師としてテレビ、ラジオに出演するほか、雑誌やwebなどにも数多く登場する。メディアに出演するときは、自分の占いで「顔は出さないほうがいい」と出たことから赤いマスクを着けている。LINE公式アカウントの登録者数は165万人を超え、著書の累計発行部数も700万部を超えている（2021年9月現在）。『ゲッターズ飯田の金持ち風水』『ゲッターズ飯田の運の鍛え方』『ゲッターズ飯田の裏運気の超え方』『ゲッターズ飯田の「五星三心占い」決定版』（以上、朝日新聞出版）、『ゲッターズ飯田の運命の変え方』（ポプラ社）、『開運レッスン』（セブン&アイ出版）はいずれも10万部突破。『ゲッターズ飯田の五星三心占い2019年版』『同 2020年版』（セブン&アイ出版）『同 2021年版』（朝日新聞出版）はすべて100万部を突破している。2020年に刊行した『五星三心占い2021完全版』（幻冬舎）は「1冊で全12タイプの運勢がわかってお得」と話題に。

ゲッターズ飯田オフィシャルブログ
https://ameblo.jp/koi-kentei/

ゲッターズ飯田の五星三心占い
2022完全版

2021年11月5日　第1刷発行

著　者　ゲッターズ飯田
発行人　見城 徹
編集人　菊地朱雅子
編集者　有馬大樹　森村繭子
発行所　株式会社 幻冬舎
〒151-0051
東京都渋谷区千駄ヶ谷4-9-7
電話　03-5411-6211(編集)
03-5411-6222(営業)
振替　00120-8-767643

企画協力：中込圭介　川端彩華
（Gオフィス）
編集協力：ぷれす
校正：ぷれす　円水社
装丁・イラスト：秋山具義　山口百合香
（デイリーフレッシュ）
本文デザイン：坂上恵子　酒井好乃
(I'll Products)

印刷・製本所　中央精版印刷株式会社

幻冬舎ホームページアドレス　https://www.gentosha.co.jp/
この本に関するご意見・ご感想をメールでお寄せいただく場合は、comment@gentosha.co.jpまで。